PRINCÍPIOS DE SISTEMAS DE INFORMAÇÃO

Dados Internacionais de Catalogação na Publicação (CIP)
(Câmara Brasileira do Livro, SP, Brasil)

Stair, Ralph M.

Princípios de sistemas de informação / Ralph M. Stair, George W. Reynolds ; tradução Noveritis do Brasil ; revisão técnica Tânia Fátima Calvi Tait. – São Paulo: Cengage Learning, 2018.

1. reimpr. da 3. ed. brasileira de 2015.
Título original: Principles of information systems.
11. ed. norte-americana
Bibliografia.
ISBN 978-85-221-1862-5

1. Negócios 2. Sistemas de informação gerencial I. Reynolds, George W. II. Tait, Tânia Fátima Calvi. III. Título.

15-02637 CDD-658.4038011

Índices para catálogo sistemático:

1. Informação : Sistemas : Abordagem gerencial : Administração executiva 658.4038011
2. Sistemas de informação : Abordagem gerencial : Administração executiva 658.4038011
3. Sistemas de informação gerencial : Administração executiva 658.4038011

PRINCÍPIOS DE SISTEMAS DE INFORMAÇÃO

TRADUÇÃO DA 11ª EDIÇÃO NORTE-AMERICANA

Ralph M. Stair
George W. Reynolds

Tradução
Noveritis do Brasil

Revisão Técnica
Tânia Fátima Calvi Tait
Professora Doutora Associada C –
Universidade Estadual de Maringá (UEM).

CENGAGE

Austrália • Brasil • México • Cingapura • Reino Unido • Estados Unidos

CENGAGE

Princípios de Sistemas de Informação
Ralph M. Stair e George W. Reynolds
Tradução da 11ª edição norte-americana
3ª edição Brasileira

Gerente Editorial: Noelma Brocanelli
Editora de Aquisição: Guacira Simonelli
Editora de Desenvolvimento: Marileide Gomes
Supervisora de Produção Gráfica: Fabiana Alencar Albuquerque

Título Original: Principles of Information Systems, 11th edition
ISBN 13: 978-1-285-07224-1
ISBN 10: 1-285-07224-3

Tradução: Noveritis do Brasil
Revisão Técnica: Tânia Fátima Calvi Tait
Copidesque: Mônica de Aguiar Rocha, Viviam Moreira e Solange Visconti
Revisão: Maria Alice da Costa, Mônica de Aguiar Rocha, Viviam Moreira e Fábio Gonçalves
Diagramação: Crayon Editorial
Capa: Buono Disegno
Imagens da capa: Omelchenko/Shutterstock e vs148/Shutterstock
Indexação: Casa Editorial Maluhy & Co.

ISBN: 13: 978-85-221-1862-5
ISBN: 10: 85-221-1862-0

Cengage Learning
Condomínio E-Business Park
Rua Werner Siemens, 111 – Prédio 11 – Torre A – conjunto 12
Lapa de Baixo – CEP 05069-900 – São Paulo – SP
Tel.: (11) 3665-9900 Fax: (11) 3665-9901
SAC: 0800 11 19 39

Para suas soluções de curso e aprendizado, visite **www.cengage.com.br**.

Impresso no Brasil
Printed in Brazil
1. reimpr. – 2018

A Lila e Leslie

—RMS

Aos meus netos: Michael, Jacob, Jared, Fievel, Aubrey, Elijah, Abrielle, Sofia, Elliot e Serena

—GWR

SUMÁRIO

PREFÁCIO

As organizações e os empresários continuam a operar em um mercado global crescentemente competitivo, e os trabalhadores em todas as áreas comerciais, incluindo contabilidade, serviços ao cliente, finanças, recursos humanos, sistemas de informações (SI), marketing, produção e desenvolvimento de pesquisa devem estar preparados para fazer as contribuições necessárias e obterem sucesso. Independentemente de sua futura posição, mesmo que seja um empresário, é necessário que você entenda o que os sistemas de informação podem ou não fazer e como utilizá-los para conseguir melhorar seu trabalho. Esperamos que você descubra as oportunidades para usar os sistemas de informações e participe do projeto de elaboração de soluções para os problemas da empresa. Você irá se deparar com os desafios de identificar e avaliar as opções de sistemas de informação. Para ter sucesso, é preciso que você seja capaz de enxergar os sistemas de informação de acordo com as perspectivas e as necessidades empresariais e organizacionais. Para que suas soluções sejam aceitas, você deve reconhecer e direcionar seus impactos nos colegas de trabalho, clientes, fornecedores e em outros parceiros fundamentais em seus negócios. Por essas razões, um curso sobre sistemas de informações é essencial no mundo altamente tecnológico como hoje.

Esta edição de *Princípios de Sistemas de Informação* dá continuidade às tradicionais abordagens das edições anteriores. Nosso principal objetivo é fornecer o melhor texto e um material de apoio para o primeiro curso sobre sistemas de informações, conhecimento que é exigido de todos os alunos de administração. Queremos que você aprenda a usar o sistema de informação para garantir seu sucesso pessoal no trabalho atual ou futuro e para aumentar o sucesso de sua empresa. Por meio de pesquisas, questionários, grupos de orientação e feedbacks que recebemos de leitores atuais e mais antigos, bem como de outros que lecionam esta disciplina em campo, conseguimos desenvolver um conjunto de materiais de alta qualidade de ensino para ajudá-lo a alcançar essas metas.

Esta obra aparece orgulhosamente no início dos currículos de SI e permanece sem concorrência como o único livro que oferece os conceitos básicos que todos os alunos de administração devem aprender para ter sucesso. No passado, os professores do curso de introdução se deparavam com um dilema. Por um lado, como a experiência em organizações comerciais permite que os alunos compreendam as complexidades existentes em importantes SI, muitas faculdades retardavam a apresentação desses conceitos até que os alunos tivessem completado uma boa parte dos principais requisitos do curso. Por outro lado, muitas vezes atrasar a apresentação dos conceitos de SI até que os alunos estivessem maduros o suficiente dentro do currículo de administração obrigava que um ou dois cursos introdutórios de SI focassem apenas nas ferramentas de computadores pessoais, o que, na melhor das hipóteses, possibilitava apenas introduzir os conceitos de informática.

Este livro foi escrito especificamente para o curso introdutório no currículo de SI. O texto aborda os conceitos apropriados de informática e SI em conjunto com uma forte ênfase gerencial para atender às necessidades empresariais e organizacionais.

ABORDAGEM DO LIVRO

Esta edição apresenta conceitos tradicionais de informática com base nas necessidades contextuais das empresas e organizações. Ao inserir os conceitos de sistemas de informação e ao adotar uma perspectiva geral de gerenciamento, o livro se distancia de outros sobre informática em geral, tornando-se atrativo não apenas para os principais MIS (sistema de informação gerencial), mas também para alunos de outras áreas de ensino. O texto não é excessivamente técnico. Na verdade, ele abrange as funções que os sistemas de informação exercem em uma organização e os princípios fundamentais que um gerente precisa conhecer para obter sucesso. Os princípios de SI são colocados em conjunto e apresentados de tal forma que sejam compreensíveis e relevantes. Além disso, o livro oferece uma visão geral de toda a disciplina de SI, ao mesmo tempo que propicia aos alunos uma sólida formação para estudos mais avançados, tais como programação, análise de sistema e projetos, gerenciamento de projetos, gestão de bancos de dados, comunicação de dados, web sites e desenvolvimentos de sistemas, aplicativos de comércio eletrônico (e-commerce) e móvel e suporte para tomada de decisão. Assim, ele serve às necessidades tanto dos alunos de administração geral quanto daqueles que serão profissionais de SI.

Os elementos didáticos que tornaram as edições anteriores tão populares foram mantidos nesta edição, oferecendo muitos benefícios aos alunos. Nele, continuamos a apresentar os conceitos de SI com ênfase gerencial.

EM PRIMEIRO LUGAR, A QUE PERTENCEM OS PRINCÍPIOS DE SI

O fato de apresentar aos alunos os princípios fundamentais de SI é uma vantagem para aqueles que mais tarde não retornarão à disciplina em cursos mais avançados. Já que a maioria das áreas funcionais de negócios depende dos sistemas de informação, a compreensão dos princípios de SI ajuda os alunos em seu trabalho em outros cursos. Além disso, expor aos leitores os princípios de SI permite que os futuros gerentes de negócios empreguem os sistemas de informação com sucesso em suas funções e evitem contratempos que resultem frequentemente em consequências desastrosas. Ainda, apresentar os conceitos de SI no nível introdutório desperta interesse entre os alunos de administração geral, que podem mais tarde escolher os sistemas de informação como sua área de concentração.

OS AUTORES

Ralph Stair e George Reynolds reuniram-se novamente para essa edição. Juntos, eles têm décadas de experiência na indústria e na área acadêmica. Ralph Stair traz consigo seus anos de experiência como escritor, professor e pesquisador acadêmico para este livro. Ele escreveu inúmeros textos enquanto lecionava na Universidade do Estado da Flórida. George Reynolds fornece um rico conhecimento na área de sistemas de informações e experiência industrial para projetos, com mais de 30 anos de experiência trabalhando para organizações governamentais, institucionais e comerciais. Ele escreveu inúmeros textos de SI para universidades e lecionou nos cursos de introdução de SI na University of Cincinnati, no College of Mount St. Joseph e na Strayer University. Stair e Reynolds proporcionam aos alunos uma base conceitual sólida e experiência prática em SI.

OBJETIVOS DESTE LIVRO

Este livro foi escrito para todas as principais áreas empresariais, por isso acreditamos que ele seja importante não apenas para apresentar uma perspectiva realista do SI nas empresas, mas também para que os estudantes possam utilizá-lo para se tornarem líderes empresariais competentes em suas organizações. Com essa finalidade, *Princípios de Sistemas de Informação* apresenta quatro objetivos principais:

1. Fornecer um núcleo de princípios de SI com o qual todos os alunos de administração devem estar familiarizados.
2. Oferecer uma pesquisa da disciplina de SI que possibilite a todos os alunos de administração entender a relação entre os cursos de SI e seu currículo como um todo.
3. Apresentar o papel mutável do profissional de SI.
4. Demonstrar o valor da disciplina como um campo atraente de especialização.

Ao alcançar esses objetivos, o conteúdo permitirá que alunos, independentemente de seu campo de especialização, entendam e utilizem os princípios fundamentais dos sistemas de informação, a fim de desempenhar de modo mais eficiente e eficaz os papéis de trabalhadores, gerentes, tomadores de decisão e líderes organizacionais.

PRINCÍPIOS DE SI

Embora seja abrangente, este texto não pode abarcar todos os aspectos de SI, disciplina em constante e rápida mudança. Os autores, ao reconhecerem esse fato, oferecem aos alunos um núcleo orientador essencial de princípios de SI para ser utilizado ao enfrentarem desafios na carreira, no futuro. Pense sobre estes princípios como verdades básicas ou regras que se mantêm constantes, independentemente da situação. Como tal, eles fornecem uma orientação poderosa diante das decisões complicadas. Um conjunto de princípios de SI é destacado no início de cada capítulo. A aplicação desses princípios para resolver problemas do mundo real é orientada a partir dos textos de abertura até o material do fim do capítulo. O objetivo maior do livro é desenvolver profissionais competentes que pensem e sejam direcionados para a ação, incutindo neles princípios para que se orientem nas tomadas de decisão e nas suas ações.

PESQUISA DA DISCIPLINA DE SI

Este livro oferece não somente os conceitos tradicionais de computação, mas também um amplo quadro de referência para que os alunos tenham uma base sólida na utilização da tecnologia nos negócios. Além de servir aos alunos de administração, o livro oferece a visão geral de toda a disciplina de SI e prepara de forma consistente os futuros profissionais para os cursos avançados de SI e para a carreira nessa disciplina, que está sempre em constante e rápida mudança.

O PAPEL EM CONSTANTE MUTAÇÃO DO PROFISSIONAL DE SI

Assim como os negócios e a disciplina de SI mudaram, alterou-se também o papel do profissional dessa área. Outrora considerado um especialista técnico, hoje esse profissional atua como consultor interno de todas as áreas funcionais de uma organização, e é conhecedor consciente de suas necessidades, trazendo de forma competente o poder dos sistemas de informação como apoio a toda a organização. O profissional de SI visualiza as questões mediante uma perspectiva global que abarca toda a organização e o ambiente mais amplo da indústria e do negócio no qual opera.

Atualmente o escopo das responsabilidades de um profissional de SI não se limita a seu empregador, mas abrange toda a rede interconectada de empregados, fornecedores, clientes, concorrentes, agências reguladoras e outras entidades, não importando onde elas se localizem. Esta ampla gama de responsabilidades cria um novo desafio: como ajudar uma organização a sobreviver em um ambiente global altamente competitivo e interconectado? Ao aceitá-lo, o profissional de SI desempenha papel essencial na estruturação do próprio negócio e na garantia do seu sucesso. Para sobreviverem, agora os negócios devem alinhar-se ao nível mais elevado de satisfação e lealdade do cliente, mediante preços competitivos e melhorando constantemente a qualidade do produto e do serviço. O profissional de SI assume a responsabilidade crucial de determinar a abordagem da organização, tanto para o custo global como para a qualidade do desempenho, assumindo, portanto, um papel essencial na atual sobrevivência da organização. Esta nova dualidade do profissional de SI – profissional que exerce as habilidades de um especialista com as perspectivas de um generalista – reflete-se ao longo de todo este livro.

O SI É UM CAMPO PARA ESTUDOS APROFUNDADOS

A despeito dos efeitos da recessão e da terceirização, um estudo realizado com profissionais de recursos humanos ainda coloca a tecnologia e a área de saúde entre os principais campos de oportunidade de trabalho. E a administração e a ciência dos computadores permanecem entre os principais cargos procurados pelos empregadores. Na verdade, as perspectivas a longo prazo para profissionais qualificados e bem treinados dos sistemas de informação são otimistas. A expectativa é de que o número de empregos nesta área cresça mais rapidamente que a média de todas as ocupações até o ano de 2020.

A carreira no SI pode ser excitante, desafiadora e compensadora! É importante mostrar o valor da disciplina como um campo promissor de estudo e que a graduação em SI não é mais uma reclusão técnica. Atualmente, talvez até mais do que no passado, o profissional deve ser capaz de alinhar o SI e as metas organizacionais e garantir que os investimentos na área sejam justificados, a partir de uma perspectiva empresarial. A necessidade de trazer alunos brilhantes e interessados para a disciplina de SI é parte de nossa constante responsabilidade. Depois de formados, os bacharéis em SI de diversas faculdades são os profissionais com maiores salários entre todos os graduados em administração. Neste texto, muitos dos desafios e oportunidades disponíveis para profissionais de SI são destacados e enfatizados.

MUDANÇAS NESTA EDIÇÃO

Realizamos um grande número de mudanças nesta edição, baseadas nos feedbacks de usuários de como alinhar o texto de forma ainda mais próxima com os princípios atuais de SI e com os conceitos dos cursos. A lista a seguir resume estas mudanças:

- **Textos de abertura totalmente novos.** Todos os textos de abertura dos capítulos são novos e continuam a levantar questões sobre empresas localizadas em países estrangeiros ou multinacionais.
- **Quadros @ Sistemas de Informação no Trabalho totalmente novos.** Destacando tópicos e tendências atuais nas manchetes de hoje, esses quadros mostram como os sistemas de informações são usados em uma variedade de áreas na carreira de administração.
- **Quadros Questões Éticas e Sociais totalmente novos.** Focando-se nas questões éticas com as quais o profissional se depara hoje em dia, esses quadros ilustram como os profissionais de sistemas de informações se confrontam e reagem com dilemas éticos.
- **Estudo de casos totalmente novos.** Dois novos casos no final de cada capítulo fornecem uma riqueza de informações práticas para alunos e professores. Cada caso explora um conceito ou um problema do capítulo com o qual uma companhia ou organização do mundo real se deparou. Esses casos podem ser atribuídos como exercícios individuais para resolver em casa ou servir como base para discussão em sala de aula.
- **Extensas mudanças e atualizações em cada capítulo.** Os autores trabalharam pesado para fornecer informações mais atuais nesta edição. Mais de 1.200 referências e exemplos totalmente novos de organizações que usam sistema de informação foram incluídos. A extensão total dessas atualizações torna impraticável abordá-las em sua totalidade neste prefácio, mas a lista a seguir exibe um resumo destas mudanças.

O **Capítulo 1**, **Introdução aos sistemas de informação**, inclui mais de 100 referências novas ou atualizadas, além de exemplos e materiais, servindo como introdução para os principais tópicos abordados durante o texto. Este capítulo reforça a importância de ter informações precisas. A FedEx, por exemplo, é capaz de separar mais de 3 milhões de pacotes por dia por causa das informações precisas contidas em cada pacote. Para obter informações precisas, a FedEx rastreia um pacote mais de 10 vezes de seu ponto de origem até seu destino final. Nele, também discutimos como a internet tem sido usada para iniciar protestos ao redor do mundo e como alguns países tentaram censurar ou controlar as informações que ficariam disponíveis para seus cidadãos. De acordo com uma pesquisa popular de uma empresa de consultoria, o mercado total para computação em nuvem baseada na internet foi estimado em cerca de $ 150 bilhões anuais para o ano de 2014. Uma pesquisa de alcance global da rede de Hotéis Hilton indicou que uma comunicação rápida e confiável com a internet era o segundo fator mais importante na satisfação geral, atrás apenas de quartos limpos. Também discutimos sites emergentes na internet como o Grupon. Este capítulo abrange a importância dos smartphones e outros dispositivos móveis. A companhia de carros da Alemanha, a BMW, investiu cerca de $ 100 milhões no desenvolvimento de aplicativos móveis para seus carros e outros produtos. Também apresentaremos a realidade aumentada (augmented reality), uma nova forma de realidade virtual, que tem o potencial de sobrepor dados digitais sobre fotos ou imagens reais. O impacto positivo dos sistemas de informação é reforçado neste capítulo. A DHL, uma grande empresa de encomendas, usou sistemas de informações para aprimorar seus esforços em propaganda, o que ajudou a companhia a aumentar o valor de suas ações em mais de $ 1 bilhão ao longo de um período de 5 anos. A Sasol, uma empresa sul-africana de energia e produtos químicos, usou um sistema de informações para agilizar suas instalações de produção com melhores informações e controles, o que ajudou a companhia a aumentar o valor de suas ações em mais de $ 200 milhões. A fazenda Shinpuku Seika utilizou os dados de seus campos para determinar quando fazer o plantio e quais produtos seriam plantados. Porém, nem todos os sistemas de informações fornecem resultados positivos. Análises incorretas de informática podem ter causado multas de vários milhões de dólares e possíveis fraudes. Em outro caso, criminosos cibernéticos roubaram papel-carbono de cartões de crédito no valor de $ 40 milhões de um mercado de crédito europeu.

No **Capítulo 2**, **Sistemas de informação nas organizações**, foram incluídos ou atualizados mais de 100 exemplos, referências em materiais sobre o uso do sistema de informação nas empresas atuais para fornecer informações corretas no tempo certo. Este capítulo contém uma nova seção sobre inovações. O fundador do Data Services Medical, que fornece software para os planos de saúde, afirmou: "Traga a inovação em tudo que faz, não apenas nos grandes projetos. Procure o mercado externo em seu próprio campo, mas também em outros negócios. As oportunidades podem vir dos locais mais estranhos". Este capítulo também reforça como sistemas de informações podem ser usados para aumentar lucros e reduzir custos. A Procter & Gamble, uma empresa que possui muitos clientes, foi capaz de agilizar sua cadeia de suprimentos diminuindo os níveis de estoque, reduzindo custos e tornando suas operações mais eficientes. A Tidewell, uma provedora de serviços para idosos que atende cerca de 8 mil famílias na Flórida, adquiriu um software para economizar dinheiro e agilizar suas operações. De acordo com o CIO da FedEx Ground, "Ao longo dos últimos cinco anos, estamos em uma missão para chegar mais rápido e mais rápido. Modernizamos e aceleramos nossas linhas, em média, duas vezes por ano, e às vezes mais que isso". Esta seção sobre vantagem competitiva foi totalmente atualizada. Com smartphones inovadores de hoje e tablets, como o iPad da Apple e outros, os executivos estão procurando novas maneiras de ganhar vantagem competitiva desenvolvendo aplicativos originais e poderosos para esses dispositivos mais recentes. Em um caso, um sistema de biblioteca em Washington foi capaz de economizar $ 400 mil por meio da utilização de linhas telefônicas mais baratas para a comunicação e conexões com a internet. A empresa de transporte alemã DHL, por exemplo, analisou e simplificou seus esforços de marketing em mais de 20 países. O resultado foi um aumento em seu valor corporativo de cerca de $ 1,3 bilhão ao longo de 5 anos, representando um retorno sobre investimentos superior a 30%. Por último, a seção sobre carreiras foi totalmente atualizada. De acordo com o CIO da Sensis, uma empresa de serviços de defesa e de companhias aéreas, "Hoje, ser um CIO não é apenas gerenciar a empresa, mas ajudar de maneiras diferentes seu negócio". Discutimos que obter uma certificação de uma empresa de software, bancos de dados ou rede pode resultar no aumento de 7% em média nos pagamentos. Alguns sites da internet, como o *www.freelancer*, postam objetos on-line e oferecem informações e assessoria para pessoas que trabalham por conta própria. Este capítulo aconselha que alunos tenham cuidado com o que postam em sites de mídia social, como o Facebook. Muitos funcionários pesquisam na internet para obter informações sobre possíveis empregados antes de tomar as decisões de contratação.

O **Capítulo 3**, **Hardware: dispositivos de entrada, processamento, saída e armazenamento**, abrange os desenvolvimentos mais atuais de hardware por meio da discussão desde os equipamentos mais novos, como os projetados com a plataforma Microsoft Surface para ajudar as pessoas a aprender, colaborar e tomar decisões, até os supercomputadores mais rápidos do mundo. Nos próximos cinco anos, haverá um número crescente de processamento de dados, e-mails, navegação na internet e uso de banco de dados realizados com equipamentos como smartphones. Vários exemplos de smartphones que estão sendo usados para atender os objetivos da empresa foram acrescentados. Este capítulo ampliou sua abrangência sobre problemas com o aumento da temperatura em CPU com velocidades mais rápidas e como os fabricantes estão lidando. O capítulo também explica a necessidade de baterias menores, mais leves e com maior vida útil para os equipamentos de computação móvel. Uma comparação dos custos atuais por gigabyte é apresentada para muitos dos dispositivos de armazenagem mais populares. Também foram discutidas as soluções de impressão móvel mais novas, que permitem imprimir e enviar documentos impressos de um equipamento móvel para uma impressora habilitada em qualquer parte do mundo. As informações sobre vários tipos de computador também foram atualizadas. Apresentamos 40 novos exemplos de organizações e pessoas que utilizam os equipamentos de informática discutidos no capítulo.

O **Capítulo 4**, **Software: software de sistemas e aplicativo**, inclui 100 referências novas ou atualizadas, bem como exemplos e materiais sobre softwares de sistemas e aplicativos. O software é uma indústria crescente e dinâmica. Em 2011, por exemplo, a indústria de programas da China cresceu quase 30%. O material sobre softwares de sistemas foi completamente atualizado. O OS X Lion, o sistema operacional mais recente da Aplle, oferece aplicativos multitoque e tela cheia, funções de controles de missões e outras inovações. Atualmente, mais de 100 milhões de pessoas estão usando o sistema operacional Android da Google em smartphones e equipamentos móveis. A Rede Doméstica do Windows permite que as pessoas conectem vários equipamentos de PCs e armazenagens, impressoras e outros dispositivos em uma rede doméstica. Também discutimos Microsoft Windows 8. A versão mais recente da Red Hat do programa Red Hat Enterprise Virtualization (RHEV) não necessita mais do software Windows Server para operar. A Alibaba Cloud Computing, uma parte do Grupo Chinês Alibaba, desenvolveu um sistema operacional para smartphones e dispositivos móveis. Também incluímos novas informações sobre interfaces para usuários. Os dispositivos móveis de hoje, assim como alguns computadores pessoais, por exemplo, utilizam uma interface sensível ao toque, também chamada por alguns de interface natural de usuário (INU) ou de interface multitoque por outros. O reconhecimento de voz também está disponível em alguns sistemas operacionais. As interfaces de visualização utilizam uma câmera no computador para determinar para onde a pessoa está olhando na tela e desempenha um comando ou operação adequada. Algumas empresas também estão experimentando sensores, que, conectados ao cérebro humano (interfaces cerebrais), podem detectar ondas cerebrais e controlar um computador como um resultado. As interfaces de visualização e as cerebrais são muito úteis para indivíduos com deficiência. Incluímos muitos exemplos novos da utilização de programas de aplicativos que obtiveram sucesso. Uma agência de cobranças, por exemplo, foi capaz de economizar mais de $ 250 mil anualmente com o uso de programas de aplicativos da Latitude para monitorar as pessoas que não pagavam suas contas em dia. Uma firma de arquitetura de Boise, Idaho, usou o software ProjectDox para agilizar os documentos necessários para obter permissão e aprovação para projetos de construção. Um software da Amcom permite que empresas como a Eddie Bauer forneçam a localização exata de alguém que está fazendo uma ligação para os serviços de emergência em qualquer uma das instalações da Eddie Bauer. Um programa chamado Absolute utiliza a tecnologia GPS e ajuda as pessoas e as empresas a recuperar computadores roubados. A companhia recuperou quase 10 mil equipamentos, valendo aproximadamente $ 10 milhões. A cidade de Winston-Salem, na Carolina do Norte, por exemplo, usa o pacote Microsoft Office 365 para economizar dinheiro e colocar os aplicativos do programa na internet. O material sobre linguagem de programação e questões sobre software e tendências também foi atualizado. Em uma pesquisa, mais de 70% dos gerentes de sistemas de informações relataram que fizeram negociações para abaixarem os preços de licenças na maioria dos casos ou, no mínimo, em alguns casos. A organização Code For America (CFA) – Código para a América (CP), por exemplo, utilizou um programa de fonte aberta em Boston e em outras cidades americanas para ajudar as cidades e os municípios a resolver alguns de seus problemas de tráfego, como localizar hidrantes, que podem ficar completamente cobertos de neve no inverno. A CFA tornou seus esforços livres para outras cidades e municípios e disponibiliza seus recursos gratuitamente.

O **Capítulo 5**, **Sistemas de bancos de dados, centros de dados e inteligência empresarial**, apresenta 100 referências novas ou atualizadas, incluindo muitos exemplos e quotas de gerentes executivos que utilizam sistemas de bancos de dados a seu favor. O capítulo contém uma nova seção sobre aplicativos de big data. Também incluímos novas informações sobre administradores de bancos de dados e cientistas que ajudam a analisar o que está armazenado nos vastos bancos de dados corporativos. Os centros de dados foram extremamente reforçados e o tema foi adicionado ao título sobre modelagem de dados e características do banco de dados para refletir este aumento em sua importância. Esta seção apresenta novos materiais e exemplos. A IBM, por exemplo, está ajudando a construir um imenso complexo de centro de dados que envolve no mínimo sete centros de dados separados em múltiplos edifícios, totalizando mais 6 milhões de pés quadrados. Por causa da redução nos custos de energia e no valor das terras, a área rural da Carolina do Norte está se tornando popular para a instalação de grandes centros de dados. O centro de dados de $ 1 bilhão da Apple, o centro de dados de $ 600 milhões da Google e o centro de $ 450 milhões do Facebook estão localizados na Carolina do Norte. As preocupações com os centros de dados, incluindo os custos de capacidade de armazenagem, foram ampliadas. A Biblioteca do Congresso dos EUA possui cerca de 450 bilhões de objetos armazenados em cerca de 20 mil discos rígidos conectados em aproximadamente 600 servidores e suas necessidades de armazenagem continuam crescendo. De acordo com o estudo, cerca de um terço à metade de todos os centros de dados ficará sem espaço nos próximos anos. A segurança e o backup dos centros de dados também foram discutidos. Depois que um furacão danificou seus centros de dados, a Situs Companies decidiu fazer o backup de seu centro de dados na internet usando o EVault, uma subsidiária da Seagate. A maioria dos centros de dados japoneses sobreviveu ao devastador terremoto que abalou o Japão em 2011 por manter um estoque suficiente para seus geradores elétricos e edifícios de centro de dados usando técnicas avançadas de construção. Este capítulo também apresenta uma nova seção sobre a virtualização dos bancos de dados, que discute as questões relacionadas à segurança ao usar abordagem de virtualização dos bancos de dados. Em um caso, um funcionário demitido foi capaz de obter acesso a um banco de dados virtual e deletar importantes aplicativos, e-mails e outros documentos, com um prejuízo de aproximadamente $ 800 mil para a companhia, de acordo com o FBI. O material sobre OLAP foi integrado à seção de inteligência artificial. De acordo com o Estudo do Universo Digital IDC, somente um terço das informações digitais apresenta pelo menos um nível mínimo de segurança. Também acrescentamos novas referências, exemplos e materiais sobre novos aplicativos de bancos de dados, incluindo técnicas relacionais de gestão de bancos de dados e revendedores, sistemas populares de gestão de bancos de dados, sistemas de bancos de dados de código aberto, bancos de dados como um serviço (DaaS) e uma variedade de aplicativos de bancos de dados para equipamentos móveis, PCs e tablets.

O **Capítulo 6**, **Telecomunicações e redes**, foi atualizado para cobrir os mais recentes desenvolvimentos em telecomunicações e redes. Ele discute o FiOS, um conjunto de pacotes de serviços de comunicações da Verizon. A função da família IEEE e IEEE 802.1 de padrões foi acrescentada. A cobertura dos padrões 3G e 4G foi simplificada e explica de forma clara a função de UMTS, CDMA, TD-SCDMA, LTE e HPSA+. O material sobre tecnologias Wi-Fi e WiMAX foi atualizado. O rápido crescimento do tráfego de dados em redes sem fio e sua importância foram discutidos. A abordagem sobre os smartphones foi ampliada e inclui uma discussão sobre seus sistemas operacionais e aplicativos disponíveis. O crescimento do uso Femtocels, pequenos equipamentos da estação de base de celulares para aumentar a capacidade de recepção desses telefones, foi coberto. O capítulo também discute importantes tendências na localização de call centers, com as Filipinas apresentando mais calls centers que qualquer outro país e com muitas pequenas empresas americanas retornando para os Estados Unidos. Código de resposta rápida e tags que podem ser escaneadas pelos usuários de smartphones para visualizar informações adicionais sobre um produto ou um artigo no mostruário também foram abordados. No total, o capítulo apresenta três novas tabelas, uma nova figura e 39 novos exemplos de organizações e indivíduos que usam as tecnologias de telecomunicações discutidas neste capítulo.

O **Capítulo 7**, **A internet, web, intranet e extranets**, inclui mais de 100 referências novas ou atualizadas, além de exemplos sobre essas tecnologias. Os sites de internet podem ter um profundo impacto das políticas mundiais. Alguns países tentam controlar o conteúdo e os serviços fornecidos pelas ferramentas de buscas e sites de relacionamento social. Para obter mais espaço para novos endereços na web, esforços estão sendo desenvolvidos para aumentar o número de nomes de domínios disponíveis. Atualmente, os domínios terminados em .com possuem mais de 90 milhões de endereço, os .net contam com mais de 10 milhões e os .org têm cerca de 9 milhões de endereços na web. O material sobre computação em nuvem foi atualizado. A Apple Computer desenvolveu um serviço chamado iCloud para permitir que as pessoas armazenem suas músicas e outros documentos neste site da internet. Com seu produto de software Office 365, a Microsoft está enfatizando a computação em nuvem para um nível mais elevado atualmente. A New York Stock Exchange (NYSE), por exemplo, está começando a oferecer aplicativos de computação em nuvem que permitem que os clientes paguem pelos serviços e os dados que eles usam na Euronext, um mercado europeu de ações, títulos e outros investimentos. A seção sobre aplicativos da internet e da web foi completamente atualizada. Usando a internet, os empresários podem implantar as empresas on-line e prosperar. Os formandos da Wharton School, da Universidade da Pensilvânia, por exemplo, iniciaram uma companhia de prescrição de óculos de grau através da internet. Empresas como www.frelancer.com e www.livework.com podem ajudar os empresários a prosperar na internet. A Ratiophram Canada, uma indústria farmacêutica, usou a internet para ajudar a resolver o problema com a distribuição de medicamentos, em que a demanda por seus medicamentos genéricos variava consideravelmente. A internet foi utilizada para permitir que seus funcionários compartilhassem informações e colaborassem com as variações na demanda. Como resultado, a percentagem de pedidos preenchidos dentro do prazo foi abaixo de 90% a acima de 95%. A popular companhia de planejamento de recursos empresariais (ERP, enterprise resource planning), a SAP, está se associando com o Google para associar ou integrar seus dados empresariais com os dados geográficos da internet. O resultado será relatórios gráficos criativos, tais como vendas e inadimplência por região e relatórios similares colocados no Google Maps. A Grady Health Systems atualizou seu sistema de e-mails para o Exchange Online da internet, que é um sistema de mensagem baseado em computação em nuvem. Os novos sistemas de e-mails são mais estáveis e mais baratos. Pandora, Napster e Grooveshark são apenas alguns exemplos de sites gratuitos de música na internet. Outros sites de música da internet cobram uma taxa para a música. O Rhapsody tem cerca de 800 mil ouvintes pagantes, o Slacker Radio tem quase 300 mil ouvintes pagantes e Spotify, aproximadamente 1,5 milhão de ouvintes pagantes. A música na internet tem ajudado nas vendas de música clássica, como Mozart, Beethoven e outros. A aquisição da Vudu pelo Walmart permitiu a esta grande rede de varejo que ingressasse com sucesso no negócio de filmes pela internet. Algumas redes de TV, tais como CNN e HLN, estão transmitindo mais programas pela internet. De forma crescente, as redes de televisão possuem iPad e outros aplicativos móveis (apps) que transmitem o conteúdo da TV para tablets e outros equipamentos móveis. Outras redes de TV estão começando a cobrar dos telespectadores para assistir a seus episódios na internet. Algumas permitem somente a visualização de um episódio por semana, ou por um período de tempo maior, depois que o episódio foi transmitido pela TV. Os videogames se tornaram uma grande indústria. Os games podem gerar mais de $ 20 bilhões anualmente, um valor maior que os filmes de Hollywood. A Zynga, uma empresa de internet de rápido crescimento, vende cavalos virtuais e outros itens para seus jogos, tais como FarmVille. A companhia vende, por exemplo, um pônei palhaço com roupas coloridas por cerca de $ 5. A Zynga tem um clube VIP para as pessoas que gastam muito em itens virtuais a venda. Algumas empresas de internet também vendem alimentos para animais virtuais. As pessoas podem alimentar e criar seus animais virtuais e vendê-los depois de prontos. A seção sobre problemas da internet também foi atualizada. A invasão de privacidade pode ser um possível problema com a internet e as redes sociais. Um grande número de sites da internet, por exemplo, coleta informações pessoais e financeiras dos visitantes sem seus consentimentos ou sem que eles saibam. No entanto, algumas empresas de internet estão começando a permitir que as pessoas selecionem a função "não rastrear" para impedir que informações pessoais e financeiras sejam juntadas e armazenadas. Algumas pessoas temem que o novo software de reconhecimento facial, usado por algumas empresas de internet, possa ser uma invasão de privacidade. O software de reconhecimento facial, por exemplo, poderia ser usado para reconhecer as pessoas nas fotos postadas nas redes sociais e em outros sites da internet. Alguns trabalhadores foram demitidos por seus empregadores quando os criticaram ou suas empresas no Facebook, no Twitter e em outros sites de redes sociais. Alguns dos funcionários demitidos estão contra-atacando e processando seus empregadores. Por causa do aumento da importância das redes sociais e das novas tecnologias web 2.0, este material foi transferido para o início da seção sobre aplicativos da web e da internet.

O **Capítulo 8**, **Comércio eletrônico e móvel**, foi atualizado para cobrir os desenvolvimentos mais recentes em e-commerce e m-commerce. Uma nova tabela com uma previsão dos gastos globais do comércio eletrônico negócio a cliente (B2C) foi incluída. As informações sobre os maiores revendedores americanos de B2C foram atualizadas. Novos exemplos sobre invasões dos principais dados de segurança relacionados ao comércio eletrônico foram acrescentados. Fornecemos exemplos de empresas que tomaram ações para evitar tais invasões. São apresentadas previsões atualizadas para o volume de comércio móvel. Mostramos novos e interessantes exemplos de empresas que usam o comércio eletrônico para reduzir custos, acelerar o fluxo de bens e serviços, aprimorar a segurança e aumentar os serviços ao cliente. Uma discussão sobre os comércios de trocas e redirecionamento que estão tomando os aplicativos de comércio eletrônico foi acrescentada. Informações sobre os melhores aplicativos para smartphones são apresentadas para comparação de preços. Inserimos dados sobre o crescimento de cupons eletrônicos e abordagens para seu fornecimento. No geral, o capítulo apresenta duas novas tabelas e 43 novos exemplos de organizações e pessoas que utilizam o comércio eletrônico. Além disso, o capítulo tem 66 novas referências.

O **Capítulo 9**, **Sistemas empresariais**, foi atualizado para apresentar os desenvolvimentos mais recentes nos sistemas empresariais. Uma nova tabela foi adicionada para mostrar os sistemas ERP mais populares para grandes, médias e pequenas empresas. A tabela dos sistemas de CRM com as notas mais altas foi atualizada para exibir as classificações mais recentes. O capítulo menciona que os vendedores estão usando sistemas CRM para ficarem atentos ao que as pessoas estão dizendo sobre seus produtos e serviços nas redes sociais. Também foi discutida a conexão entre os sistemas CRM e programas de fidelidade do cliente. Foi acrescentada uma seção para abranger gestão do ciclo de vida útil do produto como tipo de sistema empresarial utilizado para gestão de todos os dados associados ao desenvolvimento do produto, seu projeto de engenharia, produção, suporte e descarte de produtos manufaturados. São apresentados dois novos exemplos de empresas que usam sistemas PLM. No geral, o capítulo apresenta três tabelas novas ou atualizadas e 44 novos exemplos de organizações que usam sistemas de processamento de transações e sistemas empresariais para gerenciar seus negócios. Além disso, o capítulo tem 54 novas referências.

O **Capítulo 10**, **Sistemas de informação e de apoio à decisão**, inclui mais de 100 referências novas ou atualizadas e outros materiais. O material sobre a tomada de decisão, resolução de problemas, otimização e outras técnicas de tomadas de decisão foi atualizado com novas referências e exemplos. Ao permitirem que os gerentes se conectem a aplicativos e sistemas de informática corporativos, companhias como a Chevron estão começando a usar as tecnologias mais atuais, tais como tablets, para ajudar os gerentes a tomar decisões. Em outro exemplo, a American Airlines monitorou suas decisões para usar a análise de probabilidade para reduzir os níveis de estoque e os custos de remessa para equipamentos de manutenção da linha aérea e de itens de serviço durante os voos. Em média, o valor desse estoque pode ser maior que \$ 1 bilhão por ano. A American Airlines usou uma técnica de tomada de decisões chamada árvore de análise que cria diagramas das principais decisões e seus possíveis resultados. A Shermag, uma empresa canadense que produz móveis, usou um programa de otimização para reduzir os custos de materiais brutos, incluindo madeira, em suas operações de manufatura. O programa de otimização que utiliza a linguagem de programação C++ e o software de otimização CPLEX ajudaram a companhia a reduzir seus custos totais em mais de 20%. O material sobre sistemas de informação de gerenciamento e os sistemas de suporte para tomada de decisão, incluindo o sistema de suporte do grupo, também foram atualizados. A Providence Washington Insurance Company usou o ReportNet da Cognos, uma empresa da IBM, para reduzir o número de relatórios em papel que eles produziam e os custos associados. O novo sistema de geração de relatórios cria um painel de controle executivo que mostra os dados atuais, os gráficos e as tabelas para ajudarem os gerentes a tomar as melhores decisões em tempo real. Algumas empresas, como a Sprint, a Levi Strauss e a Mattel, estão utilizando alunos universitários para ajudá-los com sua pesquisa de marketing. Muitas vezes as escolas são pagas pelo trabalho e sua participação pode ajudar os alunos a obter um emprego depois de formados. A BMW, uma empresa alemã de carros de luxo, realiza pesquisas de marketing usando mecanismo de pesquisa para determinar as preferências do cliente e os alvos das propagandas para as pessoas que possam estar interessadas em comprar um de seus carros. Muitos pequenos negócios estão anunciando efetivamente seus produtos de serviços usando sites da internet, como o Groupon. A Shopkick Inc. produz aplicativos para smartphones que oferecem descontos aos clientes para entrarem em uma loja. De acordo com a companhia, o aplicativo de smartphone já atraiu cerca de 750 mil clientes para as lojas. A Target, a Best Buy e outras lojas usaram esse serviço para obterem vantagens. A TurboRouter é um sistema de suporte à tomada de decisão, desenvolvido na Noruega, para reduzir os custos de envio e cortar emissões de remessas mercantis. A operação de um único navio pode custar mais de \$ 10 mil por dias. A TurboRouter agenda e gerencia o uso de navios para transportar óleos e outros produtos para diversos locais em todo o mundo. A Jeppesen, um fornecedor de mapas e produtos de navegação para centenas de linhas aéreas e milhares de pilotos, precisava de um sistema de apoio flexível para tomada de decisão a fim de monitorar e controlar suas decisões. Com as cartas de navegação e outros documentos mudando constantemente, a Jeppesen achava difícil fornecer um produto preciso de maneira rápida e eficaz. Com o resultado de seu sistema de suporte para a tomada de decisão, a Jeppesen foi capaz de reduzir seus percentuais mais recentes com transporte de 35 para quase 0%. Yum Brands, proprietário da Kentucky Fried Chicken (KFC), Taco Bell e Pizza Hut, usa um sistema de teleconferência de suporte ao grupo fabricado pela Tanberg que permite que os funcionários realizem reuniões virtuais e tomem decisões em grupo, reduzindo o tempo gasto em viagens e custos. O sistema de suporte ao grupo da Tandberg usa vídeos de alta definição e software de suporte para ajudar os funcionários em locais distantes a colaborar e tomar decisões em grupo.

O **Capítulo 11**, **Sistemas de informação especializados e de gestão do conhecimento**, apresenta mais de 100 referências novas ou atualizadas, além de exemplos e materiais sobre gestão de conhecimento e sistemas de informações empresariais especializados, inteligência artificial, sistemas especialistas, realidade virtual e vários outros sistemas especializados. Por exemplo, incluímos novos materiais e exemplos sobre realidade aumentada. Alguns fabricantes de carros de luxo, por exemplo, exibem as informações no painel de controle, tais como velocidade e combustível restante. O aplicativo é usado em algumas aeronaves militares e muitas vezes é chamado visores HUD. A Advent, uma empresa de São Francisco, nos Estados Unidos, que desenvolve aplicativos para investimentos de fundos de pensão e para empresas de serviço financeiro, usou um sistema de gestão de conhecimento para ajudar seus funcionários a localizar informações fundamentais. Em um estudo, os trabalhadores com mais experiência em gestão de conhecimento foram capazes de se beneficiar da gestão de conhecimento mais rapidamente e com maior profundidade que os funcionários com menos experiência. Yum Brands conecta seu 1,6 bilhão de funcionários ao redor do mundo para ajudá-los a compartilhar e usar esse conhecimento. O vice-presidente de TI global da Yum Brands acredita que esse tipo de compartilhamento do conhecimento pode ajudar os funcionários a "quebrarem os silos e compartilharem o know-how". Esta abordagem de compartilhamento de conhecimento usa uma rede social interna chamada iChing, uma instalação empresarial de pesquisa desenvolvida pela Coveco, um sistema de aprendizagem on-line da Saba e um sistema de videoconferências em alta definição da Tandberg. Sonia Schulenburg, uma ex-fisioculturista que também possui doutorado em inteligência artificial, iniciou uma companhia chamada Level e Capital, que usa a inteligência artificial para pegar e negociar ações. Seus sistemas de negócios realizam até mil transações por dia e sua empresa muitas vezes supera os índices mais populares de ações, tais como FTSE 100. A Honda Motors desenvolveu um sistema de interface de computador cerebral que permite que uma pessoa realize determinadas operações, como dobrar uma perna, com 90% de precisão. O novo sistema utiliza um capacete especial capaz de medir e transmitir as capacidades cerebrais para um computador. O campo da robótica possui muitas aplicações, e a pesquisa desses dispositivos únicos continua. O Robonaut, também chamado R2, é um robô com formas humanas usado na Estação Espacial Internacional. O Hospital Adventista Porter, em Denver, Colorado, utiliza um Sistema Cirúrgico da Vinci de $ 1,2 milhão para realizar cirurgias em pacientes com câncer de próstata. O sistema especialista Lantek pode ser usado para cortar e fabricar metal, transformando-o em produtos acabados para as indústrias automotivas, de construção e de mineração. Os sistemas especialistas podem ajudar a reduzir os desperdícios com materiais brutos e a aumentar os lucros. O material sobre multimídia e realidade virtual foi atualizado. A Geico utiliza animação em alguns de seus comerciais na TV. Os sites de animação na internet, como Xtranormal e GoAnimate, podem ajudar indivíduos de corporações a desenvolver esses tipos de animação. A Pixar utiliza sofisticados softwares de animação para criar incríveis filmes em 3D. O processo exato pode ser visto no site da Pixar. Barbara Rothbaum, diretora do Programa de Trauma e Recuperação no Emory University School of Medicine e cofundadora da Virtually Better, usa sistemas de realidade virtual inversivo para auxiliar no tratamento de distúrbios de ansiedade. A Boeing usa a realidade virtual para ajudá-la no projeto e na fabricação de peças de aeronaves e novos aviões, incluindo o 787 Dreamliner. Os pesquisadores da IBM, juntamente com os pesquisadores do Instituto de Bioengenharia e Nanotecnologia com base em Cingapura, desenvolveram uma nanopartícula 50 mil vezes menor que a espessura de um cabelo humano. Se obtiver sucesso, a nanopartícula poderia destruir bactérias que ameaçam a saúde e a vida humana. Atualmente, mais hospitais e instalações de serviço à saúde estão usando a internet para conectarem os médicos aos pacientes em locais distantes. Em um caso, o médico usou um vídeo pela internet para analisar o derrame em um paciente localizado a 15 milhas de distância e assegurar que as medicações que estavam sendo administradas não aumentavam as chances de hemorragia cerebral. Depois de revisar as imagens de tomografia e o comportamento do paciente, o médico fez recomendações específicas sobre as medicações.

O **Capítulo 12**, **Desenvolvimento de sistemas: investigação e análise**, inclui 80 novas referências, exemplos e materiais sobre o desenvolvimento de sistemas. Falamos que é esperado que os gastos com o desenvolvimento de sistemas cresçam nos próximos anos, de acordo com uma pesquisa do impacto econômico de um CIO. Os departamentos de SI e os desenvolvedores de sistemas se concentraram na criação de mais aplicativos móveis para seus negócios e organizações. É esperado que as receitas com aplicativos móveis estejam acima de $ 15 bilhões anuais, de acordo com a Garter Inc. Um projetista em sistemas individuais, por exemplo, criou um aplicativo chamado Wod Leans, que utiliza conhecimento óptico de caracteres para fazer a leitura de textos segurando um smartphone ou um outro equipamento móvel em frente aos menus de restaurantes, livros, sinais e outros textos e tirando uma foto de tais textos. Em poucos segundos, o aplicativo pode traduzir a imagem da câmera de um idioma para outro, tal como do alemão para o inglês. Também mostramos que as empresas procuram pessoas para a equipe de desenvolvimento de sistemas que tenham treinamento em equipamentos móveis, aplicativos da internet e redes sociais. Atualmente, as empresas estão criando suas próprias lojas internas de aplicativos (app). Também discutimos que os equipamentos móveis podem ser um grande risco à segurança das organizações empresariais e ONGs que permitem que seus funcionários e gerentes utilizem esses equipamentos no trabalho. Este capítulo inclui vários novos exemplos do uso de desenvolvimento de sistemas. A Halmark, por exemplo, utilizou com sucesso desenvolvimentos de sistema para criar um novo site na internet e anunciar seus cartões comemorativos e outros produtos relacionados. O novo site foi 300% mais rápido que o antigo, o que resultou em um aumento das vendas. A inadimplência em postos federais, estaduais e municipais resultou em novos esforços de desenvolvimento de sistemas. O benefício da redução de impostos votada pelo congresso americano em 2010, por exemplo, fez com que algumas companhias comprassem hardware e equipamentos relacionados a computador em 2011. Incluímos novos exemplos de como as ferramentas de desenvolvimento de sistemas específicos podem ser usadas para alcançar as metas organizacionais. O CIO da Hewlett-Packard reduziu o tempo de término de um projeto para apenas seis meses usando um desenvolvimento rápido de aplicativo (RAD). O FBI usou o desenvolvimento ágil para economizar tempo e reduzir o número de pessoas para um projeto chamado Sentinel. O desenvolvimento ágil foi capaz de reduzir o número de pessoas envolvidas de cerca de 200 para 50. Introduzimos uma nova abordagem para o desenvolvimento de sistemas chamado Scrum, que reforça o desenvolvimento incremental e ágil. O uso de terceirização também foi reforçado. A Steel Technologies terceirizou grande parte de suas estruturas e operações de informática para pacotes ERP, em vez de gastar quase $ 1 milhão em computadores, armazenagem de equipamentos e energia elétrica. Esta abordagem geralmente é chamada Infraestrutura como um Serviço (IaaS). A Tata, uma grande firma terceirizada na Índia, visa agora empresas menores por meio do uso de computação em nuvem e de um novo serviço chamado iON. Com a computação em nuvem, as empresas menores podem fazer o download de programas que permitem que a Tata gerencie os programas de seus clientes e os processe de um local remoto. Acrescentamos uma nova seção sobre o desenvolvimento de aplicativos móveis. A seção sobre investigação de sistemas e análises também foi atualizada. Um grande número de hospitais, por exemplo, vem lutando para atender os prazos finais das análises de sistemas, como ordenado por agências federais. Um programa de um bilhão de dólares chamado SBInet falhou ao tentar construir uma cerca de alta tecnologia na fronteira entre o México e o Estado de Arizona. Como resultado, o Departamento de Segurança Doméstica paralisou o projeto. Nova York distribui $ 63 milhões para o desenvolvimento de sistemas por uma firma externa. Quando o projeto incorreu em um grande excesso de custos, a cidade processou a firma externa em $ 600 milhões. Para uma companhia implantar um novo sistema de gestão de relacionamento com o cliente, os custos para o desenvolvimento do sistema foram duas vezes maiores que os projetados.

O **Capítulo 13**, **Desenvolvimento de sistemas: projeto, implantação, manutenção e revisão**, inclui mais de 80 referências novas ou atualizadas e materiais sobre o projeto e a implantação dos sistemas. Reforçamos a importância da segurança no projeto e na implantação. Projetar controles e procedimentos de segurança no uso de smartphones e outros equipamentos móveis pode ser um desafio para muitas organizações. Os funcionários querem ser capazes de fazer seus trabalhos usando seus smartphones, tablets e outros dispositivos móveis no trabalho ou em viagens. As corporações querem certificar-se de que o uso desses equipamentos é seguro. Laptops e outros equipamentos móveis extraviados foram a principal causa de roubos de identidades por indivíduos. O equipamento roubado também resultou na perda de segredos e procedimentos corporativos. De acordo com uma pesquisa, mais de 50% dos participantes indicaram que os possíveis problemas de segurança em dispositivos móveis os impediu de usá-los com maior intensidade ao realizarem trabalhos corporativos. Para combater esses problemas, os desenvolvedores de sistemas estão instalando software para criptografar os dados móveis e exigir identificações e senhas para ter acesso a eles. As empresas também estão protegendo seus computadores com software e firewalls para bloquear o acesso de pessoas não autorizadas aos programas e dados corporativos que usam equipamentos móveis corporativos. O material sobre planejamento e recuperação em desastres também foi atualizado. O terremoto, o tsunami e os problemas resultantes em várias usinas nucleares japonesas foram devastadores, mas a tecnologia ajudou as pessoas a preservar o contato e a lidar com a crise. Ao manter sua loja em Ginza aberta, a Apple Computer foi capaz de fornecer meios de comunicação de emergência fundamentais para funcionários, clientes e outros por meio de computadores que usavam serviços de e-mail, Facebook, Twitter e outros sites da internet. Na verdade, algumas pessoas usaram a loja como um abrigo de emergência. A Troy University de Alabama atualizou seu sistema de recuperação de desastres para ajudá-la a impedir e a se recuperar de possíveis desastres, incluindo furacões. Também mencionamos que muitas das organizações hoje em dia possuem um departamento de conformidade para garantir que seu departamento de SI esteja aderindo a seus sistemas de controle de acordo com as leis federais, estaduais e municipais. A seção sobre o projeto ambiental foi totalmente atualizada. O Facebook, com ajuda de seus parceiros comerciais, desenvolveu um centro de dados na área rural de Prineville, Oregon, para obter mais eficiência energética utilizando chips e servidores de última geração, que são mais leves e de manutenção mais fácil. Os servidores também tiveram um preço mais baixo de compra que seus antecessores. Atualmente, painéis solares, turbinas a gás e células de combustível estão tornando os departamentos de SI e os centros de dados mais eficazes em termos de energia. Uma firma japonesa projetou um novo chip de computador que poderia potencialmente reduzir o consumo de energia e quase dobrar o tempo de uso das baterias de equipamentos móveis, incluindo laptops, tablets e smartphones. Na seção sobre projetos de sistemas, enfatizamos a importância de ter um bom contrato. As organizações que utilizam a abordagem de computação em nuvem precisam tomar precauções especiais ao assinarem contratos com os provedores dessa tecnologia, examinar como a privacidade é protegida, como a organização pode lidar com as diversas leis e regulamentações para o uso de computação em nuvem, em que parte do mundo estão localizados os servidores e computadores, como lidam com a descoberta se houver uma ação judicial e a segurança dos dados armazenados. A seção sobre implantação de sistemas foi revisada com novos materiais e exemplos. De acordo com uma pesquisa de CIOs, não ser capaz de implantar sistemas novos ou modificados foi a preocupação mais importante nos departamentos de SI da atualidade. Reforçamos a ideia de que a implantação não está completa quando o código fonte do programa é finalizado. Algumas empresas como Secure by Design oferecem instalação automatizada do programa e serviços de atualização. Ao utilizarem essas ferramentas, as empresas podem facilmente instalar e atualizar programas projetados para rodar em Windows, Linux e outros sistemas operacionais. O desafio de programas legados mais antigos também foi abordado. Como muitas empresas, a Crescent Healthcare, que fornece tratamento por medicação para câncer e outras doenças potencialmente fatais, possui grandes investimentos em aplicativos legados mais antigos. É um desafio saber quais sistemas legados devem ser mantidos e quais devem ser substituídos por novos aplicativos da internet ou da computação em nuvem. A British Airways possuía cerca de 60 sistemas legados que estavam se tornando crescentemente mais difíceis de atualizar e manter. A companhia espera substituir esses antigos sistemas legados para tornar seus aplicativos mais fáceis de serem atualizados e mantidos. O material sobre revisão de sistemas também foi atualizado. Após rever seu Sistema de Arquivos de Casos Virtuais, que alguns acreditavam que estava acima do orçamento e não funcionava conforme o esperado, o FBI iniciou o desenvolvimento de novos sistemas para criar o Sentinel, o hardware e o software usados para armazenar e analisar informações importantes sobre seus inúmeros casos. Os eventos que podem acionar a revisão de sistemas podem ser altamente complexos ou tão simples quanto um cabo rompido, como o caso quando uma senhora de 75 anos rompeu um cabo de fibra ótica com sua enxada ao cavar procurando metais na Armênia. O Departamento de Estado norte-americano revisou seus sistemas de computadores usados para rodar a loteria anual que sorteia vistos de permanência e descobriu um erro de programação interno. A loteria deveria sortear 15 mil pessoas para obter os vistos aleatoriamente de uma lista com 15 milhões de pessoas que se inscreveram. Com o resultado, o Departamento de Estado foi forçado a corrigir os erros de programação e sortear a loteria novamente. Os nomes das pessoas que receberam um visto da primeira vez foram colocados de volta na loteria para terem uma segunda chance.

O **Capítulo 14**, **O impacto pessoal e social dos computadores**, foi atualizado para apresentar os problemas mais recentes e também os desenvolvimentos associados com o impacto pessoal e social dos computadores. O uso de sistemas de informações não integrados que tornam difícil colaborar e compartilhar informações é discutido como um caso de desperdício de computadores e é ilustrado pela Casa Oliveira, um importador venezuelano. Novos dados do escritório de contabilidade do governo são apresentados e concluem que 37 de suas amostras de 810 investimentos em sistemas de informação (totalizando $ 1,2 bilhão) estavam potencialmente duplicadas. A Procter & Gamble é usada como exemplo de como os empregados da companhia desperdiçam os valiosos recursos dos sistemas de informação usando os computadores para jogos on-line, envio de e-mails pessoais ou navegando na internet. Muitos outros novos exemplos de desperdícios relacionados com computadores são apresentados. O Emerson College, em Colorado, a organização Her Majesty's Revenue and Customs e o departamento de custódia da Califórnia são usados para ilustrar a importância de uma cuidadosa implantação de novas políticas e procedimentos. O papel do centro de computação para crimes da internet, uma aliança entre o Centro de Combate aos Crimes de Colarinho Branco e o FBI, foi discutido. Muitos novos exemplos de crimes por computador, fraudes e hacking foram abordados. A ameaça do cyberterrorismo é discutida e são fornecidos diversos exemplos recentes. As informações sobre aposta na internet e a legalidade do uso e da existência de tais sites foram atualizadas e ilustradas. Novos exemplos do uso da computação para combater o crime foram abordados. Este capítulo apresenta o JusticeXchange, um sistema de compartilhamento de dados baseado na internet e que fornece aos agentes da lei informações sobre criminosos atuais e antigos que foram mantidos nas cadeias participantes. O capítulo também discute novas ameaças à segurança, especialmente de funcionários que usaram smartphones, como iPhone, Android, BlackBerry ou tablets. Apresentamos novos dados sobre o volume de softwares adquiridos em todo o mundo (cerca de $ 95 bilhões) e o volume de software pirateado ($ 59 bilhões). Também incluímos novos exemplos dos principais casos judiciais sobre o alegado download ilegal de programas e filmes, assim como infringimento das leis de direito autoral. A lei Stop Online Piracy Act (SOPA) e a lei Preventing Real Online Threats to Economic Creativity and Theft of Intellectual Property Act (Protect Intellectual Property Act ou PIPA) foram discutidas. São mostrados muitos novos exemplos de crimes por computador. A separação de tarefas, um conceito fundamental de bons controles internos, foi apresentada e ilustrada com um exemplo da Medicaid Operations Division, do Departamento de Saúde de Utah. Atualmente estão sendo usados programas antivírus e softwares de filtragem da internet com alta qualificação. A privacidade do computador e a difamação pela internet são discutidas e vários casos atuais foram mostrados. Um modelo de política de privacidade corporativa da Better Business Bureau foi apresentado. As informações sobre potenciais nocivos à saúde causados pelo uso constante de computadores e como reduzir tais riscos foram introduzidos. No geral, o capítulo apresenta 48 novos exemplos de organizações que lidam com impactos social e pessoal dos computadores e 80 novas referências.

O QUE FOI MANTIDO DA EDIÇÃO ANTERIOR

Esta nova edição foi elaborada com base naquilo que funcionou bem no passado; ela mantém o foco nos princípios do SI e tenta apresentar o texto mais atualizado sobre o mercado.

- **Princípios gerais.** Este livro continua a abordar um tema que engloba todos os outros: o direito à informação, se fornecida à pessoa certa, da maneira correta e no tempo certo pode aumentar e garantir a efetividade e a eficiência organizacional.
- **Princípios de sistemas de informação.** Os princípios de sistemas de informação que resumem os conceitos-chave que todos os alunos deveriam conhecer. Esses princípios são destacados no início de cada capítulo e são abordados no decorrer do texto.
- **Perspectiva global.** Reforçamos os aspectos globais dos sistemas de informação como um tema essencial.
- **Objetivos de aprendizagem ligados a esses princípios.** Os objetivos de aprendizagem, cuidadosamente elaborados, foram incluídos em todos os capítulos. Os objetivos de aprendizagem estão conectados aos princípios de sistema de informação e refletem o que os alunos poderão desenvolver depois de completar um capítulo.
- **Os textos de abertura enfatizam os aspectos internacionais.** Todos os textos de abertura de cada capítulo levantam questões de empresas baseadas no exterior ou empresas multinacionais.
- **Por que..........** . Cada capítulo apresenta uma seção indagando por que se informar, entender ou aprender sobre sistemas de informação nas organizações para atrair o interesse dos alunos. A seção estabelece o estágio dos alunos ao descrever brevemente a importância do conteúdo deste capítulo – não importa quais as carreiras que eles escolham seguir.
- **Quadros Sistemas de informação no trabalho**. Todos os capítulos possuem quadros "Sistemas de informação no trabalho" totalmente novos que mostram como os sistemas de informação são utilizados em diversas áreas na carreira de administração.
- **Quadros Questões éticas e sociais.** Cada capítulo inclui um quadro sobre "Questões éticas e sociais" que apresenta uma visão atualizada dos desafios éticos e dos impactos sociais de sistemas de informações.
- **Exemplos atuais, quadros, casos e referências.** Como em todas as edições, tivemos um grande orgulho em apresentar os exemplos mais recentes, quadros, casos e referências no decorrer dos textos. Algum destes foram desenvolvidos no último momento possível, literalmente algumas semanas antes de o livro original ser publicado. As informações sobre hardware e software, os mais recentes sistemas operacionais, questões sobre comércio móvel, internet, comércio eletrônico, problemas sociais e éticos e outros atualmente em desenvolvimento podem ser encontrados por todo o texto. Nossos adeptos podem esperar o melhor e o mais recente material. Fizemos tudo que podíamos para atender ou até mesmo exceder estas expectativas.
- **Resumo relacionado aos princípios.** Cada capítulo inclui um sumário resumido sobre essa seção em associação com os princípios de sistemas de informação.
- **Testes de autoavaliação.** Essa funcionalidade popular ajuda os alunos a revisar e a testar sua compreensão sobre os conceitos-chave do capítulo.
- **Exercícios para especialização.** Os exercícios para especialização no final do capítulo convidam os alunos a pesquisar um tópico discutido no capítulo e a relacionar com uma área empresarial de sua escolha. Os alunos são encorajados a usar a internet, a biblioteca da faculdade ou entrevistas para coletar informações sobre carreiras administrativas.
- **Casos no final dos capítulos.** Dois novos casos no final dos capítulos dão aos alunos a oportunidade de aplicar os princípios abordados com problemas do mundo real em organizações reais. Esses casos podem ser atribuídos como exercícios individuais para resolver em casa ou servir como base para discussão em sala de aula.

MATERIAL DE APOIO

Na página deste livro no site da Cengage estão disponíveis materiais de apoio para alunos e professores.

- **Para o aluno:** glossário dos principais termos estudados no livro.
- **Para o professor:** slides em PowerPoint® que poderão auxiliá-lo em sala de aula, além do manual do professor (disponível em inglês).

AGRADECIMENTOS

Um livro deste escopo e um empreendimento desta grandeza requer o esforço conjunto de uma grande equipe. Gostaríamos de agradecer a todos os colegas desta tecnologia de curso por sua dedicação e trabalho duro. Gostaríamos de agradecer Charles McCormick, nosso editor sênior de Aquisições, por sua liderança e orientação neste trabalho. Agradecimento especial para Kate Hannessy, nossa gerente de produto. Também gostaríamos de agradecer a Aimee Poirier por exercer a função de gerente de produto durante a ausência de Kate no início deste projeto. Nossos agradecimentos vão para todas as pessoas que trabalharam nos bastidores para trazer esse esforço à luz, incluindo Abigail Reip, nossa pesquisadora de fotos. Agradecemos à Lisa Ruffolo, nossa editora de desenvolvimento, que merece especial reconhecimento por seu esforço incansável e sua ajuda em todos os estágios deste projeto. Obrigado também a Arul Joseph Raj e Jennifer Feltri-George, nossos gerentes de projeto de conteúdo, que cuidaram do livro durante todo o processo de produção.

Somos gratos à força de vendas do Cengage Learning, cujo empenho tornou tudo isso possível. Vocês ajudaram a obter valioso feedback das pessoas que adotam atualmente e adotarão este livro no futuro. Como usuários dos produtos do Cengage Learning, sabemos que vocês são muito importantes.

Nossos agradecimentos especiais a Efrem Mallach por excelente trabalho na elaboração dos quadros Sistemas de informação no trabalho, Questões éticas e sociais e os casos apresentados nesta edição.

Ralph Stair gostaria de agradecer o Departamento de Gerenciamento de Sistemas de Informação e seu corpo docente do College of Business Administration da Florida State University por seu apoio e encorajamento. Ele também gostaria de agradecer sua família, Lila e Leslie, por seu apoio. George Reynolds gostaria de agradecer sua esposa, Ginnie, por sua paciência e apoio neste importante projeto.

PARA AQUELES QUE JÁ NOS ADOTAM E PARA OS NOVOS POSSÍVEIS LEITORES

Agradecemos sinceramente os leais leitores das edições anteriores e damos boas-vindas aos novos leitores. Como sempre, realmente valorizamos suas necessidades e seu feedback. Esperamos que esta edição continue a satisfazer suas altas expectativas.

NOSSO COMPROMISSO

Estamos comprometidos a ouvir nossos adeptos leitores e a desenvolver soluções criativas para atender suas necessidades. Como o campo de SI continuamente envolve, enfaticamente encorajamos sua participação e ajuda para fornecermos as informações mais atuais e relevantes quanto possível. Todas as suas sugestões e feedback serão bem-vindos.

PARTE 1
VISÃO GERAL

1 INTRODUÇÃO AOS SISTEMAS DE INFORMAÇÃO

Princípios	Objetivos de aprendizagem
• O valor da informação está diretamente ligado à forma como ajuda os responsáveis pela tomada de decisão a alcançar os objetivos da organização.	• Discutir por que é importante estudar e conhecer os sistemas de informação. • Estabelecer uma distinção entre dados e informações e descrever as características utilizadas para avaliar a qualidade de tais dados.
• Os sistemas de informação e os computadores possibilitam às empresas aperfeiçoar o modo como conduzem o próprio negócio.	• Nomear os componentes de um sistema de informação e descrever as várias características do sistema.
• Conhecer o impacto potencial dos sistemas de informação e ter a capacidade de colocá-lo em prática pode resultar em uma carreira bem-sucedida e em organizações que atingem seus objetivos.	• Listar os componentes de um sistema de informação baseado em computadores. • Identificar os tipos básicos de sistemas de informação empresariais e discutir quem irá utilizá-los, como serão utilizados e quais tipos de benefícios proporcionarão.
• Usuários de sistemas, gerentes de negócios e profissionais de sistemas de informação (SI) devem trabalhar juntos para construir um SI bem-sucedido.	• Identificar as etapas no processo de desenvolvimento de sistemas e declarar o objetivo de cada uma delas.
• Os sistemas de informação devem ser total e cuidadosamente aplicados, de forma que a sociedade, os empresários e as indústrias possam desfrutar de seus grandes benefícios.	• Descrever algumas das ameaças que os sistemas de informação e a internet podem representar para a segurança e a privacidade. • Discutir o crescente papel e os benefícios dos sistemas de informação nos negócios e nas indústrias.

Usando computação em nuvem para fornecer serviços públicos e transformar a educação

SISTEMAS DE INFORMAÇÃO NA ECONOMIA GLOBAL

Castilla-La Mancha, Espanha

A REGIÃO DE CASTILLA-LA MANCHA, na região central da Espanha, abrange cerca de 30 mil milhas quadradas, ou cerca de 80 mil quilômetros quadrados. Com uma população superior a 2 milhões de habitantes espalhados ao longo deste grande território, Castilla-La Mancha possui a menor densidade populacional entre todas as regiões da Espanha. Mais da metade de suas 919 comunidades possuem menos de 500 habitantes. Como Pedro-Jesus Rodriguez Gonzalez, chefe de Tecnologia da Informação (TI) e Internet do governo regional comenta: "Este ambiente apresenta uma das demografias mais desafiadoras da Espanha, em termos de prestação de serviços públicos. Apesar de a maior parte da população morar nas cinco maiores cidades, uma parcela significativa de seus cidadãos está muito dispersa".

O governo de Castilla-La Mancha utiliza computadores já há muitos anos para lidar com o desafio de fornecer serviços públicos, como acesso a benefícios sociais, mesmo de maneira limitada pelos escassos recursos disponíveis para qualquer agência governamental. Recentemente, modernizou sua infraestrutura tecnológica para economizar recursos e aprimorar os serviços para os cidadãos. Usou uma abordagem de computação em nuvens: dados e aplicativos centrais acessados através da internet, da mesma forma que as pessoas acessam uma página da Web. Com a abordagem de computação em nuvens, o governo regional foi capaz de centralizar seus centros de dados, reduzindo os 18 principais escritórios e 30 instalações menores para dois centros. A economia direta resultante da centralização dos centros de dados foi superior a meio milhão de dólares.

Para desenvolver sua nova infraestrutura, Castilla-La Mancha escolheu o sistema Vblock da Virtual Computing Environment (VCE), LLC. A VCE é uma joint venture da empresa de redes Cisco e a fornecedora de armazenagem de dados EMC, com investimento adicional da VMware e da Intel. Usando os esforços combinados de seus patrocinadores, a VCE oferece soluções para a criação de uma plataforma em nuvem, ao mesmo tempo em que elimina a necessidade de o usuário lidar com múltiplos fornecedores.

O primeiro aplicativo de Castilla-La Mancha para tirar proveito do novo sistema em nuvens foi o Papás 2.0 (Papai 2.0), programa que permite a colaboração entre pais, professores e alunos, e facilita as tarefas diárias em salas de aula do século XXI, equipadas com sistemas de informação. O aplicativo foi apresentado aos usuários em novembro de 2010. "A Sala de Aula Virtual Papás 2.0 [fornece] aos professores e aos alunos a oportunidade de incorporar um ambiente de trabalho colaborativo on-line nas dinâmicas diárias da escola", diz Tomás Hervás, secretário geral do Conselho de Educação, Ciência e Cultura. Os professores podem acompanhar os alunos, estabelecer tarefas e enviar mensagens para os pais; as famílias podem acessar os dados relativos ao desempenho de seus filhos por meio de uma conexão de internet. Gonzales acrescenta: "A TI não é apenas um tópico, mas sim parte da rotina diária do aluno. Os estudantes estão sendo educados com as ferramentas que utilizarão em seus futuros locais de trabalho". Quando estiver funcionado plenamente, o Papás 2.0 fornecerá apoio a 345 mil alunos, juntamente com suas famílias e professores.

A nova infraestrutura também permitirá significativa economia de custos, pela consolidação de sistemas que anteriormente eram separados em um centro de dados compartilhado. Esse centro de dados eventualmente substituirá 130 computadores de servidores, reduzindo o consumo de energia, além dos espaços e sistemas de refrigeração requeridos. Castilla-La Mancha prevê uma economia de 20% nos próximos cinco anos e este valor continuará a crescer à medida que a maior parte da infraestrutura for usada para substituir os antigos e desatualizados computadores.

Agustina Piedrabuena, diretor de informação (CIO) de Castilla-La Mancha, resume: "O projeto nos ajuda não apenas a consolidar e simplificar nossos centros de dados, também nos deixa completamente independentes de qual departamento usa o serviço, onde o aplicativo está instalado ou quais recursos ele utiliza; estamos apenas automatizando o fornecimento de aplicativos por meio do sistema em nuvens".

À medida que você lê o capítulo, considere o seguinte:

- Como o sistema de informações de Castilla-La Mancha depende de vários componentes de qualquer outro sistema de informação baseado em computadores, como equipamentos, programas, banco de dados, telecomunicação, pessoal e procedimentos?
- Como os sistemas de informação baseados em computadores, como o Papás 2.0 para educação, ajudam Castilla-La Mancha a fornecer serviços para as pessoas da região?

POR QUE ENTENDER OS SISTEMAS DE INFORMAÇÃO?

Os sistemas de informação são utilizados em quase todas as profissões imagináveis. Os empreendedores e os proprietários de pequenos negócios os utilizam para alcançar os clientes ao redor do mundo. Representantes de vendas usam os sistemas de informação para anunciar produtos, comunicar-se com os clientes e analisar as tendências de venda. Os gerentes os utilizam para tomar decisões de muitos milhões de dólares, como a construção de uma fábrica ou pesquisar um remédio para o câncer. Os planejadores financeiros usam os sistemas de informação para aconselhar seus clientes e ajudá-los a poupar para a aposentadoria ou para a educação de seus filhos. Desde uma pequena loja de instrumentos musicais até enormes empresas multinacionais e negócios de todos os tamanhos não poderiam sobreviver sem os sistemas de informação para realizar a contabilidade e as operações de contabilidade, marketing, finanças etc. Independentemente de sua área na universidade ou a escolha de sua carreira, os sistemas de informação são ferramentas indispensáveis para ajudá-lo a atingir os objetivos em sua carreira. Informar-se sobre os sistemas de informação pode ajudá-lo a obter o seu primeiro emprego, ganhar promoções e avançar em sua carreira.

Este capítulo apresenta uma visão geral dos sistemas de informação, e cada seção receberá tratamento integral nos capítulos subsequentes. Vamos iniciar explorando os fundamentos dos sistemas de informação.

SISTEMA DE INFORMAÇÃO (SI): Conjunto de componentes inter-relacionados que coleta, manipula, armazena e dissemina dados e informações, e fornece mecanismo de realimentação para atender a um objetivo.

Pessoas e organizações usam informações todos os dias. Os componentes utilizados são frequentemente chamados de sistema de informação. O **sistema de informação (SI)** é um conjunto de componentes inter-relacionados que coleta, manipula, armazena e dissemina dados e informações e fornece mecanismo de realimentação (feedback) para atingir um objetivo. É um mecanismo de realimentação que ajuda as organizações a alcançar suas metas, como o aumento nos lucros ou a melhoria do serviço ao consumidor. Este livro enfatiza os benefícios de um sistema de informação, incluindo velocidade, precisão, aumento dos lucros e redução de custos. Por exemplo, a Groupon, uma empresa de internet que oferece cupons on-line para clientes de lojas e comércio locais, utiliza o sistema de informação para gerar centenas de milhões de dólares anualmente.[1]

Os sistemas de informação estão em todos os lugares. Uma empresa oferece um desconto para um produto ou serviço, e o sistema de informação envia a oferta na forma de cupom digital para os clientes da área. O sistema rastreia o número de ofertas aceitas. Se um número suficiente de pessoas aceitar a oferta, poderão usar os cupons para receber os descontos. Clientes gostam dos descontos e ao mesmo tempo os sistemas de informação encontram clientes suficientes para fazer com que tais descontos valham a pena para as empresas.

Interagimos com os sistemas de informação todos os dias, tanto pessoal quanto profissionalmente. Usamos caixas eletrônicos automáticos em bancos, acessamos informações na internet, selecionamos informações em pequenas lojas ou bancas de jornal com touchscreen e passamos o leitor de códigos de barras quando utilizamos as filas de autoatendimento. Conhecer o potencial dos sistemas de informação e colocar esse conhecimento em prática pode ajudar os indivíduos a desfrutar de uma carreira bem-sucedida e auxiliar as organizações a atingir seus objetivos.

Vivemos hoje em uma economia informatizada. A informação por si possui valor, e o comércio muitas vezes envolve a troca de informações em vez de bens tangíveis. Sistemas computacionais são cada vez mais usados para criar, armazenar e transferir informações. Por meio de sistemas de informação, investidores tomam decisões multimilionárias, instituições financeiras transferem bilhões de dólares eletronicamente ao redor do mundo e produtores encomendam suprimentos e os distribuem bem mais rápido do que nunca. Computadores e sistemas de informação continuarão a mudar os negócios e o modo como vivemos. Para se preparar para essas inovações, é preciso familiarizar-se com os conceitos fundamentais de informação.

CONCEITOS DE INFORMAÇÃO

A informação é o conceito central deste livro. O termo é usado no título deste livro, nesta seção e em quase todos os capítulos. Para ser um gerente eficaz em qualquer área de negócio, é preciso entender que a informação é um dos recursos mais valiosos de uma organização. Esse termo, no entanto, é frequentemente confundido com *dados*.

DADOS, INFORMAÇÃO E CONHECIMENTO

DADOS: Fatos brutos, como o número de funcionários, horas totais de trabalho em uma semana, número de peças em estoque ou pedidos de venda.

INFORMAÇÃO: Coleção de fatos organizados e processados de modo que tenham valor adicional, que vá além do valor dos fatos individuais.

Os dados consistem em fatos brutos, como o número de funcionários, horas totais trabalhadas em uma semana, números de peças no estoque ou pedidos de vendas. Como mostra a Tabela 1.1, vários tipos de dados podem representar esses fatos. Quando os fatos são organizados de maneira significativa, tornam-se informação. **Informação** é uma coleção de fatos organizados e processados de modo que tenham valor adicional, que se estende além do valor dos fatos individuais. Por exemplo, os gerentes de venda podem descobrir que saber o total de vendas mensais se ajusta mais a seus propósitos (isto é, é mais valioso) que conhecer a quantidade de vendas de cada representante. Fornecer informações aos clientes também pode ajudar as empresas a aumentar suas receitas e lucros. Muitas universidades inserem informações e conteúdo de cursos na internet. Usando o programa Open Couse Ware, o Instituto de Tecnologia de Massachusetts (MIT) coloca as notas e o conteúdo das aulas para a maior parte de seus cursos.[2] Alguns países, porém, vêm tentando censurar ou controlar quais as informações ficarão disponíveis para seus cidadãos, especialmente através da internet e das mídias sociais.[3]

Os dados representam fatos do mundo real. Os hospitais e as organizações de assistência à saúde, por exemplo, mantêm dados médicos dos pacientes, que representam pacientes reais com situações de saúde específicas. No entanto, os dados – fatos isolados – possuem pouco valor além da sua existência. Atualmente, hospitais e outras organizações de saúde estão investindo milhões de dólares no desenvolvimento de programas de registros médicos para armazenar e usar a vasta quantidade de dados médicos gerada a cada ano.

TABELA 1.1 Tipos de dados

Dados	Representados por
Dados alfanuméricos	Números, letras e outros caracteres
Dados em áudio	Sons, ruídos ou tons
Dados de imagem	Imagens gráficas e figuras
Dados de vídeo	Imagens ou figuras em movimento

Os sistemas de registros médicos são usados, por exemplo, para gerar informações críticas relacionadas à saúde, o que, por sua vez, economiza custos e salvar vidas. Além disso, a integração de informações de diferentes fontes é uma importante capacidade para a maioria das agências de viagens. De acordo com Kathryn Akerman, CIO da Hurley Travel Experts: "Tivemos clientes que saíram, tentaram fazer as coisas por conta própria e acabaram retornando, pois perceberam que agendar uma viagem é complicado e seus tempos são um patrimônio valioso. Eles nos procuram para que coloquemos as peças no lugar, em vez de navegar por diferentes sites para montar seus itinerários".[4]

Eis aqui outro exemplo da diferença entre dados e informação. Considere os dados como partes dos trilhos em um modelo de ferrovia. Cada parte do trilho possui valor inerente limitado como um único objeto. No entanto, se você definir a relação entre as partes do trilho, elas ganharão valor. Organizando as peças de certa maneira, o traçado de uma ferrovia começa a surgir (veja a parte superior da Figura 1.1a). Os dados e as informações funcionam do mesmo modo. Podem ser estabelecidas regras e relações para organizar os dados em informações úteis e valiosas.

O tipo de informação criado depende das relações definidas entre os dados existentes. Por exemplo, você poderia rearranjar as partes do trilho para formar traçados diferentes. Acrescentar dados novos ou diferentes significa a possibilidade de redefinir as relações e criar novas informações. Por exemplo, acrescentar novas partes ao trilho aumenta enormemente o valor – nesse caso, variedade e diversão – do produto final. Agora, você pode criar um traçado mais elaborado da ferrovia (veja a Figura 1.1b, parte inferior). Da mesma forma, um gerente de vendas poderia acrescentar dados de um produto específico aos seus dados de venda para criar mensalmente informações sobre vendas organizadas por linha de produto. O gerente poderia utilizar essas informações para determinar quais linhas de produto são as mais populares e lucrativas.

FIGURA 1.1
Definir e organizar os relacionamentos entre os dados cria informação.

(a)

(b)

PROCESSO: Conjunto de tarefas organizadas de forma lógica para obter um resultado definido.

CONHECIMENTO: A consciência e a compreensão de um conjunto de informações e maneiras como essas informações podem ser úteis para apoiar uma tarefa específica ou para chegar a uma decisão.

Transformar os dados em informação é um **processo**, ou um conjunto de tarefas logicamente relacionadas realizadas para alcançar um resultado definido. O processo de definir relações entre os dados para criar informações úteis requer conhecimentos. **Conhecimento** é a consciência e compreensão de um conjunto de informações e maneiras como essas informações podem ser úteis para apoiar uma tarefa específica ou para chegar a uma decisão.[5] Parte do conhecimento necessário para construir o traçado de uma ferrovia, por exemplo, é a compreensão de quanto espaço você possui para o traçado, quantos trens passarão sobre os trilhos e qual a velocidade deles. Selecionar ou rejeitar os fatos de acordo com sua relevância para tarefas específicas depende do conhecimento utilizado no processo de converter os dados em informação. Portanto, pode-se também pensar a informação constituída de dados tornados mais úteis mediante a aplicação de conhecimento. Os *trabalhadores do conhecimento (TCs)* são pessoas que criam, utilizam e disseminam conhecimento, e são normalmente profissionais da ciência, engenharia, administração e outras áreas.[6] Um *sistema de gestão do conhecimento (SGC)* é um conjunto organizado de pessoas, procedimentos, software, bancos de dados e dispositivos utilizados para criar, armazenar, compartilhar e usar a experiência e o conhecimento da organização.[7]

Em alguns casos, as pessoas organizam ou processam os dados mental ou manualmente. Em outros casos, utilizam um computador. De onde vêm os dados ou como são processados é menos importante do que saber se são transformados em resultados úteis e valiosos. Esse processo de transformação é ilustrado na Figura 1.2.

FIGURA 1.2 O processo de transformar dados em informação.

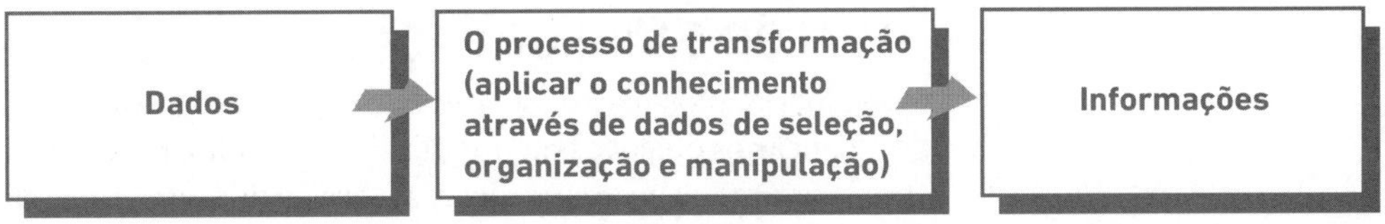

AS CARACTERÍSTICAS DAS INFORMAÇÕES VALIOSAS

Para ser valiosa para os gerentes e tomadores de decisões, a informação deve ter as características descritas na Tabela 1.2. Essas características tornam a informação mais valiosa para uma organização. Caso contrário, se as informações de uma organização não forem precisas ou completas, as pessoas podem tomar decisões erradas, que podem custar milhares ou até mesmo milhões de dólares. Se uma previsão imprecisa de demanda futura indicar que haverá muitas vendas, quando o oposto é verdadeiro, uma organização pode investir milhões de dólares em uma nova instalação desnecessária. Além do mais, se as informações não forem relevantes, não forem passadas para os tomadores de decisões em tempo hábil, ou forem muito complexas para serem entendidas, elas serão de pouco valor para a organização.

TABELA 1.2 Características das informações valiosas

Características	Definições
Informação acessível	A informação deve ser facilmente acessada pelos usuários autorizados, de forma que possam obtê-la no formato correto e no tempo correto para atender suas necessidades.
Precisa	Uma informação precisa é livre de erros. Em alguns casos, uma informação imprecisa é gerada por conta de dados imprecisos inseridos no processo de transformação. Isso é geralmente chamado de entra lixo, sai lixo (GIGO, *garbage in, garbage out*).
Completa	A informação completa contém todos os fatos importantes. Por exemplo, um relatório de investimento que não inclua todos os custos relevantes não é completo.
Econômica	A informação deve ser relativamente econômica para produzir. Os tomadores de decisão devem sempre balancear o valor da informação com o custo para produzi-la.
Flexível	A informação flexível pode ser usada para variadas finalidades. Por exemplo, a informação sobre quando o estoque está disponível para uma peça em especial pode ser usada por um representante de vendas para fechar um negócio, por um gerente de produção para determinar se é necessário repor o estoque, e pelo executivo financeiro para determinar o valor total que a companhia investiu no estoque.
Relevante	A informação relevante é importante para o tomador de decisões. Uma informação que mostra que os preços da madeira devem cair pode não ser relevante para um fabricante de chips.
Confiável	A informação confiável pode dar confiança ao usuário. Em muitos casos, a confiabilidade da informação depende da confiabilidade do método de coleta de dados. Em outros momentos, a confiabilidade depende da fonte da informação. Rumores de uma fonte não confiável de que o preço do óleo pode subir não devem ser confiáveis.
Segura	A informação deve estar segura para não ser acessada por usuários não autorizados.
Simples	A informação deve ser simples, não complexa. Uma informação sofisticada e detalhada pode não ser necessária. De fato, o excesso de informações pode causar uma sobrecarga de informações, situação na qual o tomador de decisões tem demasiadas informações e se vê incapaz de determinar quais são realmente importantes.
Atualizada	A informação atualizada é fornecida quando necessária. Conhecer as condições climáticas da semana anterior não irá ajudá-lo a escolher o casaco que usará hoje.
Verificável	A informação deve ser verificável. Isso significa que se deve checar para certificar-se de que ela é correta, talvez checando a mesma informação de várias outras fontes.

Dependendo do tipo de dados de que se necessita, alguns desses atributos tornam-se mais valiosos do que outros. Por exemplo, ter informações atualizadas é um fator-chave para muitas organizações. A FedEx, por exemplo, pode separar mais de 3 milhões de pacotes todos os dias por conta das informações atualizadas de cada pacote.[8]

Para obter informações atualizadas, a FedEx muitas vezes examina um pacote mais de dez vezes, desde sua origem até o destino final. A possibilidade de verificação e a abrangência são essenciais para os dados utilizados em contabilidade para gerir os ativos da empresa, como dinheiro em caixa, estoque e equipamento.

O VALOR DA INFORMAÇÃO

O valor da informação está diretamente ligado a como ela ajuda os tomadores de decisões a alcançar os objetivos da organização. As informações valiosas podem auxiliar as pessoas em suas organizações a realizar as tarefas de forma mais eficiente e eficaz. Considere uma previsão do mercado indicando alta demanda para um novo produto. Se você utilizar essa informação para desenvolver o novo produto e sua companhia obtiver um lucro adicional de $ 10 mil, o valor da informação para a companhia será de $ 10 mil menos o custo da informação. A informação valiosa também pode ajudar os gerentes a decidir se devem investir em novos sistemas de informação e equipamentos. Um novo sistema computadorizado de pedidos pode custar $ 30 mil, mas gerar um ganho adicional de $ 50 mil em vendas. O valor agregado pelo novo sistema é a receita adicional gerada pelo aumento de $ 20 mil em vendas. Muitas corporações têm a redução de custo como meta principal. Utilizando sistemas de informação, algumas fábricas cortaram o custo do estoque em milhões de dólares. O valor da informação pode também ser medido por quanto as pessoas ou organizações desejam pagar por ela. Por exemplo, uma companhia ofereceu um prêmio de $ 3 milhões para o indivíduo ou grupo que previsse com maior exatidão quando os pacientes vão para hospitais para consultas e procedimentos médicos.[9]

CONCEITOS DE SISTEMA

SISTEMA: Conjunto de elementos que interagem para realizar objetivos.

Do mesmo modo que a informação, outro conceito central deste livro é o de sistema. **Sistema** é um conjunto de elementos que interagem para realizar objetivos. Os sistemas têm entradas, mecanismos de processamento, saídas e realimentação (veja a Figura 1.3). Por exemplo, considere um lava rápido automático de carros. As *entradas* tangíveis para o processo são um carro sujo, água e vários produtos de limpeza. Tempo, energia, habilidade e conhecimento também servem como entradas do sistema, porque são necessários para operá-lo. A habilidade é a capacidade de operar com sucesso o pulverizador de líquido, a escova de fazer espuma e os dispositivos de secagem pelo ar. O conhecimento é usado para definir as etapas na operação de lavagem de carro e a ordem em que essas etapas são executadas.

FIGURA 1.3

Componentes de um sistema.

Os quatro componentes de um sistema são constituídos pela entrada, processamento, saída e avaliação.

Os *mecanismos de processamento* consistem, em primeiro lugar, em escolher qual a opção de lavagem que você deseja (lavagem simples, lavagem com cera, lavagem com cera e secagem manual etc.) e comunicar isso ao operador do lava rápido. Um *mecanismo de realimentação* é a sua avaliação de quão limpo o carro ficou. Pulverizadores líquidos lançam água limpa, sabão líquido ou cera de automóvel, dependendo de em qual etapa estiver o seu carro no processo e quais opções você escolheu. A *saída* é um carro limpo. Como em todos os sistemas, elementos ou componentes independentes (o pulverizador de líquido, escova de fazer espuma, secador) interagem para criar um carro limpo.

DESEMPENHO DO SISTEMA E PADRÕES

EFICIÊNCIA: Medida do que é produzido dividido pelo que é consumido.

O desempenho do sistema pode ser medido de várias maneiras. A **eficiência** é uma medida do que é produzido dividido pelo que é consumido. Ela pode variar de 0 a 100%.[10] Por exemplo, a eficiência de um motor elétrico é a energia produzida (em termos de trabalho realizado) dividida pela energia consumida (em termos de eletricidade ou combustível). Alguns motores apresentam eficiência de 50% ou menos, em razão da perda de energia pela fricção e geração de calor.

Eficiência é um termo relativo utilizado para comparar sistemas. Por exemplo, um motor a gasolina híbrido para automóvel ou caminhão pode ser mais eficiente do que um motor tradicional a gasolina porque, para a quantidade equivalente de energia consumida, o híbrido produz mais energia e consegue melhor consumo de gasolina. Muitas organizações podem reduzir seus usos com energia investindo em sistemas de computadores com mais eficiência energética.

EFICÁCIA: Medida da extensão na qual o sistema atinge suas metas; esta pode ser calculada dividindo-se as metas efetivamente alcançadas pelo total de metas estabelecidas.

Eficácia é uma medida do grau em que um sistema alcança suas metas. Ela pode ser calculada dividindo-se as metas realmente alcançadas pelo total de metas estabelecidas. Por exemplo, uma empresa pode desejar alcançar lucro líquido de $ 100 milhões por ano, utilizando um novo sistema de informação. Os lucros reais, no entanto, podem ser de apenas $ 85 milhões por ano. Nesse caso, a eficácia é de 85% (85/100 = 85%). Obviamente, as companhias medem sua eficácia por meio de diferentes medidas.

PADRÃO DE DESEMPENHO DO SISTEMA: Objetivo específico do sistema.

Avaliar o desempenho do sistema exige também padrões de desempenho. Um **padrão de desempenho do sistema** é um objetivo específico do sistema. Por exemplo, o padrão de desempenho de um sistema para uma campanha de marketing pode exigir que cada representante venda $ 100 mil de determinado tipo de produto a cada ano (consulte a Figura 1.4a). Um padrão de desempenho para o processo de produção pode ser gerar não mais do que 1% de peças defeituosas (veja a Figura 1.4b). Após os padrões serem estabelecidos, o desempenho do sistema é medido e comparado com o padrão. Os desvios do padrão são determinantes para o desempenho do sistema.

O QUE É UM SISTEMA DE INFORMAÇÃO?

Como mencionado, sistema de informação (SI) é um conjunto de elementos ou componentes inter-relacionados que coleta (entrada), manipula (processo), armazena e dissemina dados (saída) e informações, e fornece reação corretiva (mecanismo de realimentação) para alcançar um objetivo (veja a Figura 1.5). O mecanismo de realimentação é o componente que auxilia as organizações a alcançar seus objetivos, como aumentar os lucros ou melhorar os serviços ao cliente.

ENTRADA, PROCESSAMENTO, SAÍDA, FEEDBACK (AVALIAÇÃO)

Entrada

ENTRADA: Atividade de captar e reunir os dados brutos.

Em sistemas de informação, a **entrada** é a atividade de captar e reunir os dados brutos. Na produção de cheques de pagamento, por exemplo, o número de horas que cada funcionário trabalha deve ser coletado antes que o valor do cheque seja calculado ou impresso. Em um sistema de notas de uma universidade, os professores devem apresentar as notas dos alunos antes que um resumo de notas possa ser compilado e enviado aos estudantes.

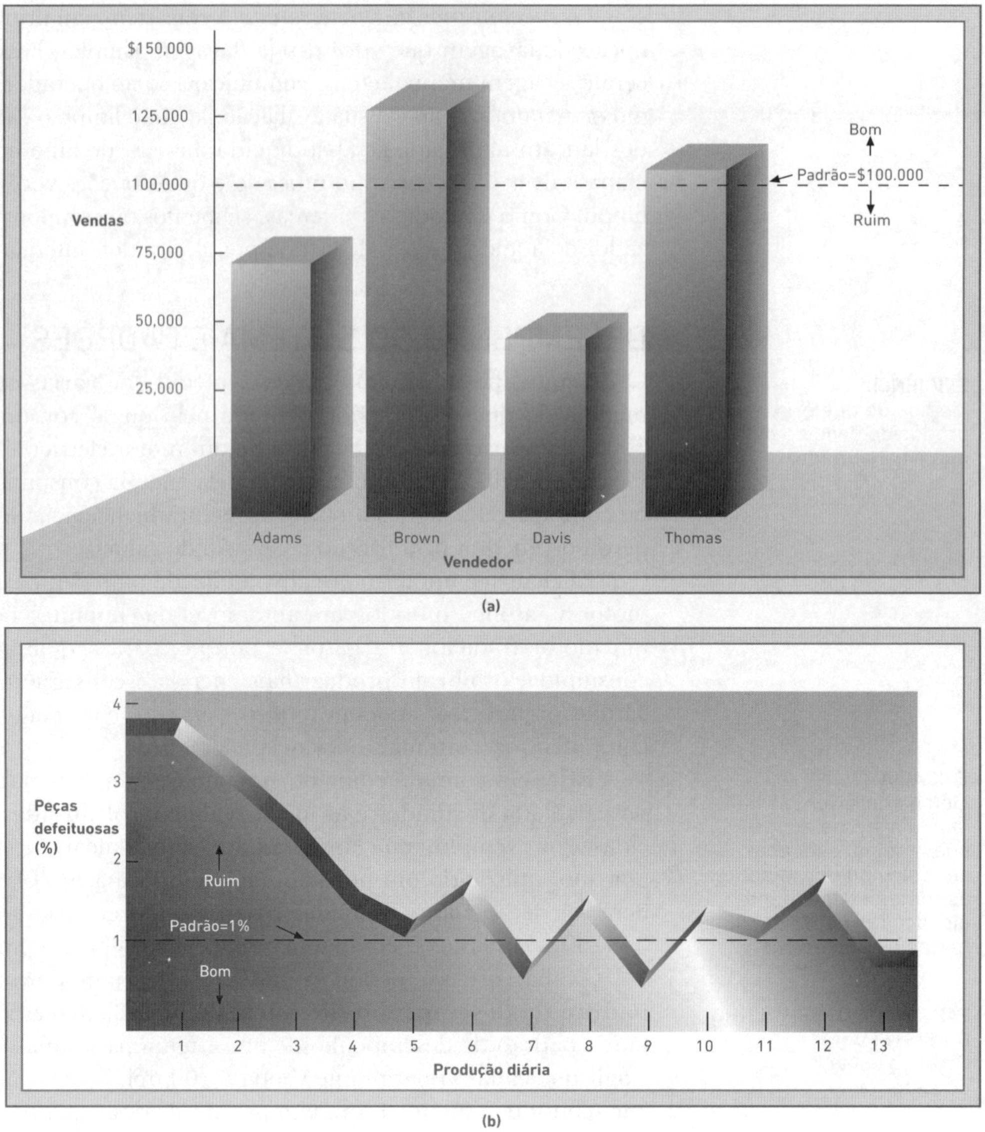

FIGURA 1.4
Padrões de desempenho do sistema.

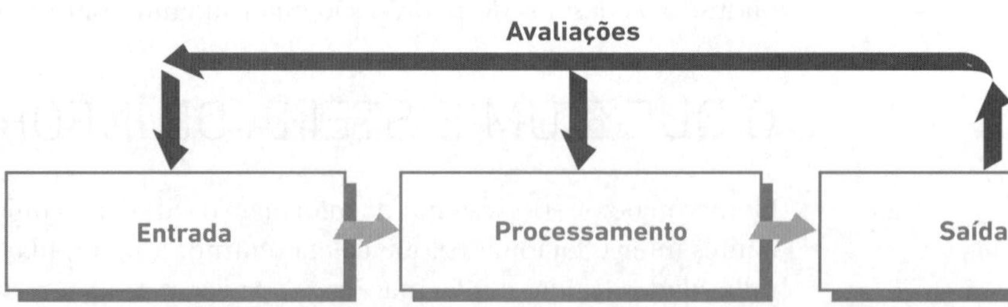

FIGURA 1.5
Componentes de um sistema de informação. O feedback é essencial para o sucesso de um sistema.

PROCESSAMENTO: Converter ou transformar dados em saídas úteis.

Processamento

Em sistemas de informação, o **processamento** significa converter ou transformar dados em resultados úteis. O processamento pode envolver a realização de cálculos, comparação de dados e execução de ações alternativas e armazenamento de dados para utilização futura. Processar os dados em informações úteis é crucial em negócios.

O processamento pode ser feito manualmente ou com a ajuda do computador. Em uma aplicação em folha de pagamento, o número de horas de cada funcionário deve ser convertido em pagamento líquido. Outras entradas frequentemente incluem o número da identificação do funcionário e do departamento. O processamento pode envolver, inicialmente, multiplicar o número de horas trabalhadas pelo valor do salário-hora do funcionário para se chegar ao pagamento bruto. Se as horas trabalhadas na semana excederem 40, o pagamento das horas extras também pode ser incluído. Depois vêm as deduções – por exemplo, impostos federais e estaduais, contribuições para seguro ou poupança – subtraídas do pagamento bruto para se chegar ao salário líquido.

Depois dos cálculos e comparações, os resultados são normalmente armazenados. O armazenamento envolve guardar os dados e as informações disponíveis para utilização futura, incluindo a saída, que será discutida em seguida.

Saída

SAÍDA: Produção de informações úteis, normalmente na forma de documentos e relatórios.

Em sistemas de informação, a **saída** envolve a produção de informações úteis, normalmente na forma de documentos e relatórios. As saídas podem incluir os cheques de pagamento de funcionários, relatórios para os gerentes e informações fornecidas aos acionistas, bancos, agências governamentais e outros grupos. Em alguns casos, a saída de um sistema pode se tornar a entrada de outro sistema. Por exemplo, a saída de um sistema que processa as ordens de venda pode ser usada como entrada para o sistema de fatura de um cliente. Nem todas as saídas, porém, são precisas ou úteis. Modelos matemáticos falhos, usados por uma empresa de investimento, resultaram em multa de vários milhões de dólares devido aos erros e possíveis fraudes.[11]

Feedback (avaliações)

FEEDBACK: Informação originada no sistema, utilizada para realizar mudanças na entrada ou nas atividades de processamento.

Em sistemas de informação, o **feedback** é a informação do sistema usada para realizar mudanças nas entradas ou atividades de processamento.[12] Por exemplo, erros ou problemas podem tornar necessárias correções nos dados de entrada ou alterações em um processo. Considere o caso da folha de pagamento. Talvez o número de horas trabalhadas de um funcionário tenha sido digitado como 400 em vez de 40. Felizmente, a maioria dos sistemas de informação faz verificações para assegurar que os dados estejam dentro de determinadas margens. Para o número de horas trabalhadas, a classificação pode ser de 0 a 100, porque é improvável que um funcionário trabalhe mais de 100 horas em uma semana. O sistema de informação determinaria que 400 horas estão fora da faixa e forneceria uma realimentação. A realimentação é utilizada para verificar e corrigir a entrada do número de horas trabalhadas para 40. Se o erro não tivesse sido detectado, poderia resultar em um pagamento líquido muito alto no contracheque!

A fazenda Shinpuku Seika utilizava feedback de seus campos para ajudar a determinar quando deveria ser feito o plantio e a colheita.[13] Instalou sensores em seus campos para medir as temperaturas do solo e a umidade para determinar a melhor época para o plantio e para a colheita, a fim de maximizar seus lucros. Esse feedback pode ser mais rentável do que usar as experiências passadas e adivinhações para determinar o que e quando plantar. A Royal Caribbean Cruises usava smartphones e outros dispositivos móveis para obter o feedback de onde as pessoas e os itens localizavam-se a bordo. Se necessário, podem ser tomadas ações corretivas para certificar de que tudo esteja nos locais corretos, garantindo a segurança e o conforto dos passageiros.[14]

Esse sistema também pode ser usado para localizar crianças, por meio de pulseiras especiais. De acordo com um cliente do cruzeiro: "Minha filha usou uma pulseira no ano passado. A partir de alguns deques de distância, podíamos dizer onde ela estava na embarcação".

PREVISÃO: Ato de prever eventos para evitar problemas.

Além dessa abordagem reativa, um sistema de computador pode ser também proativo, prevendo situações para evitar problemas. Esse conceito, chamado frequentemente de **previsão**, é utilizado para estimar vendas e solicitar mais estoque antes que ocorra a falta. A previsão também é usada para antever a intensidade dos furacões e os locais que serão atingidos, o valor futuro das ações no mercado e quem ganhará uma eleição.

Os sistemas de previsão podem ajudar os economistas a predizer os pontos fortes e fracos da economia global.

© Caro/Alamy

SISTEMAS DE INFORMAÇÃO BASEADOS EM COMPUTADOR

SISTEMAS DE INFORMAÇÃO BASEADOS EM COMPUTADOR (CBIS): Conjunto único de hardware, software, bancos de dados, telecomunicações, pessoas e procedimentos configurados para coletar, manipular, armazenar e processar dados em informações.

Como discutido anteriormente, um sistema de informação pode ser manual ou computadorizado. Um **sistema de informação baseado em computadores (CBIS, computer-based information system)** é um conjunto único de hardware, software, bancos de dados, telecomunicações, pessoas e procedimentos configurados para coletar, manipular, armazenar e processar dados em informações. Cada vez mais as companhias incorporam informações baseadas em sistemas de computador em seus produtos e serviços. O diretor de informática do Grupo Volkswagen da América, por exemplo, chama os futuros Volkswagens de "computadores móveis".[15] Os computadores integrados nos veículos Volkswagen serão capazes de determinar se existe algo errado com o carro, recomendar os serviços de reparo, verificar as peças disponíveis para realizar os reparos e agendar os serviços em uma revendedora VW local. A Lloyd's Insurance, em Londres, usou um CBIS para reduzir as transações em papel e convertê-las em um sistema de seguro eletrônico. O CBIS permite que a Lloyd's realize o seguro de pessoas e propriedades com mais eficiência e agilidade. A Lloyd's, muitas vezes, faz seguros inusitados, incluindo as pernas da atriz Betty Grable, as mãos do Rolling Stone Keith Richard e a possível aparição do Monstro do Lago Ness (Nessie) na Escócia, o que resultaria em um grande pagamento para a primeira pessoa que avistar o monstro. Para dar suporte às organizações, os sistemas de informação baseados em computador, em geral, tornam-se parte do produto ou serviço. Uma pesquisa mundial dos Hotéis Hilton indicou que uma conexão rápida e confiável de internet era o segundo fator mais importante na satisfação geral dos clientes, pouco atrás de quartos limpos.[16] Hoje, muitos dos melhores sistemas de informação baseados em computadores seguem os índices do mercado de ações e de outros mercados e sugerem quando grandes quantidades de ações devem ser vendidas ou compradas (chamado *programa de trading*) para tirar vantagens das discrepâncias do mercado.[17]

INFRAESTRUTURA DA TECNOLOGIA: Todo o hardware, software, bancos de dados, telecomunicações, pessoas e procedimentos configurados para coletar, manipular, armazenar e processar dados em informações.

Os componentes de um CBIS estão na Figura 1.6. A *tecnologia da informação* (TI) refere-se a hardware, software, bancos de dados e telecomunicações. A **infraestrutura de tecnologia** de um negócio inclui todo o hardware, software, bancos de dados, telecomunicações, pessoas e procedimentos configurados para coletar, manipular, armazenar e processar dados em informações. A infraestrutura de tecnologia é um conjunto de recursos compartilhados do sistema de informação (SI) que forma a base de cada sistema de informação baseado em computador.

HARDWARE: Equipamentos de computador utilizados para efetuar as atividades de entrada, processamento, armazenagem e saída.

Hardware

O **hardware** consiste em equipamentos de computador utilizados para efetuar as atividades de entrada, processamento, armazenagem e saída. Os equipamentos de entrada

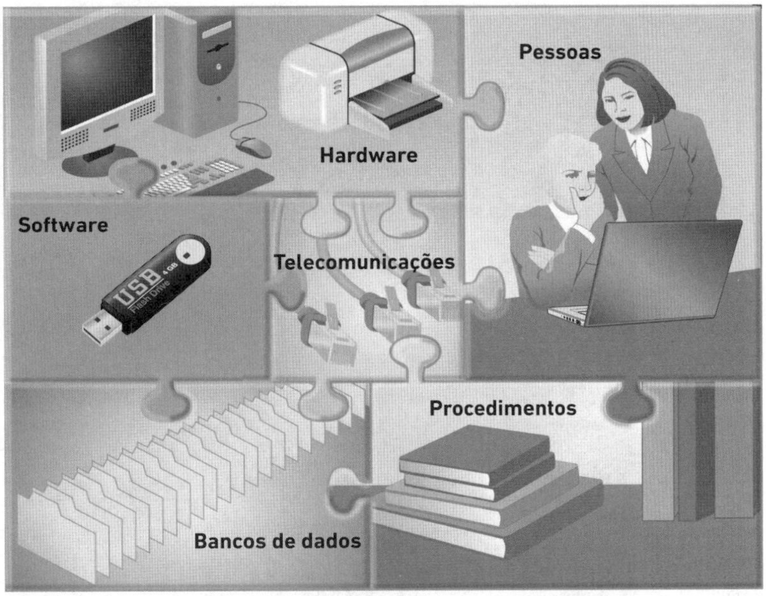

FIGURA 1.6
Componentes de um sistema de informação com base em computador.

incluem teclados, mouses e outros dispositivos apontadores, dispositivos de escaneamento automático e equipamentos que leem caracteres impressos com tinta magnética. Os dispositivos de processamento abrangem os chips do computador, que contêm a unidade central de processamento e a memória principal. Os avanços no design de chips permitiram mais velocidade, menos consumo de energia e maior capacidade de armazenagem. Um professor universitário, por exemplo, projetou um chip que utiliza atalhos e não é totalmente preciso. Porém, esse chip com esta *pequena* imprecisão poderia ser 100 mil vezes mais rápido que o chip normal.[18] A ScanDisk e outras companhias fabricam chips pequenos e portáteis convenientemente utilizados para armazenar programas, arquivos de dados e outros.[19] O editor deste livro, por exemplo, utilizou esse tipo de chip de armazenagem para enviar material promocional desse mesmo livro para professores e instrutores.

A velocidade do processador também é importante. Os chips processadores mais avançados atualmente têm a mesma potência dos supercomputadores da década de 1990 e que ocupavam uma sala medindo 3 m por 12 m. Atualmente, um grande computador da IBM utilizado pelos U.S. Livermore National Laboratories para análise de explosões nucleares é um dos mais rápidos do mundo, com até 300 teraflops — 300 trilhões de operações por segundo.[20] O computador super-rápido, chamado Blue Gene, custa cerca de $ 40 milhões.[21] Ele recebeu do presidente Obama a *Medalha Nacional de Tecnologia e Inovação*. Computadores pequenos e baratos e os dispositivos portáteis também estão se tornando populares. Além disso, o iPhone da Apple Computer realiza muitas funções desempenhadas por um laptop ou desktop.[22] O computador One Laptop Per Child custa menos de $ 200.[23] O Classmate PC da Intel custará cerca de $ 300 e incluirá alguns programas educacionais. Ambos foram projetados para regiões do mundo que não podem adquirir computadores pessoais tradicionais.

Os vários tipos de equipamentos de saída incluem impressoras e telas de computadores. Algumas telas sensíveis ao toque, por exemplo, são utilizadas para executar funções ou programas completos, como conectar-se à internet ou executar um novo jogo de computador ou ainda processadores de texto. Muitos dispositivos de hardware de objetivo específico também têm sido desenvolvidos. Gravadores de dados de eventos computadorizados (EDRs) estão sendo instalados em veículos. Da mesma forma que as caixas-pretas dos aviões, os EDRs registram a velocidade do veículo, possíveis problemas no motor, o desempenho do motorista e muito mais.

O uso de tablets, incluindo o iPad da Apple e o Xoom da Motorola, espalhou-se entre indivíduos e corporações.[24] Esses dispositivos podem usar dezenas de milhares de aplicativos projetados especificamente para tablets.[25] Diversas revistas e editores de livros, por exemplo, desenvolveram aplicativos que permitem que suas publicações sejam baixadas e lidas nesses novos equipamentos de tablet. A Chevron e muitas outras

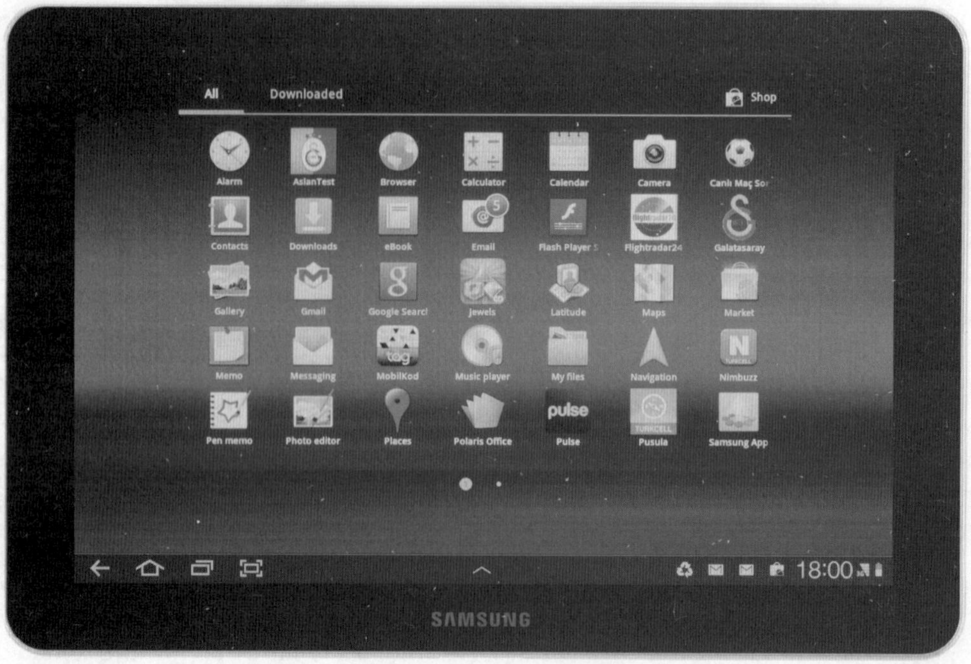

Os hardwares são compostos por equipamentos de computador, utilizados para realizar atividades de entrada, processamento e saída. A tendência na indústria da computação é produzir hardwares menores, mais rápidos e mais práticos, como os tablets.

companhias estão investindo nos novos tablets, como o iPad, da Apple, para conectar os gerentes e os funcionários aos sistemas do computador corporativo.[26] Hoje, muitas empresas permitem que seus funcionários utilizem equipamentos pessoais, como smartphones e outros dispositivos móveis para trabalhar em casa ou durante viagens.[27] De acordo com um estudo, cerca de 90% dos negócios já suportam aplicativos corporativos em dispositivos pessoais.[28] Esses equipamentos pessoais são convenientes para os funcionários, mas pode haver ameaças à segurança quando a organização não controla completamente os dispositivos que acessam os dados e programas corporativos.

Software

SOFTWARE: Programas que controlam a operação do computador.

Softwares consistem em programas que comandam a operação do computador. Eles permitem que o computador processe folhas de pagamento, envie contas para os clientes e forneça aos gerentes informações para aumentar os lucros, reduzir os custos e oferecer melhor serviço ao consumidor. Por exemplo, o software Fab Lab controla ferramentas como cortadoras, fresadoras e outros dispositivos.[29] Um sistema Fab Lab, que custa cerca de $ 20 mil foi usado para fazer etiquetas com frequência de rádio para rastrear animais na Noruega, peças de motor para permitir que os tratores na Índia utilizem como combustível óleo de mamona processado, e muitas outras aplicações de fabricação. A Salesforce vende softwares para auxiliar as companhias a gerir as equipes de vendas e aumentar a satisfação do cliente.[30]

Os dois tipos de software são de sistema, como o Windows da Microsoft, que controla as operações básicas do computador, como a inicialização e a impressão, e softwares de aplicativos, como o Office, também da Microsoft, que permite realizar tarefas específicas, incluindo o processamento de textos ou tabulação de números.[31] O software é necessário para computadores de todos os tamanhos, desde os pequenos computadores de mão até os grandes supercomputadores. O sistema operacional Android da Google e do Microsoft Phone, por exemplo, está operando sistemas para telefones celulares e pequenos equipamentos portáteis. Apesar de a maioria dos softwares ser instalado por meio de CDs, muitos dos pacotes de softwares atualmente podem ser baixados pela internet.

Softwares de aplicativos sofisticados, como o Adobe Creative Suite, são usados para desenhar, desenvolver, imprimir e criar propagandas com qualidade profissional, bem como brochuras, pôsteres, impressos e vídeos na internet.[32] O GeForce 3D, da Nvidia, é um aplicativo que exibe imagens tridimensionais em uma tela de computador, por meio de óculos especiais.[33]

O Windows é um software de sistema que pode controlar as operações básicas do computador, como a inicialização e a impressão.

Banco de dados

BANCO DE DADOS: Coleção organizada de fatos e informações, consistindo em dois ou mais arquivos de dados relacionados.

Bancos de dados são coleções organizadas de fatos e informações, consistindo em dois ou mais arquivos de dados relacionados. Um banco de dados de uma organização pode conter fatos e informações sobre consumidores, funcionários, estoque, vendas dos concorrentes, aquisições on-line e muito mais.

A maioria dos gerentes e executivos considera o banco de dados uma das peças mais importantes dos sistemas de informação com base em computadores.[34] As pessoas podem consultá-los, como o banco de dados de reclamações da Medicare, para encontrar potenciais fraudes e abusos.[35] Os dados podem ser armazenados em grandes centros de dados, dentro de computadores de todos os tamanhos, na internet e em smartphones e pequenos equipamentos de computação.[36] O grande aumento nos requerimentos de armazenagem de bancos de dados, porém, muitas vezes leva a mais equipamentos, mais espaço para abrigar os equipamentos adicionais de armazenagem e mais eletricidade para operá-los. A maioria das organizações que usa sistemas de bancos de dados necessita de armazenagem que aumenta mais de 10% a cada ano. Uma questão importante para qualquer empresa é como manter um vasto e seguro banco de dados a salvo de grupos e indivíduos que não pertencem à organização.

Telecomunicações, redes e a internet

TELECOMUNICAÇÕES: Transmissão eletrônica de sinais para comunicações, que permite às organizações realizarem seus processos e tarefas por meio de redes efetivas de computadores.

Telecomunicação é a transmissão eletrônica de sinais para comunicações, que permite que as organizações realizem seus processos e tarefas por meio de redes efetivas de computadores. As telecomunicações podem ser realizadas através de transmissões por fio, sem fio e por satélite. A Associated Press foi um dos primeiros usuários das telecomunicações nos anos de 1920, enviando notícias através de 166 mil quilômetros de fios nos Estados Unidos e por quase 17 mil quilômetros de cabos através do oceano. Recentemente, uma biblioteca pública do Estado de Washington usou um sistema de telecomunicações para se conectar às suas filiais, por meio de cabos e linhas telefônicas existentes.[37] A biblioteca também foi capaz de usar o sistema de telecomunicações para fazer chamadas telefônicas. Atualmente, a telecomunicação é usada por pessoas e organizações de todos os tamanhos, em todo o mundo. Com as telecomunicações, as pessoas podem trabalhar em casa ou enquanto viajam. Essa abordagem de trabalho, geralmente chamada de *telecomutação*, permite a uma pessoa que viva na Inglaterra enviar seu trabalho para os Estados Unidos, China ou para qualquer outro local com capacidade de telecomunicação.

© Jiang Dao Hua/Shutterstock.com

As empresas usam computação em nuvens e outros tipos de sites da internet para fornecer melhores serviços a seus clientes, com preços reduzidos.

REDE: Computadores e equipamentos conectados em um edifício, por todo o país, ou ao redor do mundo, possibilitando a comunicação eletrônica.

INTERNET: Maior rede de computadores do mundo, consistindo em milhares de redes interligadas, todas elas trocando informações livremente.

As **redes** conectam computadores e equipamentos em um edifício, por todo o país, ou ao redor do mundo, possibilitando a comunicação eletrônica. As transmissões sem fio permitem que drones, como o Scan Eagle, da Boeing, voem por meio de um sistema de controle remoto que monitora edifícios comerciais ou posições inimigas.[38] Os drones são versões menores e mais baratas dos drones Predator e Global Hawk que o exército americano utilizou nos conflitos do Iraque e Afeganistão.

A **internet** é a maior rede de computadores do mundo, consistindo em milhares de redes interligadas, todas elas trocando informações livremente. Empresas de pesquisa, faculdades, universidades, colégios, hospitais e empresas de mídia são apenas alguns exemplos de organizações que usam a internet.[39] De forma crescente, empresas e pessoas estão utilizando a internet para rodar e fornecer importantes aplicativos, como aqueles que acessam grandes bancos de dados, executando sofisticadas análises de negócios e obtendo grande variedade de relatórios.[40] A *computação em nuvem* permite que as pessoas obtenham as informações de que precisam através da internet (a nuvem), em vez do computador de mesa ou dos computadores corporativos. De acordo com uma companhia de pesquisa e consultoria popular, esperava-se que o mercado total para a computação em nuvem alcançasse $ 150 bilhões anualmente por volta de 2014.[41] A confiabilidade e a segurança, porém, permanecem como a principal preocupação para uso da computação em nuvem.[42]

As pessoas usam a internet para pesquisar informações, comprar e vender produtos e serviços, agendar viagens, fazer transações bancárias, baixar música e vídeos, ler livros e ouvir rádios, entre outras atividades.[43] A Amazon Web Services (AWS) permite que empresas de qualquer tamanho utilizem os poderosos computadores da Amazon e paguem somente pelo serviço e os recursos usados.[44] De acordo com o vice-presidente da Amazon: "Isto nivela totalmente o campo de jogo". O Bank of America permite que os clientes verifiquem seus saldos bancários e paguem suas contas na internet, usando o iPhone da Apple e outros equipamentos portáteis.[45] Sites, como o Facebook (*www.facebook.com*), tornaram-se locais populares para a conexão com amigos e colegas. As pessoas também podem enviar mensagens curtas, com até 140 caracteres, usando o Twitter (*www.twitter.com*) através da internet.[46] No início de 2011, redes sociais, como o Facebook e o Twitter, foram usadas para ajudar a organizar protestos gigantescos no Egito, Líbia e outros lugares.[47] Alguns países tentaram bloquear o tráfego da internet nesses sites para impedir ou retardar a organização dos protestos.[48]

Esse aumento no uso da internet não está isento de riscos. Algumas pessoas temem que leve a outros problemas, incluindo a ação criminosa de hackers para obterem acesso a informações pessoais confidenciais.[49]

A World Wide Web (WWW), ou apenas Web, é uma rede de links na internet para documentos que contêm textos, gráficos, vídeo e áudio. As informações sobre os documentos e o acesso a eles são controlados e fornecidos por dezenas de milhares de computadores especiais chamados servidores. A Web é um dos muitos serviços disponíveis na internet e oferece acesso a milhões de documentos. Novas tecnologias e o aumento das comunicações pela internet são coletivamente chamados Web 2.0.

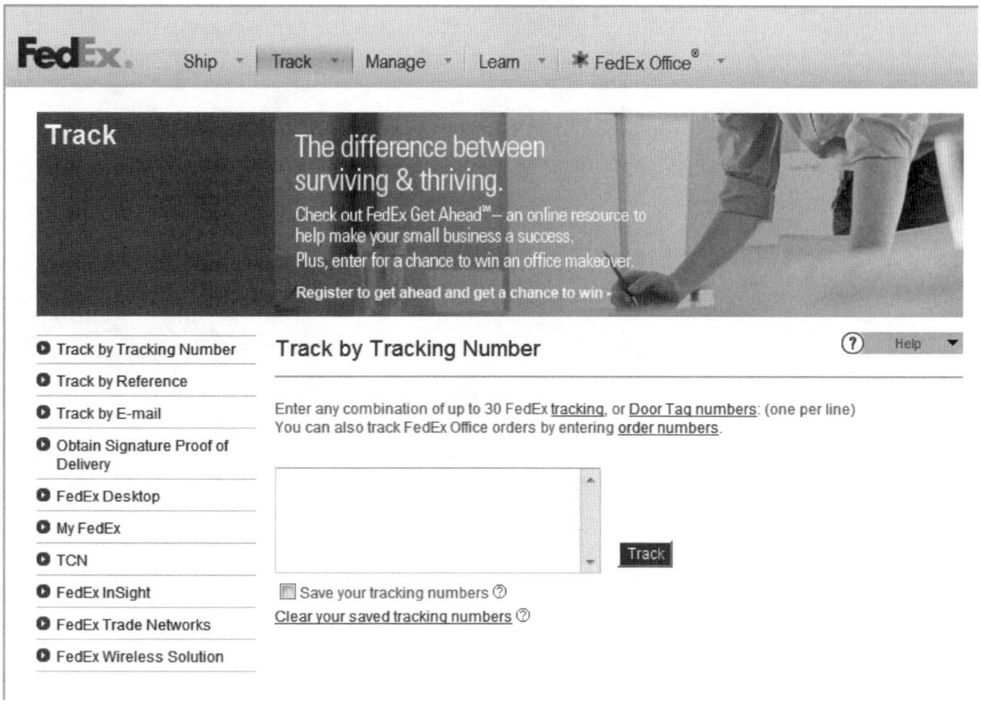

www.fedex.com

Ao acessar o site da FedEx *(www.fedex.com)* para verificar o status de uma encomenda, você está utilizando uma extranet.

A tecnologia utilizada para criar a internet tem sido também aplicada nas empresas e nas organizações para criar **intranets**, que permitem que as pessoas de uma organização troquem informações e trabalhem em projetos. A ING DIRECT Canada, por exemplo, usa sua intranet para obter ideias de seus funcionários.[50] As empresas em geral usam intranets para conectar seus funcionários ao redor do mundo. Uma **extranet** é uma rede baseada nas tecnologias da Web que permite ao usuário externo, como parceiros comerciais e clientes, acessar os recursos autorizados da intranet da empresa. Muitos utilizam a extranet diariamente, sem perceber – para acompanhar bens expedidos, fazer pedidos de produtos a seus fornecedores ou acessar a assistência ao consumidor de outras empresas. A Penske Truck Leasing usa uma extranet para as companhias de leasing Penske e seus clientes.[51] O site da extranet permite que os clientes agendem manutenções, encontrem postos de combustível da Penske, recebam assistência de emergência em estradas, participem de programas de treinamento de motoristas e muito mais. Da mesma forma, se você acessar o site da FedEx para verificar a situação de uma encomenda, estará usando uma extranet.[52]

INTRANET:
Rede interna baseada em tecnologia da Web que permite que as pessoas dentro da organização troquem informações e trabalhem em projetos.

EXTRANET:
Rede baseada em tecnologias da Web que permite que usuários externos selecionados, como parceiros comerciais e clientes, acessem recursos autorizados da intranet de uma companhia.

Pessoas

As pessoas são o elemento mais importante na maioria dos sistemas de informação baseados em computador. Elas fazem a diferença entre o sucesso e o fracasso da maioria das organizações. O pessoal dos sistemas de informação inclui todos os profissionais que gerenciam, executam, programam e fazem manutenção do sistema, incluindo o diretor de informática (CIO) que gerencia o departamento de SI. De acordo com Dennis Strong, vice-presidente sênior e CIO da McCoy's Building Supply: "Conheça sua equipe e aqueles que interagem em um nível pessoal. Seja capaz de compartilhar suas comemorações e dar-lhes suporte durante os momentos difíceis de suas vidas".[53]

Outras pessoas são os usuários que trabalham com sistemas de informação para obter resultados. Esses indivíduos incluem os executivos financeiros, representantes de marketing, operadores de manufatura e muitos outros. Certos usuários de computador também constituem a própria equipe de SI.

Procedimentos

Procedimentos incluem estratégias, políticas, métodos e regras para utilizar o CBIS, incluindo a operação, a manutenção e a segurança do computador. Por exemplo, alguns procedimentos descrevem quando cada programa deve ser executado. Outros descrevem quem pode acessar os fatos no banco de dados ou o que fazer se houver um desastre, como um incêndio ou um furacão que tornem o CBIS inoperante. Bons pro-

PROCEDIMENTOS:
Estratégias, políticas, métodos e regras para utilizar um CBIS.

O diretor de informática (CIO) gerencia o departamento de Sistemas de Informação, que inclui os profissionais que gerem, executam, programam e fazem a manutenção de sistemas baseados em computadores.

cedimentos podem ajudar as empresas a aproveitar novas oportunidades e a evitar desastres potenciais. Procedimentos mal desenvolvidos e inadequadamente implantados, no entanto, podem fazer com que as pessoas desperdicem tempo com regras inúteis ou resultar em respostas inadequadas a desastres.

Agora que vimos de modo geral os sistemas de informação baseados em computador, examinaremos brevemente os tipos mais comuns utilizados nos negócios. Esses tipos de SI são tratados com mais detalhes na Parte 3.

SISTEMAS DE INFORMAÇÃO EM NEGÓCIOS

Os tipos mais comuns de sistemas de informação em organizações empresariais são os projetados para o comércio eletrônico e móvel, processamento de transações, gestão de informações e suporte para decisões.[54] Além disso, algumas empresas os empregam para fins específicos, como a realidade virtual, que nem todas as organizações utilizam. Embora esses sistemas sejam discutidos em seções separadas neste capítulo e explicados detalhadamente adiante, eles são frequentemente integrados em um produto e entregues pelo mesmo pacote de software (veja a Figura 1.7). Por exemplo, alguns pacotes de planejamento de recursos empresariais processam transações, enviam informações e apoiam as decisões. A Figura 1.8 apresenta uma visão simples do desenvolvimento de importantes sistemas de informação de negócio discutidos nesta seção. Além disso,

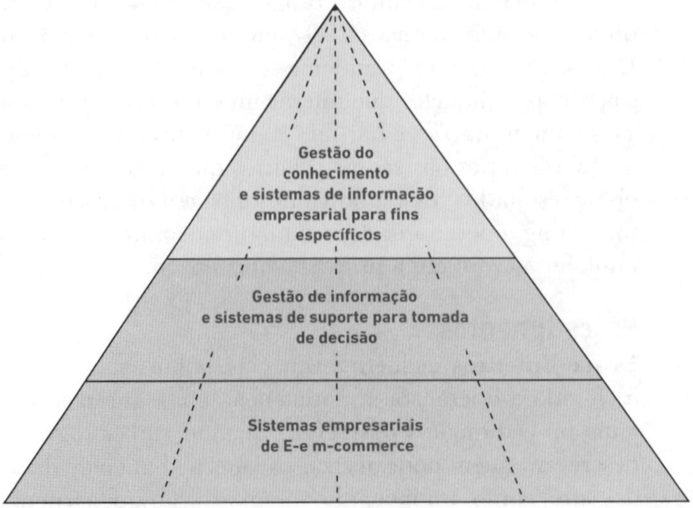

FIGURA 1.7
Sistemas de informação de negócio.
Sistemas de informação de negócio são frequentemente integrados em um produto e podem ser entregues pelo mesmo pacote de software.

@ SISTEMAS DE INFORMAÇÃO NO TRABALHO

Cibs: mantendo a qualidade e o crescimento

Provavelmente você não pensa em limpeza de toaletes e software de alta tecnologia ao mesmo tempo. Isso significa que você em geral não pensa na CIBS.

CIBS, uma divisão da CI (originalmente Limpeza de Interiores) Business Services, fornece uma gama completa de serviço de limpeza de toaletes e controle de pestes. Fundada há mais de 20 anos no Reino Unido, é hoje um premiado fornecedor de serviços de higiene e limpeza.

Em seus anos iniciais, os gerentes da CIBS agendavam serviços por meio de uma combinação de planilhas, arquivos em papel e pequenos programas empresariais. À medida que a companhia cresceu, os gerentes reavaliaram esse método. A gerente geral Julia Kulinski explica que "como os dados ficavam dispersos entre planilhas e arquivos em papel, era difícil termos uma visão integrada de nossos clientes, visão essa que precisávamos para prestar um bom serviço. Por exemplo, quando o cliente telefonava para falar de algum erro ou outros problemas relacionados com os serviços, os representantes de serviço não conseguiam encontrar as informações necessárias para resolver tais problemas na primeira ligação".

Outros entraves afetavam os lucros e as despesas. Como a emissão de nota fiscal era um processo manual, o responsável pela tarefa preparava e as enviava apenas uma vez por mês. Eram baseadas em registros em papel e, muitas vezes, continham erros. Os gerentes não tinham conhecimento dos custos excessivos até que fosse tarde demais para corrigi-los. Além disso, não era viável motivar os funcionários, utilizando métodos de pagamento baseados no desempenho, o verdadeiro objetivo do negócio. Por último, e o mais importante, a CIBS não conseguia crescer.

A CIBS avaliou suas opções e selecionou um sistema ERP (planejamento dos recursos da empresa) integrado da empresa alemã SAP. Este capítulo define o sistema ERP como "um conjunto de programas integrados capaz de gerenciar as operações vitais do negócio para todos os múltiplos sites da organização global". Apesar de os usuários de ERP serem grandes organizações, as empresas menores também estão tirando proveito destes sistemas. Com 200 funcionários, a CIBS é uma empresa de médio porte. Ela também desejava obter os benefícios que o sistema oferece, incluindo um banco de dados compartilhado para armazenar suas informações e coordenar as operações. Como Kulinski comenta, eles não poderiam crescer de outra forma: "Para que o negócio crescesse, precisávamos de um banco de dados centralizado, de processos automatizados e de relatórios em tempo real". As pequenas companhias necessitam tanto dessas funções quanto as grandes empresas.

De fato, o uso do ERP está crescendo mais rapidamente entre as pequenas companhias do que entre as grandes. De acordo com Albert Pang no blog *Apps Run the World*, a receita anual total dos revendedores de ERP está crescendo a uma taxa de 5,6% ao ano para clientes com 100 funcionários ou menos, e caindo continuamente a uma taxa de 2,4% entre as empresas com 5 mil funcionários ou mais.

A razão para isso é que os primeiros sistemas ERP requeriam grandes computadores, os quais apenas as maiores empresas podiam bancar. Sabendo disso, os fornecedores do ERP ofereciam programas complexos, ajustados para tais usuários.

Atualmente, os computadores estão muito mais baratos e grande parte do software ERP é adequado para organizações menores. Porém, muitas pessoas ainda pensam que o ERP é apenas para grandes empresas. Em geral leva muito tempo para que o conhecimento convencional se equipare à realidade, mas a CIBS não caiu nesta armadilha.

Kulinski confirma que a mudança para o software ERP resolveu os problemas empresariais na CIBS e ajudou a companhia a crescer. Ela avalia os benefícios financeiros da seguinte forma: "Observo os custos operacionais do software da SAP - o que para nós é o equivalente a um funcionário de tempo integral - e depois o valor que o software oferece ao nosso negócio. Não existe outra maneira de uma pessoa fornecer tanto valor para a empresa".

Em uma análise final, o valor entregue para o negócio é o que se espera de um sistema de informações.

Questões para discussão

1. Este caso diz respeito a um cliente da SAP e é baseado em parte nos materiais da SAP. Entretanto, outras empresas de software também oferecem programas ERP. As duas maiores fornecedoras de programas para o segmento de pequenas empresas são a Oracle e a Microsoft. Compare suas ofertas de ERP.
2. Antes de mudar para a SAP, a CIBS mantinha e processava seus dados com um conjunto de métodos mais simples, em sua maioria de forma manual. Esses métodos constituíam um sistema de informação? Por que sim, ou por que não?

Questões para análise

1. Liste cinco problemas que a CIBS enfrentava com seu sistema inicial de planilhas em papel. Classifique-os de acordo com a importância para a empresa. Justifique sua classificação. Se você discorda da avaliação de Kulinski de que o maior problema era o limitado crescimento potencial, explique o porquê.

2. Sua universidade utiliza um sistema ERP ou algum software integrado comparável com um banco de dados tão abrangente? Tente descobrir como esse sistema foi escolhido ou, se não houver nenhum, como o sistema poderá ser escolhido no futuro. (Esta exploração deve ser feita como um projeto de classe para evitar que as mesmas perguntas sejam feitas repetidamente para as mesmas pessoas.)

Fontes: Site da CIBS, www.ci-bs.co.uk, e sites de suas subsidiárias, *www.cibshygiene.com* e *www.cibsfacilities.com*, acesso em: 17 jan. 2012; SAP, "CIBS: Enabling Growth and Exceptional Service Quality with SAP Software", http://download.sap.com/uk/download.epd?context=A8700D6A2BB022BCF7C1BA6D4FFF4D1837ACD9F06DE9B34FF8945FE34BEA4AE61EA46CBB6C5EA8DAE21568331B293774E37074837BC3CE5D, mar. 2011, download em: 16 jan. 2012; Pang, A., "Infor's Daring Move to Buy Lawson, Shake Up ERP MidMarket", *Apps Run the World blog*, www.appsruntheworld.com/ blogs/?p=370, 13 mar. 2011, acesso em: 17 jan. 2012.

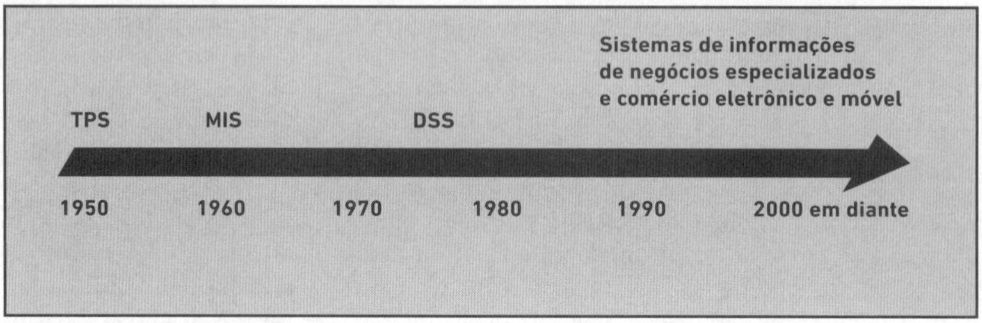

FIGURA 1.8
Desenvolvimento de importantes sistemas de informação de negócios.

para possuir um sistema completo de informações empresariais, incluindo hardware, software, banco de dados, telecomunicações e acesso a internet, as companhias podem alugar sistemas de informação de outros.[55] Como mencionado, a Amazon Web Services (AWS) permite que pessoas e empresas paguem apenas pelos sistemas de informação comerciais que utilizam. De acordo com o vice-presidente da AWS: "Em vez de gastar milhões em um centro de dados e servidores, você pode simplesmente pagar quando usar".

COMÉRCIO ELETRÔNICO E MÓVEL

O **comércio eletrônico (e-commerce)** envolve qualquer transação comercial executada eletronicamente entre empresas (business-to-business ou B2B), empresas e consumidores (business-to-consumer ou B2C), consumidores e outros consumidores (consumer-to-consumer ou C2C), negócio e setor público, e consumidores e setor público. O e-commerce oferece oportunidades para empreendimentos de todos os tamanhos para a comercialização e venda a baixo custo em todo o mundo, permitindo que estes entrem no mercado global.

COMÉRCIO ELETRÔNICO (E-COMMERCE): Qualquer transação comercial executada eletronicamente entre empresas (business--to-business), entre empresas e consumidores (business--to-consumer), entre consumidores e outros consumidores (consumer-to-consumer), entre negócio e o setor público, e entre consumidores e o setor público.

COMÉRCIO MÓVEL (M-COMMERCE): Uso de celulares e equipamentos sem fio para coletar pedidos e conduzir os negócios.

O **comércio móvel (m-commerce)** é a utilização de celulares e de equipamentos sem fio para realizar pedidos e gerir negócios. O comércio móvel depende das comunicações sem fio que os gerentes e as empresas utilizam para fazer pedidos e realizar negócios com computadores portáteis (handheld), telefones portáteis, laptops conectados a uma rede e outros equipamentos móveis. A BMW, companhia alemã de carros esportivos, investiu cerca de $ 100 milhões no desenvolvimento de aplicativos móveis para seus carros e outros produtos.[56] Hoje, o comércio móvel explodiu em popularidade com os avanços dos smartphones, incluindo o iPhone da Apple. Os clientes usam seus telefones celulares para comprar ingressos para concertos por meio de empresas como a Ticketmaster Entertainment (*www.ticketmaster.com*) e Tickets (*www.tickets.com*).[57] Telefones e outros dispositivos móveis podem ser utilizados para pagar produtos e serviços.[58] A Google, popular empresa de internet, está estudando a incorporação da função de pagamento em seu software. Outro exemplo é o leitor de cartões Square, que pode ser instalado em alguns smartphones e tablets para coletar pagamentos de pessoas e organizações.[59] Esse pequeno dispositivo permite aos empresários e pequenos empreendedores aceitarem pagamentos com cartão de crédito em qualquer lugar.

Com o comércio móvel (m-commerce), as pessoas podem usar seus telefones celulares para pagar por produtos e serviços, a qualquer hora e em qualquer lugar.

Cortesia da Square, Inc.

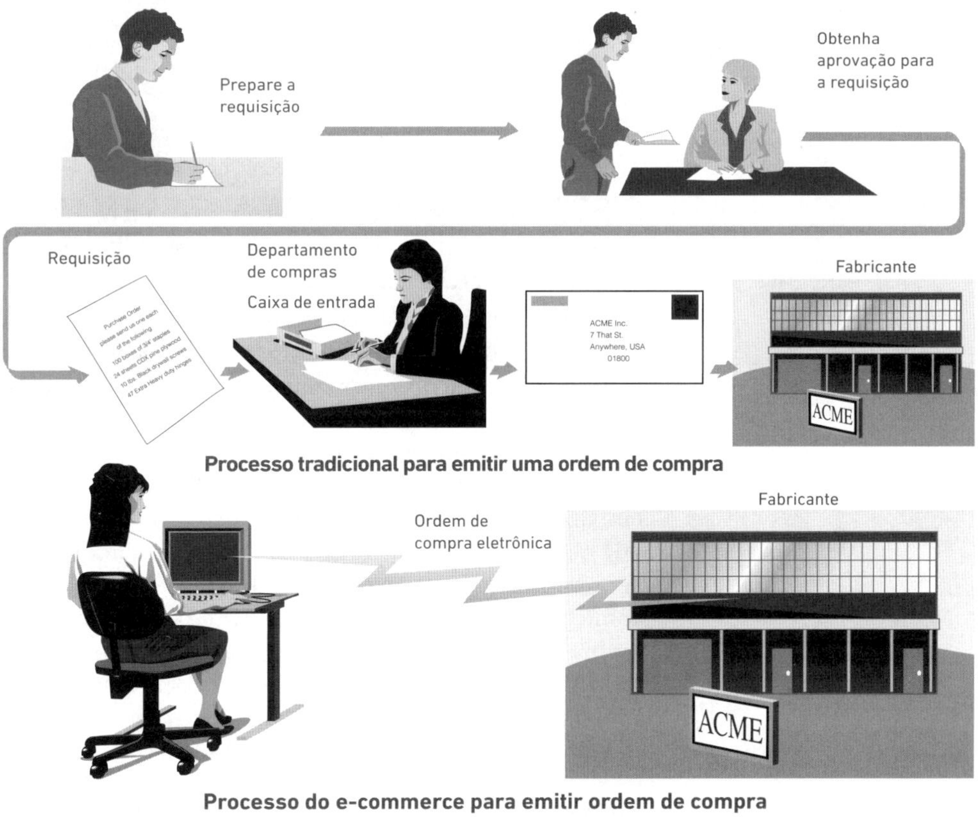

FIGURA 1.9
O e-commerce simplifica grandemente as compras.

© Cengage Learning 2013

O e-commerce oferece muitas vantagens para agilizar as atividades do trabalho. A Figura 1.9 fornece um breve exemplo de como ele pode simplificar o processo de aquisição de novos móveis para escritório, de uma empresa fornecedora. No sistema manual, o funcionário do escritório corporativo deve obter aprovação para compras que excedam determinado valor. Isso requer a ida ao departamento de compras, o qual irá gerar uma ordem de compra formal para adquirir os produtos de um vendedor aprovado. O comércio eletrônico negócio-a-negócio automatiza todo o processo. Os funcionários acessam o site do fornecedor, encontram o item em um catálogo e fazem o pedido, de acordo com o preço estabelecido por suas empresas. Se for necessária a aprovação da gerência, o gerente será notificado automaticamente. Com o crescimento dos sistemas de e-commerce, as empresas estão descartando os meios tradicionais. O crescimento resultante do e-commerce está criando novas e numerosas oportunidades de negócios.

NEGÓCIO ELETRÔNICO (E-BUSINESS): Uso dos sistemas de informação e a internet para realizar todas as tarefas e funções relacionadas ao negócio.

Além do e-commerce, os sistemas de informação usam telecomunicações e internet para realizar as tarefas relacionadas. A aquisição eletrônica (e-procurement), por exemplo, envolve o uso de sistemas de informação e a internet para a aquisição de peças e suprimentos. O **negócio eletrônico (e-business)** se estende além do e-commerce e do e-procurement através de sistemas de informação e da internet para a realização de todas as tarefas e funções relacionadas com o negócio, como a contabilidade, o marketing, a fabricação e as atividades dos recursos humanos. O negócio eletrônico também inclui trabalhar com clientes, fornecedores, parcerias estratégicas e acionistas. Comparada com os negócios tradicionais, a estratégia de negócio eletrônico é flexível e adaptável (veja a Figura 1.10).

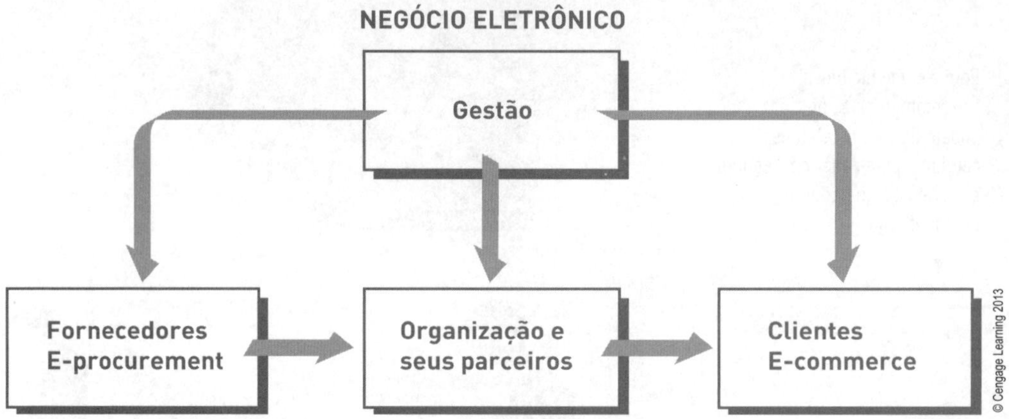

FIGURA 1.10
O negócio eletrônico.
O negócio eletrônico vai além do e-commerce por incluir o uso de sistemas de informações e a internet para realizar todas as funções e tarefas relacionadas com o negócio, como atividades de contabilidade, finanças, marketing, manufatura e recursos humanos.

SISTEMAS EMPRESARIAIS: SISTEMAS DE PROCESSAMENTO DE TRANSAÇÕES E PLANEJAMENTO DE RECURSOS EMPRESARIAIS

Os sistemas empresariais que processam informações diariamente evoluíram muito ao longo dos anos e oferecem importantes soluções para negócios de todos os tamanhos. Os códigos de barras, normalmente usados por sistemas empresariais em supermercados e lojas, aceleram o processo de fechamento de compras e fornecem grande variedade de informações para os executivos do negócio. Alguns códigos de barras foram convertidos em trabalhos artísticos, como flores e desenhos colocados no topo, laterais ou embaixo dos códigos para torná-los mais atraentes e interessantes para os clientes.[60] Em 2011, o eBay, maior site de leilões da internet, adquiriu a GSI para ajudá-lo a desenvolver um sistema empresarial para competir com outras operações de varejo da internet, como a Amazon.[61] O sistema empresarial ajudará o eBay a receber e processar pedidos on-line. A aquisição também ajudará o eBay a processar operações on-line a partir do smartphone de um cliente e de outros dispositivos móveis. Os sistemas tradicionais de processamento de transações ainda são utilizados atualmente, mas, de forma crescente, as empresas os estão trocando para sistemas de planejamento de recursos empresariais.

Sistemas de processamento de transações

TRANSAÇÕES: Qualquer intercâmbio relacionado com negócios, como pagamento de funcionários, vendas para clientes e pagamento para fornecedores.

Desde 1950, os computadores têm sido usados para rodar aplicativos comuns nos negócios. Muitos desses sistemas iniciais foram projetados para reduzir custos através da automatização de rotinas e transações empresariais que exigem muito esforço. Uma **transação** é qualquer intercâmbio relacionado com os negócios, como pagamento de funcionários, vendas para clientes ou pagamento de fornecedores. O processamento de transações comerciais foi o primeiro aplicativo para computador desenvolvido para mui-

SISTEMA DE PROCESSAMENTO DE TRANSAÇÕES (TPS, TRANSACTIONS PROCESSING SYSTEM): Conjunto organizado de pessoas, procedimentos, software, bancos de dados e equipamentos utilizados para realizar e registrar transações comerciais.

tas organizações. Um **sistema de processamento de transações (TPS)** é um conjunto organizado de pessoas, procedimentos, software, bancos de dados e equipamentos utilizados para efetuar e registrar as transações comerciais. Se entendermos um sistema de processamento de transações, entenderemos as operações e funções comerciais básicas.

Um dos primeiros sistemas comerciais computadorizados foi o de folha de pagamento (veja a Figura 1.11). A transação é qualquer troca relacionada com negócio, como pagamento dos funcionários, vendas para consumidores ou pagamento a fornecedores. A saída primária consiste nos contracheques. Os primeiros sistemas produziam contracheques e os relatórios relacionados, requeridos pelo Estado e pelas agências federais, como o Serviço de Receitas Internas. Outro aplicativo de rotina inclui as ordens de venda, faturamento dos clientes e gestão de relacionamento com o cliente e controle de estoque.

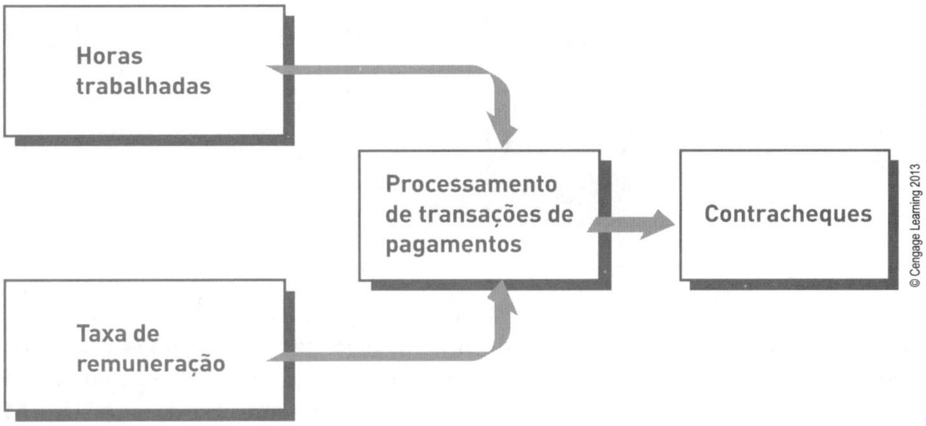

FIGURA 1.11
Sistemas de processamento de transações da folha de pagamento.
Em um TPS de folha de pagamento, as entradas (número de horas trabalhadas pelo funcionário e o valor da hora) passam por um processo de transformação a fim de produzir as saídas (cheques de pagamento).

Sistemas empresariais ajudam as organizações a realizar e integrar tarefas importantes, como o pagamento dos funcionários e dos fornecedores, controle de estoque, envio de faturas e pedido de suprimentos. No passado, as empresas realizavam essas tarefas por meio de sistemas tradicionais de transações. Hoje, mais empresas usam sistemas de planejamento de recursos da empresa para essas tarefas.

Planejamento dos recursos da empresa

SISTEMA DE PLANEJAMENTO DOS RECURSOS DA EMPRESA (ERP): Conjunto de programas integrados que gerencia as operações vitais de negócios para todos os múltiplos sites da organização global.

O **sistema de planejamento dos recursos da empresa (ERP)** é um conjunto de programas integrados que gerencia as operações vitais de negócios para todos os múltiplos sites da organização global. O sistema ERP pode substituir muitos aplicativos Por meio de um conjunto unificado de programas, tornando o sistema mais fácil de usar e também mais eficiente. Atualmente, a obtenção de relatórios em tempo hábil, por meio de sistemas ERP, pode ser realizada através de telefones celulares e dispositivos móveis.

Embora o escopo possa variar de um fabricante para outro, a maioria dos sistemas ERP fornece software integrado para dar suporte à produção e às finanças. Muitos sistemas também possuem subsistemas de compra que fazem o pedido. Além desses processos centrais do negócio, alguns sistemas ERP podem dar suporte às funções de negócios, como recursos humanos, vendas e distribuição. Os principais benefícios da implementação de um sistema ERP incluem a facilidade da adoção de processos trabalhistas aprimorados e aumento do acesso aos dados para a tomada de decisão.

SISTEMAS DE INFORMAÇÃO E APOIO A DECISÕES

Os benefícios fornecidos por um TPS ou ERP eficiente, incluindo custos reduzidos de processamento e redução na necessidade de pessoal, são substanciais e justificam seus custos associados em equipamentos de computação, programas de computadores, suprimentos e pessoal especializado. As empresas logo percebem que podem usar os dados armazenados nesses sistemas para ajudar os gerentes a tomar as melhores decisões, seja na gestão de recursos humanos, de marketing ou de administração. Atender às necessidades dos gerentes e dos tomadores de decisão continua sendo o principal fator no desenvolvimento de sistemas de informação.

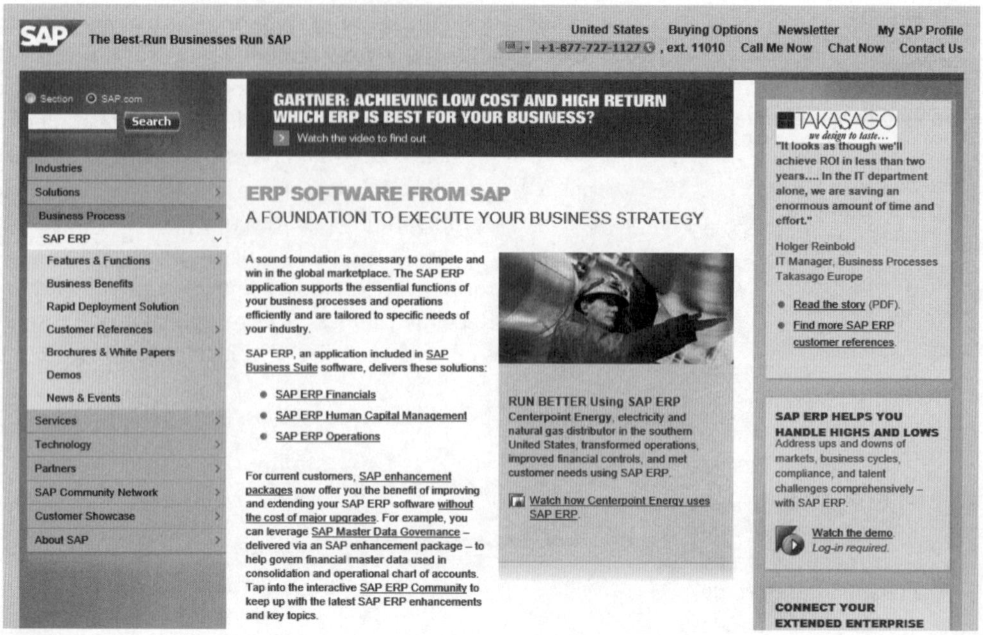

www.sap.com

A SAP AG, organização alemã de software, é uma das principais fabricantes de sistemas ERP. A empresa emprega mais de 50 mil pessoas em mais de 120 países.

Sistemas de informação gerencial

SISTEMA DE INFORMAÇÃO GERENCIAL (MIS): Conjunto organizado de pessoas, procedimentos, software, banco de dados e equipamentos que fornecem informações de rotina para os gerentes e os tomadores de decisão.

O **sistema de informação gerencial** (**MIS**) é um conjunto organizado de pessoas, procedimentos, softwares, banco de dados e equipamentos que fornecem informações de rotina para gerentes e tomadores de decisão. Um MIS concentra-se na eficiência operacional.[62] As áreas de manufatura, marketing, produção, finanças e outros setores funcionais são apoiadas pelo MIS e conectados por meio de um banco de dados em comum.[63] Os MISs normalmente fornecem relatórios padrão gerados com dados e informações do TPS ou ERP (veja a Figura 1.12). A Dell Computer, por exemplo, usou um software MIS de manufatura para desenvolver diversos relatórios sobre seus processos de fabricação e custos.[64] Como resultado, foi capaz de dobrar a variedade de produtos, ao mesmo tempo em que economizou cerca de $ 1 milhão anualmente em custos de fabricação. Como exemplo, algumas empresas de pesquisa de marketing se especializam em descobrir a melhor abordagem para investir em propaganda na internet.[65]

Os MISs foram inicialmente desenvolvidos nos anos 1960 e em geral utilizam sistemas de informação para produzir relatórios gerenciais. Em muitos casos, esses relatórios preliminares eram produzidos periodicamente - diariamente, semanalmente, mensalmente ou anualmente. Devido ao seu valor para os gerentes, os MISs se proliferaram por todas as esferas da administração.

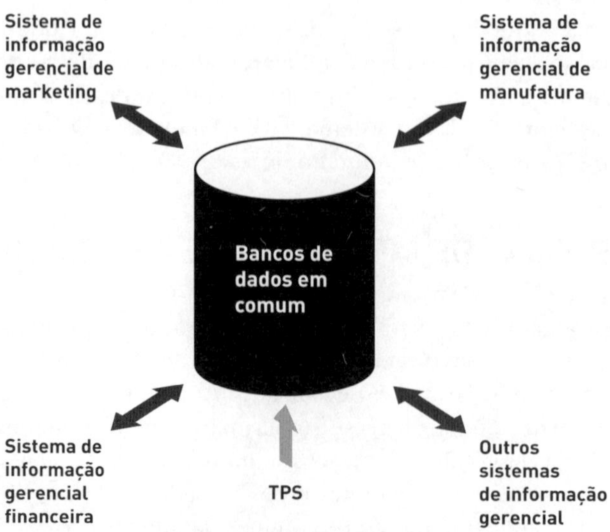

FIGURA 1.12
Sistemas de informação gerencial. Sistemas de informação gerencial funcional recolhem os dados do sistema de processamento de transações da organização.

Sistemas de apoio a decisões

SISTEMA DE APOIO A DECISÕES (DSS): Conjunto organizado de pessoas, procedimentos, softwares, bancos de dados e equipamentos utilizados para apoiar as tomadas de decisão em relação a um problema específico.

Por volta de 1980, um desenvolvimento radical na tecnologia resultou em sistemas de informação menos dispendiosos e mais poderosos que seus antecessores.[66] As pessoas rapidamente reconheceram que sistemas por computador poderiam dar suporte adicional às atividades de tomada de decisão. O **sistema de apoio a decisões (DSS, decision support system)** é um conjunto organizado de pessoas, procedimentos, software, banco de dados e equipamentos utilizados para apoiar as tomadas de decisão em relação a um problema específico. O foco de um DSS é a tomada eficaz de decisões. Enquanto o MIS auxilia uma organização a "fazer a coisa da maneira certa", o DSS ajuda um gerente a "fazer a coisa certa".

O DSS vai além de um MIS tradicional, fornecendo assistência imediata na resolução de problemas. Muitos desses problemas são únicos e complexos, e informações-chave são frequentemente difíceis de obter. Por exemplo, um fabricante de automóveis pode tentar determinar a melhor localização para construir uma fábrica. Alguns pesquisadores usam DSSs para analisar os bancos de dados de reclamações do Medicare na busca de possíveis fraudes e abusos.[67] A análise do DSS pode determinar quando um médico executa procedimentos iguais ou similares no mesmo paciente, revelando abusos em potencial do Medicare. Os MISs tradicionais raramente são utilizados para resolver esses tipos de problema; um DSS pode ajudar, sugerindo alternativas e auxiliando na tomada de decisão final. Um DSS reconhece que os diferentes estilos gerenciais e os tipos de decisão exigem diferentes sistemas. Por exemplo, dois gerentes de produção, na mesma posição, tentando resolver o mesmo problema, podem exigir informações e apoios diferentes. A ênfase geral é apoiar, em vez de substituir a tomada de decisão gerencial.

Um DSS pode incluir um conjunto de modelos utilizados para dar suporte ao usuário ou tomador de decisões (base de modelo), um conjunto de fatos e informações que auxiliam na tomada de decisão (banco de dados) e sistemas e procedimentos (interface do usuário ou gerenciador de diálogo) que ajudam o tomador de decisões e outros usuários a interagir com o DSS (veja a Figura 1.13). O software chamado sistema de gestão de banco de dados (DBMS, database management system) em geral é usado para gerenciar o banco de dados, e o software chamado sistema de gestão de modelos (MMS, model management system) é usado para gerir a base de modelo. Nem todos os DSSs apresentam esses componentes.

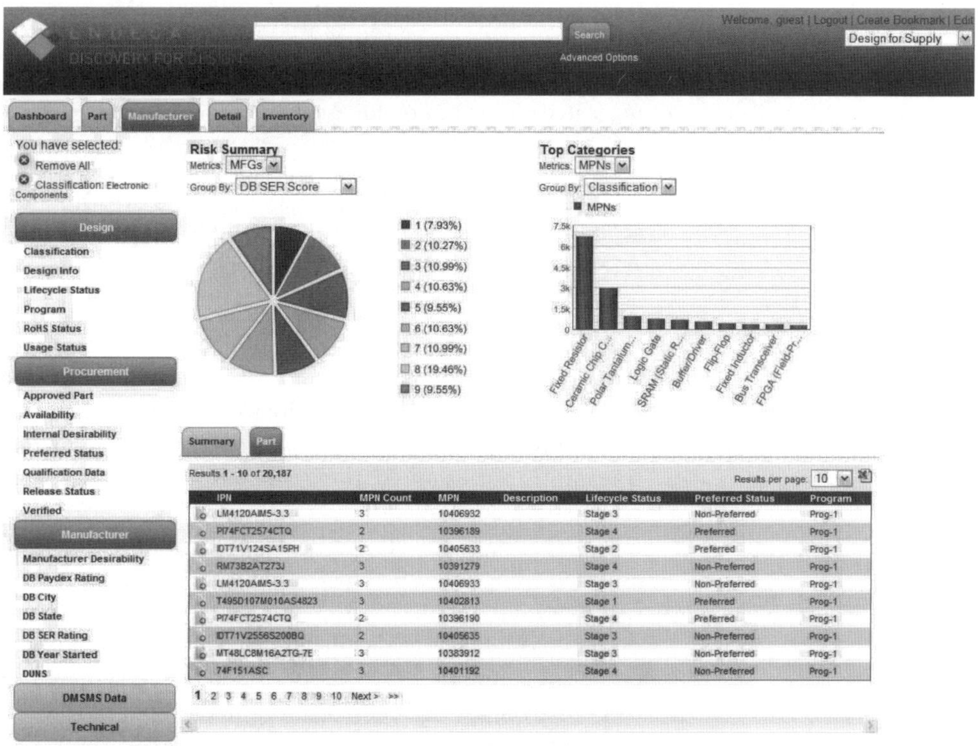

A Endeca fornece o software de suporte para tomada de decisão Discovery for Design, que ajuda os executivos a avaliar riscos e analisar desempenho. Os dados mostrados aqui são para o desenvolvimento de componentes eletrônicos.

Cortesia da Endeca

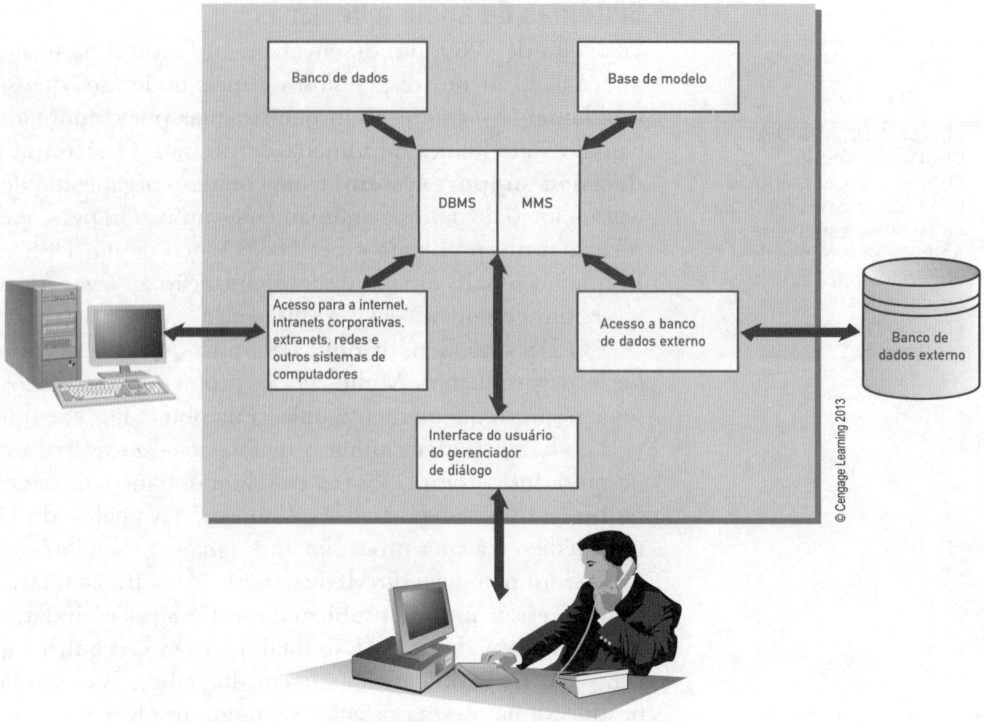

FIGURA 1.13
Elementos essenciais do DSS.

Além de DSSs para os gerentes, outros sistemas utilizam a mesma abordagem para apoiar grupos e executivos. Um sistema de suporte de grupo inclui os elementos DSS recém-descritos, bem como um software, chamado groupware, para auxiliar grupos a tomar decisões eficazes. Um sistema de suporte executivo, também conhecido como sistema de informações executivas, ajuda os gerentes de alto escalão, incluindo o presidente da empresa, os vice-presidentes e os membros do conselho diretor, a tomar as melhores decisões. O Healthland and Performance Management Institute, empresa de assistência médica, desenvolveu um sistema de informações executivas para ajudar pequenas comunidades e executivos de pequenos hospitais rurais a tomar as melhores decisões sobre como fornecer assistência médica de qualidade para os pacientes e aumentar a eficiência dos serviços de saúde nos hospitais.[68] Como um incentivo para tais esforços, o American Recovery and Reinvestment Act forneceu fundos para as companhias de assistência médica qualificadas que investem em melhores sistemas de informação e suporte para decisões. Um sistema de suporte executivo pode auxiliar no planejamento estratégico, organização e alocação do alto escalão, controle estratégico e gerenciamento de crises.

SISTEMAS DE INFORMAÇÃO DE NEGÓCIOS ESPECIALIZADOS: GERENCIAMENTO DE CONHECIMENTO, INTELIGÊNCIA ARTIFICIAL, SISTEMAS ESPECIALISTAS E REALIDADE VIRTUAL

Além dos EPRs, MISs e DSSs, as organizações com frequência dependem de sistemas especializados. Muitas delas utilizam o sistema de gestão do conhecimento (SGC, knowledge management system), um conjunto organizado de pessoas, procedimentos, software, banco de dados e equipamentos para criar, armazenar, compartilhar e usar o conhecimento e a experiência da organização.[69] Uma empresa de serviços de remessa e transporte, por exemplo, pode utilizar o SGC para tornar mais eficiente seu transporte e a logística do negócio.

INTELIGÊNCIA ARTIFICIAL (IA): Campo no qual o sistema de computadores adquire características da inteligência humana.

Além da gestão de conhecimento, as empresas utilizam outros tipos de sistemas especializados. Alguns têm base na noção de **inteligência artificial** (**AI, artificial intelligence**), na qual o sistema de computador emprega características da inteligência humana. A inteligência artificial permite que os computadores superem humanos campeões em games de computador, ajuda os médicos a fazer diagnósticos e permitem que os carros viajem por centenas de quilômetros sem um humano atrás do volante.[70] O campo da inteligência artificial inclui vários campos secundários (veja a Figura 1.14).

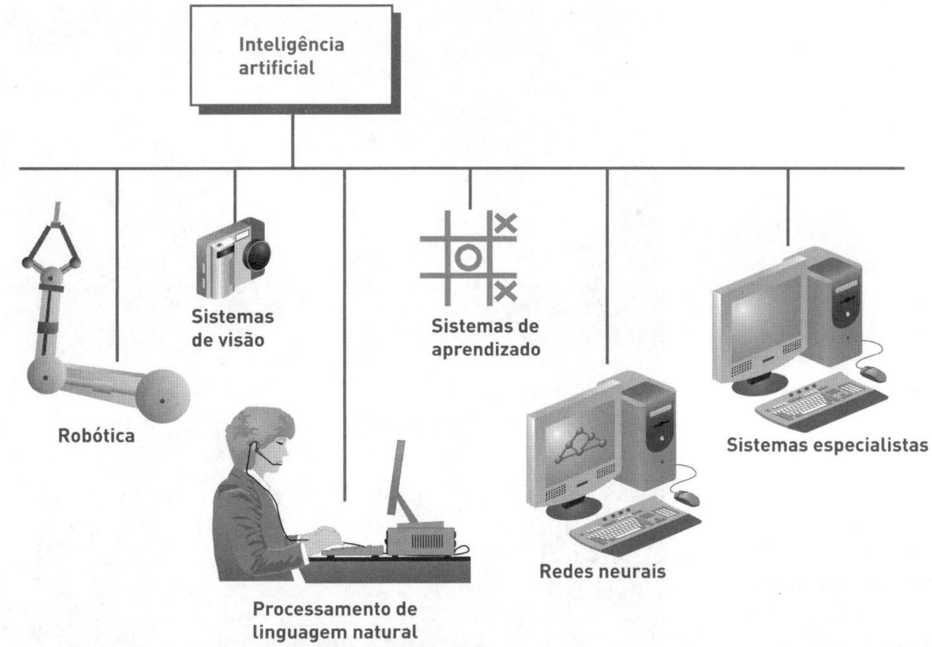

FIGURA 1.14
Principais elementos da inteligência artificial.

O supercomputador Watson da IBM usou inteligência artificial para competir e eventualmente ganhar dos campeões de Jeopardy.

Algumas pessoas predizem que no futuro teremos nanobots, pequenos robôs do tamanho de uma molécula, viajando por todo o nosso corpo no fluxo sanguíneo, mantendo-nos saudáveis. Outros nanobots serão incorporados em produtos e serviços.

Inteligência artificial

A robótica é uma área da inteligência artificial na qual as máquinas assumem tarefas complexas, perigosas, rotineiras ou cansativas, como a soldagem de estruturas de carros ou a montagem de componentes e sistemas de computador.[71] A Honda gastou milhões de dólares em robótica avançada que permite que uma pessoa dê ordens a um computador, usando apenas seus pensamentos. O novo sistema utiliza um capacete especial que pode medir e transmitir as atividades cerebrais para um computador.[72] Sistemas de visão permitem que os robôs e outros equipamentos "vejam", armazenem e processem imagens virtuais.[73] O processamento de linguagem natural envolve computadores entendendo e agindo com comandos verbais ou escritos em inglês, espanhol ou outros idiomas.[74] Os sistemas de aprendizagem permitem que os computadores aprendam a partir de erros ou experiências passadas, como jogar games ou tomar decisões empresariais. A rede neural é uma ramificação da inteligência artificial que permite que computadores reconheçam e atuem de acordo com padrões ou tendências. Algumas ações bem-sucedidas, opções e mercados futuros utilizam as redes neurais para destacar as tendências e melhorar o retorno de seus investimentos.

© Maksim Dubinsky/Shutterstock.com

Robôs industriais realizam tarefas complexas, perigosas, rotineiras ou cansativas, como usar ferramentas de usinagem ou montar componentes e sistemas de computadores.

SISTEMAS ESPECIALISTAS: Sistema que fornece ao computador a capacidade de dar sugestões e funcionar como um especialista em um campo em particular.

BASE DE CONHECIMENTO: Conjunto de dados, regras, procedimentos e relações que deve ser seguido para atingir valor ou o resultado apropriado.

REALIDADE VIRTUAL: Simulação de um ambiente real ou imaginado que pode ser vivenciado visualmente em três dimensões.

Sistemas especialistas

Os **sistemas especialistas** fornecem ao computador a capacidade de dar sugestões e atuar como *alguém* especializado em um campo em particular, ajudando a aprimorar a experiência de usuários novatos.[75] O valor exclusivo desses sistemas é que permitem às organizações capturarem e usarem a sabedoria dos experts e especialistas. Portanto, anos de experiência e habilidades específicas não são completamente perdidos, quando um especialista morre ou parte para outro trabalho. A Imprint Business Systems, por exemplo, tem um sistema especialista que ajuda as empresas de impressão e empacotamento a gerenciar o negócio.[76] A coleta de dados, regras, procedimentos e relacionamentos que devem ser seguidos para se obter o valor do resultado apropriado estão contidos na **base de conhecimento** do sistema especialista.

Realidade virtual e multimídia

A realidade virtual e a multimídia são sistemas especializados valiosos para muitos negócios e organizações sem fins lucrativos. Muitos imitam ou agem como ambientes reais.

Realidade virtual é uma simulação do ambiente real ou imaginado que pode ser vivido visualmente em três dimensões.[77] No início, referia-se à realidade virtual imersiva, o que significa que o usuário se torna totalmente imerso em um mundo 3D artificial, gerado pelo computador. O mundo virtual é apresentado em escala real e se relaciona apropriadamente com o formato humano. A realidade virtual refere-se também às aplicações não totalmente imersas, como navegação controlada por mouse por um ambiente 3D sobre um monitor gráfico, a visualização estéreo do monitor por meio de óculos estéreos, os sistemas de projeção em estéreo e outros. A Boeing, por exemplo, usou a realidade virtual e simulações em computador para ajudar a projetar e construir seu Dream-liner 787.[78] A companhia empregou modelos em 3D da Dassault Systems para projetar e fabricar a nova aeronave. A *realidade aumentada*, nova forma de realidade virtual, tem o potencial de sobrepor dados digitais sobre fotos ou imagens reais.[79]

Uma grande variedade de dispositivos de entrada, como visor posicionado na cabeça (veja a Figura 1.15), luvas digitais, joysticks e *varinhas mágicas*, permitem que o usuário navegue através de um ambiente virtual e que interaja com objetos virtuais. Som direcional, dispositivos de realimentação tátil e de força, reconhecimento de voz e outras tecnologias enriquecem a experiência de imersão. Uma vez que várias pessoas podem compartilhar e interagir no mesmo ambiente, a realidade virtual é um meio poderoso de comunicação, entretenimento e aprendizagem.

A multimídia é uma extensão natural da realidade virtual. Inclui fotos e imagens, manipulações de sons e efeitos especiais em 3D. Anteriormente usada princi-

Cortesia da Mechdyne Corporation

A Cave Automatic Virtual Environment (CAVE) é uma sala de ambiente virtual que permite que os cientistas interajam com modelos em 3D de sistemas aeroespacial.

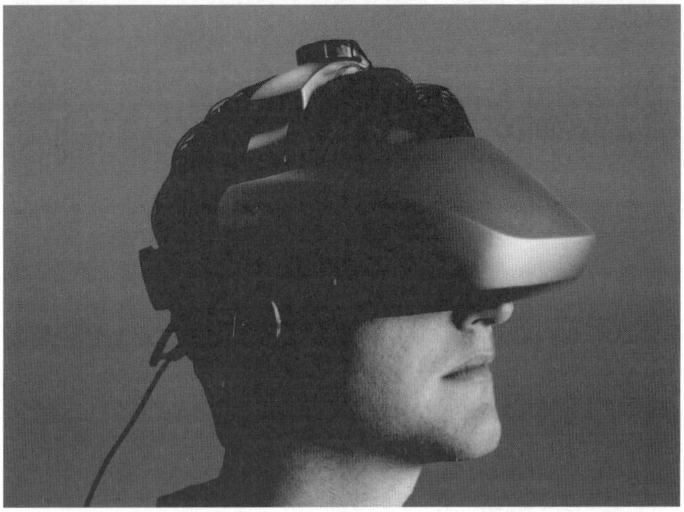

Cortesia da 5DT, Inc.

FIGURA 1.15
Visor posicionado na cabeça.
O visor posicionado na cabeça (HMD, head-mounted display) foi o primeiro dispositivo a fornecer ao usuário uma experiência de imersão. Um HMD típico contém duas telas de exposição em miniatura e um sistema óptico que canalizam as imagens das telas para os olhos, apresentando assim uma visualização estéreo do mundo virtual. Um rastreador de movimento mede continuamente a posição e a orientação da cabeça do usuário e permite que o computador gerador da imagem ajuste a representação da cena à visão real. Como resultado, a pessoa pode olhar ao redor e andar pelo ambiente virtual circundante.

palmente em filmes, a tecnologia 3D é usada por companhias para projetar produtos, como motocicletas, motores de jatos, pontes e muitos outros. A Autodesk, por exemplo, produz um excitante software 3D que as empresas podem utilizar para projetar grandes arranha-céus e outros edifícios. O software também pode ser usado pelos produtores de animação de Hollywood para desenvolver cenas de ação e desenhos animados.

DESENVOLVIMENTO DE SISTEMAS

DESENVOLVIMENTO DE SISTEMAS: Atividade responsável pela criação ou modificação de sistemas de informação.

Desenvolvimento de sistemas é a atividade responsável pela criação ou modificação de sistemas de informação. Projetos de desenvolvimento de sistemas variam de pequenos a muito grandes, e são conduzidos em campos tão diversos quanto análise de ações e desenvolvimento de videogames. O desenvolvimento de sistemas pode ser iniciado porque empresas desejam tirar vantagens de brechas nas leis federais, estaduais e locais relacionadas a imposto de renda e outras legislações.[80] Outras companhias estão iniciando o desenvolvimento de sistemas para tirar vantagens das novas tecnologias, como o smartphone e os tablets, por meio do desenvolvimento de aplicativos exclusivos e poderosos para estes novos dispositivos.[81] A esperança é reduzir os custos e alcançar vantagem competitiva. É esperado que os orçamentos para os projetos de desenvolvimento de sistemas cresçam nos próximos anos, de acordo com uma pesquisa do impacto econômico do CIO.[82] Espera-se que os departamentos de SI e os desenvolvedores de sistema se concentrem na criação de mais aplicativos móveis para seus negócios e organizações.

As companhias podem desenvolver sistemas internamente ou usar mão de obra terceirizada, para executar alguns ou todos os projetos de desenvolvimentos de sistemas. A mão de obra terceirizada permite que a empresa se concentre naquilo que faz de melhor e delegue outras funções para empresas com especialistas em desenvolvimento de sistemas.

Uma estratégia para melhorar os resultados do projeto de desenvolvimento de sistema é dividi-lo em várias etapas, cada uma delas com meta bem definida e um conjunto de tarefas a ser completado (veja a Figura 1.16).

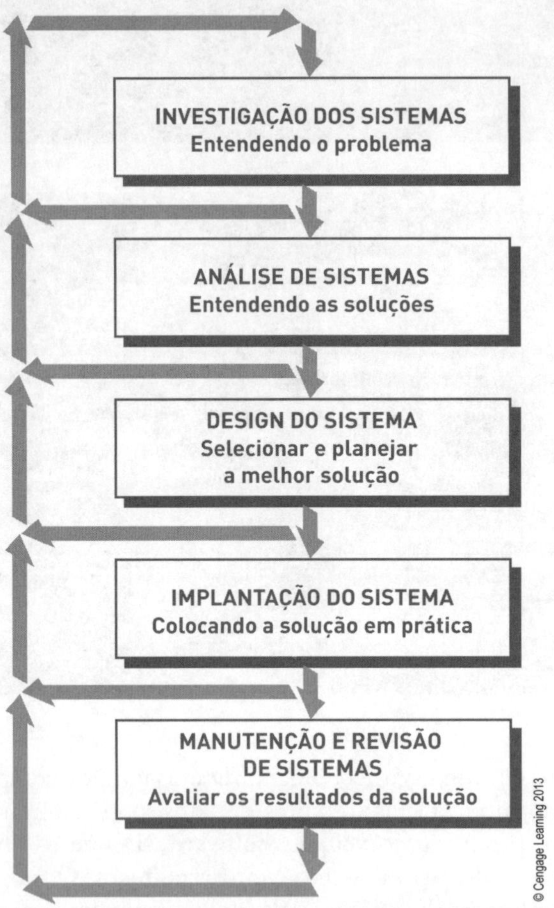

FIGURA 1.16 Visão geral do desenvolvimento de sistemas.

INVESTIGAÇÃO E ANÁLISE DE SISTEMAS

As duas primeiras etapas do desenvolvimento de sistemas são a investigação e a análise. O objetivo da investigação é entender claramente o problema a ser resolvido ou a oportunidade de tratá-lo. Depois que a organização compreende o problema, a próxima pergunta é "Vale a pena solucioná-lo?". Dado que as organizações têm recursos limitados – de pessoal e de dinheiro – essa questão merece consideração cuidadosa. Se a decisão for continuar com a solução, a próxima etapa, a análise, define os problemas e as oportunidades do sistema existente. Durante a investigação e a análise de sistemas, assim como da manutenção e revisão, discutidas a seguir, o projeto deve ter o apoio total dos gerentes do alto escalão e focar no desenvolvimento de sistemas que alcancem os objetivos do negócio.

QUESTÕES ÉTICAS E SOCIAIS

Qual o nível de privacidade de seus dados?

Em 1928, o juiz da Suprema Corte dos Estados Unidos escreveu que "o direito de ser deixado em paz é o mais abrangente". Quando o consultor de gestão Tom Peters destacou a política de privacidade de sua página da internet, foi esse conceito que prevaleceu em sua mente. Toda a política de Peter está descrita em dez linhas. A seguir quatro linhas dela:

"O que fazemos com o que você nos relata

Sua informação será usada apenas pela empresadetompeters! e suas afiliadas.

NÃO VENDEREMOS NEM ALUGAREMOS ESTAS INFORMAÇÕES PARA QUALQUER OUTRA PARTE.

Ponto final".

Agora considere a política de privacidade da Amazon.com, que ocupa quatro telas em fontes pequenas. Por que tal diferença? Ambas as companhias pensaram em como deveriam ser suas políticas de privacidade, mas chegaram a conclusões drasticamente diferentes.

A diferença não está no fato de a Amazon ser uma grande empresa e a de Tom Peters ser pequena. Alguns sites de grandes organizações apresentam políticas de privacidade bem resumidas, enquanto sites de pequenas empresas apresentam extensas políticas de privacidade. Por exemplo, a política de privacidade do site de Harrison Li, um blogueiro de 15 anos de idade, tem aproximadamente a mesma extensão do site da Amazon.

Em parte, os motivos pelos quais as políticas de privacidade da Amazon e a de Tom Peters serem tão diferentes se baseiam na natureza de seus negócios. A Amazon precisa de números de cartões de crédito, endereços de remessa e outras informações pessoais que podem ser usadas para prejudicar terceiros. Peters não vende produtos para seus clientes, portanto, ele não precisa coletar informações similares.

Os objetivos dos negócios, porém, não explicam todas as diferenças. A Amazon rastreia os padrões de visita através de *cookies*, pequenos arquivos de dados que ficam armazenados no navegador do cliente. Com eles, o site pode customizar o conteúdo a ser exibido, baseado nas ações do usuário em visitas anteriores. Peters também poderia rastrear as informações dos visitantes com cookies, mas optou por não usá-los. A Amazon utiliza informações pessoais para enviar ofertas em benefício de outros negócios. Peters poderia fazer o mesmo, e até ganhar algum dinheiro com isso, mas não o faz.

Ambas as políticas fazem sentido para as duas empresas. Ambas são tão completas quanto necessário. Como ambos os sites fornecem acesso fácil e claro às políticas de privacidade, eles as utilizam de forma ética. Por que, então, existem políticas tão diferentes? Ao definir sua política de privacidade na Web, uma companhia deve considerar diversos fatores:

1. *Que obrigações legais são aplicáveis?* As obrigações legais se sobrepõem a todas as outras considerações.
2. *Existem outras considerações comerciais?* Nos Estados Unidos, os sites não precisam ter uma política de privacidade. Na verdade, ao criar-se uma, corre-se o risco de não estar em conformidade com ela. Porém, incluir uma política de privacidade gera alguns benefícios. Por exemplo, uma empresa deve ter uma política de privacidade que atenda requisitos específicos se quiser anunciar no Google AdSense, o que permite que os editores de sites lucrem com as propagandas publicadas em suas páginas. As companhias com política de privacidade também podem tirar vantagens do acordo de Safe Harbor (porto seguro) com a União Europeia (UE) que permite que organizações americanas compartilhem dados com os computadores da UE, sem conformidade com todas as regulamentações de privacidade desta.
3. *O que o mercado busca?* Se os consumidores esperam uma política de privacidade, o fato de não haver uma que atenda suas necessidades pode prejudicar seus negócios.
4. *O que as empresas realisticamente prometem?* O ideal é que a empresa se comprometa em proteger integralmente os dados de seus consumidores. Porém, pode não ser prático proteger os dados contra todas as formas de ataque.
5. *Com o que as empresas desejam se comprometer?* No final das contas, uma política de privacidade é um comprometimento. Uma empresa não deve fazer promessa daquilo que não pretende cumprir.

QUESTÕES ÉTICAS E SOCIAIS

6. *Quais são as obrigações morais de uma empresa?* Uma política de privacidade é uma declaração dos padrões morais de seu patrocinador. A maioria das organizações deseja declarações públicas que reflitam altos valores éticos.

As respostas para estas perguntas levaram Tom Peters, Harrison Li e a Amazon para diferentes direções. Elas também conduzirão outras companhias para outras direções. Desde que a gerência da empresa se questione sobre estas perguntas e as responda de acordo com suas próprias situações, a política de privacidade se enquadrar nos desejos e objetivos da companhia.

Questões para discussão

1. Visite três sites da Web que vendem o mesmo tipo de produto. Compare suas políticas de privacidade, ponto a ponto. Você encontrou algum site com o qual não faria negócio depois que leu sua política de privacidade?
2. Considere a política de privacidade do site de sua escola. Como os seis fatores para política de privacidade se aplicam a ele? Como alternativa, discuta como os seis fatores ajudam a explicar as diferenças entre as políticas de privacidade de Tom Peters e da Amazon.

Questões para análise

1. Use seu navegador e visite o site *adsense.google.com*. Siga o link "Program Policies" na base da página e, em seguida, clique em "learn more" sob "Google advertising cookies". Siga os dois primeiros links na seção "Google advertising cookies". Você acredita que essas políticas desempenham bom papel em ponderar os interesses de privacidade dos clientes com os objetivos de negócios do Google? Por que sim ou por que não?
2. Prepare uma política de privacidade para uma organização musical estudantil com cerca de 50 membros. Este site armazena as informações de contato de seus membros e dados sobre as habilidades e interesses musicais dos alunos. Quem poderia querer usar tais informações fora da organização? A organização deveria permitir-lhes usá-las?

Fontes: Peters, T., "Tom Peters' Privacy Policy", www.tompeters.com/privacy_policy.php, acesso em: 16 jan. 2012; Amazon, "Privacy Notice", www.amazon.com/gp/help/customer/display.html/ref=footer_privacy?-nodeId=468496, acesso em: 16 jan. 2012; Li, H., "Privacy Policy", *Blog Lectures*, www.bloglectures.com/privacy-policy, 17 abr. 2011, acesso em: 16 jan. 2012.

PROJETO, IMPLANTAÇÃO, MANUTENÇÃO E REVISÃO DE SISTEMAS

O projeto determina como o novo sistema deve ser desenvolvido para atender às necessidades do negócio definidas durante a análise de sistemas. O Firefox, por exemplo, usava um design de sistema que incluía a função "não rastrear" em seu navegador.[83] Alguns projetos de desenvolvimento de sistema encontraram nos Estados do Oeste americano um ambiente atraente, graças às temperaturas mais brandas, o que pode indicar menores custos com aquecimento.[84] Implantar projetos de desenvolvimento de sistemas nessas regiões pode economizar dinheiro e ajudar a proteger o meio ambiente, uma vez que menos combustível é queimado para gerar eletricidade e refrigerar os edifícios. A implantação de sistemas envolve criar e adquirir os vários componentes do sistema (como hardware, software, bancos de dados etc.), definidos na etapa do projeto, juntá-los e colocar o novo sistema em operação. Durante muitos anos, esse processo incluía comprar o software, o hardware, os bancos de dados e outros componentes do SI. O propósito da manutenção e revisão é verificar e modificar o sistema para que continue a atender as necessidades em mudança do negócio. Cada vez mais as organizações estão contratando empresas externas para executar seu projeto e as funções de implantação, manutenção e revisão.

SISTEMAS DE INFORMAÇÃO NA SOCIEDADE, NOS NEGÓCIOS E NA INDÚSTRIA

Sistemas de informação têm sido desenvolvidos para atender às necessidades de todos os tipos de organizações e pessoas. Sua velocidade e ampla utilização, no entanto, abrem aos usuários uma variedade de ameaças de pessoas sem ética. Terroristas e criminosos de computadores, por exemplo, têm usado a internet para roubar milhões de dólares ou para promover terrorismo e violência. Alguns estudos relatam que a maioria dos ataques contra a segurança da corporação é de pessoas de dentro da companhia. Os ataques relacionados com computadores podem vir de indivíduos, grupos, empresas e até mesmo de países.

PROBLEMAS DE SEGURANÇA, PRIVACIDADE E ÉTICA NOS SISTEMAS DE INFORMAÇÃO E INTERNET

Embora os sistemas de informação possam fornecer benefícios enormes, também apresentam inconvenientes. Em um caso, os criminosos roubaram o papel carbono dos cartões de crédito no valor de cerca de $ 40 milhões de um mercado de crédito europeu.[85] De acordo com o presidente da International Emissions Trading Association (Associação de Comércio de Emissões Internacionais): "Se você certificar-se de que este valor foi transferido para uma conta que possui e vendê-la rapidamente, essencialmente conseguiu tirar alguma coisa do nada, vendeu-a por muito dinheiro e saiu da cidade com todos os dólares em sua mala". De acordo com um estudo, a infraestrutura crítica para uma grande nação desenvolvida do G20 será atacada e danificada por volta de 2015.[86]

Erros e desperdícios relacionados aos computadores também constituem preocupação. No Japão, uma empresa de serviços financeiros teve perdas de $ 335 milhões nas suas transações devido a um erro de digitação na entrada dos dados da transação. E-mails indesejados, chamados spams, também são grande desperdício de tempo para as pessoas. Muitos indivíduos e organizações estão tentando descobrir melhores formas de bloquear os spams. Um problema técnico na BlackBerry, empresa popular de smartphones, resultou na incapacidade de seus usuários em acessar seus e-mails ou a internet por vários dias e, consequentemente, o valor das ações da empresa teve uma queda vertiginosa.[87]

Questões éticas dizem respeito ao que é em geral considerado certo ou errado. Alguns profissionais de SI acreditam que os computadores podem criar novas oportu-

© kanusommer/Shutterstock.com

Criminosos cibernéticos roubaram papel carbono de cartões de crédito no valor de $ 40 milhões de um mercado de crédito europeu.

nidades para comportamentos não éticos. Por exemplo, investidores sem ética têm espalhado boatos falsos e informações incorretas sobre uma empresa na internet e tentado influenciar o preço de suas ações para ganhar dinheiro.

A privacidade individual também é importante problema social.[88] As pessoas podem descartar inadvertidamente informações e fotos pessoais enquanto usam a internet, e uma vez que tenham sido postadas na internet, pode ser muito difícil removê-las. Um grande número de sites da internet, por exemplo, coletam informações pessoais e financeiras dos visitantes, sem seus consentimentos ou sem que eles saibam. Algumas empresas de internet, como a Firefox mencionada anteriormente, estão agora começando a permitir que as pessoas selecionem a função "não rastrear", que impede que as informações pessoais e financeiras sejam coletadas e armazenadas enquanto visitam suas páginas na internet.[89] Embora as redes sociais forneçam conexões convenientes entre amigos e famílias, podem causar problemas no local de trabalho.[90] Alguns funcionários foram demitidos quando criticaram os empregadores em suas empresas por meio do Facebook e o Twitter, entre outros sites de redes sociais. Alguns dos funcionários demitidos estão contra-atacando, processando seus empregadores.

Você pode instalar firewalls (software e hardware que protegem o sistema de computador ou a rede de ataques externos) para evitar vírus e impedir o acesso de pessoas não autorizadas ao seu sistema de computador. Também pode utilizar números e senhas de identificação. Em reação a possíveis abusos, algumas leis surgiram para proteger as pessoas da invasão de sua privacidade, incluindo a Lei da Privacidade (The Privacy Act), sancionada nos anos 1970, nos Estados Unidos.

A utilização de sistemas de informação inclui ainda o risco de perda de trabalho pelo aumento da eficiência e alguns problemas potenciais de saúde devido aos movimentos repetitivos. A ergonomia, estudo para projetar e posicionar os equipamentos no

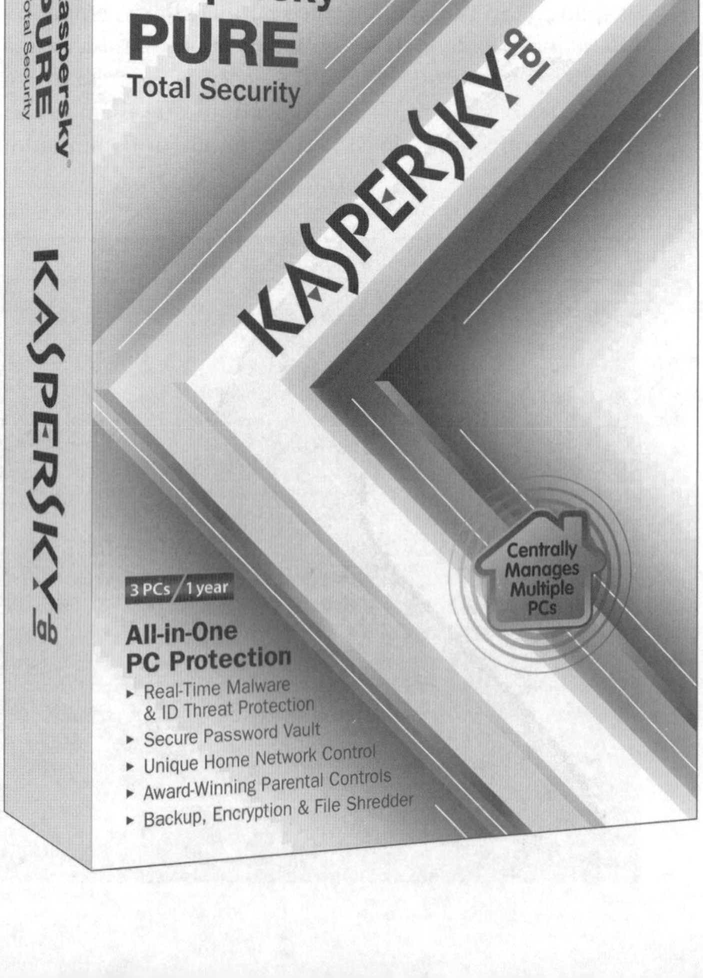

Cortesia da Kaspersky Lab

O Kaspersky é um popular programa antivírus.

local de trabalho, pode ajudar a evitar problemas de saúde relacionados ao uso de sistemas de computadores.

FORMAÇÃO EM SISTEMAS DE INFORMAÇÃO E COMPUTADOR

Qualquer que seja o seu campo de especialização ou o caminho traçado em sua carreira, entender os sistemas de informação e os computadores o ajudará a obter sucesso, adaptar-se e prosperar em ambiente tão desafiador. Algumas faculdades estão requerendo determinado nível de literacia em computadores e sistemas de informação antes que os alunos sejam admitidos ou aceitos na faculdade.

O conhecimento dos sistemas de informação irá ajudá-lo a fazer uma significativa contribuição em seu trabalho. Além disso, irá ajudá-lo a avançar na carreira que escolheu. É esperado dos gerentes que identifiquem oportunidades para implementar sistemas de informação para aprimorar seus negócios. Também espera-se deles que liderem os projetos de SI em suas áreas de especialização. Para alcançar essas metas pessoais e organizacionais, você precisa adquirir formação tanto em computador quanto em sistemas de informação. **Literacia do computador** é o conhecimento de sistemas de computadores e equipamentos e as formas como funcionam. Isso inclui o conhecimento de equipamentos e dispositivos (hardware), programas e instruções (software), bancos de dados e telecomunicações.

LITERACIA DO COMPUTADOR: Conhecimento dos sistemas de computadores e equipamentos e as formas como funcionam. Isso inclui o conhecimento de equipamentos e dispositivos (hardware), programas e instruções (software), bancos de dados e telecomunicações.

LITERACIA DOS SISTEMAS DE INFORMAÇÃO: Conhecimento de como os dados e as informações são utilizados pelos indivíduos, grupos e organizações.

A literacia dos sistemas de informação vai além do conhecimento básico de sistemas de computadores e de equipamentos. **Literacia dos sistemas de informação** é o conhecimento de como os dados e as informações são utilizados pelos indivíduos, grupos e organizações. Inclui o conhecimento da tecnologia do computador e uma variedade mais ampla dos sistemas de informação. Mais importante, no entanto, abrange o *motivo pelo qual* e *como* essa tecnologia é aplicada nos negócios. Conhecer os vários tipos de hardware e software é um exemplo de formação em computação. Saber como utilizar um hardware e um software para aumentar os lucros, reduzir custos, melhorar a produtividade e aumentar a satisfação do cliente é um exemplo de formação em sistemas de informação. A literacia dos sistemas de informação muitas vezes leva a maiores oportunidades na carreira e a trabalhos com melhores salários.[91]

© iStockphoto/Courtney Keating

As pessoas se conectam com amigos e outros contatos usando uma rede social, como o Facebook (*www.facebook.com*) ou Twitter (*www.twitter.com*).

© David J. Green–lifestyle themes/Alamy

Os corretores de ações usam sistemas de informação para rastrear o desempenho da ação.

SISTEMAS DE INFORMAÇÃO NAS ÁREAS FUNCIONAIS DO NEGÓCIO

Os sistemas de informação são utilizados em todas as áreas funcionais e nas divisões operacionais do negócio. Nas finanças e na contabilidade, fazem previsões sobre receitas e atividades do negócio, determinam as melhores fontes e utilização dos fundos, gerenciam o dinheiro e outros recursos financeiros, analisam investimentos e executam auditorias para assegurar que a organização esteja financeiramente saudável e que todos os relatórios e documentos financeiros sejam precisos. Vendas e marketing utilizam os sistemas de informação para desenvolver novos bens e serviços (análise de produto), selecionar o melhor local para as instalações de produção e distribuição (análise de lugares e localizações), determinar as melhores abordagens para publicidade e vendas (análise de promoção), e estabelecer os preços do produto para conseguir a melhor receita total (análise de preço). A DHL, grande empresa de transporte de mercadorias, por exemplo, usou sistemas de informação para aprimorar seus esforços com propaganda, o que ajudou a companhia a aumentar o valor de suas ações em mais de $ 1 bilhão durante um período de cinco anos.[92] Na manufatura, os sistemas de informação processam os pedidos de clientes, desenvolvem cronogramas de produção, controlam os níveis do estoque e monitoram a qualidade dos serviços. A Procter & Gamble, por exemplo, foi capaz de usar os sistemas de informação para controlar os processos de manufatura e ajudar a reduzir os níveis de estoque e os custos.[93] Além disso, ajudam a projetar produtos (design assistido por computador, CAD, computer-assisted design), os itens de manufatura (manufatura assistida por computador, CAM, computer-assisted manufacturing) e integrar máquinas ou peças de equipamentos (manufatura integrada por computador, CIM, computer-integrated manufacturing). O gerenciamento de recursos humanos utiliza os sistemas de informação para realizar a triagem dos candidatos a emprego, executar os testes de desempenho para os funcionários, monitorar a produtividade dos funcionários, entre outros. Sistemas de informação legais analisam a confiabilidade do produto e as garantias, e ajudam a desenvolver importantes documentos e relatórios legais.

SISTEMAS DE INFORMAÇÃO NA ECONOMIA

Além de serem usados em todos os departamentos de uma empresa, os sistemas de informação estão em quase todas as organizações ou campos de negócio. As companhias aéreas desenvolvem sites de leilão na internet para oferecer tarifas com descontos e aumentar a receita. Muitos gerentes na indústria automotiva, por exemplo, usam cada vez mais smartphones e dispositivos portáteis para fazer seus trabalhos.[94] Sasol, uma companhia sul-africana de energia e indústria química, empregou sistemas de informação para racionalizar suas instalações de produção, através de melhores informações e controle. A racionalização ajudou a aumentar o valor de suas ações em mais de $ 200 milhões.[95] Mesmo os colecionadores de arte começam a comprar obras de arte difíceis de serem encontradas, usando leilões on-line em vez de métodos tradicionais.[96] Um vaso da Dinastia Shang, por exemplo, foi adquirido on-line por mais de $ 3 milhões. Outras obras de arte também foram compradas on-line por milhares de dólares ou centenas de milhares de dólares. Empresas de investimento utilizam os sistemas de informação para analisar ações, títulos, opções, mercados futuros e outros instrumentos financeiros, e oferecer melhores serviços a seus clientes. Bancos usam sistemas de informação para ajudar os clientes a fazer empréstimos saudáveis e bons investimentos, bem como verificar o pagamento de cheques de clientes. A indústria de transporte faz uso de sistemas de informação para agendar caminhões e trens para enviar mercadorias e serviços com os menores custos. As editoras utilizam os sistemas de informação para analisar o mercado, desenvolver e publicar jornais, revistas e livros. As organizações de assistência médica usam os sistemas de informação para diagnosticar doenças, planejar o tratamento médico, rastrear os registros de pacientes e emitir notas fiscais para os pacientes. As organizações de manutenção da saúde (HMO, health maintenance organizations) usam a tecnologia da Web para acessar seguros de elegibilidade dos pacientes e outras informações armazenadas nos bancos de dados para cortar os custos do paciente. Empresas varejistas estão usando a Web para coletar pedidos e fornecer suporte de serviços para os clientes. Empresas varejistas também usam sistemas de informação para ajudar a comercializar produtos e serviços, gerenciar os níveis de estoque, controlar a cadeia de suprimento e fazer previsões de demandas. As empresas de gerenciamento da energia e de serviços públicos utilizam os sistemas de informação para monitorar e controlar a geração de energia e o seu consumo. Empresas de serviços profissionais empregam os sistemas de informação para melhorar a velocidade e a qualidade dos serviços que oferecem aos seus consumidores. Empresas de consultoria gerencial usam as intranets e extranets para oferecer informações sobre produtos e serviços, níveis de habilidade e envolvimentos anteriores a seus consultores. Esses tipos de mercado são discutidos mais detalhadamente ao longo deste livro.

DESAFIOS GLOBAIS NOS SISTEMAS DE INFORMAÇÃO

Ter uma presença global é um ponto-chave para o sucesso financeiro de muitas organizações.[97] Em seu livro, *The wolrd is flat*, Thomas Friedman descreve as três eras da globalização.[98](Veja a Tabela 1.3.) De acordo com Friedman, temos progredido da globalização de países (Globalização 1.0) para a globalização de corporações multinacionais (Globalização 2.0) e de indivíduos (Globalização 3.0). Hoje, aqueles que vivem em áreas remotas podem usar a internet para competir e contribuir com outras pessoas, com as maiores corporações e com países inteiros. Esses trabalhadores recebem poder pelo rápido acesso à internet, tornando o mundo mais nivelado. Na era da Globalização 3.0, projetar uma aeronave ou um computador pode ser dividido em subtarefas menores e, em seguida, serem executadas por uma pessoa ou por pequeno grupo que pode realizar melhor o trabalho. Esses trabalhadores podem estar na Índia, China, Rússia, Europa e em outras áreas do mundo. As subtarefas podem depois ser combinadas e reunidas em um projeto completo. Essa abordagem pode ser utilizada para calcular a restituição de impostos, diagnosticar as condições médicas de um paciente, consertar um computador e muitas outras tarefas.

TABELA 1.3 Eras da globalização

Era	Datas	Caracterizada por
Globalização 1.0	Entre fim de 1400–1880	Países que tinham poder para explorar e influenciar o mundo.
Globalização 2.0	1800–2000	Corporações multinacionais com instalações, armazéns e escritórios ao redor do mundo.
Globalização 3.0	2000–hoje	Indivíduos ao redor do mundo que podem competir e influenciar outras pessoas, corporações e países, usando a internet e poderosas ferramentas tecnológicas.

Hoje, os mercados globais se tornaram mais importantes. A Western Union, por exemplo, reconheceu a importância da globalização na geração de ideias inovadoras e criativas para futuros produtos e serviços.[99] De acordo com o diretor de informática da companhia: "Estamos passando por uma mudança radical, à medida que mais inovações surgem de pontos remotos. Existe um efeito de salto ocorrendo, no qual países em desenvolvimento estão descobrindo quão barato se tornou a tecnologia". As pessoas e as empresas podem obter produtos e serviços do mundo todo, em vez de obtê-los na esquina ou na cidade. Os meios fundamentais de fazer negócio podem ser muito diferentes para diferentes partes do mundo.[100] De acordo com o diretor de informática da Coca-Cola Botling Investments Group, "Construir uma solução que fortaleça as vendas na Alemanha é muito diferente de construí-la na China. Na Alemanha, os engarrafadores dirigem os caminhões até os postos de venda, mas na China eles trabalham com distribuidores. Você precisa entregar uma solução que forneça valor para cada necessidade especifica do país, mas também construí-la tendo em vista um *footprint* (uma pegada) em comum". Essas oportunidades, no entanto, introduzem numerosos obstáculos e questões, incluindo desafios que envolvem a cultura, a língua e muitos outros:

- **Desafios culturais.** Países e áreas regionais têm suas próprias culturas e costumes que podem afetar significativamente indivíduos e organizações envolvidas no comércio global.
- **Desafios idiomáticos.** As diferenças de idiomas podem dificultar a tradução exata dos termos de uma língua para outra.
- **Desafio de tempo e distância.** Questões de tempo e distância podem ser difíceis de superar por indivíduos e organizações envolvidas com o comércio global em localizações remotas. Grandes diferenças de tempo tornam dificultam o diálogo entre pessoas do outro lado do mundo. Com longas distâncias, isso pode demandar dias para transportar um produto de um local para o outro.
- **Desafios de infraestrutura.** Eletricidade e água de alta qualidade podem não estar disponíveis em certas partes do mundo. Os serviços de telefone, conexões de internet e funcionários qualificados podem ser caros ou não estarem prontamente disponíveis.
- **Desafios da moeda.** O valor das diferentes moedas pode variar significativamente no decorrer do tempo, tornando o comércio internacional mais difícil e complexo.
- **Desafios do produto e do serviço.** Produtos tradicionais que são materiais e tangíveis, como automóvel ou bicicleta, podem ser difíceis de serem entregues ao mercado global. Porém, os produtos eletrônicos (e-products) e os serviços eletrônicos (e-services) podem ser fornecidos ao consumidor eletronicamente pelo telefone, através de rede de computadores, da internet ou de outros meios eletrônicos. Software, música, livros, manuais e assessoria, todos esses podem ser entregues em âmbito global e pela internet.
- **Questões de transferência de tecnologia.** A maioria dos governos não permite que certos equipamentos e sistemas com aplicações militares sejam vendidos para alguns países. Mesmo assim, algumas pessoas acreditam que empresas estrangeiras estejam roubando propriedade intelectual, segredos comerciais e materiais com direitos autorais e falsificando produtos e serviços.
- **Leis regionais, estaduais e federais.** Cada Estado, região e país possui um conjunto de leis a ser obedecido por cidadãos e organizações que operam no país.

Essas leis lidam com uma variedade de questões, incluindo segredos comerciais, patentes, direitos autorais, proteção de dados pessoais ou financeiros, privacidade e muito mais. As leis que restringem as formas como os dados entram ou saem de um país em geral são chamadas leis de fluxo de dados transfronteiriços. Observá-las e incorporá-las nos procedimentos e nos sistemas de computadores de multinacionais e organizações transnacionais pode ser uma tarefa muito difícil e demorada, requerendo aconselhamento de advogados especializados.

- **Acordos comerciais.** Em geral países mantêm acordos comerciais entre si. O Acordo de Livre Comércio Norte-americano (Nafta) e o Acordo de Livre Comércio Centro-Americano (Cafta) são exemplos. A União Europeia (UE) é outro exemplo de grupo de países com um acordo de comércio internacional.[101] A UE é um conjunto da maioria dos países europeus, que se reuniu pela paz e prosperidade. Outros acordos comerciais incluem o Acordo de Livre Comércio dos Estados Unidos-Austrália (Ausfta), assinado em 2005, e o Acordo de Livre Comércio dos Estados Unidos-Coreia (Korus-FTA), assinado em 2007. Estabeleceram-se acordos de livre comércio entre a Bolívia e o México, o Canadá e a Costa Rica, Canadá e Israel, Chile e Coreia, México e Japão, Estados Unidos e Jordânia, entre muitos outros.[102]

RESUMO

Princípio:

O valor da informação está diretamente ligado à forma como ela ajuda os responsáveis pela tomada de decisão a atingir os objetivos da organização.

Os sistemas de informação são utilizados na carreira de quase todas as áreas imagináveis. Independentemente de sua especialização na universidade ou da profissão escolhida, você descobrirá que os sistemas de informação são ferramentas indispensáveis para ajudá-lo a atingir seus objetivos. Aprender sobre os sistemas de informação pode ajudá-lo a obter seu primeiro emprego, ganhar promoções e avançar profissionalmente.

Dados consistem em fatos brutos; informações são os dados transformados em uma forma com significado. O processo de definir as relações entre os dados exige conhecimento. O conhecimento é a consciência e compreensão de um conjunto de informações e o modo como pode apoiar uma tarefa específica. Para ter valor, a informação deve apresentar várias características: deve ser precisa, completa, econômica de ser produzida, flexível, confiável, relevante, fácil de ser entendida, oportuna, verificável, acessível e segura. O valor da informação está diretamente ligado a como ajuda as pessoas a atingir os objetivos da organização.

Princípio:

Os sistemas de informação e os computadores tornam possível às empresas aperfeiçoar o modo como conduzem o próprio negócio.

Sistema é um conjunto de elementos que interagem para realizar um objetivo ou um conjunto de objetivos. Os componentes de um sistema incluem entradas, mecanismos de processamento e saídas. Um sistema utiliza a avaliação (feedback) para monitorar e controlar sua operação para assegurar que continue a atender as metas e objetivos.

O desempenho do sistema é medido por sua eficiência e eficácia. A eficiência é a medida daquilo que é produzido, dividido por aquilo que é consumido; a eficácia mede o grau com que um sistema alcança seus objetivos. O desempenho de um sistema padrão é um objetivo específico.

Princípio:

Conhecer o impacto potencial dos sistemas de informação e ter a capacidade de colocar esse conhecimento em prática pode resultar em uma carreira bem-sucedida e em organizações que alcançam seus objetivos.

Sistemas de informação são conjuntos de elementos inter-relacionados que coletam (entrada), manipulam e armazenam (processo) e disseminam (saída) dados e informações. A entrada é a atividade de captura e coleta de novos dados, o processamento envolve a conversão ou transformação de dados em saídas úteis, e a saída abrange a produção de informações úteis. A avaliação (feedback) é a saída utilizada para executar ajustes ou mudanças na entrada ou nas atividades de processamento.

Os componentes de um sistema de informação baseado em computador (CBIS) incluem hardware, software, banco de dados, telecomunicações e a internet, pessoas e procedimentos. Os tipos de CBIS que as organizações usam podem ser classificados em quatro grupos básicos: (1) comércio eletrônico e comércio móvel; (2) sistemas TPS e ERP; (3) MIS e DSS; e (4) sistemas de informação de negócios especializados. A chave para entender esses tipos de sistemas começa com a aprendizagem de seus fundamentos.

O comércio eletrônico envolve qualquer transação comercial executada eletronicamente entre partes como empresa a empresa (business-to-business), empresas e consumidores (business-to-consumer), negócio e setor público e consumidores e setor público. O principal volume do comércio eletrônico (e-commerce) e seu segmento de crescimento mais rápido é a transação empresa a empresa, que facilita a aquisição para as grandes corporações. O comércio eletrônico também oferece oportunidades para pequenos negócios anunciarem e venderem para o mundo a baixo custo, permitindo que entrem no mercado global desde o início de suas operações. O comércio móvel (m-commerce) envolve computar a qualquer hora, em qualquer lugar, dependendo de redes sem fio e sistemas.

O sistema mais fundamental é o de processamento de transação (TPS). Uma transação é qualquer troca relacionada com o negócio. O TPS lida com grande volume de transações comerciais que ocorrem diariamente em uma organização. Um sistema de planejamento dos recursos da empresa (ERP) é um conjunto de programas integrados que gerenciam as operações vitais do negócio para todos os múltiplos sites da organização global. Um sistema de informações gerenciais (MIS) utiliza a informação de um TPS para gerar informações úteis para a tomada de decisão gerencial.

Um sistema de apoio a decisões (DSS) é um conjunto organizado de pessoas, procedimentos, bancos de dados e dispositivos que ajudam a tomada de decisões sobre problemas específicos. Um DSS difere do MIS no apoio que oferece aos usuários, na ênfase nas decisões, no desenvolvimento e na abordagem, e nos componentes do sistema, velocidade e saída.

Sistemas de informação especializados em negócios incluem o gerenciamento do conhecimento, inteligência artificial, especialização, multimídia e sistemas de realidade virtual. Os sistemas de gerenciamento de conhecimento são conjuntos organizados de profissionais, procedimentos, softwares, bancos de dados e equipamentos usados para criar, armazenar, compartilhar e utilizar o conhecimento e a experiência da organização. A inteligência artificial (AI) inclui ampla gama de sistemas nos quais o computador toma as características da inteligência humana. A robótica é uma área da inteligência artificial na qual máquinas desempenham tarefas complexas, perigosas, rotineiras e enfadonhas, como a solda de estruturas de um automóvel ou a montagem de sistemas e componentes de computador. Os sistemas de visão permitem que robôs e outros equipamentos tenham "visão" para armazenar e processar imagens visuais. O processamento da linguagem natural envolve o entendimento e a ação pelos computadores de comandos verbais ou escritos em inglês, espanhol ou outros idiomas. Os sistemas de aprendizagem fazem com que os computadores aprendam com os erros ou experiências anteriores, como jogar jogos ou tomar decisões de negócios, enquanto as redes neurais são um ramo da inteligência artificial que permite que os computadores reconheçam e ajam sobre padrões e tendências. Um sistema especialista (ES) é projetado para agir como consultor quando o usuário precisa de um conselho sobre uma situação específica. Originalmente, o termo realidade virtual referia-se à realidade virtual de imersão, na qual o usuário ficava totalmente imerso em um mundo artificial em 3D, gerado pelo computador. A realidade virtual pode também referir-se às aplicações que não estão totalmente imersas, como a navegação controlada por mouse por um ambiente 3D sobre um monitor gráfico, a visualização estéreo do monitor por meio de óculos estéreos, os sistemas de projeção em estéreo e outros. A realidade aumentada (*augmented reality*), uma nova forma de realidade virtual, tem o potencial de sobrepor dados digitais sobre fotos ou imagens reais. A multimídia é uma extensão natural da realidade virtual. Pode incluir fotos e imagens, manipulações de sons e efeitos especiais em 3D.

Princípio:

Usuários de sistemas, gerentes de negócios e profissionais de sistemas de informação devem trabalhar juntos para construir um sistema de informação bem-sucedido.

O desenvolvimento de sistemas envolve criar ou modificar os sistemas de negócio existentes. As principais etapas deste processo e suas metas incluem investigação de sistemas (ter uma clara compreensão do que é o problema), análise do sistema (definir o que o sistema pode fazer para resolver o problema), projeto do sistema (determinar exatamente como o sistema irá operar para atender às necessidades do negócio), implantação do sistema (criar ou adquirir os vários componentes do sistema na etapa de projeto), e manutenção e revisão dos sistemas (manter e depois modificar o sistema, de forma que continue a atender as novas necessidades do negócio).

Princípio:

Sistemas de informação devem ser aplicados criteriosa e cuidadosamente, de modo que a sociedade, os negócios e a indústria ao redor do mundo possam colher seus enormes benefícios.

Os sistemas de informação desempenham papel fundamental, sempre em expansão, na sociedade, nos negócios e na economia. Mas seu uso também pode levantar sérias questões sobre segurança, privacidade e ética. Sistemas de informação eficazes podem ter importante impacto na estratégia corporativa e no sucesso organizacional. Os negócios ao redor do mundo desfrutam de segurança maior e serviço melhor, mais eficiência e eficácia, redução de despesas, tomada de decisão e controles aperfeiçoados em função dos sistemas de informação. Os indivíduos que podem fazer com que seus negócios se beneficiem com tais vantagens serão muito necessários no futuro.

Formação (literacia) em computação e em sistemas de informação são pré-requisitos para numerosas oportunidades de trabalho, e não somente no campo de SI. Formação em computação é o conhecimento dos sistemas e dos equipamentos do computador; formação em sistemas de informação é o conhecimento de como os dados e as informações são utilizados pelos indivíduos, grupos e organizações. Hoje, os sistemas de informação são usados em todas as áreas funcionais do negócio, incluindo contabilidade, finanças, vendas, marketing, produção, gerenciamento de recursos humanos e sistemas de informações legais. São também utilizados em todas as empresas, como as companhias aéreas, de investimento, bancos, empresas de transporte, editoras, assistência à saúde, empresas de varejo, gerenciamento de energia, serviços profissionais, entre outras.

Mudanças na sociedade, como resultado do aumento no comércio internacional e intercâmbio cultural, frequentemente chamado globalização, sempre tiveram impacto significativo nas organizações e em seus sistemas de informação. Em seu livro *The world is flat*, Thomas Friedman descreve três eras da globalização, abrangendo a globalização dos países à de corporações multinacionais e de pessoas. Hoje, pessoas que vivem em áreas remotas podem usar a internet para competir e contribuir com outros usuários, com as maiores corporações e países inteiros. Indivíduos e empresas podem obter produtos e serviços do mundo todo, em vez de conseguir na esquina ou na cidade. Essas oportunidades, no entanto, introduzem numerosos obstáculos e questões, incluindo desafios que envolvem a cultura e o idioma.

CAPÍTULO 1: TESTE DE AUTOAVALIAÇÃO

O valor da informação é diretamente ligado à forma como ela ajuda os responsáveis pela tomada de decisão a alcançar os objetivos da organização.

1. Um(a) __________ é um conjunto de componentes inter-relacionados que coleta, manipula e dissemina dados e informações e fornece mecanismo de realimentação para atender um objetivo.
2. Do que consistem os dados brutos, como o número de funcionários?
   a. bytes
   b. dados
   c. informações
   d. conhecimento
3. Conhecimento é a consciência e compreensão de um conjunto de informações e a maneira como es-

sas informações podem ser úteis para apoiar uma tarefa específica ou para chegar a uma decisão. Verdadeiro ou falso?

Os sistemas de informação e os computadores tornam possível às empresas aperfeiçoar o modo como conduzem o próprio negócio.

4. Um(a) __________ é um conjunto de elementos que interagem para realizar objetivos.
5. Uma medida do que é produzido dividido pelo que é consumido é chamada de __________.
   a. eficiência
   b. eficácia
   c. desempenho
   d. produtividade
6. Um objetivo específico de um sistema é chamado padrão de desempenho. Verdadeiro ou falso?

Conhecer o impacto potencial dos sistemas de informação e ter a capacidade de colocar esse conhecimento em prática pode resultar em uma carreira bem-sucedida e em organizações que alcançam seus objetivos.

7. Um(a) __________ consiste em hardware, software, bancos de dados, telecomunicações, pessoas e procedimentos.
8. Programas de computador que governam a operação de um sistema de computador são chamados de __________.
   a. feedback
   b. controle antecipado (feedforward)
   c. software
   d. sistemas de processamento de transação
9. A realidade aumentada é uma nova forma de realidade virtual e tem o potencial de sobrepor dados digitais sobre fotos e imagens reais. Verdadeiro ou falso?
10. O que é um conjunto organizado de pessoas, procedimentos, software, bancos de dados e dispositivos utilizados para criar, armazenar, compartilhar e usar a experiência e o conhecimento da organização?
    a. TPS (sistema de processamento de transações)
    b. MIS (sistema de informações gerenciais)
    c. DSS (sistema de apoio a decisões)
    d. KM (gestão do conhecimento)
11. __________ é um conjunto de programas integrados que gerenciam as operações vitais do negócio.

Usuários de sistemas, gerentes de negócios e profissionais de sistemas de informação devem trabalhar juntos para construir um sistema de informação bem-sucedido.

12. O que define os problemas e as oportunidades do sistema existente?
    a. análise de sistemas
    b. revisão de sistemas
    c. desenvolvimento de sistemas
    d. projeto de sistemas

Sistemas de informação devem ser aplicados criteriosa e cuidadosamente, de modo que a sociedade, os negócios e a indústria ao redor do mundo possam colher seus enormes benefícios.

13. __________ literacia é o conhecimento de como os dados e as informações são utilizados pelos indivíduos, grupos e organizações.

CAPÍTULO 1: RESPOSTAS DO TESTE DE AUTOAVALIAÇÃO

1. Sistemas de informação em negócios
2. b
3. verdadeiro
4. sistema
5. a
6. verdadeiro
7. sistema de informações baseado em computador (CBIS)
8. c
9. verdadeiro
10. d
11. planejamento dos recursos da empresa (ERP)
12. a
13. sistemas de informação

QUESTÕES DE REVISÃO

1. O que é um sistema de informação? Cite alguns modos em que os sistemas de informação estão mudando nossas vidas?
2. Como os dados diferem das informações? E as informações do conhecimento?
3. Descreva os vários tipos de dados.
4. Qual é a diferença entre eficiência e eficácia?
5. Quais são os componentes de qualquer sistema de informação?
6. O que é avaliação (feedback)? Quais são as possíveis consequências da avaliação inadequada?
7. Como é medido o desempenho de um sistema?
8. Qual a diferença entre dados, informação e conhecimento? Dê um exemplo de cada.
9. O que é um sistema de informação com baseado em computador? Quais são os seus componentes?
10. Descreva as características de um sistema de apoio a decisões.

11. Qual é a diferença entre intranet e extranet?
12. O que é comércio móvel (m-commerce)? Descreva como pode ser utilizado.
13. Quais são os tipos mais comuns de sistemas de informação com baseado em computador utilizados nas organizações de negócio de hoje? Dê um exemplo de cada.
14. Qual é a diferença entre realidade virtual e realidade aumentada?
15. O que são literacia do computador e literacia dos sistemas de informação? Por que são importantes?
16. Quais são alguns dos benefícios que as organizações buscam alcançar por meio dos sistemas de informação?
17. Identifique as etapas no processo de desenvolvimento de sistemas e explique o objetivo de cada uma delas.

QUESTÕES PARA DISCUSSÃO

1. Por que o estudo dos sistemas de informação é importante para você? O que você espera aprender neste curso que o faça valer a pena?
2. Liste as maneiras que um sistema de informação pode ser usado em uma área profissional de seu interesse.
3. Qual é o valor do software? Dê vários exemplos de softwares que você utiliza na escola e em casa.
4. Por que um banco de dados é parte importante de um sistema de informação baseado em computador?
5. Qual é a diferença entre o comércio eletrônico (e-commerce) e o comércio móvel (m-commerce)?
6. Qual é a diferença entre um sistema de apoio a decisões e o gerenciamento do conhecimento?
7. Descreva como tablets podem ser usados em um DSS.
8. Descreva o sistema de registro de aula automatizado *ideal* para uma faculdade ou universidade. Compare esse sistema *ideal* com o que está disponível em sua faculdade ou universidade.
9. Qual é a principal melhoria na aplicação de computador necessária em sua faculdade ou universidade? Descreva como o desenvolvimento de sistema pode ser utilizado para desenvolvê-la.
10. Discuta como os sistemas de informação estão relacionados aos objetivos dos negócios de uma organização.
11. Em uma indústria de sua escolha, descreva como um CBIS poderia ser usado para reduzir os custos e aumentar os lucros.

EXERCÍCIOS DE RESOLUÇÃO DE PROBLEMAS

1. Prepare um disco de dados e um disco de backup (ou pen drives USB) para os exercícios de resolução de problemas e outras atividades baseadas em computador que você completará nesta aula. Crie uma pasta para cada capítulo do livro (você deve ter 14 pastas). À medida que realiza os exercícios para a resolução de problemas e completa outro trabalho utilizando o computador, salve suas tarefas de cada capítulo nas pastas apropriadas. Em cada etiqueta dos discos ou do pen drive, certifique-se de incluir seu nome, curso e seção. Em um disco escreva, *Cópia de trabalho* e no outro, *Backup*.
2. Procure em várias revistas de negócios (*Bloomberg Businessweek, Computerworld, PC Week* etc.) ou use um mecanismo de pesquisa da internet para encontrar artigos recentes que descrevam potenciais problemas sociais ou éticos relacionados com o uso de sistemas de informação. Use um editor de textos para escrever um relatório de uma página, resumindo o que descobriu.
3. Crie uma tabela que relacione 10 ou mais áreas de carreiras possíveis, salários anuais e breve descrição do trabalho; classifique quanto você gostaria da área da carreira em uma escala de 1 (não gosta) a 10 (gosta mais). Imprima os resultados. Ordene a tabela de acordo com os salários anuais do mais alto para o mais baixo e imprima a tabela resultante. Organize a tabela em ordem do *gosto mais* para o *gosto menos* e imprima os resultados.
4. Use programas gráficos para criar diagramas que mostram sistemas de processamento de transações faturadas, similares à figura de processamento de transações de folhas de pagamento, apresentada neste capítulo. Seu diagrama deverá mostrar como uma companhia coleta os dados de venda e envia as faturas para os clientes. Compartilhe os seus achados com a classe.

ATIVIDADES EM GRUPO

1. Antes de iniciar uma atividade em grupo, você precisa de um grupo! Como membro da classe, pode criar seu próprio grupo, ou seu instrutor pode atribuir membros para os grupos. Depois que seu grupo estiver formado, marque uma reunião e se apresente para o grupo. Descubra o primeiro nome, a cidade de origem, o campo de especialização, o e-mail e o número de telefone de cada um. Ao mesmo tempo, descubra algum fato interessante de cada membro do grupo. Faça um *brainstorm* para encontrar um nome para o seu grupo. Coloque as informações de cada membro em um banco de dados e imprima uma cópia para cada um de vocês e para seu instrutor.

2. Com alguns membros de seu grupo, utilize um processador de texto para escrever um resumo sobre os membros de seu grupo, que curso cada um está cursando e a data prevista para conclusão. Envie o relatório para o seu professor por e-mail.

EXERCÍCIOS DA WEB

1. Ao longo do livro, você verá como a internet fornece vasta quantidade de informações sobre indivíduos e organizações. Enfatizaremos o World Wide Web, ou simplesmente a Web, que é parte importante da internet. A maioria das grandes universidades e organizações tem um endereço na internet, chamado *site* ou *home page*. O endereço do site desta editora é *www.cengage.com*. Você pode conseguir acesso à internet por meio de um browser, como o Microsoft Internet Explorer ou Safari. Utilizando um browser de internet, vá ao site desta editora. O que você encontrou? Busque informações sobre este livro. Pode-se pedir que você escreva um relatório ou envie uma mensagem por e-mail ao seu professor sobre o que você encontrou.
2. Entre em um site de pesquisa da internet, tal como o *www.google.com* ou *www.bing.com*, e pesquise as informações sobre um sistema de informações comerciais especializado, como robótica, um sistema especializado ou de multimídia. Escreva um breve relato sobre o que encontrou.
3. Usando a internet, busque informações sobre o uso dos sistemas de informação em uma empresa ou organização que lhe interesse. Escreva um breve relato sobre o que encontrou.

EXERCÍCIOS PARA ESPECIALIZAÇÃO

1. Nos *Exercícios para especialização* encontrados no final de todos os capítulos, você explorará como o material neste capítulo pode ajudá-lo a obter sucesso na sua especialização na universidade ou na carreira escolhida. Escreva um breve relato sobre a carreira que mais o atrai. Faça o mesmo para duas outras carreiras nas quais tem interesse.
2. Pesquise duas ou três possíveis carreiras de seu interesse. Em um relatório, descreva as oportunidades de trabalho, os deveres e o possível salário inicial para cada carreira.

ESTUDOS DE CASO

Caso um

Os negócios antes da tecnologia nas Sopas Campbell

Sopas em conservas ou enlatadas. Elas estão no mercado há décadas. O que pode ser dito que ainda não foi mencionado? O que pode ser feito para aprimorar a sopa e que ainda não foi feito — provavelmente quando seus avós estavam na escola?

As empresas que produzem sopas ainda encontram espaço para melhorias. Seus avós podem não ter se importado sobre a utilização de menos sal, mas você se importa. Outras oportunidades para melhorias, porém, podem não envolver o próprio produto, mas os processos empresariais usados para produzi-lo e distribuí-lo. Os sistemas de informação são um grande negócio para aprimorar os processos empresariais. O desafio que as organizações enfrentam atualmente é descobrir as oportunidades para aprimoramentos. Elas não estão nos mesmos lugares que os gerentes mais antigos encontraram há uma ou duas décadas.

Joseph Spagnoletti, vice-presidente sênior e CIO da Campbell's Soup é a pessoa que mais descobriu como aprimorar os processos empresariais na empresa. Seu desafio é encontrar oportunidades para aprimoramentos e tirar vantagens delas. Em uma entrevista recente, expressou sua abordagem para melhorar os processos empresariais desta forma: "Você se concentra em possibilitar estratégias ao nível da companhia, e estes são [...] os principais propulsores. Em segundo lugar, você se concentra no valor. E existem valores econômicos, não econômicos e estratégicos e novamente você faz ponderações sobre eles. Então, quando está tentando decidir, se pergunta como isso se encaixa nas estratégias da companhia e depois como [isso cria valores] econômicos e fundamentais".

Em outras palavras, Spagnoletti coloca os negócios à frente da tecnologia e a utiliza para dar suporte aos negócios da Campbell's. Quando perguntado quais tecnologias são as mais importantes para fornecer vantagem competitiva à companhia, Spagnoletti respondeu, "As grandes mudanças são a mobilidade e ter a capacidade de se adiantar ao cliente com informações [...]. Isso diz respeito aos padrões e comportamentos do comprador, demografia local e dados [...]. Como você leva sua marca para o mundo e como representa sua companhia na mídia social e móvel?". Como os gerentes de negócios agora reconhecem, abordar esses comportamentos tem mais impacto nos alicerces de uma empresa do que usar uma planilha e processadores de texto ou processadores de folha de pagamento e contas a receber.

Para obter vantagem competitiva como Spagnoletti sugere, uma companhia não pode se concentrar na tecnologia. Como ele comentou no Enterprise CIO Forum, em março de 2011: "Isto é menos sobre qual equipamento e quais aplicativos específicos. Está tudo relacionado à informação e aos mecanismos para entregá-la".

Entretanto, Spagnoletti diz que seria um erro deixar os negócios tomarem conta da tecnologia por completo, pois são interdependentes. Anteriormente, nessa entrevista, ele disse: "Não acho que seja possível separar os dois [negócios e tecnologia]. Você tem que considerá-los entrelaçados ou interligados. Tudo se resume em tornar as informações mais visíveis para os fornecedores ou clientes". O foco de Spagnoletti está na informação e em obtê-la para aqueles que possam usá-la.

O que a chefe de Spagnoletti pensa desse foco? A CEO eleita da Campbell, Denise Morrison, afirma: "Creio firmemente em trabalho em equipe multifuncional, e a TI precisa estar nesta mesa". Fica bem claro que a Campbell's vê os sistemas de informação como ferramenta vital pra seu futuro.

Questões para discussão

1. Spagnoletti recebeu seu diploma de bacharel em ciência da computação e desenvolveu toda sua carreira em sistemas de informação, antes de ser indicado para CIO da Campbell's, em 2008. Considerando suas responsabilidades atuais, você acha que o plano de carreira ainda é apropriado para alguém chegar a ser um CIO hoje em dia?
2. Em duas entrevistas diferentes, Spagnoletti falou sobre (a) tornar a informação mais visível para os consumidores, e (b) usar as mídias sociais, como o Facebook e o Twitter. Como você acha que uma companhia pode usar as mídias sociais para tornar as informações visíveis para os clientes?

Questões para análise

1. A Campbell's é uma grande empresa, com lucros superiores a $ 7,5 bilhões em 2011. Como o objetivo de Spagnoletti de fornecer informações para clientes e fornecedores poderia funcionar para organizações menores? Considere três tipos de organização: uma faculdade com cerca de 2 mil alunos, o departamento de polícia municipal com uma população de cerca de 250 mil habitantes, e uma rede familiar com cinco concessionárias na mesma região.
2. O foco de Spagnoletti na informação sugere que você pode usar qualquer equipamento que desejar, desde que este possa processar e fornecer as informações necessárias. Ainda assim, muitas companhias se baseiam em um tipo de computador, um sistema operacional e um aplicativo para finalidades específicas. Você acha que isso indica que a padronização não é mais necessária, ou as empresas deveriam continuar com a padronização por outras razões?

Fontes: Site da Campbell's, "Executive Team: Joseph C. Spagnoletti", 2011, www.campbellsoupcompany.com/bio_spagnoletti.asp, acesso em: 30 nov., 2011; EnterpriseCIOForum, "Business Transformation through IT at the Campbell Soup Co., Part 1", (vídeo), 14 jun. 2011, www.youtube.com/watch?v= hxpuJ7QRz4g, acesso em: 30 nov. 2011; EnterpriseCIOForum, "Joseph Spagnoletti on Business Transformation" (vídeo), 3 mar. 2011, www.youtube.com/watch?v=AVGqlt8pKbs, acesso em: 30 nov. 2011; Pratt, M., "The Grill: Joseph Spagnoletti", *Computerworld*, 21 nov. 2011, www.computerworld.com/s/article/359405/Joe_Spagnoletti, acesso em: 30 nov. 2011.

Caso dois

Informação Mais Sapatos: uma fórmula vencerdora

Skechers USA, Inc., uma empresa com rendimento de $ 2 bilhões anuais, descreve a si mesma como "uma premiada líder global na indústria da moda de calçados, [e] desenha, desenvolve e comercializa sapatos estilosos, apreciados por homens, mulheres e crianças de todas as idades [...]. Com mais de 3 mil modelos, a Skechers atende às necessidades de consumidores masculinos e femininos de todas as faixas etárias e demográficas".

Qualquer empresa de calçados poderia dizer algo similar. O que separa uma da outra? Inacreditavelmente, não são os sapatos. São as *informações*.

Os sistemas de informação estão conectados em cada parte dos negócios da Skechers. Seu investimento recente em aplicativos da Oracle, incluindo computação em nuvem (tema apresentado na seção "Telecomunicações, redes e internet", deste capítulo), demonstra o comprometimento da empresa com os sistemas de informação. Mark Bravo, vice-presidente sênior de finanças diz: "Conforme gerenciamos o crescimento, estamos estabelecendo uma estrutura empresarial que reduz os custos e gera mais valor e flexibilidade em toda a organização. Os [...] serviços em nuvem nos ajudam a reduzir despesas gerais com TI e nos permitem responder mais rapidamente às oportunidades do mercado". Consequentemente, foi uma mudança natural da Skechers migrar para os sistemas de informação para ajudar a manter seus clientes.

Em uma categoria de produtos com clientes que mudam rapidamente de ideia, como os sapatos, usar as informações para entender, atrair e manter a clientela é mais importante do que possuir tecnologia de ponta. Muitas empresas usam programas de fidelidade para ajudar a manter suas clientelas. Uma pizzaria pode dar a seus clientes um cartão que é picotado a cada vez que eles compram uma pizza. Quando tiver 10 pontos, o cliente pode pedir uma pizza média de graça, com duas coberturas. Os programas de fidelidade reduzem as chances de clientes regulares mudarem de fornecedor, mesmo se outra pizzaria vender suas pizzas mais baratas durante uma promoção ou se oferecer alguma vantagem diferente.

Depois que a Skechers decidiu oferecer um programa de fidelidade, seu desafio foi este: Como projetar um sistema para o maior impacto de vendas? A companhia teve de balancear a facilidade de receber as recompensas, o valor das recompensas e outros fatores, de modo que custassem o mínimo possível, ao mesmo tempo em que mantinham o maior número possível de clientes fiéis. Na pizzaria, uma pizza grátis depois de comprar cinco pizzas pode comprometer demais os lucros; uma pizza grátis depois de 20 compras pode colocar a recompensa muito longe no futuro para se tornar atrativa. Dez é o meio-termo ideal.

O programa de fidelidade que a Skechers planejou, projetado em conjunto pelos departamentos de marketing e de sistema de informação, é chamado Skechers Elite. Seus membros podem ganhar mercadorias ($ 10 de crédito para cada $ 150 gastos), envio grátis e participar de promoções especiais. Além disso, os membros Gold (aqueles que gastaram pelo menos $ 750 na Skechers no período de um ano) e os membros Platinum ($ 1.000) obtêm mais crédito em mercadorias, ofertas exclusivas em produtos futuros e outros benefícios.

A Skecher não poderia operar o programa de fidelidade sem a ajuda dos sistemas de informação. Os sistemas que dão suporte a esse programa registram as informações sobre os membros, suas compras e as recompensas a que têm direito, assim os membros podem consultar suas participações on-line. Além disso, fornece à gerência da Skechers informações sobre os padrões de compras de clientes regulares, como o modelo do sapato que os atrai. E também permite que a empresa envie materiais promocionais direcionados a seus melhores clientes.

Esse uso do sistema de informações vale a pena? De acordo com o analista Peter Chu, a resposta é afirmativa. Ele observou em 2 de novembro de 2011 que o desempenho do estoque da Skechers (SKX) superou o de outros fabricantes de calçados que estava rastreando. Chu considera que o desempenho é "um sinal evidente dos conceitos fundamentais e do esforço técnico".

Questões para discussão

1. Quais aplicativos dos sistemas de informação descritos no caso são exclusivos da Skechers e não trariam nenhum benefício a outros fabricantes de calçados? Quais fatores de seus programas de fidelidade poderiam ser aplicados por outras empresas que resultariam em benefícios imediatos? Quais fariam com que os concorrentes desejassem usar ou oferecer?
2. Que tipo de informações o programa Skechers Elite utiliza? Além do benefício direto do aumento da fidelidade de seus clientes, quais outros benefícios poderia ter? Como a Skechers poderia usar as informações em seu planejamento e atividades de venda?

Questões para análise

1. Em cinco anos, de 2005 a 2010, a Skechers praticamente dobrou seus lucros, indo de cerca de $ 1 bilhão para cerca de $ 2 bilhões. Essa é uma alta taxa de crescimento. De que maneira tal crescimento afetou as despesas com tecnologia da informação?
2. Em seu relatório anual de 2011, a Skechers alertou seus investidores de que "Muitos de nossos concorrentes são maiores, estão no mercado há mais tempo, alcançaram maior reconhecimento de suas marcas, obtiveram maior participação no mercado e/ou possuem recursos substancialmente maiores em finanças, distribuição, marketing e outros, comparados com a Skechers". Parte desse texto é exigido pelas regulamentações financeiras, mas não obstante é verdadeiro. Como poderia o uso inteligente do sistema de informações ajudar a Skechers a superar as dificuldades de seu relatório anual?

Fontes: Chu, Peter, "Skechers U.S.A. Has the Best Relative Performance in the Footwear Industry", *Financial News Network* on-line, 2 nov. 2011, www.fnno.com/story/fast-lane/331-skechers--usa-has-best-relative-performance-footwear-industry-skx-crox--shoo-iconnke-fast-lane, acesso em: 6 nov. 2011; Oracle, "Skechers Leverages Oracle Applications, Business Intelligence, and On Demand Offerings to Drive Long-Term Growth", News Release, 6 jun. 2011, http:// emeapressoffice.oracle.com/Press-Releases/Skechers-Leverages-OracleApplications-Business-Intelligence--and-On-Demand-Offerings-to-DriveLong-Term-Growth-1e2d.aspx, acesso em: 6 nov. 2011; site da Skechers, www.skechers.com e www.skx.com, acesso em: 6 nov. 2011; relatório anula 2011, disponível em: http://skx.com/ investor.jsp?p=2.

NOTAS

Fontes do texto de abertura: Página do governo de Castilla-La Mancha, www.jccm.es (na Espanha), acesso em: 29 out. 2011; Government of Castilla-La Mancha, "Case Study: Castilla-La Mancha Government", apresentado como *Computerworld* case study, https://www.eiseverywhere.com/file_uploads/eedce33bed14338d-4f98066e49364b82_Castila_la_Mancha_Government_-_Vblock_Castilla_la_Mancha.pdf, acesso em: 27 out. 2011; VCE, "Regional Government Creates New Collaborative Cloud Model", www.vce.com/pdf/solutions/vce-case-study-castilla-la-mancha.pdf, acesso em: 27 out. 2011; VCE, o site da Virtual Computing Environment Company, http://vce.com, acesso em: 29 out. 2011; VCE, vídeo do projeto de Castilla-La Mancha (parcialmente em inglês e em espanhol), www.vce.com/media/videos/vce-customer-castilla-la-mancha.htm, acesso em: 27 out. 2011.

1. Hickins, M., "Groupon Revenue Hit $760 Million, CEO Memo Shows", *The Wall Street Journal*, 26 fev. 2001, p. B3.
2. Home page do MIT Open Course Ware, http://ocw.mit.edu/ OcwWeb/web/home/home/index.htm, acesso em: 27 jun. 2011.

3. Chao, Loretta; Solomon, Jay, "U.S. Steps Up Web Freedom Efforts", *The Wall Street Journal*, 17 fev. 2011, p. A15.
4. Pratt, Mary, "The Grill", *Computerworld*, 24 jan. 2011, p. 12.
5. Ravishankar, M., et al., "Examining the Strategic Alignment and Implementation Success of a KMS", *Information Systems Research*, mar. 2011, p. 39.
6. Betts, Mitch, "IT Leader Builds a Know-how Network", *Computerworld*, 18 abr. 2011, p. 4.
7. Ko, D.; Dennis, A., "Profiting from Knowledge Management: The Impact of Time and Experience", *Information Systems Research*, mar. 2011, p. 134.
8. King, Julia, "Extreme Automation", *Computerworld*, 6 jun. 2011, p. 16.
9. DeVries, J., "May the Best Algorithm Win…", *The Wall Street Journal*, 16 maio 2011, p. B4.
10. Schultz, B., "Florida Hospice Saves with SaaS-based CRM", *Network World*, 6 jun. 2011, p. 24.
11. Eaglesham, J.; e Strasburg, J., "Big Fine over Bug in Quant Program", *The Wall Street Journal*, 4 fev. 2011, p. C1.
12. Sanna, N., "Getting Predictive About IT", *CIO*, 1 fev. 2011, p. 39.
13. Wakabayashi, D., "Japanese Farms Look to the Cloud", *The Wall Street Journal*, 18 jan., 2011, p. B5.
14. Staff, "Cruise Control", *CIO*, 1 abr. 2011, p. 22.
15. Thibodeau, Patrick, "VW Reorganizes IT to Help Develop 'Rolling Computers'", *Computerworld*, 6 jun. 2011, p. 6.
16. Murphy, Chris, "Create", *Information Week*, 14 mar. 2011, p. 23.
17. Munoz, D., et al., "INDEVAL Develops a New Operating and Settlement System Using Operations Research", *Interfaces*, jan./fev. 2011, p. 8.
18. Bennett, D., "Innovator", *Bloomberg Businessweek*, 31 jan. 2011, p. 40.
19. Site da SanDisk, www.sandisk.com, acesso em: 28 jun. 2011.
20. Home Page do Lawrence Livermore National Laboratory, www.llnl.gov, acesso em: 28 jun. 2011.
21. Site da IBM, www.ibm.com/systems/deepcomputing/bluegene, acesso em: 28 jun. 2011.
22. Site da Apple, www.apple.com, acesso em: 28 jun. 2011.
23. Site da One Laptop per Child, http://one.laptop.org, acesso em: 28 jun. 2011.
24. Staff, "A Quick Tablet Tumble", *Network World*, 7 mar. 2011, p. 14.
25. Peters, Jeremy, "A Technological Divide", *The Tampa Tribune*, 24 jan. 2011, p. 6.
26. Hamblen, Matt, "Chevron, TD Bank Hope to Tap Tablets' Potential", *Computerworld*, 21 fev. 2011, p. 6.
27. Cheng, Roger, "So You Want to Use your iPhone for Work?", *The Wall Street Journal*, 5 abr. 2011, p. R1.
28. Gartner Webinar, www.gartner.com/it/content/1462300/1462334/december_15_top_predictions_for_2011_dplummer.pdf, acesso em: 7 jun. 2011.
29. Fab Lab, http://fab.cba.mit.edu, acesso em: 28 jun. 2011.
30. Site da Salesforce, www.salesforce.com, acesso em: 28 jun. 2011.
31. Site da Microsoft, www.microsoft.com, acesso em: 24 jul. 2011.
32. "Adobe Creative Suite 5.5", www.adobe.com/products/creativesuite, acesso em: 28 jun. 2011.
33. Site da Nvidia, www.nvidia.com/object/3d-vision-main.html, acesso em: 28 jun. 2011.
34. Howson, C., "Predictions of What's in Store for the BI Market", *Information Week*, 31 jan. 2011, p. 22.
35. Carreyrou, J.; McGinty, T., "Medicare Records Reveal Troubling Trail of Surgeries", *The Wall Street Journal*, 29 mar. 2011, p. A1.
36. Kane, Y.; Smith, E., "Apple Readies iCloud Service", *The Wall Street Journal*, 1 jun. 2011, p. B1.
37. Greene, Tim, "Library System Shushes MPLS for Cheaper DSL", *Network World*, 24 jan. 2011, p. 14.
38. Site da Boeing, www.boeing.com/defense-space/military/scaneagle/index.html, acesso em: 28 jun. 2011.
39. Schechner, S.; Vascellaro, J., "Hulu Reworks Its Script", *The Wall Street Journal*, 27 jan. 2011, p. A1.
40. Sheridan, B., "The Apps Class of 2010", *Bloomberg Businessweek*, 3 jan. 2011, p. 80.
41. Vance, Ashlee, "The Power of Cloud Computing", *Bloomberg Businessweek*, 3 mar. 2011.
42. Niccolai, J.; Thibodeau, P., "Top Tech Vendors Renew Cloud Push", *Computerworld*, 18 abr. 2011, p. 6.
43. Sheridan, B., "The Apps Class of 2010", *Bloomberg Businessweek*, 3 jan. 2011, p. 80.
44. Vance, Ashlee, "The Power of Cloud Computing", *Bloomberg Businessweek*, 3 mar.2011.
45. Site do Bank of America, www.bankofamerica.com, acesso em: 28 jun. 2011.
46. Site do Twitter, www.twitter.com, acesso em: 28 jun. 2011.
47. Crovitz, L. Gordon, "Tunisia and Cyber Utopia", *The Wall Street Journal*, 24 jan. 2001, p. A15.
48. Page, Jeremy, "China Co-Opts Social Media to Head Off Unrest", *The Wall Street Journal*, 22 fev. 2011, p. A8.
49. Angwin, Julia, "Web Tool on Firefox to Deter Tracking", *The Wall Street Journal*, 24 jan. 2011, p. B1.
50. Site da ING Direct, www.ingdirect.ca/en, acesso em: 28 jun. 2011.

51. Site da Penske, www.MyFleetAtPenske.com, acesso em: 24 jul. 2011.
52. Site da FedEx, www.fedex.com, acesso em: 24 jul. 2011.
53. Strong, Dennis, "CIO Profiles", *Information Week*, 14 mar. 2011, p. 12.
54. Pratt, Mary, "Turning Business Objectives into IT Opportunities", *Computerworld*, 21 fev. 2011, p. 56.
55. Gohring, Nancy, "Seeding the Cloud", *CIO*, 1 abr. 2011, p. 27.
56. Murphy, Chris, "Create", *InformationWeek*, 14 mar. 2011, p. 23.
57. Site da Ticketmaster, www.ticketmaster.com, acesso em: 28 jun. 2011.
58. Efrati, A.; Sidel, R., "Google Sets Role in Mobile Payment", *The Wall Street Journal*, 28 de mar. de 2011, p. B1.
59. Site da Square, https://squareup.com, acesso em: 22 mar. 2011.
60. Nassauer, Sarah, "Art in Aisle 5", *The Wall Street Journal*, 22 jun. 2011, p. D1.
61. Morrison, S.; Fowler, G., "eBay Pushes into Amazon Turf", *The Wall Street Journal*, 29 mar. 2011, p. B1.
62. Munoz, D., et al., "INDEVAL Develops a New Operating and Settlement System Using Operations Research", *Interfaces*, jan./fev. 2011, p. 8.
63. Tam, Pui-Wing, et al., "A Venture-Capital Newbie Shakes up Silicon Valley", *The Wall Street Journal*, 10 maio 2011, p. A1.
64. Site da Dell, www.dell.com, acesso em 28 de jun. de 2011.
65. Steel, E.; Fowler, S., "Facebook Gets New Friends", *The Wall Street Journal*, 4 abr. 2011, p. B4.
66. Wakabayashi, D., "Japanese Farms Look to the Cloud", *The Wall Street Journal*, 18 jan., 2011, p. B5.
67. Carreyrou, J.; McGinty, T., "Medicare Records Reveal Troubling Trail of Surgeries", *The Wall Street Journal*, 29 mar. 2011, p. A1.
68. Site da Healthland, www.healthland.com, acesso em: 28 jun. 2011.
69. Chen, A., et al, "Knowledge Life Cycle, Knowledge Inventory, and Knowledge Acquisition", *Decision Sciences*, fevereiro de 2010, p. 21.
70. Kurzweil, R., "When Computers Beat Humans on Jeopardy", *The Wall Street Journal*, 17 fev. 2011, p. A19.
71. Staff, "Space Station Assistant Unpacked", *The Tampa Tribune*, 17 mar. 2011, p. 2.
72. Site da Honda, www.honda.com, acesso em: 28 jun. 2011.
73. Staff, "SA Photonics Develops an Advanced Digital Night Vision System", *Business Wire*, 19 abr. 2001.
74. Staff, "AlchemyAPI Announces Major Updates to Natural Language Processing Service", *PR Newswire*, 23 maio 2011.
75. Site da EZ-Xpert Expert System, www.ez-xpert.com, acesso em: 6 jun. 2011.
76. Site da Imprint, www.imprint-mis.co.uk, acesso em: 16 jun. 2011.
77. Gamerman, E., "Animation Nation", *The Wall Street Journal*, 11 fev. 2011, p. D1.
78. Home Page da Boeing: Commercial Airplanes—747, www.boeing.com/commercial/787family, acesso em: 28 jun. 2011.
79. Boehret, K., "Why Smartphones Can See More Than We Can", *The Wall Street Journal*, 4 maio 2011, p. D3.
80. Thibodeau, P., "Tax Law May Accelerate IT Purchases", *Computerworld*, 7 fev. 2011, p. 4.
81. Evans, Bob, "Why CIOs Must Have a Tablet Strategy", *Information Week*, 14 mar. 2001, p. 10.
82. Brousell, Lauren, "IT Budgets Bulge in 2011," *CIO*, 1 fev. 2011, p. 8.
83. Angwin, Julia, "Web Tool on Firefox to Deter Tracking", *The Wall Street Journal*, 24 jan. 2011, p. B1.
84. Simon, S., "Wyoming Plays It Cool", *The Wall Street Journal*, 8 mar. 2011, p. A3.
85. Gjelten, Tom, "Cyberthieves Target European Carbon Credit Market," National Public Radio, www.npr.gov, acesso em: 22 de jan. 2011.
86. Gartner Webinar,www.gartner.com/it/content/ 1462300/1462334/december_15_top_predictions_for_2011_dplummer.pdf, acesso em: 7 jun. 2011.
87. Connors, Will, et al., "For BlackBerry Maker, Crisis Mounts", *The Wall Street Journal*, 13 out. 2011, p. A1.
88. Angwin, J.; Steel, E., "Web's Hot New Commodity: Privacy", *The Wall Street Journal*, 28 fev. 2011, p. A1.
89. Miller, John, "Yahoo Cookie Plan in Place", *The Wall Street Journal*, 19 mar. 2011, p. B3.
90. Borzo, Jeanette, "Employers Tread a Minefield", *The Wall Street Journal*, 21 jan. 2011, p. B6.
91. King, Julia, "Premier 100 IT Leaders of 2011", *Computerworld*, 21 fev. 2011, p. 16.
92. Fischer, M., et al., "Managing Global Brand Investments at DHL", *Interfaces*, jan./fev. 2011, p. 35.
93. Farasyn, I., et al., "Inventory Optimization at Procter & Gamble", *Interfaces*, jan./fev. 2011, p. 66.
94. Hamblen, Matt, "Chevron, TD Bank Hope to Tap Tablets' Potential", *Computerworld*, 21 fev. 2011, p. 6.
95. Meer, M., et al., "Innovative Decision Support in a Petrochemical Production Environment", *Interfaces*, jan./fev. 2011, p. 79.
96. Gamerman, E.; Crow, K., "Clicking on a Masterpiece", *The Wall Street Journal*, 14 jan. 2011, p. C1.

97. Evans, Bob, "The Top 10 CIO Priorities and Issues for 2011", *InformationWeek*, 31 jan. 2011, p. 12.

98. Friedman, Thomas. *The world is flat*. New York: Farrar, Straus and Giroux, 2005, p. 488.

99. Heller, Martha, "Global Strategy, Local Tactics", *CIO*, 1 abr. 2011, p. 40.

100. Ibid.

101. Site da European Commission, http://ec.europa.eu/ trade/index_en.htm, acesso em: 28 jun. 2011.

102. Site do Foreign Trade Information, www.sice.oas.org/ agreements_e.asp, acesso em: 28 jun. 2011.

2 SISTEMAS DE INFORMAÇÃO NAS ORGANIZAÇÕES

Princípios	Objetivos de aprendizagem
• O uso dos sistemas de informação para agregar valor à organização é fortemente influenciado pela estrutura organizacional, pela cultura e pela mudança.	• Identificar os processos de valor agregado na cadeia de suprimento e descrever o papel dos sistemas de informação dentro deles. • Fornecer uma definição clara dos termos de estrutura organizacional, cultura e mudança e discutir como afetam o tipo de sistemas de informação que a organização implementa.
• Os sistemas de informação são tão importantes, que os negócios precisam se certificar de que as melhorias ou sistemas completamente novos ajudem a reduzir os custos, aumentar os lucros, melhorar o serviço ou alcançar vantagem competitiva.	• Definir o termo vantagem competitiva e identificar os fatores que levam as empresas a buscar vantagem competitiva. • Discutir o planejamento estratégico para a vantagem competitiva. • Descrever como o desempenho de um sistema de informação pode ser medido.
• Equipe de SI é a chave para revelar o potencial de qualquer sistema novo ou modificado.	• Definir os tipos de papéis, funções e carreiras disponíveis no campo de sistemas de informação.

Conectando-se com os clientes através de informações

SISTEMAS DE INFORMAÇÃO NA ECONOMIA GLOBAL

Tesco, Reino Unido

A TESCO JÁ PERCORREU um longo caminho desde que começou como uma barraca do mercado vendendo alimentos no East End de Londres, em 1919. Hoje é o maior vendedor de alimentos do Reino Unido, embora a empresa também se expandiu em mercadorias em geral. Opera em 14 países da Europa, Ásia e América do Norte, tem mais de 5 mil lojas (cerca de metade fora do Reino Unido) e um faturamento anual de £ 67,6 bilhões para ano fiscal de 2011, equivalente a US$ 107 bilhões em fevereiro de 2012 de taxas de câmbio.

Apesar de sua história de quase um século, a Tesco está atualizada com os sistemas de informação atuais. Uma maneira de usar esses sistemas é compreender melhor seus clientes. Como o ex-CEO, Sir Terry Leahy, fez isso em abril de 2011: "A coisa mais difícil é saber onde você está em relação a seus clientes, fornecedores e concorrentes. Coletar, analisar e agir sobre os insights revelados pelo comportamento do cliente, na [caixa registradora] e on-line, permitiu a Tesco encontrar a verdade". Ele acrescentou: "Os clientes [são] o melhor guia. Eles não têm nenhuma conta pendente. Você tem de seguir os clientes".

Para acompanhar e analisar as informações do cliente, a Tesco investiu em um sistema de armazenamento de dados da Teradata junto com o software de relatório da Business Objects. Um armazém de dados é uma grande coleção de dados históricos a ser usada para análise e tomada de decisão. No Tesco, "grande" não é exagero: seu armazém de dados contém mais de 100 TB (terabytes) de dados. Por comparação, um computador pessoal de alta qualidade em 2011 podia ter um total de armazenamento de 1 TB.

Conectar-se com clientes, no entanto, não é um processo unidirecional de coleta de dados sobre eles. Significa ainda chegar aos clientes, permitindo-lhes interagir de novas maneiras. E é o que a Tesco também está fazendo. Usando a tecnologia de realidade aumentada da Kishino AR, a Tesco permite aos clientes visualizar os produtos on-line quase como se estivessem fisicamente em uma loja (para mais informações, veja o vídeo Kishino AR, listado nas Notas, ao fim do capítulo). A Tesco também vai instalar computadores em oito de suas lojas no Reino Unido que permitem aos clientes checar mais produtos do que uma loja pode estocar e visualizar objetos pesados e volumosos de todos os ângulos. Na Coreia, a empresa abriu uma loja virtual completa: os clientes podem ver mais de 500 itens, analisar seus códigos de barras por meio de um aplicativo especial do smartphone, e encomendar produtos. Os itens podem ser entregues naquele mesmo dia se forem encomendados até as 13 horas.

Reconhecendo que muitos dos clientes querem se conectar com membros de sites de redes sociais, a Tesco também desenvolveu um aplicativo do Facebook em que os detentores de Clubcard (ou a maioria de seus clientes regulares, 16 milhões só no Reino Unido) podem votar nos produtos que desejam que façam parte da promoção Big Price Drop (grande desconto). Richard Brasher, CEO da Tesco Reino Unido, explica: "Estamos comprometidos em fazer tudo o que pudermos para ajudar nossos clientes, e o novo aplicativo do Facebook irá permitir-lhes nos dizer onde desejam preços de maior valor reduzido". Além dos benefícios de preços mais baixos, votar em quais produtos devem ser reduzidos dá aos clientes a sensação de estar conectado com a loja e participar das decisões.

Aplicações da Tesco exigem sistemas de informação modernos. Mais importante, no entanto, exigem a capacidade de verificação do valor da informação e formas inovadoras de usá-lo. Neste capítulo, você vai ver como isso acontece.

À medida que você lê o capítulo, considere o seguinte:

- Como o banco de dados Teradata da Tesco agrega valor à organização?
- Como o uso da Tesco de realidade aumentada e sua aplicação no Facebook da empresa proporciona potencial vantagem competitiva?

© Andrey Burmakin/Shutterstock

POR QUE ENTENDER OS SISTEMAS DE INFORMAÇÃO NAS ORGANIZAÇÕES?

As organizações de todos os tipos utilizam os sistemas de informação para reduzir os custos e aumentar os lucros. Alguém que estudou administração poderia ser contratado por uma empresa de remessa de encomendas para ajudar a projetar um sistema computadorizado, a fim de melhorar a produtividade dos funcionários. Um especialista em marketing poderia trabalhar para um varejista nacional utilizando uma rede para analisar as necessidades dos clientes em diferentes áreas do país. Um contador poderia trabalhar para uma empresa de contabilidade ou de consultoria, utilizando um computador para auditar os registros financeiros de outras empresas. Um especialista do setor imobiliário poderia usar a internet e trabalhar em uma estrutura organizacional com clientes, construtores e uma equipe jurídica localizada ao redor do mundo. Um bioquímico poderia conduzir uma pesquisa para uma empresa farmacêutica e usar o computador para avaliar o potencial de um novo tratamento para o câncer. Um empreendedor poderia utilizar os sistemas de informação para anunciar e vender produtos e cobrar dos clientes.

Embora sua carreira possa ser diferente dos seus colegas de classe, você provavelmente trabalhará com computadores e sistemas de informação para ajudar sua empresa ou organização a se tornar mais eficiente, eficaz, produtiva e competitiva em seu setor. Neste capítulo, você verá como os sistemas de informação podem ajudar as organizações a criar produtos e serviços de qualidade mais elevada para aumentar seu retorno do investimento. Começamos investigando as organizações e os sistemas de informação.

Nos últimos anos, os sistemas de informação têm mudado o modo como as organizações trabalham. Enquanto eram utilizados principalmente para automatizar os processos manuais, transformaram a natureza do trabalho e o modelo das próprias organizações. Neste capítulo, e ao longo de todo o livro, exploraremos os benefícios e as desvantagens dos sistemas de informação nas organizações de hoje.

ORGANIZAÇÃO E SISTEMAS DE INFORMAÇÃO

ORGANIZAÇÃO: Conjunto formal de profissionais e de outros recursos estabelecidos para alcançar um conjunto de objetivos.

Uma **organização** é um conjunto formal de profissionais e de outros recursos estabelecidos para alcançar um conjunto de objetivos. Utiliza constantemente dinheiro, pessoas, materiais, máquinas e outros equipamentos, dados, informações e decisões. Como apresentado na Figura 2.1, recursos como materiais, mão de obra e dinheiro servem de entradas do ambiente para o sistema organizacional, passam por um mecanismo de transformação e depois as saídas são produzidas para o ambiente. As saídas do mecanismo de transformação são normalmente bens ou serviços, de valor relativo mais elevado que o das entradas. Por meio da adição de valor ou equivalente, as organizações tentam alcançar seus objetivos.

Como o sistema organizacional aumenta o valor dos recursos? No mecanismo de transformação, os subsistemas contêm processos que ajudam a transformar as entradas em bens e serviços de valor crescente. Esses processos aumentam o valor relativo das entradas combinadas até que se tornem saídas finais. Vamos considerar um simples lava rápido de carros, como o exemplo do Capítulo 1 (veja a Figura 1.3). O primeiro processo é lavar o carro. A saída desse sistema – um carro limpo, porém molhado – vale mais do que o mero conjunto de produtos (sabão e água), como evidenciado pela popularidade desses estabelecimentos. Os consumidores querem pagar pela habilidade, pelo conhecimento, tempo e energia necessários para lavar seu carro. O segundo processo é a secagem – transformar o carro molhado em seco, sem marcas de água. Novamente, os consumidores querem pagar pela habilidade adicional, conhecimento, tempo e energia requeridos para completar essa transformação.

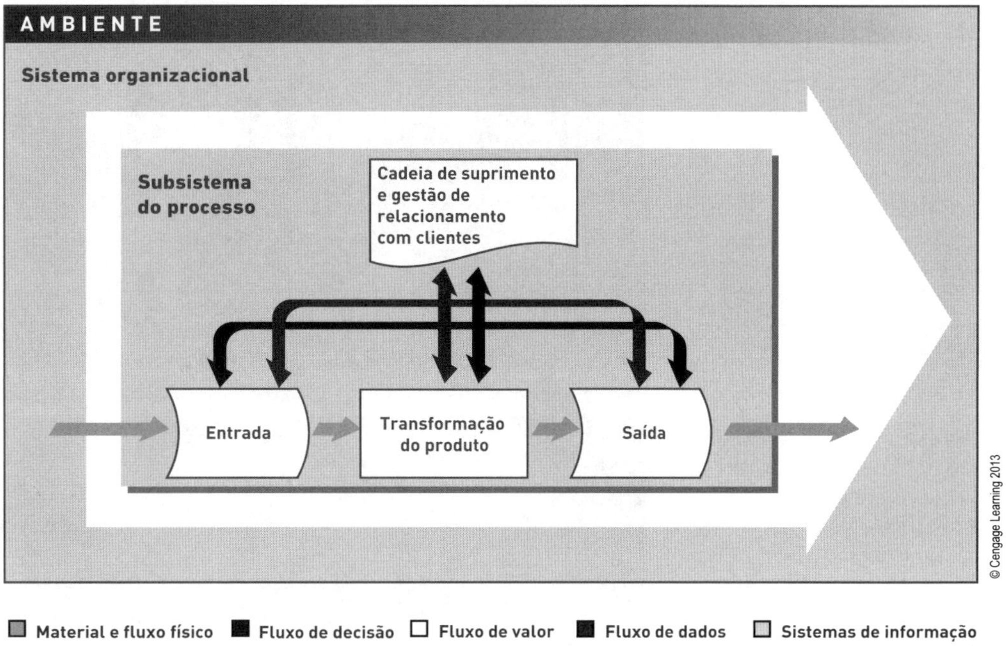

FIGURA 2.1

Modelo geral de uma organização. Os sistemas de informação sustentam e trabalham em todas as partes de um processo organizacional. Embora não apresentado nesse modelo simples, a entrada no subsistema do processo pode vir de fontes internas e externas. Logo antes de entrar no subsistema, os dados são externos. Após sua entrada no subsistema, tornam-se internos. Da mesma forma, os bens e serviços podem ser saídas para sistemas internos ou externos.

CADEIA DE VALOR: Série (cadeia) de atividades que inclui: logística interna, depósito e armazenagem, produção e fabricação, armazenagem do produto acabado, logística externa, marketing e vendas e serviço ao consumidor.

Fornecer valor a uma parte interessada – cliente, fornecedor, gerente, acionista ou funcionário – é a meta principal de qualquer organização. A cadeia de valor, descrita pela primeira vez por Michael Porter em um artigo de 1985 na *Harvard Business Review*, chamado "How Information Gives You Competitive Advantage", revela como as organizações podem agregar valor a seus produtos e serviços. A **cadeia de valor** é uma série (cadeia) de atividades que inclui: logística interna, depósito e armazenamento, produção, armazenagem do produto acabado, logística externa, marketing e vendas e serviço ao consumidor (veja a Figura 2.2). Você investiga cada atividade na cadeia para determinar como aumentar o valor percebido por um consumidor. A cadeia de valor é também importante para as empresas que não são produtoras industriais, como escritórios de contabilidade, empresas jurídicas e outros fornecedores de serviços. Agregando quantidade significativa de valor a seus produtos e serviços, as empresas asseguram o sucesso.

Gerenciar o relacionamento da cadeia de suprimento e de clientes são dois elementos-chave da gestão da cadeia de valor. *O gerenciamento de cadeia de suprimento* (SCM, supply chain management) ajuda a determinar que fontes são necessárias

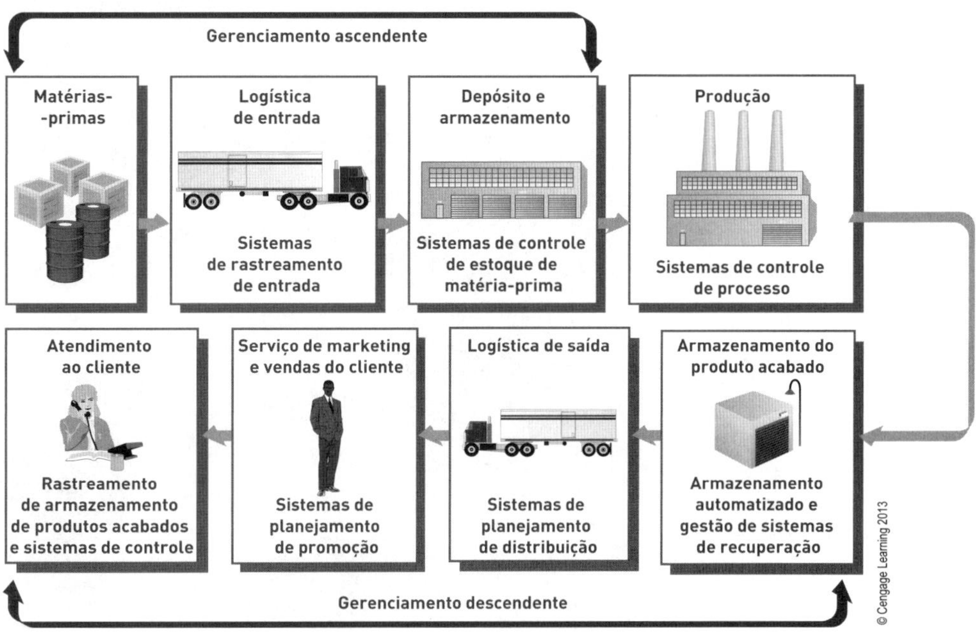

FIGURA 2.2

Cadeia de valor de uma empresa de fabricação. Administrar matérias--primas, logística interna, depósitos e armazéns é chamado *gerenciamento ascendente*. Gerenciar o armazenamento do produto acabado, a logística de saída, marketing e vendas e serviço ao cliente é chamado *gerenciamento descendente*.

© Rihardzz/Shutterstock.com

Combinar uma cadeia de valor com o estoque just-in-time (JIT) significa que as empresas podem entregar materiais ou peças quando necessário. A General Mills utiliza o JIT para auxiliar a reduzir os custos do estoque e aumentar a satisfação do cliente.

para a cadeia de valor, as quantidades exigidas para atender à demanda do cliente, como as fontes devem ser processadas (fabricados) em bens e serviços acabados, e como o carregamento de suprimentos e produtos para clientes devem ser agendados, monitorados e controlados.[1] A gestão de resíduos, por exemplo, trabalha com os clientes para melhorar a sua oferta de cadeia de suprimento.[2] De acordo com o CEO da gestão de resíduos: "A melhor coisa que podemos fazer por nossos clientes é lhes dar total visibilidade dos dados ao longo da cadeia de suprimento". Fornecedores também podem ajudar a empresa a melhorar suas operações.[3] Eles querem que as organizações atendidas tenham sucesso, porque consequentemente também o terão. A Procter & Gamble, grande empresa de produtos de consumo, foi capaz de racionalizar sua cadeia de suprimento, reduzindo os níveis de estoque e dos custos e tornando suas operações mais eficiente.[4] A companhia espera utilizar métodos de controle de estoque em mais de 50% de sua cadeia de suprimento.

O fornecimento de produtos e serviços para os clientes é o fim da maioria das cadeias de suprimento da organização. Muitas organizações estão aumentando o uso

© Nataliya Hora/Shutterstock.com

A Ford Motor Company usa os sistemas de informação como parte integrante do seu funcionamento. A empresa dá aos fornecedores acesso a seu sistema de inventário para que possam monitorar o banco de dados e automaticamente enviar outra remessa, quando os estoques estão baixos, como peças do motor, eliminando a necessidade de pedidos de compra. Esse procedimento acelera o tempo de entrega e montagem e reduz os custos de manutenção de estoques da Ford.

de transporte gratuito para os clientes, na esperança de elevar as vendas e os lucros. A Amazon, empresa de comércio popular on-line, está testando a experiência com o Amazon Tote, um site que oferece entrega rápida e gratuita de alimentos e outros produtos na região de Seattle.[5] Clientes também podem participar ativamente do processo ao adquirirem produtos e serviços. Os hotéis e cassinos do Hard Rock Las Vegas, por exemplo, têm um aplicativo de smartphones que os clientes podem baixar e usar para navegar nos menus e pedir alimentos e bebidas.[6] O aplicativo usa a tecnologia GPS para localizar os clientes em um restaurante específico ou em seus quartos. Cada vez mais, pequenas e médias empresas contratam organizações, muitas vezes chamadas empresas de atendimento, para armazenar e entregar seus produtos.[7] Empresas de atendimento incluem a Amazon, Shipwire, Webgistics e outras. As empresas também envolvem seus clientes para melhorar as operações de cadeia de suprimento.

Tradicionalmente, as organizações sempre determinaram a melhor cadeia de suprimento para fornecer produtos e serviços aos clientes. Com a internet, hoje os clientes começam a determinar a melhor entrega de produtos e serviços para eles.[8] Pesquisam a velocidade, custo e conveniência do sistema de entrega que melhor atenda às suas necessidades. De acordo com um executivo de uma empresa da internet: "As pessoas agora controlam a distribuição na Web".

Como visto no Japão, em 2011, um desastre natural pôde perturbar ou destruir a oferta de cadeia de suprimento de uma empresa.[9] O tsunami e os problemas resultantes das usinas de energia nuclear no Japão não só interromperam muitos fabricantes japoneses, mas também as companhias ao redor do mundo que utilizam matérias-primas e suprimentos do Japão.

Os programas de *gerenciamento de relacionamento com os clientes* (CRM, customer relationship management) auxiliam na administração de todos os aspectos que envolvem o contato com os clientes, incluindo marketing e publicidade, vendas, serviço pós-venda e programas para reter consumidores leais (veja a Figura 2.3). Para serem mais benéficos, devem ser adaptados para cada empresa ou organização. O Tidewell, um hospital que atende cerca de 8 mil famílias da Flórida, adquiriu o software CRM da Salesforce.com para economizar dinheiro e simplificar sua operação.[10] De acordo com o diretor de informática (CIO) do Tidewell: "Enquanto não posso falar em dinheiro fácil, posso lhes dizer que o custo para executar o Salesforce por um ano, com cerca de 70 ou mais usuários hoje, é provavelmente um pouco mais de um terço do custo de algumas das soluções típicas de hardware/software que havíamos cotado". A holding

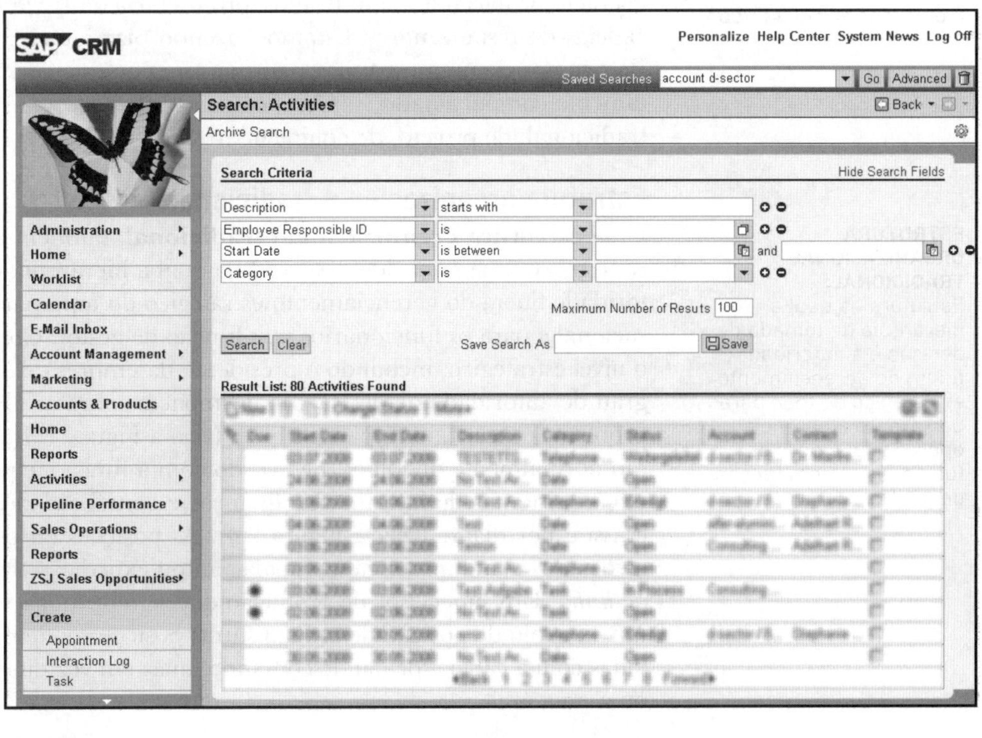

FIGURA 2.3
SAP CRM.
As empresas em mais de 25 indústrias usam o SAP CRM para reduzir os custos e aumentar a capacidade de tomada de decisão em todos os aspectos da sua gestão de relacionamento com clientes.

www.sap.com

Duke Energy usa o Convergys (*www.convergys.com*) para fornecer software CRM, especificamente configurado para auxiliá-la no gerenciamento do consumo de energia de seus clientes das redes de energia e serviços.[11] Oracle, Salesforce, SAP e outras empresas desenvolvem e vendem aplicativos de software CRM.[12] O Microsoft Dynamics CRM está disponível em mais de 40 idiomas.[13] O preço estimado de aplicativos CRM populares variam de cerca de $ 25 a mais de $ 100 por usuário por mês. O Software CRM também pode ser adquirido como um serviço e entregue pela internet em vez de ser instalado em computadores corporativos.

Qual é a função que um sistema de informação desempenha nesses processos? Uma visão tradicional dos sistemas de informação considera que as organizações os utilizam para controlar e monitorar os processos e assegurar eficácia e eficiência. Nessa visão, o sistema de informação é externo ao processo e serve para monitorá-lo ou controlá-lo.

Uma visão mais contemporânea, no entanto, considera que os sistemas de informação estão com frequência tão intimamente envolvidos com o processo que são *parte do* próprio processo. Dessa perspectiva, um sistema de informação desempenha papel fundamental no processo, seja fornecendo entrada, auxiliando na transformação do produto ou produzindo saídas. Considere um negócio de catálogo telefônico que cria listas telefônicas para corporações internacionais. Um cliente da corporação solicita um catálogo que liste todos os fornecedores de aço da Europa Ocidental. Utilizando seu sistema de informação, o diretório de negócios pode separar os arquivos para encontrar nomes e números de telefone dos fornecedores e organizá-los em ordem alfabética. O próprio sistema de informação constiui parte essencial desse processo. Ele não monitora apenas o processo externamente, mas funciona como parte do processo de transformação de dados brutos em produto. Nesse exemplo, o sistema de informação transforma a entrada (nomes e números de telefone) em uma saída vendável (um catálogo telefônico). O mesmo sistema poderia também fornecer a entrada (arquivo de dados) e saída (páginas impressas para o catálogo).

ESTRUTURAS ORGANIZACIONAIS

ESTRUTURA ORGANIZACIONAL: Essa estrutura se refere às subunidades organizacionais e o modo como se relacionam com a empresa como um todo.

A **estrutura organizacional** se refere às subunidades organizacionais e o modo como se relacionam com a empresa como um todo. A estrutura de uma organização depende de seus objetivos e métodos de gestão. Pode, inclusive, afetar a forma como a empresa visualiza e usa os sistemas de informação. De acordo com o vice-presidente de tecnologia da informação da Yum Brands, proprietária da Pizza Hut, KFC, Taco Bell e outras cadeias de restaurantes: "Estamos fazendo pizza, tacos, e frango em todo o planeta. Precisamos de uma estrutura para permitir que nosso know-how coletivo seja perfeitamente compartilhado".[14] Os tipos de estruturas organizacionais em geral incluem o tradicional, de projeto, de equipe e virtual.

Estrutura organizacional tradicional

ESTRUTURA ORGANIZACIONAL TRADICIONAL: Estrutura na qual a hierarquia de tomada de decisão e a autoridade fluem do gerenciamento estratégico do topo para baixo, para a gerência operacional e para os funcionários sem função de gestor.

Uma **estrutura organizacional tradicional**, também chamada *estrutura hierárquica*, é como uma pirâmide gerencial na qual a hierarquia de tomada de decisão e a autoridade fluem do gerenciamento estratégico do topo para baixo, para a gerência operacional e para os funcionários sem função de gestor. Comparado aos níveis inferiores, o nível estratégico, incluindo o presidente da empresa e os vice-presidentes, tem maior grau de autoridade de decisão, mais impacto sobre os objetivos da corporação e mais problemas excepcionais para resolver (veja a Figura 2.3). Os principais departamentos são normalmente divididos, de acordo com a função, e podem incluir marketing, produção, sistemas de informação, finanças e contabilidade, pesquisa e desenvolvimento e assim por diante (veja a Figura 2.4). As posições ou os departamentos diretamente associados com a produção, embalagem ou expedição de bens são chamados *posições de linha*. Um supervisor de produção que se reporta ao vice-presidente de produção é um exemplo de posição de linha. Outras posições podem não estar diretamente envolvidas com a cadeia formal de comando, mas, em vez disso, auxilia a um departamento ou a uma área.

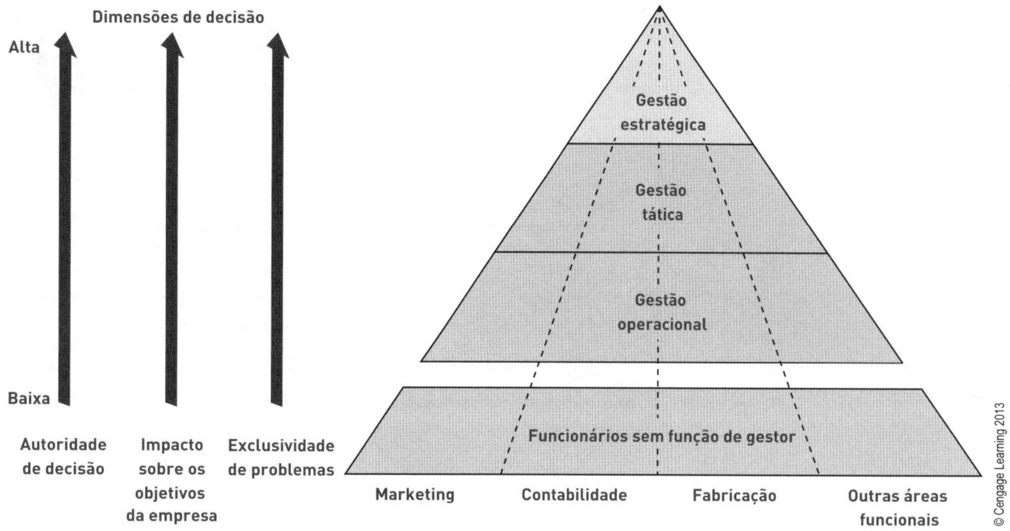

FIGURA 2.4
Modelo simplificado da organização, mostrando a pirâmide gerencial dos gestores de nível superior aos funcionários sem função de gestor.

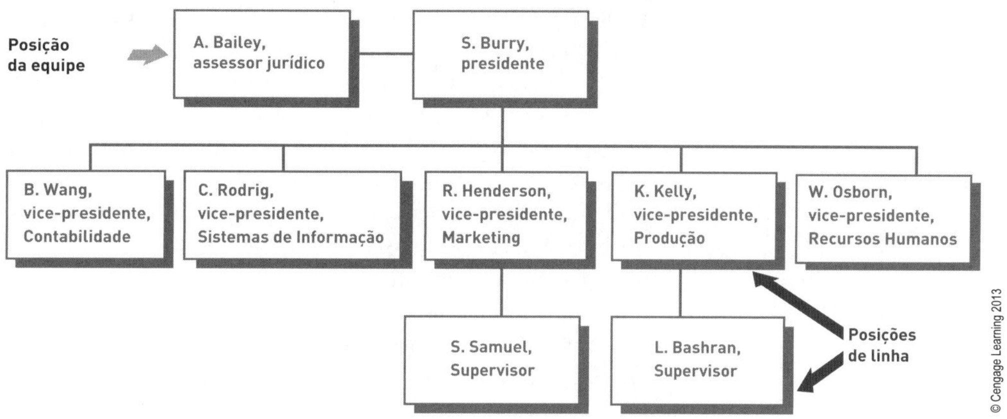

FIGURA 2.5
Estrutura organizacional tradicional.

Essas são as posições da equipe, tal como o conselho jurídico que se reporta ao presidente.

Hoje, a tendência é a redução do número de níveis gerenciais ou camadas, na estrutura organizacional tradicional. Esse tipo de estrutura, frequentemente chamado **estrutura organizacional plana**, delega autoridade aos funcionários de níveis mais baixos para tomar decisões e resolver problemas sem precisar da permissão de gerentes de níveis médios. A **delegação** de poder (empoderamento) permite aos funcionários e seus gerentes mais responsabilidade e autoridade para tomar decisões, realizar ações e ter mais controle de seu trabalho. Por exemplo, um funcionário de vendas capacitado poderia atender a certas solicitações ou problemas de clientes sem precisar da permissão de um supervisor.

ESTRUTURA ORGANIZACIONAL PLANA: Estrutura organizacional com um número reduzido de camadas de gestão.

DELEGAÇÃO: Dá aos funcionários e seus gerentes mais responsabilidade e autoridade para tomar decisões, realizar ações e ter mais controle de seu trabalho.

Estruturas organizacionais de projeto e de equipe

A **estrutura organizacional de projeto** é centrada nos principais produtos e serviços. Por exemplo, em uma empresa que produz alimentos e outros produtos para bebê, cada linha é produzida por uma unidade separada. As funções tradicionais como marketing, finanças e produção são posicionadas nessas unidades principais. Muitas equipes de projetos são temporárias: quando o projeto termina, os membros continuam em novas equipes formadas para outro projeto.

A **estrutura organizacional de equipe** é centrada em trabalho de equipe ou grupos. Em alguns casos, essas equipes são pequenas, em outros, muito grandes. Normalmente, cada equipe tem um líder que se reporta a um gerente de nível superior e, dependendo de suas tarefas, a equipe pode ser temporária ou permanente. Muitas organizações usam a estrutura organizacional de equipe. De acordo com Dennis

ESTRUTURA ORGANIZACIONAL DE PROJETO: Estrutura centrada nos principais produtos e serviços.

ESTRUTURA ORGANIZACIONAL DE EQUIPE: Estrutura centrada em trabalho de equipe ou grupos.

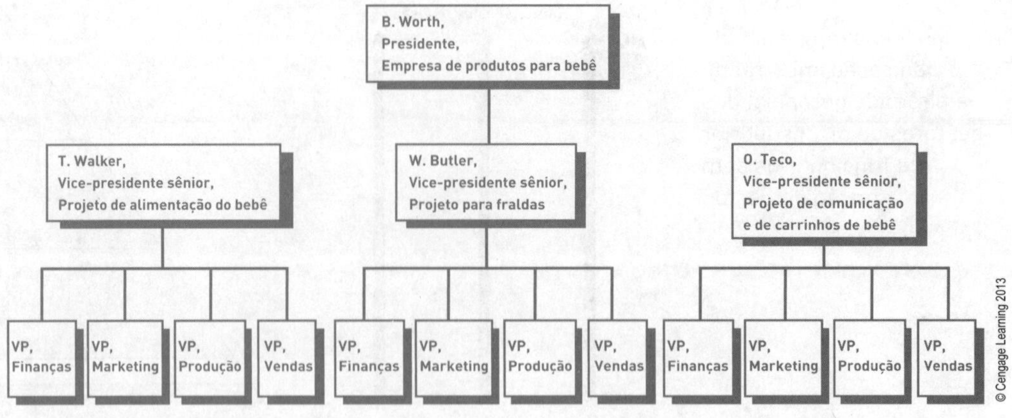

FIGURA 2.6
Estrutura organizacional de projeto.

Strong, vice-presidente sênior e CIO da empresa de materiais de construção McCoy: "Conheça sua equipe e interaja pessoalmente. Seja capaz de compartilhar suas celebrações e apoiá-los em suas lutas diárias".[15]

Estrutura organizacional virtual e trabalho colaborativo

ESTRUTURA ORGANIZACIONAL VIRTUAL: Estrutura que emprega indivíduos, grupos ou unidades de negócios completos em áreas geograficamente dispersas. Esses grupos podem durar algumas semanas ou anos, muitas vezes necessitando de telecomunicações e da internet.

Uma **estrutura organizacional virtual** que emprega indivíduos, grupos ou unidades completas de negócio em áreas geograficamente dispersas. Esses grupos podem durar algumas semanas ou anos, muitas vezes, necessitando de telecomunicações e da internet. O trabalho pode ser feito em qualquer lugar, a qualquer momento. As equipes virtuais ajudam a garantir a participação dos melhores profissionais disponíveis para resolver problemas organizacionais importantes. Equipes virtuais também são utilizadas na educação, em que grupos de estudantes estão cada vez mais conectadas on-line. Mesmo escolas de Ensino Fundamental e de Ensino Médio começam a usar mais frequentemente a educação on-line e equipes virtuais.[16] A Flórida, por exemplo, tem a *Florida Virtual School*, que permite que os alunos do jardim de infância até a oitava série façam cursos on-line.[17] De acordo com o diretor de pessoal de um grande condado da Flórida: "É realmente uma boa ideia para um professor ter alguma experiência em educação virtual. O futuro seguirá muito mais nessa direção". As equipes de autores e editorial deste livro usou a estrutura de equipe virtual, que consiste em mais de uma dúzia de pessoas de todo os Estados Unidos, que trabalhou mais de um ano para concluir este projeto. Eles usaram a internet para enviar os arquivos de capítulos e documentos relacionados entre eles no desenvolvimento do material didático e relacionados ao texto em si.

As estruturas organizacionais virtuais bem-sucedidas compartilham características-chave. Uma estratégia é ter funcionários internos concentrados nos negócios centrais da empresa e utilizar funcionários virtuais, grupos ou negócios para todo o restante. Mesmo com sofisticadas ferramentas de SI, as equipes necessitam de reuniões presenciais, especialmente no início de novos projetos.

Para se conectar, algumas equipes virtuais usam smartphones e dispositivos móveis que se conectam à Internet. Sites de redes sociais como o Facebook podem ser utilizados para auxiliar as equipes virtuais a trabalhar juntos.[18]

INOVAÇÃO

As organizações estão continuamente tentando melhorar suas operações, procurando por ideias frescas e inovadoras.[19] Serviços e produtos de ponta podem criar novos fluxos de receita.[20] Em alguns casos de ideias, a inovação pode ajudar as empresas a explorar novos mercados e abordagens de negócios. O fundador do Data Services Medical, que fornece software aos planos de saúde, explica: "Busque a inovação para tudo o que faz, não apenas em grandes projetos. Procure o mercado externo em seu próprio campo, mas também em outros negócios. As oportunidades podem vir das áreas mais estranhas".[21] A London Business School abriga o Instituto de Inovação e Empreendedorismo. De acordo com o reitor da escola: "A inovação, estamos um tanto

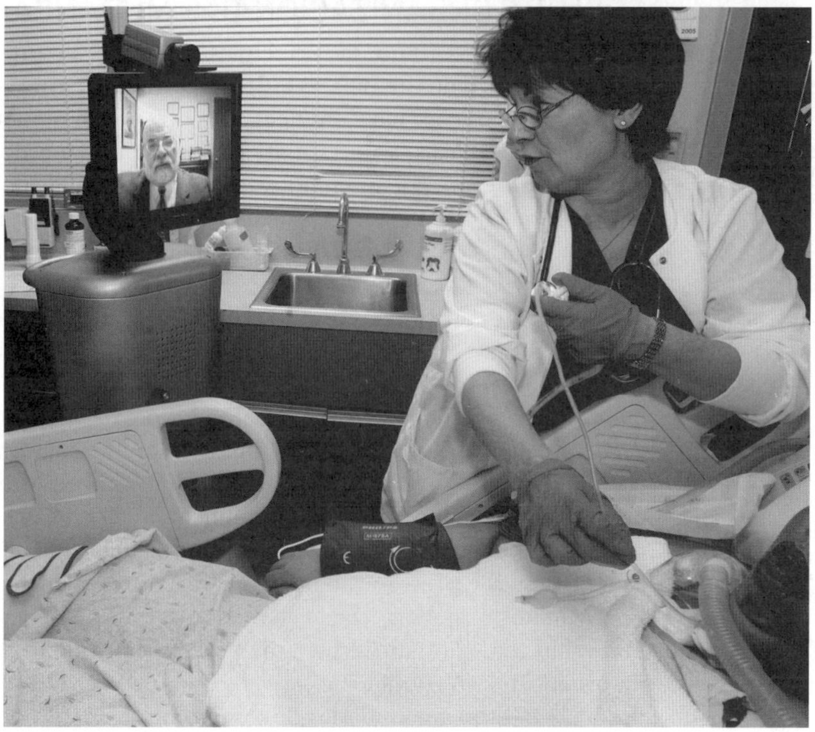

Cortesia da AP Photo/Paul Sancya

As equipes virtuais permitem às pessoas consultarem especialistas, independentemente de sua localização física. São especialmente úteis na indústria de planos de saúde.

A estrutura organizacional virtual permite um envolvimento colaborativo, no qual gerentes e funcionários podem trabalhar de forma eficaz em grupos, mesmo que seus membros se encontrem ao redor do mundo.

© ACE STOCK LIMITED/Alamy

quanto preocupados, é um dos principais fatores de tudo o que acontece no mundo dos negócios". [22] A America Online (AOL) alugou um prédio de escritórios de 200 mil metros quadrados em Palo Alto, Califórnia, para ajudá-la e a outras empresas se tornarem mais inovadoras.[23] A AOL espera que o novo complexo de escritórios seja uma incubadora de ideias e projetos empresariais. Muitos acreditam que Steve Jobs, morto em 2011, foi um inovador real, criando a Pixar, o iPod, o iPhone, o iPad, e muitos outros produtos.[24] De acordo com Bill Gates, fundador da Microsoft: "A capacidade de Steve Jobs para se concentrar em aspectos realmente importantes[...] era incrível".[25]

Usar o pessoal de SI aumenta a inovação e pode levar a um incremento da receita e rentabilidade no futuro. Alguns departamentos de SI estão criando grupos distintos que exploram ideias inovadoras. De acordo com o vice-presidente da Diversey, um fornecedor de produtos de higiene: "Criamos uma equipe de inovação de TI de quatro profissionais, independente do grupo de operações, cuja única missão é a inovação". [26] Cada vez mais, os departamentos de SI estão motivando seus funcionários a serem mais inovadores.[27] De acordo com o CIO da Jet Blue: "Quero que minha equipe de TI entenda a inovação como algo melhor a fazer, sem esperar a minha solicitação ou de outro líder empresarial".

CULTURA ORGANIZACIONAL E MUDANÇA

CULTURA: Conjunto das principais concepções e pressupostos compartilhados, por exemplo, por um grupo étnico ou um país.

CULTURA ORGANIZACIONAL: Pressupostos e suposições importantes para um negócio, corporação ou outra organização.

MUDANÇA ORGANIZACIONAL: Maneira pela qual as organizações, com fim lucrativo ou não, planejam, implantam e lidam com a mudança.

Cultura é um conjunto das principais concepções e pressupostos compartilhados por um grupo étnico ou um país. A **cultura organizacional** consiste em importantes pressupostos e suposições para um negócio, corporação ou outra organização. Pressupostos que incluem crenças, valores e abordagens à tomada de decisão frequentemente não são declarados ou documentados como objetivos ou políticas formais. Por exemplo, espera-se que os funcionários estejam bem-apresentados, usem roupas discretas e sejam gentis no trato com os consumidores. Algumas vezes a cultura organizacional é formada no decorrer dos anos.

Mudança organizacional se refere à maneira pela qual organizações, com fim lucrativo ou não, planejam, implantam e lidam com a mudança. A mudança pode ser causada por fatores internos, como as iniciadas por funcionários de todos os níveis, ou por fatores externos, como atividades realizadas pelos concorrentes, acionistas e leis estaduais e federais, regulamentações da comunidade, eventos naturais (como furacões) e condições econômicas gerais. A mudança organizacional também ocorre na junção de duas ou mais organizações. Quando empresas se fundem, a integração de seus sistemas de informação pode ser fundamental para o sucesso futuro. Infelizmente, muitas companhias consideram muito tarde a integração de seus vários sistemas de informação no processo de fusão.

Mudanças podem ser sustentadoras ou rompedoras.[28] *Mudança sustentadora* pode ajudar uma organização a melhorar o suprimento de matérias-primas, o processo de produção e os produtos e serviços que oferece. Desenvolver equipamentos de produção para fabricar unidades de disco é um exemplo de mudança sustentadora para um fabricante de computadores. O novo equipamento poderia reduzir os custos de produção das unidades de disco e melhorar o desempenho geral. A *mudança rompedora*, por outro lado, pode transformar completamente um setor ou criar novos, o que pode prejudicar o desempenho de uma organização ou até mesmo colocá-la fora do negócio. Em geral, as tecnologias revolucionárias podem não ter originalmente um bom desempenho, custo baixo ou mesmo demanda. Com o passar do tempo, no entanto, elas muitas vezes substituem as tecnologias existentes. A computação em nuvem provavelmente causará mudança drástica para muitas empresas e indústrias do futuro. De acordo com o pesquisador da Deloitte Center for the Edge: "A computação em nuvem tem o potencial de gerar uma série de distúrbios que repercutirão fora da indústria de tecnologia e, finalmente, transformará muitas indústrias em todo o mundo". [29] Em uma nota positiva, a mudança drástica, muitas vezes, resulta em novas empresas de sucesso e oferece aos consumidores a possibilidade de novos produtos e serviços a custos reduzidos e um desempenho superior. O instituto Singularity University, localizado no Centro de Pesquisa Ames da Nasa, em Moffett Field, Califórnia, oferece oficinas sobre como lidar com a mudança rompedora.[30] Seu objetivo é preparar gestores e executivos para a constante e rápida mudança dos sistemas de informação.

A Singularity University oferece oficinas sobre como as organizações podem lidar com a mudança rompedora.

Cortesia NASA Ames Research Center/J.P. Weins

MODELO DE MUDANÇA: Modelo teórico que identifica as fases da mudança e a melhor maneira de implantá-las.

A dinâmica da mudança pode ser vista em termos de **modelo de mudança**. Este representa as teorias que identificam as fases da mudança e a melhor maneira de implantá-las. Kurt Lewin e Edgar Schein propõem uma abordagem em três etapas para a mudança (veja a Figura 2.7). No primeiro estágio, descongelamento, velhos hábitos são encerrados, estabelecendo-se um ambiente receptivo a mudanças. O movimento, segundo estágio, constitui em aprender novos métodos de trabalho, comportamentos e sistemas. A fase final, recongelamento, envolve as mudanças de reforço para tornar o novo processo de uma segunda natureza aceito e parte do trabalho.[31] Além do modelo de Lewin-Schein, outros modelos de mudança, publicações e cursos podem ajudar as organizações a gerenciar a mudança, incluindo os trabalhos *Gestão na velocidade da mudança* e *Gestão de projeto de mudança*, editados pela Conner Partners (*www.connerpartners.com*), *Leading change, the heart of change*, de John Kotter (*www.theheartofchange.com*), e muitos outros.

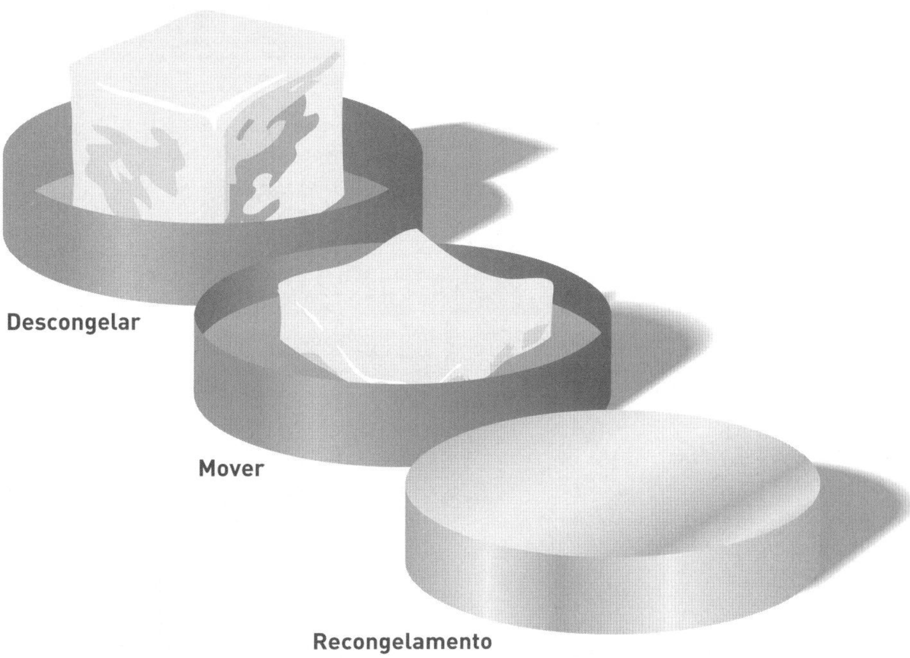

© Cengage Learning 2013

FIGURA 2.7
Modelo de mudança.

APRENDIZAGEM ORGANIZACIONAL: Adaptações e ajustes com base na experiência e ideias ao longo do tempo.

Aprendizagem organizacional está intimamente relacionada à mudança organizacional. Todas as organizações se adaptam às novas condições ou alteraram suas práticas ao longo do tempo, algumas melhores que outras. Coletivamente, essas adaptações e ajustes baseados em experiência e nas ideias são chamados **aprendizagem organizacional**. Os trabalhadores da linha de montagem, secretárias, atendentes, gerentes e executivos aprendem as melhores formas de fazer negócio e os incorporam em suas atividades diárias. Em alguns casos, os ajustes podem ser a revisão radical do projeto dos processos do negócio, com frequência chamado reengenharia. Em outros, esses ajustes podem ser mais incrementais, um conceito chamado melhoria contínua. Ambos os ajustes refletem a estratégia da organização, o plano de ação de longo prazo para alcançar seus objetivos.

REENGENHARIA E MELHORIA CONTÍNUA

REENGENHARIA (REVISÃO DE PROCESSOS): Revisão radical dos processos do negócio, da estrutura organizacional, dos sistemas de informação e dos valores da organização para alcançar novo patamar nos resultados do negócio.

Para permanecerem competitivas, organizações devem ocasionalmente operar mudanças fundamentais no modo como realizam os negócios. Em outras palavras, precisam mudar as atividades, as tarefas ou os processos que utilizam para alcançar suas metas. A **reengenharia**, também chamada **revisão de processo** e reengenharia dos processos do negócio (BPR, business process reengineering), envolve a revisão radical dos processos de negócios, estruturas organizacionais, sistemas de informação e valores da organização para alcançar a superação nos resultados do negócio. A BBVA, grande empresa de serviços financeiros com escritórios ao redor do mundo, usa a reengenharia para agilizar suas operações e economizar cerca de $ 2 milhões em seus escritórios em Madri e Nova York.[32] (Veja a Figura 2.8.) A reengenharia pode reduzir o tempo de entrega, aumentar a qualidade do produto e do serviço, aumentar a satisfação do cliente, as receitas e a lucratividade. De acordo com o CIO da FedEx, ao longo dos últimos cinco anos, estamos em uma missão para chegar mais rápido e mais rápido. Modernizamos e aceleramos nossas linhas, em média, duas vezes por ano e, às vezes, mais frequentemente do que isso".[33]

MELHORIA CONTÍNUA: Busca constante de meios para incrementar os processos comerciais e adicionar valor aos produtos e serviços.

Ao contrário da reengenharia, a ideia da **melhoria contínua** é a busca constante de meios para incrementar os processos comerciais e adicionar valor aos produtos e serviços. Essa mudança constante aumentará a satisfação e a fidelidade dos clientes e assegurará rentabilidade no longo prazo. Empresas fabricantes fazem alterações e melhorias contínuas nos produtos. Organizações de serviços encontram regularmente formas de oferecer aos consumidores assistência mais rápida e mais eficaz. Assim, aumentam a fidelidade do consumidor, minimizam a chance da insatisfação do cliente e diminuem as possibilidades de sucesso da concorrência. A Tabela 2.1 compara dois processos de reengenharia de negócios e de melhoramento contínuo.

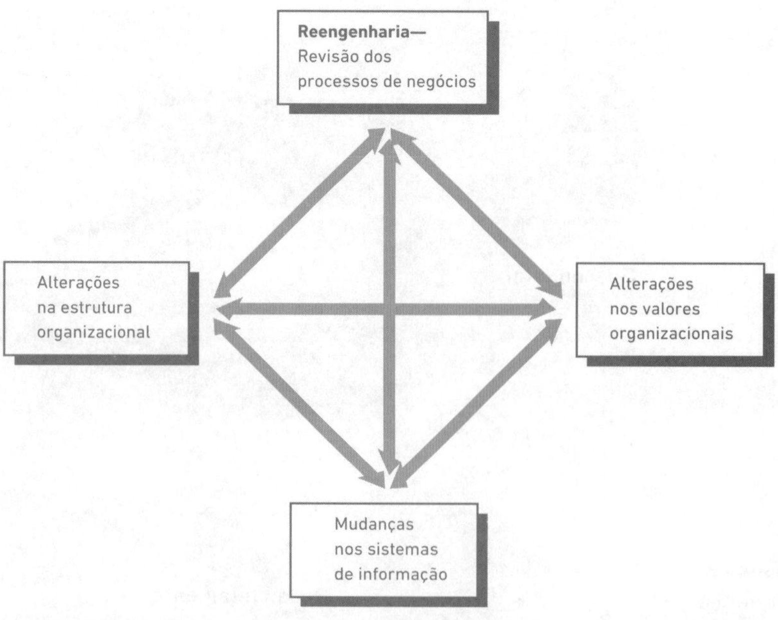

FIGURA 2.8
Reengenharia.
A reengenharia envolve a revisão radical dos processos de negócio, da estrutura organizacional, dos sistemas de informação e dos valores da organização para alcançar novo patamar nos resultados do negócio.

FRED PROUSER/Reuters/Landov

A FedEx usou a reengenharia para agilizar seus centros de distribuição em todo o mundo.

TABELA 2.1 Comparação entre reengenharia dos processos de negócios e de melhoria contínua

Reengenharia dos processos de negócios	Melhoria contínua
Ação enérgica para resolver um grave problema	Ação de rotina tomada para fazer pequenas melhorias
Mudança descendente direcionada pelos executivos seniores	Mudança ascendente direcionada pelos trabalhadores
Amplo alcance; cortes em todos os departamentos	De âmbito limitado; concentra-se nas tarefas em determinada área
O objetivo é alcançar um grande avanço	O objetivo é continuo, melhorias graduais
Muitas vezes, liderado por pessoas de fora	Normalmente liderada por trabalhadores próximos ao negócio
Sistema de informação essencial para a solução	Os sistemas de informação fornecem dados para orientar a equipe de melhoria

SATISFAÇÃO DO USUÁRIO E ACEITAÇÃO DA TECNOLOGIA

Para serem eficazes, os esforços de reengenharia e de melhoria contínua devem resultar em satisfação dos usuários e ser aceitos e utilizados por toda a organização. Ao longo dos anos, pesquisadores de SI têm estudado a satisfação do usuário e aceitação da tecnologia, bem como eles se relacionam com as atitudes e usos de SI.[34] Apesar da satisfação do usuário e aceitação de tecnologia inicialmente são duas teorias distintas, alguns acreditam que são conceitos relacionados.[35]

A satisfação do usuário com um sistema de computador e as informações que ele gera dependem frequentemente da qualidade do sistema e das informações.[36] Um sistema de informação de qualidade em geral é flexível, eficiente, acessível e em tempo hábil. Recapitulando o Capítulo 1, a informação de qualidade é precisa, confiável, atual, completa e entregue em formato adequado.[37]

Baixa satisfação do usuário, muitas vezes significa que menos pessoas utilizam o sistema de informação baseado em computador. A baixa satisfação é válida para funcionários e clientes. Sites monótonos e desinteressantes, por exemplo, atraem poucos visitantes, que geralmente se traduz em menores vendas e lucros.[38] Como resultado, consultores são muitas vezes contratados para fazer sites mais interessantes e divertidos e para aumentar a satisfação e prazer do usuário. Além do conteúdo tradicional, as remodelações podem incluir videogames emocionantes e outras formas de entretenimento.

MODELO DE ACEITAÇÃO DE TECNOLOGIA (TAM, TECHNOLOGY ACCEPTANCE MODEL): Modelo que especifica fatores que podem levar a melhores atitudes em relação ao sistema de informação, além de sua maior aceitação e uso do TI.

O **modelo de aceitação de tecnologia (TAM)** especifica os fatores que podem levar a melhores atitudes em relação ao sistema de informação, além de maior aceitação e uso do

QUESTÕES ÉTICAS E SOCIAIS

Registros médicos eletrônicos

Os médicos estão registrando informações sobre seus pacientes desde os tempos do antigo Egito. Registros escritos serviram bem quando a medicina era menos especializada, as pessoas tinham menos mobilidade e os pacientes toleravam (para melhor ou pior) mais os erros médicos.

Hoje, a tendência são os registros médicos eletrônicos (EMRs, electronic medical records) para consolidar informações sobre um paciente em um lugar central. De acordo com Trisha Torrey, advogada de um paciente, um EMR é: "um registro digital mantido pelo consultório do seu médico, por sua companhia de seguros ou instalação onde você é paciente". E complementa: "sistemas EMR destinam-se a manter o controle de toda a saúde do paciente e histórico médico em um computador em formato eletrônico. Mantendo esses registros potencialmente completos nesse formato, são mais facilmente recuperáveis e pode tornar a navegação de um paciente através dos planos de saúde muito mais segura e eficiente".

Nos Estados Unidos, o governo federal exerceu seu poder sobre os EMRs. Pagará aos médicos até $ 18 mil para cada uso. Para ganhar tal incentivo, médicos deveriam alcançar certos estágios de "uso significativo" nas etapas a partir de 2011 até 2014. Incentivos similares, com diferentes definições de uso significativo, se aplicam a hospitais e outras organizações de planos de saúde.

O Brighton Hospital está na vanguarda da adoção do EMR. Localizado em Brighton, Michigan, é o segundo mais antigo centro de tratamento de álcool e abuso de drogas nos Estados Unidos. Sua meta para os EMRs era "aumentar a eficiência [do hospital] e segurança do paciente, sem alterar drasticamente seu fluxo de trabalho. Sua equipe também queria ser capaz de coletar mais facilmente os dados e processar uma infinidade de relatórios desses dados". Desde a adoção dos EMRs em 2010, o Brighton Hospital alcançou vários benefícios específicos. Um deles foi a redução de 2,5 (equivalente a tempo inteiro) enfermeiros, liberando-os para áreas que não tinham recursos para contratar outros funcionários. A relação a seguir mostra outros benefícios realizados no hospital:

- Redução de 80% em erros de medicação
- Aumento da segurança e conformidade do paciente
- Acesso permanente a registros de pacientes
- Tomada de decisão melhorada usando os dados do EMR

No entanto, os EMRs não estão livres de preocupações. Alguns são técnicos: hardware e software são suficientemente confiáveis para que o EMR permaneça acessível e os registros eletrônicos a salvo de intrusão? Outras preocupações, no entanto, se relacionam com o lado humano dos planos de saúde. A doutora Danielle Ofri escreve: "Nos velhos tempos, quando um paciente chegava a meu consultório, [...] olhava diretamente para ele. Enquanto conversávamos, observava-o rapidamente, escrevia uma nota na página, e depois voltava-lhe o olhar para continuar a nossa conversa. O meu olhar e minha linguagem corporal permaneciam orientados para o paciente. [...] No atual mundo da medicina computadorizada, isso é impossível. Tenho de ficar voltada para a tela do computador". Ela resume: "O computador tem muito a oferecer, mas lamento a perda de intimidade que gerou".

Tal como acontece com tantos outros avanços, inovações muitas vezes envolvem dilemas, como, por exemplo, uma organização ganhar um benefício enquanto perde outro. Profissionais de sistema de informação podem ajudar a otimizar os benefícios, minimizando as perdas.

Questões para discussão

1. Considere os comentários da doutora Ofri sobre os dilemas do uso do EMR no contexto de sua mais recente visita a um profissional do plano de saúde. Será que tal profissional usa um computador? Se assim for, você sentiu que interferiu na sua consulta? Compare as respostas com seus colegas de classe.
2. Suponha que sua família viva em Vermont, que você frequenta a escola no Texas e quebrou sua perna enquanto esquiava no Colorado. Descreva como o EMR poderia ajudar nessa situação.

QUESTÕES ÉTICAS E SOCIAIS

Questões para análise

1a. (Para estudantes americanos) Os Estados Unidos têm sido criticado por ter uma excelente saúde, mas nenhum plano de saúde. Você acha que a crítica procede? O que os EMRs, se existirem, podem fazer para resolver esse problema?

1b. (Para alunos fora dos Estados Unidos) Compare o que o seu país está fazendo com os EMRs e a situação em qualquer outro país de mesmo nível econômico. Estará o seu país à frente ou atrás do outro na sua adoção? Por que isso acontece? Em sua opinião, é um problema?

2. Encontre a definição de "uso significativo" dos EMRs na Web. Você acha que os padrões de uso significativo para os médicos força-os a se moverem muito rápido? Ou deixa que se movam mais lentamente?

Fontes: Dollinger, A., "Ancient Egyptian Medicine", www.reshafim.org.il/ad/egypt/timelines/topics/medicine.htm, atualizado em nov. 2010, acesso em: 19 dez. 2011; Torrey, T., "What is an EMR (Electronic Medical Record) ou EHR (Electronic Health Record)?", About.com, http://patients.about.com/od/electronicpatientrecords/a/emr.htm, 11 abr. 2011, acesso em: 19 dez. 2011; Fiegl, C., "Early EMR Adopters Get a Break Tougher Criteria Delayed to 2014", *American Medical News*, www.ama-assn.org/amednews/2011/12/12/gvl11212.htm, 12 dez. 2011, acesso em: 19 dez. 2011; "iPatientCare Helps Brighton Hospital Fulfill Its Passion for Paperless", *iPatientCare*, www.ipatientcare.com/KnowledgeCenter.aspx, jul. 2011, download feito em 19 dez. 2011; Ofri, D., "When Computers Come between Doctors and Patients", *The New York Times*, http://welllogs.nytimes.com/2011/09/08/when-computers-come-between-doctors-and-patients, 8 set. 2011, acesso em: 19 dez. 2011.

TI.[39] Esses fatores incluem a utilidade percebida da tecnologia, a facilidade de seu uso, a sua qualidade, e o grau em que a organização apoia seus usos.[40] Estudos mostraram que a satisfação do usuário e aceitação da tecnologia são fundamentais para os planos de saúde.[41] Médicos e outros profissionais de saúde precisam de treinamento e tempo para aceitar e utilizar novas tecnologias e as bases de dados antes que possam ajudá-los a reduzir erros médicos e salvar vidas. Para aumentar a satisfação do usuário e aceitação de tecnologia, mais empresas estão permitindo que seus funcionários usem smartphones e outros dispositivos móveis para realizar seu trabalho e ter acesso ao banco de dados corporativo.[42]

DIFUSÃO DA TECNOLOGIA: Medida de quão amplamente a tecnologia está difundida por toda a organização.

INFUSÃO DA TECNOLOGIA: Extensão na qual a tecnologia permeia uma área ou departamento.

Pode-se determinar o uso real de um sistema de informação pela quantidade de difusão e infusão da tecnologia.[43] **Difusão da tecnologia** é a medida de quão amplamente a tecnologia está difundida por toda a organização. Uma empresa, na qual os computadores e os sistemas de informação estão na maioria dos departamentos e das áreas, tem um nível alto de difusão da tecnologia.[44] Alguns comerciantes on-line, como a Amazon.com, apresentam alta difusão e utilizam sistemas de computador para desempenhar a maioria de suas funções de negócio, incluindo marketing, compras e cobrança. **Infusão da tecnologia**, por outro lado, é a extensão na qual a tecnologia permeia uma área ou departamento. Em outras palavras, é a medida de quão profundamente a tecnologia está incorporada em uma área da organização. Alguns escritórios de arquitetura, por exemplo, utilizam computadores em todos os aspectos do projeto de uma edificação desde o esboço até a plotagem (veja a Figura 2.9). A área de projetos, então, tem alto nível de infusão. Naturalmente, uma empresa pode ter alto nível de infusão em uma parte de suas operações e baixo nível de difusão geral. O escritório de arquitetura pode utilizar computadores em todos os aspectos do projeto (alta infusão na área de projetos), mas não para desempenhar outras funções do negócio, incluindo cobrança, aquisição e marketing (visão geral de baixa difusão). A difusão e a infusão com frequência dependem da tecnologia disponível agora e no futuro, do tamanho e do tipo da organização e de fatores ambientais que incluem concorrência, regulamentações governamentais, fornecedores e assim por diante. Isso em geral é chamado estrutura de tecnologia, organização e ambiente (TOE, technology, organization and environment).[45]

Embora uma empresa possa ter alto nível de difusão e infusão, com computadores por toda a organização, isso não significa necessariamente que os sistemas de informação estejam sendo utilizados em todo o seu potencial. Na verdade, a assimilação e a utilização da dispendiosa tecnologia informática em toda as organizações varia muito.[46] Fornecer treina-

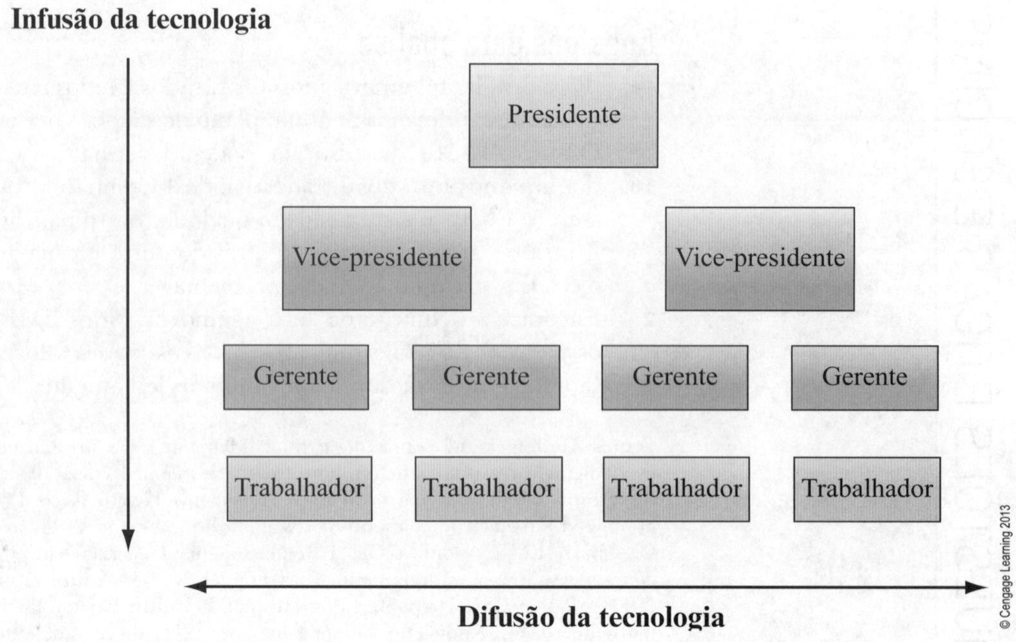

FIGURA 2.9
Infusão e difusão da tecnologia.

mento e suporte aos funcionários geralmente aumenta o uso de um novo sistema de informação.[47] As empresas também esperam que um alto nível de difusão, infusão, satisfação e aceitação conduzirá a maior desempenho e lucratividade.[48] Como o sistema de informação é adequado e útil para as tarefas ou atividades em realização, muitas vezes chamado ajuste tecnologia-tarefa (TTF), também pode levar a maior desempenho e lucratividade.[49]

QUALIDADE

A definição do termo *qualidade* evoluiu ao longo do tempo. Nos primeiros anos de controle de qualidade, empresas preocupavam-se em atender às especificações do projeto, isto é, a conformidade com os padrões. Se um produto apresentasse desenho igual ao projetado, era considerado de alta qualidade. Um produto pode desempenhar sua função pretendida, e ainda assim não satisfazer às necessidades do consumidor. Hoje, **qualidade** significa a capacidade de um produto ou serviço de satisfazer ou exceder às expectativas do consumidor. Por exemplo, um computador que não somente tem bom desempenho, mas é fácil de manter e consertar seria considerado um produto de alta qualidade. Essa visão de qualidade é completamente orientada para o cliente. O Laps Care, um sistema de informação que ajuda a atribuir pessoal médico para cuidados de saúde de pacientes em casa na Suécia, tem sido capaz de melhorar a qualidade dos cuidados médicos aos idosos.[50] O sistema também melhorou a eficiência dos planos de saúde para os idosos de 10 a 15% e os custos foram reduzidos em mais de 20 milhões de euros. As organizações agora usam técnicas para garantir a qualidade, incluindo a gestão da qualidade total e Six Sigma (veja a Tabela 2.2).

QUALIDADE: Capacidade de um produto ou serviços de satisfazer ou exceder às expectativas do consumidor.

TERCEIRIZAÇÃO, COMPUTAÇÃO SOB DEMANDA E REDUÇÃO DE PESSOAL

Uma porção significativa das despesas de uma organização é utilizada para contratar, treinar e compensar as equipes talentosas. Assim, as organizações tentam controlar os custos, determinando o número de funcionários que necessitam para manter a alta qualidade dos bens e serviços. As estratégias para conter custos são a terceirização, a computação sob demanda e a redução de pessoal.

A **terceirização** envolve contratar serviços de profissionais externos para atender necessidades específicas do negócio. As organizações frequentemente terceirizam um processo para concentrarem-se em seus negócios estratégicos – e dirigir seus recursos limitados para satisfazer objetivos estratégicos. A companhia aérea australiana Virgin Australia, como exemplo,

TERCEIRIZAÇÃO: Contratação de serviços de profissionais externos para atender às necessidades específicas do negócio.

TABELA 2.2 Gestão da qualidade total e Six Sigma

Técnica	Descrição	Exemplo
Gestão de qualidade total (TQM)	Envolve o desenvolvimento de total consciência das necessidades dos clientes, por meio de uma visão estratégica para qualidade, capacitação de funcionários e gratificação de gerentes e funcionários para a produção de produtos de alta qualidade.	A Ghana Investment Promotion Center, uma organização que promove o investimento e negócios em Gana, África do Sul, ganhou um prêmio mundial de qualidade baseada na TQM.
Six Sigma	Termo estatístico, que significa produtos e serviços, atenderá aos padrões de qualidade 99,9997% do tempo. Em uma curva de distribuição normal em estatísticas, seis desvios padrão (Six Sigma) é 99,9997% da área sob a curva. O Six Sigma foi desenvolvido na Motorola, Inc., em meados da década de 1980.[51]	A Transplace, importante empresa de transporte e logística, de $ 57 milhões, usa o Six Sigma para melhorar a qualidade, eliminando o desperdício e etapas desnecessárias. Existe uma série de programas de formação e certificação Six Sigma.[52]

terceirizou muitos de seus aplicativos de negócios de rotina para Verizon, empresa de comunicações de negócio, para liberar seu pessoal de SI para projetos estratégicos importantes.[53]

Empresas que estão considerando a terceirização para cortar custos das operações de SI necessitam, no entanto, rever essa decisão cuidadosamente. Um número crescente de organizações tem considerado que a terceirização não leva necessariamente à redução de custos. Uma das principais razões são os contratos mal escritos que permitem que fornecedores incluam cobranças inesperadas. Outras desvantagens potenciais da terceirização são a perda de controle e de flexibilidade, oportunidades perdidas de fortalecer a competência central e a baixa moral dos funcionários.

COMPUTAÇÃO SOB DEMANDA: Contratação de recursos de informática para responder rapidamente ao fluxo de trabalho de uma organização quando a necessidade de recursos do computador surge. Também chamado de negócio a pedido e computação utilitária.

A computação sob demanda é uma extensão da abordagem de terceirização, e muitas empresas oferecem-na aos clientes do negócio e aos consumidores. A **computação sob demanda**, também denominada negócios a pedido e computação utilitária, envolve atender rapidamente ao fluxo de trabalho de uma organização, uma vez que a necessidade de recursos de informática varia. Ela é muitas vezes denominada computação utilitária, pois a organização paga pelos recursos do computador de uma empresa de informática ou de consultoria, assim como pela eletricidade de uma empresa de serviço público.

Essa abordagem trata os sistemas de informação – incluindo hardware, software, bancos de dados, telecomunicações, pessoal e outros componentes – mais como um serviço do que como produtos separados. Ela pode promover a economia porque a organização não paga pelos sistemas de que não necessita rotineiramente. E permite que a equipe de SI da organização se concentre em questões mais estratégicas.

DOWNSIZING: Redução do número de funcionários para cortar custos.

O **downsizing** (redução) envolve reduzir o número de funcionários para cortar custos. O termo *rightsizing* (tamanho certo) é também utilizado. Em lugar de selecio-

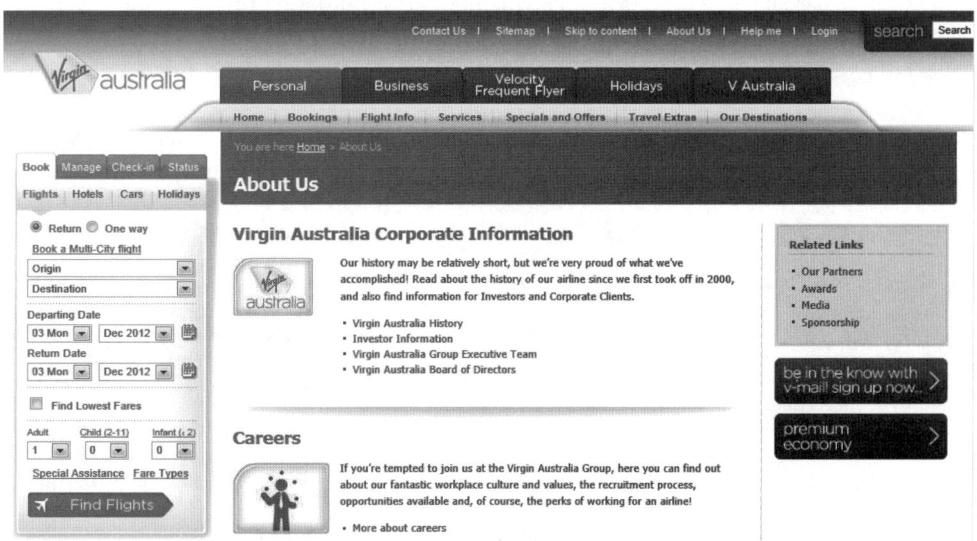

www.virginaustralia.com

A Virgin Australia terceirizou muitos de seus aplicativos de negócios de rotina para liberar seu pessoal de SI para importantes projetos estratégicos.

nar um processo específico do negócio para reduzir, as empresas normalmente esperam reduzir o número de funcionários da empresa toda. A redução de funcionários claramente reduz os custos totais da folha de pagamento, embora a qualidade dos produtos e serviços e moral dos funcionários possam sofrer.

VANTAGEM COMPETITIVA

VANTAGEM COMPETITIVA: Benefício significativo e idealmente de longo prazo para a empresa sobre seus concorrentes.

Vantagem competitiva é um benefício significativo e idealmente de longo prazo para a empresa sobre seus concorrentes e pode resultar em produtos de maior qualidade, melhor serviço ao cliente e menores custos.[54] Uma organização, muitas vezes usa seu sistema de informação para ajudar a obter vantagem competitiva. [55] De acordo com o diretor de tecnologia para a cidade de Berkeley, Califórnia: "Trabalhamos há tantos anos para conseguir um lugar à mesa e, quando fizemos, nos concentramos em vender a necessidade para TI. Agora, superamos e nos tornamos parceiros estratégicos, para descobrir como fazer as coisas melhor". Além disso, muitas empresas consideram sua equipe como uma arma competitiva chave contra outras organizações no mercado, especialmente se eles têm funcionários com formação no desenvolvimento e utilização de dispositivos móveis, aplicativos de internet, redes sociais e as ferramentas colaborativas.[56] As empresas que obtêm vantagem competitiva, geralmente, enfatizam o alinhamento dos objetivos organizacionais e SI.[57] Em outras palavras, essas organizações se certificam de que seus departamentos de SI são inteiramente de apoio às metas e estratégias mais amplas da organização.

Para ajudar a alcançar uma vantagem competitiva, a Apple, Inc., exige que as empresas que vendem música, livros e outros conteúdos em dispositivos da Apple, como iPhones e iPads, forneçam aos clientes da Apple as melhores ofertas e preços.[58]

Em outras palavras, essas empresas não podem dar aos clientes que usam outros dispositivos ofertas e preços melhores que os clientes da Apple conseguem. Algumas pessoas, no entanto, acreditam que essa política possa violar os regulamentos antitruste.

Em seu livro *Good to great*, Jim Collins delineia como a tecnologia pode ser utilizada para acelerar o crescimento das empresas.[59] A Tabela 2.3 mostra como algumas empresas realizaram esse movimento. Por fim, não é quanto a empresa gasta em sistemas de informação, mas como o faz e gerencia os investimentos em tecnologia. As organizações podem gastar menos e obter mais valor.

FATORES QUE LEVAM AS EMPRESAS A BUSCAR VANTAGEM COMPETITIVA

MODELO DE CINCO FORÇAS: Modelo amplamente aceito que identifica cinco fatores principais que levam a obtenção de vantagem competitiva, incluindo (1) rivalidade entre os concorrentes existentes, (2) ameaça de novos concorrentes, (3) ameaça de produtos e serviços substitutos, (4) poder de barganha dos compradores e (5) poder de barganha dos fornecedores.

Uma série de fatores pode levar à obtenção de vantagem competitiva.[60] Michael Porter, proeminente teórico da administração, propôs um modelo de forças competitivas, hoje amplamente aceito, também chamado **modelo de cinco forças**. Os cinco fatores principais incluem (1) rivalidade entre os concorrentes existentes, (2) ameaça de novos concorrentes, (3) ameaça de produtos e serviços substitutos, (4) poder de barganha dos compradores e (5) poder de barganha dos fornecedores. Quanto mais essas forças se

TABELA 2.3 Como algumas empresas utilizaram a tecnologia para mudar de boa para ótima

Empresa	Comercial	O uso competitivo de sistemas de informação
Gillette	Produtos de barbear	Sistemas de fabricação computadorizada avançada, desenvolvido para produzir produtos de alta qualidade a baixo custo.
Walgreens	Lojas de medicamentos e conveniência	Sistemas de comunicação por satélite desenvolvidos para conectar as lojas locais com sistemas de computador centralizado.
Wells Fargo	Serviços financeiros	Desenvolveu o banco 24 horas, caixas eletrônicos, os investimentos e aumento de atendimento ao cliente usando sistemas de informação.

(Fonte: Jim Collins, *Good to great*, Nova York: Harper Collins Books, 2001, p. 300.)

combinarem em alguma situação, mais provável que as empresas busquem vantagens competitivas, e o mais dramático dos resultados de tais vantagens acontecerá.

Rivalidade entre os concorrentes existentes

Em geral, indústrias extremamente competitivas caracterizam-se por altos custos fixos de entrada e saída de determinada atividade, baixos graus de diferenciação de produto e muitos concorrentes. Para obter vantagem sobre os concorrentes, as empresas analisam constantemente o modo como utilizam seus recursos e ativos. Essa visão baseada em recursos é uma abordagem para adquirir e controlar os ativos ou recursos que podem ajudar a alcançar vantagem competitiva. Por exemplo, uma empresa transportadora pode decidir investir em tecnologia de radiofrequência para etiquetar e rastrear produtos, enquanto vão de um lugar para o outro.

Ameaça de novos concorrentes

A ameaça surge quando os custos de entrada e saída em um setor de atividade são baixos e a tecnologia necessária para iniciar e manter um negócio encontra-se normalmente disponível. Por exemplo, um pequeno restaurante é ameaçado por novos concorrentes. Os proprietários desses pequenos estabelecimentos não necessitam de milhões de dólares para iniciar o negócio, os custos do alimento não declinam substancialmente para grandes volumes, e o equipamento de processamento e preparação de alimento encontra-se facilmente disponível. Quando a ameaça de novos participantes no mercado é alta, o desejo de buscar e manter vantagem competitiva para dissuadir novos concorrentes é, também, normalmente alta.

Ameaça de produtos e serviços substitutos

As empresas que oferecem um tipo de bens ou serviços são ameaçadas por outras que oferecem bens e serviços similares. Quanto mais os consumidores puderem obter produtos e serviços similares que satisfaçam suas necessidades, tanto mais provável que as empresas tentem estabelecer vantagem competitiva. Por exemplo, considere a indústria da fotografia. Quando as câmeras digitais tornaram-se populares, empresas de filmes tradicionais tiveram de reagir para permanecer competitivas e lucrativas.

Poder de barganha dos consumidores e fornecedores

Grandes clientes tendem a influenciar a empresa, e essa influência pode crescer significativamente se os clientes ameaçarem mudar para companhias rivais. Quando os clientes têm muito poder de barganha, as empresas aumentam sua vantagem competitiva para retê-lo. Da mesma forma, quando o poder de barganha de fornecedores é grande, as empresas

Na indústria de restaurantes, a concorrência é feroz, porque os custos de entrada são baixos. Portanto, um pequeno restaurante que entra no mercado pode ser uma ameaça para os já existentes.

necessitam melhorar a vantagem competitiva para manter sua posição na barganha. Fornecedores podem também ajudar uma organização a obter vantagem competitiva. Alguns estabelecem alianças estratégicas com empresas e, eventualmente, agem como parte dela.

PLANEJAMENTO ESTRATÉGICO PARA A VANTAGEM COMPETITIVA

Para se tornar competitiva, uma empresa deve ser rápida, ágil, flexível, inovadora, produtiva, econômica e orientada para o cliente. Deve também alinhar sua estratégia SI com as estratégias e os objetivos gerais do negócio.[61] Com base nas cinco forças do mercado já mencionadas, Porter e outros propuseram um conjunto de estratégias para alcançar a vantagem competitiva, incluindo liderança em custo, diferenciação e estratégia de nicho, para alterar a estrutura do setor, criar novos produtos e serviços e melhorar as linhas de serviços e de produtos já existentes[62]:

- **Liderança em custo**. Oferecer o custo mais baixo possível para produtos e serviços. A Walmart, Costco e outros varejistas de desconto têm utilizado essa estratégia por anos. A liderança em custo é frequentemente alcançada, reduzindo-se os custos de matérias-primas mediante negociações agressivas com os fornecedores, tornando-se mais eficiente na produção e nos processos de industrialização, reduzindo a armazenagem e os custos de remessa. Algumas empresas utilizam a terceirização para cortar custos, quando fabricam os produtos ou completam os serviços.
- **Diferenciação**. Entregar os diferentes produtos e serviços. Esta estratégia pode envolver a produção de uma variedade de produtos, oferecendo aos clientes mais opções, ou fornecimento de produtos e serviços de alta qualidade. Muitas empresas de automóveis criam diferentes modelos que utilizam as mesmas peças e componentes básicos, dando aos clientes mais opções. Outras empresas de automóveis tentam aumentar a qualidade e a segurança percebida para diferenciar seus produtos e atrair os consumidores dispostos a pagar preços mais elevados para esses recursos. As companhias que tentam diferenciar seus produtos, muitas vezes, se esforçam para descobrir e eliminar os produtos falsificados produzidos e entregues por outros.
- **Estratégia de nicho**. Fornecer somente a um pequeno nicho de mercado. A Porsche, por exemplo, não produz carros econômicos de baixo custo, mas sim, carros esportivos e utilitários de alto desempenho. A Rolex somente desenvolve relógios caros e de alta qualidade; não faz relógios de plástico barato.
- **Alterar a estrutura do setor.** Mudar o setor industrial para torná-lo mais favorável a sua empresa ou organização. A introdução de empresas aéreas com

A Costco e outras lojas de descontos têm usado estratégia de liderança de custo para oferecer o menor preço possível para produtos e serviços.

© 2010, Max Earey. Used under license from Shutterstock.com

A Porsche é um exemplo de empresa com estratégia de nicho, produzindo apenas carros e utilitários esportivos de alto desempenho.

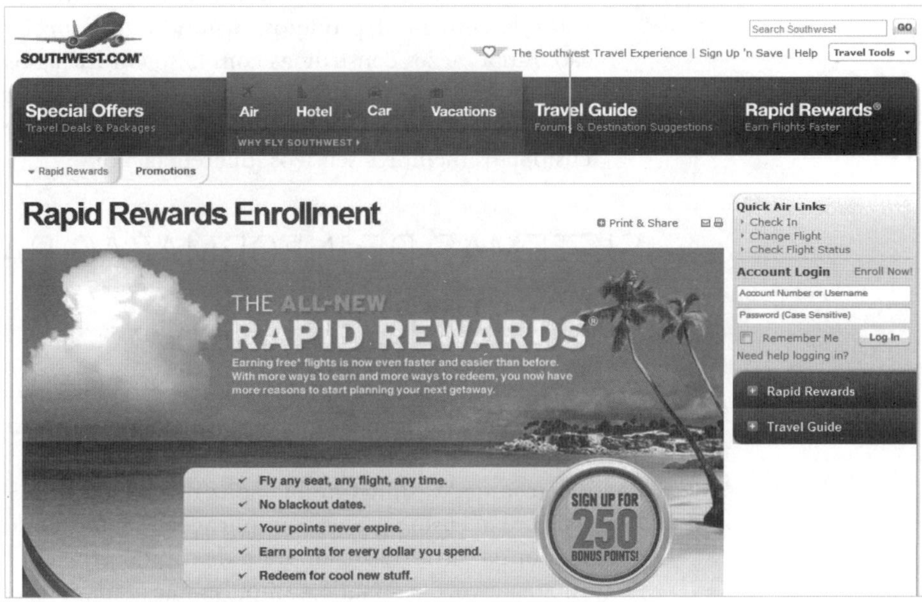

www.southwest.com

Companhias aéreas de baixas tarifas, como a Southwest Airlines, alteraram a estrutura da indústria aérea.

tarifas baixas, como a Southwest Airlines, mudou para sempre o setor das linhas aéreas, tornando difícil para as empresas tradicionais obter altas margens de lucro. Criar alianças estratégicas também pode alterar a estrutura do setor.

- Uma **aliança estratégica**, também chamada **parceria estratégica**, é um acordo entre duas ou mais empresas que engloba a produção e a distribuição de bens e serviços.
- **Criar novos produtos e serviços**. Introduzir novos produtos e serviços periódica ou frequentemente. Essa estratégia sempre ajuda a empresa a ganhar vantagem competitiva, especialmente para a indústria de computadores e outros negócios de alta tecnologia. Se uma organização não introduz novos produtos e serviços após alguns meses, pode estagnar rapidamente, perder a participação no mercado e declinar. As empresas que permanecem no topo desenvolvem constantemente novos produtos e serviços. A Apple Computer, por exemplo, lançou o iPod, iPhone e iPad como novos produtos.
- **Aperfeiçoar as linhas de produtos existentes e os serviços.** Obter melhorias reais ou perceptíveis para linhas de produtos e serviços existentes. Os fabricantes de artigos domésticos sempre anunciam produtos novos ou aperfeiçoados. Em alguns casos, as melhorias são mais visuais do que refinamentos reais; em geral, apenas mudanças menores são feitas, como reduzir a quantidade de açúcar em um cereal matinal.
- **Outras estratégias**. Algumas organizações buscam forte *crescimento nas vendas*, à espera de que por meio desse crescimento possam aumentar os lucros em longo prazo. Ser o *primeiro no mercado* é outra estratégia competitiva. A Apple Computer foi uma das primeiras empresas a oferecer computadores pessoais prontos para se-

ALIANÇA ESTRATÉGICA (OU PARCERIA ESTRATÉGICA): Uma aliança estratégica, também chamada parceria estratégica, é um acordo entre duas ou mais empresas que engloba a produção e a distribuição de bens e serviços.

rem usados. Algumas empresas oferecem produtos e serviços *customizados* para alcançar vantagem competitiva. A Dell, por exemplo, produz PCs personalizados para os consumidores. Contratar a melhor equipe é outro exemplo de estratégia competitiva. O pressuposto é que as melhores pessoas determinarão os melhores produtos e serviços para ser fornecidos ao mercado e a melhor abordagem para oferecer esses produtos e serviços. Possuir sistemas de informação ágeis que podem alterar rapidamente com a mudança de condições e ambientes pode ser a chave para o sucesso dos sistemas de informação e uma vantagem competitiva.

A *inovação* é outra estratégia competitiva. Com smartphones inovadores e tablets, como o iPad da Apple e outros, executivos procuram novas maneiras de ganhar vantagem competitiva desenvolvendo aplicativos originais e poderosos para os dispositivos mais recentes.[63] A inovação levou a Natural Selection, empresa de San Diego, a desenvolver um programa de computador que tentou analisar as invenções anteriores e sugerir futuras.[64] Embora o programa original não tenha sido um sucesso imediato, a abordagem é utilizada pela General Electric, pela Força Aérea dos Estados Unidos e outros para corte de custos e otimização das rotas de entrega de produtos. Segundo um especialista: "As inovações de sucesso são muitas vezes construídas com base em fracassos".

As empresas também podem combinar duas ou mais dessas estratégias. Além da customização, a Dell tenta oferecer computadores de baixo custo (liderança em custo) e os melhores serviços (diferenciação).

SISTEMAS DE INFORMAÇÃO BASEADOS EM DESEMPENHO

As empresas passaram por pelo menos três estágios importantes no seu uso dos sistemas de informação. No primeiro, as organizações concentraram o uso dos sistemas de informação na redução de custos e melhora da produtividade. Em um caso, um sistema da biblioteca de Washington foi capaz de economizar $ 400 mil, usando linhas de telefone de baixo custo para as comunicações e conexões de internet.[65] De acordo com o cofundador da Silver Lake, empresa de capital privado e de investimento: "No negócio de tecnologia, você é tentado a impulsionar a adaptação, tornando o seu produto mais barato".[66] As empresas também podem usar ferramentas de software, como as Apptio's IT Cost Optimization Solutions, para reduzir custos de atualizações de computadores, reduzir o número de computadores e ajudar a determinar o que cobrar das unidades de negócios para prestação de serviços de informática e equipamentos.[67]

O segundo estágio, definido por Porter e outros, orientam os sistemas de informação para a obtenção de vantagem competitiva. Em muitos casos, as empresas despendem grande volume de dinheiro em sistemas de informação, desprezando os custos.

Hoje, as empresas estão mudando do gerenciamento estratégico para o gerenciamento baseado em desempenho de seus sistemas de informação. Nesse terceiro estágio, as organizações consideram cuidadosamente tanto a vantagem estratégica quanto os custos. Utilizam produtividade, retorno sobre o investimento (ROI, return on investment), valor presente líquido e outras medidas de desempenho para avaliar as contribuições que seus sistemas de informação dão aos negócios. A Figura 2.10 apresenta esses estágios. A abordagem equilibrada tenta reduzir custos e aumentar as receitas.

PRODUTIVIDADE

PRODUTIVIDADE: Medida da saída alcançada, dividida pela entrada necessária.

Desenvolver sistemas de informação que mensuram e controlam a produtividade é elemento-chave para a maioria das organizações. A **produtividade** é a medida da saída alcançada, dividida pela entrada necessária. Em uma pesquisa, quase 70% dos executivos de SI respondentes disseram que a melhoria da produtividade da força de trabalho é uma prioridade.[68] Um maior nível de saída para determinado nível de entrada significa maior produtividade; um nível inferior de saída para determinado nível de meios de entrada sig-

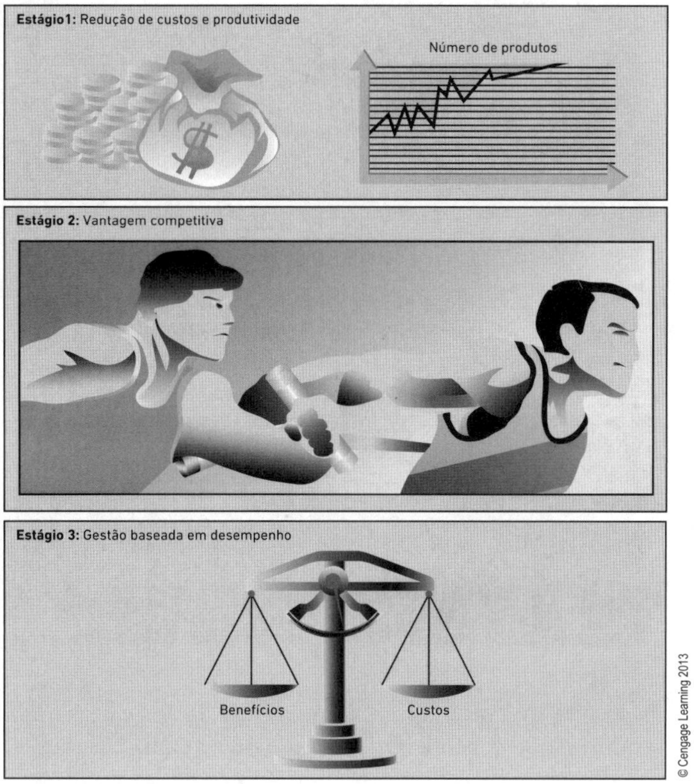

FIGURA 2.10
Os três estágios no uso dos sistemas de informação no negócio.

nifica baixa produtividade. Os números atribuídos a níveis de produtividade nem sempre são baseados em horas de trabalho. A produtividade pode ser baseada em fatores como a quantidade de matéria-prima utilizada, a qualidade resultante ou o tempo para produzir bens ou serviços. O valor do número da produtividade não é tão significativo quanto sua comparação com outros períodos de tempo, cenários e organizações.

$$\text{Produtividade} = (\text{Saída}/\text{Entrada}) \times 100\%$$

RETORNO SOBRE O INVESTIMENTO E O VALOR DOS SISTEMAS DE INFORMAÇÃO

RETORNO SOBRE O INVESTIMENTO (ROI): Medida de valor de SI que investiga os lucros e os benefícios adicionais gerados como porcentagem do investimento em tecnologia de SI.

Uma medida do valor de SI é o **retorno sobre o investimento (ROI)**. Ela investiga os lucros e benefícios adicionais gerados como uma porcentagem do investimento em tecnologia de SI em uma base pós-taxas.[69] Um pequeno negócio que gera um lucro adicional de $ 20 mil por ano, como resultado de um investimento de $ 100 mil por um equipamento de computador e software adicional, teve um retorno sobre o investimento de 20% ($ 20 mil/$ 100 mil). Os cálculos de ROI podem ser complexos, incluindo o retorno sobre investimentos ao longo de vários anos e o impacto do valor do dinheiro no tempo. A empresa de transporte alemã DHL, por exemplo, analisou e simplificou seus esforços de marketing em mais de 20 países. O resultado foi um aumento do seu valor corporativo de aproximadamente $ 1,3 bilhão em um período de cinco anos, o que representa um retorno de investimento de mais de 30%.[70] Hoje, as organizações exige um maior retorno de seus investimentos em sistemas de informação.[71] O diretor financeiro da Tibco Software em Palo Alto, Califórnia, pergunta: "A recessão tem nos faz concentrarmo-nos mais no fato de que realizamos investimentos. Será que estamos realmente recebendo tudo o que podemos com eles?". Muitas empresas dependem de cálculos de ROI para tomar decisões sobre quais são os projetos que receberão investimento.[72] De acordo com o diretor de tecnologia de uma organização de saúde: "Nos movemos rapidamente, se achamos que há um ROI forte e rápido. Do contrário, provavelmente não o fazemos". As calculadoras de ROI são em geral adquiridas pela internet e podem ser utilizadas para estimar os retornos.[73] É claro que calcular o ROI pode ser difícil. Depende das hipóteses feitas para as projeções de custos e receitas. De acordo com o diretor financeiro da Tatum, LLC,

© iStockphoto/Wittebach bernd

A empresa de transporte DHL analisou e simplificou seus esforços de marketing, aumentando seu valor corporativo em aproximadamente $ 1.3 bilhão durante cinco anos, o que representa um retorno sobre o investimento de mais de 30%.

empresa de consultoria executiva: "O ROI acontece quando há uma ampla gama de valores, que dependem de como você trabalha suas suposições".[74]

Aumento nos ganhos

Outra medida do valor SI é o aumento no lucro, ou crescimento dos lucros que o SI traz. Por exemplo, uma empresa que distribui correspondência pode instalar um sistema de processamento de pedidos capaz de gerar 7% de aumento no ganho comparado ao ano anterior.

Participação no mercado e velocidade para o mercado

A participação no mercado é a porcentagem de vendas que um produto ou serviço tem em relação ao mercado total. Se a instalação de um novo catálogo on-line aumentar as vendas desse produto, tal procedimento pode ajudar a empresa a crescer em sua participação no mercado em até 20%. Os sistemas de informação podem também ajudar as organizações a trazer novos produtos e serviços para os clientes, em menos tempo. Isso com frequência é chamado velocidade para o mercado. A velocidade também pode ser um objetivo de desempenho crítico para muitas organizações.

Percepção e satisfação do cliente

Embora seja difícil quantificar a satisfação do cliente, cerca da metade das melhores empresas globais de hoje mede o desempenho de seu sistema de informação baseando-se na opinião dos usuários internos e externos. Algumas empresas e organizações sem fins lucrativos utilizam estudos e questionários para determinar se o investimento em SI fez crescer a percepção e a satisfação do cliente.

Custo total de propriedade

Outra forma de medir o valor dos sistemas de informação foi desenvolvida pelo Grupo Gartner e chama-se **custo total de propriedade** (**TCO, total cost of ownership**). TCO é a soma de todos os custos durante a vida útil do sistema de informação, incluindo os custos de aquisição de componentes, como tecnologia, suporte técnico, custos administrativos e operações do usuário final. A Hitachi usa o TCO para promover seus projetores para empresas e consumidores.[75] O TCO é também utilizado por muitas empresas para classificar e selecionar hardware, software, bancos de dados e outros componentes relacionados com o computador.

CUSTO TOTAL DE PROPRIEDADE (TCO): Soma de todos os custos durante a vida útil do sistema de informação, incluindo os custos de aquisição de componentes, como tecnologia, suporte técnico, custos administrativos e operações do usuário final.

O retorno do investimento, o crescimento nos ganhos, a participação de mercado, a satisfação do cliente e o TCO são apenas algumas medidas que as empresas utilizam para planejar e minimizar o valor de seus investimentos em SI. Independentemente das

Cortesia de Hitachi America, Ltd.

A Hitachi fabrica equipamentos audiovisuais e produtos de armazenamento de computador e usa o TCO para promover seus projetores para empresas e consumidores.

dificuldades, as organizações precisam empenhar-se em avaliar a contribuição que seus sistemas de informação oferecem para avaliar seu progresso e planejar o futuro. Os sistemas e a equipe de informação são muito importantes para serem deixados de lado.

RISCO

Além das medidas de retorno do investimento de um sistema novo ou modificado, discutido no Capítulo 1 e neste, os gerentes devem também considerar os riscos de projetar, desenvolver e implantar tais sistemas. Os sistemas de informação podem ser, às vezes, fracassos caros. Sempre existe o risco de que qualquer projeto não seja um sucesso.[76] De acordo com um executivo: "Se há um gasto de $ 500 mil, tem-se de considerar a magnitude do sucesso, a probabilidade do sucesso, bem como o risco de não ter sucesso".

CARREIRAS NAS ÁREAS DE SISTEMAS DE INFORMAÇÃO

À medida que a economia começa a se recuperar, as oportunidades de carreira na área de sistemas de informação crescem.[77] Enquanto alguns CIOs cortam os orçamentos de SI durante uma crise econômica, outros a veem como oportunidade para investir no futuro.[78] De acordo com o vice-presidente dos sistemas de informação e CIO da Verizon Wireless: "Se você esperar até que a economia se acelere para se preparar para o crescimento futuro, se posicionará atrás da curva e trabalhará constantemente para alcançá-lo. Agora é o tempo para otimizar as operações, eliminar a desordem e obter mais um foco para a estrada à frente". O orçamento para o departamento típico de SI deverá aumentar nos próximos anos, de acordo com um CIO de pesquisa de impacto econômico.[79] Os aplicativos móveis serão um fator-chave para tal crescimento econômico.[80] Como resultado, algumas empresas estão preocupadas que seu pessoal de SI, com talento superior à média, seja recrutado por outras organizações. De acordo com o diretor-gerente da Dice.com, empresa de anúncio de empregos: "Você tem muitas pessoas que não estão interessadas em permanecer onde estão e empregadores que afirmam que chegou o momento de caçar talentos de maiores operadores". As oportunidades de trabalho publicadas no Dice.com aumentaram em cerca de 30% de 2010 a 2011.[81] Em alguns Estados, como a Califórnia, vê-se um crescimento em postos de trabalho em geral e na área de SI em particular.[82] A Califórnia adicionou mais vagas de emprego nos primeiros meses de 2011 do que em 2010. Além disso, algumas cidades tradicionais do "cinturão da ferrugem" nos Estados Unidos, como Detroit, Cincinnati, Cleveland, possuem altas taxas de crescimento de emprego em SI, mais de 50% em alguns casos.[83] Mesmo com a crise econômica nos últimos anos, os funcionários de SI tiveram ganhos modestos em salários e benefícios, embora alguns se sintam sob pressão para fazer mais em menos tempo.[84] Em uma pesquisa, o salário foi o fator mais importante, seguido de estabilidade de trabalho e da empresa, benefícios e horários flexíveis.[85]

Inúmeras escolas têm programas de graduação com títulos como sistemas de informação, sistemas de informação computadorizados e sistemas de informações gerenciais. Esses programas são em geral oferecidos pelas escolas de informação, escolas de negócios e nos departamentos da ciência da computação. As habilidades de sistemas de informação também podem ajudar as pessoas a começar suas próprias empresas. Quando David Ulevitch e Daniel Kaminsky se reuniram pela primeira vez, discutiram as vulnerabilidades da internet em uma conferência de informática.[86] Mais tarde, começaram um negócio, juntamente com alguns investidores, chamado OpenDNS, que auxilia o usuário a filtrar o conteúdo da internet e tornar a navegação mais segura. O OpenDNS também pode auxiliar as organizações a proteger seus sites de ataques. Hoje, a OpenDNS tem mais de 10 milhões de usuários.

As habilidades (todas discutidas neste livro) que alguns especialistas acreditam serem importantes para os trabalhadores de SI incluem:

- Aplicações móveis para smartphones, tablets e outros dispositivos móveis
- Programa e desenvolvimento de aplicações
- Help desk e suporte técnico
- Gerenciamento de projeto
- Redes
- Inteligência de negócios
- Segurança
- Web 2.0
- Data center
- Telecomunicações

As habilidades não técnicas também são importantes para profissionais de SI, incluindo habilidades de comunicação, conhecimento detalhado da organização e como os sistemas de informação podem ajudar a empresa a alcançar seus objetivos.

O gigante da internet Google, por exemplo, está à procura de profissionais de SI com experiência no desenvolvimento de aplicações móveis para smartphones e outros dispositivos móveis.[87] Como a Google e a Apple têm centenas de milhares de aplicativos disponíveis que podem ser usados em seus sistemas, eles estão à procura de desenvolvedores de sistema para criar ainda mais aplicações móveis. As empresas, muitas vezes, dependem de pessoal de SI interno para o desenvolvimento de seus aplicativos móveis.[88] Elas também podem obter aplicativos móveis de fornecedores de aplicativos, fabricantes de dispositivos móveis e desenvolvedores terceirizados. A demanda por carreiras em desenvolvimento de aplicações para dispositivos móveis e da internet provavelmente vai explodir no futuro à medida que mais pessoas compram e usam esses dispositivos.[89]

O Bureau de Estatísticas de Trabalho do Departamento de Trabalho dos Estados Unidos (*www.bls.gov*) publica as profissões que mais crescem e prevê que muitos empregos de tecnologia podem aumentar no futuro. A Tabela 2.4 resume os melhores lugares para se trabalhar como um profissional de SI. As oportunidades de desenvolvimento de carreira, treinamento, benefícios de retenção, diversidade e natureza do trabalho em si

TABELA 2.4 Melhores lugares para se trabalhar como um profissional de SI

Empresa	Benefícios adicionais
Booz Allen Hamilton	Bom treinamento e benefícios
Chesapeake Energy Corporation	Retenção de trabalhadores
General Mills	Bons programas de treinamento
Genentech, Inc.	A missão de melhorar a vida dos pacientes
Quicken Loans, Inc.	Bom treinamento
Salesforce.com, Inc.	Bom treinamento e retenção
Securian Financial Group	Remuneração, vantagens e promoções
Universidade da Pensilvânia	Benefícios e diversidade dos funcionários
USAA	Inovação e serviço
Verizon Wireless	Bons programas de treinamento

(Fonte: As "100 Melhores Empresas para Trabalhar em TI", *Computerworld*, 20 jun. 2011, p. 15).

são apenas algumas das qualidades que esses principais empregadores oferecem. A SAS, popular empresa de software, por exemplo, oferece aos seus empregados um bom salário, benefícios generosos, centro de saúde, hotel e outras vantagens.[90] A organização oferece excelente segurança no trabalho e tem muito baixa rotatividade de funcionários.

As oportunidades em sistemas de informação também estão disponíveis para profissionais de países estrangeiros, incluindo Rússia e Índia. Os programas de visto H-1B e L-1 buscam permitir que funcionários habilidosos de países estrangeiros entrem nos Estados Unidos. Esses programas, no entanto, são limitados e em geral estão em alta demanda. Em 2011, as empresas americanas fizeram substancialmente menos pedidos de visto H1-B do que em 2009 ou 2010.[91] O programa de visto L-1 é utilizado frequentemente para transferências intraempresa pelas multinacionais. O programa H-1B pode ser usado para novos funcionários. O número de vistos H-1B oferecidos anualmente pode ser político e controverso, com algum receio de que o programa esteja sendo usado para substituir trabalhadores norte-americanos de alto valor por trabalhadores estrangeiros mais baratos. Alguns acreditam que as companhias pretendem buscar trabalhadores norte-americanos, enquanto, na verdade, procuram trabalhadores estrangeiros mais baratos. De fato, em 2011, os Estados Unidos acusaram uma grande empresa de consultoria externa de usar incorretamente o programa de vistos dos para colocar seus trabalhadores em empresas americanas.[92] Algumas organizações de consultoria estrangeira obtêm mais da metade das suas receitas a partir de clientes americanos.[93] Outros, no entanto, acreditam que o programa H-1B e similares são de valor inestimável para a economia dos Estados Unidos e sua competitividade.

PAPÉIS, FUNÇÕES E CARREIRAS EM SI

A área oferece muitas oportunidades emocionantes e gratificantes. Os profissionais com carreiras em sistemas de informação podem trabalhar em um departamento de SI ou fora de um tradicional como os desenvolvedores da Web, programadores, analistas de sistemas, operadores de computador, e muitas outras funções. Também existem oportunidades para profissionais de SI no setor público. Além das habilidades técnicas, eles precisam de habilidades em comunicação escrita e oral, compreensão das organizações e do modo como operam, e a capacidade de trabalhar com pessoas e em grupos. Hoje, um grande número de boas escolas de informação, negócio e ciência da computação exigem de seus graduados habilidades em negócio e em comunicação. No fim de cada capítulo, você encontrará exercícios que irão ajudá-lo a explorar carreiras de SI e setores da área que lhe interessam.

A maioria das organizações de porte médio e grande gerencia recursos de informação através de departamentos de SI. Em empresas menores, uma ou mais pessoas podem gerenciar os recursos de informação, com o apoio de serviços terceirizados. (Lembre-se de que a terceirização é comum também em grandes organizações.) Como apresentado na Figura 2.9, a organização de SI tem três responsabilidades principais: operações, desenvolvimento de sistemas e suporte.

Operações

Os operadores de sistema primeiro lidam e mantêm os equipamentos de SI e são treinados geralmente em escolas técnicas ou por meio da experiência obtida no trabalho. Eles são responsáveis por iniciar, interromper e operar corretamente sistemas de computadores de estrutura principal (mainframe), redes, acionadores de gravação, dispositivos de discos, impressoras e assim por diante. Outras operações incluem programação, manutenção do hardware e preparação de entradas e saídas. Os operadores de entrada de dados os convertem em uma forma que o sistema de computador possa usar, utilizando terminais ou outros dispositivos para entrar com transações comerciais, como pedidos de vendas e dados de folha de pagamento. Além disso, as empresas podem ter uma rede local e operadores de Web que rodam a rede local e quaisquer sites que a organização tenha.

Desenvolvimento de sistemas

O componente de sistemas de desenvolvimento de um departamento de SI típico concentra-se em projetos de desenvolvimento específicos e manutenção e revisão dos projetos

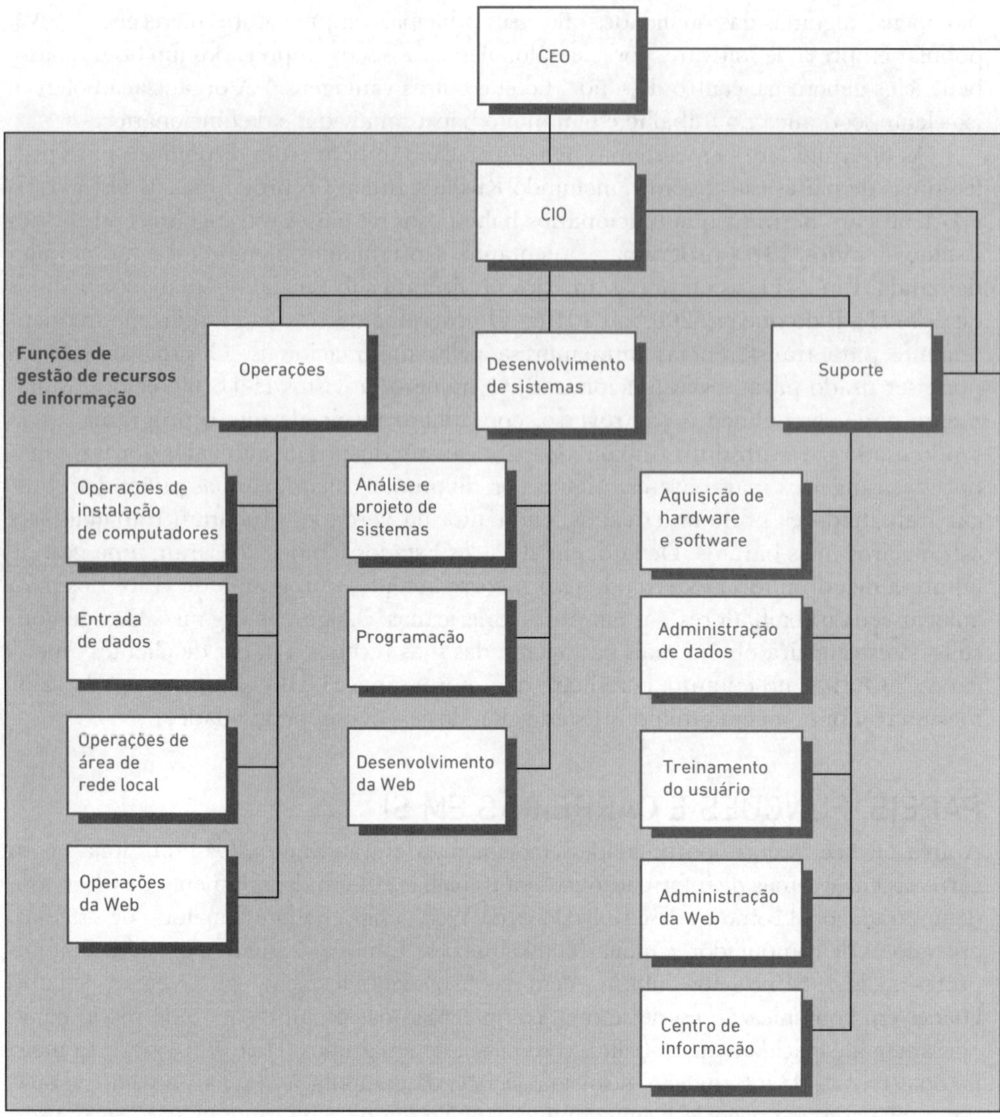

FIGURA 2.11

As três principais responsabilidades dos sistemas de informação.

Cada um desses elementos – operações, desenvolvimento de sistemas e suporte — contém subelementos críticos para o desempenho eficiente e eficaz da organização.

Os desenvolvedores da Web criam e mantêm os sites da empresa.

em andamento. Os programadores e analistas de sistemas, por exemplo, direcionam essas preocupações para o alcance e a manutenção da eficácia do SI. O papel de um analista de sistemas é multifacetado. Eles ajudam os usuários a determinar quais resultados precisam do sistema e elaboram planos destinados a desenvolver os programas necessários para produzir esses resultados. *Analistas de sistemas* então trabalham com um ou mais programadores para ter a certeza de que os programas apropriados são adquiridos, modificados dos existentes ou desenvolvidos. Um *programador de computador* utiliza os planos criados pelos analistas de sistema para desenvolver ou adaptar um ou mais programas de computador que produzem os resultados desejados. Para ajudar uma empresa a selecionar os melhores analistas e programadores, empresas como a TopCoder oferecem testes para avaliar a proficiência e a competência dos atuais funcionários de SI ou candidatos a emprego. A TopCoder Collegiate Challenge permite aos estudantes de programação competir com outros programadores ao redor do mundo.[94] Algumas empresas, no entanto, são céticas quanto à utilidade desses tipos de testes.[95] Além disso, com o aumento dramático no uso da internet, intranets e extranets, muitas empresas têm desenvolvedores da Web ou internet que criam sites eficazes e atraentes para os clientes, pessoal interno, fornecedores, acionistas e outros que têm uma relação de negócios com a empresa.

Suporte

O componente de apoio de um típico departamento de SI fornece assistência em hardware e aquisição e uso de softwares, gerenciamento de dados, treinamento e assistência aos usuários e administração da Web. Cada vez mais, o treinamento ocorre usando a internet.

Como hardware e software de SI são caros, um grupo de apoio especializado muitas vezes gerencia aquisições de hardware de computador e aquisições de software. Esse grupo estabelece orientações e padrões para a realização de aquisições para que o restante da organização siga. Um administrador de banco de dados enfoca as políticas de planejamento e procedimentos em relação ao uso de dados e informações corporativas. Os administradores da Web também ocupam área-chave para a equipe de apoio. Com o crescimento no uso da internet e dos sites corporativos, os gerenciadores da Web são por vezes solicitados a regular e monitorar o uso da internet pelos funcionários e gerentes para se certificar de que esse uso é autorizado e apropriado. O treinamento do usuário é a chave para obter o máximo de qualquer sistema de informação, e a área de apoio deve assegurar que o treinamento apropriado esteja disponível. Ele pode ser oferecido pela equipe interna ou por fontes externas.

CENTRO DE INFORMAÇÃO: Função de suporte que fornece aos usuários assistência, treinamento, desenvolvimento de aplicação, documentação, seleção e organização de equipamentos, padrões, assistência técnica e correção de falhas em programas e equipamentos.

O componente de suporte opera, em geral, o centro de informação. Um **centro de informação** fornece aos usuários assistência, treinamento, desenvolvimento de

© Goodluz/Shutterstock.com

Os funcionários de SI fornecem assistência na aquisição de hardware e aquisição de softwares, administração de dados, treinamento e assistência aos usuários e gerenciamento da Web.

aplicação, documentação, seleção e organização de equipamentos, padrões, assistência técnica e correção de falhas em programas e equipamentos. Embora muitas empresas têm tentado eliminar progressivamente os centros de informação, outras mudaram o foco desses centros de formação técnica para ajudar os usuários a encontrar meios de maximizar os benefícios do recurso de informação.

Unidades de serviço de informação

UNIDADES DE SERVIÇO DE INFORMAÇÃO: Miniatura do departamento de SI anexada e que se reporta diretamente a uma área funcional em uma grande organização.

Uma **unidade de serviço de informação** é basicamente uma miniatura do departamento de SI anexada e que se reporta diretamente a uma área funcional em uma grande organização. Observe a unidade de serviço de informação apresentada na Figura 2.11. Embora essa unidade seja em geral preenchida por profissionais de SI, as atribuições dos projetos e os recursos necessários para completá-los são fornecidos pela área funcional ao qual ela se reporta. Dependendo da política da organização, os salários dos profissionais de SI que trabalham na unidade de serviço de informação podem estar tanto no orçamento do departamento de SI quanto no departamento da área funcional.

TÍTULOS E FUNÇÕES TÍPICAS DE SI

O organograma apresentado na Figura 2.11 é um modelo simplificado de um departamento de SI em uma típica organização de porte médio ou grande. Muitas organizações têm departamentos maiores, com posições crescentemente especializadas, como bibliotecário ou gerente de controle de qualidade. Com frequência, empresas menores combinam os papéis apresentados na Figura 2.11 com menos posições formais.

Diretor de informática

O diretor de informática (CIO) emprega equipamentos e pessoal do departamento de SI para ajudar a organização a atingir suas metas. O CIO é geralmente um vice-presidente preocupado com as necessidades gerais da organização e define as políticas e planos em toda a empresa, gerencia e adquire sistemas de informação.[96] De acordo com uma pesquisa, quase 80% dos CIOs estão ativamente envolvidos ou são consultados sobre maiores decisões. Bons CIOs conhecem os executivos de alto nível que podem fazer a diferença no desempenho da organização.[97] Também entendem a importância de finanças, contabilidade e retorno do investimento. Os CIOs podem ainda ajudar as empresas a evitar desafios éticos prejudiciais monitorando-as como estão cumprindo um grande número de leis e regulamentos. De acordo com o CIO da Sensis, empresa de serviços de defesa e de companhias aéreas: "Hoje, ser um CIO não é apenas gerenciar a empresa, mas maneiras diferentes que você pode ajudar o seu negócio".[98] O CIO da Case Western Reserve University observa: "O pessoal tático está fornecendo uma ferramenta para responder a uma pergunta. Mas a ampla reflexão dos CIOs quer saber qual tipo de perguntas os funcionários têm e as muitas maneiras de respondê-las".[99] Os principais CIOs apresentados pela

Cortesia de Southwest Airlines

Jan Marshall da Southwest Airlines é uma das principais CIOs da *Computerworld*.

Computerworld incluem Jan Marshall da Southwest Airlines, Craig Young da Verizon, Joseph AbiDaoud de HudBay Minerals, Tom Amburgey da cidade de Wellington, Flórida, James Attardi da Medidata Solutions, e Kate Bass da Valspar.[100]

O alto nível da posição do CIO reflete o fato de que a informação é um dos recursos mais importantes da organização. Um bom CIO é tipicamente um visionário que fornece liderança e direção para o departamento de SI e ajuda uma organização a alcançar seus objetivos. Os CIOs precisam de habilidades técnicas, de negócios e pessoais. Para as agências federais, a Lei Clinger-Cohen de 1996 exige que um CIO coordene a compra e gestão dos sistemas de informação.[101] O governo federal dos Estados Unidos também instituiu uma posição de CIO para gerenciar projetos federais de SI, incluindo os orçamentos e prazos. Vivek Kundra foi a primeira pessoa apontada para essa nova posição de CIO dos Estados Unidos. Algumas faculdades e universidades oferecem programas educacionais para os CIOs. A CIO University, por exemplo, é composta por um grupo de várias universidades que oferecem formação específica para os CIOs futuros e existentes em uma variedade de tópicos técnicos e organizacionais.[102] Os estudantes frequentam uma das universidades participantes e recebem certificado da CIO University em áreas como Mestrado em Sistemas de Tecnologia da Informação e Mestrado em Gestão da Informação.

Gestores seniores de SI

Dependendo do tamanho do departamento de SI, várias pessoas podem trabalhar em níveis de gestão sênior de SI.[103] Alguns cargos associados à gestão de SI são vice-presidência de sistemas de informação, gerência de sistemas de informação e diretoria de tecnologia (CTO). O papel central de todas essas pessoas é comunicar-se com outras áreas da organização para determinar as mudanças necessárias. Com frequência, esses funcionários compõem um comitê consultivo ou comitê geral dos trabalhos que ajuda o CIO e outros gerentes de SI a tomar decisões sobre o uso dos sistemas de informação. Juntos, podem decidir melhor quais sistemas de informação apoiarão os objetivos da corporação. O CTO, por exemplo, trabalha sob um CIO e se especializa em redes e equipamentos e tecnologia relacionados.

Administradores de LAN

Os administradores da rede de área local (LAN) estabelecem e gerenciam o hardware, software e processos de segurança da rede. Gerenciam a adição de novos usuários, software e dispositivos à rede. E também isolam e corrigem os problemas operacionais. Para resolver tanto os problemas técnicos como os não técnicos, administradores de LAN estão em alta demanda.

Carreiras na internet

Utilizar a internet para conduzir negócios continua a crescer e tem estimulado a necessidade gradual de pessoal habilitado para desenvolver e coordenar seu uso. Como mostra a Figura 2.11, essas carreiras estão em áreas de operação, desenvolvimento e administração da Web. Assim como em outras áreas de SI, muitos empregos gerenciais de alto nível estão relacionados à internet. Essas oportunidades são encontradas em nas empresas tradicionais e naquelas que se especializam na internet, como Google, Amazon.com, Yahoo!, eBay e muitas outras.

Certificação

CERTIFICAÇÃO: Processo para testar habilidades e conhecimentos resultando em endosso pela autoridade certificadora de que um indivíduo é capaz de desempenhar determinado trabalho.

Frequentemente, as pessoas que preenchem cargos em SI completaram alguma forma de certificação. A **certificação** é um processo para testar habilidades e conhecimentos resultando em endosso pela autoridade certificadora de que um indivíduo é capaz de desempenhar determinado trabalho. Com frequência, envolve um trabalho de curso específico, fornecido ou endossado por um vendedor. Os programas populares de certificação incluem Microsoft Certified Systems Engineer, Certified Information Systems Security Professional (CISSP), Oracle Certified Professional, Cisco Certified Security Professional (CCSP) e muitos outros. Obter a certificação de um software, banco de dados ou rede da empresa pode resultar em aumento de salário de cerca de 7% em média.[104] Algumas certificações resultam em aumentos salariais maiores. Nem todas, no entanto, fornecem o incentivo financeiro. Ainda assim, pelo fato de a certificação

@ SISTEMAS DE INFORMAÇÃO NO TRABALHO

Perfil de um CIO: levar a tecnologia aos planos de saúde

Um CIO, ou diretor de informática, é o dirigente máximo responsável pela maneira como uma organização utiliza os sistemas de informação para avançar no seu propósito. Além de supervisionar os programadores e técnicos de rede, o que essas pessoas realmente pensam? O que está na mente de um CIO?

O dr. John Halamka é CIO do Beth Israel Deaconess Medical Center (BIDMC) e médico da sala de emergência. Ele resumiu seu trabalho da seguinte forma em um post de 1º de novembro de 2011 em seu blog: "O CIO moderno não é mais um tecnólogo ou evangelista para a inovação. O CIO moderno é um gestor de relacionamento com o cliente, um comunicador estratégico e um gerente de projeto, equilibrando delicadamente os portfólios de projetos, recursos disponíveis e governança".

O dr. Alan Shark é o autor de *CIO leadership for cities and counties, emerging trends and practices* (Washington, DC: Public Technology Institute, 2009). Como ele diz: "O novo CIO tem de ser um líder, não um ditador; um tecnólogo, não um técnico; uma pessoa de negócios, não um contador; e, finalmente, um diplomata, não um político". Um CIO deve liderar com "visão, conhecimento e formação de equipe". Nesse contexto, o BIDMC tem sido um dos primeiros a adotar os "registros de saúde eletrônicos, portais de paciente e ferramentas de apoio à decisão clínica. [O hospital] começou a oferecer subsídio, hospedou os EHRs aos seus 300 médicos filiados mais de um ano antes do Decreto Americano de Recuperação e Reinvestimento HITECH de prestação a incentivos financeiros para hospitais para a implantação de prontuários eletrônicos baseados na Web aos seus filiados médicos na tentativa de obter mais dos médicos conectados".

Para liderar com "visão, conhecimento e formação de equipe", em que os CIOs devem se concentrar? Gary Beach, editor emérito da revista *CIO*, entervistou alguns executivos para saber como gastam seu tempo agora e como querem gastá-lo no futuro. Ele emite suas respostas da seguinte forma:

> Na categoria "como eles atualmente gastam seu tempo", os três primeiros mais votados são: 1) alinhamento de TI e os objetivos de negócio, 2) implementação de novas arquiteturas, e 3) o gerenciamento do controle de custos. Para "onde querem passar mais tempo no futuro", a lista fica assim: 1) no desenvolvimento de novas estratégias e tecnologias go-to-market, 2) estudar as tendências do mercado de oportunidades comerciais, e 3) identificar oportunidades de diferenciação competitiva.

Apenas dois desses seis itens não têm nada a ver com a tecnologia. Quatro, e parte de um quinto, são sobre negócios. De acordo com os CIOs entrevistados, eles se consideram principalmente gerentes.

Como gerentes, os CIOs são responsáveis pelo seu desenvolvimento pessoal. O BIDMC segue este modelo. Halamka diz: "A única maneira de ter sucesso é a contratação de gente mais inteligente do que eu". Ele explica que é trabalho do CIO transformar essas pessoas em uma *equipe*.

Halamka também desempenha papel importante fora do centro médico, que leva muito a sério. Ele fala em conferências, escreve um blog e dá entrevistas. É um real defensor do uso da tecnologia para melhorar os planos de saúde e gasta cerca de um dia por semana em Washington, DC, aconselhando os legisladores sobre a forma de atingir tal objetivo. Um artigo recente da *Information Week* o descreveu como "o homem que mais trabalhava na saúde de TI". Nem todos os CIOs são tão visíveis como Halamka, mas há muitos como ele. Pois os CIOs se concentram em "alinhar a TI e os objetivos de negócio", como Gary Beach descobriu, parte do trabalho muitas vezes envolve a coleta e comunicação de informações de negócios.

Desenvolvimento de um conjunto diversificado de competências que permite que um CIO gerencie as pessoas de forma eficaz e acompanhe as inovações em tecnologia pode ser um desafio. Em um post recente, Halamka cita Meg Aranow, o CIO do Boston Medical Center: "O conteúdo do nosso trabalho é grande, o contexto é realmente difícil". Halamka chama de "profunda observação". Ele passa a listar outros desafios dos CIOs de planos de saúde relatados em 2011, incluindo:

- Você não recebe o crédito por tudo o que funciona. Em vez disso, é responsável por 0,01% do que não funciona.
- A demanda sempre supera a oferta. Sucesso é terminar metade dos projetos solicitados.
- O ritmo de mudança nos sistemas de informação do consumidor cria expectativas que excedem em muito as habilidades de uma organização de SI com poucos funcionários.
- O peso da regulamentação vai aumentar exponencialmente. A conformidade deve proceder, contudo seus "clientes" não querem seus projetos ou serviços adiados enquanto você trabalha em conformidade.

Por que Halamka mantém este trabalho, quando poderia voltar a praticar medicina na sala de emergência ou buscar um cargo de gestão diferente? No post de seu blog, em 24 de fevereiro de 2011, ele escreveu: "As organizações em que eu trabalho vão durar por gerações. Suas reputações transcendem qualquer coisa que eu nunca vou fazer pessoalmente. Meu papel é conhecer, apoiar e divulgar algumas inovações importantes a cada ano que vão manter as organizações altamente visíveis. Essa visibilidade vai atrair pessoas inteligentes e reter os melhores funcionários que querem trabalhar por um lugar em uma trajetória ascendente". Estas razões fazem o trabalho valer a pena.

Questões para discussão

1. Você acha que iria desfrutar o trabalho de um CIO? Acredita que seria bem-sucedido? Explique por que se sente assim.
2. O que alguém deveria estudar na escola caso seu eventual objetivo de carreira seja o trabalho de um CIO? Compare suas respostas com as de seus colegas. Discuta as diferenças.

Questões para análise

1. O diretor financeiro (CFO, chief financial officer) de uma organização não gerencia os ativos da empresa. Se uma companhia é proprietária de um caminhão, o CFO não decide onde ele deve ir, o que deve levar, ou quando substituir os pneus. O CFO deve, no entanto, ter um orçamento para o seu custo, pagar impostos sobre ele, escolher um método de depreciação e lidar com os ganhos ou perdas de capital quando é descartado. Como exercer as responsabilidades de um CIO na área da informação e cumprir todas as atribuições citadas? Conceitualmente, de que maneira as atividades diferem?
2. Entre em contato com o CIO da sua escola ou de uma organização nas proximidades. Descubra como normalmente aloca tempo para as seguintes categorias principais de atividade:

- Reuniões com a alta administração e profissionais de outros departamentos
- Reuniões com outros profissionais no departamento de SI
- Reuniões com pessoas de fora da organização
- Manter-se atualizado: leitura, pesquisa na Web, seminários
- Trabalho individual: orçamento, escrever memorandos/relatórios, planejamento, trabalho de RH
- Outras tarefas técnicas (pedir exemplos)
- Outras tarefas não técnicas (pedir exemplos)

Descubra também o total de horas que o CIO trabalha em uma semana. Combine seus resultados com os de seus colegas de classe para montar um retrato do trabalho do CIO.

Fontes: Beach, Gary, "Time is Money: What CIOs Should Know About How They Spend Their Time", *CIO*, www.cio.com/article/693037/ Time_Is_Money_What_CIOs_Should_Know_about_How_they_Spend_Their_Time, 2 nov. 2011, acesso em: 4 nov. 2011; Halamka, John D., "Life as a Healthcare CIO", blog, http://geekdoctor.blogspot.com, acesso em: 1º nov. 2011; McGee, M.K., Mitchell, R.N. e Versel, N., "Healthcare CIO 25: The Leaders behind the Healthcare IT Revolution", *InformationWeek*, http://reports.informationweek.com/abstract/105/ 5954/Healthcare/research-healthcare-cio-25-the-leaders-behind-thehealthcare-it-revolution.html (registro gratuito necessário), 18 mar. 2011, download em 19 dez. 2011; Motorola, "The Evolving Role of the CIO" (entrevista com o dr. Alan Shark), *Enterprise*, http://ezine. motorola.com/enterprise?a=443, out. 2009, acesso em: 5 nov. 2011; Opensource.com (sob o nome de tela "opensourceway"), "Dr. John Halamka on Openness and Privacy in Medicine" (vídeo), www.youtube.com/watch?v=-4zn_9eiLfcA, 6 jul. 2010, acesso em: 15 dez. 2011; Versel, Neil, "Halamka to Leave Harvard Med School CIO Post", *InformationWeek*, www.informationweek.com/news/healthcare/leadership/231002441, 22 jul. 2011, acesso em: 18 dez. 2011.

ser muito importante para encontrar um bom trabalho em SI, está se tornando cada vez mais tentador para alguns indivíduos desempregados tentar enganar os exames de certificação.[105] Há aqueles que pagam a outros para fazer os exames enquanto há os que compram ilegalmente testes roubados da internet, chamados materiais braindump.

OUTRAS ESPECIALIZAÇÕES EM SI

Para responder ao aumento dos ataques de hackers aos computadores, novas e desafiadoras especializações têm sido desenvolvidas em segurança, detenção e prevenção de fraudes. Hoje, muitas empresas possuem cargos de segurança em SI, como chefe de segurança em informação ou um executivo-chefe de privacidade. Algumas universidades oferecem programas de graduação em segurança e privacidade.

Além de trabalhar para um departamento de SI de uma organização, o pessoal de SI pode atuar para grandes empresas de consultoria, como a Accenture, IBM, Hewlett-Packard e outras.[106] Alguns empregos em consultoria podem impor frequentes viagens, pois os consultores são designados para trabalhar em vários projetos, onde quer que o cliente esteja. Essas funções requerem excelente gerenciamento de projetos e habilidades pessoais, além de habilidades técnicas de SI. As oportunidades de carreira relacionadas incluem treinamento em informática, computador e vendas de equipamentos de computador, reparos e manutenção de computadores e muitos outros.

Outras oportunidades em SI incluem ser funcionário em empresas de tecnologia, como a Microsoft (*www.microsoft.com*), Google (*www.google.com*) e Dell (*www.dell.com*), por exemplo. Tais cargos permitem que um indivíduo trabalhe com a mais avançada tecnologia, o que pode ser extremamente desafiador e interessante.

Como algumas empresas cortaram seus serviços aos consumidores, novas companhias estão em formação para preencher tal necessidade. Usando nomes como Speak with a Geek e Geek Squad, essas organizações têm ajudado as pessoas e as organizações em seus problemas relacionados aos computadores – que os vendedores de computadores não estão mais resolvendo.

Algumas pessoas começam seus próprios negócios de SI a partir do zero, como Craig Newmark, fundador da Craigslist.[107] Em meados da década de 1990, Newmark trabalhava para uma grande empresa de serviços financeiros e queria dar algo em troca à sociedade por meio do desenvolvimento de uma lista de e-mail para artes e eventos de tecnologia na região de São Francisco. A lista se transformou na Craigslist. De acordo com Newmark, para executar um negócio bem-sucedido, deve-se: "Tratar as pessoas como você gostaria de ser tratado, incluindo o fornecimento de bom serviço. As habilidades de escuta e comunicação eficaz são essenciais". Outras pessoas estão se tornando empresários de SI ou freelancers, trabalhando em casa no desenvolvimento de programas, trabalhando com projetos de SI de grandes empresas, ou com o desenvolvimento de novas aplicações para o iPhone ou dispositivos semelhantes.[108] Alguns sites, como *www.freelancer.com*, apresentam projetos on-line e oferecem informações e conselhos para profissionais que trabalham por conta própria. Muitos freelancers prestam serviço para pequenas e médias empresas nos Estados Unidos. Se você está pensando em tornar-se um prestador de serviços ou atuar em consultoria, seja criativo e se proteja. Comercialize agressivamente seus talentos e se certifique de que seja pago todos os seus honorários, depositando-os em uma conta garantida.

Trabalho em equipe

A maioria das especializações em SI envolvem o trabalho em equipes de projeto que pode consistir em muitos dos cargos e funções discutidas anteriormente. Assim, é sempre bom para os profissionais de SI ter boas habilidades de comunicação e capacidade de trabalhar com outras pessoas. Muitas faculdades e universidades têm cursos de sistemas de informação e áreas afins que exigem que os alunos trabalhem em equipes de projeto. No final de cada capítulo deste livro, há o tópico "Atividades em grupo" que exigem trabalho em equipe para concluir um projeto. Você pode ser obrigado a completar uma ou mais dessas atribuições orientada a equipes.

Encontrar um emprego em SI

As abordagens tradicionais para encontrar um emprego na área de sistemas de informação, incluem visitas dos recrutadores e referências de professores no campus, amigos e membros da família. Muitas faculdades e universidades possuem excelentes programas para ajudar os alunos a desenvolver currículos e conduzir entrevistas de emprego. Colocar um currículo on-line pode ser crucial para encontrar um bom emprego. Muitas empresas aceitam apenas currículos on-line e usam softwares para a busca por palavras-chave e habilidades usadas para triagem de candidatos. Por conseguinte, ter as palavras-chave corretas e habilidades pode significar a diferença entre conseguir ou não uma entrevista de emprego. Alguns recrutadores corporativos, no entanto, começam a procurar ativamente empregados, em vez de peneirar milhares de currículos on-line ou a publicação de trabalhos em seus sites.[109] Em vez disso, fazem suas próprias pesquisas na internet e verificam nos sites de emprego, como *www.linkedin.com* e *www.branchout.com*.[110] Outras organizações contratam estudantes universitários para ajudá-los a comercializar produtos e serviços para estudantes.[111] Além de serem pagos, os alunos podem obter valiosa experiência profissional e em alguns casos, pode ajudá-los a conseguir emprego após a formatura. Cada vez mais, os CIOs estão se tornando ativamente envolvidos na contratação de funcionários para seus departamentos de SI.[112] No passado, muitos CIOs contavam com o departamento de recursos humanos da empresa (RH) para preencher as vagas em SI.

Estudantes que utilizam a internet e outras fontes não tradicionais para encontrar empregos têm mais oportunidades de consegui-lo. Muitos sites, como Dice.com,

© iStockphoto/kristian sekulic

Como acontece com outras áreas de SI, muitos postos de trabalho administrativos de nível superior, como desenvolvedores de sistemas e programadores de internet, estão relacionados com a internet.

CareerBuilder.com, TheLadders.com, LinkedIn.com, Computerjobs.com e Monster.com, postam oportunidades de trabalho para as carreiras de internet e para as áreas mais tradicionais. A maioria das grandes empresas faz uma lista de oportunidades de trabalho em seus websites. Esses sites permitem que os interessados possam percorrer oportunidades, localizações, salários, benefícios e outros fatores e alguns permitem que os candidatos coloquem seus currículos. Muitas pessoas usam sites de redes sociais como o Facebook para ajudar a obter indicações de emprego. Recrutadores corporativos também usam blogs para reunir informações sobre candidatos ou localizar novos candidatos à vaga. Estudantes são muitas vezes aconselhados a ter cuidado com o que postam em redes sociais, como o Facebook. Empregadores, frequentemente, pesquisam na internet para obter informações sobre potenciais empregados antes de tomar as decisões de contratação. (Mesmo os escritórios de advocacia estão usando os sites, inclusive os de rede social para tentar determinar como um jurado em potencial pode votar durante a seleção do júri para os casos importantes.[113]) Além disso, muitas organizações e grupos de usuários podem ser úteis para se encontrar um emprego, pois eles se mantêm atualizados depois de empregados, e podem buscar novas oportunidades de carreira. Esses grupos incluem a Association for Computer Machinery (ACM: *www.acm.org*), a Association of Information Technology Professionals (AITP: *www.aitp.org*), a Apple User Groups (*www.apple.com/usergroups*), e os usuários de grupos Linux distribuídos ao redor do mundo. Muitas empresas, incluindo a Microsoft e a Viacom, utilizam o Twitter, um site que permite que mensagens tenham até 140 caracteres, para anunciar vagas de emprego. Aqueles que saíram do emprego ou foram demitidos costumam usar redes informais de colegas ou conhecidos de negócios de seus empregos anteriores para ajudar a encontrar novas ocupações.

RESUMO

Princípio:

O uso dos sistemas de informação para agregar valor à organização é fortemente influenciado pela estrutura organizacional, pela cultura e pela mudança.

As empresas usam sistemas de informação para apoiar seus objetivos. Como os sistemas de informação normalmente são projetados para melhorar a produtividade, as organizações devem conceber métodos para medir o impacto do sistema sobre a produtividade.

Uma organização é um conjunto formal de pessoas e de outros recursos estabelecidos para alcançar um conjunto de objetivos. O objetivo principal de uma organização que visa o lucro é maximizar seu valor para o acionista. As sem fins lucrativos incluem os grupos sociais, grupos religiosos, universidades e outras.

As organizações são sistemas com entradas, mecanismos de transformação e saídas. Os processos de valor agregado aumentam o valor relativo das entradas combinadas em seu caminho para se tornar a saída final da organização. A cadeia de valor é uma série (cadeia) de atividades que abrange: 1) logística interna; 2) depósito e armazenagem; 3) produção; 4) armazenagem do produto acabado; 5) logística externa; 6) marketing e vendas e 7) serviço ao consumidor.

A estrutura organizacional se refere ao modo como as subunidades organizacionais se relacionam com a organização como um todo. Várias estruturas organizacionais básicas incluem a tradicional, de projeto, de equipe e a virtual. Uma estrutura organizacional virtual emprega indivíduos, grupos ou unidades completas de negócio em áreas geograficamente dispersas. Isso pode envolver pessoas em diferentes países operando em diferentes fusos horários e diferentes culturas.

A cultura organizacional consiste em um conjunto das principais concepções e pressupostos compartilhados por um negócio, corporação ou organização. A mudança organizacional trata de como as organizações que visam o lucro e as sem fins lucrativos planejam, implantam e lidam com a mudança. A mudança pode ser provocada por fatores internos ou externos. Os estágios do modelo de mudança são descongelamento, movimento e recongelamento. De acordo com o conceito de aprendizagem organizacional, as organizações adaptam-se às novas condições ou alteram suas práticas no decorrer do tempo.

Princípio:

Como os sistemas de informação são tão importantes, os negócios precisam se certificar de que as melhorias ou sistemas completamente novos ajudem a baixar os custos, aumentar os lucros, melhorar o serviço ou alcançar vantagem competitiva.

A reengenharia dos processos de negócio envolve a reforma radical dos processos do negócio, das estruturas organizacionais, dos sistemas de informação e dos valores da organização para alcançar avanços nos resultados. As melhorias contínuas dos processos dos negócios podem agregar valor aos produtos e serviços.

A extensão na qual a tecnologia é utilizada em toda a organização pode ser uma função da difusão, infusão e aceitação da tecnologia. A difusão é a medida de quão amplamente a tecnologia está implantada em toda a organização. A infusão é a extensão na qual a tecnologia permeia uma área ou departamento. A satisfação do usuário com um sistema de computação e a informação que ele gera dependem da qualidade do sistema e das informações resultantes. O modelo de aceitação de tecnologia (TAM) investiga fatores, como a percepção da utilidade da tecnologia, sua facilidade de uso, a qualidade do sistema de informação e o grau em que a organização apoia o uso do sistema de informação – para predizer o uso e o desempenho do SI.

A gestão da qualidade total (TQM) consiste em um conjunto de abordagens, ferramentas e técnicas que promove o compromisso com a qualidade por toda a organização. O Six Sigma é, muitas vezes, usado no controle de qualidade e baseado em um termo estatístico que significa que, 99,9997% do tempo, produtos e serviços atenderão aos padrões de qualidade.

A terceirização envolve contratar serviços de profissionais externos para atender às necessidades específicas do negócio. Essa abordagem permite que a empresa concentre-se mais em seu negócio principal e direcione seus recursos limitados para atender os objetivos estratégicos. A redução envolve a diminuição do número de funcionários para reduzir os custos da folha de pagamento, no entanto, pode levar a efeitos colaterais indesejados.

A vantagem competitiva é em geral incorporada tanto em serviço quanto em um produto que tem o maior valor agregado para os consumidores e que não é oferecido pelos concorrentes ou em um sistema interno que oferece benefícios à empresa não oferecidos por seus concorrentes. O modelo de cinco forças cobre fatores que levam as empresas a buscar a vantagem competitiva: a rivalidade entre os concorrentes existentes, a ameaça de novos participantes no mercado, a ameaça de produtos e serviços substitutos, o poder de barganha dos compradores e o poder de barganha dos fornecedores. As estratégias para enfrentar tais fatores e atingir a vantagem competitiva incluem liderança em custo, diferenciação, estratégia de nicho, alteração na estrutura da indústria, criação de novos produtos e serviços, melhoria das linhas de produtos e serviços existentes e outras.

Desenvolver sistemas de informação que mensuram e controlam a produtividade é um elemento-chave para a maioria das organizações. Uma medida útil do valor de um projeto de SI é o retorno sobre o investimento (ROI). Ele investiga os lucros e os benefícios adicionais gerados como porcentagem do investimento na tecnologia de SI. O custo total de propriedade (TCO) pode também ser uma medida útil.

Princípio:

Cooperação entre gerentes e equipe de SI é a chave para revelar o potencial de qualquer sistema novo ou modificado.

A equipe de sistemas de informação trabalha, em geral, em um departamento de SI, que emprega um diretor de informática, diretor de tecnologia, analistas de sistemas, programadores de computador, operadores de computador entre outros. O diretor de informática (CIO) emprega equipamentos e pessoal do departamento de SI para ajudar a organização a atingir suas metas. O diretor de tecnologia (CTO) em geral trabalha sob o comando do CIO e se especializa em hardware e equipamentos e tecnologia relacionados. Os analistas de sistemas ajudam os usuários a determinar de quais resultados precisam e elaboram planos destinados a desenvolver os programas necessários para produzir tais resultados. Os analistas de sistemas então trabalham com um ou mais programadores para ter a certeza de que os programas apropriados são adquiridos, modificados ou desenvolvidos. A principal responsabilidade de um programador de computador é utilizar os planos desenvolvidos pelos analistas de sistemas para elaborar ou adaptar um ou mais programas que produzam os resultados desejados.

Os operadores de computador são responsáveis por dar a partida, interromper e operar corretamente os sistemas mainframe, as redes, unidades de gravação, dispositivos de disco, impressoras e assim por diante. Os administradores de LAN estabelecem e gerenciam o hardware de rede, software e processos de segurança. O pessoal treinado para organizar e gerenciar um site da empresa, incluindo estrategistas, desenvolvedores de sistemas, programadores de internet e operadores de site. A equipe dos sistemas de informação pode também apoiar outros departamentos funcionais ou áreas.

Além das habilidades técnicas, a equipe de SI precisa ter habilidades em comunicação escrita e oral, compreensão das organizações e sobre o modo como operam e a capacidade de trabalhar com pessoas. Em geral, os funcionários de SI são encarregados de manter a mais ampla perspectiva do empreendimento.

Além de trabalhar para um departamento de SI de uma organização, os funcionários podem trabalhar para uma grande empresa de consultoria, como a Accenture, IBM, Hewlett-Packard e outras. Desenvolver ou vender produtos para um fabricante de hardware ou software é outra oportunidade de carreira para SI.

CAPÍTULO 2: TESTE DE AUTOAVALIAÇÃO

O uso dos sistemas de informação para agregar valor à organização é fortemente influenciado pela estrutura organizacional, pela cultura e pela mudança.

1. A cadeia de valor é uma série de atividades que inclui a logística interna, depósito e armazenagem, produção e fabricação, armazenamento do produto acabado, logística externa, marketing e vendas, serviço ao consumidor. Verdadeiro ou falso?
2. O(a) __________ é um conjunto (coleção) formal de pessoas e outros recursos estabelecidos para realizar um conjunto de metas.
3. A satisfação do usuário com um sistema de computação e a informação que ele gera depende da qualidade do sistema e das informações resultantes. Verdadeiro ou falso?
4. Um(a) ____________ emprega indivíduos, grupos ou unidades de negócios completos em áreas geograficamente dispersas que podem durar algumas semanas ou anos, muitas vezes necessitando de telecomunicações ou da internet.
   a. estrutura de aprendizado
   b. estrutura virtual
   c. plano de melhoria contínua
   d. projeto de reengenharia

Como os sistemas de informação são tão importantes, os negócios precisam se certificar de que as melhorias ou sistemas completamente novos ajudem a baixar os custos, aumentar os lucros, melhorar o serviço ou alcançar vantagem competitiva.

5. ____________ envolve a contratação de serviços de profissionais externos para atender às necessidades específicas do negócio.
6. Hoje, qualidade significa:
   a. alcançar padrões de produção
   b. satisfazer ou exceder as expectativas dos clientes
   c. maximizar o total de lucros
   d. encontrar ou alcançar as especificações de projeto
7. O TCO é a soma de todos os custos durante a vida útil do sistema de informação, incluindo os custos de aquisição de componentes, como tecnologia, suporte técnico, custos administrativos e operações do usuário final. Verdadeiro ou falso?
8. A reengenharia é também chamada _________.
9. Qual é a medida da saída alcançada dividida pela entrada necessária?
   a. eficiência
   b. eficácia
   c. produtividade
   d. retorno sobre o investimento
10. ________ é uma medida dos lucros adicionais ou benefícios gerados em porcentagem do investimento em tecnologia de SI.

Cooperação entre gerentes e equipe de SI é a chave para revelar o potencial de qualquer sistema novo ou modificado.

11. Quem está envolvido em ajudar os usuários a determinar quais saídas eles necessitam e elaborar planos para produzir essas saídas?
    a. CIO
    b. programador de aplicativos
    c. programador de sistemas
    d. analista de sistemas
12. Um centro de informações fornece aos usuários assistência, treinamento e desenvolvimento de aplicação. Verdadeiro ou falso?
13. O __________ está, normalmente, encarregado do departamento ou área de SI em uma empresa.

CAPÍTULO 2: TESTE DE RESPOSTA DE AUTOAVALIAÇÃO

1. Verdadeiro
2. organização
3. Verdadeiro
4. b
5. Terceirizado
6. b
7. Verdadeiro
8. revisão de processo
9. c
10. Retorno sobre o investimento
11. d
12. Verdadeiro
13. diretor de informática (CIO)

QUESTÕES DE REVISÃO

1. Qual é a diferença entre cadeia de valor e cadeia de suprimento?
2. O que é a gestão de cadeia de suprimento?
3. Qual é o papel que um sistema de informação desempenha nesses processos?
4. O que é reengenharia? Quais são os benefícios potenciais da realização de uma revisão de processos?
5. O que é difusão de tecnologia?
6. Qual é a diferença entre software de sistemas e software de aplicação?
7. Qual é a diferença entre infusão de tecnologia e difusão de tecnologia?
8. O que é qualidade? O que é a gestão da qualidade total (TQM)? O que é o Six Sigma?
9. O que são cultura organizacional e mudança?
10. Liste e defina as estruturas organizacionais básicas.
11. Faça um esboço e descreva brevemente os três estágios do modelo de mudança organizacional.
12. O que é redução? Em que difere da terceirização?
13. Cite algumas estratégias gerais utilizadas pelas organizações para alcançar vantagem competitiva?
14. Liste e descreva os sites mais populares para encontrar emprego.
15. Defina o termo "produtividade". Como pode uma empresa melhorar as medições uso de produtividade?
16. O que é a computação sob demanda? Quais são as duas vantagens que oferece para a empresa?
17. O que é custo total de propriedade?
18. Descreva o papel de um CIO.

QUESTÕES PARA DISCUSSÃO

1. Você foi contratado para trabalhar na área de SI de uma empresa que está começando a usar a internet para encomendar peças de seus fornecedores e oferecer vendas e apoio a seus clientes. Que tipos de cargos ligados à internet você esperaria encontrar nessa empresa?

2. Você decidiu abrir um site para comprar e vender CDs de música usados para outros estudantes. Descreva sua abordagem para a gestão de relacionamento com clientes para seu novo negócio.
3. Qual tipo de carreira de SI seria mais atraente para você: trabalhar como um membro de uma organização de SI, consultoria ou trabalhar para um fornecedor de hardware ou software? Por quê?
4. Como uma empresa pode incentivar a inovação? Dê alguns exemplos de empresas que foram inovadoras.
5. Como você mede a difusão e infusão de tecnologia?
6. Você foi solicitado a participar da preparação do plano estratégico de sua empresa. Especificamente, seu trabalho é analisar o mercado competitivo utilizando o modelo de cinco forças de Porter. Prepare a sua análise, usando seu conhecimento de um negócio que tenha trabalhado ou tenha interesse em trabalhar.
7. Com base na análise que você fez da questão 6, quais estratégias possíveis sua organização poderia adotar para responder a esses desafios? Qual o papel que os sistemas de informação poderiam desempenhar nessas estratégias? Use as estratégias de Porter como guia.
8. Descreva as vantagens e desvantagens de usar a internet para procurar emprego.
9. Suponha que você seja gerente de uma loja de varejo e necessite contratar um CIO para administrar seu novo sistema de computação. Quais são as características que você quer em um novo CIO?

EXERCÍCIOS DE RESOLUÇÃO DE PROBLEMAS

1. Identifique três empresas que desenvolvem produtos e serviços da mais alta qualidade de um setor de sua escolha. Descubra o número de funcionários, vendas totais, lucros totais e índice de crescimento dos ganhos para essas três empresas. Utilizando um programa de banco de dados, insira essas informações para o último ano. Use o banco de dados para gerar um relatório das três empresas com o mais alto índice de crescimento de ganhos. Use o seu processador de texto para criar um documento que descreva essas empresas e por que acha que desenvolvem os produtos e serviços de alta qualidade. Quais outras medidas você usaria para determinar a melhor empresa em termos do futuro potencial de lucro? Alta qualidade sempre significa altos lucros?
2. Foi proposto um novo projeto de SI que produzirá não somente economia nos custos, como também aumento na receita. O custo inicial para implantar o sistema foi calculado em $ 500 mil. Os dados do fluxo de caixa remanescente são apresentados na tabela a seguir.

	Ano 1	Ano 2	Ano 3	Ano 4	Ano 5
Aumento da receita	$ 0	$ 100	$ 150	$ 200	$ 250
Economia de custos	$ 0	$ 50	$ 50	$ 50	$ 50
Depreciação	$ 0	$ 75	$ 75	$ 75	$ 75
Despesa inicial	$ 500				

Nota: Todos os valores estão em centenas de milhares.

a. Com um programa de planilha, calcule o retorno sobre o investimento (ROI) para esse projeto. Suponha que o custo do capital seja de 7%.

b. Como seria a taxa de variação sobre o retorno se o projeto apresentasse $ 50 mil em receita adicional e uma economia de $ 25 mil de custos gerados no primeiro ano?

3. Usando um programa de banco de dados, desenvolva uma tabela que liste os cinco sites mais populares para buscar um trabalho. A tabela deve incluir colunas sobre quaisquer custos de utilização do site, quaisquer requisitos, como salário e tipo de trabalho, características importantes, vantagens e desvantagens.

ATIVIDADES EM GRUPO

1. Com sua equipe, entreviste um ou mais instrutores ou professores sobre a cultura organizacional em sua faculdade ou universidade.
2. Com seu grupo, pesquise uma empresa que obteve vantagem competitiva. Faça um breve relatório que descreva como a empresa foi capaz de alcançar essa vantagem competitiva.

EXERCÍCIOS DA WEB

1. Este livro enfatiza a importância da informação. Você pode obter informações da internet indo a um endereço específico, como *www.ibm.com*, *www.whitehouse.gov* ou *www.fsu.edu*. Isso lhe dará acesso à página inicial da IBM, à Casa Branca ou Universidade do Estado da Flórida, respectivamente. Observe que a extensão "com" é usada para negócios ou operações comerciais, a extensão "gov", para órgãos do governo e "edu", pelas instituições de ensino. Outra abordagem é utilizar uma ferramenta de busca, um site que permite que você entre com palavras-chave ou frases para encontrar informação. A Yahoo! Desenvolveu, através de dois estudantes da Tulane University, uma das primei-

ras ferramentas de busca da internet. Você também pode localizar informações através de listas ou menus. A ferramenta de busca mostrará outros sites (hits) que correspondem à solicitação da busca. Usando oYahoo! em *www.yahoo.com* ou o Google em *www.google.com*, busque informação sobre uma empresa ou tópico discutido no Capítulo 1 ou 2. Pode-se pedir que você desenvolva um relatório ou envie uma mensagem por e-mail a seu professor sobre o que encontrou.

2. Use a internet para pesquisar informações sobre o custo total de propriedade (TCO). Quais empresas utilizam essa abordagem? Descreva quaisquer sites que você encontrou essa medida TCO.

EXERCÍCIOS PARA ESPECIALIZAÇÃO

1. Suponha que você decidiu se tornar um empreendedor em um negócio relacionado com a tecnologia. Descreva o negócio, incluindo seus produtos e serviços. Como você o organiza? Escreva um plano de negócios breve sobre como você irá tornar seu negócio um sucesso.

2. Analise diversos sites que podem ser usados para encontrar emprego. Escreva um relatório que descreve as características de cada um. Qual site de busca de emprego você recomendaria a um amigo?

ESTUDOS DE CASO

Caso um

Ganhando vantagem

Para ter sucesso, uma empresa precisa de uma vantagem sobre seus concorrentes: a *vantagem competitiva*. Grande parte da criação de vantagem competitiva está na utilização de sistemas de informação de forma eficaz, ou seja, uma empresa não pode simplesmente comprar os computadores e esperar bons resultados. Como Oscar Berg colocou em seu blog, *The Content Economy*: "O que [cria] a vantagem competitiva é a forma como nós usamos tecnologias, como podemos deixá-las afetar nossas práticas e comportamentos [...]. Se as tecnologias são cuidadosamente selecionadas e aplicadas, podem ajudar a criar vantagem competitiva".

Este capítulo aborda as cinco forças que definem qualquer situação competitiva: rivalidade entre as empresas em uma indústria, ameaças de novos concorrentes e de produtos substitutos/serviços e relacionamentos de uma empresa com fornecedores e clientes. As empresas usam essas forças para alcançar vantagem competitiva sustentável, aquela que os outros não podem copiar imediatamente para eliminar a vantagem que um inovador pode ter.

A TUI Deutschland é uma operadora turística líder da Alemanha. A precificação é vital para o seu mercado. É a empresa de viagens que define os preços para acomodar preferências e hábitos dos clientes, obtendo vantagem competitiva. Para uma grande operadora turística como a TUI, a fixação dos preços otimizados não é fácil. Cada temporada, o funcionário responsável deve definir cerca de 100 mil preços para cada região de destino. Os fatores que afetam o preço final de quartos de hotel, por exemplo, incluem instalações, tipos de quartos, datas de chegada e demanda esperada.

"No passado, os processos de tomada de decisão não eram claros", explica Matthias Wunderlich, diretor de Business Intelligence na TUI Deutschland GmbH. "Havia muitas lacunas no sistema, uma vez que a informação necessária para tomar as decisões de preços estava em lugares diferentes. O resultado foi um processo de precificação complexo, trabalhoso, demorado e, por vezes, inconsistente."

A equipe de Wunderlich desenvolveu um sistema de informação para tornar esse processo mais eficaz. Usado pela primeira vez para o destino de Tenerife em 2010, ele organiza os dados de registros históricos e disponibiliza informação relevante para os especialistas de preços. Define a margem desejada para um destino e especifica os parâmetros para resultados. O sistema calcula as combinações e dependências até que o melhor resultado seja alcançado. Prevê qual grupo de clientes irá conduzir a demanda por acomodações particulares em cada ponto da temporada, desde hotéis no litoral para as famílias durante as férias escolares até hotéis de luxo com comodidades de primeira classe para clientes premium durante a baixa temporada.

"Temos de assegurar que um hotel de quatro estrelas, por exemplo, seja sempre mais barato em determinada data do que um hotel de cinco estrelas no mesmo segmento de clientes", explica Wunderlich. "Com a nova solução, isso é garantido. Não há necessidade de um procedimento manual demorado para garantir que seja feito corretamente."

Como o novo processo de precificação é baseado em dados do cliente, ele reflete as necessidades e hábitos destes. Um especialista de precificação pode definir preços atraentes para os clientes enquanto ainda alcança as margens desejadas.

"Os métodos tradicionais de precificação não são mais adequados para o mercado de viagens e turismo de hoje", diz Wunderlich. "No passado, era praticamente impossível definir os preços de forma que fosse flexível e focado no cliente. Tudo isso mudou. O profissional de hoje torna-se um especialista em determinado grupo de clientes e sabe exatamente o que cada cliente está disposto a pagar por determinado serviço de viagem. Isso aumenta os lucros, mas não à custa dos nossos clientes."

Questões para discussão

1. Existe perdedores com o sistema TUI descrito neste caso? Se sim, quem são eles? Este sistema é justificado apesar de criar perdedores?
2. Das cinco forças competitivas discutidas neste caso, o que você acha que o sistema TUI afeta?

Questões para análise

1. Visite a página do site em *www-01.ibm.com/software/success/cssdb.nsf/CS/JHUN-8N748A* para ler sobre um novo sistema de informação para o MediaMath. De acordo com este caso, o projeto pode ser justificado por motivos puramente financeiros. Apesar da redução de custos que justifica o projeto, você acha que tal motivo seja a principal razão para empreendê-lo? Caso o MediaMath siga em frente com o sistema, mesmo que não prometa a economia direta? Por que e por que não?
2. Considere uma livraria que ofereça aos clientes um cartão a ser perfurado para cada livro que compram. Com dez furos, eles ganham um livro de sua escolha. Este sistema de baixa tecnologia aproveita a força do poder dos clientes. Ao prometer benefícios futuros aos clientes, reduz sua motivação para mudar de fornecedor, mesmo que outra loja venda livros mais baratos. Como poderia uma livraria usar a tecnologia para tornar este programa de fidelização mais eficaz na retenção de clientes?

Fontes: Berg, Oscar, "Creating Competitive Advantage with Social Software", The Content Economy (blog), www.thecontenteconomy.com/2011/06/creating-competitive-advantage-with.html, 9 jun. 2011, acesso em: 6 nov. 2011; IBM: "Getting the Price Right", IBM Success Stories, www-01.ibm.com/software/success/cssdb.nsf/CS/STRD-8MQLX4, 31 out. 2011, acesso em: 6 nov. 2011; IBM: "Netezza Mediamath — A Nucleus ROI Case Study", IBM Success Stories, www-01.ibm.com/software/success/cssdb.nsf/CS/JHUN-8N748A, 31 out. 2011, acesso em: 6 nov. 2011; Porter, Michael E., "How Competitive Forces Shape Strategy", *Harvard Business Review*, http://hbr.org/1979/03/how-competitive-forces-shape-strategy/ar/1 (registro gratuito necessário para ler além da 1ª página), mar./abr. 1979, acesso em: 6 nov. 2011.

Caso dois

Ouvir os clientes com programas de voz do cliente

Lembre-se de que a qualidade é "a capacidade de um produto ou serviço atender ou exceder as expectativas do cliente". Em outras palavras, isso depende do que os clientes querem ou esperam. Mas o que eles querem ou esperam? Muitas empresas estão lançando programas de voz do cliente (VOC, voice of de custumer program) para descobrir.

Considere o varejista de roupas femininas Charming Shoppes, cômodo gênero de Lane Bryant, Fashion Bug e Catherine Pluz Sizes. De acordo com um recente artigo na *Computerworld*: "[no passado] vários departamentos e grupos de marca receberam comentários por e-mails e análises de produtos on-line, e os vendedores receberam comentários dos clientes da loja". Qualquer informação relevante foi "transmitida na cadeia de comando" a altos executivos através de "listas de distribuição de e-mail", afirma Jeffrey H. Liss, vice-presidente sênior de estratégia corporativa. Como resultado: "Obtivemos muita mensagem sem importância misturada com o conteúdo informativo", e os executivos não tinham nenhuma maneira de distinguir os dados úteis dos inúteis.

A Charming Shoppes espera mudar essa situação com o VOC. Em dezembro de 2010, a organização solicitou os serviços de VOC da Clarabridge, Inc. A empresa agora oferece seus dados ao serviço da Clarabridge's VOC, que os mantêm seguros e separados dos dados de seus outros clientes. Em julho de 2011, Liss informou que a implementação está em curso: "Leva tempo para aprender a aproveitar o poder desta ferramenta". No entanto, a Charming Shoppes faz parte de um número crescente de empresas que fazem os serviços de VOC valer a pena.

A cadeia de hotelaria Gaylord Entertainment foi mais adiante com o VOC. A empresa utiliza o programa para analisar comentários de clientes nas redes sociais como o Yelp e TripAdvisor, bem como de suas próprias pesquisas. A Gaylord Entertainment encontrou dois trechos de informação relacionados:

- Os hóspedes com uma boa experiência de check-in são menos propensos a se queixar
- A satisfação com o check-in cai drasticamente se o procedimento leva mais de cinco minutos

Como resultado, a Gaylord criou incentivos para o pessoal acelerar as atividades de check-in. Shawn Madden, diretor-executivo de análise de operações, relata que em 15 meses, do final de 2009 ao início de 2011, o tempo de duração de check-in foi reduzido em cinco minutos e passou de 39 a 49% do total, enquanto a classificação média dos clientes para a facilidade do check-in aumentou 2,4 para 4 em uma escala de 1 a 5.

Os programas de VOC são perfeitos? Andrew McInnes, analista da Forrester Research, que acompanha a performance do VOC, acha que muitos são falhos. Eles não conseguem fornecer aos clientes uma maneira sistemática de atuação, com base em pesquisas com consumidores, ou tornar essas ideias fáceis de acessar. Tais deficiências impedem que funcionários das empresas recebam a informação de que necessitam, a fim de agir, ou os deixam incapazes de agir com base nas informações que recebem.

Esses problemas podem ser superados, e as histórias de sucesso não são tão difíceis de encontrar. Uma pesquisa da Forrester com 118 profissionais especializados em atendimento ao cliente constatou que 52% tinham um programa de VOC no local e 29% estavam ativamente considerando usar um. "As grandes empresas finalmente abraçaram a relação entre a experiência do cliente, lealdade e sucesso financeiro no longo prazo", diz McInnes. "Investir em programas de voz do cliente é o próximo passo lógico."

Questões para discussão

1. O vice-presidente de estratégia da Charming Shoppes Jeffrey, Jeffrey Liss, apresenta o seguinte exemplo de entrada de VOC: "Suponha que um cliente diga, 'Eu realmente adoro ir a Fashion Bug, mas não gosto da maneira como dispõem os jeans. Fica difícil encontrar os que me servem'". A experiência desse cliente é boa, má ou um pouco de cada? Quais foram as palavras do vice-presidente que o levou a essa conclusão? Se a Fashion Bug tem a mesma resposta ou resposta semelhante de muitos outros clientes, o que deve fazer com a informação?
2. Um dos temas principais deste capítulo é o uso da informação para obter vantagem competitiva. Os programas de VOC ajudam a fornecer vantagem competitiva? Por que e por que não?

Questões para análise

1. Suponha que sua escola queira lançar um programa de VOC para seu serviço de alimentação. Sugira o tipo de informação que poderiam receber de estudantes e a partir de seus próprios registros, e a maneira como poderiam combinar os dois tipos de informação para obter uma melhor visão sobre as mudanças que devem fazer. Seja o mais específico possível.
2. Faça uma busca na internet para "voz do cliente". (Utilize aspas para procurar a frase exata.) Identifique os três fornecedores que oferecem um programa de VOC. Suponha que você tivesse de escolher um, entre eles, para utilizá-lo em um cadeia de lojas de eletrônicos. Qual o programa que escolheria? Por quê?

Fontes: Horwitt, Elisabeth, "BI: 'Voice of the Customer' Programs Combine Feedback in One Place", *Computerworld*, www.computerworld.com/s/article/9218483/BI_Voice_of_the_customer_programs_combine_feedback_in_one_place, 20 jul. 2011, acesso em: 11 dez. 2011; site da Charming Shoppes, www.charmingshoppes.com, acesso em: 11 dez. 2011; site da Clarabridge, www.clarabridge.com, acesso em: 11 dez. 2011; McInnes, Andrew, "Taking VoC Programs to the Next Level", Forrester Research, http://blogs.forrester.com/andrew_mcinnes/11-05-16-taking_voc_programs_to_the_next_ level, 16 maio 2011, acesso em: 11 dez. 2011.

NOTAS

Fontes do texto de abertura: Grant, I. "Tesco Uses Customer Data to Stride ahead of Competition", *ComputerWeekly*, www.computerweekly.com/news/1280095684/Tesco-uses-customer-data-to-stride-ahead-ofcompetition, 12 abr. 2011, acesso em: 2 dez. 2011; Kishino AR, "Kishino Augmented Reality for Tesco" (vídeo), www.youtube.com/watch?v=S5QDRoxuHtk, 15 nov. 2011, acesso em: 2 dez. 2011; Sillitoe, B., "Tesco Trials Virtual Store in South Korea", Retail Gazette, www.retailgazette.co.uk/articles/43224-tesco-trials-virtual-storein-south-korea, 26 ago. 2011, acesso em: 2 dez. 2011; Taylor, G., "Tesco Launches Big Price Drop Facebook App", Retail Gazette, www.retailgazette.co.uk/articles/41023-tesco-launches-big-price-drop-facebook-app, 19 out. 2011, acesso em: 2 dez. 2011; Tesco PLC, "Interim Results 2011/12", 5 out. 2011, download feito de www.tescoplcom/investors/results-and-events; Whiteaker, J., "Tesco to Trial Augmented Reality In-store", Retail Gazette, www.retailgazette.co.uk/articles/44432-tesco-to-trial-augmentedreality-instore, 17 nov. 2011, acesso em: 2 dez. 2011.

1. Kim, D.; Lee, R., "Systems Collaboration and Strategic Collaboration: Their Impacts on cadeia de suprimento Responsiveness and Market Performance", Decision Sciences, nov. 2010, p. 955.
2. Bhasin, P., "Keep on Tracking", CIO, 1º fev. 2011, p. 43.
3. Perkins, Bart, "What Suppliers Can Tell You about Your Own Business", *Computerworld*, 9 maio 2011, p. 48.
4. Farasyn, I., et al., "Inventory Optimization at Procter & Gamble", *Interfaces*, jan./fev. 2011, p. 66.
5. Woo, Stu, "Amazon May Expand Free Home Delivery", *The Wall Street Journal*, 25 jan. 2011, p. B5.
6. Villano, Matt, "Liquor Is Quicker", CIO, 1º maio 2011, p. 15.
7. Woo, Stu, "Fulfilling Work", *The Wall Street Journal*, 23 jun. 2011, p. B6.
8. Vascellaro, J., "Building Loyalty on the Web", *The Wall Street Journal*, 28 mar. 2011, p. B6.
9. Einhorn, B., et al., "Now, a Weak Link in the Global Supply Chain", *Bloomberg Businessweek*, 27 mar. 2011, p. 18.
10. Schultz, B., "Florida Hospice Saves with SaaS-based CRM", *Network World*, 6 jun. 2011, p. 24.
11. Site da Duke Energy, www.duke-energy.com, acesso em: 28 jun. 2011.
12. Site da Oracle, www.oracle.com, acesso em: 28 jun. 2011.
13. Henschen, D., "Microsoft Goes After Salesforce, Oracle", *Information Week*, 31 jan. 2011, p. 30.
14. Nash, K., "Recipe for Collaboration", *CIO*, 1º jun. 2011, p. 17.
15. Strong, Dennis, "CIO Profiles", *Information Week*, 14 mar. 2011, p. 12.

16. Silvestrini, E., "More Online Education is a Virtual Certainty", *The Tampa Tribune*, 7 mar. 2011, p. 1.

17. Site da Florida Virtual, http://melearning.flvs.net, acesso em: 28 jun. 2011.

18. Site do Facebook, www.facebook.com, acesso em: 28 jun. 2011.

19. Swanborg, Rick, "How to Find Fresh Ideas", *CIO*, 1º fev. 2011, p. 16.

20. Silverman, R., "Allowing Innovation to Bubble Up", *The Wall Street Journal*, 28 ago. 2011, p. B4.

21. Elfering, Ingo, "The Grill", *Computerworld*, 18 abr. 2011, p. 10.

22. Korn, Melissa, "Dean in London Champions Innovation", *The Wall Street Journal*, 5 maio 2011, p. B7.

23. Aley, Jim, "AOL Tries for Something New", *Bloomberg Businessweek*, 28 mar. 2011, p. 43.

24. Keizer, G.; Shah, A., "Steve Jobs Remembered", *Computerworld*, 10 out. 2011, p. 6.

25. Isaacson, W., "Book Excerpt: Steve Jobs The Biography", *Fortune*, 7 nov. 2011, p. 97.

26. Hoag, Brent, "Innovation Rejuvenation", *CIO*, 1º jan. 2001, p. 50.

27. Eng, Joe, "How to Inspire Everyone", *CIO*, 1º abr. 2011, p. 18.

28. Christensen, Clayton, The Innovator's Dilemma, Boston: Harvard Business School Press, 1997, p. 225, e *The inventor's solution*, Boston: Harvard Business School Press, 2003.

29. Mullich, Joe, "16 Ways Cloud Computing Will Change Our Lives", *The Wall Street Journal*, 7 jan. 2011, p. B4.

30. Site da Singularity University, http://singularityu.org, acesso em: 28 jun. 2011.

31. Schein, E. H., *Process consultation: its role in organizational development*, Reading, MA: Addison-Wesley, 1969. Veja Keen, Peter G. W., "Information Systems and Organizational Change", *Communications of the ACM*, v. 24, n. 1, jan. 1981, p. 24–33.

32. Site da BBVA, www.bbva.com, acesso em: 28 jun. 2011.

33. King, Julia, "Extreme Automation", *Computerworld*, 6 jun. 2011, p. 16.

34. Conry-Murray, Andrew, "A Measure of Satisfaction", *InformationWeek*, 26 jan. 2009, p. 19.

35. Wixom, Barbara, Todd, Peter, "A Theoretical Integration of User Satisfaction and Technology Acceptance", *Information Systems Research*, mar. 2005, p. 85.

36. Bailey, J., Pearson, W., "Development of a Tool for Measuring and Analyzing Computer User Satisfaction", *Management Science*, v. 29, n. 5, 1983, p. 530.

37. Chaparro, Barbara, et al., "Using the End-User Computing Satisfaction Instrument to Measure Satisfaction with a Web Site", *Decision Sciences*, maio 2005, p. 341.

38. MacMillian, D., "Creating Web Addicts for $10,000 a Month", *Bloomberg Businessweek*, 24 jan. 2011, p. 35.

39. Schwarz, A., Chin, W., "Toward an Understanding of the Nature and Definition of IT Acceptance", *Journal of the Association for Information Systems*, abr. 2007, p. 230.

40. Davis, F., "Perceived Usefulness, Perceived Ease of Use, and User Acceptance of Information Technology", *MIS Quarterly*, v. 13, n. 3, 1989, p. 319. Kwon, et al., "A Test of the Technology Acceptance Model", Proceedings of the *Hawaii International Conference on System Sciences*, jan. 4–7, 2000.

41. Ilie, V., et al., "Paper versus Electronic Medical Records", *Decision Sciences*, maio 2009, p. 213.

42. Hartung, Adam, "Tools They Want to Use", *CIO*, 1º maio 2001, p. 18.

43. Barki, H., et al., "Information System Use-Related Activity", *Information Systems Research*, jun. 2007, p. 173.

44. Loch, Christoph, Huberman, Bernardo, "A Punctuated-Equilibrium Model of Technology Diffusion", *Management Science*, fev. 1999, p. 160.

45. Tornatzky, L., Fleischer, M., "The Process of Technological Innovation", Lexington Books, Lexington, MA, 1990; Zhu, K., Kraemer, K., "Post-Adoption Variations in Usage and Value of E-Business by Organizations", *Information Systems Research*, mar. 2005, p. 61.

46. Armstrong, Curtis, Sambamurthy, V., "Information Technology Assimilation in Firms", *Information Systems Research*, abr. 1999, p. 304.

47. Sykes, T., Venkatesh, V., "Model of Acceptance with Peer Support", MIS Quarterly, jun. 2009, p. 371.

48. Agarwal, Ritu, e Prasad, Jayesh, "Are Individual Differences Germane to the Acceptance of New Information Technology?", *Decision Sciences*, verão 1999, p. 361.

49. Fuller, R., Denis, A., "Does Fit Matter?". *Information Systems Research*, mar. 2009, p. 2.

50. Site da Tieto, www.tieto.com/healthcare, acesso em: 5 dez. 2012.

51. Richardson, Karen, "The Six Sigma Factor for Home Depot", *The Wall Street Journal*, 4 jan. 2007, p. C3.

52. Site Six Sigma, www.sixsigma.com e www.6sigma.us, acesso em: 15 nov. 2009.

53. Site da Virgin Australia, www.virginaustralia.com, acesso em: 5 dez. 2012.

54. Ferrier, W., et al., "Digital Systems and Competition", *Information Systems Research*, set. 2010, p. 413.

55. Lasala, Donna, "Outlook 2011", *Network World*, 10 jan. 2011, p. 8.

56. Nash, Kim, "The Talent Advantage", *CIO*, 1º mar. 2011, p. 32.

57. Tanriverdi, H., et al., "Reframing the Dominant Quests of Information Systems Strategy Research for Complex Adaptive Business Systems", *Information Systems Research*, dez. 2010, p. 822.

58. Catan, Thomas, Koppel, Nathan, "Regulators Eye Apple Anew", *The Wall Street Journal*, 18 fev. 2011, p. B1.

59. Collins, Jim, *Good to great*, New York: Harper Collins, 2001, p. 300.

60. Pavlou, P., Sawy, O., "The Third Hand: IT--Enabled Competitive Advantage in Turbulence through Improvisational Capabilities", *Information Systems Research*, set. 2010, p. 443.

61. Porter, M. E., *Competitive advantage*: creating and sustaining superior performance, Nova York: Free Press, 1985; *Competitive strategy*: techniques for analyzing industries and competitors, Nova York: Free Press, 1980; e *Competitive advantage of nations*, Nova York: Free Press, 1990.

62. Porter, M. E., Millar, V., "How Information Systems Give You Competitive Advantage", *Journal of Business Strategy*, inverno 1985. Veja também Porter, M. E., *Competitive advantage*, Nova York: Free Press, 1985.

63. Evans, Bob, "Why CIOs Must Have a Tablet Strategy", *Information Week*, 14 mar. 2011, p. 10.

64. Site da Natural Selection, www.natural-selection.com, acesso em: 29 jun. 2011.

65. Greene, Tim, "Library System Shushes MPLS for Cheaper DSL", *Network World*, 24 jan. 2011, p. 14.

66. Staff, "The Innovator's Solution", *The Wall Street Journal*, 27 jun. 2011, p. C9.

67. Site da Apptio, www.apptio.com, acesso em: 29 jun. 2011.

68. Nash, Kim, "IT Leaders Fueling Growth with Strategic Investments", *CIO*, 1º jan. 2011, p. 34.

69. Thibodeau, P., "Tax Law May Accelerate IT Purchases", *Computerworld*, 7 fev. 2011, p. 4.

70. Fischer, M., et al., "Managing Global Brand Investments at DHL", *Interfaces*, jan./fev. 2011, p. 35.

71. Pratt, Mary, "What CFOs Want from IT", *Computerworld*, 24 jan. 2011, p. 19.

72. Ibid.

73. Site da Kodak, www.kodak.com, acesso em: 29 jun. 2011.

74. Pratt, Mary, "What CFOs Want from IT", *Computerworld*, 24 jan. 2011, p. 19.

75. Site da Hitachi Data Center, www.hds.com/assets/pdf/ itcentrix_report_may_2006.pdf, acesso em: 29 jun. 2011.

76. Pratt, Mary, "What CFOs Want from IT", *Computerworld*, 24 jan. 2011, p. 19.

77. Heylar, J., e MacMillan, D., "In Tech, Poaching Is the Sincerest Form of Flattery", *Bloomberg Businessweek*, 7 mar. 2011, p. 17.

78. Waghray, A., "CIO Profiles", *Information Week*, 14 fev. 2011, p. 10.

79. Brousell, Lauren, "IT Budgets Bulge in 2011", *CIO*, 1º fev. 2011, p. 8.

80. Evans, Bob, "The Top 10 CIO Priorities and Issues for 2011", *Information Week*, 31 jan. 2011, p. 12.

81. Bednaza, Ann, "Prepare for Talent Wars and IT Poaching", *Network World*, 7 mar. 2011, p. 19.

82. Carlton, Jim, "California Economy Gets a Jolt from Tech Hiring," *The Wall Street Journal*, 10 maio 2011, p. A3.

83. Staff, "Career Watch", *Computerworld*, 9 maio 2011, p. 50.

84. Staff, "2011 Salary Survey", *Computerworld*, 4 abr. 2011, p. 13.

85. Murphy, Chris, "Long, Hard Road", *Information Week*, 25 abr. 2011, p. 21.

86. Site da OpenDNS, www.opendns.com, acesso em: 29 jun. 2011.

87. Nash, Kim, "The Talent Advantage", *CIO*, 1º mar. 2011, p. 32.

88. Henschen, D., "They're Ready", *Information Week*, 14 fev. 2001, p. 21.

89. Light, J., "How's Your HTML5? App Skills in Demand", *The Wall Street Journal*, 31 jan. 2001, p. B7.

90. Flint, J., "Analyze This", *Bloomberg Business*, 21 fev. de 2011, p. 82.

91. Jordan, Miriam, "Long-Prized Tech Visas Lose Cachet", *The Wall Street Journal*, 9 maio 2011, p. A3.

92. Jordan, Miriam, "U.S. Probes Infosys Over Visas", *The Wall Street Journal*, 25 maio 2011, p. B1.

93. Bahree, M., Sharma, A., "Tighter U.S. Visa Scrutiny Alters Landscape for Indian Tech Firms", *The Wall Street Journal*, 25 maio 2011, p. B3.

94. Site da Top Coder Collegiate Challenge, www.topcoder.com, acesso em: 29 jun. 2011.

95. Ibid.

96. Zetlin, Minda, "Surviving CIO Regime Change", *Computerworld*, 7 mar. 2011, p. 12.

97. McGreavy, John, "Meet the Manager Who Will Replace Me", *Information Week*, 14 fev. 2011, p. 12.

98. Nash, Kim, "Market Makers", *CIO*, 1º jun. 2011, p. 37.

99. Nash, Kim, "The Thought That Counts", *CIO*, 1º abr. 2011, p. 28.

100. King, Julia, "Premier 100 IT Leaders of 2011", *Computerworld*, 21 fev. 2011, p. 16.

101. Site do Departamento de Defesa, http://cio-nii.defense.gov/docs/ciodesrefvolone.pdf, acesso em: 29 jun. 2011.

102. Site da CIO University, www.cio.gov/admin-pages.cfm/page/cio-university, acesso em: 2 abr. 2011.

103. Perkins, Bart, "Disappearing CIOs", *Computerworld*, 10 jan. 2011, p. 18.

104. Brodkin, Jon, "Microsoft Certifications Won't Boost Your Pay", *Network World*, 21 fev. 2011, p. 16.

105. Duffy-Marsan, Carolyn, "Survey Shows Increase in Cert Cheating", *Network World*, 21 fev. 2011, p. 22.

106. Site da IBM, www.ibm.com/services; Site da Hewlett-Packard, http://www8.hp.com/us/en/services/it-services.html; e site da Accenture, www.accenture.com, acessos em: 29 jun. 2011.

107. Site da Craigslist, www.craigslist.org, acesso em: 29 jun. 2011.

108. Site da Elance, www.elance.com, acesso em: 5 dez. 2011.

109. Light, Joe, "Recruiters Rethink Online Playbook", *The Wall Street Journal*, 18 jan. 2011, p. B7.

110. Berfield, Susan, "Dueling Your Facebook Friends for a New Job", *Bloomberg Businessweek*, 7 mar. 2011, p. 35.

111. Rosman, Katherine, "Here, Tweeting Is a Class Requirement", *The Wall Street Journal*, 9 mar. 2011, p. D1.

112. Lamoreaux, Kristen, "Rethinking the Talent Search", *CIO*, 1º maio 2011, p. 30.

113. Campoy, A., Jones, A., "Searching for Details Online", *The Wall Street Journal*, 22 fev. 2011, p. A2.

PARTE 2

CONCEITOS DA TECNOLOGIA DE INFORMAÇÃO

3 HARDWARE: DISPOSITIVOS DE ENTRADA, PROCESSAMENTO, SAÍDA E ARMAZENAMENTO

Princípios	Objetivos de aprendizagem
• O hardware deve ser selecionado cuidadosamente para atender às necessidades em evolução da organização e apoiar seus sistemas de informação.	• Descrever as funções da unidade central de processamento e da memória principal. • Enumerar as vantagens dos sistemas de computadores com multiprocessamento e computação em paralelo e fornecer exemplos dos tipos de problemas que eles abordam. • Descrever os métodos de acesso, capacidade e portabilidade de vários dispositivos de armazenamento secundário. • Identificar e discutir a velocidade, funcionalidade e importância de vários dispositivos de entrada e de saída. • Identificar as características e discutir o uso de várias classes de sistemas de computadores de usuários únicos e multiusuários.
• A indústria de hardware está mudando rapidamente e tornando-se altamente competitiva, criando ambiente maduro para avanços tecnológicos.	• Descrever a Lei de Moore e discutir suas implicações para o futuro desenvolvimento de equipamentos de computador. • Fornecer um exemplo das recentes inovações nos chips de CPU de computadores, dispositivos de memória e dispositivos de entrada/saída.
• A indústria de hardware de computadores e os usuários estão implementando designs e produtos mais ecológicos (verdes).	• Definir o termo "computação verde" e identificar as principais metas desse programa. • Identificar vários benefícios das iniciativas de computação verde, amplamente adotadas.

Mandando os computadores para as nuvens

SISTEMAS DE INFORMAÇÃO NA ECONOMIA GLOBAL

Deutsche Bank, Alemanha

DESDE QUE OS MODERNOS COMPUTADORES foram inventados na década de 1940, a tendência tem sido reduzir seu tamanho, ao mesmo tempo em que se aumenta sua capacidade. O fim lógico dessa tendência é eliminar totalmente o computador físico. Ainda que isso seja improvável de acontecer nas empresas, as companhias têm encontrado maneiras de fazer com que os equipamentos centrais desapareçam.

Obviamente, os computadores centrais ainda existem, mas observe ao redor dos escritórios, siga os cabos de um computador de mesa ou de um roteador sem fio através das paredes, até os andares inferiores, e pode ser que você não encontre um computador central. Em vez disso, encontrará cada vez mais organizações enviando sinais "para as nuvens". Esse termo refere-se à *computação em nuvens*, que fornece serviços de computação e acesso aos bancos de dados por meio da internet e que são acessíveis de qualquer lugar do mundo, ao contrário de um computador específico, em um local específico.

O Deutsche Bank (DB), organização alemã de serviços financeiros, tomou a decisão de enviar seus computadores para as nuvens. Como Alistair McLaurin do grupo Global Technology Engineering declara, o banco "queria criar algo radicalmente diferente", para "desafiar as crenças vigentes de que serviços de TI fornecidos de maneira centralizada poderiam existir e quanto eles custariam". O DB criou um sistema no qual a computação é efetuada por meio de *máquinas virtuais* (VMs, virtual machines): "fatias" gerenciadas por softwares de computadores reais que se comportam, sob todos os aspectos, como computadores completos, mas que compartilham o hardware de um computador real com muitas outras VMs. Uma máquina virtual é uma extensão do conceito familiar de executar mais de um programa simultaneamente. Em uma VM, é possível executar mais de um sistema operacional ao mesmo tempo, sendo um totalmente isolado dos outros. O resultado é uma economia substancial nos gastos com hardware e em tudo que o acompanha, como espaço e eletricidade. Ao colocar computadores que hospedam máquinas virtuais em nuvens, o DB livrou-os das restrições de ter espaços físicos específicos. O DB pôde então otimizar o uso desses computadores virtuais por toda a companhia.

Outra vantagem da abordagem virtual é de que alguém que necessita de um novo computador não precisa comprá-lo. Ele pode usar computadores virtuais dentro de um computador real que a companhia já possui; tal VM é mais fácil de configurar do que um sistema novo. De fato, "um usuário que seja funcionário permanente de uma organização e que deseja uma nova máquina virtual apenas para seu uso pessoal pode fazê-lo visitando a internet, selecionando um sistema operacional [Windows, Solaris ou Linux] e clicando em três botões. A nova VM está pronta e disponível para uso em até uma hora".

A Open Data Center Alliance recentemente selecionou o DB como vencedor de seu grande prêmio Conquering the Cloud Challenge. A base específica para a concessão do prêmio foi a maneira como o sistema baseado em nuvens do DB gerencia as identidades dos usuários. Quando um usuário solicita uma máquina virtual, o sistema já sabe quem tem de aprovar a requisição (se necessário), onde os custos serão cobrados e quem deve ser aprovado como administrador da máquina. O sistema baseado em nuvens significa que os usuários não precisam se preocupar sobre como as máquinas foram criadas, tornando seu uso mais prático. Como uma máquina virtual é mais barata do que um computador desktop novo, a gerência do DB queria encorajar os funcionários a utilizar as novas máquinas virtuais. Remover as barreiras para sua adoção foi fundamental, e foi por isso que projetaram um sistema baseado em nuvem para gerenciar as identidades dos usuários.

Atualmente, programadores e outros desenvolvedores de sistema usam o sistema em nuvens do DB para desenvolvimento e teste de aplicativos. Se um desenvolvedor está trabalhando com um computador que roda Solaris e deseja testar um aplicativo em Windows 7 ou Windows Vista, pode fazê-lo por meio de uma máquina virtual de maneira rápida e eficiente. O sistema em nuvens será utilizado em seguida para aplicativos de produção do DB, com exceção daqueles que necessitam de 100% de tempo de uso (como os que operam uma rede de ATMs). Depois disso? Quem sabe?

À medida que você lê o capítulo, considere o seguinte:

- Como a *não dependência da necessidade de um espaço físico* para computação em nuvens ajuda o Deutsche Bank ou qualquer outra organização?
- A computação em nuvens seria útil para sua escola? E para alguma pequena empresa específica que você conheça?
- Como se manter atento às tendências da tecnologia ajuda uma empresa a obter sucesso e se manter no topo?

© Andrey Burmakin/Shutterstock

POR QUE SE INFORMAR SOBRE O HARDWARE?

As organizações investem em hardware para melhorar a produtividade dos trabalhadores, aumentar a receita, reduzir custos, oferecer melhor serviço ao consumidor, aumentar a velocidade até chegar ao mercado e possibilitar colaboração entre funcionários. Organizações que não investem de maneira inteligente em hardware ficarão paradas com equipamentos obsoletos que não são confiáveis e não podem se aproveitar dos últimos avanços em software. Esse hardware obsoleto pode colocar uma empresa em desvantagem competitiva. Espera-se que os gerentes, não importa qual a área e seu histórico educacional, ajudem a definir as necessidades do negócio que o hardware deve apoiar. Além disso, os gerentes devem ser capazes de fazer boas perguntas e avaliar as opções quando consideram fazer um investimento em hardware para a sua área de negócio. Essa necessidade é especificamente importante para pequenas empresas, as quais podem não ter especialistas em sistemas de informação. Gerentes de marketing, vendas e recursos humanos com frequência ajudam os especialistas de SI a avaliar as oportunidades para hardware mais adequado e avaliar as opções e suas características específicas. Especialmente os gerentes de finanças e de contabilidade devem manter a atenção no resultado final, preservando-se do gasto excessivo, embora queiram investir em hardware, quando e onde as condições de negócio o justificarem.

O uso atual da tecnologia é prático – pretende-se produzir benefícios reais ao negócio, como demonstrado pelo Deutsche Bank. Empregar tecnologia de informação mais recente e oferecer capacidade de processamento adicional pode aumentar a produtividade do funcionário, expandir oportunidades de negócio e permitir mais flexibilidade. Este capítulo concentra-se no componente hardware de um sistema de informação baseado em computador (CBIS). Lembre-se de que hardware refere-se aos componentes físicos de um computador que efetuam atividades de entrada, processamento, saída e armazenamento. Ao decidir sobre hardware, as considerações mais importantes de uma empresa deveriam ser a respeito de como o hardware poderia apoiar os objetivos dos sistemas de informação e as metas da organização.

SISTEMAS DE COMPUTADORES: INTEGRANDO O PODER DA TECNOLOGIA

As pessoas envolvidas na seleção do hardware de sua organização devem entender claramente as atuais e futuras exigências do negócio, a fim de que possam estar bem informadas ao tomar decisões de aquisições. Considere os seguintes exemplos de aplicação do conhecimento de negócio para chegar a decisões ideais para aquisição do hardware:

- Quando precisou adicionar dois novos centros de dados, o Facebook escolheu montar seus próprios computadores customizados em vez de comprar computadores em estoque de fabricantes tradicionais como a Dell ou a HP. Os computadores instalados tinham apenas os componentes mínimos necessários para executar funções específicas e não incluíam os dispendiosos serviços de upgrade e backup dos fabricantes. Como resultado, os custos de montagem e adaptação do centro de dados foi reduzido em cerca de 24%.[1]
- O Air Force Information Technology Commodity Council, composto por oficiais da Força Aérea Americana (USAF, United States Air Force), seleciona os fabricantes de equipamentos de computador que forneçam produtos para a agência de serviços. Recentemente esse grupo escolheu um fabricante que fornecia novas estações de trabalho e computadores desktops pessoais, baseados

UNIDADE DE PROCESSAMENTO CENTRAL (CPU, CENTRAL PROCESSING UNIT): Cada unidade de processamento central consiste em três elementos associados: a unidade aritmética/lógica, a unidade de controle e as áreas de registro.

UNIDADE ARITMÉTICA/ LÓGICA (ALU, ARITHMETIC/ LOGIC UNIT): Componentes da CPU que realizam cálculos matemáticos e fazem comparações lógicas.

UNIDADE DE CONTROLE: Parte da CPU que acessa sequencialmente as instruções do programa, decodificando-as, e coordena o fluxo de dados de entrada e de saída da ALU, registradores, armazenamento primário e até mesmo o armazenamento secundário e vários dispositivos de saída.

REGISTRADOR: Área de armazenamento de alta velocidade na CPU utilizada para o armazenamento temporário de pequenas unidades de instruções de programas e dados imediatamente antes, durante e depois da execução pela CPU.

ARMAZENAGEM PRIMÁRIA (MEMÓRIA PRINCIPAL, MEMÓRIA): Parte do computador que guarda as instruções e dados do programa.

em vários critérios, mas principalmente em sua permanência em ambientes de extremo calor, umidade, frio, climas muito secos e com poluição do ar, incluindo areia e poeira. Os equipamentos precisam funcionar de forma confiável nos ambientes extremos nos quais a USAF tem de realizar suas missões.[2]

- A Russell's Convenience Stores opera 24 lojas de conveniência nos Estados do oeste americano e no Havaí. A Russell's adotou a tecnologia de computação em nuvens para aprimorar a forma como seus funcionários colaboram entre si e entre seus licenciados, revendedores e todos os outros parceiros comerciais. Eles também acreditam que a computação em nuvens irá fornecer mais flexibilidade e reduzir os custos com equipamentos de computação, no planejamento para os próximos cinco anos. De acordo com Raymond Huff, presidente da HJB Convenience Corporation/Russell's Convenience, a computação em nuvens "está ajudando nossos licenciados a operar como um único negócio – uma empresa que está conectada, informada e coesa".[3]

Como esses exemplos demonstram, escolher o hardware certo exige a compreensão da relação com o sistema de informação e as necessidades da organização.

COMPONENTES DO HARDWARE

Os componentes de hardware do sistema de computação incluem dispositivos que executam a entrada, o armazenamento de dados e a saída, como mostra a Figura 3.1.

Lembre-se de que qualquer sistema deve ser capaz de processar (organizar e manipular) dados, e um sistema de computação faz isso mediante a interação entre uma e mais unidades centrais de processamento e armazenamento primário. Cada **unidade de processamento central (CPU, central processing unit)** consiste em três elementos associados: a unidade aritmética/lógica, a unidade de controle e as áreas de registro. A **unidade aritmética/lógica (ALU, arithmetic logic unit)** realiza cálculos matemáticos e faz comparações lógicas. A **unidade de controle** acessa sequencialmente as instruções do programa, decodificando-as, e coordena o fluxo de dados de entrada e de saída da ALU, registradores, armazenamento primário e até mesmo o armazenamento secundário e vários dispositivos de saída. Os **registradores** são áreas de armazenamento de alta velocidade utilizadas para o armazenamento temporário de pequenas unidades de instruções de programas e dados imediatamente antes, durante e depois da execução pela CPU.

A **armazenagem primária**, também chamada **memória principal** ou **memória**, é estritamente associado à CPU. A memória armazena as instruções de programas e dados imediatamente antes ou após os registradores. Para entender a função do processamento e a interação entre a CPU e a memória, vamos examinar o modo como um computador típico executa uma instrução de programa.

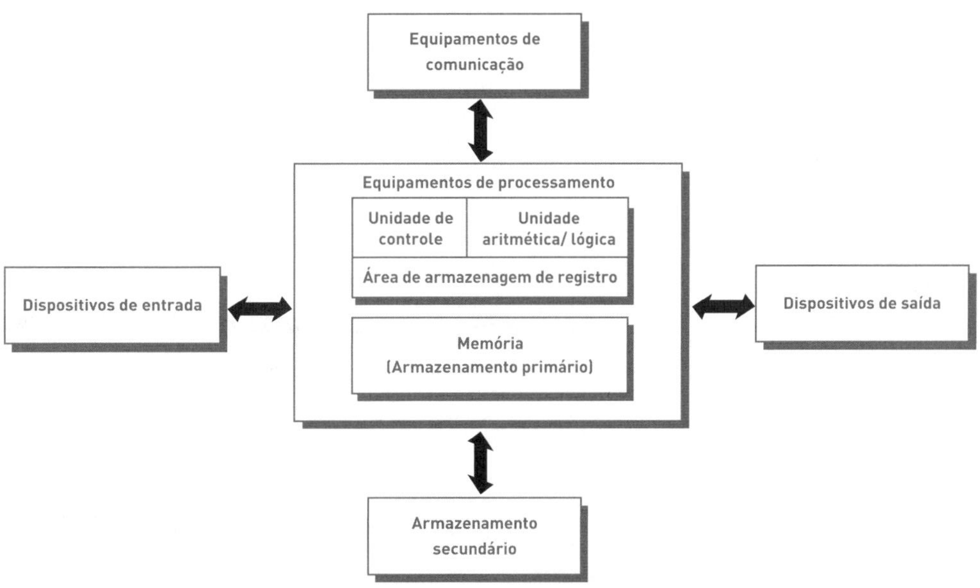

FIGURA 3.1 Componentes de hardware. Esses componentes incluem os dispositivos de entrada, dispositivos de saída, os de armazenamento primário e secundário e a unidade de processamento central (CPU). A unidade de controle, a unidade aritmética/lógica (ALU) e as áreas de armazenamento de registro constituem a CPU.

COMPONENTES DO HARDWARE EM AÇÃO

A execução de qualquer instrução de máquina envolve duas fases: instrução e execução. Durante a fase da instrução, o computador desempenha as seguintes etapas:

- Etapa 1: Buscar a instrução. O computador lê a instrução do próximo programa a ser executado e quaisquer dados necessários para o processador.
- Etapa 2: Decodificar a instrução. A instrução é decodificada e transmitida à unidade de execução apropriada do processador. Cada unidade de execução realiza uma função diferente. A unidade aritmética/lógica executa todas as operações aritméticas; a unidade do ponto flutuante lida com operação de números não inteiros; a unidade de carregamento/armazenamento gerencia as instruções que leem ou gravam a memória; a unidade de processamento da ramificação prevê o resultado de uma instrução da ramificação em tentativa de reduzir interrupções no fluxo de instruções e dados para o processador; a unidade de gerenciamento da memória traduz o endereço de um aplicativo para os endereços da memória física; e a unidade de processamento vetorial lida com as instruções baseadas em vetores que aceleram as operações gráficas.

TEMPO DE INSTRUÇÃO (TEMPO I): Tempo que leva para a fase de instrução realizar as instruções de busca e de decodificação.

TEMPO DE EXECUÇÃO (TEMPO E): Tempo decorrido para executar uma instrução e armazenar os resultados.

CICLO DE MÁQUINA: Fase de instrução, seguida da fase de execução.

ENCADEAMENTO (PIPELINING): Forma de operação da CPU na qual múltiplas fases de execução são realizadas em um único ciclo de máquina.

O tempo decorrido na execução da fase de instrução (Etapas 1 e 2) é chamado **tempo de instrução (tempo I)**.

A segunda fase é a execução. Durante a fase da execução, o computador realiza as seguintes etapas:

- Etapa 3: Executar instrução. O elemento de hardware, agora recém-alimentado com uma instrução e dados, realiza a instrução. Isso pode envolver uma operação aritmética, comparação lógica, mudança de bit ou operação de vetor.
- Etapa 4: Armazenar resultados. Os resultados são armazenados nos registradores ou na memória.

O tempo que leva para completar a fase de execução (Etapas 3 e 4) é chamado **tempo de execução (tempo E)**.

Depois de terem sido concluídas para uma instrução, ambas as fases são realizadas novamente para a segunda instrução e assim por diante. Completar a fase de instrução seguida da fase de execução denomina-se **ciclo de máquina**, como mostra a Figura 3.2. Algumas unidades de processamento podem acelerar o processamento usando o **encadeamento**, no qual a unidade de processamento pega uma instrução, decodifica outra e executa uma terceira ao mesmo tempo. O processador Pentium 4, por exemplo, utiliza dois encadeamentos de unidade de execução. Isso significa que a unidade de processamento pode executar duas instruções com um único ciclo de máquina.

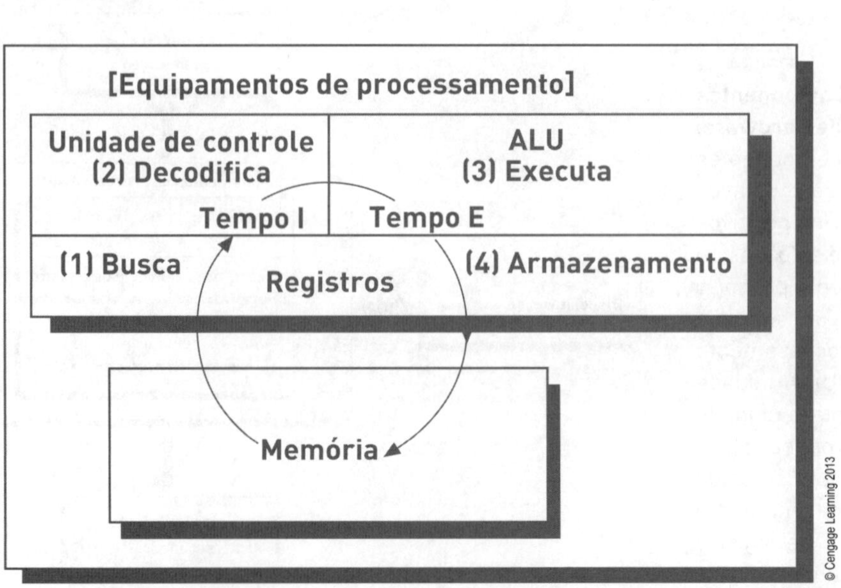

FIGURA 3.2 Execução de uma instrução. Na fase de instrução, as instruções de um programa e quaisquer dados necessários são lidos no processador (1). Depois, a instrução é decodificada para que o processador central possa entender o que fazer (2). Na fase de execução, a ALU faz o que é instruída a fazer, numa operação aritmética ou comparação lógica (3). Em seguida, os resultados são armazenados nos registradores ou na memória (4). As fases de instrução e execução juntas formam um ciclo de máquina.

DISPOSITIVOS DE PROCESSAMENTO E MEMÓRIA: POTÊNCIA, VELOCIDADE E CAPACIDADE

Os componentes responsáveis pelo processamento – CPU e memória – são instalados na mesma caixa ou gabinete, chamado *unidade de sistema*. Todos os demais dispositivos do sistema de computador, como o monitor, armazenamento secundário e teclado são ligados direta ou indiretamente a essa estrutura de unidade de sistema. Nesta seção, analisamos as características desses importantes dispositivos.

CARACTERÍSTICAS E FUNÇÕES DO PROCESSAMENTO

Como as organizações desejam processamento eficiente e saída em tempo hábil, utilizam uma variedade de medidas para mensurar a velocidade de processamento. Estas incluem o tempo necessário para completar um ciclo de máquina e a velocidade de clock.

Tempo de ciclo de máquina

Conforme visto, o computador executa uma instrução durante um ciclo de máquina. O tempo em que ocorre um ciclo de máquina é medido em *nanossegundos* (1 bilionésimo de segundo) e *picossegundos* (1 trilionésimo de segundo). O tempo de ciclo de máquina pode também ser medido pelo número de instruções executadas em um segundo. Essa medida, chamada **MIPS**, representa milhões de instruções por segundo. MIPS é outra medida de velocidade para os sistemas de computador de todos os tamanhos.

MIPS: Milhões de instruções por segundo, uma medida de tempo de ciclo de máquina.

Velocidade de clock (relógio)

Cada CPU produz uma série de pulsos eletrônicos a uma taxa predeterminada, chamada **velocidade de clock**, que afeta o tempo de ciclo de máquina. A unidade de controle executa as instruções de acordo com o ciclo eletrônico, ou pulsos do "clock" da CPU. Cada instrução leva, no mínimo, o mesmo período de tempo que o intervalo entre os pulsos. Quanto mais curto o intervalo, mais rapidamente pode ser executada cada instrução.

VELOCIDADE DE CLOCK: Uma série de pulsos eletrônicos produzidos a uma taxa predeterminada que afeta o tempo de ciclo de máquina.

O clock em geral é medido em **megahertz** (MHz, milhões de ciclos por segundo) ou em **gigahertz** (GHz, bilhões de ciclos por segundo). Infelizmente, quanto maior a velocidade de CPU, maior o calor que o processador gera. Esse calor deve ser dissipado para evitar que os dados e instruções sejam corrompidos, enquanto o computador tenta processá-los. Também os chips que operam em temperaturas mais altas necessitam de dissipadores maiores de calor, ventiladores e outros componentes para eliminar o excesso de calor. Isso aumenta o tamanho do computador, seja ele um desktop, um tablet ou um smartphone, o que eleva os custos de materiais e deixa os equipamentos mais pesados — ao contrário do que desejam fabricantes e usuários.

MEGAHERTZ (MHZ): Milhões de ciclos por segundo, uma medida de velocidade de clock.

GIGAHERTZ (GHZ): Bilhões de ciclos por segundo, uma medida de velocidade de clock.

Os fabricantes de chips e computadores estão examinando vários meios de impedir problemas de aquecimento em seus novos projetos. A ARM é uma empresa de projetos de chips de computador cuja arquitetura energético-eficiente de seus chips é amplamente usada em smartphones e tablets. Estima-se que o design de seu chip Cortex-A7 leve à produção de smartphones muito mais baratos com tempo de carga da bateria cinco vezes maior que a dos equipamentos atuais. Seu processador mais poderoso, o Cortex-A15 pode ser usado para processar tarefas intensivas, como navegação e reprodução de vídeo.[4] A Intel espera começar a produzir processadores de computador baseados em uma nova tecnologia 3D que está em desenvolvimento há mais de uma década. Tradicionalmente, os transistores, elementos básicos de um chip de computador, são produzidos em estruturas planas bidimensionais. O novo chip 3D irá reduzir o consumo de energia pela metade, tornando o chip ideal para uso no crescente mercado de smartphones e tablets.[5]

Os fabricantes também estão procurando fontes mais eficazes de energia, pois os equipamentos portáteis tornam-se cada vez mais famintos de fontes de alimentação. Algumas empresas investigam a substituição de células de combustível por baterias de íon lítio para fornecer energia adicional e de maior duração. As células de combustível geram eletricidade consumindo combustível (frequentemente o metanol), enquanto as baterias tradicionais armazenam eletricidade e liberam-na através de uma reação química. Uma célula de combustível gasta é recarregada em minutos, reabastecendo apenas seu reservatório ou substituindo o cartucho de combustível gasto por um novo.

Características físicas da CPU

A maior parte das CPUs é composta por conjuntos de circuitos digitais impressos em pastilhas de silício ou chips, cada um não maior do que a ponta de um lápis-borracha. Para ligar ou desligar um circuito digital dentro da CPU, a corrente elétrica deve fluir através de um meio (normalmente silício) do ponto A para o ponto B. A velocidade da corrente que flui entre os pontos pode ser aumentada, reduzindo-se a distância entre os pontos ou diminuindo a resistência do meio à corrente elétrica.

Reduzir a distância entre pontos resultou em chips ainda menores, com os circuitos acondicionados muito juntos. Gordon Moore, que seria o cofundador da Intel (a maior fabricante de microprocessadores) e tornou-se presidente do conselho diretor, teorizou que o progresso na fabricação de chips deve ser capaz de dobrar o número de transistores (as microscópicas chaves on/off) de um único chip a cada dois anos. A hipótese ficou conhecida como a **Lei de Moore**, e esta "regra" tornou-se uma meta que os fabricantes de chips têm de atingir por cerca de mais quatro décadas.

LEI DE MOORE: A Lei de Moore é uma hipótese que afirma que o número de transistores em um único chip dobrará a cada dois anos.

Os fabricantes de chips têm sido capazes de aumentar a produtividade e o desempenho mediante a inserção de mais transistores em chips do mesmo tamanho, ao mesmo em que reduzem o consumo de energia requerido para realizar tarefas. Além disso, como os chips são menores, os fabricantes podem cortar mais chips de uma única pastilha de silício e assim reduzir os custos por chip. Conforme os componentes são construídos em silício e os computadores ganham em desempenho, tornam-se mais baratos de produzir e, portanto, mais completos, mais potentes e, cada vez mais, parte de nossa vida diária. Esse processo torna os equipamentos de computação acessíveis para um número cada vez maior de pessoas ao redor do mundo e possibilita inserir uma imensa capacidade de computação mesmo nos menores equipamentos.

CARACTERÍSTICAS E FUNÇÕES DA MEMÓRIA

A memória principal está fisicamente localizada perto da CPU, mas não no próprio chip da CPU. Ela fornece à unidade de processamento central uma área de armazenamento de trabalho para instruções e dados de programa. A característica principal da memória é que ela fornece dados e instruções rapidamente para a CPU.

Capacidade de armazenamento

Como a CPU, o dispositivo da memória contém milhares de circuitos impressos em um chip de silício. Cada circuito ou está conduzindo corrente elétrica (ligado) ou não (desligado). Os dados são armazenados na memória como uma combinação de estados do circuito ligado ou desligado. Normalmente, 8 bits são usados para representar um caractere, tal como a letra *A*. Oito bits, em conjunto, formam um **byte (B)**. Na maioria dos casos, a capacidade de armazenamento é medida em bytes, com 1 byte equivalendo a um caractere de dado. O conteúdo da Biblioteca do Congresso Norte-Americano, com mais de 126 milhões de itens e 852,9 quilômetros de prateleiras de livros, exigiria cerca de 20 petabytes de armazenamento digital. Estima-se que todas as palavras que já foram faladas, em forma de texto, equivaleriam a cerca de 5 exabytes de informações.[6] A Tabela 3.1 lista as unidades usadas para medir a capacidade de armazenamento do computador.

BYTE (B): Oito bits que juntos representam um único caractere de dado.

Tipos de memória

As memórias de computador podem ser de várias formas. As instruções ou os dados podem ser armazenados temporariamente e lidos na **memória de acesso aleatório (RAM, random access memory)**. Com o atual design de chips de RAM, eles são dispositivos de armazenamento volátil, o que significa que perdem o conteúdo caso a corrente seja desligada ou interrompida (como na falta de energia, um apagão parcial ou ruído elétrico gerado por raios ou máquinas próximas). Os chips de RAM são montados diretamente na placa de circuitos principal do computador ou em outros chips montados

MEMÓRIA DE ACESSO ALEATÓRIO (RAM, RANDOM ACCESS MEMORY): Tipo de memória na qual as instruções ou dados podem ser armazenados temporariamente.

TABELA 3.1 Unidades de armazenamento de computadores

Nome	Abreviação	Número de bytes
Byte	B	1
Quilobyte	KB	2^{10} ou, aproximadamente, 1.024 bytes
Megabyte	MB	2^{20} ou, aproximadamente, 1.024 quilobytes (cerca de 1 milhão)
Gigabyte	GB	2^{30} ou, aproximadamente, 1.024 megabytes (cerca de 1 bilhão)
Terabyte	TB	2^{40} ou, aproximadamente, 1.024 gigabytes (cerca de 1 trilhão)
Petabyte	PB	2^{50} ou, aproximadamente, 1.024 terabytes (cerca de 1 quatrilhão)
Exabyte	EB	2^{60} ou, aproximadamente, 1.024 petabytes (cerca de 1 quintilhão)

em cartões periféricos que se inserem na placa de circuito principal. Esses chips de RAM consistem em milhões de chaves sensíveis às mudanças na corrente elétrica.

A RAM é fornecida de várias formas: a memória de acesso aleatório estático (SRAM, static random access memory) é uma armazenagem de byte por endereçamento usado para registradores de alta velocidade e caches; a memória de acesso aleatório dinâmico (DRAM, dynamic random access memory) é um armazenamento de bytes com endereçamento usado para a memória principal de um computador e para a memória de acesso aleatório dinâmico sícrono com dupla taxa de dados (DDR SDRAM, double data rate synchronous dynamic random access memory) é um aprimoramento da DRAM que efetivamente dobra a taxa na qual os dados podem ser movidos para dentro e para fora da memória principal. Outras formas de memória RAM incluem o DDR2 SDRAM e DDR3 SDRAM.

MEMÓRIA SOMENTE DE LEITURA (ROM, READ-ONLY MEMORY): Tipo de memória não volátil.

A **memória somente de leitura (ROM, read-only memory)** é não volátil, o que significa que seu conteúdo não é perdido se a energia for desligada ou interrompida. A ROM fornece armazenamento permanente de dados e instruções que não mudam, como programas e dados do fabricante do computador, incluindo as instruções que informam ao computador como iniciar quando a energia é ligada. A memória ROM também é fornecida em várias formas: memória somente de leitura programável (PROM, programmable read-only memory), usada para guardar dados e instruções que nunca podem ser alterados; memória somente de leitura programável e apagável (EPROM, erasable programmable read-only memory), que é uma ROM programável e pode ser apagada e reutilizada; e a memória somente de leitura programável e apagável eletricamente (EEPROM, electrically erasable programmable read-only memory), que é somente de leitura, que pode ser modificada pelo usuário e apagada e reprogramada repetidamente, por meio de aplicativos com tensão elétrica acima do normal.

Fabricantes estão competindo para desenvolver um chip de memória não volátil, que necessite de um mínimo de energia, ofereça velocidade extremamente rápida de escrita e possa armazenar dados de forma precisa, mesmo após um grande número de ciclos escreve-e-apaga. Tais chips devem eliminar a necessidade de RAM e simplificar e acelerar o processamento da memória. A memória de mudança de fase (PCM, phase change memory) é uma abordagem potencial para suprir tal dispositivo de memória. A PCM emprega material especial semelhante ao vidro que pode alterar seu estado físico, alternando entre estado cristalino de baixa resistência para um estado gasoso de alta resistência, por meio da aplicação de tensão para reorganizar os átomos do material. Espera-se que essa tecnologia seja até 100 vezes mais rápida do que a memória flash e que possa ser usada por computadores de servidores por volta de 2016.[7]

MEMÓRIA CACHE: Tipo de memória de alta velocidade que um processador pode acessar mais rapidamente do que a memória principal.

Embora a velocidade do microprocessador tenha dobrado a cada 24 meses durante a década passada, o desempenho da memória não seguiu o mesmo ritmo. De fato, a memória tornou-se o principal gargalo ao desempenho do sistema. A **memória cache** é um tipo de memória de alta velocidade que um processador pode acessar mais rapidamente do que a memória principal para ajudar a facilitar esse estrangulamento (veja a Figura 3.3). Dados usados frequentemente são armazenados em memória cache, facilmente acessível, em lugar de memórias mais lentas como a RAM. Como a memória cache armazena menos dados, a CPU pode acessar os dados e as instruções desejadas mais rapidamente do que selecionar de um conjunto maior na memória principal. Portanto, a

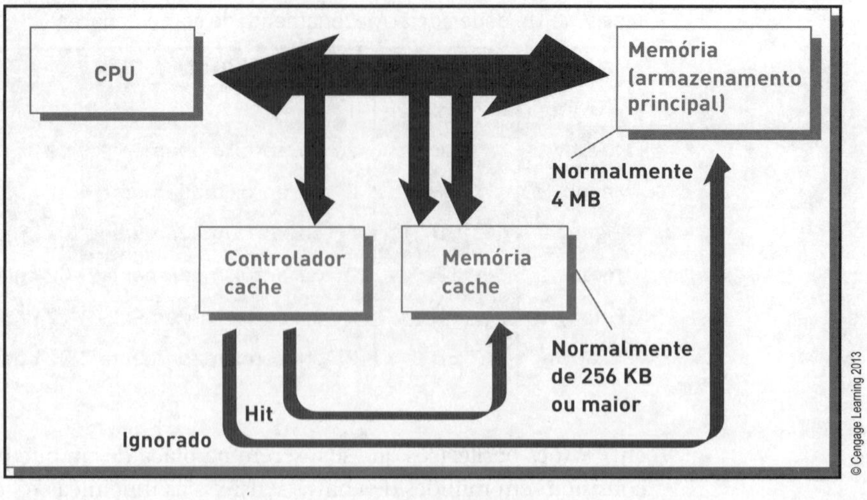

FIGURA 3.3
Memória cache.
Os processadores podem acessar esse tipo de memória de alta velocidade mais rapidamente do que a memória principal. Localizada no chip da CPU ou perto dele, a memória cache funciona com a memória principal. Um controlador cache determina com que frequência o dado é usado, transfere frequentemente os dados usados para a memória cache e depois os deleta quando sai de operação.

CPU pode executar instruções mais rapidamente, melhorando o desempenho geral do sistema de computador. A memória cache está disponível em três formas. O cache nível 1 (L1) está no chip da CPU. A memória cache nível 2 (L2) pode ser acessada pela CPU por meio de uma interface dedicada de alta velocidade. Os últimos processadores vão um passo adiante e colocam a cache L2 diretamente sobre o próprio chip da CPU e fornece apoio de alta velocidade para uma cache terciária externa de nível 3 (L3).

A capacidade da memória contribui para a eficácia de um computador. Por exemplo, problemas complexos de processamento, como a elaboração de projetos de produtos feitos em computador, exigem mais memórias do que tarefas simples, como processamento de textos. E, como os sistemas de computadores têm diferentes tipos de memória, podem precisar de outros programas para controlar o modo como a memória é acessada e utilizada. Em outros casos, o sistema de computador pode ser configurado para maximizar o uso da memória. Antes de adquirir memória adicional, a organização deve levar em conta todas essas considerações.

MULTIPROCESSAMENTO

MULTIPROCESSAMENTO: Execução simultânea de duas ou mais instruções.

COPROCESSADOR: Parte do computador que acelera o processamento, executando instruções de tipos específicos enquanto a CPU trabalha em outra atividade de processamento.

MICROPROCESSADOR MULTICORE: Microprocessador que combina dois ou mais processadores independentes em um único computador, para que possam compartilhar a carga de trabalho e elevar a capacidade de processamento.

Em geral, o **multiprocessamento** envolve a execução simultânea de duas ou mais instruções. Uma forma de multiprocessamento utiliza coprocessadores. Um **coprocessador** acelera o processamento, executando instruções de tipos específicos enquanto a CPU trabalha em outra atividade de processamento. Os coprocessadores podem ser internos ou externos à CPU e podem ter velocidades de clock diferentes do que os da CPU. Cada tipo de coprocessador realiza uma função específica. Por exemplo, um chip coprocessador matemático acelera os cálculos matemáticos, enquanto um coprocessador gráfico reduz o tempo necessário para manipular gráficos.

Um **microprocessador multicore** combina dois ou mais processadores independentes em um único computador, para que possam compartilhar a carga de trabalho e elevar a capacidade de processamento. Além disso, um processador dual-core possibilita que os usuários desempenhem múltiplas tarefas simultaneamente, como jogar e gravar um CD.

A AMD e a Intel estão lutando pela liderança no mercado de processadores multicore com ambas as companhias oferecendo chips de CPU quadri-core, hexa-core e octa-core que podem ser usados para construir poderosos computadores de mesa. A AMD anunciou que seus processadores octa-core para computadores desktop, baseado na arquitetura chamada Bulldozer, quebrou o recorde mundial de velocidade de clock, rodando a 8,5 GHz.[8]

É preciso usar um software multitarefas projetado, para que você possa usufruir totalmente do poder de computação dos processadores multicore. Os cientistas do Laboratório de Propulsão a Jato planejam poder usufruir totalmente da capacidade dos processadores multicore para fazer análises de imagens e outras tarefas, em futuras missões espaciais.[9]

Quando selecionam uma CPU, as organizações devem equilibrar os benefícios da velocidade de processamento com o consumo de energia e custo. As CPUs com velocidades de clock mais rápidas e ciclos de tempo de máquina mais curtos exigem mais energia para dissipar o calor gerado pela CPU, são maiores e mais caras do que as mais lentas.

COMPUTAÇÃO PARALELA

COMPUTAÇÃO PARALELA: Execução simultânea da mesma tarefa em múltiplos processadores para se obter resultados mais rapidamente.

SISTEMAS DE PROCESSAMENTO MACIÇAMENTE PARALELOS: Tipo de multiprocessamento que acelera o processamento por meio da conexão de centenas ou milhares de processadores para operar simultaneamente, ou em paralelo, no qual cada processador tem seu próprio barramento, memória, discos, cópia do sistema operacional e aplicativos.

Computação paralela é a execução simultânea da mesma tarefa em múltiplos processadores para se obter resultados mais rapidamente. Sistemas com milhares desses processadores são conhecidos como **sistemas de processamento maciçamente paralelos**, uma forma de multiprocessamento que acelera o processamento através da conexão de centenas ou milhares de processadores para operar simultaneamente e na qual cada processador tem seu próprio barramento, memória, discos, cópia do sistema operacional e aplicativos. Os processadores podem comunicar-se uns com os outros para se coordenar ao executarem um programa de computador, ou podem rodar independentemente uns dos outros, mas sob a direção de outro processador que distribui o trabalho para outros processadores e coleta os resultados processados. Os já mencionados processadores dual-core são uma forma simples de computação paralela.

Os usos mais frequentes da computação paralela incluem modelagem, simulação e análise de grandes quantidades de dados. A computação paralela é usada na medicina para desenvolver novos sistemas de imagens em scans completos de ultrassom em menos tempo e com maior precisão, possibilitando aos médicos fornecerem melhores diagnósticos para os pacientes, por exemplo. Em vez de criar modelos físicos de novos produtos, engenheiros podem desenvolver modelos virtuais de tais produtos e usar a computação paralela para testar como funcionarão e depois alterar os elementos básicos de projeto e materiais, conforme o necessário. A Chevron usa imagem sísmica para refletir ondas sonoras das formações rochosas no subsolo, para detectar possíveis formações de depósitos de óleo ou gás. Os ecos resultantes criam uma vasta quantidade de dados que poderosos computadores processam em paralelo para aumentar a taxa de descobertas das explorações da companhia em até 57%.[10]

COMPUTAÇÃO EM GRADE: Uso de um conjunto de computadores, frequentemente pertencentes a vários indivíduos ou organizações, para trabalhar de maneira coordenada a fim de resolver problemas em comum.

Computação em grade (grid computing) é o uso de um conjunto de computadores, em geral pertencentes a vários indivíduos ou organizações, para trabalhar de maneira coordenada a fim de resolver problemas em comum. A computação em grade é uma abordagem de baixo custo para computação paralela. As grades podem incluir dezenas, centenas ou mesmo milhares de computadores funcionando coletivamente para resolver problemas de processamento extremamente grandes. A chave para o sucesso da computação em grade é um servidor central que age como líder da grade e monitor de tráfego. Esse servidor controlador divide a tarefa da computação em subtarefas e atribui trabalho às máquinas na grade que têm (pelo menos temporariamente) poder de processamento excedente. O servidor central também monitora o processamento, e, se um membro da grade falhar em completar uma subtarefa, ele reinicia ou faz novas atribuições de tarefa. Quando todas as subtarefas estiverem completas, o servidor controlador combina os resultados e avança para a tarefa seguinte até que todo o trabalho se complete.

A Organização Europeia para Pesquisa Nuclear (CERN, Conseil Européen pour la Recherche Nucléaire) tem como principal área de pesquisa o estudo dos elementos fundamentais da matéria e as forças que neles atuam.[11] O CERN usa computação em grade com um poder de processamento cerca de 300 mil vezes maior do que os computadores pessoais domésticos. Esse poder é necessário para processar cerca de 25 petabytes de dados gerados a cada ano pelo acelerador de partículas Large Hadron Collider (LHC, Large Hadron Collider), buscando evidências de novas partículas que possam fornecer soluções para as origens de nosso universo.[12]

ARMAZENAMENTO SECUNDÁRIO

Armazenar dados de forma segura e eficaz é crucial para o sucesso de uma organização. Ativado por diversos fatores – como a necessidade de reter mais dados por mais tempo para atender às exigências regulatórias do governo, a armazenagem de novas formas de dados digitais como áudio e vídeo, e manter os sistemas funcionando sob o ataque de crescentes volumes de e-mails –, a quantidade estimada de dados que as empresas armazenam digitalmente está crescendo tão rapidamente que, por volta de 2020, os requerimentos de armazenagem serão 44 vezes maior do que em 2009 (uma taxa média de crescimento composto por 42% ao ano).[13] A International Data Corporation (IDC) estima que apenas em 2011 mais de 1,8 zetabyte (10^{21} bytes) de informações foi criado e armazenado.[14]

O governo da Índia está realizando grandes esforços (o custo estimado é de mais de US$ 4 bilhões) para registrar seus 1,2 bilhão de residentes em um sistema universal de ID (identificação) do cidadão. Quando estiver completo, o resultado será o maior banco de dados do mundo de dados biométricos, incluindo scan da retina, impressões digitais e múltiplas imagens faciais de cada indivíduo. O banco de dados terá muitas aplicações, incluindo seu uso nas fronteiras da Índia para reconhecer viajantes e para identificar pessoas que não deveriam estar em áreas controladas, como a área de hangares de um aeroporto. O sistema também poderá ser usado para controle de população para reconhecer gênero e idade de uma massa de pessoas e identificar onde o pessoal de segurança pode ser mais necessário.[15] As avançadas tecnologias de armazenagem de dados serão necessárias para armazenar a grande quantidade de dados e permitir que os usuários obtenham acesso rápido às informações.

ARMAZENAGEM SECUNDÁRIA: Dispositivos que armazenam grandes quantidades de dados, instruções e informações de forma mais permanente do que o permitido pela memória principal.

Para a maioria das organizações, a melhor solução geral de armazenagem de dados é, provavelmente, a combinação de diferentes opções de **armazenagem secundária** que possa, armazenar grandes quantidades de dados, instruções e informações de forma mais permanente do que aquelas permitidas pela memória principal. Comparado com a memória, a armazenagem secundária oferece a vantagem da não volatilidade, maior capacidade e maior economia. Com base em custo por megabyte, a maioria das formas de armazenamento secundário é consideravelmente mais barata do que a memória principal (veja Tabela 3.2). A seleção dos meios e dispositivos da armazenagem secundária necessita do entendimento de suas características principais – método de acesso, capacidade e portabilidade.

Do mesmo modo que outros componentes do sistema de computador, os métodos de acesso, as capacidades de armazenamento e portabilidade necessários à armazenagem secundária são determinados pelos objetivos do sistema de informação. Um objetivo do sistema de informação das companhias de cartão de crédito pode ser acessar rapidamente os dados armazenados de um cliente para aprovar suas compras. Nesse caso, um método de acesso rápido é fundamental. Em outra situação, como equipar os vendedores externos da Coca-Cola com computadores pessoais de bolso, a portabilidade e a capacidade de armazenamento podem ser consideradas importantes na seleção e no uso do meio e dos dispositivos da armazenagem secundária.

Além do custo e da portabilidade, as organizações devem considerar as questões de segurança para permitir que somente pessoas autorizadas acessem dados sigilosos e programas críticos. Uma vez que os dados e programas mantidos em dispositivos de

TABELA 3.2 Comparação de custos para várias formas de armazenamento

Todas as formas de armazenagem secundária custam significativamente menos por gigabyte de capacidade do que a memória de acesso aleatório dinâmico síncrono (SDRAM), apesar destes apresentarem um tempo de acesso mais lento. Um cartucho de dados custa cerca de $ 0,02 por gigabyte, enquanto uma SDRAM pode custar cerca de $ 16 por gigabyte – 800 vezes mais cara.

Descrição	Custo	Capacidade de armazenamento (GB)	Custo por GB
Cartucho de fita digital de 4 mm e 1,6 TB	$ 39,95	1.600	$ 0,02
Disco rígido externo para desktop com 1 TB	$ 90,99	1.000	$ 0,09
Disco Blu-ray regravável de 25 GB	$ 2,88	25	$ 0,11
Disco rígido portátil de 500 GB	$ 77,99	500	$ 0,15
Cartucho de dados DAT 72 com 72 GB	$ 16,95	72	$ 0,24
50 discos DVD+R de 4,7 GB	$ 74,95	235	$ 0,31
Unidade flash USB, pen drive	$ 9,95	4	$ 2,48
Disco ótico de muitas leituras e única escrita de 9,1 GB	$ 73,95	9,1	$ 8,12
Atualização de 1 GB de memória DDR2 SDRAM do computador	$ 15,95	1	$ 15,95

(Fonte: Site do Office Depot, *www.officedepot.com*, out. 2011.)

armazenagem secundária são tão cruciais para grande parte das empresas, todas essas questões merecem consideração cuidadosa.

MÉTODOS DE ACESSO

ACESSO SEQUENCIAL: Método de recuperação no qual os dados devem ser acessados na ordem em que são armazenados.

ACESSO DIRETO: Método de recuperação, no qual os dados podem ser acessados sem a necessidade de ler e descartar outros dados.

DISPOSITIVO DE ARMAZENAMENTO DE ACESSO SEQUENCIAL (SASD, SEQUENCIAL ACCESS STORAGE DEVICE): Dispositivo para acessar sequencialmente dados de armazenagem secundária.

DISPOSITIVO DE ARMAZENAMENTO DE ACESSO DIRETO (DASD, DIRECT ACCESS STORAGE DEVICE): Dispositivo para acessar diretamente dados de armazenagem secundária.

O acesso aos dados e às informações pode ser sequencial ou direto. O **acesso sequencial** significa que os dados devem ser acessados na ordem em que são armazenados.

Por exemplo, dados do estoque devem ser armazenados sequencialmente pelo número da peça, como 100, 101, 102 e assim por diante. Se você deseja recuperar informações sobre a peça número 125, precisa ler e descartar todos os dados relativos às peças 001 a 124.

O **acesso direto** significa que os dados podem ser recuperados diretamente, sem a necessidade de passar por outros dados em sequência. Com acesso direto, é possível ir diretamente e acessar os dados necessários – por exemplo, peça número 125 – sem precisar ler todas as peças de 001 a 124. Por essa razão, o acesso direto é normalmente mais rápido do que o acesso sequencial. Os equipamentos usados somente para acessar sequencialmente os dados de armazenagem secundária são chamados **dispositivos de armazenamento de acesso sequencial (SASDs, sequencial access storage device)**; os utilizados para acesso direto são chamados **dispositivos de armazenamento de acesso direto (DASDs, direct access storage device)**.

DISPOSITIVO DE ARMAZENAMENTO SECUNDÁRIO

A armazenagem de dados secundários não é acessada diretamente pela CPU. Em vez disso, os computadores normalmente usam canais de entrada/saída para acessar a armazenagem secundária e transferir os dados desejados, usando as áreas intermediárias da armazenagem primária. As formas mais comuns de dispositivos de armazenagem secundária são a magnética, a ótica e a de estado sólido.

Dispositivos magnéticos de armazenamento secundário

FITAS MAGNÉTICAS: Tipo de mídia de armazenagem secundária, usado hoje principalmente para armazenar backup de dados organizacionais críticos em caso de um desastre.

O armazenamento magnético usa equipamentos de fita ou discos, com uma fina cobertura magnética que permite que os dados sejam armazenados como partículas magnéticas. A **fita magnética** é um tipo de mídia de armazenagem secundária sequencial, que agora é usada principalmente para armazenar backups de dados organizacionais críticos no caso de um desastre. Exemplos de equipamentos de armazenagem com fitas incluem cartuchos e cassetes, medindo alguns milímetros de diâmetro e requerendo muito pouco espaço para armazenamento. As fitas magnéticas têm sido usadas como mídias de armazenamento desde a época dos primeiros computadores, como o Univac de 1951.[16]

Cortesia de Deutsches Klimarechenzentrum GmbH

Um sistema de backup de fita robótico é usado no Centro Nacional de Pesquisas Atmosféricas, onde se utilizam vários supercomputadores para resolver os problemas computacionais mais intensos do mundo de modelos climáticos.

FIGURA 3.4
Disco rígido.
Os discos rígidos fornecem acesso direto aos dados armazenados. O cabeçote de leitura/gravação pode mover-se diretamente para a parte desejada de dados, reduzindo drasticamente os tempos de acesso, se comparados com as fitas magnéticas.

Um sistema de backup de fita robótico é usado no Centro Nacional de Pesquisas Atmosféricas, onde se utilizam vários supercomputadores para resolver os problemas computacionais mais intensos do mundo de modelos climáticos.[17]

DISCO MAGNÉTICO: Dispositivo de armazenamento direto com bits representados por áreas magnetizadas.

O **disco magnético** é um dispositivo de armazenamento de acesso direto que representa os bits, usando pequenas áreas magnetizadas e um cabeçote de leitura/gravação para ir diretamente à parte desejada dos dados. Uma vez que o acesso direto permite a recuperação rápida de dados, esse tipo de armazenamento é ideal para as empresas que necessitam responder rapidamente às solicitações dos clientes, como as linhas aéreas e empresas de cartão de crédito. Por exemplo, se um gerente necessitar de informações sobre o histórico do crédito de um cliente ou a disponibilidade de assento em determinado voo, as informações podem ser obtidas em segundos se os dados estiverem armazenados em dispositivo de armazenamento de acesso direto. O armazenamento em discos magnéticos varia muito em capacidade e portabilidade. Os discos rígidos, embora mais caros e menos portáteis, são mais populares em função da maior capacidade de armazenamento e tempo de acesso mais rápido (veja a Figura 3.4).

A IBM está construindo um repositório de dados dez vezes maior do que qualquer outro existente. Esse imenso armazém consiste em 200 mil discos rígidos convencionais trabalhando em conjunto para fornecer capacidade de armazenamento de 120 petabytes – grande o suficiente para guardar 60 cópias das 150 bilhões de páginas necessárias para fazer o backup da internet. Um cliente anônimo usará o dispositivo de armazenamento com um supercomputador para realizar simulações detalhadas de eventos do mundo real, como previsões metereológicas, processamento sísmico para indústria do petróleo ou estudos moleculares dos genomas ou proteínas.[18]

Colocar os dados de uma organização on-line envolve sério risco para o negócio – a perda de importantes dados pode retirar uma corporação do mercado. A preocupação é que a maioria dos componentes mecânicos críticos em um dispositivo de armazenamento em disco – os discos, ventiladores e outros dispositivos de entrada/saída – pode quebrar. As organizações agora exigem que seus dispositivos de armazenamento de dados sejam tolerantes a falhas, isto é, se um ou mais componentes-chave falhar, eles poderão continuar com pouca ou nenhuma perda no desempenho.

MATRIZ REDUNDANTE DE DISCOS INDEPENDENTES/ DE BAIXO CUSTO (RAID, REDUNDANT ARRAY OF INDEPENDENT/ INEXPENSIVE DISKS): Método de armazenamento de dados que gera bits adicionais a partir dos dados existentes, permitindo que o sistema crie um "mapa de reconstrução" para que, se um disco rígido falhar, os dados perdidos possam ser recuperados.

Uma **matriz redundante de discos independentes/de baixo custo (RAID, redundant array of independent/inexpensive disks)** é um método de armazenamento de dados que gera bits adicionais a partir dos dados existentes, permitindo que o sistema crie um "mapa de reconstrução" para que, se um disco rígido falhar, os dados perdidos possam ser recuperados. Com essa abordagem, os dados são divididos e armazenados em discos físicos distintos, por meio de uma técnica chamada *striping*, para distribuí-los uniformemente. A tecnologia RAID tem sido aplicada em sistemas de armazenamento para melhorar a confiabilidade e o desempenho dos sistemas.

ESPELHAMENTO DE DISCO: Processo que fornece uma cópia exata que protege totalmente os usuários em caso de perda de dados.

A RAID pode ser implantada de diversas maneiras. Na forma mais simples, seus subsistemas duplicam os dados nos discos. Esse processo, chamado **espelhamento de disco**, fornece uma cópia exata que protege totalmente os usuários em caso de perda de dados. No entanto, para manterem duplicatas completas de backups atualizadas, as organizações necessitam dobrar a quantidade de sua capacidade de armazenamento. Outros métodos de RAID são mais baratos porque duplicam apenas parcialmente os dados, permitindo que os gerenciadores de armazenamento minimizem a quantidade necessária de espaço adicional no disco para proteger os dados. Discos adicionais opcionais para os usuários de computadores pessoais que necessitam duplicar dados críticos estão disponíveis por menos de $ 100.

A Advanced Audio Rentals produziu a trilha sonora do filme *Avatar*. Eles usaram dispositivos de armazenamento RAID de 3 GB e 6 GB para armazenar as trilhas sonoras e garantir uma transferência suave e eficiente de dados para um desempenho altamente consistente.[19]

FITA VIRTUAL: Dispositivo de armazenamento que gerencia dados menos frequentemente consultados, de modo que parecem estar armazenados inteiramente em rolos de fitas, embora algumas partes possam estar realmente localizadas em discos rígidos mais rápidos.

A **fita virtual** é uma tecnologia de armazenamento que gerencia dados menos frequentemente consultados, de modo que parecem estar armazenados inteiramente em rolos de fitas, embora algumas partes possam estar realmente localizadas em discos rígidos mais rápidos. O software associado a um sistema de fita virtual é algumas vezes chamado *servidor de fita virtual*. A fita virtual pode ser utilizada com um sistema sofisticado de gerenciamento de armazenamento que muda os dados para formas de armazenamento mais lentas, porém menos custosas, uma vez que as pessoas utilizam esses dados com menos frequência. A tecnologia da fita virtual pode diminuir o tempo de acesso aos dados e baixar o custo total de propriedade, e reduzir o espaço consumido pelas operações da fita.

A Baldor Electric Company projeta, fabrica e comercializa motores elétricos industriais, produtos de transmissão, acionadores e geradores. A companhia implantou um sistema de fitas virtuais para substituir seu sistema de armazenamento baseado em fitas, composto por milhares de fitas magnéticas. A Baldor usa o novo sistema de fitas virtuais para fazer o backup de seus cinco bancos de dados de produção duas vezes por dia e armazena os dados por 14 dias. O tempo para criar os backups foi reduzido em 40% e o novo sistema ocupa cerca de 100 pés quadrados a menos do espaço do centro de dados.[20]

Dispositivos de armazenamento óticos secundários

DISPOSITIVO DE ARMAZENAMENTO ÓTICO: Forma de armazenamento de dados que usa lasers para ler ou gravar dados.

MEMÓRIA SOMENTE DE LEITURA EM DISCOS COMPACTOS (CD-ROM, COMPACT DISC READ-ONLY MEMORY): Forma comum de discos óticos nos quais os dados não podem ser modificados depois de gravados.

DISCO DE VÍDEO DIGITAL (DVD, DIGITAL VIDEO DISK): Mídia de armazenamento de dados usada para armazenar videogames, softwares e vídeos.

Um **dispositivo de armazenamento ótico** usa lasers especiais para fazer a leitura e gravação de dados. Os lasers gravam os dados queimando fisicamente ranhuras nos discos. O dado é acessado diretamente do disco por um dispositivo de leitura ótica, que opera de modo semelhante a um tocador de disco compacto. Esse dispositivo de disco ótico utiliza um laser de baixa potência que mede a diferença na luz refletida, provocada pela ranhura (ou a falta dela) no disco.

Um disco ótico comum é a **memória somente de leitura em disco compacto (CD-ROM, compact disc read-only memory)** com capacidade de armazenamento de dados de 740 MB. Uma vez gravados em um CD-ROM, os dados não podem ser modificados – o disco é "somente de leitura". Um queimador de CD, nome informal para gravadores de CD, é um dispositivo que pode registrar os dados em um disco compacto. O *CD gravável* (*CD-R*) e o *CD regravável* (*CD-RW*) são os dois tipos mais comuns de dispositivos que podem gravar CDs, seja uma vez (no caso do CD-R) ou repetidamente (no caso do CD-RW). A tecnologia do CD regravável (CD-RW) permite que os usuários de PCs façam backup dos dados em CDs.

Um **disco de vídeo digital (DVD, digital video disk)** é parecido com um CD, mas pode armazenar cerca de 135 minutos de vídeo digital ou vários gigabytes de dados (veja a Figura 3.5). Software, videogames e filmes são com frequência armazenados ou distribuídos em DVDs. A uma taxa de transferência de dados de 1,352 MB/segundo, a velocidade de acesso de um disco de DVD é mais rápida do que um CD-ROM típico.

O DVD substituiu os CDs graváveis e regraváveis (CD-R e CD-RW) como o formato preferido para compartilhar filmes e fotos. Enquanto o CD pode conter cerca de 740 MB de dados, o DVD de um único lado pode guardar 4,7 GB, e DVDs de lados duplos têm uma capacidade de 9,4 GB. Vários tipos de gravadores e discos estão em uso atualmente. A gravação pode ser feita em discos de gravação única (DVD-R e

Cortesia de LaCie USA

FIGURA 3.5
O disco de vídeo digital e o tocador.
DVDs se assemelham a um CD, mas possuem maior capacidade de armazenagem e podem transferir dados a uma taxa mais rápida.

DVD+R) ou em discos regraváveis (DVD-RW, DVD+RW e DVD-RAM). Nem todos os DVDs regraváveis são compatíveis com outros tipos.

O U.S. Naval Air Warfare Center Weapons Division, em China Lake, Califórnia, está testando várias marcas de DVDs com qualidade de arquivamento quanto a sua longevidade e confiabilidade. Eles precisam armazenar grandes volumes de dados por várias gerações.[21]

O formato do disco de vídeo de alta definição Blu-ray, baseado na tecnologia blue-laser, armazena pelo menos três vezes mais dados do que um DVD. O principal uso desse novo formato está no equipamento doméstico para armazenar vídeos de alta definição, embora possa também armazenar dados de computador. O disco Blu-ray de dupla camada pode armazenar 50 GB de dados.

Disco versátil holográfico (HVD, holographic versatile disc) é uma tecnologia avançada de disco ótico, estágio de pesquisa, que poderia armazenar ainda mais dados do que o sistema de disco ótico Blu-ray. O HVD é do mesmo tamanho e formato de um DVD convencional, mas pode armazenar 1 terabyte (ou mais) de informações. Uma tentativa de aproximação às gravações de dados em HVD através da profundidade dos meios de armazenamento em três dimensões, dividindo o feixe do laser em dois – o feixe de sinal carrega os dados, e o feixe de referência se posiciona onde o dado está escrito e o lê. O HDV tornará possível assistir programas em 3D em TVs domésticas.[22]

Dispositivos de armazenagem secundária de estado sólido

Dispositivos de armazenagem secundária de estado sólido (SSDs, solid state storage devices) armazenam os dados nos chips de memória em vez de mídias magnéticas ou óticas. Esses chips necessitam de menos energia e fornecem acesso mais rápido aos dados do que os equipamentos de armazenamento de dados magnéticos. Enquanto os discos rígidos podem fornecer de 250 a 350 IOPS (operações de entrada/saída por segundo ou operações de leitura/gravação por segundo), os SSDs mais avançados realizam a operação a uma taxa de meio milhão de IOPS.[23]

Além disso, os SSDs possuem menos partes móveis, assim são menos frágeis do que os discos rígidos. Todos esses fatores fazem do SSD a escolha preferida para os computadores portáteis. Duas desvantagens atuais do SSD são seus altos custos por GB de dados armazenados (desvantagem de aproximadamente 5:1 se comparado aos discos rígidos) e menor capacidade em comparação aos discos rígidos atuais. Porém, o SSD é uma tecnologia em rápido desenvolvimento e os futuros aprimoramentos irão baixar os custos e aumentar sua capacidade.

Um flash drive da Universal Serial Bus (USB) é um exemplo de SSD usado regularmente (veja a Figura 3.6). O flash drive da USB é externo ao computador e pode ser removido e regravável. A maioria pesa menos de 30 gramas e pode fornecer armazenamento de 1 a 64 GB. Por exemplo, a ScanDisk fabrica seu Ultra Backup USB Flash Drive com capacidade de armazenamento de 64 GB por cerca de $ 200, que inclui proteção por senha e encriptação de hardware.[24]

A Qualcomm é uma companhia americana de comunicação global que projeta, fabrica e comercializa produtos e serviços de comunicação sem fio (wireless). Sua organização de sistemas de informação usou SSD para reduzir o tempo necessário para inicializar os computadores notebook de seus funcionários, acelerar o desempenho geral do sistema e reduzir o tempo de ociosidade causado por falhas de hardware.[25]

O Vaillant Group e seus mais de 12 mul funcionários fornecem produtos e sistemas de aquecimento, ventilação e ar-condicionado (HVAC) em todo o mundo. O Vaillant converteu o uso de seus sistemas tradicionais de discos rígidos para SSD para aprimorar o desempenho de seus principais sistemas empresariais. As transações interativas comerciais impor-

FIGURA 3.6
Unidade flash.
As unidades flash são dispositivos de armazenamento em estado sólido.

tantes, bem como os trabalhos de processamento de lotes, foram drasticamente aprimorados, levando um décimo ou menos do tempo necessário da antiga tecnologia.[26]

OPÇÕES DE ARMAZENAMENTO DAS EMPRESAS

As empresas precisam armazenar quantidades cada vez maiores de dados criados por toda a organização. Esse grande armazenamento secundário é chamado *armazenamento de empreendimento* e apresenta três formas: armazenamento anexado, armazenamento anexado à rede (NAS, network-attached storage) e redes de área de armazenamento (SANs, storage area network).

Armazenamento anexado

Os métodos de armazenamento anexado incluem a fita, o disco rígido e os dispositivos óticos discutidos anteriormente, conectados diretamente a um simples computador. Os métodos de armazenamento anexado, embora simples e de custo mais baixo para os usuários únicos ou pequenos grupos, não permitem que sistemas compartilhem a armazenagem e dificultam a realização de backup de dados.

Devido às limitações do armazenamento anexado, as empresas estão se voltando para o armazenamento anexado à rede (NAS) e para as redes de áreas de armazenamento (SANs). Essas formas alternativas permitem que uma organização compartilhe os recursos de armazenamento de dados com um número muito maior de computadores e usuários, resultando em melhor eficiência de armazenagem e em grande redução de custos. Além disso, elas simplificam o backup de dados e reduzem o risco de inoperância. Quase um terço da inoperância do sistema é consequência direta de falhas no armazenamento de dados, portanto, eliminar esses problemas como causa da inoperância é a principal vantagem.

ARMAZENAMENTO ANEXADO À REDE (NAS, NETWORK-ATTACHED STORAGE): Armazenamento de disco rígido configurado com seu próprio endereço de rede, em vez de estar anexado a um computador.

Armazenamento anexado à rede

O armazenamento anexado à rede (NAS, network-attached storage) ocorre quando o disco rígido está configurado com seu próprio endereço de rede, em vez de estar conectado a um computador. A Figura 3.7 mostra um equipamento de armazenamento NAS. O NAS inclui software para lidar com o acesso ao armazenamento e o gerenciamento de arquivo e libera os computadores dos usuários dessas tarefas. O resultado é que tanto o software de aplicação quanto os arquivos podem ser utilizados mais rapidamente porque não estão competindo pelo mesmo recurso de processador. Os usuários podem compartilhar e acessar as mesmas informações, mesmo se estiverem utilizando diferentes tipos de máquinas. Aplicações comuns de NAS incluem o armazenamento consolidado, aplicativos de e-commerce e internet e mídia digital.

Um dos destinos mais populares para esquiar na Suíça é o resort de Davos Klosters, com mais de 300 quilômetros de pistas de descida, cinco ferrovias nas montanhas e

Cortesia de Seagate Technology LLC

FIGURA 3.7
Dispositivo de armazenamento NAS.
O Seagate BlackArmor NAS 440 tem capacidade de armazenamento de 4 a12 Terabytes a um custo menor que $ 0,27 por GB.

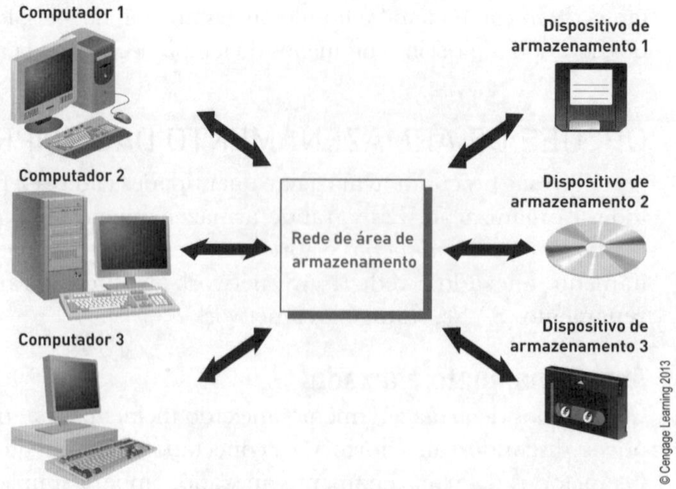

FIGURA 3.8
Rede de área de armazenamento.
A SAN fornece conexões de alta velocidade entre dispositivos de armazenamento de dados e computadores em uma rede.

22 hotéis com 1.700 leitos. Os hóspedes dos resorts esperam que o checking seja descomplicado, que haja bilheterias on-line sempre disponíveis, quadros de informações confiáveis e serviços ferroviários nas montanhas eficientes e pontuais. São necessários sistemas de informação poderosos para atender tais expectativas. O resort decidiu implantar dispositivos de armazenamento NAS para certificar-se de que seus sistemas de informação sejam confiáveis e que forneçam acesso rápido aos dados, backups dependentes dos dados operacionais e fácil expansão da capacidade de armazenamento.[27]

Rede de área de armazenamento

REDE DE ÁREA DE ARMAZENAMENTO (SAN, STORAGE AREA NETWORK): Rede de alta velocidade, com finalidade específica que fornece conexões de alta velocidade entre os dispositivos de armazenamento e computadores ligados a uma rede.

Uma **rede de área de armazenamento (SAN, storage area network)** tem finalidades específicas de alta velocidade que fornecem conexão direta entre os dispositivos de armazenamento de dados e os computadores de toda a empresa (veja a Figura 3.8). O SAN também integra diferentes tipos de subsistemas de armazenamento, como os dispositivos de armazenamento múltiplo RAID e sistemas de backup de fita magnética, em um único sistema. O uso de SAN alimenta o tráfego da rede associado com armazenamento em uma rede separada. Os dados podem, então, ser copiados para uma localização remota, facilitando para as empresas a criação de backups e implementação de políticas de solução de problemas.

Por meio da SAN, a organização pode centralizar funcionários, políticas, procedimentos e práticas para gerenciar o armazenamento, e um gerente de armazenamento de dados pode aplicar o dado consistentemente por toda a empresa. Essa centralização elimina o tratamento inconsistente de dados pelos diferentes administradores de sistemas e usuários, fornecendo práticas de armazenamento de dados eficientes e com o melhor custo-benefício possível.

A NorthgateArinso, fornecedora global de serviços de recursos humanos, equipa seus clientes com soluções de RH usando tecnologia avançada, terceirização e consultoria. Os sistemas da empresa suportam uma folha de pagamento de multipaíses, treinamento, recrutamento e gestão de talentos.[28] A NorthgateArinso implantou dois centros de dados integrados, um em Londres e outro em Bruxelas, com arquitetura de sistemas de informação baseada em servidores-padrão de um único fornecedor e armazenamento de dados fornecido por hardware e software SAN. A SAN torna a totalidade dos dados armazenados disponíveis para todos os usuários. O antigo conjunto da companhia com servidores, aplicativos e banco de dados separados agora está integrado em infraestrutura mais fácil de gerenciar e pode atender com maior flexibilidade os desafios de uma carga de trabalho altamente flutuante.[29]

Uma diferença fundamental entre NAS e SAN é que o NAS utiliza entrada/saída de arquivo, o que define dados como conteúdos completos de informação, enquanto a SAN lida com blocos de entrada/saída, que se baseiam em subconjuntos de dados menores do que um arquivo. Dentre os fabricantes de SAN temos EMC, Hitachi Data Systems Corporation, Xiotech e IBM.

À medida que as organizações estabelecem SANs em grande escala, utilizam mais computadores e conexões de rede do que em um ambiente NAS e, consequentemente, a rede se torna difícil de gerenciar. Em resposta, ferramentas de software projetadas para automatizar o armazenamento usando políticas anteriormente definidas estão encontrando lugar na em-

GESTÃO DE ARMAZENAMENTO BASEADA EM POLÍTICAS EMPRESARIAIS: Automação de armazenamento que utiliza políticas previamente definidas.

presa. Conhecida como **gestão de armazenamento baseada em políticas empresariais**, os produtos de software dos líderes da indústria, como Veritas Software Corporation, Legato Systems, EMC e IBM automaticamente alocam espaço de armazenamento para usuários, equilibram cargas nos servidores e discos e redirecionam o tráfego da rede quando os sistemas caem - tudo baseado em políticas estabelecidas pelos administradores do sistema.

A tendência em armazenamento secundário está direcionada para maior capacidade, aumento na portabilidade e gerenciamento automatizado de armazenamento. As organizações devem escolher um tipo de armazenamento com base em suas necessidades e recursos. Em geral, armazenar grandes quantidades de dados e informações e garantir aos usuários acesso rápido torna uma empresa mais eficiente.

Armazenamento como serviço

ARMAZENAMENTO COMO SERVIÇO: Modelo no qual os fornecedores de armazenamento alugam espaços para indivíduos e organizações.

O **armazenamento como um serviço** é um modelo no qual os fornecedores de armazenamento alugam espaços para indivíduos e organizações. Os usuários acessam seus armazenamentos de dados alugados por meio da internet. Tal serviço permite que eles armazenem e façam cópias de seus dados sem precisarem de maiores investimentos para criar e manter suas próprias infraestruturas de armazenamento de dados. Empresas também podem escolher serviços que cobram conforme o uso, em que alugam espaço em dispositivos de armazenamento maciço instalados em um provedor de serviço (por exemplo, Hewlett-Packard ou IBM) ou no prédio do cliente, pagando somente pela quantidade de armazenamento utilizada. Essa abordagem é útil para organizações com necessidades amplamente flutuantes de armazenamento, como aquelas envolvidas em teste de novos medicamentos ou que desenvolvem software.

A AT&T, Aviva, Amazon.com, EMC, Google, Microsoft e a ParaScale são alguns dos provedores de armazenamento como um serviço usado pelas organizações. A Amazon.com's Simple Storage Service (S3) fornece o armazenamento como serviço a um custo mensal de aproximadamente $ 0,15 por GB armazenado e $ 0,10 por GB de dados transferidos para o armazenamento da Amazon.com.

Box.net, Carbonite, SugarSynch, Symantec e Mozy são algumas das firmas que fornecem serviços de armazenamento para indivíduos. Todo esse conjunto de fornecedores cobra menos de $ 8,00 por mês para até 5 GB de armazenagem.

Um cliente da Mozy que teve seu laptop roubado foi capaz de fornecer a polícia fotos do ladrão porque a Mozy continuou a armazenar seus dados mesmo depois do roubo, incluindo fotos e documentos do ladrão. O cliente acessou as fotos de seu site de armazenamento on-line, e a polícia capturou o ladrão e lhe devolveu o laptop.[30]

DISPOSITIVOS DE ENTRADA E SAÍDA: O GATEWAY PARA SISTEMAS DE COMPUTADOR

Sua primeira experiência com computadores é, em geral, através de dispositivos de entrada e saída. Eles são as portas para o sistema de computador – usados para fornecer dados e informações para o computador e receber dele os resultados. Os dispositivos de entrada e saída são parte da interface do usuário do computador, o que inclui outros dispositivos de hardware e software que permitem que o usuário interaja com um sistema computacional.

Uma organização deve manter seus objetivos de negócio em mente quando selecionar os dispositivos de entrada e saída. Por exemplo, muitas cadeias de restaurantes utilizam dispositivos de entrada que cabem na mão ou terminais computadorizados que permitem que os garçons entrem com pedidos de forma eficiente e precisa. Esses sistemas também cortaram os custos, ajudando a monitorar o estoque e o mercado por cliente.

CARACTERÍSTICAS E FUNCIONALIDADE

Em geral, as empresas desejam dispositivos de entrada que permitam colocar rapidamente os dados em um sistema computacional, e querem dispositivos de saída que produzam resultados em tempo hábil. Quando selecionam os dispositivos de entrada e saída, as organizações também precisam considerar a forma da saída que desejam, a natureza dos dados necessários para gerar essa saída e a velocidade e exatidão de que necessitam para ambas. Algumas companhias têm necessidades muito específicas para a entrada e saída, exigindo dispositivos que desempenhem funções específicas. Quanto mais especializado o aplicativo, mais especializados são os dispositivos de entrada e saída do sistema associado.

A velocidade e as funções dos dispositivos de entrada e saída devem ser equilibradas em relação a seu custo, controle e complexidade. Dispositivos mais sofisticados podem facilitar a entrada de dados ou as informações da saída, mas são geralmente mais caros, menos flexíveis e mais suscetíveis ao mau funcionamento.

A natureza dos dados

Inserir dados no computador – entrada – frequentemente requer transformar os dados legíveis para pessoas, como pedidos de compra, na forma de entrada no computador. "Legível para pessoas" significa que as pessoas podem ler e compreender. Uma folha de papel que contém os ajustes no estoque é um exemplo de dado legível para pessoas. Em contraponto, os dados legíveis pela máquina podem ser compreendidos e lidos por equipamentos de computador (por exemplo, o código de barras universal que os scanners do supermercado podem ler) e são, em geral, armazenados em bits ou bytes. As mudanças no estoque armazenado em um disco são um exemplo de dados legíveis para a máquina.

Alguns dados podem ser lidos por pessoas e máquinas, como a tinta magnética em cheques. Normalmente, as pessoas começam o processo de entrada, organizando os dados que podem ser lidos pelas pessoas, transformando-os em dados que podem ser lidos pelas máquinas. Cada letra pressionada no teclado, por exemplo, transforma uma letra da linguagem humana em um código digital que a máquina pode compreender.

Fornecimento de dados e entrada

FORNECIMENTO DE DADOS: Converter dados legíveis para pessoas para forma de dados legíveis por máquinas.

ENTRADA DE DADOS: Transferir dados legíveis para máquinas para os sistemas.

Inserir dados em um sistema de computador é um processo de dois estágios. Primeiro, os dados que os humanos podem ler são convertidos em uma forma que a máquina pode ler por meio do **fornecimento de dados**. O segundo estágio envolve introduzir no sistema os dados que a máquina possa ler. Isso é **entrada de dados**.

Atualmente, muitas companhias estão usando entrada e inserção de dados on-line. Elas comunicam e transferem os dados de equipamentos de computadores diretamente conectados ao sistema. Fornecimento de dados e entrada on-line colocam dados em um sistema computacional em questão de segundos. Organizações constituídas de muitos setores necessitam da atualização instantânea oferecida por essa abordagem. Quando os agentes que vendem ingressos necessitam entrar com uma solicitação de ingressos para um concerto, por exemplo, eles podem utilizar o fornecimento de dados e a entrada on-line para registrar a solicitação assim que for feita. Os agentes que vendem ingressos em outros terminais podem então acessar esse dado para fazer uma verificação de assentos antes de processar outro pedido.

Automação da fonte de dados

AUTOMAÇÃO DA FONTE DE DADOS: Captura e edição de dados onde eles são originalmente criados e em uma forma que possam ser colocados diretamente em um computador, assegurando, assim, a precisão e o momento correto.

Independentemente de como o dado foi introduzido no computador, deverá ser captado e editado em sua fonte. A **automação da fonte de dados** envolve a captura e a edição de dados onde eles são originalmente criados e em uma forma que possam ser colocados diretamente em um computador, assegurando, assim, a precisão e o momento correto. Por exemplo, utilizando a automação da fonte de dados, os vendedores podem entrar com pedidos no computador, no momento e no lugar onde recebem esses pedidos. Quaisquer erros podem ser detectados e corrigidos imediatamente. Se um item estiver temporariamente em falta no estoque, o vendedor pode discutir outras opções com o cliente. Anteriormente à automação da fonte de dados, os pedidos eram escritos em papel e passados depois para o computador (em geral por um funcionário, não pela pessoa que recebeu o pedido). Com frequência, as informações escritas à mão eram ilegíveis ou, ainda pior, perdidas. Se problemas ocorressem durante a entrada dos dados, o funcionário precisava contatar o vendedor ou o cliente para "recuperar" os dados necessários para a entrada do pedido, o que ocasionava mais demora e insatisfação do cliente.

© iStokphoto/300dpi

Um teclado e um mouse são dois dos dispositivos mais comuns para entrada no computador. Mouses e teclados sem fio estão atualmente disponíveis.

DISPOSITIVOS DE ENTRADA

A entrada de dados e os dispositivos de entrada são fornecidos em várias formas. Eles variam desde dispositivos de usos específicos, que capturam tipos específicos de dados, até dispositivos de entrada de usos gerais. Alguns dispositivos de entrada e fornecimento de dados de usos especiais serão discutidos adiante neste capítulo. Inicialmente, enfocaremos dispositivos utilizados para o fornecimento e a entrada de tipos de dados gerais, incluindo textos, áudio, imagens e vídeo para computadores pessoais.

Dispositivos de entrada de computadores pessoais

Um teclado e um mouse são os dispositivos mais comuns utilizados para a entrada e o fornecimento de dados como caracteres, texto e comandos básicos. Algumas empresas estão desenvolvendo teclados mais confortáveis, mais facilmente ajustáveis e mais rápidos para se usar do que o padrão. Esses teclados ergonômicos, como o subdividido da Microsoft e outros, são projetados para evitar danos ao pulso e às mãos provocados por horas de digitação. Outros incluem touchpads, que permitem que se entre com esboços e texto sobre eles usando as teclas para inserir textos. Outra inovação são o mouse e os teclados sem fio, o que mantém o local onde está o desktop livre da confusão de fios.

Usa-se um mouse de computador para apontar e clicar em símbolos, ícones, menus e comandos na tela. O computador realiza algumas ações em resposta, como introduzir dados no sistema.

Tecnologia de reconhecimento de voz

TECNOLOGIA DE RECONHECIMENTO DE VOZ: Dispositivo de entrada que reconhece a voz humana.

Por meio da **tecnologia de reconhecimento de voz**, um computador equipado com fonte de entrada de voz, como um microfone, pode interpretar a fala humana como meio alternativo de fornecer dados ou instruções à máquina. Os sistemas mais básicos exigem o treinamento do sistema para reconhecer os padrões de sua fala ou são limitados a um pequeno vocabulário de palavras. Sistemas mais avançados podem reconhecer a fala contínua sem exigir que se quebre a fala em palavras isoladas. Os sistemas de resposta interativa à voz (IVR, interactive voice response), permitem que o computador reconheça as entradas por teclado ou por voz.

As empresas que interagem constantemente com clientes estão ávidas em reduzir seus custos de assistência ao cliente, enquanto melhoram a qualidade de seu serviço. A Time Warner Cable implantou um aplicativo de reconhecimento de voz como parte de seu centro de assistência ao cliente. Os assinantes que chamam o serviço de auxílio podem ditar os comandos para começar um processo simples, como "pagar minha conta" ou "adicionar canal Show Time". O sistema de reconhecimento de voz economiza tempo e dinheiro mesmo que as pessoas prefiram falar diretamente com um atendente. "Temos aproximadamente 13 milhões de assinantes e alguns segundos ou minutos aqui e ali para cada cliente podem realmente resultar em períodos mais longos e maiores custos com pessoal – o que faz as taxas com telefonia subirem", comenta o porta-voz da Time Warner, Matthew Tremblay.[31]

Câmeras digitais

CÂMERA DIGITAL: Dispositivo de entrada usado em conjunto com um PC para armazenar imagens e vídeos no formato digital.

Câmeras digitais registram e armazenam imagens ou vídeos na forma digital, de modo que ao tirar-se uma foto, as imagens são eletronicamente armazenadas na câmera. Pode-se baixar as imagens para um computador diretamente ou usando um cartão de memória flash. Depois de armazenar as imagens no disco rígido do computador, pode-se editá-las ou imprimi-las, enviá-las para outro lugar ou colá-las em outro aplicativo. O formato digital economiza tempo e dinheiro, através da eliminação do processamento de filmes para compartilhar as fotos. Por exemplo, pode-se baixar uma foto da sua equipe de projeto, tirada por uma câmera digital e depois colocá-la em um site ou colá-la em um relatório situacional de um projeto. As câmeras digitais dispensaram as câmeras que utilizavam filme, usadas por fotógrafos profissionais para melhorar a qualidade da foto e a apresentação como zoom, flash, controles de exposição, efeitos especiais e mesmo capacidade para capturar vídeo. Com o software correto, pode-se adicionar som e textos escritos à mão às fotos. Muitos computadores e smartphones vêm equipados com uma câmera digital para permitir que seus usuários façam chamadas de videoconferência e tirem fotos e filmes.

Canon, Casio, Nikon, Olympus, Panasonic, Pentax, Sony e outros fabricantes em geral oferecem modelos de câmeras digitais de alta resolução e totalmente equipadas a preços que variam de $ 250 a $ 3.500. Alguns fabricantes oferecem câmaras (camcorders) extremamente compactas por menos de $ 150.

O departamento de polícia em Wallis, Mississippi, é composto por apenas cinco policiais, mas é um dos primeiros departamentos nos Estados Unidos a usar as pequenas câmeras digitais, presas por presilhas nos bolsos frontais dos uniformes dos oficiais. As câmeras são do tamanho de um pacote de balas e vem com um cartão de memória capaz de armazenar horas de serviço. Elas registram cada abordagem dos policiais com nitidez e fornecem evidências que auxiliam na perseguição de suspeitos.[32]

Dispositivos de escaneamento

Dispositivos de escaneamento (digitalização) capturam imagens e dados de caracteres. Um scanner de páginas é como uma máquina fotocopiadora. Você insere uma página no escâner, ou a coloca com a face para baixo sobre a placa de vidro do equipamento e, em seguida, a escaneia. Com um escâner de mão, move-se manualmente ou rola-se o dispositivo obre a imagem que se quer varrer. Ambos os escâners, de página e de mão, podem converter fotos monocromáticas ou fotos coloridas, formas, textos e outras imagens em dígitos que a máquina pode ler. Considerando que os empreendimentos nos Estados Unidos geram 1 bilhão de peças de papel, diariamente, muitas empresas estão considerando os dispositivos de varredura para ajudá-los a gerenciar seus documentos e reduzir o alto custo do uso e processamento de papel.

O Grupo Financeiro Silicon Valley Bank (SVB) tem sua matriz em Santa Clara, Califórnia, e é cercado por centenas de empresas de alta tecnologia e novos negócios do mundo da ciência, tecnologia limpa, empresas de capital de risco, fundos de capital privado e mercados de vinícolas de luxo.[33] O SVB costumava armazenar documentos de empréstimos e de depósito de quase 4 mil clientes em arquivos em papel na sua matriz. A firma recebia por dia mais de 75 requisições das filiais de cópias de documentos, as quais levavam em média 15 minutos cada para serem processadas. O SVB implantou um hardware para escaneamento de documentos e software que podia criar uma cópia digital on-line de todos os documentos. Agora os usuários podem acessar imediatamente os documentos on-line, o que produziu melhorias nos serviços para os clientes e uma redução nos custos administrativos.[34]

Leitores óticos de dados

Pode-se utilizar também um dispositivo especial de varredura chamado *leitor ótico de dados* para fazer a varredura dos documentos. As duas categorias de leitores óticos de dados são para o reconhecimento ótico de marca (OMR, optical mark recognition) e reconhecimento ótico de caracteres (OCR, optical character recognition). Utiliza-se o OMR em testes de graduação e em outras finalidades, como formulários. Com essa tecnologia, você usa lápis para preencher os quadros ou caixas de texto em papel

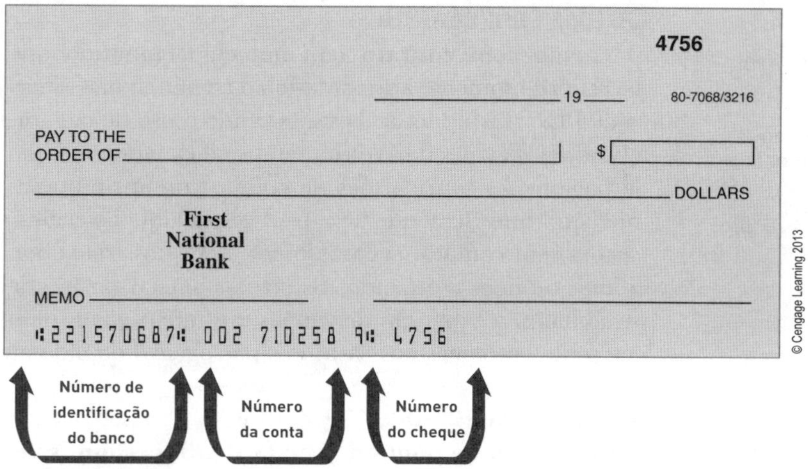

FIGURA 3.9
Dispositivo MICR.
A tecnologia de reconhecimento de caracteres em tinta magnética codifica os dados na parte inferior de cheques ou formulários que utilizam tinta magnética especial, que pode ser lida tanto por pessoas como por máquinas. Por exemplo, observe a parte inferior de um cheque bancário.

OMR, também chamado "formulário sensível à marca". Os sistemas OMR são usados em testes padronizados, incluindo o SAT e GMAT e para registrar votos em eleições. Em comparação, a maioria dos leitores OCR usa luz refletida para reconhecer e escanear os vários caracteres gerados pela máquina. Com software especial, os leitores OCR podem converter documentos escritos à mão ou datilografados em dados digitais. Após serem introduzidos, esses dados podem ser compartilhados, modificados e distribuídos por todas as redes do computador a centenas ou milhares de pessoas.

Dispositivos de reconhecimento de caracteres com tinta magnética

Nos anos 1950, os bancos e o sistema financeiro foram inundados por cheques de papel, pedidos de empréstimos, declarações bancárias, entre outros. O resultado foi o desenvolvimento de reconhecimento de caracteres com tinta magnética (MICR, magnetic ink character recognition), sistema de leitura rápida de dados bancários. Com o MICR, o dado é colocado na parte inferior de um cheque ou de outra forma, utilizando tinta magnética especial. Com um conjunto especial de caracteres, os dados impressos com essa tinta são legíveis por pessoas e por computadores (veja a Figura 3.9).

Cartões com tarja magnética

CARTÃO COM TARJA MAGNÉTICA: Tipo de cartão que armazena quantidades limitadas de dados, modificando o magnetismo de minúsculas partículas que contêm ferro em uma faixa do cartão.

Um **cartão com tarja magnética** armazena quantidades limitadas de dados, modificando o magnetismo de minúsculas partículas que contêm ferro em uma faixa do cartão. A tarja magnética é lida, passando-se fisicamente o cartão por uma máquina de leitura. Por esse motivo, tais cartões são chamados de cartões de contato. Esses dispositivos são comumente utilizados em cartões de crédito, bilhetes e cartões de transporte e carteiras de habilitação de motoristas.

Cartões chip e PIN

A maioria dos países europeus, bem como países da Ásia e da América Latina, está adotando os cartões chip e PIN, que utilizam tecnologia "smart card".[35] Eles também são conhecidos como cartões EMV habilitados, pois receberam o nome de seus desenvolvedores, o Europay, MasterCard e Visa.[36] Essa tecnologia emprega um chip de computador que se comunica com um leitor de cartões utilizando radiofrequência, o que significa que os cartões não precisam passar por terminais eletrônicos. Os **cartões chip e PIN** requerem terminais diferentes daqueles usados para os com tarja magnética. Por segurança, o portador também deve inserir um PIN (código) no ponto de venda, o que faz destes cartões mais eficazes na prevenção de fraudes. Apesar das fraudes com cartões de crédito ser um problema nos Estados Unidos, os emissores não podem forçar os comerciantes a investir em novos terminais, necessários para os cartões chip e PIN. Como resultado, o desenvolvimento desta tecnologia está atrasada nos Estados Unidos.

CARTÕES CHIP E PIN: Tipo de cartão que emprega chip de computador que se comunica com um leitor de cartões através de radiofrequência. Este não precisa ser passado em um terminal eletrônico.

Os portadores de cartões Palladium do Chase Premium e cerca de 15 mil clientes da Wells Fargo, participantes de uma pesquisa de mercado, receberão cartões com tarjas magnéticas e com tecnologia chip e PIN.[37]

Cartões sem contato

CARTÃO SEM CONTATO: Cartão com chip embutido que, para transferir seus dados, necessita-se somente aproximá-lo ao terminal; não é necessário inserir qualquer número de PIN.

O **cartão sem contato** tem um chip embutido que, para transferir seus dados, necessita-se somente aproximá-lo ao terminal; não é necessário inserir qualquer número de PIN. A MasterCard está testando o uso de pagamentos com cartões sem contato a bordo dos aviões da WestJet, empresa canadense. Um problema com o método atual de pagamento com cartões de crédito comuns é que as transações são realizadas no modo off-line, sem que seja possível qualquer verificação de autenticação. Com os cartões sem contato, eventualmente será possível suportar autorizações do cartão de crédito on-line, reduzindo assim o potencial de fraudes. A proteção contra fraudes possibilitará a expansão de vendas durante os voos, de bebidas a aparelhos eletrônicos que serão entregues nas casas dos passageiros quando aterrissarem.[38]

Dispositivos de ponto de venda

DISPOSITIVO DE PONTO DE VENDA (POINT-OF-SALE (POS) DEVICE): Terminal usado para coletar os dados para entrada no computador.

O **dispositivo de ponto de venda (POS, point-of-sale (POS) device)** trata-se de um terminal usado para coletar os dados para entrada no computador. São frequentemente utilizados em operações de varejo para introduzir informações de venda em um sistema computacional. O dispositivo POS computa então o preço total, incluindo os impostos. Em procedimentos médicos, são geralmente usados para o monitoramento remoto em hospitais, clínicas, laboratórios, consultórios médicos e casa dos pacientes. Com esses equipamentos habilitados para redes, profissionais da área médica podem obter instantaneamente atualizações sobre o estado do paciente em qualquer lugar, a qualquer hora, através de uma rede ou da internet. Muitos dispositivos POS, também, utilizam outros tipos de dispositivos de entrada e saída, como teclados, leitores de códigos de barra, escâneres, impressoras e telas. Grande parte do dinheiro gasto pelos empreendimentos em tecnologia de computação envolve dispositivos POS. A Figura 3.10 mostra um dispositivos de mão de equipamentos de pontos de venda.

O La Paz é um restaurante luxuoso em Vinings Jubilee, em Atlanta, Geórgia. Seu dispositivo POS, porém, está desatualizado, e os funcionários gastam horas todas as noites para fechar o caixa e fazer o balanço. O restaurante substituiu seu equipamento por um novo sistema que fornece informações úteis de folha de pagamento e funções de geração de relatórios, como rastreio de gorjetas e de vendas. Os funcionários também gostaram das novas funcionalidades, que permitem que fechem o caixa de forma mais rápida e precisa.[39]

Dispositivos especiais de entrada podem ser conectados a smartphones e computadores para aceitar pagamentos de cartões de crédito e de débito para bens e serviços. O Intuit Go Payment and Square pode fornecer um pequeno escâner de cartões de crédito, conectado a seu smartphone.[40]

Dispositivos de caixa eletrônico (ATM, automated teller machine)

Outro tipo de dispositivo de entrada e saída de uso específico, o caixa eletrônico é um terminal (ATM) que os usuários de bancos utilizam para realizar retiradas e outras transações com suas contas bancárias. As empresas usam vários dispositivos de ATM, algumas vezes chamados quiosques, para apoiar seus processos de negócio. Alguns

FIGURA 3.10
Dispositivos de mão de equipamentos de pontos de venda.
Usando um dispositivo de mão POS, os funcionários de um restaurante podem pegar os pedidos e os pagamentos diretamente da mesa.

FIGURA 3.11
Usando o dispositivo entrada por caneta.
Ao usarem uma entrada por canetadiretamente em um monitor 3D, médicos são capazes de traçar órgãos com alto nível de detalhamento como preparação para cirurgias complexas.

podem dispensar os bilhetes, como para as linhas aéreas, concertos e jogos de futebol. Certas faculdades usam-nos para produzir cópias.

Dispositivos de entrada por caneta

Ao tocar-se a tela com um dispositivo de entrada por caneta, pode-se ativar um comando ou fazer com que o computador realize uma tarefa, insira notas escritas à mão e desenhe objetos e figuras (veja a Figura 3.11). A entrada por caneta requer software e hardware especiais. Software de reconhecimento de escrita à mão pode converter o que é escrito na tela em um texto. O Tablet PC da Microsoft e seus parceiros de hardwares podem transformar a escrita à mão em texto digitado e armazenar a "tinta digital" exatamente do modo como a pessoa o escreveu. Usuários podem utilizar uma caneta para escrever e enviar e-mail, adicionar comentários aos documentos de Word, fazer anotações em apresentações em PowerPoint e, até mesmo, desenhar à mão gráficos em um documento. O dado então pode ser alterado, destacado, pesquisado e convertido em texto. Se aperfeiçoada, essa interface deve tornar-se amplamente utilizada. A entrada por caneta pode ser especialmente atraente para aqueles que não se sentem à vontade em usar o teclado. O sucesso da entrada por caneta depende de sua precisão e a qual custo os textos escritos à mão poderão ser lidos e traduzidos para o formato digital.

A Audi AG instalou placas brancas interativas em seus cinco locais de treinamento na Alemanha. As apresentações em PowerPoint podem ser projetadas na tela, e os instrutores podem desenhar sobre a imagem e destacar as funções, circundando-as ou sublinhando-as. Consequentemente, as apresentações estáticas podem se tornar mais interativas.[41]

Telas sensíveis ao toque

Avanços na tecnologia das telas permitem que funcionem como dispositivo de entrada, assim como de saída. Ao tocarem-se certas partes de uma tela sensível ao toque, pode-se iniciar um programa ou acionar outros tipos de ação. As telas sensíveis ao toque podem eliminar a necessidade de um teclado, o que economiza espaço e aumenta a portabilidade. Elas são frequentemente usadas em postos de gasolina para permitir que os clientes selecionem a classificação de serviço da gasolina e requisitem um recibo; em máquinas fotocopiadoras para selecionar opções; em restaurantes fast-food para coletar pedidos; em centros de informação para encontrar locais para comer ou beber; e em parques de diversões, para fornecer informações aos visitantes. Também são usadas em quiosques de aeroportos e lojas de departamentos. As telas sensíveis ao toque estão sendo consideradas ainda para coletar os votos em eleições.

À medida que se tornam menores, os dedos dos usuários começam a bloquear as informações na tela. A tecnologia de nanotoque é explorada para resolver esse problema. Com ela, os usuários controlam a tela pela parte de trás, de forma que os dedos não bloqueiam o conteúdo exibido. Conforme o dedo do usuário se move pela parte posterior da tela, um pequeno dedo gráfico é projetado. Tais telas são úteis para reprodutores portáteis de áudio, do tamanho de uma moeda.

FIGURA 3.12
Etiqueta RFID.
Uma etiqueta RFID é pequena se comparada às de código de barras atuais, usadas para identificar itens.

Escâners de código de barras

Um escâner de código de barras utiliza um escâner a laser para fazer a leitura da etiqueta de códigos e passar os dados para o computador. O leitor de código de barras pode ficar estacionário ou ser portátil, para uma grande variedade de utilizações. Esta forma de entrada de dados é largamente utilizada em supermercados para o fechamento das compras e em controle de estoque de armazéns. Os códigos de barras também são empregados em hospitais, onde a enfermeira escaneia a pulseira de um paciente e, depois, num código de barras, as medicações a serem administradas. Uma forma de prevenção de erros quanto a medicações.

A Mobio, empresa internacional de pagamento móvel e marketing, desenvolveu um aplicativo para iPhone que está em teste com os torcedores do time de futebol americano Jacksonville Jaguars. Os fãs usam o aplicativo para escanear uma barra de código em seus assentos, e um menu com itens de comidas e bebidas é mostrado no telefone. Eles então selecionam e pagam pelo que desejam, por meio do aplicativo do iPhone, e os pedidos são entregues em seus assentos.[42]

Identificação por radiofrequência

IDENTIFICAÇÃO POR RADIOFREQUÊNCIA (RFID, RADIO FREQUENCY IDENTIFICATION): Tecnologia que emprega um microchip com uma antena para transmitir a localização e um identificador e a localização, exclusivos para os receptores.

Identificação por radiofrequência (RFID, radio frequency identification) é uma tecnologia que emprega microchip com antena para transmitir a localização e um identificador exclusivos para os receptores. A finalidade do sistema RFID é transmitir dados através de equipamento móvel, chamado tag (veja a Figura 3.12), o qual é lido por um leitor RFID e processada de acordo com as necessidades de um programa de computador. Uma aplicação comum de RFID é colocar um microchip em itens de varejo e instalar leitores dentro da loja que rastreiam o estoque nas prateleiras, para determinar quando as mercadorias devem ser repostas. Lembrar que o chip do tag RFID inclui uma forma especial de memória EPROM, que guarda dados sobre o item no qual o tag está anexado. Um sinal de radiofrequência pode atualizar essa memória, quando o estado do item muda. O dado transmitido pelo tag pode fornecer identificações, informações sobre localização ou detalhes sobre o produto, como a data de fabricação, preço no varejo, cor ou data de aquisição.

O governo canadense está apoiando uma ação que requer que a indústria de ovinos utilize chips RFID para permitir um sistema de rastreamento, que vai da "fazenda até a mesa do consumidor".[43]

DISPOSITIVOS DE SAÍDA

Os sistemas de computador fornecem saídas para tomadores de decisão em todos os níveis de uma organização, de modo que possam resolver problemas na empresa ou capitalizar oportunidades competitivas. Além disso, a saída de um sistema pode fornecer entrada para outro sistema de computador. A forma desejada dessa saída pode ser visual, sonora ou até mesmo digital. Qualquer que seja o conteúdo ou a forma da saída, os dispositivos de saída são projetados para fornecerem as informações corretas para as pessoas certas, no formato correto e no prazo estabelecido.

© Justin Pumfrey/Getty Images

FIGURA 3.13 Quatro telas widescreen.

Monitores

PIXEL:
Ponto de cor em uma imagem fotográfica ou ponto de luz em uma tela de monitor.

MONITOR DE PLASMA:
Utiliza milhares de células inteligentes (pixels) consistindo em eletrodos e gases neônio e xenônio, transformados eletricamente em plasma (átomos eletricamente carregados e partículas negativamente carregadas) para emitir luz.

MONITOR DE LCD:
Monitores planos que usam cristais líquidos – material orgânico, parecido com óleo, colocado entre dois polarizadores – para formar caracteres e imagens gráficas em uma tela iluminada por luz de fundo.

DIODO ORGÂNICO EMISSOR DE LUZ (ORGANIC LIGHT-EMITING DIODE (OLED) DISPLAY):
Telas planas que utilizam material orgânico encapsulado entre dois condutores que, por sua vez, estão posicionados entre uma camada de vidro no topo e outra na base. Dessa forma, a corrente elétrica é aplicada aos dois condutores e uma luz brilhante eletroluminiscente é produzida diretamente do material orgânico.

O monitor é um dispositivo similar a uma tela de TV que exibe a saída do computador. Como os antigos monitores usavam um tubo de raio catódico para exibir as imagens, eram por vezes chamados *CRTs* (cathode ray tube). Os tubos de raios catódicos geram um ou mais feixes de elétrons. Quando os feixes atingem um composto fosforescente (fósforo) que cobre a parte interna da tela, um ponto o pixel, se acende. O **pixel** é um ponto de cor em uma imagem fotográfica ou um ponto de luz em uma tela de monitor. Aparece de dois modos: ligado ou desligado. O feixe de elétrons varre a tela de modo que, quando o fósforo começa a se apagar, ele é atingido e se acende novamente.

O **monitor de plasma** utiliza milhares de células inteligentes (pixels) consistindo em eletrodos e gases neônio e xenônio, transformados eletricamente em plasma (átomos eletricamente carregados e partículas negativamente carregadas) para emitir luz. O monitor de plasma acende os pixels para formar uma imagem com base nas informações no sinal do vídeo. Cada pixel é formado por três tipos de luzes – vermelha, verde e azul – com a tela de plasma variando suas intensidades para produzir uma gama completa de cores. As telas de plasma podem produzir alta resolução e representação exata das cores para criar imagem de alta qualidade.

Os **monitores de LCD** são os de tela plana que usam cristais líquidos – material orgânico, parecido com óleo, colocado entre dois polarizadores – para formar caracteres e imagens gráficas em uma tela iluminada por luz de fundo. Esses monitores são melhores para os olhos do que os CRTs, porque são livres de oscilações, mais brilhantes e não emitem o tipo de radiação que preocupa alguns de seus usuários. Além disso, os monitores de LCD utilizam menos espaço e menos da metade da eletricidade necessária para operar um monitor de CRT de tamanho comparável. *Os LCDs de transistores de* filmes finos (TFT, thin-film transistor) são um tipo de monitor de cristal líquido que atribui a um transistor o controle de cada pixel, resultando em maior resolução e respostas mais rápidas para mudanças na tela. Os monitores de TFT LCD substituíram a tecnologia mais antiga CRT e encontram-se normalmente disponíveis em tamanhos de 12 a 30 polegadas. Algumas empresas estão capacitadas para fornecer soluções multimonitores, que permitem que os usuários vejam a riqueza de informações relacionadas em um simples olhar, como mostra a Figura 3.13.

O **diodo orgânico emissor de luz** (**OLED, organic light-emiting diode**) usa uma camada de material orgânico encapsulado entre dois condutores, que, por sua vez, estão posicionados entre uma placa de vidro no topo e outra na base. Quando a corrente elétrica é aplicada aos dois condutores, uma luz brilhante eletroluminiscente é produzida diretamente do material orgânico. Os OLEDs podem fornecer cores mais definidas e são mais brilhantes do que os LCDs e CRTs, e como não exigem luz de fundo, podem ter a metade da espessura dos LCDs e ser utilizados em monitores flexíveis. Outra grande vantagem é que os OLEDs não quebram quando caem. A tecnologia OLED pode também criar monitores de vídeo 3D, adicionando camadas de filmes de OLED transparentes em um monitor tradicional LCD, para criar a percepção de profundidade sem a necessidade de óculos para 3D ou ótica laser. O monitor iZ3D é capaz de exibir tanto em modo 2D como em 3D.

TABELA 3.3 Padrões mais comuns para telas de monitores e resoluções associadas

Padrão	Resolução (número de pixels horizontais x pixels verticais)
WSXGA (Wide SGXA plus)	1.680 × 1.050
UXGA (Ultra XGA)	1.600 × 1.200
WUXGA (Wide Ultra XGA)	1.920 × 1.200
QXGA (Quad XGA)	2.048 × 1.536

No lançamento de *Avatar*, dirido por James Cameron, um fabricante ofereceu uma versão do monitor de 22 polegadas, ao preço de $ 300, para coincidir com a estreia do filme.

Como a maioria dos usuários deixa seus computadores ligados durante horas, o uso de energia é um fator importante para decidir qual tipo de monitor deve ser comprado. Apesar de o uso da eletricidade variar de um modelo para outro, os monitores de LCD em geral consomem de 35% a 50% menos eletricidade do que as telas de plasma.[44] Os monitores de OLED utilizam ainda menos energia que os de LCD.

A relação de aspecto do tamanho da tela descreve o tamanho da tela do monitor. Ou seja, é a relação entre a largura da tela e sua altura. Um a relação de aspecto de 4 por 3 é comum. Nos monitores de LCD de tela larga usados para assistir filmes em DVD no formato widescreen, para jogos ou para mostrar várias telas posicionadas lado a lado, a relação de aspecto de 16 por 10 ou 15 por 9 são as ideais. O tamanho da tela é medido diagonalmente pela parte externa do gabinete da tela no caso dos monitores de CTR e pela parte interna do gabinete da tela para os monitores de LCD.

Com a ampla variedade de monitores, preço e qualidade podem variar muito. A qualidade de uma imagem na tela é frequentemente medida pelo número de pixels horizontais e verticais usados para criá-la. Resolução é o número total de pixels contidos em uma tela; quanto mais pixels, mais clara e nítida é a imagem. O tamanho da tela do monitor também afeta a qualidade de visualização. A mesma resolução em uma tela pequena é mais nítida do que em uma tela maior, em que a mesma quantidade de pixels está espalhada por uma área maior. Ao longo dos anos, o tamanho das telas dos monitores tem aumentado, e os padrões e resoluções alterados, como mostra a Tabela 3.3.

Outra maneira de medir a qualidade da imagem é a distância entre um pixel na tela e o pixel mais próximo, conhecida como *ajuste de pontos* (dot pitch). A faixa mais comum de ajuste de pontos é de 0,25 mm a 0,31 mm. Quanto menor o ajuste de pontos, melhor é a imagem. Um ajuste de pontos de 0,28 mm ou menor é considerado bom. Densidades maiores de pixels e ajustes menores de pontos produzem imagens de melhor definição e maior resolução.

As características da cor da tela dependem da qualidade do monitor, da quantidade de RAM no sistema computacional e na placa gráfica adaptada ao monitor. A Digital Video Interface (DVI) é uma interface-padrão de vídeo, projetada para maximizar a qualidade visual como, por exemplo, os monitores planos de LCD dos computadores.

As empresas estão competindo na fronteira da inovação para criar monitores de espessura mais fina para computadores, telefones celulares e outros equipamentos móveis. Para ganhar margem de vantagem, a LG Phillips desenvolveu uma tela extremamente fina que possui espessura de 0,15 mm, ou seja, tão fina quanto um cabelo humano. A tela é também flexível e pode ser inclinada ou girada sem ser danificada. A Nokia apresentou um computador portátil que pode ser verdadeiramente torcido ou entortado para mudar uma faixa de música ou ajustar o volume.[45] Tais telas abrem várias possibilidades para que os fabricantes produzam telefones celulares ou laptops com telas significativamente maiores, porém sem aumentar o tamanho do aparelho, uma vez que a tela pode ser enrolada ou dobrada para ser guardada no bolso.

A plataforma Microsoft Surface foi projetada para ajudar as pessoas a aprender, colaborar e tomar decisões. A Surface pode ser usada como mesa, montada na parede ou embutida em móveis ou acabamentos. Sua tela larga de 40 polegadas é um meio efetivo de compartilhar fotos, mapas, modelos e simulações. A Surface permite que um único usuário, ou múltiplos, manipule conteúdos digitais através do movimento de suas mãos.

O Microsoft Surface 2.0 é um computador de 4 polegadas de espessura com pernas, que tem um processador AMD Athlon II X2 2.9GHz instalado e sincronizado a uma GPU AMD Radeon HD 6700M Series. A tela sensível ao toque de 40 polegadas apresenta uma resolução de 1.920 x 1.080 (1.080p). A mesa custa cerca de $ 7.600.

O Bank of Canada, maior banco do país, utiliza a Surface como componente de sua Zona de Descoberta, uma abordagem exclusiva de interatividade digital que convida os clientes a conhecer mais sobre o banco, seus serviços e funcionários. Arbie, um personagem de animação, guia os clientes através de vários aplicativos com os resultados exibidos na tela do Surface. Esses aplicativos ajudam o usuário a conhecer quais serviços do banco podem atender suas necessidades financeiras, demonstrar o valor de uma conta poupança sem cobrança de impostos, comparada a uma conta poupança convencional e apresentar fotos e um breve perfil dos funcionários locais da agência. O software inclui um aplicativo Instant Win e jogos para crianças para que se ocupem enquanto os pais realizam as transações bancárias.[46]

Impressoras e plotters

Uma das formas mais úteis e populares de saída é a chamada *cópia em papel* (hard copy), ou seja, a saída em papel de uma impressora. Os dois principais tipos de impressora são a laser e a jato de tinta, e estão disponíveis com diferentes velocidades, características e capacidades. Algumas podem ser preparadas para acomodar formulários de papel, como cheques e formulários de fatura. As impressoras mais novas permitem que os negócios criem saídas impressas customizadas usando cores reais para cada cliente, desde o padrão do papel até a entrada de dados. As impressoras de recibos, como as utilizadas em restaurantes e caixas eletrônicos e sistemas de ponto de venda, são utilizadas em larga escala.

A velocidade da impressora é medida pelo número de páginas impressas por minuto (ppm). Como em uma tela, a qualidade ou resolução da saída de uma impressora depende do número de pontos por polegada (dpi, dot per inch). Uma impressora de 600 dpi imprime mais claramente do que outra com 300 dpi. O custo decorrente do uso de uma impressora jato de tinta ou laser é o cartucho que deve ser trocado periodicamente – após alguns milhares de páginas, nas impressoras a laser, e após 500 a 900 páginas nas impressoras a jato de tinta. A Figura 3.14 mostra uma impressora jato de tinta.

Com um custo inferior a $ 550, as impressoras a laser em geral são mais rápidas e podem lidar com maior volume se comparadas às de jato de tinta: de 25 a 60 ppm em branco e preto e de 6 a 25 ppm em cores. As impressoras a jato de tinta imprimem de 12 a 40 ppm em branco e preto e de 5 a 20 ppm em cores e estão disponíveis por menos de $ 200. Para impressão em cores, as de jato de tinta imprimem cores vivas com custo inicial muito menor do que as impressoras a laser e podem produzir banners, ilustrações, cartões, cartas, textos e fotos de alta qualidade.

Alguns fabricantes oferecem impressoras multifuncionais que podem copiar, imprimir (em cores ou em branco e preto), enviar e receber fax e digitalizar documentos. Tais dispositivos multifuncionais são frequentemente usados quando se necessita fazer um baixo volume de cópias, impressões, enviar e receber fax e escanear. O preço médio das multifuncionais varia de $ 100 a $ 500, dependendo das características e capacidades. Como esses equipamentos ocupam o lugar de mais de um dispositivo, são mais baratos para aquisição e manutenção do que um aparelho de fax somado a uma impressora, uma copiadora e assim

FIGURA 3.14 Impressora a jato de tinta Hewlett--Packard all-in-one 8500.

Cortesia de Hewlett-Packard Company

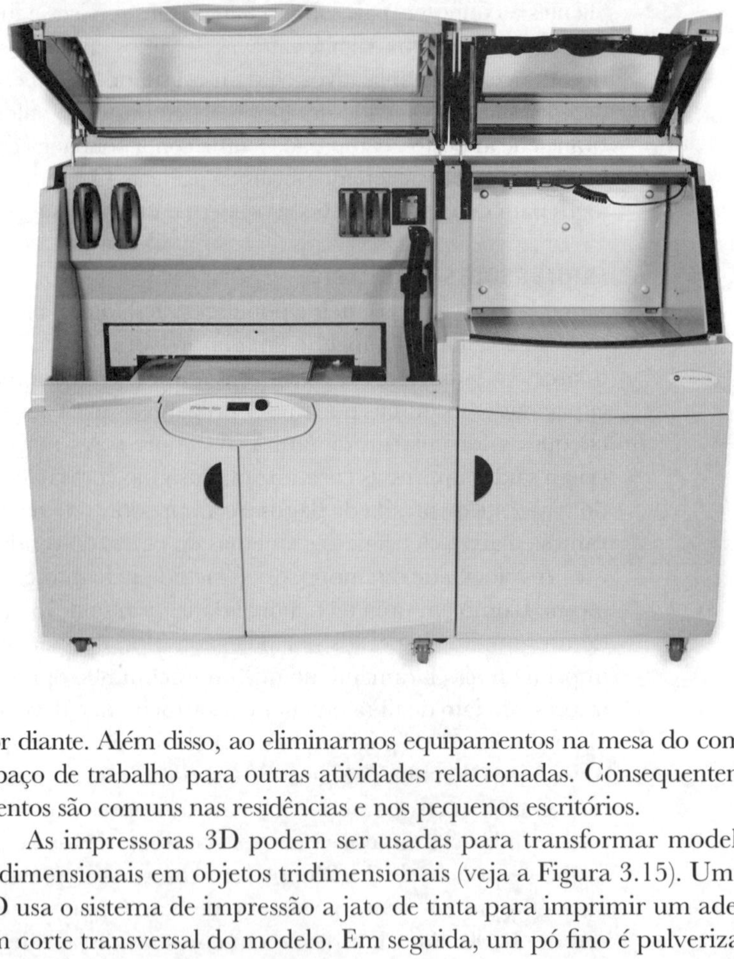

FIGURA 3.15 Impressora ZPrinter 650 3D.

Cortesia de Z Corporation/3D Systems

por diante. Além disso, ao eliminarmos equipamentos na mesa do computador, liberamos espaço de trabalho para outras atividades relacionadas. Consequentemente, esses equipamentos são comuns nas residências e nos pequenos escritórios.

As impressoras 3D podem ser usadas para transformar modelos computacionais tridimensionais em objetos tridimensionais (veja a Figura 3.15). Um tipo de impressora 3D usa o sistema de impressão a jato de tinta para imprimir um adesivo no formato de um corte transversal do modelo. Em seguida, um pó fino é pulverizado sobre o adesivo para formar uma camada do objeto. Esse processo é repetido milhares de vezes até que o objeto se complete. A impressão em 3D é comumente utilizada em empresas aeroespaciais, fabricantes de automóveis e outras empresas que trabalham muito em projetos. É especialmente valiosa durante o estágio conceitual de um projeto de engenharia, quando as dimensões exatas e a força material do protótipo não são críticas.

Algumas impressoras da Hewlett-Packard e de outros fabricantes permitem a impressão sem que a impressora esteja conectada a um computador. Um dispositivo de armazenamento USB, como um pen drive, pode ser inserido em um slot na impressora, e o usuário especifica o que deve ser impresso, sem ter de inserir comandos no computador.[47]

Outras soluções de impressão móvel permitem que o usuário envie, através de equipamentos sem fio, documentos, mensagens de e-mail e anexos, apresentações e até cartões de embarque de qualquer smartphone, tablet ou laptop para qualquer impressora móvel no mundo. Por exemplo, os usuários móveis que usam o serviço PrinterOn somente precisam acessar um diretório de impressoras PrinterOn e suas localizações e depois enviar para o endereço de e-mail da impressora uma mensagem com os anexos que devem ser impressos. A American Airlines Admiral Club, Delta Sky Club, Embassy Suites e a DoubleTree do Hilton utilizam impressoras do PrinterOn em muitas das suas instalações.[48]

Os *plotters* são um tipo de dispositivo de saída em papel usado para trabalhos de desenho em geral. Normalmente, as empresas os utilizam para gerar cópias heliográficas em papel ou acetato, esquemas e desenhos de edifícios ou de novos produtos. As larguras padrão de dispositivos para desenhos são de cerca de 60 cm e 90 cm, e o comprimento pode ser qualquer um que atenda às necessidades – desde alguns centímetros até metros.

Reprodutor digital de áudio

REPRODUTOR DIGITAL DE ÁUDIO: Dispositivo que pode armazenar, organizar e reproduzir arquivos digitais de música.

MP3: Formato-padrão para compressão de uma sequência de som em um pequeno arquivo.

O **reprodutor digital de áudio** é um dispositivo que pode armazenar, organizar e reproduzir arquivos digitais de música. O **MP3** (MPEG – 1 Audio Layer-3) é um formato popular para comprimir uma sequência de som em um arquivo muito pequeno, enquanto preserva o nível original de qualidade do som quando é tocado. Comprir o arquivo de som, requer menos tempo para baixá-lo e menos espaço de armazenamento em um disco rígido.

Pode-se usar muitos dispositivos diferentes de música do tamanho de um baralho para fazer download de músicas da internet e de outras fontes. Esses dispositivos não possuem partes móveis e armazenam horas de música. A Apple invadiu o mercado de música digital com um reprodutor MP3 (o iPod) e uma loja de música iTunes (iTunes Music Store), que permite que se encontrem músicas on-line, ouça-as previamente e baixe-as de modo seguro, legalmente e a um custo razoável. Outros fabricantes de MP3 são a Dell, Sony, Samsung, Iomega e Motorola, cujo produto Rokr constitui o primeiro telefone compatível com iTunes.

O iPod Touch da Apple, com uma tela larga de 3,5 polegadas, é um reprodutor de música e também de filmes e shows de TV, álbum de fotos e pode se conectar à internet. Portanto, é possível acessar os vídeos do YouTube, comprar músicas on-line, verificar e-mails e muito mais. O dispositivo ajusta automaticamente a visualização quando é alternado de retrato para paisagem. Um sensor de luz do ambiente ajusta o brilho para combinar com as condições de luz ambiente.

Leitores de e-book

A mídia digital equivalente a um livro impresso convencional é chamada livro eletrônico (e-book – abreviatura de electronic book). O Catálogo de Livros On-line do Projeto Gutenberg (www.gutenberg.org) tem uma lista de mais de 36 mil livros eletrônicos gratuitos e um total de mais de 100 mil livros eletrônicos disponíveis. Os e-books podem ser baixados dessa fonte ou de muitas outras para os computadores pessoais ou dispositivos a eles dedicados, conhecidos como leitores de livros eletrônicos. Apenas os dispositivos custam por volta de $ 200 a $ 350, e os downloads de best-sellers e de novos lançamentos custam menos de $ 10. O leitor de e-book tem a capacidade de armazenar milhares de livros. O Kindle da Amazon.com, Sony PRS, Kobo e-reader, Barnes & Noble's Nook e iRiver's Story são leitores eletrônicos populares que usam tela "e-paper" (papel eletrônico), que se assemelha a folhas impressas em papel, ou telas de LCD que têm muito brilho e podem dificultar a leitura sob a luz solar.[49] Os e-books pesam menos de três quartos de libra, têm cerca de meia polegada de espessura e tela com tamanhos que variam de 5 a 8 polegadas. Esses leitores são mais compactos do que a maioria das brochuras e, portanto, podem ser carregados facilmente na mão. As telas dos leitores de e-book mais atuais têm 16 milhões de cores e alta resolução (veja a Figura 3.16). Em muitos e-readers, o tamanho do texto pode ser aumentado para leitores com problemas de visão.

iPod Touch da Apple.

FIGURA 3.16 Leitor de e-book Kindle Fire.

TIPOS DE SISTEMA DE COMPUTADORES

Em geral, os computadores podem ser classificados como de uso especial ou de uso geral. Os *de uso especial* são de aplicações limitadas de emprego militar ou de grupos de pesquisa científica, como a CIA e a Nasa. Outras aplicações incluem processadores especializados, encontrados em aparelhos, carros e outros produtos. Por exemplo, uma loja de conserto de automóveis conecta computadores de uso especial ao motor do carro para identificar problemas específicos de desempenho. Em outro exemplo, a IBM está trabalhando em uma nova geração de chips de computador para desenvolver os chamados computadores cognitivos, projetados para mimetizar a maneira como cérebro humano trabalha. Em vez de ser programado da mesma forma que os computadores atuais, serão capazes de aprender por meio de experiências e de resultados e dos padrões de aprendizado mimético humano.[50]

Os *computadores de uso geral* são utilizados para uma variedade de aplicações e para executar as aplicações em negócios discutidas neste texto. Sistemas computacionais de uso geral podem ser divididos em dois grupos principais: utilizados por um único usuário por vez e utilizados por múltiplos usuários concomitantemente. A Tabela 3.4 mostra as variações gerais das capacidades para os vários tipos de sistemas computacionais. Os sistemas computacionais podem variar de computadores de mão a supercomputadores maiores, que preenchem uma sala inteira. Abordaremos primeiro os maiores sistemas de computadores para um único usuário.

COMPUTADORES PORTÁTEIS

COMPUTADOR PORTÁTIL: Pequeno o suficiente para ser facilmente transportado.

Diversos fabricantes oferecem grande variedade de **computadores portáteis**, pequenos o suficiente para serem facilmente transportados. Os computadores portáteis incluem os handhelds, laptops, notebooks, netbooks e tablets.

TABELA 3.4 Tipos de sistemas de computadores

Os sistemas de computadores, para um único usuário podem ser divididos em dois grupos: computadores portáteis e computadores não portáteis.

Fator	Computadores de um único usuário				
	Computadores portáteis				
	Handheld	Laptop	Notebook	Netbook	Tablet
Custo	$ 150 a $ 400	$ 500 a $ 2.200	$ 650 a $ 2.300	$ 200 a $ 800	$ 250 a $550
Peso (em libras)	< 0,30	4,0 a 7,0	<4	<2,5	0,75 a 2,0
Tamanho da tela (em polegadas)	2,4 a 3,6	11,5 a 15,5	11,6 a 14,0	7,0 a 11,0	5,0 a 14,0
Uso típico	Organização de dados pessoais	Melhora a produtividade do funcionário	Melhora a produtividade do funcionário externo	Acesso à internet e e-mail	Captura dados através de entrada por caneta, aumenta a produtividade do funcionário

	Computadores não portáteis			
	Cliente thin	Desktop	Nettop	Estação de trabalho
Custo	$ 200 a $ 500	$ 500 a $ 2.500	$ 150 a $ 350	$ 750 a $ 5.000
Peso (em libras)	1 a 3	<30	<5	<35
Tamanho da tela (em polegadas)	10,0 a 15,0	13,0 a 27,0	Fornecido com ou sem tela instalada	13,0 a 27,0
Uso típico	Entrada de dados e acesso a aplicativos através da internet	Aumenta a produtividade do funcionário	Substitui o computador desktop por um computador menor de baixo custo e baixo consumo de energia.	Desenvolvimento de engenharia, CAD e desenvolvimento de software

TABELA 3.4 Continuação

Os sistemas de computadores, para um único usuário podem ser divididos em dois grupos: computadores portáteis e computadores não portáteis.

Computadores para múltiplos usuários			
Fator	**Servidor**	**Mainframe**	**Supercomputador**
Custo	$ 500 a $ 50.000	>$ 100.000	> $ 250.000
Peso (em libras)	>25	>100	>100
Tamanho da tela (em polegadas)	n/d	n/d	n/d
Uso típico	Executa aplicativos de rede e de internet	Executa tarefas para grandes organizações e fornece armazenamento de dados maçicos	Executa aplicativos científicos específicos, realiza cálculos estatísticos intensivos

COMPUTADOR HANDHELD: Computador de mão para único usuário que oferece fácil portabilidade por causa de seu tamanho reduzido.

Os **computadores handheld** e palmtop são equipamentos de um único usuário, que oferecem fácil portabilidade por causa de tamanho reduzido – alguns são tão pequenos como um cartão de crédito. Esses sistemas incluem frequentemente uma variedade de softwares e capacidades de comunicação. A maioria comunica-se com computadores de mesa por meio de redes sem fio. Alguns até mesmo acrescentam um receptor de GPS embutido com software que pode integrar a localização do dado no aplicativo. Por exemplo, se você clicar em uma entrada em um endereço eletrônico de agenda de endereços, o dispositivo exibe um mapa e a direção de sua atual localização. Esse computador pode, também, ser instalado em seu carro e serve como sistema de navegação. Um dos defeitos dos computadores de mão é que necessitam de muita energia em relação a seu tamanho.

SMARTPHONE: Computador handheld combina a funcionalidade de um telefone celular, câmera, navegador Web, ferramenta de e-mail, tocador de MP3 e outros dispositivos em um único equipamento.

Um **smartphone** é um computador handheld que combina a funcionalidade de um telefone celular, câmera, navegador Web, ferramenta de e-mail, tocador de MP3 e outros dispositivos em um único equipamento (veja a Figura 3.17). O BlackBerry foi um dos primeiros smartphones desenvolvidos pela companhia canadense Research in Motion em 1999.

No início de 2011, tanto a LG como a Motorola anunciaram novos smartphones baseados em processadores dual-core de 1 GHz, que podem trabalhar em paralelo para fornecer desempenho mais rápido, desde que o software tenha sido projetado para tirar vantagem dessa capacidade de processamento. Tais chips possibilitam a criação de aparelhos com capacidade 3D que não requerem o uso de óculos especiais para visualizar seu conteúdo.[51]

Embora a Apple com seu iPhone tenha dominado o mercado de smartphones por vários anos, agora enfrenta uma competição mais acirrada da Amazon, Samsung, HTC, Motorola, Nokia e outros. A Apple processou muitos de seus concorrentes, alegando que violaram suas patentes e marcas registradas usadas nos dispositivos móveis. Em retorno,

FIGURA 3.17
Smartphone BlackBerry Torch 9810.
O smartphone combina a funcionalidade de um telefone celular, de um assistente pessoal digital, câmera, navegador Web, ferramenta de e-mail, tocador de MP3 e outros dispositivos.

muitos desses concorrentes também processaram a Apple, e apenas a Samsung e a Apple estão envolvidas em 30 batalhas legais em nove países.[52] Os observadores da indústria apontam que tais guerras de patentes sufocam a inovação e a competição, mas infelizmente se tornaram uma prática comum para lidar com a concorrência.[53]

No início de 2011, a Deloitte Canada previu que as vendas mundiais de smartphones e tablets excederiam as de computadores pela primeira vez durante o ano. As vendas combinadas de smartphones e tablets têm previsão de 425 milhões de unidades, comparadas com as 400 milhões de unidades de computadores tradicionais.[54]

Um número cada vez mais crescente de consumidores e trabalhadores irá realizar processamentos de dados, acessar e-mails, navegar na internet e realizar tarefas ligadas a bancos de dados em equipamentos do tipo smartphone. O número de aplicativos comerciais para smartphones está aumentando rapidamente para atender essas necessidades, especialmente na área médica na qual é estimado que cerca de 30% de médicos tenham um iPad e mais de 80% portem um smartphone.[55] A ePocrates é um fornecedor de informações móveis e on-line para profissionais da saúde. Os médicos, ao prescreverem, usam seus smartphone para acessar, por dia, o ePocrates para confirmar a dosagem correta dos medicamentos e para verificar possíveis reações adversas com outras medições que o paciente está tomando. A empresa também oferece acesso móvel aos registros médicos eletrônicos dos pacientes.[56]

AccessReflex é um software que permite aos usuários visualizar bancos de dados do Microsoft Access a partir de um smartphone.[57] A EBSCOhost Mobile oferece acesso móvel a ampla gama de textos completos e bancos de dados bibliográficos para pesquisas.[58] Os policias em patrulha móvel podem usar seus smartphones para se conectarem aos bancos de dados nacionais de crimes e os que prestam socorro podem usar seus equipamentos para conectarem-se aos bancos de dados de materiais perigosos e receber aconselhamento de como proceder com respingos ou incêndios que envolvem tais materiais.

Computadores laptop

COMPUTADOR LAPTOP: Computador pessoal projetado para usuários em movimento, sendo pequenos e leves o suficiente para serem posicionados confortavelmente no colo dos usuários.

O **laptop** é um computador pessoal projetado para usuários em movimento, sendo pequenos e leves o suficiente para serem posicionados confortavelmente no colo dos usuários. Os laptops usam grande variedade de tecnologias de painéis planos para produzir uma tela leve e fina, com boa resolução. Em termos de potência e computação, podem concorrer com a maioria dos computadores desktop, uma vez que vêm equipados com potentes CPUs, bem como memória primária e discos de armazenamento de grande capacidade. Esse tipo de computador é altamente popular entre estudantes e profissionais que se deslocam muito, pois podem levá-los em viagens, em reuniões e salas de aula. Muitos usuários de computadores pessoais agora preferem um laptop em vez de um computador de mesa por causa de sua portabilidade, baixo consumo de energia e menor necessidade de espaço.

Computadores notebook

COMPUTADOR NOTEBOOK: Computador menor do que um laptop e extremamente leve. Pesa menos de 4 libras e pode caber facilmente em uma pasta executiva.

Muitos usuários com alta mobilidade preferem os **notebooks** que pesam menos de 4 libras, se comparados com os laptops maiores, com cerca de 7 libras. Porém, existem limitações para os pequenos e leves notebooks. Em geral, não vêm equipados com leitores óticos para gravação de DVDs nem para reprodução de Blu-ray. Como são mais finos, oferecem menos espaço para baterias de longa duração, maiores. Seu perfil fino também não permite a instalação de ventoinhas e dissipadores de calor, calor gerado pelos rápidos processadores, assim, normalmente, têm menos poder de processamento. Por último, poucos vêm equipados com placas de vídeo de alta resolução, de modo que estas máquinas são menos populares entre jogadores de videogames.

Computadores netbook

COMPUTADOR NETBOOK: Membro da família de computadores laptop, pequeno, leve e barato.

Os **netbooks** são membros da família de computadores laptop, pequenos, leves e baratos. Ótimos para tarefas que não requeiram grande poder de processamento, como o envio e recebimento de e-mails, visualização de DVDs, jogos de computador ou acesso à internet. Porém, os netbooks não são bons para usuários que queiram executar aplicativos de demanda nem que usem vários aplicativos abertos ao mesmo tempo ou que precisem de grande capacidade de armazenagem de dados.

Muitos netbooks usam CPU Intel Atom (a N450), especificamente projetada para rodar com o mínimo de consumo elétrico, de modo que o computador possa usar pequenas e leves baterias e evitar problemas de superaquecimento sem a necessidade de ventoinhas ou grandes dissipadores de calor. A vida útil das baterias é a principal característica quando comparada com o tempo operacional esperado de diversos netbooks, variando de 4 horas até aproximadamente 12 horas, dependendo do fabricante e do modelo.

Todos os 320 alunos do colégio de Bloomingdale, Michigan, receberam um netbook e acesso livre à internet. O objetivo do programa era fornecer aos alunos recursos tradicionais de aprendizagem e aumentar seus níveis de instrução. Isso é importante para uma comunidade em que aproximadamente metade das casas não possui acesso à Web. Os professores atualizam o sistema a cada dia para notificar os estudantes e seus pais sobre as tarefas não realizadas. Também podem anexar planilhas, quando aplicável. Os alunos apreciam a possibilidade de rastrear seus trabalhos de casa e assistir vídeos on-line sobre vários tópicos, que oferecem instruções passo a passo sobre como completar uma tarefa.[59]

Computadores tablet

COMPUTADOR TABLET: Computadores portáteis, leves, que não possuem teclado e permitem percorrer o escritório, a casa ou o chão de fábrica carregando o dispositivo como uma prancheta.

Os **tablets,** portáteis e leves, não possuem teclado e permitem percorrer o escritório, a casa ou o chão de fábrica carregando o dispositivo como uma prancheta. Pode-se entrar com um texto usando uma caneta especial diretamente sobre a tela, graças a um software que reconhece a escrita à mão. Outros métodos de entrada incluem teclado opcional ou reconhecimento de voz. Os tablets PC permitem apenas a entrada com base em caneta, são chamados *slates.* Os *tablets PC conversíveis* vêm com uma tela giratória e podem ser utilizados como notebooks tradicionais ou como um tablet PC usado com caneta. A maioria dos novos tablets vêm com uma câmera frontal para videoconferência e uma segunda câmera para instantâneos e vídeos.[60]

Esses tipos de equipamento ainda não têm o poder de processamento dos computadores de mesa. Também são limitados para exibição de alguns vídeos uma vez que o software Flash não roda em um iPad e também não roda perfeitamente em tablets que usam Android.[61] Além do mais, as telas dos tablets da maioria dos fabricantes precisam de alguma proteção antiofuscamento antes que possam ser usados em ambientes externos, à luz do dia.

Os tablets são especialmente populares entre estudantes e gamers. Também são usados com frequência no atendimento médico, no varejo, empresas de seguro e indústrias de manufatura por conta de sua versatilidade. A M&D Oral Care and Maxillofacial Surgery é uma clínica de cirurgia oral em Connecticut que instalou tablets iPads e Motorola Xoom em cinco cadeiras para pacientes em seus consultórios, de forma que podem visualizar o escaneamento da tomografia computadorizada e raios X, bem como alguns vídeos educacionais.[62]

O De Santos é um restaurante de alta classe no bairro de West Village, em Nova York. Seus garçons usam tablets para anotar os pedidos e fazer a cobrança em cartões de crédito. Além de exibir o menu completo, o equipamento mostra a mesa do restaurante e a lista de reservas. Torna mais simples e eficiente todo o processo de encaminhamento de clientes até as suas mesas, anotação de pedidos, repasse de pedidos para cozinha e recebimento de contas. Ao utilizarem tablets, os garçons podem servir mais mesas e fornecer um serviço melhor a seus clientes. “Atualmente na cidade de Nova York, o menu não lista todas as especificações de cada prato”, diz Sebastian Gonella, um dos proprietários do restaurante. “Com este software, você pode mostrar aos clientes todos os pratos e todas as suas especificações, de forma que as pessoas estão realmente comprando aquilo que veem, e assim não há confusões. Isso é muito importante.”[63]

O Ipad da Apple é um tablet capaz de rodar os mesmos softwares que os antigos iPhones e iPod Touch rodavam, o que lhe fornece uma biblioteca de mais de 300 mil aplicativos.[64] Também roda softwares desenvolvidos especificamente para ele. O equipamento tem uma tela de 9,7 polegadas e um teclado na tela, pesa cerca de 1,5 libra e suporta acesso à internet através de redes sem fio.

Um grande número de empresas de computadores está oferecendo tablets para competir com o iPad e o iPad II, incluindo o Playbook da BlackBerry, o TouchPad da

© iStockphoto/mozcann

Tablet com Android Samsung Galaxy Tab 10.1.

Hewlett Packard, o Kindle Fire da Amazon, o Streak da Dell, o Tablet S e o Tablet P da Sony, o Thrive da Toshiba, o Galaxy Tab da Samsung, o Xoom da Motorola e o tablet de baixo custo (menos de $ 75) da Aakash e Ubislate da Quad, empresa baseada na Índia.

COMPUTADORES NÃO PORTÁTEIS PARA ÚNICO USUÁRIO

Os computadores não portáteis para único usuário incluem os clientes thin, os computadores desktop, os nettops e as estações de trabalho.

Clientes thin

CLIENTE THIN: Computador de baixo custo, gerenciado com capacidades essenciais, porém limitadas, e sem drives extras (como de CD ou DVD) ou slots de expansão.

O **cliente thin** é um computador de baixo custo, administrado de modo central sem drives extras (como de CD ou DVD) ou slots para expansão. Estes equipamentos têm capacidades limitadas e executam apenas aplicativos essenciais, por isso permanecem enxutos em termos das aplicações do cliente que possuem. Essas versões enxutas de computadores de mesa não têm capacidade de armazenamento ou poder de computação de computadores de mesa típicos nem precisam disso para o papel que desempenham. Sem disco rígido, nunca pegam vírus ou sofrem quebra de disco rígido. Diferentemente dos computadores pessoais, fazem o download de dados e dos softwares de uma rede, quando necessário, tornando o suporte, a distribuição e a atualização de aplicativos de softwares muito mais baratos.[65] Trabalham bem em ambientes de computação em nuvens para permitir que os usuários acessem os recursos operacionais e os dados disponíveis nas nuvens.[66]

A Jewelry Television é vista por mais de 65 milhões de pessoas nos Estados Unidos e outros milhões acessam seu site na internet (*www.jtv.com*). Como resultado dessa exposição, a companhia se tornou uma das maiores revendedoras de joias no mundo. Seus 300 funcionários do call-center lidam com mais de 6 milhões de chamadas por ano, usando computadores clientes thin para acessar informações e responder às perguntas dos clientes e anotar pedidos.[67]

Computadores desktop (de mesa)

COMPUTADOR DESKTOP: Equipamento não portátil que cabe em uma escrivaninha e fornece suficiente potência de computação, memória e armazenamento para a maioria das tarefas empresariais.

Os **computadores desktop** são sistemas computacionais de usuário único, altamente versáteis. Nomeado por causa de seu tamanho, podem fornecer suficiente poder de computação e armazenagem para a maioria das tarefas computacionais de uma empresa.

O iMac da Apple é uma família de computadores desktop da Macintosh lançados em 1998, em que todos os componentes (incluindo a CPU, os discos rígidos, os drives etc.) ficam encaixados junto à tela. O iMac Intel está disponível com os novos processadores de núcleo i5 ou i7 da Intel, tornando-o o primeiro iMac quadri-core.

Coputadores nettop

COMPUTADOR NETTOP: Computador de mesa barato, projetado para ser menor, mais leve e consumir menos energia do que um desktop convencional.

O **nettop** é um computador de mesa barato (menos de $ 350), projetado para ser menor, mais leve e consumir menos energia do que um desktop convencional.[68] O nettop é

Cortesia de ASUS Computers International

FIGURA 3.18
Nettop ASUS Eee Box.
O ASUS Eee Box parece com um disco rígido externo de grandes proporções, mas inclui gráficos integrados, capacidade de trabalho em rede sem fio, conexões de mídias em estado sólido e, portanto, pode reproduzir vídeos em alta definição.

projetado para executar funções simples de computação, como trocas de e-mails, navegação na internet e acessar aplicativos baseados na Web. Também pode ser usado para assistir vídeos, ver fotografias, escutar músicas e jogar videogames. Diferentemente dos netbooks, não são projetados para serem portáteis e são fornecidos com ou sem telas anexadas. (Os tipos com telas anexadas são chamados all-in-ones). O nettop sem a tela anexada pode ser conectado a um monitor ou até mesmo a uma TV. Podem ainda incluir um drive ótico (CD/DVD). A CPU em geral é um Intel Atom ou um AMD Geode, com processador single-core ou dual-core. A escolha de um processador de CPU single-core reduz os custos e o consumo de energia, mas limita o poder de computação do equipamento. Um processador dual-core tem potência suficiente para permitir a visualização de um vídeo ou a realização de tarefas limitadas de processamento. As empresas estão considerando a utilização de nettops porque são mais baratos e seu uso também é econômico, e, consequentemente, podem aprimorar a rentabilidade de uma organização. A Figura 3.18 mostra o computador nettop ASUS Eee Box.

Estações de trabalho

ESTAÇÃO DE TRABALHO: Um computador pessoal mais poderoso do que os computadores pessoais, usado para aplicações matemáticas, projetos assistidos por computador (CAD) e outros processamentos pesados, mas pequeno o suficiente para caber em uma mesa.

As **estações de trabalho** são mais poderosas do que os computadores pessoais, mas ainda pequenas o bastante para caberem em uma mesa. São utilizadas para apoiar os usuários de engenharia e técnicos que executam projetos de computação com pesados cálculos matemáticos, projetos assistidos por computador (CAD), edição de vídeo e outros aplicativos que exigem processador topo de linha. Esses usuários necessitam de CPUs muito poderosas, grandes quantidades de memória principal e monitores de gráficos de resolução extremamente alta. Normalmente, as estações de trabalho são mais caras que os computadores desktop padrão. Alguns fabricantes atualmente estão fornecendo versões laptop de suas poderosas estações de trabalho desktop.

A Sekotec Security and Communication é uma pequena empresa que fornece sistemas de vigilância por câmeras para mercados, postos de combustível, lojas de varejo e hotéis em toda a Alemanha. As soluções para seus clientes em geral envolvem grupos de 4, 8, 16 ou 32 câmeras conectadas a uma estação de trabalho que controla a operação das câmeras e pode armazenar vários terabytes de dados para uma rápida visualização.[69]

SISTEMAS DE COMPUTADORES PARA MÚLTIPLOS USUÁRIOS

Os computadores para múltiplos usuários são projetados para suportar grupos de trabalho de pequenos departamentos com dois ou três funcionários de grandes organizações, com dezenas de milhares de empregados e milhões de clientes. Os sistemas para múltiplos usuários incluem servidores, computadores mainframe e supercomputadores.

Servidores

SERVIDOR: Computador utilizado por muitos usuários para realizar tarefas específicas, como rodar aplicações de rede ou internet.

Servidor é um computador utilizado por muitos usuários para realizar tarefas específicas, como rodar aplicações de rede ou internet. Servidores, em geral, apresentam grande memória e capacidade de armazenamento, junto com capacidade de comunicação rápida e eficiente. Um servidor Web lida com o tráfego e as comunicações de internet. Um servidor de empreendimento armazena e fornece acesso a programas que atendam às necessidades de toda uma organização. O servidor de arquivos armazena e coordena programas e arquivos de dados. Os sistemas de servidor consistem em computadores multiusuários, incluindo supercomputadores, mainframes e outros servidores. Frequentemente uma organização manterá um grande número de servidores na mesma sala, onde o acesso às máquinas pode ser controlado e o pessoal de suporte autorizado pode facilmente gerenciá-los e mantê-los a partir desse único local. Tal instalação é chamada *fazenda de servidores*.

Uma nova fazenda de servidores com 360 mil pés quadrados em Santa Clara, Califórnia, construída pela DuPont Fabros Technology, mantém dezenas de milhares de servidores. A instalação é abastecida por 32 geradores a diesel, alimentados por dois tanques de 50 mil galões de combustível. No caso de queda de energia, 32 sistemas de potência giratórios ficam de prontidão. O sistema de resfriamento consiste em 16 resfriadores e dois tanques de 500 mil galões de água gelada.[70]

ESCALABILIDADE: Habilidade para aumentar a capacidade de processamento de um sistema computacional para que possa lidar com mais usuários, mais dados ou mais transações em determinado período.

Os servidores oferecem grande **escalabilidade**, que consiste na habilidade para aumentar a capacidade de processamento de um sistema computacional para que possa lidar com mais usuários, mais dados ou mais transações em determinado período. A escalabilidade é aumentada pela adição de mais processadores ou processadores mais potentes. A *escala para cima* significa adicionar processadores mais potentes, e a *escala para fora* indica adicionar maior quantidade de processadores de igual (ou até menor) capacidade para aumentar a capacidade total de processamento.

O processador Intel Westmere-EX de 10 núcleos foi o escolhido para os servidores de ponta, incluindo aqueles frequentemente usados em centros de dados para suportar grandes bancos de dados e outras aplicações que exigem processamento intensivo. O processador suporta a tecnologia hyperthreading, que permite que cada núcleo realize dois conjuntos de instruções, chamados threads. O hyperthreading fornece a cada processador a capacidade de executar até 20 threads simultaneamente.[71] A Advanced Micro Devices (AMD) anunciou o lançamento de um chip para servidor com 16 núcleos que recebeu o nome de código de Interlagos Opteron 6200.[72] Servidores menos potentes são geralmente usados em menor escala para atende às necessidades de muitos usuários. Por exemplo, a Gashora Girls Academy na República de Ruanda utilizou computadores de servidor para garantir que suas 270 alunas e 12 professores pudessem acessar as tecnologias mais recentes.[73] Cada computador de servidor suporta múltiplos alunos, cada um trabalhando independentemente e usando suas próprias estações de trabalho, o que permite que executem processadores de texto e de planilhas, usem aplicativos de ciência da computação, assistam vídeos e escutem programas de áudio. Essa solução minimizou os investimentos da escola com hardware e reduziu os custos de energia e de manutenção. Tornou-se possível para os estudantes o acesso à tecnologia dos computadores para obter as habilidades necessárias à obtenção de sucesso no século 21.[74]

Os fabricantes de servidores também estão competindo pesadamente para reduzir a energia requerida para operar seus servidores e tornar seu "desempenho por watt" um ponto-chave na estratégia de diferenciação do produto. O uso de menos energia é um fator crítico para organizações que utilizam fazendas de servidores ou centenas ou mesmo milhares de servidores. Um servidor típico consome até 220 watts, enquanto os novos basea-

@ SISTEMAS DE INFORMAÇÃO NO TRABALHO

Construa seu sistema

Você provavelmente já ouviu falar de pessoas que constroem seus computadores, seja por hobby ou o caso de pequenas empresas que montam computadores para outros pequenos comércios locais. Essa pode ser uma boa distração ou forma razoável de ganhar a vida. Uma grande companhia internacional com certeza nunca agiria desse modo.

A menos que você esteja falando do Facebook.

Durante a maior parte de sua história, o Fabebook comprava os mesmos servidores que qualquer outra pessoa pode comprar. A companhia provavelmente recebeu grandes descontos dos fornecedores por causa do uso de vários servidores, mas os designs dos equipamentos eram exatamente os mesmos que qualquer cidadão podia comprar. Os servidores deram conta do trabalho, mas o Facebook imaginava que o serviço poderia ser executado de uma maneira melhor. Assim, os gerentes da empresa fizeram o que qualquer outra pessoa faria: contrataram projetistas de hardware e lhes disseram: "Tragam-nos alguma coisa melhor".

Isso não significa que a gerência do Facebook pensasse que os engenheiros da Dell, HP, IBM e todos os outros fornecedores de servidores fossem incompetentes. Longe disso. Porém, a companhia reconheceu que esses eram projetos de engenharia para amplo mercado e que deveriam atender a uma grande variedade de necessidades de seus clientes. O cliente pode especificar alguns componentes de seus servidores, como número e tamanho de drives, mas o projeto básico do servidor é sempre o mesmo. Os gerentes do Facebook perceberam que se os engenheiros precisassem atender às necessidades apenas de uma companhia, poderiam fazê-lo de modo mais personalizado. Os novos projetistas de hardware do Facebook iniciaram o Open Computer Project, baseado no modelo de projetos de software de fonte aberta. Sua meta era criar servidores de baixo custo, com alta eficiência energética.

Conforme define o gerente de engenharia Amir Michael, "Tentando otimizar os custos, retiramos muitos componentes que se encontram em um servidor-padrão. Isso facilitou o serviço. Os componentes térmicos tornaram-se mais eficientes, pois tinham menos obstruções bloqueando a entrada de ar fresco. E ficaram várias libras mais leves. O que representa comprar menos dez libras de material, ou seja, menos dez libras mais leve para colocá-lo no rack e menos dez libras de material a ser reciclado quando os computadores forem descartados".

O Open Compute Project construiu um "servidor sem vaidades"— computador sem qualquer equipamento extra que não era necessário para o Facebook. "Não nos preocupamos com a aparência do servidor", diz Michael. "Não havia pintura. Nem qualquer botão no painel frontal. Não havia logomarcas extravagantes nem emblemas". Mas a abordagem de baixo custo também fazia parte do esforço para reduzir de forma significativa os custos de resfriamento da máquina. Com os computadores consumindo um percentual estimado de 2% da energia mundial, grande parte da qual usada para resfriamento, a redução dos custos com resfriamento é significativa. (Veja o quadro "Questões éticas e sociais" neste capítulo, na seção "Computação verde", para saber mais sobre o tópico.)

Em virtude de seu tamanho, o Facebook precisava fazer mais do que apenas redesenhar seus servidores. A empresa também redesenhou o edifício que os abriga, desenvolvendo novo centro de dados a partir de um esboço em Prineville, Oregon. O centro de dados está próximo de hidrelétricas, beneficia-se dos ventos frescos que reduzem a necessidade de ar-condicionado e é projetado para consumir o mínimo de energia e com o mínimo de impacto ambiental.

Diferentemente das outras organizações de alta tecnologia, que mantêm suas atividades de desenvolvimento em silêncio, o Facebook não se importa se as pessoas conhecerem seus projetos de hardware. A empresa tem consciência de que não é o hardware que a transforma em um sucesso; e sim o que o Facebook faz com o hardware. Pode-se baixar a documentação do projeto do Facebook, sem qualquer custo, do site do Open Compute Project. Se o enteressado concordar com os termos de licença aberta, pode até se unir à comunidade e contribuir com suas ideias.

Questões para discussão

1. O Facebook utiliza mais servidores do que a imensa maioria das empresas com exceção de algumas poucas. A maioria usa menos servidores. Como o Facebook pode esperar ajuda de empresas menores? (Se quiser, use sua escola como exemplo.)
2. Visite o site da Open Compute Project (*opencompute.org*). Navegue entre as páginas da seção Open Updates, como "The OCP Wants You" (acesso em: 16 nov. 2011) e "Making it Real: Next Steps for the Open Compute Project" (acesso em: 27 out. 2011), incluindo os comentários sobre estas atualizações. Se você fosse um projetista de hardware, gostaria de participar desse projeto? Se seu empregador não quisesse que você contribuísse com o projeto durante seu horário de trabalho, contribuiria (com permissão de seu empregador) em seu tempo livre?

Questões para análise

1. O fato de o Facebook projetar seus próprios computadores lhe dá vantagem competitiva, como descrito no Capítulo 2? Se a resposta for sim, através de quais das cinco forças competitivas ele ganha vantagem e como faz isso? Se a resposta for não, por que o Facebook projeta seus próprios computadores?
2. Suponha que você esteja prestes a lançar um site de rede social para competir com o Facebook. É possível encontrar alguma informação no site da Open Compute Project (*opencompute.org*) para conseguir mais sucesso do que obteria por outros meios? Por que sim ou por que não?

Fontes: Metz, C., "Facebook Hacks Shipping Dock into World-Class Server Lab", *Wired*, www.wired.com/wiredenterprise/2012/01/facebook-server-lab, 9 jan. 2012; Michael, Amir, "Inside the Open Compute Project Server", Facebook Engineering Notes, www.facebook.com/notes/facebook-engineering/inside-the-open-compute-project-server/10150144796738920, 8 abr. 2011; Chang, E., "Facebook Shares Technology to Build Data Centers", Bloomberg TV, www.bloomberg.com/video/73907872, 12 ago. 2011; site do Open Compute Project, http://opencompute.org, acesso em: 9 jan. 2012.

dos no microprocessador Intel Atom consomem 8 watts ou menos. A economia anual em eletricidade com o uso de tais servidores de baixo consumo de energia pode chegar a dezenas de milhares de dólares para o operador de uma grande fazenda de servidores.

Um servidor virtual é um método de dividir logicamente os recursos de um único servidor físico para criar múltiplos servidores lógicos, cada um agindo como se rodasse uma máquina dedicada. O administrador do servidor usa um software para dividir o servidor físico em múltiplos ambientes virtuais isolados. Por exemplo, um único servidor físico de Web pode ser dividido em dois servidores virtuais privados. Um dos servidores virtuais hospeda o site da organização, enquanto o outro hospeda uma cópia do site. O segundo servidor virtual privado é utilizado para testar e verificar atualizações do software, antes que essas mudanças sejam feitas no site que está on-line. O emprego de servidores virtuais está crescendo rapidamente. Em um típico centro de dados com instalação de várias centenas de servidores, as empresas que utilizam a virtualização podem construir até 12 máquinas virtuais para cada servidor real com uma economia resultante no capital e nas despesas operacionais (inclusive gastos com energia) de milhões de dólares por ano.

A EZZI.net é um fornecedor de serviços de hospedagem na Web para muitas companhias, incluindo algumas das 500 maiores empresas do mundo, segundo a revista *Fortune*. A empresa tem centros de dados localizados na cidade de Nova York e em Los Angeles que empregam servidores virtuais porque são mais fáceis de usar, podem

Sistema montado em rack com servidores blade.

ser suportados por longos períodos e operam com taxa de ocupação de 99,7% do tempo para atender às necessidades de muitos clientes.[75]

SERVIDOR BLADE (SERVIDOR EM LÂMINA): Servidor que hospeda muitas placas-mãe que incluem um ou mais processadores, memória, armazenamento e conexões de rede de computadores.

Um **servidor blade** hospeda muitas placas-mãe que incluem um ou mais processadores, memória, armazenamento e conexões de rede de computadores. Todos compartilham um fornecedor comum de energia e uma fonte de refrigeração de ar dentro de um único chassi. Colocando muitas lâminas em um único chassi, e depois montando múltiplos chassis em uma única prateleira, o servidor blade é mais potente, porém menos custoso do que os tradicionais baseados em grandes computadores (mainframes) ou fazendas de servidores de máquinas individuais. Além disso, o servidor blade requer muito menos espaço físico do que as tradicionais fazendas de servidor.

O Norddeutsche Landesbank (NORD/LB) é uma grande instituição financeira com sede em Hanover, Alemanha. O banco sofria com o baixo tempo de resposta de seus principais sistemas enquanto tentava atender novas necessidades comerciais. Novos computadores de servidores blade foram instalados para melhorar o tempo de resposta do sistema em 40%, e fornecer aos departamentos do banco os dados necessários em tempo hábil, de forma que poderiam operar eficientemente.[76]

Computadores mainframe (de grande porte)

COMPUTADORES MAINFRAME: Computador grande e potente, em geral compartilhado por centenas de usuários simultaneamente conectados à máquina por meio de rede.

O **computador mainframe** é um equipamento grande e potente, compartilhado por dezenas ou mesmo centenas de usuários simultaneamente conectados à máquina por meio de rede. Ele deve estar instalado em um centro de dados com equipamento HVAC especial para controlar a temperatura, a umidade e os níveis de poeira. Além disso, a maioria dos mainframes é mantida em um centro de dados seguro, com acesso restrito. A construção e o gasto de manutenção de uma sala com acesso controlado com HVAC pode adicionar centenas de milhares de dólares ao custo de possuir e operar um equipamento como este.

O papel do mainframe está passando por algumas mudanças notáveis, à medida que os computadores de usuário único, de baixo custo, tornam-se cada vez mais potentes. Muitos trabalhos computacionais que costumavam ser executados pelos mainframes migraram para computadores menores e mais baratos. A migração do processamento de informação é chamada *downsizing (redução) de computador*.

Cortesia de IBM Corporation

Os computadores mainframe têm sido os burros de carga das empresas de computação por mais de 50 anos. Podem atender centenas de usuários simultaneamente e lidar com todas as principais funções de uma corporação.

O novo papel do mainframe é como um grande processador de dados de serviços para armazenamento de dados para uma corporação – executando trabalhos muito grandes para outros computadores, armazenando arquivos e bancos de dados grandes demais para serem armazenados em outros lugares e armazenando backups de arquivos e bancos de dados criados em outro lugar. O mainframe pode lidar com milhões de transações diárias associadas a linhas aéreas, automóveis e sistemas de reservas de hotéis. Pode processar dezenas de milhares de questões necessárias para fornecer dados aos sistemas de apoio às decisões. Sua maciça capacidade de armazenamento e de entrada/saída capacita-o a desempenhar o papel de um computador de vídeo, fornecendo vídeo com movimentos para usuários múltiplos e simultâneos.

A Payment Solution Providers (PSP) é uma empresa canadense especializada em redes de pagamento eletrônico (e-payment) e na integração de sistemas de processamento de transações financeiras. A PSP recentemente selecionou um computador mainframe modelo sistema z da IBM, no qual executa seu negócio de processamento de cartões de crédito. Outras opções examinadas careciam da segurança que a PSP requer e tornaria mais difícil atender aos padrões de conformidade PCI da indústria bancária para aumentar os controles ao redor dos dados dos portadores de cartões e reduzir as fraudes com estas operações. Além disso, a consolidação das operações em um único mainframe fornece eficiente infraestrutura que minimiza os requisitos de espaço e reduz os custos de gestão da TI, o consumo de energia e de resfriamento e das licenças de software em até 35%.[77]

Supercomputadores

SUPERCOMPUTADOR: São máquinas mais potentes com maior velocidade de processamento e mais alto desempenho.

Os **supercomputadores** são as máquinas mais potentes, com maior velocidade de processamento e o mais alto desempenho. São equipamentos de uso específico projetados para aplicações que exigem capacidades computacionais extensas e rápidas. Originalmente, eram usados principalmente por agências do governo para executar cálculos numéricos de alta velocidade necessários para previsões meteorológicas, simulações de terremotos, modelos climáticos, pesquisa nuclear, estudos da origem da matéria e do universo, desenvolvimento e teste de armas. Hoje são usados mais amplamente para fins comerciais nas ciências da saúde e na manufatura de drogas e de novos materiais. Por exemplo, a Procter & Gambler utiliza supercomputadores na pesquisa e desenvolvimento de suas principais marcas comerciais, como Tide e Pampers para ajudar a desenvolver detergentes com mais espuma de sabão e melhorar a qualidade de suas fraldas.[78]

Um computador japonês construído pela Fujitsu e chamado simplesmente "K" é capaz de fazer 8,2 quadrilhões de cálculos por segundo (8,2 petaflops, onde flop é a operação de ponto flutuante por segundo) e, em junho de 2011, foi identificado como

AFP PHOTO/HO/RIKEN

O supercomputador K do Japão, o mais rápido do mundo.

o mais rápido do mundo. Essa máquina tem a potência de processamento de um milhão de computadores laptops trabalhando em conjunto. Apesar de ser considerado eficiente em termos de energia, requer eletricidade suficiente para operar 10 mil casas a um custo de $ 10 milhões por ano. Ele é três vezes mais rápido do que o antigo campeão de velocidade, o supercomputador Tianhe-1A do Centro Nacional de Supercomputação em Tianjiin, China.[79]

UNIDADE DE PROCESSAMENTO GRÁFICO (GPU, GRAPHICS PROCESSING UNIT): Circuito especial muito eficiente na manipulação dos gráficos do computador. É mais rápido do que um chip de CPU para realizar operações de ponto flutuante e na execução de algoritmos, nos quais o processamento de grandes blocos de dados é feito em paralelo.

Os supercomputadores K e Tianhe-1A são baseados em nova arquitetura que emprega chips de **unidade de processamento gráfico (GPU, graphics processing unit)** para executar processamentos de alta velocidade. O chip GPU é um circuito especializado muito eficiente na manipulação dos gráficos do computador. Além disso, é mais rápido do que um chip de CPU para realizar operações de ponto flutuante e na execução de algoritmos, nos quais o processamento de grandes blocos de dados é feito em paralelo. Esse cálculo é precisamente produzido pelos supercomputadores.[80]

O supercomputador americano mais rápido desse tipo é o XT-5 Jaguar, construído pela Cray e que está localizado nos Laboratórios do Departamento de Energia de Oak Ridge, no Tennessee. A máquina foi usada recentemente para realizar simulações do fluxo de ar ao redor das lagartas de um trator de 18 rodas, para provar que o design delas com um conjunto de peças aerodinâmicas de caminhões diminuiria substancialmente o consumo de combustível e a produção de dióxido de carbono. O uso do XT-5 reduziu o tempo de computação necessário de dias para horas de processamento, evitando a necessidade de construir dispendioso e demorado protótipo físico. No total, ao executarem-se as simulações no XT-5, reduziu-se de 3,5 para 1,5 ano o tempo necessário para ir do conceito ao projeto das peças de caminhão.[81] A Tabela 3.5 lista os três supercomputadores mais poderosos em uso, com base em junho de 2011.

O Watson, um supercomputador da IBM, é mais conhecido por derrotar o antigo campeão do jogo *Jeopardy!* (programa da TV americana CBS de perguntas e respostas). O torneio foi uma maneira de demonstrar os vários sistemas, gerenciamento de dados e tecnologia analítica que podem ser aplicados em negócios e entre diferentes indústrias.[82] O Watson foi "treinado" pela companhia de seguros WellPoint para diagnosticar as opções de tratamento para pacientes.[83]

Existem planos para desenvolver um novo supercomputador (chamado Titan), com poder de computação de 20 petaflops no Laboratório de Oak Ridge. A máquina empregará uma nova arquitetura usando uma combinação de chips GPU da Nvidia e chips de CPU da Intel da Advanced Micro Devices.[84] A Tabela 3.6 lista as velocidades de processamento de supercomputadores.

TABELA 3.5 Os três mais poderosos supercomputadores em operação (em junho de 2011)

Classificação	Sistema	Fabricante	Centro de pesquisa	Localização	Velocidade (petaflops)
1	K	Fujitsu	Riken Advanced Institute for Computational Science	Kobe, Japão	8,2
2	Tianhe-1A	National University of Defense Technology	National Supercomputing Center	Tianjin, China	2,57
3	XT-5 Jaguar	Cray	Department of Energy's Oak Ridge Laboratory	Estados Unidos	1,76

TABELA 3.6 Velocidades de processamento dos supercomputadores

Velocidade	Significado
GigaFLOPS	1×10^{9} FLOPS
TeraFLOPS	1×10^{12} FLOPS
PetaFLOPS	1×10^{15} FLOPS
ExaFLOPS	1×10^{18} FLOPS

COMPUTAÇÃO VERDE

COMPUTAÇÃO VERDE: Programa que diz respeito à eficiência e responsabilidade ambiental de um projeto, manufatura, operação e descarte de produtos relacionados aos SI.

A **computação verde** diz respeito à eficiência e responsabilidade ambiental de um projeto, manufatura, operação e descarte de produtos relacionados aos SI, incluindo todos os tipos de computadores, impressoras e materiais de impressão, como cartuchos e toner. As organizações reconhecem que adotar práticas verdes é o melhor para seus interesses em termos de relações públicas, segurança de funcionários e da comunidade a seu redor. Também reconhecem que a computação verde representa uma oportunidade para reduzir substancialmente o custo total ao longo do ciclo de vida útil de seus equipamentos de SI. A computação verde tem três metas: reduzir o uso de materiais perigosos, permitir que as empresas abaixem os custos de energia (incluindo a potencial captação e taxas de aquisição) e permitir o uso seguro ou reciclagem de computadores e equipamentos relacionados. De acordo com o Greenpeace, 50 milhões de toneladas de computadores, monitores, laptops, impressoras, discos rígidos, telefones celulares, DVDs e CDs são descartados em todo o mundo a cada ano.[85]

Computadores contêm muitas substâncias tóxicas, incluindo berílio, retardantes brominatados de chamas, cádmio, chumbo, mercúrio, cloreto polivinílico e selênio. Como resultado, os funcionários de fabricantes de produtos eletrônicos e seus fornecedores, em todas as etapas ao longo da cadeia de suprimento e do processo de manufatura, estão em risco por exposição a produtos perigosos. Os usuários de computador, também, podem ficar expostos a essas substâncias quando usam produtos de engenharia deficiente ou danificados.

Como é impossível assegurar a reciclagem ou descarte seguros, a melhor prática é eliminar a utilização de substâncias tóxicas, particularmente porque a reciclagem de computadores, monitores e impressoras levantou preocupações com a toxicidade e carcinogenia de algumas das substâncias apontadas. O descarte seguro e as operações de recuperação devem ser extremamente cuidadosos para evitar a exposição nas operações de reciclagem e lixiviação de materiais, como metais pesados de aterros e cinzas de incineradores. Em muitos casos, as empresas de reciclagem exportam grandes quantidades de materiais eletrônicos usados para empresas de países em desenvolvimento. Infelizmente, muitos desses países não possuem leis ambientais fortes, e algumas vezes falham em reconhecer os potenciais perigos de lidar com materiais perigosos. Em suas defesas, os países destacam que os Estados Unidos e outros países do Primeiro Mundo tiveram permissão para desenvolver economias poderosas e sair da pobreza sem quaisquer restrições de políticas ambientais restritivas.

Uma das primeiras iniciativas visando à computação verde nos Estados Unidos foi o programa de classificação voluntária, conhecido como Energy Star. Ele foi concebido pela Agência de Proteção Ambiental em 1992 para promover a eficiência energética de equipamentos de todos os tipos. O trabalho resultou na ampla adoção do modo "sleep" para produtos eletrônicos. Por exemplo, os monitores Energy Star têm a capacidade de desligar a energia em dois níveis de "sleep". No primeiro, o consumo de energia do monitor é menor ou igual a 15 Watts, no segundo, o consumo de energia é reduzido para 8 Watts, menor que 10% de seu consumo de energia operacional.[86]

A Diretriz da União Europeia 2002/95/EC determinou que, a partir de julho de 2006, novos aparelhos eletroeletrônicos não poderiam conter qualquer das seis substâncias banidas em quantidades que excedessem certos valores de concentração mínima. As seis substâncias são o chumbo, mercúrio, cádmio, cromo hexavalente, bifenil polibrominado e difenileteno polibrominado. A diretriz foi modificada em setembro de 2011 para excluir o chumbo e o cádmio por causa da impraticabilidade de descobrir substitutos adequados para estes materiais.[87] A diretriz se aplica a empresas americanas que vendem equipamentos para membros da União Europeia e tem encorajado os fabricantes americanos a também atender esses padrões.

O Conselho de Eletrônicos Verdes gerencia a Ferramenta de Avaliação do Ambiente de Produtos Eletrônicos (EPEAT, Electronic Product Environment Assessment Tool) para auxiliar na avaliação e compra de sistemas de computadores verdes. O EPEAT avalia o produto repetidamente, por 51 ciclos equivalentes a sua vida útil para os critérios

QUESTÕES ÉTICAS E SOCIAIS

Tantos servidores: redução do consumo de energia em sistemas de informação

De acordo com um artigo recente da *CNN Money*, a tecnologia de informação utiliza cerca de 2% da energia gerada em todo o mundo. A Google, sozinha, utiliza a mesma quantidade de energia que todas as casas de San Diego, com uma população de 1,3 milhão de habitantes.

O consumo de energia é um dos segredos na revolução de redução dos computadores. Os equipamentos dos quais nos tornamos dependentes, requerem que sejam construídos com recursos energéticos, precisam de eletricidade para operar e, por último, criam resíduos, o que requer ainda mais recurso a ser eliminado.

As organizações estão tomando medidas para lidar com este problema. Algumas das soluções mais promissoras vêm de empresas que utilizam muitos computadores internamente. O jornal *Computerworld* selecionou as 12 principais organizações de "TI Verde", incluindo a Allstate Insurance, Northrop Grumman, Prudential Insurance e Kaiser Permanente, de um campo composto por 70 aplicações. As 12 buscam encontrar novas formas de usar menos energia na tecnologia da informação.

A Allstate Insurance eliminou mais de 3 mil computadores e reduziu seu uso com energia em cerca de 40% ao longo de 18 meses. A companhia adotou uma série de estratégias para alcançar tal resultado, incluindo a atualização de hardware para modelos mais eficientes em termos de processamento e armazenamento. Anthony Abbattista, vice-presidente sênior de soluções de tecnologia da Allstate, diz: "Tínhamos um conjunto de engenheiros socialmente conscientes e pessoas de negócios com paixão em transformar nosso trabalho em atividades verdes". Para decidir quais hardwares deveriam ser comprados para seus centros de dados, a Allstate considerou a eficiência energética, junto com o preço e a compatibilidade. A companhia também monitora seu consumo de energia e planeja continuar substituindo os antigos e ineficientes hardwares por outras alternativas com melhor aproveitamento da energia.

Outras companhias usaram abordagens similares. A companhia aeroespacial e de defesa Northrop Grumman emprega virtualização, como discutido anteriormente neste capítulo, para eliminar 3 mil de seus servidores – cerca de 80% do total. A eliminação desses servidores é uma das principais etapas na direção de suas metas corporativas de reduzir as emissões de gases do efeito estufa em cerca de 25% em cinco anos. "A TI é uma grande consumidora de energia, de equipamentos e itens afins. A TI continuará concentrando-se [seus esforços] na sustentabilidade da companhia", afirma o diretor de informática, Brad Furukawa. A virtualização permitirá que a Northrop Grumann consolide cem centros de dados e salas de servidores em três centros de dados, resultando na eliminação de 13 mil toneladas de emissões CO_2 a cada ano.

A Prudential Insurance também está buscando na virtualização meios para lidar com o problema do consumo de energia. A companhia mudou de mil servidores para um ambiente virtual em 2010. Também está instalando painéis solares em seu centro de dados em Roseland, New Jersey, e fazendo de tudo para minimizar a quantidade de páginas que os funcionários imprimem. "Você tem de basear suas decisões em fatores econômicos e na funcionalidade para se tornar verde", fala Michael Mandelbaum, vice-presidente do grupo de TI da Prudential. "É desta forma que abordamos tudo, o que significa que podemos continuar a fazer o melhor, pois podemos rastrear um registro para atender os acionistas ao mesmo tempo em que ajudamos uma comunidade mais ampla, através da sustentabilidade".

A empresa de assistência médica Kaiser Permanente esteve no topo da lista da *Computerworld*. Concentrando-se nas áreas com maior despesa, como o sistema Unix que consumia cerca de 100 quilowatts por gabinete, a Kaiser Permanente reduziu seu consumo de energia em cerca de 7,2 milhões de quilowatts/hora em 2011. O equivalente ao consumo de energia de 800 domicílios e cortou as despesas da companhia com eletricidade em mais de $ 770 mil. As principais economias vêm do resfriamento balanceado de seus centros de dados, de modo que a firma não precisa congelar algumas áreas em um ambiente para controlar a temperatura nas partes mais quentes. Da mesma forma que a Northrop Grumman e a Prudential, a Kaiser Permanente usou a virtualização.

QUESTÕES ÉTICAS E SOCIAIS

Cerca de 65% de seus servidores que rodam o sistema operacional Unix e 20% dos que rodam Windows se tornaram virtuais no final de 2011. Mesmo assim, o vice-presidente do centro de dados, Laz Garcia, diz que "Ainda há muitos ganhos a serem alcançados!".

Questões para discussão

1. As grandes instalações de computador usam energia para duas finalidades: operar os equipamentos e também para resfriá-los, essencialmente um compete com o outro. Essas companhias estão usando painéis solares, para gerar energia. Elas podem reduzir também seu consumo por meio da redução da necessidade de ar-condicionado? Como?
2. Como a virtualização permite às organizações reduzir seus consumos de energia?

Questões para análise

1. As quatro companhias listadas aqui, bem como as outras vencedoras indicadas pela *Computerworld*, são grandes organizações. As pequenas empresas também deveriam se preocupar com o consumo de energia de seus computadores? E as de tamanho médio? Por que ou por que não? Se você fosse o gerente de uma empresa de pequeno ou médio porte, quais fatores levaria em consideração para decidir se é importante gastar tempo para reduzir o consumo de energia?
2. Considere sua casa, apartamento ou dormitório. Você deixa as impressoras ligadas quando não está imprimindo? E os porta-retratos digitais ligados enquanto está dormindo? E a TV em modo de espera e o receptor da TV a cabo ligado mesmo quando fica fora durante todo o dia ou por vários dias? (Não use apenas esses exemplos. Observe a seu redor e veja quais outros equipamentos você dispõe.) Veja quanto cada um gasta quando não está em uso. Considere 10 watts para os equipamentos para os quais você desconhece o consumo e calcule o total. Multiplique por 0,024 para quilowatts-hora (kWh) por dia. Descubra os custos anuais de eletricidade usando os custos por kWh em sua área, se você conhecê-los, ou adote $ 0,25/kWh, se não conhecê-los. A conveniência de mantê-los ligados o tempo todo, em vez de ligá-los quando precisa, vale a pena?

Fontes: Fanning, Ellen, "The Top Green-IT Organizations: Hard-wired to Be Green", *Computerworld*, www.computerworld.com/s/article/359173/The_top_Green_IT_organizations_Hard_wired_ to_be_green, 24 out. 2011; Hargreaves, Steve, "The Internet: One Big Power Suck", *CNN Money*, http://money.cnn.com/2011/05/03/technology/internet_electricity/index.htm, 9 maio 2011; Mitchell, Robert L., "Kaiser Permanente: Slashes Data Center Power by 7.2 Million Kilowatt-Hours", *Computerworld*, www.computerworld.com/s/article/358844/Kaiser_Permanente_Slashes_data_center_ power, 24 out. 2011; Pratt, Mary K., "Allstate: Reduces Nearly 3,000 Servers or Devices in 18 Months", *Computerworld*, www.computerworld.com/s/article/358932/Allstate_Reduces_nearly_ 3_000_servers_devices, 24 out. 2011; Pratt, Mary K., "Northrop Grumman: Virtualizing or Retiring Approximately 3,000 Servers", *Computerworld*, www.computerworld.com/s/article/359031/Northrop_Grumman_Virtualizing_3_000_servers, 24 out. 2011; Pratt, Mary K., "Prudential Financial: 1,000 Servers Moved into a Virtual Environment", *Computerworld*, www.computerworld.com/s/article/359041/Prudential_Financial_Moving_to_a_virtual_environment, 24 out. 2011.

ambientais desenvolvidos por representantes das comunidades ambientais, fabricantes, compradores públicos e privados, revendedores, recicladores e outras partes interessadas. Esses critérios estão documentados no Padrão IEEE 1680 e relaciona-se com a redução de materiais perigosos, o uso de materiais reciclados, o projeto para recuperação através de sistemas de reciclagem, longevidade do produto, conservação de energia, gestão do fim da vida útil, política ambiental corporativa do fabricante e embalagem.[88] Os produtos avaliados de acordo com os critérios do EPEAT são colocados em um dos três níveis, baseados em suas classificações, como mostra a Tabela 3.7.

Fabricantes de computadores como a Apple, Dell e Hewlett-Packard vêm competindo há muito tempo com base no preço e desempenho. À medida que as diferenças entre os fabricantes nessas duas áreas se estreitam, o suporte para a computação verde emerge como nova estratégia de negócios para essas companhias, para diferenciá-las dos competidores. A Apple alega que tem a "mais verde linha de notebooks" e está

TABELA 3.7 Camadas de produtos EPEAT

Camada	Número de critérios obrigatórios a serem atendidos	Número de critérios opcionais a serem atendidos
Bronze	Todos os 23	Nenhum
Prata	Todos os 23	Pelo menos 50%
Ouro	Todos os 23	Pelo menos 75%

progredindo na remoção de produtos químicos tóxicos. O novo mantra da Dell é tornar-se "a empresa de tecnologia mais verde em toda a Terra". A Hewlett-Packard destaca sua longa tradição em ambientalismo e está aprimorando seu sistema de embalagens para reduzir o uso de materiais. Também cresce entre os usuários de computadores ao redor do mundo a ideia de desligar seus computadores ao final do dia para economizar energia e reduzir as emissões de carbono.

RESUMO

Princípio:

O hardware deve ser selecionado cuidadosamente para atender às necessidades crescentes da organização e apoiar seus sistemas de informação.

O hardware deve ser selecionado para atender às necessidades específicas dos usuários e do negócio. Elas podem evoluir e mudar com o decorrer do tempo.

A unidade de processamento central (CPU) e a memória cooperam para executar o processamento de dados. A CPU tem três componentes principais: a unidade aritmética/lógica (ALU), a unidade de controle e as áreas dos registradores. As instruções são executadas em um processo de duas fases chamado ciclo de máquina, que inclui a fase de instrução e a de execução.

A velocidade de processamento do sistema computacional é comandada pela velocidade de clock, medida em gigahertz (GHz). À medida que aumenta a velocidade de clock da CPU, é gerado calor, o qual pode corromper os dados e as instruções que o computador está tentando processar. Dissipadores de calor maiores e outros equipamentos são necessários para eliminar o excesso de calor. Esse excesso pode aumentar os problemas com a segurança. Os fabricantes de chips e computadores estão examinando vários meios de impedir problemas de aquecimento em seus novos projetos.

A armazenagem primária, ou memória, fornece o armazenamento de trabalho para instruções de programa e dados a serem processados e os fornece para a CPU. A capacidade de armazenamento é medida em bytes.

Uma forma comum de memória é a de acesso aleatório (RAM). A RAM é volátil; a falta abrupta de eletricidade pode apagar os conteúdos do computador. A RAM se apresenta em muitas variedades, incluindo RAM dinâmica (DRAM), DRAM síncrona (SDRAM), classificação dupla de dados SDRAM e DDR2 SDRAM.

A memória de somente leitura (ROM) é não volátil e contém instruções permanentes de programa para execução pela CPU. Outros tipos de memória não voláteis incluem memória de somente leitura programável (PROM), memória de somente leitura programável e apagável (EPROM), PROM apagável eletricamente e a memória flash.

A memória cache é de alta velocidade e as CPUs podem acessar mais rapidamente do que a RAM.

Um processador multicore combina dois ou mais processadores independentes em um único computador, para que possam compartilhar a carga de trabalho. A Intel e a AMD introduziram processadores octo-core, os quais são eficazes para trabalhar com problemas que envolvem grandes bancos de dados e multimídia.

Computação paralela é a execução simultânea da mesma tarefa em múltiplos processadores para obter resultados mais rapidamente. Processamento paralelo maciço envolve ligar muitos processadores para trabalhar juntos a fim de resolver problemas complexos.

Computação em grade é o uso de um conjunto de computadores, frequentemente pertencentes a vários indivíduos ou organizações, para trabalhar de maneira coordenada a fim de resolver problemas em comum.

Os sistemas computacionais podem armazenar quantidades maiores de dados e instruções em um armazenamento secundário, menos volátil e com capacidade maior do que a memória. As características principais de meios e dispositivos de armazenamento secundário incluem método de acesso, capacidade, portabilidade e custo. Os meios de armazenamento podem implantar acesso sequencial ou acesso direto. As formas mais comuns de armazenagem secundária são dispositivos magnéticos de armazenamento, como fitas, discos magnéticos, fitas virtuais; dispositivos de armazenamento ótico, como discos óticos, disco de vídeo digital (DVD) e disco versátil halográfico (HVD); e os dispositivos de armazenamento de estado sólido, como os flash drives.

A matriz redundante de discos independentes/de baixo custo (RAID) é um método de armazenar dados que gera bits extras de dados a partir dos dados existentes, permitindo recuperar mais facilmente os dados pelo sistema, no caso da falha de um hardware.

Armazenamento anexado à rede (NAS) e redes de área de armazenamento (SANs) são formas alternativas de armazenamento de dados que permitem a uma organização compartilhar recursos de dados entre um número muito maior de computadores e usuários, para maior eficiência em armazenamento e melhor relação custo/benefício.

O armazenamento de dados como um serviço é um modelo no qual os fornecedores de armazenamento alugam espaços para indivíduos e organizações.

Os dispositivos de entrada e saída permitem que usuários forneçam dados e instruções ao computador para processamento e, subsequente, armazenamento e saída. Esses dispositivos são parte de uma interface do usuário por meio da qual pessas interagem com sistemas computacionais.

Os dados são colocados em sistemas de computador em um processo de dois estágios: a entrada de dados converte-os de um modo legível para pessoas em dados na forma legível para máquinas; as entradas de dados então transferem tais dados para o computador. Dispositivos comuns de entrada incluem teclado, mouse, reconhecimento de voz, câmeras digitais, terminais, equipamentos de varredura, leitores óticos de dados, dispositivos de reconhecimento de caracteres em tinta magnética, cartões com tarjas magnéticas, dispositivos de ponto de venda, caixas eletrônicos de bancos, dispositivos de entrada por caneta, telas sensíveis ao toque, leitores de códigos de barra e etiquetas de identificação por radiofrequência.

A qualidade do monitor é determinada pela relação de aspecto, tamanho, cor e resolução. Monitor de cristal líquido e tecnologia de diodo orgânico emissor de luz têm possibilitado melhorias na resolução e no tamanho dos monitores de computadores. Outros dispositivos de saída incluem impressoras, plotters, mesas digitais com superfície de toque, tocadores de áudio digital e leitores de e-books.

Os sistemas computacionais são em geral divididos em duas categorias: usuário único e múltiplos usuários. Sistemas para usuários únicos incluem os computadores portáteis como os handhelds, laptops, notebooks, netbooks e tablets. Sistemas não portáteis de usuário único incluem cliente thin, desktops, nettops e computadores de estações de trabalho.

Sistemas de múltiplos usuários incluem servidores, servidores blade, mainframes e supercomputadores.

Princípio:

A indústria de hardware está em rápida mudança e tornando-se altamente competitiva, criando um ambiente maduro para avanços tecnológicos.

A velocidade de processamento da CPU é limitada pelas restrições físicas, como a distância entre pontos do circuito e os materiais do circuito. A Lei de Moore é uma hipótese que afirma que o número de transistores em um único chip dobrará a cada dois anos. Essa hipótese tem se mostrado precisa, desde que foi apresentada em 1970.

Fabricantes estão competindo para desenvolver um chip de memória não volátil que necessite de energia mínima, ofereça velocidade de escrita extremamente rápida e possa armazenar dados com exatidão, mesmo após ter sido armazenado e escrito muitas vezes. Esse chip poderia eliminar a necessidade de memória da forma RAM.

Princípio:

A indústria de hardware de computadores e os usuários estão implementando designs e produtos de computação mais ecológicos (verdes).

A computação verde preocupa-se com projetos, manufatura, operação e descarte eficientes e ambientalmente responsáveis de produtos relacionados com a TI.

Organizações comerciais reconhecem que se transformar em empresas verdes pode reduzir custos, além de favorecê-las em termos de relações públicas, segurança dos funcionários e da comunidade em geral.

Três metas específicas de computação verde são a redução do uso de materiais perigosos, redução da energia relacionada com os custos e descarte seguro ou reciclagem de produtos de TI.

Três iniciativas de computação verde são o programa Energy Star para promover a eficiência energética, a Diretriz da União Europeia 2002/95/EC para redução de materiais perigosos e o uso das ferramentas de EPEAT para avaliar e comprar sistemas de computação verdes.

CAPÍTULO 3: TESTE DE AUTOAVALIAÇÃO

O hardware deve ser selecionado cuidadosamente para atender às necessidades crescentes da organização e apoiar seus sistemas de informação.

1. Todas as organizações precisam dos softwares mais recentes e mais poderosos para permanecerem competitivas. Verdadeiro ou falso?
2. Quanto mais rápida a velocidade de clock da CPU, maior o calor gerado pelo processador. Verdadeiro ou falso?
3. As principais considerações para um empresa ao tomar decisões relacionadas ao hardware, deve ser quanto o hardware suporta o ___________ dos sistemas de informação e as metas da organização.
4. Qual destes representa a maior quantidade de dados: um exabyte, um terabyte ou um gigabyte?
5. Quais dos seguintes componentes da CPU fornecem armazenamento de alta velocidade utilizado para o armazenamento temporário de pequenas unidades de instruções de programas e dados imediatamente antes, durante e depois da execução pela CPU?
   a. unidade de controle
   b. registrador
   c. ALU
   d. memória principal
6. Executar uma instrução pela CPU envolve duas fases: a fase de _______ e a fase de execução.
7. _______ envolve captura e edição de dados onde originalmente são criados e em uma forma que possam ser colocados diretamente em um computador, assegurando a precisão e o momento correto.

A indústria de hardware está mudando rapidamente e se tornando altamente competitiva, criando um ambiente maduro para avanços tecnológicos.

8. Muitos trabalhos computacionais que costumavam ser executados por mainframes migraram para computadores menores e mais baratos. Essa migração do processamento de informações é chamada de _______________.
9. As densidades de transístores em um único chip dobram a cada dois anos. Verdadeiro ou falso?

A indústria de hardware de computadores e os usuários estão implementando designs e produtos de computação mais ecológicos (verdes).

10. Computação verde diz respeito à proteção do meio ambiente; não existem benefícios reais para os negócios com este programa. Verdadeiro ou falso?
11. O descarte e as operações de recuperação para equipamentos de TI devem ser cuidadosamente realizados para evitar a exposição insegura de _______________.

CAPÍTULO 3: RESPOSTAS DO TESTE DE AUTOAVALIAÇÃO

1. Falsa
2. Verdadeira
3. objetivos
4. exabyte
5. b
6. instrução
7. Automação da fonte de dados
8. downsizing de computadores
9. Verdadeira
10. Falsa
11. materiais perigosos

QUESTÕES DE REVISÃO

1. O que é um sistema de fita virtual e para o que é usado?
2. Como a função da armazenagem primária difere da armazenagem secundária?
3. Identifique e descreva brevemente as características fundamentais que distinguem a memória RAM da memória ROM.
4. O que é a tecnologia RFID? Identifique seus usos.
5. O que é célula de combustível? Quais as vantagens que oferece em relação à bateria para equipamentos eletrônicos portáteis? Existe alguma desvantagem?
6. Quais as diferenças entre chip de CPU e chip de GPU?
7. O que é tecnologia RAID de armazenamento?
8. Descreva e explique resumidamente o processo de duas fases para executar instruções em nível de máquina.
9. O que é sistema de computador de processamento maciço paralelo? Como a computação em grade difere desse sistema? Em que são similares?
10. Identifique três componentes da CPU e explique a função de cada um.
11. Aponte as diferenças entre um computador netbook e um laptop. E entre um computador nettop e um desktop.
12. Identifique e descreva resumidamente as várias classes de computadores portáteis de único usuário.
13. O que é um equipamento de armazenamento de estado sólido?
14. Defina o termo computação verde e enumere as principais metas deste programa.
15. O que é uma ferramenta EPEAT? Como é usada?

QUESTÕES PARA DISCUSSÃO

1. Discuta a função do gerente de negócios para ajudar na escolha do hardware de computador a ser usado pela empresa.
2. Explique por que a velocidade de clock não está diretamente relacionada à velocidade real de processamento de um computador.
3. Descreva resumidamente o conceito de multiprocessamento. Como o processamento paralelo difere do multiprocessamento?
4. Quais os problemas que podem ser levantados quando a CPU opera a uma velocidade mais rápida do que a de clock? Quais medidas os fabricantes estão tomando para lidar com esse problema?
5. Descreva resumidamente as vantagens e desvantagens de instalar clientes thin, para uso nos laboratórios de uma universidade, em comparação ao emprego de computadores desktop.
6. O que é um processador octo-core? Quais vantagens oferece sobre o servidor comum com single-core? Existe alguma desvantagem potencial?
7. Descreva a Avaliação de Ambiente de Produto Eletrônico para classificar produtos eletrônicos.
8. Descreva sucintamente a Lei de Moore. Quais são suas implicações? Há alguma limitação prática na Lei de Moore?
9. Identifique e descreva resumidamente as vantagens e desvantagens dos dispositivos de armazenamento de estado sólido em relação aos equipamentos magnéticos de armazenamento secundário.
10. Descreva resumidamente as vantagens e desvantagens do armazenamento anexado, armazenamento anexado à rede e redes de área de armazenamento para atender os desafios de armazenamento de dados de uma empresa.
11. Se os custos não forem um empecilho, descreva as características de seu computador ideal. Para que o utilizaria? Você escolheria um computador de mão, portátil, de mesa ou uma estação de trabalho? Por quê?
12. Explique resumidamente as diferenças entre cartão de fita magnética e cartão de chip e PIN.
13. Descreva as questões em potencial que podem surgir se uma empresa não tiver cuidado ao selecionar uma organização respeitável de serviços para reciclar ou descartar seus equipamentos de SI.

EXERCÍCIOS PARA RESOLUÇÃO DE PROBLEMAS

1. Use um software de processamento de texto para documentar quais as suas necessidades como usuário e sua justificativa para escolher um computador de mesa ou um laptop. Encontre um site que permita a encomenda e personalização de um computador. Selecione as opções que melhor satisfaçam suas necessidades, de maneira que consiga a melhor relação custo-benefício. Suponha que você tenha um orçamento de $ 650. Insira as especificações e custos associados obtidos em um site em uma planilha de Excel, que você corta e cola no documento em que está definindo suas necessidades. Envie por e-mail o documento para seu instrutor.
2. Desenvolva uma planilha que compare as características, o preço inicial de aquisição e os custos operacionais (papel, cartuchos e toner) existentes para impressoras a laser de três cores. Presuma que você irá imprimir 100 páginas coloridas e 200 em preto e branco a cada mês. Agora, faça o mesmo para três impressoras a jato de tinta. Escreva um

memorando sobre qual impressora escolheria e por quê. Corte e cole a planilha em um documento.

3. Use um programa de banco de dados para documentar as características e capacidades de leitores de e-book.

ATIVIDADES EM GRUPO

1. Com um ou dois colegas de classe, visite uma loja de varejo que empregue chips de identificação por radiofrequência para monitorar o estoque. Entreviste um funcionário envolvido no controle de estoque e documente as vantagens e desvantagens que ele vê nesta tecnologia. Acesse a internet e identifique quais as preocupações expressas sobre o uso de RFID pelos advogados da política de privacidade. Escreva um resumo de suas descobertas.
2. Com dois ou três colegas de classe, visite três lojas diferentes em busca de seu leitor de e-books ideal. Registre os custos, benefícios, vantagens e desvantagens dos três leitores diferentes, usando um programa gerador de planilhas. Considere os custos e facilidades de uso de cada equipamento a ser comprado. Analise seus dados e faça recomendações sobre o modelo que você compraria.

EXERCÍCIOS DA WEB

1. Existe uma grande competição entre países e fabricantes para desenvolver computadores mais rápidos. Faça uma pesquisa na internet para identificar os três supercomputadores mais rápidos atualmente e como estão sendo usados. Escreva um relatório resumindo suas descobertas.
2. Faça uma pesquisa na internet para conhecer mais sobre a Ferramenta de Avaliação do Ambiente de Produtos Eletrônicos (EPEAT) e os critérios utilizados para analisar os produtos. Use a ferramenta EPEAT para descobrir a classificação de seu computador atual. Qual empresa parece ser a mais verde entre as de notebooks? Escreva um relatório resumindo suas descobertas.

EXERCÍCIOS PARA ESPECIALIZAÇÃO

1. Imagine que vá comprar um smartphone para melhorar suas habilidades de comunicação e de organização. Quais tarefas necessitaria realizar? Quais características você procuraria em tal dispositivo? Visite uma loja de telefones ou de produtos eletrônicos e identifique equipamentos específicos e seus fabricantes que mais atendam às suas necessidades a um custo inferior a $ 225.
2. Sua empresa com vendas anuais de $ 50 milhões e com 500 funcionários planeja adquirir 100 novos computadores portáteis. O diretor de finanças solicitou que você liderasse uma equipe de projetos cuja atribuição é definir as necessidades de hardware de computadores dos usuários e recomendar a solução com melhor relação custo-benefício. Quem mais (função, departamento) e quantas pessoas você selecionaria para integrar a equipe? Como faria para definir as necessidades dos usuários? Você acha que apenas um tipo de computador portátil irá atender às necessidades de todos os usuários? Ou deveria definir múltiplos computadores portáteis com base nas necessidades de várias classes de usuários finais? Quais justificativas de negócios poderia definir para consubstanciar essa despesa de aproximadamente $ 50 mil?

ESTUDOS DE CASO

Caso um

Armazenamento extremo

A quantidade de dados armazenados nos computadores de todo o mundo cresce mais rápido que a capacidade dos dispositivos para armazená-los.

A Biblioteca do Congresso dos Estados Unidos processa cerca de 40 TB de dados a cada semana. Isso corresponde a cerca de 20 vezes a capacidade dos maiores drives de disco disponíveis regularmente. A biblioteca usa aproximadamente 20 mil drives de disco para armazenar mais de 3 petabytes (PB) de dados no total. Thomas Yuokel, chefe do grupo de engenharia de sistemas empresariais da biblioteca estima que os dados da biblioteca irão quadruplicar nos próximos anos. A instituição percebeu que teria de gerenciar os dados de maneira inteligente para poder lidar com seu tamanho. Um método usado foi separar o material atual, que é normalmente necessário apenas no final de uma pesquisa, das informações sobre conteúdos (*metadados*) usados na pesquisa. Somente os metadados foram mantidos em dispositivos de armazenamento de alta velocidade, com o conteúdo guardado off-line ou em mídias de armazenamento mais baratas, de baixa velocidade.

Em uma escala menor (ainda que também grande no total), a Mazda Motor Corporation tem "apenas" cerca de 90 TB de dados. Para lidar com o tempo de acesso e os custos, dividiu seus dados em quatro níveis. Os utilizados mais frequentemente são mantidos em equipamentos de armazenamento de estado sólido. O nível seguinte é armazenado em drives de alto desempenho de 15 mil rpm; em seguida, são usados drives mais baratos de 7.200 rpm; e, por último, fitas magnéticas. Nas camadas do topo e da base cada um armazena 20% do total, e os 60% remanescentes ficam nas camadas intermediárias em discos magnéticos.

Seja uma organização que tem enormes necessidades de armazenamento, como a Biblioteca do Congresso, ou que precisam ser mais gerenciáveis, como a Mazda, o total de dados que as organizações precisam organizar está explodindo por várias razões. Uma razão é o acúmulo de anos de dados, que as companhias relutam em descartar, uma vez que podem ser valiosos no futuro. Outra é a proliferação de tipos de armazenamento intensivo de dados, como fotos e vídeos que ocupam mais espaço que letras e números. Métodos avançados de análise, que ajudam a extrair o valor desses dados, é outra razão empresarial para coletá-los. De acordo com um relatório do Data Warehousing Institute, "O caso de crescimento mais rápido em grandes análises de dados é a visualização avançada de dados. Um número crescente de empresas está rodando ferramentas analíticas sofisticadas em grandes conjuntos de dados para construir representações visuais altamente complexas de seus dados". Essas representações ajudam os gerentes a tomar as melhores decisões, mas utilizam grandes espaços de armazenamento.

Vendedores de armazenamento competem entre si para atender a demanda por maiores capacidades, por meio de tipos de sistemas de armazenamento empresarial discutidos anteriormente neste capítulo. Um artigo recente de Desmond Fuller na *Computerworld* discutiu como as empresas usam NAS para lidar com as necessidades de armazenamento de dados, como os da Biblioteca do Congresso e da Mazda.

> Uma grande empresa pode usar uma caixa NAS de baixo custo para os dados estagnados, raramente usados e outros mais caros para armazenamento de alto desempenho. Ou pode deixá-los de lado em fazendas de servidores virtuais para armazenar imagens de máquinas virtuais ou enviar alguns para escritórios via satélite para servirem como armazenamento de arquivos de baixo custo. Para pequenas e médias empresas, uma dessas caixas serviria para as necessidades diárias de armazenamento de arquivos, com o bônus de que o pessoal não técnico pode configurá-los e usá-los sem a necessidade de ajuda da TI.

Fuller prossegue com a revisão de cinco ofertas de NAS, observando, "Descobri que os conjuntos mais valiosos de funções empresariais – configurações simples, acesso remoto simplificado, grande número de opções de backup – estão num nível superior desta escala". É importante para as empresas analisarem cuidadosamente suas necessidades, antes de verificar o que está disponível. Algumas propriedades somente são oferecidas mediante determinado custo, e a empresa não deveria pagar esse preço se não precisa dessas funções.

A gama de ofertas de redes de área de armazenamento (SANs) é igualmente ampla. Blackpool e The Fylde College, no norte de Liverpool na Inglaterra, escolheu um NetApp SAN para dar suporte a sua faculdade, seu pessoal e seus mais de 20 mil alunos. O gerente de rede Simon Bailey comenta que "Anteriormente, tínhamos mais de 100 servidores com armazenamento anexado para gerenciar. Os servidores foram ficando sem espaço no disco de armazenamento e nós sempre tentávamos conseguir espaço extra nos discos. Para ser honesto, a situação ultrapassou os limites de gerenciamento". Hoje, depois de expandir seu SAN inicial, a faculdade centralizou 99% de seu armazenamento. "O sistema de armazenamento centralizado NetApp nos permitiu implementar uma estratégia de gestão escalonável de dados alinhada com o crescimento organizacional", diz Bailey. "Este sistema é flexível, escalonável e acessível – não podíamos ficar sem ele."

Questões para discussão

1. Suponha que você use cerca de 500 GB (0,5 TB) de armazenamento em seu sistema pessoal, ocupando cerca de dois terços de seus discos de 750 GB. A maior parte do armazenamento é usada pela biblioteca de vídeos. As fotos, músicas e software (incluindo o sistema operacional) usam cerca de 20 GB. Os arquivos de dados tradicionais, como arquivos de processamento de textos, planilhas e e-mail, requerem menos de 1 GB. Quais das tecnologias e estratégias discutidas neste caso teriam valor prático para você? Por quê?
2. Tanto os sistemas SAN quanto o NAS podem usar RAID internamente (veja a discussão no começo deste capítulo). Por que esta poderia ser uma boa ideia?

Questões para análise

1. Considere os 15 mil a 18 mil discos rígidos da Biblioteca do Congresso. O tempo médio para falhas (MTBF) de um disco rígido típico tem sido estimado em cerca de 50 anos. Se esse número estiver correto, a biblioteca terá de 300 a 360 falhas em discos a cada ano, uma média de um por dia. O que isso significa para o gerenciamento de seu hardware? Como difere das formas que um pequeno empreendimento, com cinco ou seis drivers de discos, gerencia seus negócios?
2. Tanto a Mazda quanto a Biblioteca do Congresso dividem seus dados em múltiplos níveis para gerenciá-los de forma eficaz e com boa relação custo-benefício. Os sistemas SAN podem suportar essa estratégia, através da incorporação de vários tipos de armazenamento em um SAN.

Como sua faculdade ou universidade obtém vantagem deste conceito? Destaque três dos níveis que esses dados poderiam ter, com dois exemplos específicos dos que estariam em cada nível. (Por exemplo, registros de estudantes que se graduaram ou que abandonaram há pelo menos dez anos poderiam ficar nos níveis mais baixos).

Fontes: Brandon, J., "Storage Tips from Heavy-Duty Users", *Computerworld*, www.computerworld.com/s/article/358624/Extreme_Storage, 10 out. 2011; Fuller, D., "NAS Shoot-out: 5 Storage Servers Battle for Business", *Computerworld*, www.computerworld.com/s/article/ 9220996/NAS_shoot_out_5_storage_servers_battle_for_business, 19 out. 2011; Vijayan, J., "New Tools Driving Big Data Analytics,Survey Finds", *Computerworld*, www.computerworld.com/s/article/9219487/New_tools_driving_big_data_analytics_survey_finds, 25 ago. 2011; Williams, N., "Blackpool and The Fylde College Achieves Business Continuity and Saves Cost with NetApp SAN Storage", www.computerweekly.com/Articles/2011/01/24/245031/Case-study- NetApp-storage-solution-gains-top-results-for-Blackpool-and-the-Fylde- College.htm (necessário fazer o registro grátis para o download completo do documento), 24 jan. 2011.

Caso dois

Atuando no futebol

Ao visitar o site dos Dallas Cowboys, um time profissional de futebol americano, você provavelmente verá um banner com os dizeres: "Este é um centro de dados com 80 mil assentos". Chamar um estádio de centro de dados pode parecer exagero, mas as arenas esportivas profissionais de hoje não são apenas assentos ao redor de um campo gramado. De fato, por pelo menos quatro horas por semana, eles são cidades de tamanhos razoáveis. Seria impossível gerenciar tais estádios sem tecnologia.

Times de esportes profissionais também são empresas. Obter lucro é uma de suas principais metas. Os custos podem ser controlados e os gastos, minimizados. As necessidades se aplicam tanto aos computadores quanto à organização do time dos Cowboys.

Consequentemente, quando o time projetou seu novo estádio para a temporada de 2009-10 da NFL, a tecnologia fazia parte da paisagem. Da mesma forma que lidar com as operações do estádio, a experiência do cliente (como a venda de ingresso, colocar em funcionamento as imensas telas ao longo das linhas laterais e atrás dos gols, e operar outras 2.900 telas no estádio) e outros negócios do proprietário dos Cowboys, Jerry Jones, em 90 locais diferentes, a infraestrutura tinha de lidar com seu crescimento por 15 a 20 anos. "Em nosso antigo lar, o Estádio Texas com 30 anos, tudo o que você tinha a fazer era ligar os refletores e iniciar o jogo", comenta Bill Haggards, diretor de infraestrutura da companhia dos Cowboys. "Isto é diferente."

"Se precisássemos usar servidores físicos, necessitaríamos de 500 servidores nas redondezas", observa Haggard. Além da despesa e do espaço que ocupariam, teriam custado cerca de $ 2,2 milhões por ano, apenas em eletricidade e resfriamento. Esses gastos eram altos demais para a organização. Através de duas tecnologias, servidores blade e virtualização, os Cowboys reduziram os números: de 500 para 130 servidores, e de $ 2,2 milhões para $ 365 mil em eletricidade e resfriamento.

Primeiro, a equipe usou a virtualização para reduzir os custos com computação. A virtualização permitiu-lhe operar um servidor como se houvesse vários outros operando individualmente. Por exemplo, o estande da concessão do time necessita que cada expositor tenha seu próprio servidor. Por meio da virtualização, os Cowboys puderam criar os 212 servidores virtuais que o time precisava, utilizando apenas 16 servidores físicos. Aplicada ao longo das placas, tal abordagem reduziu o número necessário de servidores de 500 para 130.

Porém, uma redução de 74% no número de servidores não explica a queda de 83% nos requerimentos de energia e resfriamento. O uso de servidores blade é o responsável pelo resto da economia de energia. Como você leu anteriormente, a tecnologia blade permite que vários servidores compartilhem componentes em comum – fontes de alimentação, ventiladores de resfriamento, conexões de rede e outros. O emprego da tecnologia blade reduziu o consumo de energia de cada servidor em cerca de um terço e eliminou os requisitos de resfriamento para diminuir o consumo de energia até um valor similar. Colocando tudo junto, a equipe espera economizar mais de $ 8,2 milhões no custo total de propriedade (TOC) ao longo de cinco anos.

Questões para discussão

1. Considere os outros mais de 30 negócios de Jerry Jones em outros locais. As chances são de que façam a maior parte da computação durante as horas de trabalho, enquanto os jogos de futebol são programados para as noites e para os fins de semana. Como esse cronograma torna a virtualização mais desejável do que seria de outro modo?
2. Um benefício óbvio da combinação de virtualização e servidores blade para o Dallas Cowboys é a economia financeira. Quais outros benefícios eles podem obter por meio dessas tecnologias?

Questões para análise

1. Os Dallas Cowboys estimam que o time irá economizar um total de $ 8,2 milhões ao longo de cinco anos, através das tecnologias mostradas nesta seção, em vez de utilizar servidores separados. O que você acha que acontecerá ao final desse período?
2. Você pode pensar em alguma razão para uma companhia não usar servidores blade? Virtualização?

Fontes: Site do Dallas Cowboys, www.dallascowboys.com, acesso em: 2 jan. 2012; Fact sheet do estádio do Dallas Cowboys (sem data), download em 2 jan. 2012, de http://stadium.dallascowboys.com/assets/ pdf/mediaArchitectureFactSheet.pdf; Hewlett-Packard, "Dallas Cowboys Generate 30% More Revenue with New Stadium and HP Solutions",www.convergedinfrastructure.com/document/1319477924_337 (necessário registro – grátis), 27 out. 2011.

NOTAS

Fontes do texto de abertura: King, L., "Deutsche Bank Completes Cloud Computing Overhaul", *Computerworld UK*, www.itworld.com/it-managementstrategy/229793/deutsche-bank-completes-cloud-computing-overhaul, 2 dez. 2011; McLaurin, A., "Identity Management in the New Hybrid Cloud World", entrada do Deutsche Bank em Open Data Center Alliance 2011 Conquering the Cloud Challenge, download em 9 dez. 2011, de wwwpendatacenteralliance.org/contest; Morgan, G., "Deutsche Bank Lifts the Hood on Cloud Transition", *Computing*, www.computing.co.uk/ctg/news/2128892/deutsche-bank-liftshood-cloud-transition, 30 nov. 2011.

1. King, Ian, Bass, Dina, "Dell Loses Orders as Facebook Do-It-Yourself Servers Gain: Tech", *Bloomberg News*, www.bloomberg.com/news/2011-09-12/dell-loses- orders-as-facebook-do-it-yourself--servers-gain-tech. html, 12 set. 2011.
2. Staff, "U.S. Air Force Chooses HP as Key Technology Provider", *Market Watch*, 29 ago. 2011.
3. Staff, "Convenience Store Chain Chooses IBM to Collaborate in the Cloud", IBM Press Release, 16 ago. 2011.
4. Arthur, Charles, "ARM Chip Offers Cheaper Smartphones with Longer Battery Life by 2013", *The Guardian*, 20 out. 2011.
5. D'Altorio, Tony, "Intel's 3D Chip Challenge", www.investmentu.com/2011/May/intel-chip--challenges-arm.html, 12 maio 2011.
6. Seubert, Curtis, "How Many Bytes Is an Exabyte?", www.ehow.com/about_6370860_many-bytes-exabyte_.html, acesso em: 21 out. 2011.
7. Lee, Kevin, "IBM's Next-Gen Memory Is 100 Times Faster Than Flash", *PC World*, 30 jun. 2011.
8. Shah, Agam, "AMD's First Eight-Core Desktop Processors Detailed", *PC World*, 6 out. 2011.
9. Bronstein, Benjamin et al., "Using a Multicore Processor for Rover Autonomous Science", trabalho acadêmico, IEEEAC, n. 1104, versão 1, http://ase.jpl.nasa.gov/public/papers/bornstein_ieeeaero2011_using.pdf, 10 jan. 2011.
10. Site da Chevron, "Seismic Imaging," www.chevron.com/deliveringenergy/oil/seismicimaging, jun. 2011.
11. Site da European Organization for Nuclear Research, "The Name CERN", http://public.web.cern.ch/public/en/ About/Name-en.html, acesso em: 21 out. 2011.
12. Site de The Best Physics Videos, "What's New @ CERN?". http://bestphysicsvideos.blogspot.com/2011/12/ whats-new-cern-n3-grid-computing.html, 5 dez. 2011.
13. Cariaga, Vance, "Teradata Helps Corporations Save Vast Amounts of Data", *Investor's Business Daily*, 21 out. 2011.
14. Kerschberg, Ben, "Names to Know in Big Data: Hitachi Data Systems", *Forbes*, 25 out. 2011.
15. Jellinek, Dan, "India Builds World's Largest Biometric ID Database", www.ukauthority.com/Headlines/tabid/ 36/NewsArticle/tabid/64/Default.aspx?id=3371, acesso em: 17 out. 2011.
16. Mims, Christopher, "And the Longest Running Digital Storage Media is ...", www.technologyreview.com/blog/ mimssbits/26990, 13 jul. 2011.
17. Ibid.
18. Simonite, Tom, "IBM Builds Biggest Data Drive Ever," Technology Review, 25 de agosto de 2011.
19. Site da ATTO Technology, "Avatar 'Sounds Off' Using ATTO's Technology", www.attotech.com/pdfs/ Advanced-Audio Rentals.pdf, acesso em: 27 out. 2011.
20. Histórias de Sucesso da IBM, "Baldor Electric Opts for IBM ProtecTIER and IBM XIV", www-01.ibm.com/ software/success/cssdb.nsf/CS/DLAS-8JYRFM? OpenDocument&Site=corp&cty=en_us, acesso em: 26 jul. 2011.
21. Site da Millenniata, "Millenniata Partners with HitachiLG Data Storages", http://millenniata.com/2011/08/24/ millenniata-partners-with-hitachi-lg-data-storage, 15 ago. 2011.
22. Site da Holographics Projectors, página de Holographic Video Disk, www.holographicprojectors.com.au/hvd, 27 out. 2011.
23. Staff, "Vaillant Accelerates SAP Environment through the Use of SSD Technology", www.ramsan.com/ resources/successStories/91, 10 out. 2011.
24. Site da SanDisk, "SanDisk Ultra Backup USB Flash Drive", www.sandisk.com/products/usb--flash-drives/ sandisk-ultra-backup-usb-flash-drive, acesso em: 28 out. 2011.
25. Site da Kingston Technology, "SSD Performance and Productivity Revitalize Notebook Assets", http://media.kingston.com/images/branded/ MKF_357_Qualcomm_Case_study.pdf, acesso em: 19 dez. 2011.
26. Staff, "Vaillant Accelerates SAP Environment through the Use of SSD Technology", www.ramsan.com/ resources/successStories/91, 10 out. 2011.
27. Site da HP, "High-availability IT for Swiss Holiday Destination, Davos Klosters, HP Customer Case Study", h20195.www2.hp.com/v2/GetPDF.aspx/4AA34360EEW.pdf, acesso em: 29 out. 2011.
28. Site da NorthgateArinso, "Delivering HR Excellence,"http://ngahr.com, acesso em: 30 out. 2011.
29. Histórias de Sucesso da IBM, "NorthgateArinso Builds Compact, Energy-efficient and Scalable Solution",www-01.ibm.com/software/success/cssdb.nsf/CS/STRD8GXE3S?OpenDocument&Site=-corp&cty=en_us, 18 maio 2011.
30. Site da Mozy, "I Found My Stolen Laptop," http://mozy.com/home/reviews, acesso em: 30 out. 2011.

31. Spangler, Todd, "Time Warner Cable Adds Speech Recognition to Customer Service", www.multichannel.com/ article/464064-Time_Warner_Cable_Adds_Speech_ Recognition_To_Customer_Service_Line.php, 16 fev. 2011.
32. Prann, Elizabeth, "Police Officers Find Tiny Pocket Cams Are Silent Partners", www.foxnews.com/scitech/ 2011/07/04/police-officers-find-tiny-pocket-cams-aresilent-partners, 4 jul. 2011.
33. Site do Silicon Valley Bank, "About SVB Financial Group", www.svb.com/Company/About-SVB-Financial- Group, acesso em: 29 out. 2011.
34. Site da PSIGEN Software, "Silicon Valley Bank", www.psigen.com/industry_solutions/banking_finanical_ services_scanning_capture_imaging_software_ industry_solution.aspx, acesso em: 29 out. 2011.
35. Perkins, Ed, "Travel-Friendly Chip-and-Pin Credit Cards Coming to U.S.", *USA Today*, 4 abr. 2011.
36. Herron, Janna, "U.S. Credit Cards Add Chip and PIN Security", www.foxbusiness.com/personal-finance/ 2011/10/20/us-credit-cards-add-chip-and-pin-security, 21 out. 2011.
37. Perkins, Ed, "Travel-Friendly Chip-and-Pin Credit Cards Coming to U.S.", *USA Today*, 21 abr. 2011.
38. Fitzgerald, Kate, "MasterCard Testing Contactless Payments for In-Flight Purchases", www.paymentssource.com/news/mastercard-testing-contactless-paymentsin-flight-guestlogix-3008292-1.html?-zkPrintable=1&nopagination=1, 25 out. 2011.
39. Site da First Data, "A First Data Customer Success Story: First Data's POS Restaurant Solution Helps La Paz Restaurant Improve Operations and Offer Gift Cards", www.firstdata.com/en_us/insights/lapaz-case-study.html?cat=Success+Stories&tag=POS+Payments+%26+Customer+Contact, acesso em: 20 dez. 2011.
40. Mastin, Michelle, "Square vs. Intuit Go Payment: Mobile Credit Card Systems Compared", *PC World*, www.pcworld.com/businesscenter/article/239250/square_ vs_intuit_gopayment_mobile_credit_card_systems_ compared.html#tk.mod_rel, 6 set. 2011.
41. Histórias dos Clientes SMART, "Audi AG Advancement through Technology at Audi AG", www.smarttech.com/ us/Customer%20Stories/Browse%20Stories?q=1& business=1&allstories=1, acesso em: 27 dez. 2011.
42. Site de Barcode.com, "Mobio Uses Barcode to Enhance Game Day", http://barcode.com/mobio-uses-barcodes-to-enhance-game-day.html, acesso em: 31 out. 2011.
43. Canadian Sheep Federation, "Sheep Industry Continues toward Mandatory RFID Tags", www.seregonmap.com/ repository/wool/scm/uploads/CSF-Mandatory-RFIDTags-English.pdf, 20 jun. 2011.
44. Kondolojy, Amanda, "LCD vs Plasma Monitors", www.ehow.com/about_4778386_lcd-vs-plasma-monitors. html, acesso em: 1 nov. 2011.
45. Grubb, Ben, "Nokia Demos Flexible Mobile and Smudge-Free Screen Technology", www.theage.com.au/ digital-life/mobiles/nokia-demos-flexible-mobile-and-smudgefree-screen-technology-20111028-1mmhe.html, 28 out. 2011.
46. Estudos de Casos da Microsoft, "Royal Bank of Canada Delights Customers with Innovative Microsoft Surface Experience", www.microsoft.com/casestudies/Microsoft- Surface/Royal-Bank-of-Canada/Royal-Bank-ofCanada-delights-customers-with-innovative-MicrosoftSurface-experience/4000011029, 25 ago. 2011.
47. Site da HP, "HP ePrint Enterprise Mobile Printing", http://h71028.www7.hp.com/enterprise/us/en/ipg/HPe- print-solution.html, acesso em: 6 nov. 2011.
48. Site de PrinterOn, "Mobile Printing Solutions", www.printeron.com, acesso em: 6 nov. 2011.
49. Kozlowski, Michael, "Inspiring Technologies in e-Readers during 2011", http://goodereader.com/blog/ electronic-readers/inspiring-technologies-in-e-readersduring-2011, 7 nov. 2011.
50. Site da IBM, "IBM Unveils Cognitive Computing Chips", www-03.ibm.com/press/us/en/pressrelease/35251.wss, 18 ago. 2011.
51. Lomas, Natasha, "Dual Core Smartphones: The Next Mobile Arms Race", www.silicon.com/technology/ mobile/2011/01/12/dual-core-smartphones--the-nextmobile-arms-race, 11 jan. 2011.
52. Ji-hyun, Cho, "Samsung, Google Gain in Apple Patent Fight", *Asia News Network*, www.asianews-net.net/ home/news.php?id=23574, 11 jul. 2011.
53. Chen, Brian X., "Samsung Wins a Round in Patent Fight with Apple", *New York Times*, 9 dez. 2011.
54. Hogg, Chris, "Study: Smartphones and Tablets to Outsell Computers in 2011", www.futureofmediaevents. com/2011/01/19/study-smartphones-and-tablets-to-outsell-computers-in-2011, 18 jan. 2011.
55. Fuquay, Jim, "Doctors Using Smartphones, Tablets to Access Medical Data", *Star-Telegram*, 6 jul. 2011.
56. Site da MedHealthWorld, "ePocrates Survey Confirms Expanded Role for Smartphones and Electronic Records", www.medhealthworld.com/?p=814, 6 fev. 2011.
57. Site da AccessReflex, "Stay Connected with Your MS Access", http://access.mobilereflex.com/features.html, acesso em: 7 nov. 2011.
58. Site da EBSCO Publishing, www.ebscohost.com/schools/mobile-access, acesso em: 8 nov.2011.
59. Mack, Julie, "Bloomingdale High School Students Each Given Netbook Computer, Internet Access", *Kalamazoo Gazette*, 12 out. 2011.

60. Strohmeyer, Robert, Perenson, Melissa, J., "Why Your Next PC Will Be A Tablet", *PC World*, jan. 2011.
61. Wenzel, Elsa, "Slates Enable a Surgery Practice to Improve Patient Care", *PC World*, 1 out. 2011.
62. Wenzel, Elsa, "Tablets Help a Business Stand Out, Improve Client Care", *PC World*, 24 jul. 2011.
63. Smith, Dave, "The Birth of the iRestaurant", Inc., 16 ago. 2011.
64. Strohmeyer, Robert, Perenson, Melissa, J., "Why Your Next PC Will Be A Tablet", *PC World*, Jan. 2011.
65. Site de Wyse, "Wyse Thin Clients", http://wyse.com/ products/hardware/thinclients/index.asp, 19 out. 2011.
66. Deboosere, Lien, et al., "Cloud-based Desktop Services for Thin Clients", http://doi.ieeecomputersociety.org/ 10.1109/MIC.2011.139, 3 out. 2011.
67. Site de Wyse, "Wyse TV Jewelry Case Study", www.wyse.com/resources/casestudies/CS-JTV-register.asp, 19 out. 2011.
68. Wiesen, G., "What Is a Nettop", www.wisegeek.com/what-is-a-nettop.htm, acesso em: 19 out. 2011.
69. Site da Dell, "Zooming in on Time-Savings", http://i.dell.com/sites/content/corporate/case-studies/en/Documents/ 2010-sekotec-10008226.pdf, acesso em: 1 abr. 2010.
70. Carey, Peter, "Server Farms Sprouting in Silicon Valley", *San Jose Mercury News*, 6 out. 2011.
71. Parrish, Kevin, "Intel to Ship 10-Core CPUs in the First Half of 2011", *IDG New Service*, 11 fev. 2011.
72. Morgan, Timothy Prickett, "AMD Shoots Lower with Opteron 3000 Chips", *The Register*, www.theregister.co.uk/2011/11/14/amd_opteron_3000_server_chip, 14 nov. 2011.
73. Estudos de Casos da Microsoft, "Gashora Girls Academy", www.microsoft.com/casestudies/Case_Study_Detail.aspx? CaseStudyID=4000010078, 26 maio 2011.
74. North, Jeffrey, "The Total Economic Impact of Microsoft Windows MultiPoint Server 2011", *Forrester Consulting Project*, abr. 2011.
75. Site da PR, "Companies on Tight Budgets Thrive with Low Prices on EZZI.net Dedicated Servers, Dedicated Cloud Servers, and Virtual Private Servers", http://news.yahoo.com/companies-tight-budgets-thrive-low-prices-ezzinet-110250858.html, out. 20, 2011; e site da EZZI.net, "Virtual Private Servers", www.ezzi.net/vpshp, acesso em: 21 out. 2011.
76. Histórias de Sucesso da IBM, "Top German Bank NORD/LB Improves Business and Technical Efficiencies Using IBM and SAP", www-01.ibm.com/software/success/ cssdb.nsf/CS/STRD-8M4GN6?OpenDocument&Site= default&cty=en_us, 27 set. 2011.
77. Taft, Darryl K., "IBM Mainframe Replaces HP, Oracle Systems for Payment Solutions", *eWeek*, 19 abr. 2011.
78. Site da ChemInfo, "Supercomputer Center Partners with P&G on Simulation", www.chem.info/News/2011/ 02/Software-Supercomputer-Center-Partners-with-PGon-Simulation, 28 fev. 2011.
79. Staff, "Japanese Supercomputer Is the Most Powerful", *Thaindian News*, 20 jun. 2011.
80. Hesseldahl, Arik, "Nvidia Chips to Power World's Most Powerful Computer", http://allthingsd.com/?p=130810&ak_action=printable, 11 out. 2011.
81. Staff, "Big Rigs Go Aerodynamic, Thanks to Supercomputers", *TechNewsDaily*, 9 fev. 2011.
82. Site da IBM, "IBM's Watson, What is Watson", www03.ibm.com/innovation/us/watson/what-is-watson/ index.html, acessado em: 23 dez. 2011.
83. Staff de Tecnologia, "IBM's Watson Supercomputer to Give Instant Medical Diagnosis", *Los Angeles Times*, 12 set. 2011.
84. Hesseldahl, Arik, "Nvidia Chips to Power World's Most Powerful Computer", http://allthingsd.com/?p=130810&ak_action=printable, 11 out. 2011.
85. Parsons, June, e Oja, Dan, *New perspectives on computer concepts 2011*, Boston: Cengage Learning, 2011, p. 106.
86. Site do U.S. Department of Energy, "Energy Savers– When to Turn off Your Computer", www.energysavers.gov/your_home/appliances/index.cfm/mytopic=10070, acesso em: 8 nov. 2011.
87. Staff, "Commission Decision of September 8, 2011", *Official Journal of the European Union*, 10 set. 2011.
88. Site da EPEAT, "Welcome to EPEAT", www.epeat.net, acesso em: 8 nov. 2011.

4 SOFTWARE: SOFTWARE DE SISTEMAS E APLICATIVO

Princípios	Objetivos de aprendizagem
• Softwares de sistema e aplicativos são fundamentais para ajudar indivíduos e empresas a alcançar seus objetivos.	• Identificar e descrever, rapidamente, as funções dos dois tipos básicos de software. • Delinear o papel do sistema operacional e identificar as características dos diversos sistemas operacionais populares.
• Empresas utilizam o software aplicativo disponível para suas necessidades empresariais comuns e o software aplicativo patenteado para atender às necessidades empresariais e oferecer vantagem competitiva.	• Discutir como o software aplicativo pode apoiar os objetivos pessoais, do grupo de trabalho e os empresariais do empreendimento. • Identificar as três abordagens básicas para o desenvolvimento do software aplicativo e analisar prós e contras de cada uma delas.
• Organizações escolherão linguagens de programação, com características funcionais, adequadas às tarefas a serem executadas, considerando as habilidades e a experiência de seu pessoal de programação.	• Delinear a evolução geral e a importância das linguagens de programação e diferenciá-las, claramente, entre suas gerações.
• A indústria de software realiza constantes mudanças. Usuários precisam conscientizar-se das tendências e questões recentes para serem eficazes em seus negócios e em sua vida pessoal.	• Identificar as diversas questões-chave e tendências que tenham impacto nas empresas e indivíduos.

Microfinanciamento precisa de software

SISTEMAS DE INFORMAÇÃO NA ECONOMIA GLOBAL

Equitas Micro Finance, India

A ÍNDIA PODE SER O país mais empreendedor do mundo. Entretanto, como a maioria dos novos negócios é pequena, seus proprietários, em geral, não se qualificam para os serviços bancários convencionais. O sistema de *microfinanciamento* tem crescido para atender suas necessidades. De acordo com o Grupo Consultor de Assistência à Pobreza (GCAP), que fornece informações e serviços sobre microfinanciamento para os "governos, fornecedores de serviços financeiros, patrocinadores e investidores", o microfinanciamento "oferece acesso de pessoas pobres aos serviços financeiros básicos, como, empréstimos, poupanças, transferências de valores e seguros". Infelizmente, conforme indica o GCAP, "o custo administrativo de pequenos empréstimos é muito mais alto, em termos de porcentagem, do que o custo de um grande empréstimo". Além disso, "operações ineficientes podem torná-los mais altos do que o necessário".

A eficiência é uma preocupação na Equitas Micro Finance India, Pvt. Ltd., talvez, a instituição de microfinanciamento start-up mais crescente no mundo. "Temos crescido muito rapidamente durante os últimos dois anos", diz o diretor de informática, Hariharan Mahalingam. "O ritmo do crescimento constitui desafios para o Departamento de Tecnologia da Informação, [...] com a abertura de novas filiais, chegando a quase 30 por mês." Para manter esse padrão de crescimento, a Equitas comprou um novo equipamento, mas, talvez, o mais importante foi ter adquirido um novo software aplicativo, para rodar naquele equipamento. Após a consideração de suas opções, selecionou o pacote de aplicativo T24 para o Microfinanciamento e a Comunidade Bancária (T24 MCB), da empresa suíça de software, a Temenos. O T24 MCB é um subconjunto do aplicativo completo T24, preconfigurado para pequenas instituições financeiras de varejo, como empresas de microfinanciamentos. A Equitas roda o T24 MCB em servidores da Sériep IBM sob o Sistema Operacional AIX baseado na UNIX.

O T24 MCB automatiza a maioria dos processos, de modo que a organização pode, agora, funcionar sem nenhuma mão de obra extra. Por exemplo, quando um empréstimo é retirado, seu formulário é completado na filial e os formulários são entregues à Chennai para processamento, através do escaneamento e leitura ótica automática. A entrada manual de dados é necessária para apenas cerca de 20% do formulário. Sem o T24 MCB, esse processamento exigiria um número maior de funcionários. A Equitas não precisou aumentar o número de empregados no escritório, apesar de a base de clientes ter crescido de 500 mil, em julho de 2009, para 1,3 milhão no final de novembro de 2011— e passado de um milhão em maio de 2010, dois anos e cinco meses após a fundação da empresa.

Suas filiais cobrem uma grande área. Quando os gerentes de uma delas e os funcionários da cobrança registram pagamentos de empréstimos pendentes e outras informações, enviam os dados de seus dispositivos móveis para a matriz em Chennai, via SMS. Na direção inversa, Chennai envia relatórios para os gerentes da filial, como informações sobre pagamentos devidos. Atualmente, a Equitas envia detalhes sobre 132 mil clientes todos os dias.

Além disso, o T24 MCB possibilita a Micro Finance Equitas suportar rápida expansão, para melhorar sua eficiência operacional, reduzindo custos no processamento das transações. Esses benefícios são imprescindíveis em seu setor, embora, não apenas lá, essas são necessidades para qualquer tipo de negócio. É o *software aplicativo* que proporciona tais benefícios.

À medida que você lê o capítulo, considere o seguinte:

- Por que selecionar o software certo é mais importante para a Equitas do que a escolha de seu equipamento?
- Se os aplicativos empacotados, como o T24 MCB, não existissem, teria sido prático para a Equitas automatizar seus processos? Por que ou por que não?

© Andrey Burmakin/Shutterstock

POR QUE ENTENDER O SOFTWARE DE SISTEMAS E APLICATIVO?

O software é indispensável a qualquer sistema de computador e a seus usuários. Neste capítulo, você aprenderá sobre software de sistemas e aplicativo. Sem o software de sistema, computadores não seriam capazes de inserir dados por meio do teclado, processar dados ou apresentar resultados. O software aplicativo é a chave para ajudá-lo a atingir as metas de sua carreira. Vendedores utilizam um software em seus smartphones e tablets para inserir os pedidos de compras e ajudar seus clientes a obter o que desejam. Operadores, no mercado de ações e títulos, utilizam um software para tomar decisões, em frações de segundo, que envolvem milhões de dólares. Cientistas utilizam um software para analisar a ameaça do aquecimento global. Independentemente de seu trabalho, você provavelmente utilizará um software para ajudá-lo a progredir em sua carreira e ganhar melhores salários. Você também pode utilizar um software para ajudar na preparação de seu imposto de renda, para acompanhar um orçamento e para manter contatos on-line com seus amigos e família. Os softwares podem, realmente, alavancar sua carreira e enriquecer sua vida. Comecemos com uma visão geral do software.

O software tem impacto profundo, tanto nos indivíduos como nas empresas. Ele pode fazer a diferença entre lucros e perdas e entre saúde financeira e falência. Como mostra a Figura 4.1, organizações reconhecem esse impacto e gastam mais em software do que em computadores.

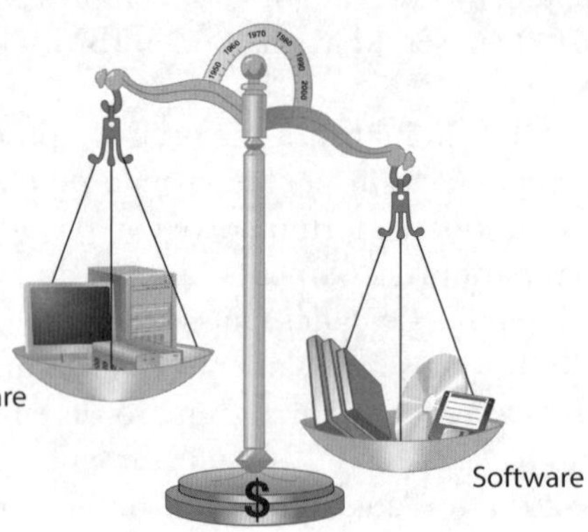

© Cengage Learning 2013

FIGURA 4.1
Importância do software nos negócios.
Desde os anos 1950, os negócios têm aumentado bastante seus gastos em software comparados com os investimentos em hardware.

UMA VISÃO GERAL SOBRE SOFTWARE

PROGRAMAS DE COMPUTADOR: Sequências de instruções para o computador.

DOCUMENTAÇÃO: Texto que descreve as funções do programa, para auxiliar o usuário na operação do sistema de computador.

Como visto no Capítulo 1, o software consiste em programas de computador, que controlam as tarefas do hardware. **Programas de computador** são as sequências de instruções para o computador. A **documentação** descreve as funções do programa para auxiliar o usuário na operação do sistema de computador. O software exibe algumas descrições na tela, enquanto outros formulários aparecem em recursos externos, como manuais impressos. O software é uma indústria crescente e dinâmica. Em 2011, por exemplo, a indústria de software da China cresceu quase 30%.[1] Alguns acreditam que o desenvolvimento e as vendas de softwares tiveram maior potencial de crescimento do que de hardware.[2] De acordo com um pioneiro da internet e integrante do quadro de diretores da Hewlett-Packard, “Esta semana, a Hewlett-Packard (da qual faço parte do quadro de diretores) anunciou que está analisando a dispensa de seu negócio de computadores, em favor de investir mais fortemente em softwares, em que vê um potencial melhor para o crescimento”.

SOFTWARE DE SISTEMAS

O Software de sistemas é o conjunto de programas que coordena as atividades e as funções do hardware e outros programas através do sistema do computador. Cada tipo de software de sistema é projetado para uma CPU específica e classe de hardware. A combinação de uma configuração de hardware e software de sistema é conhecida como plataforma de sistema computacional.

© iStockphoto/Avatar_023

O software aplicativo tem potencial para acrescentar maior valor a um negócio, porque é projetado para atividades e funções organizacionais específicas.

SOFTWARE APLICATIVO

O software aplicativo consiste em programas, que ajudam os usuários a resolver problemas de computação em particular.[3] Uma empresa de arquitetura em Boise, Idaho, por exemplo, utilizou um software ProjectDox para a emissão da papelada exigida para aprovação e permissões de construção de prédios.[4] De acordo com um arquiteto da empresa, "O melhor de tudo é que a maioria dos arquivos com documentos, em PDF ou Word, podem ser colocados em pastas diferentes, on-line, e enviados. Não é mais aquele transtorno". Um software da Amcom permite que empresas, como a Eddie Bauer, forneça a localização exata de algum de seus funcionários para os call centers de emergência do 911.[5] Segundo um analista técnico da empresa, "Levamos a comunicação e a segurança muito a sério. O sistema Amcom é uma rede de segurança de comunicação perfeita, no caso de alguém chamar o 911 e não puder explicar onde está".

Na maioria dos casos, o software aplicativo fica no disco rígido, antes de ser trazido para a memória do computador e operar. Também pode ser mantido em CDs, DVDs e mesmo em USB flash drives. Uma quantidade crescente de softwares aplicativos pode ser encontrada disponível na Web. Algumas vezes, referido como *aplicação aprimorada da internet* (RIA, rich internet application), um aplicativo baixado da web combina recursos do servidor web com o computador pessoal (PC) para fornecer serviços de softwares valiosos através da interface do navegadorweb. Antes de decidir sobre a melhor abordagem para adquirir o software aplicativo, uma pessoa, um grupo ou um empreendimento deve analisar com muito cuidado os próprios objetivos e necessidades.

APOIO AOS OBJETIVOS INDIVIDUAIS DE UM GRUPO OU DE UMA EMPRESA

Toda empresa depende da colaboração de pessoas, grupos e de toda a organização para alcançar os objetivos do negócio. Um modo útil de classificar as diversas utilizações potenciais dos sistemas de informação é identificar o escopo dos problemas e oportunidades com os quais a empresa trabalha. Esse escopo é denominado *esfera de influência*. Para a maioria das companhias, as esferas de influência são pessoais, dos grupos de trabalho e do empreendimento. A Tabela 4.1 mostra como vários tipos de software apoiam as três esferas.

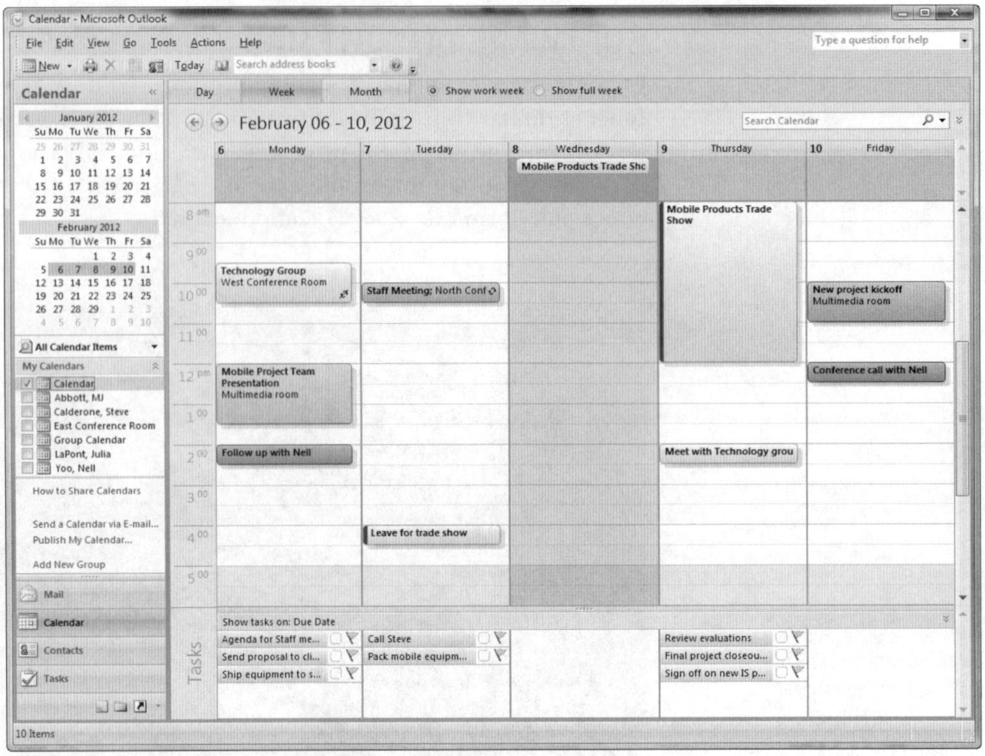

O Microsoft Outlook é um aplicativo que os grupos de trabalho podem utilizar para agendar reuniões e coordenar atividades.

TABELA 4.1 Software que apoia pessoas, grupos de trabalho e empreendimentos

Programa	Pessoal	Grupo de trabalho	Empresa
Software de sistemas	Sistemas operacionais para smartphones, tablets, computadores pessoais e estações de trabalho	Sistemas operacionais em rede.	Sistemas operacionais em computadores servidores e de grande porte
Software aplicativo	Processador de textos, tabelas, base de dados e gráficos	Correio eletrônico, programação do grupo, trabalho compartilhado e colaboração.	Contabilidade geral, entrada de pedidos, folha de pagamento e recursos humanos

ESFERA DE INFLUÊNCIA PESSOAL: Atende às necessidades de um usuário individual.

SOFTWARE DE PRODUTIVIDADE PESSOAL: Programa que possibilita aos usuários melhorar suas eficiências, aumentar o volume de trabalho e a qualidade do que podem fazer.

GRUPO DE TRABALHO: Duas ou mais pessoas que trabalham juntas para alcançar um objetivo comum.

ESFERA DE INFLUÊNCIA DO GRUPO DE TRABALHO: Sistema de informação na esfera de influência do grupo de trabalho que auxilia a equipe a atingir seus objetivos comuns.

Os sistemas de informação que operam na **esfera de influência pessoal** atendem às necessidades de um usuário individual. Eles ajudam os usuários a melhorar sua eficiência e aumentar o volume e a qualidade do trabalho realizado. Tal software, geralmente, é chamado **software de produtividade pessoal.** Por exemplo, o software MindManager da Mindjet apresenta ferramentas para ajudar as pessoas a diagramar projetos complexos utilizando uma interface gráfica intuitiva.[6]

Quando duas ou mais pessoas trabalham juntas para alcançar um objetivo comum, formam um **grupo de trabalho**. Um grupo de trabalho pode ser uma entidade empresarial permanente, formal e grande, como uma seção, departamento ou grupo temporário, formado para completar um projeto específico. Um sistema de informação na **esfera de influência do grupo de trabalho** auxilia a equipe de trabalho a atingir seus objetivos comuns. Frequentemente, um software projetado para a esfera de influencia pessoal pode se estender até a esfera do grupo de trabalho. Por exemplo, uma pessoa pode utilizar um software de calendário on-line, do tipo do Calendário do Google, para manter sua agenda pessoal, mas também para programar reuniões.

Sistemas de informação que operam dentro da **esfera de influência do empreendimento** apoiam a empresa em sua interação com o ambiente, o qual inclui clientes, fornecedores, acionistas, competidores, grupos de interesses especiais, comunidade financeira e agências governamentais. Isso significa que a esfera de influência do empreendimento inclui os parceiros do negócio, ou seja, os fornecedores de matérias-primas, as empresas de varejo que armazenam e vendem produtos da organização e as companhias

ESFERA DE INFLUÊNCIA DO EMPREENDIMENTO: Sistemas de informação que operam dentro da esfera de influência do empreendimento e apoiam a empresa em sua interação com o ambiente.

que transportam matérias-primas para a fábrica, bem como os produtos acabados para os estabelecimentos de varejo. Por exemplo, muitos empreendimentos utilizam o programa IBM Cognos como um sistema centralizado baseado na web, em que empregados, sócios e acionistas podem informar e analisar os dados financeiros da empresa.[7]

SOFTWARE DE SISTEMAS

Controlar as operações do hardware do computador é uma das funções mais importantes do software de sistemas. Eles também apoiam os recursos para resolver problemas dos programas aplicativos. Os sistemas operacionais, os programas utilitários e sistemas de intermediação (middleware) são tipos de software de sistemas.

SISTEMAS OPERACIONAIS

SISTEMA OPERACIONAL (SO): Conjunto de programas que controla o hardware e age como interface com os aplicativos.

Sistema operacional (SO) é um conjunto de programas que controla o hardware e age como interface com os aplicativos (veja a Figura 4.2). Eles podem controlar um ou mais computadores, ou podem permitir que múltiplos usuários interajam com um computador. As várias combinações de sistemas operacionais, computadores e usuários incluem:

- **Um único computador, com um único usuário.** Em geral, utilizado em um computador pessoal ou smartphone, que permite apenas um usuário de cada vez. Exemplos de SOs para esta configuração incluem o Microsoft Windows, Mac OS X e o Google Android.
- **Um único computador, com múltiplos usuários.** Típico de grandes servidores ou mainframes, que podem acomodar centenas ou milhares de pessoas, todas utilizando o mesmo computador ao mesmo tempo. Exemplos de SOs que suportam este tipo de sistema incluem o UNIX, z/OS, e o HP UX.
- **Múltiplos computadores, com múltiplos usuários.** Típico de uma rede de computadores, como uma rede domiciliar, com vários computadores interligados, ou uma grande rede, com centenas de computadores conectados no mundo inteiro. A maioria dos sistemas operacionais para computadores pessoais duplicam de acordo com os sistemas operacionais da rede. Os sistemas operacionais do servidor de trabalho da rede incluem o Red Hat Linux, o Windows Server e o Mac OS X Server.
- **Computadores para utilização específica:** Típico de alguns computadores com funções específicas, como as que controlam sofisticadas aeronaves militares, ônibus espaciais e alguns aparelhos domésticos. Exemplos de SOs para tais propósitos incluem o Windows Embedded, o Symbian e algumas distribuições do Linux.

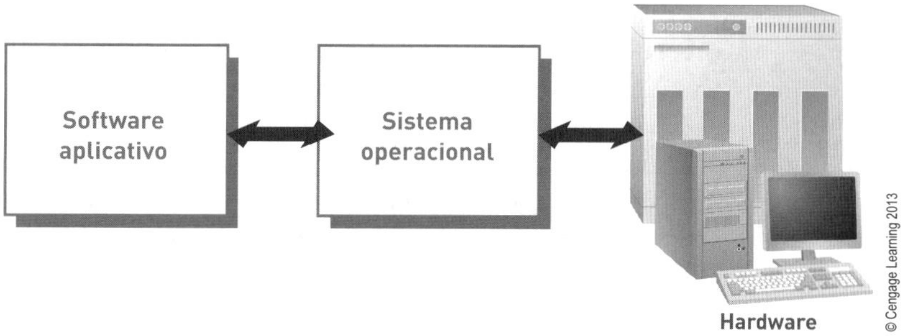

FIGURA 4.2
Papel dos sistemas operacionais.
O papel do sistema operacional é atuar como interface entre o software aplicativo e o hardware.

O sistema operacional (SO), que representa um papel central no funcionamento do sistema completo do computador, localiza-se, geralmente, no disco nos computadores de uso geral e na memória em estado sólido nos computadores com propósitos especiais, como celulares e smartphones. Depois de começar ou iniciar um sistema no computador, partes do sistema operacional (SO) são transferidas para a memória, conforme a necessidade do sistema. O processo pode levar de uma fração de segundos em smartphones a alguns minutos em computadores de mesa, a horas em grandes mainframes ou sistemas de computador distribuídos. Os desenvolvedores de sistemas operacionais trabalham, continuamente, para diminuir o tempo requerido para evitar que os dispositivos desliguem e para despertar dispositivos de seus modos de suspensão.

Você também pode reiniciar um computador a partir de um CD, DVD ou até mesmo de um USB flash drive. O dispositivo de armazenamento que contenha alguns ou todos os sistemas operacionais é sempre chamado de *disco de recuperação*, porque você poderá utilizá-lo para iniciar o computador, caso haja algum problema com o disco rígido principal.

O conjunto de programas, que compõe o sistema operacional, desempenha uma variedade de atividades, entre elas:

- Executar funções comuns do hardware do computador.
- Fornecer uma interface de usuário e gerenciamento de entrada e saída.
- Proporcionar um grau de independência ao hardware.
- Gerir o sistema de memória.
- Gerir as tarefas de processamento.
- Proporcionar algumas vezes a capacidade de trabalhar em rede.
- Controlar o acesso aos recursos do sistema.
- Gerir arquivos.

KERNEL (NÚCLEO): Parte mais importante do sistema operacional e controla seus processos mais críticos.

O **kernel**, núcleo, conforme seu próprio nome sugere, é a parte mais importante do sistema operacional e controla seus processos mais críticos. Interliga todos os componentes do SO e regula outros programas.

Funções comuns de hardware

Todos os aplicativos devem desempenhar certas tarefas relacionadas com o hardware, como:

- Obter inserções a partir do teclado ou de outros dispositivos de inserção.
- Recuperar dados dos discos.
- Armazenar dados em discos.
- Exibir informações num monitor ou impressora.

Cada uma dessas tarefas exige um conjunto detalhado de instruções. O SO converte uma necessidade básica em instruções que o hardware exige. O SO age como intermediário entre o aplicativo e o hardware. Utiliza um software especial oferecido por fabricantes de dispositivos, chamado driver de dispositivo, para comunicar com e controlar um dispositivo. Os drivers de dispositivo são instalados quando um dispositivo está conectado inicialmente ao sistema do computador.

INTERFACE DO USUÁRIO: Funções do sistema operacional que permitem às pessoas acessar e interagir com o sistema do computador.

INTERFACE DO USUÁRIO BASEADA EM COMANDO: Exige que o usuário utilize comandos em forma de texto para o computador para atividades básicas.

INTERFACE GRÁFICA DO USUÁRIO (GUI, GRAPHIC USER INTERFACE): Apresenta figuras (ícones) e menus que as pessoas utilizam para enviar comandos para o sistema do computador.

Interface do usuário e gestão de entrada/saída

Uma das funções mais importantes de qualquer SO é proporcionar uma **interface do usuário**, que permitem as pessoas acessar e interagir com o sistema do computador. As primeiras interfaces do usuário para o mainframe e os sistemas de computadores pessoais eram baseadas em comandos. A **interface do usuário baseada em comando** exige que o usuário utilize comandos em forma de texto para o computador realizar atividades básicas. Por exemplo, o comando ERASE 00TAXRTN faz o computador apagar um arquivo chamado 00TAXRTN. RENOMEAR e COPIAR são outros exemplos de comandos utilizados para renomear arquivos e copiá-los de um lugar para outro. Engenheiros e administradores de sistemas modernos sempre utilizam uma interface de usuário baseada em comando, para controlar o funcionamento de baixo nível dos sistemas de computadores. A maioria dos SOs modernos (inclusive as interfaces gráficas do usuário populares, como as do Windows) proporciona um modo de interagir com o sistema através de uma linha de comando (veja a Figura 4.3).

A **interface gráfica do usuário (GUI, graphic user interface)** apresenta figuras (ícones) e menus que as pessoas utilizam para enviar comandos para o sistema do

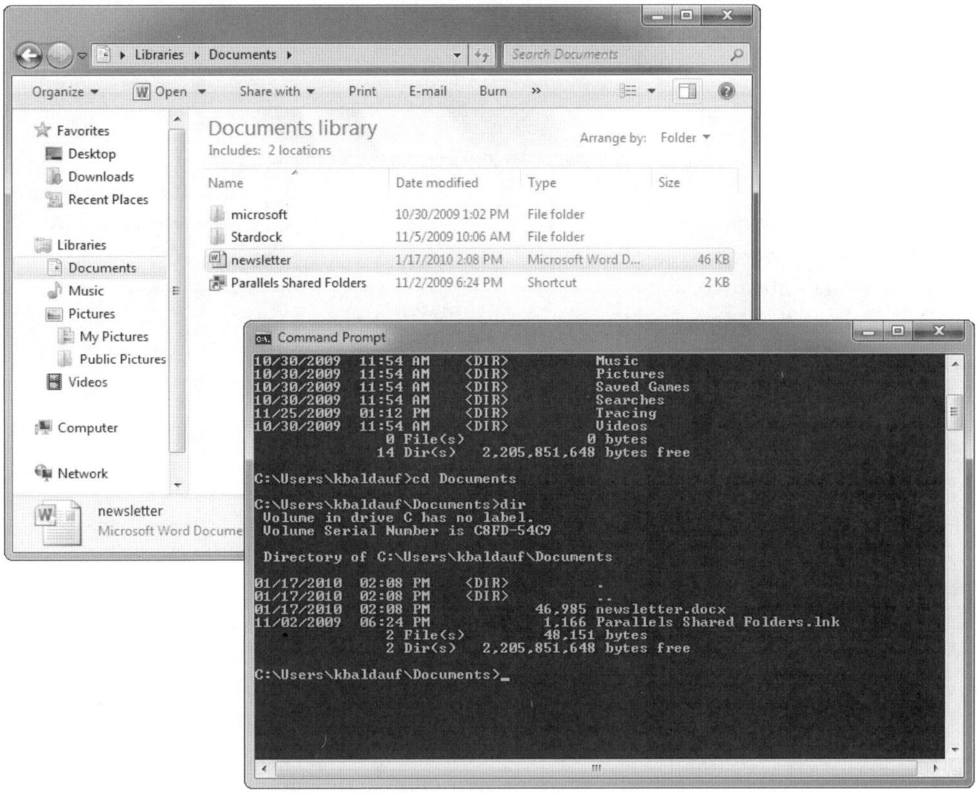

FIGURA 4.3
Interfaces de usuário baseadas em comandos e gráficos.
Sistema de arquivo Windows visualizado por meio de uma GUI (a) e do alerta de comando (b).

computador. São mais intuitivas para utilizar, porque antecipam as necessidades do usuário e proporcionam fácil reconhecimento das opções. O Microsoft Windows é uma GUI popular. Como o próprio nome sugere, o Windows se baseia no uso de uma janela ou parte da tela dedicada a um aplicativo específico. A tela pode exibir várias janelas simultaneamente.

Enquanto as GUIs têm sido acessadas utilizando-se um teclado e um mouse, tecnologias mais recentes permitem que as pessoas utilizem telas sensíveis ao toque e comandos de voz. Os dispositivos móveis atuais, assim como alguns computadores pessoais, utilizam interface sensível ao toque, também chamada por alguns de *interface natural de usuário* (INU, natural user interface) ou de interface multitoque por outros. O sistema operacional Mountain Lion da Apple, por exemplo, utiliza uma interface de usuário sensível ao toque para permitir que as pessoas controlem o computador pessoal através do toque na tela.[8] O reconhecimento de discurso também está disponível em alguns sistemas operacionais.[9] Falando através de um microfone, o sistema operacional comanda e controla o sistema do computador. As interfaces de visão utilizam uma câmera no computador para determinar para onde a pessoa está olhando na tela e desempenha um comando ou operação adequada. Algumas empresas também estão experimentando sensores, que, conectados ao cérebro humano, (interfaces de cérebro) podem detectar ondas cerebrais e controlar o computador como um resultado. As interfaces de cérebro e visão são muito úteis para pessoas com deficiência.

Independência de hardware

INTERFACE DO PROGRAMA DE APLICATIVO (API, APPLICATION PROGRAM INTERFACE): Esse sistema fornece aos desenvolvedores de software ferramentas para configurar o software aplicativo sem a necessidade de que se entenda os aspectos internos do SO e do hardware.

Softwares aplicativos são projetados para rodar em determinado sistema operacional por meio de uma **interface do programa de aplicativo** (**API, application program interfaces**), do sistema operacional. O sistema fornece aos desenvolvedores de software ferramentas para configurar o software aplicativo sem a necessidade de que se entendam os aspectos internos do SO e do hardware (veja a Figura 4.4). A capacidade de desenvolver programas sem a preocupação sobre qual é o hardware específico é referido como *independência de hardware*. Quando são introduzidas novas tecnologias de hardware, é necessário que o sistema operacional se ajuste para trabalhar com tais mudanças, não o software aplicativo que roda no sistema operacional.

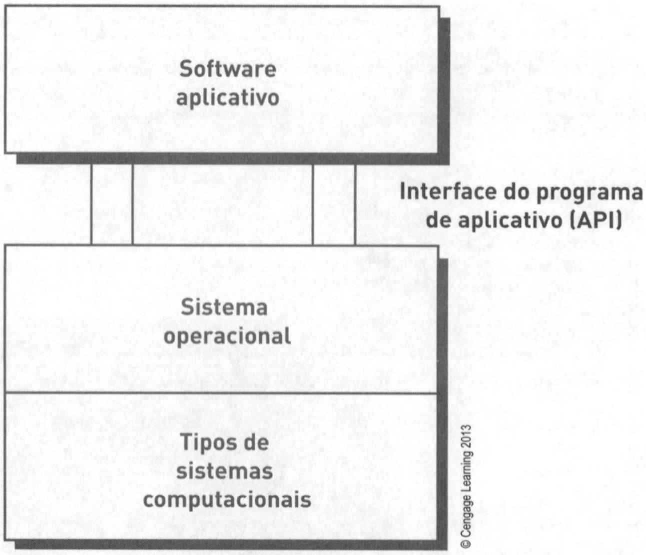

FIGURA 4.4
Interface do programa de Aplicativo. Os links da API do software aplicativo com o sistema operacional proporcionam a independência do hardware para os desenvolvedores de software.

Gerenciamento de memória

O SO também controla como a memória é acessada, maximizando a utilização da memória disponível e o armazenamento para propiciar uma ótima eficiência. A característica de gestão da memória de muitos sistemas operacionais permite que o computador execute as instruções de programas de forma eficaz e acelere o processamento. Um meio de aumentar o desempenho de um computador antigo é atualizar o sistema operacional e aumentar a quantidade de memória.

A maioria dos sistemas operacionais mantém *memória virtual*, que aloca espaço no disco rígido para suplementar a capacidade funcional imediata de memória RAM. A memória virtual trabalha trocando programas ou partes de programas entre memória e uma ou mais unidades de discos – conceito chamado paginação. Este procedimento reduz o tempo ocioso da CPU e aumenta o volume de trabalho que pode rodar em determinado intervalo de tempo.

Processamento de tarefas

Hoje, as características do gerenciamento de tarefas dos SOs incluem lidar com todas as atividades de processamento. O gerenciamento de tarefas aloca recursos do computador para o melhor uso do sistema. O software de gerenciamento de tarefas permite que o usuário execute vários programas, ou tarefas, ao mesmo tempo (multitarefas) e também que vários usuários utilizem o mesmo computador ao mesmo tempo (compartilhamento de tempo).

Um sistema operacional com capacidade multitarefa permite que um usuário opere mais de um aplicativo ao mesmo tempo. Enquanto um usuário estiver trabalhando *na parte da frente ou em primeiro plano* de um programa, um ou outros aplicativos podem ser escondidos no *plano de fundo*. As atividades realizadas na parte de trás incluem classificação de uma base de dados, impressão de um documento ou o desempenho de outras operações mais longas, que de outro modo, monopolizariam o computador e deixariam o usuário parado em frente à tela, incapacitado de realizar outra tarefa. A facilidade de multitarefas pode economizar tempo e esforços consideráveis aos usuários. O *compartilhamento de tempo* permite que o sistema computacional seja utilizado por mais de uma pessoa, ao mesmo tempo. Por exemplo, 15 representantes de serviço ao consumidor podem inserir dados de venda, ao mesmo tempo, num sistema de computador, para uma empresa de encomendas por correio. A capacidade do computador de lidar com crescente número de usuários, simultaneamente, e sem atritos é chamada *escalabilidade*. Essa característica é fundamental para os sistemas que lidam com grande e, possivelmente, número flutuante de usuários, como um mainframe ou servidor web.

Capacidade de rede

A maioria dos sistemas operacionais inclui capacidades de rede para que computadores possam ser reunidos em rede para enviar e receber dados e compartilhar recursos da computação. Sistemas operacionais para computadores de servidores maiores são projetados, especialmente, para ambientes de rede de computadores.

Acesso aos recursos e segurança de sistema

Uma vez que computadores lidam com dados delicados, que podem ser acessados por meio da rede, o sistema operacional precisa garantir alto nível de segurança, contra o acesso não autorizado, aos dados e programas dos usuários. Em geral, o sistema operacional estabelece procedimento de entrada, que exige que usuários insiram um código de identificação, como nome de usuário e senha que combinem entre si. Os sistemas operacionais podem também controlar quais os recursos que um usuário pode acessar. Se um usuário entrar no sistema, com sucesso, o sistema operacional limitará o acesso somente às partes para as quais o usuário foi autorizado. O sistema operacional registra quem utiliza o sistema, por quanto tempo e relata qualquer tentativa de quebra da segurança.

Gerenciamento de arquivo

O sistema operacional gerencia os arquivos para assegurar que, na armazenagem secundária, estejam disponíveis quando necessário e que estejam protegidos do acesso por usuários não autorizados. Muitos computadores suportam múltiplos usuários que armazenam arquivos em discos centralizados ou fitas. O sistema operacional monitora onde cada arquivo é armazenado e quem pode acessá-los.

OS SISTEMAS OPERACIONAIS ATUAIS

Os sistemas operacionais atuais incorporam características sofisticadas e efeitos gráficos impressionantes. A Tabela 4.2 classifica alguns deles por esfera de influência.

TABELA 4.2 Sistemas operacionais servindo a três esferas de influência

Pessoal	Grupo de trabalho	Empresa
Microsoft Windows	Servidor Microsoft Windows	Servidor Microsoft Windows
Mac OS X, Mac OS X iPhone	Servidor Mac OS X	
Linux	Linux	Linux
Google Android, Chrome OS		
HP webOS		
	UNIX	UNIX
	IBM i5/OS e z/OS	IBM i5/OS e z/OS
	HP-UX	HP-UX

Sistemas operacionais da Microsoft para PC

Desde que uma pequena empresa chamada Microsoft desenvolveu o PC-DOS e MS-DOS para auxiliar o computador pessoal da IBM, introduzido nos anos 1980, os sistemas operacionais de computadores pessoais evoluíram vigorosamente. O PC-DOS e o MS-DOS possuíam interfaces com base em comandos difíceis de aprender e utilizar. O MS-DOS cedeu o lugar ao Windows, que abriu o mercado de computadores pessoais aos usuários comuns. O Windows evoluiu através de diversas versões, incluindo o Windows 1.01, 2.03, 3.0 e 3.1, o Windows 95, 98 e Me, Windows NT, Windows 2000, Windows XP, Windows Vista, Windows 7 e Windows 8.

O *Windows XP* (o nome XP se refere à experiência positiva propiciada pelo uso em computadores pessoais) foi lançado em 2001. Em 2007, a Microsoft lançou o *Windows Vista* para o público, apresentado como a versão mais segura do Windows. A versão seguinte, *Windows 7*, foi lançada em 2009, com melhorias e novas características. Muitos analistas o classificaram como "o Vista melhorado". Possui um forte apoio para mostradores e notebooks sensíveis ao toque, assinalando nova era para os dispositivos móveis. O Windows 7 está disponível em configurações projetadas para processadores de 32 bits ou de 64 bits. Os usuários que utilizam computadores mais recentes são aconselhados a instalar a versão de 64 bits, se seus computadores puderem suportá-la, para experimentar um desempenho de processador mais rápido.[10]

O Microsoft Windows 8, disponibilizado em 2012, oferece um número de melhorias, incluindo características para tablets.[11] O Windows 8 tem uma interface sensível ao toque e muitas outras características novas para o mercado consumidor.[12] A tela principal apresenta "placas" coloridas para os aplicativos em vez dos ícones.[13] O Windows 8 está disponível para um número de plataformas, entre elas smartphones, tablets, PCs e servidores.[14] De acordo com um analista da indústria, "Eles estão apostando todas as fichas nisto. O problema da Microsoft está em como manter a base de clientes existentes com o Windows enquanto abordam a característica de sensibilidade ao toque?". Muitos fabricantes de smartphones e dispositivos móveis planejam utilizar o sistema operacional Windows da Microsoft em seus dispositivos.[15] Veja a Figura 4.5.

Utilizada com permissão da Microsoft

FIGURA 4.5 Microsoft Windows 8.

Sistemas operacionais dos computadores Apple

Em julho de 2001, o Mac OS X foi lançado como um sistema operacional totalmente novo para o Mac, baseado no sistema operacional UNIX. Ele inclui uma interface de usuário inteiramente nova – incluindo elementos luminosos e semitransparentes, como botões, barras de rolagem, janelas e animação fluida para realçar a experiência do usuário.

Desde o seu primeiro lançamento, a Apple aperfeiçoou o Mac OS X várias vezes. O OS X Mountain Lion é o último sistema operacional da Apple.[16] Veja a Figura 4.6. Ele apresenta aplicativos com multitoque, em tela inteira, recursos de controle de missão e outras inovações. Também incorpora muitas características dos dispositivos móveis da Apple aos computadores de mesa ou laptop da Apple.[17] O Mountain Lion pode salvar um documento, automaticamente, cada vez que for feita alguma modificação num aplicativo, tal como um aplicativo de processador de texto ou de planilhas. Numa pesquisa, a facilidade de uso, o número de aplicativos disponíveis e todo o atrativo ao usuário para o sistema operacional de dispositivos móveis (iOS) da Apple receberam altas avaliações.[18]

Como o Mac OS X funciona nos processadores Intel, os usuários do Mac podem montar um PC para funcionar tanto com o Windows Vista quanto com o Mac OS X e selecionar em qual plataforma desejam trabalhar quando inicializarem seus PCs. Tal operação é chamada de *dual booting*. Enquanto os Macs podem realizar essa operação, para o Windows, a operação contrária não é possível. A Apple não permite que o OS X rode em outra máquina que não a Apple. Entretanto, os PCs com o Windows podem realizar dual booting com o Linux e outros SOs.

FIGURA 4.6 Mac OS X Mountain Lion.

© iStockphoto/Lee Pettet

Linux

O Linux é um sistema operacional desenvolvido por Linus Torvalds, em 1991, quando ainda era um estudante na Finlândia. O sistema operacional é distribuído sob a *GNU General Public Licence*, e o código-fonte está disponível gratuitamente para todos. Ele é, portanto, um sistema operacional de *código aberto*. Não significa, entretanto, que o Linux e suas diversas distribuições sejam, necessariamente, gratuitos – as empresas e os desenvolvedores podem cobrar por uma distribuição desde que o código-fonte permaneça disponível. O Linux é, na realidade, somente o kernel de um sistema operacional, ou seja, a parte que controla o equipamento, gerencia arquivos, separa processos e assim por diante.

Várias combinações do Linux estão disponíveis, com diversos conjuntos de capacidades e aplicativos para formar um sistema operacional completo. Cada uma delas é chamada *distribuição* do Linux. Muitas distribuições estão disponíveis, como downloads gratuitos.

O Linux está disponível na internet e em diversas outras fontes. Versões populares incluem o Red Hat Linux, OpenSUSE (veja a Figura 4.7), e o Caldera OpenLinux. Diversos fabricantes, incluindo a IBM, a Hewlett-Packard e a Intel, apoiam o sistema operacional Linux. Apesar de ser um software livre, o Red Hat obteve receitas de cerca de $ 1 bilhão em 2011, distribuindo e prestando serviços a este programa.[19]

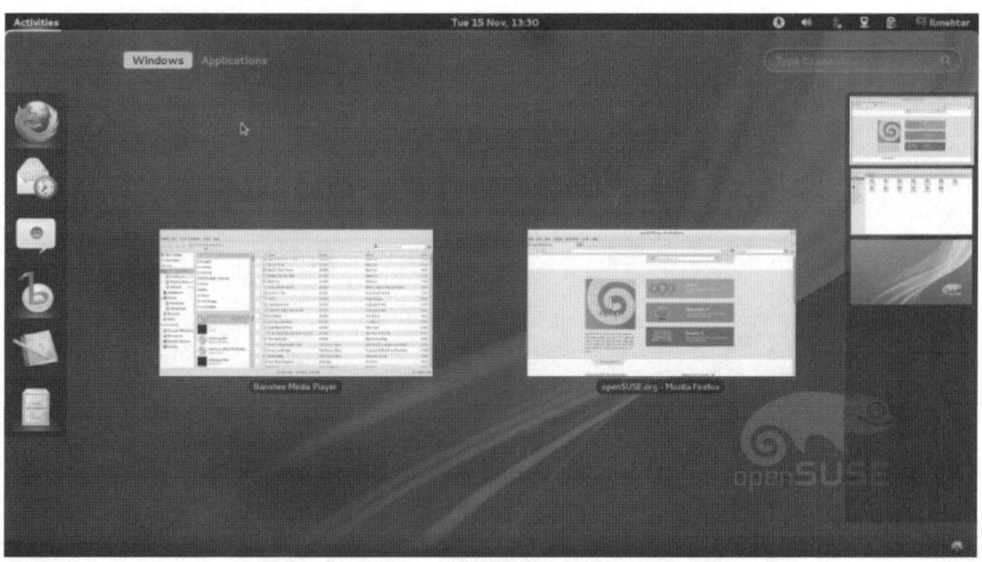

FIGURA 4.7 Sistema operacional OpenSUSE.

OpenSUSE

@ SISTEMAS DE INFORMAÇÃO NO TRABALHO

Linux na administração

Se o usuário utiliza um computador como estudante de administração, a probabilidade é de que trabalhe com o Microsoft Windows ou com o Apple Mac OS. Alguns estudantes fora da ciência da computação e até mesmo certos laboratórios de computação em escolas de administração utilizam qualquer outra plataforma.

Esse não é o caso em administração. Em maio de 2012, cerca de 65% de 662 milhões de servidores web pesquisaram a utilização do sistema de operação Linux, descrito neste capítulo, para rodar um aplicativo de servidor web chamado Apache. A ação de mercado da Apache flutua, mas tem se mantido acima de 40% desde 1997. O Linux é bastante popular entre os empresários de outras áreas de aplicativos também.

Por que empresários utilizam o Linux? Os motivos variam. Para a PrintedArt, uma loja on-line que vende edições limitadas de fotografias de arte, os motivos envolveram a disponibilidade dos aplicativos de fonte aberta desenvolvida para o Linux. O presidente e CEO da PrintedArt, Klaus Sonnenleiter, explica a escolha do pacote de fonte aberta Drupal da empresa para a gestão de conteúdo na web. "Antes de configurar o Drupal, realizamos intensa avaliação entre as diferentes opções de sistema de gestão de conteúdos (SGC). Depois de observarmos grande número de opções, Joomla, Drupal, Alfresco e Typo3 se tornaram as finalistas. Drupal despontou para o primeiro lugar, por causa de sua API que permite que a PrintedArt [...] crie suas próprias integrações e módulos."

O Ubercart, módulo de carrinho de compras de fonte aberta e livre, de e-commerce, é também parte principal do sistema da PrintedArt . "Além disso, utilizamos o Capsule rodando como um Google App como nosso CRM", acrescenta Sonnenleiter. "Também usamos o MailChimp e estamos avaliando o Producteev, como nosso gestor de projeto e lista de tarefas a realizar."

O Gompute de Göteborg, Suécia, é maior do que o PrintedArt para seis pessoas. O Gompute opera um conjunto de 336 servidores IBM para prover uma computação de alto desempenho, necessária para usuários técnicos e científicos. Sua utilização é dirigida a áreas como de fluidos, análise de estresse e química computacional. O Linux oferece a habilidade de rodar a variedade de aplicativos que os clientes da empresa solicitarem. Isso inclui os aplicativos proprietários, como o ANSYS para software de engenharia e o PERMAS para análise estrutural. Para sua utilização, os usuários devem comprar uma licença e software de fonte aberta, como o OpenFOAM para computação avançada, que qualquer um pode utilizar. Se nenhum desses aplicativos atender às necessidades do usuário, este pode escrever seus próprios programas e, então, rodá-los em um hardware avançado Gompute.

A tendência Linux na área de administração é tão forte que nem mesmo a Microsoft está imune. Em junho de 2012, ela anunciou que seu serviço de computação em nuvem Azure permitiria a seus clientes rodar o Linux, assim como o Windows. O Linux apresenta características importantes nesse ambiente, como a capacidade de manter dados, mesmo após o reinício da máquina virtual. Oferecendo o Linux, a Microsoft pode buscar clientes que precisam de manutenção de dados e outras capacidades desse sistema operacional.

Questões para discussão

1. Se você utiliza o sistema Windows, ou Mac OS, já considerou o Linux como um possível sistema operacional quando comprou seu computador? Se não, por quê? Se considerou o Linux, por que o rejeitou? Se utiliza o Linux, por que o escolheu em vez do Windows e o Mac OS? Que vantagens e/ou desvantagens encontrou desde que fez aquela escolha? Faria a mesma escolha novamente?
2. Conforme o texto apresentado, cerca de dois terços de todos os servidores web rodam Linux, mas somente cerca de 1% dos computadores pessoais o fazem. Que fatores você acha que contribuíram para essa diferença?

Questões para análise

1. Aplicativos básicos estão disponíveis para todos os sistemas operacionais. Além desses aplicativos, alguns usuários dependem dos pacotes, enquanto outros tendem a gravar seus próprios aplicativos. Como a disponibilidade do aplicativo afeta a escolha de um sistema operacional?
2. O suporte da Microsoft para o Linux, em seu serviço de computação em nuvem, Azure, poderia aumentar a receita do Azure, mas poderia também diminuir a receita do Windows. Discuta os prós e os contras do oferecimento do suporte da Azure de um ponto de vista empresarial.

Fontes: Endsley, R., "How Small Business PrintedArt Uses Linux and Open Source", www.linux.com/learn/tutorials/539523casestudyhowsmallbusinessprintedartuseslinuxandopensource, 25 jan. 2012; Staff, "Gompute Harnesses Sophisticated IBM High Performance Computing", IBM, www01.ibm.com/software/success/cssdb.nsf/CS/STRD8SYJ2K, 3 abr. 2012; Metz, C., "Microsoft Preps for Public Embrace of Linux", Wired, www.wired.com/wiredenterprise/2012/05/microsoftlinux, 30 maio 2012; Meyer, D., "Microsoft Azure Starts Embracing Linux and Python", ZDNet Reino Unido, UK, www.zdnet.co.uk/news/cloud/2012/06/07/microsoftazurestartsembracinglinuxandpython40155346, 7 jun. 2012; Staff, maio 2012 Web Server Survey, Netcraft, news.netcraft.com/archives/2012/05/02/may2012webserversurvey.html, 2 maio 2012; Site da PrintedArt, www.printedart.com, acesso em: 31 maio 2012.

Google

Nos últimos anos, a Google tem aumentado o seu alcance em fornecer a mais popular ferramenta de busca para o software aplicativo (Google Docs), o sistema de operação móvel (Android), o browser web (Chrome) e, mais recentemente, o sistema operacional para computadores pessoais — o *Chrome OS*.[20] Atualmente, mais de 100 milhões de pessoas estão utilizando o sistema de operação Android do Google em smartphones e em dispositivos móveis.[21] Esse número começou a crescer a partir de 10 milhões de usuários em 2009. Alguns acreditam que poderá explodir para mais de 200 milhões em alguns anos, ou menos.

O sistema operacional Gingerbread da Google foi projetado para smartphones e outros dispositivos móveis, como o Galaxy Note da Samsung.[22] O Chrome OS é um sistema operacional, baseado no Linux, para netbooks e nettops, computadores pessoais de mesa, inicialmente utilizados para acessar informações e serviços baseados na web, como e-mail, ferramenta de busca, redes sociais e aplicativos on-line da Google. Esse sistema foi projetado para rodar em computadores baratos de baixa potência. O Chrome OS para computadores pessoais não precisa de nenhum aplicativo.[23] Todos podem ser acessados pela internet. Uma versão de fonte aberta do Chrome OS, chamado Chromium OS, foi disponibilizada no final de 2009. Por ser um software de fonte aberta, os desenvolvedores podem customizar o código-fonte, para rodar em diferentes plataformas, incorporando características únicas.

SISTEMAS OPERACIONAIS PARA GRUPO DE TRABALHO

Para se manter no mesmo ritmo das demandas dos usuários, a tecnologia do futuro deverá apoiar um mundo no qual a utilização da rede, as necessidades de armazenamento de dados e as velocidades de processamento aumentarão a uma taxa dramática. Sistemas operacionais potentes e sofisticados são necessários para operar servidores, que atendam a essas demandas de negócio, para os grupos de trabalho.

Servidor Windows

A Microsoft projetou o *Windows Server* para desenvolver este enorme conjunto de tarefas, vitais para os sites e aplicações corporativas da web. Por exemplo, pode ser utilizado para coordenar grandes centros de dados. Proporciona serviços, como um potente sistema de gerenciamento de servidor web, ferramentas de virtualização que permitem que vários sistemas operacionais rodem com um único servidor, com características avançadas de segurança e um robusto suporte administrativo. O Windows Home Server permite que usuários se conectem com diversos computadores pessoais, dispositivos de armazenamento, impressoras e outros dispositivos, numa rede doméstica.[24] É um meio conveniente para armazenar e gerir fotos, vídeo, músicas e outros conteúdos digitais. Também tem as funções de backup e de recuperação de dados.

UNIX

O UNIX é um SO, originalmente desenvolvido pela AT&T para minicomputadores — os predecessores dos servidores, maiores do que os computadores pessoais e menores do que os mainframes. Ken Thompson, um dos criadores do sistema operacional UNIX, foi premiado com o Japan Prize, um prêmio pela sua excelente contribuição para a ciência e tecnologia.[25] O UNIX pode ser utilizado em muitos tipos de sistemas de computadores e plataformas, incluindo estações de trabalho, servidores e mainframes. Também torna muito mais fácil a transferência de programas e dados entre computadores ou a conexão entre computadores mainframe e pessoais, afim de compartilhar recursos. Existem diversas variantes do UNIX, incluindo o HP/UX da Hewlett-Packard, o AIX da IBM e o Solaris da Oracle. O sistema operacional Solaris da Oracle gerencia os sistemas do eBay, incluindo os servidores da base de dados, os servidores web, as bibliotecas de fita e os sistemas de gestão de identidade. A empresa de leilão on-line avalia que, quando mudaram para o Solaris, o desempenho do sistema aumentou.[26]

Red Hat Linux

O software Red Hat oferece um sistema operacional de rede Linux, que obtém o talento de dezenas de milhares de programadores voluntários, que geram um fluxo constante de melhorias para o sistema operacional Linux. O sistema operacional de rede *Red Hat Linux* é muito eficiente como servidor de páginas de internet e pode gerenciar um grupo de até oito servidores. Distribuições como a SuSE e o Red Hat provaram que o Linux é um sistema operacional bastante estável e eficiente. A mais nova versão do Red Hat do software Red Hat Enterprise Virtualization (RHEV) não exige mais um software de servidor Windows para operar.[27] De acordo com o diretor de virtualização do Red Hat, "Estamos numa posição realmente muito boa para capitalizar sobre a crescente demanda por alternativas para o VMware. O RHEV proporciona capacidade de virtualização para servidores e computadores de mesa.[28] Outros fornecedores também estão investigando a virtualização para software de fonte aberta, como o Linux.[29]

O programa Red Hat Enterprise Virtualization possibilita capacidade de virtualização para servidores e computadores de mesa.

www.redhat.com

Servidor Mac OS X

O *Mac OS X Server* é o primeiro servidor moderno da Apple Computer, baseado no sistema operacional UNIX. A versão mais recente é o OS X Mountain Lion Server. Inclui características que permitem o fácil gerenciamento da rede e serviços de internet como e-mail, hospedagens de sitesweb, gerenciamento de calendário e compartilhamento wikis e podcasting.

SISTEMAS OPERACIONAIS PARA EMPRESAS

Computadores mainframes, frequentemente referidos como *Big Iron*, proporcionam capacidade para computação e armazenamento para atender às necessidades maciças de processamento de dados e oferecem a muitos usuários alto desempenho e excelente disponibilidade de sistema, segurança extrema e escalabilidade. Além disso, uma grande gama de softwares aplicativos tem sido desenvolvida para rodar em ambiente de mainframe, tornando possível a aquisição de softwares para resolver qualquer problema empresarial. Os exemplos de sistemas operacionais para mainframe incluem o z/OS da IBM, o HP-UX da Hewlett-Packard e o Linux. O z/OS é o primeiro sistema operacional da IBM de 64 bits para empresas. Suporta os mainframes da IBM, que podem vir com 16 processadores de até 64 bits[30] (z significa zero de inatividade). O HP-UX é um sistema operacional robusto baseado no UNIX, da Hewlett-Packard, projetado para lidar com uma variedade de tarefas empresariais, incluindo processamento de transações on-line e aplicativos web. O HP-UX dá suporte aos computadores da Hewlett-Packard e aos projetados para operar os processadores Itanium da Intel.

SISTEMAS OPERACIONAIS PARA PEQUENOS COMPUTADORES, COMPUTADORES EMBUTIDOS E DISPOSITIVOS DE USO ESPECIAL

Novos SOs estão mudando o modo pelo qual interagimos com smartphones, celulares, câmeras digitais, TVs e outros dispositivos eletrônicos digitais. Empresas, no mundo inteiro, estão desenvolvendo sistemas operacionais para estes dispositivos. A Alibaba Cloud Computing, uma parte do Chinese Alibaba Group, desenvolveu um sistema operacional para smartphones e dispositivos móveis.[31] Esse SO competirá com os sistemas operacionais da Google, Apple e da Microsoft da China.[32] A Hewlett-Packard espera que fabricantes de carro e dispositivos utilizem seu sistema operacional webOS cada vez maisweb.[33] O websistema utiliza uma interface sensível ao toque e permite que usuários se conectem à internet.[34] De acordo com um porta-voz da empresa, "Estamos procurando expandir a base e trazer para o webOS um ecossistema que inspire os desenvolvedores web".

Também chamados *sistemas operacionais embutidos* ou, simplesmente, *sistemas embutidos*, os SOS recebem essa denominação porque, em geral, estão embutidos dentro de um dispositivo. Os sistemas embutidos são tipicamente projetados para desempenhar tarefas especializadas. Por exemplo, um sistema automotivo embutido pode ser responsável pelo controle da injeção de combustível. Um sistema embutido numa câmera digital possibilita tirar, ver fotos e pode incluir um conjunto limitado de ferramentas para edição. O GPS é um dispositivo que utiliza um sistema embutido para ajudar pessoas a encontrar seus caminhos em torno da cidade ou em áreas mais remotas (veja a Figura 4.8). Alguns dos sistemas operacionais mais populares para dispositivos serão descritos na próxima seção.

© iStockphoto/swilmor

FIGURA 4.8
GPSs utilizam sistemas operacionais embutidos. O GPS é um dispositivo que utiliza sistema embutido para adquirir informações de satélites, mostrar a localização atual do usuário num mapa e direcioná-lo ao seu destino.

Sistemas operacionais e sistemas embutidos em telefones celulares

Telefones celulares, em geral, utilizam sistemas embutidos para fornecer os serviços de comunicação e de informação pessoal limitada a seus usuários. O *Symbian*, um sistema operacional embutido para um celular popular, tem fornecido aplicativos para comunicação de voz e texto, livro de endereços e algumas outras aplicações básicas. A Nokia introduziu três novos telefones celulares utilizando o seu sistema operacional atualizado Symbian.[35] De acordo com o gerente de vendas da empresa, "Utilizaremos o Symbian para introduzir produtos competitivos que oferecem mais escolhas a preços razoáveis a usuários do mundo inteiro". Quando a RIM lançou o smartphone BlackBerry, em 2002, as capacidades do celular foram muito expandidas.[36] A partir de então, os sistemas embutidos para celulares transformaram, totalmente, os sistemas operacionais para computadores pessoais, como o iPhone OS, Google Android e o Microsoft Windows Mobile. Mesmo os sistemas embutidos tradicionais, como o Palm OS (agora, webOS) e o Symbian, têm evoluído para sistemas operacionais para computadores pessoais, com APIs e kits de desenvolvimento de softwares, que permitem aos desenvolvedores projetar centenas de aplicativos apresentando uma série de serviços móveis.

Windows Embedded

O *Windows Embedded* é uma família de sistemas operacionais da Microsoft incluídos, ou embutidos, em dispositivos para computadores.[37] Ele inclui várias versões, que fornecem potência de computador para receptores de TV, descodificadores, máquinas industriais automatizadas, reprodutores multimídia, equipamentos médicos, câmeras digitais, dispositivos manuais de informações pessoais (PDAs, personal digital assistant), receptores GPS, ATMs (caixas eletrônicos), dispositivos para jogos e para negócios, como caixas registradoras. O Windows Embedded Automotive oferece uma plataforma computacional, para programas automotivos, como o Ford Sync. O sistema Ford Sync utiliza um mostrador encaixado no painel e tecnologias de rede sem fio para conectar sistemas automotivos com telefones celulares e reprodutores de mídia portáteis.[38] Veja a Figura 4.9.

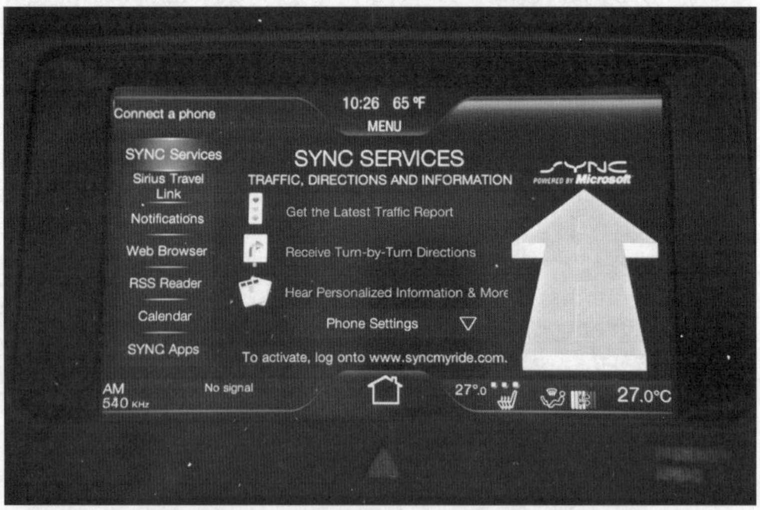

FIGURA 4.9
Microsoft Auto e Ford Sync.
O sistema Ford Sync, desenvolvido no sistema operacional Microsoft Auto, permite aos motoristas conectar seus celulares e dispositivos de mídia aos sistemas automotivos.

Sistemas proprietários baseados no Linux

Como os sistemas embutidos são, quase sempre, projetados com um propósito específico, num dispositivo específico, em geral são proprietários e criados sob medida para o cliente e de propriedade do fabricante. O Wii da Sony, por exemplo, utiliza um sistema operacional feito sob medida, baseado no Linux kernel. O Linux é uma escolha popular para os sistemas embutidos, por ser gratuito e altamente configurável. Tem sido utilizado em muitos sistemas embutidos, incluindo os leitores de e-book, as máquinas ATM, celulares, dispositivos de rede e reprodutores de mídia.

PROGRAMAS UTILITÁRIOS: Programas que ajudam a desempenhar uma variedade de tarefas. Alguns integram e separam conjuntos de dados, acompanham os trabalhos executados e compactam arquivos de dados.

PROGRAMAS UTILITÁRIOS

Os **programas utilitários** ajudam a desempenhar uma variedade de tarefas. Por exemplo, alguns integram e separam conjuntos de dados, mantêm o acompanhamento dos trabalhos de computação executados, compactam arquivos de dados, antes de serem armazenados ou transmitidos em rede (economizando espaço e tempo) e realizam outras tarefas importantes. O Parallels Desktop é um utilitário popular, que permite que os computadores Apple Mac rodem programas Windows.[39] O utilitário, que custa menos de $ 100, cria uma máquina virtual Windows dentro de um computador Mac (veja a Figura 4.10).

FIGURA 4.10
Parallels Desktop. O Parallels Desktop para o Mac é apresentado rodando em Windows sobre um Mac, com aplicativos Windows disponíveis na plataforma do OS X Lion.

Cortesia de Parallels (www.parallels.com/desktop)

Outro tipo de programa utilitário permite que pessoas e organizações aproveitem a vantagem de uma potência não utilizada de computador em rede. Frequentemente, chamada *computação em grade*, a abordagem pode ser muito eficiente e mais barata do que adquirir um equipamento ou peças adicionais para o computador. A Organização Europeia para a Pesquisa Nuclear (CERN, Conseil Européen pour la Recherche Nucléaire), berço do maior acelerador de partículas hadron (LHC, large hadron collider), o maior instrumento científico do mundo, também é o berço de um dos maiores sistemas de computação científica e armazenamento em grade do mundo. O projeto LHC da Grade de Computação(LCG, LHC Computing Grid) provê a todos os cientistas acesso a sistemas de energia e de armazenamento em computadores compartilhados, através da internet.[40] Em 2012, o projeto ajudou a identificar uma partícula, que pode ser o bóson de Higgs, também chamada Partícula de Deus por algumas pessoas.

Embora muitos programas utilitários de computadores pessoais (PCs, personal computers) já venham instalados nas máquinas (veja a Figura 4.10), pode-se adquiri-los separadamente. As seções seguintes examinam alguns tipos comuns de utilitários.

Utilitários de hardware

Alguns destes programas podem ser adquiridos de empresas como a Symantec, que produz os utilitários Norton. Os utilitários de hardware verificam o estado de todas as partes do PC, incluindo discos rígidos, memória, modems, alto-falantes e impressoras. Os de disco verificam o setor de inicialização do disco rígido, as tabelas de localização de arquivos e diretórios, analisando-os, para garantir que o disco rígido não esteja danificado. Também podem otimizar a colocação de arquivos em um disco cheio.

Utilitários de segurança

Os vírus e spywares de computador que vêm da internet e outras fontes podem ser inconvenientes – e, por vezes, inutilizar completamente um computador. Os softwares antivírus e antispyware podem ser instalados para monitorar constantemente e proteger a máquina. Se algum vírus, ou spyware, for encontrado, em geral, pode ser removido. É aconselhável proteger o sistema computacional com software de firewall. Esse tipo de programa filtra pacotes que entram e saem, certificando-se de que nem os hackers nem suas ferramentas ataquem o sistema. Symantec, McAfee e Microsoft são os provedores mais populares de programas de segurança.

Utilitários de compactação de arquivos

Programas de compactação de arquivos podem reduzir a quantidade de espaço necessária para armazenar arquivos ou reduzir o tempo que se gasta para transferi-lo pela internet. Tanto o sistema operacional Windows quanto o Mac permitem a compressão ou descompressão de arquivos e pastas. Um arquivo comprimido tem a extensão .zip e o seu conteúdo pode ser facilmente descomprimido até o seu tamanho original. O *MP3* (Motion Pictures Experts Group-Layer 3) é um formato popular de compactação de arquivos, utilizado para armazenar, transferir e tocar arquivos de música e áudio, como os arquivos digitais – e programas de áudio, que podem ser baixados da internet.

Utilitários para filtragem de spam

Receber e-mails indesejados (spams) pode ser frustrante. Os programas de e-mails e serviços incluem os utilitários para a filtragem de spam e ajudar os usuários com estes aborrecimentos. Os filtros de e-mails identificam o spam com base no que o usuário o considera e o encaminha para uma pasta de mensagens indesejadas. Entretanto, o método é insuficiente para proteger o sistema de e-mails em nível empresarial, no qual o spam contendo vírus é uma séria ameaça. Frequentemente, as organizações utilizam programa de filtragem de spam de empresas, incluindo a Cisco, Barracuda, Networks e Google, para interceptar um spam perigoso, assim que entra em seus sistemas de e-mails.

Utilitários para rede e internet

Uma grande variedade de programas utilitários para a gestão de rede e de sistemas se encontra disponível para monitorar o desempenho do equipamento e da rede e disparar um alerta quando um servidor estiver com algum problema ou se algum problema ocorrer na rede.[41] O Tivoli Netcool, da IBM, e o Automated Network Management Suite, da Hewlett-Packard, podem ser utilizados para resolver problemas de rede e ajudar a economizar.[42] Numa pesquisa, cerca de 60% das organizações que participaram utilizavam um programa de monitoramento para determinar se seus sites e aplicativos da internet estavam rodando conforme o esperado.

Utilitários de servidor e computador mainframe

Alguns utilitários melhoram o desempenho dos servidores e dos computadores mainframe. A James River Insurance utiliza um programa utilitário da Confio para ajudá-la a monitorar o desempenho de seus sistemas de informática e base de dados.[43] Segundo um gerente da James River, "Nós assumimos uma abordagem proativa, para que a gestão da base de dados garantisse que mantivéssemos alta disponibilidade e desempenho em nossos ambientes, tanto virtual quanto físico". A IBM e outras empresas criaram um programa de gestão de sistemas que permite a um funcionário de suporte monitorar o número crescente de computadores de mesa, ligados a um servidor ou a um computador mainframe. Bem parecido com o programa para máquina virtual, discutido anteriormente, o de virtualização do servidor possibilita a um servidor rodar mais de um sistema operacional ao mesmo tempo. Por exemplo, um usuário pode rodar quatro servidores virtuais diferentes, simultaneamente, num único servidor físico.

Outros utilitários

Programas utilitários estão disponíveis para quase toda tarefa ou função concebível. Gerir a grande variedade de sistemas operacionais, para smartphones e dispositivos móveis, por exemplo, tem sido bastante difícil para muitas empresas. Numa pesquisa, dois terços das organizações participantes permitiam que seus gestores e funcionários se conectassem às bases de dados, utilizando smartphones e dispositivos móveis com muito pouca ou nenhuma supervisão.[44] Os programas utilitários podem ajudar. A empresa canadense Research in Motion (RIM) desenvolveu um programa utilitário que ajuda as companhias a gerir seus próprios celulares e dispositivos móveis, bem como os de outras empresas.[45] Conhecido como *gestão de dispositivos móveis* (MDM, mobile device management), esse tipo de programa deverá auxiliar as empresas de smartphones e outros dispositivos móveis a se tornarem mais populares para gestores e funcionários numa configuração empresarial. O programa MDM contribui para a empresa gerir a segurança, impor estratégias corporativas, e controlar os conteúdos baixados e os transmitidos das bases de dados corporativas para smartphones e dispositivos móveis. Além disso, um número de empresas, semelhantes à CNET, oferecem utilitários que podem ser baixados para sistemas operacionais mais populares.[46]

MIDDLEWARE

MIDDLEWARE: Software que permite a comunicação e a troca de dados entre os diferentes sistemas.

ARQUITETURA ORIENTADA A SERVIÇOS (SOA, SERVICE-ORIENTED ARCHITECTURE): Utiliza serviços de aplicativos modulares para permitir que os usuários interajam com os sistemas e os sistemas interajam entre si.

Middleware é um software que permite a comunicação entre diferentes sistemas e a troca de dados. É, geralmente, desenvolvido para resolver situações nas quais uma empresa compra diferentes tipos de sistemas de informação, através de imersões, aquisições, ou expansões e quer que os sistemas dividam os dados e interajam. O Middleware também pode servir como uma interface entre a internet e os sistemas corporativos particulares. Por exemplo, o middleware pode ser utilizado para transferir uma solicitação de informação de um cliente corporativo, no site corporativo, da web para um banco de dados tradicional, num computador mainframe, e retornar os resultados para o cliente, através da internet.

O uso do middleware para conectar sistemas distintos evolui para uma abordagem para desenvolver o programa e os sistemas chamados SOA. Uma **arquitetura orientada a serviços (SOA, services-oriented architecture)** utiliza serviços de aplicativos modulares para permitir que os usuários interajam com os sistemas e os sistemas interajam entre si. O sistema desenvolvido com o SOA são flexíveis e ideais para negócios que necessitam de um sistema que se amplie e evolua ao longo do tempo. Os módulos do SOA podem ser reutilizados com uma variedade de propósitos, o que reduz o tempo de desenvolvimento. Como os módulos de SOA são projetados usando padrões de programação para que possam interagir com outros módulos, o software de middleware projetado sob medida rígida não é necessário para conectar sistemas.

SOFTWARE APLICATIVO

Como discutido neste capítulo, a principal função de um software aplicativo é empregar o poder do computador para dar às pessoas, aos grupos de trabalho e a toda a empresa a capacidade de resolver problemas e realizar tarefas específicas. Uma agência de cobrança de dívidas, por exemplo, foi capaz de economizar mais de \$ 250 mil, por ano, utilizando o software aplicativo da Latitude para monitorar as pessoas, que não estavam pagando suas contas em dia.[47] Os aplicativos ajudam a desempenhar tarefas comuns, como criar e formatar documentos, realizar cálculos ou gerir informações. Alguns são mais especializados. O Accenture, por exemplo, oferece um software aplicativo, específico para o setor de seguros.[48] A Land O'Lakes, grande cooperativa agrícola de alimentos, utilizou o software aplicativo para ajudar a sincronizar sua cadeia de suprimentos, através do embarque, em tempo útil, de produtos perecíveis como leite e queijo para clientes.[49] O software aplicativo é utilizado pela medicina para salvar e prolongar vidas. Por exemplo, o Swedish Medical Center (Centro Médico Suíço) em Seattle, Washington, utiliza o programa de gestão, da Oracle, para acessar registros de pacientes quando e onde forem necessários.[50] Um novo programa para triagem de passageiros, no Aeroporto Internacional de Tulsa, tem agilizado o processo de check-in e reduzido as preocupações com privacidade.[51] O software, chamado reconhecimento de alvo automatizado, utiliza nova tecnologia de escaneamento de corpo inteiro. O Exército americano está testando um novo software em smartphones e tablets nas zonas de combate.[52] O aplicativo militar ajudará os comandantes e as tropas combatentes a analisar vídeos de vigilância e dados dos campos de batalha, para a localização e eliminação de tropas inimigas, dando um novo significado ao termo *killer app*.

VISÃO GERAL SOBRE SOFTWARES APLICATIVOS

SOFTWARE PROPRIETÁRIO: Software único, desenvolvido para um aplicativo específico, de propriedade da empresa, organização, ou pessoa que o utiliza.

Software proprietário e software adrão são tipos importantes de aplicativos. O **software proprietário** é único, desenvolvido para um aplicativo específico e é propriedade

SOFTWARE-PADRÃO OU DE PRATELEIRA OU PACOTE: Software produzido em massa, pelos fornecedores, para atender às necessidades comuns de todas as empresas, organizações ou indivíduos.

da empresa, organização ou pessoa que o utiliza. Pode oferecer à empresa uma vantagem competitiva, proporcionando serviços ou solucionando problemas de um modo único, melhor do que os utilizados por um concorrente. O **software-padrão** é um programa produzido em massa, pelos fornecedores, para atender às necessidades comuns de todas as empresas, organizações ou indivíduos. Por exemplo, a Amazon.com utiliza o mesmo software-padrão de pagamento de funcionários de muitas outras empresas, no entanto, ela usa um programa proprietário em seu website que permite aos visitantes encontrar itens para compra mais facilmente. As vantagens e desvantagens relativas aos softwares proprietário e padrão estão resumidas na Tabela 4.3.

TABELA 4.3 Comparação entre os softwares proprietário e padrão

Software proprietário		Software-padrão	
Vantagens	**Desvantagens**	**Vantagens**	**Desvantagens**
Pode-se obter exatamente o que se precisa, em termos de funcionalidades, relatórios e assim por diante.	Pode-se levar um bom tempo e dispender recursos significativos, para desenvolver as características necessárias.	O custo inicial é mais baixo, porque a empresa de programas pode dividir os custos do desenvolvimento com os muitos clientes.	Uma empresa poderá ter de pagar por características, que não são necessárias e que nunca usará.
Envolver-se no desenvolvimento proporciona controle sobre os resultados.	O pessoal de desenvolvimento do sistema pode ser duramente pressionado para fornecer suporte e manutenção em andamento, por causa da pressão para mudar para outros projetos novos.	É provável que o programa atenda às necessidades básicas do negócio – pode-se analisar as características existentes e o desempenho de um pacote antes de adquiri-lo.	O programa pode não ter características importantes, exigindo futuras modificações ou personalização. Isso pode sair muito caro, pois os usuários precisam também adotar versões futuras do programa.
Pode-se modificar características que precisem se contrapor a uma iniciativa dos concorrentes, ou para atender às demandas de novo fornecedor ou cliente.	As características e o desempenho do programa que ainda devem ser desenvolvidas apresentam mais risco potencial.	Provavelmente, o pacote deve ser de alta qualidade, porque muitas empresas testaram o programa e ajudaram a identificar seus defeitos.	O programa pode não corresponder aos processos de trabalho e padrões de dados atuais.

Muitas empresas usam software-padrão para apoiar os processos de seus negócios. As questões-chave para selecioná-lo incluem, em primeiro lugar, o fato de rodar em um sistema operacional e no equipamento selecionado? Depois, o aspecto de atender os requisitos de negócios definidos? Terceiro, a questão de o fabricante do software ser financeiramente correto e confiável? Por último, o custo total de aquisição, instalação e manutenção do software ser favorável em comparação aos benefícios comerciais esperados?

Alguns dos softwares-padrão podem ser modificados, combinando a abordagem-padrão e a personalizada. Por exemplo, o El Camino Hospital em Mountain View, na Califórnia, personalizou o sistema de gestão e-health da Microsoft, o Amalga, para rastrear pacientes com a gripe H1N1 e aqueles que podem ter sido expostos ao vírus.[53]

PROVEDOR DE SERVIÇOS DE APLICATIVOS (ASP, APPLICATION SERVICE PROVIDER): Empresa que fornece o software, a assistência e o equipamento, no local em que vai rodar, nas instalações do usuário, através de uma rede.

Outra abordagem para obter um pacote de software personalizado é utilizar um **provedor de serviços de aplicativos (ASP, application service provider)**. Ou seja, uma empresa que possa fornecer o software, a assistência e o equipamento no local em que vai rodar, nas instalações do usuário, através de uma rede. Alguns fabricantes se referem a esse serviço como *software por encomenda* (on-demand software).

SOFTWARE COMO SERVIÇO (SAAS, SOFTWARE AS SERVICE): Permite às empresas se inscreverem no serviço de entrega de software aplicativo pela web.

Hoje, muitas empresas estão rodando software na web. Essa abordagem é chamada **Software como Serviço (SaaS, Software as Service)**, que permite às companhias inscreverem-se no serviço de entrega de software aplicativo pela web. Na maioria dos casos, a empresa paga uma taxa de serviço mensal ou uma por utilização.[54] A Guardian Life Insurance, por exemplo, implementou um aplicativo baseado na abordagem SaaS EC2 da Amazon.[55] De acordo com o CIO da empresa: "Não fazemos nada, porque ele está na computação em nuvem. Mas, se as finanças parecerem corretas, se o perfil de risco parecer correto, se a riqueza e a robustez parecerem corretas, vamos adotar esta solução". Como o ASP, os provedores SaaS mantêm software em seus próprios servidores e fornecem acesso a eles através da internet. O SaaS normalmente utiliza interface de usuário baseada em navegador web. Muitas atividades são apoiadas pelo SaaS. Os fornecedores incluem a Oracle, a SAP, a Net Suite, a Salesforce e a Google. O Tidewell, um hospital que atende cerca de 8 mil famílias, na Flórida, adquiriu um software na Salesforce.com para reduzir despesas e otimizar suas operações.[56] O SaaS pode reduzir custos, por meio do compartilhamento dos seus aplicativos em execução com muitas outras empresas. Algumas pessoas, entretanto, se preocupam com a segurança dos dados e os programas na internet que usam a abordagem SaaS.[57]

O SaaS e o desenvolvimento de novas tecnologias na web levaram a um novo paradigma chamado computação em nuvem.[58]A *computação em nuvem* se refere à utilização dos recursos de computação, incluindo o software e o armazenamento de dados, na internet (a nuvem), em vez de em computadores locais. A Google, por exemplo, está lançando novos computadores pessoais, fabricados pela Samsung e a Acer chamados Chromebooks que incluem apenas um navegador. Todos os aplicativos são acessados através de uma conexão com a internet. [59] As empresas podem obter um Chromebook e um sistema operacional Chrome, por menos de $ 30, por usuário.[60] Além disso, o e-mail e a pacote de produtividade da Google podem ser comprados por cerca de $ 50 por mês, por pessoa. Em vez de instalar, armazenar e rodar os softwares em seu computador, com a computação em nuvem, você pode usar o navegador para acessar os softwares armazenados e entregues a partir de um servidor web. Tipicamente, os dados gerados pelo software também são armazenados no servidor web. Por exemplo, o software Tableau permite aos seus usuários importar bases de dados, ou dados de planilhas, para criar poderosas visualizações, que fornecem informações úteis.[61] A computação em nuvem também oferece a vantagem de poder colaborar, facilmente, com outras pessoas, através do compartilhamento de documentos na internet.

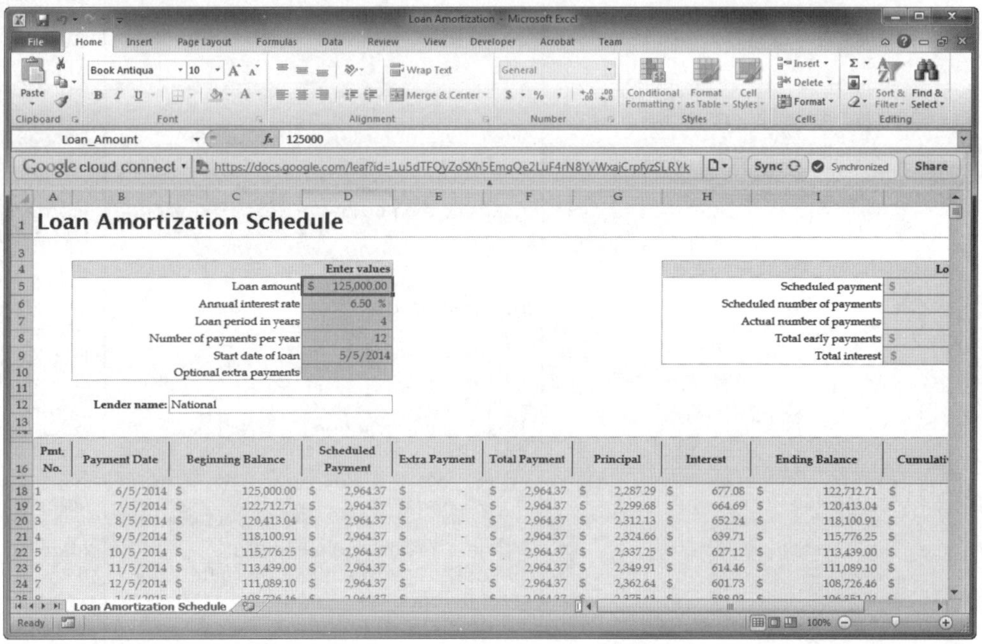

Cortesia do Google; usada com permissão da Microsoft

A Google tem um aplicativo em nuvem chamado Google Cloud Connect, que permite que se compartilhe e edite documentos da Microsoft Office, simultaneamente, com outras pessoas na organização.

O ASP, o SaaS e a computação em nuvem, no entanto, envolvem alguns riscos. Informações sigilosas podem ser comprometidas de alguma maneira, incluindo o acesso não autorizado de funcionários ou hackers; o provedor pode não ser capaz de manter seus computadores e rede funcionando tão consistentemente quanto necessário ou um desastre poderia afetar o centro de dados do provedor, colocando, temporariamente, a empresa fora de funcionamento. Além disso, essas abordagens não são aceitas nem utilizadas por todos.[62] Segundo uma pesquisa, cerca de 15% das organizações estão usando a abordagem SaaS ou planejam a utilização dela no próximo ano. Além disso, pode ser difícil integrar a abordagem SaaS com o software já existente. Segundo a declaração do CIO da Hostess Brands: "Compreender os requisitos de integração e como lidar com esses provedores e receber tudo em sincronia estão entre os desafios mais difíceis".

SOFTWARES APLICATIVOS PESSOAIS

Centenas de aplicativos podem ajudar as pessoas na escola, em casa e no trabalho. Um novo software que ainda está em desenvolvimento e utiliza a tecnologia GPS, por exemplo, vai permitir que as pessoas tenham uma visão em 3D de onde estiverem, junto com a apresentação de direções e mapas em 3D, com o destino desejado. O programa Absolute utiliza a tecnologia GPS e ajuda pessoas e organizações a recuperar computadores roubados. A empresa recuperou quase 10 mil dispositivos que custavam mais de \$ 10 milhões.[63] Um investigador especial do distrito escolar de Detroit (DPS, Detroit Public Schools) afirmou que, "Já vimos o efeito de tais recuperações. Nunca teríamos reavido nenhum dos 300 computadores portáteis roubados do nosso distrito sem o auxílio do Absolute".

As características de alguns dos tipos de software de aplicativos pessoais mais populares estão resumidas na Tabela 4.4. Além desses softwares de uso geral, milhares de outros aplicativos de computadores desempenham tarefas especializadas, que podem ajudá-lo a calcular seus impostos, entrar em forma, perder peso, obter aconselhamento médico, escrever testamentos e outros documentos legais, reparar computadores, consertar seu carro, escrever músicas e editar imagens e vídeos. Esse tipo de software, conhecido como *software de usuário* ou *de produtividade pessoal*, inclui ferramentas com propósitos gerais e programas que suportam as necessidades individuais.

TABELA 4.4 Exemplos de softwares aplicativos pessoais

Tipo de programa	Definição	Exemplo
Processador de texto	Cria, edita e imprime documentos de texto	Microsoft Word Google Docs Apple Pages Open Office Writer
Planilha	Oferece ampla gama de funções embutidas, para cálculos estatísticos, financeiros, lógicos, bancos de dados, gráficos e cálculos de datas e tempo	Microsoft Excel IBM Lotus 1-2-3 Planilha do Google Números da Apple Open Office Calc
Banco de dados	Armazena, manipula e recupera dados	Microsoft Access Abordagem do programa IBM Lotus dBase Base de dados Borlan Google Base Open Office Base
Gráficos	Desenvolve gráficos, ilustrações e desenhos	Adobe Illustrator Adobe FreeHand Microsoft PowerPoint Open Office Impress
Gestão de projeto	Planeja, programa e monitora pessoas e recursos (dinheiro, tempo e tecnologia) necessários para completar um projeto de acordo com um cronograma	Microsoft Project Symantec On Target Programador de projeto Scitor Linha do Tempo Symantec
Gestão financeira	Proporciona rendimento e controle de despesas e relatórios, para monitorar e planejar orçamentos (alguns programas possuem recursos de gestão de carteira de investimentos)	Ferramenta de gestão financeira pessoal Intuit
Editoração eletrônica (DTP, Desktop publishing)	Opera com computadores pessoais e impressoras de alta resolução, para criar impressões de alta qualidade, incluindo textos e gráficos; vários estilos de páginas podem ser gerados; arquivos de arte e textos de outros programas também podem ser integrados às páginas editadas	Quark Xpress Microsoft Publisher Adobe PageMaker Corel Ventura Publisher Apple Pages

Processador de texto

Os aplicativos de processamento de texto já estão instalados na maioria dos PCs. Vêm com um vasto conjunto de dispositivos, incluindo aqueles para verificar a ortografia, criar tabelas, inserir fórmulas, criar gráficos e muito mais (veja a Figura 4.11). Grande parte do trabalho para criar este livro utilizou o programa popular de processamento de texto Microsoft Word.

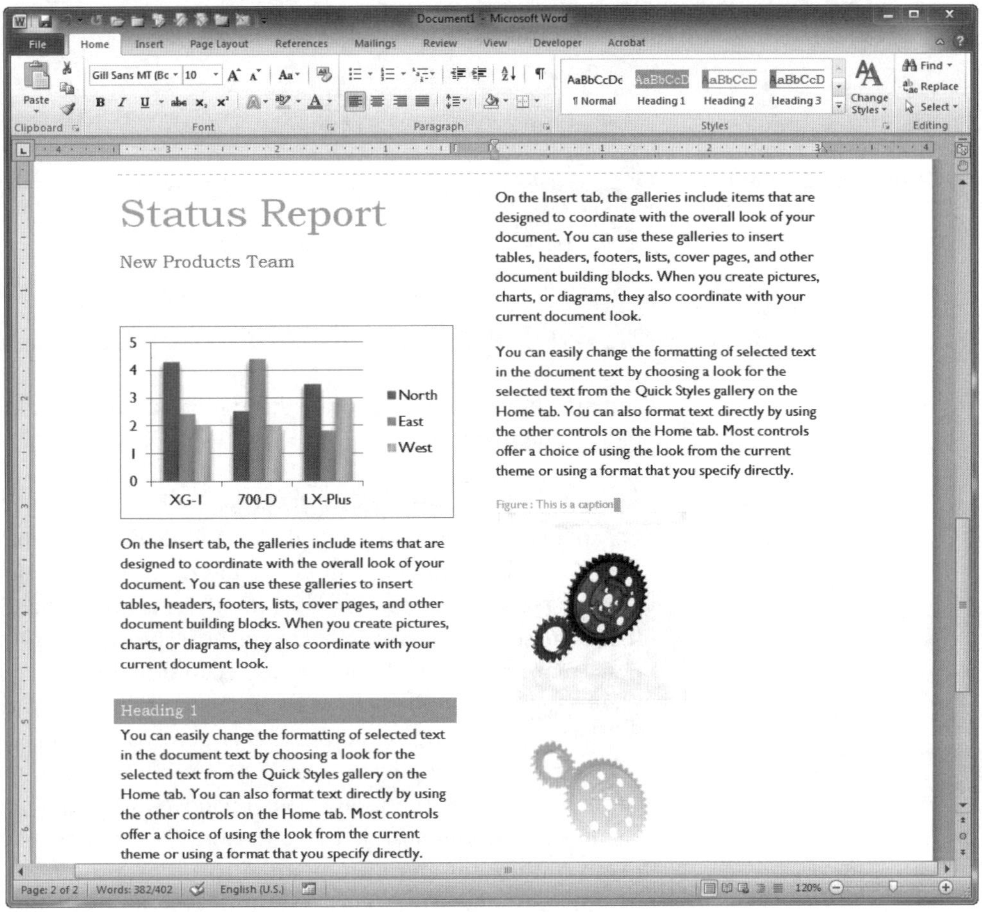

FIGURA 4.11
Programas de processamento de texto. Aplicativos de processamento de texto, como o Microsoft Word, podem ser usados para escrever cartas, documentos profissionais, relatórios de trabalho e monografias.

Usada com permissão da Microsoft

Um grupo de pessoas pode utilizar um programa de processamento de texto para participar de um projeto. Os autores e editores que desenvolveram este livro, por exemplo, utilizaram os recursos do Controle de Alterações e Revisão do Microsoft Word para acompanhar e fazer modificações nos arquivos dos capítulos. Com essas características, pode-se acrescentar comentários ou fazer revisões em um documento, e um colega de trabalho pode revisar, aceitar ou rejeitá-los.

Análise de planilhas

As planilhas são poderosas ferramentas para manipular e analisar números e dados alfanuméricos. Indivíduos e empresas as utilizam. Recursos das planilhas eletrônicas incluem fórmulas, análise estatística, funções empresariais embutidas, gráficos, recursos de base de dados limitada e muito mais (veja a Figura 4.12). As funções predefinidas do negócio incluem cálculo de depreciação, valor presente, taxa interna de retorno e pagamento mensal de empréstimo, dentre outras. A *otimização* é outra característica poderosa de muitos programas de planilha. Permite que a planilha maximize, ou minimize, uma questão cuja quantidade está sujeita a certas limitações. Por exemplo, um pequeno fabricante de móveis, que produz cadeiras e mesas, pode querer maximizar seus lucros. As limitações podem ser uma restrição no suprimento de madeira, no número de trabalhadores que podem montar as cadeiras e as mesas, na quantidade dos fixadores de peças metálicas que podem ser necessários. Por meio de um dispositivo de otimização, como o Solver do Microsoft Excel, a planilha pode determinar quantas

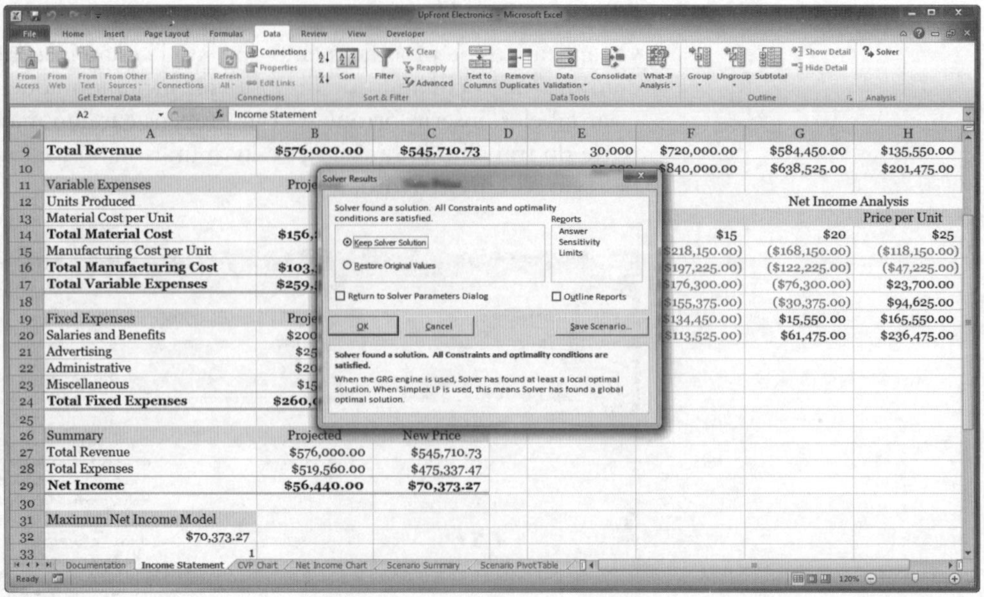

FIGURA 4.12

Programa de planilha eletrônica.

Analisa os programas de planilhas, como o Microsoft Excel, quando cálculos são necessários.

Usada com permissão da Microsoft

cadeiras e mesas serão produzidas para maximizar os lucros, com as restrições de trabalho e de material.

Aplicações de bancos de dados

Os aplicativos para bancos de dados são ideais para armazenar, manipular e recuperar dados. Particularmente, são úteis quando é preciso manipular grande quantidade de dados e elaborar relatórios e documentos. As manipulações de banco de dados incluem fusão (mesclagem), edição e classificação de dados. Os usos são variados. O usuário pode manter o controle de uma coleção de CDs, os itens que ele tem em seu apartamento, seus registros fiscais e gastos. Um clube de estudantes pode utilizar um banco de dados para armazenar nomes, endereços, números de telefones e dívidas pagas. Em negócios, um aplicativo de banco de dados pode auxiliar a processar pedidos de compra, controlar o estoque, solicitar novos suprimentos, enviar correspondências aos clientes e o pagamento de funcionários. Os sistemas de gestão de bancos de dados podem ser utilizados para acompanhar pedidos, produtos e clientes; analisar dados sobre o clima para fazer previsões e resumir resultados de pesquisas médicas. Um banco de dados pode, também, ser a parte avançada para outro aplicativo. Por exemplo, pode-se utilizar um aplicativo de banco de dados para entrar e armazenar informações sobre impostos, depois exportar os resultados armazenados para outros aplicativos, como uma planilha, ou preparação de declaração de impostos.

Programa de apresentação gráfica

Diz-se muitas vezes que uma imagem vale mais que mil palavras. Com os programas atuais, é fácil desenvolver gráficos atraentes, ilustrações e desenhos que ajudem na comunicação de informações importantes (veja a Figura 4.13). Os programas de apresentação gráfica podem ser utilizados para desenvolver brochuras de publicidade, anúncios e apresentações coloridas e para organizar e editar imagens fotográficas. Se o usuário precisar fazer uma apresentação na escola, ou no trabalho, pode utilizar um tipo especial de programa de apresentação gráfica, ou seja, um aplicativo para desenvolver slides e depois apresentá-los. Em razão da popularidade, muitas faculdades e departamentos exigem que os alunos tornem-se proficientes na utilização de programas de apresentação gráfica.

Muitos programas de apresentação gráfica, como o PowerPoint do Microsoft Office, consistem em uma série de slides. Cada um pode ser exibido em um computador, impresso para ser distribuído ou (mais comumente) projetado em grande tela para a plateia. Poderosos dispositivos internos mostram como desenvolver slides atraentes e apresentações completas. Você pode selecionar um modelo para cada tipo de apresentação.

Pode-se selecionar um modelo para um tipo de apresentação, como a recomendação de uma estratégia para os gerentes, comunicação de notícias para os vendedores,

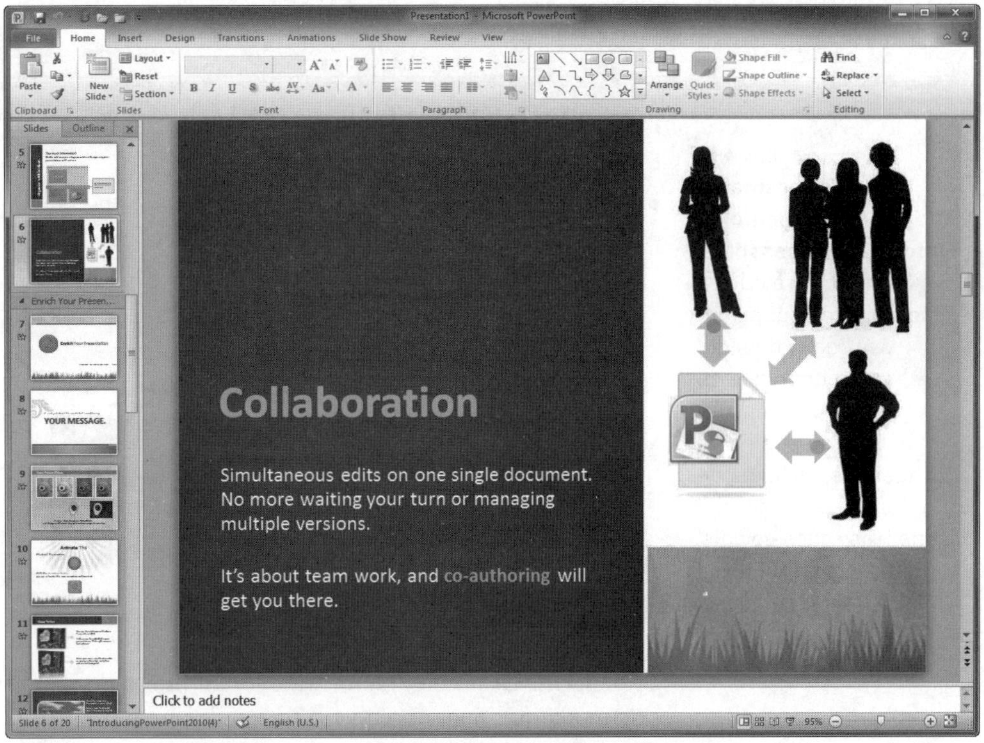

FIGURA 4.13
Programa de apresentação gráfica.
Programas de apresentação gráfica, como o Microsoft PowerPoint, podem ajudar a fazer sua apresentação na escola ou no trabalho.

fazer uma apresentação para treinamento, ou incrementar uma sessão de brainstorm. Estes programas levam você, passo a passo, através da apresentação, incluindo a aplicação de cores e formatos atraentes. Pode-se também fazer uma apresentação sob medida, utilizando os vários tipos de gráficos, desenhos e formatos disponíveis. A maior parte dos programas de apresentação gráfica vem com muitas peças de *clip art*, como desenhos e fotos de encontros de pessoas, equipamentos médicos, equipamento de telecomunicação, entretenimento e muito mais.

Gerenciador de informações pessoais

Programas gerenciadores de informações pessoais (PIMs, personal information managers) auxiliam pessoas, grupos e empresas a armazenar informações úteis, como uma lista de tarefas a serem completadas ou um conjunto de nomes e endereços. O software PIM, em geral, oferece uma agenda de compromissos, um livro de endereços ou uma lista de contatos e um lugar para tomar notas. Além disso, as informações num PIM podem ser relacionadas entre si. Por exemplo, o usuário pode relacionar um compromisso no calendário, com um gestor de vendas na agenda, com informações sobre o gerente de vendas, no livro de endereços. O Google oferece software PIM para integrar o e-mail, compromissos e tarefas do livro de endereços. O Microsoft Outlook é um exemplo muito popular de programa PIM. Cada vez mais, o software PIM está disponível on-line, onde possa ser acessado, a partir de qualquer dispositivo conectado à internet (veja a Figura 4.14).

Alguns PIMs permitem que se programe e coordene reuniões de grupo. Se um computador ou um dispositivo portátil estiver conectado a uma rede, pode-se carregar o dado do PIM e coordená-lo com o calendário e a programação de outros que utilizam o mesmo software PIM na rede. Pode-se usar, também, alguns PIMs para coordenar e-mails, enviados e recebidos, pela internet. Assim que os usuários recebem suas solicitações, clicam num link ou botão para serem adicionados, automaticamente, à lista de convidados.

Pacotes de softwares e pacotes de softwares integrados

PACOTE DE SOFTWARES: Conjunto de programas simples reunidos em um pacote.

Um **pacote de softwares** é um conjunto de programas simples reunidos em um pacote. Os conjuntos de software podem incluir processadores de texto, planilhas, sistemas de gerenciamento de banco de dados, programas de gráficos, ferramentas de comunicação, organizadores, dentre outros. Alguns pacotes permitem o desenvolvimento de páginas web, anotações e reconhecimento de discurso, de modo que os aplicativos no pacote possam aceitar os comandos de voz e gravar um texto ditado. Os conjuntos de software oferecem muitas

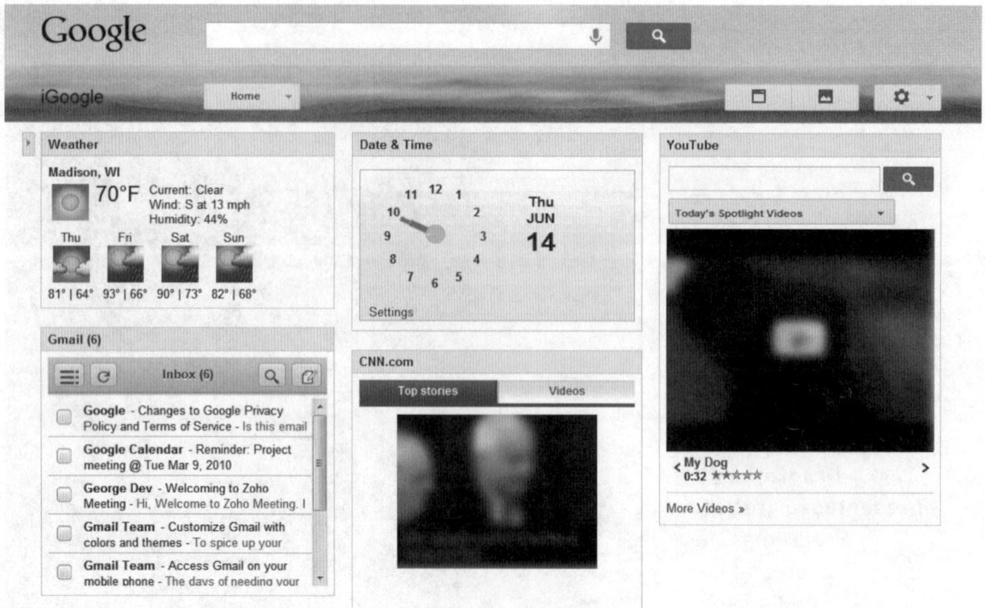

Cortesia do Google

FIGURA 4.14 **Programa de gerenciamento de informações pessoais.** O iGoogle e outros portais web suportam os programas PIM permitindo que os usuários acessem de uma só página as agendas, as listas de tarefas a cumprir, o e-mail, as redes sociais, contatos e outras informações.

vantagens. Os pacotes de software foram projetados para trabalhar de forma semelhante, de modo que, após aprender o básico de um aplicativo, as outras aplicações são fáceis de entender e usar. Comprar o software em lote permite um preço melhor; os programas, geralmente, são vendidos por uma fração do que poderiam custar individualmente.

Microsoft Office, Corel WordPerfect Office, Lotus SmartSuite e OpenOffice da Sun Microsystems são exemplos de pacotes de software populares, de utilização geral, para usuários de computadores pessoais. O Microsoft Office tem a maior participação no mercado. A maior parte desses pacotes de software inclui um programa de planilhas, um de processador de textos, um programa de banco de dados e um de apresentação gráfica. Todos podem trocar documentos, dados e diagramas (veja a Tabela 4.5). Portanto, um usuário pode criar uma planilha e depois cortar e colá-la num documento criado, utilizando o aplicativo de processamento de textos.

TABELA 4.5 Maiores componentes dos pacotes de softwares líderes

Função de produtividade pessoal	Microsoft Office	Lotus Symphony	Corel Word Perfect Office	Open Office	AppleiWork	Google
Processamento de texto	Word	Documentos	Wordperfect	Edição	Páginas	Documentos
Planilha	Excel	Planilhas	Quattro Pro	Cálculo	Números	Planilha
Apresentação gráfica Banco de dados	PowerPoint Access	Apresentações	Apresentações	Imprimir e desenhar Banco	Keynote	Apresentação

Além dos conjuntos, algumas empresas produzem *pacotes de aplicativos integrados* que contêm vários programas. Por exemplo, o Microsoft Works é um programa que contém um processador de texto básico, planilha, banco de dados, livro de endereços, calendário e outros aplicativos. Embora não tão potente quanto o programa independente, incluído no pacote de softwares, os pacotes de softwares integrados oferecem uma variedade de capacidades por menos custo. O QuickOffice pode ser utilizado em tablets e smartphones para ler e editar em documentos Microsoft Office.[64] O Onlive também pode ser usado para abrir e editar documentos no Microsoft Office num iPad da Apple.[65] Alguns pacotes integrados custam cerca de $ 100.

Algumas empresas oferecem *pacotes* de software de produtividade baseados na web, que não necessitam de instalação, mas somente de um browser. Zoho, Google e Thinkfree oferecem, on-line e gratuitamente, processador de texto, planilhas, apresentação e outros programas que não exigem instalação no PC A Adobe desenvolveu o Acrobat.com, um conjunto de programas que podem ser utilizados para criar e combinar os arquivos em Adobe PDF, formato de documento portátil, (portable document format), convertê-los em Microsoft Word ou Excel, criar formulários na web e muito mais.[66] Após observar essa tendência, a Microsoft respondeu com uma versão on-line de alguns de seus populares aplicativos do Office. O Office 365 oferece as características básicas de um pacote de softwares na internet utilizando a computação em nuvem.[67] Veja a Figura 4.15. O Microsoft Word o Outlook, o Excel, o Exchange para mensagens, o SharePoint para colaborações e o Lync para conferências podem ser acessados.[68] Os aplicativos baseados em nuvem, podem custar $ 10 por usuário, por mês, dependendo das características utilizadas.[69] A Microsoft oferece planos para profissionais e pequenos negócios, empresas e instituições educacionais. Algumas pessoas acreditam que o Office 365 tem vantagens sobre diversos outros pacotes on-line.[70] De acordo com o diretor de serviços on-line da Microsoft, "[...] com o Office 365, negócios de todos os tamanhos podem atingir as mesmas capacidades robustas que os empreendimentos maiores".[71] A cidade de Winston-Salem, na Carolina do Norte, por exemplo, utilizou o Office 365 para diminuir os custos e instalou os softwares aplicativos da internet. O profissional encarregado desta área na prefeitura, comentou: "Tenho de melhorar a tecnologia com um orçamento limitado. Como fomos capazes de juntar o armazenamento em nuvem da Microsoft e os produtos locais, num acordo empresarial, acabamos ganhando mais eficiência sem nenhum custo adicional". As versões on-line do Word, Excel, PowerPoint e OneNote são, totalmente, integradas com o pacote do Microsoft Desktop Office para facilitar o compartilhamento de documentos entre computadores e colaboradores.

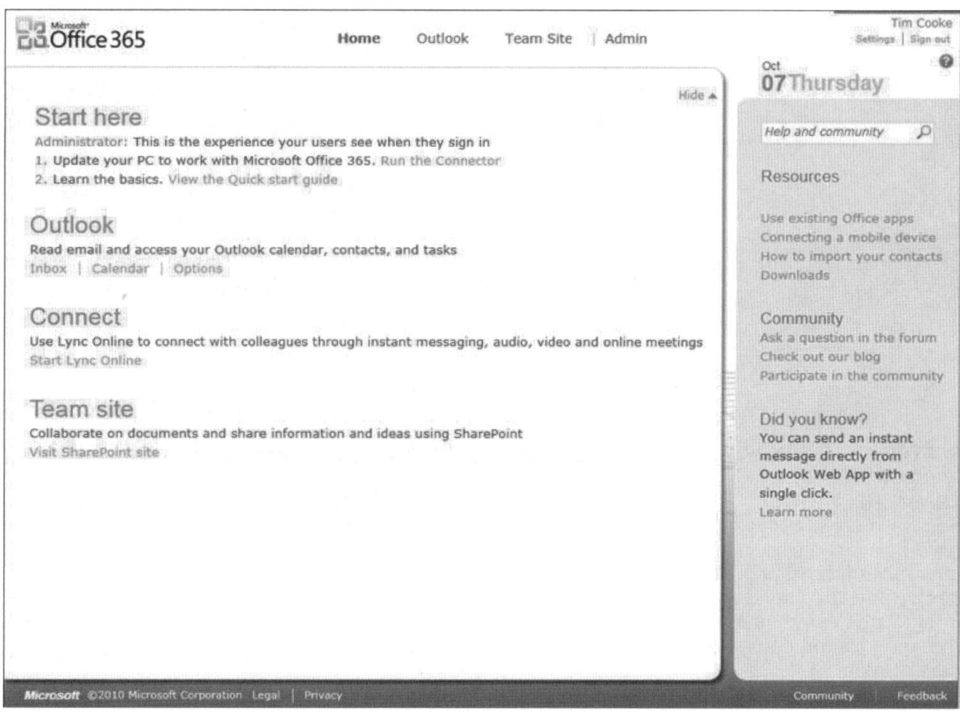

Usada com permissão da Microsoft

FIGURA 4.15
Pacote da web.
O Microsoft Office 365 é um pacote da web que oferece recursos para a adequação de programas básicos através da internet, utilizando a computação em nuvem.

Outros softwares aplicativos pessoais

Além dos softwares já discutidos, há outras ferramentas de software aplicativo potentes e interessantes. Em alguns casos, as características e os recursos podem mais do que justificar o custo de todo um sistema computacional. O Turbo Tax, por exemplo, é um programa popular de preparação de impostos. Pode-se encontrar o software para a criação de páginas e sites, compor músicas e editar fotos e vídeos. Muitas pessoas usam softwares educacionais e de referência e os de entretenimento, jogos e lazer. Os programas de jogos são muito populares e podem ser bastante rentáveis para as empresas que os desenvolvem junto com vários acessórios, incluindo representações gráficas virtuais, como os animais coloridos e pessoas.[72] Os softwares de jogos têm sido usados ainda como terapia para crianças e adultos, que estejam se recuperando de câncer e outras doenças.[73] Segundo um executivo de um hospital: " É uma ferramenta muito motivadora para os pacientes. É visual, o retorno é instantâneo, e é divertido". Alguns acreditam que os jogadores on-line podem ter resolvido uma importante questão em uma pesquisa sobre a Aids.[74] Engenheiros, arquitetos e projetistas costumam utilizar o programa de CAD (computer-aided design) para projetar e desenvolver edifícios, sistemas elétricos, sistemas hidráulicos e muito mais. Autosketch, CorelCAD e AutoCAD são exemplos de software de CAD. Outros programas executam um grande conjunto de testes estatísticos. Com frequência, faculdades e universidades possuem alguns cursos em estatística que utilizam esse tipo de software aplicativo. Dois aplicativos populares em ciências sociais são o SPSS e SAS.

SOFTWARES APLICATIVOS PARA DISPOSITIVOS MÓVEIS

O número de aplicativos (apps) para smartphones e outros dispositivos móveis cresceu imensamente nos últimos anos. Além dos valiosos aplicativos móveis, que acompanham esses dispositivos, dezenas de milhares de aplicativos foram desenvolvidos por terceiros. Por exemplo, os usuários de iPhone podem baixar e instalar milhares de aplicativos usando o App Store da Apple.[75] Muitos aplicativos para iPhones são gratuitos, enquanto outros variam de $ 99 centavos a algumas centenas de dólares. Milhares de aplicativos móveis estão disponíveis no Android Market para usuários de aparelhos móveis com o sistema Android. A Microsoft e outras empresas de software também estão investindo em aplicativos móveis para dispositivos executados em seu software.[76] O SceneTap, um aplicativo para iPhones e dispositivos Android, pode determinar o número de pessoas que estão em um bar, pub ou estabelecimentos similares, assim como a proporção de homens e mulheres.[77] Essa abordagem utiliza câmeras de vídeo e um software de reconhecimento facial, para identificar homens e mulheres. O SocialCamera, um aplicativo para telefones, que utiliza o sistema Android, permite que o usuário tire uma foto de alguém e, em seguida, procure os amigos dessa pessoa no Facebook para se reunirem para um jogo.[78] Um novo programa de reconhecimento facial, desenvolvido na Carnegie Mellon University, é capaz de identificar, corretamente, cerca de um terço das pessoas testadas, baseando-se numa simples foto de um telefone celular ou câmera.[79] Um software de reconhecimento facial, entretanto, poderia se tornar uma potencial invasão de privacidade.[80] O mercado de softwares aplicativos para celulares, smartphones e dispositivos móveis poderá chegar a $ 80 bilhões em 2017.[81] A Tabela 4.6 lista algumas categorias dos aplicativos móveis.

SOFTWARE APLICATIVO PARA GRUPOS DE TRABALHO

SOFTWARE APLICATIVO PARA GRUPOS DE TRABALHO: Software projetado para dar suporte às atividades em grupo, não importando se seus integrantes estão no mesmo local ou dispersos pelo mundo.

O **software aplicativo para grupos de trabalho** é projetado para dar suporte às atividades em grupo, não importando se seus integrantes estão no mesmo local ou dispersos pelo mundo. Este suporte pode ser realizado por meio de um software conhecido como *groupware*, que ajuda os grupos a trabalhar juntos, de forma eficaz. O Microsoft Exchange Server, por exemplo, tem características de groupware e de e-mail.[82] Também, chamado de programa *colaborativo*, permite que uma equipe de gestores trabalhe no mesmo problema de produção, possibilitando-os compartilhar ideias e conectarem-se, por meio de sistemas computacionais.

Exemplos de software para grupos de trabalho incluem software para a organização do grupo, correio eletrônico e outros que possibilitam que usuários compartilhem ideias. O Lotus Notes e o Domino são programas para grupos de trabalho da IBM (veja a Figura 4.16). Os softwares baseados na web são ideais para a utilização com grupos. Como os documentos são armazenados num servidor na web, qualquer um com uma conexão de internet pode acessá-los facilmente. O Google oferece opções em seus aplicativos on-line, que permitem o compartilhamento de documentos, planilhas, apresentações, calendários e notas com usuários específicos ou qualquer outra pessoa na web. Esse mercado é útil para vários usuários contribuírem em um documento, sem se preocuparem com a compatibilidade do software ou armazenamento. O Google também oferece uma ferramenta para a criação de formulários e pesquisas baseados na web. Quando as partes convidadas preenchem um formulário, os dados são armazenados numa planilha do Google.

TABELA 4.6 Categorias de aplicativos móveis para smartphones

Categoria	Descrição
Livros e referências	Acessar e-books, assinar jornais/revistas ou procurar informações no Webster ou na Wikipedia.
Negócios e finanças	Controlar as despesas, negociar ações e acessar sistemas de informações corporativas.
Entretenimento	Acessar todas as formas de entretenimento, incluindo filmes, programas de televisão, vídeos com musicais e vida noturna local.
Jogos	Permitem jogar uma variedade de jogos, de 2D, como Pacman e Tetrisa, a jogos em 3D, como Need for Speed, Rock Band e os The Sims.
Saúde e fitness	Rastrear o progresso de exercícios físicos e fitness, calcular as calorias e até mesmo monitorar a velocidade e o progresso de um par de tênis Nike conectado sem fio.
Estilo de vida	Encontrar bons restaurantes, selecionar vinhos para uma refeição, entre outros.
Música	Encontrar, ouvir e compor uma música.
Notícias e tempo	Acessar provedores para ter notícias importantes e previsão de tempo, incluindo a Reuters, AP, o *New York Times* e o Weather Channel.
Fotografia	Organizar, editar, visualizar e compartilhar fotos, tiradas por um celular com câmera.
Produtividade e utilitários	Criar listas de compras do supermercado, praticar apresentações com o PowerPoint, trabalhar com planilhas, sincronizar com os arquivos do PC, entre outros.
Rede social	Conectar-se com outras pessoas, através das principais redes sociais, como Facebook, Twitter e My Space.
Esportes	Receber notícias atualizadas do time favorito ou rastrear os próprios escores no golfe.
Viagens e navegação	Usar o GPS do smartphone para obter indicações de mudança de direção, encontrar lugares interessantes para visitar, acessar os itinerários de viagem e muito mais.

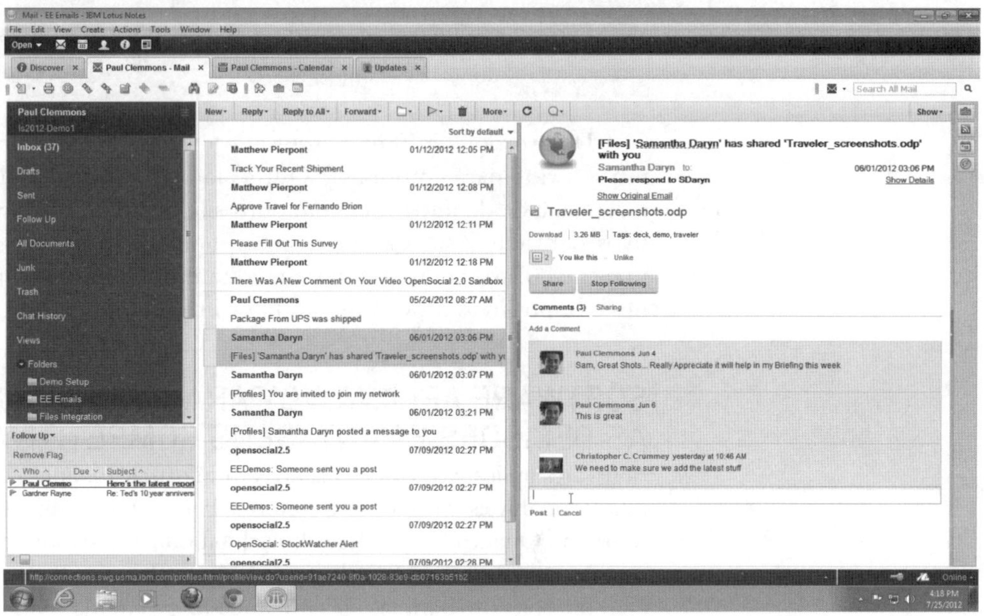

Cortesia de IBM Corporation

FIGURA 4.16
Edição social do IBM Lotus Notes.
O IBM Lotus Notes é um programa de grupos de trabalho.

SOFTWARE APLICATIVO PARA EMPRESAS

O software aplicativo para empresas beneficia toda a organização. Há a possibilidade de ser desenvolvido especificamente para um empreendimento ou a empresa pode optar pela versão-padrão. O Copper Mountain Ski Resort utilizou o software Visual One, da Agilysys para gerenciar condomínios e outros bens imobiliários.[83] De acordo com o diretor de informática, "Precisamos de um sistema de software dinâmico, que nos permita gerir nosso modelo de condomínios bastante complexo". Muitas empresas de contabilidade estão adquirindo, para seus clientes corporativos, sofisticados softwares para cálculo de impostos.[84] De acordo com um gerente da empresa de contabilidade Citrin Cooper, "o número de programas de software disponíveis tem se expandido nos últimos anos. Ao mesmo tempo, mais softwares especializados, que se destinam às indústrias individualmente, já estão disponíveis". A Verafin desenvolveu um software especializado, que ajuda os bancos a encontrar pessoas e organizações que tentam lavar dinheiro.[85] O programa funciona, procurando transações suspeitas ou padrões em grandes bases de dados de transações financeiras.[86]

Os softwares para empresas também ajudam aos gestores e aos funcionários a ficarem conectados. "E-mails" tradicionais podem não ser a melhor abordagem. [87] Segundo o vice-presidente de uma grande empresa de publicidade, "Se você tem uma mensagem realmente importante, você precisa de pessoas; o e-mail é onde ela vai morrer. As pessoas precisam de uma conscientização do ambiente." Esse tipo de conscientização pode vir de um software empresarial e dos sistemas de apoio a grupos, abordado, pela primeira vez, no Capítulo 1. O quadro a seguir relaciona alguns aplicativos que podem ser utilizados como softwares para empresas.

Contas a pagar	Faturamento
Contas a receber	Controle da produção
Operações de transportes aéreos	Entrada de pedidos
Sistemas de caixa eletrônico automático	Folha de pagamento
Análise do fluxo de caixa	Recebimentos
Processamento de cheques	Gestão de restaurante
Administração de cartão de crédito e débito	Operações de varejo
Controle da distribuição	Pedidos de compras
Contabilidade de ativos fixos	Depósitos e investimentos
Livro-caixa	Embarques
Gerenciamento de recursos humanos	Gestão de ações e títulos
Controle de estoque	Preparação e planejamento de impostos

De acordo com uma pesquisa, o custo é a maior preocupação para a seleção de um software para empresas.[88] Outros fatores incluem a dificuldade de instalar e gerir e a capacidade de integrá-lo com outros aplicativos. Cada vez mais, os softwares aplicativos para empresas estão em smartphones e dispositivos móveis. Em uma pesquisa, mais de 80% dos entrevistados acreditam que o fato de poder ser usado em smartphones e dispositivos móveis foi um fator importante na seleção deste tipo de software.[89]

SOFTWARE APLICATIVO PARA INFORMAÇÕES, APOIO ÀS DECISÕES E VANTAGENS COMPETITIVAS

Softwares aplicativos especializados em informação, apoio à decisão e outros propósitos já estão disponíveis para todos os setores. Por exemplo, muitas escolas e universidades usam o sistema Quadro Negro (Blackboard) ou outro software de gestão de aprendizagem, para organizar materiais para aulas e avaliações. Pesquisadores de genética, por exemplo, utilizam um software para visualizar e analisar o genoma humano. Executivos da música utilizam software de apoio à decisão para ajudá-los a escolher a próxima canção que será um sucesso. Empresas que buscam vantagem competitiva, conforme discutido no Capítulo 2, estão, cada vez mais, construindo ou desenvolvendo seus próprios softwares corporativos.[90] Segundo o diretor de informática (CIO, chief information officer) da Euronext, da Bolsa de Valores de Nova York, "Construir não é fácil. Se fosse, qualquer pessoa poderia fazê-lo e não teríamos nenhum limite". Mas como todos esses sistemas são realmente desenvolvidos ou elaborados? A resposta é: por meio de linguagens de programação, discutida a seguir.

LINGUAGENS DE PROGRAMAÇÃO

Tanto os sistemas operacionais quanto os softwares aplicativos são escritos em esquemas de códigos, chamados *linguagens de programação*. A função principal de uma

QUESTÕES ÉTICAS E SOCIAIS

Programa controla usinas nucleares

A segurança de usinas de energia nuclear tem sido um aspecto importante a considerar em seu projeto. Diante da falha grave na usina de Fukushima, após o registro de um tsunami em março de 2011, a segurança agora é uma prioridade ainda maior. A utilização de um software para controlar as plantas de energia oferece a possibilidade de aumentar a segurança, em relação aos métodos anteriores.

A usina nuclear Oconee da Duke Energy, na costa oriental do Lago Keowee, perto de Seneca, na Carolina do Sul, foi comissionada em 1973. Tão logo entrou no século 21, seus sistemas de controle analógicos, mais antigos, demonstraram sua idade. A usina sofreu pequenas falhas de controle, durante a década de 1990, embora não houvesse feridos e nenhum vazamento de radiação, como resultado de tais falhas. Controles digitais foram adicionados a algumas partes do sistema, no final da década de 1990 e início da década de 2000, para lidar com os problemas mais graves, mas ficou claro que toda a estrutura de controle da Oconee precisava ser substituída.

O objetivo de um sistema de proteção de reatores (SPR, reactor protection system) é proteger a integridade do combustível nuclear da usina, por meio do monitoramento das entradas no núcleo do reator. Para realizar tal monitoramento, o software aplicativo deve verificar os sensores localizados por todo o reator. Se, qualquer valor de operação com segurança for ultrapassado, o software toma medidas, como injetar água ou desligar o reator, inserindo as hastes de controle.

Depois de revisar os aplicativos do SPR, a Duke Energy escolheu o Teleperm XS (TXS), um sistema da empresa francesa Areva. A decisão foi baseada no fato de o TXS ser projetado para modernizar a instrumentação analógica existente e os sistemas de controle, e porque o seu projeto inclui recursos para assegurar a confiabilidade. O Sistema TXS é licenciado em 11 países e já estava em uso em outros reatores nucleares, fora dos Estados Unidos, assegurando a Duke que a Oconee não seria um local de testes. O TXS engloba três sistemas funcionais:

- **Proteção:** Monitoramento dos parâmetros de segurança, permitindo a proteção automática e ações de salvaguarda, quando ocorre algum evento.
- **Supervisão:** Monitoramento do núcleo, do controle da haste e do sistema de resfriamento do reator e realização de ações para proteger os limiares do reator de ser violado.
- **Prioridade e sistema de controle do atuador:** Gerência do controle e monitoramento dos atuadores do sistema operacional e o de segurança.

A Unidade 1, do reator da instalação da Oconee, tornou-se a primeira usina de energia nuclear dos Estados Unidos a se converter ao controle digital, totalmente, em maio de 2011. A Unidade 3 foi convertida em maio de 2012 e a Unidade 2 agendada para maio de 2013. As duas primeiras conversões foram feitas e a terceira terá lugar, durante os respectivos desligamentos programados para o reabastecimento dos reatores.

A indústria da energia nuclear reconheceu a importância da instrumentação e atualização do sistema de controle. Em maio de 2012, o Instituto de Energia Nuclear concedeu à Duke Energy o prêmio Best of the Best Top Industry Practice (a Melhor das Melhores Indústrias na Prática). Ao discursar durante a cerimônia de entrega do prêmio, Preston Gillespie, vice-presidente da Oconee, afirmou: "Quando me lembro da postura dos líderes, para os quais trabalhei durante dez anos, em antever o que poderia acontecer, ao instalarem um sistema de proteção, relacionado ao sistema digital, sou grato ao que eles fizeram. Eles sabiam que seria difícil. Sabiam que o custo seria alto. Sabiam que teriam de encontrar o parceiro certo. Sabiam que teriam de passar por todos os processos de licenciamento. Eles sabiam que tudo isso iria resultar em um funcionamento confiável e seguro da usina. Devido a essa visão, agora é traçada uma trilha para o resto da indústria para tirar proveito dos frutos de seu trabalho".

"Se a conversão for bem-sucedida, outras usinas de energia nuclear, provavelmente, seguirão a Oconee, tão logo possam pagar por ela", disse David Lochbaum, diretor do

QUESTÕES ÉTICAS E SOCIAIS

Projeto de Segurança Nuclear do Union of Concerned Scientists (organização sem fins lucrativos de cientistas para proteção ambiental, com sede nos Estados Unidos). "Muitos olhares estarão dirigidos ao Projeto. Se der certo, provavelmente muitas pessoas se unirão à causa para fazer com que aconteça. Se não der certo, vão esperar que a Duke Energy corrija os erros.

Questões para discussão

1. Um computador que controla uma usina de energia nuclear precisa de um sistema operacional? Justifique sua resposta em termos do que um sistema operacional faz e se essas funções são necessárias em um aplicativo do SPR (sistema de proteção do reator).
2. A Duke Energy selecionou um software-padrão para a Oconee, em vez de customizá-lo (ou de contratar uma empresa de desenvolvimento de programas para customizar um). Discuta os prós e os contras dessas duas abordagens nesta situação. Você acha que a Duke Energy fez a escolha correta? Por quê? Ou por que não?

Questões para análise

1. À primeira vista, você pode achar que um sistema que utiliza computadores e softwares para controlar uma usina nuclear têm mais chances de falhar do que um que não os utiliza e, portanto, há um risco maior de falha. Por que um sistema para energia nuclear controlado por computador não corre um risco maior de falha?
2. Os computadores são cada vez mais utilizados para controlar os sistemas que afetam vidas humanas. Além disso, há exemplos de usinas nucleares que incluem aeronaves, elevadores e equipamentos médicos. Os programadores que desenvolvem os softwares para esses sistemas devem ser licenciados, certificados ou passar em exames oficiais padronizados?

Fontes: Site da Areva, www.areva.com, acesso em: 31 maio 2012; Collins, J., "S.C. Nuke Plant First in U.S. to Go Digital", *HeraldSun* (Durham, N.C.), www.heraldsun.com/view/full_story/13488870/articleSC–nukeplantfirstinUS–togodigital, 29 maio 2011; Staff, "Oconee Nuclear Station Projects Honored with Three Awards by the Nuclear Energy Institute", Duke Energy, www.dukeenergy.com/news/releases/2012052301.asp, 23 maio 2012; Hashemian, H., "USA's First Fully Digital Station", Nuclear Engineering International, www.neimagazine.com/story.asp?storyCode= 2058654, 21 jan. 2011; Staff, "Duke Energy Employees Win Top Nuclear Industry Award for Improving Safety With Digital Milestone", Nuclear Energy Institute, www.nei.org/newsandevents/newsreleases/dukeenergyemployeeswintopnuclearindustryawardforimprovingsafetywithdigitalmilestone, 23 maio 2012.

linguagem de programação é fornecer instruções ao sistema de computador para que possa executar uma atividade de processamento.

Profissionais de sistema de informação (SI) trabalham com **linguagens de programação**, que são conjuntos de palavras-chave, símbolos e regras para construir comandos, por meio dos quais as pessoas podem comunicar instruções, para serem executadas por um computador. A programação envolve a tradução do que um usuário quer realizar em um código que o computador possa entender e executar. O *código de programa* é um conjunto de instruções, que enviam sinais para a CPU executar operações de mudança de circuito. Nos esquemas mais simples de codificação, uma linha de código, tipicamente, contém, uma única instrução como: "Recuperar os dados na memória endereço X". Conforme discutido no Capítulo 3, a instrução é então decodificada durante a fase de instrução do ciclo da máquina. Do mesmo modo que escrever um relatório ou um artigo em inglês, escrever um programa para computador, em linguagem de programação, exige que o programador siga um conjunto de regras. Cada linguagem de programação utiliza símbolos, palavras-chave e comandos com significados e utilizações especiais. Cada linguagem também possui um conjunto próprio de regras, chamado **sintaxe** da linguagem. A sintaxe da linguagem dita como os símbolos, palavras-chave e comandos devem ser combinados em comandos capazes de

LINGUAGENS DE PROGRAMAÇÃO: Conjuntos de palavras-chave, de símbolos e de regras para construir comandos, por meio dos quais as pessoas podem comunicar instruções, para serem executadas por um computador.

SINTAXE: Conjunto de regras associadas à linguagem de programação.

transmitir instruções significativas para a CPU. Regras, como "afirmações devem terminar com ponto e vírgula", e "nomes de variáveis devem começar com uma letra", são exemplos de sintaxes de uma linguagem. A variável é uma quantidade que pode assumir valores diferentes. Nomes de variáveis de programas como VENDAS, VALOR DE PAGAMENTO POR HORA e TOTAL seguem a sintaxe, porque começam com uma letra, enquanto variáveis como % de JUROS, $TOTAL e # LIBRAS não.

A EVOLUÇÃO DAS LINGUAGENS DE PROGRAMAÇÃO

O desejo de conseguir processamentos de informações mais rápidos, mais eficientes, mais poderosos tem impulsionado o desenvolvimento de novas linguagens de programação. Essa evolução é discutida em termos de gerações de linguagens (veja a Tabela 4.7).

TABELA 4.7 A evolução das linguagens de programação

Geração	Linguagem	Data aproximada de desenvolvimento	Amostra de declaração ou ação
Primeira	Linguagem de máquina	Anos 1940	00010101
Segunda	Linguagem de montagem	Anos 1950	MVC
Terceira	Linguagem de alto nível	Anos 1960	LEIA SALES
Quarta	Linguagem de banco de dados e de consulta estruturada	Anos 1970	PRINT EMPLOYEE NUMBER IF GROSS PAY > 1000 (IMPRIMIR NÚMERO DO FUNCIONÁRIO SE O PAGAMENTO BRUTO > 1000)
Além da quarta	Linguagens naturais e inteligentes	Anos 1980	SE o pagamento bruto é maior do que 40, ENTÃO pagar hora extra ao funcionário

LINGUAGENS VISUAIS, ORIENTADAS A OBJETOS E LINGUAGENS DE INTELIGÊNCIA ARTIFICIAL

Hoje, os programadores com frequência utilizam linguagens visuais ou orientadas a objetos. Provavelmente, no futuro, usarão linguagens de inteligência artificial em maior extensão. Em geral, são mais fáceis, para os não programadores utilizar, comparadas com as linguagens de gerações mais antigas.

A *programação visual* utiliza uma interface gráfica ou "visual" combinada com comandos baseados em textos. Antes da programação visual, programadores eram obrigados a descrever janelas, botões, caixas de textos e menus que estavam criando para um aplicativo por meio dos comandos da linguagem de programação baseada somente em textos. Com a programação visual, o engenheiro de software arrasta e solta objetos gráficos como botões e menus para o formulário do aplicativo. Então, utilizando uma linguagem de programação, define as capacidades daqueles objetos numa janela com código separado. A Visual Basic foi uma das primeiras linguagens visuais de programação. Hoje, engenheiros de software utilizam o Visual Basic .NET, Visual C++, Visual C# (# que se pronuncia "agudo", como em música) e outras ferramentas de programação visual.

Muitas pessoas se referem às interfaces de programação visual, como a Visual C#, como "linguagens de programação visual". Esse costume é válido para referências casuais, mas uma categoria menos conhecida de linguagem de programação é, verdadeiramente, mais visual. Com uma linguagem de programação visual verdadeira, programadores criam um programa manipulando os elementos de programação só graficamente, sem a utilização de nenhum comando de linguagem baseada em textos. Os exemplos incluem Alice, Mindscript e a Linguagem de Programação Visual da Microsoft (VPL, Visual Programming Language). As linguagens de programação visual são ideais para ensinar a principiantes o básico sobre programação sem ter de exigir que memorizem a sintaxe da linguagem de programação.

Algumas linguagens de programação separam os elementos de dados dos procedimentos ou ações que serão executados nelas, mas outro tipo de linguagem de programação conecta-as em unidades chamadas *objetos*. Um objeto consiste em dados e ações, que podem ser executados sobre os dados. Por exemplo, um objeto pode ser um dado sobre um funcionário e todas as operações (como cálculos para a folha de pagamento) que podem ser realizadas sobre esse dado. As linguagens de programação baseadas em objetos denominam-se *linguagens de programação orientadas a objeto*. C++ e Java são exemplos dessas linguagens com um propósito geral populares.[91] As linguagens utilizadas para desenvolvimento na web, como a Javascript e a PHP, também são orientadas a objeto. De fato, as mais populares hoje utilizam a abordagem orientada a objeto — e por uma boa razão.

Elaborar programas e aplicações por meio de linguagens de programação orientadas a objeto é como construir um prédio usando módulos ou partes pré-fabricadas. O objeto, que contém o dado, as instruções e os procedimentos, constitui o bloco de construção da programação. Os mesmos objetos (módulos ou partes) podem ser empregados repetidamente. Uma das principais vantagens de um objeto é que contém código reutilizável. Em outras palavras, o código de instrução, inserido naquele objeto, pode ser reutilizado em diferentes programas, para uma variedade de aplicativos, como uma porta básica pré-fabricada pode ser usada em duas casas diferentes. Um objeto pode estar relacionado a uma data em um produto, a uma entrada de rotina ou a uma rotina de processamento de pedidos. Um objeto pode mesmo comandar um computador para executar outros programas ou para recuperar e manipular dados. Assim, um tipo de rotina desenvolvido para um aplicativo de folha de pagamento poderia ser utilizado tanto para um programa de cobrança quanto para um de controle de estoque. Ao usarem código de programa, os programadores podem escrever mais rapidamente programas para problemas de aplicativo específico (veja a Figura 4.17). Combinando programas orientados a objetos existentes com novos programas, programadores podem, de forma fácil e eficiente, desenvolver outros programas orientados a objetos para atingir objetivos organizacionais.

FIGURA 4.17

Código reutilizável na programação orientada a objetos.

Combinando programas orientados a objetos já existentes com novos, programadores podem, de forma fácil e eficiente, desenvolver outros programas orientados a objetos, para atingir objetivos organizacionais. Observe que esses objetos podem estar disponíveis comercialmente ou serem projetados internamente.

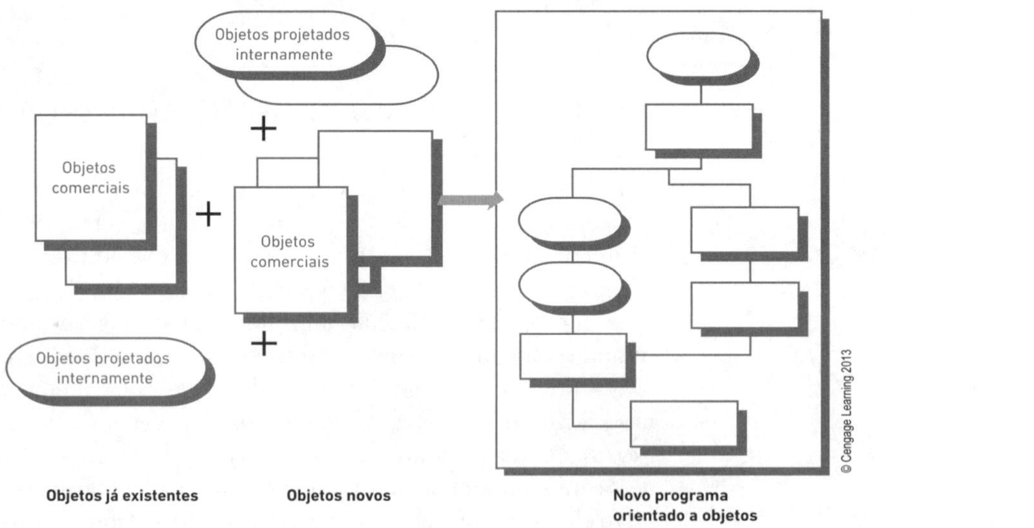

As linguagens de programação utilizadas para criar inteligência artificial ou aplicativos de sistemas especialistas são em geral chamadas *linguagens de quinta geração* (*5GLs, fifth-generation languages*). Também algumas vezes são referidas como *linguagens naturais*, porque utilizam ainda mais sintaxe parecida com o inglês do que as 4GLs. Elas permitem que os programadores se comuniquem com o computador por meio de frases normais. Por exemplo, os computadores programados em linguagens de quinta geração podem entender questões como "Quantos pares de calçados para atletas nossa empresa vendeu no último mês?".

COMPILADOR: Programa especial que converte o código-fonte do programador em instruções de linguagem de máquina, que consiste em dígitos binários.

Com linguagens de programação de terceira geração e de níveis mais altos, cada declaração traduz-se para várias instruções em linguagem de máquina. Um programa especial, chamado **compilador**, converte o código-fonte do programador em instruções de linguagem de máquina, que consiste em dígitos binários, como o apresentado na Figura 4.18. O compilador cria um processo de dois estágios para a execução do programa. Primeiro, traduz o programa em uma linguagem de máquina; depois, a CPU executa o programa. Outra abordagem é utilizar o *intérprete*, um tradutor de linguagem que executa as operações exigidas pelo código-fonte. O intérprete não produz um programa de linguagem de máquina completo. Após a execução do comando, o comando da linguagem de máquina é descartado, o processo continua para o próximo comando e assim por diante.

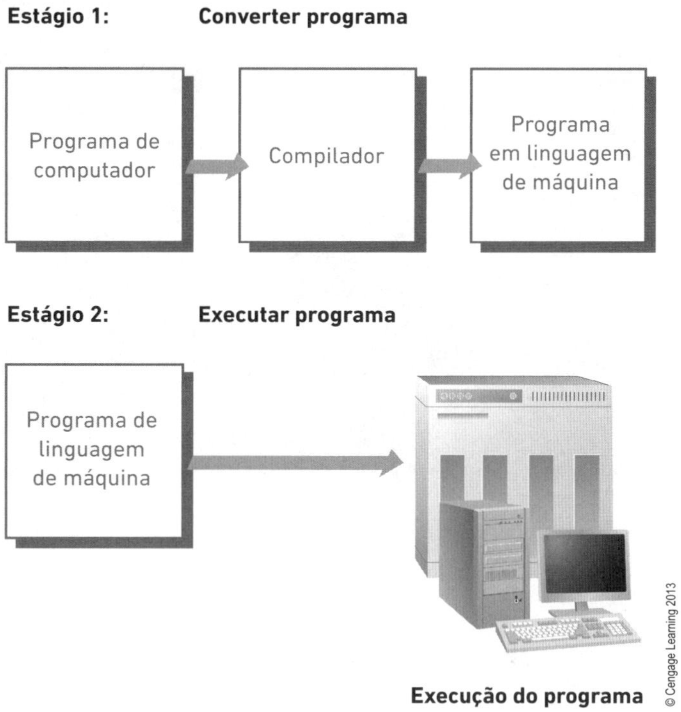

FIGURA 4.18
Como um compilador funciona.
O compilador traduz um programa completo em um conjunto completo de instruções binárias (Estágio 1). Depois, a CPU pode executar um programa convertido em sua totalidade. (Estágio 2).

A maioria dos programas utilizada hoje é criada em um ambiente de desenvolvimento integrado. Um *ambiente de desenvolvimento integrado* ou *IDE* (integrated development environment) combina todas as ferramentas requeridas para a engenharia de software em um único pacote. Por exemplo, o popular *IDE Microsoft Visual Studio* inclui um editor com diversas interfaces e linguagens de programação visual, um compilador e um intérprete, ferramentas de automação de programação, um debugger (ferramenta para encontrar erros no código) e outras ferramentas úteis ao o desenvolvedor.[92]

Os Kits de Desenvolvimento de Software (SDKs, software development kits) servem muitas vezes ao propósito de uma IDE para uma plataforma em particular. Por exemplo, desenvolvedores de softwares para o smartphone Android da Google usam a plataforma Java (que é uma linguagem de programação orientada a objeto) junto com o Eclipse SDK. Eles utilizam bibliotecas de códigos especiais fornecidas pela Google para a funcionalidade do Android e testam seus aplicativos em um sistema Android Emulator.[93] Veja a Figura 4.19.

Os IDEs e SDKs facilitaram muito o desenvolvimento de softwares. Um grande número de codificadores novatos e algumas pessoas que talvez nunca tenham considerado o desenvolvimento de um software estão publicando aplicativos para plataformas mais populares, como o Facebook e o iPhone.

TENDÊNCIAS E PROBLEMAS DE SOFTWARE

Uma vez que o software aplicativo é parte importante dos atuais sistemas de computador, questões como erros nos aplicativos, licenciamento, atualizações, suporte global para aplicativos e impostos recebem atenção cada vez maior. O governador do Colorado e a Assembleia Geral do Estado, por exemplo, revogaram o imposto sobre determinados tipos de aplicativos.[94] O imposto revogado ajudará à indústria de softwares aplicativos do Colorado. Um aplicativo também pode ser prejudicial para empresas e países. Por exem-

FIGURA 4.19
Emulador para smartphones Android. Para desenvolver para o sistema Android, é preciso de um SDK com dispositivo móvel emulador para fazer o protótipo, desenvolver e testar aplicativos Android sem transferi-los a um dispositivo físico.

Cortesia do Google

plo, um programa de televisão estrangeiro pode ter mostrado um software aplicativo para seus telespectadores, projetado para atacar sites web nos Estados Unidos.[95]

BUGS DE SOFTWARES APLICATIVOS

Um bug de software aplicativo é um erro num programa de computador, que continua a executar como foi projetado.[96] Alguns bugs de software são evidentes e fazem com que o programa termine inesperadamente. Outros são sutis e permitem que erros se infiltrem no trabalho. Fornecedores de computadores e de softwares aplicativos dizem que enquanto as pessoas projetam e programam equipamentos e softwares, os bugs são inevitáveis.[97] A lista a seguir resume dicas para reduzir o efeito de bugs em softwares aplicativos:

- Registre todos os softwares aplicativos, para receber os alertas sobre defeitos, consertos e correções.
- Verifique o manual ou os arquivos *leia-me* para a solução de problemas conhecidos.
- Acesse a área de suporte do site do fabricante para correções.
- Instale as últimas atualizações do programa.
- Antes de relatar um defeito, certifique-se de que pode recriar as circunstâncias sob as quais ele ocorreu.
- Depois de recriar o defeito, telefone para a assistência técnica do fabricante.
- Considere esperar um pouco antes de comprar a última versão do programa. Desse modo o fabricante terá a oportunidade de descobrir e eliminar os erros. Muitas escolas e empresas não compram nenhum software até que a primeira grande revisão de reparos tenha sido liberada.

DIREITOS AUTORAIS E LICENÇAS

A maioria das empresas guarda e protege, agressivamente, o código-fonte dos softwares aplicativos de seus concorrentes, ações judiciais e outros predadores.[98] Como resultado, grande parte dos produtos de softwares aplicativos está protegida pela lei por meio de direitos autorais ou regime de licenciamento. No entanto, essas cláusulas podem variar. Em alguns casos, pode ser fornecido uso ilimitado do software para um ou dois computadores. Isso é comum em muitos aplicativos desenvolvidos para computadores pessoais. Em outros casos, o usuário paga pelo uso do software: se utilizar o software mais, pagará mais. Essa abordagem se torna popular com o software colocado em redes ou em computadores maiores. A maioria dessas proteções impede que se copiem os softwares e que sejam repassados a outros, sem restrições. Alguns softwares agora exigem que os usuários *registrem* ou *ativem* uma conta, antes de poder utilizá-los integralmente. Tal exigência é outra maneira que as empresas de softwares utilizam para evitar a distribuição ilegal de seus produtos.

LICENÇA PARA UM USUÁRIO ÚNICO: Licença que permite que se instale o software em um computador ou algumas vezes em dois, utilizados pela mesma pessoa.

Quando as pessoas adquirem um software, elas realmente não se tornam proprietárias dele, mas obtêm uma licença para utilizá-lo em um computador. Isso é chamado licença para um usuário único. A **licença para um usuário único** permite que se instale o software em um computador ou algumas vezes em dois, utilizados pela mesma pessoa. Essa licença não permite que se copie nem compartilhe o software com outras pessoas. A Tabela 4.8 descreve os diferentes tipos de licenças de software. Licenças que acomodam múltiplos usuários são em geral fornecidas com desconto.

TABELA 4.8 Licenças de programas

Licença	Descrição
Licença para um único usuário	Permite que se instale o software em um computador ou algumas vezes em dois computadores, usados pela mesma pessoa.
Licença de múltiplos usuários	Especifica o número de usuários que têm permissão para utilizar o software e pode ser instalado nos computadores de cada usuário. Por exemplo, uma licença para 20 usuários pode ser instalada em 20 computadores para 20 usuários.
Licença simultânea para usuários	Projetada para software distribuído em rede, esta licença permite que qualquer número de usuários utilize o software, mas somente um número específico de usuários poderá usá-lo ao mesmo tempo.
Licença local	Permite que o software seja utilizado em qualquer lugar e por qualquer um em determinado site, como um campus universitário.

SOFTWARES GRATUITOS E DE CÓDIGO-FONTE ABERTO

Alguns desenvolvedores de softwares não estão tão interessados em lucrar, com a propriedade intelectual como os outros e têm desenvolvido direitos autorais e acordos de licenciamento alternativos. *Freeware* é um software disponibilizado para o público, gratuitamente.[99] Desenvolvedores de softwares podem oferecer seus produtos gratuitamente por várias razões. Há aqueles que desejam o interesse do cliente e o reconhecimento de seu nome. Outros não precisam de dinheiro e querem fazer uma preciosa doação à sociedade. Outros ainda, como os associados da Free Software Foundation (*www.fsf.org*), acreditam que todos os softwares devem ser livres. Certos softwares gratuitos são de domínio público, ou seja, qualquer pessoa pode usá-los gratuitamente. (Obras criativas que chegam ao final de seus prazos de direitos autorais tornam-se de domínio público.) A Tabela 4.9 mostra alguns exemplos de softwares gratuitos.

TABELA 4.9 Exemplos de softwares gratuitos

Software	Descrição
Thunderbird	Software de e-mails e de notícias
Pidgin	Software de mensagens instantâneas
Adobe Reader	Software para ver documentos no Adobe PDF
AVG Anti-Virus	Software de segurança antivírus
WinPatrol	Software antispyware
IrfanView	Software de edição de fotografias

Freeware (software gratuito) é ligeiramente diferente do software livre. Indica que é distribuído gratuitamente. O termo software livre, cunhado por Richard Stallman e pela Free Software Foundation, significa que não é apenas freeware, mas também de código-

SOFTWARE DE CÓDIGO-FONTE ABERTO: Software distribuído em geral de forma gratuita, com o código-fonte também disponível para que possa ser estudado, modificado e melhorado pelos seus usuários.

-fonte aberto. O **software de código-fonte aberto** é distribuído em geral de forma gratuita, com o código-fonte também disponível para que possa ser estudado, modificado e melhorado pelos seus usuários.[100] Esse tipo de software evolui a partir da contribuição de seus usuários. A organização Code For America (CFA) utilizou um software de código-fonte aberto em Boston e em outras cidades americanas para ajudá-las a resolver alguns de seus problemas de tráfego, comolocalizar hidrantes, que podem ficar cobertos de neve no inverno.[101] A CFA tornou seus esforços livres para outros municípios. A Tabela 4.10 apresenta exemplos de softwares aplicativos com código-fonte aberto.

TABELA 4.10 Exemplos de softwares aplicativos de código-fonte aberto

Software	Categoria
Linux	Sistema operacional
Open Office	Software aplicativo
MySQL	Software de banco de dados
Mozilla Firefox	Navegador de internet
Gimp	Edição de fotos
OpenProj	Gestão de projeto
Grisbi	Contabilidade pessoal

Um software de código-fonte aberto não é totalmente desprovido de restrições. Muitos dos software populares gratuitos atualmente em uso são protegidos pela GNU General Public License (GPL). A GPL concede ao usuário o direito de:

- Executar o software para qualquer finalidade.
- Estudar como o software funciona e adaptá-lo a sua necessidade.
- Redistribuir cópias para poder ajudar outros usuários.
- Aperfeiçoar o software e liberar as melhorias para o público.

Um software coberto pela GPL é, normalmente, protegido por um *copyleft* (um jogo de palavras em inglês com os termos *direito autoral*), que exige que todas as cópias do trabalho mantenham a mesma licença. Um trabalho copyleft não pode ser de propriedade de uma pessoa, e ninguém está autorizado a tirar proveito da sua distribuição. O Free Software Directory (*http://directory.fsf.org*) enumera mais de 5 mil títulos de softwares em 22 categorias licenciadas protegidos pela GPL.

Por que uma organização administraria os próprios negócios utilizando um software gratuito? Alguma coisa que é dada de graça pela internet pode ser estável, ou confiável, ou ter um suporte suficiente, para ser colocada no centro de operações diárias de uma empresa? A resposta é surpreendente – muitos acreditam que o software de código-fonte aberto é com frequência *mais* confiável e seguro do que os comerciais. Como é possível? Primeiro, ao disponibilizar o código-fonte, os usuários podem corrigir quaisquer problemas que descobrirem. Uma correção em geral torna-se disponível algumas horas após a descoberta do problema. Segundo, com o código-fonte acessível a milhares de pessoas, as chances de um bug ser descoberto e corrigido, antes que provoque algum dano, são muito maiores do que em pacotes tradicionais de softwares.

No entanto, a utilização de um software de código-fonte aberto apresenta, também, algumas desvantagens. Embora os sistemas de código-fonte aberto possam ser obtidos por quase nenhum investimento, os dispêndios iniciais constituem, apenas, uma pequena parte do custo total da propriedade, que, ao longo do tempo, aumenta depois do sistema instalado. Alguns reclamam que os sistemas de código-fonte aberto contêm muitos custos ocultos, particularmente, referentes a suporte ao usuário ou para resolução de problemas com o software. Acompanham os softwares licenciados garantias e serviços de suporte, que os de código-fonte aberto não têm. Ainda assim, muitos empreendimentos apreciam a liberdade adicional que o software de código-fonte aberto oferece. A questão do suporte é o maior empecilho à sua aceitação em nível corporativo. Conseguir suporte de pacotes tradicionais é fácil – telefona-se para o serviço gratuito de atendimento ao cliente da empresa ou acessa-se seu site. Mas como obter ajuda de um pacote de código-fonte aberto se não funcionar como esperado? Como a comunidade do código-fonte aberto vive na internet, busca-se ajuda lá. Nas áreas de discussão da internet, é possível comunicar-se com outros usuários e talvez se encontrar alguém que ajudou a desenvolvê-lo. Os usuários de pacotes populares de código-fonte aberto podem conseguir respostas para questões técnicas, em algumas horas, solicitando ajuda no fórum apropriado da internet. Outra abordagem é contatar uma das muitas empresas que surgem para dar suporte e serviço a esses software – por exemplo, a Red Hat para a Linux, e a Sendmail, Inc. para a Sendmail. Essas empresas oferecem assistência técnica paga, de alta qualidade.

ATUALIZAÇÕES DE SOFTWARES

As empresas de desenvolvimento revisam seus softwares periodicamente. As atualizações variam muito quanto aos benefícios que oferecem. Algumas pessoas consideram benefício, outras de inconveniência. A decisão de adquirir o software mais novo pode ser um problema para companhias e pessoas que realizaram grande investimento nesta área. A última versão deve ser adquirida quando lançada? Alguns usuários nem sempre fazem atualizações ou optam pelas respectivas versões, a não ser que haja melhorias ou recursos significativos. O desenvolvimento de uma atualização estratégica é importante para muitas organizações. A American Express, por exemplo, padronizou seu processo de atualização de software, ao redor do mundo, para que o processo de instalação ocorra mais rapidamente e eficiente.[102] A opção por padronizar também ajuda a certificação de que o software atualizado é mais estável e tenha menos erros e problemas.

SUPORTE GLOBAL DE SOFTWARES

Grandes empresas globais têm pouco trabalho para persuadir os fabricantes a vender-lhes licenças de software, mesmo para as cidades mais longínquas onde operam. Mas esses mesmos fabricantes poderiam oferecer suporte adequado aos seus usuários em todos os lugares? Operações de suporte local é um dos maiores desafios para as equipes de SI ao organizarem sistemas padronizados para toda a empresa. Mercados com desenvolvimento tecnológico mais lento, como a Europa Oriental e a América Latina, podem não ter a presença de nenhum representante do fabricante. Em vez disso, grandes fornecedores como a Sybase, IBM e Hewlett-Packard contratam fornecedores locais para dar suporte aos softwares.

Uma abordagem bem-aceita na América do Norte é terceirizar o suporte para um ou mais distribuidores. A empresa usuária pode ainda negociar a licença com o fabricante do software diretamente, mas, depois deve repassar o contrato de suporte global a um terceiro fornecedor. O fornecedor age como intermediário entre o fabricante e o usuário, oferecendo muitas vezes distribuição, suporte e faturamento.

Nos atuais sistemas de computador, o software é cada vez mais um componente crítico. Qualquer que seja a abordagem utilizada pelas pessoas e por organizações para adquiri-lo, todos devem estar cientes das tendências da indústria. Usuários informados são consumidores sábios.

RESUMO

Princípio:

Softwares de sistema e aplicativos são fundamentais para ajudar indivíduos e empresas a alcançar seus objetivos.

O software consiste em programas que controlam o funcionamento do equipamento. As duas principais categorias são softwares de sistemas e aplicativos. O de sistemas trata-se de um conjunto de programas, que interage entre o equipamento e o software aplicativo e inclui sistemas operacionais, softwares utilitários e middleware. O software aplicativo pode ser sob encomenda ou padrão e capacita as pessoas a resolver problemas e a desempenhar tarefas específicas.

O sistema operacional (SO) é um conjunto de programas de computador que controla o equipamento, para dar suporte às necessidades computacionais dos usuários. O sistema operacional converte uma instrução de um aplicativo em um conjunto de instruções necessárias para o hardware. Esse papel intermediário permite a independência do hardware. Também gerencia a memória, que envolve controlar acesso ao armazenamento e utilização pela conversão lógica de necessidades em localizações físicas, dispondo dados no melhor espaço de armazenamento, incluindo a memória virtual.

O sistema operacional gerencia as tarefas para localizar os recursos do computador, através de multitarefas e compartilhamento de tempo. Com a multitarefa, usuários podem executar mais de um aplicativo ao mesmo tempo. O compartilhamento de tempo permite que o sistema computacional seja utilizado por mais de uma pessoa ao mesmo tempo.

A capacidade de um computador lidar sem atritos com um número crescente de usuários simultâneos é chamada *escalabilidade*, característica crucial para os sistemas dos quais se espera que lidem com grande número de usuários.

Um sistema operacional fornece interface de usuário, que lhe permite acessar e comandar um computador. A interface de usuário baseada em comando requer comandos de texto para enviar instruções. A interface gráfica do usuário (GUI), como o Windows, utiliza ícones e menus. Outras interfaces do usuário incluem toque e fala.

Software aplicativos utilizam o sistema operacional, que requisita serviços através de uma interface do programa aplicativo definido (API). Os programadores podem usar as APIs para criar software aplicativo sem precisar compreender o funcionamento interno do sistema operacional. As APIs também fornecem um grau de independência ao hardware, para que o hardware subjacente possa mudar sem exigir necessariamente uma reescrita das aplicações do software.

Ao longo dos anos, muitos serviços operacionais populares têm sido desenvolvidos, incluindo o Microsoft Windows, Mac OS X e o Linux. Há várias opções de serviços operacionais na empresa dependendo do tipo do servidor. O UNIX é um sistema operacional poderoso que pode ser utilizado em muitos tipos de sistemas computacionais e plataformas, desde computadores pessoais a sistemas mainframe. O Linux é o kernel (núcleo) de um sistema operacional, cujo código-fonte está disponível, gratuitamente, para todos. Alguns sistemas operacionais, como o Palm OS, o Windows Mobile, o Windows Embedded, o Pocket PC e variações do Linux foram desenvolvidos para suportar comunicações móveis e aparelhos para consumidores. Quando um sistema operacional é armazenado em memória, embutido em um dispositivo, ele é referido como sistema operacional embutido ou sistema embutido para curto prazo.

Os softwares utilitários podem realizar muitas tarefas úteis e, em geral, vêm instalados nos computadores junto com o sistema operacional. Esse software é utilizado para fundir e classificar dados, manter um acompanhamento de trabalhos computacionais executados, compactar arquivos de dados, proteger contra vírus e monitorar o desempenho do equipamento e da rede. O software de virtualização simula uma arquitetura de hardware do computador no software, de forma que os sistemas de computador possam executar sistemas operacionais e software projetados para outras arquiteturas ou possam rodar em vários sistemas operacionais, simultaneamente, num único sistema. O middleware é um software que permite que diferentes sistemas se comuniquem e transfiram dados para outros e recebam dados de volta.

Princípio:

Empresas utilizam software aplicativo padrão para as suas necessidades empresariais comuns, e o software aplicativo proprietário para atender suas necessidades únicas e oferecer vantagem competitiva.

O software aplicativo utiliza o poder de um computador para resolver problemas e realizar tarefas específicas. Um meio útil de classificar os vários usos potenciais dos sistemas de informação é identificar o escopo de problemas e oportunidades dirigidos por uma organização particular ou sua esfera de influência. Para a maior parte das empresas, as esferas de influência são pessoais, de grupos de trabalho e do empreendimento.

O software de usuário, ou de produtividade pessoal, é de uso geral. Ele capacita os usuários a aperfeiçoar a eficácia pessoal, aumentando a qualidade e a quantidade de trabalho a ser feita. O software aplicativo para grupos de trabalho, como o próprio nome já diz, ajuda as equipes que trabalham em conjunto. Exemplos incluem software para a programação do grupo, correio eletrônico e outros que possibilitem o compartilhamento de ideias. Muitas empresas têm se voltado para o software de planejamento dos recursos da empresa. Trata-se de um conjunto de aplicativos integrados, que gerencia as operações vitais do empreendimento para toda a empresa.

Há três abordagens de escolha de software aplicativo. Pode-se solicitar um software aplicativo proprietário, sob encomenda; optar por softwares-padrão, os já existentes; ou utilizar uma combinação dos dois tipos, proprietário e o padrão. O sob encomenda (desenvolvido na empresa ou sob contrato) tem as seguintes vantagens: a empresa recebe um software que mais se aproxima de suas necessidades; a empresa, por estar envolvida com o desenvolvimento, tem mais controle sobre os resultados; e a empresa tem mais flexibilidade para fazer as alterações. As desvantagens incluem: É provável que venha a demorar mais tempo e custar mais para se desenvolvê-lo; os funcionários da empresa vão ser duramente pressionados para oferecer apoio contínuo e manutenção; e há um risco maior de que as funções do software não irão funcionar como esperado ou que outros problemas de desempenho possam ocorrer.

Algumas organizações escolheram uma terceira abordagem – pacotes com software personalizados. Essa opção, normalmente, envolve a mistura das vantagens e desvantagens precedentes e deve-se lidar com ela muito cuidadosamente.

Um provedor de serviços de aplicativos (ASP) é uma empresa que pode fornecer, por meio de rede, o software, o suporte e o hardware onde o software funcionará, nas instalações do usuário. Os ASPs personalizam o software sob contrato e aceleram o desenvolvimento de novos aplicativos, enquanto ajudam os gerentes de SI a evitar a dor de cabeça da implantação. O uso dos APSs reduz a necessidade de pessoal habilitado de SI e também as despesas no início do projeto. O Software como um Serviço (SaaS) permite que empresas se inscrevam, por meio do pagamento de cada uso ou de uma taxa de serviço mensal, para utilizar aplicativos de negócios, fornecidos pela web. As tecnologias SaaS e o recente desenvolvimento da web têm levado a um novo paradigma: a computação em nuvem. Ela se refere à utilização de recursos computacionais, incluindo software e armazenamento de dados na internet (a nuvem), e não nos computadores locais. Em vez de instalar, armazenar e rodar os software em sua própria máquina, com a computação em nuvem, o usuário pode acessar os software armazenados e entregues por um servidor web.

Embora centenas de aplicativos de computador possam ajudar as pessoas na escola, em casa e no trabalho, os mais populares são o de processador de textos, de análise de planilhas, o de banco de dados, o de gráficos e o de serviços on-line. Um pacote de software, como o SmartSuite, o WordPerfect, o StarOffice ou o Office oferece uma coleção de softwares poderosos, vendidos como um pacote.

Muitos milhares de aplicativos são projetados por empresários e grupos de trabalho. Os software empresariais, geralmente, repousam sob o manto dos sistemas de informação, que suportam atividades de negócios, como contas a receber, contas a pagar, controle de estoque e outras atividades gestoras.

Princípio:

Empresas escolherão linguagens de programação com características funcionais que sejam adequadas às tarefas a serem executadas, considerando-se as habilidades e a experiência de seu pessoal de programação.

Todos os softwares aplicativos são escritos em esquemas de codificação, chamados *linguagens de programação*, as quais fornecem instruções para um computador realizar algumas atividades de processamento. As várias classes de linguagens de programação incluem a de máquina, a de montagem, a de alto nível, a de perguntas e banco de dados, a orientada a objeto e linguagens de programação visual.

As linguagens de programação mudaram desde o seu desenvolvimento inicial, no começo dos anos 1950. Na primeira geração, os computadores eram programados em linguagem de máquina, e a segunda geração utilizava linguagem de montagem. A terceira geração consiste em muitas linguagens de programação, de alto nível, que utilizam declarações e comandos, numa linguagem semelhante ao inglês. Elas, também, devem ser convertidas em linguagem de máquina, por um programa especial, o compilador, e incluir linguagens BASIC, COBOL, FORTRAN e outras. As linguagens de quarta geração incluem banco de dados e linguagem de consulta estruturada como a SQL.

A quinta geração de linguagem de programação combina a geração de código, baseada em regras, na gestão dos componentes, nas técnicas de programação visual, na gestão de reutilização e outros avanços. As linguagens visuais e orientadas a objeto utilizam grupos de dados relacionados, instruções e procedimentos chamados *objetos*, que servem como módulos reutilizáveis em vários programas. Essas linguagens podem reduzir o tempo do desenvolvimento do programa e o de testes. Java pode ser utilizada para desenvolver aplicações na internet. Os ambientes de programação visual, os de desenvolvimento integrado (IDEs) e os Kits de Desenvolvimento de Software (SDKs) têm simplificado e agilizado o processo de codificação e facilitado, para muitas pessoas, o desenvolvimento de um aplicativo.

Princípio:

A indústria de aplicativos realiza constantes mudanças. Usuários precisam conscientizar-se sobre as tendências e questões recentes para serem eficazes em seus negócios e em sua vida.

Bugs, licenciamento e direitos autorais, código-fonte aberto, shareware e freeware, desenvolvimento multiorganizacional, atualizações e suporte global são todas questões e tendências importantes sobre software.

Bug em um software é um erro que o impede de funcionar na maneira pretendida. São comuns, mesmo em peças-chave do negócio de software.

Freeware é um software disponibilizado ao público gratuitamente. Um software com código-fonte aberto é um freeware que outros usuários podem modificá-lo. O desenvolvimento e a manutenção de software de código-fonte aberto compõem um processo colaborativo entre os desenvolvedores ao redor do mundo, utilizando a internet para manterem-se em contato, fazer downloads e submeter novas versões do software.

As atualizações de software são uma fonte importante, de aumento na receita, para os fabricantes de software e podem fornecer novas funcionalidades úteis e melhoria na qualidade para os usuários.

O suporte global aos software é uma consideração importante para as grandes empresas que distribuem sistemas padronizados a toda a organização ao redor do mundo. Uma solução comum é a terceirização do suporte global para um ou mais distribuidores de softwares.

CAPÍTULO 4: TESTE DE AUTOAVALIAÇÃO

Softwares aplicativos e de sistemas são fundamentais para ajudar indivíduos e empresas a alcançar seus objetivos.

1. Qual dos seguintes itens é um exemplo de sistema operacional dirigido por comando?
   a. XP
   b. Snow Leopard
   c. MS DOS
   d. Windows 7
2. Os dispositivos móveis atuais, assim como alguns computadores pessoais, por exemplo, utilizam interface sensível ao toque, também conhecida como *interface natural de usuário (INU)* ou como interface multitoque. Verdadeiro ou falso?
3. ______________ é um SO de código-fonte aberto utilizado em todas as plataformas dos computadores: PC, servidor, embutido, smartphones e outros.
4. A filtragem de spam é uma função do sistema operacional. Verdadeiro ou falso?
5. Algumas empresas utilizam ______________ para rodar sistemas operacionais múltiplos em um único computador.
   a. multitarefa
   b. middleware
   c. arquitetura orientada a serviços corporativos
   d. virtualização

Empresas utilizam software aplicativo padrão para as suas necessidades empresariais comuns, e o programa aplicativo personalizado, para atender às necessidades únicas da organização e oferecer vantagem competitiva.

6. O software aplicativo que determina a melhor opção de transporte de produtos de uma empresa até o seu consumidor é um aplicativo para a esfera de influência pessoal. Verdadeiro ou falso?
7. O software que permite que os usuários melhorem sua eficácia pessoal e aumentem a quantidade e a qualidade do trabalho denomina-se ____________.
   a. software de produtividade pessoal
   b. software de sistema operacional
   c. software utilitário
   d. software gráfico
8. Em que tipo de software aplicativo pode ser encontrada a otimização?
   a. programas de planilhas
   b. programas processadores de textos
   c. programas de gestão de informações pessoais
   d. programas de apresentação gráfica
9. Software ____________ é um software único, desenvolvido para uma aplicação específica, e é de propriedade da empresa, organização ou pessoa que o utiliza.
10. ____________ permite que as empresas contratem o software aplicativo de negócios entregue através da web pelo pagamento de uma taxa de serviço mensal ou uma taxa por utilização.
    a. Software como Serviço (SaaS)
    b. provedor de serviços de aplicativos (ASP)
    c. software personalizado ou proprietário
    d. software-padrão

Empresas devem escolher as linguagens de programação com características funcionais que sejam adequadas às tarefas a serem executadas, considerando-se as habilidades e a experiência de seu pessoal de programação.

11. A maioria dos softwares adquiridos para rodar em um computador pessoal utiliza uma licença de ____________.
    a. site
    b. usuário simultâneo
    c. multiusuário
    d. usuário único
12. Uma das vantagens principais da programação ____________ é a utilização de módulos de códigos reutilizáveis que dispensam os desenvolvedores de reiniciar todo o processo.
13. Cada linguagem de programação possui o seu próprio conjunto de regras, chamado(a) ____________ de linguagem.
14. Uma linguagem orientada a objeto converte um código-fonte de um programador em instruções em linguagem de máquina consistindo em dígitos binários. Verdadeiro ou falso?

A indústria de softwares continua a realizar constantes mudanças; os usuários precisam estar cientes das tendências e questões recentes, para serem eficazes em seus negócios e sua vida pessoal.

15. ____________ permite aos usuários ajustar seus software, de acordo com suas próprias necessidades.
    a. Freeware
    b. Software padronizado.
    c. Software de código aberto.
    d. Software de domínio público.
16. Que tipo de licença de software um empreendimento precisa comprar, para que todos os seus funcionários possam utilizá-lo enquanto estiverem no local?

CAPÍTULO 4: RESPOSTAS DO TESTE DE AUTOAVALIAÇÃO

1. c
2. verdadeiro
3. Linux
4. falso
5. d
6. falso
7. a
8. a
9. proprietário
10. a
11. d
12. orientado a objeto
13. sintaxe
14. falso
15. c
16. licença de site

QUESTÕES DE REVISÃO

1. Qual é a diferença entre software de sistemas e software aplicativo? Dê quatro exemplos de aplicativos de produtividade pessoal.
2. Quais etapas um usuário poderia seguir para corrigir bugs de software?
3. Identifique e discuta brevemente dois tipos de interfaces de usuário fornecidos por um sistema operacional. Quais são as vantagens e desvantagens de cada um?
4. O que é um pacote de software? Dê exemplos.
5. Nomeie quatro sistemas operacionais que dão suporte à esfera de influência pessoal.
6. O que é Software como Serviço (SaaS):
7. O que é multitarefa?
8. Defina o termo *software aplicativo* e dê dois exemplos.
9. Identifique as duas principais fontes para adquirir software aplicativo.

10. O que é computação em nuvem? Quais são os prós e os contras da computação em nuvem?
11. O que é um software de código-fonte aberto? Quais são as vantagens e desvantagens para um negócio que utiliza um aplicativo de código-fonte aberto?
12. O que significa o acrônimo API? Qual é o papel de uma API?
13. Discuta resumidamente as vantagens e as desvantagens de atualizações frequentes de software.
14. Cite quatro conjuntos de softwares aplicativos que poderiam ser úteis para um empreendimento.
15. Qual é a diferença entre software freeware e de código-fonte aberto?

QUESTÕES PARA DISCUSSÃO

1. Suponha que você precise fazer um curso de programação de computador no próximo semestre. Qual linguagem considera que seria melhor estudar? Por quê? Você acha que um programador profissional necessita conhecer mais do que uma linguagem de programação? Por que ou por que não?
2. Você vai comprar um computador pessoal. No seu entender quais características do sistema operacional serão importantes? Qual sistema operacional selecionaria e por quê?
3. Pediram-lhe para desenvolver uma interface de usuário para alguém com visão limitada — alguém sem a habilidade de reconhecer formas em uma tela de computador. Descreva a interface de usuário que você recomendaria.
4. Você utiliza um novo lançamento de um pacote de software aplicativo. Acredita que descobriu um bug. Delineie a abordagem que escolheria para confirmar que se trata realmente de um bug. Que medidas tomaria caso tratasse de um verdadeiro erro?
5. Descreva para uma empresa de sua escolha os três conjuntos de software aplicativos mais importantes que recomendaria para a rentabilidade e sucesso da organização.
6. Defina o termo *Software como um Serviço (SaaS)*. Quais são algumas das vantagens e desvantagens de se empregar um SaaS? Que cuidados deve-se tomar para minimizar o risco de utilizá-lo?
7. Descreva três pacotes de software de produtividade pessoal que provavelmente você mais utilizaria. Qual deles escolheria?
8. Descreva as características mais importantes de um sistema operacional para um smartphone.
9. Se você fosse o gestor de SI de uma grande indústria, quais questões poderia ter de enfrentar a respeito da utilização de um software de código-fonte aberto? Que vantagens poderia haver na utilização desse software?
10. Identifique quatro tipos de licenças de software frequentemente usados. Que abordagem garante o melhor resultado ao assegurar fluxo previsível de receita de clientes? Qual abordagem é mais adequada para a pequena empresa que faz uso menos frequente do software?
11. Como os kits de desenvolvimento de software (SDKs) têm influenciado tal processo?
12. Como a virtualização pode economizar grandes valores para uma empresa?

EXERCÍCIOS DE RESOLUÇÃO DE PROBLEMAS

1. Desenvolva uma apresentação com 10 slides que compare vantagens e desvantagens de um software personalizado com um software-padrão.
2. Utilize um conjunto de software de planilhas para preparar um simples orçamento mensal e uma previsão do fluxo de caixa, tanto de entrada quanto de despesas, para os próximos seis meses (utilize números fictícios). Agora, use um conjunto de gráficos para traçar as entradas e as despesas mensais para um período de seis meses. Corte e cole ambas as planilhas e o gráfico em um documento feito no processador de textos que resuma sua (fictícia) situação financeira.
3. Use um software de banco de dados para incluir cinco produtos de software que, provavelmente, você usaria no trabalho. Relacione o nome, o fabricante, o fornecedor, custo e características nas colunas de uma tabela de banco de dados. Utilize um processador de texto para escrever o relatório sobre o software. Copie a tabela do banco de dados em um software de processador de texto.

ATIVIDADES EM GRUPO

1. Forme um grupo com três ou quatro colegas de classe. Busque artigos de periódicos empresariais, pesquise na internet ou entreviste pessoas sobre o tema *computação em nuvem*. Certifique-se de analisar as vantagens e desvantagens da computação em nuvem. Resuma os resultados para uma apresentação em classe ou em um relatório por escrito.
2. Forme um grupo com três ou quatro colegas de classe. Identifique e contate um funcionário de uma empresa local. Entreviste a pessoa e descreva

o software que a empresa dele utiliza e a sua importância para a organização. Faça um pequeno relatório, resumindo suas descobertas.

3. Os membros da equipe devem aprender a utilizar um sistema operacional de PC que conheçam. Explorem sobre como lançar aplicações, minimizar e maximizar janelas, fechar aplicações, visualizar arquivos no sistema e alterar as configurações do sistema, como o papel de parede. Os membros da equipe devem colaborar na elaboração de um relatório utilizando as características de alterações do Word ou as de colaboração do Google Docs, para resumir as conclusões e pareceres sobre pelo menos três SOs em PCs.

EXERCÍCIOS DA WEB

1. Utilize a web para pesquisar quatro pacotes de software de produtividade de vários fornecedores (veja *http://en.wikipedia.org/wiki/Office_Suite*). Crie um quadro em um documento do Word (de processador de textos) para mostrar quais softwares são fornecidos pelos pacotes concorrentes. Escreva alguns parágrafos sobre qual conjunto achou que atenderia melhor às suas necessidades e por quê.
2. Utilize a internet para pesquisar três utilitários populares freeware que você consideraria úteis. Escreva um relatório que descreva as características desses três softwares utilitários.
3. Utilize a internet para pesquisar informações sobre sistemas operacionais embutidos. Descreva como podem ser utilizados em veículos, eletrodomésticos, TVs e outros dispositivos.
4. Pesquise na web sobre um software aplicativo que seja usado em uma indústria e que seja do seu interesse. Escreva um relatório breve descrevendo como pode ser utilizado para aumentar os lucros e reduzir os custos.

EXERCÍCIOS PARA ESPECIALIZAÇÃO

1. Que aplicações de um smartphone ou outro dispositivo móvel mais o ajudaria em sua próxima atividade profissional? Por quê? Quais características são as mais importantes para você?
2. Pense no trabalho ideal. Descreva cinco conjuntos de aplicativos de software que poderiam ajudá-lo a avançar em sua carreira. Se o pacote de software não existir, descreva que tipos de pacotes de software poderiam ajudá-lo na carreira.

ESTUDOS DE CASO

Caso um

Conselho Distrital de Tendring (Essex, Inglaterra): aberto para negócios on-line

O Conselho Distrital de Tendring, com uma população de aproximadamente 150 mil habitantes, está localizado no condado de Essex, no sudeste da Inglaterra. Todos os anos, o conselho recebe milhares de pedidos de licenças para construções e outros itens, que podem ser afetados pelos regulamentos ou que podem afetar outras pessoas.

As solicitações ao Conselho Distrital de Tendring abrangem ampla gama de pedidos. Os formulários recebidos durante a semana que terminou em 25 de maio de 2012, por exemplo, variou de uma solicitação feita pelo sr. A. Maloney, de Frinton & Walton, para podar uma cerejeira em seu jardim a uma solicitação feita pelo sr. T. Munson, de Wix, para instalar duas turbinas eólicas, com 50 pés de altura, do solo ao cubo do rotor, com lâminas de 18 pés. A instalação de duas turbinas eólicas demanda mais atenção do que a poda da cerejeira, mas o Conselho Distrital de Tendring deve processar ambos os pedidos e tomar decisões de acordo com as regras estabelecidas.

Quando tem de tomar decisões, o conselho busca a opinião dos vizinhos, das organizações de moradores, do Departamento de Estradas de Rodagem do Condado de Essex, do Patrimônio Nacional (para edifícios ou locais de importância histórica) e das empresas de gás, eletricidade e água. Em um ano típico, Tendring emite cerca de 9 mil pedidos de comentários – *consultas*, na terminologia oficial – e recebe cerca de 8 mil respostas.

O conselho, como de costume, enviou todas as consultas pelo correio tradicional, que apresentaram três problemas:

1. Custos significativos associados à produção de várias cópias dos documentos e pela postagem.
2. Atrasos nas atividades de planejamento, em virtude do envio e recebimento de arquivos em papel.
3. O processo de consulta gerou grande quantidade de papel, a ser armazenado (requerendo espaço) ou descartado (tendo um impacto ambiental, mesmo com a reciclagem).

Para reduzir ou eliminar esses problemas, Tendring decidiu investir em um sistema eletrônico de gestão de documentos (EDMS) utilizando o software aplicativo da Idox. Esse sistema gera consultas eletrônicas em que o consultante, isto é, aquele a quem o Conselho do Distrito de Tendring consulta, tem um endereço de e-mail. O e-mail de consultas contém todos os detalhes relevantes do planejamento da proposta mais um hiperlink que o consultante pode utilizar para visualizar e comentar a proposta no site de Tendring.

O Conselho de Tendring reconheceu a importância da adaptação do sistema aos seus usuários e não os forçou a se ajustarem. O conselho sabia que, em vez de utilizar o EDMS, alguns poderiam preferir a resposta por e-mail, enquanto outros a apresentação de documentos impressos. Tendring, portanto, deixou em aberto o e-mail tradicional e as rotas em papel para respostas, mas, poucos consultantes as utilizaram. Duas razões estão envolvidas: o EDMS também permite que os comentários sejam públicos ou privados e mantém uma segurança adequada para garantir a sua privacidade quando apresentados como particulares.

Hoje, 99% das consultas de planejamento são manipuladas eletronicamente. (Esse número inclui um site e um e-mail para respostas.) O Departamento Financeiro do Conselho Distrital calculou uma economia total de £ 150 mil (cerca de $ 230 mil) por ano, sendo £ 8 mil (cerca de $ 12.500) só na postagem. Consultantes gostam também do novo sistema. Vicky Presland, gestor de Distrito, do Condado de Essex, no Departamento de Autoestradas da Área Leste, afirma que a "o Acesso aos Consultantes já economizou quantidade considerável de tempo na produção de nossas respostas para as autoridades locais e permitiu-nos reduzir nossos próprios sistemas de arquivo, devido ao fácil acesso às nossas respostas e às dos outros consultantes". Esse sistema realmente não tem perdedores.

Questões para discussão

1. O Conselho Distrital de Tendring selecionou um conjunto-padrão para o seu sistema de gestão de documentos, em vez de desenvolver um software aplicativo personalizado, ou encomendar um software personalizado desenvolvido para eles. Você concorda com essa decisão? Justifique a sua resposta.
2. Qual é a esfera de influência do EDMS do Conselho Distrital de Tendring e o do software on-line em resposta ao consultante: pessoal, do grupo de trabalho ou do empreendimento? Indique se o sistema tem aspectos de mais de uma esfera de influência. Seja o mais específico possível.

Questões para análise

1. O Conselho Distrital de Tendring é o responsável por uma área relativamente pequena. Grandes agências regionais e municipais do governo têm usado sistemas que utilizam o documento eletrônico por muito mais tempo do que Tendring. Por que outras agências optaram por sistemas de documentos eletrônicos? Considere os fatores empresariais e os técnicos.
2. Supondo-se que os sistemas EDMS de Tendring foram avaliados e descobriu-se que o melhor para as suas necessidades não era compatível com o seu sistema operacional existente. O que você aconselharia Tendring a fazer? Justifique a sua resposta.

Fontes: Staff, "Tendring Saves £150,000 per Annum with Idox ePlanning", www.idoxgroup.com/downloads/news/Idox_case_study_Tendring_ePlanning.pdf, 17 maio 2011; Site do Idox Group, www.idoxgroup.com, acessado em: 31 maio de 2012; Site do Tendring District Council, www.tendringdc.gov.uk, acesso em: 31 maio 2012.

Caso dois

Seu próximo carro em um tablet

Como a maioria das empresas, nos dias de hoje, Edmunds, um site publicitário de informativos automotivos, recolhe e analisa dados estatísticos sobre seus visitantes. Quando o diretor operacional, Seth Berkowitz, viu um pico no percentual de visualizações de página móvel, provenientes de iPads, no verão de 2010, ele sabia que algo estava por acontecer.

Em abril de 2011, Edmunds lançou um iPhone app (software aplicativo) para os fãs de automóveis da revista Inside Line, de seu site, seguido por uma versão para iPad em junho. A versão para Android (o outro sistema operacional de smartphonese tablets) está em um plano de longo prazo.No entanto, para a empresa, a decisão nunca é tão simples como "Vamos desenvolver um aplicativo para iPhone". Não é suficiente saber que os visitantes de seu site utilizam certos dispositivos móveis. A empresa também deve saber *por quê*. Desenvolver um aplicativo App sem determinada tecnologia é arriscar o desenvolvimento de um produto errado. Isso seria pior do que não ter nenhum. Entretanto, o *porquê* da questão não pode ser obtido a partir da análise estatística sobre os dados de visita da web. Ter uma ideia de que um aplicativo App poderia ganhar uma classificação de cinco estrelas na loja do iTunes exige mais do que habilidades em programação. Isso requer profundo conhecimento da razão pela qual os usuários de celulares acessam um site e como suas necessidades diferem daqueles que utilizam outros dispositivos. Por exemplo, sabendo que os usuários de smartphones têm telas pequenas e que muitas vezes precisam visualizar os detalhes, Edmunds incluiu fotos de carros de alta qualidade, as quais os usuários podem fazer zoom para ampliar.

Para os usuários de Edmunds, o aplicativo do iPhone na Inside Line pode ser a maneira mais conveniente de acessar o site. Nem todos os compradores de automóveis preferem, ou até mesmo usam tablets (mais do que as pessoas, em qualquer outro grupo), mas alguns sim. Num mercado competitivo, sendo acessível a todos os clientes potencias, e não apenas a alguns, esse recurso pode ajudar as empresas a obter vantagem sobre os concorrentes. Como um blogueiro disse, "Estarei no mercado para procurar outro carro em breve. Usado, é claro. É aí que o valor do site da Edmunds realmente entra em jogo, uma vez que os proprietários são livres para rever os carros e publicá-los no site".

Mas, para a Edmunds.com, tablets como o iPad oferecem mais do que uma maneira de se conectar com seus clientes. Eles também oferecem suporte a ferramentas de análises empresariais valiosas. Através de um software que a Edmunds.com desenvolveu, com as ferramentas da empresa MicroStrategy, a gestão da Edmunds.com pode classificar e analisar grandes volumes de dados sobre as vendas de automóveis. O presidente da empresa, Avi Steinlauf, se refere a este aplicativo App, quando afirma que, "como resultado de ter mais dados nas pontas de seus dedos, [um gerente] pode perguntar questões mais específicas à sua equipe e tomar decisões mais rápidas".

O software de análise indica tais tendências como a propensão de um consumidor para considerar outros modelos, ao pesquisar determinado veículo. Para a MicroStrategy, montadoras podem analisar e interagir com os dados de seus iPads para ajudá-las nas decisões sobre marketing e publicidade. Salomon Kang, diretor de serviços ao cliente, na Edmunds.com, concorda: "O nosso novo aplicativo App para iPad é, particularmente, fundamental para executivos que estão sempre em movimento e precisam ser capazes de reagir rapidamente".

Questões para discussão

1. Por que a Edmunds.com desenvolveu o aplicativo App para iPhone na Inside Line? É bom fornecer por meio da Inside Line um serviço de notícias gratuito e um fórum de discussão para os fãs de automóveis, mas as empresas que oferecem serviços gratuitos sem motivo não continuam no negócio. Como a Edmunds.com espera ganhar dinheiro o suficiente com esse aplicativo para justificar seu desenvolvimento e os custos de suporte?
2. As empresas devem planejar cuidadosamente seu software antes de desenvolvê-lo. Pense numa situação na qual um aplicativo de celular para acessar as informações sobre os automóveis seria mais útil do que um site que precisa de um computador de grande porte. Quais características que um aplicativo precisa que um site fixo não precisaria?

Questões para análise

1. A Gulliver International vende cerca de $ 2 bilhões em carros usados, por ano, no Japão. Compare o seu aplicativo App para iPad (*www.apple.com/ipad/business/profiles/gulliver*) com o da Edmunds.com. Comece por considerar os dois objetivos da empresa com seus pacotes de software: em que seus objetivos são semelhantes e em que são diferentes?
2. Este estudo de caso diz que o aplicativo da Inside Line da Edmunds.com inclui resolução completa de fotos que os usuários podem aumentar. A outra decisão possível teria sido incluir fotos de baixa resolução, que carregassem mais rápido e utilizassem menos megabytes de captura de dados do smartphone, mas ela não oferece a opção de zoom. Para qual mercado ou aplicação a decisão sobre projeto do software pode ter sido a melhor escolha? Que diferenças entre os dois fazem você pensar assim?

Fontes: Campbell, J., "Edmunds Has Their Own App (Finally!)", Apple Thoughts, forums.thoughtsmedia.com/f387/edmunds-has-their-own-app-finally-124564.html, 5 dez. 2011; Taylor, P., "iPad Case Study: Edmunds.com", *Financial Times*, www.ft.com/intl/cms/s/0/d8e5eda6-613c-11e0-ab25-00144feab49a.html#axzz1h6VLxELL (registro gratuito necessário), 8 abr. 2011; Edmunds, "*Inside Line* App Comes to iPad", Inside Line, www.insideline.com/car-news/inside-line-app-comes-to-ipad.html, 3 jun. 2011; Staff, "*Inside Line* launches iPhone App", Edmunds, Inside Line, www.insideline.com/car-news/inside-line-launches-iphone-app.html, 14 abr. 2011; Staff, " Aplicativos iPhone e iPad da Edmunds Inside Line ganham classificações cinco estrelas na iTunes Store", Edmunds, *Business Wire*, www.businesswire.com/news/home/20110826005691/en/Edmunds'InsideLine-iPhone-i Pad-Apps-Earn-Five-Star, 26 ago. 2011; Konrad, A., "Tablets Storm the Corner Office", *Fortune*, tech.fortune.cnn.com/2011/10/13/ipad-executives-managing, 17 out. 2011; Moore, C. W., "Edmunds Inside Line iPhone e iPad Automotive Enthusiast APP", *PowerBook Central*, www.pbcentral.com/blog/2011/08/29/edmunds-insideline-iphone-and-ipad-automotive--enthusiast-app, 29 ago. 2011.

NOTAS

Fontes do texto de abertura: Staff, "What Is Microfinance?", CGAP, www.cgap.org/p/site/c/template.rc/1.26.1302, acesso em: 14 jun. 2012; Staff, "Microfinance Gateway", CGAP, www.microfinancegateway.org/p/site/m/template.rc/1.26.12263, 2012; Site da Equitas, www.equitas.in, acesso em: 3 jan. 2012; Staff, "Equitas Micro—Case Study", Temenos, www.temenos.com/EquitasMicro—CaseStudy (registro gratuito necessário), 2011.

1. "Chinese Software Revenues in H1 2011 Surged 29.3%",*Asia Pulse*, 29 jul. 2011.
2. Andreessen, Marc, "Why Software Is Eating the World", *The Wall Street Journal*, 20 ago. 2011, p. C2.
3. Jones, S., "Microsoft Challenges Itself in the Clouds", *The Wall Street Journal*, 27 jun. 2011, p. B2.
4. Gonzalez, J., "Boise Planners Adopt New Software to Speed Up Permitting Process", *The Idaho Business Review*, 3 ago. 2011.
5. "Eddie Bauer Protects Staff with Amcom Software", *Business Wire*, 4 ago. 2011.
6. Site da MindJet, info.mindjet.com, acessado em: 12 set. 2011.
7. Site da IBM, www-01.ibm.com/software/data/cognos, acesso em: 19 set. 2011.
8. Mossberg, W., "Apple's Lion Brings PCs into the Tablet Era", *The Wall Street Journal*, 21 jul. 2011, p. D1.

9. Site da Microsoft, windows.microsoft.com/enUS/windows7/What-can-I-do-with-Speech--Recognition, acesso em: 18 set. 2011.
10. Site da Microsoft, technet.microsoft.com/en-us/windows/dd320286, acesso em: 12 set. 2011.
11. Wingfield, N., Tibken, S., "Microsoft to Limit Tablets", *The Wall Street Journal,* 2 jun. 2011, p. B4.
12. Keizer, G., "Microsoft Gambles with Windows 8", *Computerworld*, 20 jun. 2011, p. 6.
13. Grundberg, S., Ovide, S., "A Test Ride for Windows 8", *The Wall Street Journal*, 1 mar. 2012, p. B4.
14. Henderson, Tom, "Windows 8 Breaks New Ground", *Network World*, 23 jan. 2012, p. 28.
15. Ramstad, E., "Samsung Plans to Expand Tablet Line to Use Windows", *The Wall Street Journal*, 9 set. 2011, p. B4.
16. Site da Apple, www.apple.com/macosx, acesso em: 18 set. 2011.
17. Vascellaro, Jessica, "Apple's Mac Makeover", *The Wall Street Journal*, 17 fev. 2012, B1.
18. Nelson, F., "IT Pro Ranking", *InformationWeek*, 5 set. 2011, p. 16.
19. Vance, Ashlee, "Red Hat Sees Lots of Green", *Bloomberg Businessweek*, 2 abr. 2012, p. 41.
20. "And Now, Google's Other Operating System", *Bloomberg Businessweek*, 13 jun. 2011, p. 42.
21. Kowitt, B., "One Hundred Million Android Fans Can't Be Wrong"," *Fortune*, 4 jun. 2011, p. 93.
22. Mossberg, Walter, "Mobile Device That's Better for Jotter than a Talker", *The Wall Street* Journal, 16 fev. 2012, p. D1.
23. Clayburn, T., "Google Gambles on Chromebooks", *InformationWeek*, 30 maio 2011, p. 18.
24. Site da Microsoft, www.microsoft.com/windows/products/winfamily/windowshomeserver/default.mspx, acessado em: 20 set. 2011.
25. Binstock, Andrew, "Q&A: Ken Thompson, Creator of Unix", *InformationWeek*, 27 jun. 2011, p. 45.
26. Site da Sun, www.sun.com/customers/index.xml?-c=ebay.xml&submit=Find, acessado em: 12 set. 2011.
27. "Red Hat RHEV Freed from Windows Fetters", *Network World*, 22 ago. 2011, p. 8.
28. Site da Red Hat, www.redhat.com/virtualization/rhev, acesso em: 12 set. 2011.
29. Dornan, A., "Linux Virtualization Finds Some Rich Uncles", *InformationWeek,* 13 jun. 2011, p. 21.
30. Site da IBM, www-03.ibm.com/systems/z/os/zos, acesso em: 20 set. 2011.
31. Fletcher, O., "Alibaba Develops Cloud Mobile Operating System", *The Wall Street Journal*, 5 jul. 2011, p. B5.
32. Site da Apple, www.apple.com/ios/ios5, acesso em: 17 set. 2011.
33. Sherr, I., "HP Looks to Kitchens, Cars", *The Wall Street Journal*, 16 ago. 2011, p. B5.
34. Site da HP, www.hpwebos.com/us/products/software/webos2, acesso em: 15 set. 2011.
35. Lawton, C., Kim, Y., "Nokia Updates Smart Phone", *The Wall Street Journal*, 25 ago. 2011, p. B5.
36. King, C., "RIM, Dolby Settle Dispute", *The Wall Street Journal*, 13 set. 2011, p. B9.
37. Site da Microsoft, www.microsoft.com/windowsembedded/en-us/windows-embedded.aspx, acesso em: 20 set. 2011.
38. Site da Ford Motors, www.ford.com/technology/sync, acesso em: 20 set. 2011.
39. Mossberg, W., "A Parallels World Where Windows Zips on Macs", *The Wall Street Journal*, 1 set. 2011, p. D1.
40. Site da CERN, http://wlcg.web.cern.ch, acesso em: 12 set. 2011.
41. Babcock, C., "What You Can't See", *InformationWeek*, 5 set. 2011, p. 18.
42. Nance, Barry, "HP, IBM, CA Deliver Powerful Toolkits", *Network World*, 12 mar. 2012, p. 26.
43. "James River Insurance Selects Confio Software", *Business Wire*, 2 ago. 2011.
44. Healy, M., "The OS Mess", *InformationWeek*, 11 jul. 2011, p. 21.
45. Murphy, C., "Is Management Software RIM's Secret Weapon?". *InformationWeek,* 5 set. 2011, p. 6.
46. Site da CNET, www.cnet.com, acesso em: 20 set. 2011.
47. "First Financial Asset Management Deploys Debt Collection Solution from Latitude Software", *Business Wire*, 30 jun. 2011.
48. "Accenture to Expand Property and Casualty Insurance Software", *Business Wire*, jun. 2011.
49. Williams, J., "Advanced Analytics at Land O'Lakes", *OR/MS Today*, ago. 2011, p. 18.
50. Site do Swedish Medical Center, www.swedish.org, acesso em: 12 set. 2011.
51. McClatchy, S., "New Software Installed to Help Speed Airport Screening", *Tribune Business News*, 11 ago. 2011.
52. Hodge, N., "Killer App", *The Wall Street Journal*, 3 jun. 2011, p. A2.
53. Site do El Camino Hospital, www.elcaminohospital.org/Locations/El_Camino_Hospital_Mountain_View, acesso em: 12 set. 2011.
54. "Globus Online to Provide Software-as-a-Service for NSF", *PR Newswire*, 2 set. 2011.
55. "Big SaaS Done Right"," *Computerworld*, 13 fev. 2012, p. 13.
56. Schultz, B., "Florida Hospice Saves with SaaS", *Network World*, 6 jun. 2011, p. 24.
57. Thurman, Mathias, "Plugging a SaaS Access Hole", *Computerworld*, 12 mar. 2012, p. 33.
58. Mossberg, W., "Google Unveils a Laptop with Its Brain in the Cloud", *The Wall Street Journal*, 23 jun. 2011, p.D1.

59. "And Now, Google's Other Operating System", *Bloomberg Businessweek*, 13 jun. 2011, p. 42.
60. Clayburn, T., "Google Gambles on Chromebooks", *InformationWeek*, 30 maio de 2011, p. 18.
61. Site da Tableau Software, www.tableausoftware.com, acesso em: 20 set. 2011.
62. Biddick, M., "IT Management Goes SaaS", *Information Week*, 5 set. 2011, p. 33.
63. "Absolute Software Helps Recover 20,000th Stolen Computer", *PR Wire*, jun. 2011.
64. Burrows, Peter, "It Looks Like You're Trying to Use Word on an iPad", *Bloomberg Businessweek*, 23 jan. 2012, p. 35.
65. Mossberg, W., "Working in Word, Excel, PowerPoint On an iPad", *The Wall Street Journal*, 12 jan. 2012, p. D1.
66. Site da Adobe Acrobat, https://www.acrobat.com/welcome/en/home.html, acesso em: 7 mar. 2012.
67. Henschen, Doug, "Microsoft Places Bigger Bet on Cloud Apps", *InformationWeek*, 11 jun. 2011, p. 10.
68. Wingfield, N., "Microsoft Sets Rival to Google Apps", *The Wall Street Journal*, 28 jun. 2011, p. B6.
69. Site da Microsoft, www.microsoft.com/enus/office365, acesso em: 15 set. 2011.
70. "Office 365 vs. Google: Advantage Microsoft", *InformationWeek,* 11 jun. 2011, p. 10.
71. Rizzo, Tom, "Office 365: Best of Both Worlds", *Network World,* 22 ago. 2011, p. 20.
72. Wingfield, N., "Virtual Products, Real Profits", *The Wall Street Journal*, 9 set. 2011, p. A1.
73. Ramachandran, S., "Playing on a Tablet at Therapy", *The Wall Street Journal*, 26 jul. 2011, p. D1.
74. Horn, Leslie, "Gamers Unlock Protein Mystery That Baffled AIDS Researchers for Years", www.pcmag.com/article2/0,2817,2393200,00.asp, acesso em: 20 set.2011.
75. Satariano, A., MacMillan, D., "Anarchy in the App Store", *Bloomberg Businessweek*, 19 mar. 2012, p. 47.
76. Ovide, Shira, e Sherr, Ian, "Microsoft Banks on Mobile Apps", *The Wall Street Journal,* 6 abr. 2012, p. B1.
77. Steel, E., "A Face Launches 1,000 Apps", *The Wall Street Journal*, 5 ago. 2011, p. B5.
78. Site da Android, https://market.android.com/details?id=com.viewdle.socialcamera&hl=en, acesso em: 15 set. 2011.
79. Angwin, J., "FaceID Tools Pose New Risk", *The Wall Street Journal*, 1 ago. 2011, p. B1.
80. Fowler, G., Lawton, C., "Facebook Again in Spotlight on Privacy", *The Wall Street Journal*, 9 jun. 2011, p. B1.
81. "Mobile Software Market to Reach $80 Billion by 2017", *Business Wire*, 16 jun. 2011.
82. Site da Microsoft Exchange Server, microsoft.com/exchange, acesso em: 20 set. 2011.
83. "Copper Mountain Resort Selects Agilysys Visual One", *PR Newswire,* ago. 2011.
84. Martin, D., "Software Creates LessTaxing Environment", *NJ Biz,* 1 ago. 2011, p. 18.
85. Tozzi, J., "Bank Data Miner", *Bloomberg Businessweek*, 3 jul. 2011, p. 41.
86. Site da Verafin, *verafin.com*, acesso em: 15 set. 2011.
87. Burnham, K., "Spreading the Word", *CIO*, 1 set. 2011, p. 11.
88. Biddick, M., "IT Management Goes SaaS", *Information-Week*, 5 set. 2011, p. 33.
89. "81 Percent Find Mobile ERP Software Interface Important", *Business Wire*, 12 jul. 2011.
90. Nash, K., "Do It Yourself", *CIO*, 1 set. 2011, p. 28.
91. Site da C++ Web, www.cplusplus.com, acesso em: 25 set. 2011.
92. Site da Microsoft, www.microsoft.com/visualstudio/enus, acesso em: 25 set. 2011.
93. Site da Android, developer.android.com/guide/developing/tools/emulator.html, acesso em: 25 set. 2011.
94. "Hickenlooper Merits Praise for Repealing Software Tax", *Boulder County Business Report*, 24 jun., p. 30.
95. Page, Jeremy, "Chinese State TV Alludes to U.S. Website Attacks", *The Wall Street Journal*, 25 ago. 2011, p. A8.
96. "Malware in Android Apps Rises", *The Tampa Tribune,* 26 mar. 2012, p. 3.
97. Babcock, Charles, "Leap Day Bug Caused Azure Outage", *InformationWeek,* 26 mar. 2012, p. 14.
98. Searcey, D., "Toyota Maneuvers to Protect Crown Jewels", *The Wall Street Journal,* 22 mar. 2011, p. B1.
99. Site da Freeware, *freewarehome.com*, acesso em: 25 set. 2011.
100. Binstock, A., ".NET Alternative in Transition", *InformationWeek*, 13 jun. 2011, p. 42.
101. Matlin, C., "Innovator", *Bloomberg Businessweek,* 11 abr. 2011, p. 34.
102. Nash, K., "Discipline for Unruly Updates", *CIO*, 1 jul. 2011, p. 14.

5 SISTEMAS DE BANCOS DE DADOS, CENTROS DE DADOS E INTELIGÊNCIA EMPRESARIAL

Princípios	Objetivos de aprendizagem
• A gestão e a modelagem de dados são aspectos-chave da organização de dados e informações.	• Definir os conceitos e termos da gestão geral de dados, realçando as vantagens da abordagem do banco de dados para a gestão de dados. • Descrever as considerações lógicas e físicas do projeto do banco de dados, a função dos centros de dados e o modelo de banco de dados relacional.
• Um banco de dados bem projetado e gerenciado é uma ferramenta extremamente valiosa para apoiar a tomada de decisões.	• Identificar as funções comuns realizadas por todos os sistemas de gerenciamento de banco de dados e os sistemas de gerenciamento de banco de dados populares.
• O número e os tipos de aplicativos de banco de dados continuarão a evoluir e a produzir benefícios reais para o negócio.	• Identificar e discutir, brevemente, inteligência empresarial, prospecção de dados e outros aplicativos do banco de dados.

De banco de dados tradicional à inteligência empresarial

SISTEMAS DE INFORMAÇÃO NA ECONOMIA GLOBAL

Medihelp, África do Sul

A MEDIHELP É A TERCEIRA maior empresa de seguro-saúde da África do Sul. Ela cobre cerca de 350 mil pessoas com planos que variam de R 744 a R 4.278 (cerca de $ 95 a $ 545) a cada mês por pessoa. A Medihelp precisava de uma forma melhor para acessar e analisar os dados de seus clientes, reivindicações e fornecedores, para monitorar a eficiência de seus produtos na área de seguros, ajustar e criar novos artigos conforme a necessidade.

O problema da Medihelp era que seus dados estavam armazenados em um banco de dados tradicional. Conforme discutido neste capítulo, os bancos de dados tradicionais não são projetados para dar suporte à tomada de decisão. Eles não são eficientes nesses tipos de armazenamento de informações que utilizam a tomada de decisão. Os relatórios existentes no banco de dados da Medihelp levavam um tempo inaceitável para rodar e aqueles baseados no conteúdo total do banco de dados não rodavam de jeito nenhum. Essa ineficiência diminuía a capacidade da Medihelp de tomar decisões empresariais com mais conhecimento.

Um arquivo de reivindicação da Medihelp, por exemplo, possuía cerca de 55 milhões de linhas. Cada uma das linhas continha aproximadamente 35 valores de dados que descreviam as condições médicas, os tratamentos e os pagamentos. Cada linha estava associada com outra das 15 milhões de linhas que continham os dados sobre o histórico do associado, que mantinham outros 15 ou mais valores de dados sobre o associado e sua cobertura. No processamento de uma reivindicação, o acesso aos dados para uma única análise era rápido e eficiente. Já a combinação de dados com milhares de linhas como um apoio de decisão precisa não era.

"Quando entrávamos em nosso banco de dados [tradicional]... ele não nos apresentava as informações de que precisávamos para tomar as melhores decisões", explica Jan Steyl, gerente sênior de inteligência empresarial da Medihelp. "Nós precisávamos de um armazenamento de dados dedicado e com alto desempenho".

Depois de examinar diversas opções, a Medihelp fez uma seleção preliminar da Sybase IQ como a base para seu armazenamento de dados. Trabalhando com a B. I. Practice, uma subsidiária da Sybase na África do Sul, a Medihelp realizou uma prova de conceito para confirmar que a Sybase IQ poderia entregar o desempenho necessário com um custo aceitável. Esse procedimento envolveu o carregamento de um subconjunto de tabelas do banco de dados operacional da Sybase IQ, executando as consultas que utilizavam somente aquele subconjunto de dados e avaliando os resultados.

Como essas consultas agora utilizavam um banco de dados projetado para elas, o desempenho melhorou muito. O tempo de resposta foi reduzido a uma média de 71,5%. O tempo de resposta para as consultas ad hoc, aquelas que não estavam programadas de antemão no sistema do banco de dados, foi reduzido em média a 74,1%. O tempo de resposta única caiu para 92,8%.

Theo Els, gestor sênior de relações com o cliente da Medihelp, aprova o novo sistema. "As seguradoras de saúde fornecem dados para os grupos de empregadores. Esses perfis demográficos e reivindicações são essenciais para os grupos de empregadores que buscam compreender os riscos de saúde de seus empregados... e o consequente impacto que isso pode ter na produtividade empresarial. Corretores e consultores de planos de saúde também utilizam essas informações em suas revisões anuais sobre clientes para garantir que os empregados recebam a cobertura mais adequada. É imperativo que... o armazenamento de dados (datawarehouse) forneça informações acuradas em um formato que seja facilmente entendido."

O maior beneficiário do datawarehouse da Medihelp é o seu time de desenvolvimento de produto. A equipe utiliza dados do datawarehouse para entender as tendências nas reivindicações por meio do código do benefício, da condição, da área, do grupo de idade e de outros fatores. A Medihelp também utiliza seu armazenamento de dados para determinar quais efeitos financeiros terão nas mudanças em um benefício de um produto específico. Isso provê a equipe de vendas de oferecer um preço certo para mercados específicos na África do Sul.

À medida que você lê o capítulo, considere o seguinte:

- Como a estrutura de um banco de dados afeta o que uma organização pode fazer com as informações em seu interior?
- Como os empreendimentos podem utilizar as informações em seus bancos de dados para serem mais eficientes?

© Andrey Burmakin/Shutterstock

POR QUE SE INFORMAR A RESPEITO DOS SISTEMAS PARA BANCOS DE DADOS, CENTROS DE DADOS E INTELIGÊNCIA EMPRESARIAL?

Uma enorme quantidade de dados é inserida diariamente nos sistemas computacionais. Para onde vão e como são utilizados esses dados? Como eles podem ajudá-lo no seu trabalho? Neste capítulo, você aprenderá sobre sistemas de banco de dados e ferramentas de inteligência empresarial que podem auxiliá-lo a fazer melhor uso da informação. Se você se tornar um gestor de marketing, poderá acessar um extenso datawarehouse (armazenamento de dados) sobre consumidores existentes e potenciais, resultante de pesquisas, seus hábitos na web e suas compras passadas. Essas informações podem ajudá-lo a vender seus produtos e serviços. Se você se tornar um advogado corporativo, terá acesso a casos e opiniões jurídicas anteriores de bancos de dados jurídicos sofisticados. Essas informações podem ajudá-lo a ganhar casos e proteger juridicamente sua empresa. Se você se tornar um gestor de recursos humanos (RH), poderá utilizar bancos de dados e ferramentas de inteligência empresarial para analisar impacto de aumentos, benefícios de seguro para os funcionários e custos das contribuições para a aposentadoria em longo prazo para a sua empresa. Independentemente do campo de estudo, utilizar sistemas de bancos de dados e ferramentas de inteligência empresarial será uma parte fundamental do seu trabalho. Neste capítulo, você verá como fazer uso do data mining para extrair informações relevantes que o ajudem a obter sucesso. Este capítulo começa com uma introdução sobre os conceitos básicos de sistemas de gerenciamento de bancos de dados.

SISTEMA DE GERENCIAMENTO DE BANCO DE DADOS (DBMS, DATABASE MANAGEMENT SYSTEM): Grupo de programas que manipula o banco de dados e fornece uma interface entre ele, seus usuários e os outros programas aplicativos.

ADMINISTRADOR DE BANCO DE DADOS (DBA, DATABASE ADMINISTRATOR): Profissional de sistemas de informação capacitado e treinado que controla todas as atividades relacionadas ao banco de dados de uma empresa.

Um banco de dados é uma coleção de dados organizada. Como outros componentes de um sistema de informação, ele deve ajudar uma empresa a atingir seus objetivos. Um banco de dados pode contribuir para o sucesso empresarial ao fornecer aos gestores e aos tomadores de decisão, com base em dados, informações relevantes, precisas e no momento certo. Os bancos de dados auxiliam as empresas a gerar informações para reduzir custos, aumentar lucros, acompanhar atividades anteriores do negócio e criar novas oportunidades de mercado. De acordo com um executivo de SAP, "Nós precisamos colocar os dados nas mãos dos usuários em departamentos de vendas... e dar a eles ferramentas de modo que possam analisar os dados por si sós".[1]

Um **sistema de gerenciamento de banco de dados (DBMS, database management system)** consiste em um grupo de programas que manipula o banco de dados e fornece uma interface entre ele, seus usuários e outros programas aplicativos. Geralmente adquirido de uma empresa de banco de dados, o DBMS fornece um único ponto de gestão e controle sobre os recursos de dados, o que pode ser crítico para manter a integridade e a segurança dos dados. O DBMS da Oracle, por exemplo, lançou um firewall para banco de dados para ajudar seus clientes a proteger seus bancos de dados.[2] Um banco de dados, o DBMS e os programas aplicativos que utilizam os dados compõem o ambiente do banco de dados. Um **administrador de banco de dados (DBA, database administrator)** é o profissional de SI (sistemas de informação) capacitado e treinado que controla todas as atividades relacionadas ao banco de dados de uma empresa, inclusive a garantia de segurança contra os invasores. Algumas empresas também contratam um cientista de dados que pode ajudar a analisar o que está armazenado nos vastos bancos de dados empresariais. De acordo com um ex-vice-presidente da EMC, "Um *cientista de dados* não olha, simplesmente, para um conjunto de dados e depois para de pesquisar. Ele precisa encontrar 'a pepita de ouro' nos dados e depois explicá-la aos líderes empresariais".[3]

Os bancos de dados e seus sistemas de gerenciamento são cada vez mais importantes para os negócios à medida que lidam com quantidades crescentes de informação digital. Um relatório do IDC chamado "Década digital universal" estima que o tamanho do universo digital seja de 1,8 zettabyte ou 1,8 trilhão de gigabytes.[4] Se uma bola de tênis fosse um byte de informação, uma bola do tamanho de um zettabyte seria do tamanho de um milhão de planetas Terras.

GERENCIAMENTO DE DADOS

Uma organização não pode concluir a maior parte das atividades de seu negócio com sucesso sem dados e sem a capacidade de geri-los. Ela não poderia pagar os funcionários, enviar contas, solicitar pedidos ao estoque nem produzir informações para auxiliar seus gestores na tomada de decisão. Não se esqueça: os dados são constituídos de fatos brutos, como o número de funcionários e os volumes de vendas. Para que eles possam ser convertidos em informações úteis, devem ser organizados de forma significativa.

A HIERARQUIA DOS DADOS

CARACTERE: Bloco básico de construção da maioria das informações, o qual pode ser uma letra maiúscula, uma letra minúscula, um dígito numérico ou um símbolo especial.

CAMPO: Tipicamente um nome, número ou combinação de caracteres que descreve um aspecto de um objeto coorporativo ou da atividade.

REGISTRO: Coleção de campos de dados relacionados a um objeto, atividade ou indivíduo.

ARQUIVO: Coleção de registros relacionados.

HIERARQUIA DE DADOS: Composta por bits, caracteres, campos, registros, arquivos e bancos de dados.

Os dados são, em geral, organizados em uma hierarquia que tem início com a menor parte do dado utilizada pelo computador (um bit) e progride por meio de uma hierarquia para um banco de dados. Um bit (um dígito binário) representa um circuito que está ligado ou desligado. Os bits podem ser organizados em unidades chamadas bytes. Um byte é normalmente composto por oito bits. Cada byte representa um **caractere**, que é o bloco básico da construção da maioria das informações. Um caractere pode ser uma letra maiúscula (A, B, C... Z), uma letra minúscula, (a, b, c... z), um dígito numérico (0, 1, 2... 9), ou um símbolo especial (., !, +, /, ...).

Os caracteres são combinados para formar um campo. Um **campo** é um nome, um número ou uma combinação de caracteres que descreve um aspecto de um objeto corporativo (um funcionário, uma localização ou um caminhão) ou atividade (uma venda). Além de serem introduzidos em um banco de dados, os campos podem ser calculados com base em outros campos. Os *campos calculados* incluem os valores total, médio, máximo e mínimo. Uma coleção de campos de dados relacionados a um objeto, atividade ou indivíduo é chamada **registro**. Ao combinar as descrições das características de um objeto, atividade ou indivíduo, um registro pode fornecer uma descrição completa do objeto ou da atividade. O registro de um empregado, por exemplo, é uma coleção de campos sobre um indivíduo. Um campo inclui o nome do funcionário, outro contém o endereço e outros o número do telefone, o salário, a renda, até a data e assim por diante. Uma coleção de registros relacionados é um **arquivo**. Um arquivo de funcionário, por exemplo, é a coleção dos registros de todos os funcionários da empresa. Da mesma forma, um arquivo de estoque é uma coleção de todos os registros do estoque de uma empresa ou organização. Alguns programas de bancos de dados referem-se aos arquivos em forma de tabelas.

No nível mais alto dessa hierarquia está um *banco de dados*, ou seja, uma coleção de arquivos integrados e relacionados. Juntos, bits, caracteres, campos, registros, arquivos e bancos de dados formam a **hierarquia de dados** (veja a Figura 5.1). Os caracteres são combinados para formar um campo, os campos são combinados para formar

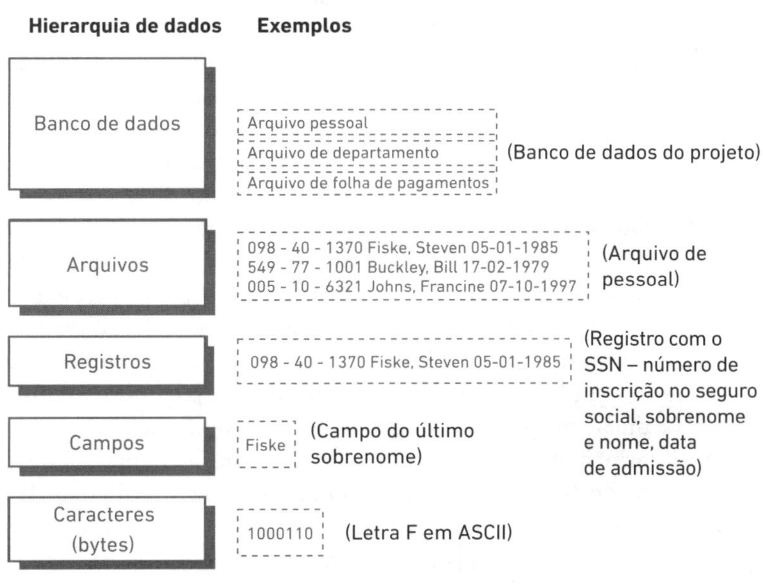

FIGURA 5.1 Hierarquia de dados.

um registro, os registros são combinados para formar um arquivo e os arquivos são combinados para formar um banco de dados. Um banco de dados engloba não apenas todos esses níveis de dados, mas também os relacionamentos entre eles.

ENTIDADES DE DADOS, ATRIBUTOS E CHAVES

ENTIDADE: Constituída de classes de pessoas, lugares e coisas (objetos) para os quais os dados são coletados, armazenados e mantidos.

ATRIBUTO: Uma característica de uma entidade.

ITEM DE DADOS: Valor específico de um atributo.

Entidades, atributos e chaves são conceitos importantes de banco de dados. Uma **entidade** é constituída de classes de pessoas, lugares ou coisas (objetos) para os quais os dados são coletados, armazenados e mantidos. Exemplos de entidades incluem funcionários, estoque e consumidores. A maioria das organizações organiza e armazena dados como entidades.

Um **atributo** é uma característica de uma entidade. Por exemplo, o número do funcionário, sobrenome, nome, data de admissão e número do departamento são atributos de um funcionário (veja a Figura 5.2). O número do estoque, a descrição, o número de unidades disponíveis e a localização do item no depósito constituem os atributos dos itens no estoque. O número do cliente, nome, endereço, número do telefone, classificação do crédito e contato são atributos da cliente. Os atributos são, normalmente, selecionados para evidenciar as características relevantes de entidades, como funcionários ou clientes. O valor específico de um atributo, chamado **item de dados**, pode ser encontrado nos campos de registro que descrevem uma entidade.

Funcionário nº	Sobrenome	Nome	Data de admissão	Nº do depto.
005-10-6321	Johns	Francine	07-10-1997	257
549-77-1001	Buckley	Bill	17-02-1979	632
098-40-1370	Fiske	Steven	05-01-1985	598

ENTIDADES (registros)

CAMPO-CHAVE

ATRIBUTOS (campos)

© Cengage Learning 2013

FIGURA 5.2
Atributos e chaves.
O campo-chave é o número do empregado. Os atributos incluem o sobrenome, o nome, a data de admissão e o número do departamento.

A maioria das organizações utiliza atributos e itens de dados. Muitos governos usam atributos e itens de dados para auxiliar em investigações criminais. O Federal Bureau of Investigation (FBI), dos Estados Unidos, está criando, "um imenso banco de dados sobre as características físicas ou biométricas das pessoas".[5] A um custo de $ 1 bilhão, o sistema de gerenciamento de banco de dados, que se chama Next Generation Identification (Identificação da próxima geração), catalogará imagens digitais de rostos, impressões digitais e impressões da palma da mão dos cidadãos norte-americanos e dos visitantes dos Estados Unidos. Cada pessoa no banco de dados é uma entidade, cada categoria biométrica é um atributo e cada imagem é um item do dado. As informações serão utilizadas como ferramenta forense para aumentar a segurança. Em outro exemplo, o SecureAlerts utiliza dados de localização para monitorar cerca de 15 mil ex-presidiários com sinais de GPS enviados das algemas colocadas nos antigos detentos.[6] Os dados são utilizados para se certificar de que os ex-presidiários em prisões domiciliares estejam em suas casas. Algumas pessoas, entretanto, temem que ao coletar itens de dados, como localização por meio de GPS dos smartphones e outros dispositivos móveis da atualidade, eles possam constituir uma invasão de privacidade.[7]

CHAVE: Campo ou conjunto de campos em um registro em que o identifica.

CHAVE PRINCIPAL: Campo ou conjunto de campos que identifica um registro de forma única.

Como discutido anteriormente, uma coleção de campos sobre um objeto específico é um registro. **Chave** é um campo ou um conjunto de campos em um registro que o identifica. Uma **chave principal** é um campo ou um conjunto de campos que identifica um registro de forma única. Nenhum outro registro pode ter a mesma chave principal. Para um registro de funcionário, como o apresentado na Figura 5.2, o número do funcionário é um exemplo de chave principal. Essa chave principal é utilizada para distinguir os registros de forma que possam ser acessados, organizados e manipulados. As chaves principais garantem que cada registro em um arquivo seja único. Por

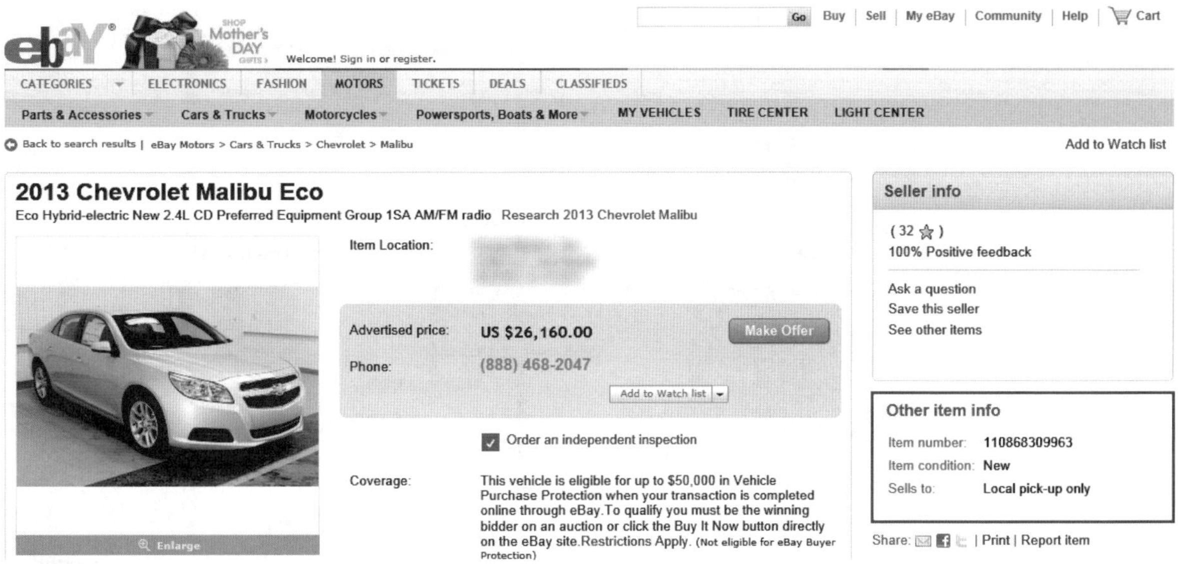

www.ebay.com

FIGURA 5.3

Chave principal.

O eBay determina um número de item como chave principal para manter a trajetória de cada um em seu banco de dados.

exemplo, o eBay determina um "número de item" como sua chave principal para ter certeza de que as propostas estejam associadas com o item correto (veja a Figura 5.3).

Localizar um registro em particular que satisfaça a um conjunto específico de critérios pode ser mais fácil e mais rápido por meio de uma combinação de chaves secundárias. Um consumidor, por exemplo, poderia telefonar para uma empresa de pedido por reembolso postal para fazer um pedido de roupas.

O responsável pelo pedido pode facilmente acessar as informações sobre a correspondência e o faturamento do cliente inserindo a chave principal, geralmente um número do cliente. Se o cliente não souber sua chave principal, uma chave secundária, como o sobrenome dele, poderá ser utilizada. Nesse caso, o funcionário que recebe os pedidos insere o sobrenome. Se vários consumidores tiverem esse mesmo sobrenome, o funcionário poderá verificar outros campos, como endereço, nome e assim por diante para encontrar o registro correto do consumidor. Depois de localizar o registro correto, o pedido pode ser completado e os itens do vestuário enviados ao cliente.

A abordagem de banco de dados

De uma só vez, os sistemas de informação procuram os arquivos específicos que contêm os dados relevantes. Um sistema aplicativo para folha de pagamento de salários, por exemplo, utiliza um arquivo de folha de pagamento. Cada sistema operacional distinto utiliza os arquivos de dados dedicados àquele sistema. Essa abordagem para a gestão de dados é chamada **abordagem tradicional para gerenciamento de dados**.

ABORDAGEM TRADICIONAL PARA GERENCIAMENTO DE DADOS: Uma abordagem para a gestão de dados pela qual cada sistema operacional distinto utiliza os arquivos de dados dedicados àquele sistema.

ABORDAGEM DE BANCO DE DADOS PARA GERENCIAMENTO DE DADOS: Uma abordagem para a gestão de dados na qual múltiplos programas aplicativos compartilham um grupo de dados relacionados.

Atualmente, a maioria das empresas utiliza a **abordagem de banco de dados para gerenciamento de dados**, na qual múltiplos programas aplicativos compartilham um grupo de dados relacionados. Um banco de dados oferece a capacidade de compartilhar dados e recursos de informação. Os bancos de dados federais, por exemplo, frequentemente incluem os resultados dos testes de DNA como característica de criminosos condenados. A informação pode ser compartilhada com os funcionários que fazem cumprir a lei em todo o país. Constantemente, os bancos de dados distintos, embora relacionados, são interligados para fornecer bancos de dados para toda a empresa. Muitas lojas do Walmart, por exemplo, incluem clínicas médicas internas para seus clientes. O Walmart utiliza um banco de dados centralizado com registros médicos eletrônicos que armazena as informações de todos os pacientes de todas as lojas.[8] Esse banco é interligado com o banco de dados principal do Walmart para fornecer informações relativas às interações dos clientes com a clínica e as lojas.

Para utilizar a abordagem de um banco de dados para a gestão de dados, é necessário um programa adicional, ou seja, um sistema de gerenciamento de banco de dados

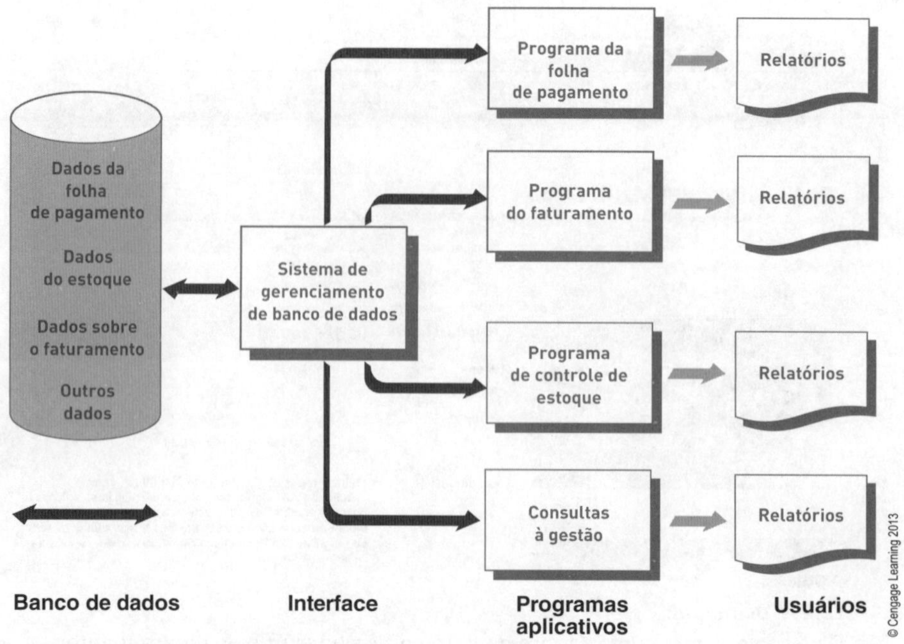

FIGURA 5.4 Abordagem do banco de dados para gerenciamento de dados.

(DBMS, database managment system). Com base no que já foi discutido, um DBMS é constituído de um grupo de programas que pode ser utilizado como interface entre um banco de dados e seu usuário. Esse programa age como um buffer (armazenamento temporário) entre os programas aplicativos e o próprio banco de dados. A Figura 5.4 ilustra a abordagem ao banco de dados.

CENTROS DE DADOS, MODELAGEM DE DADOS E CARACTERÍSTICAS DO BANCO DE DADOS

Como as empresas de hoje têm muitos elementos, eles devem ser organizados em dados para que possam ser utilizados mais efetivamente. O banco de dados deve ser projetado para guardar todos os dados relevantes para o negócio, proporcionar rápido acesso e qualquer modificação facilmente. Além do mais, o banco de dados deverá retratar os processos empresariais utilizados pela empresa. Ao construir um banco de dados, uma empresa deverá considerar cuidadosamente as seguintes questões:

- **Conteúdo**. Quais dados devem ser coletados e a que preço?
- **Acesso**. Que dados devem ser fornecidos para quais clientes e quando?
- **Estrutura lógica**. Como os dados devem ser organizados para que façam sentido para determinado cliente?
- **Organização física**. Onde os dados devem ficar localizados fisicamente?

CENTRO DE DADOS

CENTRO DE DADOS: Edifício climatizado ou conjunto de edifícios que concentre servidores da base de dados e sistemas que entregam informações e serviços primordiais.

Um **centro de dados** é um edifício climatizado ou um conjunto de edifícios que concentre servidores da base de dados e sistemas que entregam informações e serviços primordiais.[9] Os centros de dados de grandes empresas ficam frequentemente distribuídos em diversos locais.[10] A IBM está ajudando a construir um imenso complexo de centro de dados na China que envolve pelo menos sete centros de dados separados em múltiplos prédios em uma área de 6 milhões de pés quadrados.[11] A FedEx abriu um centro de dados imenso em Colorado Springs, no estado do Colorado, Estados Unidos.[12] Enquanto os dados de uma empresa encontram-se em grandes centros de dados super-refrigerados, as pessoas que acessam aqueles dados estão em escritórios espalhados pelo país ou pelo mundo.

Centros de dados tradicionais consistem em almoxarifados lotados com pilhas de racks de servidores e poderosos sistemas de resfriamento para compensar o calor gerado pelos processadores. Microsoft, Google, Dell, Hewlett-Packard e outras empresas adotaram uma abordagem modular para o centro de dados que utiliza grandes contêineres de transporte semelhantes ao utilizados para transportar mercadorias no mundo inteiro.[13] A Google, por exemplo, construiu um centro de dados modular de $ 273 milhões na Finlândia.[14] Contêineres enormes, como o HP Ecopod, são preenchidos com racks de servidores pré-cabeados e resfriados para se conectarem e se configurarem facilmente.[15] A Microsoft construiu um centro de dados com 700 mil pés quadrados em Northlake, no estado de Illinois, Estados Unidos. Este é considerado um dos maiores do mundo, pois ocupa um espaço equivalente a 16 campos de futebol. A megainstalação está abarrotada com 220 contêineres empacotados com servidores. A Microsoft diz que um novo contêineres pode ser colocado e conectado à internet em algumas horas.[16] De acordo com o vice-presidente de Tecnologias Acadêmicas da Universidade Purdue, "De uma posição empresarial, mantendo os custos baixos e tentando chegar a uma solução tão eficiente quanto possível, esta é uma solução muito, muito viável".[17] Veja a Figura 5.5.

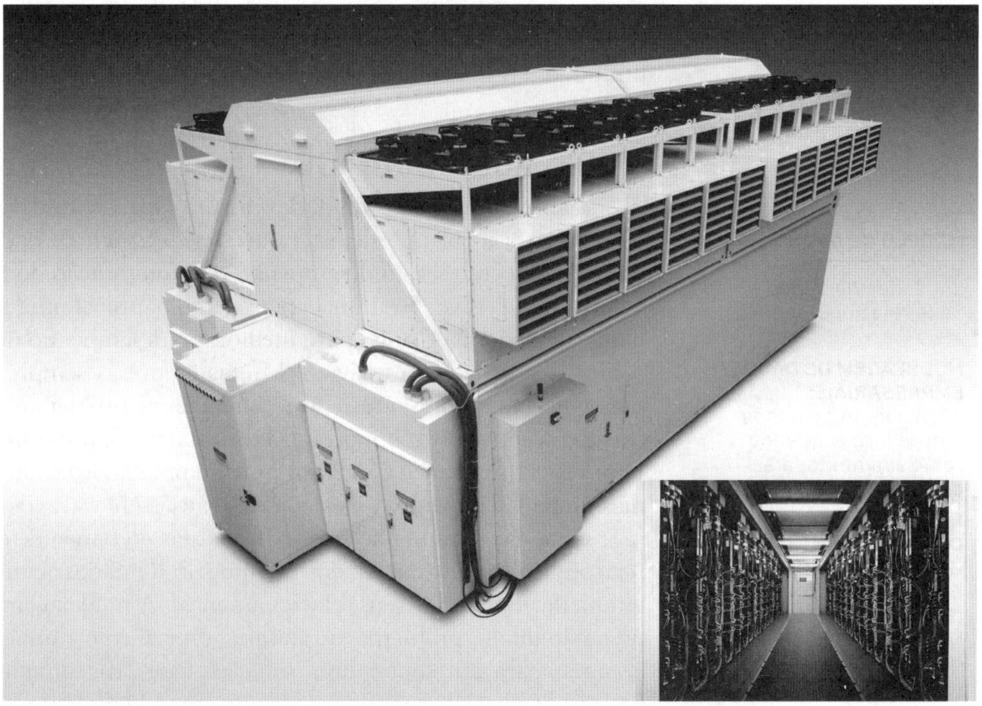

Cortesia de Hewlett-Packard

FIGURA 5.5
Centro modular de dados. Os centros modulares de dados, como o HP Ecopod, utilizam grandes contêineres para abrigar os servidores.

As demandas de energia dos centros de dados aumentam à medida que continuam a se expandir em termos de quantidade de dados que armazenam e processam. De acordo com o porta-voz da Google, "Ao construir um centro de dados, há todo um conjunto de itens de custo envolvidos. O que tem merecido destaque nos últimos anos é o custo do resfriamento".[18] Os empresários e vendedores da tecnologia estão trabalhando para desenvolver centros de dados verdes, que rodem eficientemente e requeiram menos energia para o processamento e o resfriamento. Em razão dos custos baixos de energia e terrenos baratos, a região rural da Carolina do Norte, nos Estados Unidos, está se tornando popular para os grandes centros de dados.[19] O centro de dados de $ 1 bilhão da Apple, o de $ 600 milhões da Google e o de $ 450 milhões do Facebook estão localizados nesse estado.

A capacidade de armazenagem é outra preocupação.[20] A Biblioteca do Congresso dos Estados Unidos, por exemplo, tem cerca de 450 bilhões de objetos armazenados em quase 20 mil discos rígidos de computadores anexados em 600 servidores, e seus requisitos de armazenamento estão crescendo.[21] De acordo com um estudo, cerca de um terço à metade de todos os centros de dados ficará sem espaço nos próximos anos.[22] É claro que, das empresas que precisam de um banco de dados com uma capacidade maior, cerca de 40% delas indicaram que deverão construir novos centros de dados, aproximadamente 30% delas afirmaram que alugariam um espaço adicional e o restante alegou pesquisar outras opções, inclusive a utilização de computação em nuvem.

Além disso, empresas como a IBM estão investigando novos sistemas de bancos de dados que serão mais rápidos e armazenarão muito mais dados em um espaço menor.[23]

Os procedimentos de cópia e segurança para os centros de dados podem ser uma preocupação.[24] Depois que um vendaval destruiu seu centro de dados, a Situs Companies decidiu fazer a cópia de seu centro de dados na internet com a EVault, uma subsidiária da Seagate.[25] Ao criar cópia dos bancos de dados, algumas empresas utilizam um programa para eliminar quaisquer dados em duplicata para economizar capacidade de armazenamento e reduzir custos, uma abordagem que algumas pessoas chamam de "deduplicação" de dados.[26] De acordo com o relatório Forrester, "É bastante provável que um CIO ou outro executivo aprovará um orçamento para uma atualização se você puder explicar que nos próximos cinco anos há 20% de probabilidade de que uma tempestade de neve acabará com a energia no centro de dados e custará $ 500 mil em receitas perdidas e produtividade dos empregados".[27] A maior parte dos centros de dados japoneses sobreviveu após o terremoto devastador que chocou o Japão em 2011 porque eles tiveram combustível suficiente para os geradores elétricos e os prédios com os centros de dados utilizavam técnicas de construção avançadas.[28] De acordo com o IDC Digital Universe Study, entretanto, somente cerca de um terço das informações digitais tinha um nível mínimo de segurança.[29]

MODELAGEM DE DADOS

MODELO DE DADOS: Um diagrama de entidades de dados e seus relacionamentos.

MODELAGEM DE DADOS EMPRESARIAIS: Modelagem de dados empresariais quando realizada em toda a organização.

DIAGRAMAS ENTIDADE-RELACIONAMENTO (ER, ENTITY-RELATIONSHIP (ER) DIAGRAMS): Modelos de dados que utilizam símbolos gráficos básicos para mostrar a organização e os relacionamentos entre os dados.

Ao organizar um banco de dados, as principais considerações incluem a determinação da data para a coleta, quem terá acesso ao banco de dados, como eles poderão querer utilizá-los e como será o desempenho da monitoração do banco de dados. A empresa de seguros James River Insurance, por exemplo, utiliza uma ferramenta de monitoração do banco de dados da Confio para melhorar o desempenho do banco de dados.[30] De acordo com o gestor da James River, "Muitas empresas sempre esperam até que um gargalo maior no banco de dados cause significantes problemas empresariais para que eles se conscientizem sobre a importância de instalar um programa de gestão de desempenho. A James River Insurance Company anteviu uma abordagem que a ajudaria a evitar problemas no banco de dados antes que eles causassem estragos em todo o ambiente de TI".[31]

Uma das ferramentas que os projetistas do banco de dados utilizam para mostrar as relações lógicas entre os dados é o modelo de dados. Um **modelo de dados** é um diagrama de entidades e seus relacionamentos. A modelagem envolve normalmente a compreensão de um problema empresarial específico e a análise de dados e informações necessárias para apresentar uma solução. Esse procedimento é chamado modelagem de dados empresariais quando é realizado em toda a organização. A **modelagem de dados empresariais** é uma abordagem que tem início com a investigação sobre as necessidades gerais dos dados e informações da empresa em nível estratégico para depois examinar os dados mais específicos e as necessidades de informação das áreas funcionais e departamentos dentro da empresa.[32] Diversos modelos têm sido desenvolvidos para ajudar gestores e projetistas de banco de dados a analisar as necessidades de dados e informações. Um diagrama de entidade-relacionamento é um exemplo de tal modelo de dados.

Os **diagramas entidade-relacionamento (ER, entity-relationship (ER) diagrams)** utilizam símbolos gráficos básicos para mostrar a organização e os relacionamentos entre os dados. Na maioria dos casos, as caixas nos diagramas ER indicam os itens de dados ou entidades contidos em tabelas de dados e os losangos apresentam as relações entre os itens de dados e as entidades. Em outras palavras, os diagramas ER mostram os itens de dados em tabelas (entidades) e suas relações.

Os diagramas ER auxiliam a garantir que as relações entre as entidades de dados em um banco de dados estejam corretamente estruturadas para que quaisquer programas aplicativos desenvolvidos sejam consistentes com as operações empresariais e as necessidades do usuário. Além disso, os diagramas ER podem servir como documentos de referência depois que um banco de dados estiver em uso. Se houver alterações no banco de dados, os diagramas ER ajudam a projetá-las. A Figura 5.6 apresenta um diagrama ER para um banco de dados de pedidos. Nesse projeto, um vendedor serve a muitos clientes. É um exemplo de um relacionamento "um para muitos", conforme indicado pelo símbolo "um para muitos" ("pés de galinha") mostrado na Figura 5.6. O diagrama ER também demonstra que cada cliente pode colocar um "pedido para muitos", que cada pedido inclui um pedido para muitos itens de linha e muitos itens de linha podem especificar o mesmo produto (um relacionamento muitos para um). Esse banco de dados também pode ter relacionamentos um para um, como um pedido que gere uma fatura.

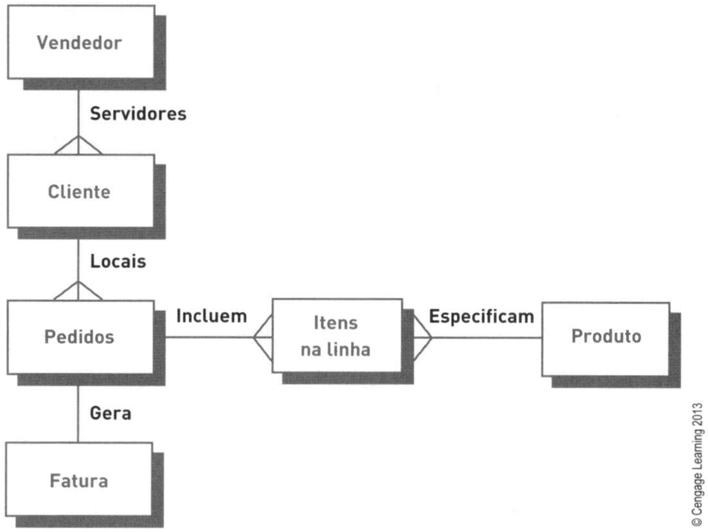

FIGURA 5.6
Diagrama entidade--relacionamento (ER) para um banco de dados sobre pedidos de um cliente.
O desenvolvimento de diagramas ER ajuda a assegurar que a estrutura lógica dos programas aplicativos seja consistente com os relacionamentos entre os dados no banco de dados.

O MODELO DE BANCO DE DADOS RELACIONAL

MODELO RELACIONAL: Modelo de banco de dados que descreve os dados nos quais todos os elementos são colocados em tabelas bidimensionais chamadas *relações*, que são o equivalente lógico dos arquivos.

Embora haja alguns modelos de banco de dados diferentes que incluem os arquivos simples, hierárquicos e modelos em rede, o modelo relacional tornou-se o mais popular e a sua utilização continuará a crescer. De acordo com o **modelo relacional**, em um banco de dados estruturado, todos os elementos dos dados são colocados em tabelas bidimensionais chamadas *relações*, que são o equivalente lógico dos arquivos. As tabelas nos bancos de dados relacionais organizam os dados em linhas e colunas ao simplificar o acesso e a manipulação dos dados. Normalmente, é mais fácil para os gestores entenderem o modelo relacional que outros modelos de banco de dados (veja a Figura 5.7).

Os bancos de dados baseados em um modelo relacional incluem IBM DB2, Oracle, Sybase, Microsoft SQL Server, Microsoft Access e MySQL. A Oracle é, atualmente, a líder de mercado de bancos de dados com propósitos gerais, com cerca de metade do mercado de banco de dados multibilionário.[33] A edição mais recente do banco de dados relacional da Oracle é altamente sofisticada e utiliza as grades de bancos de dados que permitem um único banco de dados rodar em um conjunto de computadores.[34] A Oracle também está envolvida nos sistemas para a manutenção dos bancos de dados para seus clientes com outras empresas especialistas em manutenção de banco de dados.[35]

DOMÍNIOS: Valores permissíveis para os atributos dos dados.

No modelo relacional, cada fileira em uma tabela representa uma entidade de dados (registro) e cada coluna da tabela representa um atributo (campo). Cada atributo pode aceitar somente certos valores. Os valores permissíveis para esses atributos são chamados **domínios**. O domínio para um atributo, em particular, indica quais valores podem ser colocados em cada coluna da tabela relacional. Por exemplo, o domínio para um atributo como gênero deve estar limitado a masculino e feminino. Um domínio para uma taxa de pagamento não deve incluir números negativos. Desse modo, a definição de um domínio pode aumentar a precisão dos dados.

Manipulação de dados

SELEÇÃO: Manipulação de dados para eliminar linhas de acordo com certos critérios.

Após dar entrada nos dados em um banco de dados relacional, os usuários podem consultar e analisar os dados. As manipulações básicas de dados incluem selecionar, projetar e reunir. **Seleção** envolve eliminar as linhas de acordo com certos critérios. Suponhamos que uma tabela de projeto contenha o número do projeto, a descrição e o número do departamento para todos os projetos que a empresa estiver realizando.

Tabela de dados 1: tabela do projeto

Projeto	Descrição	Nº do depto.
155	Folha de pagamento	257
498	Dispositivos	632
226	Manual de vendas	598

Tabela de dados 2: tabela do departamento

Departamento	Nome do depto.	Nº do CPF do gestor
257	Contabilidade	005-10-6321
632	Fabricação	549-77-1001
598	Marketing	098-40-1370

Tabela de dados 3: tabela do gestor

CPF	Sobrenome	Nome	Data de admissão	Nº do depto.
005-10-6321	Johns	Francine	07-10-1997	257
549-77-1001	Buckley	Bill	17-02-1979	632
098-40-1370	Fiske	Steven	05-01-1985	598

FIGURA 5.7
Modelo de banco de dados relacional. No modelo relacional, todos os elementos dos dados são colocados em tabelas bidimensionais ou relações. Tão logo eles compartilhem, no mínimo, um elemento comum, as relações podem ser vinculadas às informações úteis na saída.

O presidente da empresa pode querer encontrar o número do departamento para o Projeto 226, que é de um manual de vendas. Utilizando a seleção, o presidente pode eliminar todas as linhas, exceto aquela do Projeto 226 e verificar que o número do departamento que completa o projeto do manual de vendas é 598.

O **projeto** envolve a eliminação de colunas em uma tabela. Uma tabela de departamento, por exemplo, deve conter o número e o nome do departamento, além do número do CPF do gestor responsável pelo projeto. Um gestor de vendas pode querer criar uma nova tabela que contenha apenas o número do departamento e o número do CPF do gestor responsável pelo projeto do manual de vendas. O gestor de vendas pode utilizar uma projeção para eliminar a coluna com o nome do departamento e criar uma nova tabela que contenha apenas o número do departamento e seu CPF.

A **junção** envolve a combinação de duas ou mais tabelas. Pode-se combinar a tabela do projeto com a tabela do departamento para criar uma nova tabela com o número do projeto, sua descrição, o número e o nome do departamento e o CPF do gestor responsável pelo projeto.

PROJETO: Manipulação de dados para eliminar colunas em uma tabela.

JUNÇÃO: Manipulação de dados para combinar duas ou mais tabelas.

VINCULAÇÃO: Habilidade de combinar duas ou mais tabelas pelos atributos de dados comuns para formar uma nova tabela só com os únicos atributos de dados.

Desde que as tabelas compartilhem, pelo menos, um atributo de dado comum, as tabelas em um banco de dados relacional podem ser vinculadas para fornecer informações e relatórios úteis. A **vinculação** é a habilidade de combinar duas ou mais tabelas pelos atributos de dados comuns para formar uma nova tabela só com os únicos atributos de dados. É uma das chaves para a flexibilidade e a força dos bancos de dados relacionais. Suponhamos que o presidente de uma empresa queira descobrir o nome do gestor do projeto do manual de vendas e o período de tempo em que ele está na empresa. Consideremos ainda que a empresa possua as tabelas de gestor de departamento e projeto como apresentadas na Figura 5.7. A Figura 5.8 mostra as relações entre essas tabelas e um diagrama ER simplificado. Observe o "pé de galinha" na tabela do projeto. Isso indica que aquele departamento pode ter muitos projetos. O presidente faria uma consulta ao banco de dados, talvez, por meio de um computador pessoal. O DBMS daria início com a descrição do projeto e buscaria a tabela do projeto para descobrir o número do departamento do projeto. Utilizaria, então, o número do departamento para buscar na tabela do departamento o CPF do gestor. O número do departamento também está na tabela do departamento e é o elemento comum que conecta a tabela do projeto à tabela do departamento. O DBMS utiliza o CPF do gestor para procurar na tabela do gestor a data de contratação dele. O número do CPF do gestor é o elemento comum entre a tabela do departamento e a tabela do gestor. O resultado é que o nome e a data de admissão do gestor são apresentados ao presidente como resposta à solicitação (veja a Figura 5.9).

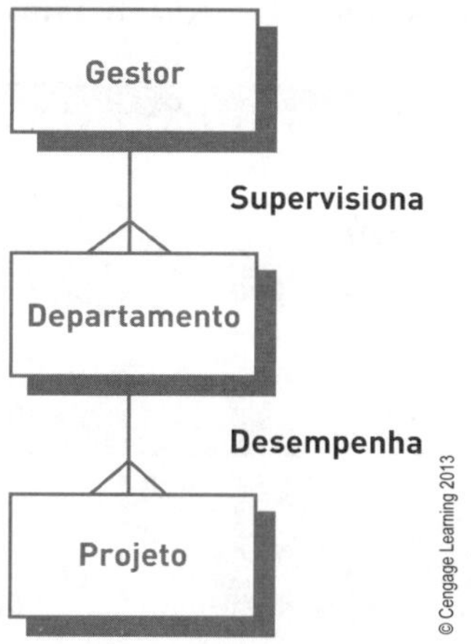

FIGURA 5.8 Diagrama ER simplificado mostrando o relacionamento entre as tabelas do gestor, do departamento e do projeto.

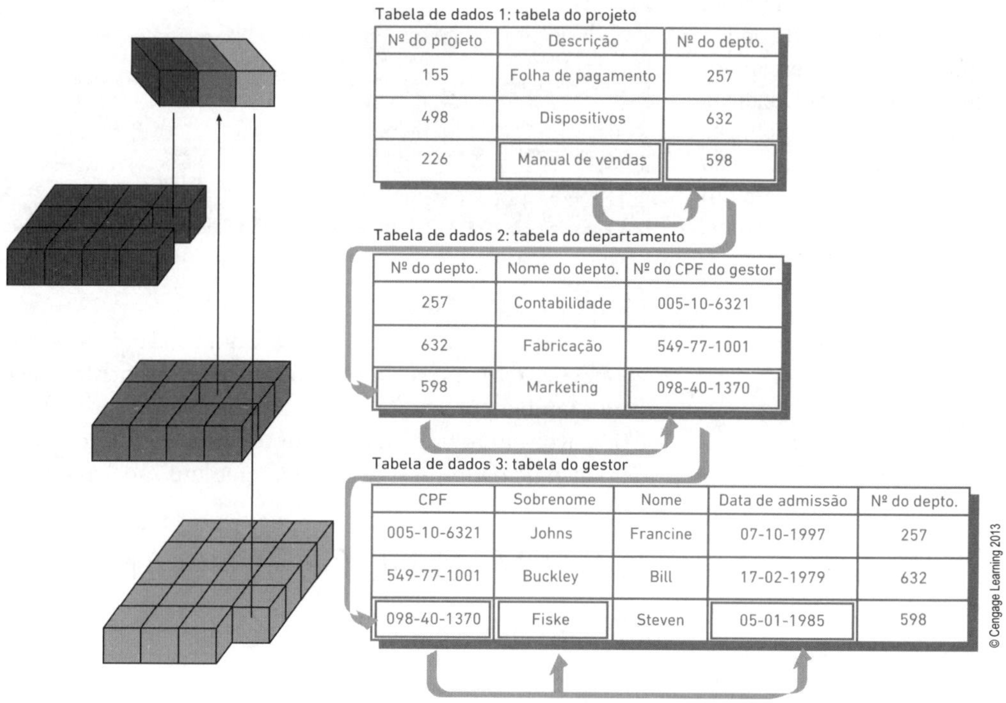

FIGURA 5.9 **Vinculação de tabelas de dados para responder a uma consulta.** Para encontrar o nome e a data de admissão do gestor que trabalha no projeto do manual de vendas, o presidente precisa de três tabelas: a do projeto, a do departamento e a do gestor. A descrição do projeto (manual de vendas) leva ao número do departamento (598) na tabela do projeto, que direciona ao CPF do gestor (098-40-1370) na tabela do departamento, que leva ao nome do gestor (Fiske) e à data de admissão (05-01-1985) na tabela do gestor.

Uma das principais vantagens de um banco de dados relacional é que ele permite que as tabelas sejam vinculadas, como apresentado na Figura 5.9. Essa vinculação reduz a redundância de dados e permite que os dados sejam organizados logicamente. A habilidade de vincular o CPF do gestor uma vez na tabela do gestor elimina a necessidade de armazená-lo inúmeras vezes na tabela do projeto.

O modelo do banco de dados relacional é de longe o mais utilizado. Ele é mais fácil de ser controlado, mais flexível e mais intuitivo que outros porque organiza os dados em tabelas. Como apresentado na Figura 5.10, um sistema de gestão de banco de dados relacional como o Access pode ser utilizado para armazenar dados em séries e colunas. Na figura, as abas na parte superior do banco de dados do Access podem ser utilizadas para criar, editar e manipular o banco de dados. A capacidade de conectar as tabelas relacionais também permite aos usuários relacionar dados em novas formas sem precisar redefinir relacionamentos complexos. Por causa das vantagens do modelo relacional, muitas empresas utilizam-no para grandes bancos de dados corporativos nas áreas de marketing e contabilidade. O modelo relacional também pode ser utilizado em computadores pessoais e sistemas de mainframe. Uma empresa de reservas de viagens, por exemplo, pode desenvolver um sistema de precificação utilizando a tecnologia de banco de dados relacional, que pode lidar com milhões de consultas diárias on-line de empresas de viagens, como a Expedia, a Travelocity e a Orbitz.

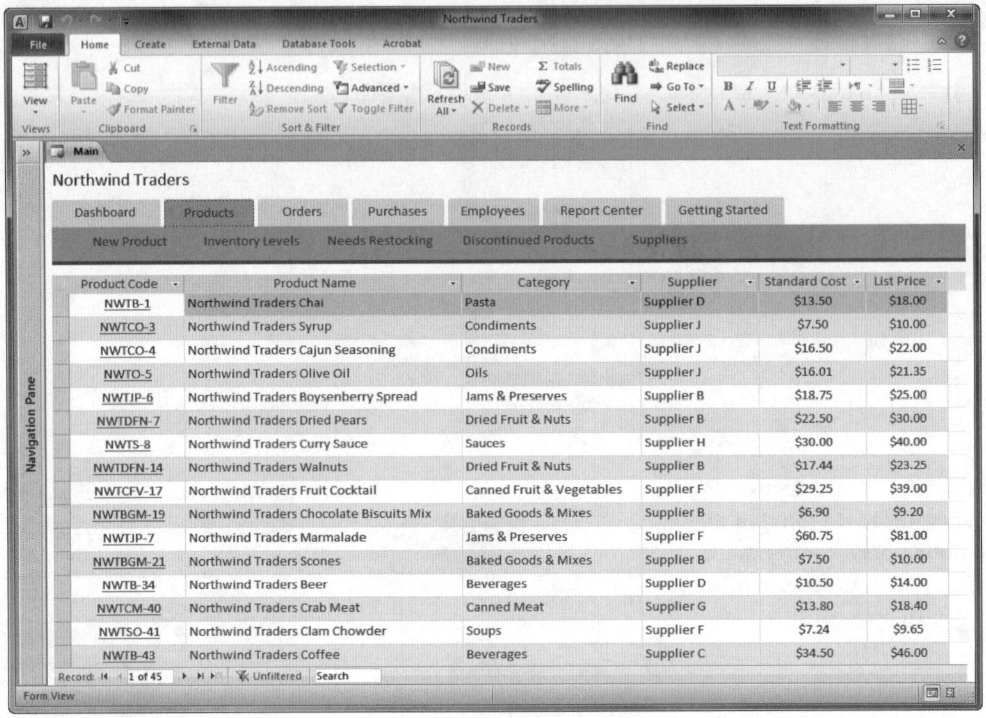

FIGURA 5.10
Elaboração e modificação de um banco de dados relacional.
Os bancos de dados relacionais proporcionam muitas ferramentas, dicas e atalhos para simplificar o processo de criação e modificação de um banco de dados.

Limpeza de dados

LIMPEZA DE DADOS: Processo de busca e reparo das inconsistências para garantir que os dados sejam precisos e completos.

Como visto no Capítulo 1, dados valiosos são exatos, completos, econômicos, flexíveis, confiáveis, relevantes, simples, oportunos, verificáveis, acessíveis e seguros. O banco de dados também precisa ser adequadamente projetado. A finalidade da **limpeza de dados** é desenvolver dados com essas características. Abordagens formais, como a *normalização de banco de dados*, são frequentemente utilizadas para resolver problemas com dados.

SISTEMAS DE GERENCIAMENTO DE BANCO DE DADOS

Criar e implantar o sistema correto de banco de dados garantem que ele subsidiará tanto as atividades quanto as metas do negócio. Mas como realmente criamos, implantamos, utilizamos e atualizamos um banco de dados? A resposta está no sistema de gerenciamento de banco de dados. Como já discutido, um DBMS é um grupo utilizado como interface entre um banco de dados e os programas aplicativos, ou um banco de dados e o usuário. As capacidades e os tipos de sistemas de banco de dados, no entanto, variam consideravelmente.[36]

VISÃO GERAL DOS TIPOS DE BANCO DE DADOS

Os sistemas de gerenciamento de banco de dados podem variar de pacotes de programas pequenos e de baixo custo até sistemas sofisticados de centenas de milhares de dólares. As seguintes seções discutem algumas alternativas populares (veja a Figura 5.11).

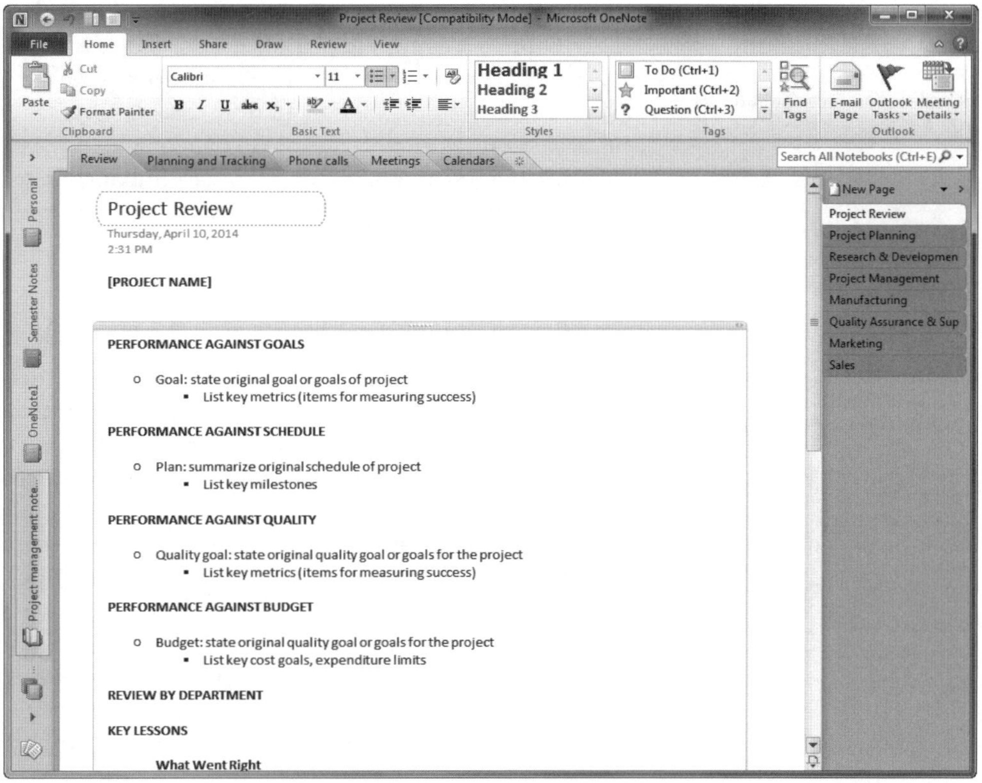

FIGURA 5.11
Microsoft OneNote.
O Microsoft OneNote 2013 permite que você junte qualquer tipo de informação e depois as recupere, copie e cole em outros aplicativos, como processadores de textos ou de planilhas.

Arquivo simples

Arquivo simples é um programa de banco de dados simples cujos registros não têm relação uns com os outros. É utilizado com frequência para armazenar e manipular uma única tabela ou arquivo; ele não usa nenhum dos modelos de banco de dados já discutidos, como o modelo relacional. Muitas planilhas e programas de processamento de textos possuem capacidade para arquivos simples. Esses pacotes de programas podem classificar tabelas e executar cálculos simples e comparações. O Microsoft OneNote 2013 é projetado para permitir que os usuários insiram ideias, pensamentos e notas em um arquivo simples.[37] Bem parecido com o OneNote, o EverNote é um serviço on-line para bancos de dados gratuito que pode armazenar notas e outros tipos de informação, como fotos, lembretes de voz ou notas escritas à mão.[38] O EverNote pode ser utilizado em computadores, smartphones, tablets e outros dispositivos móveis.[39]

Usuário individual

Um banco de dados instalado em um computador individual é projetado para um único usuário. O Access do Microsoft Office e o FileMaker Pro são projetados para apoiar as implementações de um único usuário. O InfoPath da Microsoft é outro exemplo de programa de banco de dados que atende a um único usuário.[40]

Usuários múltiplos

Pequenos, médios e grandes negócios necessitam de DBMS multiusuários para compartilhar informações com toda a organização por meio de uma rede. Os sistemas mais poderosos e caros permitem que dezenas ou centenas de usuários acessem o sistema de banco de dados ao mesmo tempo. Os fabricantes mais populares para sistemas de banco de dados para multiusuários são a Oracle, a Microsoft, a Sybase e a IBM. Muitos bancos de dados de usuários individuais, como o Microsoft Access, podem ser implantados para apoiar múltiplos usuários pela rede, embora sejam muitas vezes limitados na quantidade de usuários que podem suportar.

PROPORCIONANDO UMA VISÃO AO USUÁRIO

ESQUEMA:
Descrição de todo o banco de dados.

Como o DBMS é responsável pelo acesso ao banco de dados, uma das primeiras etapas na instalação e no uso de um grande banco de dados envolve a "informação" ao DBMS sobre a estrutura lógica e física dos dados e as relações entre os dados para cada usuário. Essa descrição é chamada **esquema** (como em um diagrama esquemático). Grandes sistemas de banco de dados, como a Oracle, utilizam esquemas para definir as tabelas e outras características do banco de dados associadas a uma pessoa ou a um usuário. Um esquema pode ser parte de um banco de dados ou um arquivo separado. O DBMS pode se referir a um esquema para localizar onde acessar os dados solicitados em relação à outra parte dos dados.

CRIAÇÃO E MODIFICAÇÃO DO BANCO DE DADOS

LINGUAGEM DE DEFINIÇÃO DE DADOS (DDL, DATA DEFINITION LANGUAGE):
Conjunto de instruções e comandos utilizado para definir e descrever dados e relacionamentos em determinado banco de dados.

Os esquemas são inseridos no DBMS (geralmente pela equipe do banco de dados) por uma linguagem de definição de dados. Uma **linguagem de definição de dados (DDL, data definition language)** é um conjunto de instruções e comandos utilizado para definir e descrever os dados e os relacionamentos em determinado banco de dados. Uma DDL permite que o criador do banco descreva os dados e os relacionamentos que devem estar contidos no esquema. Em geral, uma DDL descreve as etapas para o acesso e registros lógicos no banco de dados. A Figura 5.12 apresenta um exemplo simplificado de uma DDL utilizada para desenvolver um esquema geral. A utilização da letra *X* na Figura 5.12 indica onde devem ser encontradas as informações específicas relativas ao banco de dados. Descrições de arquivos, de área, de registros e de conjunto são termos que a DDL define e utiliza nesse exemplo. Outros termos e comandos podem ser usados conforme o DBMS empregado.

```
DESCRIÇÃO DE ESQUEMA
O NOME DO ESQUEMA É XXXX
AUTOR          XXXX
DATA           XXXX
DESCRIÇÃO DE ARQUIVO
      O NOME DO ARQUIVO É XXXX
        DESIGNAR XXXX
      O NOME DO ARQUIVO É XXXX
        DESIGNAR XXXX
DESCRIÇÃO DA ÁREA
      O NOME DA ÁREA É XXXX
DESCRIÇÃO DO REGISTRO
      O NOME DO REGISTRO É XXXX
      A ID DO REGISTRO É XXXX
      O MODO DA LOCALIZAÇÃO É XXXX
      DENTRO DE XXXX ÁREA DE XXXX ATÉ XXXX
DESCRIÇÃO DO CONJUNTO
      O NOME DO CONJUNTO É XXXX
      O PEDIDO É XXXX
      O MODO É XXXX
      O MEMBRO É XXXX
      .
      .
      .
```


FIGURA 5.12 Utilização da linguagem de definição de dados para definir um esquema.

Outra etapa importante na criação de um banco de dados é estabelecer um **dicionário de dados**, uma descrição detalhada de todos os dados utilizados em um banco de dados. O dicionário de dados contém o seguinte:

DICIONÁRIO DE DADOS:
Descrição detalhada de todos os dados utilizados no banco de dados.

- Nome do item do dado;
- Apelidos ou outros nomes que podem ser utilizados para descrever o item;
- Faixa de valores que pode ser utilizada;

- Tipo de dado (alfanumérico ou numérico);
- Quantidade de armazenamento necessária para o item;
- Anotação da pessoa responsável pela atualização e os vários usuários que podem acessá-la;
- Lista de relatórios que utilizam o item do dado.

Um dicionário de dados pode também incluir a descrição do fluxo de dados, o modo como os registros são organizados e as exigências do processamento de dados. A Figura 5.13 apresenta uma entrada típica para o dicionário de dados.

FABRICAÇÃO EM NORTHWESTERN

PREPARADO POR:	D. BORDWELL
DATA:	4 DE AGOSTO DE 2013
APROVADO POR:	J. EDWARDS
DATA:	13 DE OUTUBRO DE 2013
VERSÃO:	3.1
PÁGINA:	1 DE 1

NOME DO ELEMENTO DO DADO:	PEÇA Nº
DESCRIÇÃO:	NÚMERO DA PEÇA NO INVENTÁRIO
OUTROS NOMES:	PÇ. Nº
VALOR MÉDIO:	100 ATÉ 5 MIL
TIPO DE DADO:	NUMÉRICO
POSIÇÕES:	4 POSIÇÕES OU COLUNAS

FIGURA 5.13 Entradas típicas para o dicionário de dados.

As informações em um dicionário de dados para um número da peça, item e estoque podem incluir os seguintes dados:

- Nome da pessoa que fez o registro no dicionário de dados (D. Bordwell);
- Data em que o registro foi feito (4 de agosto de 2013);
- Nome da pessoa que aprovou o registro (J. Edwards);
- Data da aprovação (13 de outubro de 2013);
- Número da versão (3.1);
- Número de páginas utilizadas para o registro (1);
- Nome da peça (Peça nº);
- Outros nomes de peças que devem ser utilizados (Pç. nº);
- Média de valores (números de peças podem variar de 100 a 5 mil);
- Tipo de dado (numérico);
- Armazenamento necessário (quatro posições são necessárias para o número da peça).

Um dicionário de dados é vantajoso para manter um banco de dados eficiente que armazene informações confiáveis e sem redundâncias, tornando fácil alterar o banco de dados quando necessário. Ele também auxilia computador e programadores de sistemas que necessitam de descrições detalhadas dos elementos armazenados em um banco de dados para criar o código de acesso aos dados.

ARMAZENAMENTO E RECUPERAÇÃO DE DADOS

Uma das funções de um DBMS é ser uma interface entre um programa de aplicação e o banco de dados. Quando um programa de aplicação necessita de dados, ele os solicita por meio do DBMS. Suponhamos que, para calcular o preço total de um carro novo, um programa para um vendedor de automóveis precise de dados de preços em relação a uma opção de motor (seis cilindros em vez de quatro). O programa de aplicação exige esses dados do DBMS. Ao fazer isso, o programa aplicativo segue uma etapa lógica de acesso. Depois, o DBMS, trabalhando com diversos programas de sistemas, acessa um dispositivo de armazenamento, como as unidades de discos e os dispositivos de armazenamento em estado sólido (SSDs, solid-state storage devices), onde os dados são armazenados.[41] Quando o DBMS vai para esse dispositivo de armazenagem para recuperar os dados, ele segue uma trajetória até a localização física (trajetória do acesso físico), onde o preço para essa opção é armazenado. No exemplo do estabelecimento de preço, o DBMS deve ir para a unidade de disco para recuperar o dado de preço para os motores de seis cilindros. Essa relação é apresentada na Figura 5.14.

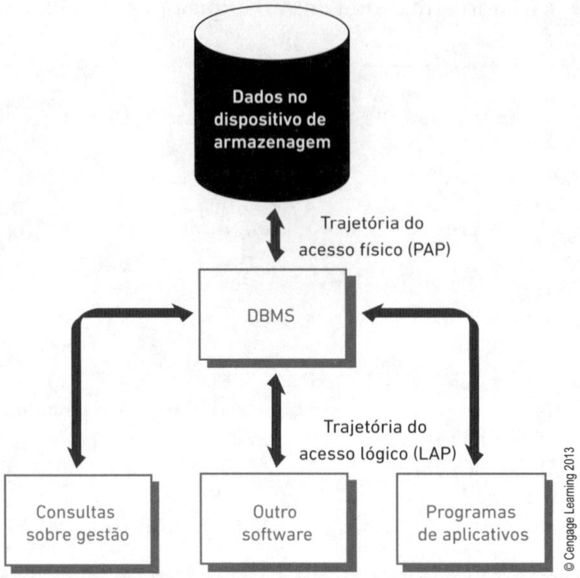

FIGURA 5.14 Trajetórias de acesso lógico e físico.

Esse mesmo processo é utilizado quando um usuário quer obter informações do banco de dados. Primeiro, ele solicita os dados do DBMS. Por exemplo: um usuário poderia dar um comando, como LISTE TODAS AS OPÇÕES PARA AS QUAIS O PREÇO É MAIOR QUE 200 DÓLARES. Esse é um caminho de acesso lógico (LAP, logical access path). Depois, o DBMS deve ir para a seção de opções de preço de um disco para obter a informação para o usuário. Esse é o caminho para o acesso físico (PAP, physical access path).

CONTROLE DE CONCORRÊNCIA: Método de lidar com uma situação na qual dois ou mais usuários ou aplicativos precisam de um registro ao mesmo tempo.

Haverá problemas se dois ou mais usuários ou programas tentarem acessar o mesmo registro no banco de dados ao mesmo tempo. Um programa de controle de estoque, por exemplo, deve tentar reduzir o estoque de um produto para dez unidades, porque essas dez acabaram de ser despachadas para um cliente. Ao mesmo tempo, um programa de compras deve tentar aumentar o estoque para o mesmo produto em 200 unidades, porque mais produtos foram recebidos. Sem um controle adequado do banco de dados, uma das atualizações do estoque pode estar incorreta, o que resultará em um estoque errado para o produto. O **controle de concorrência** pode ser utilizado para evitar esse possível problema. Uma abordagem é impedir o acesso de todos os outros programas aplicativos a um registro se ele estiver sendo atualizado ou utilizado por outro programa.

MANIPULAÇÃO DE DADOS E GERAÇÃO DE RELATÓRIOS

Depois que um DBMS for instalado, funcionários, gestores e clientes poderão utilizá-lo para revisar relatórios e obter informações importantes. Uma empresa pode atender facilmente a essa exigência com um DBMS. De acordo com um professor do MIT, os "CIOs podem se certificar de que os sistemas de informação estão disponíveis para anexar relatórios do campo ou notícias da mídia".[42]

Alguns bancos de dados utilizam o *Query by Example* (QBE, consulta por meio de exemplo), uma abordagem visual para desenvolver consultas ou solicitações do banco de dados. Do mesmo modo que o Windows e outros sistemas operacionais GUI, o usuário pode consultar e desempenhar outras tarefas abrindo janelas e clicando em dados ou outras características desejadas (veja a Figura 5.15).

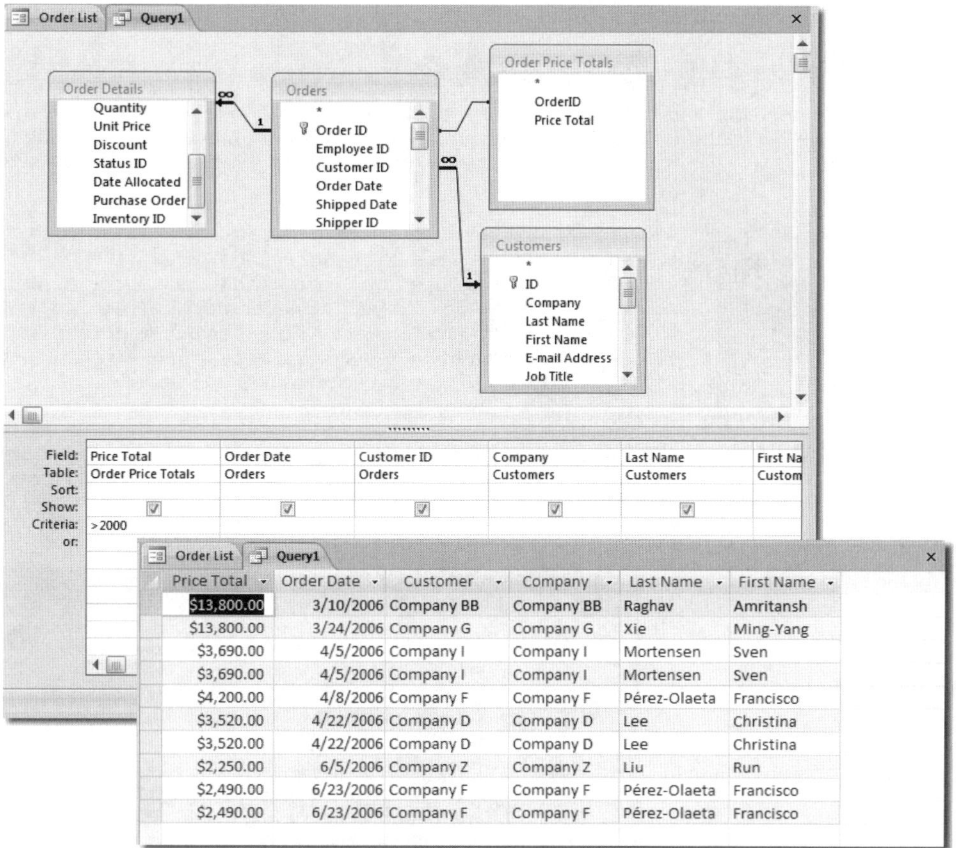

Usada com permissão da Microsoft

FIGURA 5.15
Consulta por meio de exemplo.
Alguns bancos de dados utilizam o Query by Example (QBE) para gerar relatórios e informações.

Em outros casos, os comandos do banco de dados podem ser utilizados em uma linguagem de programação. Os comandos C++, por exemplo, podem ser utilizados em programas simples que acessarão ou manipularão certas partes dos dados em um banco de dados. Outro exemplo de uma consulta de um DBMS é: SELECIONAR * DE FUNCIONÁRIO CUJA CLASSIFICAÇÃO DE TRABALHO = "C2". O asterisco (*) indica ao programa que ele deve incluir todas as colunas da tabela de FUNCIONÁRIOS. Em geral, os comandos utilizados para manipular o banco de dados são parte da **linguagem de manipulação de dados (DML, data manipulation language)**. Essa linguagem específica fornecida pelo DBMS permite aos gestores e outros usuários do banco de dados acessar, modificar e consultar os dados contidos no banco de dados para gerar relatórios. Novamente, os programas aplicativos passarão por meio de esquemas e do DBMS antes de conseguir realmente alcançar os dados fisicamente armazenados em um dispositivo como um disco.

LINGUAGEM DE MANIPULAÇÃO DE DADOS (DML, DATA MANIPULATION LANGUAGE): Linguagem específica fornecida pelo DBMS que permite aos gestores e outros usuários acessar e modificar dados, fazer consultas e gerar relatórios.

Na década de 1970, D. D. Chamberlain e outros do Laboratório de Pesquisas da IBM, em San Jose, na Califórnia, desenvolveram uma linguagem-padrão de manipulação de dados denominada *Structured Query Language* (SQL, linguagem de consulta estruturada). A consulta sobre FUNCIONÁRIOS apresentada anteriormente é escrita em SQL. Em 1986, o American National Standards Institute (ANSI) adotou a SQL como a linguagem-padrão de consulta para bancos de dados relacionais. Desde a aceitação da SQL pelo ANSI, o interesse em fazer dela uma parte integrante dos bancos de dados relacionais aumentou tanto em mainframe quanto nos computadores pessoais. A SQL possui muitas funções embutidas, como média (AVG), maior valor (MAX), menor valor (MIN) e outras. A Tabela 5.1 contém exemplos dos comandos da SQL.

A SQL permite que os programadores aprendam uma poderosa linguagem de consulta e a utilizem em sistemas que vão desde os PCs aos maiores computadores mainframe (veja a Figura 5.16). Programadores e usuários de bancos de dados consideram a SQL vantajosa porque as afirmações podem ser embutidas em diversas linguagens de programação muito utilizadas, como C++, Java e outras. Uma vez que a SQL utiliza procedimentos padronizados e simplificados para recuperar, armazenar e manipular dados em um sistema de banco de dados, uma linguagem popular de consulta de banco de dados pode ser fácil de entender e utilizar.

TABELA 5.1 Exemplos de comandos da SQL

Comando SQL	Descrição
SELECT NomeCliente, Débito FROM Cliente WHERE Débito > 1000	Esta consulta apresenta todos os clientes (NomeCliente) e o valor que eles devem à empresa (Débito) de uma planilha do banco de dados chamada "Clientes" para clientes que devem à empresa mais de $ 1.000 (WHERE Débito > 1000).
SELECT NomeCliente, NumCliente, NumPedido FROM Cliente, Pedido WHERE Cliente.NumCliente = Num Pedido.Cliente	Este é um exemplo de comando conjunto que combina dados de duas tabelas: a do cliente e a dos pedidos (FROM Cliente, Pedido). O comando cria uma nova tabela com o nome do cliente, número do cliente e número do pedido (SELECT NomeCliente, NumCliente, NumPedido). Ambas incluem o número do cliente, o que permite que sejam reunidas. Isso é indicado na frase WHERE, que declara que o número do cliente na tabela é o mesmo (igual a) do número do cliente na tabela do pedido (WHERE Cliente. NumCliente = NumPedido.Cliente)
GRANT INSERT ON Cliente TO Guthrie	Este comando é um exemplo de comando de segurança. Ele permite que Bob Guthrie insira novos valores ou linhas na tabela Clientes.

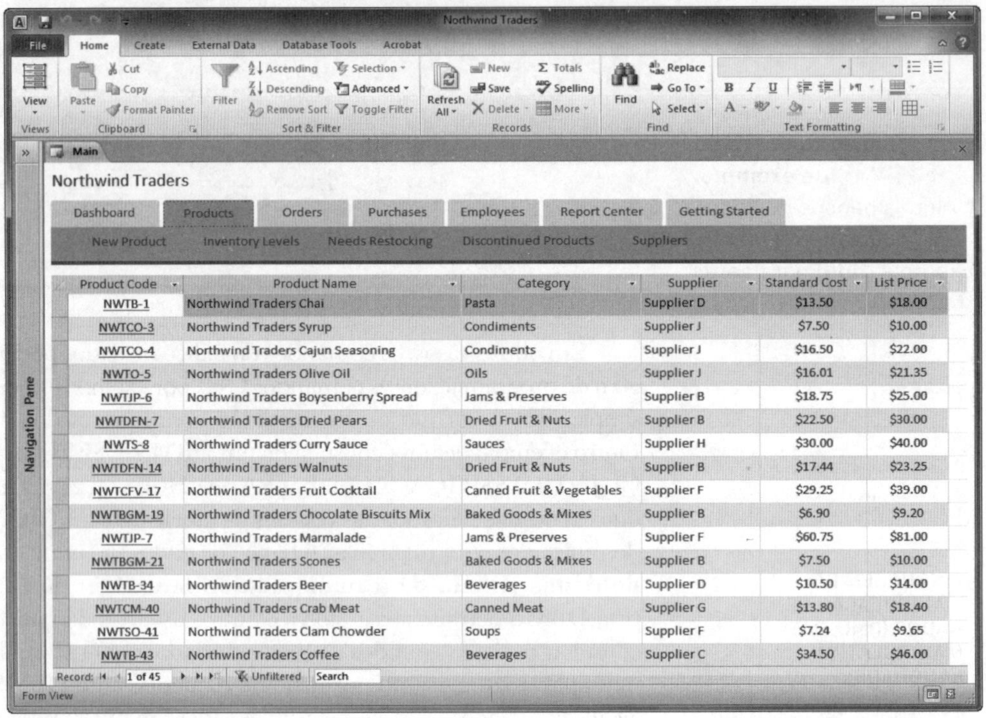

FIGURA 5.16
Linguagem SQL.
A Structured Query Language (SQL) se tornou parte integral da maioria dos bancos de dados relacionais conforme mostrado neste exemplo do Microsoft Access 2010.

Depois de o banco de dados ter sido instalado e carregado com dados, ele pode produzir os relatórios desejados, documentos e outras saídas (veja a Figura 5.17), que normalmente aparecem em monitores ou cópias impressas. As características de controle de saídas de um programa de banco de dados permitem a seleção dos registros e dos campos que constarão nos relatórios. Podem-se também realizar cálculos especificamente para o relatório ao manipular os campos do banco de dados. Formatar controles e opções de organização (como os cabeçalhos) auxilia a personalizar os relatórios e criar ferramentas para manuseio de informações flexíveis, convenientes e poderosas.

Um DBMS pode produzir uma grande variedade de documentos, relatórios e outras saídas para auxiliar as organizações a alcançar suas metas. Os relatórios mais comuns selecionam e organizam dados para apresentar informações resumidas sobre algum aspecto das operações da empresa. Os relatórios de contabilidade, por exemplo, resumem com frequência os dados financeiros de contas-correntes e débitos vencidos. Muitas empresas baseiam suas decisões operacionais rotineiras em relatórios com posições regulares que mostram o progresso de pedidos específicos até sua conclusão e entrega.

Monthly Sales Report

Monthly Sales Report

Sunday, July 29, 2013 5:36:07 PM

June, 2012

Product	Sales
Northwind Traders Boysenberry Spread	$2,250.00
Northwind Traders Dried Apples	$1,590.00
Northwind Traders Fruit Cocktail	$1,560.00
Northwind Traders Chocolate	$1,020.00
Northwind Traders Dried Pears	$900.00
Northwind Traders Cajun Seasoning	$660.00
Northwind Traders Coffee	$230.00
Northwind Traders Clam Chowder	$96.50
June Sales Total	$8,306.50

Page 1 of 1

FIGURA 5.17
Produção do banco de dados.
O aplicativo para o banco de dados oferece opções de formatação e organização sofisticadas para produzir a informação certa no formato certo.

ADMINISTRAÇÃO DO BANCO DE DADOS

Os sistemas de bancos de dados exigem um administrador de banco de dados (DBA, database administrator) habilitado, que tenha um entendimento claro do negócio fundamental da organização, domine a utilização dos sistemas de gerenciamento de banco de dados selecionado e que esteja em dia com as tecnologias emergentes e as novas abordagens de projeto. O papel do DBA é planejar, projetar, criar, operar, garantir, monitorar e manter os bancos de dados. Normalmente, esse DBA é graduado em ciências da computação ou sistemas de gestão de informações, além de possuir algum treinamento em serviço relacionado a um produto em particular do banco de dados ou larga experiência com uma variedade de produtos do banco de dados (veja a Figura 5.18).

FIGURA 5.18
Administrador de banco de dados.
O papel do administrador de banco de dados (DBA) é planejar, projetar, criar, operar, garantir, monitorar e manter os bancos de dados.

O DBA trabalha com os usuários para decidir sobre o conteúdo do banco de dados, ou seja, determinar exatamente quais entidades são de interesse e quais atributos sobre elas devem ser registrados. Portanto, a equipe fora do sistema de informação (SI) deve saber o que o administrador do banco de dados faz e por que essa função é importante. O DBA pode desempenhar um papel crucial no desenvolvimento de sistemas eficazes de informação para beneficiar a organização, os funcionários e os gestores.

Além disso, DBA trabalha com os programadores quando as aplicações são construídas para assegurar que os programas correspondam aos padrões e convenções do sistema de gerenciamento do banco de dados. Depois de o banco ser criado e de estar em operação, o DBA monitora os registros das operações quanto às violações de segurança. O desempenho do banco de dados é também monitorado para assegurar que o tempo de resposta do sistema atenda às necessidades dos usuários e que opere eficientemente. Se houver problema, o DBA tenta corrigi-lo antes que se torne mais sério.

Uma falha no banco de dados pode causar enormes prejuízos para um negócio, um governo ou uma organização sem fins lucrativos. Por exemplo, uma preocupação é de que o antigo sistema do banco de dados utilizado pela Administração do Seguro Social (SSA) possa ser vulnerável a uma interrupção ou falha no serviço.[43] De acordo com o inspetor geral do SSA, "Uma interrupção no serviço afetaria seriamente o público, atrasaria o pagamento dos benefícios aos cidadãos que dependem desses fundos em sua vida diária e prejudicaria a condição das pessoas para conseguir um emprego, carteira de motorista e até mesmo empréstimos ou financiamentos para imóveis". Uma falha mecânica, humana, do controlador, de vírus ou ataques podem paralisar a produção de uma empresa. A grande responsabilidade de um DBA é proteger o banco de dados de algum ataque ou qualquer outra forma de falha. Os DBAs utilizam programas de segurança, medidas preventivas e sistemas redundantes para manter a segurança e a acessibilidade dos dados.

ADMINISTRADOR DE DADOS: É o responsável, com uma posição não técnica, pela definição e pela implementação de princípios consistentes para uma variedade de questões relacionadas aos dados.

Algumas organizações também criaram uma posição não técnica, mas importante, chamada **administrador de dados**, que é o responsável pela definição e pela implantação de princípios consistentes para uma variedade de questões relacionadas aos dados, inclusive o estabelecimento de padrões e definições de dados que se aplicam a todos os bancos de uma organização. O administrador de dados assegura, por exemplo, que um termo como "cliente" seja definido e tratado consistentemente em todos os bancos de dados corporativos. Esse profissional também trabalha com os gestores do negócio para identificar quem deve ler ou atualizar o acesso a certos bancos de dados e para selecionar os atributos dentro desses bancos. Essa informação é então passada ao administrador do banco de dados para implantação. A posição de administrador do banco de dados pode ser de alto nível, reportando-se aos gestores superiores.

SISTEMAS DE GERENCIAMENTO DE BANCOS DE DADOS POPULARES

Alguns DBMSs populares para usuários únicos incluem o Microsoft Access e o FileMaker Pro. O mercado completo de DBMS abrange os softwares utilizados por programadores profissionais que operam computadores de porte médio, mainframes e supercomputadores. O mercado total gera um lucro bilionário para empresas como IBM, Oracle e Microsoft.

Como outros softwares, existem sistemas de banco de dados com código aberto disponíveis, como o PostgreSQL e o MySQL. O CouchDB da Couchbase é outro exemplo de sistema de base de dados com código aberto utilizado pela Zynga e outros.[44] A Zynga, empresa desenvolvedora do famoso jogo popular da internet Farmville, utiliza o CouchDB para processar 250 milhões de visitantes por mês.[45] O Apache Hadoop é um banco de dados com fonte aberta que pode ser usado para gerir grandes bancos de dados desestruturados em conjunto com sistemas de gestão de bancos relacionais tradicionais (RDBMSs, relational database management systems).[46] O JP Morgan Chase, por exemplo, utiliza o Hadoop para a detecção de fraudes e gestão de riscos de seu sistema de informações.[47] A IBM, a Google, o *New York Times* e muitas outras empresas também o utilizam.[48] O programa com fonte aberta é descrito no Capítulo 4.

Há também uma nova forma de sistema de banco de dados: o *Database as a Service* (DaaS, banco de dados como serviço), conhecido também como Database 2.0. O DaaS é similar ao programa como um serviço (SaaS). É importante notar que um sistema SaaS é aquele em que o programa fica armazenado nos servidores de um fornecedor de serviço e é acessado pela empresa cliente por uma rede. No DaaS, o banco de dados é armazenado nos servidores de um fornecedor de serviço e acessado pelo cliente por meio de uma rede, normalmente a internet.[49] No DaaS, a administração do banco de dados é feita por um provedor de serviços. O SaaS e o DaaS são parte de uma tendência maior de computação em nuvem. Lembre-se do Capítulo 3, no qual a computação em nuvem utiliza um aglomerado gigante de computadores que roda aplicativos de alto desempenho. Na nuvem computacional, todos os sistemas de informação e dados são mantidos e administrados por provedores de serviços e entregues por meio da internet. A Apple Computer, por exemplo, desenvolveu um serviço chamado iCloud para permitir que as pessoas guardem suas músicas e outros documentos na internet.[50] A Box.net permite que as pessoas guardem, sincronizem e compartilhem informações e documentos na internet.[51] A Oracle e outras empresas de bancos de dados também aderiram ao conceito.[52]

Mais de uma dúzia de empresas, entre elas gigantes como Google, Microsoft, Oracle, Amazon, Intuit, MyOwnDB e Trackvia, estão se movendo na direção do DaaS. O DaaS da Oracle combina a computação em nuvem com a computação e a virtualização na matriz, discutida a seguir, para proporcionar soluções baratas, confiáveis e escalonáveis. A Oracle proporciona ambas as nuvens privativas, acessíveis somente aos usuários da rede privada, e as nuvens públicas, acessíveis ao público em geral.[53] A Razorfish, uma empresa comercial de anúncios digitais, utiliza o serviço de Nuvem Elástica da Amazon para coletar e analisar dados (não pessoalmente identificáveis) de sessões de pesquisas para desenvolver campanhas comerciais efetivas.[54] A Procter & Gamble consolidou centenas de projetos em um único banco de dados na nuvem que economizou custos operacionais e reduziu o tempo de reuniões e de inserção de dados para os empregados.[55]

VIRTUALIZAÇÃO DO BANCO DE DADOS

A virtualização já foi introduzida no Capítulo 3 e discutida rapidamente no Capítulo 4. Conforme mencionado no Capítulo 3, um servidor virtual é um método de dividir logicamente os recursos de um servidor físico para criar servidores lógicos múltiplos, cada um atuando como sua própria máquina dedicada.[56] No Capítulo 4, mencionamos que as ferramentas da virtualização permitem que diversos sistemas operacionais rodem em um único servidor com características avançadas de segurança e um forte suporte administrativo. A *virtualização do banco de dados* utiliza servidores e sistemas operacionais virtuais para permitir que dois ou mais sistemas de bancos de dados, inclusive servidores e sistemas de gerenciamento de bancos de dados (DBMSs), atuem como um sistema de banco de dados unificado. Um banco de dados virtual age independentemente dos servidores físicos, disk drives e outros componentes do banco de dados instalados em qualquer parte do mundo. A virtualização permite que as empresas utilizem seus recursos eficientemente, reduzam os custos e forneçam melhor acesso às informações críticas. Os aplicativos do banco de dados podem ser customizados e objetivados para usuários individuais sem ter de se adequar e ou se limitar ao equipamento físico.[57]

A virtualização do banco de dados, entretanto, apresenta alguns desafios e preocupações, como a segurança.[58,59] Há um relato sobre um empregado demitido que foi capaz de acessar um banco de dados virtual e deletar importantes aplicativos, e-mails e outros documentos, dando um prejuízo de cerca de $ 800 mil, de acordo com o FBI.[60] As empresas podem utilizar um número variado de abordagens para evitar problemas de segurança. Todas as camadas ou componentes de um banco de dados virtual devem ser protegidos com firewalls, identificações (IDs), senhas e outras abordagens similares. O acesso de empregados a um banco de dados virtual pode ser limitado a certos aspectos ou áreas. Todos os componentes físicos do banco de dados virtual, como servidores e redes, devem ser completamente segurados também. O backup dos bancos de dados virtuais também é uma questão importante.[61] Arquivos de discos e outros componentes físicos de equipamento devem ter procedimentos adequados de backup. Algumas empresas que utilizam bancos de dados virtuais têm dois ou mais centros de dados que fazem backup entre si.[62] Recuperar-se após desastres naturais e causados pelo ser humano também é uma questão importante.[63] Em vez de equipamentos e programas tradicionais de recuperação, devem-se utilizar softwares especializados de recuperação e procedimentos virtuais para bancos de dados. Empresas como a Acronis fornecem esse tipo de ferramenta específica.[64]

SISTEMAS DE BANCO DE DADOS COM PROPÓSITO ESPECIAL

Além dos sistemas de gerenciamento de bancos de dados populares já discutidos, alguns pacotes especializados são utilizados com objetivos em setores específicos. Os NoSQL (Not only SQL) são sistemas de gestão de bancos de dados que podem manejar ou acomodar dados que não se encaixam nas tabelas requeridas pelos bancos relacionais tradicionais discutidos anteriormente. Muitos bancos de dados NoSQL são de fonte aberta, como o Hadoop, o Cassandra, o Hypertable e outros.[65] Outro exemplo é o programa iTunes da Apple, que utiliza um sistema de banco de dados com propósito especial que inclui campos para o nome da música, avaliação, tamanho de arquivo, tempo, artista, álbum e gênero. Quando os usuários do iTunes vão à loja virtual e procuram por algum artista, eles acessam na verdade o banco de dados da central iTunes (veja a Figura 5.19).

FIGURA 5.19
Banco de dados do iTunes.
O programa iTunes da Apple utiliza um banco de dados para catalogar e acessar música.

UTILIZAÇÃO DOS BANCOS DE DADOS COM OUTROS SOFTWARES

Os sistemas de gerenciamento de bancos de dados são frequentemente utilizados com outros softwares ou com a internet. Um DBMS pode agir como aplicativo front-end (de interação com os usuários) ou aplicativo back-end (de retaguarda). Um *aplicativo front-end* é aquele com o qual as pessoas interagem diretamente. Com frequência, pesquisadores de mercado utilizam um banco de dados como um front-end para programas de análise estatística. Os analistas entram com os resultados dos questionários de mercado ou estudos em um banco de dados. O dado é transferido para um programa de análise estatística para determinar o potencial de um novo produto ou a efetividade de uma campanha publicitária. Um *aplicativo back-end* interage diretamente com outros programas ou aplicativos, mas apenas indiretamente com pessoas ou usuários. Quando as pessoas solicitam informações a um site, este pode interagir com um banco de dados (o back-end) que fornece as informações desejadas. Por exemplo, esse site pode se conectar a um site de uma universidade para descobrir se a biblioteca possui um livro que se deseja ler. O site então interage com um banco de dados que contém um catálogo de livros e artigos da biblioteca para determinar se o livro procurado está disponível (veja a Figura 5.20).

@ SISTEMAS DE INFORMAÇÃO NO TRABALHO

Gerenciar o banco de dados: ele não pode parar

Um banco de dados é como qualquer outro ativo na organização: alguém deve supervisioná-lo para que a organização obtenha o maior valor de seu investimento. Como você leu neste capítulo, o responsável por essa tarefa é o administrador do banco de dados (DBA).

Em uma companhia como a Vodafone, a administração do banco de dados é um trabalho imenso. A Vodafone é uma das maiores empresas de comunicação móvel do mundo, com operações na Europa, no Oriente Médio, na África, no Pacífico Asiático e nos Estados Unidos (onde possui 45% da Verizon Wireless). Ela proporciona serviços na área de comunicações para 391 milhões de clientes de dispositivos móveis registrados.

Só na Europa, a Vodafone possui 3.650 bancos de dados da Oracle. Esses bancos dão suporte a aplicativos primordiais, como serviços na web, lojas on-line, caixas eletrônicos (ATMs, automated teller machine), recompra de celulares pré-pagos (refils) e sistema de faturamento.

A Vodafone precisava gerir esses bancos de dados eficientemente sem aumentar o número de funcionários. Ela queria se tornar proativa em gerenciamento de banco de dados para melhorar a estabilidade e a disponibilidade do sistema. Os desafios específicos eram:

- Melhorar os relatórios para garantir que as questões de configuração do banco de dados fossem assinaladas e resolvidas antes que se tornassem maiores e afetassem a experiência de clientes.
- Melhorar a disponibilidade e a estabilidade do sistema para garantir que os aplicativos primordiais ao negócio (faturamento, serviços na web e o varejo) estivessem sempre disponíveis.
- Proporcionar acesso mais rápido aos especialistas do suporte do cliente a fim de agilizar a resolução de problemas.

Felizmente, os DBAs não precisam entrar nessa luta desarmados. A mesma tecnologia que motivou tais necessidades também ajuda as empresas a lidarem com elas. A solução adotada pela Vodafone (que já é uma usuária de software de gerenciamento de banco de dados da Oracle) é o Oracle Enterprise Manager (Gestor de Empreendimento Oracle), agora na versão 12c. Outros fornecedores de bancos de dados têm produtos correspondentes.

Por exemplo, o Enterprise Manager 12c tem um módulo chamado monitor de diagnóstico automático de bancos de dados (ADDM, automatic database diagnostic monitor). O propósito desse módulo é diagnosticar os motivos da lentidão de um sistema, tarefa que consume muito tempo dos DBAs. O ADDM dedica-se a atividades que consomem mais tempo em um banco de dados. Ele detalha uma árvore de classificação de problema para encontrar suas causas. A função do ADDM é descobrir o que há por trás do desempenho dos problemas que simplesmente relatar sintomas. Cada descoberta do ADDM tem um impacto e uma medida de benefício associado para medir as questões e responder às mais críticas em primeiro lugar. Para melhor entender o efeito das descobertas temporais, cada uma tem uma descrição que os DBAs podem utilizar para aplicar filtros, pesquisar dados e recuperar ocorrências anteriores às últimas 24 horas.

A Vodafone iniciou um projeto piloto utilizando o Enterprise Manager 12c em 108 de seus bancos de dados, pouco menos de 3% do total, no terceiro trimestre de 2011. Com os dados do projeto piloto, a empresa calculou que precisaria de 85 DBAs na Europa para todos os bancos de dados em uma média de 43 bancos de dados cada, ou seja, menos de uma hora por semana por banco de dados. A redução no período gasto das tarefas técnicas liberou tempo para as atividades de geração de negócios, como projetar soluções melhoradas para necessidades.

Por meio dos serviços de suporte da Oracle e do Enterprise Manager 12c, "nós melhoramos os tempos de resposta em mais de 50% e estamos muito mais proativos, reparando as questões antes que eles se tornem problemas para os nossos clientes", informou Peter O'Brien, gestor de tecnologia e serviços de infraestrutura para os produtos da Oracle na Vodafone. A utilização plena das ferramentas de suporte tecnológico claramente traz bons resultados ao negócio.

Questões para discussão

1. Os produtos de suporte ao banco de dados não são intercambiáveis: cada software de suporte ao fornecedor é projetado para trabalhar com seus bancos de dados. Como você abordaria o problema da seleção do fornecedor do banco de dados se um deles tivesse o melhor software para suporte, mas fosse deficiente em outras áreas? Ou se o banco de dados fosse o mais caro?
2. Os clientes da Vodafone fazem ligações ao celular a qualquer hora. Essa utilização significa que pelo menos alguns de seus bancos de dados devem ficar disponíveis durante 24 horas. A inatividade durante mais de alguns segundos faria a Vodafone perder muitos clientes. Por contraste, sua escola sobreviveria a uma inatividade durante muitos minutos e até algumas horas do banco de dados com apenas um pequeno prejuízo, além do aborrecimento. Sua escola deveria investir em um produto como o Enterprise Manager (gestor de empreendimento)?

Questões para análise

1. Você gostaria de ser um administrador de bancos de dados? Você acha que seria um bom profissional nessa atividade? Explique por quê.
2. Baseado na descrição da diferença entre as funções de administrador de bancos de dados e de administrador de dados, um administrador de dados utilizaria um produto como o Enterprise Manager (gestor de empreendimento)? Por quê?

Fontes: Site da Oracle Enterprise Manager 12c for Database Management, *www.oracle.com/technetwork/oem/dbmgmt/dbmgmt093445.html*, acesso em: 5 maio 2012; Staff, "Vodafone Group plc Embraces Proactive Support, Improving Pan-European Database Performance to Ensure Reliable Mobile Communications for 391 Million Customers", Oracle, www.oracle.com/us/corporate/customers/customersearch/vodafonegroup1dbss1530452.html, acesso em: 22 fev. 2012; Site da Vodafone, www.vodafone.com, acesso em: 5 maio 2012.

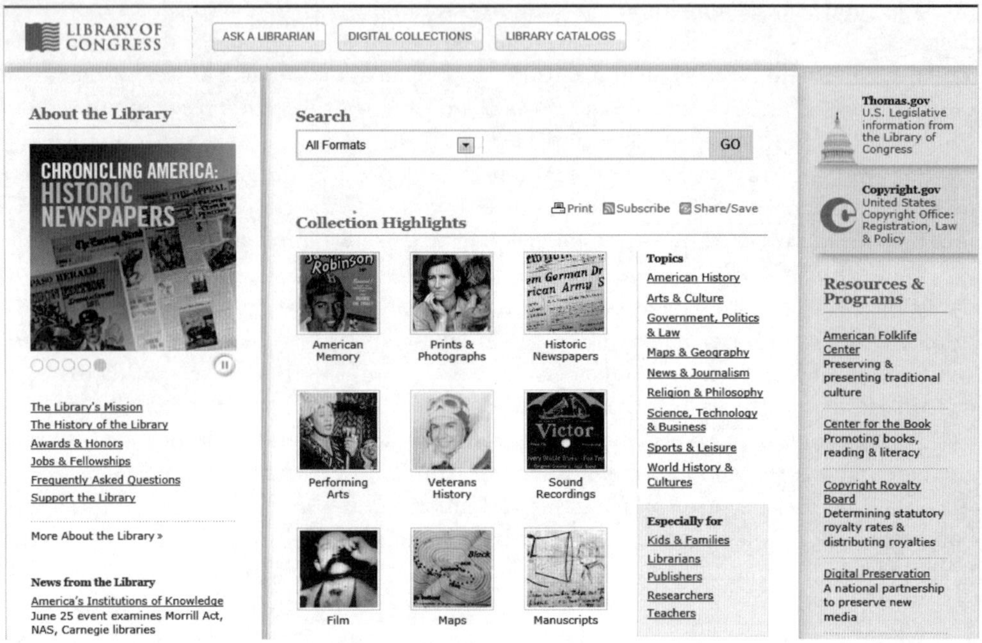

www.loc.gov

FIGURA 5.20
Site da Biblioteca do Congresso (Estados Unidos).
A Biblioteca do Congresso (LOC) fornece acesso a seu banco de dados via web, que inclui referências a livros e mídia digital em sua coleção.

APLICATIVOS DE BANCOS DE DADOS

Atualmente, os aplicativos para banco de dados manipulam seus conteúdos para produzir informações úteis. Eles permitem que as organizações armazenem e utilizem uma grande quantidade de dados não estruturados (os chamados big data). Esses aplicativos possibilitam que os usuários conectem os bancos de dados da empresa com a internet, configurem depósitos de dados e mercados, utilizem bancos de dados para inteligência de negócios estratégicos, insiram dados em lugares diferentes, utilizem o processamento on-line, abram padrões de conectividade para uma produtividade aumentada, desenvolvam bancos de dados com a abordagem orientada a objetos, além de buscarem e utilizarem dados não estruturados, como gráficos, áudio e vídeo.

APLICATIVOS PARA BIG DATA

No passado, as empresas colecionavam, armazenavam e processavam dados de seus sistemas de processamentos de transações. É assim ainda hoje, mas as empresas estão colecionando cada vez mais quantidades de dados não estruturados de outras fontes, como internet, fotos, vídeos, áudio, redes sociais e sensores. Esses são frequentemente chamados *big data* – grandes quantidades de dados não estruturados que são difíceis ou impossíveis de capturar, armazenar e manipular com os sistemas de gerenciamento de bancos de dados tradicionais.

Essa grande quantidade de dados não estruturados pode fornecer informações valiosas para as empresas atingirem seus objetivos.[66] O big data, por exemplo, pode revelar quais são os clientes mais inclinados a comprar os produtos e serviços de seu negócio. Eles podem identificar onde e quando os indivíduos fazem suas compras, além de determinar o preço que pretendem pagar por um produto ou serviço. Com base nas análises feitas no big data, algumas empresas estão começando a oferecer preços distintos para diferentes clientes de acordo com o que talvez eles queiram pagar, algo que pode aumentar as rendas e lucros totais. "Essa é uma oportunidade de entrar no escritório do CEO e dizer: eu posso mudar este negócio e fornecer conhecimento nas pontas de seus dedos em questão de segundos por um preço que eu não poderia nem pensar há cinco anos", afirma o CIO da Catalina Marketing.[67]

Enquanto algumas empresas têm tentado utilizar sistemas de gerenciamento de banco de dados relacionais tradicionais, já discutidos neste capítulo, as ferramentas especiais para hardware e software do big data podem ser mais efetivas e eficientes. O Hadoop, já comentado anteriormente, pode ser empregado para armazenar, organizar e analisar big data. O Yahoo, por exemplo, utilizou o Hadoop para coletar e analisar exabytes (milhões de terabytes) de dados.[68] A Oracle desenvolveu seu Big Data Appliance, que é uma combinação de hardware e software especificamente projetada para capturar, armazenar e analisar enormes quantidades de dados não estruturados. A SAS também suporta a análise do big data. A IBM desenvolveu o InfoSphere BigInsights com base no programa para bancos de dados do Hadoop, de fonte aberta. A IBM também oferece as BigSheets, que ajudam as empresas a analisar continuamente os dados criados.

Entretanto, nem todos estão felizes com os aplicativos para big data. Algumas pessoas têm preocupações com a privacidade, pois as empresas estão colhendo imensas quantidades de dados pessoais que podem ser compartilhados com outras empresas. Com todos esses dados, as empresas podem desenvolver perfis extensivos de usuários sem o conhecimento ou o consentimento deles. O big data também gera preocupações sobre segurança. Pode uma empresa manter seu big data seguro de seus concorrentes e hackers maliciosos? Alguns especialistas acreditam que as empresas que coletam e armazenam big data poderiam ser mais receptivas às ações de responsabilidade civil por parte dos indivíduos e empresas. Mesmo com possíveis desvantagens, elas estão optando pelo big data com suas riquezas escondidas de informações e novos aplicativos.

CONECTANDO O BANCO DE DADOS DA EMPRESA À INTERNET E AOS DISPOSITIVOS MÓVEIS

A habilidade de conectar os bancos de dados à sua estrutura é uma das razões da popularidade da internet. Uma grande porcentagem dos bancos de dados corporativos é acessada por ela com um buscador padrão da web. Ser capaz de acessar os dados de uma conta bancária, transcrições de alunos, contas de cartão de crédito, catálogos de produtos e um hospedeiro de outros dados on-line torna-se conveniente para os usuários individuais e aumenta a eficácia e a eficiência dos empreendimentos e das organizações. A Amazon.com, o eHarmony.com, o eBay e outras empresas ganharam bilhões de dólares ao combinar banco de dados, internet e modelos inteligentes de negócios. É claro que a segurança é sempre uma preocupação quando se vincula o banco de dados à internet. Para proteger a privacidade dos clientes e segurar seus bancos de dados, a Blue Cross e a Blue Shield, por exemplo, gastaram cerca de $ 6 milhões na encriptação dos dados armazenados em seus bancos.[69]

O desenvolvimento de uma integração perfeita dos bancos de dados com a internet é muitas vezes chamado *web semântica*.[70] Uma web semântica proporciona metadados com todo o conteúdo da web usando a tecnologia conhecida como Resource Description Framework (RDF).[71] O resultado é uma web mais organizada, que atua como um megassistema de bancos de dados. O World Wide Web Consortium (W3C) estabeleceu padrões, incluindo uma RDF, para uma web semântica na esperança de trazer mais fornecedores de conteúdo para a rede. Outras ferramentas para bancos de dados, como produtos para a fusão de dados autorizados pela TLO (Technology Licensing Organization, organização de licenciamento tecnológico), permitem que as empresas se conectem a diferentes bancos de dados públicos e privados, tornando-os fáceis de usar e pesquisar.[72]

QUESTÕES ÉTICAS E SOCIAIS

A HanaTour reforça a segurança do banco de dados

A coreana HanaTour International Service é a maior fornecedora de serviços de viagens internacionais e passagens aéreas da Coreia do Sul. Emprega quase 2 mil pessoas dentro e fora do país para fornecer aos seus clientes informações sobre viagens para 26 regiões do mundo.

Quando os clientes da HanaTour querem reservar uma viagem, eles informam à empresa seus dados pessoais, como endereço, números de telefones para contato, data de nascimento, número de passaporte e informações sobre pagamento. Esses detalhes, junto com a empresa aérea escolhida pelo cliente e as reservas com os itinerários da viagem, são armazenados no banco de dados. A natureza confidencial dessas informações significa que a HanaTour deve ter medidas de segurança para proteger o banco de dados de acessos não autorizados.

Além desses requisitos comerciais, a HanaTour tem de atender ao Electronic Communication Privacy Act (Lei de Privacidade na Comunicação Eletrônica) da Coreia do Sul. Essa lei exige que as indústrias tomem medidas para proteger a privacidade das informações pessoais de seus clientes. Portanto, proteger os dados do cliente é tanto um bom negócio quanto um requisito legal.

Mesmo sem um mandado judicial, a segurança de dados é importante pelas seguintes razões:

- **Construção** da confiança do cliente. Clientes que confiam em uma empresa sempre retornam.
- **Garantia da privacidade**. Uma empresa não pode garantir a privacidade se ela não tem segurança.
- **Corte de gastos desnecessários**. Violações de segurança podem ser caras tanto diretamente em termos de despesas legais e compensação ao cliente quanto indiretamente em termos de perdas de lucros dos clientes que vão para outros locais.
- **Manutenção de uma imagem pública positiva**. Com tanta publicidade sobre violações de bancos de dados, um forte esquema de segurança protegerá a reputação de uma empresa.
- **Obtenção de uma vantagem competitiva**. A reputação de uma empresa quanto à segurança de dados ajuda a aumentar as forças competitivas da rivalidade com os concorrentes já existentes e erguer barreiras para os novos, conforme você já leu no Capítulo 2.

Entre as ações que a HanaTour tomou para melhorar a segurança de seus bancos de dados estavam:

- Encriptação no banco e na transmissão de dados.
- Implementação do controle de acesso baseada nas autorizações individuais e tarefas designadas.
- Desencorajamento de ataques de hackers por bloqueio do acesso ao banco de dados, mesmo se um hacker conseguir privilégios de administrador de nível superior para o sistema.
- Criação de uma trilha de auditoria para o acesso ao banco de dados e reconhecimento de atividades suspeitas a fim de que as ações sejam tomadas imediatamente.
- Implementação de relatórios para mostrar a adequação aos requisitos de segurança.
- Informação da auditoria utilizada para desenvolver planos de segurança adicionais.

Como a maioria das pequenas e médias empresas, a HanaTour não necessita das habilidades que essa atualização da segurança exige de forma integral e permanente. Em vez de admitir e treinar funcionários para enfrentar as necessidades em curto prazo e depois dispensá-los ou encontrar outra função para esses empregados, ela contratou especialistas da empresa de bancos de dados coreana Wizbase. Como a HanaTour já tinha trabalhado com a Wizbase, não foi necessário perder tempo para explicar como a empresa funcionava.

QUESTÕES ÉTICAS E SOCIAIS

O resultado líquido dessas ações foi tornar muito mais difícil para pessoas não autorizadas ver quaisquer informações pessoais que os clientes da HanaTour forneciam. Será que isso ajudou a HanaTour? De acordo com Kim Jin-hwan, diretor do departamento de TI da HanaTour, "Nosso negócio é baseado em serviço. Nós não queremos que aconteça nada de errado ou venha a incomodar as férias dos nossos clientes. Dados perdidos ou quaisquer interrupções em nosso sistema afetariam nossa capacidade de proporcionar um ótimo serviço. Nós atualizamos nosso banco de dados para melhorar o desempenho e aproveitar as características do novo sistema de segurança, o que minimiza os riscos de perda de dados confidenciais do cliente e fortalecem nosso banco de dados e sistemas contra acessos ilegais".

Questões para discussão

1. Do lado do usuário, Mr. Kim disse que a HanaTour atualizou seu programa de gerenciamento de banco de dados para a última versão em razão das melhores características de segurança. Quais são algumas das possíveis desvantagens da atualização da última versão de um DBMS? Quando uma empresa deve decidir *não* atualizar por causa das desvantagens, mesmo se a nova versão oferecer características melhores de segurança?
2. Do lado do fornecedor, dadas as substituições que a pergunta anterior sugere, alguns usuários não atualizam a última versão de nenhum sistema de gerenciamento de bancos de dados. O que um fornecedor pode fazer para motivar esses usuários a atualizarem? (Você pode pensar um pouco sobre a pergunta anterior antes de responder.)

Questões para análise

1. A HanaTour escolheu a Wizbase como sua parceira em parte da implementação por causa da experiência anterior que obteve com ela. Suponha que a Wizbase não dispusesse de especialistas em segurança para bancos de dados, mas tivesse prometido contratar alguém se a HanaTour a selecionasse para esse projeto. (A Wizbase poderia ter percebido que os especialistas em segurança para bancos de dados poderiam ser úteis em outros projetos mais tarde.) Outra empresa poderia ter especialistas em segurança de bancos de dados, mas a HanaTour não tem nenhuma experiência com tal empresa. Qual é a importância relativa desses dois fatores? Quais outros fatores você consideraria na escolha de um parceiro para um projeto de segurança de banco de dados?
2. Imagine que os dados que o banco de dados de sua universidade tem sobre os estudantes estão em uma grande tabela, com uma linha para cada aluno e uma coluna para cada elemento. Agrupe os dados em categorias maiores, como dados de contato, médicos, financeiros, acadêmicos e assim por diante. Quais grupos de pessoas, por função, deveriam ter acesso a cada categoria? Dentro de um grupo, quem deveria ter acesso somente a uma linha, quem deveria ter acesso a mais de uma, mas não a todas as linhas, e quem deveria ter acesso a todas as linhas da tabela? Alguém poderia ser autorizado a ver os dados, mas não modificá-los?

Fontes: Site da Forrester Research, "Formulate a Database Security Strategy To Ensure Investments Will Actually Prevent Data Breaches and Satisfy Regulatory Requirements", *www.oracle.com/us/corporate/analystreports/infrastructure/forresterthlpdbsecurity1445564.pdf*, acesso em: 13 jul. 2011; Site da HanaTour (em coreano), www.hanatour.com, acesso em: 8 maio 2012; Site da Staff, "HanaTour International Service Tightens Customer Data Security by Introducing Data Encryption, Access Control, and Audit Solutions", Oracle, www.oracle.com/us/corporate/customers/customersearch/hanatourintl1database cs1521219.html, acesso em: 13 fev. 2012; Site da TD Merchant Services, Contact, www.tdcanadatrust.com/document/PDF/merchantservices/tdctmerchantservicescontactfall2008.pdf, acesso em: outono 2008; Site da Wizbase (em coreano), www.wizbase.co.kr, acesso em: 7 maio 2012.

O uso de smartphones e tablets para acessar os bancos de dados empresariais tem aumentado. Os dados podem ser enviados para os smartphones e tablets quando eles estão conectados a computadores maiores ou sem fio.[73] O presidente da Edmunds acredita que a habilidade de pesquisar bancos de dados corporativos para conseguir informações é uma ferramenta empresarial primordial.[74] Ele utiliza um iPad para conseguir um acesso instantâneo às informações de qualquer lugar onde esteja ou enquanto está viajando. A grande empresa de varejo de roupas Guess utiliza a inteligência empresarial móvel para transmitir seus dados sobre vendas e marketing a seus gestores e funcionários por smartphones, tablets e outros dispositivos móveis.[75]

DATAWAREHOUSE, DATA MARTS E DATA MINING

Os dados brutos necessários para tomar decisões sensatas de negócio são armazenados em uma variedade de locais e formatos. Esses dados são inicialmente capturados, armazenados e geridos por sistemas de processamento de transações projetados para apoiar as operações diárias da empresa. Durante décadas, as empresas coletaram dados operacionais financeiros e comerciais por sistemas on-line de processamento de transações (OLTP, on-line transaction processing). Os dados podem ser utilizados para subsidiar a tomada de decisão utilizando datawarehouse, data marts e data mining.

Datawarehouse

DATAWAREHOUSE: Um grande banco de dados que mantém informações sobre o negócio, obtidas de muitas fontes da empresa, abrangendo todos os aspectos dos processos, produtos e clientes da empresa, no suporte ao gerenciamento da tomada de decisão.

Um **datawarehouse** é um grande banco de dados que mantém informações sobre o negócio, obtidas de muitas fontes da empresa, abrangendo todos os aspectos dos processos, produtos e clientes da empresa, no suporte ao gerenciamento da tomada de decisão. Esses depósitos permitem que gestores *se aprofundem* para obter mais detalhes ou *cheguem* a dados detalhados e gerem relatórios agregados ou resumidos. O objetivo principal é relacionar informações de forma inovadora e ajudar os gestores e executivos a tomar decisões melhores. Um datawarehouse armazena dados históricos que foram extraídos dos sistemas operacionais e de fontes de dados externas (veja a Figura 5.21).

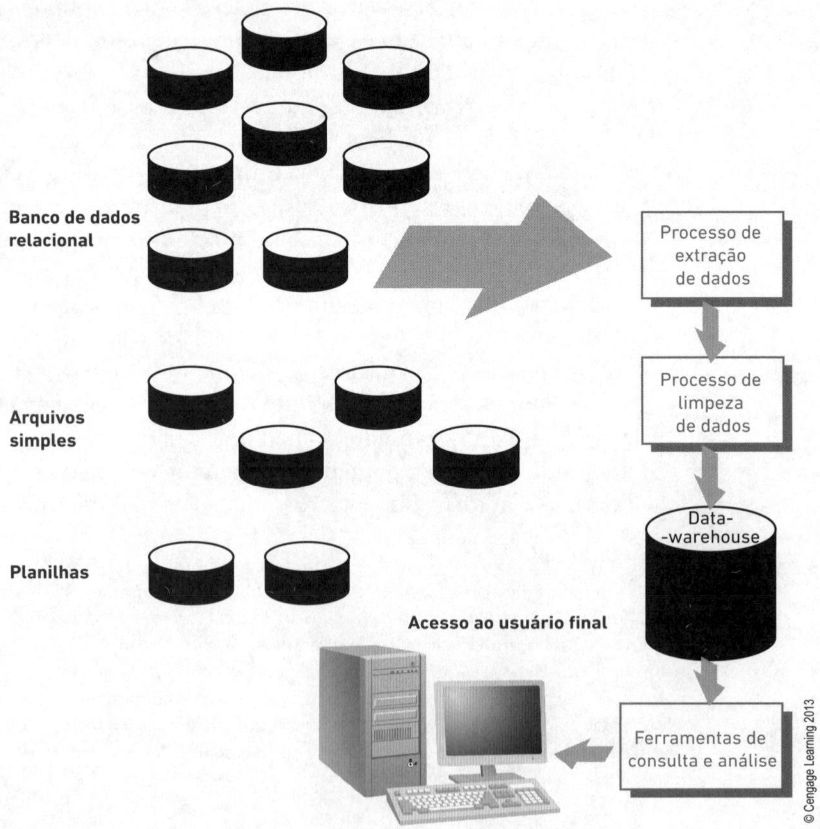

FIGURA 5.21 Elementos de um datawarehouse.

Os datawarehouse começam como bancos de dados muito grandes com milhões ou centenas de milhões de registros de dados. Para mantê-los atuais e precisos, eles recebem atualizações regularmente. Dados ultrapassados são removidos do datawarehouse. Eles também podem obter dados de fontes únicas. O programa Warehouse Management (gestão de depósito) da Oracle, por exemplo, pode aceitar informações da tecnologia de identificação de frequência de rádio (RFID, Radio Frequency Identification), utilizada para rotular produtos quando eles são embarcados ou transportados de um local para outro.[76] A aquisição da Vertica Systems pela Hewlett-Packard, por exemplo, ajuda a empresa a entregar os produtos do depósito de banco de dados.[77] A Vertica Systems fornece produtos de armazenamento de banco de dados para empresas de serviços em finanças, organizações de tratamentos de saúde e uma variedade de outras indústrias.[78]

© iStockphoto/nullplus

Os datawarehouse podem utilizar ferramentas como o software Warehouse Management (gestão de depósitos de dados) da Oracle para adquirir dados de fontes únicas, como as pesquisas por rótulos RFID.

Data marts

DATA MARTS: Subconjunto do datawarehouse utilizado por pequenos e médios negócios e departamentos de empresas maiores.

Um **data mart** é um subconjunto do datawarehouse. Ele traz o conceito de datawarehouse – análise de vendas on-line, estoque e outros dados vitais do negócio reunidos dos sistemas de processamento de transação – para pequenos e médios negócios e para departamentos em empresas maiores. Em vez de armazenar todos os dados da empresa em um banco de dados monolítico, os data marts contêm um subconjunto de dados para um aspecto individual do negócio da empresa, como finanças, estoque ou pessoal. De fato, uma área específica do data mart pode conter dados mais detalhados que aqueles que estão em um datawarehouse. Em uma pesquisa, quase 50% das empresas participantes disseram que utilizavam data marts extensivamente.[79] Outros 20% afirmaram utilizar os data marts em uma base mais limitada.

Data mining e inteligência empresarial

O **data mining** (mineração de dados) é uma ferramenta de análise de informações que envolve a descoberta automatizada de padrões e relacionamentos em um datawarehouse. De acordo com o CEO da Blue Cross e da Blue Shield, "A criação de um data mart com 3,5 bilhões de informações foi a parte fácil. A parte difícil é transformar tudo isso em informações práticas e insights que melhorarão a qualidade e a realização dos serviços de cuidados, em última análise, dobrando a curva dos custos nos Estados Unidos".[80] Como um garimpo, o data mining filtra montanhas de dados para encontrar algumas pepitas de informações valiosas. A Brooks Brothers, o mais antigo varejo de roupas nos Estados Unidos, utilizou o data mining para fornecer relatórios aos gestores da loja que os ajudariam a melhorar o desempenho da loja e a satisfação dos clientes.[81] Instituições de saúde utilizam o data mining para ajudar médicos a analisarem os grandes bancos de dados e assim melhorarem os diagnósticos e os tratamentos dos pacientes.[82] Cada vez mais as empresas estão utilizando o data mining para conseguir uma vantagem competitiva sobre seus rivais.[83] A empresa de participação privada Kohlberg, Kravis and Roberts (KKR), por exemplo, utilizou a técnica para analisar todos os seus negócios a fim de encontrar oportunidades que a ajudassem a economizar dinheiro ou conseguir novos lucros. O American International Group (AIG) utilizou o data mining para analisar os riscos de seguros. De acordo com o diretor executivo da AIG, "Existe uma quantidade incrível de dados que podemos pesquisar para tomar melhores decisões. Nós precisamos fortalecer nosso pensamento".[84] O data mining também é utilizado pelos governos e organizações sem fins lucrativos. Ele pode ser útil para descobrir fraudes no Medicare (seguro-saúde para maiores de 65 anos dos Estados Unidos) e

DATA MINING: Ferramenta de análise de informações que envolve a descoberta automatizada de padrões e relacionamentos em um datawarehouse.

quais provedores de seguros estão cobrando do governo um valor alto para realizar os procedimentos nos pacientes.[85] O data mining também pode ser utilizado para encontrar pessoas e empresas que tentam lavar dinheiro.[86] O programa de data mining da Verafin, por exemplo, analisa grandes números de transações financeiras em busca de transações ou padrões suspeitos, incluindo lavagem de dinheiro.[87]

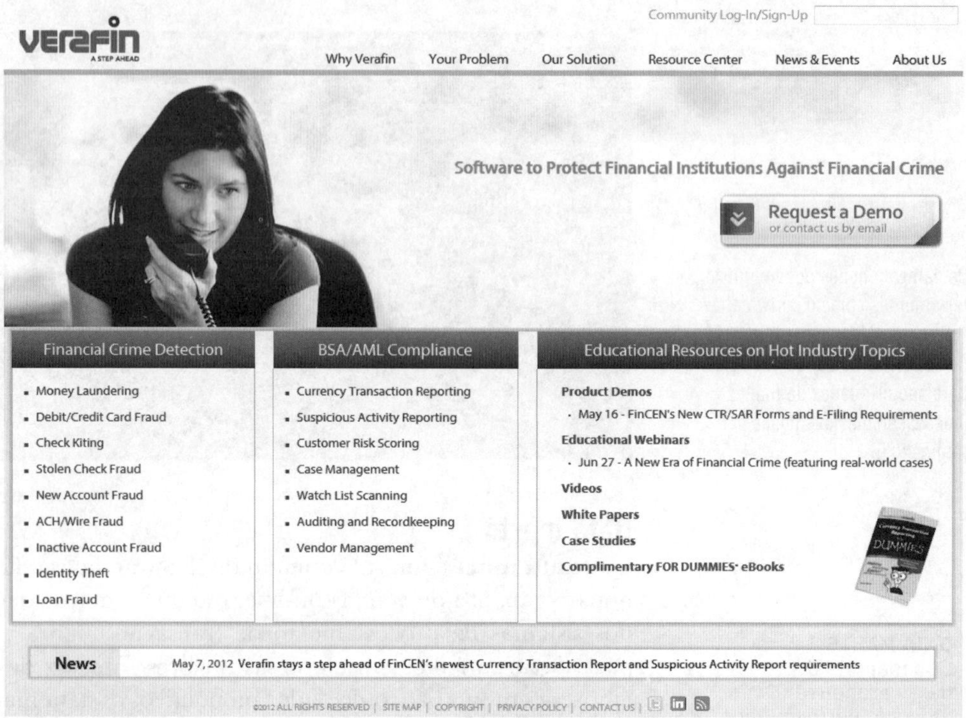

verafin.com

Para atender à sua missão de ajudar as instituições financeiras a lutar contra a fraude, a Verafin desenvolve softwares de data mining para analisar transações e detectar crimes financeiros.

ANÁLISE PREDITIVA: Forma de data mining que combina dados históricos com suposições sobre futuras condições para prever resultados de eventos, como vendas futuras de produtos ou a probabilidade de um cliente não pagar um empréstimo.

INTELIGÊNCIA EMPRESARIAL (IE): Envolve o recolhimento de dados suficientes sobre informações corretas de modo pontual e utilizável e uma análise de tais informações para que elas possam ter um efeito positivo na estratégia, na tática ou na operação empresarial.

A **análise preditiva** é uma forma de data mining que combina os dados históricos com suposições sobre futuras condições para prever resultados de eventos, como futuras vendas de produtos ou a probabilidade de que um cliente ficará inadimplente em um empréstimo. Os varejistas utilizam a análise preditiva para promover clientes ocasionais em compradores frequentes e prever quais produtos eles comprarão se lhes forem oferecidos incentivos apropriados. De acordo com o CEO da Fair Isaac, "Nós sabemos o que você vai fazer amanhã".[88] As empresas Genalytics, Magnify, NCR Teradata, SAS Institute, Sightward, SPSS, Exalytics da Oracle e a Quadstone desenvolveram ferramentas de análise preditiva.[89] Também chamada de *analítica* por alguns, a análise preditiva sempre utiliza técnicas matemáticas sofisticadas para analisar vastos depósitos de dados.[90] De acordo com o diretor de tecnologia da Bundle, uma empresa de análises financeiras, "Só ter uma pilha de dados não é tão útil. Você tem de fazer as perguntas certas e processar os dados da maneira correta onde puder fazer análises significativas".[91] A Procter & Gamble desenvolveu um programa chamado Business Sufficiency (suficiência do negócio) para ajudá-la a prever até um ano de vendas futuras.[92] A empresa também está contratando pessoas com experiência em análise preditiva.[93] Os fornecedores dos DBMS são bem conscientes sobre o grande potencial de data mining. Assim, empresas de sistemas, como Oracle, Sybase, Tandem e Red Brick Systems, incorporam a funcionalidade de data mining nos produtos.

A utilização dos bancos de dados com propósitos de inteligência empresarial está intimamente ligada ao conceito de data mining.[94] A **inteligência empresarial** (**IE**) envolve o recolhimento de dados suficientes sobre informações corretas de modo pontual e utilizável e uma análise de tais informações para que elas possam ter um efeito positivo na estratégia, na tática ou na operação empresarial.[95] O time de beisebol Pirates utilizou a inteligência empresarial para ajudar a aumentar o público nos jogos.[96] De acordo com o diretor de análise de negócios, "Nós interagimos com os fãs de diversos modos e as ferramentas da inteligência empresarial ajudam a analisar os dados de múltiplas fontes". A IE transforma os dados em informações úteis que, então, são distribuídas para todo o empreendimento. Fornece ainda insights sobre as causas dos problemas e, quando implantada, pode melhorar as operações do negócio. O Copper Mountain Ski Resort, por exemplo, utilizou o programa Visual One da Agilysys para trabalhar com a inteligência empresarial.[97] Segundo o diretor de tecnologia da informação, "É um sistema altamente flexível, que se integra facilmente às outras soluções e nos possibilita observar os dados por modos novos e criativos". Alguns programas universitários, como o Graduate School of Business da Fordham University e o School of Business da Indiana University, estão começando a oferecer cursos sobre a inteligência empresarial.[98] De acordo com o vice-presidente sênior da IBM, "Quanto mais estudantes se formarem no conhecimento das áreas que nós cuidamos, melhor não somente para nossa empresa, mas também para as outras com as quais trabalhamos".

INTELIGÊNCIA COMPETITIVA: Aspecto da inteligência empresarial e está limitado às informações sobre concorrentes e os meios que o conhecimento afeta a estratégia, as táticas e as operações.

A **inteligência competitiva** é um aspecto da inteligência empresarial e está limitada às informações sobre concorrentes e os meios que o conhecimento afeta a estratégia, as táticas e as operações. A inteligência competitiva é uma parte crucial da capacidade de uma empresa de enxergar e responder rápida e apropriadamente às mudanças do mercado. Não se trata de espionagem – que é a utilização de meios ilegais para reunir informações. De fato, quase todas as informações que um profissional de inteligência competitiva precisa podem ser coletadas por meio de fontes de informações publicadas, entrevistas e outros métodos legais e éticos. Com uma variedade de ferramentas analíticas, um habilidoso profissional da inteligência competitiva pode, por dedução, preencher as lacunas das informações já coletadas.

CONTRAESPIONAGEM OU CONTRAINTELIGÊNCIA: Descreve as etapas que uma organização executa para proteger as informações procuradas por coletores "hostis" de inteligência.

O termo **contraespionagem ou contrainteligência** descreve as etapas que uma organização executa para proteger as informações procuradas por coletores "hostis" de inteligência. Uma das medidas mais eficazes da contrainteligência é definir informações "comerciais sigilosas" relevantes para a empresa e controlar a disseminação.

PROCESSAMENTO ANALÍTICO ON-LINE (OLAP, ONLINE ANALYTICAL PROCESSING): Programa que permite aos usuários explorarem os dados de várias perspectivas.

O **processamento analítico on-line (OLAP, online analytical processing)** permite que os usuários explorem os dados de várias perspectivas. Os bancos de dados do OLAP suportam a inteligência empresarial discutida anteriormente e têm sido otimizados para fornecer relatórios e análises úteis. Os fornecedores de bancos de dados OLAP incluem as empresas Microsoft, Cognos, SAP, Business Objects, MicroStrategy, Applix, Infor e Oracle.

Diferentemente do data mining, que mostra uma análise da base para o topo direcionada pela descoberta, o OLAP apresenta uma análise do topo para baixo direcionada pela consulta. Enquanto o data mining não requer suposições, mas identifica os fatos e as conclusões baseados nos padrões descobertos, o OLAP requer testes repetitivos de teorias originadas no usuário. O OLAP, ou análise multidimensional, exige uma grande dose de criatividade humana e interação com o banco de dados para encontrar as informações. Um usuário de uma ferramenta de data mining não precisa descobrir quais perguntas fazer. Em vez disso, a abordagem é "aqui estão os dados, agora me diz quais padrões interessantes surgem". Por exemplo, uma ferramenta de data mining em um banco de dados de clientes de uma empresa de cartão de crédito pode construir um perfil de atividade fraudulenta com base no histórico de informações. Então, esse perfil pode ser aplicado a todos os dados das futuras transações, a fim de identificar e impedir o comportamento fraudulento que poderia passar sem ser detectado. A Tabela 5.2 faz uma comparação entre OLAP e data mining.

TABELA 5.2. Comparação entre OLAP e data mining

Característica	OLAP	Data mining
Objetivo	Apoia a análise de dados e a tomada de decisão	Subsidia a análise de dados e a tomada de decisão
Tipo de análise apoiada	De cima para baixo, análise de dados acionada por consulta	De baixo para cima, análise de dados acionada por descoberta
Habilidade exigida do usuário	Deve conhecer profundamente os dados e o negócio	Deve confiar nas ferramentas de data mining para revelar hipóteses válidas e importantes

PREVENÇÃO CONTRA A PERDA DE DADOS (DLP, DATA LOSS PREVENTION): Sistemas projetados para bloquear os dados dentro de uma empresa.

A **prevenção contra a perda de dados (DLP, data loss prevention)** refere-se aos sistemas projetados para bloquear os dados dentro de uma empresa. Os programas DLP das empresas RSA, Symantec, Code Green, Safend, Trend Micro, Sophos e outras são projetados para identificar, monitorar e proteger os dados onde quer que estejam em um sistema. Isso inclui aqueles armazenados em um disco, os que trafegam em uma rede, os encontrados no banco de dados, arquivos, e-mails ou qualquer outro local. O programa DLP é uma ferramenta poderosa para a contrainteligência. Por isso, é necessário atender aos regulamentos governamentais que exigem que as empresas salvaguardem os dados pessoais dos clientes.

BANCOS DE DADOS DISTRIBUÍDOS

BANCO DE DADOS DISTRIBUÍDO: Banco em que os dados podem ser distribuídos em vários bancos menores e conectados mediante dispositivos de telecomunicações.

O processamento distribuído envolve colocar unidades de processamento em diferentes locais e conectá-las por meio de equipamentos de telecomunicação. Um **banco de dados distribuído** (banco em que os dados podem ser distribuídos em vários outros menores e conectados mediante dispositivos de telecomunicações) funciona com base no mesmo princípio. Um usuário na filial da Milwaukee, Estados Unidos, de um fabricante de roupas, por exemplo, pode fazer uma solicitação de dados que estão, fisicamente, localizados na matriz da empresa, em Milão, na Itália. O usuário não precisa saber onde os dados estão fisicamente armazenados (veja a Figura 5.22).

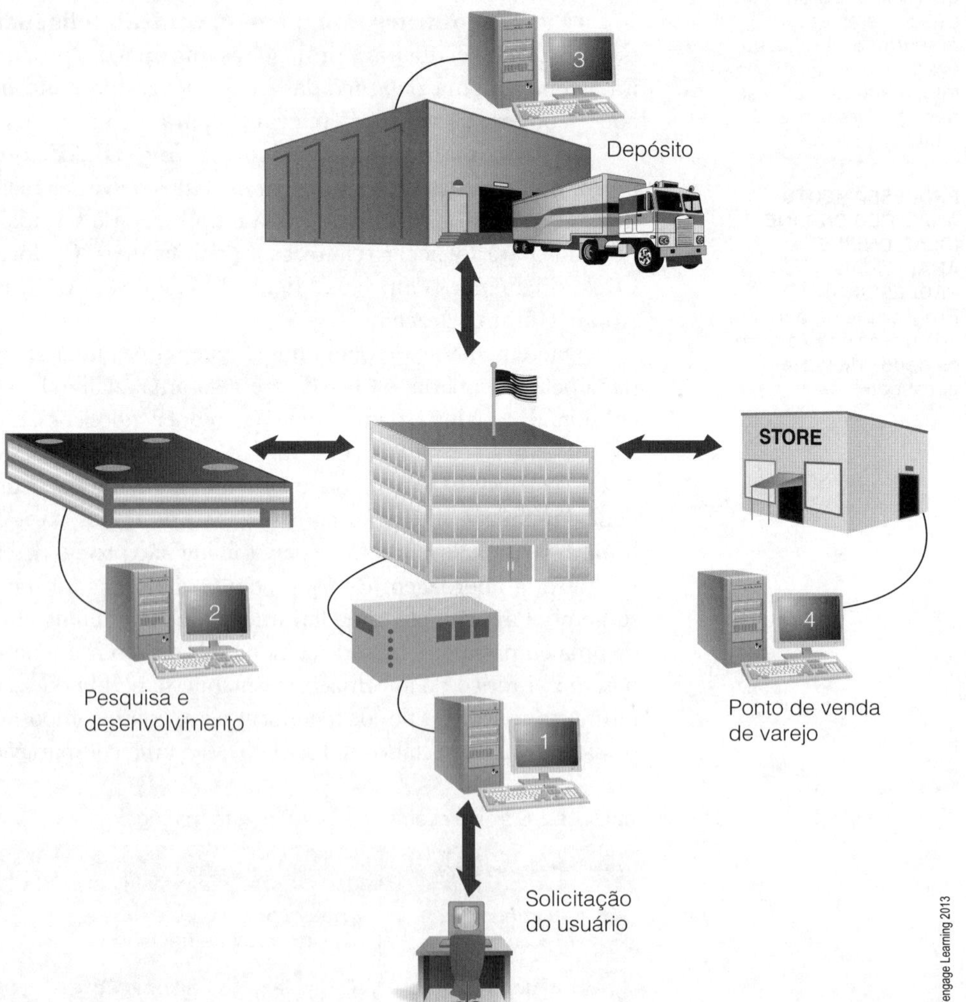

FIGURA 5.22
Utilização de um banco de dados distribuído. Um fabricante de roupas deverá distribuir seus computadores na matriz da empresa, no centro de pesquisa e desenvolvimento, no depósito e em um ponto de venda de varejo de propriedade da empresa. Sistemas de telecomunicações interligam os computadores, de modo que os usuários, em todos os locais, possam acessar o mesmo banco de dados distribuído onde quer que estejam armazenados.

Os bancos de dados distribuídos proporcionam às empresas e outras organizações mais flexibilidade na forma com que os bancos de dados são organizados e utilizados. Escritórios locais podem criar, gerir e utilizar seus próprios bancos de dados, e as pessoas em outros escritórios podem acessar e dividir os dados nos bancos de dados locais.

Proporcionar acesso direto aos escritórios locais e aos dados mais utilizados pode melhorar significativamente a eficácia e a eficiência organizacionais. O Departamento de Polícia da Cidade de Nova York, por exemplo, tem milhares de funcionários que procuram por informações localizadas nos servidores de escritórios espalhados pela cidade inteira.

Apesar de suas vantagens, o processamento distribuído cria desafios adicionais na integração de diferentes bancos de dados (integração de informações) e manutenção da segurança, precisão, rapidez e adequação dos dados aos padrões. Os bancos de dados distribuídos permitem um acesso direto a mais usuários em diferentes locais; entretanto, controlar quem acessa e modifica os dados é muitas vezes difícil. Como os bancos de dados distribuídos dependem das linhas de telecomunicações para transportar os dados, o acesso aos dados pode ser mais lento.

BANCO DE DADOS REPLICADO: Banco de dados que mantém duplicado um conjunto de dados frequentemente utilizados.

Para reduzir os custos da telecomunicação, algumas organizações constroem um **banco de dados replicado**. Ele mantém um conjunto duplicado dos dados frequentemente utilizados. A empresa envia uma cópia de dados importantes para cada local de processamento distribuído quando necessário ou em períodos predeterminados. Cada local envia os dados modificados de volta para atualizar o banco de dados principal em um ciclo de atualização que satisfaça as necessidades da organização. Esse processo, chamado *sincronização de dados*, é utilizado com frequência para assegurar que os bancos de dados replicados sejam precisos, atualizados e consistentes uns com os outros. Uma ferrovia, por exemplo, pode utilizar um banco de dados replicado para aumentar a pontualidade, a segurança e a confiabilidade de sua infraestrutura. O banco de dados principal pode manter dados sobre passagens, rotas e outras informações essenciais. Os dados podem ser continuamente replicados e transferidos em uma base somente de leitura do banco de dados principal para centenas de servidores remotos pelo país. Os locais mais distantes podem retornar para o banco de dados principal os últimos números das vendas e reservas de bilhetes.

SISTEMAS DE GERENCIAMENTO DE BANCO DE DADOS OBJETO-RELACIONAL

BANCO DE DADOS ORIENTADO A OBJETOS: Banco de dados que armazena tanto os dados quanto suas instruções de processamento.

Um **banco de dados orientado a objetos** utiliza a mesma abordagem geral de programação orientada a objetos, discutida no Capítulo 4. Os dados e as instruções de processamento são armazenados no banco de dados. Por exemplo, um banco de dados orientado a objetos poderia armazenar as despesas mensais e as instruções necessárias para computar um orçamento mensal com base nessas despesas. Um DBMS tradicional poderia armazenar apenas as despesas mensais. Os bancos de dados orientados a objetos são úteis quando um banco de dados contém valores complexos que precisam ser processados rápida e eficientemente.

Em um banco de dados orientado a objetos, um *método* é um procedimento ou uma ação. Como exemplo, um método de imposto sobre vendas poderia ser o procedimento para computar os impostos apropriados sobre as vendas para um pedido ou uma venda – por exemplo, multiplicando-se a quantia total de um pedido por 7% se este for o imposto local sobre as vendas. Uma *mensagem* é uma solicitação para executar ou administrar um método. Um funcionário de vendas poderia enviar uma mensagem ao banco de dados orientado a objetos para computar o imposto de vendas de um novo pedido. Muitos bancos de dados orientados a objetos possuem sua própria linguagem de consulta, chamada *linguagem de consulta de objeto* (OQL, object query language), que é semelhante à SQL, discutida anteriormente.

SISTEMA DE GERENCIAMENTO DE BANCO DE DADOS ORIENTADO A OBJETOS (OODBMS, OBJECT-ORIENTED DATABASE MANAGEMENT SYSTEM) : Sistema que fornece, por meio de um banco de dados orientado a objetos, uma interface de usuário e conexões com outros programas e aplicativos.

Um banco de dados orientado a objetos utiliza um **sistema de gerenciamento de banco de dados orientado a objetos (OODBMS, object-oriented database management system)** para fornecer uma interface de usuário e conexões com outros programas. Fornecedores de computadores que vendem ou alugam os sistemas OODBMS incluem o Versant e o Objectivity.[99] Muitas empresas estão escolhendo bancos de dados orientados a objetos para reforçar seus processamentos. O OODBMS da Versant, por exemplo, está sendo utilizado por empresas de telecomunicações, de defesa, de jogos on-line, planos de saúde e agências governamentais.[100] O *Object Data Standard* é um projeto-padrão, criado pelo *Object Database Management Group*, para o desenvolvimento de sistemas de bancos de dados orientados a objeto.[101]

SSTEMA DE GERENCIAMENTO DE BANCOS DE DADOS OBJETO-RELACIONAL (ORDBMS, OBJECT-RELATIONAL DATABASE MANAGEMENT SYSTEM): Sistema que apresenta um conjunto completo de recursos de bancos de dados relacionais, além da capacidade oferecida a terceiros de adicionar novos tipos de dados e operações ao banco de dados.

Um **sistema de gerenciamento de bancos de dados objeto-relacional (ORDBMS, object-relational database management system)** apresenta um conjunto completo de recursos de bancos de dados relacionais, além da capacidade oferecida a terceiros de adicionar novos tipos de dados e operações ao banco de dados. Esses novos tipos de dados podem ser em áudio, imagens, gráficos, séries espaciais ou temporais que exijam novas indexações, otimização e recursos para recuperação. Cada um dos fabricantes que oferecem instalações de ORDBMS apresenta um conjunto de interfaces de programação de aplicativos que permite aos usuários anexarem definições de dados externos e métodos associados com essas definições para o sistema do banco de dados. Eles fornecem um soquete no qual os usuários podem conectar instruções especiais. DataBlades, Cartridges e Extenders são os nomes utilizados pela Oracle e pela IBM para descrever os dispositivos de conexão de seus respectivos produtos. Outros dispositivos de conexão servem como interfaces para os servidores da web.

SISTEMAS DE BANCOS DE DADOS PARA ÁUDIO, VÍDEO E OUTROS

Além dos dados brutos, as organizações têm cada vez mais necessidade de armazenar grandes quantidades de sinais visuais e auditivos de forma organizada. Empresas de cartões de crédito, por exemplo, inserem fotos de comprovantes de custos na base de dados por meio de um escâner. As imagens podem ser armazenadas em um banco de dados, classificadas mais tarde pelo nome do cliente, serem impressas e enviadas ao cliente com os extratos mensais. Os bancos de dados para imagens também são utilizados pelos médicos para armazenar exames de radiografia e transmiti-los para clínicas distantes do hospital principal. Serviços financeiros, empresas de seguros e órgãos do governo utilizam os bancos de dados com imagens para armazenar registros vitais e substituir os documentos de papel. As empresas farmacêuticas com frequência precisam analisar muitas imagens em laboratórios. Os bancos de dados visuais podem ser armazenados em bancos de dados relacionados a objetos ou nos sistemas de bancos de dados com propósitos especiais. Muitos bancos de dados relacionais também podem armazenar imagens.

Além dos bancos de dados visuais, de áudio e virtuais, outros sistemas de banco de dados com propósitos especiais atendem às necessidades particulares dos negócios. A *tecnologia de dados espaciais* envolve a utilização de um banco de dados, para armazenar e acessar dados, de acordo com as localizações descritas e para permitir consultas espaciais e análise. Construtoras e empresas de seguro utilizam os dados espaciais para tomar decisões relacionadas com riscos naturais. Os dados espaciais podem até ser utilizados na melhoria do gerenciamento de riscos financeiros, com informações armazenadas por tipo de investimento, tipos de moeda, taxas de juro e tempo. O programa MapInfo da Pitney Bowes permite que os empreendimentos tais como o Home Depot, Sonic Restaurants, CVS Corporation e Chico's escolham o local ideal para suas novas lojas e restaurantes baseados em demográfica geoespacial. O programa apresenta in-

© iStockphoto/ollo

A tecnologia de dados espaciais é utilizada por bombeiros e outros grupos de atendimento a emergências para responder a incidentes imediatamente.

formações sobre as competições locais, as populações, padrões de tráfico para prever como um empreendimento será tarifado em um local em particular. A tecnologia de dados espaciais também pode ser utilizada para ajudar órgãos de segurança pública e grupos de atendimento a emergências a preparar para momentos críticos e providenciar proteção à comunidade de modo eficiente.[102]

RESUMO

Princípio:

O gerenciamento e a modelagem de dados são aspectos-chave da organização de dados e informações.

Os dados são um dos recursos mais valiosos que uma empresa possui. Eles são organizados em uma hierarquia construída desde os elementos menores até os maiores. O menor elemento é um bit, um dígito binário. Um byte (caractere como uma letra ou dígito numérico) é formado de oito bits. Um grupo de caracteres, como um nome ou um número, é o que se chama de um campo (um objeto). Um conjunto de campos relacionados é um registro; um conjunto de registros relacionados é o que se chama de arquivo. O banco de dados, no topo da hierarquia, é um conjunto integrado de registros e arquivos.

Uma entidade é uma classe generalizada de objetos para a qual os dados são coletados, armazenados e mantidos. Um atributo é uma característica da entidade. Valores específicos dos atributos, ou itens de dados, podem ser encontrados nos campos do registro que descrevem uma entidade. Um dado-chave é um campo, dentro de um registro, que é utilizado para identificá-lo. Uma chave principal identifica unicamente um registro, enquanto uma chave secundária é um campo em um registro que não o identifica de forma única.

Os aplicativos tradicionais orientados para um arquivo são frequentemente caracterizados por um programa de dependência de dados, significando que eles têm dados organizados de maneira que não podem ser lidos por outros programas. A abordagem do banco de dados foi desenvolvida para resolver problemas de gestão de dados baseados em arquivos tradicionais. Os benefícios dessa abordagem incluem redução na redundância de dados, melhoria na consistência e integridade, modificação e atualização mais fáceis, independência dos dados e programas, padronização do acesso e desenvolvimento de programas mais eficientes.

Ao preparar um banco de dados, uma empresa deve considerar o conteúdo, o acesso, a estrutura lógica e a organização física do banco de dados. Muitos empreendimentos desenvolvem um centro de dados para abrigar os servidores que fisicamente armazenam os bancos de dados e os sistemas que emitem informações e serviços primordiais. Uma das ferramentas que os projetistas de bancos de dados utilizam para mostrar as relações entre os dados é um modelo de dado. Trata-se de um mapa ou diagrama de entidades e seus relacionamentos. A modelagem dos dados do empreendimento envolve uma análise das necessidades de dados e informações de toda uma organização. Os diagramas entidade-relacionamento (ER) podem ser empregados para mostrar as relações entre as entidades na organização.

O modelo relacional insere os dados em tabelas bidimensionais. Elas podem ser ligadas por elementos de dados comuns utilizados para acessar os dados quando o banco de dados é consultado. Cada linha representa um registro e cada coluna um atributo (ou campo). Os valores permitidos para esses atributos são chamados domínio. Manipulações de dados básicos incluem seleção, projeção e reunião. O modelo relacional é mais fácil de ser controlado, mais flexível e mais intuitivo que outros modelos porque organiza os dados em tabelas.

Princípio:

Um banco de dados bem projetado e bem gerenciado é uma ferramenta extremamente valiosa para apoiar a tomada de decisões.

Um DBMS é um grupo de programas utilizados como uma interface entre um banco de dados, seus usuários e outros programas aplicativos. Quando um programa aplicativo requer dados do banco de dados, ele segue um caminho de acesso lógico. A real recuperação de dados segue um caminho de acesso físico. Os registros podem ser considerados do mesmo modo: um registro lógico é o que o registro contém; um registro físico é onde o registro está armazenado nos dispositivos de armazenamento. Esquemas são utilizados para descrever todo o banco de dados, os tipos de registros e as relações com o DBMS.

Um DBMS fornece quatro funções básicas: oferece visões ao usuário, cria e modifica o banco de dados, armazena e recupera dados, manipula dados e gera relatórios. Esquemas são introduzidos no computador por meio de uma linguagem de definição de dados que descreve os dados e as relações em um banco de dados específico. Outra ferramenta utilizada na gestão do banco de dados é o dicionário de dados, que contém descrições detalhadas de todos os dados do banco.

Depois de o DBMS estar instalado, o banco de dados pode ser acessado, modificado e consultado por meio de uma linguagem de manipulação. Uma linguagem mais especializada de manipulação é a linguagem de consulta, sendo a mais comum a linguagem de consulta estruturada (SQL). A SQL é empregada em diversos conjuntos de bancos de dados populares hoje em dia e pode ser instalada em computadores pessoais e mainframes.

O banco de dados como um serviço (DaaS) é uma nova forma de serviço de banco de dados no qual os clientes alugam a utilização de um banco de dados no site do fornecedor de serviços. No DaaS, o banco de dados é armazenado nos servidores de um fornecedor e é acessado pelo cliente por uma rede, normalmente a internet. No DaaS, a administração do banco de dados é feita pelo fornecedor. A *virtualização do banco de dados* utiliza servidores virtuais e sistemas operacionais para permitir que dois ou mais sistemas de bancos de dados, inclusive os servidores e os sistemas de gerenciamento de banco de dados (DBMSs), atuem como um único sistema de bancos de dados unificado. Uma base de dados virtual age independentemente dos servidores físicos, unidades de discos e outros componentes do banco de dados que podem estar localizados em qualquer lugar do mundo. A virtualização permite que as organizações reduzam seus custos, utilizem os recursos da informática eficientemente e forneçam melhor acesso às informações primordiais.

Um administrador de banco de dados (DBA) planeja, projeta, cria, opera, protege, monitora e mantém os bancos de dados. Os DBAs devem proteger os bancos de dados contra os ataques, como os SQL injection, que são uma ameaça comum a todos. Ao selecionar um DBMS, deve-se começar por analisar as necessidades de informações da organização. Características importantes dos bancos de dados incluem o tamanho, o número de usuários simultâneos, o desempenho, a capacidade de integração do DBMS com outros sistemas, as características do DBMS, as considerações sobre o fornecedor e o custo do sistema de gestão do banco de dados.

Princípio:

O número e os tipos de aplicativos para banco de dados continuarão a evoluir e produzir benefícios reais para o negócio.

Os sistemas on-line de processamento de transações on-line (OLTP) tradicionais colocam os dados nos bancos de dados rapidamente, de modo confiável e eficiente, mas não dão suporte a tipos de análise de dados que os negócios e as organizações atualmente exigem. Para atender a essa necessidade, as empresas constroem datawarehouses (depósitos de dados), que são sistemas de gerenciamento de bancos de dados relacionais especificamente projetados para subsidiar a tomada de decisões da gestão. Os data marts (armazéns de dados) são subdivisões dos datawarehouse geralmente dedicados a objetivos específicos ou áreas de negócio funcionais.

O data mining, que é a descoberta automatizada dos padrões e relacionamentos em um depósito de dados, é uma abordagem prática para gerar hipóteses sobre os dados que possam ser utilizados para prever o comportamento futuro.

A análise preditiva é uma forma de data mining que combina dados históricos com suposições sobre as condições futuras a fim de prever resultados de eventos, como as vendas futuras de algum produto ou a probabilidade de um cliente deixar de pagar um empréstimo.

A inteligência empresarial é um processo para obter informações corretas, suficientes, no momento certo, em forma útil e analisá-las para que possam ter um efeito positivo nas estratégias, táticas ou operações empresariais. A inteligência competitiva é um aspecto da inteligência empresarial limitado às informações sobre os concorrentes e como elas afetam as estratégias, táticas e operações empresariais. A inteligência competitiva não é espionagem – que é a utilização de meios ilegais para reunir informações. A contrainteligência descreve as etapas que uma organização executa para proteger as informações acessadas pelos coletores "hostis" de informações. A prevenção contra a perda de dados (DLP) refere-se aos sistemas projetados para bloquear dados dentro de uma organização.

Bancos de dados multidimensionais e programas de processamento analítico on-line (OLAP) são utilizados para armazenar dados e permitir aos usuários a exploração de dados por algumas perspectivas diferentes.

Um banco de dados orientado a objetos utiliza a mesma abordagem geral da programação orientada a objetos, anteriormente discutida no Capítulo 4. Com essa abordagem, tanto os dados quanto as instruções de processamento são armazenadas no banco de dados. Um sistema de gerenciamento de banco de dados objeto-relacional (ORDBMS) fornece um conjunto completo de capacidades de banco de dados relacional, além da possibilidade de terceiros adicionarem novos tipos de dados e operações para o banco de dados. Esses novos tipos de dados podem ser de áudio, vídeo e gráficos, que exigem nova indexação, otimização e recursos de recuperação.

Além dos dados brutos, as organizações têm cada vez mais necessidade de armazenar uma grande quantidade de sinais visuais e de áudio de forma organizada. Alguns sistemas de banco de dados com propósito específico também são utilizados.

CAPÍTULO 5: TESTE DE AUTOAVALIAÇÃO

Gerenciamento e modelagem de dados são aspectos-chave na organização de dados e informações.

1. Um grupo de programas que manipula o banco de dados e fornece uma interface entre o banco de dados e seu usuário e outros programas aplicativos recebe o nome de _______________.
   a. GUI
   b. sistema operacional
   c. DBMS
   d. software de produtividade
2. Um(a) __________ é um profissional de SI habilidoso e treinado que gerencia todas as atividades relacionadas com o banco de dados de uma organização.
3. Um registro é constituído de múltiplos campos. Verdadeiro ou falso?
4. Um(a) ____________ é um campo ou conjunto de campos que identifica unicamente um registro de banco de dados.
   a. atributo
   b. item de dado
   c. chave
   d. chave principal
5. A abordagem de ________________ propicia um conjunto de dados relacionados compartilhados por múltiplos sistemas de informação.
6. Muitos empreendimentos guardam seus bancos de dados e sistemas relacionados em instalações climatizadas chamadas ________________.
7. Qual é o modelo de banco de dados que coloca os dados em tabelas bidimensionais?
   a. relacional
   b. rede
   c. normalizado
   d. hierárquico

Um banco de dados bem projetado e bem gerenciado é uma ferramenta extremamente valiosa para apoiar a tomada de decisões.

8. ______________ envolve combinar duas ou mais tabelas de banco de dados.
   a. Projeto
   b. Junção
   c. Seleção
   d. Limpeza de dados
9. Como o DBMS é responsável por fornecer acesso a um banco de dados, uma das primeiras etapas para instalar e utilizar um banco de dados é informar ao DBMS a estrutura lógica e física dos dados e as relações entre os dados no banco de dados. Essa descrição de um banco de dados inteiro é chamada ______________.

10. Um banco de dados ___________ atua independentemente dos servidores físicos, unidades de disco e outros componentes do banco de dados, que pode estar localizado em qualquer lugar no mundo.
   a. virtual
   b. pessoal
   a. relacional
   d. orientado a objeto
11. O Access é um DBMS popular para ___________.
   a. computadores pessoais
   b. estações de trabalho gráfico
   c. computadores de grande porte (mainframe)
   d. supercomputadores
12. Uma nova tendência no gerenciamento de banco de dados conhecida como banco de dados como serviço (DaaS) coloca a responsabilidade de armazenar e gerenciar um banco de dados em um provedor de serviços. Verdadeiro ou falso?
13. Um(a) ___________ mantém informações sobre negócios de muitas fontes na empresa e cobre todos os aspectos dos processos, produtos e clientes da empresa.
14. Uma ferramenta de análise de informação que envolve a descoberta automatizada de padrões e relacionamentos em um banco de dados é chamada ___________.
   a. datawarehouse
   b. data mining
   c. análise preditiva
   d. inteligência empresarial
15. Um(a) ___________ permite que os usuários façam previsões futuras com base em informações anteriores e presentes no banco de dados.
16. O processo de reunir informações no momento certo e de forma útil de modo que possa afetar positivamente as estratégias empresariais, as táticas e as operações é chamado ___________.

O número e os tipos de aplicativos de banco de dados continuarão a evoluir e a produzir benefícios reais para o negócio.

CAPÍTULO 5: RESPOSTAS DO TESTE DE AUTOAVALIAÇÃO

1. c
2. administrador de dados
3. Verdadeiro
4. d
5. banco de dados
6. centros de dados
7. a
8. b
9. esquema
10. a
11. a
12. Verdadeiro
13. datawarehouse
14. b
15. análise preditiva
16. inteligência empresarial

QUESTÕES DE REVISÃO

1. O que é um atributo? Como se relaciona com uma entidade?
2. Defina o termo *banco de dados*. Como difere de um sistema de gerenciamento de banco de dados?
3. O que é a hierarquia de dados em um banco de dados?
4. O que é uma relação e qual é sua importância para os bancos de dados relacionais?
5. Qual é o objetivo de uma chave principal? Como ela pode ser útil no controle da redundância de dados?
6. O que é um banco de dados virtual? Quais são as vantagens e as desvantagens de utilizar um banco de dados virtual?
7. Quais são as vantagens da abordagem banco de dados sobre a abordagem tradicional para gerenciar um banco de dados?
8. O que é modelagem de dados? Qual é seu objetivo? Descreva resumidamente três modelos de dados geralmente utilizados.
9. O que é um centro de dados e por que eles estão se tornando cada vez mais importantes?
10. O que é um banco de dados como serviço (DaaS)? Quais são as vantagens e as desvantagens de utilizar sua abordagem?
11. Como um dicionário de dados pode ser útil para os administradores de banco de dados e os engenheiros de software DBMS?
12. Identifique características importantes na seleção de um sistema de gerenciamento de banco de dados.
13. Qual é a diferença entre uma linguagem de definição de dado (DDL) e uma linguagem de manipulação de dados (DML)?
14. Qual é a diferença entre projeção e junção?
15. O que é um sistema de banco de dados distribuído?
16. O que é um datawarehouse (depósito de dados) e como se difere de um banco de dados tradicional utilizado para subsidiar o OLTP?
17. O que é um front-end e um back-end de um DBMS?

18. Qual é a relação entre a internet e o banco de dados?
19. O que é data mining (mineração de dados)? O que é OLAP? Em que são diferentes?
20. O que é um ORDBMS? Com que tipo de dados pode lidar?
21. O que é inteligência empresarial? Como ela é utilizada?
22. O que é análise preditiva e como ela ajuda os empreendimentos na obtenção de uma vantagem competitiva?
23. Em quais circunstâncias um administrador de banco de dados poderia considerar o uso de um banco de dados orientado a objetos?

QUESTÕES PARA DISCUSSÃO

1. Você foi selecionado para representar o corpo discente de sua escola em um projeto para desenvolver um novo banco de dados de alunos. Qual é o primeiro passo no desenvolvimento desse banco? Quais ações você deve tomar para corresponder a essa responsabilidade, a fim de garantir que o projeto satisfaça às necessidades dos alunos e seja bem-sucedido?
2. Sua empresa deseja aumentar a receita com base nos clientes existentes. Como o data mining pode ser utilizado para alcançar esse objetivo?
3. Você vai projetar um banco de dados para a área externa do clube de sua escola e acompanhar suas atividades. A computação em nuvem poderia ser uma estratégia útil para a criação do banco de dados? Descreva seus motivos. Se não, o que você recomendaria?
4. Faça uma lista de bancos de dados nos quais existem dados sobre você. Como os dados são captados em cada banco de dados? Quem atualiza cada banco de dados e com que frequência? É possível solicitar uma cópia impressa dos conteúdos de seu registro de dados de cada banco de dados? Quais são suas preocupações sobre a privacidade de seus dados?
5. Se você fosse o administrador de bancos de dados da loja iTunes, como poderia utilizar a análise preditiva para determinar quais artistas e filmes venderiam mais no próximo ano?
6. Você é o vice-presidente de tecnologia de informação de uma grande empresa multinacional de bens para consumidores (como a Procter & Gamble ou a Unilever). Você precisa fazer uma apresentação para convencer o conselho de diretores a investir $ 5 milhões para estabelecer uma organização de inteligência competitiva – que inclui pessoas, serviços de coleta de dados e ferramentas de programas. Quais pontos-chave você precisa fazer em favor desse investimento? Quais argumentos poderiam ser colocados por terceiros e que você poderia antecipar?
7. O furto de identidade virtual continua a ser um problema para consumidores e empreendedores. Suponha que você seja um administrador de banco de dados para uma empresa com um grande banco de dados acessível pela web. Quais passos implantaria para impedir o furto de informações pessoais do banco de dados corporativo?
8. Você foi admitido para criar um banco de dados para uma empresa similar à Netflix que aluga filmes pela internet. Descreva qual tipo de sistema de gerenciamento de banco de dados você recomendaria para esse aplicativo.

EXERCÍCIOS DE RESOLUÇÃO DE PROBLEMAS

1. Desenvolva um modelo de dados simples para as músicas que você tem em seu tocador de MP3 ou em sua coleção de CDs em que cada linha seja uma música. Para cada linha, quais atributos você deve captar? Qual será a chave principal para os registros em seu banco de dados? Descreva como você pode utilizar o banco de dados para expandir a exposição de suas músicas e sua satisfação.
2. Uma videolocadora utiliza um banco de dados relacional para armazenar informações sobre aluguel de filmes para responder às dúvidas dos clientes. Cada entrada no banco de dados contém os seguintes itens: número de identificação do filme (chave principal), título, ano de realização, tipo de filme, classificação indicativa de idade pela Motion Picture Association of America (MPAA), número de cópias em mãos e quantidade de unidades. Os tipos de filmes são: comédia, familiar, drama, horror, ficção científica e faroeste. As classificações da MPAA são: livre; sugestão para que haja orientação dos pais; impróprio para crianças com menos de 13 anos; restrito: menores de 17 anos apenas acompanhados pelos pais; proibido para menores de 17 anos; e não classificado. Utilizar um sistema de gerenciamento de banco de dados de usuário individual para construir uma tela de entrada de dados para inserir esses dados. Organizar um pequeno banco de dados com pelo menos dez inserções.
3. Para melhorar o serviço aos clientes, a equipe de vendas da locadora propôs uma lista de mudanças considerada para o banco de dados no exercício anterior. Dessa lista, escolha duas modificações para o banco de dados e altere a tela da inserção de dados para captar e armazenar as novas informações. As mudanças propostas são:

a. Ajudar os funcionários do armazenamento a localizar as liberações mais recentes e acrescentar a data em que o filme foi alugado pela primeira vez.
b. Adicionar o nome do diretor.
c. Adicionar o nome dos três principais atores do filme.
d. Adicionar uma classificação de uma, duas, três ou quatro estrelas.
e. Adicionar o número de indicações ao Oscar.

4. Com a ajuda de um programa para gráficos, desenvolva um diagrama entidade-relacionamento para um aplicativo do banco de dados para uma livraria na internet em que os estudantes, ao comprar os livros de textos de um vendedor, recebam faturas por suas compras. Utilize a Figura 5.6 como guia.

ATIVIDADES EM GRUPO

1. Cada membro da equipe listará, descreverá e diagramará os relatórios que cada um gostaria de assistir em um aplicativo de registro de classes da perspectiva de um administrador universitário. A equipe então classificará os relatórios do mais importante para o menos importante. Crie o relatório que listará, descreverá e diagramará os três melhores relatórios. O relatório também deve incluir um apêndice que liste todos os relatórios de cada membro da equipe.
2. Em uma equipe de três ou quatro colegas de classe, entreviste os gestores empresariais de três diferentes empreendimentos que utilizem bancos de dados. Quais entidades e atributos de dados estão contidos em cada banco de dados? Qual empresa de banco de dados cada uma delas selecionou para fornecer seu banco de dados e por quê? Como eles acessam o banco de dados para realizar a análise? Eles receberam treinamento em qualquer ferramenta de consulta ou de relatórios? O que eles apreciam em seus bancos de dados e o que poderia ser melhorado neles? Algum deles utiliza data mining ou OLAP? Com base nas informações obtidas, selecione um desses bancos de dados como o mais estratégico para a empresa e apresente brevemente sua seleção e as razões da escolha.
3. Imagine que você e seus colegas sejam uma equipe de pesquisa desenvolvendo um processo melhorado para a avaliação de candidatos a empréstimos para compras de carros. A meta é prever quais candidatos se tornarão inadimplentes ou perderão o empréstimo. Aqueles que pontuarem bem na inscrição serão aceitos e os que pontuarem excepcionalmente bem serão aceitos para os empréstimos com taxas mais baixas. Prepare um pequeno relatório para seu instrutor com as seguintes perguntas:
   a. Quais dados você precisa para cada candidato ao empréstimo?
   b. Quais dados você pode precisar que normalmente não são exigidos em um formulário de inscrição para empréstimo?
   c. Onde você pode obter esses dados?
   d. Faça um primeiro corte no projeto de um banco de dados para essa inscrição. Com base no material deste capítulo sobre o projeto de um banco de dados, desenhe a estrutura lógica das tabelas relacionais para esse banco de dados proposto. No projeto, inclua os atributos de dados que você acredita serem necessários para esse banco de dados e mostre as chaves principais em suas tabelas. Mantenha o tamanho dos campos e das tabelas o menor possível para minimizar o espaço de armazenagem requerido na unidade de disco. Preencha as tabelas do banco de dados com os dados de amostragem com o objetivo de demonstração (dez registros). Depois que seu projeto estiver completo, implante-o utilizando um DBMS relacional.

EXERCÍCIOS DA WEB

1. Utilize um mecanismo de busca da web para encontrar informações sobre a virtualização de bancos de dados. Faça um breve relatório descrevendo o que você encontrou, incluindo as empresas que tenham utilizado essa abordagem e o que outras pessoas disseram sobre as vantagens e as desvantagens dessa abordagem.
2. As informações produzidas atualmente superam em quantidade as existentes nos centros de dados. Além disso, tais centros têm consumido grande quantidade de energia e pressionado o meio ambiente e os orçamentos. Faça uma pesquisa on-line sobre "green data centers" para aprender o que pode ser feito para armazenar mais dados com menos recursos. Os alunos com sugestões mais exclusivas e úteis deverão ser premiados com um crédito extra.

EXERCÍCIOS PARA ESPECIALIZAÇÃO

1. Descreva quais políticas de privacidade e abordagens você gostaria de ver funcionando em uma carreira de sua escolha. Escreva um relatório sobre suas recomendações sobre a privacidade.

2. Como você poderia utilizar a inteligência empresarial (IE) para desempenhar melhor seu trabalho? Dê alguns exemplos específicos de como a IE pode proporcionar uma vantagem competitiva.

ESTUDOS DE CASO

Caso um

Ajudando fuzileiros navais e marinheiros a parar de fumar

O impacto do tabagismo para a saúde humana é bem conhecido. A incidência da prática continua alta por três razões: é legal em muitos locais, as poderosas organizações de tabaco têm interesse econômico em promover o consumo e muitos fumantes se tornaram fisicamente viciados na nicotina. Entretanto, muitas organizações cujo desempenho depende da boa forma física de seus membros se esforçam bastante para reduzir a utilização do tabaco.

O exército dos Estados Unidos é uma dessas organizações. No campo, oficiais médicos como o comandante da Marinha Alfredo Baker sempre empreenderam programas para desincentivar o tabagismo. O comandante Baker, destacado como psiquiatra em uma equipe de combate regimental no Afeganistão, escreveu a Matt Greger, presidente da empresa de consultoria sobre bancos de dados The Business Helper, Inc. (que fechou em março de 2012), pedindo ajuda:

> Recentemente, comprei um software altamente recomendado chamado FileMaker Pro 11 para aprender como utilizar um banco de dados... Tenho uma pergunta. Há pouco tempo também iniciei um programa para ajudar meus fuzileiros e marinheiros a abandonar o tabagismo. Gostaria de juntar não somente as informações sobre eles (nenhuma identidade pessoal), mas também a quantidade de tabaco utilizada, o tipo, os anos de uso, as desistências etc., de modo que eu possa acompanhar o progresso deles e juntar dados suficientes para publicar minhas descobertas mais tarde. Por onde começo? Você poderia fazer o favor de me orientar em meus primeiros passos na criação do banco de dados e das tabelas relacionais?

Greger respondeu que ele se sentiria bastante honrado em ajudá-lo. Começou por sugerir alguns tutoriais on-line ou baixáveis para que o comandante Baker pudesse começar. Kevin Mallon, gestor de relações públicas sênior da FileMaker, Inc., leu a solicitação de Baker no blog de Greger e ofereceu mais ajuda.

Depois que Baker leu os materiais sugeridos, ele e Greger trocaram mais algumas correspondências por e-mail sobre o banco de dados. Decidiram por duas entidades: Pessoas (fuzileiros navais, marinheiros e soldados) e Consultas (para rastrear cada interação entre a pessoa e o comandante Baker).

A tabela Pessoas continha somente informações que não mudariam: nome, últimos quatro dígitos do número do seguro social, sexo, data de nascimento e a idade em que a pessoa começou a fumar.

A tabela Consultas, aparte das informações sobre a própria consulta, continha informações passíveis de variação temporal, como a utilização atual do tabaco, tabagismo na família e métodos utilizados para tentar parar de fumar. A tabela também continha os resultados dos dois testes pessoais sobre dependência-padrão ao tabaco: o teste Fagerstrom sobre dependência à nicotina e o teste psicológico de Horn. O comandante Baker esperava estabelecer conexões entre os resultados daqueles testes, outros dados sobre o usuário e o sucesso do programa de combate ao tabagismo.

Em novembro de 2011, o comandante Baker relatou que seu programa parecia estar sendo bem-sucedido:

> "Alguns deles [fuzileiros navais e marinheiros] me contaram que a vontade de fumar novamente estava quase sumindo. Outros relataram um desejo diminuído de fumar pelo gosto ruim que sentiam e os faziam lembrar as substâncias carcinogênicas contidas no cigarro ou no fumo mastigável. A maioria deles diminuiu o consumo de cigarros... em cerca de 40% a 70% do consumo diário. Jamais esperei uma queda tão dramática, mas parece-me que o modo que preparei o programa está funcionando… ainda é cedo, mas são resultados positivos."

O banco de dados de Baker será crucial para documentar o que funciona e o que não funciona, de modo que esse sucesso possa ser replicado em outros locais dentro das forças armadas nos Estados Unidos.

Questões para discussão

1. Em termos de conceitos de modelagem de dados que você leu neste capítulo, de que tipo é o relacionamento entre as entidades Pessoas e Consultas?
2. Suponha que o comandante Baker quisesse identificar as associações entre pessoas da mesma unidade militar a respeito do comportamento de continuar ou parar de fumar. Isso tornaria necessária a criação de uma nova entidade para o banco de dados. Esboce o modelo de dados resultante como um diagrama entidade-relacionamento.

Questões para análise

1. A maioria das pessoas que precisam de bancos de dados para utilização profissional não está em uma base militar remota no Afeganistão, por exemplo. De que modo a situação e a localização do comandante Baker o ajudou no projeto de banco de dados? De que modo a situação e a localização foram um obstáculo para ele?
2. O comandante Baker poderia ter implementado esse banco de dados com programa de planilhas,

como o Microsoft Excel. Ele poderia ter feito uma planilha para Pessoas e uma segunda para Consultas, com uma coluna para cada elemento de dado. Seria possível então utilizar as funções LOOKUP do Excel para associar com as consultas deles. Discuta os prós e os contras da utilização de um programa de planilhas e um programa de gerenciamento de banco de dados pessoal totalmente desenvolvido, como o FileMaker Pro ou o Access para esse aplicativo.

Fontes: Baker, A., "Tobacco Cessation Program Database", *fmprodb.com/wpcontent/uploads/2011/11/TCPOutline.pdf*, acesso em: 25 out. 2011; Site da FileMaker, Inc., www.filemaker.com, acesso em: 11 maio 2012; FileMaker Pro 11 Tutorial, FileMaker, Inc., www.filemaker.com/support/product/docs/fmp/fmp11_tutorial.pdf, acesso em: 10 dez. 2009; Site de Greger, M., "Helping Our Soldiers Quit Smoking", fmprodb.com/category/casestudies, acesso em: 25-27 out. e 15 nov. 2011; Site do Mendeley, Heatherton, T., et al., "The Fagerstrom Test for Nicotine Dependence: A Revision of the Fagerstrom Tolerance Questionnaire", *British Journal of Addiction*, www.mendeley.com/research/the-fagerstrm-test-for-nicotine-dependence-a-revision-of-the-fagerstrom-tolerance-questionnaire (requer registro grátis), set. 1991.

Caso dois

Os Giants, os Patriots, o dinheiro e os tweets

As redes sociais têm um papel gigantesco nos esportes profissionais. Aproximadamente 2,8 milhões de pessoas seguem a Liga Nacional de Futebol (NFL, National Football League) no Twitter e cerca de 4,5 milhões curtem sua página no Facebook. O jogo final do campeonato de 2012, o Super Bowl 46, entre os The New York Giants e os New England Patriots, foi assistido por quase 100 milhões de telespectadores. Durante o jogo, foram postados 7.366.400 tweets a respeito. Desses, 324.221 mencionaram um ou mais anunciantes. Com a atenção da mídia social em tão grande escala, não foi surpresa que os anunciantes tivessem analisado as mídias sociais como um indicador de que o dinheiro deles foi bem aplicado.

Além do volume gigantesco, os dados de mídia social são desestruturados. Isso insere a atividade da mídia social precisamente na categoria de big data. O que os anunciantes aprendem com isso?

Se alguém medir a eficiência de anunciar, por custo por tweet, a cadeia sueca de alta moda em roupas H&M fez melhor. De acordo com a Brandwatch, empresa que analisa grandes dados na web, um comercial de 30 segundos da H&M foi mencionado em 17.190 tweets e custou $ 3,5 milhões a $ 204 por tweet. A Pepsi, que tinha o número mais alto em segundos de tweets, com 28.996, participou duas vezes de tais comerciais com a segunda mais baixa taxa, no valor de $ 253. A Budweiser, marca com os gastos mais altos nos 10 mais tuitados a respeito ($ 35 milhões estimados), tinha somente 13.910 tweets por um custo de $ 2.265 cada.

Essas descobertas significam que a Budweiser desperdiçou seu dinheiro? Não necessariamente. Talvez os bebedores de cerveja tuitem menos que os clientes de alta moda ou bebedores de refrigerante à base de cola. É mais útil comparar com uma categoria. A Coca-Cola gastou novamente metade do que gastou a Pepsi, mas ganhou um pouco mais da metade dos tweets (17.334). Do mesmo modo, a Volkswagen teve 20.818 tweets por $ 7 milhões do valor do tempo de transmissão, ou seja, $ 336 por tweet. A Hyundai, com 4.325 tweets pelo mesmo custo, foi muito menos eficiente na geração do *buzz* no Twitter.

Pode-se também procurar o sentimento dos tweets. O modo como as palavras são usadas pode afetar seus significados, mas, quando elas dominam um grande número de mensagens e são comparadas com outros adversários, os resultados da análise do sentimento são informativos. A maior parte dos tweets é neutro e a maioria dos anunciantes apresenta um pequeno percentual de tweets positivos sobre os negativos. A Pepsi, por exemplo, teve 7% de tweets positivos, 2% negativos e o restante neutros. O sentimento do Twitter muito abaixo disso sugere um problema. A Skechers teve 11% de tweets negativos e somente 4% positivos. Os dados não informam por que, mas mostram que a Skechers deve procurar o motivo. (Pode ter sido por causa de um protesto baseado em um comercial que foi filmado em um local onde os cães eram, alegadamente, maltratados. Se essa foi a razão, não parece ter afetado as vendas de sapatos.)

O processo da Brandwatch começa por *juntar os dados*. Ela monitora blogs, microblogs (Twitter), redes sociais (Facebook), sites de imagens (Flickr), sites de vídeos (YouTube e Vimeo), fóruns de discussão e novos sites.

A Brandwatch então *limpa os dados*, remove as duplicações, elimina a navegação em textos e anúncios, separa as menções reais de uma marca das utilizações da mesma palavra (a fruta *apple* não é necessariamente é a empresa Apple) e analisa o site para determinar seus dados de modo que as tendências possam ser rastreadas.

O terceiro passo é a *análise dos dados* combinada com a de sentimentos para detectar as tendências de sentimento através do tempo.

Finalmente, a Brandwatch *apresenta* os dados de diversos modos, inclusive em um painel digital. O resultado líquido é o insight no sucesso de uma campanha publicitária que poderia provavelmente ser obtida de qualquer outro modo.

Questões para discussão

1. A Brandwatch pode criar um gráfico de atividades sobre a evolução do Twitter. O tempo que um comercial está no ar pode ser indicado naquele gráfico. O que um anunciante poderia fazer com essa informação?
2. Suponha que você seja um gestor de anúncios da Hyundai nos Estados Unidos. Seu superior pede um explicação sobre o pobre desempenho de seu

anúncio com relação ao concorrente, a Volkswagen, conforme medido por meio do custo por tweet. Como você responderia?

Questões para análise

1. Esboce um diagrama entidade-relacionamento para as tabelas que o banco de dados poderia precisar para armazenar informações sobre os tweets relacionados ao anúncio da Super Bowl depois que a limpeza dos dados estiver completa. Liste os atributos que o banco de dados deve guardar para cada entidade.
2. Bandas de pesquisa na web são uma fonte de big data. Como uma empresa como o Google pode utilizá-las para melhorar seus resultados de pesquisa? Se você pesquisar por Robert Smith, por exemplo, como um sistema de buscas pode melhorar a probabilidade de seus top hits serem o Robert Smith que você quer e não qualquer outro dos milhares de existentes no mundo?

Fontes: Site da Brandwatch, *www.brandwatch.com*, acesso em: 16 maio 2012; Staff, "Visualizing Big Social Media Data", Brandwatch, www.brandwatch.com/wpcontent/uploads/brandwatch/TheBrandwatch SuperBowl2012.pdf, acesso em: 14 mar. 2012; Staff, "Brandwatch Superbowl 2012", Brandwatch, labs.brandwatch.com/superbowl, acesso em: 16 maio 2012; Horovitz, B., "Even without Kardashian, Skechers Ad Stirs Controversy", *USA* Today, www.usatoday.com/money/advertising/story/2012011l/kim-kardashian-skechers-super-bowl-ad/52506236/1, acesso em: 12 jan. 2012; Tofel, K., "Super Bowl 46 Mobility by the Numbers", gigaom.com/mobile/superbowl46mobilitybythenumbers, acesso em: 5 fev. 2012.

NOTAS:

Fontes do texto de abertura: Site da B. I. Practice, www.bipractice.co.za, acesso em: 4 maio 2012; Site da Medihelp, *www.medihelp.co.za*, acesso em: 4 maio 2012; Medihelp, "Business Critical High-Performance Data Warehouse", submetido como estudo de caso da *Computerworld*, www.eiseverywhere.com/file_uploads/8afb2148c7782bb37e9ae1fa220b9824_ Medihelp_-_Business_Critical_High-Performance_Data_Warehouse.pdf, acesso em: 16 jan. 2012; Staff, "Medihelp Customer Case Study", www.sybase.com/files/Success_Stories/ Medihelp-CS.pdf, acesso em: 14 out. 2011.

1. Horwitt, E., "BI Catches On", *Computerworld*, 24 jan. 2011, p. 30.
2. Chickowski, Ericka, "Database Firewall Brouhaha", *InformationWeek*, 14 mar. 2011, p. 38.
3. LevRam, L., "The Hot New Gig in Tech", *Fortune*, 5 set. 2011, p. 29.
4. Site da EMC, www.emc.com/collateral/demos/microsites/emc-digital-universe-2011/index.htm, acesso em: 13 out. 2011.
5. Site da FDIAI, www.fdiai.org/articles/fbi%20 DNA% 20Database.htm, acesso em: 12 out. 2011.
6. Vance, Ashlee, "The Data Knows", *Bloomberg Businessweek*, 12 set. 2001, p. 70.
7. Cox, John, "Microsoft Accused of Collecting Location Data", *Network World*, 12 set. 2011, p. 12.
8. Site do Walmart, www.walmart.com/cp/Walmart-Clinics/1078904, acesso em: 18 out. 2011.
9. Duffy, Jim, "Cisco Fleshes Out Data Center Switch Fabric Plan", *Network World*, 4 abr. 2011, p. 10.
10. Thibodeau, Patrick, "Data Center Double Duty", *Computerworld*, 9 maio 2011, p. 44.
11. Babcock, Charles, "IBM to Build Cloud Data Centers in China", *InformationWeek*, 14 fev. 2011, p. 16.
12. Murphy, Chris, "FedEx CIO Explains the Real Power of Cloud", *InformationWeek*, 14 fev. 2011, p. 18.
13. Morthen, Ben, "Data Centers Boom", *The Wall Street Journal*, 9 abr. 2011, p. B6.
14. Grunberg, S. e Rolander, N., "For Data Center, Google Goes for the Cold", *The Wall Street Journal*, 12 set. 2011, p. B10.
15. Site da HP, http://h18004.www1.hp.com/products/servers/solutions/datacentersolutions/index.html?jumpid=ex_R2849/us/en/ISS/cclicks/4AA2-9292ENW/discover/pod, acesso em: 18 out. 2011.
16. Site da Cortera, http://start.cortera.com/company/research/k9s9mzm5s/microsoft-data-center, acesso em: 18 out. 2011.
17. Edwards, John, "Make Mine Modular", *Computerworld*, 8 ago. 2011, p. 26.
18. Grunberg, S. e Rolander, N., "For Data Center, Google Goes for the Cold", *The Wall Street Journal*, 12 set. 2011, p. B10.
19. Thibodeau, P., "Rural N.C. Becomes Popular IT Location", *Computerworld*, 20 jun. 2011, p. 2.
20. Troianovski, A., "Storage Wars: Web Growth Sparks Data Center Boom", *The Wall Street Journal*, 7 jul. 2011, p. B1.
21. Brandon, John, "Extreme Storage", *Computerworld*, 10 out. 2011, p. 25.
22. Staff, "Data Centers Expand at Furious Pace", *Network World*, 23 maio 2011, p. 8.
23. Lawson, S., "IBM's Futuristic Storage Aims for Speed, Density", *Network World*, 12 set. 2011, p. 16.
24. Barbee, T., "Disaster Recovery on a Budget", *CIO*, 1 maio 2011, p. 48.
25. Stantosus, Megan, "Safe Storage for Stormy Weather", *CIO*, 1 out. 2011, p. 22.
26. Harbaugh, Logan, "Recoup with Data Dedupe", *Network World*, 12 set. 2011, p. 24.
27. Collett, Stacy, "Calculated Risk", *Computerworld*, 7 fev. 2011, p. 24.
28. Niccolai, James, "Data Centers Survived Japan's Quake", *Computerworld*, 18 jul. 2011, p. 2.
29. Site da EMC, www.emc.com/collateral/demos/microsites/emc-digital-universe-2011/index.htm, acesso em: 13 out. 2011.

30. Site da Confio, *www.confio.com*, acesso em: 14 out. 2011.
31. Staff, "James River Insurance Selects Confio Software", *Business Wire*, 2 ago. 2011.
32. Falgout, Jim, "Dataflow's Big Data Edge", *InformationWeek*, 5 set. 2011, p. 37.
33. Worthen, Ben, "Oracle Displays Resilience", *The Wall Street Journal*, 21 set. 2011, p. B2.
34. Site da Oracle, www.oracle.com/us/products/database, acesso em: 18 out. 2011.
35. Winkler, Rolfe, "Is the Maintenance Business a Software Target at Oracle", *The Wall Street Journal*, 31 ago. 2011, p. C14.
36. Site do Google, www.google.com/streetview, acesso em: 18 out. 2011.
37. Site da Microsoft, http://office.microsoft.com/en-us/onenote, acesso em: 24 out. 2011.
38. Mangalindan, J.P., "Can This Software Make You Smarter?" *Fortune*, 17 out. 2011, p. 70.
39. Site da EverNote, www.evernote.com, acesso em: 20 out. 2011.
40. Site da Microsoft, http://office.microsoft.com/en-us/infopath, acesso em: 24 out. 2011.
41. Mearian, Lucas, "IT Moving to SSD For Robust Applications", *Computerworld*, 22 set. 2011, p. 14.
42. Cusumano, M., "Fight Uncertainty with Data", *CIO*, 1 fev. 2011, p. 18.
43. Staff, "Social Security Confronts IT Obsolescence", *InformationWeek*, 14 mar. 2011, p. 18.
44. Site da Couchbase, www.couchbase.com, acesso em: 19 out. 2011.
45. Babcock, Charles, "Merged Startups Play Well With Big Data", *InformationWeek*, 28 fev. 2011, p. 12.
46. Vijayan, J., "Hadoop Works alongside RDBMS", *Computerworld*, 22 ago. 2011, p. 5.
47. Vijayan, J. "Hadoop Is Ready for the Enterprise", *Computerworld*, 21 nov. 2011, p. 8.
48. Weiss, Todd, "Look Before You Leap into Hadoop", *Computerworld*, 27 fev. 2012, p. 8.
49. Kane, Y. e Smith E., "Apple Readies iCloud Service", *The Wall Street Journal*, 1 jun. 2011, p. B1.
50. Site da Apple, www.apple.com/icloud, acesso em: 18 out. 2011.
51. Levy, Ari, "Getting Business to Think inside the Box.net", *Bloomberg Businessweek*, 26 set. 2011, p. 48.
52. Worthen, Ben, "Oracle Continues Its Push into Cloud Computing with RightNow Deal", *The Wall Street Journal*, 25 out. 2011, p. B6.
53. Palazzolo, J. e Rubenfield, S., "U.S. Probes Oracle Dealings", *The Wall Street Journal*, 31 ago. 2011, p. B1.
54. Site da Amazon Web Services, http://aws.amazon.com/ec2/, acesso em: 18 out. 2011.
55. Site da CloudTweaks, www.cloudtweaks.com/2011/07/procter-and-gamble-collaborates-in-the-cloud-with-box-net, acesso em: 18 out. 2011.
56. Doyle, Jeff, "Open Flow", *InformationWeek*, 17 out. 2011, p. 38.
57. Dernan, Andy, "Virtual vs. Physical", *InformationWeek*, 15 ago. 2011, p. 21.
58. Foskett, Stephen, "Virtualization's Storage Effect", *InformationWeek*, 10 out 2011, p. 31.
59. Marko, Kurt, "Virtualization vs. the Network", *InformationWeek*, 17 out. 2011, p. 50.
60. Davis, Michael, "Virtualization Security Checklist", *InformationWeek*, 17 out. 2011, p. 44.
61. McTigue, Jake, "Mix and Match For Safe VMs", *InformationWeek*, 10 out. 2011, p. 44.
62. Babcock, Charles, "Global Data Centers Chains Promise Easier Backup", *InformationWeek*, 17 out. 2011, p. 18.
63. Boles, Jeff, "Storage Administrators List Five Ways That Server Virtualization Complicates Their Lives", *Computerworld*, 10 out. 2011, p. 16.
64. Site da Acronis, www.acronis.com, acesso em: 20 out. 2011.
65. Site do NoSQL Databases, http://nosql-database.org, acesso em: 20 out. 2011.
66. Friedenberg, Michael, "Big Data, Big Dividends", *CIO*, 1 dez. 2011, p. 12.
67. Stackpole, Beth, "Your Big Data To Do List", *Computerworld*, 12 fev. 2012, p. 22.
68. Bednarz, Ann, "Rise of Hadoop Challenging for IT", *Network World*, 13 fev. 2012, p. 1.
69. Mearian, Lucas, "Health Insurer Encrypts all Stored Data", *Computerworld*, 22 ago. 2011, p. 4.
70. Site do W3C, www.w3.org/standards/semanticweb, acesso em: 24 out. 2011.
71. Site do W3C, www.w3.org/TR/rdf-primer, acesso em: 18 out. 2011.
72. Woolner, Ann, "You Can Run, But It's Hard to Hide from TLO", *Bloomberg Businessweek*, 19 set. 2011, p. 44.
73. Mossberg, Walter, "For iPad and Mobile Devices, a Port Out of the Norm", *The Wall Street Journal*, 9 fev. 2012, p. D4.
74. Konrad, Alex, "Tablets Storm the Corner Office", *Fortune*, 17 out. 2011.
75. Nash, K., "Do It Yourself", *CIO*, 1 set. 2011, p. 17.
76. Site da Oracle, www.oracle.com/us/products/applications/ebusiness/scm/051318.html, acesso em: 24 out. 2011.
77. Deal, V., "HP's Murky Move Back into Data Warehousing", *Information Week*, 28 fev. 2011, p. 14.
78. Site da Vertica, www.vertica.com/, acesso em: 31 ago. 2011.
79. Sharpe, Michael, "The Data Mastery Imperative", *InformationWeek*, 11 jul. 2011, p. 29.
80. Frank, Diana, "Healthier Intelligence", *CIO*, 1 mar. 2012, p. 50.
81. Site da Brooks Brothers, www.brooksbrothers.com, acesso em: 18 out. 2011.
82. Hobson, Katherine, "Getting Docs to Use PCs", *The Wall Street Journal*, 15 mar. 2011, p. B5.
83. Nash, K., "Do It Yourself", *CIO*, 1 set. 2011, p. 28.

84. Holm, Erik, "New Hire Will Mine AIG's Data", *The Wall Street Journal*, 9 jan. 2012, p. C5.
85. Carreyrou, J. e McGinty, T., "Medicare Records Reveal Troubling Trail of Surgeries", *The Wall Street Journal*, 29 mar. 2011, p. A1.
86. Tozzi, J., "Bank Data Miner", *Bloomberg Businessweek*, 3 jul. 2011, p. 41.
87. Site da Verafin, http://verafin.com, acesso em: 15 set. 2011.
88. Thrum, Scott, "Data Mining Your Mind", *The Wall Street Journal*, 27 out. 2011, p. B1.
89. Henschen, Doug, "Ellison Touts InMemory, Flirts With NoSQL", *InformationWeek*, 17 out. 2011, p. 13.
90. Overby, S., "Analytics Uncorked", *CIO*, 1 set. 2011, p. 20.
91. Jackson, Joab, "A Better Slice of Data", *CIO*, 15 jun. 2011, p. 11.
92. Henschen, Doug, "P&G Turns Analytics into Action", *InformationWeek*, 19 set. 2011, p. 77.
93. Murphy, Chris, "P&G's Hiring Priority: Analytics Experts", *InformationWeek*, 27 fev. 2012, p. 8.
94. Bruni, M., "5 Steps to Agile BI", *InformationWeek*, 13 jun. 2011, p. 33.
95. Howson, C., "Predictions of What's in Store for the BI Market", *Information Week*, 31 jan. 2011, p. 22.
96. Vijayan, J., "Pirates Tap I to Boost Attendance", *Computerworld*, 10 out. 2011, p. 2.
97. "Copper Mountain Resort Selects Agilysys Visual One", *PR Newswire*, ago. 2011.
98. Korn, M. e Tibken, S., "Schools Plan Leap into Data", *The Wall Street Journal*, 4 ago. 2011, p. B12.
99. Site da Objectivity, www.objectivity.com, acesso em: 26 out. 2011.
100. Site da Versant, www.versant.com, acesso em: 26 out. 2011.
101. Site da ODBMS.org, www.odbms.org/odmg, acesso em: 26 out. 2011.
102. Site da Pitney-Bowes, www.pbinsight.com/resources/case-studies/details/cumberland-county, acesso em: 18 out. 2011.

6 TELECOMUNICAÇÕES E REDES

Princípios	Objetivos de aprendizagem
• Um sistema de telecomunicações consiste em vários componentes fundamentais.	• Identificar e descrever os componentes fundamentais de um sistema de telecomunicações. • Discutir dois dos principais meios de telecomunicações e suas características associadas. • Descrever resumidamente várias opções de comunicação de curto, médio e longo alcance.
• As redes são um componente essencial da infraestrutura da tecnologia da informação de uma organização.	• Identificar os benefícios do uso de rede. • Descrever três alternativas de processamento distribuído e discutir suas funções básicas. • Identificar vários equipamentos de hardware de telecomunicação e comentar suas funções.
• Os aplicativos de rede são essenciais para o sucesso da organização.	• Listar e descrever vários aplicativos de rede que trazem benefícios para as organizações atuais.

NetHope no mundo Ajuda em desastres

SISTEMAS DE INFORMAÇÃO NA ECONOMIA GLOBAL

NetHope, Estados Unidos

QUANDO OCORRE, UM DESASTRE CAUSA impactos tanto na economia quanto na sociedade. As pessoas que não foram afetadas por um desastre muitas vezes se sentem na obrigação moral de ajudar as vítimas. E se tiverem habilidades especiais que possam aliviar os efeitos do desastre, a sensação é ainda maior.

Um dos atributos mais necessários em muitos desastres naturais é a capacidade de instalar redes, de forma que as pessoas afetadas, seus governos e organizações que desejam prestar ajuda possam se comunicar entre si. A necessidade de sistemas de comunicação de longa distância atribui responsabilidade especial à comunidade tecnológica. Muitas das empresas de alta tecnologia atendem tais necessidades sob os auspícios da NetHope, grande grupo de organizações de ajuda humanitária.

Por exemplo, considere as inundações que atingiram o Paquistão em 2010. Esse desastre natural afetou mais de 20 milhões de pessoas e teve um impacto direto na economia, estimado em $ 9,5 bilhões. Em tais situações, se o auxílio não for fornecido rapidamente, os efeitos podem piorar e se espalhar.

A NetHope e seus parceiros estiveram em todos os locais de desastres naturais recentes. Nos primeiros dois meses após o terremoto no Haiti em 2010, a NetHope e sua parceira, a Microsoft, ajudaram a criar um site para colaboração entre agências, estabeleceram soluções de computação em nuvem para o governo do Haiti e para as organizações que estavam trabalhando no país e divulgaram sites do Bing do MSN e cada página da internet, em que as pessoas podiam fazer doações para o Haiti. A comunicação entre haitianos e trabalhadores das organizações de ajuda foi dificultada pelo fato de que poucos voluntários falavam o creole, língua oficial do Haiti. Para solucionar o problema, a Microsoft adicionou o creole haitiano ao seu Tradutor, uma ferramenta de tradução automática, e forneceu-a para os socorristas.

No tsunami de 2011 no Japão, os parceiros da NetHope forneceram um portal de comunicação baseado em nuvem para a comunidade Second Harvest Japan. A organização usou o portal para coordenar a distribuição de alimentos, fornecedores de transporte e distribuidores que trabalhavam para levar conforto aos japoneses. Os serviços em nuvem evitam problemas, como danos à infraestrutura e equipamentos, apagões e falta de energia e interrupções nos serviços de telecomunicações.

Uma das cinco principais metas da NetHope é a conectividade. De acordo com seu site, o objetivo da conectividade é "aprimorar as comunicações entre as organizações e os agentes de campo em partes remotas do mundo, nas quais não há infraestrutura ou esta se encontra limitada". Até recentemente, a NetHope tentava atingir suas metas, instalando terminais de comunicação por satélites de pequeno porte (VSATs, very small aperture terminais) em áreas remotas, com pouca ou nenhuma infraestrutura terrestre. Os sistemas VSAT incluem estações terrestres (normalmente com menos de 3 metros, ou 10 pés, de largura), instaladas externamente em linha e voltadas para o céu para conectar-se com um satélite em órbita geossíncrona. O satélite pode retransmitir as mensagens para qualquer lugar na Terra, permitindo assim a comunicação com áreas remotas.

Porém, como Gisli Olafsson, diretor de Resposta à Emergência da NetHope (e ex-funcionário da Microsoft) acabou descobrindo, "o uso de VSAT como meio preferido para se comunicar não é sempre o método mais eficaz nem o mais econômico". Olafsson continua: "Com a maioria dos países indo em direção à telefonia móvel de banda larga 3G[...], vimos que as redes móveis estão se tornando mais resilientes em desastres de grande escala, com o retorno dos principais serviços, em média, até duas semanas após o principal incidente[...]. É mais econômico e fácil estocar e transferir modems 3G do que kits de VSAT".

A tecnologia, obviamente, nunca representa a totalidade das respostas. As pessoas são parte importante em qualquer sistema. Depois do terremoto de 2010 no Haiti, a NetHope lançou a Academia NetHope para treinar e capacitar em técnicas de TI os haitianos desempregados e fornecer experiência de trabalho, de forma que pudessem gerar conhecimento técnico no próprio país. O primeiro grupo da Academia NetHope passou três semanas em salas de aula e treinamento do tipo acampamento militar. Em seguida, foram distribuídos em equipes de reconstrução das áreas devastadas do Haiti, usando as novas habilidades adquiridas para ajudar os membros da equipe a se comunicarem com pessoas que estavam fora de suas áreas de trabalho.

Além da Microsoft, NetHope fez outras parcerias, incluindo a Accenture, Cisco, Hewlett-Packard e Intel. A comunidade tecnológica pode se orgulhar de seu comprometimento com ajuda humanitária e recuperação econômica.

À medida que você lê o capítulo, considere o seguinte:

- A maioria dos desastres naturais, embora não sejam tão raros quanto gostaríamos, também não são comuns o suficiente para que as empresas desenvolvam uma rede de trabalho e produtos de comunicação apenas para este uso. As tecnologias que os parceiros da NetHope usam foram originalmente projetadas para outras finalidades. Quais os usos adicionais que essas tecnologias poderiam ter?
- Quais das tecnologias de telecomunicações e de redes mostradas neste capítulo poderiam ser úteis em desastres naturais?

© Andrey Burmakin/Shutterstock

POR QUE ENTENDER TELECOMUNICAÇÕES E REDES?

A comunicação eficaz é essencial para o sucesso de qualquer importante projeto humano, desde a construção de grandes cidades, começar e manter uma guerra até administrar uma organização moderna. Atualmente, usa-se a mensagem eletrônica e a rede para possibilitar que as pessoas em todos os lugares se comuniquem e interajam de forma eficaz, sem que haja um encontro face a face. Independentemente de sua especialização ou o campo de sua futura carreira, você necessitará das habilidades de comunicação fornecidas pelas telecomunicações e redes, especialmente se seu trabalho envolver a cadeia de suprimento. Dentre todas as funções de negócios, o gerenciamento da cadeia de suprimento pode utilizar as telecomunicações e as redes ao máximo, porque requer cooperação e comunicação entre os trabalhadores na logística interna, depósito e armazenamento, produção, armazenamento de produtos prontos, logística externa e, o mais importante, comunicação com os consumidores, fornecedores e os expedidores de produtos. Todos os membros da cadeia de suprimento precisam trabalhar juntos de maneira eficaz para aumentar o valor percebido pelo consumidor, portanto, os parceiros precisam se comunicar bem. Outros funcionários, em setores como recursos humanos, finanças, pesquisa e desenvolvimento, marketing e vendas precisam também utilizar as tecnologias de comunicação para estar em contato com as equipes internas e externas da organização. Para ser um membro bem-sucedido de qualquer organização, é necessário ser capaz de aproveitar-se das possibilidades oferecidas por essas tecnologias. Este capítulo tem início pela discussão da importância da comunicação eficaz.

No atual mundo dos negócios globais e de alta velocidade, as organizações precisam de computadores sempre ligados e conectados para funcionários que viajam, e de conexões em rede para seus parceiros-chave de negócios e consumidores. As organizações de ponta lutam para aumentar seus lucros, reduzir os tempos de comercialização e possibilitar maior colaboração com seus fornecedores, clientes e parceiros comerciais, através do uso de sistemas de telecomunicações. A seguir, alguns exemplos adicionais de organizações que utilizam as telecomunicações e as redes para progredir:

- O Serviço de Combate a Incêndio e Resgaste de West Yorkshire, no Reino Unido, está em operação 24 horas por dia, todos os dias do ano. Engloba 48 quartéis de corpo de bombeiros e 1.745 bombeiros de tempo integral e meio período. O serviço adotou uma solução de comunicação unificada que consiste tanto em hardware quanto em software, que permite aos bombeiros e ao pessoal de apoio utilizar um dispositivo para receber chamadas, mensagens de voz e áudio, videoconferência e mensagens instantâneas e de e-mail. Antes dessa mudança, os canais de comunicação do serviço não eram integrados e os bombeiros tinham de usar múltiplos dispositivos para executar as várias funções. Segundos preciosos poderiam ser perdidos, ou pior ainda, uma chamada de emergência poderia cair enquanto os bombeiros trocavam de um equipamento para outro.[1]

- Muitos hospitais nos Estados Unidos estão usando telecomunicações para capacitar médicos a distância para monitorar e cuidar de pacientes. Recentemente, profissionais da unidade de tratamento intensivo do Banner Estrella Medical Center em Fênix, Arizona, prestaram colaboração a um médico em Tel Aviv, Israel, para tratar e monitorar um paciente em risco por causa de uma reação ao diabetes. Enquanto os médicos e enfermeiras em Fênix forneciam os cuidados necessários, o médico em Tel Aviv foi capaz de monitorar o paciente durante a noite, como seu batimento cardíaco e frequência respiratória, além de ter acesso a um vídeo, transmitido ao vivo para o médico. Esse nível de monitoramento não seria possível apenas com os recursos do Banner, por causa da falta de especialistas.[2]
- De acordo com uma pesquisa recente, 80% dos médicos e 75% das enfermeiras possuem smartphones e os utilizam cada vez mais como valioso instrumento para prover serviços aos pacientes. Os médicos podem baixar aplicativos para seus celulares que permitem que verifiquem as referências de determinado remédio, realizem cálculos médicos comuns, consultem as tabelas de valores normais de um laboratório, utilizem ferramentas de apoio às decisões e visualizem registros médicos eletrônicos.[3]
- Milhares de empresas utilizam webcasts (transmissão por áudio e vídeo) para informar e orientar consumidores potenciais em relação a produtos e serviços. Por exemplo, a Amgen, empresa pioneira em biotecnologia, divulgou seus relatórios de resultados financeiros semestral e anual de 2011 usando uma webcast.[4]

UMA VISÃO GERAL DAS TELECOMUNICAÇÕES

Telecomunicações referem-se à transmissão eletrônica de sinais para comunicações através de meios como telefone, rádio e televisão. As telecomunicações criam profundas mudanças nos negócios porque reduzem as barreiras de tempo e distância. Avanços na tecnologia de telecomunicações permitem comunicar-nos rapidamente com parceiros de negócios, consumidores e colegas de trabalho em quase todos os lugares. As telecomunicações também reduzem a quantidade de tempo necessária para transmitir informações que podem orientar e concluir ações de negócios. E não apenas mudam o modo como as organizações operam, mas a própria natureza do comércio. Como as redes conectam-se umas às outras e transmitem informações mais livremente, um mercado competitivo exige excelente qualidade e serviço de todas as organizações.

A Figura 6.1 apresenta um modelo geral das telecomunicações. O modelo tem início com uma unidade de emissão (1) como uma pessoa, um sistema computacional, um terminal ou outro dispositivo que origina a mensagem. A unidade emissora transmite um sinal (2) para um dispositivo de telecomunicações (3). O dispositivo de telecomunicações – um componente de hardware que facilita a comunicação eletrônica – desempenha muitas tarefas, que podem incluir converter um sinal em uma forma diferente ou de um tipo para outro. O equipamento de telecomunicações então envia o sinal através de um meio (4). Um **meio de telecomunicações** é qualquer substância material que carrega um sinal eletrônico para apoiar a comunicação entre um dispositivo emissor e receptor. Outro dispositivo de telecomunicações (5) conectado a um dispositivo de recepção (6) recebe o sinal. O processo pode ser revertido, e a unidade receptora (6) pode enviar uma mensagem à unidade emissora original (1).

MEIO DE TELECOMUNICAÇÕES: Qualquer substância material que carrega um sinal eletrônico para apoiar a comunicação entre um dispositivo emissor e receptor.

FIGURA 6.1
Elementos de um sistema de telecomunicações. Os dispositivos de telecomunicações retransmitem os sinais entre sistemas de computadores e os meios de comunicação.

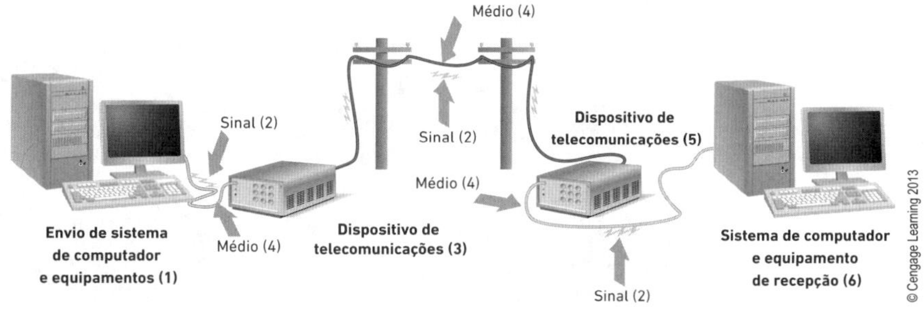

Uma característica importante das telecomunicações é a velocidade com que as informações são transmitidas – medida em bits por segundo (bps). As velocidades mais comuns estão na escala de milhares de bits por segundo (Kbps) até milhões de bits por segundo (Mbps), chegando a bilhões de bits por segundo (Gbps).

PROTOCOLO DE REDE: Conjunto de regras, algorítimos, mensagens e outros mecanismos que permitem que softwares e hardwares conectados em rede se comuniquem de forma eficaz.

O **protocolo de rede** é um conjunto de regras, algoritimos, mensagens e outros mecanismos que permitem que softwares e hardwares conectados em rede se comuniquem de forma eficaz. O objetivo é assegurar comunicação rápida, eficiente e livre de erros e permitir que produtores de hardware, software e equipamentos e fornecedores de serviços criem produtos que operem entre si de maneira eficiente. O Instituto de Engenharia Eletroeletrônica (IEEE, Institute of Electrical and Electronics Engineers) é uma organização líder no estabelecimento de padrões, cujos padrões de rede IEEE 802 são a base para muitos equipamentos e serviços de telecomunicações. A União Internacional de Telecomunicações (ITU, International Telecommunication Union) é uma agência especializada dos Estados Unidos com sede em Genebra, na Suíça. Os padrões internacionais produzidos pela ITU são conhecidos como Recomendações e carregam alto grau de reconhecimento internacional.

A comunicação entre duas pessoas pode ocorrer de forma síncrona ou assíncrona. Com comunicação síncrona, o receptor recebe a mensagem instantaneamente quando enviada. A comunicação pela voz e telefone são exemplos de comunicação síncrona. Na comunicação assíncrona, o receptor recebe a mensagem após algum tempo – às vezes em alguns segundos, horas ou dias após a mensagem ser enviada. Enviar uma carta pelo correio tradicional ou por e-mail é exemplo de comunicação assíncrona. Ambas são importantes para o negócio.

A maioria das faculdades e universidades hoje oferecem cursos a distância usando hardware e software de telecomunicações que permitem que instrutores se conectem com alunos em qualquer lugar dos Estados Unidos. Os alunos podem optar por uma aula síncrona, na qual o curso é dado com professor on-line, ou seja, podem ver e ouvir o professor em tempo real, interagindo e fazendo perguntas. Outros alunos podem optar por aulas assíncronas, em que participam a qualquer momento quando lhes for mais conveniente. Eles assistem apresentações de slides e, se tiverem alguma dúvida, podem se comunicar com o instrutor por e-mail. A Escola de Extensão da Universidade Harvard oferece centenas de cursos de aprendizagem on-line a cada semestre. Os cursos empregam tanto vídeos on-line das aulas nas faculdades quanto webconferência, onde os alunos se comunicam em sessões ao vivo com o professor, através de chat ou tecnologia de voz.[5]

A tecnologia e as telecomunicações permitem que profissionais na área de negócios se comuniquem com colegas de trabalho ou clientes a partir de locais remotos.

CANAL SIMPLEX: Canal de comunicações que pode transmitir dados em apenas uma direção e raramente é utilizado para as telecomunicações em negócios.

CANAL HALF-DUPLEX: Canal de comunicações que pode transmitir dados em ambas as direções, mas não simultaneamente.

CANAL FULL-DUPLEX: Canal de comunicações que permite a transmissão de dados em ambas as direções ao mesmo tempo. Este tipo de canal se assemelha a dois canais simplex.

LARGURA DA BANDA DO CANAL : Refere-se à velocidade em que os dados são trocados, normalmente medida em bits por segundo (bps).

COMUNICAÇÕES DE BANDA LARGA: Termo relativo, mas em geral significa que o sistema de telecomunicações pode trocar dados muito rapidamente.

REDE DE COMUTAÇÃO DE CIRCUITO: É uma rede que estabelece um circuito entre o remetente e o destinatário antes que possa ocorrer qualquer comunicação; este circuito é mantido durante toda a duração da comunicação e não pode ser usado para suportar qualquer outra comunicação, até que o circuito seja liberado e uma nova conexão seja estabelecida

REDE DE COMUTAÇÃO POR PACOTE: Rede na qual não é criada nenhuma trilha fixa entre os dispositivos de comunicação, e os dados são quebrados em pacotes para envio através da rede. Cada pacote, transmitido individualmente, é capaz de seguir por várias trilhas, do remetente ao destinatário.

CARACTERÍSTICAS BÁSICAS DO CANAL DE TELECOMUNICAÇÕES

O meio de transmissão carrega as mensagens de uma fonte de mensagem para os receptores. Um meio de transmissão pode ser dividido em um ou mais canais de telecomunicações, cada um deles capaz de carregar a mensagem. Os canais de telecomunicação podem ser classificados como simplex, half-duplex e full-duplex.

O **canal simplex** pode transmitir dados em apenas uma direção e raramente é utilizado para as telecomunicações em negócios. As campainhas das portas e o rádio operam utilizando um canal simplex. O **canal half-duplex** pode transmitir dados em ambas as direções, mas não simultaneamente. Por exemplo, A pode iniciar a transmissão para B sobre uma linha half-duplex, mas B deve esperar até que A termine de transmitir de volta para A. Computadores pessoais são em geral conectados a um computador remoto por meio de um canal half-duplex. O **canal full-duplex** permite a transmissão de dados em ambas as direções ao mesmo tempo, assim este tipo de canal se assemelha a dois canais simplex. Linhas particulares alugadas ou duas linhas telefônicas-padrão são necessárias para uma transmissão full-duplex.

Largura da banda do canal

Além da direção do fluxo dos dados suportada pelo canal de telecomunicações, deve-se considerar a velocidade em que os dados são transmitidos. A **largura da banda do canal** se refere à velocidade em que os dados são trocados, normalmente medida em bits por segundo (bps) – quanto mais larga a banda, mais informações podem ser trocadas ao mesmo tempo. **Comunicações de banda larga** é um termo relativo, mas em geral significa que o sistema de telecomunicações pode trocar dados muito rapidamente. Por exemplo, para redes sem fio, a banda larga permite que se enviem e recebam dados a uma velocidade maior do que 1,5 Mbps.

Profissionais de telecomunicações consideram a capacidade do canal quando recomendam o meio de transmissão para um negócio. Em geral, as organizações atualmente necessitam de bandas mais largas para aumentar a velocidade de transmissão para realizar suas funções diárias.

Comutação de circuito e comutação de pacote

As comutações de circuito e de pacote são duas maneiras diferentes de roteamento de dados da pessoa que envia a mensagem até o remetente. Em uma **rede de comutação de circuito**, primeiro é estabelecido um circuito dedicado para criar uma trilha que conecta os dispositivos de comunicação. Essa trilha fica comprometida e é usada durante toda a duração da comunicação. Uma vez dedicado, o circuito não pode ser usado para suportar comunicações de outros usuários ou equipamentos de envio, até que esteja liberado e uma nova comunicação seja estabelecida. A rede tradicional de telefonia é uma rede de comutação de circuito.

Em uma **rede de comutação por pacote**, não é criada nenhuma trilha fixa entre os dispositivos de comunicação, e os dados são quebrados em pacotes para envio através da rede. Cada pacote, transmitido individualmente, é capaz de seguir por várias trilhas, do remetente ao destinatário. Como as trilhas de comunicação não são dedicadas, os pacotes de múltiplos usuários e dispositivos de comunicação podem trafegar na mesma trilha. Ao chegarem ao destinatário, os pacotes que compõem a mensagem são compilados de volta à mensagem original. A internet é um exemplo de rede de comutação de pacote que emprega o protocolo de comutação de pacotes, chamado TCP/IP.

A vantagem de uma rede de comutação de circuito está em fornecer transferência de dados ininterrupta sem a necessidade de quebrar e remontar os dados em pacotes e determinar quais rotas devem seguir. As redes de comutação de circuito são ideais quando os dados tiverem de chegar exatamente na mesma ordem em que foram enviados. Este é o caso da maioria dos dados em tempo real, como áudio e ao vivo em vídeo.

As redes de comutação por pacotes são mais eficientes quando usam a largura de banda do canal, pois os pacotes de múltiplas conversações podem compartilhar os mesmos links de comunicações. Porém, pode haver atrasos no envio de mensagens, devido ao congestionamento da rede e à perda de pacotes ou de atrasos nas remessas de pacotes. Assim, as redes de comutação por pacotes são usadas para comunicação de dados que possam lidar com alguns atrasos na transmissão, entre eles, mensagens de e-mails e o envio de grandes arquivos de dados. Outra consideração-chave é qual meio de telecomunicação deve ser utilizado.

Meio de telecomunicação

Cada meio de telecomunicação pode ser avaliado de acordo com características como custo, capacidade e velocidade. Para se projetar um sistema de telecomunicação, o meio de transmissão selecionado depende da quantidade de informações a ser trocada, a velocidade com que os dados devem ser trocados, o nível de preocupação com a privacidade dos dados, se os usuários permanecem fixos ou são móveis, e muitas outras exigências do negócio. Os meios de transmissão são selecionados para apoiar os objetivos dos sistemas de informação e organizacional a custo mais baixo, mas ainda devem permitir possíveis modificações quando as exigências do negócio se modificam. Os meios de comunicação podem ser divididos em duas grandes categorias: *guiado*, no qual os sinais de telecomunicação são guiados ao longo de um meio sólido, e *wireless* (sem fio), em que o sinal das telecomunicações é transmitido através de ondas, como uma forma de radiação eletromagnética.

Tipos de meios de transmissão guiados

Os meios de transmissão guiados estão disponíveis em vários tipos. A Tabela 6.1 resume os meios guiados por meio físico. Estes são discutidos na próxima seção.

TABELA 6.1 Tipos de meios de transmissão guiada

Tipo de meio	Descrição	Vantagens	Desvantagens
Cabo de par trançado	Pares trançados de fios de cobre blindados ou não	Utilizado para serviço telefônico, amplamente disponível	Limitações na velocidade de transmissão e na distância
Cabo coaxial	Fio condutor interno cercado de isolamento	Transmissão mais limpa e rápida de dados do que com pares de fios trançados	Custo maior que o par de fios trançados
Cabo de fibra ótica	Muitos fios extremamente finos de vidro amarrados dentro de uma capa; utiliza feixes de luz para transmitir sinais	O diâmetro do cabo é muito menor do que o cabo coaxial, menos distorção de sinal, capacidade de alta velocidade de transmissão	Elevado custo, tanto para aquisição como para instalação

Cabo de par trançado

O cabo de par trançado contém dois ou mais pares de fios trançados, normalmente de cobre (veja a Figura 6.2). Torcer apropriadamente o fio pode evitar que o sinal se "misture" ao próximo par e crie interferência elétrica. Uma vez que os de pares de fios trançados são isolados, podem ser colocados próximos uns dos outros e enclausurados em um grupo, com centenas de pares trançados agrupados em um grande cabo. Os cabos de pares trançados são classificados em categorias (Categorias 2, 3, 5, 5E e 6 – não existe Categoria 1, e a 4 não é mais usada). As categorias menores são utilizadas principalmente em residências. As mais altas, usadas em redes e podem carregar dados em velocidades mais altas. Por exemplo, a Ethernet de 10 Gigabits é um padrão para transmitir dados em modo full-duplex a uma velocidade de 10 bilhões de bits por segundo para distâncias limitadas em cabos de pares trançados de Categoria 5 ou 6. O cabo Ethernet de 10 Gigabits pode ser utilizado para ligações de alta velocidade que conecta grupos de computadores ou para transportar dados armazenados em grandes bancos de dados de grandes computadores para dispositivos de armazenamento isolados.

O Distrito Escolar do Município de Charlotte atende 17.500 alunos no sudoeste da Flórida. O distrito escolar usa um cabo Ethernet de 10 Gigabits para conectar suas duas dúzias de escolas e centros de aprendizagem, permitindo que estes façam downloads de vídeos em alta resolução e suportem transmissões ao vivo de vídeos entre salas de aula separadas por 20 milhas ou mais.

Cabo coaxial

A Figura 6.2 (centro) também apresenta um típico cabo coaxial, semelhante ao utilizado em instalações de televisão a cabo. Quando utilizado para transmissão de dados, o cabo coaxial fica como intermediário entre os meios de transmissão guiados em termos de custo e desempenho. O próprio cabo é mais caro do que o de par trançado, porém mais barato do que o de fibra ótica (discutido a seguir). No entanto, o custo de instalação e outros equipamentos necessários de comunicação dificultam a comparação de custos de cada meio. O cabo coaxial oferece transmissão de dados mais limpa e nítida (menos barulho) do que o de par trançado.

FIGURA 6.2
Tipos de meios de transmissão guiados. Par de fios trançados (à esquerda), cabo coaxial (ao centro) e cabo de fibra ótica (à direita).

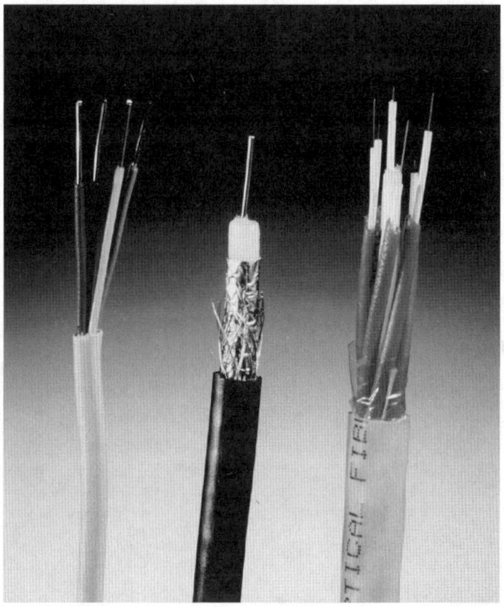

Muitas companhias de transmissão de TV a cabo, incluindo a Time Warner, a Cox Communication, a Cablevision e a Comcast, lutam agressivamente por clientes para serviços de telefonia. Elas buscam o público usuário das companhias telefônicas, oferecendo grandes descontos para pacotes de internet de alta velocidade e serviços de telefonia, e de TV.

Cabo de fibra ótica

O cabo de fibra ótica é composto por fios extremamente finos de vidro ou de plástico, atados em uma capa (também conhecida como jaqueta), que transmite sinais com feixes de luz (veja a imagem à direita na Figura 6.2). Esses raios de luz de alta intensidade são gerados por lasers e conduzidos ao longo de fibras transparentes. As fibras possuem uma fina camada, chamada *cladding*, que funciona como um espelho, impedindo que a luz escape da fibra. O diâmetro muito menor do cabo de fibra ótica torna-o ideal quando não há espaço para fios de cobre volumosos – por exemplo, em conduítes lotados, que podem ser tubos ou espaços que conduzem fios tanto elétricos como de comunicação. O cabo de fibra ótica e os dispositivos de comunicação associados são mais caros de adquirir e instalar em comparação ao cabo de par trançado, embora o custo decresça.

FiOS é um pacote de serviços de comunicação que inclui internet, telefone e TV de alta definição, que opera em redes de comunicação totalmente em fibra ótica. Com esse serviço, o cabo de fibra ótica é passado desde o local de transmissão da empresa local até onde o cliente está. (As redes de cabo muitas vezes utilizam fibra ótica no backbone de rede que se conectam às retransmissoras locais, mas eles não passam a fibra óptica até o local onde está o cliente.) O FiOS é oferecido pela Verizon em locais selecionados nos Estados Unidos com velocidade de internet de 150 Mbps, o que requer apenas quatro minutos para baixar um filme de duas horas de duração (500 MB).[6] Essa mesma tarefa levaria mais de meia hora em uma rede de cabo de 15 Mbps. Um empecilho para esse serviço é que a falta de energia elétrica no local onde está instalado implica a interrupção dos serviços da FiOS. Uma unidade com bateria de emergência é recomendada para evitar esse problema potencial.

Opções de comunicação sem fio

A comunicação sem fio em conjunto com a internet está revolucionando o modo de se reunir e compartilhar informações, ouvir música ou assistir vídeos e comunicar-se com a família e colegas de trabalho durante as viagens. Com a capacitação da comunicação sem fio, uma cafeteria pode tornar-se nossa sala de estar e as arquibancadas em um campo, transformar-se em nosso escritório. As diversas vantagens e a liberdade oferecidas pela comunicação sem fio fazem com que muitas organizações considerem mudar para um ambiente totalmente sem fio.

A transmissão sem fio envolve a transmissão de comunicação em uma das três categorias de frequência: rádio, micro-ondas ou infravermelho, como apresentado na Tabela 6.2. Em alguns casos, a utilização de comunicação sem fio é regulamentada, e o sinal deve ser transmitido dentro de uma faixa de frequência para evitar interferência com outras transmissões sem fio. Por exemplo, estações de rádio e TV devem ganhar aprovação para utilizar certa frequência para transmitir seus sinais. Naqueles casos em que a comunicação sem fio não está regulamentada, há alto potencial de interferência entre os sinais.

TABELA 6.2 Faixas de frequências usadas para comunicações sem fio

Tecnologia	Descrição	Vantagens	Desvantagens
Faixa da frequência de rádio	Opera em uma faixa de 3 KHz a 300 MHz	Apoia os usuários móveis; os custos caem	Sinal altamente suscetível à intercepção
Micro-ondas – faixa de frequência terrestre e por satélite	Sinal de rádio de alta frequência (de 300 MHz a 300 GHz) enviado através da atmosfera e do espaço (frequentemente envolve satélites de comunicação)	Evita custos e esforço na colocação de cabos ou fios; capaz de transmissão de alta velocidade	Deve ter linha de visão desobstruída entre o emissor e o receptor; sinal altamente suscetível à intercepção
Faixa de frequência de infravermelho	Sinais em faixa de frequência de 300 Ghz a 400 THz enviados pelo ar como as ondas de luz	Permite movimentação, remoção e instalação de dispositivos sem fiação dispendiosa	Deve possuir linha de visão desobstruída entre emissor e receptor; transmissão eficaz apenas para curtas distâncias

Com a disseminação da tecnologia de rede sem fio para apoiar os dispositivos como PDA, computadores portáteis e telefones celulares, a indústria das telecomunicações necessitou de novos protocolos para definir como esses dispositivos de hardware e seus softwares associados deveriam interoperar em redes fornecidas pelos transportadores de telecomunicação. Mais de 70 grupos ativos estão estabelecendo padrões em nível regional, nacional e global, resultando em confuso emaranhado de padrões e de opções de comunicação. Algumas das opções de comunicação sem fio mais comuns serão discutidas a seguir.

COMUNICAÇÃO DE CAMPO PRÓXIMO (NFC, NEAR FIELD COMMUNICATION): Tecnologia de conectividade sem fio de curta distância projetada para produtos eletrônicos, telefones celulares e cartões de crédito do usuário.

OPÇÕES DE COMUNICAÇÃO SEM FIO DE CURTA DISTÂNCIA

Muitas soluções sem fio oferecem comunicação para distâncias muito curtas, incluindo comunicação de campo próximo (ou comunicação de curta distância), Bluetooth, banda ultralarga, transmissão por infravermelho e ZigBee.

Comunicação de campo próximo (NFC)

A **comunicação de campo próximo** (**NFC, near field communication**) é uma tecnologia de conectividade sem fio de curtíssima distância projetada para telefones celulares e cartões de crédito. Quando dois dispositivos com NFC habilitada estão em uma vizinhança próxima (tocando-se ou separados por centímetros), eles trocam os parâmetros necessários para comunicação e as senhas para habilitar o Bluetooth, Wi-fi ou outras comunicações sem fio entre os aparelhos. Como apenas dois aparelhos participam da comunicação, a NFC estabelece uma rede peer-to-peer (ponto a ponto).

O Speedpass é um sistema de pagamento sem contato baseado em NFC que permite que os clientes da ExxonMobil paguem por suas compras de maneira fácil e segura, balançando a etiqueta na chave próximo de uma bomba de gasolina, quiosque de lavagem de carro ou terminal de compra da loja de conveniência. Essa ação transmite um código de identificação exclusivo e seguro para o sistema de pagamento Speedpass. O pagamento é então processado usando-se o cartão de débito ou crédito habilitado.[7]

A Assa Abloy AB é uma líder mundial em soluções para fechamento de portas, com mais de 37 mil funcionários e com sede na Suécia. A empresa está testando o uso de comunicação de campo próximo para habilitar smartphones BlackBerry na abertura de portas de edifícios ou garagens quando passados por um leitor de cartões.[8]

BLUETOOTH: É uma especificação de comunicação sem fio que descreve como telefones celulares, computadores, impressoras e outros equipamentos eletrônicos podem ser interconectados a distâncias de 3 a 9 metros a uma taxa de transferência de cerca de 2 Mbps.

O **Bluetooth** é uma especificação de comunicação sem fio que descreve como telefones celulares, computadores, impressoras e outros equipamentos eletrônicos podem ser interconectados a distâncias de 3 a 9 metros a uma taxa de transferência de cerca de 2 Mbps. Permite que os usuários de dispositivos multifuncionais os sincronizem com as informações em um computador de mesa, enviem ou recebam faxes, imprimam e, em geral, coordenem todos os equipamentos fixos e móveis do computador. A tecnologia do Bluetooth é assim denominada em razão do rei dinamarquês, no século X, Harald Blatand, ou Harald Bluetooth, em inglês. Ele foi fundamental para unir facções guerreiras em regiões do que atualmente são a Noruega, a Suécia e a Dinamarca – exatamente como a tecnologia que leva o nome dele é projetada para permitir a colaboração entre computadores, telefones e outros dispositivos eletrônicos.

À medida que mais Estados proíbem o uso de celulares em carros, um dos acessórios mais importantes para usuários de smartphones é o conjunto Bluetooth de microfone e fone de ouvido que deixa as mãos livres.[9] Com o Bluetooth Office, os motoristas de BMW podem também usar os sistemas de mãos livres em seus veículos para que suas mensagens de e-mails, anotações, entradas da agenda e mensagens de texto sejam reproduzidas em voz alta nos alto-falantes do carro.[10]

A Nokia Research está utilizando uma tecnologia Bluetooth para comandar o uso de serviços baseados em instalações internas. "Queremos usufruir de tudo o que foi feito na navegação externa e trazê-la para esta tecnologia", diz Fabio Belloni, um dos pesquisadores da Nokia envolvidos no projeto. Depois de implantado, os shopping centers, centros de exposição e outras grandes edificações serão equipadas com sistemas de antenas de baixa energia Bluetooth, que poderão rastrear dispositivos com etiquetas Bluetooth. Outra ideia é usar carrinhos de compra equipados com Bluetooth para rastrear pessoas, conforme se movem entre as lojas, para coletar dados para estudo do comportamento dos compradores.[11]

Banda ultralarga

BANDA ULTRALARGA (UWB, ULTRA WIDEBAND): Forma de transmissão que emprega pulsos eletromagnéticos extremamente curtos, que duram apenas de 50 a 1.000 picossegundos, que são transmitidos através de banda larga de radiofrequência de vários gigahertz.

As comunicações de **banda ultralarga (UWB, ultra wideband)** envolvem a transmissão de pulsos eletromagnéticos extremamente curtos, que duram apenas de 50 a 1.000 picossegundos (um picossegundo é um trilionésimo ou um milionésimo de um milionésimo de segundo). Os pulsos são capazes de suportar taxas de transmissão de dados de 480 a 1.320 Mbps ao longo de um campo relativamente curto de 10 a 50 metros.[12] A UWB oferece muitas vantagens em relação a outros meios de comunicação: alta taxa de transmissão, capacidade de transmitir de forma virtualmente indetectável e imune à interceptação ou interrupção e sem interferência com os serviços de comunicação atuais.

Os usos potenciais da UWB incluem impressoras com conexão sem fio e outros equipamentos para computadores desktop ou para criação de redes multimídia doméstica sem fio. Os fabricantes de instrumentos médicos estão usando UWB para videoendoscópios, laringoscópios e transdutores ultrassônicos.[13]

TRANSMISSÃO POR INFRAVERMELHO: Forma de comunicação que envia sinais a uma frequência de 300 GHz e acima— maior do que a frequência de micro--ondas, mas mais baixa do que a da luz visível.

Transmissão por infravermelho

A **transmissão por infravermelho** envia sinais a uma frequência de 300 GHz e acima — maior do que a frequência de micro-ondas, mas mais baixa do que a da luz visível. É usada em redes sem fio, detectores de presença, controle remoto de aparelhos de entretenimento domésticos e sensores de fogo. A transmissão por infravermelho demanda linhas de transmissão com visão direta e distâncias curtas – como alguns metros. A transmissão por infravermelho permite que computadores de mão transmitam dados e informações para computadores maiores dentro da mesma sala, e possibilitam a conexão de uma tela, impressora e um mouse a um computador.

Os sensores de monitoramento de temperatura e umidade são frequentemente usados em centro de dados de computação, hospitais, laboratórios, museus, armazéns, produção de vinho e instalações de armazenagem. A TandD Corporation, fabricante destes sensores, usa a comunicação infravermelha para transmitir dados coletados por sensores para um equipamento de gravação de dados, eliminando assim a necessidade de conectar fisicamente os sensores aos registros de dados.[14]

ZIGBEE: Forma de comunicação sem fio, bastante usada em sistemas de segurança e para sensoriamento e controle de dispositivos consumidores de energia, como iluminação e aquecimento, ventilção e ar-condicionado (HVAC), em casas e edifícios comerciais.

ZigBee

ZigBee é uma forma de comunicação sem fio, bastante usada em sistemas de segurança e para sensoriamento e controle de dispositivos consumidores de energia, como iluminação e aquecimento, ventilação e ar-condicionado (HVAC), em casas e edifícios comerciais. ZigBee é uma tecnologia de custo relativamente baixo, que exige pouca energia e utiliza baterias menores de longa duração.

A Pacific Gas & Electric está realizando um teste piloto em 500 residências para permitir que os clientes gerenciem seus consumos de energia. O processo funciona através de medidores inteligentes conectados, por meio de uma rede sem fio, a um painel de controle na residência.[15] A revendedora Desmeules Chrysler Dodge, em Quebec, implantou um sistema de controle de acesso usando a tencologia ZigBee para transmitir dados de cada fechadura das portas para um computador central, que controla quem pode entrar e a que hora do dia.[16]

WI-FI: Marca de tecnologia de telecomunicações sem fio de médio alcance, de propriedade da Wi-Fi Alliance.

OPÇÕES SEM FIO DE MÉDIO ALCANCE

Wi-Fi é uma banda de tecnologia de telecomunicações pertencente à Wi-Fi Alliance, que consiste em cerca de 300 empresas de tecnologia, incluindo AT&T, Dell, Microsoft, Nokia e Qualcomm. A aliança existe para melhorar a interoperabilidade de produtos de rede sem fio de área local, baseada na série IEEE 802.11 de padrões de comunicação. IEEE significa Instituto de Engenharia Eletroeletrônica, uma organização sem fins lucrativos e uma das principais entidades no estabelecimento de padrões. A Tabela 6.3 resume diversas variações desses padrões. Apesar de o padrão 802.11n fornecer melhorias para cobertura e desempenho, também apresenta aumento na vulnerabilidade

TABELA 6.3 Padrões de rede sem fio de área local IEEE 802.11

Protocolo de rede sem fio	Taxa teórica máxima por transmissão (Mbps)	Comentários
IEEE 802.11a	54	Fornece pelo menos 23 canais não sobrepostos em vez do estabelecido nas normas 802.11b e g, nas quais todos os canais se sobrepõem.
IEEE 802.11b	11	Primeiro padrão de rede sem fio amplamente aceito; os equipamentos que usam este protocolo podem ocasionalmente sofrer interferências de fornos de micro-ondas, telefones sem fio e equipamentos Bluetooth.
IEEE 802.11g	54	Os equipamentos que usam este protocolo podem ocasionalmente sofrer interferências de fornos de micro-ondas, telefones sem fio e equipamentos Bluetooth.
IEEE 802.11n	140	Empregam a tecnologia múltiplas entradas, múltiplas saídas (MIMO), que permite que várias transmissões de dados sejam transmitidas ao longo do mesmo canal usando a mesma largura de banda utilizada para uma transmissão de dados no protocolo 802.11a/b/g.

da segurança. Pode-se levar o dobro do tempo para escanear as frequências usadas no protocolo 802.11n para padrões mal-intecionados (8 segundos contra 4 segundos), como acontece com outros padrões 802.11.

Com uma rede Wi-Fi, o computador, smartphone ou telefone celular do usuário possui um adaptador sem fio que traduz os dados em um sinal de rádio e o transmite através de uma antena. Um ponto de acesso sem fio, que consiste em um transmissor com uma antena, recebe o sinal e o decodifica. O ponto de acesso, então, envia as informações para a internet por meio de uma conexão com fio, como mostra a Figura 6.3. Quando recebe o dado, o ponto de acesso sem fio de posse das informações da internet as traduz em um sinal de rádio e as envia para o adaptador sem fio do dispositivo. Esses equipamentos vêm com os transmissores sem fio embutidos e software para permitir-lhes alertar o usuário da existência de uma rede Wi-Fi. A área coberta por um ou mais pontos de acesso sem fio interconectados é o que se chama de *hotspot*. Os atuais pontos de acesso Wi-Fi possuem um alcance médio de cerca de 90 metros fora do ambiente e 30 metros dentro de um edifício com parede de *dry-wall*. O Wi-Fi se provou tão popular que os hotspots surgem em lugares como aeroportos, cafeterias, *campi* de universidades, bibliotecas e restaurantes.

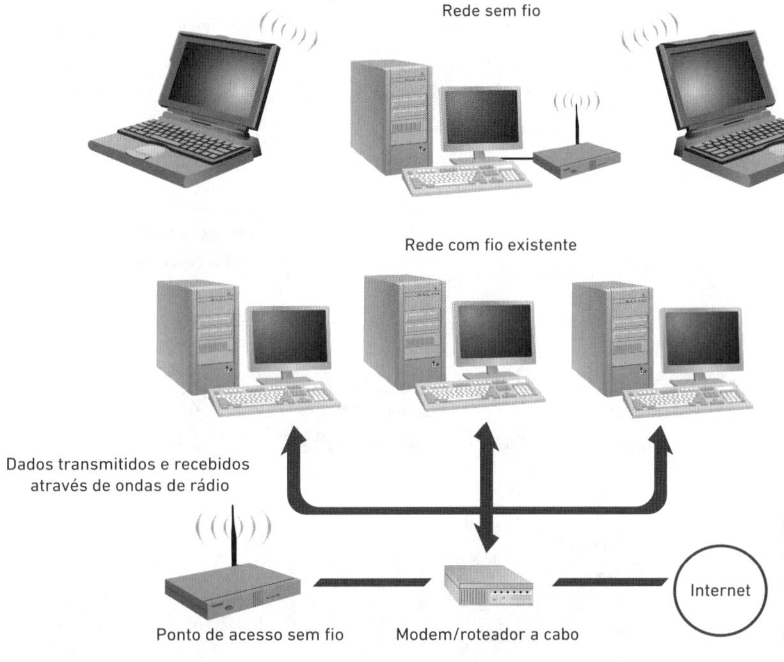

FIGURA 6.3 Rede Wi-Fi.

A disponibilidade de redes Wi-Fi dentro das instalações de hotéis se tornou muito popular entre os que viajam a negócio. Muitos hotéis oferecem ou pensam em oferecer Wi-Fi gratuito, incluindo o Best Western, Courtyard by Marriott, Fairmont, Hampton, Hilton, Holiday Inn, Hotel Indigo, Kimpton, Starwood, The Four Seasons Hotels and Resorts e Wyndham.[17]

Centenas de cidades norte-americanas implantaram redes Wi-Fi para utilização de leitores de serviços como água e luz e outros trabalhadores municipais e para subsidiar parcialmente o acesso à internet para os cidadãos e visitantes. Os apoiadores das redes acreditam que a presença de tais redes estimula o desenvolvimento econômico, atraindo novos negócios. Críticos duvidam da viabilidade de longo prazo de redes Wi-Fi municipais porque a tecnologia não consegue lidar facilmente com o rápido crescimento do número de usuários. Também, uma vez que as redes municipais de Wi-Fi utilizam uma banda larga não licenciada disponível para qualquer usuário e operam em energia acima de 30 vezes em relação às redes Wi-Fi domésticas e de negócios existentes, os críticos afirmam que a interferência é inevitável nessas redes. Como resultado, as cidades estão considerando outras opções, tais como o WiMAX e as redes de fibra ótica, mostrando o crescimento de redes Wi-Fi metropolitanas.

Uma possível desvantagem no uso de redes Wi-Fi é encontrada em um estudo publicado no jornal médico *Fertility and Sterility* que sugere que "o uso do computador laptop conectado sem fio à internet e posicionado próximo aos órgãos reprodutores masculinos pode causar problemas indesejáveis de saúde. Até o momento, não se sabe se esse efeito é induzido por todos os laptops conectados à internet através de Wi-Fi, ou quais são as condições de uso que aumentam tal risco".[18]

OPÇÕES DE REDE SEM FIO EM ÁREA AMPLA

Muitas soluções oferecem opções de rede em áreas amplas, que inclui o satélite e a transmissão terrestre por micro-ondas, malha sem fio, 3G, 4G e WiMAX.

Transmissão por micro-ondas

Micro-ondas é um sinal de alta frequência (de 300 Mhz a 300 GHz) enviado através da atmosfera, como mostrado na Figura 6.4. Micro-ondas terrestres (com instalações fixas no solo) são transmitidas por meio de dispositivos com "linha direta de visão", de maneira que a linha de visão entre o transmissor e o receptor deve estar desobstruída. Em geral, as estações de micro-ondas são colocadas em uma série – uma estação recebe um sinal, amplia-o e o retransmite para a próxima torre de transmissão de micro-ondas. Tais estações podem se localizar com intervalos de 48 quilômetros, aproximadamente, antes que a curvatura da Terra torne impossível para as torres "enxergarem umas às outras". Os sinais de micro-ondas podem carregar milhares de canais ao mesmo tempo.

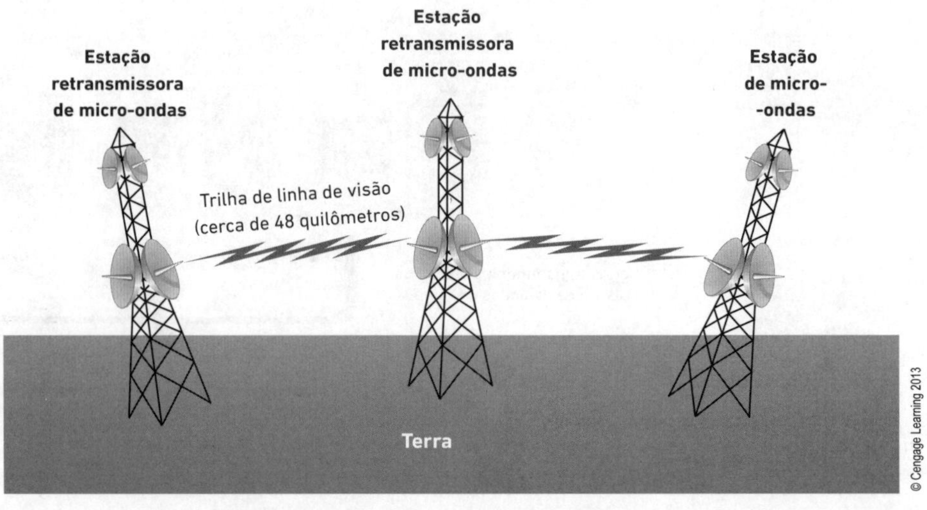

FIGURA 6.4
Comunicações por micro-ondas.
Por serem dispositivos de transmissão na linha de visão, as antenas de micro-ondas são com frequência colocadas em locais relativamente elevados, como montanhas, torres ou edifícios altos.

A comunicação via satélite também opera na faixa de frequência de micro-ondas (veja a Figura 6.5). O satélite recebe o sinal da estação da Terra, amplifica-o e depois o retransmite em uma frequência diferente. A vantagem da comunicação via satélite é que ela pode receber e transmitir sobre grandes regiões geográficas. Problemas como a curvatura da Terra, montanhas e outras estruturas que bloqueiam a transmissão por micro-ondas de linha direta de visão torna os satélites uma alternativa atraente. Estações pequenas e móveis de satélite geoestacionário, em órbita baixa de terra, são as formas mais comuns de comunicação via satélite.

Um *satélite geoestacionário* orbita a Terra diretamente sobre o equador, a cerca de 36 quilômetros acima da Terra, por isso parece estacionário. O Serviço Nacional de Previsão de Tempo dos Estados Unidos depende do programa do Satélite Ambiental Operacional Geoestacionário para a imagem do tempo e dados quantitativos para sustentar a previsão do tempo, acompanhar graves tempestades e para a pesquisa meteorológica.

Um *sistema de satélite de órbita baixa* (LEO, low earth orbit) emprega muitos satélites, cada um em uma órbita em uma altitude de menos de 1.600 quilômetros. Os satélites estão espaçados de tal maneira que, de qualquer ponto da Terra, a qualquer

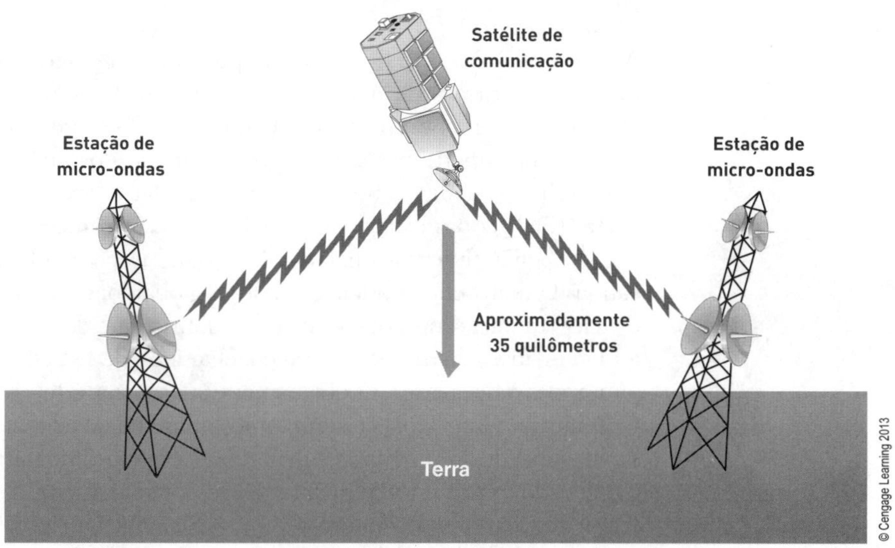

FIGURA 6.5
Satélites de transmissão. Os satélites de comunicação são estações retransmissoras que recebem sinais de uma estação na Terra e os retransmite para outra estação.

instante, pelo menos um deles está em uma linha direta de visão. A Iridium Communications, Inc. oferece uma rede de comunicação global que se espalha por toda a Terra, usando 66 satélites em uma órbita polar próxima a uma altitude de 780 quilômetros. As chamadas são direcionadas entre os satélites para criar uma conexão confiável entre os participantes para que o processo de comunicação não seja interrompido por desastres naturais, como terremotos, tsunamis ou furacões que destroem torres de transmissão sem fio instaladas no solo ou de redes baseadas em fios ou cabos.[19]

O custo de um telefone por satélite Iridium é da ordem de $ 1.400 ou pode ser alugado por $ 40 por semana. Seu software AccessPoint Mail & Web permite que usuários de smartphones verifiquem mensagens de voz e de e-mail, desde que tenham acesso a um telefone Iridium e que este seja um equipamento Wi-Fi hot spot. Porém, os usuários pagam $ 1 por minuto de conexão, e a navegação tem uma taxa de conexão de 12 kbps e de 40 kbps para e-mail. A Cubic Global Tracking Solutions trabalha com clientes como a Autoridade Portuária de Nova York e New Jersey, a Agência de Transformação e Logística do Exército Americano, e a Horizon Shipping Lines para rastrear seus ativos e verificar suas condições através da cadeia de suprimento. A empresa emprega a rede de satélites Iridium para retransmitir as informações sobre os equipamentos de seus clientes.[20]

Um *terminal de abertura muito pequena* (VSAT, very small aperture terminal) é uma estação na Terra para satélites com uma antena parabólica menor do que 3 metros de diâmetro. A subsidiária da Chinese National Petroleum Cooperation, BGP, está implementando sistemas de comunicação VSAT para sua frota de navios sísmicos, usados para localizar e apontar áreas potenciais para perfuração de poços de petróleo.[21] Os sistemas VSAT fornecem acesso à internet comunicação de rede de área local.[22]

A malha sem fio

MALHA SEM FIO: Forma de comunicação que utiliza múltiplos pontos de acesso Wi-Fi, para ligar uma série de redes de área local interconectadas para formar ampla rede de área capaz de abranger um vasto campus ou uma cidade inteira.

A **malha sem fio** utiliza múltiplos pontos de acesso Wi-Fi para ligar uma série de redes de área local interconectadas para formar ampla rede de área capaz de abranger um vasto campus ou uma cidade inteira. As comunicações são encaminhadas para determinadas rotas entre os nós da rede, o que permite conexões contínuas e reconfiguração ao redor de caminhos bloqueados por meio de *saltos*, de nó em nó, até que uma conexão possa ser estabelecida. As malhas de redes são muito robustas: se um nó falha, todos os outros ainda podem se comunicar entre si, diretamente ou através de um ou mais nós intermediários.

A cidade de Houston implementou uma rede de malha sem fio para conectar câmeras de vídeo até uma estação central onde é possível monitorar as principais atividades na área do centro da cidade. O esforço foi realizado pelo Departamento de Segurança Doméstica em uma tentativa de garantir a segurança pública.[23]

Comunicações sem fio 3G

As comunicações sem fio passaram por quatro gerações de tecnologias e serviços. A 1G (primeira geração) de padrões de comunicação sem fio teve origem nos anos 1980 e era baseada em comunicação analógica. A 2G (segunda geração) são redes totalmente digitais que superaram as redes 1G no início dos anos 1990. As conversas telefônicas eram criptografadas, o uso do telefone celular foi expandido e os serviços de mensagens curtas (SMS) ou mensagens de texto foram introduzidos.

A União Internacional de Telecomunicações (ITU, International Telecommunications Union) define e adota os padrões globais para facilitar a comunicação entre as redes de telecomunicação e equipamentos de fabricantes de todas as partes do mundo. Em 1999, a ITU estabeleceu um padrão único, chamado de IMT-2000 (agora conhecido como 3G), para redes de celulares. O objetivo era padronizar a futura comunicação digital sem fio e permitir roaming global com um único aparelho de telefone, com velocidades de transmissão na faixa de 2 a 4 Mbps. O IMT-2000 foi planejado para ser um padrão mundial único e unificado, mas o esforço de padrões 3G dividiu-se em vários padrões diferentes.

Uma variante do padrão 3G é o Sistema Universal de Telefone Móvel (UMTS, Universal Mobile Telephone System), que é a solução preferida nos países europeus. Outro padrão com base em 3G é o Code-Division Multiple Access (CDMA), utilizado na Austrália, Canadá, China, Índia, Israel, México, Coreia do Sul, Estados Unidos e Venezuela. A China Mobile opera uma Rede 3G baseada na exclusiva tecnologia Time-Division Synchronous Code Division Multiple Access (TD-SCDMA).

As comunicações em 3G suportam comunicações de voz sem fio e a de dados em velocidade de banda larga em um ambiente móvel a velocidade de 2 a 4 Mbps. Ela é chamada de 3G, pois é a terceira geração de soluções para comunicações de voz e dados sem fio. Algumas capacidades adicionais incluem videomóveis, e-commerce, serviços baseados na localização, jogos on-line e download e execução de músicas.

A grande variedade de protocolos de comunicação de celular em 3G pode sustentar muitas aplicações de negócios. O desafio é possibilitar que esses protocolos se intercomuniquem e sustentem a comunicação global sem fio de maneira rápida e confiável. A existência dos padrões permite que os operadores de rede selecionem um entre vários fornecedores de hardware.

Comunicação sem fio 4G

A ITU definiu a 4G como uma rede que teve um significativo aprimoramento em relação aos serviços em 3G. 4G representa a quarta geração de banda larga móvel sem fio, que se espera apresente versões mais avançadas de multimídia aperfeiçoada, vídeos que rodam sem saltos, acesso universal, portabilidade por meio de todos os tipos de dispositivos e, finalmente, capacidade de roaming mundial. A 4G também fornece taxas aprimoradas de transmisssão de dados, na faixa de 5 a 20 Mbps, 10 vezes a velocidade das redes 3G e mais rápida que a maioria dos serviços de banda larga domésticos.[24]

Cada uma das quatro principais operadoras de rede dos Estados Unidos oferece uma versão diferente de comunicações em 4G que fornecem velocidades de dados significativamente mais rápidas que suas redes 3G. A Verizon rapidamente expandiu sua rede 4G baseada no padrão Long Term Evolution (LTE) com planos para cobrir 80% do território americano até 2013. A rede 4G Sprint é baseada no padrão WiMAX, que é mais rápida do que as redes 3G, mas não tão rápida quanto as redes baseadas em LTE. As atuais redes 4G da AT&T e T-Mobile são baseadas no padrão HSPA+, com a AT&T rapidamente convertendo para o padrão LTE.

LONG TERM EVOLUTION (LTE): Padrão de comunicações sem fio para telefones celulares, baseado em comutação de pacotes.

A **Long Term Evolution (LTE)** é um padrão para comunicações sem fio de telefones celulares, baseados em comutação de pacotes, que é uma abordagem totalmente diferente da de comutação de circuito, empregada nas redes de comunicação 3G. As retransmissoras precisam redesenhar suas redes de chamada de voz para se converterem ao padrão LTE. A Verizon Wireless começou a implantar sua rede 4G LTE em dezembro de 2010, e em um ano, mais de 186 milhões de americanos podiam acessar a rede com velocidade 10 vezes maior que a rede 3G da Verizon.[25] As empresas irão eventualmente migrar para a LTE Advance que se espera fornecer taxas de pico de download de 1 Gbps e taxas de pico de upload de 0,5 Gbps, disponíveis por volta de 2014. [26]

A **interoperabilidade mundial para acesso por micro-ondas (WiMAX, Worldwide Interoperability for Microwave Access)** é o nome comum para um conjunto de padrões de rede de área metropolitana sem fio IEEE 802.16 que sustentam vários tipos de acesso para comunicação. Em muitos aspectos o WiMAX opera como Wi-Fi, apenas sobre distâncias maiores e em velocidades de transmissão mais rápidas. São exigidas menos estações-base de WiMAX para cobrir a mesma área geográfica do que quando utilizada a tecnologia Wi-Fi.

A Clearwire opera uma rede 4G móvel WiMAX, e a Sprint e a Comcast vendem tempo de navegação na rede. Essa rede permite que as companhias possam competir com as ofertas de transmissão de dados sem fio da AT&T e da Verizon.

Muitos especialistas em telecomunicação concordam que o WiMAX é uma opção atraente para os países em desenvolvimento com pouca ou nenhuma infraestrutura para telefone sem fio. No entanto, não está claro se o WiMAX será tão bem-sucedido em países desenvolvidos como os Estados Unidos, nos quais a banda larga normal está disponível e é barata e as redes sem fio 3G já cobrem a maioria das áreas metropolitanas importantes. Além disso, a AT&T e Verizon Wireless escolheram caminhos opostos e planejam atualizar suas redes sem fios com tecnologia de comunicação LTE.[27] Uma versão avançada do WiMAX, chamada WiMAX-2 está em desenvolvimento com base no padrão 802.16m e espera-se que seja capaz de transmitir a uma velocidade de até 300 Mbps.[28]

HSPA+ (Evolved High Speed Packet Access) é um padrão de telecomunicações de banda larga que fornece taxas de dados de até 42 Mbps em downlink e 22 Mbps em uplink.

HSPA+ (EVOLVED HIGH SPEED PACKET ACCESS): Padrão de telecomunicações de banda larga que fornece taxas de dados de até 42 Mbps em downlink e 22 Mbps em uplink.

CRESCIMENTO NO TRÁFICO DE DADOS EM TRANSMISSÕES SEM FIO

Ao longo dos próximos anos, o crescimento na quantidade de dados de transmissão sem fio criará oportunidades para inovadores solucionar os problemas de capacidade de redes e evitar problemas nos serviços para os usuários. A Ericsson espera que, por volta de 2016, a quantidade de tráfego de dados gerado por smartphones será aproximadamente igual ao volume de dados gerado por computadores portáteis.[29] A Cisco (um dos principais provedores de tecnologia de rede e serviços) prevê que o trafego de dados irá crescer a uma taxa de 92% ao ano de 2011 a 2016 – um crescimento de 25 vezes. A maior parte desse crescimento virá de vídeos on-line. Apesar de as redes 4G LTE terem uma capacidade de tráfego de dados 20 vezes maior que as 3G, mesmo as redes 4G não serão capazes de manter o ritmo com a mesma rapidez das taxas de crescimento.[30]

A Alcatel-Lucent (uma companhia de comunicações da qual o Bell Labs é reconhecido mundialmente pelas pesquisas e inovações na tecnologia de comunicações) estima que as operadoras de telefonia sem fio estão gastando atualmente bilhões de dólares por ano para aumentar suas capacidades de transmissão de dados. Uma das abordagens para resolver o problema de capacidade é prever o que os usuários querem assistir e armazenar esses vídeos em locais mais próximos do usuário em vez de centralizá-lo. Essa prática reduziria a quantidade de rede necessária. Outra abordagem seria descarregar automaticamente o tráfego 4G nas redes Wi-Fi mais próximas.[31] Na verdade, a companhia de pesquisa de mercado Inform Telecoms and Media estimou que o número de hotspots de Wi-Fi públicos iria crescer cerca de 350% entre 2012 e 2015 até 5,8 milhões em todo o mundo para suportar este volume.[32]

REDES E PROCESSAMENTO DISTRIBUÍDO

REDES DE COMPUTADORES: Consistem em mídia, dispositivos e softwares necessários para conectar dois ou mais sistemas de computadores ou dispositivos.

Uma **rede de computadores** consiste em mídia, dispositivos e softwares necessários para conectar dois ou mais sistemas de computadores ou dispositivos. Os computadores e dispositivos na rede são também chamados *nós de rede*. Depois de conectados aos equipamentos, os nós podem compartilhar dados, informações e trabalhos de processamento. Cada vez mais, os negócios conectam os computadores em redes para fazer fluir os processos de trabalho e permitir que os funcionários colaborem em projetos. Se uma empresa utilizar eficazmente as redes, pode tornar-se uma organização grande, ágil, poderosa e criativa, obtendo vantagem competitiva em longo prazo. As organizações podem utilizar redes para compartilhar hardware, programas e bancos de dados. As redes podem transmitir e receber informações para aumentar a eficiência e a eficácia organizacional, e estas permitirão que grupos de trabalho geograficamente separados compartilhem documentos e opiniões, fomentando o trabalho em equipe, as ideias inovadoras e novas estratégias de negócios.

TIPOS DE REDE

Dependendo da distância física entre os nós em uma rede e a comunicação e os serviços que ela oferece, as redes podem ser classificadas como de área pessoal, área local, área metropolitana ou de área expandida.

Redes de área pessoal

Uma **rede de área pessoal (PAN, personal area network)** é uma rede sem fio que conecta equipamentos de tecnologia da informação em locais mais próximos de uma pessoa. Com uma PAN, pode-se conectar um laptop, uma câmera digital e uma impressora portátil sem cabos físicos. É possível baixar imagens digitais da câmera para o laptop e depois imprimi-las em um equipamento de alta qualidade – tudo isso sem o uso de fios. Adicionalmente, a PAN permite que os dados coletados por sensores instalados em seu corpo sejam transmitidos para seu smartphone, servindo de entrada para aplicativos que controlam calorias, monitoram o coração e a glicose e funcionam como pedômetros.[33] O padrão IEEE 802.15 é um grupo de trabalho do comitê de padrões que especifica os padrões de rede de área pessoal.[34]

REDE DE ÁREA PESSOAL (PAN, PERSONAL AREA NETWORK): Rede sem fio que conecta equipamentos de tecnologia da informação em locais mais próximos de uma pessoa.

Redes de área local

Uma rede que conecta sistemas de computador e dispositivos em uma pequena área, como um escritório, uma residência ou vários andares de um prédio, é uma **rede de área local (LAN, local area network)**. Normalmente, as LANs estão ligadas em prédios de escritórios e fábricas, como mostra a Figura 6.6. Embora as LANs frequentemente utilizem cabos de pares trançados desencapados, outros meios – incluindo cabo de fibra ótica – são também populares. Cada vez mais, as LANs utilizam alguma forma de comunicação sem fio. É possível construir LAN para conectar computadores pessoais, laptops ou poderosos mainframes.

REDE DE ÁREA LOCAL (LAN, LOCAL AREA NETWORK): Rede que conecta sistemas de computador e dispositivos em uma pequena área, como um escritório, uma residência ou vários andares de um prédio.

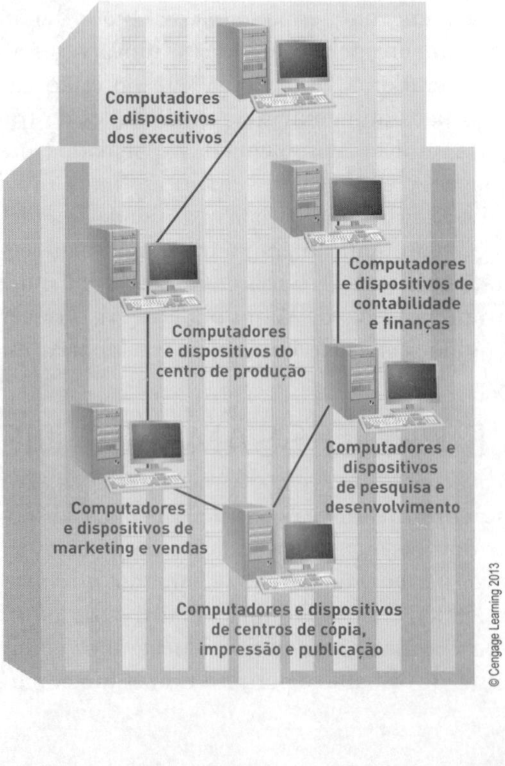

FIGURA 6.6
LAN típica.
Todos os usuários de uma rede em um edifício comercial podem se conectar entre si para uma rápida comunicação. Por exemplo, o usuário de um centro de pesquisa e desenvolvimento poderia enviar um documento de seu computador para ser impresso em uma impressora localizada no centro de editoração eletrônica.

A Deloitte Belgium, uma das maiores organizações de contabilidade e consultoria da Bélgica, implantou um rede de área local para conectar os funcionários em seus 10 edifícios e dois centros de dados. Os funcionários podem usar a LAN tanto para comunicação por voz como por dados. "À medida que os funcionários precisaram se movimentar cada vez mais, as redes sem fio mudaram de equipamentos apenas convenientes para meios fundamentais de acesso à rede, e as grandes organizações, como a Deloitte Belgium, precisam expandir sua infraestrutura rapidamente para fornecer aos funcionários e clientes uma conectividade ubíqua, segura e ininterrupta a partir de múltiplos dispositivos móveis", comenta Mike Marcellin, um dos vice-presidentes da Juniper Networks.[35]

Um tipo básico de LAN é uma rede simples peer-to-peer (par a par) que um pequeno negócio poderia utilizar para compartilhar arquivos e dispositivos de hardware, como impressoras. Em uma rede peer-to-peer, configura-se cada computador como máquina independente, mas permite-se que outros computadores acessem arquivos específicos no disco rígido ou compartilhem sua impressora. Esses tipos de rede não possuem servidor. Em vez disso, cada computador é conectado à próxima máquina. Exemplos de redes peer-to-peer incluem o Windows for Workgroups, Windows NT, Windows 2000, AppleShare e o Windows 7 Homegroup. O desempenho dos computadores em rede peer-to-peer é normalmente mais lento porque o equipamento está na realidade compartilhando recursos de outro computador.

Com mais pessoas trabalhando em casa, cresce a conexão de dispositivos e equipamentos computacionais domésticos em uma rede unificada. Pequenos negócios também conectam sistemas e equipamentos. Um negócio caseiro ou pequeno pode conectar-se com recursos de rede, computadores, impressoras, escâneres e outros dispositivos. Uma pessoa que trabalha em um computador, por exemplo, pode utilizar dados e programas armazenados no disco rígido de outro computador. Além disso, vários computadores na rede podem compartilhar uma única impressora. Para transformar em realidade a rede doméstica e de pequenos negócios, muitas empresas oferecem padrões, dispositivos e procedimentos de rede.

Redes de área metropolitana

REDE DE ÁREA METROPOLITANA (MAN, METROPOLITAN AREA NETWORK): Rede de telecomunicações que conecta usuários e computadores em uma área geográfica que abarca um campus ou uma cidade.

Uma **rede de área metropolitana (MAN, metropolitan area network)** é uma rede de telecomunicações que conecta usuários e computadores em uma área geográfica que abarca um campus ou uma cidade. Por exemplo, uma MAN pode redefinir as muitas redes dentro de uma cidade em uma única grande rede ou conectar várias LANs em um único campus de LAN. Muitas vezes a MAM é de propriedade de um consórcio de usuários ou de um único provedor de rede, que vende serviços para os usuários.[36]

O zoológico de Dalas, que inclui 40 edifícios espalhados por cerca de 106 acres, implantou uma MAM para fornecer serviços de voz e dados para 196 telefones e 300 usuários de computadores pessoais. Os planos futuros requerem a adição de segurança e de câmeras de segurança e quiosques de informação para os visitantes do zoológico.[37]

Redes de área expandida

REDE DE ÁREA EXPANDIDA (WAN, WIDE AREA NETWORK): Rede de telecomunicações que conecta grandes regiões geográficas.

Uma **rede de área expandida ou estendida (WAN, wide area network)** é uma rede de telecomunicações que conecta grandes regiões geográficas. Uma WAN pode ser de propriedade privada ou locada e inclui redes públicas (usuários compartilhados). Quando se faz uma chamada telefônica de longa distância ou se acessa a internet está se utilizando uma WAN. As WANs normalmente consistem em equipamentos de computador que pertencem ao usuário, com equipamentos de comunicação e links de telecomunicações fornecidos por várias portadoras e provedoras de serviços (veja a Figura 6.7).

WANs com frequência fornecem comunicações entre as fronteiras nacionais e envolvem leis nacionais e internacionais que regulam o fluxo eletrônico de dados através das fronteiras internacionais, frequentemente o que se chama *de fluxo de dado transfronteiras*. Muitos países, incluindo os da União Europeia, possuem leis restritivas que impõem limites às transmissões de dados pessoais entre cliente e funcionário através de fronteiras internacionais.

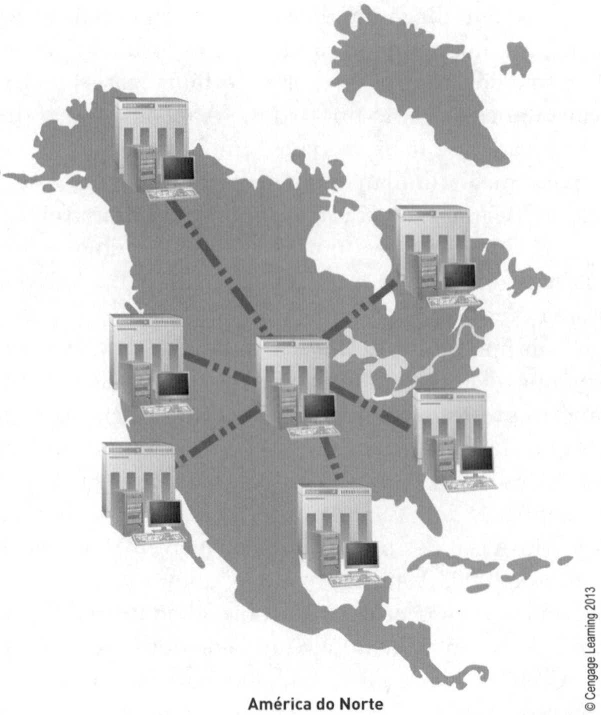

FIGURA 6.7 **Rede de área expandida (WAN).** As WANs são basicamente redes de longas distâncias usadas ao redor do mundo. A conexão atual entre locais, ou nós (mostrados nas linhas pontilhadas), pode ter qualquer combinação de mídias guiadas e sem fio. Quando se faz uma chamada telefônica de longa distância ou se acessa a internet está se utilizando uma WAN.

A CrescoAg LLC, empresa de gestão de informações de agricultura, e a Smartfield Inc., fabricante de ferramentas de análises de campo, firmaram uma parceria para criar uma WAN que possibilite aos fazendeiros monitorar e gerenciar suas produções. O sistema emprega sensores que captam a temperatura, a quantidade de umidade e outros parâmetros ambientais. Os dados são transmitidos para um computador, onde são analisados e identificados os níveis de estresse mais altos que atingem uma plantação. O sistema então envia um alerta de que é necessária a irrigação ou algum tipo de aplicação tópica.[38]

ALTERNATIVAS DE PROCESSAMENTO BÁSICO

PROCESSAMENTO CENTRALIZADO: Abordagem na qual todo o processamento ocorre em um único lugar ou instalação.

PROCESSAMENTO DECENTRALIZADO: Abordagem na qual os dispositivos de processamento são colocados em vários locais remotos.

PROCESSAMENTO DISTRIBUÍDO: Abordagem na qual os dispositivos de processamento são dispostos em locais remotos, mas são conectados por meio de uma rede.

Quando uma organização precisa utilizar dois ou mais sistemas de computadores, pode implantar uma das três alternativas básicas de processamento: centralizado, descentralizado ou distribuído. Com o **processamento centralizado**, todo ele ocorre em um único lugar ou instalação. Essa abordagem oferece o mais alto grau de controle porque um único computador centralmente gerenciado desempenha todo o processamento dos dados. O serviço de reservas Ticketmaster é um exemplo de sistema centralizado. Um computador central com um banco de dados armazena informações sobre todos os eventos e registra a compra de ingressos. Os funcionários das várias bilheterias podem entrar com os dados do pedido e imprimir os resultados, ou os consumidores podem fazer os pedidos diretamente pela internet.

Com o **processamento descentralizado**, os dispositivos são colocados em vários locais remotos. Cada dispositivo de processamento é isolado e não se comunica com qualquer outro. Sistemas descentralizados são apropriados para empresas que têm unidades independentes de operação, como a 7-Eleven, em que cada uma de suas 6.500 lojas nos Estados Unidos é gerenciada para satisfazer às condições locais do varejo. Cada loja possui um computador que roda mais de 50 aplicações de negócio, como operação da caixa registradora, monitoramento da bomba de gasolina e merchandising.

No **processamento distribuído**, os dispositivos são dispostos em locais remotos, mas são conectados por meio de uma rede. Um benefício desta alternativa é que os gerentes podem alocar dados para os locais, que podem processá-los mais eficientemente. A Kroger opera com mais de 3.600 supermercados, cada um com o próprio computador para apoiar as operações da loja, como pagamento das compras pelos consumidores nos caixas e gerenciamento de estoque. Essas máquinas estão conectadas a uma rede de forma que os dados de venda reunidos pelo computador de cada loja sejam enviados a um enorme repositório de dados em um mainframe para análise eficiente pelos analistas de mercado e pelos gerentes da cadeia de suprimento de produtos.

O crescimento de ataques terroristas ao redor do mundo e a elevada sensibilidade aos desastres naturais (como terremotos na Argentina, Chile e Japão; grande enchente do rio Mississippi; e dezenas de tornados nas áreas sul e centro-oeste dos Estados Unidos, todos ocorridos em 2011) motivaram muitas companhias a distribuir seus funcionários, operações e sistemas de forma mais ampla, uma inversão na antiga tendência de centralização. O objetivo é minimizar as consequências de um acontecimento catastrófico em um lugar, enquanto garante a disponibilidade de sistemas ininterruptamente.

Sistemas de servidor de arquivos

Os usuários podem compartilhar dados através de computação de servidor de arquivos, o que permite que usuários autorizados possam transferir arquivos inteiros de certos computadores projetados como servidores de arquivo. Após transferir os dados para um computador local, um usuário pode analisar, manipular, formatar e exibir os dados do arquivo, como mostra a Figura 6.8.

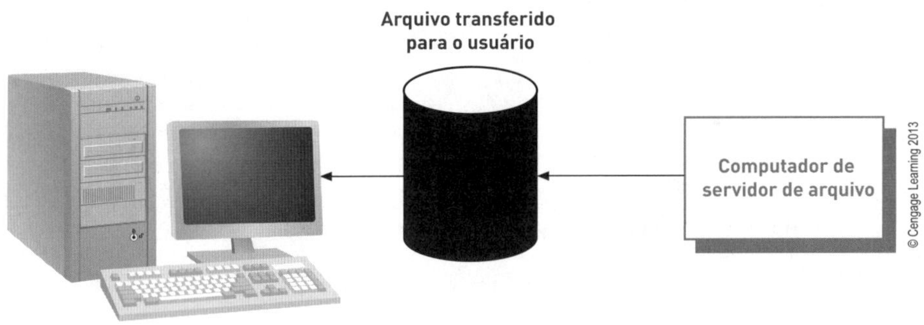

FIGURA 6.8
Conexão de servidores de arquivos.
O servidor de arquivo envia ao usuário arquivos completos, contendo os dados requisitados. O usuário pode então analisar, manipular, formatar e exibir os dados baixados, usando um programa que rode no seu computador.

SISTEMAS CLIENTE/SERVIDOR

Em uma **arquitetura cliente/servidor**, múltiplas plataformas de computador estão projetadas para funções especiais, como gerenciamento de banco de dados, impressão, comunicação e execução de programas. Essas plataformas são o que se chama de *servidores*. Cada servidor é acessível por todos os computadores da rede. Os servidores podem ser computadores de todos os tamanhos; eles armazenam tanto os programas aplicativos quanto arquivos de dados e são equipados com software de sistema operacional para gerenciar atividades da rede. O servidor distribui programas e dados para outros computadores (clientes) na rede, conforme os solicitam. Um servidor de aplicativo mantém os programas e arquivos de dados para um aplicativo específico, tal como um banco de dados de estoque. O cliente ou o servidor podem fazer o processamento.

ARQUITETURA CLIENTE/SERVIDOR: Abordagem na qual múltiplas plataformas de computador estão projetadas para funções especiais, como gerenciamento de banco de dados, impressão, comunicação e execução de programas.

Um cliente é qualquer computador (muitas vezes o computador pessoal do usuário) que envia mensagens solicitando serviços dos servidores na rede. Um cliente pode conversar com muitos servidores simultaneamente. Por exemplo, um usuário em um computador pessoal inicia uma requisição para extrair dados que estão em um banco de dados em algum lugar da rede. Um servidor de requisição de dados intercepta o pedido e determina em quais servidores de bancos de dados eles estão. O servidor então formata a requisição do usuário em uma mensagem que o servidor irá entender. Quando recebe a mensagem o servidor de banco de dados extrai e formata os dados requisitados e envia os resultados para o cliente. O servidor de banco de dados envia somente os dados que satisfaçam um pedido específico – não o banco inteiro de dados (veja a Figura 6.9). Como ocorreu na abordagem do servidor de arquivos, quando os dados baixados estão na máquina do usuário, estes podem ser analisados, manipulados, formatados e exibidos pelo programa que está sendo executado no computador pessoal do usuário.

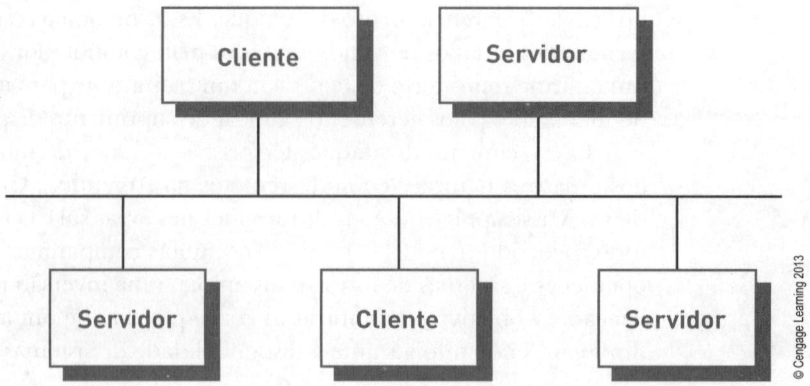

FIGURA 6.9
Conexão cliente/servidor. Múltiplas plataformas de computação, chamadas servidores, são dedicadas a funções especiais. Cada servidor é acessível por todos os computadores da rede. O cliente solicita o serviço dos servidores, fornece uma interface de usuário e apresenta os resultados para o usuário.

A Tabela 6.4 lista as vantagens e desvantagens da arquitetura cliente/servidor.

TABELA 6.4 Vantagens e desvantagens da arquitetura cliente/servidor

Vantagens	Desvantagens
Mudar as aplicações de computadores mainframe e arquitetura terminal-para-hospedeiro para arquitetura cliente/servidor pode significar economia significativa em custos de suporte de hardware e software.	Mudar para arquitetura cliente/servidor é um importante processo de conversão que leva de dois a cinco anos.
Minimiza o tráfego na rede porque apenas os dados necessários para atender às consultas dos usuários são transferidos do banco de dados para o dispositivo do cliente.	É difícil controlar o ambiente cliente/servidor para impedir uso não autorizado, invasão de privacidade e vírus.
Mecanismos de segurança podem ser implantados diretamente no servidor do banco de dados por meio da utilização de procedimentos armazenados.	Utilizar arquitetura cliente/servidor leva a um ambiente de vários fabricantes com problemas difíceis de identificar e dirigir ao fabricante apropriado.

Um registro de saúde eletrônico (EHR, electronic health record) é um resumo das informações de saúde gerado para cada paciente, encontrado em qualquer configuração de serviços de assistência à saúde. Este inclui os registros demográficos, histórico médico, imunizações, dados laboratoriais do cliente, sinais vitais e outros dados similares do paciente. O governo federal arrecadou $ 33 bilhões em incentivos para provedores de assistência à saúde que podem demonstrar se estes são "usuários significativos" da tecnologia EHR. Para obter este incentivo, que pode chegar à casa dos milhões de dólares, um hospital deve mostrar que está alcançando resultados desejados em eficiência, segurança do paciente e coordenação dos cuidados médicos. O Mecosta County Medical Center é um hospital de tratamento intensivo de 74 leitos em Michigan que implementou um sistema de informações hospitalares do tipo cliente/servidor para coletar e exibir dados de uso significativos que asseguram que o hospital está no caminho certo para obter seus benefícios.[39]

HARDWARE DE TELECOMUNICAÇÕES

As redes exigem vários dispositivos de hardware de telecomunicações para operar, incluindo modems, multiplexadores, processadores front-end, intercâmbios de ramos particulares, comutadores, pontes, roteadores e portas de comunicação (gateways).

Smartphones

Como discutido no Capítulo 3, um smartphone combina a funcionalidade de um telefone celular, câmera, navegador de internet, ferramenta de e-mail, aparelho de MP3 e outros equipamentos em um único dispositivo portátil. Por exemplo, o iPhone da Apple é uma combinação de telefone móvel, iPod de tela larga e dispositivo de acesso à internet capaz de suportar e-mails e navegação na internet. O usuário do iPhone pode se conectar à internet através de Wi-Fi ou da rede de dados Edge da AT&T. O iPhone 4S vem com um *assistente virtual*, o Siri, que reconhece comandos de voz e pode responder a perguntas básicas, do

QUESTÕES ÉTICAS E SOCIAIS

Usando as redes para compartilhar dados médicos

No mundo atual, com constantes movimentações, as pessoas muitas vezes ficam doentes ou sofrem acidentes longe de seus médicos regulares. Com o aumento das especializações, a necessidade de vários médicos para acessar os dados de um mesmo paciente está crescendo, enquanto o melhor especialista para revisar o caso pode estar muito distante. Os registros médicos eletrônicos (EMRs, electronic medical records), acessados através de redes de comunicação de dados, como as discutidas neste capítulo, podem aliviar este e outros problemas similares, por meio do compartilhamento de dados.

Porém, as organizações de cuidados médicos não podem apenas instalar alguns poucos roteadores sem fio e gateways na internet e depois postarem os EMRs on-line. As questões mais delicadas com os EMRs envolvem a ética e a privacidade, não a tecnologia. Especialistas em sistemas de informação, porém, muitas vezes se concentram na tecnologia. Tendem a focar nas questões técnicas em vez das questões humanas. As organizações precisam de um foco mais amplo.

O Lucile Packard Children's Hospital (LPCH) em Stanford, Palo Alto, Califórnia, decidiu que a melhor abordagem para o cuidado do paciente seria combinar um EMR, que é otimizado para uso dentro de um hospital, com um registro de saúde eletrônico (EHR) para ser compartilhado com os provedores de serviço médico fora do hospital. Isso permitiria que todos os responsáveis pelos cuidados de determinado paciente permanecessem informados sobre o que os outros membros da equipe estavam fazendo. A tecnologia para conectar o EMR ao EHR não é complexa, mas os esforços envolviam desafios operacionais e culturais.

Os três principais desafios que o LPCH encontrou neste projeto foram descobrir a melhor maneira de administrar, suportar e manter o sistema; negociar as expectativas e as diferenças culturais do hospital e a empresa fornecedora do software de EHR; e implementar o fluxo de dados entre o EHR e o EMR. Eis o que eles fizeram:

- O Departamento de Serviço de Gestão de Informações de Saúde do Hospital (HIMS, health information management services) surgiu como o "proprietário" lógico, a entidade que melhor poderia administrar, suportar e manter o sistema EMR-EHR. O HIMS tem experiência em questões que envolvem informações médicas e uma visão que adota de forma mais ampla o sistema EHR, o que poderia facilitar uma maneira mais eficiente, rápida e amigável para o paciente quanto à liberação dos registros médicos.
- Comunicação face a face aberta e contínua, e negociação em múltiplos níveis entre o LPCH e a empresa de software que ajudou a assegurar que cada organização entendesse as necessidades, preocupações e capacidade dos outros.
- Até o final de 2011, o problema da troca de dados não estava totalmente resolvido. Um problema é motivar os médicos do hospital a verificar os EHRs entre as visitas do paciente. A falha em verificar esses dados reduz o valor do EHR como veículo de comunicação com outros prestadores de assistência médica.

Pessoas não autorizadas querem acessar os dados médicos de outras pessoas por diversos motivos, desde curiosidade até chantagem. Por conseguinte, são necessárias precauções para manter a privacidade. Os dados médicos compartilhados com pessoas externas à organização de origem devem ser protegidos contra tentativas mal-intencionadas de acessá-los. O Instituto Ponemon relatou que as invasões de dados médicos aumentaram mais de 30% em 2011, com 96% das organizações de cuidados médicos relatando pelo menos uma invasão de privacidade no período de 2010 a 2011. Os hospitais estão tentando novas abordagens técnicas para garantir a privacidade através do aumento da segurança e projetos inovadores de sistemas. Por exemplo, uma abordagem envolve a armazenagem de informações pessoais em um arquivo com um pseudônimo e o nome real que corresponde a este pseudônimo em uma tabela em separado. O benefício é que "se uma parte dos dados for roubada, a informação será inútil. Nem a tabela de mapeamento nem o banco de dados médicos com pseudônimos são realmente úteis separadamente". Esse não é o tipo de precaução de segurança que as pessoas precisam tomar ao configurar um sistema de informações médicas, mas é um exemplo. (Os métodos específicos que um sistema em particular utiliza geralmente são mantidos em segredo para evitar que invasores potenciais consigam qualquer informação que os ajude a invadir o sistema.)

Uma avaliação inicial do sistema do LPCH foi considerada positiva. Uma pesquisa mostrou que 89% dos entrevistados relataram que o sistema melhorou o gerenciamento de tratamentos infantis mesmo que parcialmente, com apenas 11% respondendo que melhorou "muito pouco" ou "não melhorou". Esse resultado é um crédito a favor da qualidade do atendimento da equipe médica com o paciente, bem como com as questões técnicas.

Questões para discussão

1. Considere uma criança que passou por cirurgia no LPCH e, posteriormente, o cirurgião inseriu seus dados no EMR. A criança vai para casa, onde um pediatra ou outro profissional externo ao hospital insere dados no EHR. O EMR e o EHR então se atualizam. Discuta os prós e os contras de cada abordagem comparado com um sistema em que todos os cuidados médicos do paciente (tanto de dentro como fora do LPCH) compartilham o banco de dados de um único paciente.
2. Suponha que você esteja ferido e longe de casa e seja tratado em um hospital que tem um sistema similar ao mostrado aqui. Quando você retorna para casa, o médico da família diz "Eu não tenho tempo para essas modernidades e, além disso, não sou pago pelo tempo que gasto quando o utilizo". Como você responderia com o objetivo de obter melhor atendimento?

Questões para análise

1. Suponha que você seja um médico em um hospital. Um paciente de uma cidade distante é atendido por você uma vez a cada três meses para revisar seu caso e ajustar as medicações para os próximos três meses. Nesse meio-tempo, ele está sob os cuidados de uma enfermeira visitante na cidade. Quando tem alguma dúvida, ela normalmente liga para você. Contudo, preferiria colocar uma anotação no prontuário do paciente, de forma que você tivesse o arquivo completo quando lesse as anotações. Porém, ela sabe que você provavelmente não irá verificar as anotações nem o prontuário no período entre as visitas porque não é pago para verificar arquivos. Um e-mail seria mais demorado do que um telefonema, pois você não verifica a caixa de entrada enquanto visita os pacientes, e as mensagens não seguem para uma pessoa que possa interrompê-lo se a pergunta for urgente. Que soluções você sugere?
2. Suponha que você seja o pai de uma criança que passará por uma série de operações com intervalo de um ano entre elas, durante vários anos, para corrigir um problema de nascença. (Depois que o problema estiver sanado, a criança terá uma vida normal sob todos os aspectos.) Essas cirurgias serão realizadas em um hospital localizado a várias horas de distância de sua casa. Discuta como você, o hospital (que não seja o LPCH) e o pediatra local poderiam usar um sistema como o que foi descrito acima.

Fontes: Anoshiravani, A., et al., "Implementing an interoperable personal health record in pediatrics: lessons learned at an academic children's hospital", *Journal of Participatory Medicine*, www.jopm.org/columns/innovations/2011/07/11/implementing-an-interoperable-personal-health-record-in-pediatrics-lessons-learned-at--an-academic-children's-hospital, acesso em: 11 jul. 2011; site do Lucille Packard Children's Hospital, www.lpch.org, acesso em: 29 jan. 2012; Maragioglio, J., "Hackers target patient records on mobile devices", *Mobiledia*, www.mobiledia.com/news/121550.html, acesso em: 21 dez. 2011; Benzschawel, S., Da Silveira, M., "Protecting patient privacy when sharing medical data", eTELEMED 2011: The Third International Conference on eHealth, Telemedicine, and Social Medicine, Le Gosier, Guadeloupe, França, www.thinkmind.org/index.php?view=article&articleid=etelemed_2011_5_10_40072, acesso em: 23 fev. 2011.

tipo "Como está o clima hoje em Columbus?". O aparelho também pode agendar consultas, ditar mensagens de texto e realizar pesquisas na internet.

O telefone usa um poderoso processador, conhecido como A5, o mesmo microprocessador encontrado no iPad. A Tabela 6.5 listas alguns dos smartphones mais populares.

iPhone da Apple
O iPhone é uma combinação de telefone celular, iPod de tela larga e dispositivo de acesso à internet.

Os smartphones possuem seus próprios sistemas operacionais e são capazes de executar aplicativos criados especificamente para esses sistemas operacionais. Como resultado, sua capacidade irá aumentar, à medida que novos aplicativos se tornam disponíveis. O iPhone da Apple (iPhone OS), o BlackBerry (RIM OS) e o Palm (Palm OS) vem com seus próprios sistemas operacionais proprietários. Os sistemas operacionais Android, Windows Phone 7, e Symbian são usados por vários fabricantes de smartphones.

TABELA 6.5 Listas parcial de smartphones 4G LTE

Smartphone 4G	Fabricante
Blackberry Torch	Research in Motion
Droid Charge	Samsung
Droid Razr	Motorola
Infuse 4G	Samsung
iPhone 4	Apple
Photon	Motorola
Rezound	HTC
Revolution	LG
Sensation	HTC

As aplicações dos smartphones são desenvolvidas pelos fabricantes dos dispositivos portáteis, pelo operador da rede de comunicação na qual operam ou por um terceiro que seja desenvolvedor de software. A Tabela 6.6 lista o número de aplicativos disponíveis para cada um dos sistemas operacionais mais comuns de smartphones.[40] A Tabela 6.7 lista as principais categorias de aplicativos.[41]

TABELA 6.6 Números de aplicativos por sistema operacional (dezembro de 2011)

Plataforma	Número de aplicativos disponíveis
Apple	590.138
Android	320.315
Blackberry	43.544
Microsoft	35.479

TABELA 6.7 Principais categorias de aplicativos

Categoria	Porcentagem do total de aplicativos entre todos os sistemas operacionais
Entretenimento	17%
Jogos	14%
Livros	10%
Estilo de vida	8%
Utilidades	7%
Educação	7%
Viagem	5%
Comercial	4%
Referências	4%
Música	3%
Saúde e bem-estar	3%
Produtividade	3%
Esportes	3%
Notícias	3%
Rede social	3%

Smartphone Droid
O smartphone Droid é fabricado pela Motorola e usa o sistema operacional Android do Google.

Cortesia de Verizon Wireless

FIGURA 6.10
Como funciona o modem. Os sinais digitais são modulados para sinais analógicos, os quais podem ser transportados através das linhas telefônicas existentes. Os sinais analógicos são então demodulados de volta para sinais digitais através do modem receptor.

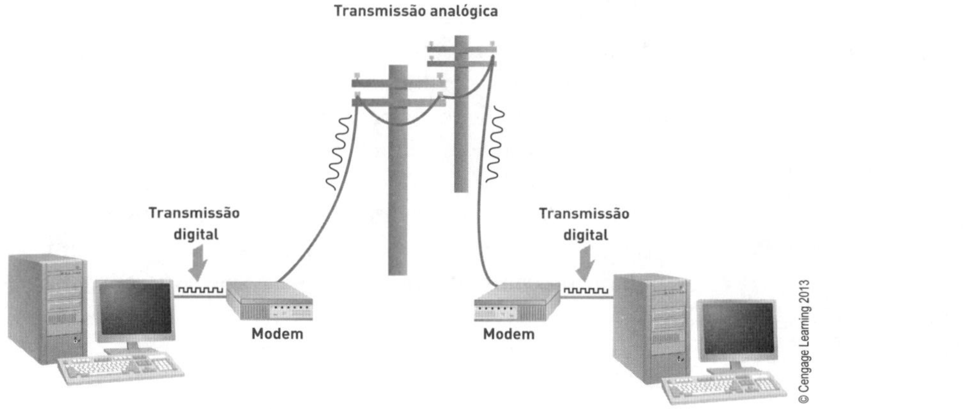

Modems

Em cada estágio do processo de comunicação podem ser utilizados meios de transmissão de diferentes tipos e capacidades. Se for usada uma linha de telefone analógica para transferir dados, ela pode acomodar apenas um sinal analógico. Como um computador gera um sinal digital representado por bits, há a necessidade de um dispositivo especial para converter o sinal digital para um sinal analógico, e vice-versa (veja a Figura 6.10). Traduzir dados de digital para analógico é o que se chama de *modulação*, e traduzir dados de analógico para digital é o que se chama de *demodulação*. Portanto, esses dispositivos são dispositivos de modulação/demodulação ou **modems**. Penril/Bay Networks, Hayes, Microcom, Motorola e U.S. Robotics são fabricantes de modems.

MODEM: Dispositivos de modulação/desmodulação, que convertem os sinais de comunicação para que possam ser transmitidos através de meios de comunicação.

Os modems podem discar números de telefones, gerar o envio de mensagem e responder chamadas e mensagens recebidas. Também podem realizar testes e verificações sobre como operam. Alguns modems podem variar as velocidades de transmissão com base em séries de erros detectados e outras condições. Os modems de celular em laptops permitem que pessoas em movimento se conectem em redes sem fio e se comuniquem com outros usuários e computadores.[42]

Com um modem sem fio, é possível conectar-se a outros computadores enquanto se está em um carro ou em um barco, ou em qualquer área em que haja serviço de transmissão sem fio. Pode-se utilizar as aberturas de cartão de expansão de memória do PC para cartões padronizados de modem do tamanho de um cartão de crédito, que funcionam como modems-padrão. Os modems de PC tornam-se cada vez mais populares entre os usuários de notebooks e computadores portáteis.

Os assinantes de empresas de redes a cabo utilizam um modem de cabo, que possui baixo custo inicial e pode transmitir em velocidades acima de 10 Mbps. O modem de cabo está sempre ligado, assim é possível estar conectado à internet ininterruptamente. A linha digital do assinante (DSL, digital subscriber line) é uma família de serviços que oferece serviço de comunicação de dados digitais de alta velocidade através de fios da empresa telefônica local. Os assinantes empregam um modem DSL para conectar os computadores ao serviço.

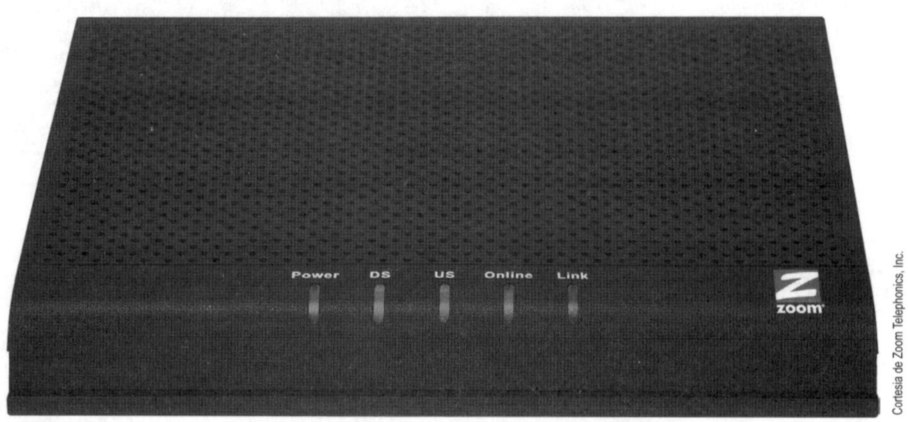

Um modem a cabo pode fornecer acesso à rede e à internet com velocidade até 500 vezes mais rápida do que uma linha telefônica.

Multiplexadores

MULTIPLEXADOR: Dispositivo que combina dados de múltiplas fontes de dados em um único sinal resultante que transporta múltiplos canais, o que reduz, dessa maneira, o número de ligações para comunicações necessárias e, portanto, os custos de telecomunicações.

Multiplexador é um dispositivo que combina dados de múltiplas fontes de dados em um único sinal resultante que transporta múltiplos canais, o que reduz dessa maneira o número de ligações para comunicações necessárias e, portanto, reduz os custos de telecomunicações (veja a Figura 6.11). Costuma-se multiplexar em linhas de telefones de longa distância, o que combina muitos telefones individuais em uma única linha sem afetar a velocidade ou a qualidade de uma chamada individual. No receptor final, um demultiplexador escolhe a destinação correta dos muitos destinos possíveis e encaminha cada chamada individual para o destino correto.

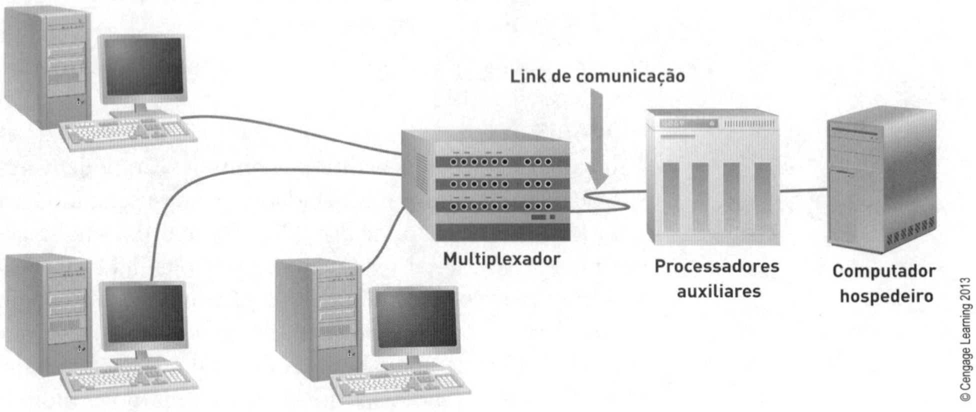

FIGURA 6.11 Uso de um multiplexador para consolidar comunicação de dados e um único link de comunicação.

A Worldcall é uma grande empresa de telecomunicação que atende o Paquistão. A organização precisava ampliar sua rede para se conectar com o principal operador de telefonia celular no Paquistão (17 milhões de usuários). A Worldcall fez a conexão, por meio de conexões sem fio e multiplexadores para minimizar os custos.[43]

As redes de telecomunicações requerem tecnologia de software de última geração para monitorar continuamente o fluxo de voz, dados e transmissão de imagens ao longo de bilhões de circuitos em todo o mundo.

Troca de ramais privados (PBX)

TROCA DE RAMAIS PRIVADOS (PBX, PRIVATE BRANCH EXCHANGE): Troca de chaveamento de telefone que serve a uma única organização.

Troca de ramais privados A **troca de ramais privados (PBX, private branch exchange)** é uma troca de chaveamento de telefone que serve a uma única organização. Ela permite que os usuários compartilhem certo número de linhas externas (linhas-tronco) para realizar chamadas telefônicas para fora da organização. Esse compartilhamento reduz o número de linhas-tronco necessário, o que reduz as despesas

COMUTADOR (SWITCH): Dispositivo de telecomunicação que utiliza dispositivo de endereço físico em cada mensagem que chega à rede para determinar para qual porta de saída deve encaminhar a mensagem, para que alcance outro dispositivo na mesma rede.

PONTE: Dispositivo de telecomunicação que conecta duas LANs, utilizando os mesmos protocolos.

ROTEADOR: Dispositivo de telecomunicação que encaminha pacotes de dados através de duas ou mais redes distintas para seus destinos por meio de um processo conhecido como roteamento.

PORTA DE COMUNICAÇÃO (GATEWAY): Dispositivo de rede que atua como entrada para outra rede.

com telefone da organização. O PBX também permite a comutação de chamadas de departamento para departamento ou de indivíduo para indivíduo com a organização. O PBX ainda pode fornecer muitas outras funções como correio de voz, paginação de voz, chamada tripla, transferência de chamada e chamada em espera. Um VoIP-PBX pode aceitar chamadas de voz sobre IP (Voice over IP (VoIP), bem como chamadas de telefones analógicos. Nas chamadas de voz sobre IP, as comunicações da pessoa que está ligando são convertidas em pacotes de dados para serem transportadas pela internet.

A Fifty-Flowers mantém um site para ajudar os clientes a selecionar 2 mil tipos de flores para casamentos ou outros eventos especiais.[44] A empresa também emprega um sistema VoIP-PBX para fazer o roteamento de chamadas de clientes de todas as partes do mundo para um funcionário disponível de sua equipe de atendimento ao cliente. Isso minimiza o tempo de espera do cliente, reduz os custos operacionais tanto para o cliente quanto para a Fifty-Flowers e melhora o atendimento ao cliente.[45]

Comutadores, pontes, roteadores e portas de comunicação

Os dispositivos de hardware de telecomunicações trocam mensagens de uma rede para outra em altas velocidades. Um **comutador** utiliza dispositivo de endereço físico em cada mensagem que chega à rede para determinar para qual porta de saída deve encaminhar a mensagem, para que alcance outro dispositivo na mesma rede. Uma **ponte** conecta duas LANs, utilizando os mesmos protocolos de telecomunicação. Um **roteador** encaminha pacotes de dados através de duas ou mais redes distintas para seus destinos por meio de um processo conhecido como roteamento. Com frequência, um serviço de provedor de internet (ISP, internet service provider) instala um roteador na residência de um assinante que conecta a rede de ISP à rede interna da casa. Uma **porta de comunicação (gateway)** é um dispositivo de rede que atua como entrada para outra rede. Uma falha em qualquer desses dispositivos pode causar significativa interrupção dos serviços. Por exemplo, os serviços para milhões de clientes do Time Warner Cable Internet and Phone foi interrompido temporariamente quando um roteador quebrou enquanto fazia a atualização de um software.[46]

SOFTWARE DE TELECOMUNICAÇÕES

SISTEMA OPERACIONAL DE REDE (NOS, NETWORK OPERATING SYSTEM): Software de sistemas que controla os sistemas computacionais e dispositivos em uma rede e lhes permite comunicar-se entre eles.

SOFTWARE DE GERENCIAMENTO DE REDE: Software que permite que um gerente em uma máquina conectada à rede monitore a utilização de computadores pessoais e hardware compartilhado (como impressoras), verifique o risco de vírus e garanta obediência às licenças de software.

Um **sistema operacional de rede (NOS, network operating system)** é um software de sistemas que controla os sistemas computacionais e dispositivos em uma rede e lhes permite comunicar-se entre eles. O NOS desempenha funções similares para a rede, da mesma maneira que um software de sistema operacional para um computador, como o gerenciamento de memória e de tarefas e coordenação de hardware. Quando o equipamento da rede (como impressoras, plotadoras e unidades de disco) é solicitado, o NOS assegura que esses recursos sejam utilizados de forma devida. Novell NetWare, Windows 2000, Windows 2003 e Windows 2008 são sistemas operacionais de rede comuns.

O Standard Chartered Bank trabalha com 85 mil funcionários em mais de 1.700 agências e postos de atendimento em mais de 70 países em todo o mundo. O banco obtém 90% de seus rendimentos e lucros de operações na Ásia, África e Oriente Médio.[47] Para qualquer banco, a disponibilidade de sistemas de telecomunicações e processamento é essencial. O Standard Chartered implantou uma infraestrutura de telecomunicações que consiste em comutadores e portas de comunicação que operam com o sistema operacional de rede Junos, para baixar os custos e a complexidade de gerenciar suas redes e fornecer total redundância.[48]

Uma vez que as empresas utilizam as redes para se comunicar com os consumidores, parceiros de negócios e funcionários, interrupções ou desempenho lento podem significar perda no negócio. O gerenciamento de rede inclui ampla gama de tecnologias e processos que monitoram a rede e auxiliam na identificação e no direcionamento de problemas antes que criem um sério impacto.

Ferramentas e utilitários de software estão disponíveis para o gerenciamento de redes. Com **software de gerenciamento de rede**, um gerente em uma máquina conectada à rede pode monitorar a utilização de computadores pessoais e hardware compartilhado (como impressoras), verificar o risco de vírus e garantir obediência às licenças de software. Software de gerenciamento de rede também simplifica o processo de atualizar arquivos e programas em computadores na rede – um gerente pode fazer mudanças por meio de um servidor de comunicações em vez de visitar cada computador individualmente. Além disso, esse programa impede que o software seja copiado, modificado ou baixado ilegalmente. Ele também pode localizar erros de telecomunicações e problemas potenciais na rede. Alguns dos muitos benefícios do software de gerenciamento de rede incluem poucas horas gastas em tarefas rotineiras (como instalar um software), uma resposta mais rápida aos problemas e maior controle global da rede.

Atualmente, a maioria das organizações de SI utiliza software de gerenciamento de rede para garantir que as próprias redes permaneçam funcionando e que cada componente da rede e aplicação trabalhe de modo aceitável. O software permite que os profissionais de SI identifiquem e resolvam falhas e questões de desempenho antes que afetem os consumidores e os serviços. As tecnologias de gerenciamento de rede mais modernas incorporam até mesmo correções automáticas: o sistema de gerenciamento de rede identifica um problema, notifica o gerente de SI e automaticamente corrige o erro antes que qualquer pessoa de fora do departamento de SI perceba.

O Weill Cornell Medical College localizado na cidade de Nova York está no topo do ranking de pesquisas médicas e clínicas. Sua complexa rede de telecomunicações (incluindo Ethernet, 802.11a/b/g/n, VoIP, vídeo e conexões WAN para consultórios remotos) requer monitoramento e análises diárias. A faculdade utiliza um software de gerenciamento de rede para identificar falhas e corrigir problemas rapidamente para maximizar o tempo de utilização da rede e a satisfação do usuário.[49]

Bancos usam uma forma especial de software de gerenciamento de redes para monitorar o desempenho de seus terminais automáticos (ATMs). O status das mensagens podem ser enviadas pela rede até um local de monitoramento central para informar a equipe de suporte sobre situações como caixa baixo ou nível de papel de recibo, problemas com leitoras de cartão e travamento da impressora. Depois que a mensagem de status é recebida, um provedor servidor ou um funcionário do escritório local pode ser enviado para corrigir o problema com a ATM. O First Charter Bank de Charlotte, estado da Carolina, implantou um software de gerenciamento de rede para gestão de sua rede de 138 ATM a partir de uma posição centralizada, para reduzir os custos, tempo de ociosidade e visitas técnicas.[50]

PROTEGENDO A TRANSMISSÃO DE DADOS

A interceptação de informações confidenciais por indivíduos não autorizados pode causar comprometimento de informações particulares sobre funcionários ou consumidores, revelar ações de marketing ou planos de desenvolvimento de um novo produto ou ainda causar constrangimento organizacional. As organizações com operações amplamente difundidas necessitam de um modo de manter a segurança das comunicações com funcionários e parceiros de negócios, nas quais deseja que suas instalações estejam.

As redes de mídia guiadas possuem uma função de segurança inerente. Somente os dispositivos conectados fisicamente à rede podem acessar os dados. Redes sem fio, por outro lado, são muitas vezes surpreendentemente configuradas de modo que permita acesso a qualquer dispositivo que tente "ouvir" as comunicações transmitidas. Medidas devem ser tomadas para substituir esses padrões.

CRIPTOGRAFIA: Processo de converter uma mensagem original em uma forma que pode ser entendida apenas pelo receptor a quem é dirigida.

CHAVE DE CRIPTOGRAFIA: Valor variável aplicado (utilizando-se um algoritmo) para um conjunto de texto não criptografado ou para produzir texto criptografado ou para decifrá-lo.

A criptografia de dados é uma abordagem utilizada para proteger a segurança das comunicações por meio das redes com fio e sem fio. A **criptografia** é o processo de converter uma mensagem original em uma forma que pode ser entendida apenas pelo receptor a quem é dirigida. Uma **chave de criptografia** é um valor variável aplicado (utilizando-se um algoritmo) para um conjunto de texto não criptografado para produzir texto criptografado ou para decifrá-lo (veja a Figura 6.12). A chave é escolhida entre um grande número de chaves de criptografia possíveis. Quanto mais longa a chave, maior o número de chaves de criptografia possível. Um protocolo de criptografia baseado em uma chave de 56 bits, por exemplo, possui 256 diferentes chaves possíveis, enquanto um protocolo com base em uma chave de 128 bits possui 2.128 chaves dife-

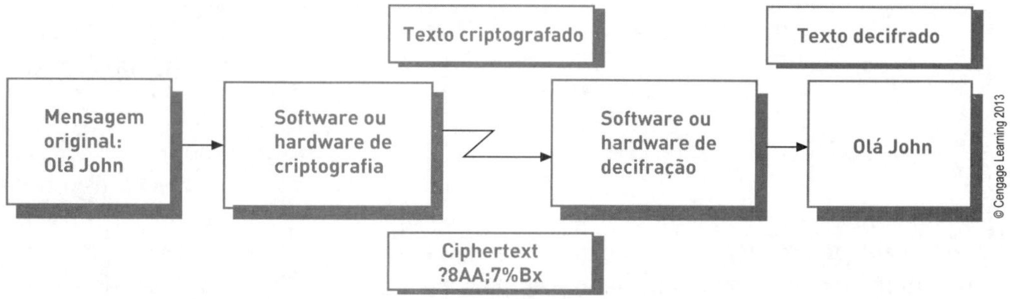

FIGURA 6.12
Processo de criptografia.

rentes possíveis. Naturalmente, é essencial que a chave seja mantida em segredo dos possíveis interceptadores. Um hacker que obtém uma chave mediante quaisquer meios pode recuperar a mensagem original dos dados criptografados.

Os métodos de criptografia se baseiam na limitação de potência de computação para sua segurança. Se a quebra de um código requer muita potência de computação, mesmo o mais determinado dos hackers não obterá sucesso.

Com sede em Dalas, no Texas, a 7-Eleven opera, negocia franchise e licenças para mais de 8 mil lojas nos Estados Unidos e outras 33.900 em 16 países. A companhia usa criptografia para garantir a segurança de seus e-mails. Todd Cohen, líder do setor de Segurança de Informações e de Riscos e Conformidade da 7-Eleven, declarou que "A proteção de informações importantes de nossos parceiros é fundamental para nossa liderança como revendedor de confiança. O e-mail é uma ferramenta de comunicação crítica para o dia a dia dos negócios com nossos parceiros comerciais e [os serviços de criptografia] nos permite usar o e-mail de forma segura e com confiança".[51]

Protegendo as redes sem fio

WEP e WPA são as duas abordagens principais para proteger as redes sem fio como a Wi-Fi e WiMAX. Privacidade equivalente ao equipamento com fio (WEP) utilizava criptografia baseada em chave de 64 bits, que foi atualizada para chave de 128 bits. A WEP representa uma tentativa inicial para proteger as comunicações sem fio e não é difícil para um hacker decifrar. A maioria das redes sem fio agora emprega o protocolo de segurança acesso protegido Wi-Fi (WPA), que oferece proteção significativamente maior sobre a WEP.

As seguintes etapas, embora não infalíveis, auxiliam a proteger uma rede sem fio:

- Conecte-se ao roteador e mude o logon-padrão (admin) e a senha (senha) para o roteador. Esses padrões são amplamente conhecidos pelos hackers.
- Crie um service set identifier (SSID). Trata-se de um identificador único de 32 caracteres, anexado à parte do cabeçalho dos pacotes enviados através de uma rede sem fio, que diferencia uma rede de outra. Todos os pontos de acesso e dispositivos que tentam conectar-se à rede devem utilizar o mesmo SSID.
- Configure a segurança para o WPA. Surpreendentemente, muitos roteadores são enviados com a criptografia desligada.
- Desabilite a transmissão SSID. Por padrão, os roteadores sem fio, transmitem uma mensagem comunicando o SSID, assim os dispositivos sem fio dentro do âmbito (como laptop) podem identificar e conectar-se à rede sem fio. Se um dispositivo não conhecer o SSID de uma rede sem fio, ele não pode se conectar. Desativar a transmissão do SSID desencorajará todos, menos os hackers mais determinados e conhecedores.
- Configure cada computador sem fio na rede para acessar a rede, coloque a segurança em WEP ou WPA e entre com a mesma senha inserida no roteador.

War driving, ou conduzir uma guerra, envolve hackers que dirigem por aí com um laptop e antena tentando detectar pontos inseguros de acesso sem fio. Uma vez conectado a tal rede, o hacker pode reunir tráfego suficiente para analisar e quebrar a criptografia.

@ SISTEMAS DE INFORMAÇÃO NO TRABALHO

O e-mail é passado?

É difícil imaginar o mundo dos negócios sem o e-mail, tão comum quanto o radiador a água – e provavelmente mais útil que este. Porém, é chegada a hora de avançar?

Isso é o que a empresa de serviços de TI Atos, baseada em Bezon, na região metropolitana de Paris, acredita. Seus planos são de se tornar uma "companhia com zero e-mails" dentro de três anos para ajudar a acabar com que ela chama de "poluição de informações". A Atos vê o recurso como um empecilho para o progresso da companhia porque os funcionários o utilizam execessivamente em vez de buscar formas mais efetivas de interação.

Como exemplo de poluição de informações, considere um projeto em grupo com seis pessoas. Um dos membros da equipe envia e-mails para os outros com uma sugestão. Os outros cinco respondem, com cópia para todos os membros do grupo (como ocorre de forma padrão no uso de e-mails por empresas). Três dos membros respondem os comentários dos outros. Em pouco tempo, os integrantes do grupo recebem duas ou três dúzias de mensagens de e-mail. A maioria dessas mensagens repete o conteúdo com acréscimo de um parágrafo ou dois na parte superior do e-mail.

O diretor e CEO da Atos, Thierry Breton, discursando em uma conferência em fevereiro de 2011, disse que o plano da empresa é extinguir todos os e-mails internos entre os funcionários da Atos. "Estamos produzindo dados em uma escala maciça que rapidamente polui nosso ambiente de trabalho e também prejudica nossa vida pessoal", diz ele. "Estamos adotando ações agora para reverter esta tendência, do mesmo modo que as empresas tomaram ações para reduzir a poluição ambiental depois da revolução industrial."

Apesar de seu nome não ser tão conhecido nos Estados Unidos, a Atos não é uma empresa pequena. Ela possui 74 mil funcionários em 42 países e uma receita anual que ultrapassa os $ 10 bilhões. Se a empresa puder eliminar o e-mail, o tamanho não deve ser um problema para outras companhias seguirem seu exemplo.

Como ocorre na maior parte das empresas, os funcionários da Atos usam regularmente o e-mail para se comunicar entre si e para compartilhar documentos e outros arquivos. O que eles vão usar no lugar do e-mail? Ferramentas de mídia social e de colaboração. Uma ferramenta de colaboração permite aos funcionários usem grupos de discussão on-line em vez de trocarem e-mails entre si. (Um grupo de discussão on-line teria ajudado no projeto em equipe de seis pessoas no exemplo anterior.) As ferramentas de mídia social, incluem o uso de sites conhecidos como o Facebook, para manter os outros informados sobre suas atividades profissionais. Os grupos também podem usar wikis (software colaborativo que permite a edição coletiva de documentos) para compartilhar repositórios de informações sobre os tópicos de interesse. A Atos descobriu que ao fazer uso de tais ferramentas, há uma redução imediata de 10% a 20% no volume de e-mails.

Os esforços para reduzir o volume de e-mails dizem respeito apenas aos e-mails internos da companhia. Breton e outros gerentes da Atos não esperam que os clientes parem de enviar mensagens de e-mail para os funcionários da empresa nem esperam que os funcionários que recebem e-mails solicitem aos clientes e fornecedores que respondam através de outros meios. Eles esperam apenas eliminar os e-mails *internos* como meio de comunicação.

Nem todos acreditam que eliminar os e-mails internos seja prático. O analista de indústria, Brian Pretice, do Gartner Group, culpa a burocracia que leva ao uso excessivo de e-mails, e não o meio de comunicação em si. De acordo com ele, "A única solução é interromper o crescimento da administração e a burocracia que sobrecarrega as organizações e que incentiva o número crescente de e-mails gerado. Especificamente, nossas críticas sobre o e-mail como ferramenta de colaboração precisam se voltar para o crescimento desordenado da burocracia que gera seu uso crescente". Em outras palavras, o e-mail é um sintoma, não o problema.

Não é surpresa que Hubert Tardieu, consultor de Breton, o CEO da Atos, discorde desse argumento. Ele acredita que o e-mail não implica criação de comunidades de interesses compartilhados dentro de uma organização, mas que outras formas de comunicação eletrônica o fazem. "Zero e-mails não é um objetivo final", ele escreveu, "mas é, sim, o reconhecimento de que as empresas estão sofrendo com a sobrecarga de e-mails". Ao mesmo tempo em que concebe que a raiz do problema é a moderna burocracia, acredita que os e-mails encorajam o crescimento de tal burocracia, enquanto outros meios de comunicação não apresentam o problema. Tardieu conclui, "A aposta da Organização Social é que a cooperação dentro das comunidades associadas com os processos apropriados irão criar um estilo de organização e de gestão mais adequado à geração digital. Na Organização Social, devemos nos comunicar através da rede social da empresa, entre as várias comunidades às quais pertencemos para reduzir o uso de e-mails na comunicação formal".

Até o início de 2012, um ano após o início do esforço de três anos da Atos, o júri ainda não tomou sua decisão. Fiquem atentos!

Questões para discussão

1. Você concorda com Brian Prentice do Gartner Group de que o e-mail é um sintoma, e não o problema propriamente dito? A sobrecarga de in-

formações irá diminuir se as pessoas começarem a usar outras ferramentas em vez do e-mail?

2. Pense a respeito do uso de mídias sociais, como o Facebook. Se você pudesse comunicar a todos seus amigos que visualizassem suas atualizações em seu perfil do Facebook e se eles soubessem que esta seria a única maneira de saber o que acontece com você, qual seria a porcentagem de e-mails que você estaria evitando enviar? Você teria mais ou menos trabalho atualizando seu perfil no Facebook em vez de enviar e-mails?

Questões para análise

1. Relembre algum trabalho em grupo realizado recentemente em sua escola e, depois, responda às seguintes perguntas:

a. Se você se comunicou com seus colegas de grupo principalmente por e-mail, o projeto teria sido realizado de modo mais suave caso a forma de comunicação fosse outra? Por que sim ou por que não? Qual teria sido a melhor maneira de se comunicar entre vocês?

b. Se vocês se comunicaram através de outra ferramenta que não o e-mail, esta ferramenta foi mais eficaz que o e-mail? Por que sim ou por que não? Um terceiro método, que não seja o e-mail nem a ferramenta utilizada, teria sido melhor?

2. A Atos é uma grande empresa e pode arcar com o estabelecimento de várias mídias sociais e sites de colaboração, cada um dos quais eliminando a necessidade de enviar e-mails. Suponha que você trabalhe em uma pequena empresa com menos recursos tecnológicos e menos pessoal de suporte. Você poderia usar essa abordagem? Se não pudesse usá-la em sua totalidade, usaria parte dela? Você deveriafazê-lo?

Fontes: Savvas, A., "Atos Origin Abandoning Email", *Computerworld UK*, www.computerworlduk.com/news/it-business/3260053/atos-origin-abandoning-email, acesso em: 9 fev. 2011; Savvas, A., "Defiant Atos Sticks with Company-wide Email Ban", *Computerworld UK*, www.computerworlduk.com/news/it-business/3323504/defiant-atos-sticks-with-company-wide-email-ban, acesso em: 7 dez. 2011; Prentice, B., "Why Will 'Zero Email' Policies Fail? Bureaucracy!", blog da Gartner blogs.gartner.com/brian_prentice/2011/12/11/why-will-zero-email-policies-fail-bureaucracy, acesso em: 11 dez. 2011; Tardieu, H., "Achieving a Zero Email Culture: Is Bureaucracy a Showstopper?", blog da Atos blog.atos.net/sc/2011/12/21/achieving-a-zero-email-culture-is-bureaucracy-a-showstopper, acesso em: 21 dez. 2011; site da Atos S.A., www.atos.net, acesso em: 27 jan. 2012.

REDE VIRTUAL PRIVADA

REDE VIRTUAL PRIVADA (VPN, VIRTUAL PRIVATE NETWORK): Utiliza uma rede pública (normalmente a internet) para conectar-se com diversas localidades remotas.

O uso de uma rede virtual privada é outro meio de proteger a transmissão de comunicações. Uma **rede virtual privada (VPN, virtual private network)** utiliza uma rede pública (normalmente a internet) para conectar-se com diversas localidades remotas. Uma VPN fornece conectividade de rede por meio de uma distância potencial e fisicamente grande e, assim, pode ser considerada uma forma de rede de área expandida. As VPNs sustentam conexões seguras, criptografadas entre a rede privada de uma empresa e usuários remotos por meio de um terceiro provedor de serviço. Os telecomutadores, representantes de vendas e viajantes frequentes consideram o uso de uma VPN seguro, confiável, uma maneira barata de se conectar com a intranet corporativa. Com frequência, os usuários recebem uma ficha com uma senha que muda constantemente para registrar-se na VPN. Essa solução evita o problema de esquecimento de senha e oferece segurança adicional por meio de sua constante mudança,a cada 30 ou 60 segundos.

Token de segurança RSA SecurID

Os seis dígitos mostrados no token são usados como código de acesso para uma rede VPN. Os dígitos são trocados a cada 60 segundos.

Cortesia de RSA, a divisão de segurança da EMC Corporation

A Werner Enterprises é uma empresa de logística e transporte com uma frota de 7.250 caminhões, 25 mil tratores e mais de 13 mil empregados e funcionários terceirizados.[52] A maior parte de sues negócios está na América do Norte, mas a companhia está se expandindo globalmente e tem clientes na África, China, Europa e América Latina. A Werner emprega uma solução de VPN que conecta seu centro de operações em Xangai com a sede da empresa em Omaha, Nebraska, de forma que seus funcionários possam acessar os sistemas de gerenciamento de cargas para operações de suporte global.[53]

SERVIÇOS DE TELECOMUNICAÇÕES E APLICAÇÕES DE REDE

Atualmente, as telecomunicações e as redes são partes vitais dos sistemas de informação. De fato, é difícil imaginar como as organizações poderiam funcionar sem elas. Por exemplo, quando um negócio precisa desenvolver uma previsão de produção mensal exata, um gerente simplesmente transfere os dados de previsão de vendas reunidos diretamente dos bancos de dados dos consumidores. As telecomunicações fornecem as ligações de rede, permitindo ao gerente acessar os dados rapidamente e gerar um relatório de produção, que subsidia os objetivos da empresa de realizar melhor planejamento financeiro. Esta seção examina alguns dos serviços de telecomunicações e aplicações de rede mais significativas.

SERVIÇOS DE TELEFONIA CELULAR

O telefone celular tornou-se ubíquo e parte essencial da vida no século XXI. O ITU (União de Telecomunicações Internacional) estima que ao final de 2008 havia 2,2 bilhões de usuários de telefones móveis nos países em desenvolvimento. Apesar de muitas das pessoas que vivem nesses países não terem acesso a água potável, eletricidade ou internet, é esperado que mais da metade destes indivíduos possuam um telefone celular até o final de 2012.

Os telefones celulares utilizam ondas de rádio para fornecer comunicações de mão dupla. Com a transmissão via celular, uma área local como uma cidade é dividida em células. Quando uma pessoa com um dispositivo celular como um telefone móvel se move de uma célula para outra, o sistema de celular passa a conexão telefônica de uma célula para outra (veja a Figura 6.13). Os sinais das células são transmitidos para um receptor e integrados em um sistema normal de telefone. Assim, os usuários de telefone celular podem se comunicar com qualquer pessoa que tenha telefone celular ou fixo, desde uma criança em casa falando com seu amigo na estrada até um parceiro comercial em outro país. Como a transmissão celular utiliza ondas de rádio, as pessoas com receptores especiais podem ouvir conversas de telefone celular, portanto, não são seguros.

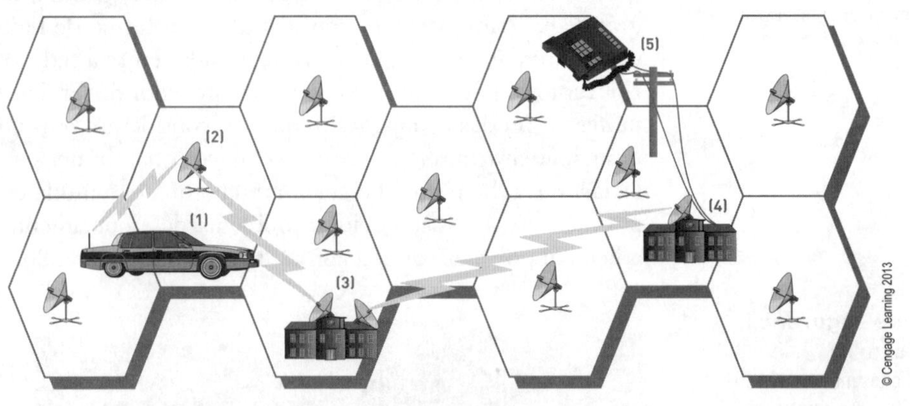

FIGURA 6.13
Cenário típico de transmissão por celular. Ao fazer uma chamada no celular de um carro, a pessoa disca um número (1). O sinal é enviado da antena do carro para a antena de celular de baixa potência localizada naquela célula (2). O sinal é enviado para o escritório regional de comutação do telefone celular, também chamado de escritório do assinante do telefone móvel (MTSO, mobile telephone subscriber) (3). O sinal é comutado para a estação de comutação da companhia telefônica mais próxima do destino da chamada (4). Agora, integrado com sistema regular de telefonia, a chamada é comutada para o número originalmente discado (5), sem a necessidade de auxílio da telefonista.

Cada vez mais, os trabalhadores dependem dos telefones móveis como primeiro telefone comercial. Entretanto, com frequência encontram problemas com a escassa cobertura dentro dos edifícios e consideram difícil fazer chamadas e manter uma conversação extensa. Uma femtocell é uma estação-base de celular em miniatura projetada para atender a uma área muito pequena, como parte de um andar dentro de um edifício. Muitas empresas de comunicação agora oferecem soluções femtocell para aumentar os sinais de telefones celulares ou permitir que operem através de redes, garantindo assim um sinal de celular forte e confiável. Os telefones celulares podem também ser conectados a telefones sem fio, por meio de conexão Bluetooth, de forma que quando alguém liga, você irá atender no telefone sem fio. Isso aumenta o alcance da cobertura do telefone celular e elimina chamadas perdidas, especialmente naqueles momentos em que não se consegue encontrar o celular a tempo.[54]

O número de femtocells nos Estados Unidos agora está maior do que o de torres de celulares. No final de 2010, havia cerca de 256 mil torres de antenas de telefonia celular nos Estados Unidos e aproximadamente 350 mil femtocells.[55]

Serviço de linha de assinante digital

LINHA DE ASSINANTE DIGITAL (DSL): Serviço de telecomunicações que fornece acesso à internet de alta velocidade para casas e pequenas empresas, através das linhas telefônicas já existentes na rede de telefonia local.

Uma **linha de assinante digital (DSL, digital subscriber line)** é um serviço de telecomunicações que fornece acesso à internet de alta velocidade para casas e pequenas empresas através das linhas telefônicas já existentes na rede de telefonia local (veja a Figura 6.14). A maioria das casas e pequenas empresas está conectada a uma linha *DSL assimétrica (ADSL)*, projetada para fornecer uma velocidade de conexão com a internet (velocidade de download) três a quatro vezes mais rápida do que as conexões do usuário para a internet (upload). A ADSL não requer linhas telefônicas adicionais e ainda fornece um acesso "sempre conectado" à internet. Um ponto negativo da ADSL é que quanto mais longe o usuário está do da agência central de telefonia, pior é o sinal e mais lenta é a velocidade de transmissão. A ADSL fornece conexão dedicada para cada usuário até a agência central de telefonia, de modo que o desempenho não é prejudicado quando novos assinantes são acrescentados. Os usuários de modem a cabo em geral compartilham loops de rede espalhados pela vizinhança, de forma que quando novos usuários são acrescentados à rede, há uma queda na velocidade de transmissão. A *DSL simétrica (SDSL)* é usada principalmente por pequenas empresas. Essa conexão não permite que o telefone seja usado ao mesmo tempo, mas as velocidades de recebimento e de envio de sinais são idênticas.

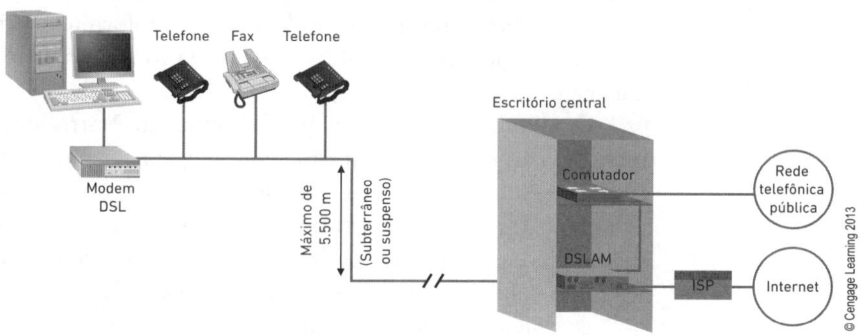

FIGURA 6.14
Linha de assinante digital (DSL).
Na agência central de telefonia, um Multiplexador de Acesso DSL (DSLAM) pega as conexões de vários usuários e as multiplexa em uma única conexão de alta velocidade com a internet. Os assinantes de telefones celulares podem ser direcionados através de um comutador na a agência central de telefonia para a rede telefônica pública.

LIGANDO COMPUTADORES PESSOAIS AOS MAINFRAMES E REDES

Um dos meios mais básicos pelos quais as telecomunicações conectam os usuários aos sistemas de informação é conectando computadores pessoais a computadores mainframe para que os dados possam ser baixados ou carregados. Por exemplo, um usuário pode baixar um arquivo de dados ou um arquivo de documento de um banco de dados para um computador pessoal. Alguns softwares de telecomunicações instruem o computador a conectar-se a outro computador na rede, baixar ou enviar informações, e depois desconectar-se da linha de telecomunicações. Esses programas são chamados sistemas *desatendidos* porque desempenham as funções automaticamente, sem a intervenção do usuário.

CORREIO DE VOZ

CORREIO DE VOZ: Tecnologia que permite aos usuários enviar, receber e armazenar mensagens verbais de outras pessoas ao redor do mundo.

Com o **correio de voz**, os usuários podem enviar, receber e armazenar mensagens verbais de outras pessoas ao redor do mundo. Alguns sistemas de correio de voz atribuem um código para um grupo de pessoas. Suponha que o código 100 seja atribuído a todo o grupo de representantes de vendas em uma empresa. Se alguma pessoa chamar o sistema de correio de voz, digitar o número 100 e deixar uma mensagem, todos os representantes de venda recebem a mesma mensagem. Sistemas de gerenciamento de chamadas podem ser vinculados aos sistemas de e-mail e mensagens instantâneas da corporação. Chamadas para os funcionários podem ser geradas a partir de mensagens instantâneas ou convertidas em mensagens de e-mail para garantir acesso e resposta mais rápidos.

A cidade de Vancouver, na Colúmbia Britânica, instalou um serviço de correio de voz para a comunidade que fornece um meio para receber chamadas telefônicas às pessoas que estão temporariamente sem casa ou sem serviços de telefonia. A Vancouver Foundation gastou $ 50 mil ao longo de dois anos para estabelecer esse programa e adquirir 500 números telefônicos. Os trabalhadores inscritos no programa fornecem esses números para seus clientes, e podem então receber chamadas e mensagens de qualquer lugar para obterem cuidados médicos, procurar uma casa para morar ou se candidatarem a uma vaga de emprego.[56]

Serviços de correio de voz para texto

SERVIÇO DE CORREIO DE VOZ PARA TEXTO: Serviço que captura as mensagens de correio de voz, converte-as em texto e as envia para uma conta de e-mail.

Correio de voz é mais difícil de gerenciar do que o e-mail porque é necessário lidar com uma mensagem de cada vez, sem saber quem chamou e sem ser possível priorizar as mensagens. Ao reconhecerem esses inconvenientes do correio de voz, vários serviços (por exemplo, Jott, SpinVox, GotVoice e SimulScribe) estão agora disponíveis para converter a fala em texto para que se possa lidar com correio de voz mais eficiente. Ao assinar um serviço de correio de voz para texto, seu correio de voz não alcança mais o serviço de correio de voz do seu provedor de serviço de telefone. Em vez disso, ele é dirigido para o **serviço de voz para texto**, traduzido em texto e depois enviado a sua conta normal de e-mail ou para uma conta especial para mensagens de e-mail convertidas. É possível também desabilitar temporariamente o serviço de voz para texto e receber mensagens de voz.

Serviço Reverso 911*

SERVIÇO REVERSO 911: Solução de comunicações que envia notificações de emergência para os usuários em uma área geográfica selecionada.

Serviço reverso 911 é uma solução de comunicações que envia notificações de emergência para os usuários em uma área geográfica selecionada. Esta tecnologia emprega bancos de dados com números de telefone e informações de contato. Alguns sistemas podem enviar mais de 250 mil mensagens de voz ou de texto por hora, através de telefones, pagers, celulares e e-mail.

O Condado de Bladen na Carolina do Norte adquiriu um serviço reverso 911 integrado ao sistema de informações geográficas para permitir a demarcação de áreas, apenas escolhendo uma rua ou desenhando um círculo ao redor da seção do condado no mapa. Inicialmente o banco de dados foi preenchido com os números de telefone dos residentes. Mas estes podem inserir números que não constam na lista, números de telefones celulares e números secundários no sistema para futuros contatos.[57]

A polícia da pequena cidade de Beverly, Massachusetts (população de 39 mil habitantes), utilizou o serviço reverso 911 de maneira inovadora para identificar as vítimas de assalto. Ela capturou dois suspeitos de roubo de uma TV; porém, ninguém ligou para relatar o delito. Desse modo, enviou uma chamada reversa 911 para a vizinhança onde os suspeitos foram detidos. Menos de 45 minutos após a chamada, os verdadeiros proprietários ligaram para comunicar o roubo do aparelho.[58]

REDES DOMÉSTICAS E DE PEQUENOS NEGÓCIOS

Alguns pequenos negócios e muitas casas que possuem mais de um computador buscam meios para formar uma rede simples para compartilhar uma impressora ou conexão de internet; acessar arquivos compartilhados como o de fotos, arquivos de áudio de MP3, planilhas e documentos em diferentes máquinas; jogar videogames que suportam vários jogadores simultaneamente e enviar a saída de dispositivos conectados à rede, como uma câmera de segurança ou reprodutor de DVD, para um computador.

Uma solução simples é estabelecer uma rede sem fio que cubra a casa ou o pequeno negócio. Para tanto, pode-se comprar um ponto de acesso 802.11n, conectá-lo ao modem de cabo ou modem DSL e depois utilizá-lo para comunicar-se com todos os equipamentos. Por menos de $ 100, é possível adquirir um roteador combinado, firewall, um ponto central de conexão Ethernet e ponto central de conexão sem fio em um pequeno dispositivo. Os computadores na rede conectam-se a essa caixa com um cartão sem fio, conectada pelo cabo ou modem DSL à internet. Isso permite que cada computador na rede acesse a internet. O firewall filtra as informações que chegam da internet para a rede. É possível

* N.R.T.: Similar ao 190 no Brasil.

configurá-lo para rejeitar informações de sites ofensivos ou de hackers potenciais. O roteador pode também criptografar todas as comunicações sem fio para manter a rede segura.

Além disso, pode-se configurar os computadores para compartilhar impressoras e arquivos. O Windows 7 e o Windows Vista incluem um Centro de Rede e Compartilhamento que auxilia com a configuração de rede. Algumas das etapas básicas incluem designar cada computador para um grupo de trabalho e dar-lhes um nome, identificando as impressoras que se desejam compartilhar (estabelecendo uma senha opcional em alguns arquivos).

DISTRIBUIÇÃO ELETRÔNICA DE DOCUMENTO

DISTRIBUIÇÃO ELETRÔNICA DE DOCUMENTO: Processo que permite que se enviem e recebam documentos em forma digital sem imprimi-los (embora seja possível imprimi-los).

A distribuição eletrônica de documento permite que se enviem e recebam documentos em uma forma digital sem imprimi-los (embora seja possível imprimi-los). É muito mais rápido distribuir documentos eletrônicos por redes do que postar documentos impressos. Durante a criação da nova edição deste livro, os autores distribuíram rascunhos dos capítulos para o editor de desenvolvimento, para o editor de cópias e para os revisores para obter um feedback rápido e sugestões de aprimoramento a ser incorporado na segunda revisão e depois na prova. Visualizar documentos na tela em lugar de imprimi-los também economiza papel e espaço para armazenar documentos. O acesso e recebimento de documentos eletrônicos é também muito mais rápido.

A Associação Cristã de Moços (YMCA) das áreas metropolitanas de Los Angeles atende cerca de 200 mil sócios em 25 instalações espalhadas pela cidade. Ela conectou seu sistema de compras com um sistema de distribuição eletrônica de documentos para produzir documentos que podem ser enviados rapidamente e com baixo custo para seus fornecedores através de impressoras, fax, e-mail ou internet. Os documentos fornecem um registro completo de todas as transações de compra.[59]

CALL CENTERS

Call center é um local físico no qual uma empresa lida com chamadas telefônicas dos consumidores e de outros, normalmente com alguma quantidade de automação de computador. Os call centers são utilizados para serviço ao consumidor das organizações, empresas de telemarketing, suporte para produtos de computador, organização de campanhas de caridade e da polícia e qualquer organização que utilize o telefone para vender ou apoiar produtos e serviços. Um distribuidor de chamadas automático (ACD, automatic call distributor) é uma instalação de telefones que gerencia as chamadas que chegam, lidando com elas baseada no número chamado e em instruções do banco de dados associado. Os call centers frequentemente empregam um ACD para validar aqueles que telefonam, fazer e acompanhar chamadas para a parte interessada, permitir que os que telefonam registrem as mensagens, reunir estatísticas de utilização, equilibrar a carga de trabalho para a equipe de suporte e fornecer outros serviços.

As Filipinas agora fornecem mais agentes de call centers (cerca de 400 mil) do que a Índia (350 mil), apesar de ter um décimo da população. Os agentes filipinos do call center podem ganhar mais do que seus colegas indianos (cerca de $ 300 por mês, contra $ 250). As companhias americanas preferem utilizar os filipinos porque seus clientes podem compreendê-los mais facilmente do que os agentes indianos. Além disso, as Filipinas têm uma grade energética mais confiável e suas cidades possuem melhores sistemas de transporte, de forma que seus funcionários pode chegar ao trabalho com mais segurança e sem atrasos.[60]

Algumas companhias americanas estão retornando seus call centers para os Estados Unidos. Por exemplo, a Delta Airlines e a U.S. Airways voltaram para os Estados Unidos por causa de queixas de seus clientes insatisfeitos que exigiam um inglês melhor. As companhias fizeram esse retorno, a despeito do fato de que os funcionários americanos recebem cinco vezes mais do que os funcionários da Índia ou das Filipinas.[61]

O Registro Nacional de Não Telefone (National Do Not Call Registry) foi estabelecido em 2003 pela U.S. Federal Trade Comission. Os profissionais de telemarketing que chamam números das listas telefônicas recebem multas de mais de $ 11 mil por chamada, assim como possíveis processos de consumidores. Mais de 209 milhões de assinantes ativos foram registrados através do acesso à página www.donotcall.gov ou ligando para o número 888-382-1222. As regras do Do Not Call (Do Not Call Rules) exigem que, pelos menos a cada 31 dias, os vendedores e os profissionais de telemarketing removam de suas listas de chamadas os números que se encontram nos registros. O número de queixas recebidas durante 2011 foi de 2,2 milhões.[62]

Mesmo que tenha se registrado, você ainda poderá receber chamadas de organizações políticas, de caridade ou educacionais ou de pesquisadores. Você também poderá receber chamadas de empresas com as quais tenha uma relação comercial já existente, como seu banco ou companhias de cartão de crédito. Embora o registro tenha reduzido significativamente o número de chamadas indesejadas aos consumidores, criou várias questões de obediência relacionada à lei para empresas de marketing direto.

As Comissões Federais de Comércio fecharam duas empresas de crédito pessoal por utilização indevida de chamadas de telemarkerting, de ligações do Do Not Call Registry e uso ilegal de chamadas eletrônicas (ligação realizada por máquinas que ligam automaticamente para os consumidores e reproduzem uma mensagem gravada).[63]

Call centers offshore que oferecem serviços de suporte técnico é uma realidade para muitos fabricantes de tecnologia e consumidores.

TELECOMUTAÇÃO E GRUPOS DE TRABALHO E TRABALHADORES VIRTUAIS

TELECOMUTAÇÃO: Uso de redes e equipamentos de computação de modo que os colaboradores das empresas possam trabalhar fora dos escritórios.

Os funcionários cada vez mais realizam o trabalho longe do tradicional cenário do escritório. Muitas empresas adotaram políticas de **telecomutação** para que seus colaborabores possam trabalhar fora dos escritórios, utilizando dispositivos de computação e redes. Isso significa que os profissionais podem ser mais eficazes e as empresas podem economizar dinheiro em escritórios, espaços para estacionamento e equipamentos. De acordo com uma pesquisa recente do Forrester Research, 17% das empresas norte-americanas e 14% das europeias relatam que possuem funcionários que gastam pelo menos 20% de seus tempos no caminho para o trabalho e depois de volta para casa.

A telecomutação é popular entre trabalhadores por várias razões. Os pais acham que eliminar as viagens diárias de ida e volta do trabalho auxilia a equilibrar as responsabilidades com a família e com o trabalho. Trabalhadores qualificados que de outra forma poderiam estar impossibilitados de participar da força de trabalho normal (por exemplo, aqueles que são deficientes físicos ou que vivem em áreas rurais muito distantes dos escritórios) podem utilizar a telecomutação para tornar-se trabalhadores produtivos. Quando os preços da gasolina sobem rapidamente, a telecomutação pode auxiliar na redução significativa dos gastos. A utilização extensiva da telecomutação pode levar ao decréscimo da necessidade de espaços para escritórios, economizando potencialmente milhões de dólares para uma grande empresa. As corporações também são encorajadas pela política pública a tentar a telecomutação como recurso de reduzir congestionamentos de trânsito e poluição de ar. Grandes empresas veem a telecomutação como meio para distribuir a força de trabalho e reduzir o impacto de um desastre em uma instalação central.

Alguns tipos de trabalhos são mais apropriados para a telecomutação que outros, incluindo vendedores, secretárias, agentes imobiliários, programadores de computação e assistentes jurídicos, para citar alguns. A telecomutação também exige um tipo especial de personalidade para ser eficaz. Os telecomutadores necessitam ser fortemente automotivados, organizados, focados nas tarefas com um mínimo de supervisão, e possuir baixa necessidade de interação social. Trabalhos não adequados para telecomutação incluem aqueles que requerem frequentes interações pessoais, necessidade de muita supervisão e possuem prazos finais curtos. Os funcionários que escolhem trabalhar em casa devem ser capazes de gerenciar bem o tempo e equilibrar as atividades profissionais e a vida doméstica.

A Blue Cross Blue Shield do estado de Dakota do Norte implementou programas de telecomutação como uma maneira de lidar com as condições adversas do inverno rigoroso. Além disso, o programa reduziu o espaço necessário nos escritórios e possibilitou às organizações aumentar o número de funcionários, através de ligações de longa distância em vez de uma área de comutação menor. Mais de dois terços dos funcionários envolvidos no programa relataram que houve aumento na produtividade e na satisfação com o trabalho.[64]

REUNIÕES ELETRÔNICAS

VIDEOCONFERÊNCIA: Conjunto de tecnologias de telecomunicações que permitem que pessoas em vários locais se comuniquem, usando transmissões simultâneas de áudio e vídeo.

A **videoconferência** engloba um conjunto de tecnologias de telecomunicações que permitem que pessoas em vários locais se comuniquem, usando transmissões simultâneas de áudio e vídeo. A videoconferência reduz as despesas com viagens e tempo, e aumenta a eficácia gerencial por meio de rápidas respostas aos problemas, acesso a mais pessoas e menos duplicação de esforços por lugares geograficamente dispersos. Quase todos os sistemas de videoconferência combinam as capacidades de vídeo e chamada telefônica com conferência de dados ou documentos, como mostra a Figura 6.15. Pode-se ver o rosto da outra pessoa, visualizar os mesmos documentos e trocar bilhetes e desenhos. Em alguns sistemas, aqueles que ligam podem trocar documentos em tempo real. Muitas empresas acreditam que a característica de compartilhar documentos e aplicação da videoconferência aumenta a produtividade e a eficiência do grupo. Também promove o trabalho em equipe e pode economizar tempo de viagem e despesas da corporação.

© Jon Feingersh/Getty Images

FIGURA 6.15
Videoconferências. A videoconferência permite que os participantes realizem reuniões *face a face* à longa distância, ao mesmo tempo em que elimina a necessidade de viagens dispendiosas.

A videoconferência de grupo é utilizada diariamente em uma variedade de negócios como um meio fácil de conectar as equipes de trabalho. Os membros de uma equipe se reúnem em uma sala especialmente preparada para a videoconferência equipada com câmeras sensíveis ao som que automaticamente focalizam a pessoa que fala, grandes monitores para observar os participantes em locais remotos, e alto-falantes de alta qualidade e microfones. Os custos da videoconferência têm baixado muito, enquanto a qualidade do vídeo e a sincronização do áudio ao dado – outrora pontos fracos da tecnologia – melhoraram.

O Facebook se expandiu rapidamente para milhões de usuários ativos ao redor do mundo. É um desafio conseguir membros de uma operação global para colaborar efetivamente e trabalhar em um nível alto, especialmente quando estão separados por milhares de quilômetros e diversos fusos horários, bem como com grandes diferenças culturais e experiências. A videoconferência tem sido uma das principais estratégias do Facebook para lidar com esses desafios. No início, a empresa implementou grandes salas de videoconferência em sua sede e em grandes escritórios comerciais. Mais recentemente, implantou a Blue Jens Network, um serviço de videoconferência em nuvem que permite a participação de funcionários que não têm acesso fácil a esses locais, mas que podem usar computadores de mesa e aparelhos celulares.[65]

INTERCÂMBIO ELETRÔNICO DE DADOS

Intercâmbio eletrônico de dados (EDI, electronic data interchange) é um modo de comunicar dados de uma empresa para outra e de um aplicativo para outro em formato padrão, que permite que o receptor desempenhe uma transação-padrão de negócio, como processamento de pedidos de compra. Conectar computadores corporativos entre as organizações é a ideia por trás do EDI, que utiliza sistemas de rede e segue padrões e procedimentos que podem processar a saída de um sistema diretamente como entrada em outros sistemas, sem a intervenção humana. O EDI pode ligar os computadores de consumidores, fabricantes e fornecedores, como mostra a Figura 6.16. Esta tecnologia elimina a necessidade de documentos de papel e reduz substancialmente os custosos erros. Os pedidos e as consultas dos consumidores são transmitidos do computador do consumidor para o do fabricante. A máquina do fabricante determina quando novos suprimentos serão necessários e podem colocar os pedidos conectando-se com o computador do fornecedor.

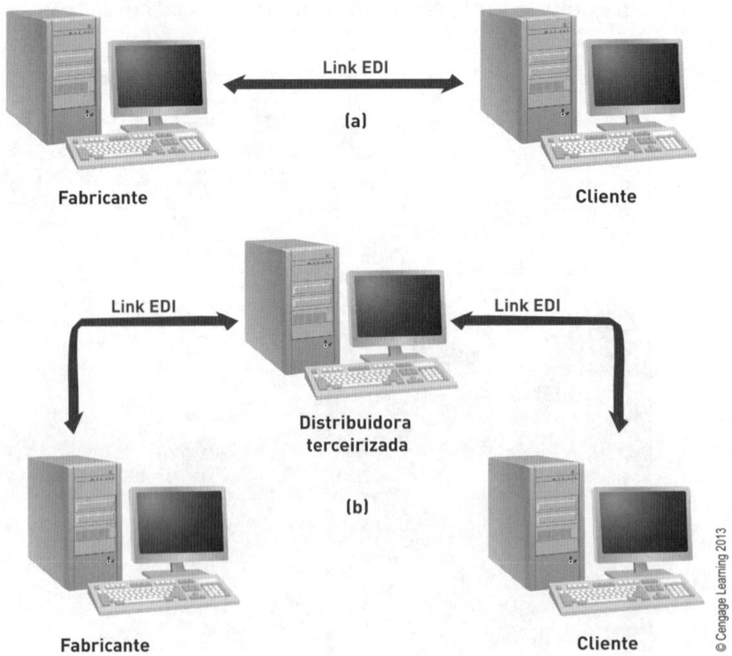

FIGURA 6.16
Duas abordagens para a troca de dados eletrônica.
Muitas organizações atualmente insistem que seus fornecedores usem sistemas EDI. Em geral, o vendedor e o cliente (a) possuem conexão EDI direta ou (b) a conexão é fornecida por empresas terceirizadas que convertem os dados e realizam outros serviços para os participantes.

A Audubon Metals recupera metais de sucatas de automóveis, incluindo latão, cobre, magnésio e zinco. A companhia produz cerca de 120 milhões de libras de ligas de alumínio por ano. Um dos compradores desse metal reciclado, a Nissan, exige um processamento EDI preciso e pontual de seus fornecedores de forma que possa alinhar o processamento de ordens de compra, faturas e outros documentos.[66]

Transferência eletrônica de fundos

Transferência eletrônica de fundos (EFT, electronic funds transfer) é um sistema de transferência de dinheiro de uma conta bancária diretamente para outra, sem que qualquer dinheiro em papel mude de mãos. Ela é utilizada tanto pelas transferências de créditos, como folhas de pagamento, e para transferência de débitos, como os pagamentos de hipoteca. Os benefícios da EFT incluem redução nos custos de administração, aumento na eficiência, simplificação na manutenção da escrituração contábil e maior segurança. Um dos programas mais amplamente usados de EFT é o depósito direto, que deposita os cheques de pagamento dos funcionários diretamente em uma conta bancária designada. Os dois principais componentes da EFT, a transferência bancária e a conversão automatizada de dados (ACH, automated clearing house) por terceiros são resumidas na Tabela 6.8.

TABELA 6.8 Comparações entre os pagamentos ACH e transferência bancária

	Pagamentos ACH	Transferência bancária
Quando o pagamento fica disponível?	De um dia para o outro	Imediatamente
O pagamento pode ser cancelado?	Sim	Não
Existem fundos suficientes como garantia?	Não	Sim
Qual é o custo aproximado de cada transação?	\$ 0,25	De \$ 10 a \$ 40

A STAR Network faz parte dos serviços de pagamento oferecido pela First Data Corporation e fornece serviços EFT para cerca de 2 milhões de revendedores, suas instituições financeiras e clientes espalhados por todo o país.[67]

COMUNICAÇÕES UNIFICADAS

Comunicações unificadas oferecem ao usuário uma experiência simples e consistente por meio de todos os tipos de comunicações como mensagem instantânea, telefone fixo e móvel, e-mail, correio de voz e conferência pela web. O conceito de *presença* (saber onde os participantes da comunicação desejada estão e se estão disponíveis naquele momento) é um componente-chave das comunicações unificadas. O objetivo é reduzir o tempo exigido para tomar decisões e comunicar os resultados, o que melhora consideravelmente a produtividade.

Todos os meios pelos quais as comunicações unificadas podem ser implantadas dependem de redes de comunicação rápidas e confiáveis. Em geral, os usuários possuem um dispositivo capaz de sustentar as várias formas de comunicação (por exemplo, laptop com microfone e câmera de vídeo ou um smartphone) que é carregado com software que suporta comunicações unificadas. Os dispositivos dos usuários também se conectam a um servidor que acompanha a presença de cada usuário.

CÓDIGOS DE RESPOSTA RÁPIDA

Os códigos de Resposta Rápida (QR, quick responce) são um tipo de código de barras bidimensionais que podem ser escaneados pelos usuários com a câmera do smartphone. A câmera deverá estar equipada com o software apropriado para mostrar o texto, ou se conectar a uma rede sem fio e abrir uma página da internet no navegador do telefone. O código consiste em módulos da cor preta dispostos em um padrão quadrado com fundo branco (veja a Figura 6.17). A Air New Zealand foi uma das primeiras companhias aéreas a usar os códigos QR para fazer a leitura dos cartões de embarque.[68] Postes de sinalização com código QR podem ser encontrados em alguns parques e áreas naturais. Ao escanear o código, você receberá informações sobre trilhas, flora e fauna do local e pontos de interesse ao longo da trilha.[69] No Findlay Market em Cincinnati, os usuários podem escanear um anúncio de abóboras do Daisy Mae's Market usando seus smartphones para acessarem um vídeo do YouTube explicando "Como Fazer Espaguete com Abóbora". Além desses, o zoológico de Cincinnati usa os códigos QR para exibir os animais em exposição, mapas do zoológico e panfletos para os sócios.[70]

© iStockphoto/Patrick Duinkerke

FIGURA 6.17 Códigos de resposta rápida.

APLICAÇÕES DO SISTEMA DE POSICIONAMENTO GLOBAL

O Sistema de Posicionamento Global (GPS, Global Positioning System) é um sistema de navegação global via satélite que emprega mais de duas dúzias de satélites em órbita a aproximadamente 20 mil quilômetros acima da Terra. Esses satélites são usados como pontos de referência para calcular posições na Terra com precisão de alguns metros ou até menos. Os receptores de GPS se tornaram tão pequenos quanto um telefone celular e são relativamente baratos, tornando a tecnologia facilmente acessível. Originalmente desenvolvida para defesa nacional e aplicações militares, esta tecnologia migrou para os aparelhos dos consumidores e é usada como equipamento de navegação e de rastreamento. Os receptores de GPS são encontrados em geral em automóveis, barcos, aviões, laptops e celulares.

Para determinar uma posição, um receptor de GPS recebe os sinais de três ou mais satélites GPS e determina a distância exata de cada satélite. (Mesmo que a posição do receptor pudesse ser determinada com apenas três medições, uma quarta medição ajuda a ajustar as imprecisões nas outras três.) Essa determinação é realizada de forma muito precisa, medindo o tempo que leva para um sinal viajar à velocidade da luz de um satélite até o receptor (distância = tempo × 186 mil milhas/segundo). Depois o GPS utiliza essa distância para triangular a localização precisa em termos de latitude, longitude e altitude.

A tecnologia de acompanhamento do GPS tornou-se o padrão pelo qual os gerentes de frota monitoram o movimento dos automóveis, caminhões e veículos. O rastreamento do GPS rapidamente expõe práticas de roteiros ineficientes, perda de tempo no trabalho e a ultrapassagem da velocidade permitida. Mesmo pequenos operadores de frota podem obter benefícios significativos da utilização do rastreamento do GPS.

Sistemas de navegação baseados em computador são também baseados na tecnologia GPS. São apresentados em todos os formatos e tamanhos e com capacidades variadas – desde sistemas baseados em PC instalados em automóveis para orientar através do país até unidades portáteis que se pode carregar enquanto se faz caminhada. Todos os sistemas precisam de uma antena GPS para receber sinais de satélite para apontar com precisão uma localização. Na maioria desses sistemas, a localização é sobreposta em um mapa armazenado em um CD ou DVD. Sistemas portáteis podem ser trocados de um automóvel para outro ou carregados em mochilas. Alguns vêm com capacidade dinâmica para recalcular a rota, em que um caminho recomendado depende do tempo e das condições da estrada continuamente transmitidas para um receptor no carro conectado a um sistema de rádio via satélite.

Todos os principais provedores de acesso sem fio dos Estados Unidos oferecem telefones celulares que incluem uma antena adicional para GPS e um chip de GPS interno que pode apontar determinada localização em uma área de algumas centenas de metros ou maior. (A precisão realmente depende do mecanismo de cronometragem do celular. Um pequeno erro na cronometragem pode resultar em um erro de 1.000 pés.) Os consumidores da Verizon podem utilizar o software Verizon VZ Navigator, e os consumidores da AT&T, Sprint, T-Mobile e Verizon sem fio podem usar o TeleNav's GPS Navigator.

Alguns empregadores utilizam telefones com capacidade para GPS para rastrear as localizações dos funcionários. O telefone localizador fornece dispositivo de rastreamento por GPS que pode apresentar suas coordenadas ao usuário e fazer chamadas de emergência.

Além disso, patrões, pais e cuidadores podem rastrear a localização do telefone por telefone ou on-line e podem receber notificações se ele deixar uma localização segura designada. Muitas pessoas que sofrem de demência, ao se perderem, foram encontradas rapidamente porque estavam usando este equipamento.[71]

Um Sistema de Posicionamento Global (GPS) pode guiá-lo ao longo de uma rota, mesmo que você esteja a pé ou de carro.

Os veículos que removem neve no Condado de Wayne, Michigan (Detroit e área ao redor), estão equipados com sistemas GPS para monitorar e aprimorar suas rotas. Os dados de localização desses veículos também são postados em uma página da internet, para permitir que os residentes vejam suas localizações em um mapa sobreposto às informações dos radares metereológicos do Escritório Nacional de Previsão Meteorológica.[72]

RESUMO

Princípio:

Um sistema de telecomunicações consiste em vários componentes fundamentais.

No sistema de telecomunicações, a unidade emissora transmite um sinal para um dispositivo de telecomunicações, que desempenha algumas funções como converter o sinal em uma forma diferente ou de um tipo para outro. O dispositivo de telecomunicações então envia o sinal através de um meio que carrega o sinal eletrônico. O sinal é recebido por outro dispositivo de telecomunicações que é conectado ao computador receptor.

Os protocolos de telecomunicações definem o conjunto de regras que governa a troca de informações sobre um canal de telecomunicações para garantir comunicações rápidas, eficientes, livre de erros e para permitir que o hardware, software e equipamentos dos fabricantes e provedores de serviço forneçam produtos e serviços capazes de operar interativamente de forma eficaz. Há uma infinidade de protocolos de telecomunicações, incluindo padrões internacionais, nacionais e regionais.

A comunicação entre duas pessoas pode ocorrer de forma síncrona ou assíncrona. Um meio de comunicação pode ser dividido em um ou mais canais de comunicação, cada qual capaz de carregar uma mensagem. Os canais de telecomunicação podem ser classificados como simplex, half-duplex e full-duplex.

A largura da banda de um canal refere-se à velocidade em que os dados são trocados, normalmente expressa em bits por segundo.

Uma rede de comutação de circuitos usa uma trilha dedicada durante o tempo de duração das comunicações, Uma rede de comutação de pacotes não utiliza uma trilha dedicada para as comunicações e quebras de dados em pacotes para transmissão pela rede.

Os meios de telecomunicações que conectam fisicamente os dispositivos de comunicação de dados podem ser divididos em duas grandes categorias: meios de transmissão guiados e meios sem fio. O meio de transmissão guiado inclui fios de par trançado, cabos coaxiais e cabos de fibra ótica. A transmissão sem fio envolve a transmissão de comunicações através de três faixas de frequência: rádio, micro-ondas e infravermelho.

Muitas soluções sem fio oferecem comunicação para distâncias muito curtas, incluindo comunicação de campo próximo, Bluetooth, banda ultralarga, transmissão por infravermelho e ZigBee. O Wi-Fi é uma solução de comunicação sem fio popular para distâncias médias. Soluções de comunicação sem fio para distâncias longas incluem transmissão via satélite e micro-ondas terrestre, malha sem fio, 3G, 4G e WiMAX.

Princípio:

As redes são um componente essencial da infraestrutura da tecnologia da informação de uma organização.

A área geográfica coberta por uma rede determina se ela é chamada de rede de área pessoal (PAN), rede de área local (LAN), rede de área metropolitana (MAN) ou rede de área estendida (WAN).

O fluxo eletrônico de dados através de fronteiras globais e internacionais é frequentemente classificado de fluxo de dados transfronteiras.

Quando uma organização necessita utilizar dois ou mais sistemas computacionais, pode seguir uma das três estratégias básicas de processamentos de dados: centralizada (todo o processamento em um único local e alto grau de controle), descentralizada (múltiplos processadores que não se comunicam uns com os outros) ou distribuída (múltiplos processadores que se comunicam uns com os outros). O processamento distribuído minimiza as consequências de um evento catastrófico em um local enquanto garante disponibilidade de sistemas ininterruptamente.

Um sistema cliente/servidor é uma rede que conecta um computador de usuário (um cliente) a um ou mais computadores hospedeiros (servidor). O cliente é em geral um PC que solicita serviços de servidor e compartilha as tarefas de processamento com o servidor e expõe os resultados.

Os inúmeros equipamentos de telecomunicação incluem smartphones, modems, multiplexadores, sistemas PBX, comutadores, pontes, roteadores e portas de comunicação.

Os softwares de telecomunicações desempenham importantes funções, como verificação de erros e formatação de mensagem. Um sistema operacional de rede controla os sistemas computacionais e dispositivos em uma rede, permitindo-lhes comunicarem-se uns com os outros. Software de gerenciamento de rede permite que um gerente monitore a utilização de computadores individuais e hardware compartilhado, para verificação de vírus e garantia de obediência às licenças do software.

A interceptação de informações confidenciais por grupos não autorizados é a principal preocupação para as organizações. A criptografia dos dados e a utilização de redes privadas virtuais são duas soluções comuns para esse problema. Medidas especiais devem ser tomadas para garantir as redes sem fio.

Princípio:

Os aplicativos de redes são essenciais para o sucesso de uma organização.

As telecomunicações e as redes mudam profundamente os negócios porque removem as barreiras do tempo e da distância.

A utilização eficaz de redes pode tornar a empresa uma organização ágil, poderosa e criativa, dando-lhe vantagem competitiva de longo prazo. As redes permitem que os usuários compartilhem hardware, programas e bancos de dados através da organização. Elas podem transmitir e receber informações para melhorar a eficácia e a eficiência organizacionais. Possibilitam que grupos de trabalho separados geograficamente compartilhem documentos e opiniões, o que favorece o trabalho em equipe, ideias inovadoras e novas estratégias de negócios.

A ampla gama de aplicações de telecomunicações e rede inclui serviços de telefone celular, linha digital do assinante (DSL), que liga o computador pessoal ao mainframe, correio de voz, serviço reverso 911, serviços de voz para texto, redes domiciliares e de pequenos negócios, distribuição eletrônica de documentos, call centers, telecomutação, videoconferência, troca eletrônica de dados, serviços de rede pública, transferência eletrônica de fundos, ensino a distância, espaços de trabalho compartilhados, comunicações unificadas, códigos de Resposta Rápida e aplicações de sistema de posicionamento global.

CAPÍTULO 6: TESTE DE AUTOAVALIAÇÃO

Um sistema de telecomunicações consiste em vários componentes fundamentais.

1. O Instituto de Engenharia Eletroeletrônica é uma organização líder na criação de padrões e cujos padrões são a base para muitos equipamentos e serviços de comunicação. Verdadeiro ou falso?
2. Canal de telecomunicações ________________ refere-se à taxa na qual os dados são trocados.
3. Um ________________ define um conjunto de regras, algoritmos e outros mecanismos que permitem que o software e o hardware em dispositivos de rede se comuniquem de maneira eficiente.
   a. canal de rede
   b. largura da banda da rede
   c. protocolo da rede
   d. comutação de circuitos
4. Dois meios diferentes para roteamento de dados a partir do aparelho que envia a comunicação para o aparelho receptor são ________________.
   a. comutação de circuito e comutação de pacotes
   b. blindado e não blindado
   c. trançado e não trançado
   d. infravermelho e micro-ondas
5. ________________ é um pacote de serviços de comunicação, incluindo a internet, o telefone e a TV de alta definição, que operam sobre uma rede integral de comunicações por fibra ótica.
6. ________________ é uma tecnologia de conectividade sem fio de curto alcance projetada para dispositivos eletrônicos, celulares e cartões de crédito do consumidor e que são usados no sistema de pagamento sem contato físico Speedpass.

As redes são um componente essencial da infraestrutura da tecnologia da informação de uma organização.

7. Uma __________ é uma rede de telecomunicação que conecta usuários e computadores em uma área geográfica que abarca um campus ou uma cidade.
8. O serviço de reservas Ticketmaster é um exemplo de organização que utiliza processamento descentralizado para armazenar informações sobre eventos e registrar as compras de cadeiras. Verdadeiro ou falso?
9. Uma ________________ é um dispositivo de rede que atua como entrada para outra rede.
   a. modem
   b. porta de comunicação
   c. ponte
   d. PBX

Os aplicativos de rede são essenciais para o sucesso da organização.

10. Um(a) ________________ é um tipo de código de barras bidimensional que pode ser escaneado pelo usuário por meio de um smartphone para mostrar um texto ou abrir uma página da internet.
11. Um __________ permite que um gerente em um computador pessoal conectado à rede possa monitorar a utilização de computadores pessoais e hardware compartilhado (como impressoras), verificar o risco de vírus e garantir obediência às licenças de software.
12. A __________ é o processo de converter uma mensagem original em uma forma que pode ser entendida apenas pelo receptor a quem é dirigida.
13. O uso de telecomutação para permitir que os funcionários trabalhem fora dos escritórios está declinando. Verdadeiro ou falso?
14. Conectar computadores corporativos entre as organizações é a ideia por trás do _____, que utiliza sistemas de rede e segue padrões e procedimentos que podem processar a saída de um sistema diretamente como entrada em outros sistemas, sem a intervenção humana.

CAPÍTULO 6: RESPOSTAS DO TESTE DE AUTOAVALIAÇÃO

1. Verdadeiro
2. larguras de banda
3. c
4. a
5. FiOS
6. Comunicação de campo próximo
7. redes de área metropolitana
8. Falso
9. b
10. código de resposta rápida
11. Sistema de gerenciamento de rede
12. Criptografia
13. Falso
14. intercâmbio eletrônico de dados ou EDI

QUESTÕES DE REVISÃO

1. Defina o termo meio de telecomunicações. Cite três tipos de meios.
2. O que significam Mbps e Gbps?
3. O que é um protocolo de telecomunicações? Cite dois protocolos específicos de telecomunicações.
4. Quais são os nomes das três faixas principais de frequência empregadas na comunicação sem fio?
5. Descreva resumidamente as diferenças entre rede de comutação de circuito e rede de comutação de pacote.
6. O que é FiOS?

7. Qual a diferença entre meio de transmissão guiado e não guiado?
8. A telecomutação foi projetada somente para permitir que os funcionários trabalhem em casa? Explique sua resposta.
9. Qual é a diferença entre as comunicações Wi-Fi e WiMAX?
10. O que é uma malha de rede de área metropolitana? Cite uma das principais vantagens de tal rede?
11. Quais são as diferenças ente a comunicação 3G e a 4G? Identifique três padrões de comunicação 4G.
12. Defina o termo smartphone. Identifique quatro plataformas comuns para o smartphone.
13. Quais são algumas das vantagens da videoconferência? Descreva uma reunião recente da qual você participou que poderia ter sido realizada por videoconferência.
14. Qual é a diferença entre sistema operacional de rede e software de gerenciamento de rede?
15. Identifique duas abordagens para garantir a transmissão de dados confidenciais.
16. O que é o serviço reverso 911 ? Dê dois exemplos de como tal sistema pode ser usado.
17. O que é intercâmbio eletrônico de dados? Liste três tipos de dados que um fabricante e um fornecedor podem trocar eletronicamente.

QUESTÕES PARA DISCUSSÃO

1. Quais são os riscos de transmitir dados através de redes Wi-Fi não seguras? Quais são as etapas necessárias para assegurar uma rede Wi-Fi de Acesso Protegido?
2. Descreva resumidamente o crescimento esperado para o tráfego de dados em redes sem fio. Quais são as implicações desse crescimento?
3. Descreva resumidamente os termos LAN, PAN, MAN e WAN e identifique o que distingue estes tipos de redes.
4. Quais são as preocupações associadas com o fluxo de dados transfronteiras? Como esses tipos de preocupações podem limitar o uso da WAN de uma organização?
5. Faça a distinção entre processamento de dados centralizados e distribuídos.
6. Descreva brevemente como o serviço de telefonia celular opera.
7. Explique resumidamente como o sistema de satélites de navegação global GPS determina a posição de um transmissor.
8. Descreva resumidamente algumas das mudanças que estão afetando as operações de um call center.
9. Imagine que você seja o responsável pela sinalização de seu campus para ajudar os visitantes a conhecer sua escola e encontrar o caminho com mais facilidade. Descreva como poderia empregar a tecnologia de código de resposta rápida neste esforço.

EXERCÍCIOS DE RESOLUÇÃO DE PROBLEMAS

1. Você foi contatado como consultor de telecomunicações para ajudar uma organização a escolher e adquirir 500 smartphones para uso de sua equipe de vendas. Desenvolva uma lista de requisitos-chave para o negócio que devem ser atendidos para que a equipe de vendas possa usar os smartphones de maneira eficiente. Identifique três possíveis modelos de smartphones que poderiam ser adquiridos. Qual você recomendaria e por que o escolheu? Faça um resumo de seu processo de seleção e forneça suporte a sua recomendação em um memorando de uma página que inclua uma tabela comparativa de modelos de smartphones potenciais.
2. Como membro de uma organização de Sistemas de Informação de uma empresa de médio porte, você está convencido de que a telecomutação representa uma excelente oportunidade para reduzir as despesas ao mesmo tempo em que aumenta a moral dos funcionários. Use o PowerPoint ou software similar para criar uma apresentação convincente para que a gerência adote este sistema. Sua apresentação deverá identificar os benefícios e problemas potenciais que devem ser superados para transformar este programa em um sucesso.

ATIVIDADES EM GRUPO

1. Crie um grupo para entrevistar um gerente de uma empresa de serviços de telecomunicações. Identifique os maiores desafios e oportunidades que a companhia enfrentará nos próximos dois ou três anos.
2. Forme uma equipe para identificar locais públicos (como aeroporto, biblioteca pública ou café) em sua área onde as conexões sem fio LAN estão disponíveis. Visite pelo menos dois lugares e escreva um breve parágrafo narrando sua experiência, ao tentar conectar-se à internet.

EXERCÍCIOS DA WEB

1. Pesquise na internet para identificar os últimos desenvolvimentos de comunicação 4G. Em sua opinião, qual operadora de rede 4G é a mais utilizada? Escreva um relatório curto sobre o que você descobriu.
2. Acesse a internet e descubra mais sobre o rápido crescimento do tráfego de dados em redes sem fio. Documente a atual tendência de crescimento. Identifique as ações tomadas por duas operadoras de telefonia sem fio que atendam este crescimento em demanda. Descreva resumidamente seus achados em um relatório por escrito.

EXERCÍCIOS PARA ESPECIALIZAÇÃO

1. Identifique três colegas de faculdade recentemente graduados e que estejam trabalhando como gerentes de negócios. Discuta com eles o uso que fazem das telecomunicações sem fio e seu impacto em suas eficácias nos negócios. Documente suas descobertas.
2. Faça uma pesquisa para avaliar potenciais oportunidades de carreira na indústria de telecomunicações ou de redes. Considere os recursos como a lista do Bureau of Labor Statistics (Bureau de Estatísticas do Trabalho), a Network World e a *Computerworld*. Existem algumas posições em particular dentro das indústrias que ofereçam boas oportunidades? Que tipo de histórico e de formação acadêmica são necessárias para se candidatar a essas posições? Você pode ser solicitado a resumir suas descobertas para a classe em um relatório escrito ou oral.

ESTUDOS DE CASO

Caso um

Não existem mais fios nos dormitórios da Universidade de Massachusetts Amherst

No verão de 2011, a Universidade de Massachusetts (UMass) Amherst desconectou seus quartos de dormitórios. Não, a universidade não removeu a fiação elétrica. O aluno residente não tem de estudar sob as luzes de candelabros e eles ainda podem carregar seus aparelhos de MP3 e escovas de dentes elétricas nas tomadas. Porém, a escola removeu os cabos de Ethernet que anteriormente forneciam uma conexão de 10 Mbit/segundo para os quartos. Em vez disso, os alunos agora usam uma rede Wi-Fi padrão 802.11n muito mais rápida.

A UMass Amherst é o maior campus entre os cinco da Universidade de Massachusetts. Criada como uma escola agrícola em 1863, ocupa uma área de 1.450 acres a cerca de 90 milhas de Boston. A Universidade tem cerca de 22 mil alunos universitários, metade dos quais vive no campus, e cerca de 6 mil cursando pós-graduação.

Nos anos 1980, a UMass Amherst instalou a tecnologia de telecomunicações mais moderna para os alunos residentes: a Ethernet, operando a 10 Mbps (10 milhões de dados por segundo). Isso exigiu a passagem de cabos de alta velocidade através dos edifícios dos dormitórios e a criação de "tomadas" nas paredes para esses fios para todos os alunos. Os estudantes podiam, então, conectar seus computadores nessas tomadas embutidas nas paredes para obter comunicação de dados mais rápida do que outras tecnologias em uso na época: modems ligados em linhas telefônicas. O sistema Ethernet tinha a vantagem adicional de não interferir com as linhas telefônicas. Os (telefones) celulares ainda eram raros.

No início do século XXI, essa rede estava ultrapassada. Consequentemente, a universidade introduziu acesso de rede sem fio nas áreas onde os alunos se reuniam, depois nas salas de aula, bibliotecas e edifícios administrativos. Um programa piloto, testando apenas o acesso sem fio em uma única casa-dormitório com 139 alunos, foi bem recebido. A universidade decidiu estender o sistema para todos os alunos residentes, substituindo por completo a rede de cabos existente.

Um processo de seleção de vendedores, realizado de acordo com rígidas normas de aquisição, selecionou os pontos de acesso AP-125 da Aruba Networks como o melhor dispositivo de conexão sem fio. Podem operar em qualquer das várias bandas de frequência, conforme permitido pela norma 802.11n, do padrão Wi-Fi. A equipe de TI da UMass Amherst escolheu a frequência da banda de 5 MHz, que fornecia transferência de dados mais rápida do que a banda de 2,5 MHz, mas não transmitia a longas distâncias, o que requereu mais pontos de acesso para cobrir determinada área. Dan Blanchard, conselheiro sênior do CIO da universidade, explica a escolha dizendo que velocidades mais altas são "tudo que nossos clientes desejam".

A conversão para o novo sistema custou $ 6 milhões no total: dispositivos, cabos e mão de obra. Porém, é menos do que teria custado para atualizar a rede com fios, usando a tecnologia com fio mais atual.

Os problemas com os quais a UMass Amherst teve de lidar não eram apenas técnicos. Durante a era de serviços com fios, os estudantes haviam instalado seus próprios pontos de acesso "ilegais" para lhes permitir maior flexibilidade e liberdade de movimento em seus quartos e também para fornecer pontos de acesso para visitantes. Esses pontos tiveram de ser identificados e removidos, ao mesmo tempo em que foi explicado aos alunos que não seriam mais necessários.

O sistema substituiu apenas o acesso com fio nos dormitórios, não através do campus, uma vez que as redes de alta velocidade com fios fornecem velocidades de acesso mais rápidas do que as sem fio. Os laboratórios de pesquisa e os centros de dados usam esse tipo de serviço de alta velocidade. Porém as redes Wi-Fi atuais cobrem cerca de 80% do campus.

Questões para discussão

1. A UMass Amherst informa que a atualização dos dormitórios, mudando da antiga rede Ethernet para a Wi-Fi 802.11n custou menos que a atualização para uma rede com fios mais moderna, mas o sistema também forneceu aos alunos uma rede com menor velocidade do que as modernas redes com fio (como as usadas em laboratórios e centro de dados). Você concorda com essa decisão? Por que sim ou por que não?
2. Suponha que você esteja planejando instalar uma rede para os computadores de sua república de estudantes. Você não tem 12 mil alunos; tem cerca de 15 que vivem ali e outros 15 que vêm para almoçar ou estudar. Discuta os prós e os contras do acesso com fio em relação ao sem fio. Qual escolheria? (Presuma que a conexão dessa casa para seu ISP seja a mesmo em ambos os casos.)

Questões para análise

1. O custo de $ 6 milhões da rede equivale a $ 500 por aluno. Suponha que uma nova rede terá uma vida útil de cinco anos, tornando seus custos em $ 100 por ano e que os alunos arcarão com os custos. Se você fosse um aluno da UMass Amherst, preferiria ter essa nova rede ou usar a com fios e economizar $ 100 por ano? Explique sua resposta.
2. Os diretores da UMass Amherst dizem que manter a antiga rede com fio seria mais fácil e que "Nós teríamos de enviar [técnicos] com mais frequência do que anteriormente, por não existir maneira de testar as conexões remotamente".

A Aruba Neworks explica que "as reclamações foram... reduzidas". Os dois podem estar certos? Como?

Fontes: Aruba Networks, "University of Massachusetts Amherst Gives 12,000 Residential Students Wireless Access with Aruba MOVE Architecture", *Yahoo! Finance*, finance.yahoo.com/news/UniversityofMassachusettsbw3062767980.html, acesso em: 18 out. 2011; página do site da Aruba Networks referente aos pontos de acesso AP-124 e AP-125, www.arubanetworks.com/product/aruba-ap-124-ap-125-access-points, acesso em: 21 out. 2011; Hamblen, M., "One Big Wi-Fi Rollout: 12,000 College Dorm Residents", *Computerworld* www.computerworld.com/s/article/9221083/One_big_Wi_Fi_rollout_12_000_college_dorm_ residents, acesso em: 21 out. 2011.

Caso dois

A tecnologia de comunicações do luxuoso JW Marriott Marquis de Miami

Quando o JW Marriott Marquis Miami foi inaugurado em novembro de 2010, seus desenvolvedores, MDM Development Group e MetLife, queriam diferenciá-lo de qualquer outro hotel em termos de tecnologia. "Nossa meta para o JW Marriott Marquis Miami e o Hotel Beaux Arts Miami [uma seção separada no 39º andar] é criar hotéis para o século XXI, fornecendo aos hóspedes os benefícios da tecnologia avançada em uma decoração luxuosa, em um ambiente urbano", diz a gerente do hotel, Florencia Tabeni. "Nós queríamos fornecer toda a tecnologia disponível para nossos viajantes, tanto aos que estão a trabalho quanto aos que buscam apenas o lazer."

Para atingir essa meta, os desenvolvedores selecionaram uma tecnologia de comunicações da Cisco Systems Inc. Entre as capacidades dessa tecnologia que eles instalaram em seu novo hotel estão as seguintes funções:

- Uma arena de basquete aprovada pela NBA, que pode ser convertida em quadra de tênis ou salão de festa, com uma tela gigante com um arranjo de 5 × 5 telas de TV de 52 polegadas. Em recepções de casamentos, por exemplo, pode-se exibir o vídeo com imagens da cerimônia gravada mais cedo ou o vídeo transmitido diretamente através de câmeras *camcorders* que suportam transmissões sem fio.
- No lobby, uma recepcionista recebe os convidados com uma unidade de recepção virtual com áudio e vídeo. As unidades também podem ser instaladas em salas de conferência, fornecendo acesso face a face aos serviços de recepção, sem que os participantes da reunião tenham de se deslocar até o lobby.
- Os telefones touch-screen nos quartos dos hóspedes podem fazer mais do que apenas chamadas telefônicas. Por exemplo, podem exibir o menu do café da manhã para serviços de quarto.
- Os serviços de telepresença nos sistemas de videoconferência foram instalados nas salas de conferência, permitindo que as pessoas interajam face a face com os outros em salas equipadas com a mesma tecnologia em outros locais, incluindo instalações do Marriott. Os planos futuros incluem sistemas similares em algumas suítes, de forma que os viajantes a negócios possam se encontrar sem a necessidade de alugar uma sala de conferência e sem ter de sair de seus quartos.
- Setenta câmeras de vídeo de vigilância são monitoradas e controladas a partir de uma localização centralizada.
- As chamadas de emergência para o número 911 são simultaneamente direcionadas para os primeiros atendentes e para a pessoa apropriada do hotel.

Todos esses equipamentos estão conectados através de uma Ethernet Gigabit (um bilhão de bits por segundo), conectados a um comutador a cada três andares. Cada quarto tem seis conexões: três telefones, o aparelho de TV, uma conexão de computador e o minibar (que monitora quando os hóspedes retiram alimentos e bebidas). Os comutadores, por sua vez, estão conectados entre si e com o centro de dados do hotel, através de conexões de 10 Gigabit

Ethernet (dez bilhões de bits por segundo). Pontos de acesso Wi-Fi também estão por todo o hotel.

Os promotores imobiliários contrataram a Modcomp, um desenvolvedor de sistemas com sede em Deerfield Beach, Flórida, para planejar, desenhar e implementar esse sistema. A Modcomp combinou uma dúzia de produtos da linha Cisco no sistema do hotel. "Na Cisco, encontramos um vendedor único e confiável para todas as nossas necessidades de vídeo e colaboração: para negócios, entretenimento e segurança física", comenta Nicholas Corrochano, vice-presidente de tecnologia da informação. "O resultado é uma estada memorável para todos os hóspedes e um ambiente altamente produtivo para os executivos."

Questões para discussão

1. Você está viajando para a área de Miami com amigos para as férias. O grupo possui recursos financeiros para se hospedar no JW Marriott Marquis Miami. Quais as capacidades mencionadas neste caso que você acharia mais úteis? Quais não seriam úteis?
2. Você está em uma viagem de negócios com seu chefe para se encontrarem com clientes potenciais. Sua empresa faz sua reserva para o JW Marriott Marquis Miami. Quais as capacidades mencionadas neste caso que você acharia mais úteis? Quais não seriam úteis?

Questões para análise

1. A Modcomp comprou todos os componentes do sistema de um único fornecedor. Desse modo, é possível tornar as conexões dos elementos mais fácil, mas pode implicar deixar de lado tecnologias superiores de outros vendedores em áreas específicas. (Por exemplo, uma empresa especializada em câmeras de vigilância podem ter equipamentos melhores do que os da Cisco.) Discuta os prós e os contras da abordagem de um único fornecedor em relação à abordagem "o melhor disponível", em que outros componentes são selecionados individualmente por serem os melhores de suas áreas.
2. No final do caso, Nicholas Corrochano enaltece a Cisco, que oferece produtos e serviços que suportam todas essas capacidades. Porém, os outros vendedores fazem o mesmo. Pensando dessa forma, você acha que os comentários de Corrochamo foram apropriados?

Fontes: Site do JW Marriott Marquis Miami, *www.marriott.com/ hotels/ travel/miamj-jw-marriott-marquis-miami*, acesso em: 31 jan. 2012; Cisco Systems, Inc., "Connected Hotels", www.cisco.com/web/strategy/trec/ trec.html, acesso em: 31 jan. 2012; Cisco Systems, Inc., "JW Marriott Marquis Miami" (vídeo), www.cisco.com/en/US/prod/collateral/voicesw/ ps6788/vcallcon/ps556/jw_marriott_marquis_miami_ps430_Products_ Case_Study.html, acesso em: 31 jan. 2012; Cisco Systems, Inc., "Hotel Transforms Guest Experience through Technology", www.cisco.com/ en/US/prod/collateral/voicesw/ps6788/vcallcon/ps556/case_study_c36- -648251_ps430_Products_Case_Study.html, acesso em: 31 jan. 2012.

NOTAS

Fontes do texto de abertura: Estudo de caso da Microsoft, "Microsoft Disaster Response", Computerworld Honors Awards, 2011, www.eiseverywhere.com/ file_uploads/1731e3ed9282e5b4b81db8572c9d5e4f_Microsoft_ Corporation_-_Microsoft_Disaster_Response. pdf, acesso em: 28 jan. 2012; site da Microsoft, "Microsoft Supports Relief Efforts in Haiti", (vídeo), www. microsoft .com/en-us/showcase/details.aspx?uuid=ed1d-948f-5dfb-45f1-9c39-20050b7d752c, acesso em: 19 ago. 2010; Microsoft Citizenship Team, "How Technology Is Helping Distribute Food in Japan", blog *Microsoft Citizenship*, blogs.technet.com/b/microsoftupblog/archive/2011/03/18/how-technology-is-helping-distribute-food-in-japan.aspx, acesso em: 18 mar. 2011; site da Microsoft, "Serving Communities: Disaster and Humanitarian Response", www.microsoft.com/about/ corporatecitizenship/en-us/serving-communities/disaster-and-humanitarian-response, acesso em 30 de janeiro de 2012;Site da NetHope, www.nethope.org, acesso em: 31 jan. 2012; Olafsson, G., "Information and Communication Technology Usage in the 2010 Pakistan Floods", blog da NetHope, blog.disasterexpert.org/2011/09/pakistan-floods-use-of-information-and.html, acesso em: 9 set. 2011.

1. "West Yorkshire Fire & Rescue Service Adopts Unified Communications Solution, Increases Productivity 35 Percent", Estudos de Casos da Microsoft, www.microsoft.com/sv-se/kundreferenser/Microsoft-Lync-Server-2010/West-Yorkshire-Fire-Rescue-Service/Fire-Service-Adopts-Unified-Communications-Solution-Increases-Productivity-35-Percent/4000011194, acesso 6 out. 2011.
2. Alltucker, Ken, "Hospitals Turn to Telemedicine for Remote Care of Patients", *USA Today*, 3 jul. 2011.
3. Gullo, Chris, "75 Percent of Nurses Own a Smartphone or Tablet", Mobilehealthnews.com,http:// webcache.googleusercontent.com/search?hl=en&-gbv=2&q=cache: 4pxeGA8PtL8J:http://mobihealth news.com/14361/75-percent-of-nurses-own-smart phones-or-tablets/+what+percent+of+physicians+ own+a+smartphone+%26+2011&ct=clnk, 1 nov. 2011.
4. "Amgen Announces Webcast of 2011 Fourth Quarter and Full Year Financial Results", *Fierce Biotech*, www .fiercebiotech.com/press-releases/amgen-announces-webcast-2011-fourth-quarter-and-full-year-financial-results, acesso em: 25 jan. 2012.
5. "How Distance Education Works", Harvard Extension School, www.extension.harvard.edu/distance-education/how-distance-education-works, acesso em: 3 fev. 2012.
6. Site da Verizon "FiOS: The Network Built to Power Your Family's Devices", www22.verizon.com/home/ aboutfios, acesso em: 5 dez. 2011.
7. Equipe da CSD, "ExxonMobile Speedpass Customers Awarded Gas Savings", *Convenience Store Decisions*, www.csdecisions.com/2011/05/02/

exxonmobil-speedpass-customers-awarded-gas-savings, 2 maio 2011.

8. Rising, Malin, "RIM Wants into the Business", *USA Today*, 8 nov. 2011.
9. Pierce, David, "The 10 Best Bluetooth Headsets", *PC Magazine,* www.pcmag.com/article2/0,2817,2369586,00.asp, 13 set. 2011.
10. Site da Bluetooth, "Moving Beyond Hands Free Audio in the Car with BMW", www.bluetooth.com/Pages/Bluetooth-Home.aspx, acesso em: 5 dez. 2011.
11. Merritt, Rick, "Nokia Tweaks Bluetooth for Indoor Navigation", EETimes, www.eetimes.com/electronics-news/4230993/Nokia-tweaks-Bluetooth-for-indoor-navigation, acesso em: 29 nov. 2011.
12. Gelke, Hans, "Harnessing Ultra-Wideband for Medical Applications", Medical Electronic Design, www.medical- electronicsdesign.com/article/harnessing-ultra-wideband-medical-applications, acesso em: 14 nov. 2011.
13. Ibid.
14. "New Temp & Humidity Data Loggers with Infrared Communications", blog do *Elsevier's Analytical Chemistry Journals,* http://elsevieranalyticalchemistry.blogspot .com/2011/05/new-temp-humidity-data-loggers-with .html, acesso em: 11 maio 2011.
15. St. John, Jeff, "PG&E's Home Area Network Pilot: Silver Spring and Control4 on Board", *Green Tech Grid,* http://cleantechvc.greentechmedia.com/articles/read/pges- home-area-network-pilot-silver-spring-and-control4-on-board, acesso em: 29 nov. 2011.
16. Equipe de Executivos da Tecnologia da Segurança, "Access Control Case in Point: Wireless System Helps Eliminate Break- Ins", www.securityinfowatch.com/access-control-case-point-wireless-system-helps-eliminate-break-ins, acesso em:14 jul. 2011.
17. Relatório Anual sobre Wi-Fi do Hotel Chatter, 2011, site do Hotel Chatter, www.hotelchatter.com/special/Best-WiFi-Hotels-2011, acesso em: 8 dez. 2011.
18. Murphy, Samantha, "Laptop Wi-Fi Might Cause Male Fertility Problems", *Mashable Tech*, http://mashable.com/2011/11/30/laptop-wi-fi-fertility, acesso em: 20 nov. 2011.
19. Site da Iridium, "Iridium Global Network, The Satellite Constellation", www.iridium.com/About/IridiumGlobalNetwork/SatelliteConstellation.aspx, acesso em: 21 nov. 2011.
20. Site da Cubic, "Industries Served, Cubic Global Tracking Solutions", www.cubic.com/Solutions/Cubic-Global-Tracking-Solutions/Industries-Served, acesso em: 3 dez. 2011.
21. Press release da Satellite, "Chinese Petroleum Subsidiary Continues VSAT Rollout", *Digital Ship*, http://webcache.googleusercontent.com/search?hl=en&gbv=2&q=cache:WqZAceyKNk4J:http://www.satprnews.com/2011/11/29/chinese-petroleum-subsidiary-continues-vsat-rollout/+%E2%80%9CChinese+Petroleum+Subsidiary+Continues+VSAT+Rollout%E2%80%9D&ct=clnk, acesso em: 29 nov. 2011.
22. Site da Marlink, "Sealink", www.marlink.com/Product.aspx?m=13, acesso em: 8 dez. 2011.
23. Vos, Esme, "Houston, Texas Deploys Wireless Mesh Network to Improve Public Safety", *MuniWireless*, www.muniwireless.com/2011/09/20/houston-texas-deploys-wireless-mesh-network-for-public-safety, acesso em: 20 set. 2011.
24. Goldman, David, "4G Won't Solve 3G's Problems", *CNN Money*, 29 mar. 2011.
25. Site da Verizon, "Verizon LTE Information Center", www.verizonwireless.com/lte, acesso em: 13 dez. 2011.
26. Site da 4G Americas, "LTE Advanced", www.4gamericas.org/index.cfm?fuseaction=page&sectionid=352, acesso em: 15 dez. 2011.
27. Goldman, David, "4G Won't Solve 3G's Problems", *CNN Money*, 29 mar. 2011.
28. Murph, Darren, "IEEE Approves Next Generation WiMAX Standard, Invites You to Meet 802.16m", *engadget*, www.engadget.com/2011/04/01/ieee-approves-next-generation-wimax-standard-invites-you-to-mee, acesso em: 1 abr. 2011.
29. Hettick, Larry, "Ericsson Predicts Tenfold Mobile Data Traffic Growth by 2016", *Network World,* www.net-workworld.com/newsletters/converg/2011/111411convergence1.html, aceso em: 11 nov. 2011.
30. Goldman, David, "4G Won't Solve 3G's Problems", *CNN Money*, 29 mar. 2011.
31. Ibid.
32. Ricknäs, Mikael, "Number of Wi-Fi Hotspots to Quadruple by 2015", *Computerworld*, 9 nov. 2011.
33. Higginbotham, Stacey, "Bluetooth to Battle for Personal Area Network Crown", *GigaOM,* http://gigaom.com/2011/01/26/bluetooth-to-battle-for-personal-area-network-crown, acesso em: 26 jan. 2011.
34. Site da Javvin, "IEEE 802.14 and Bluetooth: WPAN Communications", www.javvin.com/protocolBluetooth.html, acesso em: 4 dez. 2011.
35. "Deloitte Belgium Implements Juniper Networks Wireless LAN to Deliver Fast, Reliable and Secure Network", press release da *Juniper Networks*, www.juniper.net/us/en/company/press-center/press-releases/2011/pr_2011_09_22-03_01.html, acesso em: 22 set. 2011.
36. Blog da Arsip, "Metropolitan Area Network", http://localare.blogspot.com/2011/08/metropolitan-area-network-man.html, acesso em: 9 dez. 2011.
37. História de Sucesso de D-Link, "Dallas Zoo", www.dlink.com/tools/FrameContent.aspx?type=1&rid=104, acesso em: 28 dez. 2011.
38. Site da SmartGrid, "CrescoAg and Smartfield Partner to Deliver In-Season Crop Monitoring Technologies to Growers", http://smart-grid.tmcnet.com/news/2011/10/18/5864599.htm, acesso em: 18 out. 2011.
39. História de Sucesso da Iatric Systems, "Mecosta County Medical Center", www.iatric.com/download/public/Iatric_Meaningful_Use_Manager_Success_Mecosta_12-2011.pdf, acesso em: 28 dez. 2011.

40. Epstein, Zach, "Available Apps across Major Mobile Platforms Approaching Million-App Milestone", *BGR*, www.bgr.com/2011/12/05/available-apps-across-major-mobile-platforms-approach-million-app-milestone, acesso em: 5 dez. 2011.

41. Ibid.

42. Sheikh, Musarrat, "An Introduction to Wireless Modems", http://goarticles.com/article/An-Introduction-to-Wireless-Modems/4133760, acesso em: 6 fev. 2011.

43. História de Sucesso Smart Bridges Customer Success Stories, "Telco Provides Wireless E1 for Instant Connectivity", www.smartbridges .com/customer-success-stories/telco-provides-instant- wireless-e1-service, acesso em: 5 jan. 2012.

44. Site da FiftyFlowers, "Our Team", www.fiftyflowers .com/custom/OurTeam.htm, acesso em: 12 dez. 2011.

45. "FiftyFlowers.com Chooses Virtual PBX to Save Time, Money and Resources", press release da FiftyFlowers, http://finance.yahoo.com/news/FiftyFlowerscom-Chooses-iw-2733942885.html, acesso em: 14 jun. 2011.

46. Site da FierceIPTV, "Time Warner Cable Outage Traced to Level 3 Router Glitch", www.fierceiptv.com/story/time-warner-cable-outage-traced-level-3-router-glitch/2011-11-07, acesso em: 7 nov. 2011.

47. Site da Standard Chartered, "Who We Are", www.standardchartered.com/en/about-us/who-we-are/index .html, acesso em: 13 dez. 2011.

48. Site da Marketwire, "Standard Chartered Bank Adopts Juniper Networks Infrastructure", www.marketwire.com/printer_friendly?id=1575550, acesso em: 19 out. 2011.

49. Site da Wild Packets, "Cornell University Weill Medical College", www.wildpackets.com/about_us/cornell, acesso em: 6 jan. 2012.

50. Site da Diebold, "Case Studies & Testimonials", www.diebold.com/gssssps/case.htm, acesso em: 13 dez. 2011.

51. Site da 4-Traders, "ZIX: 23/08/2011 7-Eleven Expands Secure Email Services with ZIX Corporation", *4-Traders,* www.4-traders.com/ZIX-CORPORATION-11477/news/ZIX-08-23-2011-7-Eleven-Expands-Secure-Email-Services-with-Zix-Corporation-13767214, acesso em: 24 ago. 2011.

52. Site da Werner Enterprises, "About Werner", www.werner .com/content/about, acessado em: 5 dez. 2011.

53. Estudo de Caso da AT&T, "Werner Enterprises Sees Green Light for Growth in China", www.business.att.com/enterprise/resource_item/Insights/Case_Study/werner_enterprises, acesso em: 15 dez. 2011.

54. Site do Tatara Systems, "What is a Femtocell?", www.tatarasystems.com/contentmgr/showdetails.php/id/444, acesso em: 21 nov. 2011.

55. Site da Fierce Wireless, "UPDATED: Sprint: We've Got 250,000 Femtocells on our Network", www.fiercewireless.com/ctialive/story/sprint-weve-got-100000-femtocells-our-network/2011-03-23#ixzz1fIKlCYWp, acesso em: 23 mar. 2011.

56. "Lifelines", Vancouver Foundation, www.vancouverfoundationstories.ca/story.php?recordID=284, acesso em: 3 fev. 2012.

57. Futch, Michael, "Reverse 911 Systems Has Bladen County Wired for Safety", Fay Observer, http://fayobserver.com/articles/2011/12/18/1142620, acesso em: 18 dez. 2011.

58. Roman, Jesse, "Couple Arrested after Reverse 911 Locates Theft Victim", *The Salem News*, 11 nov. 2011.

59. Site da Bottomline Technologies, "Success Stories: YMCA of Metropolitan Los Angeles", www.bottomline.com/customer_success/industry.html, acesso em: 19 dez. 2011.

60. Bajaj, Vikas, "A New Capital of Call Centers", *New York Times*, 25 nov. 2011.

61. Ibid.

62. "National Do Not Call Registry Data Book 2011", Federal Trade Commission, nov. de 2011.

63. "FTC Settlements Put Debt Relief Operations Out of Business", Federal Trade Commission, www.ftc.gov/opa/2011/05/amsdynamic.shtm, acesso em: 26 maio 2011.

64. "The Growing WAH Movement", *Work Online Journal,* http://workonlinejournal.com/the-growing-wah-movement, acesso em: jul. 2011.

65. Site da Blue Jeans Network, "Case Study: Facebook", http://bluejeans.com/wp-content/uploads/2011/06/ Facebook_CaseStudy_6_23_11.pdf, acesso em: 19 dez. 2011.

66. Rivers, Jon, "Microsoft Dynamics GP Customer Over- comes Stall and Revs Engine with Dynamics EDI", blog da ERP Software, www.erpsoftwareblog.com, acesso em: 24 maio 2011.

67. "The Bankers Bank Names STAR Its Preferred Debit Network", press release da First Data, www.firstdata.com/en_us/about-first-data/media/press-releases/10_06_11_2.html, acesso em: 6 out. 2011.

68. "Cemix First in Hardware Industry to Use QR Codes", *Tool Magazine*, www.cemix.co.nz/cemix-use-qr-codes, edições de out./nov. 2011.

69. Odell, Jolie, "Who's Really Scanning All Those QR Codes", *Mashable Tech*, http://mashable.com/2011/03/04/qr-codes-infographic, 3 nov. 2011.

70. Baverman, Laura, "Smarty Tags Takes Next Step", *Cincinnati Enquirer*, www.ongo.com/v/880972/-1/8B-56136933D2D2BE/smartytags-takes-next-step, acesso em: 21 nov. 2011.

71. Site da Meitrack, "A Success Story — Meitrack's Trackers in Real Life Application", www.meitrack.net/about-meitrack/news/283-a-success-story-meitracks-trackers-in-real-life-application, acesso em: 9 nov. 2011.

72. "Michigan Municipalities Allowing Residents to Track City Snow Plows Online", *Government Fleet*, www.government-fleet.com/Channel/GPS-Telematics/News/Story/2011/12/Ann-Arbor-Allowing-Residents-to-Track-City-Snow-Plows-Online.aspx, acesso em: 29 dez. 2011.

7 A INTERNET, WEB, INTRANETS E EXTRANETS

Princípios	Objetivos de aprendizagem
• A internet oferece uma infraestrutura crucial para entrega e acesso a informações e serviços.	• Fazer uma breve descrição de como funciona a internet, incluindo métodos para se conectar a ela e o papel de fornecedores de serviços de internet.
• Originalmente desenvolvida como um sistema de gerenciamento de documentos, a World Wide Web cresceu e se tornou a principal fonte de notícias e informações, um canal indispensável para o comércio e um centro popular de interação social, entretenimento e comunicação.	• Descrever a World Wide Web e como ela funciona. • Explicar o uso de linguagens de marcação, navegadores web e servidores web. • Identificar e descrever brevemente o processo de criação de aplicativos para a web.
• A internet e a web oferecem inúmeros recursos para encontrar informação, comunicação, colaboração, socialização, realização de negócios e compras, além de entretenimento.	• Listar e descrever várias fontes de informação na web. • Descrever métodos para encontrar informações na web. • Listar e descrever várias formas de comunicação on-line, com as vantagens e as desvantagens de cada uma em termos de conveniência e eficácia. • Explicar a web 2.0 e fornecer exemplos de sites web 2.0. • Listar e descrever as fontes de mídia e entretenimento on-line. • Explicar como os recursos da web são utilizados para suportar compras e viagens. • Nomear e descrever brevemente dois recursos úteis da internet.
• A internet popular e as tecnologias web foram aplicadas às redes de negócios na forma de intranets e extranets.	• Explicar como as intranets e extranets usam as tecnologias de internet e web e descrever como as duas são diferentes.

Redes sociais dentro de um negócio

SISTEMAS DE INFORMAÇÃO NA ECONOMIA GLOBAL

PepsiCo, Rússia

A PEPSICO RÚSSIA, UM ELEMENTO organizacional da PepsiCo Europa, é a maior empresa de alimentos e bebidas na Rússia e nos países da ex-União Soviética. Boa parte do crescimento da PepsiCo Rússia tem sido por meio de aquisições, visto que a gestão da empresa reconhece o potencial de negócios da Rússia e dos países vizinhos. A aquisição de $ 3,8 bilhões da Will-Bimm-Dann, concluída em 2011, é o maior investimento estrangeiro até hoje na indústria de alimentos da Rússia. A PepsiCo já havia adquirido uma participação majoritária na JSC Lebedyanski, o maior produtor de suco da Rússia, e uma grande empresa de alimentos para bebês por $ 1,4 bilhão. Por causa dessas e de outras aquisições, a PepsiCo Rússia agora é composta por dezenas de grupos de funcionários que não têm história em comum. Fazê-los trabalhar como uma unidade é um desafio de gestão.

Para lidar com esse desafio, a PepsiCo Rússia decidiu criar um portal de intranet do funcionário com um foco social. Para saber o que os usuários esperavam dos sites de redes sociais, a equipe do projeto observou o Facebook, o VK (anteriormente VKontakte, uma rede social russa semelhante ao Facebook), o LinkedIn e o Google+. "Estudamos a experiência [do usuário] dos melhores sites de rede social do mundo e a combinamos com os conceitos de portais corporativos", afirma o líder do projeto Eugene Karpov.

A PepsiCo Rússia usou o software de colaboração SharePoint da Microsoft para integrar os conceitos de redes sociais com seu portal. A versão atual do SharePoint possui os recursos de redes sociais: os usuários podem encontrar informações de outras pessoas com interesses afins, adicionar como favoritos, fazer marcações, avaliar conteúdos, torná-los acessíveis para os membros da equipe e obter visões seguras do que outros usuários estão seguindo ou escrevendo. As wikis também fizeram sua estreia no SharePoint 2010. Previsto para 2013, espera-se do SharePoint 15 uma ampliação dos recursos de redes sociais do pacote.

A intranet usa um recurso de enquete rápida para avaliar o sentimento do empregado sobre temas de interesse e fornecer feedback sobre o próprio portal. Por exemplo, a enquete rápida de 15 de março de 2012 perguntou: "Que notícia falta no portal?". Foram oferecidas cinco opções: as realizações de negócios da PepsiCo Rússia, as notícias globais da PepsiCo, as notícias de usinas e regiões, a cidadania corporativa e a vida na PepsiCo (esportes, concursos e assim por diante). Como a maioria dos conteúdos, essa pesquisa era exibida em russo ou inglês, conforme a escolha do usuário.

Como o programador da PepsiCo Rússia tinha pouca prática com o SharePoint, a empresa fez uma parceria com um desenvolvedor experiente para construir seu site de intranet. Essa empresa, a WSS Consulting, realizou o projeto com um custo total de $ 100 mil, sem as taxas de licença do SharePoint. Uma das razões pela qual a WSS desenvolveu o site por esse valor relativamente pequeno é que a empresa já havia desenvolvido um portal de uso geral para o SharePoint, o WSS Portal. Esse portal forneceu uma base pronta para o portal da PepsiCo Rússia, reduzindo seu custo, encurtando seu tempo de desenvolvimento e garantindo um bom desempenho: o servidor normalmente retorna páginas em menos de 0,2 segundo.

Os recursos do novo portal contêm perfis sociais, membros da comunidade, pesquisas rápidas, gerenciamento de documentos e informações específicas de localização, como o clima. Em março de 2012, 5 mil funcionários dos escritórios tiveram acesso ao portal, mas o número será estendido para milhares de trabalhadores da fábrica no futuro. A recepção do funcionamento do portal tem sido positiva e existem muitos planos para melhorias.

À medida que você lê o capítulo, considere o seguinte:

- Como a internet pode ajudar as empresas a se comunicarem com seus clientes, seus fornecedores e internamente?
- Como as redes sociais podem ajudar as empresas a atingirem seus objetivos de negócio?

© Andrey Burmakin/Shutterstock

POR QUE APRENDER SOBRE A INTERNET, A WEB, INTRANETS E EXTRANETS?

Dizer que a internet tem um grande efeito sobre as organizações de todos os tipos e tamanhos seria um grande eufemismo. Desde o início dos anos 1990, quando foi utilizada pela primeira vez para fins comerciais, a internet afeta todos os aspectos comerciais. Os negócios a utilizam para vender e anunciar produtos e serviços, além de atingir consumidores novos e já existentes. Se você está indeciso sobre sua carreira, pode buscar na internet oportunidades profissionais e salários, navegando em sites como *www.monster.com* e *www.linkedin.com*. A maioria das empresas possui páginas que oferecem oportunidades de trabalho, descrições, qualificações, salários e benefícios. Se você está empregado, com certeza utiliza a internet diariamente para se comunicar com seus colegas e com seu chefe. As pessoas que trabalham em todos os campos e em todos os níveis usam a internet no cotidiano. Todos os anos os agentes de compra utilizam a internet para economizar milhões de dólares em suprimentos. Assim como os agentes de viagens e de eventos utilizam a internet para descobrir os melhores negócios em viagens e acomodações. Os engenheiros automotivos utilizam a internet para trabalhar com outros engenheiros ao redor do mundo desenvolvendo projetos e especificações para novos modelos de automóveis e caminhões. Os administradores de imóveis a utilizam para encontrar o melhor preço e oportunidade para um imóvel comercial ou residencial. Qualquer que seja a carreira, provavelmente utilizará a internet diariamente. Este capítulo começa explorando o funcionamento da internet e depois examina as muitas e estimulantes oportunidades para utilizá-la e para ajudá-lo a alcançar seus objetivos.

A internet é a maior rede de computadores do mundo. Lembre-se do Capítulo 1, em que se afirmou que a internet é realmente uma coleção de redes interconectadas e todas as informações são trocadas livremente usando um conjunto comum de protocolos. Mais de 800 milhões de computadores, ou hosts, compõem a internet de hoje, apoiando cerca de 2 bilhões de usuários.[1] Esses números devem continuar crescendo.[2] A Figura 7.1 mostra o crescimento acelerado da internet, como medido pelo número de locais de host de internet, ou nomes de domínio. Os nomes dos domínios serão discutidos adiante neste capítulo.

UTILIZAÇÃO E FUNCIONAMENTO DA INTERNET

A internet é verdadeiramente internacional em escopo, com usuários em todos os continentes – inclusive a Antártida. Embora os Estados Unidos tenham alta infiltração da internet entre a população, não constituem a maior parte das pessoas on-line. De todas as pessoas que utilizam a internet, os cidadãos dos países asiáticos compõem cerca de 40%, os europeus em torno de 20% e os norte-americanos aproximadamente 15%.[3] A China tem de longe o maior número de usuários de internet em quase 400 milhões, o que corresponde a mais pessoas que a população total dos Estados Unidos, mas é apenas cerca de 30% da população total da China. Estar conectado à internet oferece oportunidades econômicas globais para indivíduos, empresas e países.

Os sites da internet podem ter um impacto profundo sobre o mundo político.[4] Alguns deles permitem que as pessoas expressem seus sentimentos sobre seus governos. O espancamento de uma pessoa pela força policial e sua posterior morte pode ter sido uma das causas da recente revolução no Egito.[5] Um executivo de uma grande empresa de internet também pode ter sido fundamental para as manifestações de rua quando ele usou a internet para publicar a frase "Bem-vindo de volta, Egito".[6]

Alguns países tentam controlar o conteúdo e os serviços prestados pelas ferramentas de busca e sites de redes sociais.[7] Um país asiático, por exemplo, tentou forçar uma empresa popular de ferramenta de busca a alocar seus servidores dentro do país.[8] A empresa da ferramenta de busca decidiu desviar o tráfego de internet do país asiático

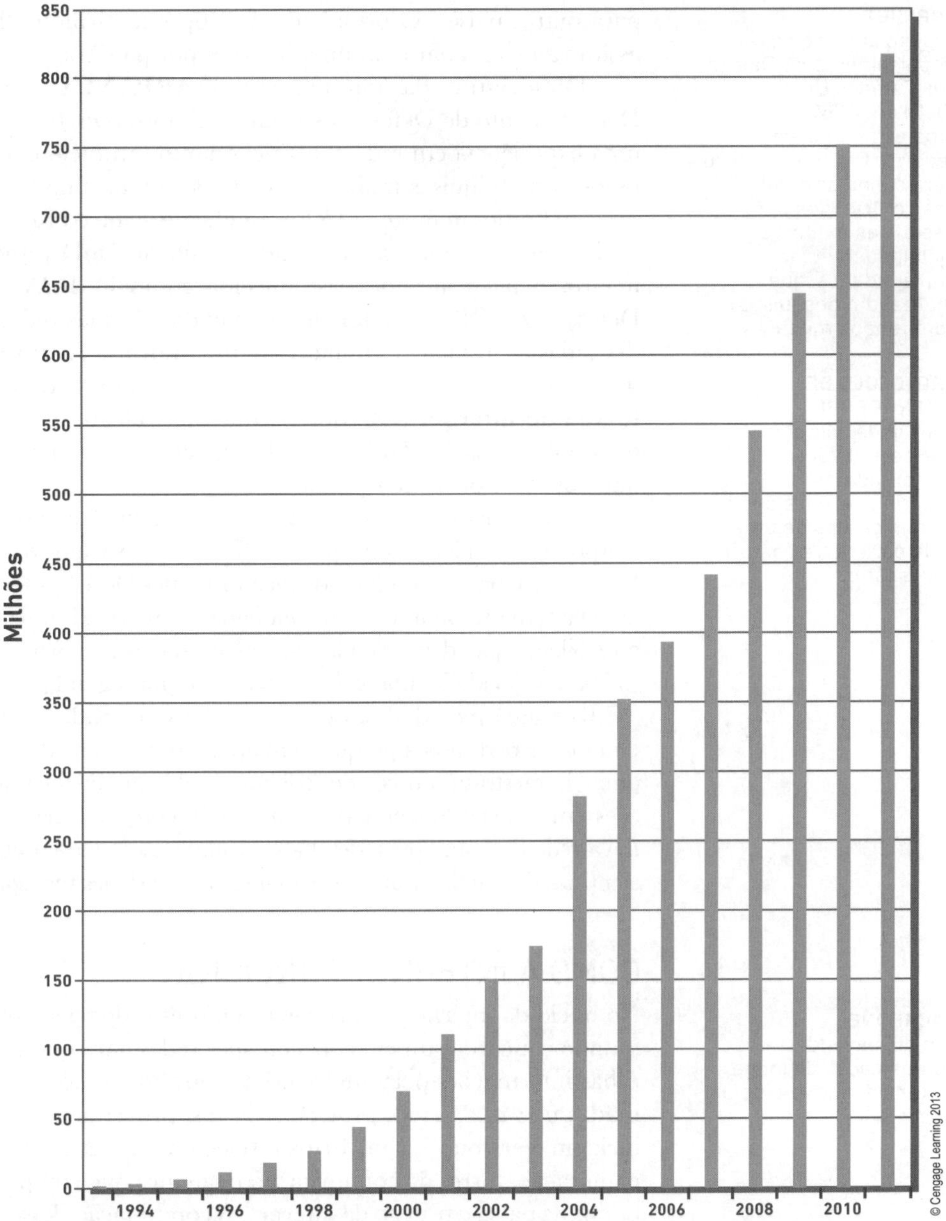

FIGURA 7.1
Crescimento da internet: números de nomes de domínio da internet. (Fonte: Dados de "The Internet Domain Survey", *www.isc.org*.)

Mais de 2 bilhões de pessoas utilizam a internet em todo o mundo.

ARPANET: Projeto iniciado pelo Departamento de Defesa dos Estados Unidos (DoD) em 1969 como uma experiência em rede confiável e um meio para conectar o DoD aos contratados para pesquisas militares, incluindo muitas universidades, que realizavam pesquisas com fundos militares.

PROTOCOLO DE INTERNET (IP): Padrão de comunicação que permite aos computadores encaminhar o tráfego de comunicações de uma rede para outra conforme necessário.

para outros países. O presidente da empresa afirmou: "Estou muito preocupado, pois assim vamos acabar com uma internet por país".

O ancestral da internet era a **ARPANET**, um projeto que iniciado pelo Departamento de Defesa dos Estados Unidos (DoD) em 1969. A ARPANET era tanto uma experiência em rede confiável quanto um meio para conectar o DoD aos contratados para pesquisas militares, incluindo muitas universidades que realizavam pesquisas com fundos militares. (*ARPA* significa Advanced Research Projects Agency, Agência de Projetos de Pesquisa Avançada, ramo do DoD responsável pela concessão de dinheiro. A agência agora é conhecida como DARPA – o "D" acrescentado é para Defesa.[9]) A ARPANET foi então dividida em duas redes: a MILNET, que compreendia todas as instalações militares, e uma nova, a ARPANET menor, que incluía todos os sites não militares. As duas redes, no entanto, permaneceram conectadas pelo **protocolo de internet (IP)**, que permite ao tráfego ser roteado de uma rede para outra quando necessário. Todas as redes conectadas à internet se comunicam pelo IP para que possam trocar mensagens.

Para acelerar o acesso à internet, um grupo de empresas e universidades chamado Corporação Universitária para o Desenvolvimento da Internet Avançada (UCAID, University Corporation for Advanced Internet Development) está trabalhando em uma internet alternativa mais rápida. Chamada de Internet2 (I2), Internet da Nova Geração (NGI) ou Abilene, que, dependendo das universidades ou corporações envolvidas, oferece potencial para velocidades maiores – de até 2 Gb por segundo ou mais.[10] A *National LambdaRail* (NLR) é uma rede de fibra óptica de alta velocidade (10 Gbps) que atravessa os Estados Unidos e é dedicada à pesquisa em aplicações de rede de alta velocidade.[11] A NLR fornece uma "infraestrutura única de rede nacional" para avançar a pesquisa sobre a rede e aplicações em ciências, engenharia e medicina, com base nas redes da próxima geração. Essa nova rede de fibra óptica de alta velocidade sustentará a necessidade sempre crescente dos cientistas de reunir, transferir e analisar quantidades maciças de dados científicos.

COMO A INTERNET FUNCIONA

BACKBONE: Um dos links de comunicação de longa distância mais rápido da internet.

No início da internet, as principais empresas de telecomunicações (telecom) em todo o mundo concordaram em conectar suas redes para que seus usuários pudessem compartilhar informações pela internet. Essas grandes empresas de telecomunicações são chamadas *network service providers* (NSPs, provedores de serviço de rede). Os exemplos incluem Verizon, Sprint, British Telecom e AT&T. Os cabos, roteadores, centrais de comutação, torres de comunicação e satélites que compõem essas redes são o hardware por onde passa o tráfego da internet. A combinação desses hardwares e de outros NSPs – os cabos de fibra óptica que abrangem todo o globo sobre a terra e sob o mar – forma o **backbone** (espinha dorsal) da internet.

FIGURA 7.2 Roteamento de mensagens pela internet.

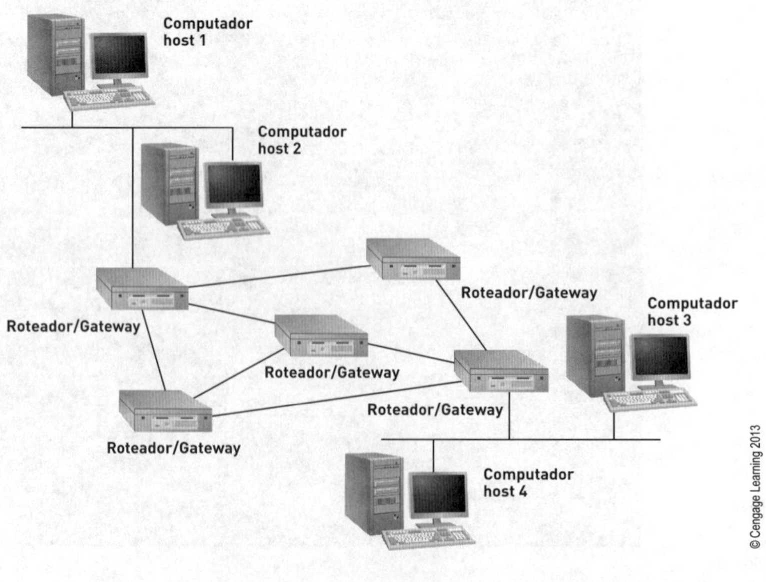

A internet transmite dados de um computador, chamado *host*, para outro (veja a Figura 7.2). Se o computador receptor estiver em uma rede à qual o primeiro está diretamente conectado, o emissor pode enviar a mensagem diretamente. Se o computador receptor e o computador emissor não estiverem conectados de forma direta à mesma rede, o emissor transmite a mensagem para outro computador que possa encaminhá-la. A mensagem é normalmente enviada por um ou mais roteadores para chegar ao destino. Não é raro que ela passe por dezenas ou mais rotas na trajetória de uma parte da internet para outra. Assim, os pacotes de dados da internet passam pelo backbone da rede de roteador para roteador para alcançar seus destinos.

As várias redes de telecomunicações que estão ligadas para formar a internet trabalham em grande parte da mesma maneira – transmitem os dados em porções chamadas *pacotes*, e cada um deles carrega os endereços dos emissores e receptores com outras informações técnicas. O conjunto de convenções utilizado para transmitir pacotes de um host para outro é o IP. Muitos outros protocolos são utilizados em conexão com o IP. O mais conhecido é o **protocolo de controle de transmissão (TCP)**. Muitas pessoas utilizam o "TCP/IP" como uma abreviação para a combinação de TCP e IP, usada pela maior parte das aplicações da internet. Depois que uma rede que segue esses padrões se conecta ao backbone, ela se torna parte da comunidade mundial da internet.

PROTOCOLO DE CONTROLE DE TRANSMISSÃO (TCP): Protocolo da camada de transporte amplamente utilizado pela maior parte das aplicações de internet com o IP.

ENDEREÇO IP: Número de 64 bits que identifica um computador na internet.

LOCALIZADOR UNIFORME DE RECURSOS (URL, UNIFORM RESOURCE LOCATOR): Endereço de web que especifica a localização exata de uma página da web por meio de letras e palavras que são mapeadas para um endereço IP e um local no host.

Cada computador na internet possui um endereço atribuído chamado endereço IP, que o identifica para outros hospedeiros. Um **endereço IP** é um número de 64 bits que identifica um computador na internet. O número de 64 bits é normalmente dividido em quatro bytes e traduzido para o decimal: 69.32.133.79, por exemplo. A internet será atualizada para o protocolo de internet versão 6 (IPv6), que usa endereços de 128 bit, para proporcionar muito mais dispositivos.[12] Como as pessoas preferem trabalhar com palavras em vez de números, foi criado o sistema de nomes de domínio (DNS, domain name system). Os nomes de domínio, como *www.cengage.com*, são mapeados para endereços IP, como 69.32.133.79, usando o DNS. Se você digitar www.cengage.com ou 69.32.133.79 em seu navegador web, acessará o mesmo site. Para abrir espaço para mais endereços da web, há esforços para aumentar o número de nomes disponíveis.[13] Atualmente, o domínio ".com" tem mais de 90 milhões de endereços da web, o ".net" possui mais de 10 milhões e o ".org" tem cerca de 9 milhões.

Um **localizador uniforme de recursos (URL, uniform resource locator)** é um endereço de web que especifica a localização exata de uma página da web por meio de letras e palavras que são mapeados para um endereço IP e um local no host. O URL dá àqueles que fornecem informações pela internet um modo padrão de designar onde os recursos da internet, como servidores e documentos, estão localizados. Considere o URL para Course Technology, *http://www.cengage.com/coursetechnology*.

O "http" especifica o método de acesso e informa ao seu software para acessar um arquivo usando o Protocolo de Transporte de Hipertexto. Esse é o principal método para interagir com a internet. Em muitos casos, você não precisa incluir o http:// em um URL porque é o protocolo-padrão. A parte "www" do endereço significa que o endereço está associado ao serviço World Wide Web, que será abordado adiante. O URL *www.cengage.com* é o nome de domínio que identifica o local de hospedagem da internet. A parte do endereço após o nome de domínio – /coursetechnology – especifica um local exato no site do host.

Os nomes dos domínios devem aderir a regras rigorosas. Eles sempre têm duas partes, cada uma delas separada por um ponto. Para alguns endereços da internet, a parte à direita mais distante do nome do domínio é o código do país (como au para Austrália, ca para Canadá, dk para Dinamarca, fr para França e jp para Japão). Muitos endereços da internet têm um código que denota as categorias de filiação, como ".com" para sites de negócios e ".edu" para instituições educativas. A Tabela 7.1 contém algumas categorias populares. A parte à esquerda do nome do domínio identifica a rede host ou provedor host, que pode ser o nome de uma universidade ou de uma empresa. Outros países que não os Estados Unidos utilizam afiliações de domínios de nível mais elevado que aqueles descritos na tabela.

TABELA 7.1 Afiliações dos domínios de alto nível nos Estados Unidos

Identidade da filiação	Afiliação
com	Sites de negócios
edu	Sites educacionais
gov	Sites governamentais
net	Sites de rede
org	Sites de organizações não governamentais

A Internet Corporation for Assigned Names and Numbers (ICANN) é responsável por gerenciar os endereços IP e nomes de domínio da internet.[14] Uma de suas principais preocupações é ter certeza de que cada nome de domínio representa apenas um indivíduo ou entidade para aquele que legalmente registrá-lo. Se seu professor, por exemplo, quiser utilizar o *www.course.com* para um curso no site, ele logo descobrirá que o nome do domínio já foi registrado pelo Course Technology e não está disponível. A ICANN utiliza empresas chamadas *registradoras de nomes de domínio autorizadas* para lidar com a questão do registro de nomes dos domínios. Por exemplo, você pode visitar o *www.namecheap.com*, um registrador credenciado, para descobrir se determinado nome já foi registrado; se não, você pode registrar o nome por aproximadamente $ 9 por ano. Uma vez que fizer isso e desde que pague a taxa anual, a ICANN não vai permitir que qualquer pessoa use esse nome de domínio.

ACESSANDO A INTERNET

Embora seja possível se conectar à internet de várias maneiras, seu acesso não está distribuído equitativamente pelo mundo. O método escolhido é determinado pelo tamanho e pela capacidade da sua organização ou sistema, orçamento e os serviços disponíveis para você acessar (veja a Figura 7.3).

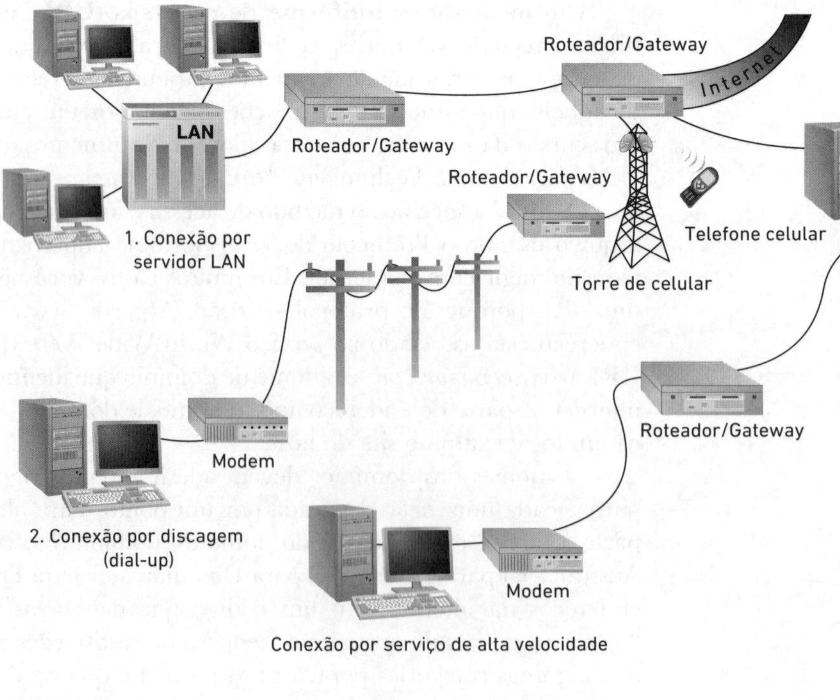

FIGURA 7.3

Várias maneiras de acessar a internet.

Os usuários podem acessar a internet de várias maneiras, inclusive com o uso de um servidor LAN, linhas telefônicas, um serviço de alta velocidade ou uma rede sem fio.

Conexão por servidor LAN

As empresas e organizações que gerenciam uma rede de área local (LAN) conectam-se à internet via servidor. Todos os usuários na LAN têm acesso à internet quando se conectam a um servidor LAN ligado a ela por meio de um roteador. Servidores LAN corporativos são conectados à internet com uma velocidade de dados muito rápida, algumas vezes em centenas de Mbps. Além disso, é possível compartilhar o custo mais elevado desse serviço entre várias dezenas de usuários LAN para permitir valores mais razoáveis por usuário.

Conexão via provedor de serviços de internet

PROVEDOR DE SERVIÇOS DE INTERNET (ISP, INTERNET SERVICE PROVIDER): Qualquer empresa que fornece acesso à internet para pessoas e organizações.

As empresas e residências impossibilitadas de se conectarem diretamente à internet por um servidor LAN devem acessá-la por meio de um provedor de serviços de internet. Um **provedor de serviços de internet (ISP, internet service provider)** é qualquer empresa que forneça acesso à internet para pessoas e organizações. Milhares de organizações servem como ISPs, que vão de universidades que tornam disponível aos estudantes e aos docentes a capacidade de linhas de comunicação não utilizadas até importantes gigantes da comunicação, como AT&T e Comcast. Para se conectar à internet através de um ISP, você deve ter uma conta com o provedor de serviços (para o qual você paga geralmente), um software (como um navegador) e dispositivos (como um computador ou smartphone) que suportam uma conexão via TCP/IP.

A conexão menos cara e mais lenta fornecida pelo ISP é uma conexão por discagem. Uma *conexão de internet discada* usa um modem e uma linha telefônica padrão para "discar" e se conectar ao servidor ISP.

Vários serviços de internet de alta velocidade estão disponíveis para residências e empresas. Eles incluem conexões por modem a cabo de empresas de televisão paga, conexões DSL de empresas telefônicas e conexões via satélite de empresas de televisão por satélite. Essas tecnologias foram discutidas no Capítulo 6. Os serviços de alta velocidade fornecem velocidades de transferência de dados entre 1 Mbps e 15 Mbps. Algumas empresas e universidades utilizam linhas T1 ou T3 muito rápidas para conectar à internet.

Além da conexão à internet por sistemas cabeados, como as linhas telefônicas e cabos de televisão, também é muito utilizado o acesso por celular e redes sem fio. Milhares de serviços de Wi-Fi abertos ao público estão disponíveis em cafeterias, aeroportos, hotéis e em qualquer lugar em que o acesso à internet seja oferecido livremente por uma taxa por hora ou pagamento de assinatura mensal.

As operadoras de telefonia celular também fornecem acesso à internet para celulares, notebooks e tablets. Os novos serviços de telefonia móvel 4G já disputam com as conexões de alta velocidade com fio desfrutados em casa e no trabalho.[15] Sprint,

Conexão sem fio
O iPad se conecta à internet por redes celulares e Wi-Fi.

QUESTÕES ÉTICAS E SOCIAIS

Trazendo a internet de alta velocidade para a Polônia

A participação plena das pessoas e das empresas na sociedade atual é impossível sem um bom acesso à internet. Um país que quer progredir economicamente e proporcionar oportunidades para seus cidadãos deve garantir que o acesso à internet seja amplamente disponível.

O governo da Polônia entende esse princípio e tem tomado várias medidas para tornar as conexões de internet de alta velocidade amplamente disponíveis.

Em 2009, o país aprovou uma legislação para apoiar e incentivar o desenvolvimento das redes de telecomunicações ao reduzir os obstáculos regulamentares à nova infraestrutura e aumento da concorrência. Muitos novos projetos foram iniciados após essa legislação ser adotada. Em 14 de janeiro de 2011, o Łódzkie *voivodship* (província), no centro da Polônia, abriu licitação para operar uma rede que vai dar acesso residencial à internet para quase 3 milhões de moradores.

Em consonância com essa filosofia, em outubro de 2009 o governo polonês chegou a um acordo com a maior operadora de telecomunicações, a Telekomunikacja Polska (TP), para implantar pelo menos 1,2 milhão de linhas de banda larga até o final de 2012. Até o final de 2010, a TP havia construído mais de 454 mil linhas, incluindo mais de 420 mil com velocidade superior a 6 Mbps. A empresa também aumentou a porcentagem de penetração em áreas rurais não lucrativas inicialmente prevista de 23% para 30%. Em abril de 2011, a TP iniciou as discussões regulatórias sobre a implantação de 3 milhões de fibras óticas residenciais (FTTH, Fiber to the Home) a partir de 2012.

Outra legislação apoia este objetivo. Os novos prédios de apartamentos, por exemplo, devem ter conexões de dados de alta velocidade do ponto de acesso ao edifício para cada unidade. Sabendo que a parte mais cara de instalação de banda larga já está feita, as empresas de telecomunicações são mais propensas a trazer as conexões de internet de alta velocidade para o edifício e competir no oferecimento desse serviço aos moradores.

A União Europeia (UE) também está contribuindo para infraestrutura da internet da Polônia. A UE recebe uma parcela do imposto sobre valores agregados (receita do VAT, value-added tax) de cada país-membro de cobranças e aloca esses fundos em projetos de desenvolvimento de toda a comunidade europeia. A rede de banda larga da Polônia oriental fornecerá acesso de banda larga à internet para a maioria dos moradores das cinco *voivodships* de baixa renda nessa parte do país. Esse empreendimento é o maior projeto de tecnologia de informação financiado pela UE, com um orçamento total de PLN 1,4 bilhão (cerca de $ 400 milhões) até 2015. A UE fornecerá aproximadamente 85% do orçamento e a Polônia os 15% restantes. No final de 2011, 62% dos moradores da Polônia tinham acesso à internet de alta velocidade. Esse percentual está acima da média mundial de 32,7%, mas abaixo da média de 71,5% da UE. Os atuais esforços da Polônia devem aumentar o percentual da média europeia, que é, naturalmente, um alvo em movimento, já que todos os países da UE também estão avançando. A Internacional Telecommunications Union estima que 90% de todos os poloneses terão acesso à internet de banda larga fixa até o final de 2015. Uma vez que muitos dos 10% restantes terão acesso móvel e outros acessarão convenientemente por meio de suas bibliotecas públicas, o acesso à rede em alta velocidade de alguma forma será quase universal. Tal acesso será um fator-chave para o futuro sucesso econômico da Polônia.

Questões para discussão

1. O caso afirma que "Um país que quer progredir economicamente e proporcionar oportunidades para seus cidadãos deve garantir que o acesso à internet seja amplamente disponível". Você concorda ou não? Responda por quê.
2. O texto afirma que a UE arrecada uma parte da receita do VAT de cada membro e devolve o dinheiro aos países-membros para projetos de desenvolvimento econômico. Os países menos prósperos recebem mais do que contribuem e os

QUESTÕES ÉTICAS E SOCIAIS

mais prósperos recebem menos. A intenção do programa de fundos europeus é reduzir as diferenças de desenvolvimento entre as regiões. A Polônia recebe de volta muito mais do que contribui para esse fundo. Cerca de 30% dos valores que a Polônia recebe é para infraestrutura de telecomunicações e 70% para infraestrutura de transporte. Você acha essa divisão apropriada? Como você dividiria esses fundos? Considere outros usos além desses dois.

Questões para análise

1. Sendo estudante universitário, você deve tem acesso à internet de alta velocidade no campus e, provavelmente, também onde mora. Caso não tenha, quais são as dificuldades encontradas? Quão difícil será para fazer o trabalho de conclusão sem um bom acesso à internet?
2. Em 31 de março de 2012, de uma população de 38,5 milhões de poloneses, 7,5 milhões eram membros do Facebook, ou seja, pouco menos de 20%. A fração correspondente para os Estados Unidos foi de pouco mais de 50%. Quanto dessa diferença você acredita ser em razão da falta de acesso à internet de alta velocidade e quanto é vinculado a outros fatores? Qual é o efeito de melhor disponibilidade da internet de alta velocidade sobre a adesão do Facebook na Polônia?

Fontes: Staff, "Poland-Impact of the Regulations on the Stimulation of the Infrastructural Investments and Actions Concerning Development of the Information Society", International Telecommunications Union, *www.itu.int/ITU-D/eur/NLP-BBI/CaseStudy/CaseStudy_POL_Impact_of_Regulation.html*, acesso em: 29 jun. 2011; Staff, "Poland Broadband Overview", Point-Topic, point-topic.com/content/operatorSource/profiles2/poland-broadband-overview.htm, acesso em: 26 ago. 2011; Staff, "Broadband Network in Eastern Poland", Polish Information and Foreign Investment Agency, www.paiz.gov.pl/20111114/broadband_network_in_eastern_poland, acesso em: 14 nov. 2011; Internet World Stats, "Internet Usage in Europe", www.internetworldstats.com/stats4.htm, acesso em: 11 abr. 2012.

Verizon, AT&T e outras operadoras populares estão trabalhando para trazer o serviço 4G para os assinantes nas grandes áreas metropolitanas.

Quando a Apple lançou o iPhone, um dos seus slogans era a "internet no seu bolso". O iPhone comprova a popularidade e o potencial dos serviços de internet de um aparelho móvel. Muitos outros smartphones estão seguindo o caminho do iPhone, oferecendo serviços semelhantes em celulares. Mais recentemente, o iPhone colocou em voga as chamadas de vídeo, enquanto o iPad e outros tablets oferecem em qualquer lugar e momento acesso a todos os tipos de serviços de internet em uma tela maior.

COMPUTAÇÃO EM NUVEM

COMPUTAÇÃO EM NUVEM: Ambiente de computação em que o software e o armazenamento são fornecidos como um serviço de internet e são acessados por meio de um navegador da web.

A **computação em nuvem** refere-se a um ambiente de computação em que o software e o armazenamento são fornecidos como um serviço de internet e acessado por meio de um navegador web (veja a Figura 7.4). Google e o Yahoo!, por exemplo, armazenam e-mails, calendários, contatos e listas de tarefas de muitos usuários. A Apple Computer desenvolveu um serviço chamado iCloud para permitir às pessoas armazenar suas músicas e outros documentos em seu site da internet.[16] O Facebook proporciona a interação social e pode armazenar fotos pessoais, assim como o Flickr e uma dúzia de outros sites. O Pandora oferece música, o Hulu e o YouTube oferecem filmes. O Google Docs, Zoho, 37signals, Flypaper, Adobe Buzzword e outros oferecem software de produtividade e gestão da informação pela web. Com o Office 365, a Microsoft enfatiza a maior extensão de computação em nuvem.[17] O Office 365 concorre com outros softwares on-line completos.[18] Com a computação em nuvem, comunicações, contatos, fotos, documentos, músicas e mídias estão disponíveis para você por qualquer dispositivo conectado à internet.

FIGURA 7.4
Computação em nuvem.
A computação em nuvem utiliza aplicativos e recursos entregues através da internet.

A computação em nuvem oferece muitas vantagens para as empresas. Ao terceirizar os sistemas de informação de negócios para a nuvem, a empresa economiza em design, instalação e manutenção de sistemas. A Bolsa de Valores de Nova York (NYSE, New York Stock Exchange), por exemplo, está começando a oferecer aplicativos de computação em nuvem que permitem aos clientes pagar pelos serviços e os dados que usam na Euronext, o mercado europeu de ações, títulos e outros investimentos.[19]

A computação em nuvem pode ter vários métodos de implantação. Aqueles discutidos até agora são considerados serviços de nuvem pública. A *nuvem pública* refere-se aos prestadores que oferecem seus serviços com base em nuvem para o público em geral, seja um indivíduo usando o calendário do Google ou uma corporação usando o Salesforce.com. Existe também uma implantação de *nuvem privada*, em que a tecnologia é usada dentro dos limites de uma rede privada. A Corus Automotive Engineering Group descobriu que a tecnologia de nuvem privada da Univa UD era ideal para o gerenciamento de suas enormes aplicações técnicas de processamento paralelo.[20] Algumas empresas utilizam a computação em nuvem privada porque ela fornece mais controle sobre infraestrutura e segurança de computação que em nuvem pública. O diretor executivo da Salesforce.com ajudou a Burberry, fabricante popular de roupas e acessórios para homens e mulheres, com seu marketing on-line e vendas com soluções em sua nuvem privada durante uma reunião em Half Moon Bay, na Califórnia.[21] No intervalo de 10 minutos de envio de perguntas à equipe da Salesforce usando sua nuvem privada chamada Chatter, as respostas e ideias fluíram para a reunião em Half Moon Bay.[22] De acordo com o CEO da Burberry, "Após 155 anos de história, queremos tornar a Burberry conectada globalmente". As empresas também podem optar por combinar os serviços de nuvem pública e de nuvem privada para criar uma *nuvem híbrida.* Em outra versão da computação em nuvem, conhecida como *nuvem da comunidade*, várias empresas compartilham recursos de computação em nuvem.

Hoje em dia, nenhuma norma universalmente aceita permite aos dados e programas serem compartilhados entre aplicativos de computação em nuvem.[23] Gerenciar as aplicações de computação em nuvem pode ser difícil quando 10 ou mais provedores de computação estão envolvidos.[24] As empresas têm desenvolvido cada vez mais estratégias formais de computação em nuvem.[25] De acordo com o diretor de soluções para a NetApp, "Nossos clientes estão interessados em uma estratégia de computação em nuvem abrangente que inclui ambos os modelos de nuvem privada e pública, conforme suas necessidades de aplicação". Atualmente, uma série de ferramentas está disponível para gerenciar as aplicações de computação em nuvem, como a Hewlett-Packard CloudSystem Matrix, TurnKey Linux Backup e outras.[26]

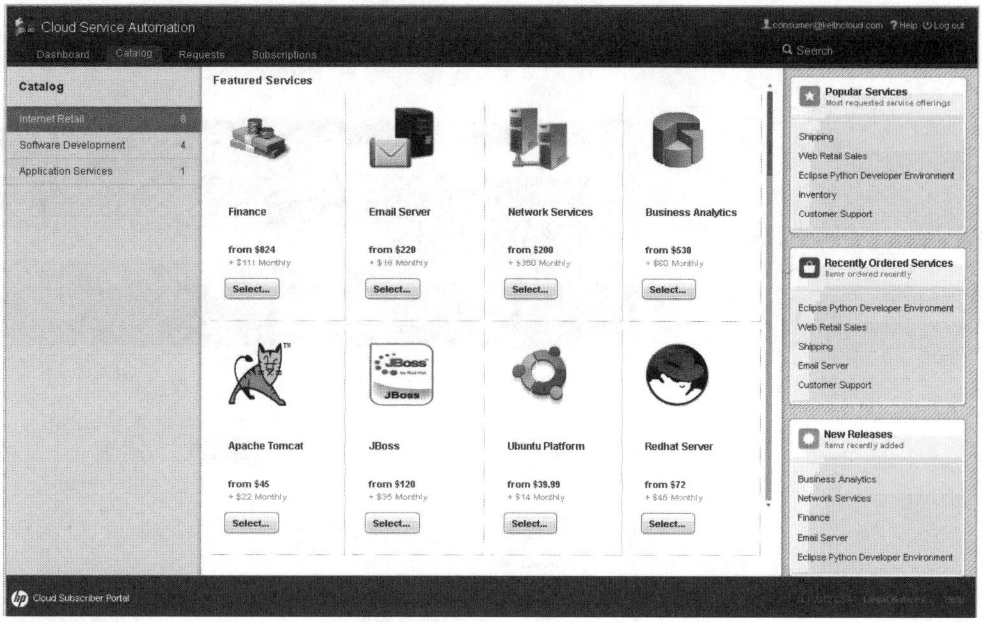

A Hewlett-Packard CloudSystem Matrix é projetada para o gerenciamento de aplicações de computação em nuvem.

Cortesia da HP

A WORLD WIDE WEB

A World Wide Web foi desenvolvida por Tim Berners-Lee no CERN, a Organização Europeia para a Pesquisa Nuclear, em Genebra, na Suíça. Ele a concebeu originalmente como um sistema interno de gerenciamento de documentos. A partir desse modesto início, a web cresceu e se tornou a principal fonte de notícias e informações, um canal indispensável para o comércio e um centro popular de interação social, entretenimento e comunicação.

COMO A INTERNET FUNCIONA

Embora os termos internet e web sejam muitas vezes usados como sinônimos, tecnicamente se referem a duas tecnologias diferentes. A internet é a infraestrutura que existe na web. Ela é composta por computadores, hardware de rede, como roteadores e cabos de fibra ótica, software e os protocolos TCP/IP. Já a **web** consiste em um software de servidor e cliente, o Protocolo de Transferência de Hipertexto (HTTP, hypertext transfer protocol) e linguagens padrão e de marcação que se combinam para fornecer informações e serviços através da internet.

WEB:
Servidor e software de cliente, Hypertext Transfer Protocol (HTTP), linguagens padrões e de marcação que se combinam para fornecer informações e serviços pela internet.

A web foi concebida para tornar as informações fáceis de encontrar e organizar. Ela conecta bilhões de documentos, agora chamados páginas web, armazenados em milhões de servidores em todo o mundo. Eles são conectados uns aos outros por meio de **hiperlinks**, textos ou gráficos em uma página web que, quando clicados, abrem outra com conteúdos relacionados. Com os hiperlinks, os usuários podem saltar entre páginas web armazenadas em vários servidores web, o que gera a ilusão de interagir com um grande computador. Em razão da vasta quantidade de informações e meios disponíveis, a web se tornou o meio mais popular de acesso ao mundo atualmente.

HIPERLINKS:
Textos destacados ou gráficos em uma página web que, quando clicados, abrem uma nova página com conteúdo relacionado.

Em resumo, a web é um sistema de hiperlinks que utiliza o modelo consumidor/servidor. Ela organiza os recursos da internet pelo mundo todo em uma série de arquivos conectados chamados páginas, que são acessados e vistos com um software de cliente da web denominado **navegador web**. Internet Explorer, Firefox, Chrome e Safari são os mais populares navegadores web (veja a Figura 7.5). Um conjunto de páginas sobre um assunto específico, acessado sob um domínio da web, é chamado website. A web foi originalmente projetada para manter textos formatados e figuras em uma página. Ela evoluiu para armazenar muito outros tipos de informações e comunicação, que incluem interatividade do usuário, animação e vídeo. Os *plug-ins* da web

NAVEGADOR WEB:
Software de cliente da web, como Internet Explorer, Firefox, Chrome e Safari, usados para visualizar as páginas web.

auxiliam no fornecimento de características adicionais aos websites-padrão. Adobe Flash e Real Player são exemplos de plug-ins da web.

Cortesia do Google

FIGURA 7.5
Mozilla Firefox.
Os navegadores web, como o Firefox, permitem que você acesse os recursos da internet, como este portal web personalizado da Google.

LINGUAGEM DE MARCAÇÃO DE HIPERTEXTO (HTML, HYPERTEXT MARKUP LANGUAGE): Linguagem-padrão de descrição de página web.

TAGS: Códigos que informam ao navegador web como formatar texto, título, lista ou o corpo do texto e se as imagens, sons e outros elementos devem ser inseridos.

A **linguagem de marcação de hipertexto (HTML, hypertext markup language)** é a linguagem-padrão de descrição da página para os sites web. A HTML é definida pelo World Wide Web Consortium (referido como "W3C") e se desenvolveu por várias revisões. Ela está atualmente em sua quinta revisão – a HTML5.[27] A HTML informa ao navegador como exibir as características de fonte, formatação de parágrafo, layout de página, colocação de imagens, hyperlinks e o conteúdo de uma página da web. A HTML utiliza **tags**, ou seja, códigos que informam ao navegador web como formatar o texto ou elementos gráficos, como um título, uma lista ou o corpo do texto, por exemplo. Os criadores do site marcam uma página colocando as tags de HTML antes e depois de uma ou mais palavras. Para que o navegador, por exemplo, exiba uma frase como um título, você coloca a tag <h1> no início da frase e a tag </h1> no final da frase. Quando visualizar essa página no navegador, a frase estará exposta como um título. A HTML também fornece tags para importar objetos armazenados em arquivos, como fotos, áudio e filmes em uma página web. Em resumo, uma página web é composta por três componentes: texto, tags e referências a arquivos. O texto é a mensagem, as tags são os códigos que marcam a maneira de como as palavras serão exibidas e as referências a arquivos inserem fotos e mídia na página web em lugares específicos. Todos as tags de HTML estão contidas em um conjunto de sinais de maior e menor (< e >), como <h2>. As tags de fechamento possuem uma barra, como </b>. Veja o seguinte texto e tags:

```
<html>
<head>
<title>Resumo</title>
<link href="style.css" rel="stylesheet" type="text/css" />
```

```
</head>
<body style="background-color:#333333">
<div id="container">
<p><img src="header.png" width="602" height="78" /></p>
<h1 align=center>Princípios de sistemas de informação</h1>
<ol>
<li>Visão geral</li>
<li>Conceitos da tecnologia de informação</li>
<li>Sistemas de informação em negócios</li>
<li>Desenvolvimento de sistemas</li>
<li>Sistemas de Informação na Sociedade, nos Negócios e na Indústria</li>
</ol>
</div>
</corpo>
</html>
```

A tag <html> identifica esse conteúdo como um documento HTML. Os documentos HTML são divididos em duas partes: o <head> e o <body>. O <body> contém tudo o que é visível na janela do navegador web, enquanto o <head> contém informações relacionadas, como <title> para colocar na barra de título do navegador. A cor de fundo da página é especificada na tag <body> com um código hexadecimal. O título "Princípios de sistemas de informação" é identificado como o maior nível 1 de cabeçalho com a tag <h1>, que normalmente é uma fonte entre 16-18 pontos, centralizado na página. A tag <ol> indica uma lista ordenada e a <li> determina itens da lista. A página web resultante é mostrada na Figura 7.6.

FIGURA 7.6
Código HTML interpretado por um navegador.
Exemplo de código HTML interpretado pelo navegador Firefox em um Mac.

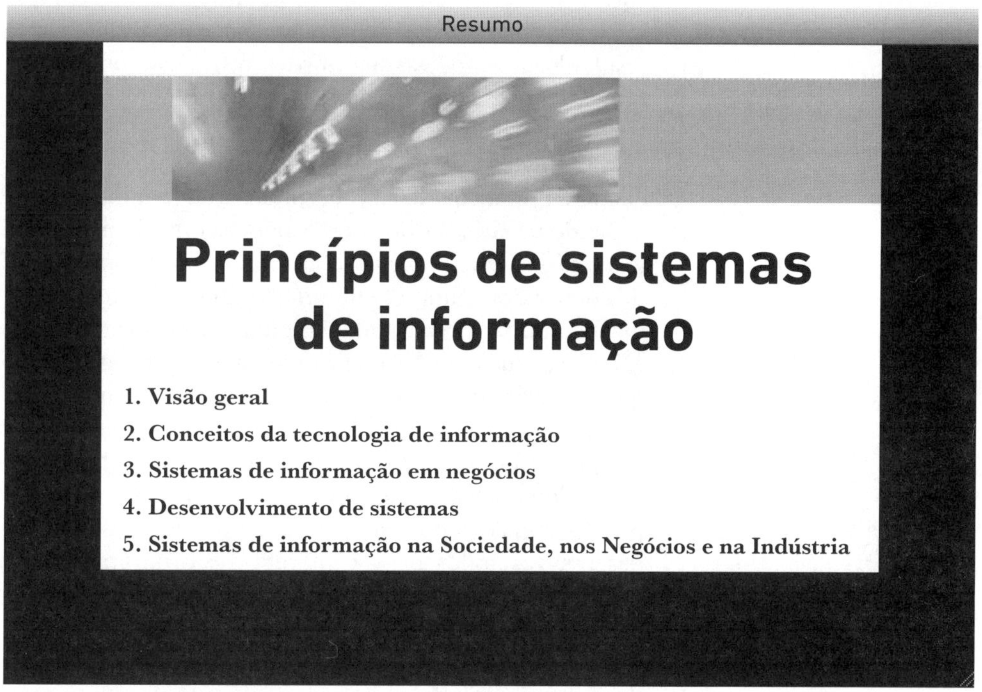

FOLHAS DE ESTILOS EM CASCATA (CSS):
Linguagem de marcação para definir o projeto visual de uma página da web ou grupo de páginas.

A HTML trabalha conjuntamente a outra linguagem de marcação chamada **CSS**. A CSS (cascading style sheets), que significa **folhas de estilos em cascata**, tornou-se uma ferramenta popular para projetar grupos de páginas.[28] Ela utiliza tags de HTML especiais para definir globalmente as características da fonte para uma variedade de elementos de página, bem como a forma que esses elementos são dispostos no layout. Em vez de ter de especificar uma fonte para cada ocorrência de um elemento em todo o documento, a formatação pode ser definida de uma vez e aplicada em todas as ocorrências. Os estilos CSS são frequentemente definidos em um arquivo separado e, em seguida, pode ser aplicado a muitas páginas de um site. No código de exemplo anterior, você deve ter notado a tag <link>, que se refere a um arquivo de folha de estilo externa, o "style.css".

LINGUAGEM DE MARCAÇÃO EXTENSIVA (XML, EXTENSIBLE MARKUP LANGUAGE): Linguagem de marcação projetada para transportar e armazenar os dados na web.

A **linguagem de marcação extensiva (XML, extensible markup language)** é projetada para transportar e armazenar os dados na web. A XML permite ao programador criar marcas personalizadas que definem dados, em vez de usar tags predefinidas como HTML. O exemplo a seguir com o código XML identifica os componentes de um livro:

```
<book>
<chapter>Hardware</chapter>
<topic>Dispositivos de entrada</topic>
<topic>Dispositivos de processamento e armazenamento</topic>
<topic>Dispositivos de saída</topic>
</book>
```

A XML é extremamente útil para organizar o conteúdo da web e tornar os dados fáceis de encontrar. Muitos sites usam a CSS para definir o design e o layout de páginas web, a XML para definir o conteúdo e a HTML para juntar o conteúdo (XML) com o projeto (CSS) (veja a Figura 7.7). Essa abordagem modular para o web design permite a você alterar o projeto visual sem afetar o conteúdo e vice-versa.

LINGUAGENS DE PROGRAMAÇÃO WEB

Muitos dos serviços oferecidos na web são entregues por programas e scripts. Um programa da web pode ser algo tão simples como um menu que se expande quando você clica nele ou tão complicado como um aplicativo completo de planilha. Os serviços de software liberados na web podem ser executados nos servidores web, distribuindo os resultados do processamento para o usuário, ou podem também ser executados diretamente no PC do usuário. Essas duas categorias são comumente chamadas software voltado ao cliente e ao servidor.

O JavaScript é uma linguagem de programação popular para aplicativos de cliente. Por meio dele, você pode criar páginas interativas web que respondem às ações do usuário. O JavaScript pode ser usado para validar a entrada de dados em um formulário web, exibir fotos em um estilo de apresentação de slides, incorporar jogos de computador simples em uma página web e fornecer uma calculadora de conversão de moeda. O **Java** é uma linguagem de programação orientada a objeto da Sun Microsystems com base em linguagem de programação C++, o que permite aos pequenos programas chamados *applets* serem embutidos em um documento HTML. Quando o usuário clica na parte apropriada de uma página HTML para recuperar um applet de um servidor web, ele é baixado para a estação de trabalho do cliente, onde ele começa a executar. Diferentemente de outros programas, o software Java pode ser executado em qualquer tipo de computador. Ele pode ser utilizado para desenvolver aplicações na internet. Os programadores usam Java para obter páginas web mais vivas, adicionando gráficos chamativos e fáceis de notar, animações e atualizações em tempo real.

JAVA: Linguagem de programação orientada a objeto da Sun Microsystems com base em linguagem C++, que permite aos pequenos programas, chamados applets, serem embutidos em um documento HTML.

O *hypertext preprocessor*, ou *PHP* (hypertext preprocessor), é uma linguagem de programação de código aberto muito popular para o desenvolvimento de aplicações do lado do servidor. Ao contrário de algumas outras linguagens de programação web, o PHP é fácil de usar porque seu código, ou instruções, pode ser embutido diretamente no código HTML. O PHP também pode ser utilizado com uma variedade de sistemas de gerenciamento de banco de dados, como MySQL, DB2, Oracle, Informix e muitos outros. A flexibilidade, a potência e a facilidade de uso do PHP fazem-no popular para muitos desenvolvedores web. O Perl é outra linguagem de programação popular do lado do servidor.

O *Adobe Flash* e o *Microsoft Silverlight* fornecem ambientes de desenvolvimento para criar ricas animações na web e mídia interativa. Tanto o Flash quanto o Silverlight

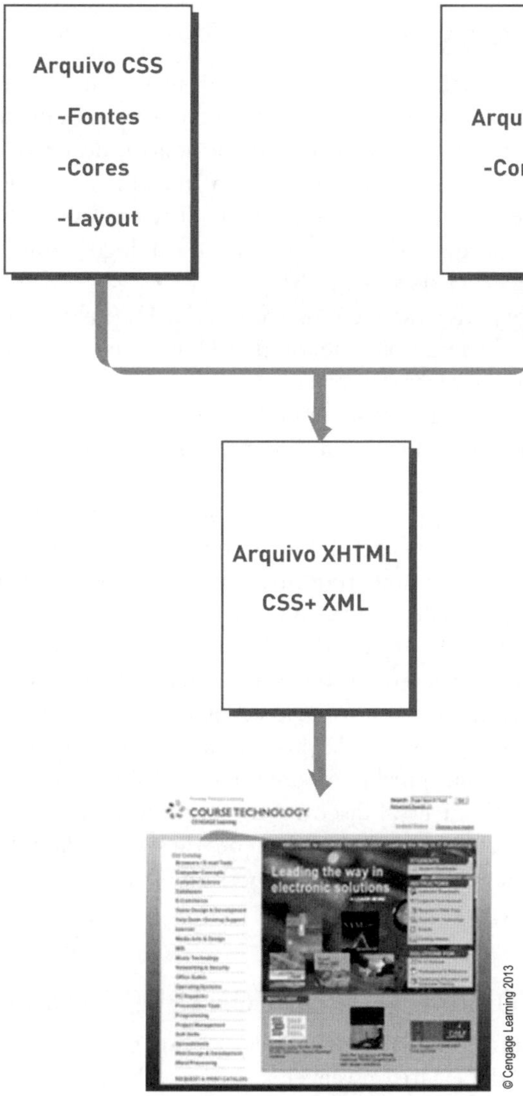

FIGURA 7.7
XML, CSS e HTML.
Atualmente os sites são criados com XML para definir o conteúdo, o CSS para indicar o estilo visual e HTML para juntar os dois.

exigem que os usuários instalem um plug-in para ser executado. O Flash se tornou tão comum que os navegadores populares incluem-no como componente-padrão. A introdução da HTML5 em 2010 forneceu aos desenvolvedores web a capacidade de criar conteúdo interativo e mídia nativa na web em HTML sem a necessidade do Flash ou do Silverlight. Uma série de empresas de tecnologia, lideradas pela Apple, estão se afastando do Flash para HTML5 (veja a Figura 7.8).

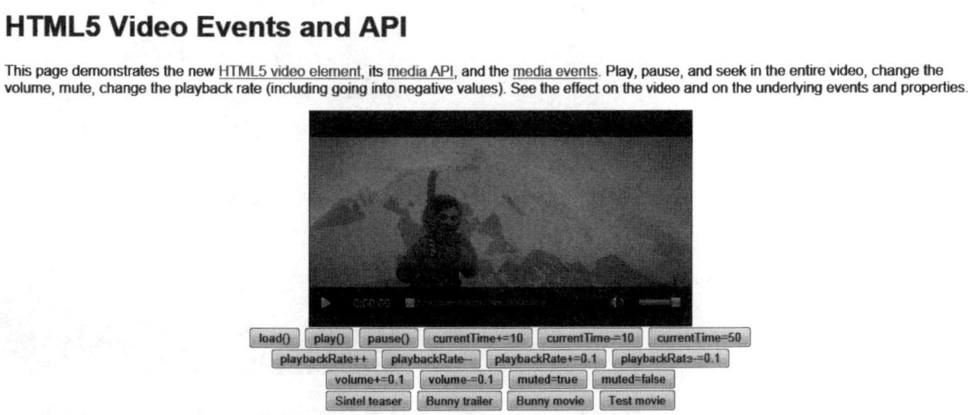

FIGURA 7.8
Vídeo HTML5.
A HTML5 suporta mídia interativa, incluindo vídeo e áudio.

SERVIÇOS DA WEB

Os serviços da web consistem em padrões e ferramentas que atualizam e simplificam a comunicação entre os sites web, prometendo revolucionar o modo como se desenvolve e se utiliza a web para os objetivos pessoais e de negócios. As empresas de internet, como Google, eBay e Amazon, agora utilizam os serviços da web. Esta última, por exemplo, desenvolveu a Amazon Web Services (AWS, Serviços de Web da Amazon) para tornar os conteúdos de seu enorme catálogo on-line disponíveis para outros websites ou aplicações de software.[29]

A chave para os serviços da web é a XML. Tal como a HTML, desenvolvida como padrão para formatar o conteúdo da web em páginas web, a XML é utilizada dentro da página para descrever e transferir dados entre as aplicações de serviços da web. A XML é fácil de ler e possui amplo apoio dos setores da atividade econômica. Além da XML, três outros componentes são utilizados nas aplicações de serviço da web:

1. O SOAP (simple object access protocol) é uma especificação que define o formato XML para mensagens. Ele permite às empresas, aos fornecedores e aos consumidores se comunicarem uns com os outros e fornecerem ainda um conjunto de regras que facilita o transporte das informações e os dados pela internet.
2. A WSDL (web services description language) fornece condições para que um aplicativo de serviço da web descreva suas interfaces em detalhes suficientes de modo que permita que um usuário construa um aplicativo de cliente para falar com ele. Em outras palavras, ela possibilita que um componente de software se conecte e trabalhe com outro componente de software na internet.
3. A UDDI (universal discovery description and integration) é utilizada para descrever, descobrir e integrar aplicações de serviço da web com um diretório da internet para que usuários potenciais possam encontrá-las facilmente e realizar transações pela internet.

DESENVOLVIMENTO DE CONTEÚDO DA WEB E APLICAÇÕES

As ferramentas populares para a criação de páginas web e gerenciamento de websites incluem o Adobe Dreamweaver, o Microsoft Expression Web e o Nvu (veja a Figura 7.9). Atualmente, o desenvolvimento de aplicações da web permite aos desenvolvedores criar sites web que usam um software semelhante a um processador de texto. O software contém características que permitem ao desenvolvedor trabalhar diretamente com o código HTML ou utilizar código autogerado. O software de desenvolvimento web também auxilia o projetista a manter um acompanhamento de todos os arquivos em um site e os hiperlinks que os conectam.

FIGURA 7.9
Criação de páginas web.
O Microsoft Expression Web torna o webdesign tão fácil de usar quanto um processador de texto.

FRAMEWORKS DE APLICAÇÕES DA WEB: Softwares de desenvolvimento web que fornecem o código – ou framework – para um site interativo profissional fundamental e permitem que os desenvolvedores personalizem o código para necessidades específicas.

Os **frameworks de aplicações da web** surgiram para simplificar o desenvolvimento web, fornecendo o código – ou estrutura – para um site interativo profissional, o que permite aos desenvolvedores personalizarem o código para necessidades específicas. Eles incluem softwares populares de desenvolvimento, como o Drupal e o Joomla!, e variam em complexidade desde o WordPress, que permite a não programadores criarem sites, ao Ruby on Rails, que requer experiência significativa com a programação. As estruturas de aplicação da web que suportam as necessidades completas de nível empresarial são referidas nos sistemas de gerenciamento de conteúdo on-line ou como frameworks. A maioria dos frameworks usa um banco de dados para armazenar e distribuir conteúdo da web. O governo federal usou o framework Drupal para desenvolver o site da *www.whitehouse.gov* (veja a Figura 7.10).[30]

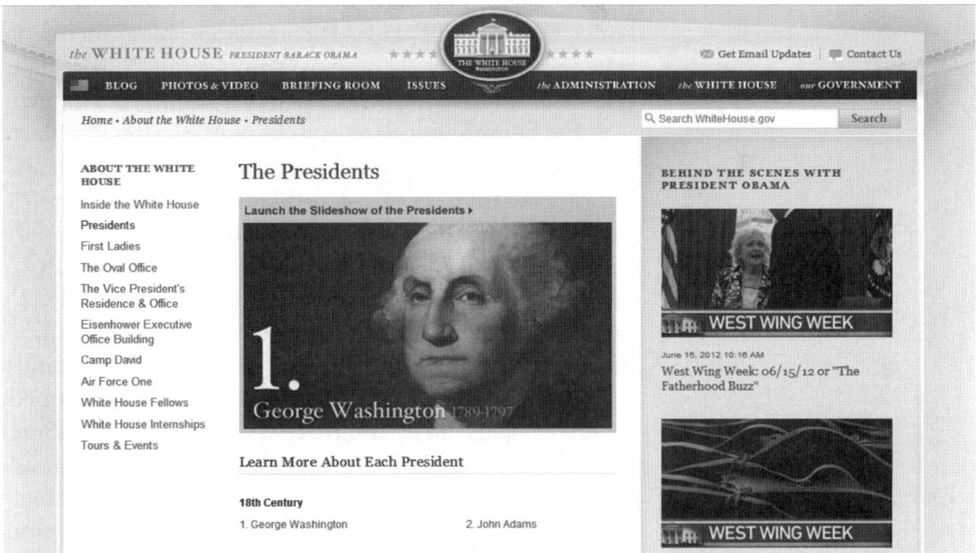

www.whitehouse.gov

FIGURA 7.10
Framework de aplicação da web.
O Whitehouse.gov foi criado com a estrutura de aplicações da web do Drupal.

Os sites são geralmente desenvolvidos em computadores pessoais para em seguida serem enviados para um servidor web. Embora uma empresa possa gerenciar seu próprio servidor web, o trabalho é muitas vezes terceirizado para uma companhia de hospedagem web. Os hosts da web mantêm servidores web, sistemas de armazenamento e sistemas de backup para fornecer desenvolvimento e estruturas de software web, ferramentas de análise da web e software de e-commerce quando necessário. Um web host pode cobrar $ 15 ou mais por mês, dependendo dos serviços oferecidos. Alguns sites de hospedagem web também incluem registro de domínio e serviços da webdesign do site.

Muitos produtos facilitam o desenvolvimento de conteúdo da web e interconectam serviços, o que será discutido na próxima seção. A Microsoft, por exemplo, oferece uma plataforma de serviços e desenvolvimento web chamada .NET, que permite aos desenvolvedores usarem várias linguagens de programação para criar e executar programas, incluindo aqueles para a web. A plataforma .NET também contém uma rica biblioteca de código de programação para auxiliar a construir aplicações da web XML. Outras plataformas de desenvolvimento web incluem a JavaServer Pages, a Microsoft ASP e a Adobe ColdFusion.

APLICATIVOS DE INTERNET E REDE

Os tipos de aplicativos de internet e de rede disponíveis são amplos e estão sempre em expansão. Os indivíduos e as organizações em todo o mundo dependem da internet e dos aplicativos da web. Com a internet, os empresários podem começar empreendimentos on-line e prosperarem. Alguns alunos formados na Escola Wharton da Universidade da Pensilvânia, por exemplo, começaram uma empresa de receita de óculos na internet.[31] As receitas de óculos de grau podem ser vendidas por menos de $ 100. As empresas de internet, como *www.frelancer.com* e *www.livework.com*, podem ajudar os empresários a progredir. Um ex-advogado da Apple Computer, por exemplo, largou o emprego e abriu a LawPivot, empresa criada para auxiliar empresários e empresas startup de internet a obter aconselhamento jurídico e encontrar risco capital.[32] A internet também permite aos clientes determinar a entrega de produtos e serviços conforme sua velocidade, requerimentos de custo e conveniência.[33]

As empresas não poderiam sobreviver no ambiente competitivo de hoje sem o uso da internet. A Ratiophram Canadá, uma empresa farmacêutica, usou a internet para ajudar a resolver um problema de distribuição de medicamentos em que a demanda por seus genéricos variava consideravelmente.[34] Os funcionários usaram a internet para compartilhar informações e colaborar com a demanda variável. Como resultado, o percentual de pedidos preenchidos no tempo passou de menos 90% para acima de 95%. A SAP, conhecida fabricante de softwares de sistema integrado de gestão (ERP, enterprise resource planning), está se unindo com a Google para combinar ou integrar os dados empresariais da SAP com dados geográficos da internet.[35] Os resultados serão relatórios de gráficos criativos, como vendas por região, por inadimplência de bairro e relatórios semelhantes com base nos mapas da Google.

Para empresas de todos os tamanhos, sites da internet imprecisos significam menos visitantes, o que geralmente se traduz em baixas vendas e lucros.[36] Os consultores da internet são muitas vezes contratados para elaborar sites mais interessantes e divertidos. O valor de algumas empresas de internet que vão a público oferecer suas ações para os investidores por meio de ofertas públicas iniciais (IPOs, initial public offering) tem aumentado em alguns casos. Uma oferta pública inicial para uma empresa de internet popular ganhou aproximadamente 79% em um dia.[37] Naturalmente, esse retorno de um dia sobre o investimento não é normal ou garantido.

Atualmente, muitas organizações estão preocupadas com a rentabilidade do seu modelo de negócio na internet.[38] Nos primórdios da internet, muitas empresas de mídia colocaram o conteúdo gratuito em seus sites. Agora, as empresas de mídia e outras estão investigando maneiras de gerar receita com seus sites ou removendo conteúdo das páginas que poderiam competir com os jornais tradicionais, revistas ou TV e prejudicar a rentabilidade nos negócios.[39] O *The New York Times*, por exemplo, considera cobrar por parte de seu conteúdo on-line oferecendo outro conteúdo livre como habitual.[40] Nem todas as empresas de mídia, no entanto, foram rentáveis na internet. A *Slate*, uma revista on-line de propriedade do *Washington Post*, teve de demitir um número-chave de funcionários por causa da falta de receitas e lucros.[41]

A publicidade na internet tem sido uma fonte de receita importante para muitas organizações. As empresas de internet, no entanto, têm de ser cuidadosas sobre o negócio ou a publicidade que aceitarem. Uma empresa popular de busca na internet, por exemplo, pagou uma multa de $ 500 milhões para o Departamento de Justiça dos Estados Unidos por aceitar uma publicidade que promoveu ilegalmente medicamentos de empresas farmacêuticas canadenses na internet.[42] Os sites de redes sociais, como o Facebook, representam uma grande porcentagem de toda a publicidade da internet.[43] Sem dúvida, tais redes sociais e as abordagens mais recentes da web explodiram em popularidade e importância.

A WEB 2.0 E A WEB SOCIAL

WEB 2.0: Web como uma plataforma de computação que comporta aplicações de software e compartilhamento de informações entre usuários.

Nos últimos anos, a web evoluiu de um recurso unidirecional, em que os usuários apenas obtinham informações, para um recurso bidimensional, em que eles obtêm informações e contribuem com elas. Sites como YouTube, Wikipédia e MySpace são exemplos. A web também cresceu em potência para comportar softwares de aplicações completamente desenvolvidos, como o Google Docs, e se torna uma plataforma computacional por conta própria. As duas tendências mais importantes na maneira como a web é utilizada e compreendida criaram mudanças drásticas, de modo que a nova forma da web ganhou o título de **web 2.0**.

A rede social

A web original – web 1.0 – proporcionou uma plataforma para desenvolvedores de tecnologia experientes e as empresas e organizações os contratavam para publicar as informações para o público em geral visualizar. Serviços como YouTube e Flickr permitem aos usuários compartilhar vídeos e fotos com outras pessoas, grupos e o mundo. Serviços de microblog, como o Twitter, permitem que as pessoas publiquem pensamentos e ideias ao longo do dia para os amigos lerem (veja a Figura 7.11).

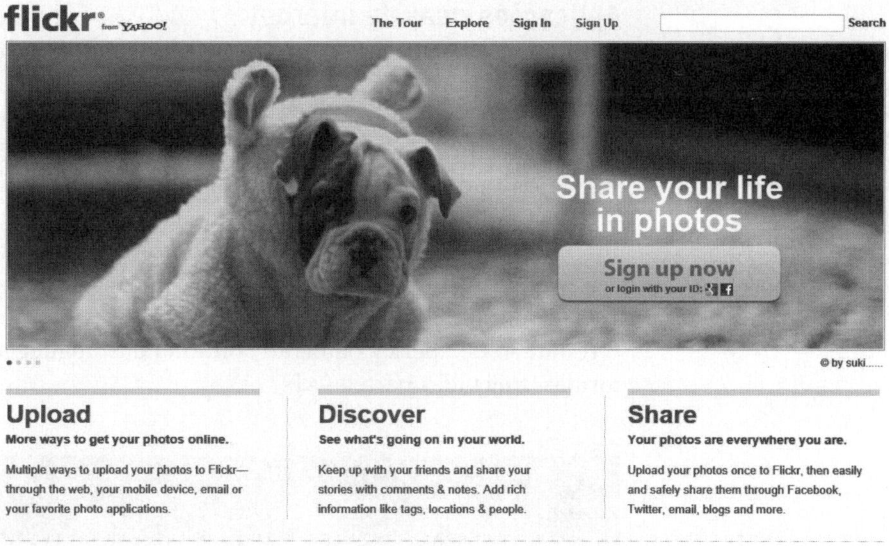

FIGURA 7.11
Flickr.
O Flickr permite aos usuários compartilhar fotos com outras pessoas ao redor do mundo.

www.flickr.com

Os sites de redes sociais oferecem ferramentas com base na web para usuários compartilharem informações sobre si com pessoas na web e para descobrir, encontrar e conversar com outros integrantes. Algumas dessas características podem ser vistas em *The Social Network* (A rede social), filme que aborda o início e o crescimento do Facebook. A Google está entrando nesse segmento com o Google+, uma rede social que poderá competir com redes sociais como Facebook.[44] Algumas páginas de redes sociais estão usando celebridades para promover e gerar interesse em seus sites.[45] O LinkedIn é uma ferramenta única na medida em que é projetado para ajudar seus membros na criação e na manutenção de valiosas conexões profissionais.[46] O Ning oferece ferramentas para os usuários da web criarem suas próprias redes sociais dedicadas a um tema ou interesse.[47]

Os sites de redes sociais permitem ao usuário ter uma página web pessoal e publicar fotos e informações sobre si. Grupos de interesse especial também podem ser criados e reunidos. Os sites de redes sociais também têm sido usados para ajudar a incentivar a investigação médica em doenças incomuns.[48] Em um caso, uma jovem mulher foi diagnosticada com a doença arterial coronariana espontânea (SCAD, spontaneous coronary artery disease) depois de várias visitas ao médico. Quando ela publicou sua situação na internet e se conectou com outras pessoas com a mesma doença, os pesquisadores médicos da Mayo Clinic ficaram interessados na doença e começaram um estudopiloto dela, investigando em fóruns de mensagens na internet de pessoas em todo o mundo. Os sites de redes sociais também têm sido usados para ajudar as pessoas a encontrar informações importantes de saúde e até mesmo doadores de órgãos. O Facebook, por exemplo, permite que as pessoas se inscrevam como doadores de órgãos.[49] Mais de 100 mil pessoas nos Estados Unidos podem estar à espera de órgãos a qualquer momento.

As redes sociais se tornaram muito populares para encontrar velhos amigos, ficar em contato com amigos atuais e fazer outros novos. Além de seu valor pessoal, elas oferecem riqueza de informação ao consumidor e também oportunidade de negócios.[50] Algumas empresas estão incluindo recursos de redes sociais em seus locais de trabalho. O uso dessas mídias nos negócios é chamado Enterprise 2.0. Os aplicativos corporativos 2.0, como o Chatter da Salesforce, trouxeram a interação do Facebook para o local de trabalho. Os funcionários publicam perfis, o que torna mais fácil para seus colegas encontrar pessoas com conhecimento que é útil para o ambiente de trabalho.

Os sites de redes sociais têm ajudado alguns de seus fundadores a se tornarem ricos. A aquisição de uma empresa de compartilhamento de fotos tornou seus fundadores multimilionários.[51] A oferta pública inicial do Facebook fez de seu fundador um bilionário. No entanto, nem todo mundo está feliz com os sites de redes sociais, já que os empregadores podem usar esses sites para obter informações pessoais sobre você. Algumas pessoas temem que sua privacidade seja invadida ou sua informação pessoal utilizada sem seu conhecimento ou consentimento.[52]

Aplicações ricas da internet

APLICAÇÃO RICA DE INTERNET (RIA, RICH INTERNET APPLICATION): Software que tem a funcionalidade e a complexidade do software de aplicação tradicional, mas que não requer instalação local e é executado em um navegador web.

A introdução de aplicativos poderosos entregues pela web, como o Google Docs, Adobe Photoshop Express, Xcerion Web-based OS e Microsoft Office Web Apps, tem elevado a web de uma biblioteca on-line para uma plataforma de computação.[53] Muitas atividades do computador tradicionalmente prestadas por software instalado em um PC agora podem ser realizadas utilizando as aplicações ricas de internet (RIAs) em um navegador web, sem precisar instalar nenhum software. Uma **aplicação rica de internet (RIA, rich internet application)** é um software que tem a funcionalidade e a complexidade de um software de aplicação tradicional, mas é executado em um navegador da web e não exige instalação local (veja a Figura 7.12). As RIAs constituem o resultado de aperfeiçoamento contínuo das linguagens de programação e das plataformas projetadas para a web.

www.sliderocket.com

FIGURA 7.12 **Aplicação rica de internet.** O SlideRocket é um aplicação rica de internet (RIA) para a criação de apresentações on-line vibrantes.

A maioria das RIAs tira vantagens de estar on-line por enfatizar seus benefícios colaborativos. A Microsoft e a Google dão suporte ao compartilhamento de documentos on-line e à edição colaborativa. A *37signals* fornece o gerenciamento de projetos on-line e de contatos, calendário e chat de aplicativos em grupo.[54] O Microsoft SharePoint fornece às empresas espaços de trabalho colaborativos e ferramentas de computação sociais para permitir que pessoas em diferentes locais trabalhem juntas em projetos.[55]

FONTES DE INFORMAÇÃO ON-LINE

A web se tornou a fonte mais popular para notícias diárias, superando jornais e televisão. Ela é hoje o primeiro lugar que as pessoas procuram quando querem notícias ou são confrontadas com um desafio ou pergunta.

Notícias

A web é uma ferramenta poderosa para se manter informado sobre notícias locais, estaduais, nacionais e mundiais. Ela tem uma abundância de cobertura de interesses especiais e fornece a capacidade de entrega de uma análise mais profunda do assunto. Textos e fotos são suportados pelo padrão HTML. O vídeo (às vezes chamado webcast)

FIGURA 7.13
Notícias on-line.
As notícias on-line estão disponíveis em texto, áudio e formatos de vídeo que fornecem a capacidade de detalhar histórias.

e o áudio são fornecidos no navegador por meio da tecnologia plug-in e em podcasts (veja a Figura 7.13).

Como os meios de notícias tradicionais migram para a web, as novas fontes estão surgindo de empresas on-line. Sites de notícias da Google, Yahoo!, Digg e Newsvine fornecem histórias comuns ou interessantes de uma variedade de fontes de notícias. Em uma tendência que alguns chamam de jornalismo social e jornalismo cidadão, pessoas comuns estão mais envolvidas do que nunca em relatar notícias. A comunidade on-line está se apossando do jornalismo para relatar notícias em uma perspectiva própria com uma abundância de ferramentas on-line. Embora o jornalismo social forneça notícias importantes que não estão disponíveis em outros lugares, suas fontes podem não ser tão confiáveis quanto às da mídia tradicional. Às vezes é difícil discernir entre o que é notícia e o que é opinião.

Educação e formação

Da mesma forma que é uma ferramenta de compartilhamento de informações e um repositório principal de informações sobre todos os assuntos, a web também é ideal para a educação e a formação. Os avanços nas tecnologias interativas da web apoiam

FIGURA 7.14
Recursos de instrução Cengage Brain.
A internet apoia a educação desde a educação infantil até a aprendizagem ao longo da vida.

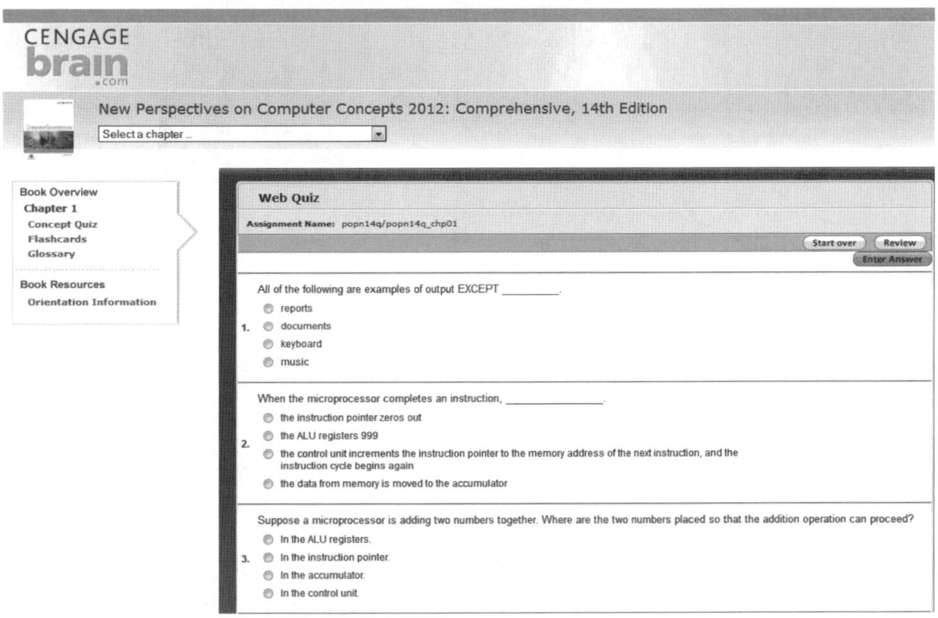

as relações educacionais importantes entre professor e aluno e entre os alunos (veja a Figura 7.14).

Hoje, as escolas de todos os níveis fornecem formação e treinamento on-line. A Kahn Academy, por exemplo, oferece treinamento gratuito on-line e aprendizagem em economia, matemática, conhecimentos bancários e financeiros, biologia, química, história e muitos outros assuntos.[56] A Npower treina as habilidades de jovens adultos em sistemas de informação.[57] A organização sem fins lucrativos oferece formação e esperança a centenas de jovens desfavorecidos por meio de um programa de treinamento de 22 semanas que pode resultar na certificação de empresas como a Microsoft e a Cisco.[58] Um estudo conduzido por um vencedor do Prêmio Nobel sugeriu que usar a tecnologia para ensinar conceitos pode ser tão ou mais eficaz que as abordagens tradicionais de aprendizagem sem o uso de tecnologia.[59] O diretor de tecnologia de uma escola no Colorado usou a aprendizagem on-line para ajudar os estudantes que viajam a manter seus estudos.[60] Muitos deles eram esquiadores e frequentemente viajavam para competições de esqui. Os novos programas de treinamento agora estão disponíveis em PCs, tablets e smartphones. Os estudantes universitários também estão começando a usar dispositivos portáteis para ler livros eletrônicos, em vez de carregar os pesados livros impressos para a classe.[61]

Os produtos de apoio ao ensino, como o Blackboard, proporcionam um ambiente web integrado que contém: bate-papo virtual para os alunos; um grupo de discussão para publicar perguntas e comentários; acesso ao programa de estudos, agenda da classe, notas de alunos e anúncios da classe, além de links para material relacionado com a classe. A realização de aulas pela web, sem reuniões da classe física, é chamada *educação a distância*.

Em um programa chamado Open Courseware, o Instituto de Tecnologia de Massachusetts (MIT, Massachusetts Institute of Technology) oferece todos os seus cursos gratuitos on-line (veja a Figura 7.15). Organizações como o Open Courseware Consortium e o Center for Open Sustainable Learning foram criados para apoiar a educação aberta ao redor do mundo.

FIGURA 7.15 Open Courseware do MIT.

ocw.mit.edu

Além do ensino tradicional, corporações como Skillsoft oferecem formação profissional e habilidades de trabalho pela internet. Os candidatos a emprego muitas vezes usam esses serviços para a aquisição de negócios ou treinamento técnico.[62] Museus especializados, bibliotecas, empresas privadas, agências governamentais e muitos outros tipos de organizações e indivíduos oferecem materiais educativos on-line gratuitos ou por uma taxa. O site eHow, por exemplo, pretende lhe ensinar "Como fazer quase tudo!".[63] A Certiport oferece treinamento e testes tanto para a certificação de tecnologia como para produtos da Microsoft e Adobe.[64]

Informações de negócios e trabalho

Fornecer notícias e informações sobre uma empresa e seus produtos por site e mídias sociais on-line pode ajudar a aumentar a exposição ao público em geral e melhorar a reputação. Responder às perguntas mais comuns do produto e suporte ao cliente on-line pode ajudar a mantê-lo. Por exemplo, a empresa de alimentos naturais Kashi usou seu site para promover saúde, com um blog sobre como ter um estilo de vida natural, receitas e histórias pessoais dos funcionários da empresa. O site ajuda a construir uma comunidade em torno da marca e promove conscientização sobre sua filosofia e seus produtos.[65]

A internet é uma excelente fonte de informações relacionadas com o trabalho. As pessoas que procuram seu primeiro emprego ou que buscam informações sobre novas oportunidades de trabalho podem encontrar grande variedade de informações na web.[66] Ferramentas de busca, como o Google ou Bing (discutido a seguir), podem ser um bom ponto de partida para procurar empresas ou indústrias específicas.[67] Você pode usar um diretório na página inicial do Yahoo!, por exemplo, para explorar indústrias e carreiras. A maioria das empresas de médio e grande portes tem sites na internet que relacionam vagas disponíveis, salários, benefícios e contatos para mais informações. O site da IBM, *www.ibm.com*, possui um link "Trabalhe na IBM". Ao clicar nesse link, é possível encontrar informações sobre ofertas de trabalho na IBM em todo o mundo. Além disso, existem vários sites da internet especializados em ajudar a encontrar informações sobre empregos e até mesmo a se candidatar a empregos on-line, como *www.linkedin.com*, *www.monster.com*, *www.hotjobs.com* e *www.careerbuilder.com*.

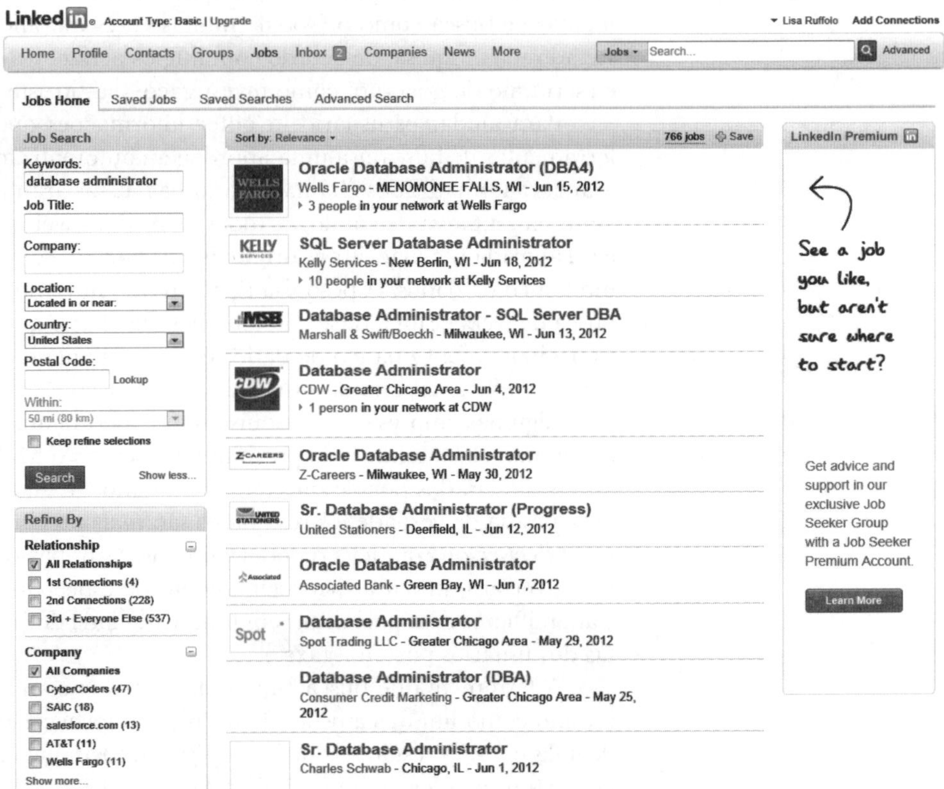

Vários sites da internet são especializados em ajudar as pessoas a obter informações de emprego e até mesmo a se candidatar a empregos on-line.

Cortesia de Linkedin

FERRAMENTAS DE BUSCA E PESQUISA NA WEB

FERRAMENTA DE BUSCA: Ferramenta valiosa que permite encontrar informações na web especificando palavras principais, também conhecidas como palavras-chave, para um tópico de interesse.

Uma **ferramenta de busca** é um recurso importante que possibilita encontrar informações na web especificando palavras principais, conhecidas como palavras-chave, para um tópico de interesse. Você também pode usar operadores como OR e NOT para resultados de pesquisa mais precisos. A Tabela 7.2 fornece exemplos do uso de operadores em pesquisas do Google, conforme indicado em sua página de ajuda (*www.google.com/help/cheatsheet.html*).

TABELA 7.2 Utilizando operadores nas buscas do Google na web

Palavras-chave e entrada de operador	Interpretação do mecanismo de busca
férias Havaí	As palavras "férias" e "Havaí"
Maui OU Havaí	Tanto a palavra "Maui" quanto "Havaí"
"Cada um na sua"	A frase exata "Cada um na sua"
vírus—computador	A palavra vírus, mas não a palavra computador
Star Wars Episódio +I	O título do filme "Star Wars Episódio", incluindo o numeral romano I
~empréstimo para auto	Informações sobre empréstimo tanto para a palavra "auto" e seus sinônimos, como "caminhão" e "carro"
defina:computador	Definições da palavra "computador" da web
vermelho * azul	As palavras "vermelho" e "azul" separadas por uma ou mais palavras

O mercado de ferramentas de buscas é dominado pela Google. Outras ferramentas de busca incluem Yahoo!, Microsoft Bing e o chinês Baidu.[68] O restante é dividido entre outras empresas, como a Ask.com, a AOL e a Mahalo. A Google se aproveitou da sua posição dominante para se expandir para outros serviços baseados na web, principalmente e-mail, agenda, mapas, aplicativos e software de celulares. As ferramentas de busca como o Google muitas vezes modificam a forma de exibição dos resultados da pesquisa, de acordo com litígios pendentes com outras empresas de internet e escrutínio do governo, como investigações antitruste.[69]

Para ajudar os usuários a obter informações que deseja da web, a maioria das ferramentas de busca usa uma abordagem automatizada que vasculha a web com programas automatizados chamados aranhas. Essas aranhas seguem todos os links da web em uma tentativa de catalogar todas as páginas web por tópico; cada uma é analisada e classificada por algoritmos originais e as informações resultantes são armazenadas em um banco de dados. A pesquisa de palavras-chave no Yahoo!, Bing ou Google não é a busca da web, e sim a busca de uma base de dados que armazena as informações sobre as páginas web. O banco de dados é constantemente verificado e atualizado para que seja um reflexo preciso da situação atual da web.

Algumas empresas de pesquisa têm experimentado um sistema de busca operado por humanos e monitorado por humanos, como o Mahalo.[70] Os resultados dessas pesquisas são criados por pesquisadores humanos. Uma vez que o sistema é operado por uma pessoa de verdade, os resultados são mais precisos, definitivos e completos. O site *www.liveperson.com* leva o poder humano a um passo mais longe e permite ao visitante conversar e procurar aconselhamento de especialistas reais. O serviço da web contrata milhares de especialistas em uma variedade de campos para responder às perguntas dos usuários por uma taxa.[71]

A ferramenta de busca Bing tentou inovar com seu design. O Bing refere-se a si mesmo como um mecanismo de decisão ao fornecer mais que apenas uma longa lista de links em seus resultados de busca. Ele também inclui mídia de música, vídeos e jogos em seus resultados de busca (veja a Figura 7.16).

@ SISTEMAS DE INFORMAÇÃO NO TRABALHO

Visão melhorada por análise de sequência de cliques

Ao visitar um site, seu *fluxo de cliques* é a sequência de páginas que você clica ao passar um tempo no site. A *análise de sequência de cliques* é o processo de avaliação de várias sequências de cliques para entender o comportamento coletivo dos visitantes. O objetivo geralmente é otimizar um site para seus usuários.

Por exemplo, a análise de sequência de cliques pode achar que muitos usuários querem ver uma lista de escritórios de vendas de uma empresa. Em vez de fazê-los chegar a essa página clicando em "Sobre nossa empresa", depois em "Regiões internacionais", então em sua região local e, finalmente, uma lista com os locais, a empresa pode colocar um link "Escritórios de vendas" em sua homepage. Isso levaria o usuário diretamente a uma página com uma lista de regiões. Ao clicar no link de região, ele se expande para mostrar uma lista de escritórios de vendas na mesma página.

Além de melhorar a satisfação do visitante com a página, essa mudança do design também reduz o carregamento da página em servidores web do proprietário do site. Isso, por sua vez, melhora o desempenho e pode adiar a necessidade de uma atualização custosa.

A análise de sequências de cliques é vital para as organizações que dependem da web para sobreviver. Greg Linden explica que "[as pesquisas] da Google e da Microsoft [Bing] aprendem com as pessoas que utilizam pesquisa na web. Quando elas encontram o que querem, o Google avisa. Quando outras pessoas fazem essa mesma pesquisa depois, o Google aprendeu com os pesquisadores anteriores, o que torna mais fácil para os novos pesquisadores chegar aonde querem".

Aprender com a sequência de cliques poderia ser útil na educação on-line. Discutindo álgebra, Linden notou que, "Como milhões de estudantes tentam exercícios diferentes, nós [isto é, nosso computador] esquecemos os caminhos que consistentemente nos levaram à continuação do esforço, lembrando que aqueles levam ao rápido controle e, à medida que novos alunos chegam, podemos colocá-los nos caminhos de sucesso que vimos antes". Portanto, os alunos aprendem álgebra mais rápida e facilmente. A experiência melhorada pode afetar suas atitudes gerais com a aprendizagem matemática.

Os benefícios da análise de sequências de cliques não são apenas para empresas on-line. Em uma entrevista à *Sloan Management Review*, do MIT, David Kreutter, vice-presidente de operações comerciais da Pfizer dos Estados Unidos, descreveu seu valor para a Pfizer: "Quando os médicos visitam nosso site, sabemos o que estão clicando e o que estão consultando... Temos mais dados do que para tentar discernir padrões, que podemos utilizar de forma preditiva. Isso é realmente o que estamos tentando focar agora: podemos detectar os padrões mais cedo ou, pelo menos, muito mais cedo que as prescrições médicas, o que nos permitirá adaptar mais rapidamente às necessidades dos nossos clientes, bem como ao ambiente competitivo?".

As análises de sequências de cliques ajudam a Pfizer a monitorar o que acontece quando seus representantes visitam médicos. Kreutter continua: "Se a nossa estratégia é entregar certas mensagens em determinada ordem, podemos ver se ela foi entregue assim. Por exemplo, se sabemos que determinado segmento de médicos no sul da Flórida tem uma quantidade grande de pacientes idosos, muitas vezes eles vão querer ouvir primeiro sobre as interações medicamentosas (já que seus pacientes usam muitos medicamentos). Podemos rastrear se executarmos contra essa estratégia e se a estratégia teve o impacto, ou seja, o comportamento de prescrição literal, que tenhamos. Ele auxilia a descobrir, caso não tenhamos o impacto que esperávamos, se nossa estratégia estava certa, se a execução foi falha ou se a estratégia fundamentalmente precisa ser repensada."

Questões para discussão

1. Considere o exemplo de Greg Linden sobre as ferramentas de busca que aprendem com a observação dos resultados de pesquisa dos usuários ao escolherem clicar. Quais são os benefícios para a empresa da ferramenta de busca (como Google ou Microsoft nos exemplos de Linden) de ter essa informação?
2. Como é a análise de sequências de cliques relacionados com as forças competitivas que você aprendeu no Capítulo 2?

Questões para análise

1. Como poderia sua faculdade ou universidade se beneficiar da análise de sequências de cliques? Forneça pelo menos duas áreas. Para cada uma, diga o que a instituição espera aprender, como ela aprenderia e quais seriam os benefícios de saber.
2. Considere o uso da análise de sequência de cliques da Pfizer para controlar o comportamento de seus representantes de vendas durante as apresentações para os médicos. Esse monitoramento é ético? Por quê?

Fontes: Kiron, D., Shockley, R., "How Pfizer Uses Tablet PCs and Click-Stream Data to Track Its Strategy", *Sloan Management Review*, sloanreview.mit.edu/the-magazine/2011-fall/53118/how-pfizer-uses-tablet-pcs-and-click-stream-data-to-track-its-strategy, acesso em: 25 ago. 2011; Linden, G., "Massive-Scale Data Mining for Education", *Communications of the ACM*, v. 54, n. 11, acesso em: 11 nov. 2011, p. 13; Site da Pfizer, www.pfizer.com, acesso em: 8 jun. 2012.

Usada com permissão de Microsoft

FIGURA 7.16
Mecanismo de decisão do Microsoft Bing. A Microsoft chama sua ferramenta de busca de mecanismo de decisão para diferenciá-la de outros softwares de busca.

Uma ferramenta de metabusca permite executar pesquisas de palavras-chave em várias ferramentas de busca ao mesmo tempo. Por exemplo, uma pesquisa executada no *www.dogpile.com* retorna resultados do Google, Yahoo!, MSN, Ask e outras ferramentas de buscas.

Empresários experientes sabem que os resultados obtidos de ferramentas de motores de busca são recursos que atraem visitantes para determinados sites. Muitas empresas investem em otimização de mecanismo de pesquisa (SEO, search engine optimization) – processo para direcionar o tráfego para um site com técnicas que melhoram o ranking da página nos resultados de busca. Normalmente, quando um usuário recebe uma lista de resultados de uma pesquisa na web, os links listados na parte superior da primeira página de resultados de busca têm muito mais chance de serem clicados. Os profissionais de SEO, portanto, tentam deixar os sites de seus negócios listados com o maior número de palavras-chave adequadas possível. Eles estudam os algoritmos que as ferramentas de busca usam e, em seguida, alteram o conteúdo de suas páginas web para melhorar a possibilidade de elas serem classificadas na primeira colocação. Os profissionais de SEO usam um *software de análise de web* para estudar estatísticas detalhadas sobre os visitantes de seus sites.

Além dos mecanismos de busca, podem ser utilizados outros sites da internet para pesquisar informações. A Wikipédia, uma enciclopédia on-line com mais de 3 milhões de verbetes em língua inglesa criados e editados por milhões de usuários, é outro exemplo de site que pode ser usado para pesquisar informações (veja a Figura 7.17). Em havaiano, *wiki* significa rápido; assim, a "wikipédia" oferece acesso rápido à informação. O site é de código e edição abertos, o que significa que as pessoas podem acrescentar ou editar as entradas na enciclopédia a qualquer momento. Além de ser autorregulamentada, os artigos são avaliados por cerca de 1.700 administradores. No entanto, é possível que algumas entradas sejam imprecisas e tendenciosas.

A abordagem da wiki para desenvolvimento de conteúdo é conhecida como *crowd sourcing* (fontes diversas), usando o esforço combinado de muitos indivíduos para realizar alguma tarefa. Outro exemplo de crowd sourcing é o projeto OpenStreetMap.org., que usa um wiki e o poder da comunidade on-line para desenvolver um mapa detalhado do mundo.

Além de catálogos on-line, as bibliotecas normalmente fornecem links para banco de dados de pesquisa públicas e privadas às vezes na web. Um banco de dados de pesquisa on-line permite aos visitantes procurarem informações em milhares de periódicos, revistas e artigos de jornais. Os serviços de informações de bancos de dados são

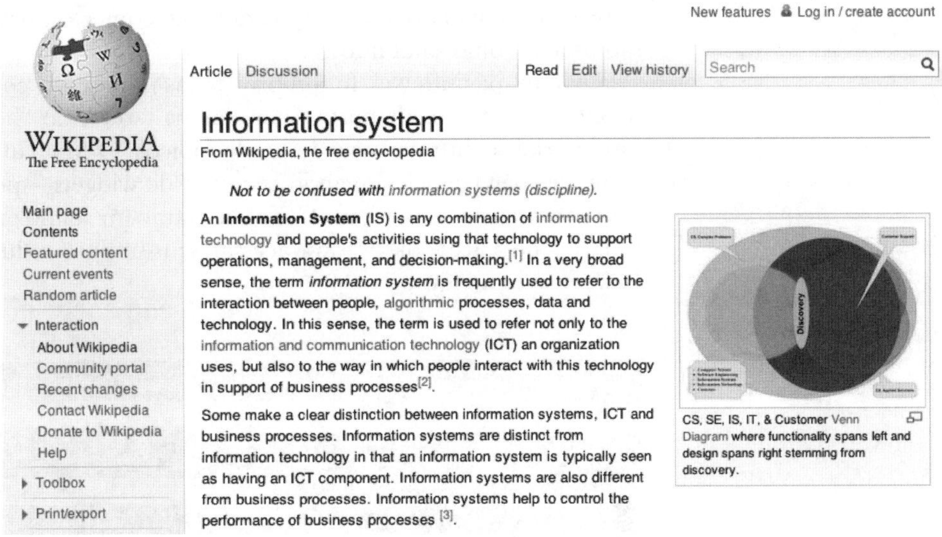

en.wikipedia.org

FIGURA 7.17
Wikipédia.
A Wikipédia capta o conhecimento de dezenas de milhares de especialistas.

muito importantes, pois oferecem o melhor em qualidade e comodidade, além de fornecer artigos de texto completos de fontes confiáveis na web. O colégio e bibliotecas públicas tipicamente se enquadram em muitos bancos de dados de apoio à investigação. Um dos bancos de dados mais populares privados é o LexisNexis Academic Universe (veja a Figura 7.18).

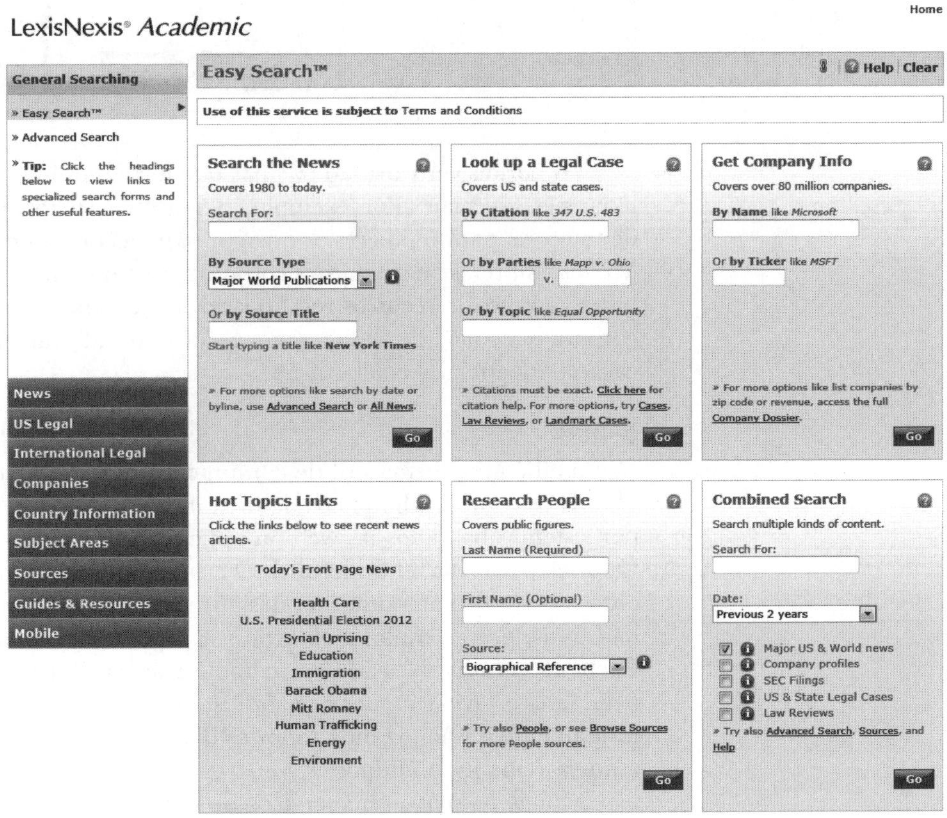

www.lexisnexis.com

FIGURA 7.18
LexisNexis.
No LexisNexis Academic Universe, você pode procurar notícias, casos legais, informações sobre a empresa, pessoas ou uma combinação de categorias.

PORTAL WEB: Página da web que combina informação útil, links e atua como um ponto de entrada para a web; os portais normalmente contêm um mecanismo de busca, um diretório de assunto, manchetes diárias e outros itens de interesse. Muitas pessoas escolhem um portal web como página inicial do seu navegador (a primeira página que abre quando você começa a navegar na web).

PORTAIS WEB

Um **portal web** é uma página da web que combina informações úteis, links e funciona como ponto de entrada para a web; os portais normalmente contêm um mecanismo de busca, um diretório de assunto, manchetes diárias e outros itens de interesse. Em razão de muitas pessoas escolherem um portal web como a página inicial do seu navegador (a primeira página que abre quando você começa a navegar na web), os dois termos são usados como sinônimos.

Muitas páginas web foram projetadas para servir como portais. O Yahoo!, AOL e MSN são exemplos de portais horizontais – o termo "horizontal" refere-se ao fato de esses portais cobrirem vasta gama de tópicos. O My Yahoo! permite aos usuários projetar suas páginas selecionando centenas de widgets – pequenas aplicações que fornecem informações e serviços. O Yahoo! também se integra com Facebook para que os usuários do Facebook possam acessar seus amigos e fluxos de notícias do portal My Yahoo! (veja a Figura 7.19).

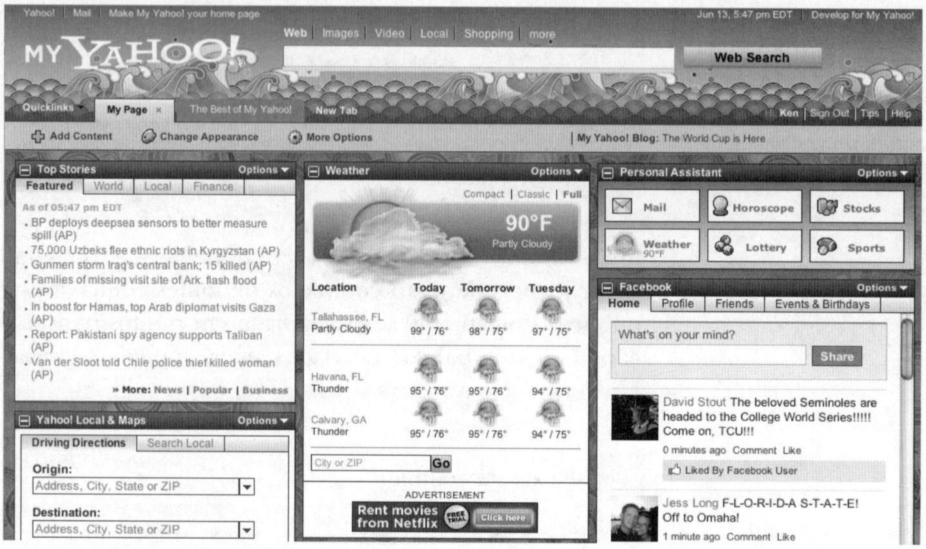

www.yahoo.com

FIGURA 7.19
Portal personalizado My Yahoo!
Os portais personalizados contêm projetos personalizados e widgets.

Os portais verticais são páginas que fornecem informações e links para grupos de interesses especiais. Por exemplo, o portal *www.today.com* se concentra em itens de interesse para mulheres, e o *www.askmen.com* é um portal vertical para homens. Muitas empresas criam portais corporativos para seus empregados com a finalidade de fornecer acesso a recursos relacionados com o trabalho, como notícias e informações corporativas, além de acesso a bancos de dados, ferramentas de negócios e de comunicação para apoiar a colaboração.

E-mail

O e-mail é uma forma útil de comunicação de internet que suporta texto, conteúdo HTML e compartilhamento de documentos, como os anexos. O e-mail é acessado por sistemas baseados na web ou aplicativos dedicado ao e-mail, como o Microsoft Outlook e Mozilla Thunderbird. O e-mail também pode ser distribuído por sistemas corporativos de computadores desktop, notebooks e smartphones. O Sistema de Saúde Grady, por exemplo, melhorou seu serviço de e-mail antigo para o do Microsoft Exchange Online baseado em computação em nuvem.[72] O novo sistema de e-mail ficou mais estável e menos dispendioso. De acordo com o CIO do hospital, "Estamos nitidamente economizando todos os dias, pois não temos as despesas associadas com a nossa velha instabilidade".

Muitas pessoas usam serviços de e-mail on-line, como Hotmail, MSN e Gmail (veja a Figura 7.20). Como os serviços on-line de e-mail armazenam mensagens no servidor, é fundamental que os usuários estejam conectados à internet para verificar, enviar e gerenciar seus e-mails. Outras pessoas preferem utilizar softwares, como Microsoft Outlook, Apple Mail ou Thunderbird, que recuperam as mensagens do servidor e as enviam ao usuário do PC.

Os usuários de empresas que acessam e-mail de smartphones como o BlackBerry têm a vantagem da tecnologia chamada push de e-mail. Ele utiliza um software de servidor corporativo que transfere ou envia o e-mail do dispositivo portátil assim que

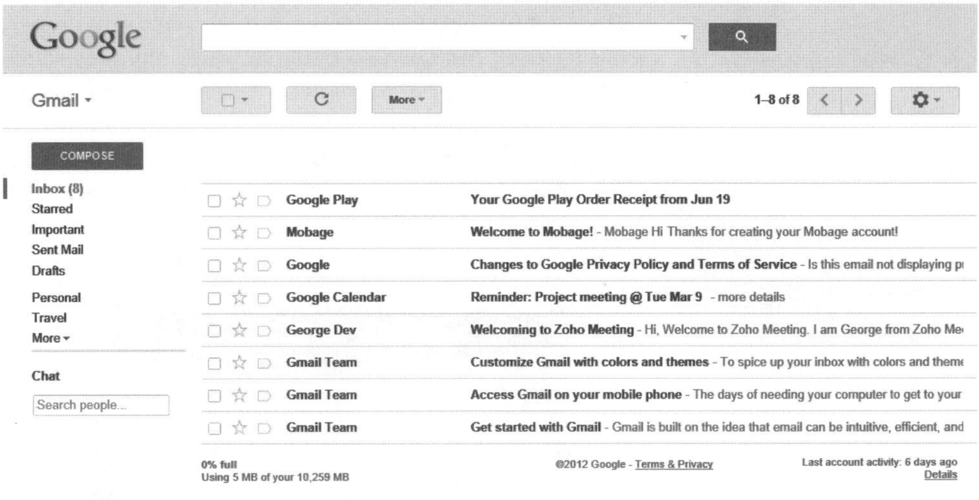

Cortesia de Google

FIGURA 7.20
Gmail.
O Gmail é um dos vários serviços de e-mail on-line gratuitos.

ele chega ao servidor de e-mail da corporação. Para o usuário de BlackBerry, é como se o e-mail fosse entregue diretamente para o dispositivo portátil. O push de e-mail permite ao usuário verificar o e-mail de qualquer dispositivo móvel ou desktop conectado ao servidor corporativo. Esse arranjo fornece flexibilidade para os usuários acessarem e gerenciarem seus e-mails onde e quando quiserem.

© Marvin Woodyatt/Photoshot

Os usuários do BlackBerry têm acesso instantâneo ao e-mail enviado a suas contas empresariais.

Alguns serviços de e-mail fazem varreduras para apagar ou separar em um diretório possíveis mensagens inúteis ou muito volumosas chamadas *spam*. Mais da metade de todos os e-mails pode ser considerada spam. Enquanto o software de filtro de spam pode impedir ou descartar mensagens não desejadas, outros produtos de software podem auxiliar os usuários a agrupar e a responder a grandes quantidades de e-mails legítimos. Por exemplo, os softwares da ClearContext, da Seriosity e da Xobni classificam e agrupam mensagens com base no remetente, conteúdo e contexto, o que permite aos indivíduos se concentrarem primeiro nas mensagens mais urgentes e importantes.

Mensagem instantânea

MENSAGEM INSTANTÂNEA: Método que permite às pessoas se comunicarem em tempo real utilizando a internet.

A **mensagem instantânea** é uma comunicação on-line e em tempo real entre duas ou mais pessoas que estão conectadas na internet (veja a Figura 7.21). Com as mensagens instantâneas, os participantes constroem listas de amigos ou contatos que os permitem visualizar quais deles estão conectados com a internet e disponíveis para conversar. Se você enviar mensagens para um de seus amigos on-line, uma pequena caixa de diálogo será aberta no computador do seu amigo e permitirá que vocês dois conversem via texto. Apesar de o bate-papo normalmente envolver a troca de mensagens de texto com outra pessoa, existem formas mais avançadas de bate-papo. Os softwares de mensagens instantâneas atuais suportam não apenas mensagens de texto, mas também compartilhamento de imagens, áudio, arquivos e comunicações de voz. Os serviços de mensagens instantâneas mais populares incluem o America Online Instant Messenger (AIM), Skype, Google Talk e Yahoo!.

FIGURA 7.21
Mensagens instantâneas. As mensagens instantâneas permitem conversar com outro usuário da internet através da troca de mensagens rápidas.

Microblog, atualizações de status e notícias

O Twitter é uma rede social que permite que os integrantes relatem o que fizeram durante o dia. Referido como um serviço de microblog, ele possibilita que os usuários enviem atualizações de texto curtas (até 140 caracteres) de um telefone celular ou uma conta de web aos seus seguidores no Twitter. Ao mesmo tempo, o Twitter tem sido extremamente bem-sucedido para uso pessoal, as empresas também estão encontrando valor no serviço. Os empresários usam o Twitter para manter contato estreito com os parceiros, compartilhando sua localização e atividades durante todo o dia. As empresas também encontram no Twitter uma rica fonte de sentimento do consumidor, que pode ser aproveitada para melhorar o marketing, o relacionamento com clientes e o desenvolvimento de produtos. Muitas empresas estão presentes no Twitter e dedicam pessoas para se comunicarem com os clientes, publicando anúncios e alcançando usuários. A Village Books, uma livraria independente, usa o Twitter para construir relacionamentos com seus clientes e fazê-los se sentir parte de sua comunidade.

A popularidade do Twitter tem feito redes sociais, como Facebook, LinkedIn e MySpace, incluírem feeds de notícias semelhantes ao serviço de microblog. Anteriormente conhecido como atualizações de status, os usuários do Facebook compartilham seus pensamentos e atividades com seus amigos, publicando mensagens no feed de notícias da rede.

Conferência

Algumas tecnologias de internet permitem conferência on-line em tempo real. Os participantes discam para um número de telefone comum para partilhar uma conversa por telefone. A internet tornou possível aos envolvidos em teleconferências compartilhar desktops de computadores. Usando serviços como WebEx ou GoToMeeting, os participantes da conferência registram no software comum que lhes permite a transmissão da sua tela do computador para o grupo. Essa habilidade é muito útil para apresentações com o PowerPoint, demonstração de software, treinamento ou colaboração em documentos. Os participantes interagem verbalmente por telefone ou pelo microfone do PC. Alguns softwares de conferência usam webcams para transmitir vídeo do apresentador e do grupo de participantes. Por exemplo, a rede de pizzaria Papa Johns usou o GoToMeeting para realizar sessões de treinamento para gerentes em todo o mundo. Cinco sessões de treinamento on-line em um ano economizou $ 50 mil em despesas com viagens.[73]

A telepresença leva a videoconferência para o nível máximo. Os sistemas de telepresença da Cisco e da Polycom usam vídeo e áudio de alta resolução com monitores de ótima definição para fazer parecer que os participantes da conferência estão realmente sentados ao redor de uma mesa (veja a Figura 7.22). Os participantes entram em um estúdio de telepresença e se sentam em uma mesa de frente para telas que mostram outros participantes em outras localidades. As câmeras e os microfones coletam o vídeo e o áudio de alta qualidade em todos os locais e os transmite por conexões de alta velocidade para proporcionar um ambiente que reproduz a presença física. As câmeras de documentos e software de computador são usadas para compartilhar pontos de vista de telas de computador e documentos com todos os participantes.

Cortesia de Polycom

FIGURA 7.22
Sala de reunião da Halo Collaboration. O sistema de telepresença da Halo permite às pessoas em vários locais se encontrarem como se estivessem reunidas em torno de uma mesa.

Você não precisa de um grande negócio para aproveitar os benefícios de conversas de vídeo. Existem softwares gratuitos disponíveis para tornar o videochat (bate-papo com vídeo) fácil de usar para qualquer um que tenha um computador, uma webcam e uma conexão de internet de alta velocidade. Os aplicativos on-line, como Google Chat e do Skype, suportam ligações de vídeo entre usuários. Para um videochat espontâneo e aleatório com estranhos, você pode usar *www.chatroulette.com* e o Internet Conga Line. O software, como o Apple iChat e o Skype, fornece o videochat de computador para computador para que os usuários possam conversar face a face. Além de oferecer texto, áudio e vídeo em computadores, o Skype oferece seu serviço de telefonia de vídeo através de TVs conectadas à internet. Os recentes conjuntos conectados à internet da Panasonic e da Samsung já possuem o software Skype pré-instalado. Você também pode anexar uma webcam em sua TV para ter uma conversa de vídeo do seu sofá.

WEB LOG (BLOG): Site que as pessoas podem criar e utilizar para escrever observações, experiências e opiniões sobre vários assuntos.

BLOGS E PODCASTS

Um **web log**, normalmente chamado de **blog**, é um site que as pessoas podem criar e utilizar para escrever observações, experiências e opiniões sobre uma variedade de assuntos. A comunidade de blogs e blogueiros é muitas vezes chamada *blogosfera*.

Um *blogueiro* é uma pessoa que cria um blog, enquanto *blogar* refere-se ao processo de colocar entradas em um site de blog. Um blog é como um diário. Quando as pessoas publicam suas informações, elas são direcionadas ao topo da página. Os blogs podem incluir links às informações externas e uma área para comentários submetidos pelos visitantes. O conteúdo de vídeo pode também ser colocado na internet com a mesma abordagem de um blog. Isso é frequentemente chamado de um *videolog* ou *vlog*.

Os usuários da internet podem se inscrever em blogs que usam uma tecnologia chamada really simple syndication (RSS). A RSS é um conjunto de tecnologias da web que permite aos usuários assinarem um conteúdo da web que é frequentemente atualizado. Com a RSS, é possível receber uma atualização de um blog sem realmente visitá-lo. O software utilizado para subscrever-se às atualizações de RSS é chamado *software agregador*. O Google Reader é um popular agregador para se subscrever aos blogs.

Para construir um blog, pode-se ir ao site de um provedor de serviço de blog, como o *www.blogger.com* ou o *wordpress.com*, criar um nome de usuário e uma senha, selecionar um tema, escolher um URL, seguir outras instruções e realizar a primeira entrada. As pessoas que querem encontrar um blog sobre determinado tema podem usar mecanismos de busca de blogs, como o Technorati, Feedster e Blogdigger. Também é possível realizar uma busca no Google para localizar um blog.

Um *podcast* é uma transmissão de áudio pela internet. O nome podcast teve origem na combinação do termo *iPod*, reprodutor portátil de músicas da Apple, com a palavra *broadcast* (transmissão). Um podcast é como um blog de áudio. Com um PC, software de gravação e microfones, podem-se gravar mensagens em áudio e colocá-las na internet. O iTunes da Apple fornece acesso livre a dezenas de milhares de podcasts classificados por tópico e que podem ser pesquisados por palavras-chave (veja a Figura 7.23). Depois que se localiza um podcast, pode-se baixá-lo para plataformas Windows ou Mac ou para um reprodutor de música MP3, como um iPod, e ouvi-lo futuramente. Você também pode assinar os podcasts usando o software RSS incluído no iTunes e outros softwares de áudio digital.

FIGURA 7.23
Podcasts.
O iTunes e outros sites oferecem acesso gratuito a dezenas de milhares de podcasts.

www.learnoutloud.com

MÍDIA E ENTRETENIMENTO ON-LINE

Assim como as notícias e as informações, todas as formas de mídia e entretenimento têm seguido suas audiências on-line. Música, filmes, episódios de programas de televisão, vídeos gerados por usuários, e-books e livros de áudio estão disponíveis on-line para download, compra ou stream.

STREAMING DE CONTEÚDO: Método para transferir grandes arquivos de multimídia pela internet para que os dados de voz e imagens fluam continuamente, enquanto o arquivo está sendo baixado.

O **streaming de conteúdo** é um método de transferir arquivos multimídia pela internet, de modo que os dados de voz e imagens fluam continuamente. Por exemplo, em vez de esperar por um videoclipe inteiro de 5 MB baixar antes de poder reproduzi-lo, os usuários podem começar a ver um vídeo enquanto ele está sendo transferido. O streaming de conteúdo funciona melhor quando a transmissão de um arquivo pode manter o playback do arquivo.

Música

A internet e a web tornaram a música muito mais acessível, com artistas distribuindo suas canções por rádios on-line, serviços de assinatura e de download. Pandora e Grooveshark são apenas alguns exemplos de sites de música na internet gratuitos. Outros sites cobram uma taxa para a música. O Rhapsody tem cerca de 800 mil ouvintes pagos, o Slacker Radio tem em torno de 300 mil e o Spotify tem aproximadamente 1,5 milhão (veja a Figura 7.24). A música na internet até tem ajudado as vendas das obras clássicas de Mozart, Beethoven e outros.[74] Algumas empresas de internet, incluindo o Facebook, estão começando a colocar música, filmes e outros conteúdos digitais disponíveis em seu sites.[75] O Facebook, por exemplo, permitirá que as empresas de música on-line, como o Spotify e Rdio, publiquem atividades de música em seu site.

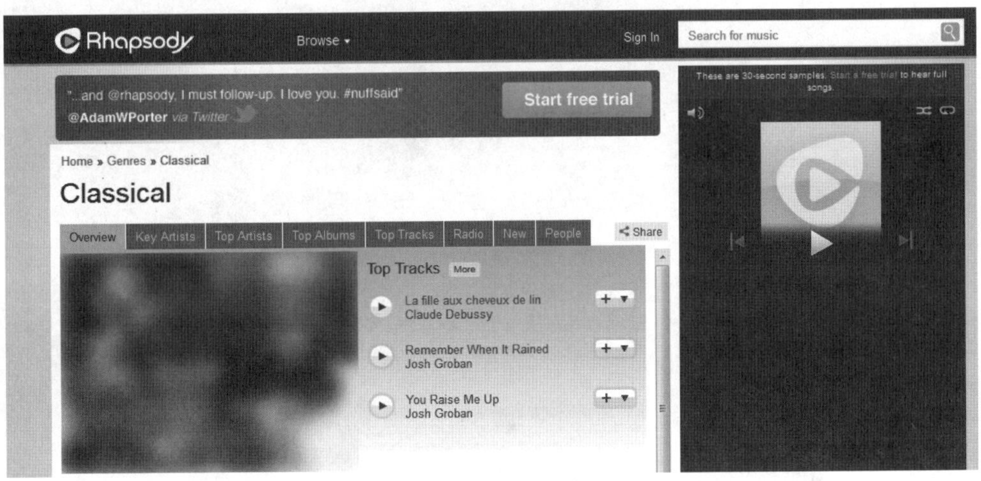

rhapsody.com

FIGURA 7.24
Rhapsody.
O Rhapsody oferece transmissão de música por assinatura.

O iTunes da Apple foi um dos primeiros serviços de música on-line a ter sucesso. Microsoft, Amazon, Walmart e outras lojas também vendem música on-line. A taxa aplicada para downloads de música é de \$ 0,89 a \$ 0,99 por canção. As músicas baixadas podem conter a tecnologia de gerenciamento de direitos digitais (DRM, digital rights management), que impede ou limita a capacidade do usuário de fazer cópias ou tocar a música em vários tocadores.

Os podcasts são mais uma forma de acessar música na web. Muitos artistas independentes fornecem amostras de suas músicas por meio dos podcasts. Por exemplo, o Podcast Alley contém podcasts de artistas não assinados.[76]

Filmes, vídeo e televisão

A televisão e o cinema estão se expandindo para a web aos trancos e barrancos. Os sites como Hulu e plataformas de televisão baseados na internet como Netflix e Joost fornecem a programação de televisão de centenas de provedores, incluindo a maioria das redes de televisão convencionais[77] (veja a Figura 7.25). A aquisição do Vudu pelo Walmart permitiu que o grande varejista oferecesse um desconto para obter sucesso nos negócios de filme da internet.[78] De acordo com o gerente-geral do Vudu, "O negócio em que estamos hoje, oferecendo filmes novos à la carte, está indo muito bem agora e este ano triplicou até o momento". Algumas redes de TV, como CNN e HLN, estão transmitindo via streaming mais programação na internet.[79] Cada vez mais as redes de televisão possuem iPad e outros aplicativos móveis (apps) que reproduzem o conteúdo da TV para tablets e outros dispositivos móveis. Outras redes de TV estão começando a cobrar os telespectadores para assistir seus episódios na internet. Algumas somente permitem a livre visualização de um episódio uma vez por semana ou mais depois de o primeiro episódio estrear.[80] As pessoas que assistem a filmes e programas de TV pela internet de empresas como a Netflix requerem grandes quantidades de banda larga.[81] Alguns provedores de cabo e sem fio, como Comcast, Verizon e AT&T, estão começando a cobrar mais dos clientes se eles usam mais capacidade de internet ou velocidade, muitas vezes medida em megabytes (MB) ou gigabytes (GB).

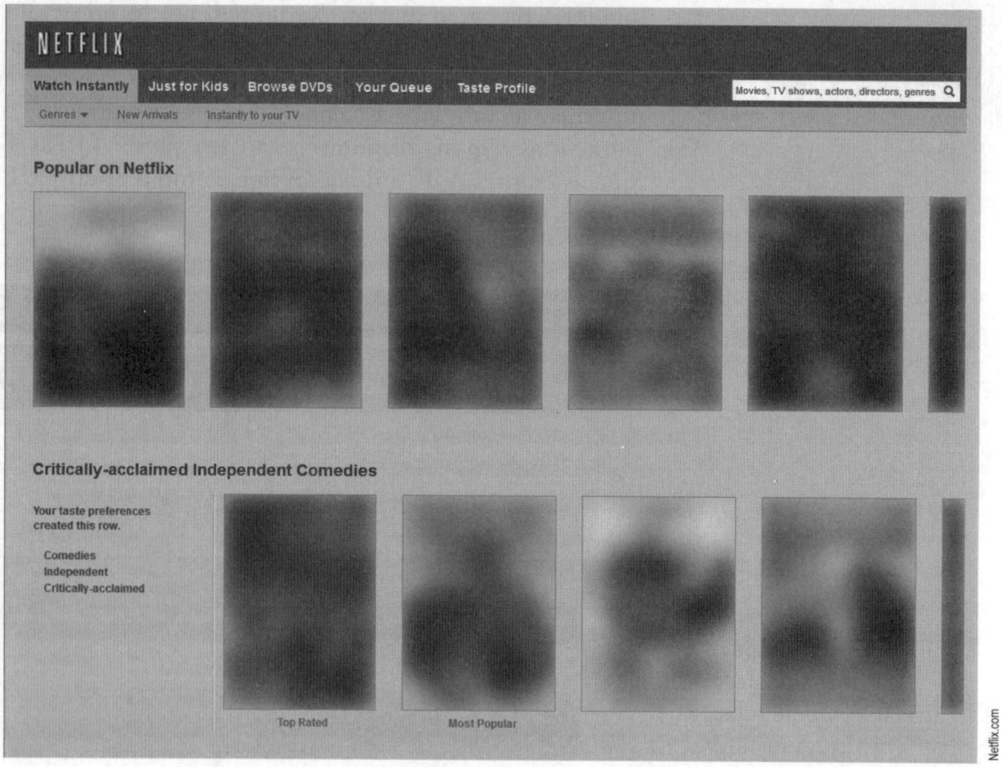

FIGURA 7.25
Netflix.
A Netflix oferece acesso on-line a milhares de filmes e programas de televisão.

Nenhuma conversa de vídeo na internet seria completa sem mencionar o YouTube. Ele permite o compartilhamento on-line de vídeos criados por usuários. Todos os dias, as pessoas fazem upload de centenas de milhares de vídeos para o YouTube e visualizam centenas de milhões desses conteúdos. Os vídeos do YouTube são relativamente curtos e abrangem ampla gama de categorias, que vai do absurdo a palestras universitárias (veja a Figura 7.26). Outros sites de streaming de vídeo incluem o Google Video, o Yahoo! Video, Metacafe e AOL Video. À medida que mais empresas criam e publicam vídeos para sites como o YouTube, alguns departamentos de SI estão criando uma nova função: gerente de conteúdo de vídeo.[82]

E-books e audiobooks

Um e-book (livro eletrônico) é um livro armazenado digitalmente, e não em papel, e lido em uma tela usando o software leitor de e-book. Os e-books estão disponíveis há um bom tempo, quase tanto quanto computadores. No entanto, tornaram-se

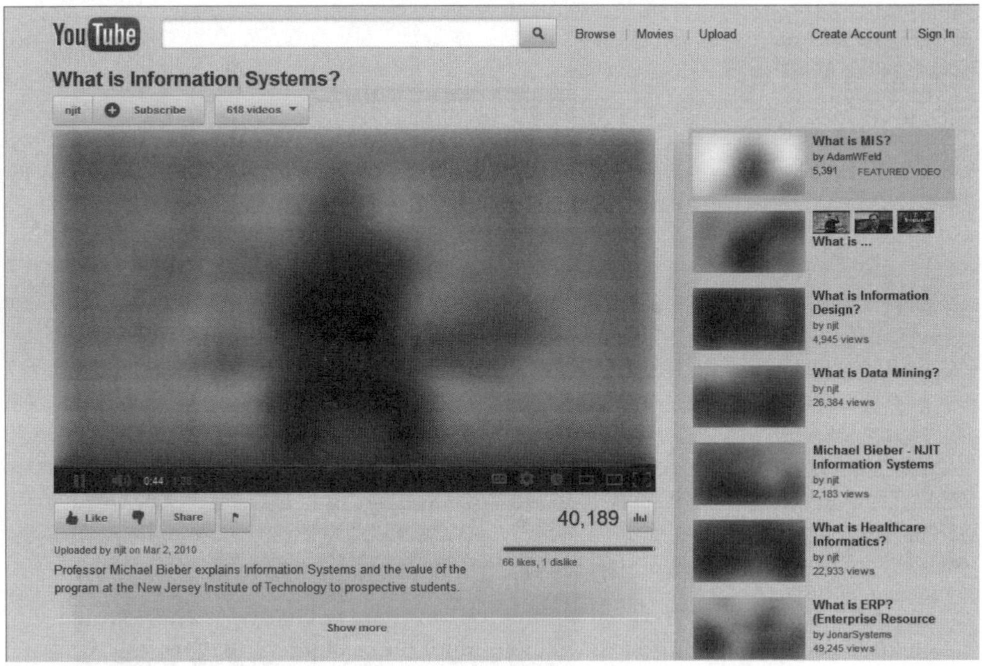

youtube.com/edu

FIGURA 7.26
YouTube EDU.
O YouTube EDU fornece milhares de vídeos educativos de centenas de universidades.

mais aceitos após a introdução do dispositivo de leitura de e-book da Amazon, o Kindle, em 2007. Várias características do Kindle apelam para o público em geral. Em primeiro lugar, ele possui o ePaper, uma exibição que não contém a luz de fundo como monitores tradicionais. Alguns acham que o ePaper é menos prejudicial à visão que usar um display retroiluminado. Em segundo lugar, ele é leve e compacto, semelhante em tamanho e peso de um livro de bolso, embora mais fino que a maioria deles. Finalmente, a Amazon criou uma vasta biblioteca de e-books que podem ser comprados e baixados para o Kindle pela whispernet – uma rede sem fio fornecida gratuitamente pela Sprint. Hoje, dezenas de fabricantes de eletrônicos estão oferecendo leitores de e-books.

O iPad da Apple mudou a indústria de e-book ao fornecer um formato que é semelhante mas maior que o Kindle.[83] O iPad também contém uma tela colorida retroiluminada. Como um leitor de e-book, suas funções são como as do Kindle; no entanto, o iPad oferece milhares de aplicativos, além de e-books. Você pode usar tanto o Kindle, o iPad e outros dispositivos tablets como pode acessar os e-books na internet, baixá-los como arquivos PDF para ler no seu computador ou lê-los no seu smartphone. Ao passo que os e-books são convenientes, alguns têm acusado editores e distribuidores de e-books de conspirar para elevar seus preços.[84]

Existem dezenas de formatos de e-book. Alguns são proprietários, como o formato .azw do Kindle, que pode ser visto apenas em um Kindle. Outros formatos estão abertos, como o .opf do Open e-book e o formato .epub, e ambos podem ser lidos em vários dispositivos diferentes e pacotes de software, incluindo o iPad da Apple (veja a Figura 7.27).

Os audiobooks (livros em áudio) se tornaram mais populares em razão da popularidade do iPod, do iPhone e outros dispositivos móveis e serviços como o Audible.[85] Os audiobooks podem ser lidos por um narrador sem muita entonação ou vozes diferentes, ou realizados por atores que agregam interpretações dramáticas na leitura. Ainda, eles podem ser resumidos (consolidados e editados para o formato áudio) ou completos (lido palavra por palavra). Os serviços de audiobook são comprados individualmente ou por assinatura periódica.

Jogos e entretenimento on-line

Os videogames se tornaram uma grande indústria. Eles podem gerar mais de \$ 20 bilhões anuais, ou seja, mais que os filmes de Hollywood.[86] Um fabricante de goma de mascar, por exemplo, desenvolveu um jogo de realidade alternativa para atrair

© iStockphoto/Mutlu Kurtbas

FIGURA 7.27
Publicação no iPad.
O iPad oferece uma nova plataforma interativa para revistas e livros.

possíveis jogadores e anunciar sua marca de chiclete.[87] De acordo com o diretor de marketing da empresa, "Essa é a verdadeira natureza da marca, que é exploratória. Você vai ao buraco do coelho e não sabe quão profundo é nem para onde vai". A Zynga, uma empresa de internet em rápido crescimento, vende cavalos e outros itens virtuais para jogos, como o FarmVille.[88] A empresa, por exemplo, vende um pônei palhaço com roupas coloridas por cerca de $ 5. A Zynga tem um clube VIP para as pessoas que gastam muito em itens virtuais à venda. Algumas empresas de internet também vendem alimentos para animais virtuais.[89] As pessoas podem se alimentar e criar animais virtuais e vender seus descendentes. Com todo o dinheiro que está sendo feito com os animais virtuais e sua ração, é possível que haja ações judiciais. O mercado de jogos na internet é muito competitivo e em constante mudança.[90] Depois que a Google incluiu jogos on-line em seu site, o Facebook atualizou suas ofertas de jogos. Muitos jogos de vídeo estão disponíveis on-line, que incluem usuário, multiusuário e jogos de multiusuários em massa. A web oferece uma grande variedade de jogos para todas as idades.

Os consoles de jogos como o Wii, Xbox e PlayStation fornecem opções de múltiplos jogadores para jogos on-line por meio da internet. Os assinantes podem jogar juntos ou contra os outros assinantes em ambientes virtuais 3D. Eles podem até mesmo falar uns com os outros usando um microfone headset. A Xbox Live da Microsoft fornece recursos que permitem aos usuários manter o controle de seus amigos on-line e se corresponder com outros jogadores que são do mesmo nível de habilidade.[91]

COMPRAS ON-LINE

As compras na web podem ser cômodas, fáceis e rentáveis. Você pode comprar quase tudo pela internet, de livros e roupas a carros e equipamentos esportivos. O Groupon, por exemplo, oferece descontos em restaurantes, spas, lojas de reparos de automóveis, espetáculos musicais e qualquer outro produto ou serviço em sua área ou cidade[92] (veja a Figura 7.28). Estima-se que as receitas do Groupon sejam de centenas de milhões de dólares anuais.[93] A empresa, no entanto, fechou escritórios e demitiu seus funcionários na China.[94] Ela também ficou na mira de estados como Connecticut, que têm leis de proteção ao consumidor que proíbem a expiração das datas de cartões de presente.[95] De acordo com um oficial do estado, "Se os Groupons atendem à definição de um certificado de presente, percebemos que pode ser uma violação da lei estadual".

© iStockphoto/Lee Rogers

FIGURA 7.28
Groupon.
O Groupon oferece descontos em restaurantes, spas, lojas de reparos de automóveis, espetáculos musicais e qualquer outro produto ou serviço em sua região ou cidade.

Outras empresas on-line oferecem diferentes serviços. A Dell.com e muitas outras lojas de informática fornecem ferramentas que permitem aos clientes especificarem todos os aspectos e componentes de um sistema de computador para comprar. A ResumePlanet.com cria currículo profissional. A Peapod ou Amazon Grovery entrega mantimentos à sua porta. Como pode notar, os produtos e serviços on-line são abundantes.

Muitas opções de compras on-line estão disponíveis para os usuários da web. As lojas tipo e-tail – versões on-line das lojas de varejo – fornecem acesso a muitos produtos que podem estar indisponíveis em lojas físicas. A JCPenney, Target, Walmart e muitos outros carregam apenas uma percentagem do seu estoque em suas lojas de varejo; outro inventário está disponível on-line. Para acrescentar outras conveniências, muitos sites oferecem remessa gratuita e retorno de itens que não serviram ou não atenderam às necessidades do consumidor.

Como o shopping center perto da sua casa, os cybermalls fornecem acesso a um conjunto de lojas que visam atender a todas as suas necessidades. As cybermalls são normalmente alinhadas com portais populares, como Yahoo!, AOL e MSN.

Sites como *www.mysimon.com*, *www.dealtime.com*, *www.pricescan.com*, *www.pricegrabber.com* e *www.nextag.com* fornecem cotações de preços de produtos de inúmeros varejistas on-line para ajudá-lo a encontrar o melhor negócio. Um aplicativo para smartphones Android chamado Compare Everywhere permite aos usuários comparar o preço de um item oferecido por muitos varejistas. Mesmo que o melhor preço seja oferecido em sua loja local, as compras on-line fornecem a garantia de que você está recebendo o melhor negócio.

As câmaras de compensação on-line, leilões da web e mercados oferecem uma plataforma para empresas e indivíduos poderem vender seus produtos e pertences. As câmaras de compensação on-line, como *www.ubid.com*, fornecem um método para que os fabricantes liquidem o estoque e os consumidores encontrem um bom negócio. Itens desatualizados ou com excesso de estoque são colocados em leilão virtual e os usuários apresentam lances para eles. Quando o leilão é encerrado, o lance mais alto fica com a mercadoria, muitas vezes por menos de 50% do preço de venda do anunciado. Os números de cartão de crédito são coletados no momento em que as propostas são feitas. Uma boa regra que se deve ter em mente é não colocar um lance em um item se você não puder comprá-lo a esse preço.

O leilão on-line mais popular é o *www.ebay.com* (veja a Figura 7.29). O eBay oferece uma plataforma pública de comércio global e qualquer pessoa pode comprar, vender ou trocar praticamente todo tipo de coisa. Nessa plataforma, há uma grande variedade de recursos e serviços que permitem que membros comprem e vendam de forma rápida e conveniente. Os compradores têm a opção de adquirir itens a um preço fixo ou em formato de leilão, em que o maior lance leva o produto.

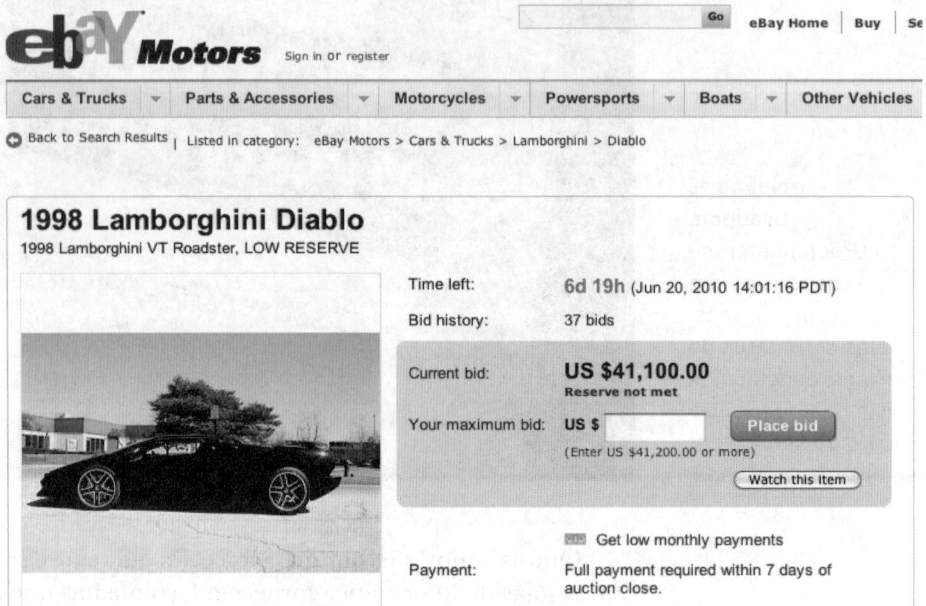

FIGURA 7.29
eBay.
O eBay.com oferece um mercado on-line onde qualquer pessoa pode comprar, vender ou trocar praticamente todo tipo de coisa.

Os sites de leilões da internet tem sido usados pelos advogados para anunciar e vender seus serviços.[96] Um site de leilões da internet, por exemplo, permite que os advogados façam lances para clientes e casos legais on-line.

As casas de leilões como o eBay aceitam responsabilidade limitada dos problemas pelos quais os compradores ou vendedores possam passar em suas transações. As transações que fazem uso do serviço PayPal do eBay são protegidas. Outras, no entanto, podem ser arriscadas. Os participantes devem estar cientes de que a fraude de leilão é um golpe muito comum na internet.

A Craigslist é uma rede de comunidades on-line que disponibiliza gratuitamente anúncios classificados on-line. É um mercado popular on-line para comprar itens individuais.[97] Vários compradores locais preferem a Craigslist aos classificados no jornal local.

As empresas também se beneficiam das compras on-line. Os serviços on-line *global supply management (GSM)* fornecem métodos para as empresas encontrarem as melhores ofertas no mercado mundial de matérias-primas e insumos necessários para a fabricação de seus produtos. Os *intercâmbios eletrônicos* oferecem um recurso web específico do setor em uma plataforma centralizada conveniente para o B2B e-commerce (comércio eletrônico negócio a negócio) entre os fabricantes, fornecedores e clientes. Você pode ler mais sobre esse assunto no Capítulo 8.

VIAGENS, GEOLOCALIZAÇÃO E NAVEGAÇÃO

A web teve um efeito profundo sobre a indústria de viagens e o modo como as pessoas planejam e se preparam para elas. Desde obter assistência com viagens curtas até planejamento de feriados prolongados no exterior, os viajantes pesquisam na web para economizar tempo, dinheiro e superar grande parte dos riscos envolvidos em visitar lugares desconhecidos.

Os sites de viagens, como *www.travelocity.com*, *www.expedia.com*, *www.kayak.com* e *www.priceline.com*, ajudam os viajantes a encontrar as melhores promoções de voos, hotéis, aluguel de carros, pacotes de férias e cruzeiros. A Priceline oferece uma abordagem um pouco diferente dos outros sites. Ela permite que os compradores forneçam o preço que eles estão dispostos a pagar por um bilhete e, em seguida, trabalham para encontrar uma companhia aérea que possa atender a esse valor. Após a escolha dos voos, os viajantes podem usar esses sites para reservar hotéis e locação de veículos, muitas vezes a preços promocionais.

As ferramentas de mapeamento e geolocalização estão entre as aplicações da web mais populares e bem-sucedidas. O MapQuest, o Google Maps e o Bing Maps são exemplos dessas ferramentas (veja a Figura 7.30). Ao oferecer mapas de ruas gratuitos para cidades ao redor do mundo, essas ferramentas ajudam os viajantes a encontrar seu caminho. Ao fornecer seu local de partida e destino, esses aplicativos on-line criarão um mapa com o caminho mais rápido. Com as tecnologias de GPS, essas ferramentas podem detectar sua localização atual e dar indicações de onde você está.

Cortesia do Google

FIGURA 7.30
Google Maps. Os softwares de mapeamento, como o Google Maps, oferecem vistas do quarteirão da Times Square.

O Google Maps também fornece amplas informações específicas de locais de negócios, imagens de satélite, relatórios de tráfego por minuto e street view (visão de rua). Este último é o resultado da captação de imagens em 360 graus feita por funcionários da Google em veículos com equipamento fotográfico de alta tecnologia pelas ruas das cidades de todo o mundo. As imagens são integradas ao Google Maps, que permite que os usuários tenham uma "vista de rua" de uma área que pode ser manipulada como se eles realmente estivessem andando e olhando ao redor. O Bing Maps dá um passo além com fotos aéreas de alta resolução e fotografias em 3D do nível da rua.

Os aplicativos de mapas como o Google Maps fornecem kits de ferramentas que podem ser combinados com outras aplicações da web. Por exemplo, o Google Maps pode ser usado em conjunto com o Twitter para mostrar o local onde vários tweets foram publicados. Da mesma forma, quando combinado com Flickr, podem ser sobrepostas fotos de localizações geográficas específicas. As aplicações web combinadas são comumente referidas como *mashup*.

Os sistemas de informação geográfica (GIS, geographic information system) fornecem dados geográficos em camadas sobre um mapa. Por exemplo, o Google Earth mostra opções para visualizar tráfego local, meteorologia, fotos, vídeos, características subaquáticas, como naufrágios e vida marinha, atrações, empresas e locais de interesse. Programas como o Google Latitude e o Loopt permitem que você encontre seus amigos em um mapa – com a permissão deles – e sinalizam automaticamente se um amigo está próximo.

O georreferenciamento é a tecnologia que possibilita a marcação de informações com uma localização associada. O Flickr e outros softwares de fotos e serviços, por exemplo, permitem que as fotos sejam marcadas com a localização onde foram tiradas. Uma vez marcadas, torna-se fácil procurar quais fotos foram tiradas, por exemplo, na Flórida. O georreferenciamento também torna mais fácil sobrepor as fotos em um mapa, como o Google Maps e Bing Maps fazem. Twitter, Facebook e outras redes sociais tornaram possível usar geotag em publicação de fotos, comentários e tweets.

As informações de geolocalização representam um risco para a privacidade e a segurança. Muitas pessoas preferem que sua localização permaneça desconhecida pelo menos para estranhos e, muitas vezes, conhecidos e até amigos. Recentemente, criminosos fizeram uso de informações de localização para determinar quando as pessoas estão longe de suas residências e furtar o imóvel sem medo de interrupção.

UTILITÁRIOS DA INTERNET

Assim como a web é uma aplicação executada na internet para possibilitar uma estrutura de fornecimento de informações e serviços, outras aplicações foram projetadas para funcionar na internet com outros fins. Muitos desses aplicativos servem como utilitários para acesso e manutenção dos recursos na internet. Alguns deles que antecedem a web e o http e continuam a ser úteis são a Telnet, a SSH e o FTP.

A *Telnet* é um protocolo de rede que permite que os usuários se registrem em redes remotas pela internet. O software da Telnet utiliza uma interface de comando de linha que possibilita que usuário trabalhe diretamente em um servidor remoto. Como ela não está garantida por criptografia, a maioria dos usuários muda para a *secure shell (SSH)*, que oferece a funcionalidade da Telnet com uma conexão mais segura.

PROTOCOLO DE TRANSFERÊNCIA DE ARQUIVO (FTP, FILE TRANSFER PROTOCOL): Protocolo que suporta transferências de arquivos entre um host e um computador remoto, além de permitir que os usuários copiem os arquivos de um computador para outro.

O **protocolo de transferência de arquivo (FTP, file transfer protocol)** suporta transferências de arquivos entre um host e um computador remoto (veja a Figura 7.31). Por meio do FTP, os usuários podem copiar arquivos de um computador para outro. Os autores e editores deste livro, por exemplo, utilizaram um site de FTP fornecido pelo editor, a Cengage Learning, para compartilhar e transferir arquivos importantes durante o processo de publicação. Os arquivos de capítulos e os trabalhos de arte foram carregados para um site de FTP da Cengage Learning e baixados pelos autores e editores para revisão. Como a Telnet, as conexões FTP não são criptografadas, por isso são inseguras. Muitos usuários se mudam para o FTP seguro (SFTP) para transferir arquivos com mais proteção.

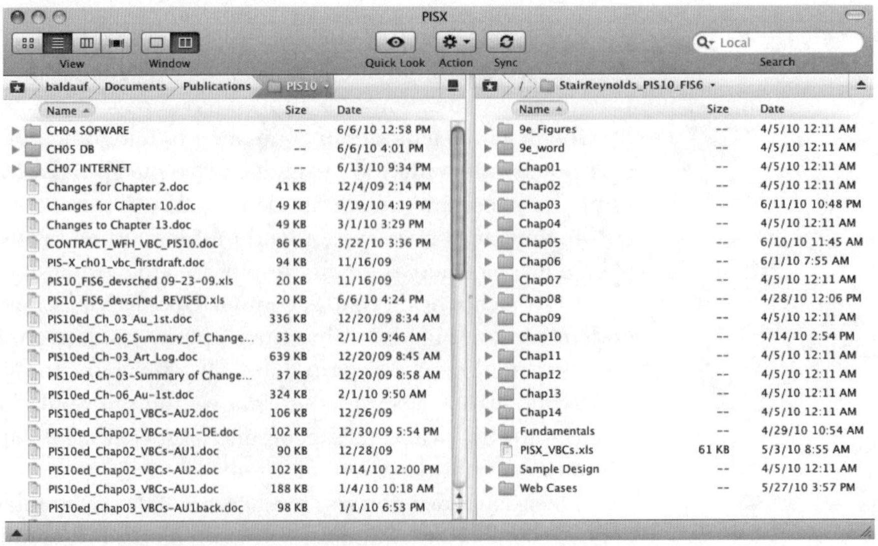

Cortesia de PISX

FIGURA 7.31
Aplicações FTP.
As aplicações FTP permitem que sejam transferidos arquivos entre computadores ao clicar e arrastá-los de uma janela para outra.

INTRANETS E EXTRANETS

Lembre-se de que no Capítulo 1 vimos que a intranet é uma rede corporativa interna construída com tecnologias e padrões da internet e da World Wide Web. Os funcionários de uma organização utilizam-na para acessar informações corporativas. Depois de utilizar sites públicos para promover produtos e serviços, as corporações se aproveitam da web como um modo rápido de se modernizar – e até mesmo de se transformar. Essas redes privadas conhecidas como intranets utilizam a infraestrutura e os padrões da internet e da World Wide Web. Usar uma intranet oferece uma vantagem considerável: muitas pessoas já estão familiarizadas com a tecnologia da internet e elas precisam de pouco treinamento para fazer uso efetivo da intranet corporativa.

A intranet é uma alternativa barata e muito poderosa para outras formas de comunicação interna, incluindo redes de computadores convencionais. Uma das virtudes mais óbvias da intranet é a capacidade de reduzir a necessidade de papel. Como os navegadores web são executados em qualquer tipo de computador, a mesma informação eletrônica pode ser vista por qualquer funcionário. Isso significa que todos os tipos de documentos (como agendas de telefones internos, manuais de procedimento e de treinamento e formulários de requisição) podem ser convertidos sem custo em formato eletrônico na web e constantemente atualizados. A intranet proporciona aos funcionários uma abordagem fácil e intuitiva de acesso às informações que anteriormente eram difíceis de obter. Por exemplo, ela é uma solução ideal para fornecer informações atualizadas a uma equipe de vendas móvel que necessita acessar dados atuais rapidamente.

Cada vez mais empresas oferecem acesso limitado à rede privada corporativa para consumidores e fornecedores. Essas redes são referidas como extranets; elas conectam as pessoas que são externas à empresa. Uma **extranet** é uma rede que conecta recursos selecionados da intranet de uma empresa com clientes, fornecedores ou outros parceiros de negócio. Como as intranets, a extranet é construída em torno das tecnologias da web.

EXTRANET: Rede baseada em tecnologias da web que conecta recursos selecionados da intranet da empresa com seus clientes, fornecedores ou outros parceiros de negócios.

Para uma extranet, preocupações com segurança e desempenho são diferentes em relação ao site ou à rede com base na intranet. Na extranet, a autenticação do usuário e a privacidade são essenciais para que a informação esteja protegida. Obviamente, a rede deve funcionar muito bem para oferecer respostas rápidas aos consumidores e fornecedores. A Tabela 7.3 resume as diferenças entre os usuários de internet, intranet e extranet.

TABELA 7.3 Resumos dos usuários da internet, intranet e extranet

Tipo	Usuários	Necessita de identificação e senha do usuário?
Internet	Qualquer pessoa	Não
Intranet	Funcionários e gerentes	Sim
Extranet	Parceiros de negócio	Sim

Os aplicativos de acessos seguros de intranet e extranet geralmente requerem o uso de uma *rede virtual privada* (VPN, virtual private network), que é uma conexão segura entre dois pontos na internet. As VPNs transferem informações por tráfego encapsulado em pacotes de IP e enviam os pacotes pela internet, prática chamada **encapsulamento**. A maioria das VPNs é construída e administrada por ISP. As empresas que utilizam uma VPN de um ISP essencialmente terceirizaram as próprias redes para economizar em equipamento e equipe de rede de área expandida.

ENCAPSULAMENTO: Processo pelo qual os VPNs transferem informações por encapsulamento de tráfego em pacotes de IP através da internet.

QUESTÕES DE INTERNET

A internet tem indivíduos e organizações altamente beneficiados, mas algumas questões podem ter consequências negativas.[98] Com a internet e os sites de redes sociais, a invasão de privacidade pode ser um possível problema.[99] Uma série de sites, por exemplo, coleta informações pessoais e financeiras sobre pessoas que visitam suas páginas sem o conhecimento ou o consentimento do usuário.[100] Algumas empresas de internet, no entanto, estão começando a permitir que as pessoas selecionem um recurso chamado "do-not-track", que impede que as informações pessoais e financeiras sejam recolhidas e armazenadas.[101] Outros temem que um novo software de reconhecimento facial usado por algumas empresas de internet também possa ser uma invasão de privacidade.[102] O software de reconhecimento facial, por exemplo, poderia ser usado para identificar pessoas em fotos em sites de redes sociais e outros sites da internet. Além disso, trabalhadores foram demitidos quando criticaram empregadores ou suas empresas pelo Facebook, Twitter ou outros sites de redes sociais.[103] Alguns desses funcionários demitidos estão lutando e processando seus empregadores.

Muitos estados e governos locais estão tentando recolher imposto sobre vendas pela internet.[104] Para um grande varejista da internet, o imposto sobre as vendas poderia ser de centenas de milhões de dólares anualmente. Os impostos sobre as vendas para todas as empresas de internet podem totalizar mais de $ 100 bilhões.

Os ataques da internet e hacks também são questões importantes. Alega-se que um programa da TV estrangeira descreveu um software projetado para invadir sites nos Estados Unidos.[105] Em outro caso, um país estrangeiro pode ter invadido as contas de e-mail de funcionários e outras pessoas importantes dos Estados Unidos.[106] O país referido negou qualquer envolvimento no caso da invasão.[107] Cada vez mais, os países estão cobrando e prendendo pessoas envolvidas em ataques na internet por grupos como o *Anonymous*.[108]

RESUMO

Princípio:

A internet oferece uma infraestrutura crucial para a entrega e o acesso a informações e serviços.

A internet é verdadeiramente de dimensão internacional, com usuários em todos os continentes. A internet teve início com a ARPANET, um projeto patrocinado pelo Departamento de Defesa dos Estados Unidos (DoD). Atualmente a internet é a maior rede de computadores do mundo. De fato, é um conjunto de redes interconectadas que trocam livremente informações. Ela transmite dados de um computador (chamado host) a outro. O conjunto de convenções utilizado para transmitir pacotes de um host a outro é conhecido como protocolo de internet (IP). Muitos outros protocolos são utilizados com IP. O mais conhecido é o protocolo de controle de transmissão (TCP). Ele é tão utilizado que muitas pessoas se referem ao protocolo de internet como TCP/IP, a combinação de TCP com IP utilizada pela maioria das aplicações de internet. Cada computador na internet tem um endereço IP atribuído para fácil identificação. Um localizador uniforme de recursos (URL) é um endereço da web que especifica a localização exata de uma página web (usando as letras e as palavras que são mapeadas para um endereço IP) e a localização no host.

A computação em nuvem refere-se a um ambiente de computação em que software e armazenamento são fornecidos como um serviço de internet e acessado com um navegador web, em vez de instalados e armazenados em computadores pessoais. Como as velocidades de conexão da internet têm melhorado e o acesso à internet sem fio se torna onipresente, as atividades de computação estão aumentando. A computação em nuvem oferece muitas vantagens. Ao terceirizar os sistemas de informação de negócios para a nuvem, a empresa economiza em design de sistema, instalação e manutenção. Os funcionários também podem acessar sistemas corporativos de qualquer computador conectado à internet usando um navegador web padrão.

As pessoas podem se conectar ao backbone da internet de várias maneiras: por meio de uma LAN, cujo servidor é um host de internet, por uma conexão por discagem por uma conexão de alta velocidade ou por uma conexão sem fio. Um provedor de serviço de internet (ISP) é qualquer empresa que fornece acesso à internet. Para utilizar esse tipo de conexão, são necessários uma conta com o provedor de serviço e um software que permita uma ligação direta por TCP/IP.

Princípio:

Originalmente desenvolvido como um sistema de gerenciamento de documentos, a World Wide Web cresceu e se tornou a principal fonte de notícias e informações, um canal indispensável para o comércio e um centro popular de interação social, entretenimento e comunicação.

A web é um conjunto de dezenas de milhões de servidores que trabalham juntos como se fossem apenas um em um serviço de internet e que fornece informações por tecnologia de hiperlink para bilhões de usuários no mundo. Graças aos circuitos de alta velocidade da internet que os conectam e à tecnologia de hiperlink, os usuários podem navegar entre as páginas web e os servidores sem esforço, criando a ilusão de utilizar um grande computador. Em razão da capacidade de lidar com objetos multimídia e conexões de hipertexto entre objetos distribuídos, a web surge como o meio mais utilizado de acesso à internet atualmente.

Como um sistema baseado em hiperlink que utiliza o modelo cliente/servidor, a web organiza os recursos da internet pelo mundo em uma série de arquivos conectados chamados páginas, que são acessadas e visualizadas com um software de cliente da web conhecido como navegador. O Internet Explorer, o Firefox, o Chrome e o Safari são os navegadores mais utilizados da web. Um conjunto de páginas sobre um assunto específico e acessado sob um domínio da web é chamado website.

A linguagem de marcação de hipertexto (HTML) é a linguagem-padrão de descrição para as páginas web. As tags de HTML permitem que o navegador saiba como formatar o texto: um título, uma lista ou corpo de texto, por exemplo. A HTML também indica onde imagens, sons ou outros elementos devem ser inseridos. Alguns outros padrões da web se tornaram quase iguais à HTML em importância, incluindo a linguagem de marcação extensiva (XML) e as folhas de estilos em cascata (CSS).

A web 2.0 refere-se à web como uma plataforma de computação que comporta aplicações de software e compartilhamento de informações entre usuários. Nos últimos anos, a web se transformou de um recurso unidirecional, em que os usuários encontram informações, em um recurso bidirecional, onde os usuários encontram e compartilham informações. A web também possui softwares de aplicações completos para suporte e se transforma em uma plataforma computacional por si mesma. Uma aplicação rica de internet (RIA) é um software que possui a funcionalidade e a complexidade de software de aplicação tradicional, mas é executado em um navegador web e não exige instalação local. Java, PHP, AJAX, MySQL, NET e estruturas de aplicativos da web são usados para criar páginas interativas da web.

Princípio:

A internet e a web oferecem inúmeros recursos para encontrar informação, comunicação, colaboração, socialização, realização de negócios e compras, além de entretenimento.

A web se tornou o meio mais popular para a distribuição e o acesso à informação. É uma ferramenta poderosa para se manter atualizado sobre notícias locais, estaduais, nacionais e globais. Como uma ferramenta de compartilhamento de informações e um repositório principal de conteúdo sobre todos os assuntos, a web é ideal para a educação e a formação. Museus, bibliotecas, empresas privadas, agências governamentais e muitos outros tipos de organizações e indivíduos oferecem materiais educativos on-line grátis ou por uma taxa. Muitas empresas usam o navegador web como uma interface para sistemas corporativos de informação. Os sites surgiram para apoiar todos os assuntos e atividades de importância.

Uma ferramenta de busca é um recurso importante que possibilita encontrar informações na web especificando palavras principais para um tópico de interesse, conhecidas como palavras-chave. Algumas empresas de pesquisa têm experimentado ferramentas de busca operadas e monitoradas por humanos. Além das ferramentas de busca, podem-se utilizar outros sites da internet para pesquisar informações. A *Wikipédia*, uma enciclopédia on-line criada e editada por milhões de usuários, é um exemplo de site que pode ser usado para pesquisar informações. Enquanto a *Wikipédia* é o wiki mais conhecido, de uso geral, as wikis são concebidas para fins especiais. A pesquisa on-line também é muito facilitada por recursos tradicionais que migraram de bibliotecas para sites, como bancos de dados on-line.

Um portal web combina informações úteis e links em uma única página web, servindo de página inicial – a primeira página web que você abre quando começar a navegar. Um portal web normalmente contém uma ferramenta de busca, um diretório de assunto, manchetes e outros itens de interesse. Ele pode ser de natureza geral ou específica.

A internet e a web fornecem muitas aplicações de comunicação e colaboração. O e-mail é uma forma muito útil de comunicação via internet que não só apoia a comunicação de texto, mas também suporta o conteúdo HTML e o compartilhamento de arquivos como os anexos. A mensagem instantânea é uma comunicação on-line em tempo real entre duas ou mais pessoas que estão conectadas na internet. Referido como um serviço de microblog, o Twitter permite aos usuários enviar atualizações de texto curtas (até 140 caracteres) do telefone celular ou da web para seus seguidores no Twitter. Uma série de tecnologias de internet apoia a conferência on-line em tempo real. A internet tornou possível para os envolvidos em teleconferências compartilhar desktops. Usando serviços como WebEx ou GoToMeeting, os participantes se registram no software comum que lhes permite transmitir sua tela do computador para o grupo. Os sistemas de telepresença, como os da Cisco e da Polycom, usam vídeo e áudio de alta resolução com monitores de boa definição para fazer parecer que os participantes da conferência estão realmente sentados ao redor de uma mesa.

Sites como YouTube e Flickr permitem que os usuários compartilhem vídeos e fotos com outras pessoas, grupos e o mundo. Os sites de microblog, como o Twitter, permitem que as pessoas publiquem seus pensamentos e ideias ao longo do dia para os amigos lerem. Sites de redes sociais oferecem ferramentas com base na web para usuários compartilharem informações sobre si com pessoas na web e para descobrirem, se encontrarem e conversarem com outros integrantes.

Um web log, normalmente chamado de blog, é um site que as pessoas podem criar e utilizar para escrever observações, experiências e opiniões sobre vários assuntos ou tópicos. Os usuários da internet podem se inscrever em blogs que usam um recurso chamado really simple syndication (RSS). A RSS é um conjunto de tecnologias da web que permite aos usuários assinarem um conteúdo da web que é frequentemente atualizado. Um *podcast* é uma transmissão de áudio pela internet.

Como as notícias e as informações, todas as formas de mídia e entretenimento têm seguido suas audiências on-line. A internet e a web tornaram a música muito mais acessível, com artistas distribuindo suas canções pelas rádios on-line, serviços de assinatura e de download. Com o aumento da velocidade da internet disponível, o streaming (transmissão) de vídeo e de televisão está se tornando comum. Os e-books estão disponíveis há um bom tempo, tanto quanto os computadores. No entanto, tornaram-se mais aceitos após a introdução do dispositivo de leitura de e-book da Amazon, o Kindle, em 2007. Os jogos on-line incluem os diversos tipos de monousuário, multiusuário e os jogos de multiusuário em massa.

A web teve um efeito profundo sobre a indústria de viagens e o modo como as pessoas planejam e preparam suas viagens. Desde obter assistência com viagens curtas até o planejamento de feriados prolongados no exterior, os viajantes estão pesquisando na web para economizar tempo, dinheiro e superar grande parte dos riscos envolvidos em visitar lugares desconhecidos. As ferramentas de mapeamento e geolocalização estão entre as aplicações de web mais populares e bem-sucedidas. O MapQuest, o Google Maps e o Bing Maps são exemplos. O georreferenciamento é a tecnologia que permite a marcação de informações com uma localização associada.

Assim como a web é uma aplicação executada na internet para proporcionar estrutura para o fornecimento de informações e serviços, outras aplicações foram projetadas para funcionar na internet para outros fins. A Telnet é um protocolo de rede que permite que os usuários se registrem em redes remotas pela internet.

O protocolo de transferência de arquivo (FTP) é um protocolo que suporta a transferência de arquivos entre um host e um computador remoto. Como a Telnet, as conexões FTP não são criptografadas e, portanto, inseguras. Muitos usuários se mudam para o FTP seguro (SFTP), para transferir arquivos com mais proteção.

Princípio:

As tecnologias populares da internet e da web foram aplicadas às redes de negócios na forma de intranets e extranets.

A intranet é uma rede interna corporativa construída com padrões e produtos da internet e da World Wide Web. Como os navegadores da web são executados em qualquer tipo de computador, a mesma informação eletrônica pode ser vista por qualquer funcionário. Isso significa que todos os tipos de documentos podem ser convertidos em formato eletrônico na web e atualizados constantemente.

A extranet é uma rede que liga recursos selecionados da intranet de uma empresa com consumidores, fornecedores ou outros parceiros de negócio. Ela também é construída em torno das tecnologias da web. Na extranet, preocupações com segurança e desempenho são diferentes em relação ao site ou à rede com base na intranet. A autenticação do usuário e a privacidade também são essenciais. Obviamente, a rede deve funcionar muito bem para oferecer respostas rápidas aos consumidores e fornecedores.

CAPÍTULO 7: TESTE DE AUTOAVALIAÇÃO

A internet oferece uma infraestrutura crucial para a entrega e o acesso a informações e serviços.

1. A ______________ foi a ancestral da internet e desenvolvida pelo Departamento de Defesa dos Estados Unidos.
2. Um endereço IP é um número que identifica um computador na internet. Verdadeiro ou falso?
3. O que permite o fluxo do tráfego de uma rede para outra na internet?
   - a. Protocolo de internet
   - b. ARPANET
   - c. Localizador uniforme de recursos
   - d. Servidor LAN
4. Cada computador na internet possui um endereço chamado protocolo de controle de transmissão. Verdadeiro ou falso?
5. ______________ é um ambiente de computação no qual o software e o armazenamento são fornecidos como um serviço de internet e são acessados com um navegador.
   - a. A computação em nuvem
   - b. A Internet Society (ISOC)
   - c. A web
   - d. A America Online (AOL)
6. Um(a) ______________ é uma empresa que fornece às pessoas e às organizações acesso à internet.

Originalmente desenvolvido como um sistema de gerenciamento de documentos, a World Wide Web cresceu e se tornou a principal fonte de notícias e informações, um canal indispensável para o comércio e um centro popular de interação social, entretenimento e comunicação.

7. A World Wide Web foi desenvolvida por Tim Berners-Lee no CERN. Verdadeiro ou falso?
8. Qual tecnologia auxilia a especificar facilmente a aparência visual das páginas web em um website?
   - a. HTML
   - b. XHTML
   - c. XML
   - d. CSS
9. Muitos aplicativos on-line mais populares da atualidade, incluindo Gmail, Google Docs, Flickr e Facebook, foram desenvolvidos com ______________.
10. Qual é a linguagem-padrão de descrição de página da web?
    - a. Idioma da página inicial
    - b. Linguagem de hipermídia
    - c. Java
    - d. Linguagem HTML
11. O software de desenvolvimento web que fornece o código fundamental – ou estrutura – para um site interativo profissional, permitindo que os desenvolvedores personalizem o código para necessidades específicas, é chamado ______________.

A internet e a web oferecem inúmeros recursos para encontrar informação, comunicação, colaboração, socialização, realização de negócios e compras, além de entretenimento.

12. Sites como Facebook e LinkedIn são exemplos de ______________.
    - a. compartilhamento de mídia
    - b. rede social
    - c. marcador social
    - d. streaming de conteúdo
13. Um(a) ______________ é uma ferramenta valiosa que possibilita encontrar informações na web, especificando termos que constituem as palavras

principais para um tópico de interesse conhecidos como palavras-chave.

14. O ____________ é um exemplo de um serviço de microblog.
   a. Facebook
   b. WordPress
   c. Twitter
   d. YouTube
15. A(O) ____________ utiliza vídeo e áudio de alta resolução com monitores de boa definição para fazer parecer que os participantes da conferência estão realmente sentados ao redor de uma mesa.

As tecnologias populares da internet e da web foram aplicadas às redes de negócios na forma de intranets e extranets.

16. Um(a) ____________ é uma rede com base na tecnologia da web que conecta consumidores, fornecedores e outros à empresa.
17. A intranet é uma rede interna corporativa construída com padrões e produtos da internet e da World Wide Web. Verdadeiro ou falso?

CAPÍTULO 7: RESPOSTAS DO TESTE DE AUTOAVALIAÇÃO

1. ARPANET
2. Verdadeiro
3. a
4. Falso
5. a
6. provedor de serviços de internet (ISP)
7. Verdadeiro
8. d
9. AJAX
10. d
11. estrutura de aplicação da web
12. b
13. ferramenta de busca
14. c
15. telepresença
16. extranet
17. Verdadeiro

QUESTÕES DE REVISÃO

1. O que é a internet? Quem a utiliza e por quê?
2. O que é ARPANET?
3. O que é TCP/IP? Como ele funciona?
4. Explique as convenções utilizadas para identificar os computadores hospedeiros da internet.
5. O que é um navegador web? Forneça dois exemplos.
6. O que é computação em nuvem?
7. Descreva brevemente três maneiras diferentes de se conectar à internet. Quais são as vantagens e as desvantagens de cada abordagem?
8. O que é um provedor de serviço de internet? Quais serviços fornecem?
9. Como as estruturas de aplicação da web auxiliam os desenvolvedores web?
10. Quais são as vantagens e as desvantagens do Groupon?
11. O que é um podcast?
12. Como as ferramentas de busca operadas por humanos funcionam?
13. Para que são utilizados a Telnet e o FTP?
14. O que é um streaming de conteúdo?
15. O que é mensagem instantânea?
16. O que é web? É outra rede como a internet ou um serviço que é executado na internet?
17. O que é um URL e como é utilizado?
18. Quais são as vantagens e desvantagens do streaming de filmes e programas de TV pela internet?
19. O que é uma intranet? Forneça três exemplos da utilização de uma intranet.
20. O que é uma extranet? Como ela difere de uma intranet?

QUESTÕES PARA DISCUSSÃO

1. As redes sociais são muito utilizadas. Descreva como essa tecnologia poderia ser utilizada em um ambiente de negócios. Existem inconvenientes ou limitações para utilizar a mensagem instantânea em um ambiente de negócio?
2. Sua empresa desenvolverá um novo site web. Descreva como você poderia utilizar os serviços da web para seu site.
3. Por que é importante ter uma organização que gerencie os endereços IP e os nomes dos domínios?
4. Quais são os benefícios e os riscos envolvidos no uso de computação em nuvem?
5. Você é o proprietário de uma pequena empresa com cinco funcionários. Descreva o método que você usaria para se conectar à internet.
6. Descreva como uma empresa poderia utilizar um blog e um podcast.
7. Descreva brevemente como funciona o serviço de telefone pela internet. Discuta o impacto potencial que esse serviço poderia ter sobre os serviços e empresas tradicionais de telefonia.
8. Por que a XML é uma tecnologia importante?
9. Discuta as vantagens e as desvantagens de uma rede virtual privada.

10. Descreva brevemente a importância dos serviços da web. O que está envolvido?
11. Identifique três empresas com as quais você está familiarizado e que utiliza a web para realizar negócios. Descreva a utilização que elas fazem da web.
12. Quais são as características definidoras de um site web 2.0?
13. Nomeie quatro formas de comunicação da internet e descreva as vantagens e as desvantagens de cada uma.
14. Quais preocupações sociais envolvem as tecnologias de geolocalização?
15. Uma questão-chave associada com o desenvolvimento de um site é conseguir que as pessoas o visitem. Se você estivesse desenvolvendo um site, como informaria aos outros sobre ele e o tornaria interessante o bastante para que retornassem e comentassem com outras pessoas sobre ele?
16. Baixar músicas, programas de rádio e vídeo da internet é mais fácil que no passado, mas algumas empresas ainda estão preocupadas com o fato de que pessoas obterão ilegalmente cópias dessas programações sem pagar royalties aos artistas e aos produtores. O que você faria se fosse um artista ou um produtor?
17. Como você poderia utilizar a internet se fosse um representante de vendas em viagem?
18. Resuma as diferenças no acesso e na utilização da internet, da intranet de uma empresa e da extranet.

EXERCÍCIOS DE RESOLUÇÃO DE PROBLEMAS

1. Pesquise na web para encontrar os sites de leilão mais acessados da web. Depois de pesquisar esses sites, use um processador de texto para escrever um relatório comparando e contrastando os serviços. Também discuta as vantagens e os possíveis problemas de compartilhamento de informações pessoais on-line. Quais são as informações coletadas por sites de redes sociais que você acha que devem ser mantidas privadas do público em geral?
2. Desenvolva uma breve proposta para criar um site de negócio na web. Como você poderia utilizar os serviços da web para criar e manter um website mais fácil e menos oneroso? Desenvolva uma planilha simples para analisar o aporte de dinheiro necessário para cobrir seu site e outras despesas do negócio.
3. Pense em um negócio que você gostaria de estabelecer. Utilize um processador de texto para definir o negócio em termos de qual(is) produto(s) ou serviço(s) oferecer, onde localizar e qual é o nome. Vá ao *www.godaddy.com* e encontre um nome de domínio apropriado para seu negócio que ainda não tenha sido registrado. Faça compras on-line para encontrar o melhor negócio sobre sites de hospedagem. Escreva um parágrafo sobre sua experiência de encontrar um nome, por que você escolheu esse nome e quanto vai custar para registrar o nome e hospedar um site.
4. Você foi contratado para desenvolver um modelo de negócio de um site para um pequeno jornal local. Desenvolva uma planilha que mostra as receitas e os custos envolvidos em sua criação e funcionamento.
5. Faça uma apresentação de slides usando um programa gráfico, como o PowerPoint, para mostrar como um novo site na internet que venda bicicletas usadas no campus pode ser começado e rentável.

ATIVIDADES EM GRUPO

1. Com seus colegas de grupo, identifique uma empresa que faz uso eficaz da tecnologia da web 2.0 em um site. Escreva um comentário sobre o site e por que acha que seu uso é eficaz.
2. Use o Flickr.com para criar um concurso de fotografia. Cada membro do grupo deve publicar quatro fotos favoritas tiradas por ele. Compartilhe as informações da conta entre os membros do grupo e, em seguida, use as caixas de comentário para votar em suas fotos favoritas. A foto com comentários mais favoráveis vence.
3. Faça sua equipe descrever um novo e excitante jogo da internet. Ele deve incluir alunos, professores e administradores de universidades como jogadores. Escreva um relatório usando o Google Docs ou um programa de processamento de texto semelhante para descrever como o jogo funciona.
4. Faça com que cada integrante da equipe utilize uma ferramenta de busca diferente para encontrar informações sobre podcast. Reúna a equipe e decida qual ferramenta foi a melhor para essa tarefa. Escreva um breve relatório para seu instrutor resumindo suas descobertas.

EXERCÍCIOS DA WEB

1. Este capítulo aborda algumas das ferramentas poderosas da internet, incluindo os telefones, ferramentas de busca, navegadores, e-mail, extranets e intranets. Escolha um desses tópicos e encontre

mais informações na internet. Pode ser solicitado que você desenvolva um relatório ou envie um e-mail para seu instrutor sobre o que encontrou.

2. Usando a internet, pesquise três universidades que usam extensivamente o aprendizado on-line ou a distância. Escreva um breve relatório sobre o que você encontrou.
3. Pesquise algumas das possíveis desvantagens de utilizar a internet, como privacidade, fraude ou websites não autorizados. Escreva um breve relatório sobre o que você encontrou.

EXERCÍCIOS PARA ESPECIALIZAÇÃO

1. Use três sites da internet relacionados ao trabalho para explorar os salários iniciais, os benefícios e as descrições de trabalho para uma carreira de uma área que lhe interessa. Descreva as características, vantagens e desvantagens de cada site na internet relacionado com o trabalho.
2. Pense em como a internet e a web podem ser úteis para as empresas em áreas que lhe interessam. Escolha duas delas e pesquise como usam a web. Escreva os resultados de sua pesquisa, incluindo os benefícios da web para essas empresas e recomendações sobre como poderiam estender o uso da web para aumentar os lucros.

ESTUDOS DE CASO

Caso um

Universidade de Sydney redesenha seu site

Desde a sua fundação em 1850, a Universidade de Sydney tem crescido em dezenas de faculdades, escolas e centros. Naturalmente, cada um precisava de um site. A universidade teve mais de 600 locais distintos, com milhões de páginas individuais. Esses sites incluíam intranets, sistemas de aprendizagem on-line e informações para o pessoal, estudantes e partes interessadas externas. Cada unidade escolheu suas próprias ferramentas para construir seu site, que foi, então, hospedado em um dos mais de 200 servidores.

Como muitas vezes acontece quando um site "só cresce", o resultado foi uma mistura. A universidade não tinha padrões para que seus sites tivessem uma aparência consistente. Os sites frequentemente continham informações duplicadas, desatualizadas ou imprecisas.

A publicação na web também foi complicada. Muitos membros do corpo docente queriam publicar o conteúdo por conta própria, mas tiveram de passar pelo departamento de TI da sua unidade. Essa exigência criou um gargalo irritante.

Para enfrentar esses desafios, a universidade precisava de normas de publicação. Os gestores universitários também queria remover gargalos de TI, permitindo que o pessoal da faculdade publicasse o conteúdo por conta própria. "Além de uma solução de tecnologia, precisamos mudar a forma como as pessoas pensavam sobre como a informação poderia ser estruturada para atender às necessidades dos usuários", disse o gerente de serviços da web Charlie Forsyth.

A Universidade de Sydney decidiu implementar um sistema de gerenciamento de conteúdo. Eles contrataram a empresa de consultoria Gartner para elaborar uma pequena lista de fornecedores antes de pedir lances. A Gartner prevê análise da indústria, avaliação de produtos para uma variedade de usuários e oferece serviços de consultoria para personalizar a análise geral para as necessidades de uma organização específica. Com sua sede na Ásia/Pacífico, no norte de Sydney, e um serviço de pesquisa exclusivamente para instituições educacionais, a Gartner foi uma escolha razoável.

A subsidiária autônoma da Hewlett-Packard ganhou a oferta de gerenciamento de conteúdo. "A Autonomy TeamSite teve a escalabilidade e o poder para enfrentar a nossa montanha de conteúdo, o tamanho da nossa presença na web, bem como o número de usuários que precisávamos para o serviço", disse Forsyth. "Pois TeamSite é um sistema baseado em arquivos, em vez de banco de dados orientado, que exige uma infraestrutura de custo mais baixo que outros produtos de nível empresarial." Marian Theobald, diretora do envolvimento da comunidade, acrescenta que essa "solução tem dado à nossa equipe um nível de controle e profissionalismo na apresentação que não estava disponível anteriormente".

A implementação levou quatro meses. Depois disso, a solução foi lançada para o grupo responsável pelo site central da universidade. Esse procedimento permitiu que a universidade desenvolvesse processos e diretrizes que viria a aplicar em toda a sua presença na web. Na próxima fase, a universidade criou 130 sites com 25 mil páginas de conteúdo. Hoje em dia, os proprietários de conteúdo por toda a universidade podem contribuir diretamente, mantendo a apresentação consistente.

A universidade tem alavancado esse investimento de outras maneiras. Todos os anos, as suas faculdades publicam 16 guias para estudantes com informações sobre cursos e unidades de estudo, bem como os regulamentos acadêmicos. A maioria é executada a centenas de páginas. Esses manuais agora usam modelos que cada unidade pode preencher, o que acelera sua criação e assegura a consistência de apresentação. Os estudantes podem obter manuais no formato que preferir: podem ler on-line, visualizar como e-book, receber em um CD-ROM, ou imprimir. O pequeno número de alunos que escolhem imprimir permitiu que a universidade reduzisse os custos de impressão do manual em 21%.

Os novos designs economizaram o tempo que levava para encontrar informações. Antes da reconstrução dos sites, uma pesquisa com os estudantes mostrou que 69% deles consideraram "de fácil a muito fácil" para encontrar as informações no site principal da universidade. Após a remodelação, esse número subiu para 79%. Outro indicador de sucesso é que o número de pedidos telefônicos de futuros alunos caiu pela metade em dois anos, de 5.886 para 3.014, durante um período de crescimento. A universidade atribui essa diminuição à melhoria da informação disponível na internet.

Questões para discussão

1. Examine as diferentes partes do site da sua faculdade ou universidade. O site tem uma aparência consistente? Se olhar para a seção de Atletismo, de admissões e a descrição do programa acadêmico, você pode dizer em poucas palavras que elas pertencem à mesma instituição? Se não, como sua instituição se beneficiaria com uma aparência mais consistente? Se são consistentes, o que sua instituição perderia se não fosse?
2. Suponha que custe duas vezes mais para imprimir uma única cópia de um manual sobre a demanda do que custa para imprimir cada cópia quando são impressos em volume. Que fração dos alunos deve usar métodos alternativos de acesso para que a universidade economize 21% do seu custo de impressão de manuais em geral? E se a relação custo de impressão de cópia única para o custo de cada cópia quando impresso em volume é 5:1? Se 85% dos estudantes acessam os manuais on-line, quanto mais caro pode ser a impressão de um único exemplar para a universidade atingir o ponto de equilíbrio em impressão de manuais?

Questões para análise

1. Em vez de implementar o software de gerenciamento de conteúdo, a Universidade de Sydney poderia ter emitido diretrizes do site para suas unidades e os motivar a usar o mesmo software de desenvolvimento, negociando uma licença em todo o site e oferecendo treinamento. Qual seria a eficácia dessa abordagem? Quais os benefícios desse estudo de caso que a universidade já deve ter alcançado que essa abordagem provavelmente teria conseguido em parte e que não teria alcançado em tudo? A universidade teria considerado essa abordagem menos cara em tudo? Por quê?
2. O estudo de caso fornece como um dos benefícios da nova abordagem a capacidade dos membros do corpo docente de publicar seu próprio conteúdo na web. Quais são algumas das desvantagens dessa capacidade? Em suma, você acha que é uma boa ideia? Por quê? Uma universidade difere de uma empresa com fins lucrativos ou uma organização religiosa a esse respeito? Se você acha que difere, quais são as diferenças e como elas afetam essa questão? Se você acha que não difere, por que as diferenças não afetam essa questão?

Fontes: Staff, "University of Sydney Makes the Grade with Autonomy", Autonomy, *publications.autonomy.com/pdfs/Promote/Case%20Studies/Education/20111110_CI_CS_University_of_Sydney_web.pdf* (registro gratuito necessário), acesso em: 10 nov. 2011; Site da Autonomy, www.autonomy.com, acesso em: 7 jun. 2012; Site do Grupo Gartner, www.gartner.com, acesso em: 8 jun. 2012; Site da Universidade de Sydney, sydney.edu.au, acesso em: 7 jun. 2012.

Caso dois

Os kickstarts de Amanda Palmer

O Kickstarter se descreve como "uma plataforma de financiamento para projetos criativos – integral desde as formas tradicionais de arte (como teatro e música) até formas contemporâneas (como design e jogos)". Ele permite às pessoas divulgarem seus projetos para que outras pessoas interessadas possam financiá-los. Os financiadores podem obter algo em troca, como uma cópia do CD que seu financiamento ajudou a produzir ou apenas a satisfação de ajudar uma ideia sair do projeto.

O "Punk cabaret" da cantora Amanda Palmer se tornou uma das mais bem-sucedidas campanhas da história do Kickstarter para promover seu novo álbum, levantando cerca de $ 1,2 milhão. A média de sucesso da campanha do Kickstarter, por outro lado, é em torno de $ 5 mil – e nem todas as campanhas de Kickstarter são bem-sucedidas. Em troca do financiamento, os fãs de Palmer podem escolher entre uma variedade de itens relacionados à música. Por uma promessa de $ 1, pode baixar músicas de seu novo álbum. Por $ 25, recebem uma versão de edição limitada do CD. Por $ 300, eles podem assistir a um show com uma festa especial pré-show do financiador. Por $ 5 mil, um patrocinador recebe um concerto de casa privado. (Quando a campanha terminou no dia 31 de maio de 2012, 34 dos 35 concertos da casa disponíveis haviam sido vendidos.) Isso está longe de ser uma lista completa, que contém 24 itens para promessas até $ 10 mil, mas sugere o intervalo.

Ben Sisario, no *The New York Times*, descreve Palmer como "uma das usuárias mais produtivas da música de mídia social". Sisario continua, "Ela publica músicas escritas para o YouTube e é uma correspondente produtiva no Twitter, solicita o feedback criativo de seus 562 mil seguidores e vende dezenas de milhares de dólares em mercadorias... Esse empenho trouxe sua rara lealdade". Em outras palavras, Palmer está em uma posição perfeita para se beneficiar de uma campanha Kickstarter, e ela sabe disso. Como o observador da indústria da música Jay Frank aponta, ela usou efetivamente o Kickstarter de várias maneiras:

- **Colocou a meta para baixo**. Palmer sozinha deverá ultrapassar sua meta de $ 100 mil em receita de concerto de casa. Superando a meta, torna-se história. Isso leva a mais publicidade e mais promessas.
- **Colocou três campanhas em uma**. Ela promoveu um registro, um livro de arte e uma turnê. Arrecadar $ 1,2 milhão em três campanhas não

é tão emocionante como o aumento em uma campanha, mas ainda é um total impressionante.
- **Usou seu álbum como um ponto de entrada de baixo custo**. O álbum parece ser o que ela está promovendo, mas a maior parte de sua receita virá de sua turnê ao vivo.

Até o título do novo álbum de Palmer, *Theatre Is Evil*, reflete o uso dos meios de comunicação social. Ela anunciou pela primeira vez o título no sábado, em 2 de junho de 2012, via Twitter como *Theater Is Evil*. Assim ela publicou em seu blog no dia seguinte: "Eu era bombardeada por uma tempestade de tweets de britânicos, canadenses, australianos, sul-africanos e AMERICANOS me informando que meu título estava ERRADO, ERRADO, ERRADO e deve ser escrito THEATRE IS EVIL". Ela realizou uma pesquisa on-line em seu fórum de discussão. Os votos foram de 82% para a grafia "theatre", assim como sua publicação "eu desisto". A grafia da palavra no título do álbum provavelmente fez pouca diferença, mas as ligações de fãs que ela criou e reforçou pelo diálogo fizeram uma grande diferença.

Arrecadar $ 1,2 milhão não significa embolsar muito. O Kickstarter leva 5% de todas as promessas. E Palmer tinha cerca de $ 250 mil em custos de gravação. Ela também teve despesas com turismo, promoção e custos com concepção, produção e envio dos pacotes aos fãs. O que resta é tributável. É preciso considerar também que o tempo em que ela passa trabalhando na mídia social é o período em que ela não pode passar em sua música. Ainda assim, quebrar antes mesmo do lançamento de um álbum é raro. Palmer fez muito melhor que isso!

Questões para discussão

1. Os tweets e blogs de Amanda Palmer têm uma presença ativa no Facebook e ela está à procura de novas maneiras de usar a mídia social. Como você acha que afetou o sucesso de sua campanha no Kickstarter?
2. Você decide lançar uma campanha no Kickstarter para financiar o desenvolvimento de um novo tipo de calçados esportivos que reduz a fadiga em longas corridas. Seu objetivo é arrecadar $ 100 mil para colocar o sapato em produção. A finalidade é propor uma gama de ofertas para seus apoiadores de promessas de $ 5 a $ 5 mil. Inclua pelo menos seis pontos diferentes do preço: $ 5, $ 5 mil e outros quatro valores entre esses dois.

Questões para análise

1. Suponha que você e quatro amigos tenham uma banda. Você acha que é muito bom, mas ainda não tem uma reputação na faculdade. Seria o Kickstarter uma forma eficaz de promover sua banda? Por quê?
2. Um engenheiro de uma grande empresa de informática propôs um novo produto, mas foi rejeitado para financiamento interno da D&R. Com a permissão da empresa, esse engenheiro planeja procurar financiamento no Kickstarter. Você acha que essa medida seria mais eficaz?

Fontes: Site da Amanda Palmer, *www.amandapalmer.net*, acesso em: 6 jun. 2012; Frank, J., "Amanda Palmer Has a Huge Hack", www.hypebot.com/hypebot/2012/05/amanda-palmer-has-a-huge-hack.html, 15 maio 2012; Houghton, B., "Amanda Palmer Blows Past $1 Million On Kickstarter", www.hypebot.com/hypebot/2012/05/amanda-palmer-passes-1-million-on-kickstarter.html, acesso em: 30 maio 2012; Site do Kickstarter, www.kickstarter.com, acesso em: 6 jun. 2012; Palmer, A., "Countdown Party and Album Title", blog, blog.amandapalmer.net/post/24356061454/countdown-party-album-title, acesso em: 3 jun. 2012; Sisario, B., "Giving Love, Lots of It, to Her Fans", *The New York Times*, www.nytimes.com/2012/06/06/arts/music/amanda-palmer-takes-connecting-with-her-fans-to-a-new-level.html, acesso em: 5 jun. 2012.

NOTAS

Fontes do texto de abertura: Site da Microsoft SharePoint, sharepoint.microsoft.com, acesso em: 6 jun. 2012; Site da PepsiCo Europe, www.pepsico.com/Company/The-Pepsico-Family/PepsiCo-Europe.html, acesso em: 6 jun. 2012; Staff, "PepsiCo Announces Completion of Wimm-Bill-Dann Acquisition", PepsiCo, www.pepsico.com/PressRelease/PepsiCo-Announces-Completion-of-Wimm-Bill-Dann-Acquisition09092011.html, acesso em: 9 set. 2011; Schwartz, J., "What To Expect in SharePoint 15", *Redmond*, redmondmag.com/articles/2012/04/01/whats-next-for-sharepoint.aspx, acesso em: 4 abr. 2012; Ward, T., "Social Intranet Case Study: PepsiCo Russia", www.intranetblog.com/social-intranet-case-study-pepsico-russia/2012/03/28, acesso em: 28 mar. 2012; Weis, R. T., "How Pepsi Won the Cola Wars in Russia", www.frumforum.com/how-pepsi-won-the-cola-wars-in-russia, 28 out. 2011; Site da WSS Consulting (na Rússia/по-русски), www.wss-consulting.ru, acesso em: 7 jun. 2012.

1. Site da The ISC Domain Survey, www.isc.org/solutions/survey, acesso em: 7 set. 2011.
2. Site da Internet Usage Statistics, www.internetworldstats.com/stats.htm, acesso em: 7 set. 2011.
3. Site da Internet Usage World Stats, www.internetworldstats.com, acesso em: 7 set. 2011.
4. Rhoads, Christopher, "Technology Poses Big Test for Regimes", *The Wall Street Journal*, 12 fev. 2012, p. A11.
5. Morozov, Evgeny, "Smart Dictators Don't Quash the Internet", *The Wall Street Journal*, 19 fev. 2011, p. C3.
6. Rhoads, Christopher, "Technology Poses Big Test for Regimes", *The Wall Street Journal*, 12 fev. 2012, p. A11.
7. Page, Jeremy, "China Co-Opts Social Media to Head Off Unrest", *The Wall Street Journal*, 22 fev. 2011, p. A8.

8. Cullison, A., "Google Sidesteps Edict", *The Wall Street Journal*, 9 jun. 2011, p. B7.
9. Site da DARPA, www.darpa.mil, acesso em: 8 set. 2011.
10. Site da Internet2, www.internet2.edu, acesso em: 7 set. 2011.
11. Site da National LambdaRail, www.nlr.net, acesso em: 20 jun. 2012.
12. Site da IPv6, http://ipv6.com/, acesso em: 9 set. 2011.
13. Holmes, S.; Rhoads, C., "Web Addresses Enter New Era", *The Wall Street Journal*, 21 jun. 2011, p. B1.
14. Site da ICANN, www.icann.org, acesso em: 9 set. 2011.
15. Sheridan, B., "The Apps Class of 2010", *Bloomberg Businessweek*, 3 jan. 2011, p. 80.
16. Kane, Y. e Smith, E., "Apple Readies iCloud Service", *The Wall Street Journal*, 1 jun. 2011, p. B1.
17. Henschen, Doug, "Microsoft Places Bigger Bet on Cloud Apps", *InformationWeek*, 11 jun. 2011, p. 10.
18. Staff, "Office 365 vs. Google: Advantage Microsoft", *InformationWeek*, 11 jul. 2011, p. 10.
19. Babcock, B., "Specialized Clouds", *InformationWeek*, 27 jun. 2011, p. 34.
20. Site da Univa, www.univa.com, acesso em: 7 set. 2011.
21. Site da Burberry, http://us.burberry.com/store, acesso em: 6 set. 2011.
22. Gilette, Felix, "How Salesforce Tames Twitter for Big Business", *Bloomberg Businessweek*, 4 set. 2011, p. 35.
23. Thibodeau, P., "The Race to Cloud Standards Gets Crowded", *Computerworld*, 22 ago. 2011, p. 24.
24. Schultz, B., "Managing Complexity", *Network World*, 8 ago. 2011, p. 16.
25. Site da NetApp cloud, www.netapp.com/cloud, acesso em: 3 set. 2011.
26. Henderson, T.; Allen, B., "Five Cool Tools for Cloud Management", *Network World*, 8 ago. 2011, p. 20.
27. Site da HTML5 Rock, www.html5rocks.com/en, acesso em: 9 set. 2011.
28. Site da W3C, www.w3.org/Style/CSS, acesso em: 9 set. 2011.
29. Site da Amazon AWS, http://aws.amazon.com, acesso em: 9 set. 2011.
30. Site do Drupal, http://drupal.org/project/framework, acesso em: 7 set. 2011.
31. Leiber, N., "A Startup's New Prescription for Eyewear", *Bloomberg Businessweek*, 4 jun. 2011, p. 49.
32. Kharif, Olga, "Startup Counsel", *Bloomberg Businessweek*, acesso em: 11 jun. 2011, p. 41.
33. Vascellaro, J., "Building Loyalty on the Web", *The Wall Street Journal*, 28 mar. 2011, p. B6.
34. Gaudin, Sharon, "Drug Maker Fixes Supply Chain with Social Tools", *Computerworld*, 8 ago. 2011, p. 12.
35. Henschen, D., "SAP to Offer More Google Map Mashups", *InformationWeek*, 15 abr. 2011, p. 18.
36. MacMillan, D., "Creating Web Addicts for $ 10,000 a Month", *Bloomberg Businessweek*, 24 jan. 2011, p. 35.
37. Fowler, G.; Cowan, L., "Zillow IPO Zooms 79%", *The Wall Street Journal*, 21 jun. 2011, p. B1.
38. Schechner, S.; Vascellaro, J., "Hulu Reworks Its Script", *The Wall Street Journal*, 27 jan. 2011, p. A1.
39. Ibid.
40. Adams, Russell, "Times Prepares Pay Wall", *The Wall Street Journal*, 24 jan. 2011, p. B5.
41. Adams, Russell, "Slate's Layoffs Signal Flaws in Web Model", *The Wall Street Journal*, 26 ago. 2011, p. B7.
42. Catan, Thomas, "Repentant Google Settles on Drug Ads", *The Wall Street Journal*, 25 ago. 2011, p. B1.
43. Steel, E.; Fowler, S., "Facebook Gets New Friends", *The Wall Street Journal*, 4 abr. 2011, p. B4.
44. Efrati, A., "Google Takes on Friend Sprawl", *The Wall Street Journal*, 29 jun. 2011, p. B6.
45. Steel, E., "Websites Reach for the Stars", *The Wall Street Journal*, 2 ago. 2012, p. B4.
46. Site do LinkedIn, www.linkedin.com, acesso em: 11 set. 2011.
47. Site da Ning, http://get.ning.com, acesso em: 11 set. 2011.
48. Winslow, Ron, "When Patients Band Together", *The Wall Street Journal*, 30 ago. 2011, p. D1.
49. Staff, "Facebook Facilitates Organ Donation", *The Tampa Tribune*, 2 maio 2012, p. 3.
50. Site da Seth Godin, www.sethgodin.com/sg, acesso em: 7 set. 2011.
51. Raice, S.; Ante, S., "Insta-Rich: $1 Billion for Instagram", *The Wall Street Journal*, 10 abr. 2012, p. B1.
52. Angwin, J.; Singer-Vine, J., "The Selling of You", *The Wall Street Journal*, 7-8 abr. 2012, p. C1.
53. Efrati, A., "Google Opens Online App Store", *The Wall Street Journal*, 3 fev. 2011, p. B2.
54. Site da 37Signals, http://37signals.com, acesso em: 11 set. 2011.
55. Site da Microsoft, http://sharepoint.microsoft.com, acesso em: 11 set. 2011.
56. Site da Khan Academy, www.khanacademy.org, acesso em: 5 maio 2011.
57. Site da NPower, www.npower.org, acesso em: 6 set. 2011.
58. Evans, Bob, "Saving Lives and Changing the World via NPower", *InformationWeek*, 28 mar. 2011, p. 9.
59. Staff, "Method is More Vital Than Teacher", *The Tampa Tribune*, 13 maio 2011, p. 1.
60. Pratt, A. "The Grill", *Computerworld*, 23 maio 2011, p. 10.
61. MacMillan, D., "Textbook 2.0", *Bloomberg Businessweek*, 13 jun. 2011, p. 43.
62. Site da Skillsoft, www.skillsoft.com, acesso em: 10 set. 2011.
63. Site da eHow, www.ehow.com, acesso em: 10 set. 2011.
64. Site da Certiport, www.certiport.com, acesso em: 10 set. 2011.

65. Site da Kashi, www.kashi.com, acesso em: 7 set. 2011.
66. Henschen, D., "They're Ready", *InformationWeek*, 14 fev. 2011, p. 21.
67. Nash, Kim, "The Talent Advantage", *CIO*, 1 mar. 2011, p. 32.
68. Chao, L., "Baidu, Record Labels in Deal", *The Wall Street Journal*, 19 jul. 2011, p. B2.
69. Efrati, A., "Google Bows to Web Rivals", *The Wall Street Journal*, 23 jul. 2011, p. B1.
70. Site da Mahalo, www.mahalo.com, acesso em: 7 set. 2011.
71. Site da Live Person, www.liveperson.com, acesso em: 7 set. 2011.
72. Gaudin, Sharon, "Cloud Cures Hospital's Ailing Email System", *Computerworld*, 18 jul. 2011, p. 6.
73. Staff, "Case Study: Papa John's International", GoToMeeting, www.gotomeeting.com/fec/images/pdf/case-Studies/GoToMeeting_Papa_Johns_Case_Study.pdf, acesso em: 7 set. 2011.
74. Smith, Ethan, "The Internet's $10 Million Mix Tapes", *The Wall Street Journal*, 31 ago. 2011, p. B1.
75. Smith, Ethan e Raice, Shayndi, "Facebook Adding Music Service", *The Wall Street Journal*, 1 set. 2011, p. B8.
76. Site da Podcast Alley, www.podcastalley.com, acesso em: 11 set. 2011.
77. Vascellaro, J.; Efrati, A., "Hulu Ponders Its Next Move", *The Wall Street Journal*, 22 ago. 2011, p. B5.
78. Bustillo, M.; Talley, K., "For Wal-Mart, a Rare Online Success", *The Wall Street Journal*, 29 ago. 2011, p. B1.
79. Schechner, S., "CNN, HLN to Stream on Web", *The Wall Street Journal*, 18 jul. 2011, p. B6.
80. Schechner, S., "Fox TV Shows Get Pay Wall", *The Wall Street Journal*, 27 jul. 2011, p. B6.
81. Peers, M., "The Time Bomb in Netflix's Strategy", *The Wall Street Journal*, 14 jul. 2011, p. C12.
82. Collett, S., "YouTube for the Enterprise", *Computerworld*, 18 jul. 2011, p. 26.
83. Trachtenberg, J., "Booksellers Alter Apple Sales", *The Wall Street Journal*, 26 jul. 2011, p. B6.
84. Catan et al. "U.S. Alleges E-Book Scheme", *The Wall Street Journal*, 12 abr. 2012, p. A1.
85. Site da Audible, www.audible.com, acesso em: 11 set. 2011.
86. Leonard, D., "Master of the Game", *Bloomberg Businessweek*, 4 jul. 2011, p. 71.
87. Jargon, J., "Wrigley Targets Web Gamers", *The Wall Street Journal*, 23 ago. 2011, p. B6.
88. MacMillan, D.; Stone, B., "Zynga's Little Known Addiction: Whales", *Bloomberg Businessweek*, 11 jul. 2011, p. 37.
89. Scheck, J., "You Can Lead a Virtual Horse to Water, But You Might Get Sued along the Way", *The Wall Street Journal*, 30 jul. 2011, p. A1.
90. Raice, S., "Facebook Reacts to Google Games", *The Wall Street Journal*, 13 ago. 2011, p. B3.
91. Site da Xbox, www.xbox.com/en-US/live, acesso em: 11 set. 2011.
92. Site da Groupon, www.groupon.com, acesso em: 7 set. 2011.
93. Hickins, M., "Groupon Revenue Hit $ 760 Million, CEO Memo Shows", *The Wall Street Journal*, 26 fev. 2011, p. B3.
94. Chao, Loretta, "Groupon Stumbles in China", *The Wall Street Journal*, 24 ago. 2011, p. B1.
95. Hickins, Michael, "Groupon Deals Attract Connecticut's Scrutiny", *The Wall Street Journal*, 15 jul. 2011, p. B8.
96. O'Connell, V., "Builing eBay for Lawyers", *The Wall Street Journal*, 23 mar. 2011, p. B7.
97. Site da Craigslist, http:/craigslist.org, acesso em: 11 set. 2011.
98. Gorman, S.; Tibken, S., "Security Tokens Take Hit", *The Wall Street Journal*, 7 jun. 2011, p. B1.
99. Angwin, J.; Steel, E., "Web's Hot New Commodity: Privacy", *The Wall Street Journal*, 28 fev. 2011, p. A1.
100. Baker, J., "EU Law Tracking Cookies Ignored", *Computerworld*, 6 jun. 2011, p. 4.
101. Miller, John, "Yahoo Cookie Plan in Place", *The Wall Street Journal*, 19 mar. 2011, p. B3.
102. Fowler, G.; Lawton, C., "Facebook Again in Spotlight on Privacy", *The Wall Street Journal*, 9 jun. 2011, p. B1.
103. Borzo, Jeanette, "Employers Tread a Minefield", *The Wall Street Journal*, 21 jan. 2011, p. B6.
104. Woo, S., "Amazon Battles States over Sales Tax", *The Wall Street Journal*, 3 ago. 2011, p. A1.
105. Page, Jeremy, "Chinese State TV Alludes to U.S. Website Attacks", *The Wall Street Journal*, 25 ago. 2011, p. A8.
106. Efrati, A.; Gorman, S., "Google Mail Hack Is Blamed on China", *The Wall Street Journal*, 2 jun. 2011, p. A1.
107. Areddy, J., "Beijing Fires Back in Google Hack Row", *The Wall Street Journal*, 3 jun. 2011, p. B1.
108. Bryan-Low, Cassell, "Internet Attacks Yield Arrests", *The Wall Street Journal*, 2 set. 2011, p. B5.

PARTE 3

SISTEMAS DE INFORMAÇÕES EMPRESARIAIS

8 COMÉRCIO ELETRÔNICO E MÓVEL

Princípios	Objetivos de aprendizagem
• O comércio eletrônico e o comércio móvel estão evoluindo e oferecendo novos modos de conduzir os negócios, os quais apresentam tanto benefícios quanto possíveis problemas.	• Descrever a situação atual das várias formas de comércio eletrônico (e-commerce), incluindo B2B, B2C, C2C e governo eletrônico (e-government). • Esboçar um modelo de compra de multiestágios que descreva os serviços de comércio eletrônico. • Definir o comércio móvel e identificar alguns de seus desafios simples.
• O comércio eletrônico e o comércio móvel podem ser usados de muitas maneiras inovadoras para melhorar as operações de uma organização.	• Identificar diversos aplicativos de comércio eletrônico e de comércio móvel. • Identificar diversas vantagens associadas com a utilização do comércio eletrônico e do comércio móvel.
• O comércio eletrônico e o comércio móvel oferecem muitas vantagens e ainda despertam muitos desafios.	• Identificar diversos benefícios e desafios associados com o crescimento contínuo do comércio eletrônico e do comércio móvel.
• As organizações devem definir e executar uma estratégia para serem bem-sucedidas no comércio eletrônico e no comércio móvel.	• Esboçar os componentes-chave de estratégias de comércio eletrônico e de comércio móvel de sucesso.
• O comércio eletrônico e o comércio móvel exigem planejamento cuidadoso e integração de alguns componentes da infraestrutura da tecnologia.	• Identificar os componentes-chave da infraestrutura da tecnologia que devem ser observados para que o comércio eletrônico e o comércio móvel funcionem. • Discutir as características-chave dos sistemas de pagamento eletrônico necessárias para dar suporte ao comércio eletrônico e ao comércio móvel.

Um milhão de peças de reposição – e a contagem

SISTEMAS DE INFORMAÇÃO NA ECONOMIA GLOBAL

Kramp Group, Holanda

O KRAMP GROUP É O maior distribuidor de acessórios e peças para equipamentos motorizados utilizados na agricultura e na construção da Europa. Isso pode não soar tão glamoroso, mas "a agricultura moderna é altamente mecanizada: é impossível gerir uma fazenda com sucesso sem tratores, colhedeiras e outros maquinários", explica o gestor de TI Robert Varga. "Se um componente fundamental falhar e ocorrer a interrupção do trabalho de algum dos equipamentos de um de nossos clientes, a perda na produtividade poderá causar sérios prejuízos financeiros a ele. Temos um catálogo com mais de 300 mil peças sobressalentes que podem ser entregues no mesmo dia, saindo de qualquer depósito europeu até o distribuidor mais perto do cliente para ajudá-lo a voltar a funcionar o mais rápido possível". Eddie Perdok, CEO do Kramp Group, afirma: "Nós acreditamos no futuro e no poder do comércio eletrônico. Comparada a outros canais, a internet nos proporciona significativas vantagens financeiras".

Ainda, para os clientes do Kramp Group, utilizar a internet não é algo automático. Todos os dias, o grupo recebe mais de 50 mil pedidos de clientes vindos de diversos canais. Antes de 2010, "quase 40% de nossos clientes ainda faziam seus pedidos por telefone, o que significava que o pessoal de nossa central telefônica tinha de gastar muito tempo no processamento básico dos pedidos", diz Varga. Para reduzir tal tempo, o Kramp Group teve de tornar seu estoque on-line mais fácil de usar. Contudo, seu estoque existente, que havia sido desenvolvido internamente, não possuía a flexibilidade necessária para atingir essa meta.

O Kramp Group então utilizou os conjuntos da IBM e de um aplicativo de uma empresa alemã, a Heiler AG, para modernizar seus sistemas de comércio eletrônico. Hans Scholten, membro do conselho executivo do Kramp Group, afirmou: "Nós optamos deliberadamente pela solução 'de melhor sucesso' para todos os conjuntos. Isso quer dizer que escolhemos o melhor aplicativo disponível para diferentes aplicações". Tal filosofia ajudou a determinar os conjuntos que a empresa escolheu. A empresa obteve da IBM a plataforma WebSphere Commerce, que é voltada para o lado do cliente de seu sistema. A capacidade multilíngue do aplicativo foi importante porque, como o Kramp Group opera em toda a Europa, ter um site em qualquer dos dez idiomas mais falados do continente foi crucial. A empresa teve de traduzir o conteúdo do site para todos os idiomas (mesmo em 2012, o melhor aplicativo de tradução automática não pode substituir uma pessoa especializada), mas não precisou desenvolver nem manter diferentes sites.

O Kramp Group também utiliza a solução Gerenciamento de Informação sobre o Produto (PIM, Product Information Management) do aplicativo Heiler. O aplicativo gerencia os dados do produto no catálogo na WebSphere Commerce. O Kramp Group quer expandir seu estoque disponível para mais de um milhão de itens e não poderia fazer isso sem o PIM. Expandir os itens estocados para mais de um milhão de itens é crucial para a estratégia em *longo prazo* da empresa. O conceito é de que cada item de venda lenta pode não contar para aumentar receitas, mas o total é grande o suficiente para fazer a diferença no sucesso do Kramp Group.

Finalmente, apesar de o Kramp Group ter capacidade interna para gerenciar seu sistema de comércio eletrônico, ele recorreu à CDC Software para ajudar a integrar as partes. Se fizesse isso por conta própria, o Kramp Group teria de admitir pessoal extra, que seria dispensado quando o projeto terminasse.

O resultado foi que após o novo sistema do Kramp Group ter sido colocado on--line em pouco tempo, Varga informou que, "com 70% de nossos clientes escolhendo pedir on-line por meio da solução WebSphere Commerce, estamos vendo uma redução significante na média do custo por transação". Ele continuou: "O pessoal de nossa central telefônica agora tem mais tempo para ajudar os clientes e resolver problemas mais complexos, o que melhora o serviço de atendimento ao cliente. Melhor serviço e custos operacionais mais baixos estão ajudando ao Kramp Group aumentar entre 10% a 12% seu crescimento anual, de modo que a solução está trazendo uma contribuição real para o sucesso do nosso trabalho".

À medida que você lê o capítulo, considere o seguinte:

- De que forma outros tipos de comércio eletrônico, como os negócios a clientes (B2C), se diferenciam do negócio a negócio (B2B), modelo do Kramp Group?
- De acordo com a filosofia expressa por Scholten, o Kramp Group conseguiu um excelente pacote de comércio eletrônico, que poderá não funcionar bem com seus outros aplicativos. Em vez disso, a empresa poderia ter selecionado um único conjunto integrado com todas as partes funcionando bem entre si, mas que talvez não fosse o mais adequado ao seu comércio eletrônico. Enquanto você lê e pensa sobre as diferentes situações, considere qual abordagem é a melhor e por quê.

© Andrey Burmakin/Shutterstock

POR QUE APRENDER SOBRE COMÉRCIO ELETRÔNICO E COMÉRCIO MÓVEL?

O comércio eletrônico e o comércio móvel transformaram muitas áreas de nossa vida e carreiras. Uma mudança fundamental é como as empresas interagem com seus fornecedores, consumidores, agências do governo e outros parceiros de negócios. Como resultado, a maior parte delas hoje tem de estabelecer seus negócios na internet, ou já estão considerando fazer isso. Para obter êxito, todos os membros da empresa precisam participar desse esforço. Como gerente de vendas ou de marketing, espera-se que você ajude a definir o modelo de comércio eletrônico de sua empresa. Como um funcionário do serviço ao consumidor, é provável que participe do desenvolvimento e da operação do site de sua empresa. Como gestor de recursos humanos ou de relações públicas, provavelmente você será solicitado a fornecer conteúdo para o site aos funcionários e possíveis investidores. Como analista financeiro, você precisará saber como medir o impacto das operações de sua empresa na web e como compará-lo com os esforços de seus concorrentes. Então, fica claro que, como um funcionário de uma empresa moderna, você precisa entender qual é o papel potencial do comércio eletrônico, como capitalizar suas diversas oportunidades e como evitar suas armadilhas. O surgimento do comércio móvel acrescenta uma nova e excitante dimensão para essas oportunidades e desafios. Futuros clientes, possíveis funcionários e acionistas acessarão o site de sua empresa por smartphones e tablets de outros locais que não suas residências ou locais de trabalho. Este capítulo oferece um breve panorama do mundo dinâmico do comércio eletrônico.

UMA INTRODUÇÃO AO COMÉRCIO ELETRÔNICO

COMÉRCIO ELETRÔNICO: Condução de atividades comerciais (distribuição, compra, venda, comercialização e manutenção ou oferecimento de produtos e serviços) eletronicamente por meio das redes de computadores.

O **comércio eletrônico** é a realização de atividades comerciais (distribuição, compra, venda, marketing e manutenção de produtos e serviços, por exemplo) eletronicamente por meio de redes de computadores, como a internet, extranets e redes corporativas. É qualquer transação comercial, executada eletronicamente entre empresas, como negócio a negócio (business-to-business), negócios a clientes (business-to-consumer), clientes a clientes (consumer-to-consumer), negócios e o setor público (government-to-business) e cidadãos e o setor público (government-to-citizen). As atividades empresariais que são fortes candidatas à conversão ao comércio eletrônico são aquelas que envolvem trabalho com impressão em papel, tomam muito tempo ou são inconvenientes para os clientes.

COMÉRCIO ELETRÔNICO NEGÓCIO A NEGÓCIO

COMÉRCIO ELETRÔNICO NEGÓCIO A NEGÓCIO (B2B, BUSINESS-TO-BUSINESS): Subconjunto do comércio eletrônico no qual todos os participantes são empresas.

O **comércio eletrônico negócio a negócio (B2B, business-to-business)** é um subconjunto do comércio eletrônico no qual todos os participantes são empresas. O B2B é uma ferramenta útil para conectar parceiros de negócios em uma cadeia virtual de suprimentos para reduzir o tempo de reabastecimento e custos. Embora o mercado de negócios a clientes apareça mais nas manchetes, o B2B é de modo considerável maior e cresce mais rapidamente. De acordo com os últimos números disponíveis do U.S. Census Bureau, em 2009, o faturamento do B2B foi de $ 3,8 trilhões, enquanto o do B2C foi de $ 292 bilhões. O B2B faturou quase 13 vezes mais que o B2C.[1]

Uma empresa utilizará tanto o *comércio eletrônico de compras* para comprar mercadorias e serviços de seus fornecedores como o *comércio eletrônico de vendas* para vender produtos a seus clientes. As atividades de comércio eletrônico de compras podem incluir identificação e comparação de fornecedores e produtos competitivos, negociação e estabelecimento de preços e prazos, pedidos e rastreamento de remessas, além da condução organizacional dos compradores para seus fornecedores e produtos preferidos. As atividades de comércio eletrônico de vendas podem abranger habilitação de compras de produtos on-line, fornecimento de informações aos clientes para avaliar as mercadorias e os serviços da empresa, estímulo de vendas e dicas para possíveis clientes por um portal de informações de interesse do cliente, além de interações entre a comunidade de clientes. Portanto, as atividades de comércio eletrônico de compra e venda suportam a cadeia de valor da empresa e a ajudam a praticar preços mais baixos, melhores serviços, maior qualidade ou exclusividade do produto e serviço, conforme mencionado no Capítulo 2.

A Grainger é uma distribuidora de produtos B2B para manutenção, reparo e operações de instalações (uma categoria chamada MRO) e vende on-line quase 1 milhão de itens diferentes. O comércio eletrônico é responsável por 25% do total de vendas da Grainger, mas existe uma previsão de atingir 40% de todos os seus negócios. A empresa está incluindo o recurso de conversa ou "clique para chamar" em seu site. De acordo com Paul Miller, vice-presidente de comércio eletrônico da Grainger, "acesso melhor e mais fácil à informação ajuda às pessoas a tomar melhores decisões".[2]

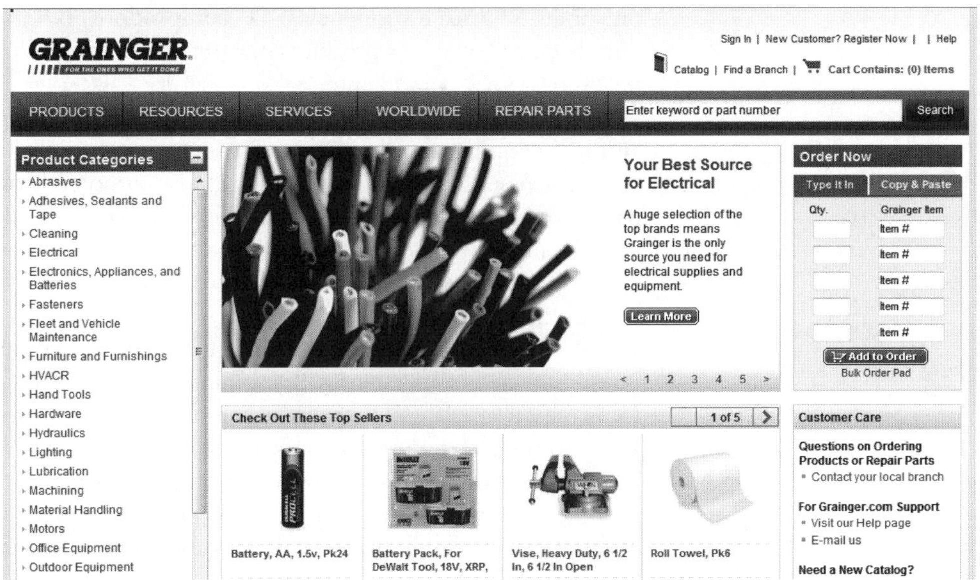

© grainger.com

A Grainger vende quase 1 milhão de itens diferentes on-line.

COMÉRCIO ELETRÔNICO NEGÓCIOS A CLIENTES

COMÉRCIO ELETRÔNICO NEGÓCIOS A CLIENTES (B2C, BUSINESS-TO--CONSUMER): Forma de comércio eletrônico na qual os clientes tratam diretamente com uma empresa e evitam os intermediários.

O **comércio eletrônico negócios a clientes (B2C, business-to-consumer)** é uma forma de comércio eletrônico na qual os clientes tratam diretamente com uma empresa para evitar intermediários. Os pioneiros do B2C competiam com os tradicionais varejistas em um ramo de negócios e vendiam seus produtos diretamente aos clientes. Por exemplo, em 1995, a recém-chegada Amazon.com desafiava as bem estabelecidas livrarias Waldenbooks e Barnes & Nobles. Embora não tivesse se tornado lucrativa antes de 2003, o que era antes uma loja on-line de livros apenas nos Estados Unidos tornou-se um empresa com ampla variedade de produtos em sites internacionais no Canadá, na China, na França, na Alemanha, no Japão e no Reino Unido.

O faturamento global de comércio eletrônico B2C em 2010 foi estimado entre $ 400 e $ 600 bilhões, com um crescimento posterior estimado de $ 700 a $ 950 bilhões em 2015.[3] Nos Estados Unidos, as vendas B2C no terceiro trimestre de 2011 totalizaram $ 48,2 bilhões, um aumento de 13,7% durante o terceiro trimestre de 2010.[4] As vendas B2C agora são aproximadamente 4,6% do total das vendas de varejo dos Estados Unidos.[5] A Figura 8.1 apresenta o crescimento previsto nas regiões do mundo.[6]

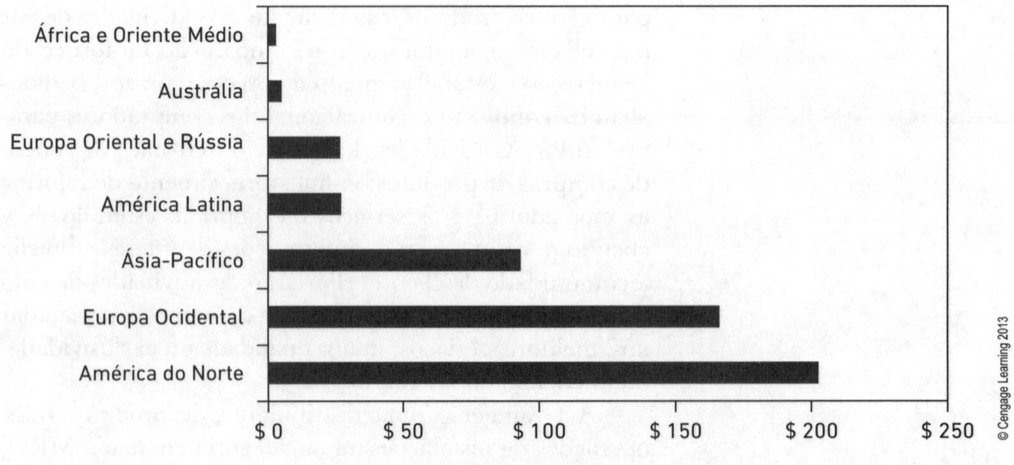

FIGURA 8.1
Gastos globais do comércio eletrônico B2C previstos para 2014.
Fonte dos dados brutos: "Forecast for Global e-Commerce Growth", www.capturecommerce.com/blog/general/forecast-for-global-ecommerce-growth, dez. 2010/jan. 2011.

Uma razão para esse rápido crescimento do B2B é que os compradores que utilizam o comércio eletrônico acreditam que muitos bens e serviços são mais baratos quando adquiridos pela web, incluindo ações, livros, jornais, passagens aéreas e quartos de hotel. Para encontrar as melhores ofertas, os clientes podem também, por exemplo, fácil e rapidamente comparar informações sobre preços de automóveis, cruzeiros, empréstimos, seguros e residências. Os compradores B2C on-line também têm a oportunidade de projetar seus produtos personalizados ou de customizar um bom conjunto de produtos para algum cliente.

A Easton Bell Sports é uma empresa líder de projetos, desenvolvimento e marketing de equipamentos para esportes coletivos, como beisebol, softbol, hóquei, futebol e lacrosse, e modalidades individuais, como ciclismo e skateboarding. Com matriz na cidade de Van Nuys, na Califórnia, Estados Unidos, possui 31 instalações em todo o mundo.[7] Apesar de a maioria de suas vendas serem para times, a empresa começou com um site para B2C a fim de possibilitar aos clientes individuais personalizarem seus produtos.[8]

A Wrigley oferece embalagens customizadas de sua marca de gomas de mascar e sem açúcar a seus clientes. Os visitantes do site MyExtraGum.com podem baixar fotos e mensagens e colocarem nas embalagens das gomas de mascar customizadas. Eles também podem especificar as fontes e as cores nas embalagens e escolher entre muitos projetos. Cinco pacotes de gomas de mascar com embalagens para os clientes custam $ 25 cada, contendo 15 decalques. Entretanto, muitos clientes pedem os pacotes para celebrar alguns eventos importantes de sua vida ou também como presentes personalizados.[9]

Ao usar o comércio eletrônico B2C para vender diretamente aos consumidores, os produtores ou fornecedores de produtos podem eliminar intermediários entre eles e os consumidores. Em muitos casos, isso permite diminuir os custos, retirar as ineficiências da cadeia de suprimentos e levar a lucros maiores e preços mais baixos para os consumidores. A eliminação das empresas intermediárias entre o produtor e o cliente é chamada *desintermediação*.

Mais do que apenas uma ferramenta para fazer pedidos, a internet é uma maneira extremamente útil de comparar preços, características e valores. Os compradores da internet podem, por exemplo, separar aplicativos de compras, ou acessar sites, como eBay, Shopping.com, Google Froogle, Shopzilla, PriceGrabber, Yahoo! Shopping ou Excite, para obter listas de itens, preços e negociantes. O Yahoo! adicionou o que se chama de comércio social em seu site criando uma seção onde os usuários podem ir para ver somente os produtos que foram examinados e listados por outros compradores. O Walmart criou e implementou o aplicativo Shopycat, que se refere às informações dos amigos de um comprador no Facebook para recomendar presentes aos compradores. Ele ou ela pode então comprar esses itens no Walmart, em outras lojas on-line ou pessoalmente.[10]

Vem crescendo uma tendência de clientes que pesquisam produtos on-line e fazem a compra em lojas físicas de varejo. Esse tipo de venda é chamado venda influenciada pela web. Estima-se que essas vendas já ultrapassaram \$ 1 trilhão e estão crescendo em uma média de bilhões de dólares por ano nos Estados Unidos.[11] A Tabela 8.1 lista os dez maiores varejistas B2C nos Estados Unidos.

TABELA 8.1 Maiores varejistas em negócios a clientes nos Estados Unidos em 2010

Classificação	Empresa	Volume total de vendas pela web em 2011 (em bilhões de dólares)
1	Amazon	\$ 34,2
2	Staples	\$ 10,2
3	Apple	\$ 5,2
4	Dell	\$ 4,8
5	Office Depot	\$ 4,1
6	Walmart	\$ 4,1
7	Sears	\$ 3,1
8	Liberty Media (QVC, Liberty e-Commerce)	\$ 3,0
9	OfficeMax	\$ 2,9
10	CDW Corp	\$ 2,7

Fonte: "Top 500 Guide", *Internet Retailer*, www.internetretailer.com/top500/list, acesso em: 16 jan. 2012.

Como resultado da decisão da Suprema Corte dos Estados Unidos em 1992 que afirmou que os varejistas on-line não têm de recolher impostos sobre vendas nos estados onde não haja uma presença física, milhões de compradores on-line não pagam impostos estaduais, nem locais, em suas compras feitas pela internet. Os clientes que vivem nos estados norte-americanos que cobram impostos devem relatar suas compras fora de seu estado e informar os "impostos de utilização" em suas restituições de imposto de renda. Mas apenas alguns contribuintes relatam tais compras. Apesar de terem uma base legal para assim procederem, os estados acham muito difícil coletar impostos sobre compras feitas pela internet. O fato de não pagar impostos sobre vendas cria uma vantagem sobre o preço para varejistas on-line em relação às lojas físicas, onde os impostos sobre as vendas devem ser recolhidos. Isso também resulta na perda de cerca de \$ 23 bilhões em receitas fiscais que permitiriam aos governos estaduais ou locais proporcionarem serviços a seus cidadãos.[12] (O estado de Illinois tem linhas específicas em seu formulário de imposto de renda para informar sobre as compras pela internet. Se a pessoa não tiver mantido seus registros, certo valor por essas compras lhe será cobrado por \$ 100 mil de renda.)

COMÉRCIO ELETRÔNICO CLIENTE A CLIENTE

COMÉRCIO ELETRÔNICO CLIENTE A CLIENTE (C2C, CONSUMER-TO-CONSUMER): Subconjunto de comércio eletrônico que envolve transações eletrônicas entre clientes por meio de um terceiro que facilita o processo.

O **comércio eletrônico cliente a cliente (C2C, consumer-to-consumer)** é um subconjunto de comércio eletrônico que envolve transações eletrônicas entre clientes por meio de um terceiro que facilita o processo. O eBay é um exemplo: os clientes compram e vendem itens entre si pelo site. Fundado em 1995, tem se tornado um dos sites mais populares do mundo.

Outros sites C2C populares são Bidzcom, Craigslist, eBid, ePier, Ibidfree, Kijiji, Ubid e Tradus. O crescimento do C2C é responsável pela redução do uso de anúncios classificados em jornal para vender itens pessoais. O C2C tem criado oportunidades para muitas pessoas ganharem a vida vendendo itens em sites de leilões.

As empresas envolvidas com comércio eletrônico devem ser cautelosas para que suas vendas não violem regras municipais, estaduais ou nacionais. Por exemplo, mais de 4 mil sites oferecem armas de fogo para vender, incluindo o Craigslist, apesar da política do site contra o comércio desses itens. Muitos vendedores concordam que vender armas para pessoas que talvez não passariam em uma investigação sobre seus antecedentes seria um crime doloso.[13] A cidade de Nova York taxa em $ 1,50 um maço de cigarros, mas seus habitantes podem comprar milhões de caixas on-line, evitar o imposto municipal e revender os cigarros ilegalmente.[14] A revenda de cigarros livres de impostos é um problema em muitos estados que possuem taxas elevadas.

A Tabela 8.2 resume os fatores-chave que diferenciam os tipos de comércio eletrônico B2B, B2C e C2C.

TABELA 8.2 Diferenças entre os tipos B2B, B2C e C2C

Fatores	B2B	B2C	C2C
Valor da venda	Milhares ou milhões de dólares	Dezenas ou centenas de dólares	Dezenas de dólares
Duração do processo de vendas	Dias para meses	Dias para semanas	Horas para dias
Número de tomadores de decisão envolvidos	Diversas pessoas, até uma dúzia ou mais	Uma ou duas	Uma ou duas
Uniformidade da oferta	Tipicamente uma oferta uniforme de produto	Oferta de produto mais customizado	Oferta de produto simples, um de cada tipo
Complexidade do processo de compra	Extremamente complexo, muito espaço para negociações sobre preço, pagamento, entrega, quantidade, qualidade, opções e características	Relativamente simples, discussão limitada sobre as opções de preços, pagamento e entrega	Relativamente simples, discussão limitada sobre as opções de pagamento, entrega e negociação de preço alto
Motivação para a venda	Acionado por uma decisão ou necessidade de negócio	Acionado por uma necessidade ou emoção do consumidor individual	Acionado por uma necessidade ou emoção do consumidor individual

GOVERNO ELETRÔNICO

GOVERNO ELETRÔNICO (E-GOVERNMENT): Utilização da tecnologia da informação e comunicações para simplificar o compartilhamento de informações, acelerar os processos anteriormente baseados em papel impresso e melhorar o relacionamento entre cidadãos e governo.

O **governo eletrônico (e-government)** é a utilização da tecnologia de informação e comunicações para simplificar o compartilhamento de informações, acelerar os processos anteriormente baseados em papel impresso e melhorar o relacionamento entre os cidadãos e o governo. Os aplicativos de sites do governo a cidadão (G2C), governo a negócios (G2B) e governo a governo (G2G) são formas de governo eletrônico.

Os cidadãos podem usar as solicitações G2C para submeter a seu estado ou à União a devolução de impostos on-line, renovar licenças de automóvel, solicitar empréstimos estudantis e fazer contribuições para campanhas políticas. Os cidadãos podem comprar itens do governo dos Estados Unidos pelo site de Leilões GSA, que oferece ao público em geral a oportunidade de fazer propostas eletronicamente em uma grande variedade de ativos governamentais. Além disso, mais de 11 mil sites do governo federal e muitos outros de governos locais publicam informações de utilidade para os cidadãos.[15]

As requisições G2B dão respaldo à aquisição de materiais e serviços do setor privado pelos departamentos de compra do governo, permitem que empresas façam propostas para contratos do governo e ajudam os negócios a receber regulamentações atualizadas do governo relacionadas com suas operações. O Business.usa.gov permite que os interessados acessem informações sobre leis, regulamentações e formulários necessários para atender aos requisitos federais de seus negócios. O site Buyers.gov é um negócio de troca e leilão que ajuda as agências do governo federal a comprar produtos de sistemas de informação por meio de leilões reversos e agregamento da demanda por produtos normalmente comprados. O FedBizOpps.gov é um site no qual as agências do governo divulgam anúncios de compras para o fornecimento de um ponto de contato fácil para empresas que desejam elaborar cotações em concorrências para o governo.

@ SISTEMAS DE INFORMAÇÃO NO TRABALHO

Sites do comércio eletrônico na web: só valem a pena se funcionarem

Como consumidores, ao entrarmos em um site, consideramos que ele funcionará. O varejista que publica a página tem de garantir uma boa experiência de compra para que queiramos voltar.

Vamos considerar o caso exemplar da Target. O site da empresa ficou indisponível inesperadamente em 13 de setembro de 2011 e novamente em 25 de outubro. Ambos os eventos aconteceram antes da correria aos shoppings por conta do feriado de fim de ano. Se essas interrupções de serviço tivessem ocorrido durante o pico de compras, as vendas e a reputação da Target poderiam ter sido seriamente atingidas.

"A Target obviamente necessita identificar o que está causando os problemas na web", afirma Dan Olds, um analista do Gabriel Consulting Group. "Ela tem de se esforçar do mesmo jeito, ou mais, na manutenção de seu site, como um gestor de um depósito físico o faria para garantir que ele opere de modo eficiente e seguro. Ela tem de redobrar esses esforços conforme nos aproximamos da época das vendas de fim de ano."

É fácil observar os problemas da empresa e dizer o que "ela necessita fazer para resolvê-los". De forma prática, o que a empresa deveria fazer? Uma resposta é testar e testar novamente.

Em 2005, o site Best Buy teve uma falha catastrófica antes do fim do ano e os clientes não puderam fazer suas compras on-line. Naquele mesmo ano, os concorrentes tiveram altos picos no tráfego, diz Dave Karow, gestor sênior de Produto de Desempenho e Teste da Web da Keynote, empresa que monitora e testa o desempenho de celulares e da internet. "Não há nada como quebrar a cara para ter a convicção sobre fazer [a] coisa certa avançar. Aquela foi uma chamada extremamente efetiva para a Best Buy acordar", afirma ele, acrescentando que o varejista agora realiza diversos testes de carga durante o ano inteiro.

A varejista de sapatos on-line Zappos concentra-se em uma estimativa de carga de seu site, ou seja, no número de pessoas que tentarão acessá-lo ao mesmo tempo, e na complexidade das tarefas que as pessoas tentarão realizar. A empresa executa os testes para ter certeza de que poderá lidar com mais do que as projeções feitas. Kris Ongbongan, gestor sênior de Operações Técnicas e Engenharia de Sistemas na Zappos, explica: "Temos departamentos de finanças e planejamento que nos entregam suas previsões de vendas e nós pegamos um múltiplo destas previsões para ver qual tráfego podemos absorver e testamos de acordo", geralmente com início em setembro. Isso proporciona à Zappos tempo suficiente para fazer quaisquer alterações necessárias. "Temos uma instrumentação em torno de todos os pontos de transações no site, desde as páginas de pesquisa, as de detalhamento de produtos e as de finalização de compra; podemos analisar cada um individualmente para ver se há lentidão ou algum problema em qualquer uma dessas áreas".

A Karmaloop, varejista de moda de rua alternativa, aprendeu a lição sobre teste de carga do pior modo possível. Durante o final do ano de 2010, ela descobriu que sua rede de trabalho de apresentação de conteúdo (CDN, conjunto de computadores no qual ela apresentava o conteúdo de seu site aos usuários) não estava otimizado para o tráfego da Cyber Monday, diz o diretor técnico Joseph Finsterwald. (Cyber Monday é a segunda-feira seguinte ao feriado de Ação de Graças nos Estados Unidos, tipicamente o dia mais movimentado do ano para o comércio eletrônico varejista.) "Trabalhamos com o nosso fornecedor da CDN, a Akamai, para descobrir uma configuração que fosse mais indicada para nós", afirma Finsterwald.

Michael Ebert é um parceiro na prática dos Serviços de Aconselhamento sobre TI da KPMG. Ele recomenda que as empresas utilizem múltiplas redes de trabalho e pontos de presença on-line para distribuir a carga. Desse modo, se um centro de dados cair, outros podem intervir. O site "pode ser lento para responder, mas, pelo menos, está funcionando. Há sempre uma porcentagem de trabalho que você não recupera nunca mais se alguém deixar o site".

Questões para discussão

1. O teste de carga de site só é importante para os grandes varejistas, como a Target e a Best Buy, ou os pequenos varejistas também deveriam se preocupar com ele?
2. Liste três sites onde opera seu colégio ou universidade. Quando é o pico de carga nesses sites? Sua escola deveria se preocupar com esse teste?

Questões para análise

1. Suponha que você seja o CIO de uma empresa de comércio eletrônico e seu site caia durante um período crítico. Depois que ele estiver operando novamente, quais passos do negócio você deverá seguir para recuperar a confiança do cliente e mantê-los longe de seus concorrentes?
2. Suponha que você seja o CIO de uma empresa de comércio eletrônico e o site de um concorrente caia durante um período crítico. Quais passos do negócio você deverá seguir para capturar alguns dos clientes daquela empresa? Seja ético e lembre-se de

que o site de sua empresa também pode cair e ficar em uma situação igualmente crítica no futuro.

Fontes: Gaudin, S., "Target.com's Second Site Crash Could Become e-Comm Nightmare", *Computerworld*, www.computerworld.com/s/article/9221221/Target.com_s_second_site_crash_could_become_e_comm_nightmare, acesso em: 26 out. 2011; "Web Load Testing", Keynote Systems, Inc., www.keynote.com/products/web_load_testing/load-testing-tools.html, acesso em: 2 mar. 2012; Shein, E., "How to Bulletproof Your Website", *Computerworld*, www.computerworld.com/s/article/9222177/How_to_bulletproof_your_website, 11 nov. 2011.

As aplicações G2G permitem transações entre os governos federal, estaduais ou locais. O Government to Government Services on-line é um site que possibilita às organizações governamentais reportarem informações sobre nascimentos e mortes, mandados de captura e o total de auxílios recebidos para a Administração do Seguro Social, informação esta que pode afetar o pagamento de benefícios às pessoas. O site State and Local Government on the Net (*www.statelocalgov.net*) apresenta um diretório com milhares de agências estaduais, governos municipais e condados.

UMA INTRODUÇÃO AO COMÉRCIO MÓVEL

Um segmento de comércio eletrônico que vem crescendo rapidamente é o de comércio móvel. Como já discutido rapidamente no Capítulo 1, o comércio móvel (m-commerce) depende do uso de dispositivos móveis e sem fio, como celulares e smartphones, para fazer pedidos e conduzir negócios. Fabricantes de aparelhos como Ericsson, Motorola, Nokia e Qualcomm estão trabalhando com operadoras como AT&T, Cingular, Sprint/Nextel e Verizon para desenvolver dispositivos sem fio, tecnologia relacionada e serviços. A Corporação da Internet para Nomes e Números Atribuídos (ICANN, Internet Corporation for Assigned Names and Numbers) criou o domínio .mobi para atrair usuários de equipamentos móveis para a web. A mTDL Top Level Domain Ltd. de Dublin, na Irlanda, administra esse domínio e ajuda a assegurar que eles trabalhem com os usuários de celulares de forma rápida, eficiente e eficaz.

COMÉRCIO MÓVEL EM PERSPECTIVA

Por várias razões, o mercado de comércio móvel na América do Norte está amadurecendo muito mais tarde que na Europa Ocidental e no Japão. Na América do Norte, a responsabilidade pela infraestrutura de rede é fragmentada entre muitos provedores, os pagamentos do consumidor são normalmente feitos por cartão de crédito e muitos norte-americanos não estão familiarizados com os serviços móveis de dados. Na maioria dos países da Europa Ocidental, é comum comunicar-se por dispositivos sem fio com os consumidores, que estão muito mais dispostos a utilizar o comércio móvel. Geralmente, os consumidores japoneses são bastante entusiasmados com novas tecnologias e mais prováveis de usar as tecnologias móveis para realizar compras.

Nos Estados Unidos, a Forrester Research prevê que o volume de comércio móvel (não contabilizando as vendas por tablets) alcançará $ 31 bilhões em 2016. Esse valor representaria somente quase 7% do total das vendas por meio de comércio eletrônico B2C. A Forrester acredita ainda que os clientes utilizarão seus smartphones para fazer pesquisas sobre compras, procurar informações sobre os produtos em lojas de varejo e, em geral, melhorar sua experiência sobre compras em estabelecimentos comerciais.[16]

Espera-se que o número de sites móveis cresça em função dos avanços nas tecnologias sem fio, de banda larga, do desenvolvimento de aplicativos novos e úteis, além da disponibilidade de equipamentos mais baratos e poderosos. No entanto, especialistas afirmam que a relativa imprecisão dos navegadores e as preocupações com segurança devem ser superadas para garantir um crescimento rápido do comércio móvel.

SITES DE COMÉRCIO MÓVEL

Alguns varejistas criaram sites especiais para usuários de dispositivos móveis. A Tabela 8.3 apresenta uma lista alfabética de alguns dos melhores sites que foram lançados em 2011 com base na profundidade de conteúdo, personalização, integração da mídia social, cupons e utilização de vídeos.

TABELA 8.3 Sites de varejo no comércio móvel altamente qualificados

Varejistas	Produtos oferecidos	Site
Bath & Body Works	Produtos para higiene pessoal	www.bathandbodyworks.com
Serviços de financiamento da Mini BMW	Serviços financeiros	www.miniusa.com
Brooks Brothers	Vestuário	www.brooksbrothers.com
Cabela's Inc.	Acessórios para atividades ao ar livre	www.cabelas.com
Garnet Hill	Vestuário e decoração de interiores	www.garnethill.com
L.L. Bean	Vestuário para atividades ao ar livre	www.llbean.com
New York & Company	Vestuário feminino	www.nyandcompany.com
Paul Fredrick	Vestuário masculino	www.paulfredrick.com
Staples	Produtos para escritórios	www.staples.com
Zales	Joias	www.zales.com

Fonte: Tsirulnik, Giselle, "Top 10 Mobile Commerce-Enabled Web Sites of 2011", *Mobile Commerce Daily*, www.mobilecommercedaily.com/2011/11/17/top-10-mobile-commerce-enabled-web-sites-of-2011/print, acesso em: 17 nov. 2011.

Um serviço interessante pelo Twitter é o de enviar uma pergunta referente às compras para @IMshopping. Sua pergunta é direcionada a um especialista que pode fornecer opiniões imparciais e links sobre produtos dentro de 15 minutos. (Os especialistas são qualificados de acordo com o intervalo de tempo de suas respostas.) A resposta do especialista é um link para uma página no IMshopping.com que fornecerá dados mais detalhados do que o limite de 140 caracteres imposto pelo Twitter.

VANTAGENS DO COMÉRCIO ELETRÔNICO E MÓVEL

A conversão para um sistema de comércio eletrônico ou móvel permite que as organizações reduzam o custo de realização do negócio, acelerem o fluxo de bens e informações, aumentem a precisão de processamento e execução de pedidos e melhorem o nível do serviço ao consumidor.

Redução de custos

Eliminar ou reduzir etapas que consomem tempo e esforço nos processos de elaboração de pedidos e entregas pode ajudar a aumentar a precisão e o número de vendas no mesmo período. Com isso, as empresas podem diminuir a necessidade do estoque, desde matérias-primas até estoques seguros e produtos acabados, em todas as etapas intermediárias de produção, armazenamento e transporte.

A Equa-Ship é uma empresa de comércio eletrônico que consolida as mercadorias de diversas transportadoras pequenas nos mesmos reboques para que elas possam ganhar os mesmos descontos em grandes volumes que grandes empresas obtêm, como a Amazon.com. A desvantagem é que o tempo de entrega é um pouco maior. Entretanto, a economia possibilita que as pequenas empresas ofereçam remessas gratuitas para elas mesmas com o mesmo preço, como fazem as grandes empresas. As transportadoras comunicam as necessidades de recolhimento e entrega, além de imprimirem rótulos por meio do aplicativo fornecido pela Equa-Ship.[17]

Aceleração do fluxo de bens e informações

Quando as organizações estão conectadas por meio de comércio eletrônico, o fluxo de informações é acelerado porque as conexões eletrônicas e as comunicações já estão estabelecidas. Como resultado, as informações podem fluir do comprador para o vendedor fácil, direta e rapidamente.

O Bypass Lane é um aplicativo móvel disponível na App Store, no Android Market e no BlackBerry App World que possibilita aos consumidores, em um evento esportivo ao vivo, pedir comidas, bebidas e mercadorias por meio de seus smartphones. Os itens podem ser entregues em seus próprios lugares ou retirados em uma janela especial no stand de autorização. O serviço é licenciado por grupos esportivos e está disponível em mais de 40 espaços nos Estados Unidos, como o American Airlines Center, as centrais do Dallas Mavericks (NBA – basquete) e do Dallas Stars (NHL – hóquei), as centrais do Texas Longhorns (futebol americano universitário), Texas Rangers (MLB – beisebol), os St. Louis Cardinals e os Philadelphia Eagles (NFL – futebol americano). Os times participantes licenciam o aplicativo e pagam ao Bypass Lane uma taxa a cada transação. Esse aplicativo móvel não só aumenta a conveniência de pedir comida e desfrutar do evento esportivo, mas também as vendas dos stands de autorização de 30% a 40%.[18]

Aumento na precisão

Permitir que os próprios compradores forneçam as especificações e informações de seus pedidos diretamente elimina os erros humanos na inserção de dados por parte do fornecedor. O R.O. Writer é um aplicativo de gestão de loja utilizado por milhares de oficinas automotivas, de lubrificação rápida e reparo de pneus nos Estados Unidos. Ele integra os catálogos de peças eletrônicas de diversos distribuidores de peças a fim de permitir que os funcionários peçam corretamente as peças específicas necessárias para cada serviço de reparo. Assim, os dados são inseridos nos pedidos do cliente para emitir as faturas precisamente e em tempo hábil.[19]

Melhora do serviço ao consumidor

Informações com mais detalhes e quantidades sobre as datas e a situação atual da entrega ajudam a fidelizar o consumidor. Além disso, a capacidade de satisfazer as datas de entrega desejadas pelo consumidor, com bens e serviços de alta qualidade, elimina qualquer incentivo para os consumidores buscarem outras fontes de suprimento.

A Ryder tem sido uma fornecedora de soluções de gestão de cadeias de transportes, logística e suprimentos durante quase 80 anos. Seu aplicativo gratuito para smartphones, o Ryder Location, fornece um serviço aperfeiçoado. Ele possibilita que os clientes identifiquem a unidade da Ryder mais próxima pela especificação do local (cidade, estado e/ou código de endereçamento postal) ou pelo serviço a ser solicitado (aluguel, manutenção ou abastecimento). Com o aplicativo instalado em seus smartphones, os usuários recebem uma lista de direções detalhadas para chegar aonde necessitam.[20]

MODELO DE MULTIESTÁGIO PARA O COMÉRCIO ELETRÔNICO

Um sistema de comércio eletrônico bem-sucedido deve voltar-se para os múltiplos estágios que os consumidores vivenciam no ciclo de vida de uma venda. Na parte mais importante de qualquer sistema de comércio eletrônico está a capacidade do usuário de buscar e identificar os itens à venda; selecioná-los e negociar preços, formas de pagamento e data de entrega; enviar um pedido ao fabricante para adquirir os itens; pagar pelo produto ou serviço; obter a entrega do produto e receber um apoio pós-venda. A Figura 8.2 apresenta como o comércio eletrônico pode apoiar cada um desses estágios. A entrega do produto pode envolver bens tangíveis, entregues de forma tradicional (por exemplo, uma roupa entregue por um serviço de remessa de encomendas), ou bens e serviços entregues eletronicamente (por exemplo, um aplicativo baixado da internet).

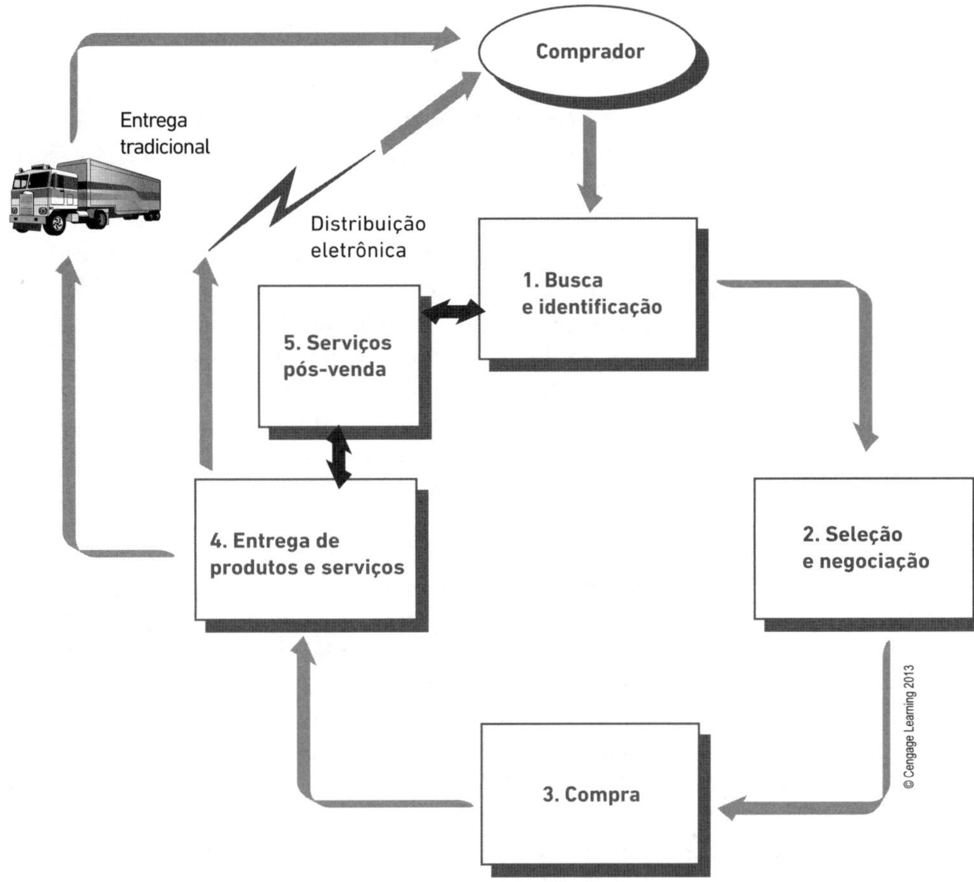

FIGURA 8.2 Modelo de multiestágio para o comércio eletrônico (B2B e B2C).

Busca e identificação

Um funcionário que encomenda peças para um almoxarifado em uma fábrica poderia seguir as etapas apresentadas na Figura 8.2. Esse setor armazena uma grande variedade de suprimentos para escritório, peças de reposição e componentes para manutenção. O funcionário prepara a lista dos itens necessários, como fixadores, material para encanamento e tubulação de plástico. Em geral, para cada item do almoxarifado, um comprador da empresa já terá identificado um fornecedor preferido com base na competitividade do preço do fabricante, no nível de serviço, na qualidade dos produtos e no prazo de entrega. Então, ele entra na internet e vai para o site do fornecedor preferido.

Com base nas informações da página principal do fornecedor, o funcionário pode acessar um catálogo de produtos e navegar até encontrar os itens que atendam às especificações do almoxarifado. Ele preenche um formulário de solicitação de cotação inserindo os códigos dos itens e as quantidades necessárias. Quando o funcionário completa o formulário de cotação, o aplicativo do fornecedor na web calcula o custo total do pedido, com os preços mais atuais e o custo adicional para as várias formas de entrega, seja em um dia, dois ou em uma semana. O funcionário pode escolher visitar os sites de outros fornecedores, repetir o processo para buscar itens adicionais ou obter preços mais competitivos para os mesmos itens.

Seleção e negociação

Depois que as cotações de preços tiverem sido recebidas de cada fornecedor, o funcionário as examina e indica, clicando no formulário de solicitação de cotação, quais itens serão pedidos de determinado fornecedor, além de especificar a data de entrega desejada. Esse dado é inserido no TPS do processamento do pedido ao fornecedor. Além do preço, a qualidade do item, o serviço do fornecedor e a velocidade de entrega podem ser importantes no processo de seleção e negociação.

Os sistemas do comércio eletrônico B2B necessitam apoiar a negociação entre um comprador e o vendedor selecionado, sobre o preço final, a data de entrega, os custos da entrega e outras taxas extras. No entanto, essas características não são requisitos fundamentais da maioria dos sistemas B2C, que oferecem seus produtos à venda com base no "pegar ou largar".

Adquirindo produtos e serviços eletronicamente

O funcionário completa o pedido de compra especificando os prazos e preços acordados e enviando um formulário eletrônico preenchido para o fornecedor. Algumas complicações podem surgir no pagamento dos produtos. Em geral, um comprador corporativo que realiza várias aquisições do fornecedor todos os anos tem de antemão um crédito estabelecido e todas as aquisições são faturadas para a contabilidade da empresa. No entanto, quando consumidores individuais fazem sua primeira e talvez única compra do fornecedor, são exigidas garantias e medidas adicionais. Parte da transação de aquisição pode envolver o fornecimento, por parte do consumidor, do número do cartão de crédito. Outra abordagem para pagar pelos bens adquiridos por meio da internet é usar dinheiro eletrônico, que pode ser trocado por dinheiro em espécie, como será discutido neste capítulo.

Entrega de produtos e serviços

A distribuição eletrônica pode ser realizada para baixar aplicativos, músicas, fotos, vídeos e textos pela internet, meio mais rápido e barato que remetê-los por um serviço de entrega de volumes. A maioria dos produtos não pode ser entregue pela internet, portanto é enviada por uma variedade de meios: transportador noturno, serviço regular de correio, caminhão ou trem. Em alguns casos, o consumidor pode escolher ir até o fornecedor e retirar o produto.

Muitos fabricantes e varejistas terceirizaram a logística física de entrega de mercadorias para os cibercompradores, responsáveis pelo armazenamento, embalagem, remessa e acompanhamento dos produtos. Para fornecer esse serviço, a DHL, a Federal Express (FedEx), a United Parcel Service (UPS) e outras empresas de entrega desenvolveram ferramentas e interfaces de um aplicativo que ligam diretamente o pedido do cliente à produção e os sistemas de estoques com o próprio sistema de depósitos altamente automatizados, os call centers e as redes mundiais de remessas. O objetivo é tornar a transferência de todas as informações e estoques rápidos desde o produtor até à empresa de entrega ao cliente.

Por exemplo, quando um cliente pede uma impressora no site da Hewlett-Packard (HP), na realidade este pedido vai para a FedEx, que estoca todos os produtos que a HP vende on-line em uma instalação dedicada à distribuição eletrônica em Memphis, no estado do Tennessee, Estados Unidos, um importante centro de conexões de remessa da FedEx. A transportadora emite o pedido e envia um e-mail de notificação para o cliente de que a impressora está a caminho e um aviso para a HP de que o depósito da FedEx possui, agora, uma impressora a menos em estoque (veja a Figura 8.3).

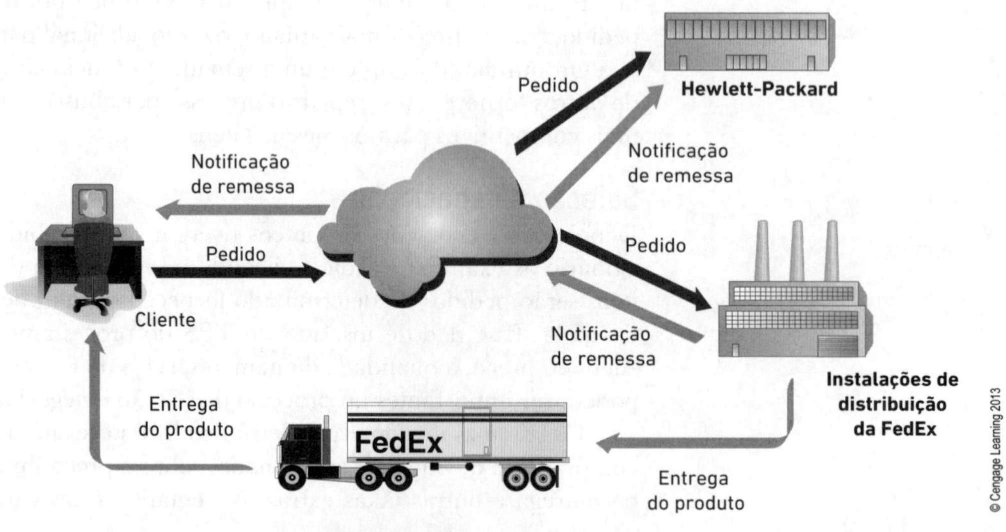

FIGURA 8.3 Fluxo dos produtos e informações sobre as impressoras da HP pedidas pela web.

Para a devolução de produtos, a HP insere a informação de retorno em seu próprio sistema, que é ligado ao da FedEx. Essa informação sinaliza a um mensageiro da FedEx para retirar o item na residência ou no trabalho do cliente. Os consumidores não precisam preencher etiquetas de remessa, nem empacotar o item. Em vez disso, o mensageiro da FedEx utiliza as informações transmitidas pela internet em um computador instalado em seu caminhão para imprimir a etiqueta em uma impressora portátil colocada em seu cinto. A FedEx tem o controle do retorno e a HP pode monitorar o andamento do processo do início ao fim.

Serviços pós-venda

Informações abrangentes do cliente são colhidas e armazenadas no banco de dados de consumidores do fornecedor durante o processo de finalização do pedido. Essas informações podem conter o nome do cliente, seu endereço, seus números de telefones, a pessoa de contato, o histórico de crédito e alguns detalhes do pedido. Por exemplo, se um cliente contatar, mais tarde, o fornecedor para se queixar de que não chegaram todos os itens pedidos, que alguns itens chegaram danificados ou mesmo que as instruções do produto não são claras, qualquer representante do serviço de atendimento ao cliente poderá encontrar as informações sobre o pedido em um banco de dados por meio de um dispositivo de computação/comunicação. As empresas estão adicionando em seus sites muitas respostas às dúvidas de pós-venda, como manter uma peça do equipamento, utilizar o produto de forma eficaz e obter os reparos que estão em garantia.

OS DESAFIOS DO COMÉRCIO ELETRÔNICO

Uma empresa deve superar muitos desafios para converter seu processo de negócio no formato tradicional em processos de comércio eletrônico, especialmente no B2C. Como resultado, nem todos os empreendimentos na área de comércio eletrônico são bem-sucedidos. A Borders, por exemplo, lançou um site web no fim de 1990, mas depois de três anos no vermelho, a livraria terceirizou suas operações de comércio eletrônico para a Amazon em 2001. Em 2006, ela reverteu o curso e decidiu relançar seu próprio site, o Borders.com em maio de 2008. Gerou a partir de então números decepcionantes de vendas. Com resultados abaixo dos padrões, muitos tomadores de decisão foram substituídos, incluindo o CIO e o vice-presidente de vendas sênior. Finalmente, no início de 2011, a Borders pediu subsídios por declaração de falência e fechou suas lojas.[21]

LIDANDO COM AS PREOCUPAÇÕES SOBRE A PRIVACIDADE DO CLIENTE

A lista a seguir mostra os três desafios principais para o comércio eletrônico: (1) lidar com as preocupações sobre privacidade do cliente; (2) superar a falta de confiança do cliente; e (3) superar questões globais. Enquanto dois terços das pessoas compraram ao menos um item on-line e o volume das compras em dólares continua a crescer, cerca de um terço de todos os adultos usuários da internet não comprará nada pela internet em razão da preocupações quanto à privacidade ou falta de confiança nesse tipo de comércio. Além de ter um modelo e uma estratégia eficientes de comércio eletrônico, as empresas devem considerar, cuidadosamente, as preocupações dos clientes sobre a privacidade e superar sua falta de confiança.

De acordo com a entidade de informações para os consumidores Privacy Rights Clearinghouse, o número aproximado de registros em computador com informações pessoais sensitivas envolvidas em quebras de segurança nos Estados Unidos de 2005 a 2011 foi mais de 543 milhões![22] Esse número aproximado de registros, mas não das pessoas afetadas, mostra também que alguns indivíduos foram vítimas de mais de uma quebra de sigilo. Eis alguns exemplos de violação de segurança em que foram comprometidos dados pessoais:

- Uma quebra de sigilo maciça na rede PlayStation, da Sony, comprometeu as informações pessoais de mais de 100 milhões de usuários.[23]

- Alguns dos 24 milhões de clientes da Zappos.com, um site on-line de sapatos e roupas na web, foram informados que os dados de suas contas podiam ter sido acessados ilegalmente por partes não autorizadas.[24]
- Hackers conseguiram acessar os nomes, números de contas e informações de contato de 2 milhões de clientes do Citigroup.[25]
- O site SEGA Pass, que apresenta informações sobre novos produtos para membros registrados da empresa de jogos SEGA, foi invadido por hackers e nomes, datas de nascimentos, endereços de e-mails e senhas criptografadas de 1,3 milhão de pessoas foram comprometidas.[26]

ROUBO DE IDENTIDADE: Utilização de informações de identificação pessoal sem permissão para cometer fraudes ou outros crimes.

Em alguns casos, o comprometimento dos dados pessoais pode levar ao roubo de identidade. De acordo com a Comissão Federal de Comércio (FTC, Federal Trade Commission), "O **roubo de identidade** ocorre quando alguém utiliza informações de identificação pessoal, como o seu nome, número de Seguro Social ou cartão de crédito, sem a sua permissão para cometer fraudes ou outros crimes".[27] Os ladrões podem utilizar os números dos cartões de crédito para baixar itens nas contas de uma pessoa, informações de identificação para pedir um novo cartão de crédito ou empréstimo no nome do cliente, além do número do cartão do Seguro Social para receber benefícios do governo.

As empresas devem estar preparadas para investir pesadamente em segurança a fim de garantir a privacidade dos dados dos clientes. Caso contrário, correm o risco de perdê-los e gerar um possível processo coletivo caso os dados sejam comprometidos. É comum alguns clientes moverem processo coletivos reivindicando milhões de dólares por danos morais e perda da privacidade. Além desses riscos, as empresas devem pagar frequentemente pelo monitoramento do crédito do cliente e pela identificação do seguro contra roubo para garantir que os dados de seus clientes estejam seguros. Um cliente moveu de fato alguns processos de ação em grupo contra a Zappos e sua empresa controladora, a Amazon.com, alegando que ela e milhões de outros clientes foram prejudicados pelo furto das informações de suas contas pessoais.[28]

A maioria dos sites investe na mais recente tecnologia e emprega especialistas de segurança extremamente treinados para proteger os dados de seus clientes. A presença do logon de segurança do McAfee Secure nas páginas de um site de comércio eletrônico indica que ele atende às diretrizes estabelecidas pela indústria de pagamento com cartões. Significa, também, que o site é seguro contra hackers e programas maliciosos que podem acessar informações sobre a identidade do cliente, suas senhas ou números de contas. A AvidMax Outfitters é membro do programa McAfee Secure e tem visto a sua média de conversão de visitantes em vendas aumentar em 9% porque os possíveis compradores têm confiado mais na segurança do sistema de pagamento da empresa.[29]

SUPERAÇÃO DA FALTA DE CONFIANÇA DOS CLIENTES

Com frequência, a falta de confiança nos vendedores on-line é uma das razões mais citadas pelos clientes para não desejarem comprar on-line. Que certeza eles podem ter de que a empresa ou a pessoa com quem eles estão tratando é legítima e enviará o(s) item(ns) adquiridos? E se houver problemas com o produto ou serviço na entrega? Ou se não coincidir com a descrição no site? E se o tamanho ou a cor forem errados? E se o artigo for danificado durante o processo de entrega ou não funcionar como anunciado?

Os comerciantes on-line devem criar estratégias específicas para a construção da confiança de seus sites por meio da análise de seus clientes, produtos e serviços. Uma percepção de fidedignidade pode ser criada com a implantação de uma ou mais estratégias:

- Demonstrar um forte desejo de construir um relacionamento contínuo com os clientes por meio de incentivos no preço na primeira vez, oferecer programas de fidelidade ou evocar e compartilhar o retorno dos clientes.
- Demonstrar que a empresa está no negócio há muito tempo.
- Tornar claro que foi feito um investimento considerável no site.
- Fornecer apoio da marca por especialistas ou indivíduos respeitados.

- Demonstrar participação em programas regulatórios apropriados ou associações industriais.
- Expor a certificação do site com o programa Better Business Bureau Online ou programas TRUSTe.

Eis algumas dicas para ajudar os compradores on-line a evitar problemas:

- Compre somente de sites bem conhecidos e confiáveis, como os que anunciam e recebem alta classificação em mídia nacional, ou são recomendados por amigos.
- Procure um selo de aprovação de organizações como a Better Business Bureau Online ou TRUSTe (veja a Figura 8.4).
- Analise a política de privacidade do site para que você se sinta confortável com suas condições antes de fornecer informações pessoais.
- Analise qual é a política de devolução de produtos adquiridos no site.
- Seja cauteloso(a) caso precise inserir qualquer informação pessoal, além das exigidas para completar a compra, como número do cartão de crédito, endereço e número do telefone.
- Nunca, sob nenhuma condição, forneça informações como o número do seu seguro social, conta bancária ou o nome de solteira de sua mãe.
- Ao abrir a página web, onde você entra com informações sobre cartão de crédito ou outro dado pessoal, assegure-se de que o endereço da web comece com "https" e verifique se um ícone de cadeado trancado aparece na barra do endereço ou na barra de status conforme apresentado na Figura 8.5.
- Quando realizar algum negócio, utilize cartões de crédito virtuais, que expiram após o uso.
- Antes de baixar músicas, altere as configurações avançadas do seu navegador para inabilitar o acesso de todas as áreas do computador que contenham informações pessoais.

FIGURA 8.4 Selos de aprovação do Better Business Bureau Online e do TRUSTe.

Cortesia de Better Business Bureau and TRUSTe

FIGURA 8.5
Seguranças de site. Site que usa "https" no endereço e um ícone de trava de segurança.

Usada com permissão da Microsoft Corporation

SUPERAÇÃO DE QUESTÕES GLOBAIS

O comércio eletrônico e o comércio móvel oferecem grandes oportunidades e permitem aos fabricantes comprar a um baixo custo no mundo todo. Eles também oferecem uma chance aos empreendimentos de vender em um mercado global desde o início de seus negócios. Mais ainda, oferecem uma grande promessa para países em desenvolvimento, ajudando-os a entrar no próspero mercado global e assim reduzir a distância entre as nações ricas e pobres. As pessoas e as empresas podem obter produtos e serviços de todo o mundo em lugar de conseguir só os da esquina ou da cidade. Essas oportunidades, no entanto, vêm com numerosos obstáculos e questões, identificados inicialmente no Capítulo 1 como desafios associados com todos os sistemas globais:

- **Desafios culturais**. É essencial ter especial cuidado para garantir que o site seja atraente, fácil de navegar e não ofensivo para as pessoas ao redor do mundo.

- **Desafios de linguagem**. As diferenças de linguagem podem ser uma barreira para os visitantes entenderem as informações e as orientações do site.
- **Desafios de tempo e distância**. Diferenças de tempo significantes tornam bastante difíceis, para algumas pessoas, conseguirem falar com os representantes dos serviços para clientes ou conseguir suporte técnico durante as horas normais de expediente.
- **Desafios da infraestrutura**. O site deve permitir e suportar o acesso dos clientes em uma grande variedade de equipamentos e dispositivos com aplicativos.
- **Desafios da moeda**. O site deve ser capaz de estabelecer preços e aceitar pagamentos em diversas moedas.
- **Desafios das leis estaduais, regionais e nacionais**. O site deve operar de acordo com uma grande variedade de leis que cobrem inúmeras questões, como a proteção de marcas registradas e patentes, a venda de material com direitos autorais, o conjunto e a salvaguarda de dados financeiros ou pessoais, o pagamento de impostos e taxas sobre vendas e entre outros.

APLICATIVOS PARA O COMÉRCIO ELETRÔNICO E MÓVEL

O comércio eletrônico e o comércio móvel são utilizados de modo inovador e instigante. Esta seção examina alguns dos muitos aplicativos B2B, B2C, C2C e de comércio móvel no varejo, atacado, produção, marketing, investimento, finanças, serviços imobiliários on-line e boutiques eletrônicas. Como qualquer nova tecnologia, o comércio móvel obterá êxito apenas se oferecer aos usuários benefícios reais. As empresas envolvidas no comércio móvel devem elaborar suas estratégias de maneira cuidadosa e garantir que eles forneçam serviços que satisfaçam verdadeiramente as necessidades dos consumidores.

VAREJO E ATACADO

VAREJO ELETRÔNICO (E-TAILING): Venda direta de produtos ou serviços pelas empresas para os clientes por meio de vitrines eletrônicas projetadas em um modelo de catálogo eletrônico e carrinho de venda.

CYBERMALL: Site específico que oferece muitos produtos e serviços em um local da internet.

O comércio eletrônico é amplamente utilizado no varejo e no atacado. O **varejo eletrônico**, algumas vezes chamado *e-tailing*, é a venda direta de produtos ou serviços pelas empresas para os clientes por meio de vitrines eletrônicas projetadas nos moldes do conhecido catálogo eletrônico e carrinho de compras. Empresas como Office Depot, Walmart e muitas outras utilizam esse modelo para vender bens por atacado a funcionários de empresas. Dezenas de milhares de sites de varejo eletrônico vendem de tudo, desde sopa até nozes.

Os cybermalls são outro meio de promover a venda de varejo. Um **cybermall** é um site específico que oferece muitos produtos e serviços em uma localização na internet semelhante a um shopping center físico. Um cybermall atrai múltiplos compradores e vendedores em um único local virtual facilmente alcançável por um navegador da web. O Super Cyber Mall (*www.zutronic.com/Super_Cyber_Mall_EWZB.html*), por exemplo, fornece links diretos para o Office Depot, Starbucks, ProFlowers, Open Sky, Camping World, Foot Locker e dúzias de sites de compras on-line.[30]

Um ponto-chave para o comércio eletrônico de atacado é investir em bens e serviços de manutenção, reparo e operação (MRO, manufacturing, repair, and operations), desde simples materiais para escritórios a equipamentos de missão crítica, como motores, bombas, compressores e instrumentos que mantêm as instalações de produção funcionando sem problemas. As compras de MRO são frequentemente em torno de 40% do total de vendas de uma empresa de fabricação, mas se não houver controles automatizados, o sistema de compras pode se tornar mal organizado. Além desses custos externos de aquisição, as empresas enfrentam custos internos significativos que são resultados dos processos obsoletos e pesados de gerenciamento de MRO. Estudos demonstram que alta porcentagem de interrupção de fabricação é, com frequência, causada pela falta da peça adequada na hora e lugar certos. O resultado é a perda de produtividade e capacidade. O software do comércio eletrônico para as operações na fábrica fornece capacidades comparativas de busca poderosas para permitir que os gerentes identifiquem itens funcionalmente equivalentes, ajudando-os a detectar oportunidades de combinar aquisições para diminuir custos.

Comparar vários fornecedores aliando mais gastos com menos fornecedores leva à redução de custos. Além disso, os fluxos de trabalho automatizados são inspirados em práticas industriais de excelência que podem aprimorar o funcionamento do processo.

O Maldron Holding Company MRO Center (*www.mrocenter.com*) é uma fornecedora global com mais de 18 milhões de itens únicos de MRO de 18 mil fabricantes em 62 países. Os fabricantes podem colocar todo seu catálogo de produtos no banco de dados do empresa para disponibilizar o acesso a todos os possíveis compradores.[31]

A solução eProcurement de gestão de MRO é um sistema de cadeia de fornecimento no comércio eletrônico que substitui pedidos, faturas e cheques em papel por formatos eletrônicos. Proprietários e operadores de empresas de comércio multifamiliar utilizam essa solução para padronizar os fornecedores e os produtos, assim como monitorar seus gastos por região, comunidade ou unidade.[32]

FABRICAÇÃO

INTERCÂMBIO ELETRÔNICO: Fórum eletrônico onde fabricantes, fornecedores e concorrentes compram e vendem mercadorias, trocam informações sobre o mercado e executam operações de retaguarda.

Uma abordagem adotada por muitos fabricantes para aumentar a lucratividade e melhorar o serviço ao cliente é transferir suas operações da cadeia de suprimentos para a internet. Lá eles podem formar um **intercâmbio eletrônico**, fórum onde fabricantes, fornecedores e concorrentes compram e vendem bens, comercializam informações sobre o mercado e gerenciam operações de retaguarda, como o controle de estoque apresentado na Figura 8.6. Tal abordagem tem acelerado de maneira significativa o movimento de matérias-primas e produtos acabados entre todos os membros da comunidade do negócio, o que reduz a quantidade de estoque a ser mantida. Isso também levou a um mercado muito mais competitivo e a custos menores.

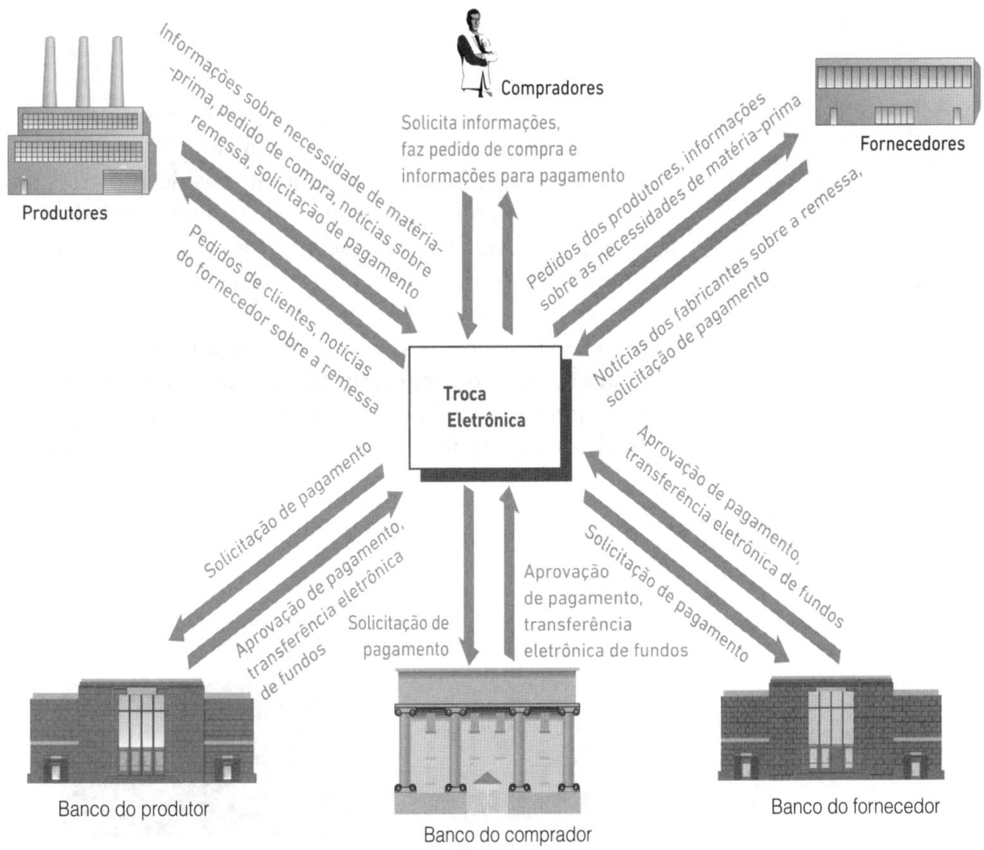

FIGURA 8.6 Modelo de intercâmbio eletrônico.

As empresas podem aderir a um dos três tipos de intercâmbio com base em quem o opera. Os intercâmbios públicos são de propriedade e operadas por uma única empresa. O proprietário utiliza o intercâmbio para comercializar exclusivamente com parceiros de negócios estabelecidos. O link do varejista Walmart é um exemplo. Os intercâmbios operados por consórcio são operados por um grupo de empresas tradicionalmente concorrentes, mas com necessidades comuns de compras. A Covisint, por exemplo, foi desenvolvida para servir às necessidades dos três maiores fabricantes de carros. Nos Estados Unidos, os intercâmbios independentes estão abertos a qualquer grupo de compradores e vendedores dentro de determinado mercado. Eles fornecem serviços e uma plataforma de tecnologia comum para seus membros e são disponíveis, normalmente com o pagamento de uma taxa, a qualquer empresa que queira usá-los.

Várias questões estratégicas e competitivas estão associadas com a utilização dos intercâmbios. Muitas empresas desconfiam de suas rivais corporativas e temem perder seus segredos comerciais pela participação em tais trocas. Os fornecedores se preocupam com o fato de que os mercados on-line vão reduzir os preços dos bens em favor dos compradores. Os fornecedores gastam também uma boa quantidade de dinheiro se preparando para participar de múltiplas trocas. Mais de uma dúzia de novos intercâmbios apareceram, por exemplo, na indústria do petróleo; na indústria gráfica existem mais de 20 mercados on-line. Os fornecedores são mais ou menos forçados a ingressar em vários ou todos os intercâmbios até que surja claramente um vencedor em setores particulares da indústria. Outra questão ainda é uma possível investigação do governo sobre os participantes do intercâmbio: quando concorrentes se juntam para compartilhar informações, sempre aparecem questões de conspiração, ou comportamento antitruste.

Muitas empresas que já usam a internet para suas trocas particulares não têm o desejo de compartilhar sua especialização com os concorrentes. No Walmart, a principal cadeia de varejo do mundo, os executivos recusaram vários convites para se juntar aos intercâmbios no varejo e na indústria de bens de consumo. A empresa está satisfeita com o seu intercambio interno, o Retail Link, que a conecta a 7 mil fornecedores do mundo todo que vendem de tudo, de pasta de dente a móveis para casa.

MARKETING

A natureza da web possibilita que as empresas juntem mais informações sobre o comportamento e as preferências de clientes e possíveis clientes, já que eles consolidam suas próprias informações e tomam suas decisões de compras. A análise desses dados é complicada não apenas em função da interatividade da web, mas também porque cada visitante voluntariamente oferece ou se recusa a fornecer seus dados pessoais, como nome, endereço, endereço de e-mail, número de telefone e dados demográficos. Os anunciantes da internet utilizam os dados que juntam para identificar partes específicas de seus mercados e os direcionam para mensagens publicitárias sob medida. Essa prática, chamada de **segmentação de mercado**, divide o grupo de possíveis clientes em subgrupos, normalmente definidos em termos de características demográficas, como idade, sexo, estado civil, renda e localização geográfica.

SEGMENTAÇÃO DO MERCADO: Identificação de mercados específicos para atingi-los com mensagens comerciais sob medida.

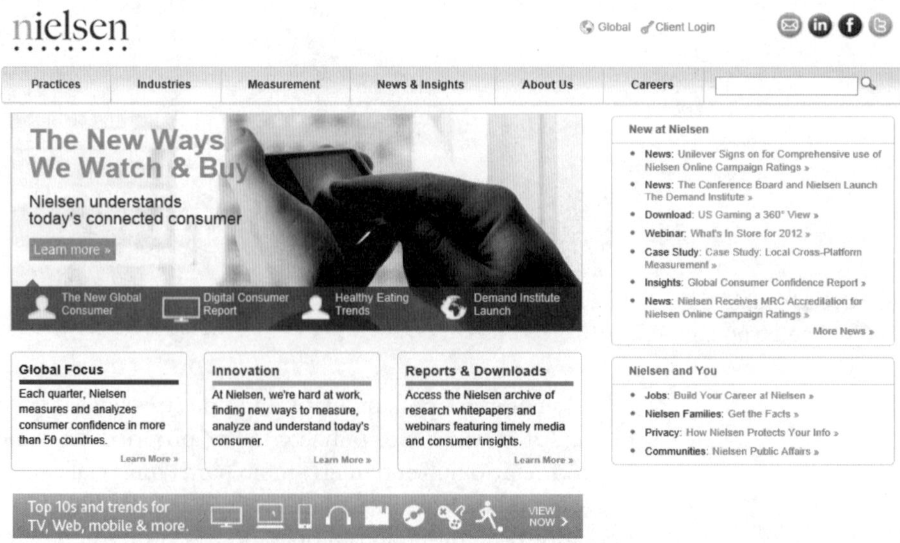

www.nielsen.com

A Nielsen é a maior empresa comercial de medição e análise de como os clientes conseguem informações, utilizam a mídia e compram mercadorias e serviços.

No passado, a segmentação do mercado era bastante difícil para analistas de marketing de B2B porque os dados firmográficos (endereços, informações financeiras, número de empregados e código de classificação na indústria) eram difíceis de serem obtidos. Atualmente a Nielsen, empresa de informações comerciais e mídia, desenvolveu o BusinessFacts, um banco de dados que fornece essas informações para mais de 12 milhões de empreendimentos. Com esses dados, os analistas podem estimar possíveis vendas para cada negócio e classificá-lo de acordo com outros prospectos e clientes.[33]

ANÚNCIOS

As redes de anúncios móveis distribuem seu conteúdo para publicadores como sites móveis, desenvolvedores de aplicativos e operadoras de celulares. As impressões de anúncios móveis são geralmente compradas a um custo por mil (CPM, cost per thousand), custo por clique (CPC, cost per click) ou custo por ação (CPA, cost per action), no qual o anunciante paga somente se o cliente clicar e depois comprar o produto ou serviço. As principais medidas de sucesso são o número de usuários alcançado, o clique por taxa (CTR, click through rate) e o número de ações que usuários praticam, como downloads sugeridos pelo anúncio. O anunciante, profundamente interessado nesses dados para medir a eficácia de seu investimento no anúncio, pode pagar mais e comprar os dados de alguma rede de anúncios móveis ou terceiro. Apesar de não haver nenhuma linha clara os separando, existem geralmente três tipos de redes de anúncios móveis: blind, premium blind e premium networks. Suas características estão resumidas na Tabela 8.4.

TABELA 8.4 Características dos três tipos de redes de anúncios móveis

Características	Blind Networks	Premium Blind Networks	Premium Networks
Grau ao qual os anunciantes podem especificar onde os anúncios estão sendo mostrados.	Um anúncio pode especificar o país e o canal do conteúdo (notícias, esportes, ou entretenimento) no qual o anúncio aparece mas não um específico site	A maioria dos anúncios é blind, mas, por uma taxa adicional, o anunciante pode comprar uma marca específica em um site de sua escolha	Anunciantes de grandes marcas podem garantir locais de elite em destinos de primeira linha
Modelo de preço dominante e taxa típica.	CPC ($ 0,01 por clique)	CPM ($ 20 por mil impressões)	CPM ($ 40 por mil impressões)
Exemplos	Admoda/Adultmoda AdMob BuzzCity InMobi	Jumptap Madhouse Millennial Media Quattro Wireless	Advertising.com/AOL Hands Publicidade móvel da Microsoft Publicidade interativa da Nokia Pudding Media YOC Group

A AdMob é uma empresa distribuidora de publicidade móvel que oferece anúncios para dispositivos móveis e aplicativos semelhantes aos que funcionam no sistema Android e iOS. Com a AdMob, os desenvolvedores podem distribuir seus aplicativos para smartphones gratuitamente e recuperar seus custos durante o tempo dos pagamentos dos anunciantes. A AdMob foi comprada pela Google e fatura perto de $ 1 bilhão em receitas de publicidade.[34]

Como os dispositivos do comércio móvel geralmente pertencem a um único usuário, eles são ideais para acessar informações pessoais e receber mensagens dirigidas a um cliente em particular. Por meio do comércio móvel, as empresas podem alcançar consumidores individuais para estabelecer relacionamentos de marketing individualizado e se comunicar quando for conveniente, ou seja, a qualquer hora e em qualquer lugar.

COMÉRCIO DE TROCAS

Durante a recente recessão econômica, muitas pessoas e empresários se voltaram para o mercado de trocas como um meio de obter mercadorias e serviços. Um número de

Os clientes estão cada vez mais utilizando celulares para comprar mercadorias e fazer outras transações on-line.

sites tem sido criado para apoiar esta atividade, conforme mostrado na Tabela 8.5. As empresas querem fazer trocas para reduzir o excesso de estoques, ganhar novos clientes ou evitar o pagamento em dinheiro vivo para matérias-primas ou serviços necessários. Clientes descapitalizados consideram a troca uma opção atrativa para pagar pouco. As transações de trocas geralmente têm declaração de impostos, contabilidade e outras responsabilidades de manutenção de registros com elas associadas. De fato, o IRS (Internal Revenue Service) tem um site com um Centro de Impostos sobre Trocas que apresenta detalhes sobre as leis e responsabilidades fiscais para transações de trocas.[35]

TABELA 8.5 Sites populares de trocas

Site	Objetivo
Craiglist.org	Inclui uma seção onde os usuários podem pedir um item em troca por serviços ou trocar serviços por serviços.
Goozex.com	Permite aos usuários trocar jogos e filmes.
SwapAGift.com	Possibilita aos usuários vender cartões de presentes não utilizados por uma porcentagem de seu total restante.
SwapHog.com	É um site de trocas que oferece um serviço de terceiros que primeiro recebe todos os itens e os inspeciona antes de finalizar a transação para eliminar fraudes e assegurar uma transação de sucesso.
Swapstyle.com	Os usuários podem trocar, vender ou comprar diretamente acessórios femininos, roupas, cosméticos e sapatos.
Swaptree.com	Os usuários comercializam livros, DVDs e videogames na base de um para um.
TradeAway.com	Possibilita aos usuários trocar uma grande variedade de itens, incluindo joalheria, trabalhos de paisagismo e pacotes de viagens.

Fonte: Wagner, Vivian, "Trading Out: The Rise of Bartering", *E-Commerce Times*, www.ecommercetimes.com/rsstory/74088.html, acesso em: 4 jan. 2012.

Redirecionamento

Mais de 95% dos visitantes de um site de compras saem sem fazer nenhuma compra.[36] O redirecionamento é uma técnica utilizada pelos anunciantes para recapturar os possíveis compradores por meio de anúncios redirecionados e personalizados aos sites de varejo. Um visitante que viu o setor de moda masculina de um site de varejo e saiu sem comprar nada, o site tenta redirecioná-lo com um anúncio em um banner com os diversos itens do vestuário masculino daquele varejista. O conteúdo no banner deve mostrar até os mesmos itens que o visitante viu, como roupas casuais masculinas. O redirecionamento deve ser expandido para incluir comentários e recomendações de outros consumidores que compraram os mesmos itens. Assim, o redirecionamento garante que possíveis clientes vejam os anúncios relevantes direcionados para produtos que eles já tinham demonstrado interesse.

Comparação de preços

Um número crescente de empresas fornece aplicativos de celulares que possibilitam aos compradores comparar preços e produtos na web. O Price Check, da Amazon, e o Google's Shopper possibilitam aos compradores fazer uma rápida comparação de preços por meio do código de barras do produto, foto da capa de um livro, DVD, CD ou videogame. O scanner de código de barras permite aos compradores digitalizar os códigos UPC (universal product code, código universal de produtos) ou QR (quick response, resposta rápida) para fazer uma comparação de preços.[37]

Cupons de desconto

Mais de 300 bilhões de cupons de desconto são distribuídos a cada ano na América do Norte[38] em um valor estimado de $ 485 bilhões.[39] Surpreendentemente, somente em torno de 1,1% daqueles cupons foram resgatados, mesmo durante os tempos de economia difícil.[40]

Muitos fabricantes e varejistas agora enviam cupons de descontos diretamente para os smartphones dos clientes. Infelizmente, os escâneres-padrão com laser vermelho utilizados nos locais de verificação têm dificuldade para ler as informações mostradas em um smartphone que não possua o aplicativo. Para muitos compradores, a tecnologia atual requer que o cliente imprima o cupom de desconto, o digitalize e o apresente ao funcionário para inserir os seus números manualmente.

A Procter & Gamble, líder mundial em produtos de higiene, e a Mobeam criarão um novo sistema para possibilitar que os códigos de barra padrão dos cupons de descontos sejam lidos diretamente por escâneres no caixa. Isto possibilitará aos clientes receber os cupons eletrônicos, separá-los, organizá-los em seus smartphones e trazê-los para a loja, onde eles poderão ser digitalizados diretamente. A abordagem da Mobeam converte o código de barras em um feixe de luz que pode ser lido por um escâner de código de barras típico. O aplicativo deve ser carregado no smartphone antes da digitalização.[41]

O Groupon é uma abordagem inovadora para a utilização de cupons de descontos. Os cupons para clientes são válidos somente se um número mínimo e predeterminado de pessoas participar. Os comerciantes não pagam nada para participar, mas devem pagar ao Groupon a metade do que o cliente pagar pelo cupom.

Um estudo mundial recente feito pela Juniper Research estimou que os usuários regulares de cupons de descontos crescerão para mais de 600 milhões e que a taxa de resgate do cupom de desconto crescerá cerca de 8% até 2016. Esse crescimento significa que os cupons virtuais de desconto têm oito vezes mais chances de serem resgatados do que os de papel. O valor total de resgate é estimado como acima de $ 43 bilhões em todo o mundo.[42]

INVESTIMENTO E FINANÇAS

A internet revolucionou o mundo dos investimentos e das finanças. É possível que as mudanças tenham sido muito significativas em razão das ineficiência intrínsecas e oportunidades para melhorias desse setor.

O negócio de corretagem adaptou-se à internet com mais rapidez do que qualquer outro ramo das finanças. A atração do comércio on-line, que permite aos investidores fazer pesquisas rápidas e completas para comprar ações de qualquer empresa em alguns segundos com uma fração do custo de uma empresa de comissão integral, trouxe muitos investidores para a web. A empresa de corretagem Scottrade oferece um aplicativo comercial móvel para os investidores monitorarem seus investimentos, verem os fluxos contínuos das cotas, gerarem ideias de investimentos das pesquisas e opiniões de analistas, além de fazerem negócios de seus dispositivos móveis Apple, Blackberry ou Android.[43]

© iStockphoto/arakonyunun

Os investidores podem utilizar aplicativos comerciais em seus tablets ou smartphones.

SERVIÇOS BANCÁRIOS

Os consumidores de serviços bancários on-line podem verificar o saldo de suas poupanças, cheques e empréstimos; transferir dinheiro entre contas; e fazer pagamentos. Os clientes aproveitam a conveniência de não ter de preencher cheques à mão, poder acompanhar suas contas e reduzir seus gastos com papel. Além disso, o pagamento de contas on-line é muito bom para o meio ambiente porque reduz a quantidade de papel utilizado, o que ajuda a reduzir o corte de árvores e a emissão dos gases de efeito estufa.

Todos os grandes bancos e muitos dos bancos menores nos Estados Unidos permitem a seus clientes pagar suas contas on-line; muitos aceitam pagamentos de contas por meio de celulares ou outros dispositivos sem fio. Os bancos estão ávidos para conquistar mais clientes que utilizam suas contas on-line, porque eles tendem a ficar mais tempo com o banco, a ter saldos mais elevados e a usar mais os produtos oferecidos. Para encorajar a utilização de seus serviços, muitos bancos eliminaram as tarifas associadas aos pagamentos de contas on-line.

Os clientes que já se cadastraram nos serviços de banco móvel e já abaixaram o aplicativo para seus celulares podem verificar os extratos de seus cartões de crédito antes de fazerem compras com valores mais altos para evitar bloqueios. Eles também podem transferir valores de poupanças para suas conta-correntes para evitarem ficar sem saldo.

As instituições financeiras afiliadas à empresa de cartões de crédito Visa oferecem aos clientes de suas contas um conjunto de aplicativos que os possibilita monitorar o histórico e os extratos de contas, transferir valores entre elas e receber alertas em seus dispositivos móveis sobre transações. Esses serviços são gerenciados pela Visa e podem ser acessados por quaisquer dispositivos móveis, como smartphones ou tablets. Serviços adicionais futuros incluem depósitos de cheques, pagamentos e ofertas móveis.[44]

BUTIQUES ELETRÔNICAS (E-BOUTIQUE)

Um número crescente de sites oferece consultas de compras personalizadas, para compradores interessados em vestuário contemporâneo refinado (vestidos, roupas esportivas, jeans, bolsas, joias, sapatos e presentes). O segredo para o sucesso de sites como o a Charm Boutique é uma filosofia de serviço de alto consumo e relacionamentos pessoais intensos com os clientes. Compradores de butiques on-line completam um perfil pessoal respondendo a perguntas sobre suas medidas corporais, profissão, interesses, designers preferidos e áreas de compras onde eles gostariam de ter alguma assistência. Os compradores então recebem sugestões sobre os estilos e designers mais adequados e onde eles podem ser encontrados on-line ou em lojas físicas.

QUESTÕES ÉTICAS E SOCIAIS

AbilityOne: comércio eletrônico não só para os que enxergam

Nos Estados Unidos, 7 entre 10 pessoas cegas com idade apropriada para trabalhar não estão empregadas. A organização sem fins lucrativos National Industries for the Blind (NIB, Indústrias Nacionais para os Deficientes Visuais) pretende reduzir esse número. Sua missão "aumentar as oportunidades para a independência econômica e pessoal das pessoas que são cegas pela criação, sustento e melhoria dos empregos".

Nos Estados Unidos, a lei Javits-Wagner-O'Day de 1971 tem uma meta bem parecida. Ela exige que o governo federal adquira certos suprimentos e serviços de organizações sem fins lucrativos que empregam pessoas cegas ou que tenham alguma deficiência. A lei é administrada pela U.S. AbilityOne Commission, uma agência governamental que opera em conjunto com as Indústrias Nacionais para os Deficientes Visuais (NIB, National Industries for the Blind) e as Indústrias Nacionais para os Deficientes Físicos Graves (NISH, National Industries for the Severely Handicapped). Essas duas organizações são autorizadas a fornecer suprimentos e serviços de acordo com a respectiva lei. Elas coordenam as ofertas de muitas organizações pequenas, sem fins lucrativos, que produzem itens ou fornecem serviços que o governo precisa e os vendem por meio da AbilityOne.

Atualmente, as pessoas esperam ser capazes de obter mercadorias e serviços por meio do comércio eletrônico. A AbilityOne, portanto, precisava de um site de comércio eletrônico pelo qual as agências governamentais pudessem fazer seus pedidos. Os desafios da equipe no desenvolvimento de seu site foram torná-lo acessível para o deficiente visual com base em um software-padrão para reduzir esforço no desenvolvimento e mantê-lo fácil de utilizar pelas pessoas sem problemas de visão. (A maioria dos usuários do site que compram mercadorias e serviços para as agências governamentais tem boa visão, mas a acessibilidade ainda era requerida por dois motivos: muitos usuários internos nas NIB têm a visão prejudicada e a acessibilidade é parte da missão das NIB.)

Para resolver tais desafios, a AbilityOne decidiu trabalhar com a NIB para desenvolver seu site. As agências começaram com um compromisso de atender a todos os requisitos da Seção 508c da Lei de Reabilitação de 1998. Ela especifica as acomodações para tornar os sistemas de informação acessíveis às pessoas com deficiências, como assegurar que todos os gráficos em um site tenham descrições dos textos lidos em voz alta. A adequação à Seção 508c era um requisito do processo da seleção para o novo site. Por fim, NIB decidiu hospedar seu site na suíte E-Business Suite da Oracle e seu aplicativo de comércio eletrônico iStore. A NIB descobriu que o iStore oferecia uma flexibilidade de interface de usuário suficiente para atender aos requisitos de acessibilidade. Ele permite que cada usuário personalize as cores do site para preto e branco, com alto contraste ou um conjunto de ajustes que seja capaz de otimizar o site para sua visão. A NIB escolheu a BizTech, empresa de serviços de TI e desenvolvedora de produtos da Oracle para liderar o projeto da implementação.

Depois de confirmar que o site da AbilityOne atendia aos requisitos da Seção 508c, a NIB testou o site ainda de acordo com as diretrizes Web Content Accessibility Guidelines (diretrizes de acessibilidade de conteúdo na web), do World Wide Web Consortium (W3C) e de utilização interna da própria NIB. Somente após passar em todos esses testes o site foi disponibilizado para os clientes da AbilityOne.

O resultado foi uma página totalmente utilizável por pessoas com visão normal, deficiência visual ou problemas sérios de visão. Ela é visualmente atrativa também para pessoas que enxergam, o que permite que as agências governamentais obtenham quaisquer de seus 8 mil produtos disponíveis no AbilityOne. Isso facilita o emprego de pessoas com deficiência visual como representantes de clientes da AbilityOne. Ao tornar suas páginas igualmente acessíveis, as empresas de comércio eletrônico não têm nada a perder, mas só ganhar.

Questões para discussão

1. Como pode uma empresa com um site de comércio eletrônico em geral se beneficiar ao atender às diretrizes de acessibilidade mencionadas acima?
2. Como este caso estuda estados, a NIB selecionou a BizTech (*www.biztech.com*) para customizar o aplicativo. A BizTech tinha uma grande experiência com aplicativos da Oracle, mas relativamente pouca com acessibilidade. Teria sido também possível para a NIB selecionar uma parceria que tivesse mais experiência com a acessibilidade, mas

QUESTÕES ÉTICAS E SOCIAIS

menor com o aplicativo da Oracle. Visto que o trabalho inclui a utilização do aplicativo da Oracle e a garantia da acessibilidade, você acha que a NIB fez a escolha certa?

Questões para análise

1. As agências do governo federal dos Estados Unidos são obrigadas por lei a comprar certos suprimentos e serviços pela AbilityOne, o que assegura às pessoas que tenham problemas visuais e outras deficiências sérias maior papel na produção ou fornecimento de tais produtos ou serviços. Você concorda? Por quê? Por que não?
2. Com algumas exceções, a adequação aos padrões de acessibilidade é voluntária por parte das empresas que vendem o aplicativo. Entretanto, o esforço do desenvolvimento adicional tem um custo. Se ele não for compensado, as empresas que atendem aos padrões ficariam em uma desvantagem competitiva. Como pode um fornecedor de aplicativos utilizar a adequação aos padrões de acessibilidade para aumentar sua renda?

Fontes: Site da AbilityOne, *www.abilityone.com*, acesso em: 29 fev. 2012; National Industries for the Blind, "AbilityOne eCommerce Site", *Computerworld* case study, www.eiseverywhere.com/file_uploads/13271db4a95e3264477277f0829035c6_National_Industries_for_the_Blind_-_AbilityOne_eCommerce_Site.pdf, acesso em: 29 fev. 2012; Site da National Industries for the Blind, www.nib.org, acesso em: 29 fev. 2012; U.S. Government, "Resources for Understanding and Implementing Section 508", www.section508.gov, acesso em: 29 fev. 2012; "Javits–Wagner–O'Day Act", *Wikipedia*, en.wikipedia.org/wiki/Javits–Wagner–O'Day_Act, acesso em: 18 set. 2011; "Web Content Accessibility Guidelines (WCAG) 2.0", World Wide Web Consortium, www.w3.org/TR/WCAG20, acesso em: 11 dez. 2008.

O Quintessentially Gifts é um serviço de compra de presentes luxuosos cujos pesquisadores e estilistas editoriais podem encontrar os mais raros e requintados presentes para o mais abastado comprador. De uma scooter submarina da McQueen Luxury Dive Toy à bolsa da Hermes Birkin, sem tempo de espera, que é geralmente de dois anos, a empresa de presentes pode conseguir o que você quiser.[45]

ESTRATÉGIAS PARA O SUCESSO DO COMÉRCIO ELETRÔNICO E DO COMÉRCIO MÓVEL

Com todas as restrições ao comércio eletrônico descritas, uma empresa necessita desenvolver um site eficaz, que seja fácil de usar, cumpra com os objetivos da empresa e

www.quintessentiallygifts.com

O Quintessentially Gifts é um serviço de compra on-line que se caracteriza por presentes altamente luxuosos.

ainda assim seja seguro e acessível de se organizar e manter. As próximas seções examinam várias questões para o êxito de um comércio eletrônico.

DEFINIÇÃO DE MODELO EFICIENTE DE COMÉRCIO ELETRÔNICO

O primeiro grande desafio para a empresa é definir um modelo e estratégia eficazes de comércio eletrônico. Embora as empresas possam selecionar algumas abordagens, os modelos mais bem-sucedidos de comércio eletrônico incluem três componentes básicos: comunidade, conteúdo e comércio, como apresentado na Figura 8.7. Fóruns e salas de bate-papo podem construir uma *comunidade* leal de pessoas interessadas e entusiasmadas com a empresa, seus produtos e serviços. Oferecer um conteúdo útil, preciso e oportuno, como notícias, atividades produtivas da economia e cotação das ações, é uma abordagem saudável para encorajar os clientes a voltar ao site muitas vezes. O *comércio* envolve tanto os clientes quanto as empresas e todos precisam pagar para adquirir bens físicos, informações ou serviços postados ou publicados on-line.

FIGURA 8.7 Três componentes básicos de um modelo de comércio eletrônico de sucesso.

DEFINIÇÃO DAS FUNÇÕES DO SITE

Ao construir um site, é necessário em primeiro lugar decidir quais tarefas ele deve realizar. A maioria das pessoas concorda que um site eficaz é aquele que cria uma presença atraente e satisfaz às necessidades de seus visitantes conforme o seguinte:

- Obter informações gerais sobre a empresa.
- Obter informações financeiras para que seja possível tomar uma decisão de investimento na empresa.
- Conhecer a posição da empresa nas questões sociais.
- Conhecer os produtos ou serviços que a empresa vende.
- Adquirir os produtos ou serviços que a empresa oferece.
- Verificar a situação de um pedido.
- Obter explicações ou auxílio sobre a utilização eficaz dos produtos.
- Registrar uma reclamação sobre os produtos da empresa.
- Registrar uma reclamação com relação à posição da empresa sobre questões sociais.
- Fornecer uma referência por escrito sobre uma ideia ou melhoria no produto ou para novos produtos.
- Obter informações sobre as garantias ou serviços e políticas de reparos para os produtos.
- Obter informações sobre um contato, pessoa ou departamento da empresa.

Após uma empresa determinar quais são os objetivos que seu site deve alcançar, pode-se proceder aos detalhes para realmente desenvolvê-lo. À medida que número de compradores do comércio eletrônico aumenta e os compradores se sintam mais à vontade e seletivos para realizar compras on-line, a empresa poderá sentir a necessidade de redefinir o modelo básico do site para captar novas oportunidades de negócio. Veja o exemplo dos maiores sites de viagens como o Expedia, Travelocity, CheapTickets, Orbitz e Priceline. Essas empresas costumavam se especializar em uma área de viagem, geralmente passagens de avião, com custos mais baixos. Agora oferecem ampla variedade de produtos para viagem, incluindo passagens, aluguel de automóveis, quartos de hotel, passeios turísticos e pacotes de viagens de última hora. A Expedia fornece detalhes minuciosos sobre hotéis para ajudar os compradores a fazer comparações e oferece até mesmo tours visuais de 360 graus e exposição de fotos ampliadas. Ela também persuade os viajantes flexíveis a buscar taxas, comparar as tarifas de empresas de aviação e compor pacotes de hotéis e de avião ao mesmo tempo. A Expedia desenvolveu numerosas parcerias com hotéis para reduzir os custos e ajudar a proteger grandes valores para os consumidores. Já a Orbitz lançou um programa especial completo de serviços para os viajantes corporativos.

CRIAÇÃO DE UM SITE

Empresas grandes e pequenas podem criar um site. Algumas escolhem desenvolver seus sites internamente, mas isso requer entender os intrincados aplicativos da webdesign em HTML e Java. Muitas empresas, especialmente aquelas com desenvolvedores web com pouca ou nenhuma experiência, decidiram que terceirizar a construção de seus sites e conseguir que ele seja estabelecido e funcione é mais rápido e tem custo menor do que elaborarem elas mesmas. Empresas de hospedagem, como a HostWay e a BroadSpire, tornam possível criar uma página web e operar o comércio eletrônico em questão de dias com um pequeno custo inicial.

Essas empresas também podem fornecer hospedagem gratuita para sua loja, mas para permitir que os visitantes paguem pela mercadoria com cartão de crédito é necessário ter uma conta-corrente em um banco.

Empresas desenvolvedoras de sites web podem fornecer às empresas modelos pré-desenvolvidos e ferramentas para a construção de sites, o que possibilita aos clientes construírem, personalizarem e reprojetarem suas próprias páginas, além de colocá-las on-line.

CORRETOR DE VITRINE (STOREFRONT BROKER): Empresa que atua como intermediária entre o seu site e os comerciantes on-line que possuem produtos e experiência em varejo.

Outro modelo para criar um site é utilizar um **corretor de vitrine** (**storefront broker**), que é um intermediário entre o site e os comerciantes on-line que possuem produtos reais e especialização em varejo. O corretor de vitrine lida com os detalhes das transações, como quem deve pagar pela mercadoria, e é responsável por reunir os comerciantes e sites de revenda. Sua atividade é semelhante a de um distribuidor nas operações-padrão de varejo. Contudo, nesse caso nenhum produto é movido, apenas dados eletrônicos fluem de um lugar para o outro. Os produtos são pedidos por um cliente em seu site, os pedidos são processados por meio de uma interface de usuário fornecida pelo corretor de vitrine e o produto é enviado pelo comerciante. A ProStores é uma empresa de serviços que auxilia seus clientes a montar vitrines eletrônicas. Ela ajudou a BiggSports, uma pequena varejista com três lojas físicas, a lançar um site que possibilitou uma expansão das vendas nacionalmente a um custo baixo.[46]

CRIAÇÃO DE TRÁFEGO PARA O SEU SITE

A internet possui centenas de milhares de sites de comércio eletrônico. Com todos esses possíveis concorrentes, uma empresa deve tomar medidas cuidadosas para assegurar que os clientes que deseja atrair possam encontrar o seu site. O primeiro passo é obter e registrar um nome de domínio que deve dizer algo sobre sua empresa. O nome stff4u, por exemplo, pode parecer ser bom e abrangente, mas não descreve a natureza do negócio, que poderia ser qualquer coisa. Se você quiser vender uniformes e equipamentos para futebol, teria de registrar um nome de domínio como *www.soccerstuff4u.com*, *www.soccerequipment.com*, ou *www.stuff4soccercoaches.com*. Quanto mais específico o endereço da web, melhor.

O próximo passo para atrair consumidores é tornar o mecanismo de busca do seu site agradável para melhorar sua classificação. Existem várias formas de fazer isso:

META TAG: Código especial em HTML invisível na página web que contém as palavras-chave que representam o conteúdo do site solicitado pelos mecanismos de busca para criar índices que apontem para a página.

- Incluir uma meta tag na página inicial. Uma **meta tag** é um código em HTML invisível na página web mostrada cujas palavras-chave representam o conteúdo de seu site. Os mecanismos de busca utilizam essas palavras-chave para construir índices que apontam para o seu site. Por isso, é fundamental selecionar cuidadosamente os termos corretos para atrair os consumidores. Elas devem definir claramente o objetivo dos produtos ou serviços que você oferece.
- Utilizar um aplicativo de análise de dados de tráfego no site para transformar os dados captados no arquivo do weblog em informações úteis. Esses dados podem informar as URLs que acessam o seu site, os mecanismos de busca e as palavras-chave que encontram seu site, entre outros. Isso pode ajudá-lo a identificar mecanismos de busca necessários para anunciar seu site e submetê-lo ao índice de pesquisa.
- Fornecer conteúdo de palavras-chave rico e de qualidade. Cuidado para não utilizar muitas palavras-chave, pois os mecanismos de buscas geralmente descartam os sites que fazem isto. Deve-se inserir de forma criteriosa as palavras-chave por todo o site, assegurando-se de que o conteúdo da web seja sensível e fácil de ler por pessoas e mecanismos de busca.
- Adicionar novos conteúdos ao site regularmente. Isso torna sua página atraente para as pessoas e para os mecanismos de busca.
- Adicionar links de sites bem conceituados e relacionados com o seu conteúdo. Evitar o uso de conexões de baixa qualidade que podem realmente prejudicar a classificação de sua página.

O acesso à internet cresce rapidamente nos mercados da Europa, Ásia e América Latina. As empresas que desejam obter êxito na web não podem ignorar essa mudança global. Elas devem estar conscientes de que os consumidores de fora dos Estados Unidos acessarão sites com uma variedade de dispositivos diferentes e por isso devem sempre modificar o projeto dos seus sites. Na Europa, por exemplo, os sistemas fechados *iDTVs* (televisões digitais integradas, integrated digital televisions) são utilizados por mais de 50% da população para acessar conteúdo on-line.[47] Como tais dispositivos tem uma resolução melhor e maior área de tela do que os monitores que norte-americanos costumam acessar a internet, os usuários tendem a esperar melhor definição gráfica das iDTV. Empresas globais bem-sucedidas operam com um portfólio de sites projetados para cada mercado, com algumas tarefas compartilhadas e outras mantidas na empresa conservando a infraestrutura para dar suporte à rede de lojas e equipes de comercialização e desenvolvimento de negócios para aproveitar as oportunidades locais. Os fornecedores de serviços continuam a surgir para solucionar a logística de transporte sem fronteiras, pagamentos e necessidades de serviços dos clientes destes varejistas globais.

MANUTENÇÃO E APERFEIÇOAMENTO DO SEU SITE

Os operadores dos sites devem monitorar constantemente o tráfego de seus sites e os tempos de resposta experimentados pelos visitantes. A AMR Research, uma empresa independente de análise de pesquisas de Boston, Estados Unidos, relata que os compradores da internet esperam que os serviços sejam melhores ou iguais à experiência nas lojas físicas.

Nada afastará mais rapidamente os possíveis clientes do que experimentarem demoras intermináveis enquanto tentam ver ou comprar produtos e serviços. Para se manter em dia com a tecnologia e o tráfego em crescimento, pode ser necessário no decorrer do tempo modificar o aplicativo, o banco de dados ou o aplicativo sobre o qual o site é estruturado para garantir tempos de resposta aceitáveis.

A Staples dedicou tempo e esforço consideráveis para renovar seu site de B2B e incluir novas características de pesquisa e navegação que permitissem aos seus clientes encontrar produtos mais rapidamente. Os usuários podem ver as recomendações de produtos alternativos, classificá-los e compará-los quanto a preços e outras características. Além disso, eles possuem um acesso mais rápido e fácil para verificar pedidos já efetuados, modificar e renovar pedidos de itens frequentemente utilizados.[48]

Os operadores de sites também devem estar constantemente atentos para as novas tendências e desenvolvimentos na área do comércio eletrônico e preparados para aproveitar

PERSONALIZAÇÃO: Processo de adequação das páginas web para direcionar especificamente o alvo aos consumidores individualmente.

novas oportunidades. Estudos recentes mostram que os clientes visitam com mais frequência os sites que eles podem personalizar. A **personalização** é o processo de adequar as páginas web para direcionar especificamente o alvo aos consumidores. O objetivo é satisfazer às necessidades do cliente de forma eficaz, aumentar sua satisfação, fazer interações mais rápidas e fáceis e aumentar a probabilidade de as visitas se repetirem. Construir melhor entendimento das preferências do consumidor também pode ajudar na venda cruzada de produtos relacionados e produtos mais caros. A forma mais básica de personalização envolve o uso do nome do consumidor em uma campanha feita por e-mail ou em uma saudação na página web. A Amazon utiliza uma forma mais avançada de personalização, na qual cada consumidor que retorna é saudado pelo nome e uma lista de novos produtos é recomendada com base nas aquisições anteriores do consumidor.

As empresas aplicam dois tipos de técnicas de personalização para captar dados e construir perfis de clientes. A *personalização implícita* captura dados das sessões do cliente real na web, primeiro nas páginas que eles visitaram ou não. A *personalização explícita* captura informações fornecidas pelo usuário, como garantias, pesquisas, registros de usuário e formulários de inscrição preenchidos on-line. Os dados também podem ser reunidos por meio do acesso a outras fontes de dados, como o departamento de veículos automotores, departamento de estatísticas e afiliadas comerciais (empresas que compartilham dados comerciais). As empresas comerciais agregam essas informações para construir bancos de dados que contêm uma enorme quantidade de dados sobre o comportamento dos consumidores. Durante cada interação com o consumidor, algoritmos poderosos analisam ambos os tipos de dados em tempo real para predizer as necessidades e interesses do consumidor. Essa análise torna possível liberar informações novas e direcionadas antes que o cliente saia do site. Uma vez que a personalização depende da reunião e da utilização de informações pessoais, questões de privacidade são a principal preocupação.

O iGoDigital é um programa de dados utilizado pela Amazon, Best Buy, Dell, Sears, Walmart e muitas outras varejistas do comércio eletrônico. O aplicativo recomenda itens que possam interessar aos visitantes do site com base em seus hábitos de compras e buscas na web. O iGoDigital coleta as informações individuais sobre os compradores, como quais itens eles pesquisaram, colocaram em suas cestas ou compraram. Esses dados são armazenados em um dispositivo de personalização central e utilizados para fazer recomendações sobre compras para os clientes em particular em quaisquer sites que eles visitem e utilizem o aplicativo.[49]

Essas são somente algumas ideias que podem auxiliar uma empresa a criar e manter um site de comércio eletrônico eficaz. Com a tecnologia e a competição em constante mudança, os gestores devem ler artigos impressos e na web para se manterem atualizados sobre essas questões que estão em constante evolução.

INFRAESTRUTURA TECNOLÓGICA NECESSÁRIA PARA EXECUTAR O COMÉRCIO ELETRÔNICO E O COMÉRCIO MÓVEL

Agora que examinamos como estabelecer o comércio eletrônico de forma eficaz, veremos algumas questões técnicas relacionadas com o sistema e a tecnologia que o tornam comércio eletrônico possível. A implantação bem-sucedida de um negócio eletrônico exige mudanças significativas nos processos existentes e investimento substancial em tecnologia de SI. Os componentes dessa tecnologia devem ser escolhidos cuidadosamente e integrados para apoiar um grande volume de transações com os clientes, fornecedores e outros parceiros de negócio no mundo todo. Os consumidores on-line reclamam que o desempenho ruim dos sites (tempo lento de resposta, assistência inadequada ao consumidor e perda de pedidos) os leva a abandonar alguns sites em favor daqueles que têm desempenho melhor e são mais confiáveis. Esta seção oferece uma breve visão dos componentes-chave da infraestrutura de tecnologia (veja a Figura 8.8).

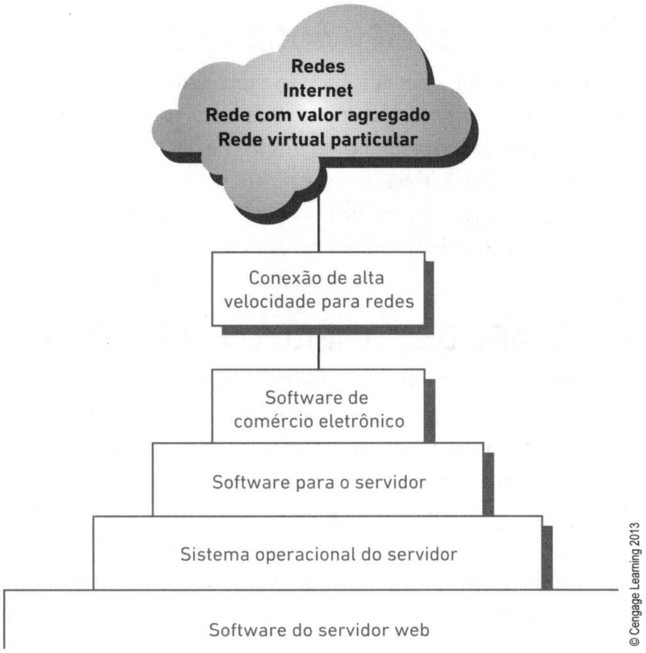

FIGURA 8.8
Componentes-chave da infraestrutura da tecnologia.

HARDWARE

Uma plataforma de hardware (equipamento) para um servidor web completo, com um aplicativo adequado, é um ingrediente-chave para a infraestrutura do comércio eletrônico. A capacidade de armazenamento e a potência de computação exigidas do servidor web dependem, principalmente, de duas coisas: do aplicativo executado no servidor e do volume processado de transações do comércio eletrônico. Como resultado, as soluções mais bem-sucedidas de comércio eletrônico são projetadas para serem redimensionáveis e atualizáveis para atender um tráfego inesperado de usuários.

As medidas-chave para o desempenho de sites incluem o tempo de resposta, a taxa de sucesso da transação e a disponibilidade do sistema. A Tabela 8.6 apresenta os valores para as medições-chave de quatro varejistas on-line durante uma semana.

TABELA 8.6 Medidas de desempenho-chave para sites populares de varejo

Empresa varejista de roupas	Tempo de resposta (em segundos)	Média de sucesso	Interrupções de tempo durante uma semana
Abercrombie	4,64	98,6%	1 hora
Macy's	6,81	99,5%	0 hora
Sears	12,90	99,1%	1 hora
J Crew	7,89	97,7%	1 hora
Saks Fifth Avenue	10,59	95,7%	2 horas

Fonte: "Keynote Online Retail Transaction Indices", *e-Commerce Times*, www.ecommercetimes.com/web-peformance, acesso em: 10 fev. 2012.

Uma decisão-chave que as novas empresas de comércio eletrônico enfrentam é se devem hospedar seu próprio site ou deixar que alguém faça isso. Muitas empresas decidem que usar um provedor de serviço da web de outra empresa é a melhor maneira de satisfazer às necessidades iniciais do comércio eletrônico. A empresa terceirizada aluga um espaço em seu sistema de computador e fornece conexão de alta velocidade à internet, o que minimiza as despesas iniciais de um comércio eletrônico. A empresa terceirizada pode inclusive fornecer pessoal treinado para operar, resolver problemas e gerenciar o servidor web.

SOFTWARE DE SERVIDOR WEB

Além do sistema operacional do servidor web, cada site do comércio eletrônico deve ter um software de servidor web para executar serviços fundamentais, como segurança, identificação, recuperação e envio de páginas web, rastreamento de site, desenvolvimento de site e desenvolvimento da página web. Os dois pacotes mais populares de aplicativos para servidor web são o Apache HTTP Server e o Microsoft Internet Information Services.

SOFTWARE DE COMÉRCIO ELETRÔNICO

Depois de ter localizado ou constituído um servidor anfitrião, incluindo o equipamento, o sistema operacional e o software do servidor web, você pode começar a pesquisar e instalar o software de comércio eletrônico para atender cinco tarefas essenciais: gestão de catálogo para criar e atualizar o catálogo dos produtos; configurar os produtos para ajudar aos clientes a selecionar os componentes necessários e as opções; facilidades com carrinho de compras para juntar os itens selecionados para compra (veja a Figura 8.9); processamento das transações do comércio eletrônico; e finalmente análise de dados sobre o tráfego na web para fornecer os detalhes e ajustar as operações no site.

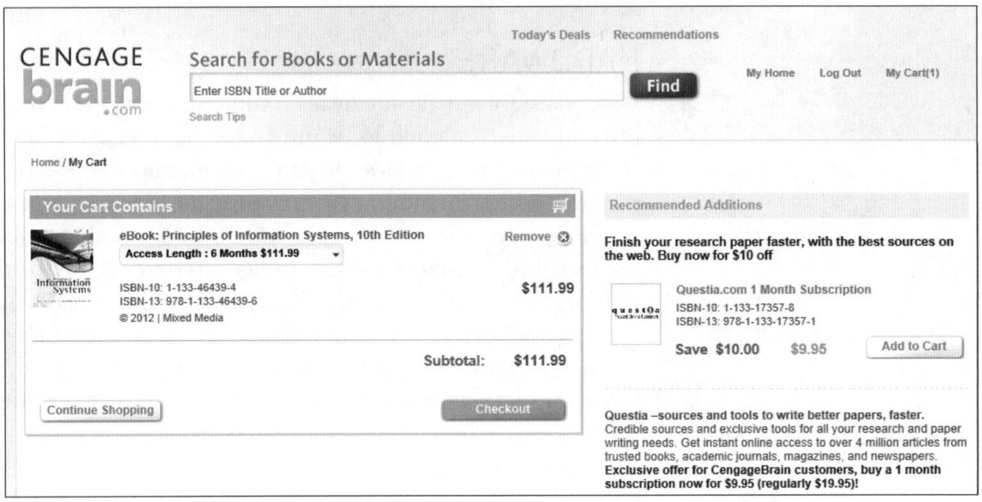

© Cengage Learning 2013

FIGURA 8.9
Carrinho de compras eletrônico.
Um carrinho de compras eletrônico permite aos compradores on-line visualizar suas escolhas, além de adicionar ou remover itens.

HARDWARE E SOFTWARE PARA O COMÉRCIO MÓVEL

Para o comércio móvel funcionar efetivamente, a interface entre os dispositivos manuais e sem fio e seus usuários deve ser melhorada até o ponto de parecerem iguais. Além disso, a velocidade da rede deve ser boa para que os usuários não se sintam frustrados. A segurança é também uma preocupação particularmente em duas áreas: a transmissão e a confiança de que a transação será feita realmente com a parte pretendida. A criptografia pode proporcionar uma transmissão segura. Certificados digitais, discutidos adiante, neste capítulo, podem assegurar que as transações sejam feitas entre as partes interessadas.

Os dispositivos manuais utilizados para o comércio móvel têm limitações que dificultam tal utilização. Suas telas são pequenas e são capazes de mostrar somente algumas linhas de texto. A capacidade de inserção é limitada a alguns botões, o que torna o processo lento e passível de erros. Possuem menor poder de processamento e menos velocidade de banda do que os computadores de mesa, que geralmente são conectados a uma LAN (local área network, rede da área local) de alta velocidade, além de suas baterias terem tempos de vida limitados. Por essas razões, é atualmente difícil acessar diretamente muitos sites com um dispositivo manual móvel. As empresas desenvolvedoras web devem reescrever os aplicativos da web de modo que os usuários com dispositivos móveis possam acessá-la.

Para tratar das limitações dos dispositivos móveis sem fio, a indústria assumiu um esforço de padronização para suas comunicações via internet. O Wireless Application

Protocol (WAP, protocolo para aplicações sem fio) é um padrão de especificações que permite o desenvolvimento de aplicativos de comércio móvel para dispositivos móveis sem fio. O WAP serve efetivamente como um buscador na web para tais dispositivos.

SISTEMAS DE PAGAMENTOS ELETRÔNICOS

Os sistemas de pagamentos eletrônicos são fundamentais na infraestrutura no comércio eletrônico. A atual tecnologia conta com a identificação do usuário e a criptografia para garantir as transações. O pagamento real é feito em uma variedade de modos, como dinheiro eletrônico, carteiras eletrônicas e cartões inteligentes de crédito, cobrança e débito. Sites que aceitam múltiplos tipos de pagamento convertem mais visitantes em clientes do que os comerciantes que oferecem somente um único método de pagamento.

CERTIFICADO DIGITAL: Anexo a uma mensagem de e-mail ou dados embutidos em um site que verificam a identidade de um remetente ou de um site.

AUTORIDADE CERTIFICADORA (CA, CERTIFICATE AUTHORITY): Empresa ou organização de confiança que emite certificados digitais.

As tecnologias de autenticação são utilizadas por muitas organizações para confirmar a identidade de um usuário que solicita acesso às informações ou ativos. Um **certificado digital** é um anexo a uma mensagem de e-mail ou dados embutidos em um site que verificam a identidade de um remetente ou de um site. Uma **autoridade certificadora** (**CA, certificate authority**) é uma empresa ou organização de confiança que emite certificados digitais. A CA é responsável por garantir que as pessoas ou organizações que recebem esses certificados únicos são, de fato, quem alegam ser. Os certificados digitais criam uma cadeia de confiança por toda a transação, pois verificam as identidades do comprador e do fornecedor.

Muitas organizações que aceitam cartões de crédito para pagamento de itens adquiridos por meio do comércio eletrônico adotam o padrão de segurança da PCI (payment card industry, indústria de cartão de pagamento). Esse padrão explica em detalhes as medidas e os procedimentos de segurança para salvaguardar o emissor do cartão, o dono do cartão e o comerciante. Algumas dessas medidas incluem: instalar e manter uma configuração de firewall para controlar o acesso aos computadores e dados; nunca usar os padrões do aplicativo/equipamento do fabricante ou fornecedor, como senhas do sistema; e finalmente requerer que os comerciantes protejam os dados armazenados, criptografem a transmissão das informações do dono do cartão por meio de redes públicas, usem regularmente o aplicativo atualizado do antivírus e restrinjam o acesso a dados sigilosos em uma base de "só saber se necessário".

Várias medidas são implantadas para aumentar a segurança associada ao uso de cartões de crédito na hora da compra. O sistema de verificação de endereço (AVS, address verification system) ocorre na solicitação para autorização de pagamento, que compara o endereço no arquivo com o emissor do cartão para o endereço de cobrança fornecido pelo portador do cartão. A técnica de Card Verification Number (verificação do número do cartão) é uma verificação dos dígitos adicionais impressos no verso do cartão. A empresa de cartões de crédito VISA possui o Advanced Authorization (autorização avançada), processo patenteado por ela que oferece a classificação instantânea de uma possível fraude na transação para a instituição financeira que emitiu o cartão. O emissor do cartão pode então enviar uma resposta imediata para o comerciante aceitar ou declinar a transação. Atualmente, a tecnologia é aplicada em todas as aquisições com cartão de crédito e cartão de conta-corrente da VISA. Ela estima que essa técnica reduzirá o índice de fraudes de cartão de crédito em até 40%.

O Federal Financial Institutions Examination Council (Conselho Federal de Análise de Instituições Financeiras) desenvolveu um novo conjunto de orientações chamado Autenticação em um Ambiente Bancário na Internet, que recomenda a autorização em dois fatores. Essa abordagem adiciona uma verificação de identidade no sistema de senhas. Alguns dos esquemas de autenticação de múltiplos fatores podem ser usados, como os biométricos, senhas de uso único ou tokens de equipamentos que se conectam a uma porta USB no computador e geram uma senha que se combina com as usadas pelo sistema de segurança do banco. Atualmente, o uso da tecnologia biométrica para assegurar transações on-line é raro, tanto pelo custo quanto por razões de privacidade. Pode ser oneroso equipar cada comerciante com um escâner biométrico e é difícil convencer os consumidores a fornecer algo tão pessoal e distintivo como uma impressão digital. Apesar disso, um número crescente de empresas de serviços financeiros de grande porte (como o Citibank) e até aquelas de pequeno porte (como o Purdue Employees Federal Credit Union) consideram o uso de sistemas biométricos. O Bank Leumi utiliza um sistema de verificação de alto-falante biométrico como parte de seu processo de autenticação multifator para resguardar seus clientes de fraudes e propiciar uma experiência positiva ao cliente.[50]

Protocolo SSL

PROTOCOLO SSL (SECURE SOCKETS LAYER): Protocolo de comunicações utilizado para proteger os dados sigilosos durante o comércio eletrônico.

Todos os compradores on-line temem o roubo dos números de seus cartões de crédito e/ou informações bancárias. Para ajudar a impedir esse problema, o **protocolo SSL (secure sockets layer)** é utilizado para proteger os dados sigilosos. O protocolo SSL inclui um estágio de estabelecimento de comunicações que autentica o servidor (e o consumidor se necessário), determina a criptografia e algoritmos misturados a serem usados e troca chaves de criptografia. Apenas após o estágio do estabelecimento de comunicações é que os dados podem ser transferidos. A criptografia dos dados garante que as transações não sejam objeto de interceptação ou rastreamento por uma terceira parte. Embora o protocolo SSL trate da parte da criptografia de uma transação segura de comércio eletrônico, um certificado digital é necessário para fornecer a identificação do servidor.

Dinheiro eletrônico

DINHEIRO ELETRÔNICO À VISTA: Valor em dinheiro que é computadorizado, armazenado e utilizado à vista em transações de comércio eletrônico.

O chamado **dinheiro eletrônico** é um valor em dinheiro que é computadorizado, armazenado e utilizado **à vista** em transações do comércio eletrônico. Em geral, os consumidores devem abrir uma conta com um provedor eletrônico de serviço de dinheiro vivo e fornecer informações sobre sua identificação. Quando quiserem retirar dinheiro eletrônico para fazer uma compra, eles acessam o provedor de serviço pela internet e apresentam a prova de identidade, como um certificado digital emitido por uma autoridade de certificação ou um nome de usuário e senha. Depois de verificar a identidade do consumidor, o sistema debita da conta do comprador e credita na conta do vendedor o montante da aquisição. PayPal, BillMeLater, MoneyZap e TeleCheck são quatro formas populares de dinheiro eletrônico.

O serviço PayPal do eBay permite que qualquer pessoa ou empresa com um endereço de e-mail envie e receba pagamentos on-line de forma segura, fácil e rápida. Para enviar dinheiro, basta fornecer o endereço de e-mail do receptor e a quantidade de dinheiro que se quer enviar. Pode-se pagar com um cartão de crédito ou débito. O receptor recebe um e-mail que diz "Você recebeu dinheiro!". Os receptores podem então retirar seu dinheiro clicando em um link no e-mail, que os leva para o *www.paypal.com*. Para receber o dinheiro, o usuário deve também possuir um cartão de crédito ou conta-corrente para aceitar a transferência de valores. Para solicitar dinheiro para um leilão, faturar um consumidor ou enviar uma cobrança pessoal, entra-se com o endereço do e-mail do receptor e a quantia em dinheiro que se solicita. O receptor recebe um e-mail e as instruções de como pagar com o serviço. O PayPal tem 100 milhões de contas ativas, está disponível em 190 mercados e processa pagamentos em 25 moedas no mundo inteiro.[51]

A Redcats USA é varejista on-line de roupas tamanho GG masculinas e femininas de produtos para a casa e material esportivo, inclusive para esportes ao ar livre. A empresa recentemente acrescentou o serviço Express Checkout do PayPal para radicalizar o processo de verificação de seus clientes. Os que têm uma conta no PayPal podem especificar que querem utilizar esse sistema de pagamento no início de seu processo de verificação. São depois direcionados a um site operado pelo PayPal onde inserem seus nomes de usuários e senhas. A empresa então recupera os detalhes do transporte, faturamento e pagamento do cliente e repassa tais dados para a Redcats, o que diminui a perda de tempo e esforço inserindo essas informações. A Redcats aceita outros métodos de pagamento, incluindo todos os maiores cartões de crédito, cartões de crédito da Redcats e eBillme (uma alternativa para o PayPal).[52]

Cartões inteligentes, de crédito, de cobrança e de débito

Muitos compradores on-line utilizam cartões de crédito para a maioria de suas compras feitas pela internet. Cartões de crédito, como o VISA ou o Mastercard, possuem um limite de gastos preestabelecido com base no histórico de crédito do usuário e a cada mês o usuário pode pagar parte ou o total da dívida. Os juros são cobrados sobre o montante não pago. Um cartão de cobrança, como o American Express, não tem um limite de gasto preestabelecido e a quantia total gasta no cartão deve ser paga no vencimento. Esses cartões não envolvem linhas de crédito e não acumulam cobranças de juros. A American Express tornou-se a primeira empresa a oferecer números de cartão de crédito descartáveis em 2000. Outros bancos, como o Citibank, protegem o cliente ao fornecer um único número para cada transação.

Os cartões de débito parecem cartões de crédito ou os cartões utilizados para operações nos caixas eletrônicos, mas operam como dinheiro ou um cheque pessoal. Cartões de crédito, de empréstimo e de débito geralmente armazenam informações limitadas sobre a pessoa em uma tarja magnética. Esses dados são lidos a cada vez que o cartão é passado para realizar uma compra. Todos os usuários de cartões de crédito são protegidos por uma lei que evita que eles paguem mais de $ 50 por transações fraudulentas.

CARTÃO INTELIGENTE: Dispositivo do tamanho de um cartão de crédito com um microchip embutido para fornecer memória eletrônica e capacidade de processamento.

O **cartão inteligente** é um dispositivo do tamanho de um cartão de crédito com um microchip embutido para fornecer uma memória eletrônica e a capacidade de processamento. Os cartões inteligentes podem ser utilizados para uma variedade de propósitos, inclusive para armazenar dados financeiros de um usuário, dados do seguro-saúde, números dos cartões de crédito e códigos e senhas de identificação de rede. Podem também armazenar valores monetários para gastos.

Os cartões inteligentes são mais protegidos contra a má utilização do que os cartões de crédito, cobrança ou débito convencionais em razão das informações serem criptografadas. Cartões de crédito de cobrança e de débito convencionais mostram claramente o número de sua conta na parte da frente. O número do cartão com uma assinatura forjada é tudo o que um ladrão necessita para comprar itens de forma ilegal. Um cartão inteligente torna o roubo com cartão de crédito praticamente impossível porque não há números externos identificáveis, nenhuma assinatura física forjável e é exigida uma chave para abrir as informações criptografadas. A Tabela 8.7 compara os vários tipos de sistemas de pagamento.

A Peninsula Taxi Association da Cidade do Cabo, África do Sul, tem uma frota de 250 táxis e iniciou um sistema de pagamentos com o cartão inteligente que permite aos portadores utilizar o serviço também nos ônibus locais, além do pagamento de taxi.[53] As cidades de Austin, no Texas e Salt Lake City, em Utah, ambas nos Estados Unidos, estão participando de um projeto piloto para encorajar os clientes a utilizar os cartões inteligentes para pagar por suas compras. O teste inclui o carregamento dos dados dos cartões de fidelidade dos clientes em seus cartões inteligentes para reduzir o número de cartões que o cliente tenha de carregar.[54]

P-CARD (PROCUREMENT CARD OU PURCHASING CARD): Cartão de crédito utilizado para radicalizar os processos tradicionais de compras e pagamentos.

P-card

Um **p-card (procurement card ou purchasing card)** ou um cartão de compras é um cartão de crédito utilizado para radicalizar os processos tradicionais de compras e pagamentos. O p-card é tipicamente emitido para empregados selecionados que devem seguir as regras e as diretrizes da empresa. Eles podem incluir um único limite

TABELA 8.7 Comparação dos sistemas de pagamento

Sistema de pagamentos	Descrição	Vantagens	Desvantagens
Cartão de crédito	Possui um limite de gasto preestabelecido com base no histórico de crédito do usuário	Cada mês o usuário pode pagar parte ou todo o montante devido	O saldo não pago acumula cobrança de juros, que são frequentemente altos
Cartão de cobrança	Parece um cartão de crédito, mas não possui limite de gasto	Não envolvem linhas de crédito e não acumulam cobranças de juros.	O montante total gasto no cartão deve ser pago no vencimento
Cartão de débito	Parece um cartão de crédito ou um cartão para retirada de dinheiro nos caixas eletrônicos	Opera como dinheiro ou um cheque pessoal	O dinheiro é imediatamente deduzido do saldo da conta do usuário
Cartão inteligente	É um dispositivo de cartão de crédito com um microchip embutido capaz de armazenar dados sobre o portador do cartão	Mais protegido contra o mau uso do que os cartões convencionais de crédito, débito e empréstimo porque as informações do cartão inteligente são criptografadas	Não é amplamente, usado nos Estados Unidos

de compra, um limite mensal de gastos ou restrições no código da categoria do comerciante. Em razão do crescente risco de compras não autorizadas, cada atividade de gasto do portador de cada p-card é revisada periodicamente por alguém independente do portador para garantir a obediência às diretrizes.

O governo da cidade de Richmond Heights, em Ohio, Estados Unidos, teve tanto sucesso utilizando os cartões de compras que foi forçada a emitir uma regra determinando a utilização dos cartões só para os funcionários do governo.[55] A Universidade do Estado de Washington adotou os cartões de compras como meios preferidos de pagar por suas compras até $ 3 mil.[56]

Pagamentos por telefones celulares

A utilização de celulares tem se tornado um lugar comum para fazer compras e transferência de fundos entre pessoas. Existem duas opções disponíveis: pagamentos vinculados à conta bancária e pagamentos inseridos na conta de telefone do cliente. A meta é tornar o processo de pagamentos mais simples e seguro possível. Contudo, fazer isso acontecer nos muitos e diferentes tipos de celular com o uso de diversos provedores de serviço não é uma tarefas fácil. Felizmente, a inteligência inserida no iPhone, no BlackBerry, e em outros smartphones tornou tudo isso possível.

O usuário pode utilizar diversos serviços (Phone Transact iMerchant Pro, Square, RoamData RoamPay, PayWare Mobile) para plugar um dispositivo de leitor de cartões de crédito em uma tomada de um fone de ouvido de um celular para aceitar pagamentos com cartões de crédito. O serviço GoPayment da Intuit não precisa de um leitor de cartões de crédito, mas fornece um aplicativo que permite ao cliente inserir o número do seu cartão.

Com o Xipwire, os clientes podem enviar uma mensagem de texto para outra pessoa por meio de um código especial para fazer uma compra a ser cobrada na conta telefônica de ambos e evitar juntos quaisquer sistemas de cartão de crédito. Com o aplicativo Bump iPhone da Apple, dois usuários podem unir seus dispositivos para transferir fundos de um cartão de crédito para outro financiado por uma conta no PayPal. Um aplicativo gratuito, o Starbucks Card Mobile que roda em iPhones, iPod Touches e alguns smartphones da BlackBerry possibilita aos clientes pagar por suas bebidas simplesmente segurando seu dispositivo móvel em frente a um escâner que leia o código de barras na tela do aplicativo. Clientes registrados podem vincular as informações de seus cartões de crédito às suas contas Starbucks.com.[57]

RESUMO

Princípio:

O comércio eletrônico e o comércio móvel estão evoluindo e oferecendo novos modos de conduzir os negócios, os quais apresentam tanto benefícios quanto possíveis problemas.

O comércio eletrônico é a realização das atividades comerciais (distribuição, compra, venda, publicidade e manutenção de produtos e serviços), eletronicamente, por meio de redes de computadores, como a internet, as extranets e as redes corporativas. O comércio eletrônico, por meio do negócio a negócio (B2B) permite que os fabricantes comprem a um custo baixo no mundo todo e oferece às empresas a oportunidade de vender para o mercado global. O B2B é atualmente o maior tipo de comércio eletrônico. O comércio eletrônico negócios a clientes (B2C) permite que as empresas vendam diretamente para os consumidores ao eliminar os intermediários. Em muitos casos, isso permite a redução dos custos e pressiona as ineficiências para fora da cadeia de suprimentos e pode levar a lucros maiores e preços mais baixos para os consumidores. O comércio eletrônico cliente a cliente (C2C) envolve clientes vendendo diretamente para outros clientes. Os leilões on-line constituem o método mais importante pelo qual o C2C é realizado atualmente. O governo eletrônico envolve a utilização de tecnologias de informações e comunicações para simplificar o compartilhamento de informações, acelerar os processos anteriormente feitos em papel e melhorar o relacionamento entre os cidadãos e o governo.

Um sistema bem-sucedido de comércio eletrônico deve cobrir todos os vários estágios que os clientes experimentam no ciclo de vida das vendas. No núcleo de qualquer sistema de comércio eletrônico está a capacidade do usuário de buscar e identificar os itens à venda; selecioná-los, negociar seus preços, os termos do pagamento e a data de entrega; enviar um pedido ao fabricante para comprar os itens, pagar pelo produto ou serviço, recebê-lo e ter assistência pós-venda.

De acordo com a perspectiva do fornecedor de bens e serviços, um sistema eficaz de comércio eletrônico deve ser capaz de apoiar as atividades associadas com a gestão da cadeia de suprimentos e a gestão do relacionamento com o cliente.

Uma empresa tem de superar muitos desafios para converter o seu processo de negócios do formato tradicional os de comércio eletrônico: (1) ela deve lidar efetivamente com as preocupações sobre a privacidade do cliente; (2) deve superar com sucesso a falta de confiança dos clientes; e (3) superar as questões globais.

O comércio móvel consiste no uso de dispositivos sem fio, como celulares e smartphones, para facilitar a venda de bens ou serviços a qualquer hora e em qualquer lugar. Espera-se que o mercado para o comércio móvel na América do Norte amadureça muito mais tarde do que na Europa Ocidental e no Japão. Muitos varejistas estabeleceram sites especiais para usuários de dispositivos móveis.

Princípio:

O comércio eletrônico e o comércio móvel podem ser utilizados de muitas formas inovadoras para melhorar as operações de uma organização.

O varejo eletrônico (e-tailing) é a venda direta de um negócio a um consumidor por meio de vitrines eletrônicas projetadas em um modelo de catálogo eletrônico e um carrinho de compras.

Um centro de compras eletrônico é um único site que oferece muitos produtos e serviços em um só local na internet.

Os fabricantes estão se juntando aos sites de trocas eletrônicas onde eles podem trabalhar com os concorrentes e fornecedores utilizando computadores e sites para comprar e vender produtos, negociar informações sobre o mercado e realizar operações de retaguarda, como o controle de estoque. Eles também utilizam o comércio eletrônico para melhorar a eficiência dos processos de venda e responder on-line às dúvidas dos clientes sobre a disponibilidade dos produtos e dos preços.

A internet permite que as empresas reúnam muito mais informações sobre o comportamento e as preferências dos clientes do que elas poderiam usando outras abordagens comerciais. Essa nova tecnologia tem aumentado muito a prática da segmentação do mercado e permitido que as empresas estabeleçam relacionamentos mais próximos com os seus clientes.

A internet tem revolucionado o mundo financeiro e dos investimentos, especialmente o de comércio de ações on-line e o de serviços bancários. Tem também criado muitas opções para leilões eletrônicos onde compradores e vendedores geograficamente dispersos podem se encontrar.

Os inúmeros aplicativos de m-commerce (comércio móvel) incluem publicidade, trocas, redirecionamento, comparação de preços, utilização de cupons, investimento e financiamento, serviço bancário e butiques eletrônicas (e-boutiques).

Princípio:

O comércio eletrônico e o comércio móvel oferecem muitas vantagens e ainda despertam muitos desafios.

As empresas e as pessoas utilizam o comércio eletrônico e o comércio móvel para reduzir os custos da transação, acelerar o fluxo de bens e informações, melhorar o nível de serviço ao cliente e permitir uma coordenação mais próxima das ações entre os fabricantes, fornecedores e clientes.

O comércio eletrônico e o comércio móvel também permitem que os consumidores e as empresas ganhem acesso aos mercados do mundo inteiro. Eles oferecem uma grande promessa para os países em desenvolvimento ao propiciar que eles entrem no próspero mercado global e consigam reduzir a distância entre as nações ricas e pobres.

Uma vez que o comércio eletrônico e o comércio móvel são sistemas globais, eles enfrentam desafios de idiomas, cultura, horário, distância, infraestrutura, moeda, produto e serviço, além de leis regionais, estaduais e nacionais.

Princípio:

As organizações devem definir e executar uma estratégia para serem bem-sucedidas no comércio eletrônico e no comércio móvel.

A maioria das pessoas concorda que um site eficaz é aquele que cria uma presença atraente e satisfaz às necessidades de seus visitantes. Aqueles que se iniciam no comércio eletrônico devem decidir se construirão e operarão eles mesmos o site ou se vão terceirizar essa função. Os serviços de hospedagem de site e corretores de vitrines oferecem alternativas para aqueles que precisam construir seus sites.

Para construir um tráfego para o seu site, você deverá registrar um nome de domínio que seja relevante para o seu negócio, tornar seu site amistoso com os mecanismos de busca, incluir uma meta tag em sua página principal, utilizar um aplicativo de análise de tráfego de dados para atrair mais clientes e modificar seu site para que ele comporte o comércio global. Os operadores do site devem monitorar constantemente o tráfego e os tempos de resposta associados ao site e ajustar o aplicativo, os bancos de dados e o hardware para garantir que os visitantes tenham uma boa experiência quando visitarem o seu site.

Princípio:

O comércio eletrônico e o comércio móvel exigem planejamento cuidadoso e integração de alguns componentes da infraestrutura da tecnologia.

Alguns componentes da infraestrutura devem ser escolhidos e integrados para comportar um grande volume de transações com clientes, fornecedores e outros parceiros de negócios no mundo inteiro. Esses componentes incluem o hardware, o software do servidor web e do comércio eletrônico.

O comércio móvel apresenta desafios adicionais de infraestrutura, incluindo o aperfeiçoamento da facilidade de uso de dispositivos sem fio com enfoque na segurança de transações sem fio e melhoria da velocidade da rede. O protocolo de aplicação sem fio WAP (wireless application protocol) é um conjunto-padrão de especificações que permite o desenvolvimento de aplicativos de comércio móvel para dispositivos sem fio. O desenvolvimento do WAP e seus derivados abordam muitas questões de comércio móvel.

Os sistemas de pagamento eletrônico constituem um componente-chave da infraestrutura do comércio eletrônico. Um certificado digital é um anexo a uma mensagem de e-mail ou dados embutidos em uma página web que verifica a identidade do remetente ou de um site. Para ajudar a impedir o furto de números de cartões de crédito e informações bancárias, o protocolo SSL é utilizado para garantir todos os dados sigilosos. Várias alternativas eletrônicas de dinheiro exigem que o comprador abra uma conta em um provedor de serviços de dinheiro eletrônico e apresente provas de identificação, sempre que os pagamentos precisem ser feitos. Pagamentos também podem ser feitos com cartões de crédito, cobrança, débito e cartões inteligentes. As indústrias bancária e de varejo estão desenvolvendo meios de possibilitar pagamentos utilizando o celular como um cartão de crédito.

CAPÍTULO 8: TESTE DE AUTOAVALIAÇÃO

O comércio eletrônico e o comércio móvel estão evoluindo e oferecendo novos modos de conduzir os negócios, os quais apresentam tanto benefícios quanto possíveis problemas.

1. ________________ atividades do comércio eletrônico incluem a identificação e a comparação de fornecedores e produtos competitivos, a negociação e o acerto de preços e prazos, os pedidos e os rastreamentos das remessas e a direção organizacional dos compradores para os fornecedores e os produtos preferidos.
2. A renda gerada pelo comércio eletrônico B2C nos Estados Unidos é cerca de ________________ da renda do B2C.
   a. cinco vezes maior
   b. três vezes menor
   c. a mesma
   d. treze vezes maior

3. Previsão feita para 2014 mostra que a região do mundo com o menor gasto com comércio eletrônico B2C 2014 é ____________.
4. A maior varejista do B2C nos Estados Unidos é ____________.
   a. Amazon.
   b. Staples.
   c. Apple.
   d. Walmart.
5. O governo eletrônico simplifica o compartilhamento de informações, agiliza os processos antigamente feitos em papel e melhora o relacionamento entre os cidadãos e o governo. Verdadeiro ou falso?

O comércio eletrônico e o comércio móvel podem ser utilizados de muitas formas inovadoras para melhorar as operações de uma organização.

6. Os sistemas de comércio eletrônico B2B devem apoiar as negociações entre um comprador e o vendedor selecionado sobre o preço final, data de entrega, custos da entrega e outras taxas extras. Verdadeiro ou falso?
7. Cerca de ________________ de todos os usuários adultos da internet não comprarão nada on-line principalmente por que têm preocupações sobre a privacidade ou falta de confiança em vendedores on-line.
   a. metade
   b. um terço
   c. um quarto
   d. menos de um quarto
8. A Internet Corporation for Assigned Names and Numbers (ICANN) criou um domínio chamado de _______ para atrair usuários de celulares para a web.

O comércio eletrônico e o comércio móvel oferecem muitas vantagens, além de despertar muitos desafios.

9. A conversão para um sistema de comércio eletrônico ou móvel permite às organizações alcançarem muitos benefícios, incluindo a redução dos custos do negócio, a aceleração do fluxo dos bens e informações, o aumento da precisão do processamento de pedidos e seu atendimento e melhora do nível do serviço ao cliente. Verdadeiro ou falso?
10. ______________ é a venda direta de produtos ou serviços pelas empresas para os clientes por meio de vitrines eletrônicas projetadas no modelo de catálogo eletrônico familiar e carrinho de compras.
11. Existem ____________ tipos de trocas eletrônicas com base em quem opera a troca.
12. Os negócios estão querendo __________ como um meio de reduzir o excesso de estoques, ganhar novos clientes ou evitar pagar à vista por matérias-primas necessárias ou serviços.
13. O __________ padrão de segurança determina as medidas e os procedimentos de segurança para salvaguardar a emissora do cartão, o portador do cartão e o comerciante.

As instituições devem definir e executar uma estratégia para serem bem-sucedidas no comércio eletrônico e no comércio móvel.

14. Antes de preparar um site, você deverá decidir: ______________.
   a. qual software utilizará na web
   b. qual hardware é necessário
   c. quais tarefas o site deve atender
   d. quais produtos e serviços você venderá
15. Empresas que hospedam sites, como a HostWay e a BroadSpire, tornam possível a criação de uma página web e a operação do comércio eletrônico em questão de dias e com um pequeno custo inicial. Verdadeiro ou falso?

O comércio eletrônico e o comércio móvel exigem planejamento cuidadoso e integração de alguns componentes da infraestrutura da tecnologia.

16. A quantidade da capacidade de armazenamento e a energia computacional requeridas de um servidor web dependem, principalmente, ______________.
   a. da localização geográfica do servidor e do número de diferentes produtos vendidos
   b. do software que deve rodar no servidor e do volume de transações do comércio eletrônico
   c. do tamanho da empresa e da localização de seus clientes
   d. do número de possíveis clientes e do valor médio do dólar de cada transação
17. As medidas-chave para o desempenho de um site incluem o tempo de resposta, a média de transações de sucesso e a disponibilização do sistema. Verdadeiro ou falso?

CAPÍTULO 8: RESPOSTAS DO TESTE DE AUTOAVALIAÇÃO

1. Buy-side.
2. d.
3. África e Oriente Médio
4. a.
5. Verdadeiro
6. Falso
7. b.
8. .mobi
9. Verdadeiro
10. Varejo eletrônico ou e-tailing.

11. Três.
12. Permuta.
13. Indústria do Cartão de Pagamentos (PCI).
14. c.
15. Verdadeiro
16. b.
17. Verdadeiro

QUESTÕES DE REVISÃO

1. Defina em poucas palavras o termo comércio eletrônico e identifique cinco formas baseadas nas partes envolvidas nas transações.
2. Compare em dólares americanos o volume do comércio eletrônico B2B, B2C e do móvel. Como o volume do comércio eletrônico B2C, nos Estados Unidos, se compara ao volume global?
3. O que é desintermediação? Que vantagens ela apresenta?
4. Quais ferramentas estão disponíveis para ajudar os compradores a comparar preços, características e valores, além de verificar a opinião de outros compradores?
5. O que são vendas influenciadas pela web?
6. Identifique os seis estágios que os clientes experimentam no ciclo de vida de vendas que devem ser apoiados por um sistema de comércio eletrônico bem-sucedido.
7. Identificar os desafios-chave que uma empresa enfrenta na criação de um comércio eletrônico de sucesso.
8. Esboce pelo menos três estratégias específicas da construção da confiança para uma empresa ganhar a confiança de clientes.
9. O que é utilização de cupons eletrônicos e como ela funciona? Quais são algumas das questões sobre os cupons eletrônicos?
10. O que é uma troca eletrônica? Identifique e descreva rapidamente três tipos de trocas com base em quem opera a troca.
11. O que é a autorização em dois passos associada com itens comprados pelo comércio eletrônico?
12. Por que é necessário continuar a manter e melhorar um site já existente?
13. Identifique os elementos-chave da infraestrutura da tecnologia requeridos para implementar com sucesso o comércio eletrônico dentro de uma organização.

QUESTÕES PARA DISCUSSÃO

1. Discuta rapidamente três modelos de vendas móveis e impressões. Quais são as principais medidas para o sucesso da publicidade móvel?
2. Por que os fabricantes e varejistas terceirizam a logística física de entrega de mercadorias para os compradores? Quais são as vantagens que tal estratégia oferece? Há algum possível problema ou desvantagens?
3. O que é redirecionamento? Quais são algumas das estratégias utilizadas para redirecionar os visitantes para um site?
4. Quais são algumas das preocupações sobre a privacidade que os compradores têm com o comércio eletrônico?
5. Identifique três ações específicas que uma empresa pode tomar para superar a falta de confiança dos clientes.
6. Espera-se que o volume de comércio móvel nos Estados Unidos alcance somente 7% do total das vendas do B2C em 2016. Você acha que o comércio móvel é uma capacidade significativa para os compradores? Por quê?
7. Identifique e descreva brevemente três aplicativos para o comércio móvel que você ou um amigo seu já usou.
8. Discuta a utilização do comércio eletrônico para aprimorar o gasto com manutenção, reparo e operações (MRO) de bens e serviços.
9. Delineie os passos-chave no desenvolvimento de uma estratégia corporativa global de comércio eletrônico.
10. Identifique três tipos de organização de negócios que poderiam ter dificuldade para se tornar uma organização de comércio eletrônico bem-sucedida.
11. Identifique as cinco maiores questões globais que impedem a expansão do comércio eletrônico. Quais passos pode uma empresa dar para superar estas barreiras?

EXERCÍCIOS DE RESOLUÇÃO DE PROBLEMAS

1. Desenvolva um conjunto de critérios que você consideraria para avaliar vários sites de comércio eletrônico negócios a clientes com base em fatores como facilidade de uso, proteção dos dados do cliente e segurança do processo de pagamento. Desenvolva uma planilha simples com esses critérios. Avalie três sites populares com critérios que você desenvolveu. Quais mudanças você recomendaria para o desenvolvedor das sites que pontuou menos?
2. Utilize a capacidade de gráficos de seu software de planilhas para plotar o crescimento do comércio eletrônico B2C e as vendas no varejo para o período de 2004 até o presente. Aplicando as taxas atuais de crescimento, preveja o ano em que o comércio eletrônico B2C excederá os 10% das vendas no varejo. Documente quaisquer suposições que fizer.

3. Sua televisão de tela plana parou de funcionar e deve ser substituída em uma semana! Utilize o seu smartphone com a web habilitada (ou pegue emprestado de algum amigo) para poder fazer uma comparação de preço e produto a fim de identificar o fabricante e o modelo que melhor atende às suas necessidades e a varejista com o custo de entrega mais baixo. Obtenha uma entrada de colega para validar sua escolha. Prepare um rápido resumo sobre a sua experiência e identifique os sites que você achou mais úteis.

ATIVIDADES EM GRUPO

1. Imagine que o seu grupo foi contratado como consultor por uma grande organização que acabou de sofrer um contratempo relevante em suas relações públicas em razão da quebra de dados em larga escala ocorrida por má administração. Quais ações você recomendaria para a empresa retomar a confiança do cliente?
2. Como um grupo, desenvolva um conjunto de critérios que você utilizaria para avaliar a eficiência de uma campanha de publicidade móvel e estimular a popularidade de um candidato para uma posição no governo do Estado. Identifique as medidas que você utilizaria e os dados que devem ser agregados.

EXERCÍCIOS DA WEB

1. Pesquisa na web para encontrar mais sobre quebras de sigilo de dados de privacidade de clientes associada com os sites do comércio eletrônico. Documente as ações tomadas pelas operadoras dos sites atingidos. Quais operadoras fizeram o melhor trabalho de informação aos clientes e tomaram ações para o acompanhamento da situação? Quais sites fizeram o pior trabalho? Documente suas descobertas em um rápido relatório.
2. Pesquise na web uma dúzia de sites que oferecem cupons para o comércio móvel. Separe os sites em dois grupos: aqueles que fornecem cupons para uma única varejista e aqueles que agregam cupons para diversas varejistas. Elabore uma tabela que resuma seus resultados e apresente o número aproximado de cupons disponíveis em cada site.

EXERCÍCIOS PARA ESPECIALIZAÇÃO

1. Pesquise na web e prepare um rápido relatório sobre o impacto das preocupações do cliente sobre a privacidade no comércio eletrônico.
2. Para o campo de sua carreira escolhida, descreva como você poderia utilizar ou envolver-se com o comércio eletrônico. Se você não escolheu a carreira ainda, responda essa questão para alguém do comercial, finanças ou recursos humanos.

ESTUDOS DE CASO

Caso um

MobiKash: fornecimento de serviços financeiros para a África rural

A total participação na economia do século XXI requer o acesso aos serviços financeiros. Entretanto, este recurso é um luxo para muitos cidadãos das nações do continente africano. Em razão das longas distâncias entre as agências bancárias e a falta de transporte rápido e barato para as áreas urbanas onde estão os bancos, menos de 10% dos africanos participa de serviços bancários no modelo formal. Aqueles que o fazem, frequentemente encaram ineficiências que consomem muito tempo.

Uma nova empresa, a MobiKash Afrika, espera mudar isto dando poderes às pessoas na África com um sistema de comércio móvel seguro e independente que seja fácil de utilizar. Durante o planejamento de seu sistema, a MobiKash estabeleceu diversos padrões:

- O serviço deve ser independente de operadoras específicas de telefonia móvel.
- O serviço deve ser independente de bancos ou instituições financeiras específicas.
- O serviço deve trabalhar com todos os emissores de faturas.
- O serviço não deve ser dependente nem smartphones, nem de telefones sofisticados.

A MobiKash oferece a seus membros cinco serviços, todos acessíveis de um celular: colocar dinheiro em sua conta MobiKash de qualquer conta bancária; pagar contas; mandar dinheiro para qualquer outro usuário de celular ou conta bancária; gerenciar uma conta em um banco ou na MobiKash; e retirar ou depositar dinheiro vivo. Somente o último par de serviços exige que o membro visite um local físico onde o dinheiro vivo poderá ser manuseado, mas não necessariamente tem de ser um banco. Os agentes da MobiKash nas cidades mercantes, convenientes para as áreas rurais, podem manejar as transações que requerem dinheiro vivo. (Desde o final de 2011, 3 mil agentes da empresa estão operando no Quênia. Ela pretendia cobrir todos os 47 condados quenianos até a metade de 2012.) Os correntistas da MobiKash nem mesmo precisam visitar um banco para abrir suas contas: na verdade, qualquer pessoa com um celular para quem um usuário da MobiKash mande algum dinheiro se torna, automaticamente, um usuário da MobiKash.

A empresa cobra por alguns serviços. Uma retirada de dinheiro vivo custa de 25 a 75 shillings quenianos (Kshs), cerca de $ 0,30 a $ 0,90, para retiradas de até Kshs 10 mil (cerca de $ 20), com taxas mais altas para retiradas mais altas. O pagamento de contas de um celular tem uma taxa fixa de Kshs 25, não importando o valor da conta. A taxa mais alta que a MobiKash cobra é de Kshs 350, cerca de $ 4,00 por retiradas de dinheiro vivo além de Kshs 75 mil, cerca de $ 900. Essa programação de taxas é consistente com os recursos financeiros dos usuários da MobiKash e o valor que aqueles usuários colocam em cada serviço financeiro.

O sistema MobiKash é baseado no software Sybase 365 para comércio móvel. Diversos fatores contribuíram para essa escolha, incluindo a presença local da Sybase na África, com experiência em software similares, seu entendimento de como fazer para integrar com as instituições financeiras africanas e a habilidade do sistema de trabalhar com qualquer tipo de celular. O software opera em um centro de dados na Sybase, em Frankfurt, Alemanha.

No início de 2012, os serviços da MobiKash estavam disponíveis no Quênia. Entretanto, a MobiKash está se expandindo para o leste, o oeste e o sul da África, começando pelo Zimbábue, e já está planejando cobrir no mínimo mais nove países até o fim de 2012. Ela está trabalhando com a Masary, uma empresa egípcia de e-wallet, para cobrir o nordeste da África também. Um trabalho também já está a caminho para atender transferências de fundos intercontinentais para e da América do Norte, Europa e o Oriente Médio. A respeito do futuro, no final de 2011, o CEO, Duncan Otieno disse: "Nós vemos a MobiKash nos próximos cinco anos trabalhando com o espaço do comércio móvel internacional ou global em pelo menos 40 países. Os planos para construir esta rede já estão em andamento".

Questões para discussão

1. As empresas podem basear os sistemas de comércio móvel em um aplicativo disponível comercialmente como a MobiKash fez aqui. Alternativamente, eles podem fazer seu próprio aplicativo. Liste três prós e contras de cada abordagem. Você acha que a MobiKash fez a escolha certa?
2. Qual é o valor de cada um dos quatro padrões da MobiKash listados no início desse estudo de caso?

Questões para análise

1. A MobiKash não é o único sistema monetário móvel no Quênia. A Safaricom M-Pesa é o mais antigo e maior dos sistemas monetários de celular. Entretanto, os outros estão amarrados a bancos específicos ou às operadoras de rede. Utilizando os conceitos competitivos que você estudou no Capítulo 2, como pode a MobiKash competir com as empresas estabelecidas neste mercado?
2. Contraste suas necessidades de comércio móvel com aquelas da área rural africana típica. Você considera a oferta da MobiKash atrativa totalmente, em parte (quais partes?) ou não atrativa de jeito nenhum?

Fontes: Site da Masary, *www.e-masary.com*, acesso em: 1 mar. 2012; MobiKash Afrika, "The First Intra-region Mobile Network and Bank Agnostic Mobile Commerce Solution", *Computerworld* case study, www.eiseverywhere.com/file_uploads/e1bfbec2f385506b3890cbd7e-b7e9dd9_MobiKash_Afrika_-_The_First_Intra-region_Mobile_Network_and_Bank_Agnostic_Mobile_Commerce_Solution.pdf, acesso em: 1 mar. 2012; Site da MobiKash Africa, www.mobikash.com, acesso em: 1 mar. 2012; "Reaching the Unbanked in a MobiKash World", interview with CEO Duncan Otieno, *MobileWorld*, www.mobileworldmag.com/reaching-the-unbanked-in-a-mobikash-world.html, acesso em: 28 dez. 2011; Sybase, "MobiKash Africa: Estudo de Caso de Cliente", www.sybase.com/files/Success_Stories/Mobikash-CS.pdf, acesso em: 1 mar. 2012.

Caso dois

Nambé se muda para a nuvem

Se você quer uma cesta de frutas em forma de pétalas de flores, um candelabro em cascata de madeira e prata para seis suportes de velas ou um suporte com acabamento em bronze para três garrafas de vinho, a Nambé é o local certo para encontrar tudo isso. Jeff Creecy, vice-presidente de SI desse fornecedor de utensílios domésticos de alto nível, descreve os produtos da empresa como "arte funcional, um luxo que você pode pagar".

Entretanto, quando Creecy assumiu sua posição atual, ele achava que o site da Nambé não estava à altura do padrão de seus produtos. Ele não considerava que o site estivesse desenvolvendo um conhecimento da marca além da base de clientes existente. Ele também não tinha muita confiança de que o site seria capaz de lidar com um aumento no tráfego de visitantes ou que poderia fornecer uma experiência de navegação fácil para os visitantes.

"Visualmente, o site antigo estava bom", admite Creecy. "Ele não era péssimo. Mas também não era nenhuma maravilha. Era bastante difícil de pesquisar e de navegar. Parecia que ia cair quando havia muito tráfego. E a integração e a manutenção exigida para o suporte eram realmente bastante difíceis".

Outro problema era que os engenheiros do software original, que tinham construído o site já haviam deixado a empresa. Como ele mesmo tinha sido um desenvolvedor de software anteriormente em sua carreira, Creecy sabia quanto era difícil entender e manter um projeto construído por outras pessoas. "Quando cheguei aqui, havia algumas gerações de distância entre aqueles que tinham desenvolvido o site e eu", disse Creecy. A Nambé também não estava em nenhuma condição de investir os recursos requeridos para manter um site adequadamente.

O histórico de Creecy não é comum para um CIO corporativo. Além de ter sido um programador, ele foi educado dentro da área comercial. Na Nambé, ele supervisiona a vendas diretas assim como lidera o departamento de TI. Portanto, ele sente fortemente que "um sistema de comércio eletrônico deve realmente ficar nas mãos dos profissionais de marketing e comerciantes e não do profissional de TI. Primeiro, eu me dedico à solução do problema empresarial, depois vou ver onde a tecnologia pode me levar".

Seguindo essa abordagem, ele e seu grupo pesquisaram diversos modos de fazer um sistema de comércio eletrônico que fosse local, com código aberto e com um software que funcionasse como serviço (SaaS). Eles selecionaram então a Plataforma de Comércio Eletrônico do Aplicativo CDC. Com o SaaS, a Nambé não roda ela própria o software. Em vez disso, outra empresa faz o serviço para ela. A empresa e seus clientes acessam o site pela internet em nuvem, na terminologia de hoje em dia com buscadores na web. O SaaS oferece diversas vantagens. A primeira é, de acordo com Creecy, que "com o SaaS você tem um produto que está sendo constantemente melhorado".

A outra é que o provedor de serviços pode designar, mais, ou menos, hardware para o SaaS da Nambé como demandas de carga; Ela paga somente pelo que ela utiliza. Mesmo que o novo site ainda continue com muito do antigo projeto visual, Creecy diz que "As grandes mudanças que nós fizemos na pesquisa e na navegação somadas à parte da tecnologia que... [O novo site] reúne as coisas dentro dos atributos que nós achamos que seriam importantes para o cliente. Trabalhamos duro para melhorar a capacidade de nossos clientes de encontrar os produtos que eles querem". A navegação superior, por exemplo, permite que os clientes vejam os produtos de cristal ou aqueles em liga metálica. Uma melhoria posterior no site acrescentou capacidades de zooming (aumentar e diminuir) as fotos dos produtos.

Como um profissional da área comercial, Creecy também ficou atento aos riscos da canalização dos conflitos. A maioria dos negócios da Nambé chega de lojas de departamentos e especialidades que vende seus produtos e de programas de brindes corporativos. Reconhecendo que o "nambe.com" não poderia competir com os clientes de varejistas em relação ao preço sem lesar os interesses de todo o seu trabalho de vendas, a Nambé tem redirecionado seu site para operar, principalmente, como uma ferramenta para a construção de uma marca apesar de continuar a vender seus produtos. Isso envolve a mudança na ênfase de "compre aqui agora" com promoções para encorajar aquele comportamento, para "estes não são lindos?". Com seu conhecimento da área comercial, Creecy entende como uma mudança súbita na ênfase pode afetar as percepções subconscientes do cliente.

Creecy estima que somente cerca de 7% ou 8% do total de vendas venha do "nambe.com". "Uma coisa com a qual eu estou comprometido é me certificar de que nós temos um site que coexiste adequadamente, com os nossos canais de vendas", diz ele.

Um dos benefícios de terceirizar a operação do site da Nambé é a paz de espírito. Ela "me faz dormir melhor", diz Creecy. "Eu não me preocupo com isso deixar de funcionar."

Questões para discussão

1. Quando você visita um site de comércio eletrônico, geralmente não tem meios de saber se ele é operado pela empresa, cujo nome está na parte superior do site, ou por um fornecedor SaaS, em nome daquela empresa. Esta incapacidade lhe incomoda? Se pudesse descobrir quem opera o site, você tentaria? Como um consumidor considerando a compra de alguma coisa, você se importaria?
2. Este caso explica as razões por que a Nambé selecionou um SaaS, uma abordagem baseada na nuvem, para o site dela de comércio eletrônico. Que desvantagens têm a abordagem na nuvem?

Questões para análise

1. A Nambé tem o cuidado de não promover seus produtos muito fortemente no "nambe.com", sob pena de atrapalhar seus relacionamentos com os seus principais canais de vendas. Ela poderia, em vez disso, dizer "Nós venderemos quanto pudermos on-line, e se houver uma queda nas vendas de nossos produtos, que seja". Quais são os prós e os contras desta estratégia alternada?
2. Embora seja bom para um CIO ter uma experiência na área comercial, conforme o Creecy da Nambé faz, você acha que os benefícios justificam o compromisso de ter menos educação ou experiência em seu próprio campo profissional? Se você tivesse que escolher entre dois candidatos, que parecem ser igualmente qualificados, em outros aspectos, mas um é graduado em SI (sistemas de informação) enquanto o outro é graduado na área comercial, qual escolheria e por quê? Se a sua resposta depender dos fatores daquele trabalho específico de CIO, quais são estes fatores e como eles afetariam a sua preferência?

Fontes: CDC Software, "Nambé Case Study", 2011, *www.cdcsoftware.com/en/Resource-Library/Documents/Case-Studies/NA-ECM-GB-CS-NambeCaseStudy-PM-11252011* (requerido o registro gratuito), baixado em: 2 mar. 2012; Enright, A., "Outsourcing Its Web Platform Lets Nambé Focus on Brand-Building", *Internet Retailer,* www.internetretailer.com/2010/09/02/outsourcing-its-web-platform-lets-nambe-focus-brand-building, acesso em: 2 set. 2010; Site da Nambé, *www.nambe.com*, acesso em: 13 mar. 2012; "Nambe Puts E-Commerce in the Cloud", *Consumer Goods Technology*, consumergoods.edgl.com/case-studies/Nambe-Puts-E-Commercein-the-Cloud74115, acesso em: 6 jul. 2011.

NOTAS

Fontes do texto de abertura: Heiler Software AG, "Kramp Focuses on Long Tail and Efficient Customer Response in its E-Commerce Strategy", www.heiler.com/international/pdf/Case_Study_Kramp_EN.pdf, acesso em:

11 ago. 2011; IBM, "Kramp Group Cuts Transaction Costs and Enhances Customer Service", www14.software.ibm.com/webapp/iwm/web/signup.do?source=swg-smarter-commerce&S_PKG=500007153&S_CMP=web_ibm_ws_comm_cntrmid_b2b (free registration required), baixado em: 1 mar. 2012; Site da Kramp Group (English), www.kramp.com/shop/action/start_60_-1, acesso em: 1 mar. 2012.

1. Site do "U.S. Census Bureau E-Stats", www.census.gov/estats, acesso em: 21 maio 2011.
2. Brohan, Mark, "The Web Grows in Importance at W. W. Grainger", Internet *Retailer,* www.internetretailer.com/2011/07/20/web-grows-importance--w-w-grainger, acesso em: 20 jul. 2011.
3. "Global B2C E-Commerce Players Report 2011", *Market Watch*, www.marketwatch.com/story/global-b2c-e-commerce-players-report-2011-2011-12-27, acesso em: 27 dez. 2011.
4. "Quarterly Retail e-Commerce Sales 3rd Quarter 2011", U.S. *Census Bureau News*, 17 nov. 2011.
5. Ibid.
6. "Forecast for Global e-Commerce: Growth", *Source*, www.capturecommerce.com/blog/general/forecast-for-globalecommerce-growth, acesso em: dez. 2010/jan. 2011.
7. "Investor Relations", www.eastonbellsports.com/investor-relations, acesso em: 5 fev. 2012.
8. "Online Shopping at Easton Bell Sports", Sybit CRM Success Story, www.sybit.de/en/crm/success-stories/success-online-shopping-at-easton-bell-sports.html, acesso em: 5 fev. 2012.
9. Rueter, Thad, "Wrigley Gives Online Shoppers the Chance to Personalize Pack of Sugar-Free Gum", Internet *Retailer*, http://ecommerce-news.internetretailer.com/search?w=Wrigley+Gives+Online+Shoppers+the+Chance+to+Personalize+Pack+of+Sugar--Free+Gum, acesso em: 28 mar. 2011.
10. Ribeiro, John, "Walmart's Shopycat Uses Facebook to Recommend Gifts", *PC World*, www.pcworld.com/businesscenter/article/245258/walmarts_shopycat_uses_facebook_to_recommend_gifts.html, acesso em: 1 dez. 2011.
11. Abraham, Jack, "Commerce 3.0: Online Research, Offline Buying", E-Commerce Times, www.ecommercetimes.com/story/73066.html, acesso em: 13 ago. 2011.
12. DePaul, Jennifer, "The $23 Billion 'Amazon Tax' Loophole", *The Fiscal Times*, www.thefiscaltimes.com/Articles/2011/11/28/The-23-Billion-Amazon-Tax-Loophole.aspx#page1, acesso em: 28 nov. 2011.
13. Stone, Andrea, "Illegal Gun Sales Run Rampant on Internet", *The Huffington Post*, www.huffingtonpost.com/2011/12/14/illegal-internet-gun-sales_n_1148497.html, acesso em: 14 dez. 2011.
14. Parker Ashley, "City Files Suit over Internet Cigarette Sales", *The New York Times*, acesso em: 20 fev. 2011.
15. Higgins, John N., "New Challenges in Store for Customer Facing Gov Websites", *CRM Buyer,* www.crmbuyer.com/story/74154.html, acesso em: 11 jan. 2012.
16. Hardawar, Devindra, "Forrester: U.S. Mobile Commerce Will Hit $31B, by 2016, Still a Tiny Sliver of eCommerce", Venture Beat, http://venturebeat.com/2011/06/17/ecommerce-16b-2016, acesso em: 17 jun. 2011.
17. "Reducing Shipping Costs for Low-Volume Merchants", *Practical eCommerce*, www.practicalecommerce.com/articles/3333-Reducing-Shipping-Costs--for-Low-Volume-Merchants, acesso em: 1 fev. 2012.
18. Frook, John Evan, "Investors Pump $1.75 Million Into Bypass Lane's Mobile 'Beer-Me Application'", *Mobile Sports Report*, www.mobilesportsreport.com/2011/12/investors-pump-1-75-million-into--bypass-lanes-mobile-beer-me-application, acesso em: 6 dez. *2011.*
19. "Progressive Automotive Systems Expands e-Commerce Offerings by Integrating Its R.O. Writer Software with DST TurboParts", AutoChannel, www.theautochannel.com/news/2012/01/18/021456-progressivea-utomotive-systems-inc-expands-e-commerce--offerings-by-integrating.html, acesso em: 20 jan. 2012.
20. "Ryder Introduces First Mobile Application to Help Customers Find Truck Rental, Maintenance, and Fuel Locations", Ryder Newsroom, http://investors.ryder.com/newsroom/News-Release-Details/2012/Ryder-Introduces-First-Mobile-Application-to-Help-Customers-Find-Truck-Rental-Maintenance-and-Fueling-Locations1128179/default.aspx, acesso em: 8 fev. 2012.
21. Wahba, Phil, "Borders Files for Bankruptcy, to Close Stores", *The Huffington Post*, 16 fev. 2011.
22. 12. "Chronology of Data Breaches". Privacy Rights Clearing House: www.privacyrights.org/ar/ChrondataBreaches.htm, acesso em: 23 jan. 2011.
23. "Sony Hacked Yet Again", Fox News, *www.foxnews.com/scitech/*2011/05/20/sony-hacked-playstation-so-net-isp, acesso em: 21 maio 2011.
24. Sherman, Erik, "Zappos Hacked: 4 Million Accounts at Risk", CBS News, www.cbsnews.com/8301-505124_162-57359700/zappos-hacked-24-million--accounts-at-risk, acesso em: 12 jan. 2012.
25. McGrane, Victoria and Smith, Randall, "Hacking at Citi is Latest Data Scare", *The Wall Street Journal*, 9 jun. 2011.
26. Kubota, Yoko, "Sega Says 1.3 Million Users Affected by Cyber Attack", Reuters, www.reuters.com/article/2011/06/19/us-sega-hackers-idUSL3E7HJ01520110619, acesso em: 19 jun. 2011.
27. "About Identity Theft", Site da Federal Trade Commission, www.ftc.gov/bcp/edu/microsites/idtheft//consumers/about-identity-theft.html, acesso em: 23 jan. 2012.
28. Ritter, Ken, "Zappos, Amazon Sued Over Customer Data Breach", KomoNews.com, www.komonews.com/news/business/Zappos-Amazon-sued-o-

ver-customer-data-breach–137620588.html, acesso em: 18 jan. 2012.

29. Demery, Paul, "Fly Fishing Retailer Hooks Higher Conversions", *Internet Retailer*, www.internetretailer.com/2011/07/07/fly-fishing-retailer-hooks-higher-conversions, acesso em: 7 jul. 2011.
30. "Online Shopping at Open Sky, at the Zutronic.com Super Cybermall Online Shopping Mall", blog, https://blog.zutronic.com/2012/02/online-shopping-at-open-sky-at-the-zutronic-com-super-cybermall-online-shopping-mall, acesso em: 11 fev. 2012.
31. Site da MRO, "About Us", www.mrocenter.com/aboutus.aspx, acesso em: 13 fev. 2012.
32. Staff, "NWP and eSupply Systems Announce Agreement to Introduce MRO Manager eProcurement Solution", PRLOG Press Release, www.prlog.org/11554576-nwp-and-esupply-systems-announce-agreement-to-introduce-mro-manager-eprocurement-solution.html, acesso em: 22 jun. 2011.
33. "Nielsen Business Facts", http://tetrad.com/demographics/usa/nielsen/businessfacts.html, acesso em: 17 fev. 2011.
34. "About Us", www.admob.com/home/about, acesso em: 17 fev. 2012.
35. IRS Bartering Tax Center. www.irs.gov/businesses/small/article/0,,id=187920,00.html, acesso em: 16 fev. 2012.
36. Rudelle, J. B., "Old-School Retailing Just Doesn't Cut it", CRM Buyer, www.crmbuyer.com/story/72105.html, acesso em: 21 mar. 2011.
37. Bergen, Jennifer, "The 10 Best Shopping Apps to Compare Prices", *PC Magazine*, 25 nov. 2011.
38. "Mobeam Partners with Procter & Gamble to Reinvent the Coupon", Site da mobeam, www.mobeam.com/uncategorized/mobeam-partners-with-procter-gamble-to-reinvent-the-coupon, acesso em: 19 dez. 2011.
39. "Use Mobile Grocery Coupons for the Holidays", *Mobile Grocery Coupons* (blog), http://mobilegrocerycoupons.wordpress.com, acesso em: 15 nov. 2011.
40. Site da Santella, "Coupon Trend Reports", www.santella.com/Trends.htm, acesso em: 20 jan. 2011.
41. Clancy, Heather, "Proctor and Gamble Brings Coupons to the Mobile Phone", *Smart Planet* (blog), www.smartplanet.com/blog/business-brains/proctor-gamble-brings-coupons-to-the-mobile-phone/20641?tag=search-river, acesso em: 19 dez. 2011.
42. Tarnowski, Joseph, "Global Mobile Coupon Redemption to Be 8 Times Paper by 2016", *Progressive Grocer*, www.progressivegrocer.com/top-stories/headlines/technology/id34517/global-mobile-coupon-redemption-to-be-8-times-paper-by-2016, acesso em: 5 jan. 2012.
43. Barrett, Larry, "Scottrade Rolls Out Mobile Trading App for Investors", *Financial Planning*, www.financialplanning.com/news/scottrade-mobile-trading-application-2674496-1.html, acesso em: 3 ago. 2011.
44. "Visa Introduces Suite of Mobile Services for U.S. Financial Institutions", *The Street*, www.thestreet.com/story/11409239/1/visa-introduces-suite-of-mobile-services-for-us-financial-institutions.html, acesso em: 8 fev. 2012.
45. Hogg, Charlotte, "Lee Coleman, Founder of Quintessentially Gifts, Reveals Her Top Tip for Entrepreneurs", *The Next Women*, http://thenextwomen.com/2011/10/10/lee-coleman-founder-quintessentially-gifts-reveals-her-top-tip-entrepreneurs, acesso em: 10 out. 2011.
46. "BiggSports Scores Greater Profitability with ProStores", www.prostores.com/online-store-Bigg-Sports.html, acesso em: 20 fev. 2012.
47. Site do SlideShare, "iDTV", www.slideshare.net/Saky10/idtv, acesso em: 20 fev. 2012.
48. Martinez, Juan, "Staples Revamps b-to-b Commerce Site, Reports Net Sales Increase", *Direct Marketing News*, www.dmnews.com/staples-revamps-b-to-b-e-commerce-site-reports-net-sales-increase/article/216825, acesso em: 16 nov. 2011.
49. Deatsch, Katie, "Potpourri Group Senses Mores Sales with Personalization", *Internet Retailer*, www.internetretailer.com/2011/03/31/potpourri-group-senses-more-sales-personalization, acesso em: 31 mar. 2011.
50. Site da Nuance, "Voice Biometrics", www.nuance.com/for-business/by-solution/customer-service-solutions/solutions-services/inbound-solutions/voice-authentication/voice-biometrics/index.htm, acesso em: 23 mar. 2012.
51. "PayPal and x.Commerce Launch PayPal Access", PayPal News Room, https://www.paypal-media.com/news#, acesso em: 11 out. 2011.
52. Enright, Allison, "Redcats Adds PayPal Express Checkout to Speed Checkout", *Internet Retailer*, www.internetretailer.com/2011/07/07/redcats-adds-paypal-express-checkout-speed-checkout, acesso em: 7 jul. 2011.
53. "Taxis Adopt Smart Card System", The New Age, www.thenewage.co.za/42657-1011-53-Taxis_adopt_smart_card_system, acesso em: 7 fev. 2012.
54. Harvey, Tom, "Salt Lake a Testing Ground for New to Pay", *Salt Lake Tribune*, 9 fev. 2012.
55. "An Ordinance Enacting a Procurement Card Policy for City Purchases", www.richmondheightsohio.org/legislation-2012/14-2012.pdf, acesso em: 22 fev. 2012.
56. Washington State University Announcements for 1/13/2012, http://announcements.wsu.edu/pages/newsletters.asp?Action=Detail&CampaignID= 1970#08eb63c60632c540eb357e915aa52a1c, acesso em: 9 mar. 2012.
57. Adhikari, Richard, "The Long Leap to Clear Mobile Payment Hurdles", *TechNewsWorld*, www.technewsworld.com/story/71694.html, acesso em: 21 jan. 2011.

9 SISTEMAS EMPRESARIAIS

Princípios	Objetivos de aprendizagem
• Uma organização deve ter sistemas de informação que apoiem a rotina, as atividades do dia a dia que ocorrem no curso normal de um negócio e auxiliam uma empresa a agregar valor aos seus produtos e serviços.	• Identificar as atividades básicas e os objetivos de negócios comuns a todos os sistemas de processamento de transações. • Descrever os sistemas de processamento de transação associados com as funções de processamento de pedidos, compras e negócios de contabilidade.
• Uma organização que implanta um sistema empresarial cria um conjunto de sistemas altamente integrado que pode conduzir a muitos benefícios no negócio.	• Discutir as vantagens e desvantagens associadas com a implementação de um sistema de planejamento de recursos empresariais, gestão de recursos de clientes e sistema de gerenciamento de ciclo de vida do produto. • Identificar os desafios que as corporações multinacionais devem considerar no planejamento, na construção e na operação de seus sistemas empresariais.

De autônomo para aplicações integradas

SISTEMAS DE INFORMAÇÃO NA ECONOMIA GLOBAL

Yioula Group, Atenas, Grécia

O YIOULA GROUP, MAIOR FABRICANTE de vidro na região dos Balcãs, produz mais de 625 mil embalagens de vidro por ano, bem como mais de 30 mil toneladas de utensílios de mesa. Iniciando na década de 1990, o grupo se expandiu com a aquisição de outras empresas de fabricação de vidro na Romênia, Bulgária e Ucrânia. Em 2012, tinha sete fábricas nesses quatro países, aproximadamente 2.100 funcionários e faturamento anual líquido em torno de € 180 milhões (cerca de $ 240 milhões).

Como resultado de seu crescimento por meio de aquisições, até 2010 o Yioula Group se encontrou com uma variedade confusa de sistemas de informação. O grupo não era capaz de comparar os custos de produção para o mesmo item nas fábricas, não podia melhorar a eficiência por meio da coordenação de compras e gestão financeira em todas as suas plantas e não estava situado para um crescimento contínuo e expansão em novas áreas de mercado. Claramente, seu legado de aplicações autônomas precisava ser substituído.

O CIO do Yioula Group, Zacharias Maridakis, tinha experiência anterior com software empresarial integrado quando trabalhava na filial grega da Mobil Oil, a Mobil Oil Hellas S.A., na década de 1990. Por isso, ele estava bem familiarizado com as vantagens de tal software. Sob sua direção, o Yioula Group investigou vários pacotes de software. Eles selecionaram a JD Edwards EnterpriseOne, empresa que se tornou parte da Oracle Corporation em 2005. Parte da razão para essa escolha foi a de que a maioria dos outros pacotes de ERP, incluindo o software SAP com os quais Maridakis havia trabalhado na Mobil, é projetada principalmente para organizações muito maiores. O EnterpriseOne sempre foi destinado para as médias empresas.

Considerando que o Yioula Group tinha pouca experiência com o EnterpriseOne, ele contou com a ajuda da Oracle Partner Softecon na configuração do software para as necessidades da empresa, a fim de atender aos requisitos legais de cada região em que atua e gerenciar a implementação em cada área. O suporte para o idioma grego (assim como inglês e outros 18 idiomas) é a capacidade-padrão disponível da JD Edwards EnterpriseOne da Oracle; a Softecon adicionou os idiomas que o Yioula Group necessitava para a interface do usuário. O Yioula Group também acrescentou um módulo de comparação de custo especializado da Softecon para o pacote básico do EnterpriseOne. Esse módulo ajuda o grupo a escolher as instalações de menor custo para a fabricação de um produto.

A conversão para um pacote único de empresas proporcionou ao Yioula Group os benefícios esperados. O tempo para faturar, de entrega e a coleta de fundos têm sido acelerados. Os dados financeiros são agora disponíveis em até duas semanas após o final de um período em relação ao mês anterior. Uma visão consolidada de estoque em todas as plantas permitiu ao grupo gerenciá-lo de forma mais eficiente e ampla, além de usar métodos just-in-time de compra.

Talvez ainda mais importante, o Yioula Group está agora constituído para crescer. Como afirma Maridakis, "o Oracle JD Edwards EnterpriseOne é um elemento-chave de nossa estratégia para aumentar a liderança de mercado na região dos Balcãs, aumentar nossos negócios na Ucrânia e continuar a melhorar a produtividade, eficiência e rentabilidade à medida que expandimos para novos mercados".

À medida que você lê o capítulo, considere o seguinte:

- Quais vantagens uma empresa tem ao usar um sistema empresarial integrado em comparação com sistemas separados para cada área de aplicação?
- Como ter várias operações em diversos locais ou países diferentes afeta essas vantagens?

POR QUE APRENDER SOBRE OS SISTEMAS EMPRESARIAIS?

Indivíduos e organizações substituem atualmente um conjunto de sistemas não integrados de processamento de transação por sistemas empresariais extremamente integrados para realizar processos de negócios rotineiros e manter registros sobre eles. Como mencionado no Capítulo 1, esses sistemas apoiam ampla gama de atividades empresariais associadas com o gerenciamento da cadeia de suprimentos e gerenciamento do relacionamento com o consumidor. Embora esses sistemas tivessem inicialmente uma boa relação entre custo e benefício favorável somente para empresas muito grandes, até mesmo empresas de pequeno e médio portes atualmente implantam tais recursos para reduzir os custos e melhorar o serviço.

Em nossa economia cada vez mais orientada para o serviço, um excelente atendimento ao consumidor tornou-se um objetivo de praticamente todas as empresas. Os funcionários que trabalham diretamente com os consumidores, sejam em vendas, serviço ao consumidor ou marketing, demandam de sistemas de processamento de transações de alta qualidade e suas informações relacionadas para fornecer um bom serviço ao consumidor. Esses trabalhadores podem usar um sistema empresarial para verificar o estoque de itens pedidos, a programação planejada de produção para informar ao consumidor quando o item estará em estoque ou entrar com os dados para programar uma entrega.

Não importa qual é sua função, mas é bem provável que você fornecerá conteúdo ou usará o resultado dos sistemas empresariais de sua organização. A aplicação eficaz desses sistemas será essencial para aumentar a produtividade de sua empresa, melhorar o serviço ao consumidor e permitir melhores tomadas de decisão. Portanto, é importante que você entenda como esses sistemas funcionam e quais são suas capacidades e limitações.

SISTEMA EMPRESARIAL: Sistema central de uma organização que garante que as informações possam ser compartilhadas por todas as funções da empresa e por todos os níveis de gerência para apoiar a administração e o gerenciamento de um negócio.

Um **sistema empresarial** é fundamental para indivíduos e organizações e garante que as informações possam ser compartilhadas por todas as funções da empresa e por todos os níveis de gerência para apoiar a administração e o gerenciamento de um negócio. Os sistemas empresariais empregam um banco de dados operacional e dados de planejamento fundamentais que podem ser compartilhados por todos. Isso elimina os problemas de falta de informações ou de divulgação inconsistente causadas por múltiplos sistemas de processamento de transação que atuam somente em uma função do negócio ou em um departamento de uma organização. Os sistemas de planejamento dos recursos empresariais que auxiliam os processos da cadeia de suprimento, como o processamento de pedidos, gerenciamento de estoque, compras e sistemas de gerenciamento de relacionamento com consumidores que ajudam os setores de vendas, o marketing e os processos de serviço relacionados ao atendimento ao consumidor, são alguns exemplos de sistemas empresariais.

A Focus Bikes é uma fabricante de renome internacional de bicicletas esportivas e de corrida fundada pelo ciclista campeão de cross-country e empresário Mike Kluge. Enquanto a produção é feita na Alemanha, a montagem e a distribuição são feitas em Carlsbad, na Califórnia. A produção é relativamente pequena, com aproximadamente 8 a 10 bicicletas montadas por dia. No entanto, a empresa emprega efetivamente um sistema empresarial para lidar com o gerenciamento de estoque, compras, armazenagem, pedidos de vendas e negócios, além de apoiar as vendas e o atendimento ao cliente.[1]

Como demonstrado na abertura sobre o Yioula Group, as empresas dependem dos sistemas empresariais para desempenhar muitas atividades diárias em áreas como suprimento de produtos, distribuição, vendas, marketing, recursos humanos, produção, contabilidade e impostos, para o trabalho desempenhado rapidamente, evitando desperdícios e enganos. Sem esses sistemas, registrar e processar as transações do negócio consumiria enormes quantidades dos recursos de uma organização. Esse conjunto de transações processadas forma uma inestimável estrutura de dados para a tomada de decisão. O objetivo é satisfazer os consumidores, fornecer uma vantagem competitiva, reduzir os custos e melhorar o serviço.

UMA VISÃO GERAL DOS SISTEMAS DE PROCESSAMENTO DE TRANSAÇÕES

Toda organização possui muitos sistemas de processamento de transação (TPSs, transaction processing systems) que captam e processam dados detalhados necessários para a atualização dos registros das operações fundamentais de seu negócio. Esses sistemas incluem entrada do pedido, controle do estoque, folha de pagamento, contas a pagar, contas a receber e o livro-razão (ou livro-caixa), para citar apenas alguns. A entrada para esses sistemas conta com transações básicas do negócio, como pedidos do consumidor, pedidos de compra, recibos, cartões de ponto, faturas e pagamento de consumidores. As atividades de processamento incluem coletar, editar, corrigir, manipular e armazenar dados e a produção de documentos. O resultado do processamento das transações de negócio é que os registros da organização são atualizados para mostrar o estado da operação na época da última transação processada. A Najrain Dairy Company, Ltd. na Arábia Saudita, por exemplo, produz produtos de laticínios, água e suco. Ela usa um software chamado InventoryPower para atender suas necessidades de relatórios de controle de inventário e saldo de estoque. Com esse sistema de processamento de transações, ela controla o nível de estoque de dezenas de produtos para que os pedidos dos clientes possam ser cumpridos com precisão e sem atraso.[2]

O TPS também fornece dados valiosos para sistemas de informações gerenciais, sistemas de apoio à decisão e sistemas de gestão do conhecimento, discutidos anteriormente no Capítulo 1. Um sistema de processamento de transação serve como fundamento para esses outros sistemas (veja a Figura 9.1).

FIGURA 9.1 TPS, MIS/DSS e sistemas de informação especializados em perspectiva.

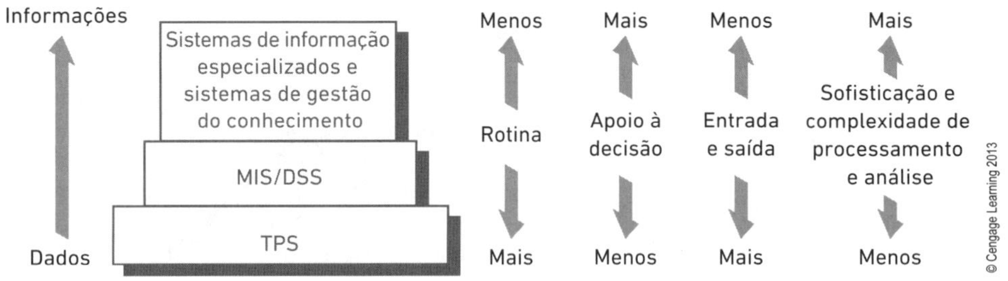

Os sistemas de processamento de transação dão suporte às operações de rotina relacionadas com pedido e cobrança do consumidor, folha de pagamento do funcionário e contas a pagar. Os TPSs, no entanto, não oferecem muito apoio para a tomada de decisão.

Os TPSs trabalham com uma grande quantidade de dados de entrada e saída e utilizam esses valores para atualizar os registros oficiais da empresa sobre pedidos, vendas, consumidores e assim por diante. A Heartland Payments Systems é um processador de pagamentos norte-americano cuja operação é fornecer serviços de processamento de cartões de crédito, débito, pré-pagos, folha de pagamento e serviços afins a mais de 250 mil locais de negócios em todo o país. Ela foi a concessionária oficial para processar os pagamentos de inscrições para o 46º Super Bowl em Indianápolis, Indiana, nos Estados Unidos. A Heartland processou 43.982 transações de crédito e de débito para $ 924.500 durante o evento.[3]

A Bianca USA fabrica artigos têxteis domésticos para seus parceiros comerciais, que incluem empresas como Bed, Bath & Beyond, Saks, Inc. e Parisian. Essa empresa de médio porte recebe em torno de 600 pedidos por dia. Ela criou um sistema de processamento de transações integrado usando o QuickBooks para vendas e contabilidade e o software add-on da eBridge para gerar registros de electronic data interchange, como faturas e avisos de envio avançados.[4]

Em razão da frequência com que os TPSs desempenham atividades em contato com o consumidor, como processamento de pedidos e faturamento, esses sistemas de informação realizam um papel crítico na criação de valor. Por exemplo, ao captar e acompanhar o movimento de cada encomenda, empresas de entrega como a Federal Express e a DHL Express podem oferecer dados exatos e oportunos da localização de um pacote. Os expedidores e receptores podem acessar um banco de dados on-line e localizá-lo naquele momento por meio do número da conta do transporte aéreo. Se o pacote chegou ao destino, eles podem verificar quem o assinou e recebeu (um serviço muito útil nas grandes empresas, nas quais as encomendas podem se "perder" nos sistemas de distribuição interna e salas de correspondência). Tal sistema fornece a base para o valor agregado por meio de um serviço ao consumidor aperfeiçoado.

OBJETIVOS E MÉTODOS DO PROCESSAMENTO TRADICIONAL DE TRANSAÇÃO

SISTEMAS DE PROCESSAMENTO EM LOTES: Processamento de dados em que as transações de negócio são acumuladas por um período de tempo e preparadas para serem processadas como uma única unidade ou lote.

Com os **sistemas de processamento em lotes**, as transações de negócio são acumuladas por um período de tempo e preparadas para ser processadas como uma única unidade ou lote (veja a Figura 9.2a). As transações são acumuladas pelo tempo necessário para satisfazer às necessidades dos usuários desse sistema. Pode ser importante processar diariamente, por exemplo, as faturas e os pagamentos dos consumidores para o sistema de contas a receber. Já o sistema de folha de pagamento pode receber os cartões de ponto e processá-los a cada duas semanas para emitir os cheques, atualizar os registros salariais dos funcionários e distribuir os custos da mão de obra. A característica essencial de um sistema de processamento em lotes é que há um atraso entre um evento e o processamento final da transação relacionada para atualizar os registros da empresa.

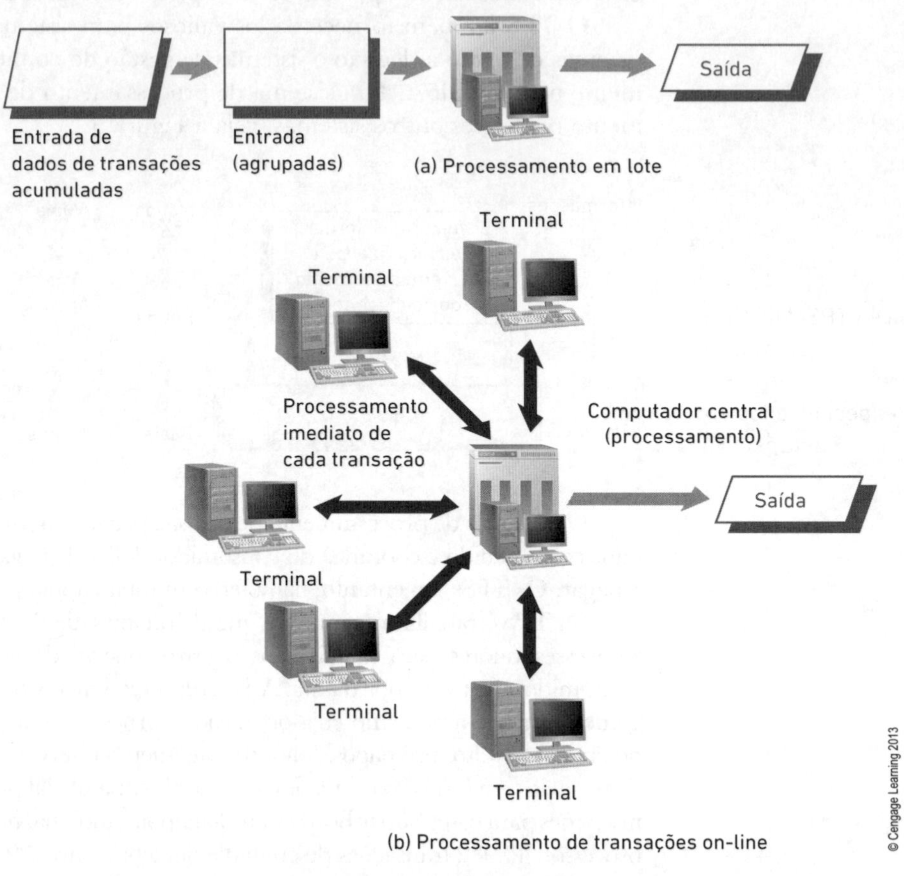

FIGURA 9.2
Lote contra processamento de transações on-line.
(a) Entradas de processamento em lotes e processamento de dados em grupos. (b) No processamento on-line, as transações são concluídas conforme acontecem.

Com mais de 570 mil clientes em todo o mundo, a Automatic Data Processing (ADP) é uma das principais fornecedoras de soluções empresariais para terceirização de folha de pagamento, recursos humanos, área fiscal e administração de benefícios de empregados. Ela utiliza um sistema de processamento em lote para preparar os contracheques de pagamento de um entre sete norte-americanos.[5]

Depois de anos trabalhando no ramo de peças sobressalentes automotivas, o empresário Steve Kirby decidiu começar sua própria empresa. A China Auto Group é um fabricante de peças automotivas de reposição na China que vende para clientes nos Estados Unidos, na Europa e na América do Sul, incluindo fabricantes de equipamentos originais, como a General Motors, e aficionados que buscam peças para restauração de automóveis. Inicialmente, o controle contábil e o estoque eram feitos com planilhas do Excel. Como o negócio cresceu e tornou-se mais complicado, a China Auto Group implementou o QuickBooks para processar as transações contábeis, e o ACCTivate para executar o processamento de controle de estoque. Esses dois pacotes se complementam mutuamente e trabalham de modo eficaz para uma empresa do porte da China Auto Group.[6]

Um módulo eletrônico de software de processamento em lote do AdvancedMD faz uma verificação sobre a elegibilidade de seguro médico dos pacientes. Essa análise, feita dentro de uma semana antes da nomeação do paciente, evita problemas associados ao tratamento de pacientes que já não têm cobertura de convênio médico.[7]

PROCESSAMENTO DE TRANSAÇÃO ON-LINE (OLTP, ONLINE TRANSACTION PROCESSING): Processamento de dados no qual cada transação é feita imediatamente sem a espera para acumulá-la em um lote.

Com o **processamento de transação on-line (OLTP, online transaction processing)**, cada transação é processada imediatamente, sem a espera para acumulá-la em um lote, conforme apresentado na Figura 9.2b. Consequentemente, a qualquer hora, os dados em um sistema on-line refletem o estado da transação naquele momento. Esse tipo de processamento é essencial para as empresas que necessitam do acesso aos dados em tempo real, como companhias aéreas, agências de passagens e empresas de investimento em ações. Muitas empresas acreditam que o OLTP auxilia a fornecer um serviço mais rápido e eficiente, ou seja, é um modo de adicionar valor às suas atividades diante do consumidor. Cada vez mais, as empresas usam a internet para captar e processar dados de transação, como os pedidos dos consumidores e informações sobre a remessa das aplicações do comércio eletrônico. A seguir estão alguns exemplos de empresas que utilizam sistemas de processamento de transações on-line:

- A Fit 4 Travel é uma agência de viagens com sede na Austrália especializada no planejamento de turismo de aventura e esportes. Os clientes típicos são atletas australianos que pretendem participar no exterior de maratonas, competições de natação ou outro evento esportivo. A empresa implementou um sistema de reserva on-line de processamento de transações com base na web capaz de integrar todos os aspectos da viagem, incluindo voos, transferências, hotéis, passeios, aluguel de carros, serviços e eventos logísticos.[8]
- A ResortCom International utiliza sistemas OLTP para gerenciar um valor total de mais de $ 500 milhões por ano para pagamentos de timeshare, empréstimos de serviços e transações de cartão de crédito para mais de 1 milhão de clientes.[9]
- A Westside Produce é um operador independente de melão e néctar de melões e contratos com os produtores para colheita, refrigeração, mercado e envio de melões em toda a América do Norte. A empresa utiliza um sistema OLTP para rastrear produtos da posição de origem até o seu ponto final de venda. O objetivo é proteger os consumidores em caso de surtos de doenças de origem alimentar.[10]
- A LucasArts, um desenvolvedor do software interativo de entretenimento, está para construir grandes sistemas de processamento de transações on-line que suportarão milhões de jogadores.[11]

© iStockphoto/Courtney K

As empresas do setor de hotelaria, como a ResortCom International, podem usar os sistemas OLTP para gerenciar pagamentos de timeshare e outras transações financeiras.

As aplicações de TPS nem sempre rodam usando processamento on-line. Para muitas aplicações, o processamento em lote é mais apropriado e mais rentável. As transações da folha de pagamento e de cobrança são feitas por processamento em lotes. Metas específicas da organização definem o método de processamento de transação mais apropriado para as várias aplicações da empresa.

A Figura 9.3 apresenta o fluxo tradicional das peças-chave de informação de um TPS a outro para uma organização industrial típica. As transações de entrada para um sistema são processadas e criam novas transações que fluem para outro sistema.

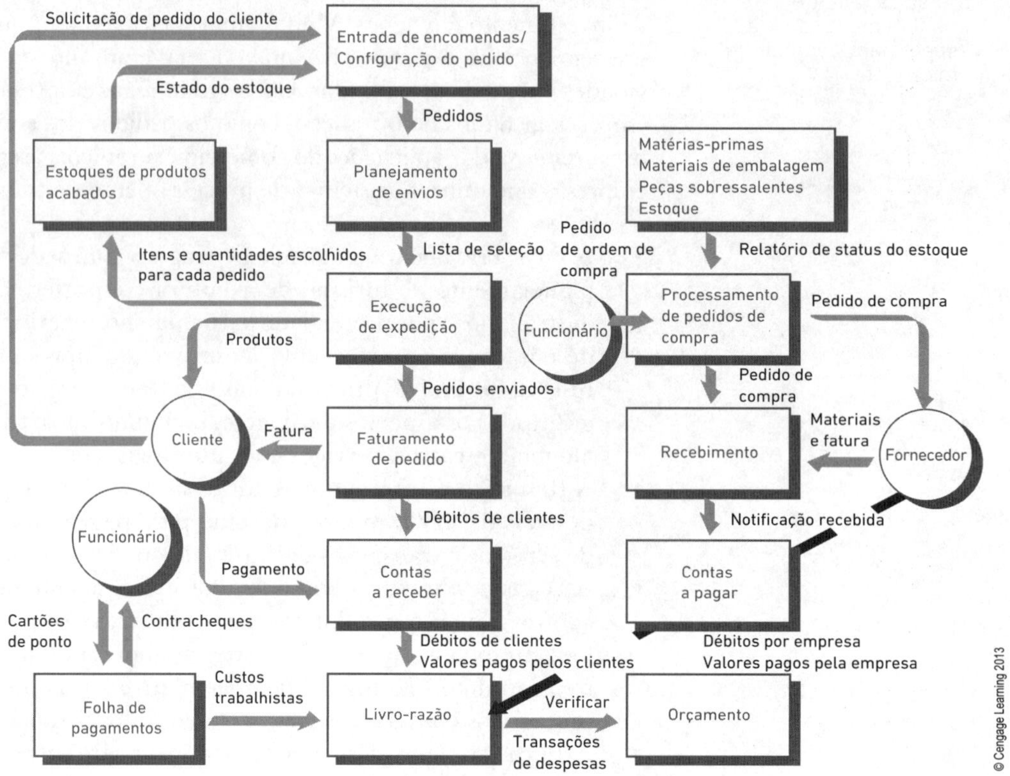

FIGURA 9.3 Integração do TPS de uma empresa.

Por causa da importância do processamento de transação, as organizações esperam que seus TPSs cumpram alguns objetivos específicos:

- Capturar, processar e atualizar dados das bases de dados de negócios necessários para apoiar as atividades de rotina;
- Garantir que os dados sejam processados completamente e com precisão;
- Evitar o processamento de transações fraudulentas;
- Fornecer respostas e relatórios ao usuário imediatamente;
- Reduzir as exigências do trabalho de escritório e outros;
- Auxiliar a melhorar o serviço ao consumidor;
- Alcançar a vantagem competitiva.

Um TPS normalmente inclui os seguintes tipos de sistemas:

- **Sistemas de processamento de pedidos**. Administrar esses sistemas de modo eficiente e confiável é tão crítico que os sistemas de processamento de pedidos são algumas vezes referidos como a força vital da organização". O fluxo de processamento começa com o recebimento do pedido de um cliente. O estoque dos produtos acabados é verificado para ver se há estoque suficiente que atenda ao pedido. Se houver quantidade suficiente, a remessa é planejada para atender ao desejo do cliente de receber na data por ele determinada. Uma lista dos produtos a serem retirados é impressa no depósito, de onde o pedido deve ser atendido para o dia em que a remessa foi planejada. No depósito, os trabalhadores juntam os itens necessários para atender ao pedido e entram com o identificador e a quantidade de cada item para atualizar o estoque de produto acabado. Quando o pedido é concluído e enviado, uma fatura é gerada para o cliente com uma cópia incluída na remessa.

- **Sistemas de contabilidade**. Os sistemas de contabilidade devem rastrear o fluxo dos dados relacionados a todos os fluxos de caixa que afetam a organização. Como mencionado anteriormente, o sistema de processamento de pedidos gera uma fatura para os pedidos de clientes para incluir no envio. Essa informação também é direcionada para o sistema de contas a receber para atualizar a conta do cliente. Quando o cliente efetua o pagamento da fatura, a informação do pagamento é também usada para atualizar a conta do cliente. As operações de contabilidade necessárias são enviadas para o sistema geral de contabilidade para manter o controle de débitos e valores pagos. Da mesma forma, como os sistemas de aquisição geram pedidos de compra e esses itens são recebidos, as informações são enviadas para o sistema de contas a pagar para gerenciar os valores devidos pela empresa. Os dados sobre os valores devidos e pagos pelos clientes para a empresa e da empresa para fornecedores e outros são enviados para o sistema de contabilidade geral que registra e relata todas as transações financeiras para a empresa.
- **Sistemas de compras**. Os sistemas de processamento de transações tradicionais que suportam a função de negócios incluem controle de estoque, processamento de pedidos de compra, recebimento e contas a pagar. Os funcionários colocam os pedidos de compra em resposta à escassez identificada nos relatórios de controle de estoque. As informações de pedido de compra fluem para o sistema de recebimento e contas a pagar dos sistemas. Um registro de recebimento é criado após o recebimento dos itens encomendados. Quando a fatura chega do fornecedor, ela é comparada ao pedido original e ao relatório de recepção. Depois, é feita uma verificação da integridade e consistentência dos dados e uma confirmação é gerada para certificar de que todos os dados estão completos e consistentes.

No passado, as organizações juntavam uma miscelânea de sistemas para realizar as atividades de processamento de transação mostradas na Figura 9.3. Alguns dos sistemas podem ter sido aplicações desenvolvidas com recursos internos, alguns desenvolvidos por fornecedores externos e outros podem ter sido pacotes de software de prateleira. Muito da personalização e da modificação dessa diversidade de software era necessário para todas as aplicações funcionarem de forma eficaz. Em alguns casos, foi preciso imprimir dados de um sistema e dar entrada de novo manualmente em outros sistemas. Naturalmente, isso aumentou a quantidade de esforço requerido e a probabilidade de atrasos de processamento e de erros.

A abordagem adotada atualmente por muitas organizações é implementar um conjunto integrado de sistemas de processamento de transações de um número único ou limitado de fornecedores de software que lidam com a maioria ou todas as atividades de processamento de transações mostradas na Figura 9.3. Os dados fluem automaticamente de uma aplicação para outra sem demora ou necessidade de entrar com eles novamente. A Denny's Automotive, por exemplo, distribui peças sobressalentes e acessórios para automóveis revendedores em toda a África do Sul. Durante seu crescimento inicial, a empresa descobriu que seus sistemas de informação não foram bem integrados, o que criou problemas na tentativa de encomendar as peças e as quantidades corretas. Esse problema desacelerou as vendas e reduziu os lucros. A Denny implementou um conjunto integrado de sistemas de processamento de transação para unir seu controle de estoque, contabilidade, contas a pagar e contas a receber. Como resultado, dados precisos tornaram-se acessíveis para fazer escolhas nas decisões de compras.[12]

A Tabela 9.1 resume alguns dos modos dos sistemas de processamento de transação que podem ser utilizados pelas empresas para alcançar vantagem competitiva.

TABELA 9.1 Exemplos de sistemas de processamento de transação para a obtenção de vantagem competitiva

Vantagem competitiva	Exemplo
Aumento da fidelidade do cliente	O sistema de interação com o cliente para monitorar e acompanhar cada interação entre o cliente e a empresa
Serviço superior oferecido aos clientes	Os sistemas de rastreamento que os clientes podem acessar para determinar a situação do envio
Melhor relacionamento com fornecedores	O mercado da internet permite que a empresa compre os produtos de fornecedores a preços com desconto
Coleta superior de informações	O sistema de pedido de configuração para garantir que os produtos encomendados atenderão aos objetivos do cliente
Custos reduzidos drasticamente	A Warehouse Management System utiliza a tecnologia RFID para reduzir horas de trabalho e melhorar a precisão do estoque
Níveis de estoque reduzido	O planejamento, a previsão e o reabastecimento colaborativo para garantir a quantidade certa de estoque nas lojas

Dependendo da natureza específica e das metas da organização, qualquer um desses objetivos da Tabela 9.1 pode ser mais importante que outros. Alcançando esses objetivos, os TPSs podem dar suporte às metas corporativas, como redução de custos, aumento da produtividade, qualidade e satisfação do cliente, bem como execução de operações de forma mais eficiente e eficaz. Por exemplo, empresas de entrega noite e dia, como a FedEx, esperam que seus TPSs aumentem o serviço ao cliente. Esses sistemas podem localizar uma remessa de um cliente a qualquer tempo desde o recebimento inicial até a entrega final. Esses dados aperfeiçoados permitem que as empresas produzam informações imediatas e sejam mais sensíveis às necessidades e dúvidas do cliente.

SISTEMAS DE PROCESSAMENTO DE TRANSAÇÕES PARA PEQUENAS E MÉDIAS EMPRESAS

Muitos pacotes de software fornecem soluções de sistemas de processamento de transações integrados para empresas de médio e pequeno portes (PME), em que a empresa é considerada pequena com menos de 100 funcionários e média com menos de 500 funcionários. Esses sistemas são fáceis de instalar e operar e têm um custo total baixo para serem adquiridos por um valor inicial de algumas centenas a alguns milhares de dólares. Tais soluções são muito atraentes para empresas que cresceram além do que o software instalado oferece, mas não podem adquirir uma solução de sistema integrado complexa e cara. A Tabela 9.2 apresenta alguns softwares disponíveis.

TABELA 9.2 Amostras de soluções de TPS integrado para PME

Fornecedor	Software	Tipos de TPS oferecidos	Clientes-alvo
AccuFund	AccuFund	Relatório financeiro e contabilidade	Organizações sem fins lucrativos, governo
OpenPro	OpenPro	Solução ERP completa, que inclui finanças, gestão de cadeia de fornecimento, e-commerce, gestão de relacionamento com o cliente e sistema de varejo (PDV, ponto de venda) POS	Fabricantes, distribuidores e varejistas
Intuit	QuickBooks	Relatório e contabilidade financeira	Fabricantes, os serviços profissionais, contratados, sem fins lucrativos e varejistas
Sage	Timberline	Relatório financeiro, contabilidade e operações	Contratadas, promotores imobiliários e construtores residenciais
Redwing	TurningPoint	Relatório e contabilidade financeira	Serviços profissionais, bancos e varejistas

O QuickBooks é um software de contabilidade da Intuit que os pequenos empresários usam para facilmente manter os registros contábeis. Na Índia, centenas de empresas são subsidiárias de empresas estrangeiras muito maiores. Muitas vezes, elas adotam o QuickBooks para cuidar de todas as suas contas de forma precisa e consistente. Os usuários podem manter uma base de dados de clientes e armazenar pagamentos deles, bem como zelar pelo controle de saldos atuais. O software facilita a criação de uma base de dados de fornecedores e cheques para pagamento de bens e serviços.[13]

O Qvinci.web permite às empresas coletar dados do QuickBooks em vários locais e formatá-los em gráficos padronizados das contas da empresa. Os gerentes financeiros em várias PMEs, como a Aire Serv Heating and Air Conditioning, a Diocese de Lexington, em Kentucky, a Crunchy Logistics, a Ignite Spot e a Hotze Health e Wellness Center, usam o QuickBooks para criar relatórios financeiros previamente definidos.[14]

ATIVIDADES DE PROCESSAMENTO DE TRANSAÇÃO

CICLO DE PROCESSAMENTO DE TRANSAÇÕES: Processo de coleta, edição, correção, manipulação e armazenamento de dados, além de produção de documentos.

Além de ter características comuns, todos os TPSs desempenham um conjunto comum de atividades básicas de processamento. Eles captam e processam dados que descrevem transações fundamentais do negócio. Esses valores são utilizados para atualizar os bancos de dados e produzir uma variedade de relatórios empregados pelas pessoas dentro e fora da empresa. Os dados do empreendimento passam por um **ciclo de processamento de transações**, que incluem coleta, edição, correção, manipulação e armazenamento de dados e produção de documentos (veja a Figura 9.4).

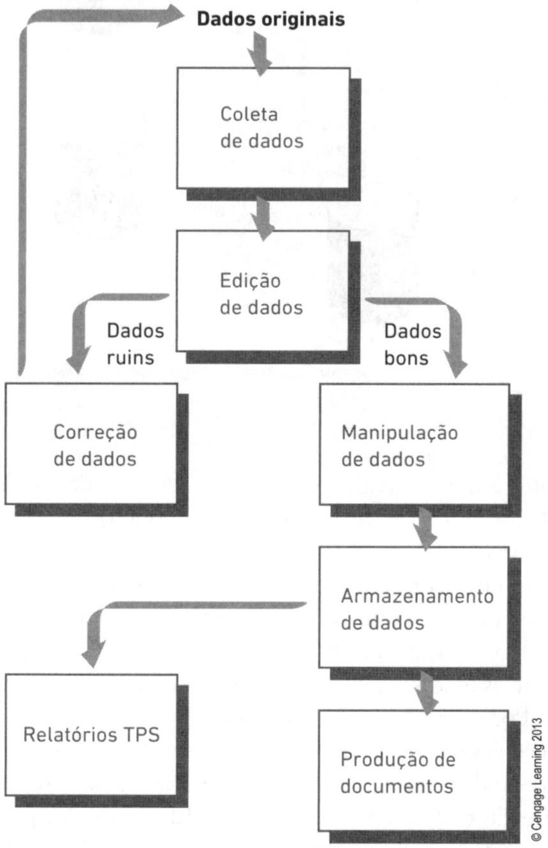

FIGURA 9.4 Atividades de processamento de dados comuns aos sistemas de processamento de transações.

COLETA DE DADOS

COLETA DE DADOS: Coleta e reunião de todos os dados necessários para completar o processamento de transação.

A coleta e a reunião de todos os dados necessários para completar o processamento de transação são chamadas **coleta de dados**. Em alguns casos, isso pode ser feito manualmente, por meio da coleta de pedidos de venda manuscritos ou mudanças de estoque. Em outros casos, a coleta é automatizada por dispositivos especiais de entrada, como escâner, dispositivos de ponto de venda (POS, point-of-sale) e terminais.

A coleta de dados se inicia com uma transação (por exemplo, recebendo o pedido de um cliente) e resulta em dados que servem como entrada para o TPS. Os dados devem ser capturados em sua fonte e registrados no momento com precisão, um mínimo de esforço manual e na forma digital ou eletrônica para serem inseridos diretamente no computador. Essa abordagem é denominada automação de dados fonte. Um exemplo de automação de dados fonte é um dispositivo automatizado em uma loja de varejo que acelera o processo de passar pelo caixa – sejam em códigos de barras UPC lidos por um escâner ou sinais RFID que são capturados quando os itens se aproximam do balcão do caixa. Usar tanto o código de barras UPC quanto os marcadores RFID é mais rápido e mais exato que ter um funcionário digitando os códigos manualmente na caixa registradora. O ID de produto para cada item é determinado automaticamente e seu preço é extraído do banco de dados do item. O TPS do ponto de venda usa os dados do preço para determinar a conta do cliente. O estoque da loja e os bancos de dados de compras registram o número de unidades de um item adquirido, a data, a hora e o preço. O banco de dados do estoque gera um relatório de gestão e notifica o gerente da loja para pedir novamente os itens que ficaram abaixo da quantidade definida para um novo pedido. O banco de dados detalhado de compras pode ser utilizado pela loja ou vendido para empresas de pesquisa de mercado ou produtores para análise detalhada de vendas (veja a Figura 9.5).

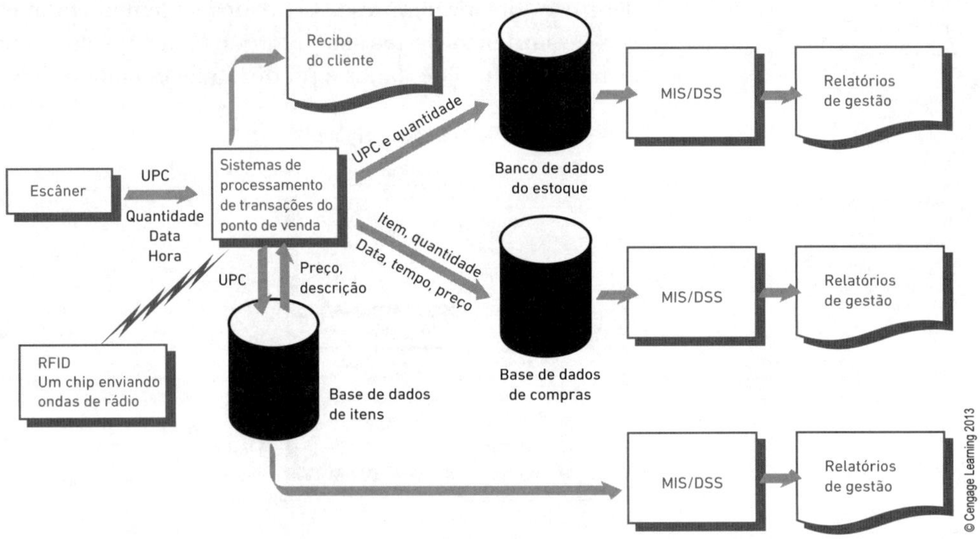

FIGURA 9.5 **Sistema de processamento de transações do ponto de venda.** A efetivação da compra de itens no caixa atualiza o banco de dados de estoque de uma loja e de sua base de dados de compras.

Muitos supermercados combinam escâner de ponto de venda e impressoras de cupons. Os sistemas são programados de modo que, cada vez que um produto específico – por exemplo, uma caixa de cereais – passa em um escâner de verificação, um cupom apropriado, talvez um cupom de leite, é impresso. As empresas podem pagar para serem promovidas pelo sistema, o qual é, então, reprogramado para imprimir cupons dessas empresas, se o cliente comprar uma marca competitiva. Esses TPSs ajudam as mercearias a aumentar os lucros, melhorando suas vendas de repetição e trazendo receitas de outros negócios. Por exemplo, Teamwork Retail é uma aplicação de varejo baseado em nuvem que oferece suporte a sistemas POS operando em mais de 100 mil lojas. Os balconistas com iPads podem acessar o aplicativo para verificar o estoque em sua loja ou em qualquer parte da cadeia de fornecimento. Eles também podem processar os pagamentos, incluindo os cartões de crédito e dinheiro; aceitar os cartões de crédito on-line e enviar um e-mail ou imprimir recibos de cliente por dispositivo sem fio.[15]

EDIÇÃO DE DADOS

EDIÇÃO DE DADOS: Processo de verificação de dados de validade e integralidade.

Um passo importante na operação de processamento de dados é verificar a validade e a integralidade dos dados para detectar quaisquer problemas, uma tarefa chamada **edição de dados**. Por exemplo, os dados de quantidade e custo devem ser numéricos, e os nomes devem ser alfabéticos; caso contrário, os dados não são válidos. Muitas vezes, os códigos associados a uma transação individual são editados em cima de um banco de dados contendo códigos válidos. Se qualquer código digitado (ou digitalizado) não está presente no banco de dados, a transação é rejeitada.

CORREÇÃO DE DADOS

CORREÇÃO DE DADOS: Processo de reintrodução de dados que não foram digitados ou digitalizados corretamente.

Não é simplesmente rejeitar dados inválidos. O sistema também deve fornecer mensagens de erro que alertem os responsáveis pela edição dos dados. As mensagens de erro devem especificar o problema para que as correções apropriadas possam ser feitas. A **correção de dados** envolve a reintrodução de dados que não foram digitados ou digitalizados corretamente. Por exemplo, um código UPC digitalizado deve corresponder a um código em uma tabela mestre de UPCs válidos. Se o código é mal interpretado ou não existe na tabela, ao funcionário do caixa é fornecida uma instrução para verificar novamente o item ou digitar as informações manualmente.

MANIPULAÇÃO DE DADOS

MANIPULAÇÃO DE DADOS: Processo de realização de cálculos e outras transformações de dados relacionados a transações comerciais.

Outra atividade importante de um TPS é a **manipulação de dados**, um processo de realização de cálculos e outras transformações de dados relacionados a transações comerciais. A manipulação de dados pode incluir classificação de dados, classificação de dados em categorias, realização de cálculos, resumo dos resultados e armazenamento de dados em banco de dados da organização para processamento posterior. Em um TPS de folha de pagamento, por exemplo, a manipulação de dados inclui a multiplicação de horas que um empregado trabalhou pelo valor de pagamento por hora. O pagamento de horas extras, retenções de impostos federais e estaduais e as deduções são também calculados.

ARMAZENAMENTO DE DADOS

ARMAZENAMENTO DE DADOS: Processo de atualização de um ou mais bancos de dados com novas transações.

O **armazenamento de dados** envolve a atualização de um ou mais bancos de dados com novas transações. Após serem atualizados, esses dados podem ser processados e manipulados por outros sistemas de forma que ele esteja disponível para os relatórios de gestão e tomada de decisão. Assim, embora os bancos de dados de transação possam ser considerados um subproduto do processamento de transações, eles têm um efeito nítido sobre quase todos os outros sistemas de informação e processos de tomada de decisão em uma organização.

PRODUÇÃO DE DOCUMENTOS

PRODUÇÃO DE DOCUMENTOS: Processo de geração de registros de saída, documentos e relatórios.

A **produção de documentos** envolve registros de saída de geração, documentos e relatórios. Esses relatórios podem ser impressos em papel ou exibidos em telas de computador (às vezes chamados cópia digital). Contracheques impressos, por exemplo, são documentos impressos produzidos por um TPS de folha de pagamento, ao passo que um relatório de saldo devedor de faturas pode ser um relatório de cópia digital exibido pelo TPS de contas a receber. Muitas vezes, conforme mostrado anteriormente na Figura 9.5, resultados de um fluxo TPS podem se tornar entrada para outros sistemas, usando os resultados da atualização do banco de dados de estoque para criar o relatório de estoque de exceção (um tipo de relatório de gestão) de itens cujo nível de estoque está abaixo do ponto de reposição.

Além de importantes documentos, como cheques e faturas, a maioria dos TPSs fornece outras informações de gestão útil, tais como relatórios impressos ou na tela, que ajudam os gerentes e funcionários a realizar várias atividades. Um relatório mostrando o estoque atual é um exemplo; outro pode ser um documento listando os itens pedidos de um fornecedor para ajudar um funcionário de recepção a verificar a integralidade ao chegar os itens. Um TPS também pode produzir relatórios exigidos pela legislação local, estadual e agências federais, tais como declarações de imposto retido na fonte e demonstrações de resultados trimestrais.

PLANEJAMENTO DE RECURSOS EMPRESARIAIS E GESTÃO DE RELACIONAMENTO DE CLIENTES

Como definido no Capítulo 4, o planejamento dos recursos empresariais (ERP, enterprise resource planning) é um conjunto de programas integrados que gerencia as operações vitais para os negócios de uma empresa a uma organização inteira, até mesmo uma organização complexa, em vários locais e global. Lembre-se: o processo de um negócio é um conjunto coordenado e relacionado de atividades em que recebe um ou mais tipos de entrada e cria uma saída de valor para o cliente desse processo. Pode ser um cliente externo tradicional do negócio que compra bens e serviços da empresa. Um exemplo de tal processo é a captação de pedidos de compra, que recebe a entrada do cliente e gera um pedido. O cliente de um processo de negócio pode ser também interno, como um trabalhador em outro departamento da empresa. Por exemplo, o processo de expedição gera documentos internos que os trabalhadores necessitam nos departamentos de depósito e de expedição para separar, empacotar e enviar os pedidos. No centro do sistema ERP está um banco de dados compartilhado por todos os usuários para que todas as funções do negócio tenham acesso aos dados atuais e consistentes para a tomada de decisão operacional e planejamento, como apresentado na Figura 9.6.

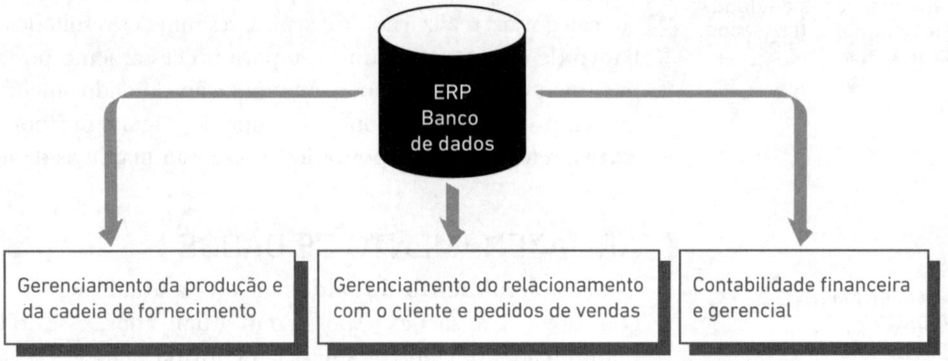

FIGURA 9.6
Sistema de planejamento dos recursos empresariais. Um ERP integra os processos do negócio e o banco de dados do ERP.

UMA VISÃO GERAL DO PLANEJAMENTO DE RECURSOS EMPRESARIAIS

Os sistemas ERP evoluíram a partir dos sistemas de planejamento de requisição de materiais (MRP, materials requirement planning) desenvolvidos nos anos 1970. Esses sistemas juntavam o planejamento de produção, o controle de estoque e as funções de compras do negócio para organizações industriais. Durante o fim dos anos 1980 e início dos anos 1990, muitas instituições reconheceram que o legado dos TPSs não possuía a integração necessária para coordenar as atividades e compartilhar informações valiosas por meio de todas as funções dos negócios da empresa. Como resultado, os custos eram mais altos e o serviço ao cliente era pior que o desejado. As grandes organizações, membros da *Fortune* 1000, foram as primeiras a enfrentar o desafio de implantar o ERP. À medida que o fizeram, descobriram muitas vantagens, assim como algumas desvantagens resumidas nas seções seguintes.

VANTAGENS DO ERP

O aumento da competição global, as novas necessidades dos executivos para controlar o custo total, o fluxo do produto por meio de suas empresas e as interações com clientes cada vez mais numerosos levam à demanda, por acesso de toda a empresa, às informações em tempo real. O ERP oferece software integrado de um único fornecedor para auxiliar a satisfazer essas necessidades. Os benefícios principais de implantar o ERP abrangem o acesso aos dados com qualidade para a tomada de decisão operacional, eliminação de sistemas ineficientes ou obsoletos, melhoria nos processos de trabalho e padronização da tecnologia. Os fornecedores de ERP também desenvolveram sistemas especializados que oferecem soluções eficazes para setores específicos da atividade econômica e para segmentos de mercado.

Melhoria de acesso aos dados com qualidade para a tomada de decisão operacional

Os sistemas ERP operam por meio de um banco de dados integrado, usando um conjunto de dados para dar suporte a todas as funções dos negócios. Os sistemas podem apoiar decisões sobre o ótimo fornecimento ou contabilidade de custos, por exemplo, para toda a empresa ou unidades de negócio desde o início, em vez de reunir dados de múltiplas funções de negócio e depois tentar coordenar essas informações manualmente ou conciliar os dados com outro aplicativo. O resultado é uma organização que não tem arestas, não somente para o mundo exterior, mas também para os tomadores de decisão que estão utilizando os recursos dentro da organização com eficácia. Os dados são integrados para facilitar a tomada de decisão operacional e permitir que as empresas forneçam melhor serviço e apoio ao cliente, a fim de fortalecer o relacionamento entre o cliente e o fornecedor, além de gerar novas oportunidades de negócio. É essencial que os dados utilizados para a tomada de decisão sejam de alta qualidade.

A Mannington Mills é um dos maiores e mais antigos fabricantes de pisos nos Estados Unidos. A empresa implementou recentemente um sistema ERP e foi capaz de melhorar a precisão dos dados no momento da entrada de dados inicial. A precisão dos dados melhorou a tomada de decisões operacionais, bem como eliminou o arquivamento do imposto incorreto e o pagamento indevido de funcionários. Esse sistema também eliminou os erros antes de transferir dados a terceiros, como fornecedores e transportadores.[16]

Eliminação de sistemas legados caros e inflexíveis

A adoção de um sistema ERP permite que uma organização elimine dúzias ou até centenas de sistemas separados e substitua-os por um único conjunto de aplicativos integrados para toda a empresa. Em muitos casos, esses sistemas têm mais de uma década, os desenvolvedores originais já foram embora há muito tempo e os sistemas são pouco documentados. Como consequência, eles são extremamente difíceis de fazer a manutenção, e adaptá-los para atender a novas necessidades do negócio toma tempo demais. Eles se tornam uma âncora para as organizações, o que as mantêm presas, impedindo-as de seguir adiante e permanecer competitivas. Um sistema ERP ajuda a combinar as capacidades dos sistemas de informação de uma organização às necessidades do negócio – mesmo que essas necessidades evoluam.

A Syndiant é uma pequena empresa de 50 funcionários que projeta painéis de modulação de luz para telas de alta resolução usados em pequenos projetores ultraportáteis pequenos o suficiente para ser incorporado em um telefone celular. Inicialmente, a empresa usou o QuickBooks da Intuit para gerenciar suas finanças. A empresa reconheceu que precisaria de um software mais sofisticado, uma vez que trouxe seu produto ao mercado, começou a comprar de vários fornecedores e vender o produto em múltiplos canais de distribuição. A empresa também precisaria da capacidade de contabilizar os custos acumulados incorridos durante todo o processo de fabricação para atender aos princípios contábeis geralmente aceitos (GAAP, generally accepted accounting principles). A Syndiant decidiu implementar um sistema ERP para se manter com rápido aumento nas vendas e ao mesmo tempo com rígido controle sobre seus custos. A disponibilidade de informações financeiras precisas e valiosas sobre os custos permite à empresa tomar decisões fundamentais sobre cotações de preços para clientes.[17]

Melhoria nos processos de trabalho

A competição exige que as empresas estruturem seus processos de negócio para que eles sejam eficazes e orientados ao cliente quanto possível. Os fornecedores de ERP fazem uma pesquisa considerável para definir os melhores processos de negócios. Eles reúnem requerimentos das companhias líderes dentro do mesmo setor e os combinam com as descobertas da pesquisa realizada por instituições ou consultores de pesquisa. Os módulos da aplicação individual incluídos no sistema ERP são então projetados para dar suporte a essas **melhores**

MELHORES PRÁTICAS: Modos mais eficientes e eficazes para completar um processo de negócio.

práticas, modos mais eficientes e eficazes para completar um processo de negócio. Portanto, a implantação de um sistema ERP assegura bons processos de trabalho com base nas melhores práticas. Por exemplo, para gerenciar os pagamentos de clientes, o módulo de finanças do sistema ERP pode ser configurado para refletir as práticas mais eficientes das companhias líderes de um setor de atividade econômica. Esse aumento na eficiência garante que as operações diárias do negócio sigam a ótima cadeia de atividades, com todos os usuários supridos com as informações e as ferramentas de que necessitam para completar cada etapa.

A Eldorado Gold é uma produtora de ouro internacional com sede no Canadá e operações da mina em quatro locais na China e uma na Turquia. A empresa implementou um sistema ERP para padronizar um conjunto de melhores práticas para gestão financeira, gestão de controle e materiais, manutenção, recursos humanos e folha de pagamento. Agora, a Eldorado está percebendo os benefícios de integração do sistema e mantém os processos de negócios consistentes em toda a organização.[18]

Atualização da infraestrutura da tecnologia

Ao implantar um sistema ERP, uma organização tem a oportunidade de modernizar a tecnologia de informação (hardware, sistemas operacionais, bancos de dados etc.) que usa. Enquanto centraliza e formaliza essas decisões, a organização pode eliminar a miscelânea de múltiplas plataformas de hardware, sistemas operacionais e bancos de dados que utiliza atualmente – mais provavelmente de uma variedade de fornecedores. Padronizar em poucas tecnologias e fornecedores reduz os custos de manutenção e de suporte, assim como a carga de treinamento para aqueles que devem manter a infraestrutura.

Um motivo para a SAP comprar a Sybase, uma empresa de gerenciamento de dados, foi a construção de um portal para integrar smartphones com seu aplicativo de planejamento de recursos empresariais. A suíte baseada na plataforma Sybase Unwired permite que os usuários acessem aplicativos SAP ERP pelo smartphone pessoal. Como resultado da evolução realizado pela SAP e outros desenvolvedores de software corporativo, os smartphones estão sendo usados na cadeia de fornecimento para que o pessoal de serviço técnico insira informações que são atualizadas em uma aplicação ERP back-end, como a manutenção da planta, atendimento ao cliente ou gestão da qualidade. Os usuários em campo podem consultar seu sistema ERP para verificar estoque, ordens de vendas, saldos de contas, entre outros. Os gestores podem até mesmo autorizar alterações para agilizar ordens de serviço ou entregas de cliente específico. Muitas organizações digitalizam os códigos de barras com seus smartphones.[19]

O software Mamut One Enterprise ERP foi projetado para atender às necessidades de negócios de empreendedores e de pequenas e médias organizações. Mais de 400 mil utilizadores europeus do software podem executar funções de contabilidade, faturamento, finanças e estoque. Muitos desses usuários acessam o software e os dados pelos celulares. Eles podem levar seu escritório com eles onde quer que estejam, aumentando assim sua produtividade.[20]

DESAFIOS NA IMPLEMENTAÇÃO DE SISTEMAS ERP

Implantar um sistema ERP em uma grande organização é extremamente desafiador e requer enorme quantidade de recursos, melhor SI, profissionais de negócio e muito apoio gerencial. Apesar de tudo isso, muitas implementações de ERP falham, e problemas com uma implementação de ERP podem exigir soluções dispendiosas. Veja uma amostra de projetos ERP que falharam em 2011:

- Uma empresa da *Fortune* 100 e uma das maiores distribuidoras de tecnologia do mundo participou de um lançamento mundial de um sistema ERP que envolveu sistemas de conversão em vários países. As conversões ocorreram bem até que a equipe encontrou problemas na Austrália. Esses problemas não só levaram a interrupções de negócios, afetando vendas e receitas, como fizeram com que o rendimento caísse inesperadamente por dois trimestres seguidos.[21]
- Uma universidade do Estado processou um fornecedor do sistema ERP sobre problemas associados a sua implementação que resultou em milhões em custos excessivos e meses de atrasos do projeto.[22]

- Um pequeno fabricante de mobiliário de exterior com 20 funcionários tentou implementar um sistema ERP. Infelizmente, o sistema ERP não atendeu às expectativas do fabricante e a empresa culpou a má aplicação por causar perda no ano. O fabricante acabou processando o fornecedor do software.[23]
- Um governo do condado trabalhou com uma empresa de consultoria e um fornecedor de software ERP para implementar um sistema ERP. Quando os problemas surgiram durante a implementação, os funcionários do governo decidiram encerrá-la, desinstalar o software e processar tanto a empresa de consultoria como a fornecedora de software por $ 35 milhões em danos.[24]

Metade de quase 200 implementações de ERP em todo o mundo avaliadas pela Panorama, uma empresa de consultoria de ERP, foi considerada falha.[25] A Tabela 9.3 lista e descreve os desafios mais significativos para a implementação bem-sucedida de um sistema ERP.

TABELA 9.3 Desafios para a implementação bem-sucedida do sistema ERP

Desafio	Descrição
Custo e ruptura das atualizações	A maioria das empresas possui outros sistemas que devem ser integrados ao sistema ERP, como programas de análise financeira, operações de comércio eletrônico e outras aplicações. Essa integração leva ainda mais tempo e esforço.
Custo e tempo de implementação de prazo de entrega	O custo médio de implementação de ERP é $ 5,5 milhões, com uma duração média de projeto de pouco mais de 14 meses.
Dificuldade em gestão da mudança	As empresas muitas vezes têm de mudar radicalmente a forma como operam a fim de ficar em conformidade com os processos de trabalho do ERP. Essas mudanças podem ser tão drásticas aos funcionários antigos que eles preferem sair a se adaptarem à mudança, deixando a empresa com falta de trabalhadores experientes.
Gestão de customização de software	O sistema ERP base pode precisar ser modificado para atender às necessidades de negócios obrigatórios. Essa modificação pode se tornar extremamente cara e demorar a implementação.
Frustração do usuário com o novo sistema	O uso eficaz de um sistema ERP requer mudanças nos processos de trabalho e nos detalhes de como o trabalho é feito. Muitos usuários inicialmente se recusam a essas mudanças e a implantação do ERP exige muito treinamento e incentivo.

Fonte: Jutras, Cindy, "2011 ERP Solution Study Highlights", *Epicor*, set. 2011.

A lista a seguir fornece dicas para evitar muitas causas comuns de falhas na implantação de ERP:

- Designe um executivo em tempo integral para gerenciar o projeto.
- Indique uma alternativa experiente e independente para fornecer supervisão ao projeto e verificar e validar o desempenho do sistema.
- Conceda tempo suficiente para a transição do antigo modo de fazer as coisas para o novo modo e para os novos processos.
- Planeje gastar tempo e dinheiro consideráveis treinando pessoas; muitos gerentes de projeto recomendam que seja orçado de $ 10 mil a $ 20 mil por funcionário para o treinamento de pessoal.
- Defina as medidas para avaliar o progresso do projeto e para identificar riscos relacionados a ele.
- Mantenha o escopo do projeto bem-definido e restrito aos processos essenciais do negócio.
- Seja cauteloso em modificar o software de ERP para que se ajuste às práticas do negócio da sua empresa.

PRINCIPAIS SISTEMAS ERP

Os sistemas ERP são comumente utilizados em indústrias, faculdades, universidades, organizações de serviço profissional, varejistas e organizações de assistência à saúde. As necessidades de negócios para cada um desses tipos de organizações variam muito. Naturalmente, as necessidades de uma grande organização multinacional são muito diferentes das necessidades de uma organização pequena e local. Assim, nenhuma solução de software ERP de um único fornecedor é "melhor" para todas as organizações.

A SAP é a maior e mais reconhecida provedora de soluções ERP entre as organizações da *Fortune* 1000 e da Global 5000, com mais de 35 mil clientes em mais de 120 países. O escopo de seu software ERP abrange as funções de contabilidade, distribuição, finanças, produção, recursos humanos e folha de pagamento.

A Oracle tem acumulado uma lista impressionante de clientes e um conjunto de soluções ERP por meio da aquisição da PeopleSoft (incluindo a JD Edwards) e da Siebel Systems. Seu desafio é integrar todos os produtos com o Projeto Fusion.

A Infor é a terceira maior fabricante de software ERP e tem vários sistemas ERP diferentes que são direcionados para organizações de médio porte. A solução Microsoft Dynamics ERP é muito popular entre as pequenas empresas.

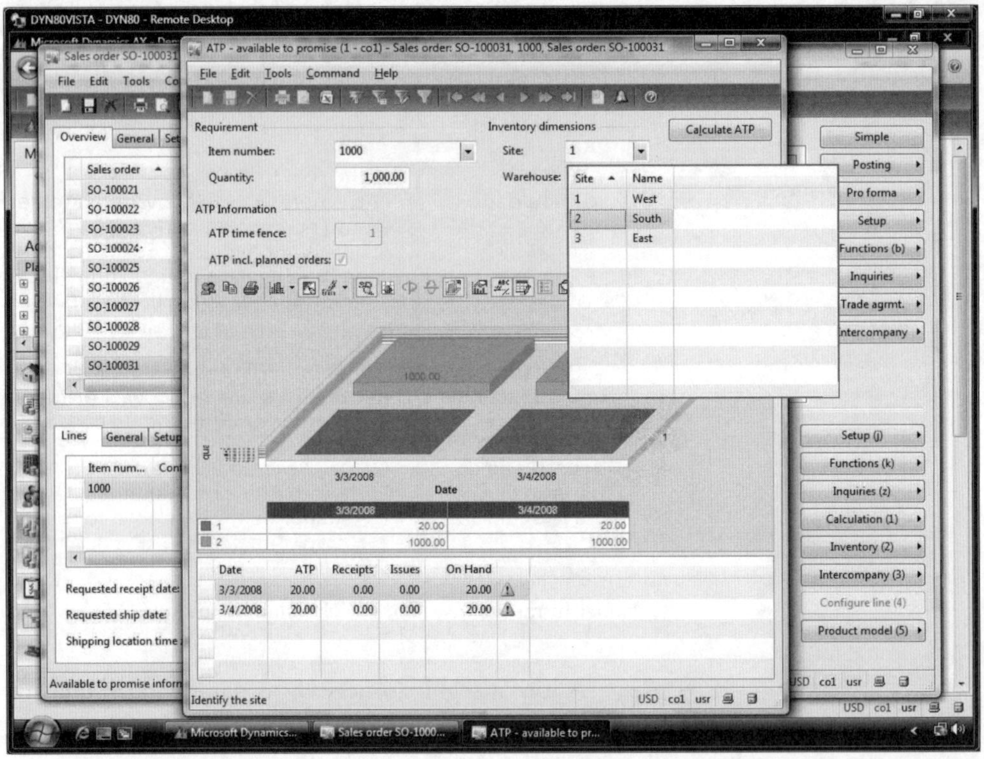

A Microsoft Dynamics é uma solução ERP que é muito popular entre as pequenas empresas.

As organizações bem-sucedidas na implantação de ERP não se limitam às grandes empresas da *Fortune* 1000. Os empreendedores e as organizações pequenas e médias podem alcançar benefícios reais em seus negócios com os esforços de seus ERP. Muitas organizações optam por implementar sistemas ERP de código aberto de fornecedores como a Compiere. Com o software de código aberto, qualquer um pode verificar e modificar o código-fonte para personalizá-lo a fim de atender suas necessidades. Tais sistemas são muito menos custosos para se adquirir e são relativamente fáceis de modificar para satisfazer às necessidades do negócio. Os motivos frequentes para personalização são para integrar outros sistemas de negócios para trabalhar com o pacote ERP, para adicionar campos de dados ou modificar o tamanho dos campos do sistema-padrão e para atender às exigências regulamentares. Muitas organizações podem realizar o desenvolvimento e a manutenção do sistema. Os Plex and NetSuite são soluções ERP baseados em computação em nuvem que permitem aos usuários

TABELA 9.4 Os sistemas ERP com as melhores classificações, 2011 (ordem alfabética)

Sistemas ERP para grandes organizações	Sistemas ERP para organizações de médio porte	Sistemas ERP para pequenas organizações
Microsoft Dynamics	Epicor	ABAS
Oracle	Industrial and Financial Systems	Activant Solutions, Inc.
Oracle eBusiness Suite	Infor	Baan
Oracle JD Edwards	Lawson	Compiere
Oracle Peoplesoft	Plex	Netsuite
SAP	Sage	Syspro

Fonte: "2011 Guide to ERP Systems and Vendors", Panorama Consulting Group, 2011.

acessar o aplicativo ERP usando um navegador web e evitar o pagamento de manutenção de hardware e custo elevado.

A Tabela 9.4 fornece uma lista de sistemas ERP altamente cotados.

As organizações selecionam soluções de software ERP com base em suas necessidades de negócios. Por exemplo, a PEPCO Poland é uma cadeia nacional de lojas de roupas com desconto. À medida que ganhou em participação de mercado e as vendas aumentaram, a empresa decidiu implementar o sistema de Microsoft Dynamics ERP para melhorar suas vendas, gestão financeira, atendimento ao cliente e gestão de produtos em suas lojas e armazéns.[26] Outro exemplo é a Empired Ltd, uma TI prestadora de serviços que implementou o software NetSuite ERP para gerenciar suas operações de negócios principais, incluindo a geração de fatura, planejamento de recursos e programação e de relatório financeiro completo. O novo software substituiu vários sistemas legados anteriormente utilizados para a previsão financeira e gestão de projeto.[27] Algumas organizações realmente usam módulos de software de mais de um fornecedor ERP. Por exemplo, a Hitachi utiliza o Baan ERP para executar suas operações de fabricação e distribuição e o SAP para suportar um fluxo ininterrupto de informações aos softwares financeiros.[28]

GERENCIAMENTO DA CADEIA DE SUPRIMENTOS (SCM)

GERENCIAMENTO DA CADEIA DE SUPRIMENTOS (SCM, SUPPLY CHAIN MANAGEMENT): Sistema que inclui planejamento, execução e controle de todas as atividades envolvidas em compra e abastecimento de matéria-prima, conversão de matérias-primas de produtos acabados e armazenamento e entrega de produtos acabados para os clientes.

Esta seção descreve o uso de um sistema ERP em uma empresa de fabricação para apoiar o que é conhecido como **gerenciamento da cadeia de suprimentos (SCM, supply chain management)**, que inclui planejamento, execução e controle de todas as atividades envolvidas em compra e abastecimento de matéria-prima, conversão de matérias-primas de produtos acabados, bem como armazenamento e entrega de produtos acabados para os clientes. O objetivo do SCM é reduzir os custos e melhorar o serviço ao cliente, ao mesmo tempo que diminui o investimento global em estoque na cadeia de fornecimento.

Outra maneira de pensar sobre o SCM é como se movem a gestão de materiais, informações e finanças em um processo do fornecedor para fabricante, atacadista, varejista e consumidor. O fluxo de material inclui o movimento de entrada de matérias-primas do fornecedor para o fabricante, bem como o movimento de saída de produto acabado de fabricante para atacadista, varejista e cliente. O fluxo de informação envolve a captura e transmissão de ordens e faturas entre fornecedores, fabricantes, atacadistas, varejistas e clientes. O fluxo financeiro consiste em operações de pagamento entre fornecedores, fabricantes, atacadistas, varejistas, clientes e suas instituições financeiras.

O sistema ERP para uma organização de fabricação normalmente abrange as atividades SCM e gerencia o fluxo de materiais, informações e finanças. Os sistemas de fabricação ERP seguem um processo sistemático para desenvolver um plano de produção que extrai as informações disponíveis no banco de dados do sistema ERP.

O processo se inicia com uma *previsão de vendas* para desenvolver uma estimativa da demanda futura do cliente. Essa previsão inicial está em alto nível, com estima-

@ SISTEMAS DE INFORMAÇÃO NO TRABALHO

Gerenciamento de projeto: um elemento vital

Enquanto você lê este capítulo, certamente percebe que o desenvolvimento ou a implementação de um sistema de informação em uma empresa não é uma atividade insignificante. É preciso muitas pessoas com diferentes habilidades para desenvolver tal sistema. Quando um sistema é fundamental para a empresa, como sistemas de informação empresariais muitas vezes são, a empresa não pode ter erros, cronogramas imprecisos ou saturações de custos. Alguém tem de coordenar as atividades de todos os membros da equipe do projeto para evitar tais problemas. Essa pessoa, provavelmente a mais importante para o sucesso de qualquer esforço de desenvolvimento de sistema de informação, é o *gerente de projeto*.

Quão necessária é a boa gestão do projeto? O Standish Group pesquisa desenvolvimento de software e libera seu estudo a cada dois anos. A pesquisa divulgada em 2012 coletou dados em 10 mil projetos. Nesse estudo, constatou-se que 37% dos projetos de desenvolvimento de software foram bem-sucedidos, o que significa que eles chegaram no prazo e dentro do orçamento e que os usuários aceitaram. Foram categorizados como desafios 42% dos projetos. Esses projetos tiveram problemas, como atrasos no cronograma, acima do orçamento, ou não tiveram todas as características que os usuários queriam. Os 21% restantes fracassaram: eles não foram cumpridos ou foram rejeitados pelo cliente. Além do mais, os projetos com os mais altos índices de falha tendem a ser grandes, ou seja, os sistemas empresariais. O fracasso muitas vezes pode ser conectado à má gestão do projeto.

Todd Little é gerente de desenvolvimento sênior da Landmark Graphics Corporation, que desenvolve aplicativos para a indústria de petróleo e gás. Quanto aos problemas de projeto, ele diz que "muito raramente eles são desafios técnicos; quase sempre os desafios são com as pessoas".

Como os programadores não são treinados para lidar com os desafios humanos, as organizações reconhecem que as habilidades necessárias para ser um bom gerente de projetos não são apenas uma extensão das habilidades necessárias para ser um bom analista de sistemas, designer de sistemas ou programador. O U.S. Social Security Administration (SSA), por exemplo, "investe fortemente em programa de desenvolvimento gerencial". O currículo de formação do SSA contém "mais de 50 cursos disponíveis em sala de aula, internet, vídeo interativo de teletreinamento, vídeo sob demanda e formato de programas de parceria com universidades. Os cursos incluem todos os requisitos obrigatórios e básicos de certificação, bem como conteúdos adaptados específicos para processo e ferramentas SSA, além de um grande número de cursos adicionais que o SSA considere importante para o desenvolvimento completo do PM".

Entre outras coisas, o SSA quer que seus gestores de programas sejam certificados de acordo com as exigências do Federal Acquisition Certification (FAC) para Gerentes de Programa e Projeto. Essa certificação foi criada pelo Office of Management and Budget, em 2007. Seu líder, Paul Denett, escreveu na época que "gestores de projetos e de programas bem treinados e experientes são fundamentais para o processo de aquisição e para a realização bem-sucedida dos objetivos da missão". O processo FAC define três níveis de certificação: entrada/aprendiz, de nível médio/operário e sênior/especialista. Para cada nível, estabelece ainda as competências essenciais e os requisitos de formação para a certificação. O SSA relatou em 2011 que ele não teve "nenhuma falha do programa e poucas dificuldades", desde que adotou esse programa. Dadas as dificuldades de atender muitos projetos de sistemas de informação da empresa, como encontrado no estudo do Standish Group, esse resultado é impressionante.

O Project Management Institute (*www.pmi.org*) foi criado para fornecer o guia de gestão de projeto para todas as organizações, não apenas no governo norte-americano. Ele oferece seis programas de certificação e ampla gama de programas de treinamento para apoiá-los. Mark A. Langley, presidente e CEO do PMI, afirma que "cada vez mais as organizações estão enfrentando valores tangíveis duradouros de investir tempo, dinheiro e recursos para construir a experiência em gerenciamento de projeto organizacional". Entre outros benefícios, o relatório do PMI 2011, *Pulse of the Profession*, revela que as organizações que padronizam gestão de projetos em toda a experiência da empresa possuem, em média, 28% mais projetos com seus objetivos pretendidos cumpridos; aquelas com programas de treinamento de gestão de projeto formal aumentam o número de projetos que cumprem metas, são pontuais e estão dentro do orçamento; e as organizações com elevada porcentagem de gerentes de projetos credenciados como profissionais em gestão de projeto (35% ou superior) têm resultados mais bem-sucedidos do projeto. Para o PMI, esses resultados mais do que justificam os investimentos dessas organizações no gerenciamento de projetos profissional.

Questões para discussão

1. Muitas vezes, as organizações podem optar por um gerente de negócios com experiência em gerenciamento de projetos ou um especialista em sistemas de informação para liderar o desenvolvimento do sistema empresarial e implementação. Qual dos dois você escolheria e por quê?

2. Suponha que sua escola esteja contratando um gerente de projeto para supervisionar o desenvolvimento de um novo sistema de informação (isto é, no nível da empresa) do estudante. Examine as seis certificações em *www.pmi.org/Certification/What-are-PMI-Certifications.aspx*. O que é mais relevante para um projeto de desenvolvimento de empresa SI em uma escola? Ela deve exigir que os candidatos tenham a certificação PMI? Se sua escola não exigir a certificação, ela deve considerá-la ao comparar os candidatos para esse trabalho?

Questões para análise

1. Você considera uma boa ideia certificar os gerentes de projetos, em vez de confiar na gestão de administração superior para verificar sua capacidade de fazer o trabalho? As leis deveriam exigir gerentes de projetos em áreas críticas, como em controle de energia nuclear da planta, controle de tráfego aéreo ou desenvolvimento do sistema médico a ser certificado? Por quê?
2. Analise as conclusões tiradas do relatório *Pulse of the Profession* do PMI. Você pode considerar o PMI uma fonte imparcial de informações sobre o tema? Se a organização é tendenciosa, você acha que poderia influenciar os resultados do relatório do grupo de 2011? Se pudesse, os resultados ainda seriam de valor? Explique suas respostas.

Fontes: Claps, M., "Case Study: Montgomery County Deploys ERP and CRM Simultaneously", Gartner Group research note G00214740, www.gartner.com/technology/streamReprints.do?id=1-16PRCGW&ct=110721, acesso em: 19 ago. 2011; Denett, P., "The Federal Acquisition Certification for Program and Project Managers", U.S. Office of Management and Budget, www.whitehouse.gov/omb/procurement_index_workforce, acesso em: 25 abr. 2007; Thibodeau, P., "It's Not the Coding That's Hard, It's the People", Computerworld, www.computerworld.com/s/article/9220591/It_s_not_the_coding_that_s_hard_it_s_the_people, 13 out. 2011; Staff, "PMI's Pulse of the Profession (2011)", Project Management Institute, www.pmi.org/~/media/PDF/Home/PulseoftheProfessionWhitePaper-FINAL.ashx, acesso em: 23 out. 2011; Staff, "SSA Program Manager Development Practices", U.S. Social Security Administration, Office of the CIO, www.cio.gov/modules/best_practices/bp_display.cfm/page/Best-Practices-SSA-Program-Manager-Development-Practices, acesso em: 7 abr. 2011.

tivas feitas por grupo de produtos em vez de item de produto individual. A previsão de vendas se estende por meses no futuro; ela pode ser desenvolvida usando um módulo de software ERP ou produzida por outros meios, com software e técnicas especializadas. Muitas organizações mudam para um processo colaborativo com clientes importantes para planejar os níveis futuros de estoque e produção, em vez de depender de previsão de vendas gerada internamente.

O *plano de operações e vendas* (*S&OP*, sales and operations plan) leva em consideração a demanda e os níveis atuais do estoque, determina os itens de produto específico que precisam ser produzidos, bem como a previsão da demanda futura. A capacidade de produção e qualquer variabilidade sazonal na demanda devem também ser consideradas.

O *gerenciamento da demanda* refina o plano de produção, determinando a quantidade semanal ou diária necessária para atender à demanda de produtos individuais. A saída do processo de gerenciamento da demanda é o programa mestre da produção, sendo o plano de produção para todos os bens acabados.

O *cronograma detalhado* usa o plano de produção definido pelo processo de gerenciamento de demanda para desenvolver um cronograma detalhado de produção, especificando a programação, qual item deve ser produzido primeiro e quando a produção deverá ser alterada de um item para outro. A decisão-chave é o tempo para fazer as partidas de produção para cada produto. As partidas mais longas de produção reduzem o número exigido de máquinas remanejadas, diminuindo, assim, os custos da produção. As partidas mais curtas de produção geram um estoque menor de produtos acabados e reduzem os custos de manutenção do estoque.

O *planejamento de requisição de materiais* (*MRP*, materials requirement planning) determina a quantidade e o momento para fazer os pedidos de material com os fornecedores. Os tipos e as quantidades de matérias-primas requeridas para apoiar a programação de produção planejada são determinados com base no estoque de matéria-prima existente e na "conta de materiais" ou BOM – um tipo de "receita" de ingredientes necessários para fazer cada produto do item. A quantidade de matéria-prima a ser pedida depende também do tempo de espera e do tamanho do lote. O tempo de espera é o intervalo que leva desde que se faça um pedido de compra até que a matéria-prima chegue às instalações de produção. O tamanho do lote é relacionado com quantidades discretas que o fornecedor remeterá e a quantidade econômica para o produtor receber e/ou armazenar. Por exemplo, um fornecedor poderia remeter certa matéria-prima em vagões ferroviários em unidades de 80 mil libras. O produtor poderia necessitar de 95 mil libras de matéria-prima. Uma decisão precisa ser tomada para pedir um ou dois vagões de matéria-prima.

O Newark Group é uma produtora de papelão e cartão de produtos reciclados com operações na América do Norte e Europa. A empresa implementou um sistema de planejamento das necessidades de materiais que lhe permite visualizar, planejar, executar, resolver e analisar todos os seus embarques de matérias-primas e dos clientes de saída de entrada. O resultado é maior eficiência e menores custos de transporte.[29]

A *aquisição* usa a informação do MRP para efetuar pedidos de compra de matérias-primas com os fornecedores qualificados. Em geral, a liberação desses pedidos de compra é ajustada de forma que as matérias-primas cheguem no tempo certo para ser utilizadas na produção e minimiza os custos de depósito e de armazenamento. Muitas vezes, os produtores permitirão que os fornecedores utilizem os dados pela extranet para determinar quais matérias-primas o fornecedor precisa, minimizando o esforço e o tempo de espera para colocar e preencher os pedidos de compra.

A *produção* usa o cronograma para planejar os detalhes de administração e pessoal para a operação de produção. Esse cronograma mais detalhado leva em conta o funcionário, equipamentos e disponibilidade de matérias-primas, junto com dados específicos de demanda do cliente. A Bombardier Aerospace emprega mais de 35 mil pessoas na fabricação de um número de aeronaves executivas e regional, incluindo o Learjet, Challenger, Globa, Flexjet e aeronaves Bombardier. A empresa utiliza um sistema de planejamento de produção e programação detalhada para gerenciar suas linhas de montagem de aeronaves.[30]

Os *pedidos de vendas* são o conjunto de atividades que devem ser executadas para capturar uma ordem de venda do cliente. Alguns dos passos essenciais incluem a gravação dos itens a serem comprados, a fixação do preço de vendas, o registro da quantidade da ordem, o custo total da encomenda, incluindo os custos de entrega e confirmando o crédito disponível do cliente. Caso o(s) item(ns) que o cliente deseja encomendar esteja(m) fora de estoque, o processo de pedido de vendas deve comunicar o fato e sugerir outros itens que poderia substituir a escolha inicial. A determinação dos preços de venda pode se tornar bastante complicada e implica descontos por quantidade, promoções e incentivos. Depois que o custo total do pedido é determinado, é necessário checar o crédito disponível do cliente para verificar se esse pedido pode ultrapassar seu limite. A Figura 9.7 mostra uma janela de entrada do pedido de compra no software de negócio SAP.

Os sistemas ERP não funcionam diretamente com as máquinas da produção, portanto necessitam de um modo de capturar as informações sobre o que foi produzi-

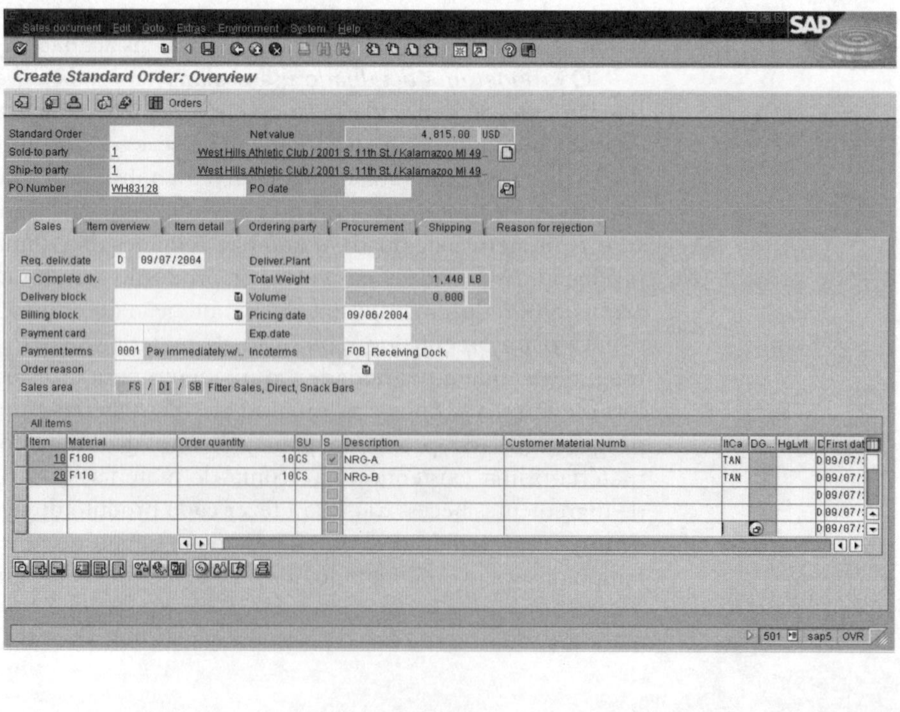

FIGURA 9.7 Janela de entrada de pedidos de vendas.

do. Esses dados devem ser passados para os módulos de contabilidade do ERP para manter uma conta precisa do estoque do produto acabado. Muitas empresas têm computadores pessoais no chão da fábrica que contam o número de caixas de cada item de produto, escaneando um código UPC no material da embalagem. Outras abordagens para a captura de quantidades de produção incluem o uso de chips RFID e inserem os dados manualmente por um computador portátil.

Separadamente, os dados de qualidade da produção podem ser somados com base nos resultados dos testes realizados em uma amostra do produto para cada lote fabricado. Em geral, esses dados incluem o número de identificação do lote, o qual identifica a partida da produção e os resultados de vários testes de qualidade do produto.

Os varejistas e fabricantes utilizam previsão de demanda para combinar a produção à demanda do consumidor e para alocar produtos para as lojas. A Body Shop vende ampla gama de produtos de beleza em mais de 2.500 lojas em 60 mercados em todo o mundo. A empresa utiliza um software de previsão de demanda para definir e manter os níveis de estoque rentáveis em uma programação constante de mudança de perfumes, loções e produtos de cuidados com a pele.[31]

CONTABILIDADE FINANCEIRA E GERENCIAL E O ERP

O livro-razão é o principal registro de contabilidade de um negócio. É frequentemente dividido em diferentes categorias, incluindo ativos, responsabilidades, receitas, despesas e lucro líquido. Por sua vez, essas categorias são subdivididas em partes do livro-razão para captar detalhes como caixa, contas a pagar, contas a receber e assim por diante. Os processos de negócios necessários para capturar e reportar esses detalhes da contabilidade são essenciais para o funcionamento de qualquer organização e frequentemente incluídos no âmbito do sistema ERP. Em um sistema ERP, a entrada para o livro-razão ocorre simultaneamente à entrada de uma transação de negócio para um módulo específico. Aqui estão vários exemplos de como isso ocorre:

- Um funcionário de pedidos registra uma venda e o sistema ERP automaticamente cria uma entrada de contas a receber, indicando que o cliente deve dinheiro pelos bens recebidos.
- Um comprador entra com um pedido de compra e o sistema ERP cria automaticamente uma entrada de contas a pagar no livro-razão, registrando que a empresa tem uma obrigação de pagar pelos bens que serão recebidos em algum momento no futuro.
- Um funcionário nas docas registra um aviso de recebimento de materiais adquiridos de um fornecedor, e o sistema ERP cria automaticamente uma entrada no livro-razão para aumentar o valor do estoque restante.
- Um funcionário da produção retira matérias-primas do estoque para utilizar na produção, e o sistema de ERP gera um registro para reduzir o valor do estoque restante.

Dessa maneira, o sistema ERP capta as transações inseridas pelos funcionários em todas as áreas funcionais do negócio. Então, o sistema ERP cria um registro associado no livro-razão para acompanhar o impacto financeiro da transação. Esse conjunto de registros é um recurso extremamente valioso que pode ser utilizado pelas empresas para subsidiar a contabilidade financeira e a contabilidade gerencial.

A contabilidade financeira consiste em captar e registrar todas as transações que afetam o estado financeiro de uma empresa e, depois, usar essas transações documentadas para preparar declarações financeiras para tomadores de decisão externos, como investidores, fornecedores, bancos e agências governamentais. Essas declarações financeiras incluem as declarações de lucros e perdas, balancetes e declarações do fluxo de caixa. Elas devem ser preparadas em concordância estrita com as regras e orientações de agências, como a Comissão de Valores Mobiliários, o Imposto de Renda e o Conselho de Padrões de Contabilidade Financeira. Os dados reunidos para a contabilidade financeira também podem formar a base para a contabilidade fiscal porque isso envolve relatório externo das atividades de uma empresa para as agências fiscais locais, estaduais e federais.

A contabilidade gerencial envolve o uso de dados tanto históricos como estimados no fornecimento de informações utilizadas pela gestão para conduzir as operações diárias, planejar operações futuras e desenvolver estratégias globais de negócios. A contabilidade gerencial fornece dados para permitir aos gestores da empresa avaliar a rentabilidade de determinado produto ou linha de produto específico, identificar as regiões de baixo desempenho de vendas, estabelecer orçamentos, fazer previsões de lucro e medir a eficácia das campanhas de marketing.

Todas as transações que afetam o estado financeiro da empresa são captadas e registradas no banco de dados do sistema ERP. Esses dados são utilizados no módulo da contabilidade financeira do sistema ERP para preparar declarações exigidas pelas várias partes. Os dados também podem ser utilizados no módulo de contabilidade gerencial do sistema ERP junto a várias suposições e previsões para a realização de várias análises, como gerar uma declaração de previsão de lucro e perda para avaliar a futura lucratividade da empresa. Usar um ERP com sistemas de contabilidade financeira e de gestão pode contribuir significativamente para o sucesso de uma empresa.

GERENCIAMENTO DO RELACIONAMENTO COM O CLIENTE

SISTEMA DE GERENCIAMENTO DO RELACIONAMENTO COM O CLIENTE (CRM, CUSTOMER RELATIONSHIP MANAGEMENT): Sistema que auxilia a empresa a gerenciar todos os aspectos de encontros com os clientes, incluindo marketing, publicidade, vendas, atendimento ao cliente pós-venda e programas para manter a fidelidade de clientes.

Como discutido no Capítulo 2, um **sistema de gerenciamento do relacionamento com o cliente (CRM, customer relationship management)** auxilia uma empresa a gerenciar todos os aspectos dos encontros com os clientes, incluindo marketing, publicidade, vendas, atendimento ao cliente pós-venda e programas para manter a fidelidade de clientes (veja a Figura 9.8). O objetivo de um CRM é entender e antecipar as necessidades de clientes atuais e potenciais para conservá-los e manter sua fidelidade, enquanto aperfeiçoa o modo como os produtos e serviços são vendidos. O CRM é usado principalmente pela equipe de vendas, marketing e organização de serviço para captar e visualizar dados sobre clientes e melhorar as comunicações. As empresas que implantam sistemas CRM relatam muitos benefícios, como aumento na satisfação do

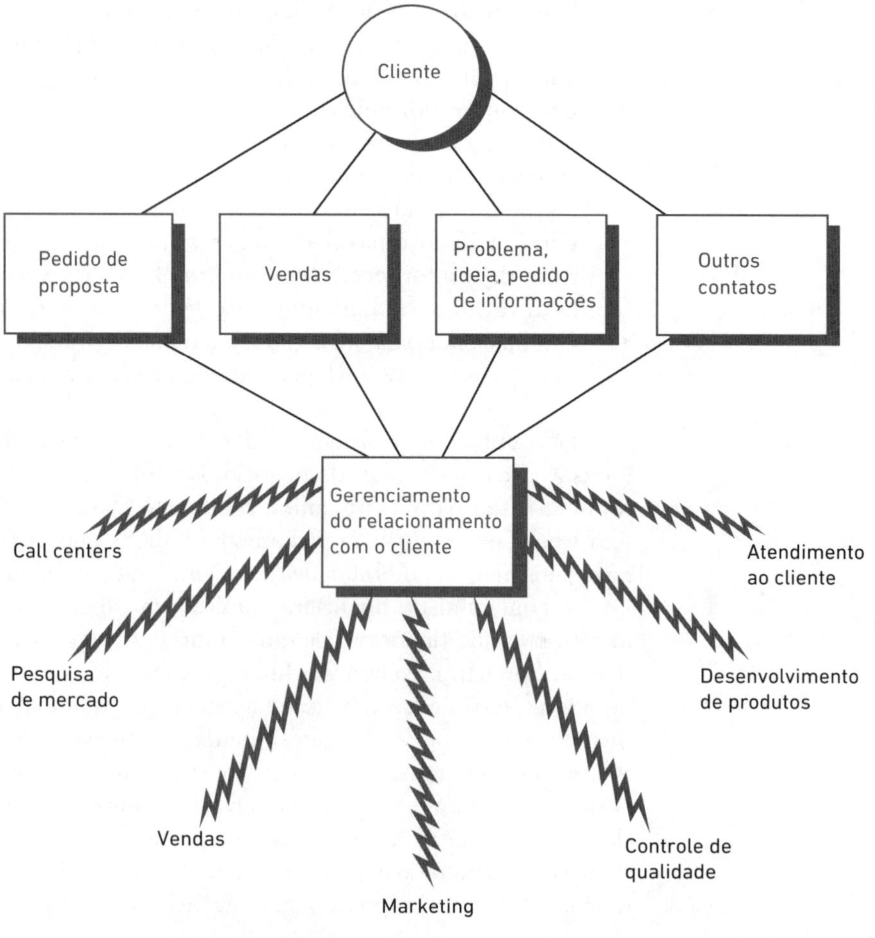

FIGURA 9.8 Gerenciamento do relacionamento com o cliente.

cliente, aumento na retenção de clientes, redução nos custos de operação e a capacidade de atender as demandas dos clientes.

O software de CRM automatiza e integra as funções de venda, marketing e serviço em uma organização. O objetivo é captar dados sobre todos os contatos que a empresa tem com um cliente por meio de todos os canais e armazená-los em um sistema CRM para que a empresa possa compreender verdadeiramente as ações dos clientes. O software de CRM auxilia uma organização a criar um banco de dados sobre seus clientes e descreve os relacionamentos em detalhes suficientes para que a gerência, o pessoal de vendas, os fornecedores de serviço ao cliente e até os próprios clientes possam acessar as informações para combinar suas necessidades com planos de produtos e ofertas, lembrá-los das exigências do serviço e conhecer que outros produtos compraram.

O time de beisebol do Boston Red Sox usa um sistema CRM para capturar dados de várias fontes, incluindo seu sistema de emissão de bilhetes, e proporcionar uma melhor visão sobre as preferências de seus fãs. A organização analisa esses dados para desenvolver promoções e programas de marketing que aumentam a frequência e melhoram as taxas de retenção de clientes no Fenway Park.[32]

As características-chave de um sistema CRM incluem:

- **Gerenciamento de contatos**. Capacidade de monitorar os dados sobre os clientes individuais e as oportunidades de vendas e acesso aos dados a partir de qualquer parte da organização (veja a Figura 9.9, que mostra a SAP Contact Manager).
- **Gestão de vendas**. Capacidade de organizar dados sobre clientes e oportunidades de vendas e, em seguida, priorizar as oportunidades de vendas potenciais e identificar os próximos passos apropriados.
- **Atendimento ao cliente**. Capacidade de atender os representantes de serviço ao cliente, para que possam rápida, completa e adequadamente responder às solicitações dele, resolver seus problemas e, ao mesmo tempo, coletar e armazenar os dados sobre essas interações.
- **Automação de marketing**. Capacidade de capturar e analisar todas as interações com os clientes, gerar respostas adequadas e coletar dados para criar e construir campanhas de marketing eficazes e eficientes.
- **Análise**. Capacidade de analisar os dados do cliente para identificar formas de aumentar as receitas e diminuir os custos, identificar os "melhores clientes" da empresa, determinar como retê-los e encontrar mais deles.
- **Redes sociais**. Capacidade de criar e se juntar a sites como o Facebook, onde os vendedores podem fazer contatos com possíveis clientes.
- **Acesso por smartphones**. Capacidade de acessar o software de gerenciamento de relacionamento com o cliente baseado na web por dispositivos como o BlackBerry ou iPhone da Apple.
- **Importar dados de contato**. Capacidade dos usuários para importar dados de contatos de vários prestadores de serviços de dados, como o Jigsaw, que oferece dados de contato de empresa que podem ser baixados gratuitamente direto no aplicativo CRM.

A Figura 9.9 exibe o SAP Contact Manager.

O foco do CRM envolve muito mais que instalar um novo software. Mudar de uma cultura de simplesmente vender produtos para outra que coloca o cliente em primeiro lugar é essencial para uma implantação bem-sucedida do CRM. Antes que qualquer software seja carregado em um computador, uma empresa precisa treinar novamente seus funcionários; delimitar quem gerenciará as questões dos clientes e quando devem ficar claramente definidas; bem como os sistemas computacionais precisam ser integrados para que todas as informações pertinentes estejam disponíveis imediatamente se um cliente ligar para um representante de vendas ou para o representante do serviço ao cliente. A maioria dos sistemas CRM agora pode ser acessada por dispositivos sem fio.

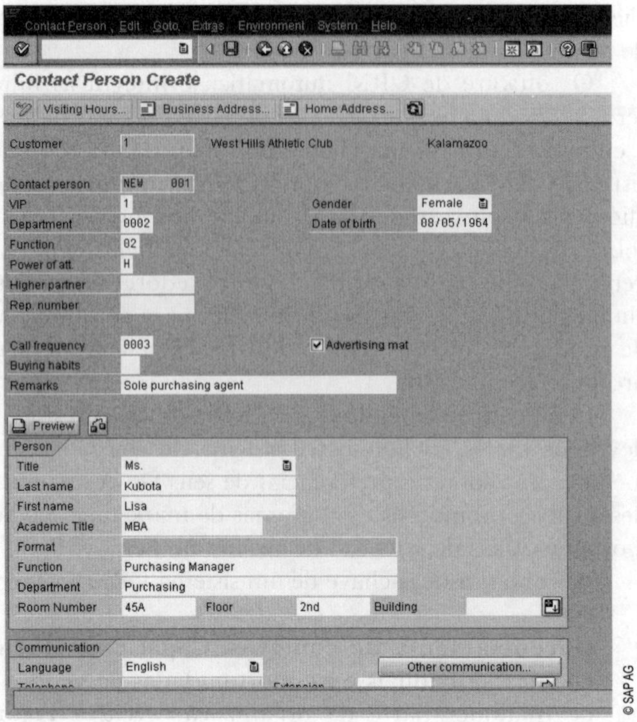

FIGURA 9.9 SAP Contact Manager.

As organizações escolhem implantar o CRM por uma variedade de razões, dependendo de suas necessidades. Considere os seguintes exemplos:

- A Stallergenes é uma empresa biofarmacêutica europeia especializada no desenvolvimento de produtos para o tratamento de alergias respiratórias graves. A cada ano, cerca de 500 mil pacientes se beneficiam com seus produtos.[33] A Stallergenes escolheu a Veeva CRM, um CRM baseado em nuvem, para apoiar suas operações internacionais em rápida expansão. Esse software CRM proporciona elevado grau de flexibilidade e é facilmente expandido para suportar o crescimento das forças de vendas da empresa.[34]
- A Burns & McDonnell é uma empresa de arquitetura, construção, engenharia e meio ambiente com 3 mil funcionários e está sediada em Kansas City, Missouri. A empresa planeja, projeta, permite, constrói e gerencia as instalações em todo o mundo.[35] Recentemente, escolheu o Microsoft Dynamics CRM para melhorar a produtividade dos funcionários e aumentar as vendas e o atendimento ao cliente. O software permitirá que seus funcionários possam ter uma visão integrada de cada cliente, incluindo os principais eventos, os esforços de projeto e interações com o cliente em todas as suas 11 práticas globais, aumentando assim o potencial de vendas.[36]
- O Departamento de Assistência e Desenvolvimento Social para as Filipinas garante que os pobres e vulneráveis sejam atendidos com os programas e serviços de proteção social de qualidade. A agência aprovou recentemente o Microsoft Dynamics CRM para garantir a precisão e a eficiência de identificar aqueles que são elegíveis para os serviços, proporcionando-lhes uma integração perfeita com vários serviços e sistemas necessários para atender a suas necessidades.[37]

A Tabela 9.5 lista os sistemas CRM de maior público (em ordem alfabética) para grandes, médias e pequenas organizações. O NetSuite, o Microsoft Dynamics DRM e o Salesforce.com são altamente avaliados para todos os tamanhos de organizações.

Por causa da popularidade dos dispositivos móveis, os clientes podem facilmente comparar preços e produtos em seus celulares e instantaneamente twittar suas experiências com uma marca para dezenas de amigos. Os varejistas experientes usam hoje os sistemas CRM para permanecer no topo do que esses clientes estão dizendo nas redes sociais e responder rapidamente aos seus comentários.

TABELA 9.5 Sistemas CRM de maior audiência, 2011

Sistemas CRM para grandes organizações	Sistemas CRM para empresas de médio porte	Sistemas de CRM para pequenas empresas
Amdocs		
Microsoft Dynamics CRM	Microsoft Dynamics CRM	Microsoft Dynamics CRM
NetSuite	NetSuite	NetSuite
Oracle Siebel CRM	Oracle Siebel CRM	
	RightNow	
Salesforce.com	Salesforce.com	Salesforce.com
	Sage	
SAP	SugarCRM	SugarCRM
		Zoho

Fonte: Staff, "The 2011 CRM Market", *CRM Magazine*, www.destinationcrm.com/Articles/Editorial/Magazine-Features/The-2011--CRM-Market-Leaders-76485.aspx, 9 ago. 2011.

A Tasti D-Lite serve sua sobremesa cremosa com mais de 100 sabores em uma rede de 60 centros de operações e propriedades independentes, a maioria na área da grande Nova York. A empresa instalou telas de exibição para que seus clientes confiram e possam exibir comentários de meios de comunicação social sobre produtos e experiências de compras Tasti D-Lite de outros clientes. Eles também podem aprender sobre o programa de fidelidade da TastiRewards, ganhando pontos com a ligação da marca via Facebook, Foursquare ou Twitter.[38] A Tasti D-Lite licenciou o software CRM para apoiar estas e outras de suas iniciativas de mídias sociais.[39]

Tommy Bahama usa os dados capturados pelo sistema CRM para investigar e aprender um pouco mais sobre seus clientes mais apaixonados. Quando a empresa analisou esses dados, a gestão ficou surpresa ao saber que seus principais clientes eram muito mais jovens do que o pensado e que a empresa tinha muitos mais clientes em cidades do norte que o previsto. Ela agora está trabalhando para vincular seu software CRM em um programa de fidelização de clientes melhorado que distingue os indivíduos e a recompensa apropriadamente.[40]

GERENCIAMENTO DE CICLO DE VIDA DO PRODUTO (PLM)

O gerenciamento de ciclo de vida do produto (PLM, product lifecycle management) fornece um meio para gerenciar todos os dados associados com o desenvolvimento de produtos, design de engenharia, produção, apoio e disposição de produtos manufaturados. Como os produtos avançam por essas etapas, os dados do produto são gerados e distribuídos para vários grupos dentro e fora da empresa fabricante. Esses dados incluem design e processo de documentos, declaração de definições de material, atributos do produto e documentos necessários para a FDA e a conformidade ambiental.

O software PLM e seus dados são usados por usuários internos e externos. Os usuários internos incluem engenharia, operações, manufatura, compras, fornecimento, fabricação, marketing, qualidade, regulamentação e outros. Os usuários externos são parceiros do fabricante de design, fornecedores de embalagens, fornecedores de matérias-primas e fabricantes contratados. Esses usuários devem colaborar para definir, manter, atualizar e compartilhar informações seguras sobre o produto ao longo de seu ciclo de vida. Frequentemente, esses usuários externos são convidados a assinar acordos de confidencialidade para reduzir o risco de informações proprietárias que podem ser compartilhadas com os concorrentes.

Diane von Furstenberg é uma designer de moda para homens, mulheres, vestuário infantil, calçados, bolsas e óculos de sol. A empresa implementou um sistema PLM para melhorar a velocidade para o mercado de projetos mais recentes e a produtividade

QUESTÕES ÉTICAS E SOCIAIS

O Kick-Starting é uma pequena organização sem fins lucrativos de arrecadação on-line

A síndrome de Prader-Willi (PWS, Prader-Willi syndrome) é uma doença genética rara que ocorre em uma a cada 15 mil crianças, 1% da frequência de transtornos do espectro do autismo. Isso acarreta a obesidade infantil com risco de vida, em parte porque o cérebro está convencido de que o corpo está em um estado perpétuo de fome, bem como outras condições. A PWS tem recebido historicamente pouca atenção ou apoio de pesquisadores da área médica. A Fundação de Prader-Willi Research (FPWR) tentou mudar essa situação.

A FPWR foi fundada em 2003 por 40 famílias para financiar pesquisas sobre a PWS. Em 2005, $ 100 mil de renda da organização vieram de alguns grandes doadores. Os fundadores perceberam que as doações aumentavam substancialmente e era necessário mudar a forma como a FPWR operava. Em particular, a fundação teve de se tornar on-line. No entanto, a organização tinha poucos recursos de tecnologia da informação, recursos financeiros limitados e nenhuma experiência com a internet.

A doação on-line é um processo arriscado na melhor das hipóteses. A investigação descobriu que quase metade das pessoas que visitam o site de uma instituição de caridade com a intenção de fazer uma doação não segue adiante. Além do mais, a fração de visitantes que não doam varia muito de local para local. Simon Norris, CEO da empresa de consultoria Nomensa, sugere que as "organizações sem fins lucrativos devam tirar uma lição de marcas de sucesso e-commerce para entender e oferecer uma experiência de doação otimizada".

A chave para essa experiência é a criação de uma relação entre a caridade e o doador. Os fundadores da FPWR entenderam esse princípio. Como você aprendeu neste capítulo, eles sabiam que os sistemas de gerenciamento do relacionamento com o cliente (CRM, customer relationship management) podem "ajudar uma empresa a gerenciar todos os aspectos de encontros dos clientes". Substitua o "cliente" por "doador" e que a ajuda era exatamente a base necessária: o software gerencia suas relações de doadores a fim de fortalecer a ligação dos doadores para a FPWR.

Felizmente, a FPWR pode escolher entre muitos pacotes CRMs disponíveis – mesmo que o C seja tomado como Constituinte, em vez de Cliente, como é mais apropriado quando os doadores são parte da imagem. Infelizmente, a própria abundância de pacotes CRM tornou difícil escolher um. O orçamento limitado da FPWR era um fator crítico na escolha de um pacote CRM. Quando a fundação aprendeu o CiviCRM, projetado especificamente para organizações de caridade e disponível sem custo, esse sistema se tornou a resposta óbvia.

O CiviCRM é projetado especificamente para o rastreamento de doadores. Pode registrar as contribuições de dinheiro, itens ou serviços de valor (em espécie) e tempo de voluntariado. Ele pode lidar com uma doação única, presentes recorrentes, promessas de presentes e mais. Ele pode rastrear presentes off-line para fornecer um quadro completo das contribuições de um doador por meio de todos os canais. O sistema também diferencia subsídios (que obrigam a FPWR fazer algo em troca) de contribuições (o que não tem de fazer algo em troca). Ele rastreia afiliações para uso doméstico e de trabalho para indicar quem está ligado a quem. Ele também permite que a organização gerencie os voluntários por habilidades e disponibilidade e crie níveis de adesão com vários critérios e benefícios.

Três pessoas da FPWR mais um desenvolvedor contratado configuram o CiviCRM, e a FPWR agora obtém mais de $ 700 mil por ano por meio de doações on-line.

Em 2011, a FPWR usou o CiviCRM para lançar seu OneSmallStep por iniciativa de Research (OSS). Essa iniciativa reuniu mais de 500 arrecadadores de fundo em 53 cidades ao redor do mundo para angariar dinheiro para pesquisas da PWS. Os organizadores OSS em cada cidade usam o CiviCRM para estabelecer suas campanhas e recrutar pessoas para captação de recursos, que, por sua vez, solicitam as doações. O CiviCRM lida com várias moedas, idiomas e processadores de pagamento, bem como gerencia os requisitos de rastreamento de doação legais de diferentes países. Durante os primeiros quatro meses de 2012, o OSS levantou $ 168 mil para seu objetivo de $ 1 milhão. Sem o CiviCRM, essa conquista não teria sido possível.

QUESTÕES ÉTICAS E SOCIAIS

Questões para discussão

1. À exceção de um orçamento menor, como as instituições de caridade são diferentes das empresas que vendem produtos por e-commerce? Como elas são semelhantes?
2. Sua universidade certamente solicita doações de seus graduados. Como suas necessidades de gestão de doadores são diferentes das da FPWR? Como são semelhantes?

Questões para análise

1. Qualquer coisa que envolva a saúde das crianças, como a PWS, tem um apelo emocional para os doadores. A maioria dos produtos vendidos on-line tem apelo menos emocional, mas maior valor prático. Como é que o apelo emocional de um produto ou serviço afeta as informações que um sistema CRM deve armazenar em seu banco de dados para cada constituinte (doador ou cliente)?
2. Usando os conceitos de bancos de dados relacional que você aprendeu no Capítulo 5, descubra quais entidades, atributos e relacionamentos o projeto de banco de dados do CiviCRM deve incluir. Em seguida, usando os conceitos ERD que você aprendeu, desenhe um modelo de dados para ele. Inclua todas as entidades e relacionamentos que são necessários para os recursos do CiviCRM descritos no caso.

Fontes: Site da CiviCRM, *civicrm.org*, acesso em: 2 maio 2012; site da Foundation for Prader-Willi Research, www.fpwr.org, acesso em: 2 maio 2012; Nomensa, "47% of Donors Not Completing Their Journey to Give", www.nomensa.com/about/news-items/47-donors-not-completing-their-journey-give, acesso em: 1 nov. 2011; Norris, S.; Potts, J., "Designing the Perfect Donation Experience", Nomensa Ltd., www.nomensa.com/insights/designing-perfect-donation-process-part-1 (registro gratuito necessário), acesso em: out. 2011; Sheridan, A., "Getting to Know You: CRM for the Charity Sector", *Fundraising*, www.civilsociety.co.uk/fundraising/opinion/content/8759/getting_to_know_you_crm_for_the_sector, acesso em: 6 abr. 2011.

do trabalhador. O sistema permite que os trabalhadores visualizem as principais informações muito mais cedo no processo de design, tornando possível implementar mudanças prévias e com um custo menor.[41]

Brown-Foreman é um produtor e distribuidor de bebidas finas e fortes e vinhos, com mais de duas dezenas de marcas, incluindo Old Forrester, Early Times, Jack Daniels e Southern Comfort. Ele distribui seus produtos em mais de 135 países em todo o mundo. A empresa implementou um sistema PLM para criar, acompanhar e analisar as suas fórmulas de produtos existentes. Usando o sistema, pessoas do desenvolvimento de produto podem construir novas fórmulas de informações verificadas, evitando assim a duplicação de esforços. O sistema PLM também ajuda a garantir a conformidade regulamentar com mais controle sobre rotulagem para comida judaíca, alérgicos, GMO (organismos geneticamente modificados) e os clientes veganos. Os funcionários também podem pesquisar o banco de dados PLM para determinar como seus produtos e ingredientes tarifam sobre alérgenos e padrões para alimentos judaícos, GMO, reguladores e veganos, temas importantes para muitos de seus clientes.[42]

MODELO DE SOFTWARE HOSPEDEIRO PARA SOFTWARE EMPRESARIAL

Muitos fornecedores de software de aplicação em negócios pressionam para o uso de modelo de software hospedeiro (uso da internet) para as pequenas e médias empresas. O objetivo é auxiliar o cliente a adquirir, usar e se beneficiar da nova tecnologia, enquanto evita toda a complexidade envolvida e os altos custos do início. Applicor, Intacct, NetSuite, SAP e Workday estão entre os fornecedores que oferecem versões hospedeiras de seu software de ERP ou CRM a um custo de $ 50 a $ 200 por mês por usuário.

Essa abordagem "pagamento por utilização" é atraente para as pequenas e médias empresas, porque elas podem experimentar recursos de software poderosos sem fazer um grande investimento financeiro. As organizações podem então se desfazer do software sem grandes investimentos caso ele falhe ao fornecer valor ou de alguma forma não atenda às expectativas. Além disso, usando o modelo de software hospedeiro significa também que as pequenas empresas não necessitam contratar um profissional de TI em tempo integral para manter aplicativos-chave do negócio. A pequena empresa pode esperar economias adicionais dos custos reduzidos do hardware e dos custos associados com a manutenção de um ambiente apropriado de computação (como ar-condicionado, energia e um suprimento ininterrupto de energia).

A Love Culture opera 60 lojas em 26 estados oferecendo roupas, calçados e acessórios que são a tendência da moda para experientes e jovens mulheres. A empresa implementou uma solução CRM hospedado por causa de seu custo inicial mínimo, falta de infraestrutura e recursos técnicos. A solução CRM ajuda os tomadores de decisão a minimizar o estoque, reduzindo simultaneamente as rupturas e executando a estratégia de preços adequada em cada localização de loja.[43]

A Tabela 9.6 lista as vantagens e desvantagens do modelo de software hospedeiro.

TABELA 9.6 Vantagens e desvantagens do modelo de software hospedeiro

Vantagens	Desvantagens
Custo total de propriedade	Disponibilidade potencial e problemas de confiabilidade
Início mais rápido do sistema	Potenciais problemas de segurança de dados
Risco de implementação menor	Potenciais problemas de integração dos produtos hospedados de diferentes fornecedores
Gestão de sistemas terceirizados para especialistas	Economias previstas com a terceirização talvez compensadas pelo maior esforço para gerenciar os fornecedores

RESUMO

Princípio:

Uma organização deve ter sistemas de informação que apoiem a rotina, as atividades do dia a dia que ocorrem no curso normal de um negócio e auxiliam uma empresa a agregar valor aos seus produtos e serviços.

Os sistemas de processamento de transações (TPSs) estão no coração da maioria dos sistemas de informação de negócios atualmente. Um TPS é um conjunto organizado de pessoas, procedimentos, software, bancos de dados e dispositivos utilizados para capturar dados fundamentais sobre os fatos que afetam a organização (transações) e para usar esses dados para atualizar os registros oficiais da organização.

Os métodos dos sistemas de processamento de transação incluem operações por lotes ou on-line. O processamento em lotes envolve a função de transações em lotes inseridos no sistema em intervalos regulares como um grupo. O processamento de transação on-line (OLTP) permite que as transações sejam inseridas conforme elas ocorram.

Os sistemas de processamento de pedido capturam e processam dados dos pedidos do cliente a partir de seu recebimento com a criação de uma fatura para o cliente.

Os sistemas de contabilidade rastreiam o fluxo dos dados relativos a todos os fluxos de caixa que afetam a organização.

Os sistemas de compra ajudam no controle do estoque, processamento dos pedidos de compra, recebimento e nas funções do negócio de contas a pagar.

Atualmente, as organizações, inclusive as PME, implantam um conjunto integrado de TPS de um único ou de um número limitado de fornecedores de software para atender às necessidades de processamento de transação.

As organizações esperam que os TPSs cumpram com alguns objetivos específicos, incluindo dados de processamento gerados pelas transações, mantendo um grau de precisão e integridade das informações, compilando relatórios e documentos exatos e oportunos, aumentando a eficiência do trabalho, auxiliando a aumentar e melhorar a qualidade do serviço, construindo e mantendo a fidelidade do cliente. Em algumas situações, um TPS eficaz pode auxiliar uma organização a ganhar vantagem competitiva.

Todos os TPSs desempenham as seguintes atividades básicas: coleta de dados, que envolve a captação dos dados da fonte para completar um conjunto de transações; edição de dados, que verifica sua validade e integridade; correção dos dados, que envolve fornecer informações de retorno a respeito de um problema potencial e permitir aos usuários modificar os dados; manipulação de dados, realização de cálculos, separação, seleção por categorias, resumo e armazenamento de dados para processamento posterior; armazenamento de dados, que envolve colocar os dados das transações em um ou mais bancos de dados; e produção de documentos que envolve os registros de saídas e relatórios.

Princípio:

Uma organização que implanta um sistema empresarial cria um conjunto de sistemas altamente integrado que pode conduzir a muitos benefícios no negócio.

O planejamento de recursos empresariais (ERP) é um software que apoia a operação eficiente dos processos de negócio, integrando todas as suas atividades, que abrange vendas, marketing, produção, logística, contabilidade e pessoal.

A implantação de um sistema ERP pode oferecer muitas vantagens, que inclui o fornecimento de acesso a dados para a tomada de decisão operacional, elimina os sistemas legados onerosos e inflexíveis, fornece processos aperfeiçoados de trabalho e cria a oportunidade de atualizar a infraestrutura da tecnologia.

Algumas das desvantagens associadas com um sistema ERP são o consumo de muito tempo e a dificuldade de implantação.

Os desafios mais significativos para o sucesso da implementação de um sistema ERP incluem o custo e a interrupção de atualizações, o custo e o longo tempo de espera da implementação, a dificuldade na gestão da mudança, a gestão de personalização de software e a frustração do usuário com o novo sistema.

Muitas pequenas e médias empresas implantam sistemas ERP para alcançar benefícios organizacionais. Em muitos casos, escolhem implantar sistemas de código aberto por causa do custo total mais baixo de propriedade e pela capacidade de serem modificados facilmente.

Nenhuma solução de software ERP é "melhor" para todas as organizações. SAP, Oracle, Infor e Microsoft estão entre os principais fornecedores de ERP.

Embora o âmbito de aplicação ERP possa variar, a maioria das empresas utiliza sistemas ERP para apoiar a contabilidade financeira e gerencial, bem como a inteligência empresarial. A maioria das organizações de manufatura usa o ERP para apoiar as atividades de gestão, planejamento, execução e controle da cadeia de suprimento e de todas as tarefas envolvidas em compra e abastecimento de matéria-prima, conversão de matérias-primas para os produtos acabados e armazenamento e entrega de produto acabado aos clientes.

A produção e o processo de gerenciamento da cadeia de suprimentos se iniciam com a previsão de vendas para desenvolver uma estimativa da futura demanda do cliente. Essa previsão inicial está em um nível bem alto, com estimativas feitas por grupo de produtos, em vez de item de produto individual. As vendas e o plano de operações levam a demanda e os níveis de estoque do momento em conta e determinam os itens de produto específico que necessitam ser produzidos e em que momento para satisfazer à previsão da demanda futura. O gerenciamento da demanda refina o plano de produção, determinando a quantidade de produção semanal ou diária necessária para atender à demanda de produtos individuais. O cronograma detalhado usa o plano de produção definido pelo processo de gerenciamento da demanda para desenvolver um cronograma de produção, especificando quais itens produzir primeiro e quando a produção deveria ser mudada de um item para outro, por exemplo. O planejamento de requisição de materiais determina a quantidade e o momento para fazer os pedidos de material com os fornecedores. A aquisição usa as informações do planejamento de requisição de materiais para fazer pedidos de matérias-primas e transmiti-los aos fornecedores qualificados. A produção usa o cronograma detalhado para planejar a logística a fim de administrar e colocar os profissionais para operar a produção. Os módulos de aplicação individual incluídos no sistema ERP são projetados para apoiar as melhores práticas, os modos mais eficientes e eficazes de completar um processo de negócio.

As organizações estão implementando sistemas CRM para gerenciar todos os aspectos dos encontros com o cliente, incluindo marketing, publicidade, vendas, atendimento ao cliente pós-venda e programas para manter e reter a fidelidade de clientes.

As organizações de manufatura querem implementar o gerenciamento do ciclo de vida do produto (PLM) para gerenciar todos os dados associados com o desenvolvimento de produtos, design de engenharia, produção, apoio e entrega final de seus produtos. Esses sistemas são utilizados por usuários internos e externos para que possam colaborar.

Os fornecedores de software de aplicação em negócios experimentam um modelo de software hospedeiro para verificar se a abordagem satisfaz às necessidades dos clientes e se tem a probabilidade de gerar receitas significativas. Essa abordagem é especialmente atraente para as pequenas e médias empresas devido ao baixo custo inicial, o que torna possível experimentar software de capacidades poderosas.

As numerosas complicações surgem, o que as corporações multinacionais devem considerar no planejamento, na construção e na operação de seus TPSs. Esses desafios incluem tratar com diferentes línguas e culturas, disparidades na infraestrutura de SI, leis diversificadas, legislação aduaneira e múltiplas moedas.

CAPÍTULO 9: TESTE DE AUTOAVALIAÇÃO

Uma organização deve ter sistemas de informação que apoiem a rotina, as atividades do dia a dia que ocorrem no curso normal de um negócio e auxiliam uma empresa a agregar valor aos seus produtos e serviços.

1. Um _________ é fundamental para uma organização e garante que as informações possam ser compartilhadas por todas as funções da empresa e por todos os níveis de gerência para apoiar a administração e o gerenciamento de um negócio.
2. O resultado do processamento de transações de negócios é que os registros da organização são atualizados para refletir o estado da operação no momento de ________.
3. Qual dos seguintes não é um dos componentes básicos de um TPS?
   a. bancos de dados
   b. rede
   c. procedimentos
   d. modelos analíticos
4. Com os sistemas de processamento em _________, as transações de negócio são acumuladas por um período de tempo e preparadas para serem processadas como uma única unidade.
5. Os métodos de processamento on-line são mais adequados e rentáveis para todas as formas de sistemas de processamento de transações. Verdadeiro ou falso?
6. Qual dos seguintes não é um objetivo do sistema de processamento de transações de uma organização?
   a. Capturar, processar e atualizar os bancos de dados de negócios necessários para apoiar as atividades de rotina
   b. Certificar-se de que os dados são processados imediatamente após a ocorrência de uma transação comercial
   c. Evite processar as transações fraudulentas
   d. Fornecer respostas e relatórios ao usuário imediatamente
7. Os dados do empreendimento passam por ______, que incluem coleta, edição, correção, manipulação e armazenamento de dados e produção de documentos.
8. Infelizmente, existem poucas opções para pacotes de software que fornecem soluções de sistemas de processamento de transações integradas para pequenas e médias empresas. Verdadeiro ou falso?
9. Coletar e reunir todos os dados necessários para completar o processamento de transação é chamado _______________.

Uma organização que implanta um sistema empresarial cria um conjunto de sistemas altamente integrado que pode conduzir a muitos benefícios no negócio.

10. Qual dos seguintes é o principal benefício para se implantar um sistema ERP?
    a. eliminação de sistemas legados inflexíveis e onerosos
    b. adoção facilitada de processos de trabalho aperfeiçoados
    c. melhoria no acesso aos dados para a tomada de decisão operacional
    d. nenhuma das anteriores
11. Os módulos de aplicação individual incluídos no sistema ERP são projetados para apoiar

______________, os modos mais eficientes e eficazes de completar um processo de negócio.

12. O software ______________ fornece um meio para gerenciar todos os dados associados com o desenvolvimento de produtos, design de engenharia, produção, apoio e disposição de produtos manufaturados.
13. O modelo de software hospedeiro para empresa auxilia clientes a adquirir, usar e se beneficiar da nova tecnologia, enquanto evita toda a complexidade envolvida e os altos custos do início. Verdadeiro ou falso?
14. Muitas empresas multinacionais lançam aplicativos-padrão SI para que todos possam usar. No entanto, aplicações-padrão frequentemente não consideram todas as diferenças entre os parceiros do negócio e funcionários que operam em outras partes do mundo. Qual das seguintes é uma modificação frequente necessária para o software-padrão?
    a. O software pode necessitar ser projetado com interfaces na língua local para garantir a implantação bem-sucedida de um novo SI.
    b. A personalização pode ser necessária para lidar corretamente com os campos das datas.
    c. O usuário pode também precisar implantar processos manuais e passar por cima do software-padrão para permitir que os sistemas funcionem corretamente.
    d. nenhuma das anteriores

CAPÍTULO 9: RESPOSTAS DO TESTE DE AUTOAVALIAÇÃO

1. sistema empresarial
2. última transação processada
3. d
4. lote
5. Falso
6. b
7. ciclo de transação de processamento
8. Falso
9. coleta de dados
10. d
11. melhores práticas
12. gerenciamento do ciclo de vida do produto
13. Verdadeiro
14. d

QUESTÕES DE REVISÃO

1. Identifique e discuta algumas das questões que são comuns ao planejamento, construção e operação de um sistema empresarial ERP, CRM, ou PLM para uma PME ou uma grande organização multinacional.
2. Qual atividade básica de processamento de transação é executada por todos os sistemas de processamento de transações?
3. É apropriado fornecer um exemplo de como a utilização de um sistema de processamento de lote lida com as transações. Dê um exemplo de como o uso de processamento de transações on-line é apropriado.
4. Discuta os benefícios e os possíveis riscos de compartilhamento de dados de produtos com usuários externos com o uso de um sistema PLM.
5. Identifique e discuta alguns dos benefícios que são comuns à utilização de um sistema empresarial ERP, CRM, ou PLM, quer se trate de uma PME ou de uma grande organização multinacional.
6. Como o planejamento das necessidades de materiais suporta o processo de compra? Quais são alguns dos problemas e complicações que surgem em planejamento de requisitos de materiais?
7. Qual é o papel de um sistema CRM? Que tipo de benefícios tal sistema pode produzir em um negócio?
8. Quais são os processos de negócios incluídos no escopo da gestão do ciclo de vida do produto?
9. Identifique e discuta pelo menos três fatores que estão aumentando a necessidade de acesso em toda a empresa para informações em tempo real.
10. Qual é a diferença entre contabilidade financeira e gerencial?
11. Qual é o papel do sistema de contabilidade geral para manter o controle de operações financeiras da organização? Como é utilizado?
12. Liste e descreva brevemente o conjunto de atividades que devem ser executadas pelo módulo de vendas ordenadas de um sistema ERP para capturar um pedido de venda do cliente.

QUESTÕES PARA DISCUSSÃO

1. Suponha que você seja o proprietário de uma padaria de um bairro pequeno que serve centenas de clientes em sua área. Identifique os tipos de informações sobre clientes que você gostaria que o sistema CRM de sua empresa capturasse. Como essas informações poderiam ser usadas para oferecer melhor serviço ou aumentar a receita? Identifique onde e como você pode capturar esses dados.
2. Descreva sucintamente o modelo de software hospedado para o software empresarial e discuta seu apelo principal para as PME.

3. De que forma é a implementação de um sistema ERP mais simples e menos arriscado para uma PME do que para uma grande empresa multinacional?
4. Quais são alguns dos desafios e possíveis problemas para implantar um sistema ERP e uma mentalidade CRM nos funcionários de uma empresa? Como você pode superar isso?
5. Você é um membro da organização de marketing de uma empresa de bens de consumo embalados. A empresa está considerando a implementação de um sistema CRM. Faça um argumento convincente para o escopo do sistema a fim de incluir a coleta de dados de clientes de redes sociais.
6. Seu amigo foi designado como gerente de projeto do plano de implantação de ERP da empresa. Que conselho você daria para ajudar a garantir o sucesso do projeto?
7. Que tipo de benefícios seria visível para os fornecedores e os clientes de uma empresa que implantasse com sucesso um sistema ERP? Quais problemas podem surgir para fornecedores e clientes durante uma implementação ERP?
8. Muitas organizações estão se movendo para um processo colaborativo com seus principais fornecedores para obter sua entrada na concepção e no planejamento da futura modificação ou novos produtos. Explique como um sistema PLM pode melhorar esse processo. Quais as questões e preocupações podem ter um fabricante de compartilhamento de dados de produtos?

EXERCÍCIOS DE RESOLUÇÃO DE PROBLEMAS

1. Imagine que você é um novo funcionário na organização do marketing de uma grande cadeia nacional de restaurantes fast-food. A empresa está considerando a implementação de um sistema CRM para melhorar a compreensão de seus clientes e necessidades. Você foi convidado para uma reunião para compartilhar seus conhecimentos sobre como esse sistema pode ser utilizado e quais recursos são mais importantes. Como você se prepararia para este encontro? Que pontos você levantaria?
2. Use um programa de planilhas para desenvolver um sistema de previsão de vendas para uma nova concessionária de carros que possa calcular mensalmente as vendas para cada marca e modelo com base em dados históricos de vendas e vários parâmetros. Sugestão: Suponha que as vendas deste mês serão iguais às do mesmo mês do ano passado, exceto por ajustes devidos ao preço da gasolina e o consumo em quilômetros por litro de cada marca de carro. Você pode refinar posteriormente o modelo levando em consideração as mudanças nas taxas de juros para carros novos ou outros parâmetros que deseje incluir. Documente a suposição que você faz na construção de seu modelo.

ATIVIDADES EM GRUPO

1. Com os membros de sua equipe, entreviste vários gerentes de negócios em uma empresa que implementou um sistema empresarial (sistema ERP, CRM ou PLM). Entreviste-os para definir o escopo, custo e cronograma para o projeto global. Faça uma lista do que eles veem como benefícios principais da implantação. Quais foram os maiores obstáculos que eles tiveram de vencer? Com o benefício da retrospectiva 20-20, existe alguma coisa que teriam feito de modo diferente?
2. Como uma equipe, desenvolva uma lista de sete critérios principais que uma organização de caridade sem fins lucrativos deve considerar na escolha de um sistema CRM. Discuta cada critério e atribua um peso representando a importância relativa de cada um. Desenvolva uma planilha simples para utilizar na pontuação das várias alternativas de ERP.

EXERCÍCIOS DA WEB

1. Pesquise na web e encontre um site que ofereça uma demonstração de um sistema empresarial ERP ou CRM. Veja a demonstração talvez mais de uma vez. Escreva uma resenha do software com base na demonstração. Quais são os pontos fortes e os pontos fracos? Quais questões adicionais sobre o software você tem? Envie um e-mail com suas perguntas para o vendedor e documente a resposta das suas perguntas.
2. Usando a web, identifique as várias empresas de serviços de software que oferecem serviços de consultoria para ajudar as organizações a implementarem sistemas empresariais. Entenda que tipo de serviços que elas oferecem e se familiarize com várias de suas histórias de sucesso. Se você tivesse de escolher uma das empresas de serviços de software para ajudar a sua organização PME, qual escolheria e por quê?

EXERCÍCIOS PARA ESPECIALIZAÇÃO

1. Imagine que você seja um vendedor de equipamentos de construção para um grande fabricante. Você faz chamadas de vendas frequentes em empresas de construção em uma das áreas dos três estados. O objetivo dessas chamadas de vendas é familiarizar as empresas com seus produtos e levá-las a considerar a compra deles. Descreva a funcionalidade básica que se quer em um sistema CRM de sua empresa para que possa suportá-lo a preparar e fazer apresentações para essas pessoas.

2. Os fornecedores de software de sistemas empresariais precisam de analistas de sistemas de negócios que compreendam os sistemas de informação e processos de negócios. Faça uma lista de seis ou mais qualificações específicas necessárias para ser um analista competente de sistemas de negócios que apoie a implantação e a conversão de um sistema empresarial dentro de uma PME. Existem qualificações adicionais necessárias para alguém que está fazendo um trabalho semelhante em uma grande organização multinacional?

ESTUDOS DE CASO

Caso um

Kerry Group está em sua mesa

Nos negócios, a *terceirização* é o conjunto das atividades de encontrar, avaliar e, em seguida, envolver os fornecedores de bens ou serviços. Antes de uma empresa poder começar a gerenciar sua cadeia de suprimentos, conforme descrito neste capítulo, deve concluir um processo de terceirização.

O Kerry Group da Irlanda, um fornecedor de ingredientes e sabores para a indústria mundial de alimentos e de produtos alimentares de consumo para as Ilhas Britânicas, requer ampla gama de matérias-primas de vários fornecedores. Com receita anual de € 5,30 bilhões (cerca de $ 7 bilhões) em 2011, ele precisa muito desses materiais. Com as plantas em 25 países e 40% da receita de fora da Europa, é impossível para as pessoas em uma planta saber sobre todos os possíveis fornecedores em todo o mundo, mas a tomada de decisões de aprovisionamento local reduziria as economias de escala. Com as margens de lucro da indústria de alimentos, as boas decisões de fornecimento são vitais para a rentabilidade do Kerry Group. O software de gestão do processo de terceirização é uma forma de ajudar a tomar essas decisões.

O Kerry Group já era um cliente SAP quando escolheu o SAP Sourcing OnDemand, com sistemas SAP ERP utilizados desde 2009. A vantagem de obter um novo sistema a partir do seu fornecedor ERP existente é a compatibilidade assegurada com aplicações que a empresa já utiliza. "O que precisávamos era de um sistema de abastecimento intuitivo que seria completamente integrado com o nosso suporte administrativo externo SAP para um processo de aquisição abrangente", disse Peter Fotios, diretor de serviços de e-procurement do Kerry Group.

O SAP Sourcing OnDemand utiliza o conceito de *computação em nuvem*. Como o próprio nome OnDemand sugere, os clientes não têm de dedicar recursos de computação para o software. Eles usam recursos SAP *sob demanda* como as suas necessidades exigem, pagando a título de assinatura por usuário por mês. Enquanto isso, a SAP é responsável por tarefas administrativas, como backup de dados e, se necessário, restauração.

O Kerry Group implementou o SAP Sourcing OnDemand, começando com uma planta piloto. "Em primeiro lugar, implementamos sem problemas na Irlanda, em seguida na Inglaterra e, então, ao longo de nossas operações globais em 23 países", explica Fotios. Se nenhum problema surgiu na Irlanda, o local piloto, o Kerry Group poderia ter focado todos os seus recursos de resolução de problemas naquele local. Felizmente, não surgiram grandes problemas.

Outra coisa que o Kerry Group fez bem em tempo de execução foi o treinamento. Reconhecendo que tinha formadores internos e profissionais técnicos competentes, mas poucos que eram os dois, a empresa se envolveu com o parceiro de formação irlandesa SAP Olas para ajudar com a conclusão do projeto. Olas trouxe conhecimentos sobre o SAP para a equipe de treinamento, completando o conjunto necessário de recursos.

Seguindo em frente, o Kerry Group tem planos de projetos que se estendem até 2016 para a implantação completa de todos os seus recursos do SAP ERP planejados. A suavidade da implemenção do Sourcing OnDemand, que teve um total de quatro semanas de tempo decorrido, pois o software já estava rodando na nuvem quando começaram, é uma boa indicação de que o restante do projeto (que é, em muitos aspectos, mais complexo) provavelmente vai funcionar bem. Se o Kerry Group quer a realização de sua missão, que inclui ser "o líder mundial em ingredientes e sabores que atendam a indústria de alimentos e bebidas", a implementação terá de ser suave.

Questões para discussão

1. De acordo com Peter Fotios, um dos principais requisitos do Kerry Group foi a facilidade de integração com seu sistema SAP existente. Por que uma empresa seleciona um sistema de abastecimento (terceirização) que não era tão fácil de integrar com seu software SCM existente?

2. O Kerry Group está adotando uma abordagem lenta e metódica para implementar as partes do software SAP ERP que eles usarão, estendendo a implementação ao longo de seis anos. O que a empresa ganha e o que ela perde por tomar seu tempo dessa maneira?

Questões para análise

1. Por que o Kerry Group padroniza um pacote ERP? Não seria mais simples e menos dispendioso permitir que cada operação e vendas da planta escolham o seu próprio software, desde que possam relatar seus resultados financeiros para a sede em um formulário-padrão?
2. Como o maior fornecedor ERP, o SAP pode apoiar o Kerry Group em 45 países em que este último tem fábricas ou operações de vendas, proporcionando um contato local para treinamento, resolução de problemas e solicitação de novos recursos. Esses fatores são importantes, no entanto os outros também o são. Suponha que outro fornecedor ERP não tenha essa profundidade do apoio local, mas o software oferecido satisfaria melhor às necessidades do Kerry Group, custasse menos ou ambos. Classifique os fatores de importância e discuta como você faria esse fornecedor tomar a decisão de seleção.

Fontes: Site da Kerry Group, *www.kerrygroup.com*, acesso em: 2 maio 2012; Staff, "Kerry's SAP Transformation Measures Up to Their L&D Beliefs", Olas, olas.ie/olas/Files/DRAFT%20KErry%20 synopsis%20RB07.pdf, acesso em: 18 maio 2011; Staff, "Kerry Group Transforms Its Global Procurement Group in Weeks With SAP Sourcing OnDemand Solution", SAP, www.sap.com/news-reader/index.epx?pressid=18809, acesso em: 1 maio 2012.

Caso dois

GMC coloca o ERP na nuvem

A GMC Global, com 4 mil funcionários, os consultores de gerenciamento da SMEC Group com base na Austrália, é líder mundial em ajudar empresas de mineração a criar operações eficientes e eficazes. A empresa aplica a mesma unidade para a eficiência e a eficácia de suas próprias operações. "Nosso negócio depende de uma gestão eficaz dos recursos e acompanhamento preciso de tempo, para ter acesso aos dados em tempo útil, sendo fundamental para nós converter facilmente em uma nota fiscal", disse Thomas Hynes, diretor-executivo geral de operações globais.

Antes de 2012, a GMC Global usou uma variedade de aplicações funcionais. Ela tinha um sistema de estoque, faturamento e gestão financeira e outro para tempo e despesas, bem como sistemas baseados em planilhas caseiras na América do Norte e do Sul. Nenhum desses sistemas foi integrado com outros. Isso levou a processos inconsistentes de local para local, o que, por sua vez, tornou difícil atribuir equipe de forma eficaz ou para assegurar resultados consistentes do cliente. A Forrester Research apresenta esses perigos adicionais de aplicativos mal integrados em uma empresa de serviços orientada para o projeto, como a GMC Global:

- Sem imagem clara de cada projeto e os negócios em geral, não existe uma base sólida de informações para a tomada de decisão.
- Os erros de fluência de dados de gerenciamento de projetos tornam mais provável que a equipe perca os marcos do projeto.
- Os gerentes de projeto que devem trabalhar com vários sistemas têm menos tempo para gerenciar seus projetos de forma ativa e interagir com clientes e prospectos.
- A falta de métricas consistentes do projeto leva à falta de visão pessoal e de desempenho da equipe, se tornando difícil para uma empresa otimizar seus recursos.

A integração de aplicativos requer que estes possam compartilhar dados. A melhor maneira de compartilhar dados é geralmente por meio de um banco de dados compartilhado. No entanto, no início de 2012, a GMC Global teve projetos ativos em 14 países, cobrindo todos os continentes, exceto a Europa e a Antártida. Mais de 80% dos funcionários da empresa são consultores que passam a maior parte de seu tempo em locais remotos. Eles poderiam estar em lugares diferentes a cada ano. Acessando um banco de dados fixo, seria rápido a partir de onde o banco de dados está localizado, mas pode se tornar um gargalo no restante do mundo, porque os consultores teriam de acessá-lo remotamente e compartilhar sua conexão física com a internet.

A solução da GMC Global foi de *computação em nuvem*. Ela escolheu o software integrado Professional Services Automation (PSA) da NetSuite, Inc. Depois de um período de oito semanas para instalação e treinamento, a GMC Global entrou em funcionamento em março de 2012. Seus 180 funcionários já usam o PSA para acompanhamento de projetos e gestão de recursos, tempo e contabilização de despesas, faturamento e relatórios.

A GMC Global não está terminada. A empresa planeja atualizar o suíte de software Services Resource Planning (SRP) da NetSuite para oferecer mais controle financeiro de seu negócio global. O SRP é o serviço equivalente orientado de ERP nas organizações com base na produção. "A movimentação para o NetSuite SRP completará o nosso quadro e permitirá que algumas das coisas que estão no momento nos restringindo, como a acessibilidade global e o gerenciamento de processos, atuem de forma consistente em todas as regiões", disse Hynes. "Assim que chegar lá, esperamos ter uma visão muito melhor de nosso negócio global."

Questões para discussão

1. Você leu sobre computação em nuvem no Capítulo 3, que discutiu o assunto, uma vez que se aplica a to-

dos os tipos de aplicações. Quais são as vantagens e desvantagens da computação em nuvem específica para ERP?

2. Como seria mudar para um único banco de dados compartilhado, usado por todos os aplicativos, direcione as preocupações que Forrester lista como perigos da pobre integração?

Questões para análise

1. Como pode uma universidade, que também é uma organização de serviços, se beneficiar do software integrado? (Compare o software integrado com aplicativos que não estão integrados. Liste as aplicações específicas que você tem em mente.)

2. A GMC Global é uma organização de serviços. Você acha que a aplicabilidade da computação em nuvem para seus requisitos ERP seria diferente para uma empresa fabricante de tamanho comparável? O que é a aplicabilidade do ERP em nuvem para uma cadeia de lojas de varejo?

Fontes: Site da GMC Global, *www.gmcglobal.com*, acesso em: 30 abr. 2012; Martens, C., "Market Overview: Project-Based ERP For Service Delivery Professionals", Forrester Research, 13 jan. 2012; site da NetSuite, www.netsuite.com, acesso em: 30 abr. 2012; Savvas, A., "Mining Firm GMC Deploys Cloud-Based ERP", *Computerworld UK*, *www.computerworlduk.com/news/cloud-computing/3349590/miningfirm-gmc-deploys-cloud-based-erp*, acesso em: 10 abr. 2012.

NOTAS

Fontes do texto de abertura: Site da Oracle Corporation/JD Edwards EnterpriseOne, www.oracle.com/us/products/applications/jd-edwards-enterpriseone/index.html, acesso em: 30 abr. 2012; "Yioula Group Builds Scalable Platform for Sustained Growth, Profitability, and Market Leadership", Oracle Corporation, www.oracle.com/us/corporate/customers/yioula-group-jde-snapshot-176618.pdf, acesso em: out. 2010; site da Softecon Enterprise (em inglês), www.softecon.com/site/en, acesso em: 29 abr. 2012; site do Yioula Group, www.yioula.com, acesso em: 27 abr. 2012.

1. Site da Focus Bikes, www.focus-bikes.com/int/en/home.html, acesso em: 10 maio 2012.
2. "InventoryPower 5 – Inventory Software for SME", site da InventorySoft, www.inventorysoft.com, acesso em: 10 mar. 2012.
3. "Heartland Payment Systems Handles Nearly 44,000 Card Transactions As Official Concessions Processor of XLVI Super Bowl", www.heartlandpaymentsystems.com/article/Heartland-Payment-Systems-Handles-Nearly-44-9244.aspx, acesso em: 9 fev. 2012.
4. "Customer Success Story, Bianca USA", site da EBridge Connections, www.ebridgesoft.com, acesso em: 2 maio 2012.
5. Staff, "ADP Sees Strong Demand from Mid-Sized Organizations Seeking a Rapidly Deployed Payroll Solution", press release, www.adp.com/media/press-releases/2012-press-releases/adp-sees-strong-demand-from-mid-sizedorganizations-seeking-a–rapidly-deployed-payrollsolution.aspx, 22 fev. 2012.
6. "China Auto Group", site da Acctivate, www.acctivate.com/Customer/china-auto-group, acesso em: 3 maio 2012.
7. "Electronic Eligibility Software", site da ADP, www.advancedmd.com/products-solutions/practicemanagement/medical-billing-software/electroniceligibility-medical-software, acesso em: 4 mar. 2012.
8. "Case Study Fit 4 Travel", site da Rocket Software, www.rocketsoftware.com/u2, acesso em: 2 maio 2012.
9. "With RightNow, ResortCom International Supports Over 1 Million Customers and Processes Half a Billion Dollars in Transactions Annually", Oracle Customer Success Stories, site da Oracle, www.oracle.com/us/corporate/customers/customersearch/resortcom-international-rightnow-cs-1563704.html, acesso em: 25 mar. 2012.
10. "Westside Produce Trusts IBM to Protect Its Produce Lifecycle", IBM Customer Success Stories, site da IBM, www-01.ibm.com/software/success/cssdb.nsf/CS/ARBN-8SBRLM?OpenDocument&Site=corp&cty=en_us, 12 mar. 2012.
11. "LucasArts Job Listings & Profile", site da Job Monkey, www.jobmonkeyjobs.com/employer/company/1213/Lucasarts, 25 mar. 2012.
12. "Case Study: Denny's Automotive", site da Rocket Software, www.rocketsoftware.com/u2, acesso em: 2 maio 2012.
13. "QuickBooks–A Boon to SME's and Foreign Subsidiaries", Cogzidel Consultancy Services, http://cogzidel.in/blog/2011/08/03/quickbooks-%E2%80%93-a-boon-tosmes-and-foreign-subsidiaries/, 3 ago. 2011.
14. "Qvinci Customer Testimonials", site da Qvinci, www.qvinci.com/Marketing/Testimonials, acesso em: 7 mar. 2012.
15. Staff, "Paymentsite Drives Teamwork Retail's New iPad POS", press release, PRWeb, www.prweb.com/releases/2011/12/prweb9069596.htm, 29 dez. 2011.
16. Wisor, David C., "Case Study: Mannington Mills Achieves HR Master Data Accuracy", presented at SAP HR2012 Conference in Las Vegas, Nevada, 12 mar. 2012.
17. "Syndiant Fabless Manufacturer Goes to Market with Support from a Cloud-Based ERP Solu-

tion", Microsoft Case Studies, site da Microsoft, www.microsoft.com/casestudies/Microsoft-Dynamics-GP/Syndiant/Fabless-Manufacturer-Goes-to-Market-with-Support-from-a-Cloud-Based-ERP-Solution/4000009416, 28 mar. 2012.

18. Orbach, Dor, "Eldorado Gold Integrates Chinese Mines into Global SAP Business All-in-One Environment", http://blog.illumiti.com/blog/bid/58062/Eldorado-Goldintegrates-Chinese-mines-into-global-SAP-Business-Allin-One-environment, 17 maio 2012.

19. Murray, Martin, "Smartphone and the Supply Chain", http://logistics.about.com/od/supplychainsoftware/a/Smartphones-And-The-Supply-Chain.htm, acesso em: 6 maio 2012.

20. "Software for SME's", site da New Business, www.newbusiness.co.uk/articles/it-advice/software-smes, 25 ago. 2011.

21. Kanaracus, Chris, "SAP Project Issues Hurt Ingram Micro Profits Again", *Tech World*, 30 jul. 2011.

22. Kanaracus, Chris, "University Accuses Oracle of Lies, Rigged Demo in Lawsuit", *InfoWorld*, 6 dez. 2011.

23. Kanaracus, Chris, "Customer Sues Epicor after ERP Software Project Attempt Ends in Big Mess", *PC World*, 29 nov. 2011.

24. Kanaracus, Chris, "County Alleges SAP, Deloitte, Engaged in Racketeering", *CIO*, 3 fev. 2011.

25. "Allen Bridges the Adoption Gap between ERP Technical Success and User Adoption Failure", site da Allen Communication Learning Services, www.allencomm.com/2012/01/allen-bridges-the-adoption-gap, 25 jan. 2012.

26. "PEPCO Poland Sp. Z.o.o.", Microsoft Dynamics Customer Stories, site da Microsoft, www.microsoft.com/dynamics/en/gulf/products/ax-customer-stories.aspx, acesso em: 27 mar. 2012.

27. "National IT Services Firm Moves from Six Disparate Software Systems to NetSuite OneWorld SRP", ERPNews, www.erpnews.net/49/national-it-services-firmmoves-from-six-disparate-software-systems-to-netsuiteoneworld-srp, 24 nov. 2011.

28. Vandana, Priti, "Merino Successfully Integrates Baan IV c4 with SAP for Hitachi India", www.baanboard.com/baanboard/showthread.php?t=60452, 28 abr. 2011.

29. "The Newark Group Improves the Bottom Line with a Completely Integrated, Comprehensive Supply Chain Solution", site da IBM, www-01.ibm.com/software/success/cssdb.nsf/CS/DJOY-8LW5AW?OpenDocument&-Site=default&cty=en_us, 20 set. 2011.

30. Sandhu, Tandeep and Konuk, Emel, "Case Study: How Bombardier Leverages Production Planning and Detailed Scheduling to Perform Planning and Scheduling of its Aircraft Assembly Line", presented at Manufacturing 2012, Orlando, Florida, 20 mar. 2012.

31. "The Sweet Smell of Success", site da Demand Management Systems, www.demandmgmt.com, acesso em: 31 mar. 2012.

32. Kolakowski, John, "Boston Red Sox Improves Business Functionality with Green Bacon Solutions", *CRM Software Blog*, www.crmsoftwareblog.com/2012/01/bostonred-sox-improves-business-functionality-with-greenbeacon-solutions/, 18 jan. 2012.

33. "Stallergenes, Biopharmaceutical Company", site da Stallergenes, www.stallergenes.com/nc/en.html, acesso em: 11 mar. 2012.

34. "Stallergenes Adopts Veeva CRM", *IT & Software*, itsoftware.pharmaceutical-business-review.com/news/ stallergenes-adopts-veeva-crm-121011, 12 out. 2011.

35. "About Us–Burns & McDonnell", site da Burns & McDonnell, www.burnsmcd.com/Company/About-Us, acesso em: 13 mar. 2012.

36. Staff, "Burns & McDonnell Picks Microsoft Dynamics CRM", *Computer Business Review Online*, www.cbronline.com/news/burns-mcdonnell-selectsmicrosoft-crm-software-210212, acesso em: 12 fev. 2012.

37. Staff, "Department of Social Welfare and Development (DSWD) Adopted Microsoft Dynamics CRM 2011", press release, site da Gurango Software, www.gurango.com/news/department-of-social-welfare-anddevelopment-dswd-adopted-microsoft-dynamicscrm-2011.aspx, 28 fev. 2012.

38. "Case Study–A Social Media Marketing at Point-of-Sale", site da Bematech, www.logiccontrols.com/web/news_041911.html, 19 abr. 2011.

39. "Tasti D-Lite Adopts Engage 121 as Network-Wide Social CRM Solution", site da Engage 121, www.engage121.com/node/73, 29 jun. 2011.

40. Pillar, Matt, "CRM Sheds Light on Tommy Bahama Customers", *RetailSolutionsOnline.com*, 25 out. 2011.

41. Staff, "Diane von Furstenberg Selects Computer Generated Solutions' Product Lifecycle Management System", Press release, PRWeb, www.prweb.com/releases/2012/2/prweb9232535.htm, 28 fev. 2012.

42. "A Case for PLM: Brown-Forman Reveals Innovation Transformation" (vídeo), https://consumergoods.webex.com/ec0605lc/eventcenter/recording/recordAction.do;jsessionid=5LgyP32J2vdNwV11qbFP9242PnKw7lfJLjQMp2nHMLrXtwwJJv4G!1133797779?theAction=poprecord&actname=%2Feventcenter%2Fframe%2Fg.do&apiname=lsr.php&renewticket=0&renewticket=0&actappname=ec0605lc&entappname=url0107lc&needFilter=false&&isurlact=true&entactname=%2FnbrRecordingURL.do&rID=47386567&rKey=8eb-

861d17fd62a3e&recordID=47386567&rnd=5145083162&siteurl=consumergoods&SP=EC&A-T=pb&-format=short, registrado em 20 jul. 2011.

43. Staff, "Love Culture Adopts Epicor Retail SaaS to Support Growth", *Apparel*, *http://apparel.edgl.com/news/Love-Culture-Adopts-Epicor-Retail--SaaS-to-Support-Growth78098*, acesso em: 20 jan. 2012.

10 SISTEMAS DE INFORMAÇÃO E DE APOIO À DECISÃO

Princípios	Objetivos de aprendizagem
• Habilidades para uma boa tomada de decisão e resolução de problemas é o segredo para desenvolver eficazes sistemas de informação e de apoio à decisão.	• Definir os estágios de tomada de decisão. • Discutir a importância da implementação e monitoração na solução de problemas.
• O sistema de informação gerencial (MIS, management information system) deve fornecer a informação certa, para a pessoa certa, no momento certo e em formato certo.	• Explicar as utilizações dos MISs e descrever suas entradas e saídas. • Discutir os sistemas de informação nas áreas funcionais das organizações empresariais.
• Os sistemas de apoio à decisão (DSSs, decision support systems) são utilizados quando os problemas não são estruturados.	• Listar e discutir as características importantes dos DSSs que lhes dão o potencial para serem ferramentas de suporte efetivo. • Identificar e descrever os componentes básicos de um DSS.
• Sistemas de apoio especializado, como os sistemas de apoio a grupo (GSSs, group support systems) e sistemas de apoio a executivos (ESSs, executive support systems), usam a abordagem geral de um DSS, em situações como uma tomada de decisão em grupo ou executiva.	• Definir o objetivo de um sistema de apoio ao grupo (GSS) e identificar três características que o distinguem de um DSS. • Identificar as utilizações fundamentais de um ESS e listar as características de tal sistema. • Listar e discutir outros sistemas com propósitos especiais.

Os tomadores de decisão obtêm mais informações de painéis de BI (inteligência empresarial).

SISTEMAS DE INFORMAÇÃO NA ECONOMIA GLOBAL

Irishlife, Irlanda

IRISH LIFE, FUNDADA EM 1939, é a maior seguradora de vida da Irlanda. Além disso, a empresa também trabalha com pensões para 200 mil trabalhadores irlandeses e é a maior gestora de investimentos do país, com mais de € 31 bilhões (cerca de $ 41 bilhões) em ativos.

Entretanto, a Irish Life tinha um problema. Coletou grandes quantidades de dados, através de suas três maiores linhas de negócios. Ela utilizou um programa de inteligência empresarial (BI, business inteligence) para ajudar a analisar todos esses dados, mas isso não funcionou. Paul Egan, gestor de Tecnologia da Informação da Inteligência Empresarial, na Irish Life, explica que "muitos dos recursos, eram somente ferramentas da TI e, somente o pessoal da TI, poderia utilizá-las, mas [com aquelas ferramentas] nós não poderíamos nunca continuar com a disposição, que o negócio exigia". A Irish Life precisava de um software que seus gestores pudessem usar em suas tomadas de decisões sem ter de se tornarem especialistas técnicos.

Depois de analisar os pacotes de inteligência empresarial de seu principal fornecedor, assim como de outros, a Irish Life pediu ajuda aos consultores do Gartner Group. O provedor de seguro de vida então escolheu o software da Tableau Software Seattle, de Washington, e contratou a parceira da Tableau, a MXI Computing para ajudar na implantação daquele programa.

Por meio do software da Tableau, a Irish Life pode representar os dados graficamente por toda a empresa mapear os padrões e tendências mais claramente do que podia, antes de começar a utilizá-lo. A empresa tornará os painéis (*dashboards*) da Tableau disponíveis para cerca de 300 usuários. Estes usuários serão capazes de fazer seus próprios painéis, para publicar na web, ou para distribuir em dispositivos móveis, executando software Android ou iOS. O resultado líquido, acredita a Irish Life, será uma tomada de decisões melhorada, devido à melhor disponibilidade e visão dos dados. Os estágios de inteligência e projeto da tomada de decisão são, especialmente, bem posicionados para o benefício desta visão.

Por exemplo, a Irish Life anunciou, recentemente, o programa Estratégia de Estilo de Vida Pessoal para o planejamento personalizado de aposentadoria dentro da estrutura de um plano de pensão corporativo. A tomada de decisões, que estava envolvida no desenvolvimento desse programa, exigiu uma análise detalhada dos dados da mão de obra – exatamente o que a visualização de dados foi preparada para fazer.

"Os gestores podem vir com seus próprios painéis baseados nos números de que sabem que precisam. Há menos trabalho para o pessoal de TI, a parte visual: a TI agora só tem de se preocupar com o datawarehouse onde podemos acrescentar valor. Não temos de nos preocupar mais tanto com a parte visual", acrescentou Egan. As percepções sobre a ferramenta de inteligência empresarial já tem guiado a Irish Life para o movimento da atenção de seu time de gestão, em certos casos, para linhas de produção ou contas de Clientes, que precisavam de maior atenção. "Isto fará a diferença em como nós gerimos o negócio efetivamente", completa Egan.

Os resultados que a Irish Life esperou alcançar estão sendo realizados. Gerry Hassett, CEO do Varejo da Irish Life, disse: "Nós podemos ver que o retorno do investimento já está ocorrendo. Podemos agora ver o que está acontecendo numa base, diária e semanal, o que significa que podemos desenvolver nosso negócio adequadamente, e intensificar nossa margem concorrencial". Ele acrescentou que seus painéis "levaram algumas semanas para serem implantados" e que tinha sido "uma operação sem costura".

À medida que você lê o capítulo, considere o seguinte:

- Que tipos de decisões os sistemas de inteligência empresarial e painéis podem ajudar às empresas a tomar? Quem toma tais decisões?
- Que dados são necessários para tomar cada decisão adequadamente? Como podem aqueles dados serem apresentados mais efetivamente?

POR QUE APRENDER SOBRE SISTEMAS DE INFORMAÇÃO E DE APOIO À DECISÃO?

Por todo este livro, você tem observado como os sistemas de informação podem torná-lo mais eficiente e eficaz, através da utilização de sistemas de banco de dados, internet, comércio eletrônico, sistemas empresariais e muitas outras tecnologias. O verdadeiro potencial dos sistemas de informação, no entanto, é ajudar a você e aos seus colegas de trabalho a tomar decisões mais informadas. Este capítulo mostra como cortar custos, aumentar os lucros e descobrir novas oportunidades para a sua empresa, utilizando sistemas de informações gerenciais e de apoio à decisão. Um planejador financeiro pode usar as informações dos sistemas de suporte à gestão e à decisão, para encontrar os melhores investimentos para seus clientes. Um comitê de empréstimos de um banco, ou de uma cooperativa de crédito, pode utilizar um sistema de apoio a grupo, para ajudá-lo a determinar quem deve receber os empréstimos. Os gestores de lojas podem utilizar sistemas de apoio à decisão, para ajudar a decidir o que e quanto estoque pedir para atender às necessidades do cliente e aumentar os lucros. Um empreendedor, que é proprietário e opera uma empresa de armazenamento temporário, pode utilizar os relatórios de vagas disponíveis, para ajudar a determinar qual preço cobrar para as novas unidades de armazenamento. Qualquer pessoa pode ser um melhor solucionador de problemas e tomador de melhores decisões. Este capítulo mostra como os sistemas de informação podem ajudar a atingir esses objetivos. Ele começa com uma visão geral da tomada de decisão e da resolução de problemas.

Como apresentado na vinheta da abertura, atualmente, as informações e o apoio à decisão são vitais para as organizações. Graças aos sistemas de informação e de apoio à decisão, os gestores e os funcionários podem obter informações úteis, em tempo real. Como discutido no Capítulo 9, os sistemas TPS e ERP capturam uma riqueza de dados. Quando estes dados são filtrados e manipulados, podem fornecer um apoio poderoso para os gestores e funcionários. O principal objetivo dos sistemas de informação gerencial e de apoio à decisão é ajudar aos gestores e aos executivos, de todos os níveis, a tomar melhores decisões e a resolver importantes problemas. O resultado pode ser um aumento nas receitas, redução de custos e a realização dos objetivos corporativos. Não importa que tipo de sistema de informação e de apoio à decisão você utilize, o principal objetivo de um sistema é ajudar às pessoas a se tornarem melhores tomadores de decisão e solucionadores de problemas.

TOMADA DE DECISÕES E SOLUÇÃO DE PROBLEMAS

Todas as empresas precisam de tomadores de decisões eficazes. Na maioria dos casos, o planejamento estratégico e os objetivos gerais da empresa estabelecem o curso para a tomada de decisão, ajudando os funcionários e as unidades do negócio a atingir seus objetivos e metas. Com frequência, os sistemas de informação também auxiliam na resolução de problemas, ajudando as pessoas a tomar melhores decisões e a salvar vidas. Atualmente, organizações como a Chevron estão começando a utilizar tecnologias de ponta, como os novos tablets, para ajudar os gestores a tomar melhores decisões, permitindo que se conectem aos sistemas e aplicativos da empresa.[1] De acordo com o Gestor Geral de Tecnologia na Chevron, "Novas estratégias de mobilidade mudarão a média do fluxo de trabalho nas empresas". As abordagens de tomada de decisões podem diferir, dramaticamente, de uma pessoa para a outra. O laureado Nobel Daniel Kahneman, por exemplo, mostra que algumas pessoas têm boas abordagens sobre tomada de decisões, enquanto outras, não.[2] Algumas pessoas tomam decisões rápido, enquanto outras levam mais tempo. Na opinião do CIO da Shatlee, "Uma pessoa não tomará nenhuma decisão até que identifique um padrão familiar nos fatos, que o torne confortável para agir. Isso é sempre um processo lento e adicional, que explica, parcialmente, porque muitas empresas incentivam".[3]

A TOMADA DE DECISÃO COMO UM COMPONENTE DA RESOLUÇÃO DE PROBLEMAS

Em negócios, o melhor cumprimento que você pode receber é ser reconhecido pelos colegas como um "verdadeiro solucionador de problemas". De acordo com Jimmy Wang, vice-presidente e CIO da Teva Pharmaceuticals Americas, "Uma carreira em TI pode, certamente, ser recompensadora. Você é visto como um solucionador de problemas".[4] Solucionador de problemas é uma atividade crítica para uma organização. Após identificar um problema, o processo de resolvê-lo começa com uma tomada de decisão. Um modelo bem conhecido, desenvolvido por Herbert Simon, divide a **fase da tomada de decisão** do processo de resolução de problema em três estágios: informação, projeto e escolha. Esse modelo foi, mais tarde, incorporado por George Huber num modelo expandido de todo o processo de resolução de problemas (veja a Figura 10.1).

FASE DA TOMADA DE DECISÃO: A primeira parte da solução de um problema, incluindo os três estágios: inteligência, projeto e escolha.

FIGURA 10.1

Como a tomada de decisão se relaciona com a solução de problemas. Os três estágios de tomada de decisão – inteligência, projeto e escolha – são acrescidos à implantação e ao monitoramento para resultar na resolução de problemas.

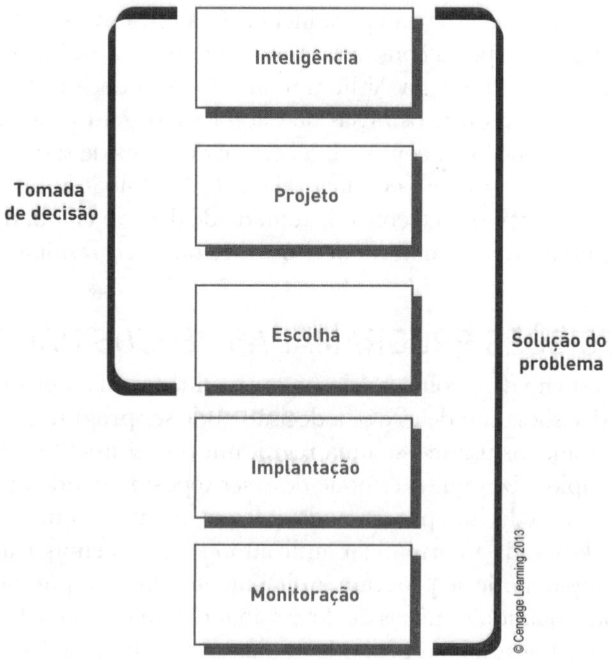

ESTÁGIO DA INTELIGÊNCIA: Primeira fase da tomada de decisão na qual se identifica e define os problemas potenciais ou as oportunidades.

ESTÁGIO DO PROJETO: Segundo estágio da tomada de decisão, em que se desenvolvem soluções alternativas para o problema e se avalia sua viabilidade.

ESTÁGIO DA ESCOLHA: Terceira etapa da tomada de decisão, que requer a seleção de um curso de ação.

O primeiro estágio do processo de resolução de problemas é o **estágio da inteligência**. Durante esse estágio, se identificam e definem os potenciais problemas ou as oportunidades. Você também investiga os recursos e as limitações ambientais. Por exemplo, se você fosse um fazendeiro havaiano, durante o estágio da inteligência, poderia explorar as possibilidades de enviar frutas tropicais de sua fazenda no Havaí para lojas em Michigan. O fato de as frutas tropicais serem perecíveis e o preço máximo que os consumidores de Michigan estão dispostos a pagar pela fruta são as restrições dos problemas.

No **estágio do projeto**, você desenvolve soluções alternativas para o problema e avalia as suas viabilidades. No exemplo da fruta tropical, poderia se considerar métodos alternativos de embarque, incluindo os horários de transporte e os custos associados a cada um deles. Durante este estágio, poderia ser determinado que o transporte feito por um cargueiro para a Califórnia e, depois, por caminhão, para Michigan, não seria viável, porque as frutas poderiam se deteriorar. Uma prioridade de muitos fazendeiros é entregar as frutas frescas rapidamente ao mercado. De acordo com o CIO da Target, "Do ponto de vista de uma tomada de decisão, a velocidade o força a deixar muito claro as prioridades de sua empresa".[5]

O último estágio da fase de tomada de decisão, que é o **estágio da escolha**, requer a seleção de um curso de ação. No exemplo da fruta tropical, pode-se selecionar como solução, o método de remeter a fruta, por via aérea, da fazenda no Havaí para Michigan. O estágio da escolha poderia então ser concluído com a seleção de uma transportadora aérea. Como será visto posteriormente, vários fatores influenciam a escolha; o ato de escolher não é tão simples, como poderia parecer, inicialmente.

SOLUÇÃO DO PROBLEMA: Processo que vai além da tomada de decisão para incluir o estágio da implementação.

ESTÁGIO DA IMPLEMENTAÇÃO: Estágio da solução do problema no qual uma solução é implementada.

A **solução do problema** inclui e vai além da tomada de decisão. Ela também inclui o **estágio da implantação**, quando a solução é colocada em prática. Por exemplo, se a decisão for remeter a fruta tropical para Michigan com frete aéreo de uma transportadora aérea especifica, a implantação envolve informar seu pessoal de campo, sobre a nova atividade, levando a fruta para o aeroporto e remetendo de fato o produto para Michigan.

ESTÁGIO DE MONITORAMENTO: Estágio final do processo da solução de problemas em que se avaliam a sua implantação.

O **estágio de monitoramento** é o estágio final do processo de resolução de problemas. Nele, os tomadores de decisão avaliam a implantação para determinar se os resultados esperados foram alcançados e para modificar o processo à luz de novas informações. O monitoramento pode envolver um retorno e ajustes. Por exemplo, após a primeira remessa de frutas do Havaí para Michigan, é possível perceber que o voo da empresa de frete aéreo de sua escolha para em Phoenix, no Arizona, onde o avião permanece na pista por algumas horas enquanto embarcam cargas adicionais. Se essa oscilação imprevista de temperatura e umidade afetar a fruta, adversamente, há necessidade de reajustar sua solução para incluir uma nova transportadora que não faça essa parada ou, talvez, se possa considerar uma mudança na embalagem da fruta. Num exemplo da vida real, a American Airlines monitorou sua decisão de utilizar a análise de probabilidades para reduzir os níveis de estoques e os custos de embarque para o equipamento de manutenção da companhia aérea e dos itens de serviços a bordo durante os voos.[6] O valor desse estoque pode ficar além de \$ 1 bilhão num ano, em média. A companhia aérea utilizou uma técnica de tomada de decisão chamada análise da árvore de decisão, que organizou as maiores decisões e os possíveis resultados destas decisões.

DECISÕES PROGRAMADAS *VERSUS* NÃO PROGRAMADAS

DECISÃO PROGRAMADA: Decisões tomadas, usando-se uma regra, um procedimento ou um método quantitativo.

No estágio da escolha, vários fatores influenciam a opção de uma solução pelo tomador de decisões. Um deles é se a decisão pode ser programada. As **decisões programadas** são tomadas usando-se uma regra, um procedimento ou um método quantitativo. Por exemplo, dizer que o estoque deve ser reposto quando os níveis caírem para 100 unidades é uma decisão programada, porque obedece a uma regra. As decisões programadas são fáceis de informatizar utilizando-se os sistemas tradicionais de informação. Por exemplo, pode-se programar, facilmente, um computador para pedir reposição de estoque, quando os níveis de determinado item chegar a 100 unidades ou menos. A Cisco Systems, grande empresa de equipamentos para redes de trabalho em computadores e fabricação de servidores, controla seus níveis de estoque e de produção utilizando decisões programadas embutidas em seus sistemas de computadores.[7] O processo programado de tomada de decisões tem melhorado a precisão da previsão e reduzido a possibilidade de criação de tipos errados de estoques, o que tem significado uma economia de dinheiro e também reservas de caixa preservadas. Os sistemas de informação gerencial também podem ser utilizados no apoio às decisões programadas fornecendo

A Cisco Systems controla seus níveis de estoque e de produção utilizando decisões programadas, embutidas nos sistemas de seus computadores.

relatórios sobre os problemas rotineiros, nos quais as relações são bem definidas (em outras palavras, são problemas estruturados).

DECISÃO NÃO PROGRAMADA: Decisão que lida com situações incomuns ou excepcionais.

As **decisões não programadas** tratam de situações incomuns ou excepcionais que, em muitos casos, são difíceis de quantificar. Determinar o programa de treinamento apropriado para um novo funcionário, decidir sobre o desenvolvimento, ou não, de uma nova linha de produto, e pesar os benefícios e os inconvenientes de instalar um sistema com nova tecnologia de controle de poluição são exemplos de decisões não programadas. Cada uma contém características únicas, e regras ou procedimentos padronizados que podem não se aplicar a elas. Atualmente, os sistemas de apoio à decisão auxiliam na resolução de muitas decisões não programadas, em que o problema não é rotineiro e as regras e relações não são bem definidas (problemas não estruturados ou mal estruturados). Eles podem incluir a decisão sobre a melhor localização para uma fábrica ou a reconstrução de um hospital, duramente danificado por um furacão ou tornado.

ABORDAGENS OTIMIZADORA, SATISFATÓRIA E HEURÍSTICA

MODELO DE OTIMIZAÇÃO: É um processo para encontrar a melhor solução, geralmente, aquela que ajudará melhor à organização a alcançar seus objetivos.

Em geral, os sistemas de apoio à decisão informatizados podem ser otimizadores ou satisfatórios. Um **modelo de otimização** encontra a melhor solução, em geral, aquela que mais ajudará a empresa a alcançar suas metas.[8] Por exemplo, um modelo de otimização pode encontrar a melhor rota para embarcar produtos para os mercados, de acordo com certas condições e pressupostos. O Laps Care da TietoEnatorAM é um sistema de informação que utilizou a otimização para designar pessoal médico para pacientes que precisavam de assistência médica em casa na Suécia, enquanto minimizava os custos com a assistência médica. O sistema de otimização melhorou a qualidade da assistência médica para os idosos.[9] O sistema também tem melhorado a eficiência da assistência médica de 10% a 15% e tem abaixado os custos em mais de 20 milhões de euros. Em outro caso, a Xerox desenvolveu um sistema de otimização para aumentar a produtividade da impressora e reduzir os custos, chamado de soluções Lean Document Production (LDP, produção econômica de documentos).[10] A rotina de otimização reduziu os custos trabalhistas em 20% a 40%, em alguns casos. A Exxon Mobile utilizou uma técnica de otimização, chamada de programação misto-inteira, para reduzir os custos no embarque do gasóleo de vácuo (VGO) de suas operações europeias para suas refinarias nos Estados Unidos.[11] A técnica de otimização permitiu à Exxon Mobile utilizar as embarcações marítimas existentes de maneira mais eficiente e reduzir os custos de transporte. Um Automóvel Clube utilizou um programa de otimização para programar o pessoal para os chamados de serviço para minimizar custos.[12] A Kimberly-Clark empregou a otimização para reduzir os níveis de estoque a 40%, cortando, drasticamente, os custos.[13]

Os modelos de otimização utilizam as restrições do problema. Um limite no número de horas de trabalho disponíveis numa fábrica é um exemplo de restrição do problema. A Shermag, empresa canadense que fabrica móveis, utilizou um programa de otimização para reduzir custos com matérias-primas, incluindo a madeira, em suas operações de fabricação.[14] O programa de otimização, que usava a linguagem de programação C++ e o software de otimização CPLEX, ajudou à empresa a reduzir os custos totais em mais de 20%. Alguns programas de planilhas, como o Excel, têm características de otimização, conforme mostra a Figura 10.2. O programa de otimização também permite que os tomadores de decisão explorem várias alternativas.[15]

MODELO DE SATISFAÇÃO: Modelo que encontrará uma boa – mas, não necessariamente a melhor – solução para um problema.

Um **modelo de satisfação** é aquele que encontra uma boa – mas, não necessariamente, a melhor – solução para um problema.[16] O modelo de satisfação é utilizado quando a modelagem do problema teria sido muito difícil, complexa ou dispendiosa para obter-se uma decisão excelente. O modelo de satisfação, em geral, não foca em todas as soluções possíveis, mas somente naquelas prováveis de obter bons resultados. Considere, por exemplo, a decisão de escolher um local para uma nova fábrica. Para encontrar a localização ótima (ideal), devem se considerar todas as cidades dos Estados Unidos ou do mundo. Uma abordagem satisfatória é considerar somente cinco ou dez cidades que possam satisfazer às exigências da empresa. Limitar as opções poderia não resultar na melhor decisão, mas, provavelmente, resultará numa boa decisão, sem gastar tempo e esforço investigando todas as cidades. A abordagem satisfatória é um bom

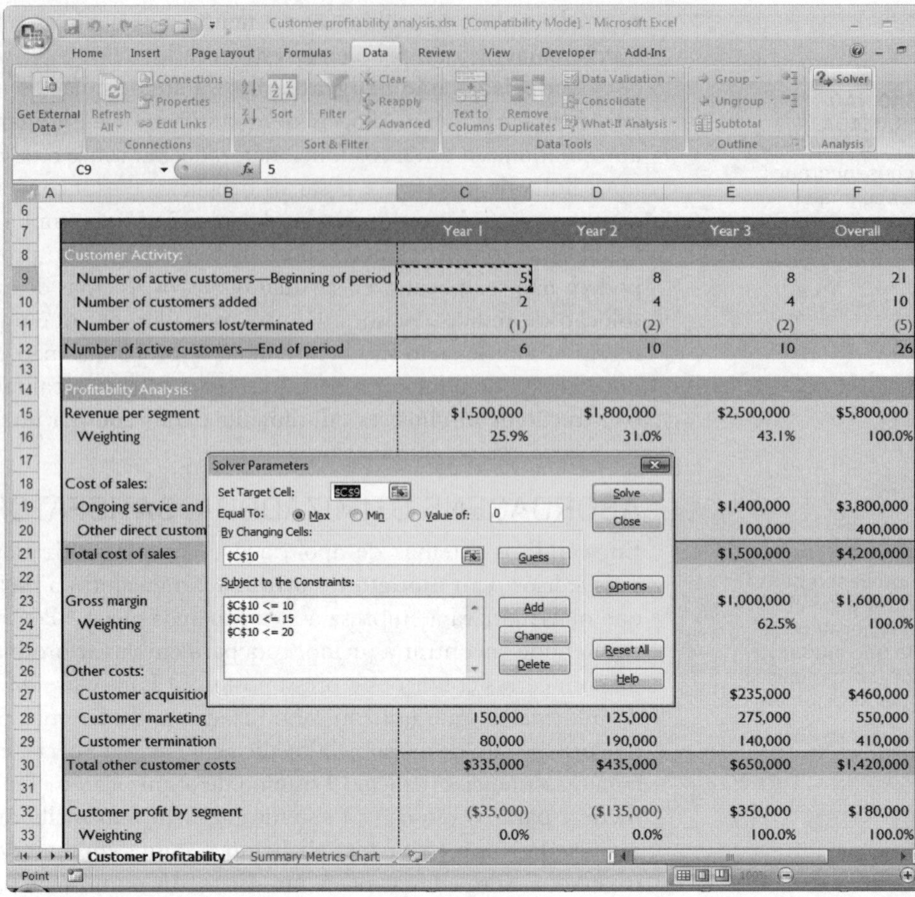

FIGURA 10.2
Programa de otimização.
Alguns programas de planilhas, como o Microsoft Excel, possuem rotinas otimizadoras. Esta figura mostra o Solver, que pode encontrar uma solução ótima dadas certas limitações.

método alternativo de modelagem, porque algumas vezes é caro demais analisar todas as alternativas em busca da melhor solução.

MODELO DE ABORDAGEM HEURÍSTICA: Comumente aceita diretrizes ou procedimentos que em geral encontram uma boa solução.

O **modelo de abordagem heurística**, também conhecido como "regras básicas", são diretrizes, geralmente, aceitas ou procedimentos que, quase sempre, encontram uma solução.[17] Uma heurística que os gestores de uma equipe de beisebol utilizam é colocar no topo da programação os rebatedores mais prováveis de chegar a uma base, seguidos pelos fortes batedores, que podem conduzi-los à pontuação. Um exemplo de modelo heurístico utilizado em negócios é pedir suprimento de determinado item de estoque para quatro meses quando o nível do estoque cair para 20 unidades, ou menos; embora essa heurística possa não minimizar os custos totais do estoque, pode servir como boa regra para evitar faltas, sem manter excesso de estoque. A Symantec, provedora de programas antivírus, desenvolveu um produto baseado na heurística.[18] O programa pode detectar vírus difíceis de localizar, utilizando as técnicas dos programas antivírus tradicionais.

OS BENEFÍCIOS DOS SISTEMAS DE INFORMAÇÃO E DE APOIO À DECISÃO

Os sistemas de informação e de apoio à decisão abordados neste e no próximo capítulo ajudam os indivíduos, os grupos e as organizações a tomar melhores decisões, a solucionar problemas e a alcançar seus objetivos. Estes incluem os sistemas de informação gerencial, os sistemas de apoio à decisão, os sistemas de suporte a grupos, os sistemas de suporte às informações executivas, os sistemas de gestão do conhecimento e uma variedade de sistemas com propósitos especiais. Os sistemas de informação e de apoio à decisão podem ajudar a vender produtos e serviços. A Coulomb Technologies, por exemplo, desenvolveu um aplicativo para smartphones que informa os clientes com carros elétricos onde encontrar as estações mais próximas de carregamento.[19] O aplicativo está disponível para iPhones e telefones BlackBerry. De acordo com o seu diretor de tecnologia, "As pessoas que compram um veículo elétrico são, provavelmente, as mesmas que comprariam um iPhone".

Como apresentado na Figura 10.3, os benefícios são uma medida da melhora no desempenho desses sistemas *versus* o custo de implantá-los. O sinal de mais (+) da seta do *desempenho* para os *benefícios* indica que a sua melhoria tem um impacto positivo nos benefícios. O sinal de menos (−) do *custo* para os *benefícios* indica que o aumento no custo tem um impacto negativo nos benefícios.

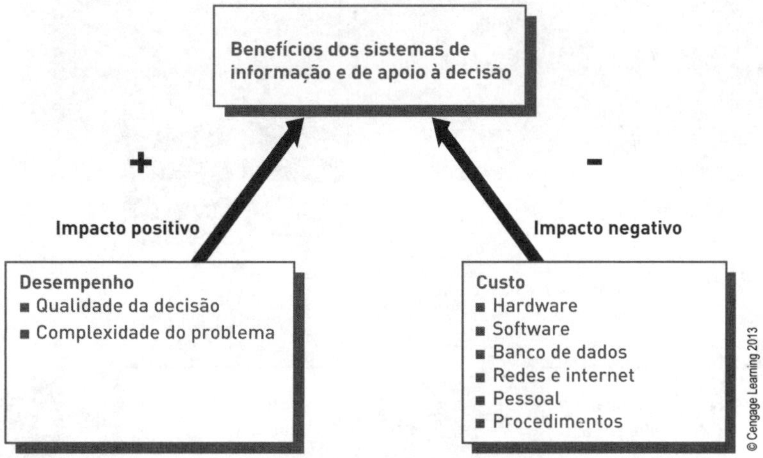

FIGURA 10.3 Benefícios dos sistemas de informação e de apoio à decisão.

O desempenho desses sistemas é, em geral, uma função da qualidade da decisão e da complexidade do problema. A qualidade da decisão pode resultar em aumento da eficácia e da eficiência numa maior produtividade e muitas outras medidas introduzidas, inicialmente, no Capítulo 2. A complexidade do problema depende da sua dificuldade em ser resolvido e implantado. O custo de liberar esses sistemas são os gastos dos componentes da tecnologia da informação, discutidos na Parte 2, deste livro, incluindo hardware, software, bancos de dados, redes e internet, pessoas e procedimentos. Mas como esses sistemas proporcionam, realmente, os benefícios aos indivíduos, grupos e organizações que os utilizam? Depende do sistema. Começamos nossa discussão com os sistemas de informação gerencial tradicionais.

VISÃO GERAL DOS SISTEMAS DE INFORMAÇÃO GERENCIAL

Um sistema de informação gerencial (MIS, *management information system*) é um conjunto integrado de pessoas, procedimentos, bancos de dados e dispositivos que fornece aos gestores e aos tomadores de decisão informações que ajudam a alcançar os objetivos organizacionais. Os MISs sempre dão às empresas e a outras organizações uma vantagem competitiva, fornecendo as informações certas para as pessoas certas em formato e tempo certos.

SISTEMAS DE INFORMAÇÃO GERENCIAL EM PERSPECTIVA

O propósito principal do MIS é auxiliar uma organização a alcançar seus objetivos, fornecendo aos gestores uma percepção detalhada das operações regulares da organização para que possam controlar, organizar e planejar de forma mais eficaz. Um papel importante do MIS é fornecer a informação certa para a pessoa certa no formato e tempo certos. Em resumo, o MIS fornece aos gerentes informações, em relatórios, que subsidiam efetivamente a tomada de decisão e oferece também um retorno sobre as operações diárias. A Figura 10.4 mostra o papel dos MISs no fluxo de informações de uma organização. Observe que as transações do negócio podem entrar na organização através de métodos tradicionais ou pela internet ou extranet, que conecta os clientes e os fornecedores ao ERP da empresa ou aos sistemas de processamento das transações.

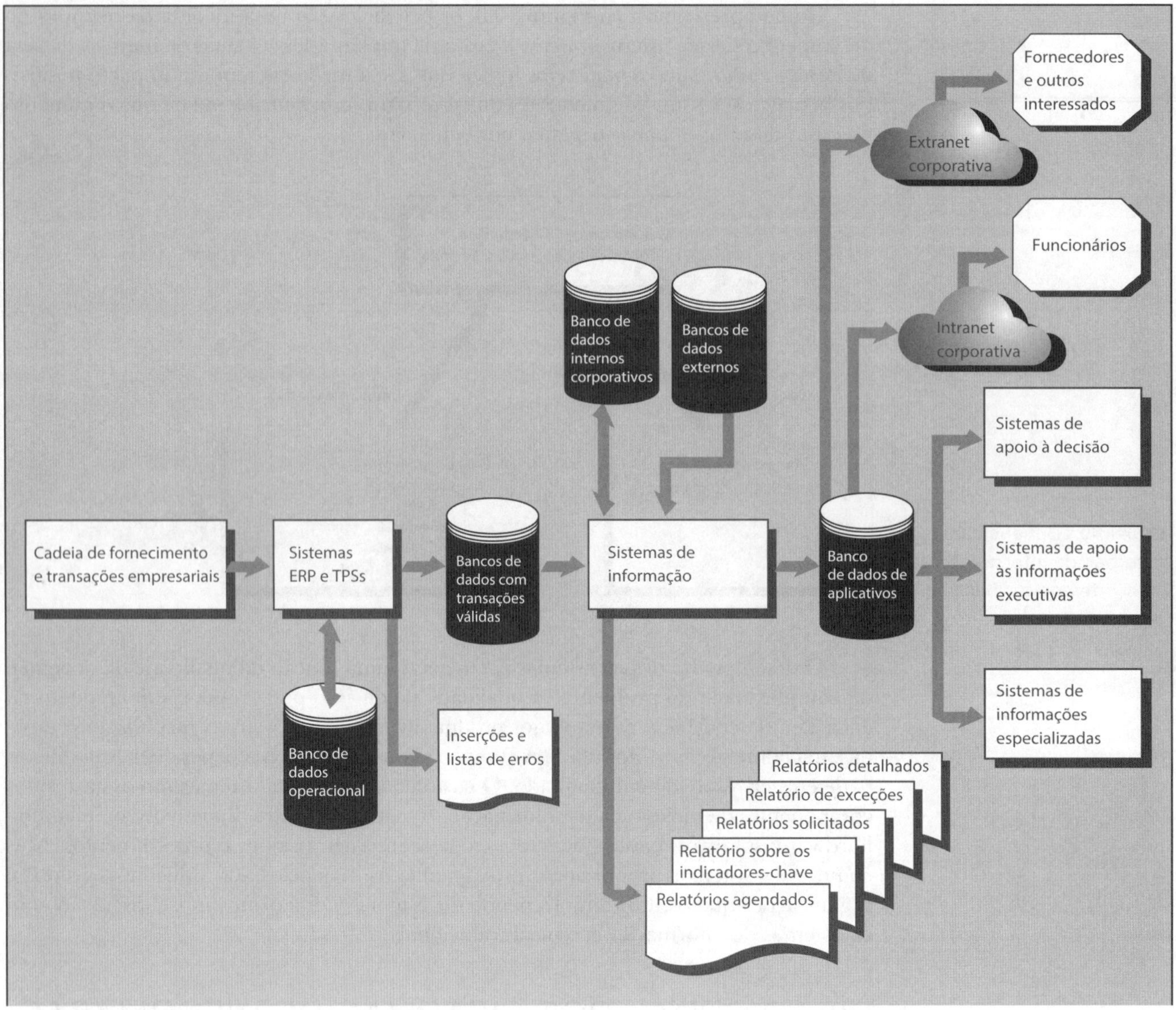

FIGURA 10.4

Fontes de informações gerenciais.

O MIS é apenas uma das muitas fontes de informação gerencial. Os sistemas de apoio à decisão, os sistemas de apoio às informações executivas e os sistemas especialistas também auxiliam na tomada de decisão.

As utilizações dos MISs abrangem todos os níveis de gestão, isto é, eles dão suporte aos funcionários e são utilizados por eles em toda a organização.

ENTRADAS PARA UM SISTEMA DE INFORMAÇÃO GERENCIAL

Como apresentado na Figura 10.4, os dados inseridos num MIS são originários de fontes internas e externas, incluindo uma cadeia de suprimentos da empresa, discutida inicialmente no Capítulo 2. As fontes de dados internas mais significativas para um MIS são os vários sistemas ERP e TPS da organização e os bancos de dados relacionados. As fontes externas de dados podem incluir clientes, fornecedores, concorrentes e acionistas, cujos dados não foram ainda captados pelo TPS, assim como outras fontes, como a internet. Como discutido no Capítulo 5, as empresas também utilizam datawarehouse, para armazenar informações importantes de negócios. A inteligência empresarial, também abordada no Capítulo 5, pode ser utilizada para transformar um banco de dados, em informações úteis, para toda a organização.

AS SAÍDAS DE UM SISTEMA DE INFORMAÇÃO GERENCIAL

As saídas (produção) da maioria dos MISs forma um conjunto de relatórios distribuído para os gestores. Muitos relatórios MIS vêm das bases de dados da empresa, discutidas no Capítulo 5. Esses relatórios podem ser personalizados para cada usuário e podem ser entregues em tempo útil. A empresa Providence Washington Insurance Company utilizou o módulo ReportNet do programa de inteligência empresarial da Cognos (*www.cognos.com*), uma empresa da IBM, para reduzir o número de relatório em papel e os custos associados.[20] O novo sistema de relatórios cria um "painel executivo" que mostra dados, gráficos e tabelas atuais para ajudar os gestores a tomar melhores decisões em tempo real (veja a Figura 10.5). A Microsoft criou o Business Scorecard Manager, um sistema de relatórios que oferece a tomadores de decisão informações, no momento certo, sobre vendas e informações sobre clientes.[21] O programa, que compete com o Business Objects e o IBM Cognos, pode integrar-se com outros produtos da Microsoft, incluindo o Microsoft Office Excel. O Open View Dashboard da HewlettPackard é outro pacote de MIS que pode, rápida e eficientemente, apresentar fotos, gráficos e tabelas, que mostram como um negócio funciona.

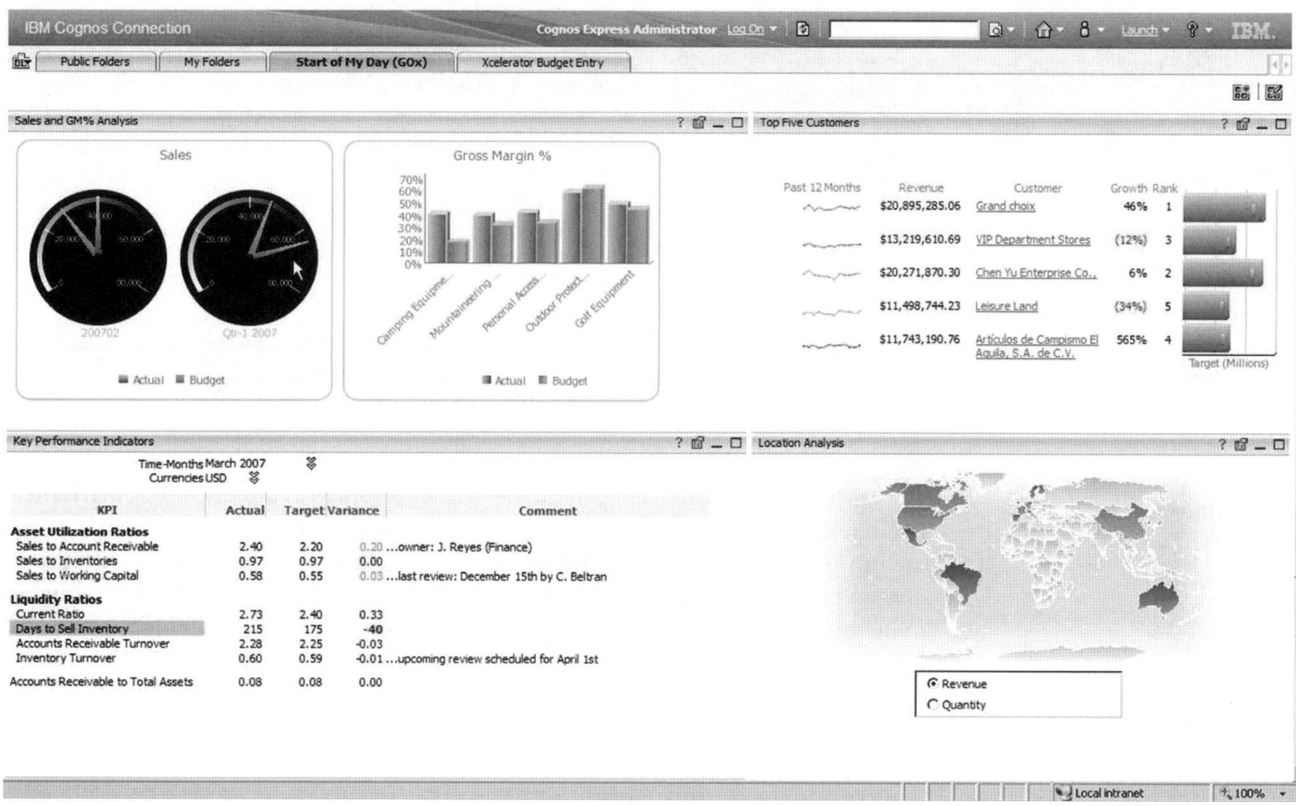

Cortesia de IBM

FIGURA 10.5

Um painel executivo.

O programa IBM Cognos Connection inclui um painel com uma visão geral em gráfico de como um negócio está funcionando.

Os relatórios gerenciais podem vir dos vários bancos de dados da empresa, dos datawarehouses e de outras fontes. Eles incluem relatórios programados, de indicadores-chave, sob demanda, de exceção e detalhados (veja a Figura 10.6).

(a) Relatórios programados

Relatório diário de vendas

Preparado em: 8/10/08

Pedido #	Identidade do cliente	Identidade do vendedor	Planejado	Quantidade	Item #	Valor
P12453	C89321	CAR	08/12/08	144	P1234	$ 3.214
P12453	C89321	CAR	08/12/08	288	P3214	$ 5.660
P12454	C03214	GWA	08/13/08	12	P4902	$ 1.224
P12455	C52313	SAK	08/12/08	24	P4012	$ 2.448
P12456	C34123	JMW	08/13/08	144	P3214	$ 720
....	....	....	....	....	....	....

(b) Relatório de indicadores-chave de vendas diárias

Relatório diário de indicadores-chave de vendas

	Este mês	Último mês	Este ano
Total de pedidos no mês até hoje	$ 1.808	$ 1.694	$ 1.914
Vendas previstas para o mês	$ 2.406	$ 2.224	$ 2.608

(c) Relatórios sob demanda

Vendas diárias por vendedor Relatório resumido

Preparado em: 8/10/08

ID do vendedor	Valor
CAR	$ 42.345
GWA	$ 38.950
SAK	$ 22.100
JWN	$ 12.350
....	....
....	....

(d) Relatório de exceção

Relatório de exceção Vendas diárias - Pedidos acima de $10.000

Preparado em: 8/10/08

Pedido #	Cliente	Vendedor Data de embarque	Planejado	Quantidade	Item #	Valor
P12345	C89321	GWA	08/12/08	576	P1234	$ 12.856
P22153	C00453	CAR	08/12/08	288	P2314	$ 28.800
P23023	C32832	JMN	08/11/08	144	P2323	$ 14.400
....	....	....	....	....	....	....
....	....	....	....	....	....	....

(e) Relatório detalhado de primeiro nível

Lucros por trimestre (em milhões)

		Real	Previsão	Divergência
2nd Qtr.	2008	$ 12,6	$ 11,8	6,8%
1st Qtr.	2008	$ 10,8	$ 10,7	0,9%
4th Qtr.	2008	$ 14,3	$ 14,5	-1,4%
3rd Qtr.	2008	$ 12,8	$ 13,3	-3,8%

(f) Relatório detalhado de segundo nível

Vendas e despesas (em milhões)

Trim.: 2.o Trim. 2008	Real	Previsão	Divergência
Margem de vendas	$ 110,9	$ 108,3	2,4%
Gastos	$ 98,3	$ 96,5	1,9%
Lucro	$ 12,6	$ 11,8	6,8%

(g) Relatório detalhado de terceiro nível

Vendas por divisão (milhões)

Trim.: 2.o Trim. 2008	Real	Previsão	Divergência
Produtos de beleza	$ 34,5	$ 33,9	1,8%
Medicamentos	$ 30,0	$ 28,0	7,1%
Sabonetes	$ 22,8	$ 23,0	-0,9%
Petiscos	$ 12,1	$ 12,5	-3,2%
Eletrônicos	$ 11,5	$ 10,9	5,5%
Total	$ 110,9	$ 108,3	2,4%

(h) Relatório detalhado de quarto nível

Vendas por categoria de produto (milhões)

Trim.: 2.o Trim. 2008 Divisão: Medicamentos	Real	Previsão	Divergência
Pasta de dentes	$ 12,4	$ 10,5	18,1%
Antisséptico bucal	$ 8,6	$ 8,8	-2,3%
Medicamentos de venda livre	$ 5,8	$ 5,3	9,4%
Produtos para a pele	$ 3,2	$ 3,4	-5,9%
Total	$ 30,0	$ 28,0	7,1%

FIGURA 10.6

Relatórios gerados por um MIS.

Os tipos de relatórios são (a) programados, (b) indicadores-chave, (c) sob demanda, (d) de exceção e (e-h) detalhados. (Fonte: George W. Reynolds, *Information systems for managers*, 3. ed., St. Paul, MN: Microsoft Publisher 1995).

RELATÓRIO PROGRAMADO: Produzido periodicamente, podendo ser diariamente, semanalmente ou mensalmente.

RELATÓRIO DE INDICADORES-CHAVE: Resume as atividades críticas do dia anterior e, normalmente, está disponível no início de cada dia de trabalho.

RELATÓRIO SOB DEMANDA: Desenvolvido para dar certas informações por solicitação de alguém ou de acordo com uma programação.

Relatórios programados

Relatórios programados são produzidos periodicamente, podendo ser diariamente, semanalmente ou mensalmente. Por exemplo, um gerente de produção poderia utilizar um relatório resumido semanal, que relacionasse os custos totais da folha de pagamento para monitorar e controlar o trabalho e os custos da mão de obra. Emissão de contas mensais são também exemplos de relatórios programados. Utilizando suas contas mensalmente, o município de Sacramento comparou como as pessoas utilizam a energia, tentando encorajar um melhor uso.[22] Outros relatórios programados podem ajudar os gestores a controlar o crédito do cliente, o desempenho dos representantes de vendas, os níveis de estoques e muito mais.

Um **relatório de indicadores-chave** resume as atividades críticas do dia anterior e normalmente está disponível no início de cada dia de trabalho. Esses relatórios podem resumir os níveis do estoque, a atividade de produção, o volume de vendas e coisas semelhantes. Os relatórios de indicadores-chave são usados pelos gerentes e executivos para realizar ações rápidas e corretivas em aspectos significativos do negócio.

Relatórios sob demanda

Os **relatórios sob demanda** são desenvolvidos para fornecer certas informações requisitadas. Em outras palavras, eles são produzidos de acordo com uma programação. Como outros relatórios discutidos nesta seção, frequentemente vêm do sistema de banco de dados da organização. Por exemplo, um executivo pode querer saber a situação da produção de determinado item – um relatório sob demanda pode ser gerado para fornecer as informações solicitadas, consultando o banco de dados da empresa. Os fornecedores e consumidores também podem usar relatórios sob demanda. A FedEx, por exemplo, fornece relatórios sob demanda em seu site para permitir que os consumidores rastreiem suas remessas desde a origem até o destino final.

Relatórios de exceção

RELATÓRIO DE EXCEÇÃO: Produzido automaticamente quando uma situação é incomum ou requer ação da gestão.

Os **relatórios de exceção** são produzidos, automaticamente, quando uma situação é incomum ou requer alguma ação da gestão. Por exemplo, um gestor pode estabelecer um parâmetro, que gera um relatório de todos os itens do estoque, com disponibilidade menor do que o equivalente a cinco dias de vendas. Essa situação, não usual, exige uma pronta ação para impedir a falta do item em estoque. O relatório de exceção, gerado por esse parâmetro, pode conter apenas os itens do estoque, com menos de cinco dias de vendas.

Assim, como os relatórios de indicadores-chave, os de exceção são mais frequentemente utilizados para monitorar aspectos importantes para o sucesso de uma organização. Em geral, quando um relatório de exceção é produzido, um gestor ou um executivo toma providências. Parâmetros ou pontos disparadores (ou de gatilho) devem ser estabelecidos cuidadosamente para um relatório de exceção. Se estabelecidos baixos demais resultam num excesso de relatórios de exceção; se os pontos disparadores estiverem muito altos, pode significar que os problemas que requerem ação não estão sendo percebidos. Por exemplo, se um gestor de uma grande empresa quiser um relatório que contenha todos os projetos com orçamento acima de $ 100 ou mais, o sistema pode emitir quase todos os projetos da empresa. O ponto disparador nos $ 100, provavelmente, é muito baixo. Um ponto disparador em $ 10 mil poderia ser mais apropriado.

Relatórios detalhados

RELATÓRIO DETALHADO: Fornece dados cada vez mais detalhados sobre uma situação.

Os **relatórios detalhados** fornecem dados cada vez mais particularizados sobre uma situação. Com eles, os analistas podem verificar primeiro os dados num nível mais abrangente (como as vendas para toda a empresa), depois num nível mais detalhado (como as vendas por departamento) e depois num nível muito mais detalhado (como as vendas por um representante de vendas). As organizações de todos os tamanhos e tipos utilizam relatórios detalhados.

CARACTERÍSTICAS DE UM SISTEMA DE INFORMAÇÃO GERENCIAL

Relatórios programados, indicadores-chave, sob demanda, de exceção e detalhados ajudam os gestores e os executivos a tomar decisões melhores e mais oportunas. Em geral, os MISs desempenham as seguintes funções:

- Emitir relatórios com formatos fixos e padronizados.
- Produzir relatórios digitais e em papel.
- Usar dados internos, armazenados no sistema de computação.
- Permitir aos usuários desenvolver seus próprios relatórios personalizados.
- Exigir as requisições dos usuários para os relatórios desenvolvidos pelo pessoal dos sistemas.

ASPECTOS FUNCIONAIS DO MIS

A maioria das organizações é estruturada a partir de áreas funcionais. A estrutura funcional é em geral aparente no organograma da organização que mostra uma hierarquia nos papéis ou posições. Algumas áreas funcionais tradicionais incluem finanças, produção, comercial, recursos humanos e outros sistemas de informação especializados. O MIS também pode ser dividido próximo dessas linhas funcionais para produzir relatórios adaptados às funções individuais (veja a Figura 10.7).

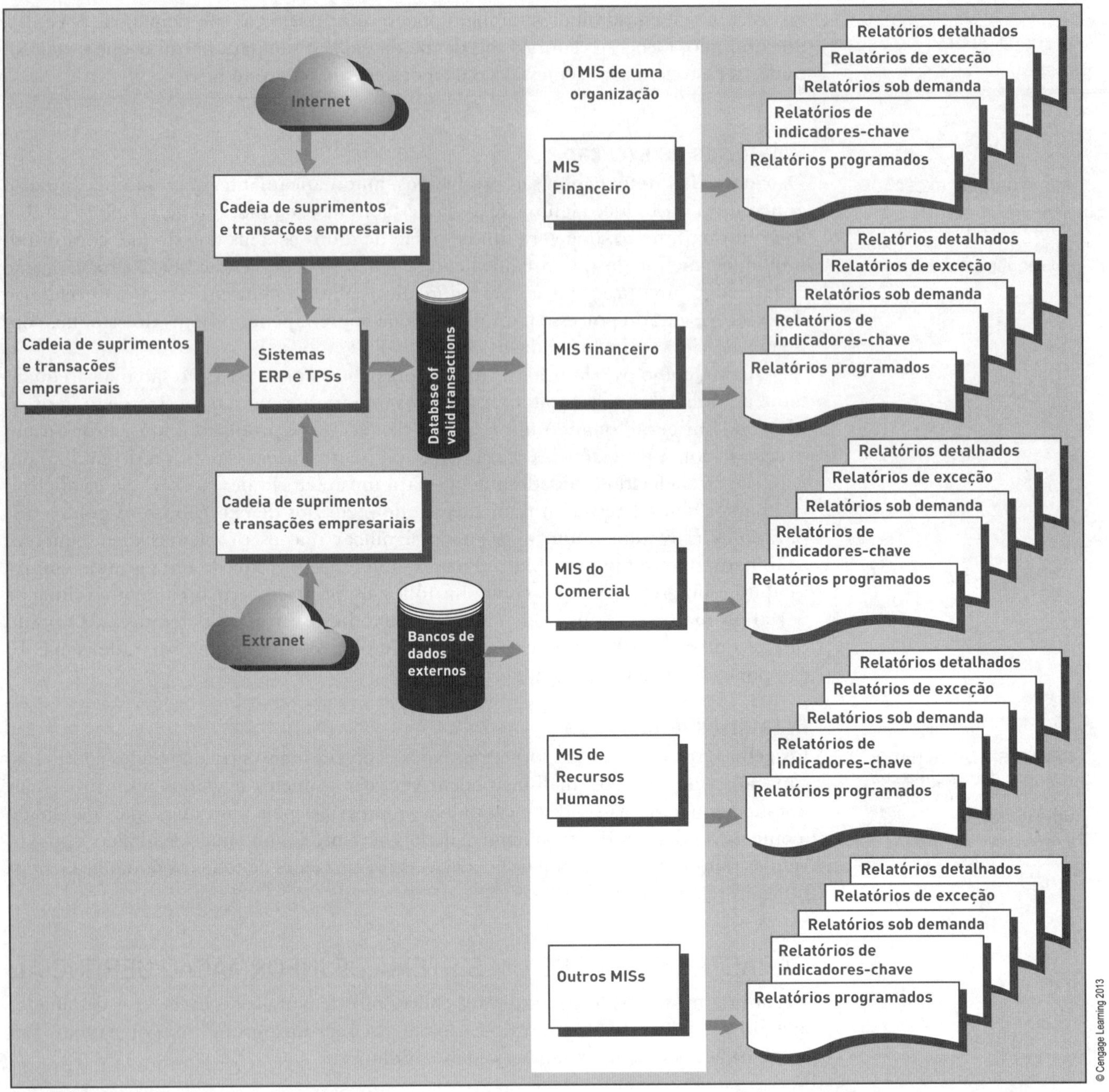

FIGURA 10.7

O MIS de uma organização.

O MIS é um conjunto integrado de sistemas de informação funcional, cada um apoiando determinada área funcional.

SISTEMAS DE GESTÃO DE INFORMAÇÕES FINANCEIRAS

MIS FINANCEIRO: Sistema de informações, que apresenta informações financeiras para executivos e para um grande grupo de pessoas que precisam tomar melhores decisões diariamente.

Um **MIS financeiro** fornece informações financeiras não somente para os executivos, mas também para um conjunto mais amplo de pessoas que necessitam tomar melhores decisões diariamente. Thomson Reuters, por exemplo, desenvolveu um sistema automatizado de relatórios que pode digitalizar artigos sobre empresas para seus corretores de ações para determinar se as notícias são favoráveis ou não. Os relatórios podem resultar em pedidos de compra se as notícias forem positivas ou pedidos de vendas, se as notícias forem negativas. Eventualmente, o sistema será conectado com a negociação mundial que não requer pedidos de comercialização pelas pessoas.[23] Os MISs financeiros podem ajudar as empresas a levantar fundos através de empréstimos e ofertas de ações. Em sua oferta pública inicial (IPO, initial public offering), o LinkedIn, site profissional de empregos e rede de trabalho da internet, foi avaliado em mais de $ 3 bilhões.[24] O Facebook foi avaliado em $ 100 bilhões por algumas pessoas antes de seu IPO.

Os MISs financeiros também são importantes para os países. Utilizando uma simulação e otimização através do computador, discutidas adiante neste capítulo, a INDEVAL, instituição mexicana de ações e títulos de valores, melhorou substancialmente suas operações através do desenvolvimento de novos procedimentos para estabelecer negócios que podem totalizar mais de $ 200 bilhões diários.[25] A maioria dos MISs financeiros desempenham as seguintes funções:

- Integrar informações financeiras e operacionais de múltiplas fontes incluindo a internet, num único sistema.
- Fornecer um fácil acesso aos dados, tanto por usuários da área financeira quanto aqueles da área não financeira, frequentemente, por meio da utilização de uma intranet corporativa para acessar páginas corporativas da web que contêm dados financeiros e informações.
- Tornar os dados financeiros, imediatamente, disponíveis a fim de diminuir o tempo de análise dos prazos de entrega.
- Permitir a análise de dados financeiros, relativos a múltiplas dimensões-tempo, geográficas, de produtos, de fábrica e de cliente.
- Analisar atividades financeiras históricas e atuais.
- Monitorar e controlar a aplicação de fundos do decorrer do tempo.

A Figura 10.8 mostra inserções típicas, subsistemas de função específica e emissões de um MIS financeiro, incluindo lucros e perdas, auditoria, utilizações e geren-

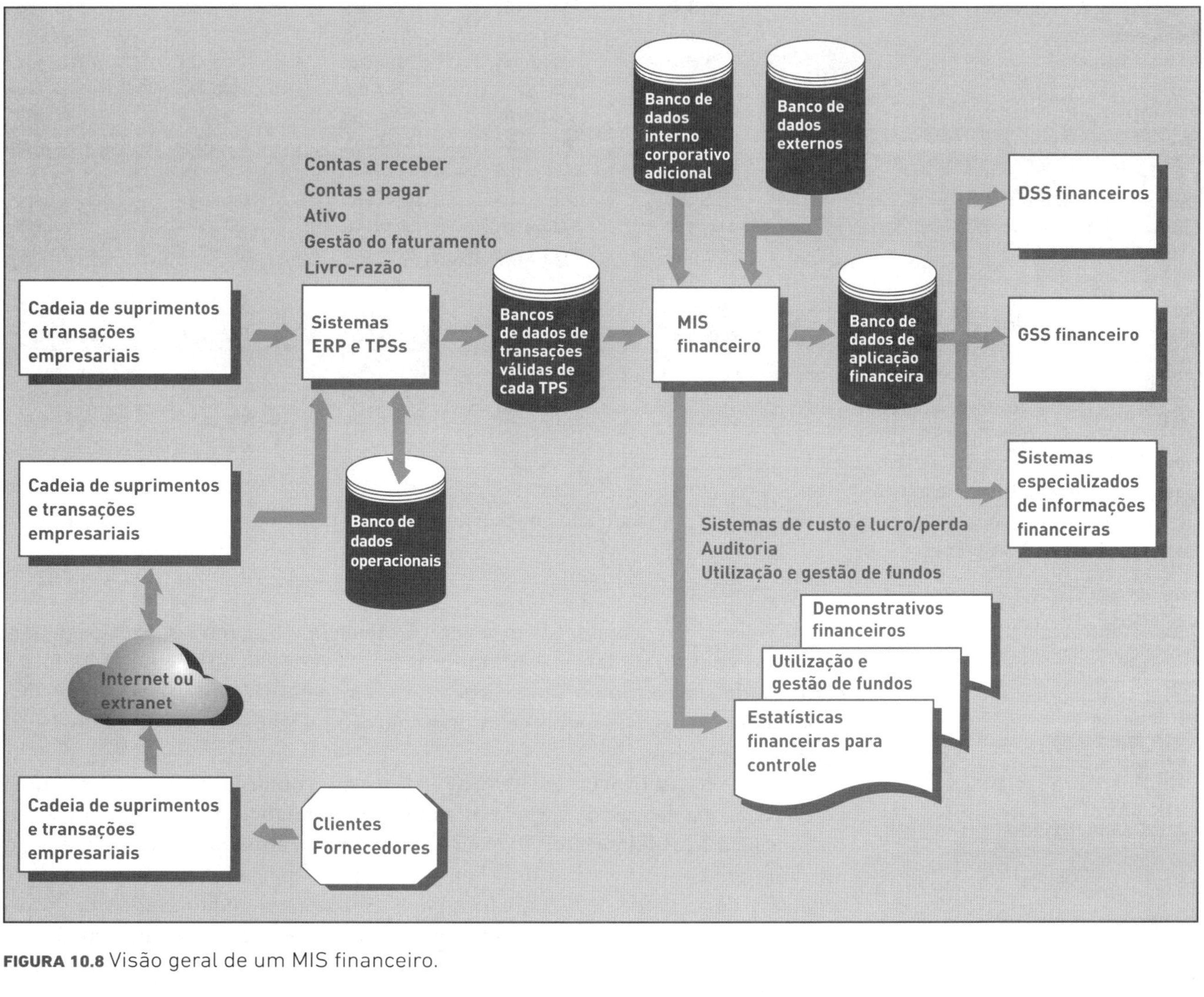

FIGURA 10.8 Visão geral de um MIS financeiro.

CENTRO DE LUCROS: Departamento da empresa cujo objetivo é a geração de lucros.

CENTRO DE RENDA: Divisão da empresa que gera vendas ou receitas.

CENTRO DE CUSTO: Divisão da empresa que não gera renda diretamente.

ciamento de fundos. Alguns dos subsistemas e emissões do MIS financeiro são delineados a seguir:

- **Sistemas de custo e lucros/perdas.** Muitos departamentos de uma organização são **centros de lucro**, o que significa que seu trabalho é gerar lucros. Uma divisão de investimento de uma grande empresa de seguros ou de cartão de crédito é um exemplo de centro de lucro (veja a Figura 10.9). Outros departamentos, como o comercial ou o de vendas podem ser **centros de renda**, que

Projected Five-Year Income Statement

Upland International *Prepared: 4/29/2013*

Recreational Products Division

Projected Five-Year Income Statement

Tax Rate	33%
Cost of Goods	75%

	Year 1	Year 2	Year 3	Year 4	Year 5
Revenues	$3,200,000	$3,541,382	$3,919,184	$4,337,290	$4,800,000
Cost of Sales	$2,400,000	$2,656,037	$2,939,388	$3,252,967	$3,600,000
Gross Profit	**$800,000**	**$885,346**	**$979,796**	**$1,084,322**	**$1,200,000**
Accounting	$12,600	$14,112	$15,805	$17,702	$19,826
Advertising & Promotion	$37,800	$42,336	$47,416	$53,106	$59,479
Insurance	$3,600	$4,032	$4,516	$5,058	$5,665
Maintenance	$8,640	$9,677	$10,838	$12,139	$13,595
Utilities	$13,680	$15,322	$17,160	$19,219	$21,526
Miscellaneous	$4,300	$4,816	$5,394	$6,041	$6,766
Total General Expenses	**$80,620**	**$90,294**	**$101,130**	**$113,265**	**$126,857**
Earnings before Interest, Depr. & Tax	$719,380	$795,051	$878,666	$971,057	$1,073,143
Depreciation Expense	$141,550	$120,459	$102,511	$87,237	$74,238
Operating Profit	**$577,830**	**$674,592**	**$776,156**	**$883,821**	**$998,905**
Interest Expense	$65,733	$53,102	$39,490	$24,822	$9,016
Earnings Before Taxes	**$512,097**	**$621,490**	**$736,665**	**$858,998**	**$989,889**
Estimated Tax	$168,992	$205,092	$243,099	$283,469	$326,663
Net Income	**$343,105**	**$416,398**	**$493,566**	**$575,529**	**$663,226**

FIGURA 10.9

Demonstrativo de lucros e perdas.

Um demonstrativo de lucros e perdas apresenta os resultados do negócio da empresa, incluindo todas as rendas, lucros, despesas, custos e impostos.

AUDITORIA: Implica analisar a condição financeira de uma organização e determinar se os demonstrativos e os relatórios produzidos pelo MIS financeiro são exatos.

AUDITORIA INTERNA: Realizada por indivíduos dentro da organização.

AUDITORIA EXTERNA: Realizada por um grupo externo.

são divisões só preocupadas com a geração de vendas ou rendas. Outros departamentos, como o de fabricação ou de pesquisa e desenvolvimento, podem ser **centros de custos**, que são divisões que não geram renda diretamente. Na maioria dos casos, os sistemas de informação são utilizados para computar receitas, custos e lucros.

- **Auditoria.** A **auditoria** envolve a análise da condição financeira de uma organização e a determinação se os demonstrativos financeiros e os relatórios produzidos pelo MIS financeiro são exatos. A **auditoria interna** é realizada por indivíduos dentro da organização.[26] Por exemplo, o departamento financeiro pode organizar uma equipe de funcionários para realizar uma auditoria interna. A **auditoria externa** é realizada por um grupo externo, normalmente uma empresa de contabilidade ou de consultoria, como a PricewaterhouseCoopers, a Deloitte &

Touche ou uma das importantes organizações internacionais de contabilidade. Os sistemas de computadores são utilizados em todos os aspectos das auditorias interna e externa. Mesmo com elas, algumas empresas podem enganar os investidores e outros com demonstrativos financeiros fraudulentos.

- **Utilização e gestão de fundos.** A utilização interna de fundos inclui a aquisição de estoque adicional, atualização de fábricas e de equipamentos, contratação de novos funcionários, aquisição de outras empresas, compra de novos sistemas de computadores, aumento das áreas comercial e de publicidade, compra de matérias-primas ou terrenos, investimento em novos produtos e aumento da pesquisa e do desenvolvimento. As utilizações externas dos fundos estão, normalmente, relacionadas com o investimento. A recente recessão econômica incentivou algumas organizações de serviços financeiros e investidores em capital de risco a utilizar fundos para financiar aquisições de outras empresas. De acordo com um investidor em capital de risco e cofundador da Netscape, uma das pioneiras empresas da internet, "Nós quisemos conseguir a conclusão destes negócios, porque tínhamos um forte sentimento de que [o mercado] se aqueceria rápido".[27] Um número de poderosos aplicativos financeiros pessoais também ajuda as pessoas a gerir e utilizar seu dinheiro. O Mint.com, por exemplo, pode auxiliar as pessoas a orçar suas despesas.[28]

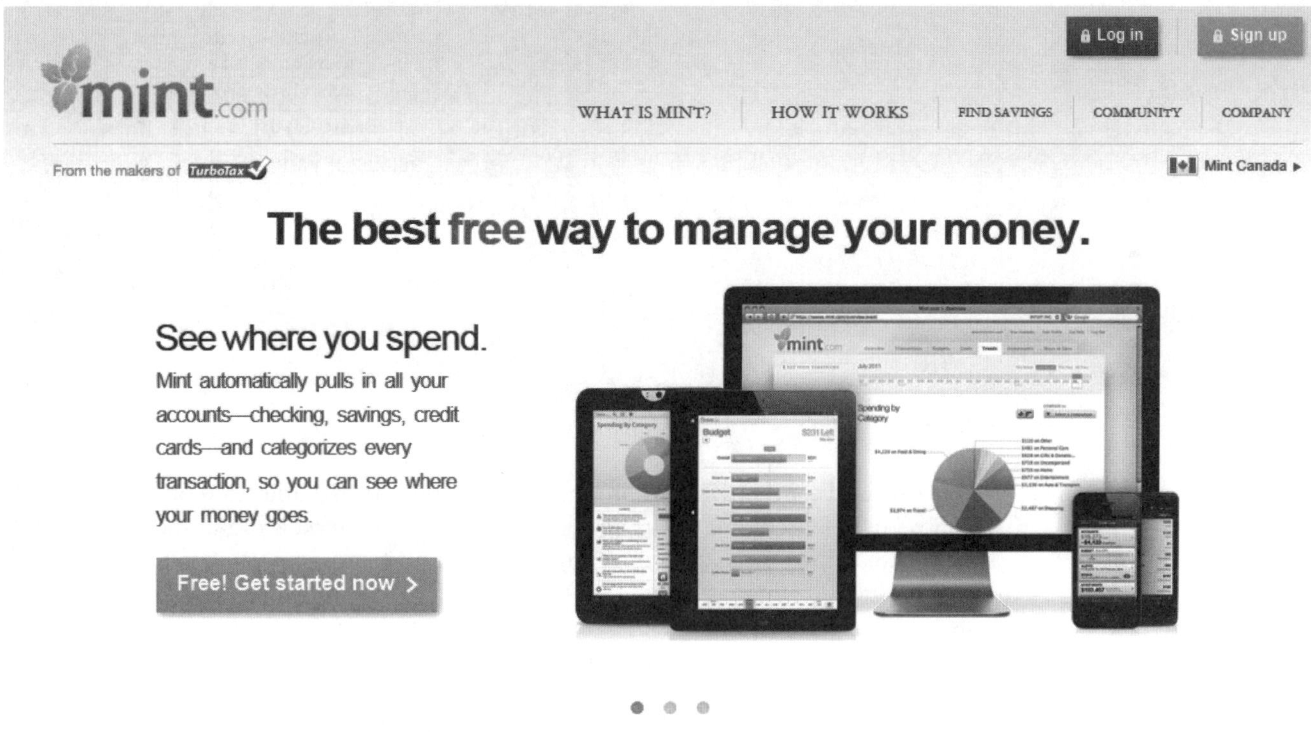

mint.com

O Mint.com fornece um programa financeiro pessoal através de seu site.

SISTEMAS DE INFORMAÇÃO GERENCIAL DE FABRICAÇÃO

Sem dúvida, os avanços nos sistemas de informática têm revolucionado a fabricação. Como resultado, muita operação de fabricação tem sido dramaticamente melhorada durante essa última década. A utilização de sistemas computadorizados é enfatizada em todos os níveis da produção – do chão de fábrica até a sala do executivo. A Dell Computers fez uso tanto do programa de otimização quanto do heurístico para ajudá-la a fabricar uma grande variedade de produtos.[29] A Dell foi capaz de dobrar sua variedade de produtos, enquanto economizava quase $ 1 milhão, anualmente, nos custos de produção. A Figura 10.10 apresenta uma visão geral de algumas entradas no MIS da fabricação, nos subsistemas e nos resultados.

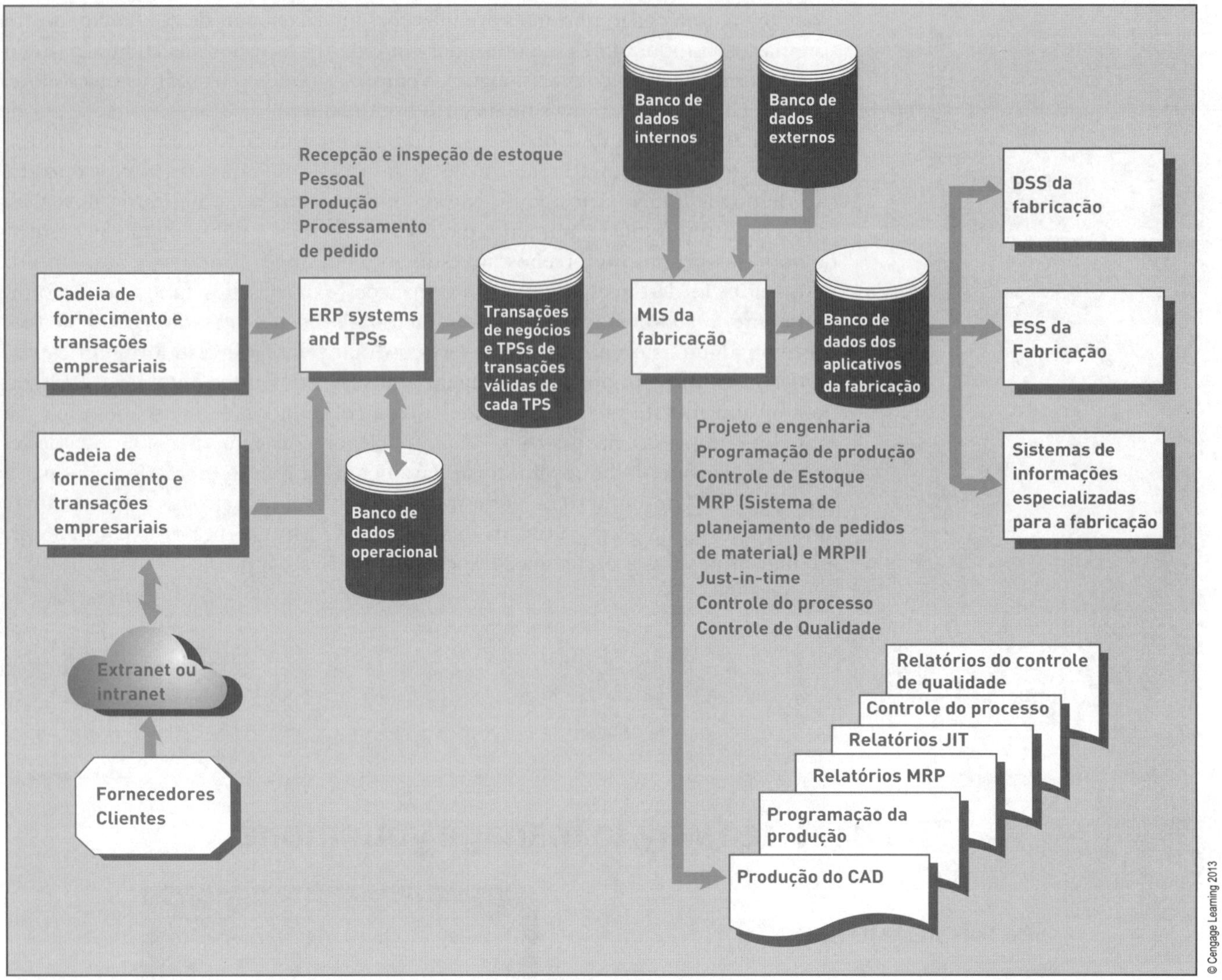

FIGURA 10.10 Visão geral de um MIS da fabricação.

Os subsistemas MIS e as produções da fabricação são utilizados para monitorar e controlar o fluxo de materiais, produtos e serviços por toda a organização. À medida que as matérias-primas são convertidas em bens acabados, o MIS da fabricação monitora o processo em quase todos os estágios. O sucesso de uma organização pode depender da função da produção. Alguns subsistemas comuns de informação e emissões utilizadas na produção são discutidos a seguir:

- **Projeto e engenharia.** As empresas industriais utilizam, frequentemente, o projeto auxiliado pelo computador (CAD, Computer Aided Design) em produtos novos ou naqueles já existentes. Por exemplo, a Boeing usa o sistema CAD para desenvolver um modelo digital completo de uma aeronave antes de iniciar o processo da fabricação.[30] As maquetes são construídas e testadas, e o modelo digital é revisado, constantemente, para refletir o projeto mais atualizado. A utilização de tal tecnologia ajuda a Boeing a reduzir os custos de fabricação e o tempo para projetar uma aeronave.
- **Cronograma mestre da produção.** A programação da produção e o controle de estoque são críticos para qualquer indústria. O objetivo geral de um cronograma mestre de produção é fornecer planos detalhados tanto para a programação de curto prazo quanto para a de longo prazo nas instalações de produção. O cronograma de produção pode se tornar extremamente difícil devido a desastres naturais como aquele que atingiu o Japão em 2011.[31] O tsunami e os problemas que resultaram da usina de energia nuclear, no Japão,

©ANTHONY BOLANTE/Reuters/Landov

A Boeing utiliza o sistema CAD no desenvolvimento e projeto de suas aeronaves.

QUANTIDADE ECONÔMICA DE PEDIDOS (EOQ): Quantidade que deve ser pedida, novamente, para minimizar os custos totais do estoque.

PONTO DE REPOSIÇÃO (ROP): Nível de quantidade crítico para o estoque.

PLANEJAMENTO DE REQUISIÇÃO DE MATERIAL (MRP): Conjunto de técnicas de controle de estoque, que ajudam a coordenar centenas de itens de estoque quando a solicitação de um item depende da solicitação de outro item.

ESTOQUE JUST-IN--TIME (JIT): Abordagem da gestão do estoque, na qual o estoque e os materiais são entregues justamente antes de serem utilizados na fabricação de um produto.

causaram a escassez nos estoques das empresas japonesas e outras indústrias, em todo o mundo, que utilizavam as matérias-primas e suprimentos do Japão, tornando o cronograma de produção muito difícil. Em outro exemplo, a Kimberly-Clark foi capaz de reduzir os níveis de estoques por meio de um software de agendamento.[32]

- **Controle de estoque.** A maior parte das técnicas de controle de estoque é utilizada para minimizar os custos do estoque. Por meio de modelos de planilhas a Procter & Gamble reduziu os níveis de estoque e custos enquanto racionalizava sua cadeia de suprimentos.[33] A grande empresa de produtos de consumo básicos foi capaz de economizar mais de $ 1 bilhão com modelos de planilhas e técnicas de análises quantitativas. As técnicas de controle de estoque determinam quando reestocar e quanto pedir de estoque. Um método para determinar o volume do estoque é chamado de **quantidade econômica de pedido (EOQ, economic order quantity)**. Essa quantidade é calculada para minimizar os custos totais do estoque. A questão "Quando pedir?" é baseada na utilização do estoque no decorrer do tempo. Em geral, a questão é respondida em termos de um **ponto de reposição (ROP, reorder point)**, que é um nível crítico da quantidade de estoque. Quando o nível de estoque para determinado item cair até o ponto de reposição ou ao nível crítico, o sistema gerará um relatório para que um pedido seja, imediatamente, colocado para o EOQ do produto. A RODA, empresa grega que fabrica e distribui rodízios e rodas, tinha um estoque com mais de 10 mil itens ou unidades de manutenção de estoque (SKUs, stock keeping units) para monitoramento e controle.[34] A organização utilizou os pontos de reposição de estoque e quantidade econômica de pedidos para gerir seu grande número de itens de estoque e minimizar os custos de estoque.
- Outra técnica de estoque, empregada quando a demanda por um item depende da demanda de outro, é chamada **planejamento de requisição de material (MRP, material requirements planning)**. O objetivo básico do MRP é determinar quando os produtos acabados, como automóveis ou aeronaves, são necessários e, então, trabalhar do fim para o começo para determinar o prazo final e os recursos, como motores e pneus, para completar o produto final dentro da programação. O **estoque just-in-time(JIT)** e a produção constituem uma abordagem que mantém o estoque nos níveis mais baixos sem prejudicar a disponibilidade dos produtos acabados. Com essa abordagem, o estoque e os materiais são entregues justamente antes de serem utilizados num produto. O JIT, entretanto, pode resultar em algumas organizações ficarem sem estoque quando a demanda exceder as expectativas ou quando houver problemas com o processo da fabricação.[35] O

FABRICAÇÃO ASSISTIDA POR COMPUTADOR (CAM, COMPUTER-ASSISTED MANUFACTURING): Controla diretamente os equipamentos da fabricação.

FABRICAÇÃO INTEGRADA POR COMPUTADOR (CIM, COMPUTER INTEGRATED MANUFACTURING): A produção integrada por computador utiliza computadores para interligar os componentes do processo de produção num sistema eficaz.

SISTEMA DE FABRICAÇÃO FLEXÍVEL (FMS, FLEXIBLE MANUFACTURING SYSTEM): Uma abordagem que possibilita às instalações de uma fábrica mudar rápida e eficientemente de um produto para outro.

terremoto japonês em 2011, por exemplo, causou o fechamento de muitas organizações que utilizavam o JIT nas indústrias de automóveis e eletrônicos.

- **Controle do processo.** Os gestores podem fazer uso de algumas tecnologias para controlar e simplificar o processo de fabricação. Hawker Beechcraft, fabricante de pequenos aviões e jatinhos particulares, para empresas e uso militar, utilizou os sistemas de informação para ajudar a tornar seus processos de fabricação e linhas de montagem mais eficientes.[36] A empresa de aeronaves usou programas de gestão de otimização e projetos para economizar cerca de $ 30 milhões por ano e agilizar suas linhas de montagem. Por exemplo, os computadores podem controlar diretamente o equipamento de fabricação, por meio dos sistemas de **fabricação assistida por computador** (**CAM, computer-assisted manufacturing**). Os sistemas CAM podem controlar perfuradoras, linhas de montagem e muito mais. A **fabricação integrada por computador** (**CIM, computer integrated manufacturing**) faz uso de computadores para ligar os componentes do processo de fabricação num sistema eficaz. O objetivo da CIM é reunir todos os aspectos da produção, incluindo o processamento de pedidos, o projeto do produto, a fabricação, a inspeção e o controle de qualidade e a expedição. Um **sistema de fabricação flexível (FMS, flexible manufacturing system)** é uma abordagem que possibilita que as instalações da fábrica mudem rápida e eficientemente da produção de um produto para outro. Durante o curso da produção, por exemplo, o processo pode ser alterado para fabricar um produto diferente ou modificar os materiais. Utilizando um FMS, o tempo e o custo para mudar as tarefas da fabricação podem ser substancialmente reduzidos, e as empresas podem reagir rapidamente em função das necessidades do mercado e da concorrência. Por exemplo, a Chrysler utilizou um FMS para mudar rapidamente da fabricação de minivans a diesel, com a direção no lado direito, para minivans a gasolina, com direção no lado esquerdo.[37]

© iStockphoto/The Linke

Os sistemas de fabricação assistida por computador controlam processos complexos na linha de montagem e proporcionam aos usuários o acesso instantâneo à informação.

CONTROLE DE QUALIDADE: Processo que garante que o produto acabado atenda às necessidades do cliente.

- **Controle de qualidade e testes.** Com o aumento da pressão por parte dos consumidores e uma preocupação geral pela produtividade e alta qualidade, as indústrias, atualmente, colocam mais ênfase no **controle de qualidade**, processo que assegura que o produto acabado atenda às necessidades dos consumidores. Os sistemas de informação são utilizados para monitorar a qualidade e fazer correções para eliminar possíveis problemas de qualidade.

MIS COMERCIAL (OU DE MARKETING): Apoia as atividades de gestão no desenvolvimento do produto, sua distribuição, decisões de preços, eficácia publicitária e previsão de vendas.

SISTEMAS DE INFORMAÇÃO GERENCIAL DE MARKETING

Um **MIS comercial ou de marketing** apoia as atividades de gestão no desenvolvimento do produto, em sua distribuição, nas decisões de preços, na eficácia publicitária e na previsão de vendas. As funções de marketing estão, crescentemente, sendo realizadas através da internet e de dispositivos móveis. Algumas grandes indústrias farmacêuticas, por exemplo, estão investindo em smartphones e tablets para ajudar seus representantes de vendas a comercializar seus produtos com os médicos e provedores de assistência médica, mesmo antes dos aplicativos comerciais terem sido totalmente desenvolvidos para tais dispositivos.[38] De acordo com um analista da área de saúde: "Várias grandes empresas farmacêuticas estão 'colocando os carros na frente dos bois'", comprando iPads em grandes quantidades antes mesmo de comprar um simples aplicativo para rodar no iPad. Outras, entretanto, acreditam que esse tipo de investimento em tablets e outros dispositivos móveis tornará seus representantes de vendas mais produtivos e aumentará as rendas no longo prazo. Os MISs comerciais também podem ser utilizados por procuradores que usam os sites de leilão na internet para comercializar e anunciar seus serviços.[39]

Algumas mercearias e lojas de varejo distribuem pequenos dispositivos móveis aos clientes e anunciam nos equipamentos suas ofertas de produtos especiais durante as compras.[40] Os dispositivos podem ainda determinar o valor total das compras e agilizar a velocidade na saída. Devido às ameaças ao fazerem compras on-line, muitos shoppings estão utilizando aplicativos para smartphones para ajudar os compradores a encontrar boas ofertas e direcioná-los às lojas para aumentar o tráfego e as rendas.[41] A Figura 10.11 apresenta as inserções, os subsistemas e os resultados de um típico MIS comercial.

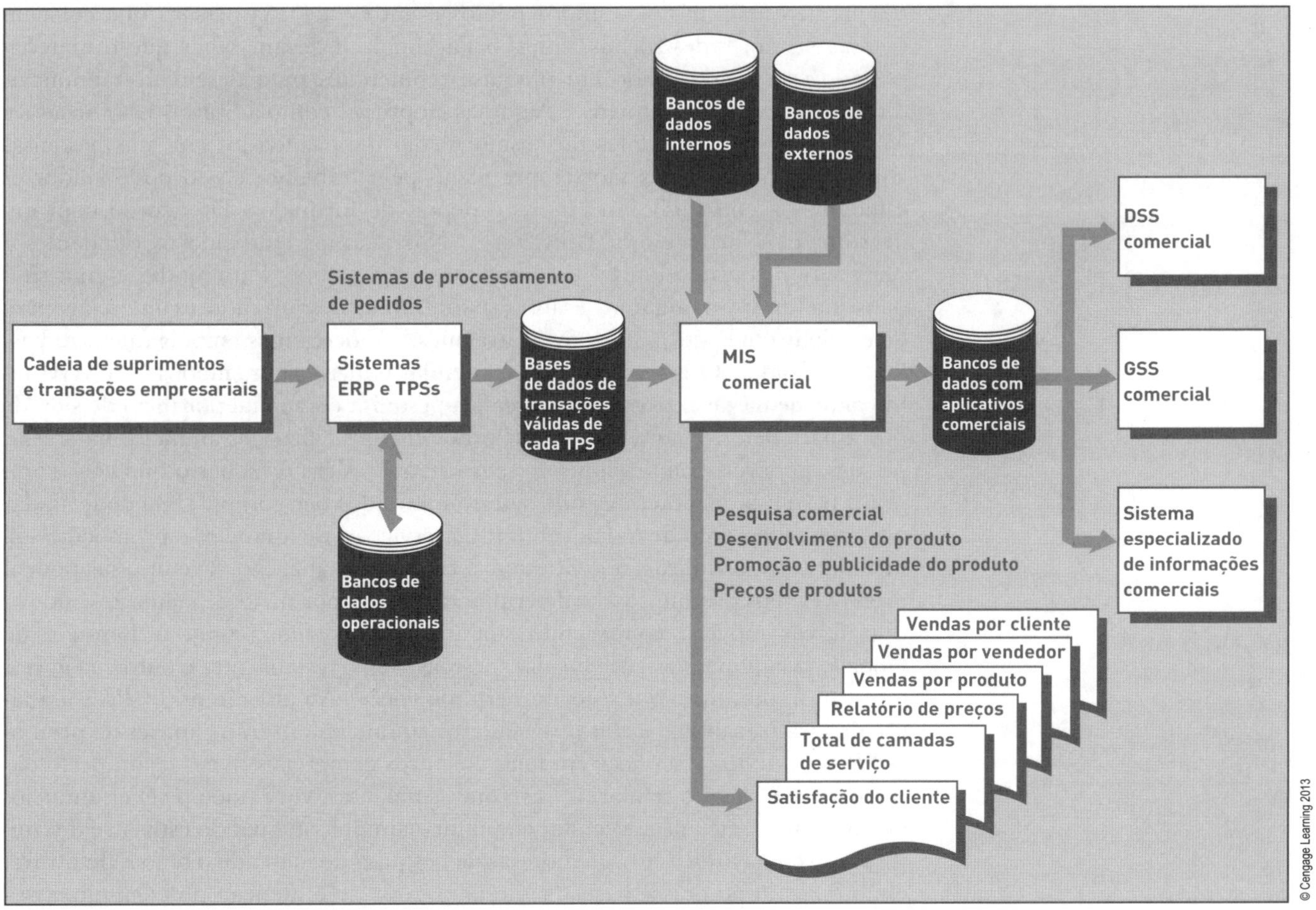

FIGURA 10.11 Visão geral de um MIS comercial.

Esses subsistemas e seus resultados são úteis para ajudar os gestores de marketing e os executivos a aumentar suas vendas, reduzir os gastos de marketing e desenvolver planos para futuros produtos e serviços, e para atender às necessidades em mudança dos clientes. Eles incluem pesquisa de mercado, desenvolvimento do produto, promoção e publicidade, preço do produto e análises das vendas:

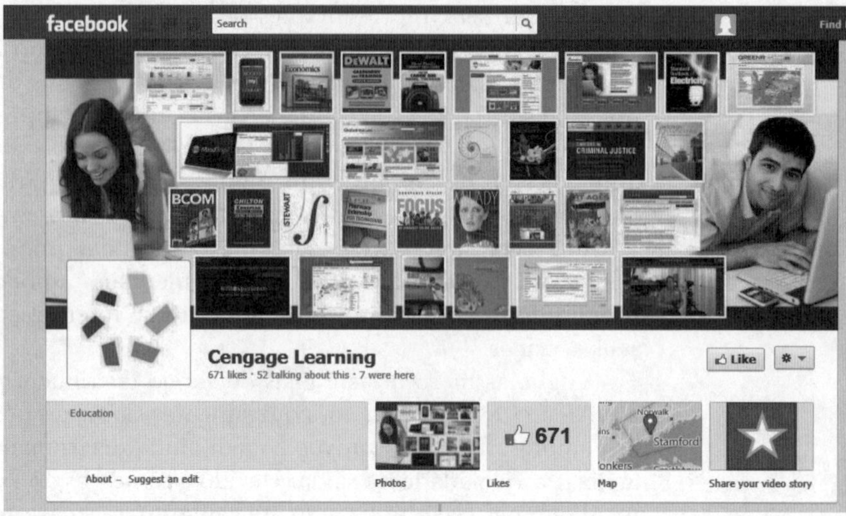

Os departamentos de marketing corporativos utilizam os sites das redes sociais, como o Facebook (*www.facebook.com*), para anunciar seus produtos e realizar pesquisas de mercado.

- **Pesquisa de mercado.** O propósito de uma pesquisa de mercado é o de conduzir estudo formal do mercado e das preferências do cliente. Os sistemas para computadores são utilizados para ajudar a conduzir e analisar os resultados de pesquisas, questionários, estudos pilotos e entrevistas. As pessoas que colocam mensagens em redes sociais, como o Facebook deveriam saber que o material postado está sendo usado em pesquisas comerciais para desenvolver anúncios direcionados aos seus amigos.[42] Algumas empresas, como a Sprint, Levi Strauss e Mattel, utilizam estudantes do ensino médio para ajudá-los em suas pesquisas comerciais.[43] As escolas são sempre pagas pelo trabalho, e isso pode ajudar os estudantes a conseguir um emprego depois de formados. De acordo com um instrutor da Northwestern University, "Nós estamos ajudando os estudantes a sair e serem contratados. E eles têm feito seu trabalho". Para ajudar a criar sites mais interessantes, algumas empresas contratam pesquisadores comerciais para determinar quais sites são os mais atraentes.[44] Videogames empolgantes são bastante utilizados. O resultado pode ser rendas e lucros aumentados. A BMW, fabricante alemã de carros de luxo, realiza pesquisa comercial por meio de sites de busca para determinar as preferências dos clientes e fazer os anúncios para essas pessoas, possíveis compradores de seus carros.[45] Além de saber o que você compra, a pesquisa de mercado pode determinar onde você compra. Isso pode ajudar no desenvolvimento de novos produtos e serviços e de anúncios e promoções sob medida. Com a utilização dos sistemas GPS de localização, as empresas podem promover seus produtos para determinada pessoa por meio de celulares e outros dispositivos móveis, conhecendo sua localização. Site, como o Latitude da Google, permitem que você localize pessoas, lojas, restaurantes e outros negócios e pontos importantes que estejam perto de você.[46] Ao utilizarem o GPS e a análise de localização das torres dos celulares, anunciantes serão capazes de promover seus produtos e serviços em lojas e centros comerciais que estejam perto das pessoas com aqueles celulares.[47] Em outras palavras, você pode receber anúncios de um restaurante em seu celular enquanto caminha ou quando estiver se dirigindo para aquela área. Outras empresas de pesquisa de mercado, como a Betawave, estão fazendo pesquisas baseadas no compromisso e atenção do cliente em responder aos anúncios.[48] Se a pesquisa obtiver sucesso, poderá resultar em anúncios que provocam níveis mais altos de compromisso e atenção dos clientes do que apenas um número maior de visitantes.
- **Desenvolvimento e entrega de produto.** O desenvolvimento do produto envolve a conversão das matérias-primas em bens acabados e serviços e enfatiza principalmente os atributos físicos do produto e sua cadeia de suprimento, con-

Cortesia do Google

O Google Latitude permite que você localize pessoas, lojas, restaurantes e outros negócios e pontos importantes que estejam perto de você.

forme já introduzido no Capítulo 2. A Sysco, empresa do ramo de distribuição de alimentos, baseada no Texas, utiliza um programa e bancos de dados para preparar e embarcar seus mais de 20 milhões de toneladas de carne, produtos e outros itens alimentares para restaurantes e pontos de vendas a cada ano.[49] A organização gigante fornece para uma entre três cafeterias, estádios de esportes, restaurantes e outros pontos de vendas de alimentos. Muitos fatores, incluindo a capacidade da fábrica, as qualificações dos funcionários, as questões de engenharia e os materiais, são importantes nas decisões do desenvolvimento do produto. Em muitos casos, um programa de computador analisa esses vários fatores e seleciona a mistura apropriada de mão de obra, materiais, fábrica e equipamentos e projetos de engenharia. As decisões entre fazer ou comprar também podem ser tomadas com a ajuda de programas de computador. A entrega envolve a determinação do melhor meio de conseguir os produtos para os clientes. Com a internet, os clientes podem determinar o melhor meio de ter seus produtos e serviços entregues a eles.[50] Podem especificar a velocidade, o custo e a conveniência do sistema de entrega que melhor atende às suas necessidades.

- **Promoção e publicidade.** Duas das funções mais importantes de qualquer esforço de marketing são a promoção e a publicidade. O sucesso de um produto é uma função direta dos tipos de publicidade e promoção de vendas realizadas. Cada vez mais, as organizações utilizam a internet para anunciar e vender seus produtos e serviços. Muitos negócios pequenos estão, efetivamente, anunciando seus produtos e serviços em site como o Groupon.[51] Com o Groupon, os usuários recebem um anúncio diário de uma oferta de uma empresa local que pode ter um desconto de 50% sobre o preço normal de um produto.[52] Alguns acreditam que os lucros anuais do Groupon podem exceder a $ 700 milhões.[53] Um aplicativo da BMW para iPhones chamado eVolve apresenta as vantagens e a economia de combustível para potenciais proprietários de carros elétricos que a empresa espera distribuir nos mercados americanos em alguns anos.[54] Segundo um porta-voz da BMW: "Nós precisamos tentar entender [dirigir] o comportamento e criar a cultura primeiro, e precisamos começar logo e amplamente". As empresas também estão tentando medir a efetividade das diferentes abordagens de publicidade como anúncios na televisão e na internet. A Toyota utiliza a empresa de pesquisa IAG Research para medir a eficácia da publicidade pela televisão e pela internet. Muitas organizações agora promovem seus produtos em jogos e aplicativos para iPhones da Apple e outros dispositivos. Em alguns locais, o Google Latitude permite que você localize pessoas, lojas, restaurantes e outros negócios e pontos importantes que estejam perto de você. Como cortesia dos casos da Google, o anúncio está embutido dentro de aplicativos de jogos grátis. Quando você baixa o jogo e começa a jogar, o anúncio "aparece" no seu celular. Os anúncios estão, crescentemente, utilizando vídeos e animações para criar desenhos animados e vídeos para anunciar produtos e serviços na internet e na televisão.[55] Entretanto, algumas pessoas e organizações não estão satisfeitas com a publicidade na internet. Certas companhias e indivíduos reclamam que os sites de busca populares na internet sempre apresentam anúncios para pesquisas não relacionadas completamente.[56] Alguns médicos e dentistas, por exemplo, reclamam que os anúncios sobre seus serviços são mostrados para pessoas que estão procurando empresas de táxis, barbeiros e cabeleireiros ou outros serviços não relacionados.

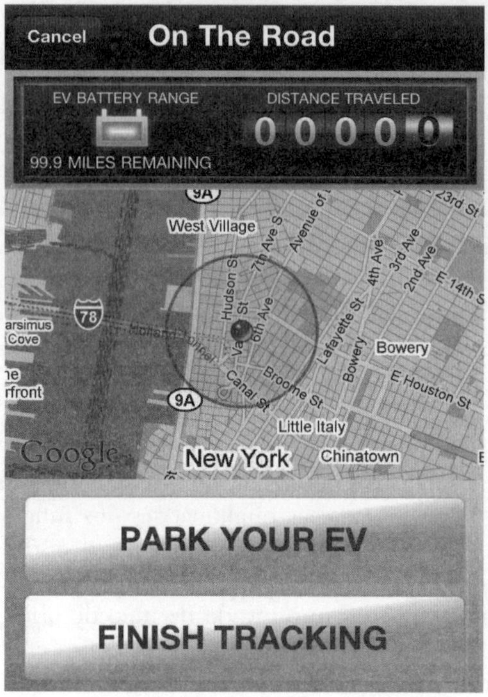

Cortesia de BMW of North America, LLC

O aplicativo Evolve da BMW é projetado para pessoas que não têm um veículo elétrico (EV, electric vehicle) para medir sua compatibilidade com o EV e as economias em termos de combustível e emissões de CO^2.

- **Preço de produto.** O preço do produto é outra função de marketing importante e complexa. É necessário estabelecer o preço de varejo, preço de atacado e os descontos. A Shopkick, Inc., por exemplo, produz aplicativos para smartphones que oferecem descontos para os clientes para entrar em uma loja.[57] De acordo com a empresa, o aplicativo para os smartphones tem levado cerca de 750 mil clientes para dentro de suas lojas. A Target, Best Buy e outras lojas têm utilizado esse serviço para suas promoções. As empresas que só têm uma marca, produto ou serviço podem sempre cobrar mais. Nem todos, entretanto, estão satisfeitos com esta abordagem de preços.[58] As organizações sempre tentam desenvolver suas políticas de preços de modo que venham maximizar os lucros totais de vendas. Os computadores são úteis para analisar a relação entre preços e receita total. A Pepsi usou um aplicativo de loja virtual de produtos de mercearia chamado SimuShop para testar diferentes estratégias de preços.[59] O software ajudou a Pepsi a aumentar as vendas em mais de 20%. De acordo com um vice-presidente da empresa: "A fixação dos preços deve ser uma atribuição de um CIO em virtude de ser um diretor, mas também porque o negócio pode não saber que existem meios avançados de observar a empresa".[60] Algumas companhias empregam o *comportamento de preço na internet*, em que o preço que os clientes pagam on-line depende do quanto estão querendo pagar, baseado em grandes bancos de dados de informações que revelam práticas e comportamentos individuais.

- **Análise de vendas**. A análise de vendas computadorizada é importante para identificar os produtos, a equipe de vendas e os clientes que contribuem para os lucros e aqueles que não. Esta análise pode ser feita para vendas e anúncios que ajudam a gerar vendas. As avaliações do compromisso, por exemplo, mostram como os anúncios se convertem em vendas. A IBM utilizou a ferramenta de análise de vendas OnTarget para identificar as oportunidades com os clientes existentes.[61] A ferramenta ajuda a IBM a designar o pessoal de vendas para oportunidades e melhorar tanto as vendas, quanto a rentabilidade. As análises de vendas podem auxiliar as empresas a determinar a melhor abordagem para investir em publicidade na internet.[62] Alguns consultores de análises de vendas se especializam em publicidade no Facebook e em outras redes sociais. Hoje, o Facebook representa cerca de um terço de toda a publicidade na internet. O Yahoo! e outras empresas da internet se encarregam do resto da publicidade na rede. Vários relatórios podem ser gerados para ajudar os gestores de marketing a tomar boas decisões em vendas (veja a Figura 10.12). O relatório de vendas por produto lista todos os maiores produtos e suas vendas num período específico de tempo. Esse relatório mostra quais produtos vendem bem e quais precisam melhorar ou devem ser completamente descartados. O relatório por vendedor lista o total de vendas por cada vendedor por semana ou por mês. Também pode ser subdividido por produto para mostrar quais são vendidos por qual vendedor. O relatório de vendas por cliente é uma ferramenta que pode ser empregada para identificar altos e baixos volumes de clientes.

FIGURA 10.12

Relatórios gerados para ajudar os gestores de marketing a tomar boas decisões.

(a) O relatório de vendas por produto lista todos os maiores produtos e suas vendas em um período específico de tempo. (b) O relatório de vendas por vendedor lista o total de vendas por vendedor por semana ou por mês. (c) O relatório de vendas por clientes apresenta as vendas feitas para cada cliente durante o período. Como em todos os relatórios MIS, os totais são apresentados, automaticamente, pelo sistema para mostrar aos gestores numa rápida olhada, as informações de que precisam para tomar uma boa decisão.

(a) Vendas por produto

Produto	Agosto	Setembro	Outubro	Novembro	Dezembro	Total
Produto 1	34	32	32	21	33	152
Produto 2	156	162	177	163	122	780
Produto 3	202	145	122	98	66	633
Produto 4	345	365	352	341	288	1,691

(b) Vendas por vendedor

Vendedor	Agosto	Setembro	Outubro	Novembro	Dezembro	Total
Jones	24	42	42	11	43	162
Kline	166	155	156	122	133	732
Lane	166	155	104	99	106	630
Miller	245	225	305	291	301	1,367

(c) Vendas por cliente

Cliente	Agosto	Setembro	Outubro	Novembro	Dezembro	Total
Ang	234	334	432	411	301	1,712
Braswell	56	62	77	61	21	277
Celec	1,202	1,445	1,322	998	667	5,634
Jung	45	65	55	34	88	287

SISTEMAS DE INFORMAÇÃO GERENCIAL DE RECURSOS HUMANOS

MIS DE RECURSOS HUMANOS: Sistema de informação, também chamado MIS de pessoal, que trata das atividades relacionadas com os empregados demitidos, contratados e futuros funcionários de uma organização.

Um **MIS de recursos humanos (HRMIS, human resource MIS)**, também chamado *MIS de pessoal*, lida com as atividades relacionadas com os empregados demitidos, contratados e futuros funcionários de uma organização.[63] O HRMIS está sendo empregado cada vez mais para supervisionar uma gestão em tempo parcial ou grupos de trabalhos virtuais ou trabalho compartilhado em uma divisão de trabalho adicionado com tarefas e trabalho tradicionais. Como a função de pessoal se relaciona com todas as outras áreas funcionais do negócio, o MIS de recursos humanos desempenha papel valioso para garantir o sucesso organizacional. Algumas das atividades desempenhadas por esse importante MIS incluem a análise da força de trabalho e de seu planejamento, contratação, treinamento, atribuição de tarefas e de trabalho e muitas outras questões relacionadas com pessoal. Um HRMIS eficaz permite que uma empresa mantenha mínimos custos com pessoal, enquanto atende os processos de negócios exigidos, necessários para alcançar os objetivos da corporação. Embora os sistemas de informação de recursos humanos deem prioridade à redução de custos, muitos dos sistemas de RH,

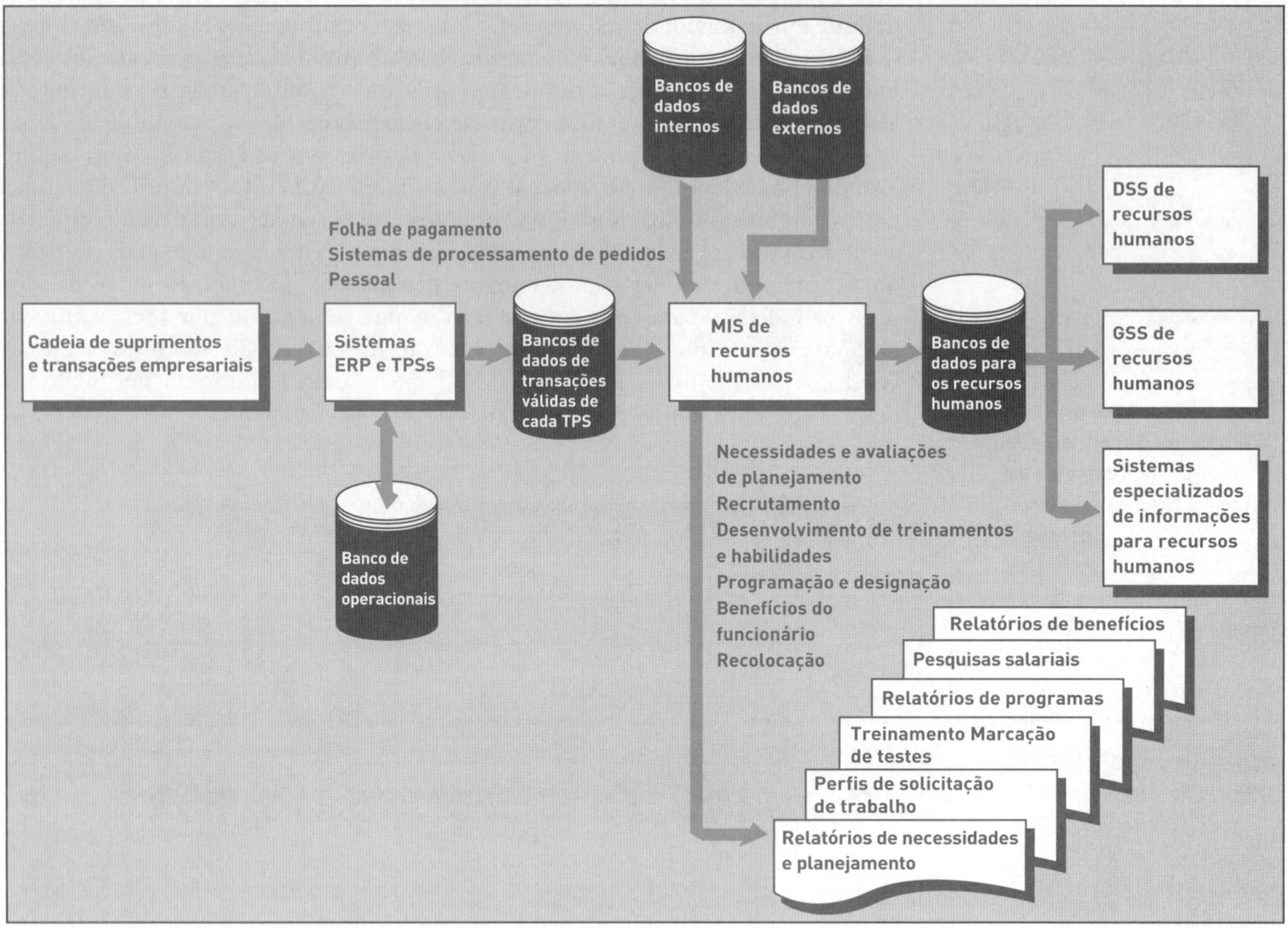

FIGURA 10.13 Visão geral de um MIS de recursos humanos.

atualmente, se concentram na contratação e na gestão de funcionários existentes para conseguir o potencial total do talento humano na organização. A Figura 10.13 mostra algumas das entradas, subsistemas e saídas do MIS de recursos humanos.

Os subsistemas de recursos humanos englobam a determinação das necessidades de recursos humanos e contratação de pessoal em virtude de aposentadorias e substituições. Muitas empresas de tamanho médio ou grande têm sistemas de computador para ajudar no planejamento de recursos humanos, na contratação, no treinamento e nas relações de habilidades e na administração de pagamentos e salários. As informações de saída do MIS de recursos humanos incluem relatórios de planejamento de recursos humanos, revisão dos perfis de solicitações de emprego, relatórios sobre relações de habilidades e pesquisas salariais. A maior parte dos departamentos de recursos humanos começa com o planejamento, discutido a seguir.

- **Planejamento de recursos humanos.** Um dos primeiros aspectos de qualquer MIS de recursos humanos é o de determinar as necessidades humanas e de pessoal. O objetivo geral do subsistema de MIS é colocar o número e os tipos certos de funcionários nas funções certas quando necessário, incluindo funcionários

© iStockphoto/Josh Hodge

Os subsistemas de MIS de recursos humanos ajudam a determinar as necessidades de pessoal e relacionam funcionários às funções.

internos que trabalhem exclusivamente para a organização e os funcionários externos, contratados quando necessário. A determinação da melhor utilização de funcionários já existentes é um componente-chave do planejamento de recursos humanos. O Royal Dutch Touring Club, similar ao AAA nos Estados Unidos, foi capaz de utilizar o seu pessoal mais eficientemente para atender a seus 4 milhões de membros.[64] A utilização do sistema de informação do clube holandês resultou na satisfação e retenção dos clientes. Seu sistema de informação roda um programa de otimização cerca de duas vezes por minuto para localizar pessoas totalizando mais de 1 milhão de chamadas de serviços de seus membros todos os anos. Além disso, para aumentar a satisfação e retenção dos clientes, os sistemas de informação sobre a gestão de recursos humanos podem reduzir os custos com pessoal.

- **Seleção e recrutamento de pessoal.** Se um plano de recursos humanos revelar a necessidade de contratação de pessoal, o próximo passo lógico é recrutar e selecionar pessoal. As empresas, que procuram novos funcionários utilizam computadores para programar os esforços de recrutamento e viagens para testar as habilidades de potenciais colaboradores. Muitas organizações agora utilizam a internet para buscar informações dos candidatos ao emprego. Os candidatos usam um modelo para carregar seus currículos em sites. Os gestores de RH podem, então, acessar esses currículos e identificar os candidatos que gostariam de entrevistar.
- **Treinamento e lista de habilidades:** Algumas funções, como programação, reparo de equipamentos e preparação de impostos, requerem treinamentos muito específicos para novos funcionários. Outras podem precisar de treinamento geral sobre a cultura organizacional, orientação, padrões de vestimentas e expectativas por parte da empresa. Quando o treinamento é concluído, os funcionários frequentemente fazem testes pontuados pelo computador para avaliar seu domínio das habilidades e do novo material.
- **Programação e colocação.** As programações dos funcionários são desenvolvidas para cada indivíduo, mostrando suas atribuições, por semana ou mês. As colocações no trabalho são, em geral, determinadas com base no relatório de detalhamento e lista de habilidades, que apresenta qual funcionário seria mais apropriado para um cargo particular. Programas sofisticados são, com frequência, utilizados no setor aéreo, militar e muitas outras áreas, para obter as pessoas certas, designadas para os cargos certos na hora certa. A DB Schenker, grande

empresa europeia de cargas ferroviárias, utilizou seu sistema de informações para minimizar os custos do treinamento da tripulação do trem, enquanto atendia todas as necessidades da programação e regulamentos trabalhistas.[65]

- **Administração de recompensas e salários.** Outro subsistema de MIS de recursos humanos envolve a determinação de recompensas, salários e benefícios, incluindo planos de saúde, planos de poupança e contas para aposentadorias. Os dados de recompensas, como as médias por cargos na indústria, podem ser extraídos dos bancos de dados da empresa e manipulados pelo MIS de recursos humanos para fornecer informações salariais e relatórios para os níveis mais altos da gerência.
- **Recolocação.** Os funcionários saem da empresa por uma série de razões. Os serviços de recolocação são oferecidos por muitas empresas para ajudar os funcionários a passar por essa transição. A recolocação pode incluir aconselhamento e treinamento, busca de trabalho, instruções sobre o planejamento para a aposentadoria e financeiro, assim como uma variedade de pacotes com indenizações e opções de rescisões de contratos. Muitos funcionários utilizam a internet para planejar sua futura aposentadoria ou para encontrar novos empregos, em site de vagas de trabalho como *www.monster.com* e *www.linkedin.com*.

OUTROS SISTEMAS DE INFORMAÇÃO GERENCIAL

Além dos MIS de finanças, produção, marketing e recursos humanos, algumas companhias têm outros sistemas de informação gerencial funcionais. Por exemplo, empresas de sucesso têm funções contábeis bem desenvolvidas e um suporte do MIS de contabilidade. Muitas organizações também empregam sistemas de informações geográficas para apresentar os dados de uma forma útil.

MIS de contabilidade

MIS DE CONTABILIDADE: Desempenha algumas atividades importantes fornecendo informações agregadas sobre contas a pagar, contas a receber, folha de pagamento e outros aplicativos.

Em alguns casos, a contabilidade trabalha com a gestão financeira. Um **MIS de contabilidade** desempenha algumas atividades importantes fornecendo informações agregadas sobre contas a pagar, contas a receber, folha de pagamento e outros aplicativos. O planejamento dos recursos empresariais e o sistema de processamento de transações da empresa capturam os dados da contabilidade também utilizados pela maioria de outros sistemas de informação funcionais.

Algumas empresas menores contratam companhias de contabilidade para ajudá-las com suas funções contábeis. Essas companhias produzem relatórios por meio de dados brutos da contabilidade. Além disso, muitos programas excelentes de contabilidade integrada estão disponíveis para computadores pessoais em pequenas empresas. Dependendo das necessidades da pequena empresa e a experiência de seus profissionais com computadores, utilizar esses sistemas de contabilidade computadorizados pode ser uma abordagem bem favorável na relação custo benefício para as informações gerenciais.

Sistemas de informações geográficas

SISTEMAS DE INFORMAÇÕES GEOGRÁFICAS (GIS, GEOGRAPHIC INFORMATION SYSTEM): Sistema de computador capaz de reunir, armazenar, manipular e exibir informações, geograficamente referenciadas, isto é, os dados identificados de acordo com sua localização.

Cada vez mais, os gestores querem os dados apresentados em forma gráfica. Um **sistema de informação geográfica (GIS, geographic information system)** é um sistema de computador capaz de reunir, armazenar, manipular e exibir informações geograficamente referenciadas, isto é, os dados identificados, de acordo com sua localização. A Google, por exemplo, desenvolveu um Sistema de informações geográficas que combina informações geotérmicas com seus aplicativos mapeadores para ajudar a identificar as emissões de carbono. Outro GIS da Google tem sido desenvolvido para mapear as tendências das gripes pelo mundo rastreando perguntas sobre os vários tipos de vírus em seu site. A Staples, Inc., grande cadeia de lojas de materiais para escritório, utilizou um sistema de informações geográficas para selecionar as localizações das novas lojas. Encontrar a melhor localização é crítico. Uma loja falida devido à má localização pode custar acima de $ 1 milhão. A Staples também usou uma ferramenta GIS da Tactician Corporation junto com o programa da SAS.[66] É possível utilizar o GIS para analisar as preferências e os padrões de compras do cliente em diversos locais por meio do GPS e da análise de localização através das torres dos celulares.[67] Além disso, um número de aplicativos seguem a localização de pessoas e locais utilizando o GPS, incluindo o Loopt (*www.loopt.com*), o Where (*www.where.com*) e o Google Latitude. Algumas pessoas, entretanto, estão preocupadas com a questão da privacidade com esses aplicativos GPS.

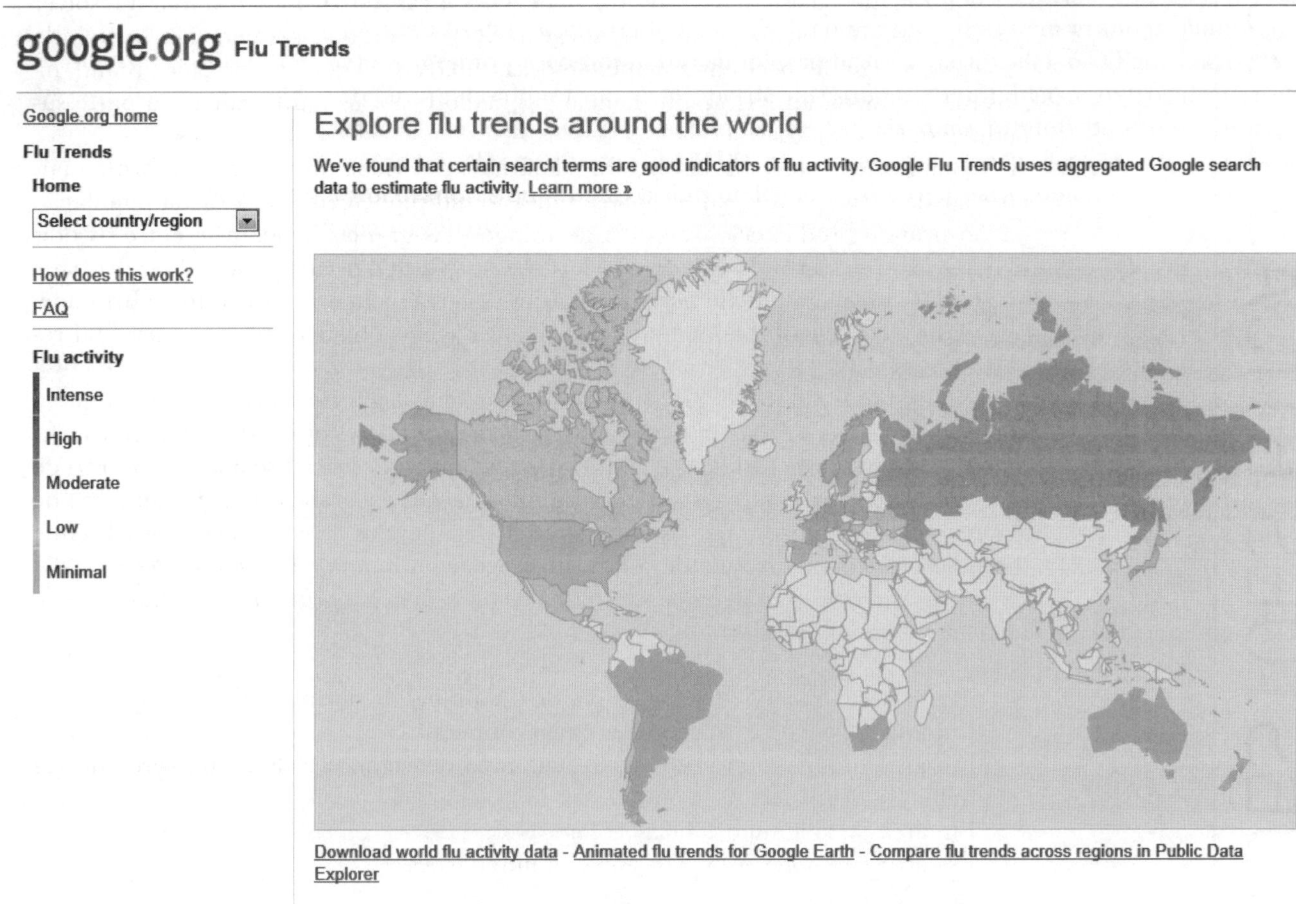

Cortesia do Google

O Google Flu Trends utiliza os dados de pesquisa agregados da Google para estimar a atividade das gripes.

Foi visto anteriormente, neste capítulo, que os sistemas de informação gerencial (MIS) fornecem relatórios com resumos úteis para ajudar a resolver problemas de negócios estruturados e semiestruturados. Os sistemas de apoio à decisão (DSS) oferecem o potencial para ajudar na resolução de problemas semiestruturados e não estruturados. Esses sistemas serão discutidos a seguir.

UMA VISÃO GERAL DOS SISTEMAS DE APOIO À DECISÃO

Um sistema de apoio à decisão (DSS) é um conjunto organizado de pessoas, procedimentos, software, bancos de dados e dispositivos, utilizados para ajudar a tomar decisões, que solucionem problemas. O foco de um DSS é a eficácia da tomada de decisão, no enfrentamento de problemas de negócios não estruturados ou semiestruturados. Os sistemas de apoio à decisão oferecem o potencial de gerar maiores lucros, menores custos e melhores produtos e serviços. A TurboRouter, por exemplo, é um sistema de apoio à decisão desenvolvido na Noruega para reduzir os custos do embarque marítimo e cortar as emissões dos navios comerciais.[68] A operação de um navio pode custar mais

QUESTÕES ÉTICAS E SOCIAIS

Onde você quer colocar *aquilo*?

A utilização da terra é sempre um tópico polêmico. Todos querem os benefícios que a classificação sem limites dos aeroportos, centrais de geração de eletricidade, prisões e vagões ferroviários de trens noturnos trazem para a sociedade. Algumas pessoas ainda querem viver perto de uma desstas operações.

Felizmente, os sistemas de informações geográficas (GISs) podem ajudar a resolver essas questões envolvidas com a localização dessas e de outras operações, incluindo aquelas que não são necessariamente tão desagradáveis. O governo de Queensland, na Austrália, utilizou um GIS para mapear os melhores locais para granjas na parte sudeste daquele Estado.

Vale ressaltar que, em 2007, o filé de frango e a vitela tornaram-se a forma mais popular de carne para os australianos. Queensland reúne cerca de 20% da população da Austrália e produz cerca de 20% de frangos. As granjas dividem-se entre os dois maiores centros: perto da cidade de Mareeba ao Norte e perto da capital de Brisbane ao Sul. Devido ao grande número de usuários de terras concorrentes perto de Brisbane, o governo de Queensland precisava desenvolver meios objetivos para localizar tal recurso escasso.

Granjas não são quase tão desagradáveis quanto algumas outras operações que a moderna sociedade considera necessárias, mas muitos fatores ainda determinam os melhores locais para colocá-las. William Mortimer, analista espacial sênior do governo de Queensland, escreve que "Os sistemas de informações geográficas e as ferramentas de análise espacial permitem que os tomadores de decisões dos departamentos visualizem e entendam as complexas questões num site específico e numa base de escala regional". Dentre essas questões estão o que ele chama de *preocupações primárias*. A localização de uma granja *não pode* estar:

- Muito perto (menos de 1 km, cerca de 0,6 milha) de outra granja.
- Em área-chave de extração de recursos minerais.
- Em área urbana nem residencial (uma área de segurança de 2 km, cerca de 1,2 milha, se desejável).
- Em área de alta importância ecológica.
- Em área com terreno baixo, sujeita a inundações.
- Em área de conservação de coalas.
- Em área designada à bacia hidrográfica.
- Dentro da base da Royal Australian Air Force em Amberley.

Como *preocupações secundárias*, uma granja não deve estar:

- Em terreno muito íngreme (acima de 10% de inclinação).
- Próximo a um curso de água.
- Em terreno de boa qualidade agrícola.
- Em terreno adequado para colheitas estratégicas.
- Em parque nacional ou outra área protegida.
- Em tubulação de petróleo ou gás.
- Em solos ricos em sulfuretos.

Ao contrário, é desejável que uma granja esteja:

- Perto de instalações de processamento de frangos.
- Perto de rodovias pavimentadas.
- Perto de local que seja fonte de fornecimento confiável de água limpa.
- Perto de local que tenha eletricidade.
- Perto de local que tenha produção de ração.

Ao seguir essas restrições e o programa ArcGIS da ESRI, o governo de Queensland foi capaz de produzir mapas da parte sul de Queensland, apresentando as áreas adequa-

QUESTÕES ÉTICAS E SOCIAIS

das para novas fazendas para criação de frangos, calculando, automaticamente, o total de terras disponíveis em cada uma delas e indicando as áreas de diferentes tamanhos em diferentes cores. Tal mapeamento proporcionou uma boa base para futuro planejamento – tanto para a indústria avícola quanto para outras por ela afetadas.

Questões para discussão

1. Suponha que a área sob consideração para possíveis fazendas de produção avícola seja de cerca de 1.000 milhas quadradas, ou seja, 2,500 km quadrados, e que os mapas resultantes tenham de ser precisos até 100 pés ou 30 m. Estime quanto tempo levaria para desenhar manualmente mapas que refletissem todos os 20 fatores listados neste texto. Você terá de fazer suposições adicionais; não se esqueça de determiná-las.
2. Como poderia esta abordagem ser utilizada para ajudar a escolher os locais para novos campos para a geração de energia solar? O que teria de ser mudado? O que poderia continuar, essencialmente, do mesmo jeito?

Questões para análise

1. Suponha que sua universidade ultrapassou suas atuais instalações e precise construir um novo campus. Enumere as restrições primárias, as secundárias e os fatores desejáveis para a sua escolha da localização.
2. Você, provavelmente, utilizou um tipo diferente de sistema de informação geográfica para a navegação. Ignore o aspecto de seu GPS que só serve para determinar sua localização e considere seus mapas. Como fazer com que aqueles mapas fiquem diferentes daqueles que um sistema de informações sobre a utilização da terra teria? Em que são similares?

Fontes: Site da Australia Chicken Meat Federation, www.chicken.org.au, acesso em: 11 abr. 2012; Departamento do Governo Local e Planejamento de Queensland, "Rural Planning: The Identification and Constraint Mapping of Potential Poultry Farming Industry Locations within Southern Queensland", OZRI 2011 conference, http://www10.giscafe.com/link/Esri-Australia-Rural-Planning-identification-constraint-mapping--potential-poultry-farming-industry-locations-within-Southern-Queensland./36838/view.html, acesso em: 14 out. 2011; site do Queensland Government, www.qld.gov.au, acesso em: 11 abr. 2012; site do ESRI ArcGIS software, www.esri.com/software/arcgis, acesso em: 11 abr. 2012.

de $ 10.000 por dia. A TurboRouter programa e gerencia com eficiência a utilização dos navios de transporte de petróleo e outros produtos para o mundo inteiro.

Os sistemas de apoio à decisão, embora voltados para os níveis mais altos da gestão, são utilizados em todos os níveis. Os DSSs também são usados no governo, na aplicação da lei e por organizações sem fins lucrativos (Veja a Figura 10.14).

CARACTERÍSTICAS DE UM SISTEMA DE APOIO À DECISÃO

Os sistemas de apoio à decisão têm muitas características, que lhes permitem ser ferramentas eficazes de apoio à gestão. Naturalmente, nem todos os DSSs trabalham da mesma forma. A seguinte lista apresenta algumas características importantes de um DSS:

- Fornece acesso rápido às informações. No Japão, por exemplo, algumas fazendas estão utilizando os DSSs para ajudar a determinar quando semear safras e que safras semear.[69] A fazenda Shinpuku Seika colocou sensores no campo que, imediatamente, transmitiram pela internet dados sobre a temperatura do solo e a umidade para um site centralizado. Os dados em tempo real são então colocados num algoritmo para determinar a melhor época para plantar e a melhor safra para maximizar os lucros.

FIGURA 10.14 Os sistemas de apoio à decisão são utilizados pelo governo e pelos profissionais que trabalham com a aplicação da lei em muitas configurações.

© Graham Taylor/Shutterstock

- Lida com grandes volumes de dados de diferentes fontes. Empresas privadas, por exemplo, estão colecionando uma quantidade enorme de dados sobre os consumidores. O vice-presidente de uma grande loja de livros eletrônicos disse: "Nossos registros na web sobre como nossos clientes estão utilizando os e-readers e os e-books produziram 35 TB (terabytes) de dados e nos levará a outros 20 TB este ano".[70]
- Fornece relatórios e flexibilidade na apresentação.
- Oferece orientação tanto textual, quanto gráfica.
- Apoia análise em detalhes. O FBI está desenvolvendo um DSS compreensivo, para permitir que seus agentes expandam e analisem casos, informações geoespaciais e outros dados para procurar relações para identificar criminosos em potencial e atos criminosos.[71]
- Realiza análises complexas, sofisticadas e comparações, utilizando pacotes avançados de software. O Instituto SAS, por exemplo, desenvolveu um software matemático e estatístico para ajudar as organizações empresariais e aquelas sem fins lucrativos a tomar melhores decisões para atingir suas metas.[72] Ele também forneceu sistemas de suporte à decisão para cassinos, empresas de comunicações, instituições educacionais, empresas de serviços financeiros, empresas de seguro, indústrias e muitas outras. O HPA (High Performance Analytics) é um software de modelagem matemática também desenvolvido pelo SAS para proporcionar um suporte à decisão ainda melhor. Segundo um gerente de produto do HPA, "Este software proporciona aos estatísticos um ambiente para a confecção de modelo ad hoc, onde eles podem utilizar todos os seus dados com todas as suas variáveis".
- Apoia abordagens otimizadoras, satisfatórias e heurísticas (veja a Figura 10.15)
- Realiza uma análise de simulação. O DSS tem a capacidade de duplicar as características de um sistema real, em que a probabilidade ou incerteza estão envolvidas. A Sasol, empresa de energia e química sul-africana, utilizou a simulação para tornar suas instalações de produção mais eficientes.[73] O inovador DSS ajudou a Sasol a aumentar o valor de seu estoque em mais de $ 200 milhões.
- Antevê uma oportunidade ou um problema futuro.[74]

CAPACIDADES DE UM SISTEMA DE APOIO À DECISÃO

Os desenvolvedores de sistemas de apoio à decisão se empenham em torná-los mais flexíveis do que os sistemas de informações gerenciais e dar-lhes o potencial de ajudar

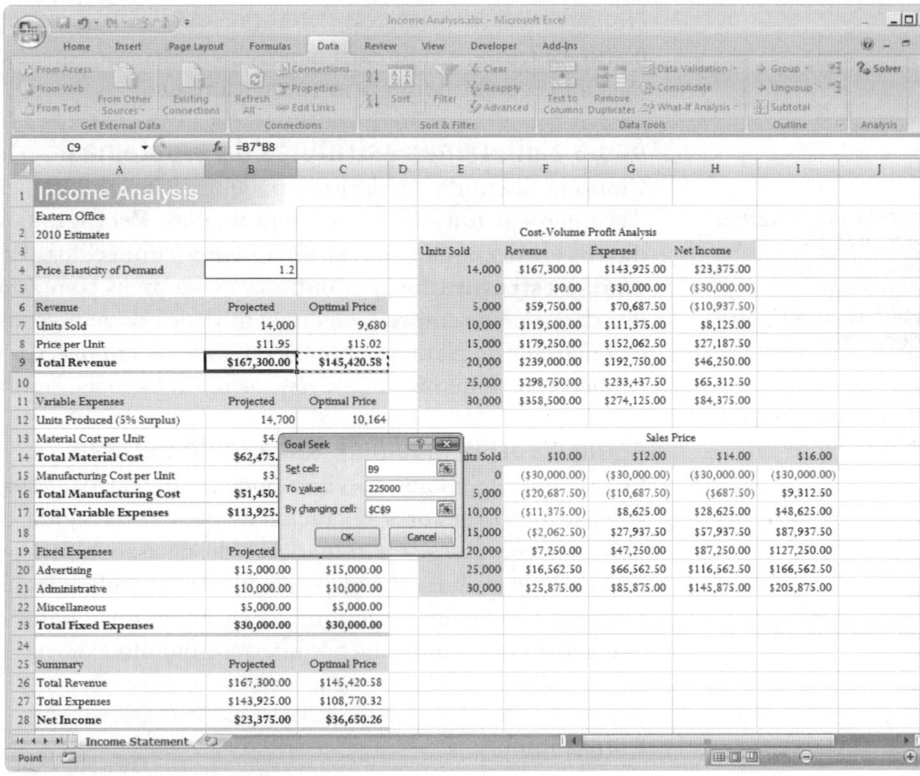

FIGURA 10.15
Com um programa de planilhas, um gestor pode inserir uma meta, e a planilha determinará as mudanças necessárias para atingir aquela meta.

os tomadores de decisão em diversas situações. A Jeppesen, empresa fornecedora de mapas e produtos para a navegação para centenas de empresas aéreas e milhares de pilotos, precisou de um sistema de suporte à decisão flexível para monitorar e controlar suas operações.[75] Com tantas mudanças nos mapas e documentos de navegação, a Jeppesen achou difícil embarcar produtos precisos em tempo hábil. Como um resultado de seu sistema de apoio à decisão computadorizada, a empresa foi capaz de reduzir sua porcentagem de atrasos nos embarques de 35% para quase 0%. Os DSSs podem ajudar em todas ou na maioria das fases de resolução de problemas, frequências de decisão e graus diferentes de estrutura de problema. As abordagens do DSS podem, ainda, auxiliar em todos os níveis do processo de tomada de decisão. Um único DSS pode fornecer apenas algumas dessas capacidades, dependendo de seu uso e escopo.

Apoio às fases da solução de problema

O objetivo da maioria dos sistemas de apoio à decisão é ajudar os tomadores de decisão durante as fases da solução do problema. Conforme já discutido, essas fases incluem a inteligência, o projeto, a escolha, a implementação e a monitoração. Um DSS específico deverá apoiar só uma ou algumas fases. Através do suporte a todos os tipos de abordagens de tomada de decisões, um DSS proporciona ao tomador de decisão grande flexibilidade na obtenção do apoio por meio do computador para as suas atividades.

DSS AD HOC:
Um DSS que foca em situações ou decisões que surgem somente algumas vezes durante a vida da empresa.

DSS INSTITUCIONAL:
DSS que lida com situações ou decisões que ocorrem mais de uma vez, geralmente, diversas vezes, por ano. Um DSS institucional é utilizado repetidamente e é refinado no decorrer dos anos.

Apoio às diversas frequências de decisão

As decisões podem variar de uma sequência de decisões repetitivas a uma decisão de um único tipo. As decisões de um único tipo são administradas por um **DSS ad hoc**. Um DSS ad hoc diz respeito a situações ou decisões que surgem apenas algumas vezes durante a vida de uma organização; em pequenos negócios, elas podem surgir apenas uma vez. Por exemplo, uma empresa pode precisar decidir se constrói uma nova fábrica em outra área do país. Decisões repetitivas são administradas por um **DSS institucional**. Um DSS institucional lida com situações ou decisões que ocorrem mais de uma vez, geralmente, várias vezes por ano ou mais. Um DSS institucional é utilizado, repetidamente, e refinado com o correr dos anos. Exemplos de DSS incluem sistemas que apoiam o portfólio e as decisões sobre investimentos e cronogramas de produção. Essas decisões podem exigir suporte várias vezes durante o ano. Entre esses dois extremos estão as decisões que os gestores tomam várias vezes, mas não regularmente nem rotineiramente.

Apoio a diferentes estruturas de problemas

Como já discutido, as decisões podem variar de altamente estruturadas e programadas a não estruturadas e não programadas. **Problemas altamente estruturados** são diretos e exigem fatos e relacionamentos conhecidos. **Problemas semiestruturados ou não estruturados**, por outro lado, são mais complexos. As relações entre as partes dos dados nem sempre são claras, os dados podem estar numa variedade de formatos e podem ser difícil de manipular ou obter. Além disso, o tomador de decisão pode não conhecer, de antemão, as exigências das informações sobre a decisão.

PROBLEMAS ALTAMENTE ESTRUTURADOS: Problemas simples, que requerem fatos conhecidos e relacionados.

PROBLEMAS SEMIESTRUTURADOS OU NÃO ESTRUTURADOS: Problemas mais complexos, em que as relações entre as partes dos dados nem sempre estão claras, os dados podem ser de diferentes formatos e são sempre difíceis de manipular ou de obter.

Apoio a vários níveis de tomada de decisão

Os sistemas de apoio à decisão podem auxiliar os gestores de diferentes níveis da organização. Os gestores operacionais podem ter ajuda com uma tomada de decisões diárias e rotineiras. Os tomadores de decisão tática podem utilizar as ferramentas de análise para garantir planejamento e controle adequados. Em nível estratégico, os DSSs podem ajudar os gestores fornecendo uma análise para decisões de longo prazo, que exijam tanto informações internas, quanto externas (veja a Figura 10.16).

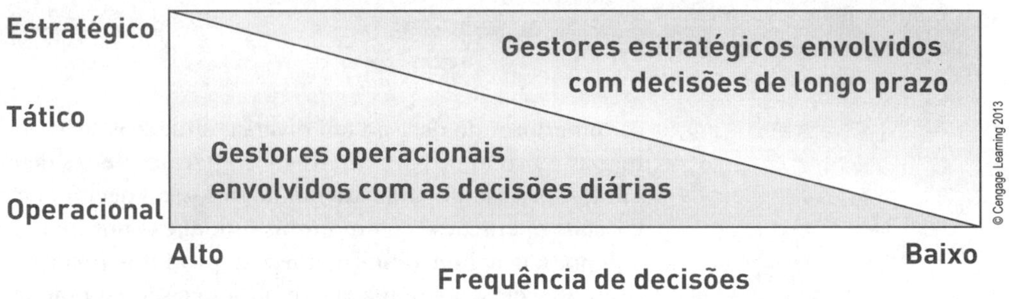

FIGURA 10.16 **Nível de tomada de decisão.** Os gestores estratégicos envolvem-se em decisões de longo prazo, sempre menos frequentes. Os gestores operacionais envolvem-se em decisões sempre mais frequentes.

UMA COMPARAÇÃO ENTRE DSS E MIS

Um DSS difere de um MIS de várias maneiras, incluindo os tipos de problemas resolvidos, o apoio dado aos usuários, a ênfase e a abordagem da decisão, o tipo, a velocidade, o resultado e o desenvolvimento do sistema utilizado. A Tabela 10.1 lista pequenas descrições sobre essas diferenças.

COMPONENTES DE UM SISTEMA DE APOIO À DECISÃO

No núcleo de um DSS estão um banco de dados e um modelo-base. Além disso, um DSS típico contém uma interface de usuário, também chamada de **gestor de diálogo**, que permite aos tomadores de decisão manipular e acessar facilmente o DSS e usar termos e expressões empresariais. Por fim, o acesso à internet, às redes e a outros sistemas baseados em computadores permite que o DSS se conecte a outros sistemas poderosos, incluindo o TPS ou os subsistemas de funções específicas. A Figura 10.17 apresenta um modelo conceitual de um DSS, apesar de DSSs específicos talvez não terem todos os componentes mostrados nesta figura.

GESTOR DE DIÁLOGO: Interface de usuário que permite aos tomadores de decisão acessar facilmente e manipular o DSS e usar os termos e as expressões empresariais comuns.

O BANCO DE DADOS

O sistema gerenciador de banco de dados permite que os gestores e os tomadores de decisão realizem *análise qualitativa* dos vastos dados armazenados em bancos de dados,

TABELA 10.1 Comparação entre um DSS e um MIS

Fator	DSS	MIS
Tipo de problema	Pode lidar com problemas não estruturados, que podem não ser facilmente programados.	Normalmente, utilizado só com problemas estruturados.
Usuários	Dá apoio aos indivíduos, aos pequenos grupos e a toda a empresa. Em curto prazo, os usuários tipicamente têm mais controle sobre um DSS.	Dá apoio, principalmente à empresa. Em curto prazo, os usuários têm menos controle sobre um MIS.
Apoio	Apoia todos os aspectos e fases da tomada de decisão; não substitui o tomador de decisões — as pessoas é que ainda tomam as decisões.	Em alguns casos, toma decisões, automaticamente, e substitui o tomador de decisões.
Ênfase	Enfatiza as decisões reais e os estilos dos tomadores de decisão.	Geralmente, enfatiza só a informação.
Abordagem	Serve como um sistema de apoio direto, que emite relatórios interativos nas telas do computador.	Serve, normalmente, como um sistema de apoio indireto, que utiliza os relatórios produzidos, regularmente.
Sistema	Utiliza o computador, que, geralmente, está on-line (diretamente conectado ao sistema do computador) e relacionado ao tempo real (apresentando resultados imediatos). Os terminais do computador e as telas são exemplos — estes dispositivos podem fornecer informações e respostas imediatas às perguntas.	Utiliza relatórios impressos, que podem ser entregues aos gestores uma vez por semana, de modo que possam apresentar resultados imediatos.
Velocidade	É flexível e pode ser implementado pelos usuários, de modo que, em geral, leva muito menos tempo para desenvolver e é mais hábil para responder às solicitações dos usuários.	Apresenta tempo de resposta, geralmente, maior do que um DSS.
Resultado	Produz relatórios que, quase sempre, são orientados na tela, com a capacidade de gerar relatórios numa impressora.	É orientado em direção aos relatórios e documentos impressos.
Desenvolvimento	Tem usuários que, geralmente, estão mais diretamente envolvidos em seu desenvolvimento. O envolvimento do usuário, normalmente, significa melhores sistemas, que proporcionam um apoio superior. Para todos os sistemas, o envolvimento do usuário é o fator mais importante para o desenvolvimento de um sistema de sucesso.	Tem sempre muitos anos de vida e foi desenvolvido para pessoas que não estão mais realizando o trabalho apoiado pelo MIS.

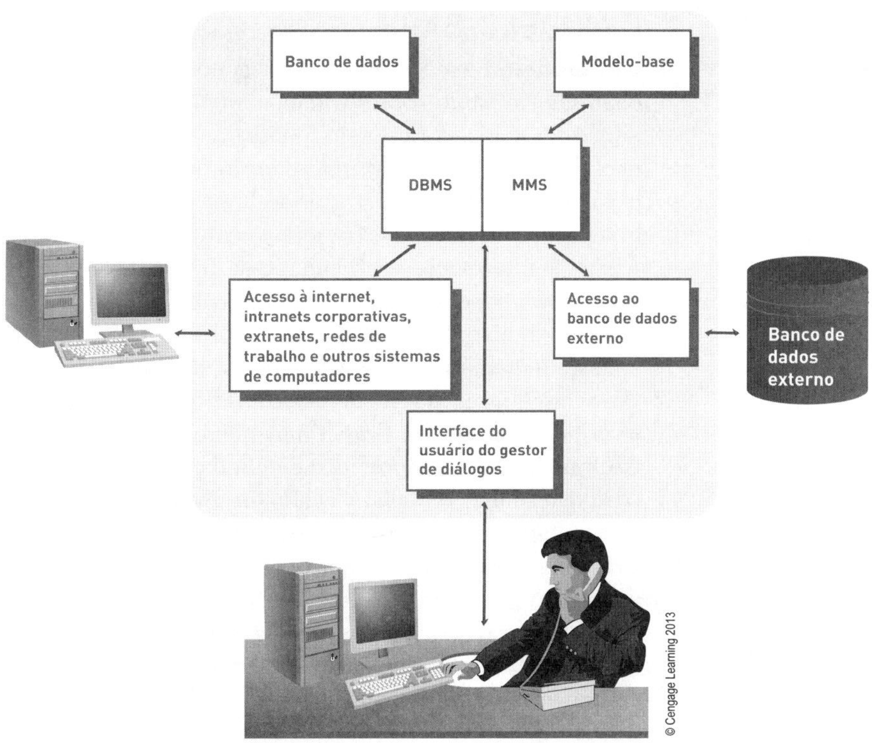

FIGURA 10.17
Modelo conceitual de um DSS.
Os componentes de um DSS incluem um modelo-base; banco de dados externos; acesso ao banco de dados externo; acesso à internet e à intranet corporativa, redes e outros sistemas de computador; e uma interface de usuário ou gestor de diálogos.

data marts e datawarehouses da empresa, discutidos no Capítulo 5. Um DSS *orientado a dados* realiza, principalmente, uma análise qualitativa baseada nos bancos de dados da empresa. Uma empresa de plano de saúde, por exemplo, ofereceu um prêmio no valor de $ 3 milhões para uma pessoa ou grupo que pudesse peneirar grande quantidade de dados, analisá-la e prever com a maior precisão possível quando as pessoas vão aos hospitais para procedimentos e cuidados médicos.[76] DSSs orientados a dados exploraram vastíssimos estoques de informações contidas em bancos de dados corporativos, recuperando informações nas áreas de estoque, de vendas, de pessoal, de produção, de finanças, de contabilidade e outras. A Exeros, que foi adquirida pela IBM, fornece tecnologia e um programa para ajudar às empresas a explorar uma montanha de dados e apresentar informações valiosas e apoio à decisão. Em outro exemplo, a Tween Brands, loja de varejo de especialidades, utilizou o banco de dados da Oracle para conseguir apoio à decisão e reduzir custos no estoque. O data mining e a inteligência empresarial, introduzidos no Capítulo 5, são sempre empregados nos DSSs orientados a dados.[77]

Os DSSs orientados a dados também podem ser usados pelas agências governamentais e organizações sem fins lucrativos. A Receita Federal, por exemplo, tem solicitado a algumas pequenas empresas, que estão sendo auditadas, para transformarem seus dados corporativos estocados em bancos de dados contábeis, na esperança de gerar mais renda dos negócios que podem não estar pagando o que devem.[78] Alguns pesquisadores estão examinando os vastos bancos de dados de reclamações sobre o serviço médico para descobrir fraudes em potenciais.[79] Em um único caso, os pesquisadores descobriram médicos que realizaram seis ou mais cirurgias no mesmo paciente, revelando fraude em potencial e abusos nos serviços de saúde.

O sistema de gestão de bancos de dados também pode se conectar a bancos de dados externos para dar aos gestores e tomadores de decisão muito mais informações e apoio à decisão. Bancos de dados externos podem incluir bancos de dados da internet, bibliotecas, bancos de dados do governo e outros. A combinação de acesso aos bancos de dados internos e externos pode dar aos tomadores de decisões-chave uma melhor compreensão da organização e de seu ambiente. Algumas empresas farmacêuticas, por exemplo, pesquisam bancos de dados sobre os hábitos de espectadores de televisão e os bancos de dados que contêm compras de remédios das empresas farmacêuticas.[80] Se eles constatam que as pessoas que compram certos tipos de medicação também assistem certos programas na TV, direcionam seus anúncios a esses programas.

O MODELO-BASE

MODELO-BASE: Parte do DSS que permite que os gestores e os tomadores de decisão realizem análises quantitativas tanto sobre os dados internos, quanto os externos.

Um **modelo-base** permite que os gestores e os tomadores de decisão realizem *análises quantitativas* tanto sobre os dados internos, quanto os externos. Uma vez que grandes bancos de dados foram colecionados e estocados, as empresas utilizam modelos (analíticos) para transformar os dados em produtos, serviços e lucros futuros. De acordo com o vice-presidente de uma grande livraria: "Nós temos de decidir como capturamos a imaginação do cliente e como avançaremos".[81] Para o vice-presidente sênior e diretor-chefe de informações da Unidade da Information Week Global, a visão e a formatação do futuro, através da modelagem matemática e analítica, é a prioridade máxima para os CIOs de hoje e do futuro.[82] Um *DSS baseado em modelo* desenvolve, principalmente, análises matemáticas ou quantitativas. Um modelo-base oferece aos tomadores de decisão acesso a uma variedade de modelos para que possam explorar os diferentes cenários e verificar seus efeitos. Em última análise, ele os ajuda no processo da tomada de decisão. A Organic, agência comercial digital da Chrysler, utilizou um DSS baseado em modelo para determinar o melhor local para investir em fundos comerciais.[83]A Organic utilizou uma equipe de economistas e estatísticos para desenvolver modelos que previssem a efetividade das diversas alternativas de anúncios. O diretor de mídia e eventos da Chrysler afirmou: "Como um marqueteiro, este tipo de DSS me fornece perspicácia sobre os dólares necessários para atingir as metas de vendas, pelas quais somos responsáveis. Fornece alguma ciência". A DHL, maior negócio de entrega expressa empresarial do mundo, com mais de 500 mil empregados em mais de 200 países, usou modelos matemáticos para melhorar e agilizar seus esforços e estratégia comerciais. O software comercial aperfeiçoado ajudou a empresa a aumentar seu valor para cerca de $ 1,3 bilhão durante cinco anos, representando uma média interna de retorno de mais de 20% em investimentos.[84] Para auxiliar os operadores da bolsa a utilizar, efetivamente, os DSSs baseados em modelo, um número de programas e site possibilitam que as pessoas tentem construir estratégias de comercialização quantitativas antes defazerem investimentos reais.[85]

Nem todos os sistemas de apoio à decisão baseados em modelos, entretanto, são precisos e propiciam vantagens sobre as abordagens de tomadas de decisão mais tradicionais.[86] Uma empresa de investimentos foi multada em mais de $ 200 milhões pela Comissão de Valores Mobiliários (CVM) por modelos de investimentos quantitativos defeituosos e talvez fraudulentos. De acordo com um funcionário da CVM: "Este é um grito de alerta para impulsionar os gestores que podem, por outro lado, confiar em modelos de cultura sigilosa e complexa para computadores para manter o material dos investidores".

SOFTWARE DE GERENCIAMENTO DE MODELOS (MMS, MODEL MANAGEMENT SOFTWARE): Este tipo de software pode coordenar o uso de modelos em um DSS, incluindo modelos financeiros, de análise estatística, gráfico e de gestão de projetos.

O **software de gerenciamento de modelos (MMS, model management software)** pode coordenar a utilização de modelos em um DSS, incluindo modelos financeiros, de análise estatística, gráfico e de gestão de projetos. Dependendo das necessidades do tomador de decisão, um ou mais desses modelos podem ser usados (veja a Tabela 10.2). O importante é como os modelos matemáticos são utilizados, e não o número de modelos que uma empresa tem disponível. De fato, muitas ferramentas baseadas em modelos pode ser uma desvantagem. O MMS pode, sempre, ajudar os gestores a utilizar múltiplos modelos em um só DSS.

TABELA 10.2 Software de gerenciamento de modelos

Os DSSs sempre utilizam modelos financeiros, estatísticos, gráficos e de gestão de projetos.

Tipo de modelo	Descrição	Software
Financeiro	Proporciona fluxo de caixa, taxa interna de retorno e outras análises de investimentos.	Planilha, como a do Microsoft Excel
Estatístico	Proporciona estatísticas resumidas, projeções de tendências, teste de hipóteses e mais.	Programas estatísticos, como o SPSS ou o SAS.
Gráfico	Ajuda os tomadores de decisão no projeto, desenvolvimento e utilização de visores gráficos de dados e informações.	Programas gráficos, como o Microsoft Power Point.
Gestão do Projeto	Trabalha e coordena grandes projetos; também utilizado para identificar atividades críticas e tarefas que podem atrasar ou colocar em perigo um projeto inteiro, se eles não estiverem completos em tempo hábil e de modo eficaz em termos de custos.	Programa de gestão de projetos, como o Microsoft Project.

A INTERFACE DO USUÁRIO OU O GESTOR DE DIÁLOGOS

A interface do usuário, ou o gestor de diálogos, permite aos usuários interagir com o DSS para obter informações. Ela ajuda em todos os aspectos da comunicação entre o usuário, o hardware e o software, que constituem um DSS. De maneira prática, para a maioria dos usuários do DSS, a interface é o próprio DSS. Os tomadores de decisão de nível mais elevado estão, muitas vezes, menos interessados em saber de onde as informações vieram ou como foram reunidas do que as informações serem compreensíveis e acessíveis.

SISTEMA DE APOIO A GRUPO (GSS, GROUP SUPPORT SYSTEM): Software aplicativo que consiste na maioria dos elementos de um DSS, além de um software para fornecer apoio efetivo às configurações de tomadas de decisões em grupo; também chamado de sistema de apoio à decisão de grupo ou sistema computadorizado de trabalho colaborativo.

SISTEMAS DE APOIO A GRUPOS

A abordagem de DSS resultou em melhores tomadas de decisão para todos os níveis de usuários individuais. No entanto, muitas abordagens e técnicas de DSS não são apropriadas para um ambiente de tomada de decisão de grupo. Um **sistema de apoio a grupo (GSS, group support system)**, também chamado de *sistema de apoio à decisão de grupo ou sistema computadorizado de trabalho colaborativo*, consiste na maioria dos elementos de um DSS, além de um software para fornecer apoio efetivo configurações de tomadas de decisões em grupo (veja a Figura 10.18).

@ SISTEMAS DE INFORMAÇÃO NO TRABALHO

Tecnologia de apoio à decisão VÚB

O VÚB (Všeobecná úverová banka) vem operando como um banco varejista e comercial na República da Eslováquia desde 1990. Membro do grupo bancário internacional, Intesa Sanpaolo, o VÚB tem 207 filiais e 11 centros de hipotecas. De acordo com a revista *Global Finance*, é o "banco mais seguro da Europa Central e do Leste Europeu".

Segundo Juraj Fehér, arquiteto da Inteligência Empresarial do VÚB, "Informações e dados são o tesouro de nossa empresa. Quase todos os departamentos do banco têm um sistema para a análise e relatórios de dados". Mas, Fehér achava que os dados subjacentes a aqueles sistemas não eram sempre de alta qualidade, ou estruturados para atender às necessidades de relatórios do banco. Portanto, o VÚB começou a procurar por um novo banco de dados e outra solução para os relatórios.

O VÚB selecionou o Microsoft SQL Server 2012 como a solução no começo de 2011. A empresa começou a implementar uma versão pré-lançamento, em junho, daquele ano. Em fevereiro de 2012, o sistema estava apoiando cerca de 100 usuários. "No final do ano, teremos cerca de 2 mil usuários", disse Fehér.

A maior força do SQL Server 2012 na avaliação do VÚB foi ao recurso Serviços de Relatórios). Eles permitem aos usuários "criar recursos de dados interativos, tabulares, gráficos ou relatórios não formatados, desde os relacionais, multidimensionais ou recursos baseados em XML", sem um mínimo treinamento. O Report Builder (Emissor de Relatórios) também pode fazer relatórios na forma de arquivos em Excel para posterior análise, utilizando ferramentas familiares ou como arquivos em Word para inclusão em memorandos e relatórios baseados em texto.

Além disso, para os relatórios ad hoc gerados pelo usuário, o VÚB desenvolveu 15 relatórios padrão para a empresa e para as filiais do varejo. Ao final de 2012, espera expandir aquele número para mais de 100, substituindo os relatórios mais antigos. Alguns desses relatórios monitoram as carteiras de gestão de risco, rastreiam o comportamento do cliente e examinam os indicadores de desempenho-chave de eficiência e qualidade da filial.

Como um adicional aos seus relatórios, o VÚB utiliza os Serviços de Análise do SQL Server 2012, para criar processamento analítico on-line (OLAP) "data cubes" (cubos de dados). No início de 2012, o banco tinha cinco cubos com cerca de 18 gigabytes (GB) de dados cada um. Em dezembro de 2013, Fehér espera ter cerca de 40 cubos, alguns deles com 60 GB de dados.

Com os *insights* que obtém de seus bancos de dados, o VÚB pode tomar melhores decisões. "Nós podemos identificar, extrair e analisar melhor os dados empresariais", afirma Fehér. "Com a entrega mais rápida de informações e de maneira mais efetiva [...], podemos obter muitas vantagens do tesouro de nossos dados, melhorando a qualidade das decisões empresariais."

O Microsoft SQL Server não é somente um software de apoio à decisão do VÚB. Ele também utiliza a SAS para a Gestão de Riscos do Empreendimento. Por exemplo, o banco usa este software para os gestores de risco gerarem previsões de liquidez. "Graças ao nosso novo olhar para o futuro, podemos decidir de modo acertado se reunimos recursos financeiros para cinco ou dez anos", explica Andrej Hronec, responsável pelos ativos e passivos do VÚB. Em outras palavras, o banco pode tomar melhores decisões sobre que nível de caixa (liquidez) ele deve ter.

O software da SAS também permite ao VÚB prever os rendimentos líquidos com juros. "Graças a essa [capacidade], conhecemos o nosso nível de ativos e passivos, se haverá lucro ou prejuízo", conta Hronec. Ele, observa ainda que o VÚB utilizou este software para decidir como estruturar sua carteira de obrigações. "Se não tivéssemos essa visão, não os teríamos comprado em tal estrutura como o que finalmente decidimos."

Enfim, os sistemas de informação tornaram o VÚB mais lucrativo para seus acionistas e mais seguro para seus depositantes.

Questões para discussão

1. Quais são os três itens sobre dados que a administração superior de sua escola gostaria de prever? Um banco de dados como o do VÚB e capacidades similares de formação de relatórios ajudariam a prevê-los? Sim ou não? Por quê?
2. Se qualquer usuário pode criar os relatórios por meio dos Serviços de Relatórios SQL Server 2012, por que o VÚB se importaria em criar relatórios padrão para todas as suas filiais?

Questões para análise

1. O Microsoft SQL Server 2012 atende às necessidades do VÚB. Outras empresas de software oferecem produtos similares para relatórios. Algumas podem atender às necessidades dos usuários melhor do que o SQL Server 2012. Liste, no mínimo, cinco critérios que utilizaria como gestor em uma empresa que estivesse em processo de seleção de software.
2. Suponha que você esteja se candidatando a uma vaga de emprego no VÚB. Como utilizaria as informações, neste caso, para melhorar suas chances?

Que partes de sua educação apontaria numa entrevista como especialmente útil para eles?

Fontes: Global Finance, "World's Safest Banks in Central & Eastern Europe 201", *www.gfmag.com/tools/best-banks/11337--worlds-safestbanks-in-central-a-eastern-europe-2011.html*, acesso em: 18 ago. 2011; "Bank Helps Employees Generate Self-Service BI for Better Reporting and Decision Making", Microsoft Corporation, *www.microsoft.com/casestudies/Microsoft-SQL--Server-2012-Enterprise/VUB-Bank/Bank-Helps-Employees--Generate-Self-Service-BI-for-Better-Reporting-and-Decision--Making/690000000081*, acesso em: 6 mar. 2012; "SQL Server 2012 Reporting Services (SSRS)", Microsoft Corporation, *msdn.microsoft.com/en-us/library/ms159106.aspx*, acesso em: 18 abr. 2012; "Risk Management: Driving Business Evolution with Enterprise Risk Management", *SAS*, *www.sas.com/solutions/riskmgmt*, acesso em: 18 abr. 2012; site do VÚB (em inglês), *www.vub.sk/en*, acesso em: 18 abr. 2012 (inicialmente redireciona para a página de finanças pessoal).

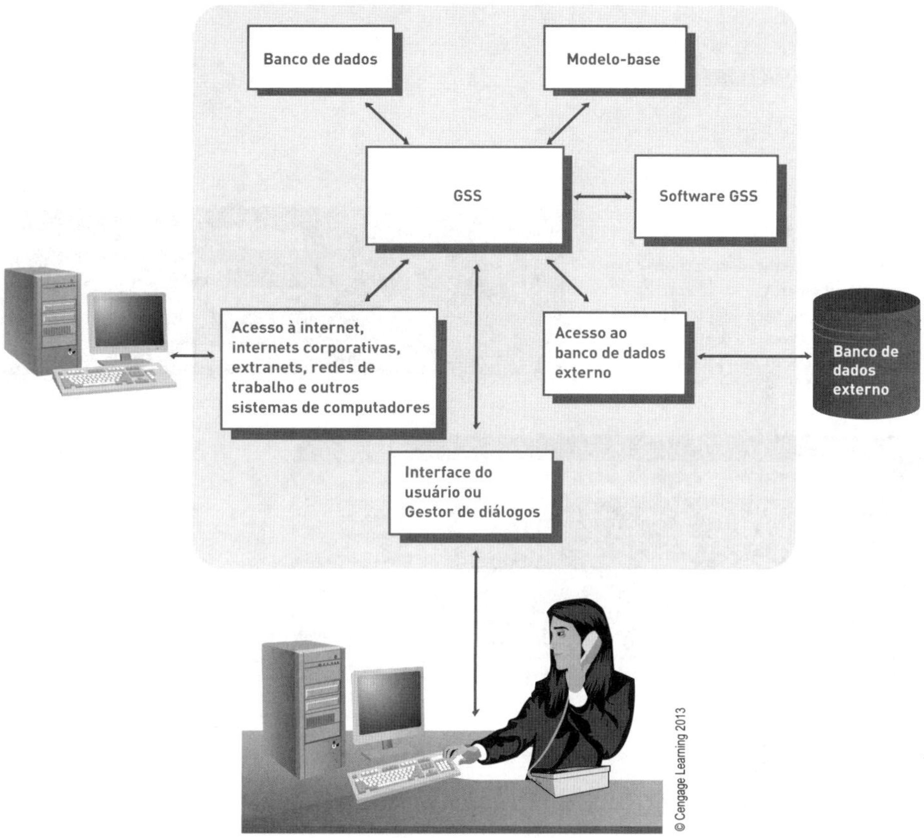

FIGURA 10.18
Configuração de um GSS. Um GSS contém a maioria dos elementos encontrados em um DSS, além do programa para facilitar as comunicações entre os membros de um grupo.

Os sistemas de apoio a grupos são utilizados na maioria das indústrias, governos e forças armadas.[87] Também são empregados entre as empresas quando estão envolvidas na mesma cadeia de suprimentos, conforme já discutido no Capítulo 2.[88] Por exemplo, uma organização deve conseguir matérias-primas e suprimentos de outra empresa e utiliza ainda outra empresa pra distribuir os produtos a seus consumidores. Essas organizações envolvidas na mesma cadeia de suprimentos sempre empregam os sistemas de apoio a grupo para coordenar em conjunto a previsão, o planejamento e outras atividades críticas para a entrega dos produtos acabados e serviços aos consumidores. Os engenheiros, na MWH, organização do Colorado, utilizaram um software de mapeamento social para mostrar quais os empregados que, efetivamente, trabalhavam juntos e colaboravam nos projetos.[89] O software mantém o controle dos funcionários que trabalham juntos e depois desenha mapas mostrando os relacionamentos. O software de mapeamento social ajudou a MWH a identificar os empregados-chave que colaboram nos projetos e estimulam a inovação e o pensamento criativo. Os sites das redes sociais, como o Facebook, podem ser utilizados para apoiar os tomadores de decisão em grupo.[90] A Serena, empresa de software na Califórnia, usou o Facebook para colaborar nos projetos e na troca de documentos.[91] Ela acredita que esse tipo de colaboração é tão importante, que instituiu as Facebook Fridays para encorajar seus funcionários a usar a rede social para colaborar e tomar decisões em grupo. As Facebook Fridays também ajudam a empresa a trabalhar com seus clientes e recrutar novos funcionários. Muitas organizações têm desenvolvido seus próprios sites em redes sociais para ajudar seus funcionários a colaborar em projetos importantes. Com o Ning, por exemplo, as empresas e as pessoas podem criar seus próprios sites nas redes sociais.[92] Alguns executivos, entretanto, acreditam que esses sites são perda de tempo e de recursos corporativos.[93]

ning.com

As organizações podem utilizar o Ning para criar sites customizados nas redes sociais.

CARACTERÍSTICAS DE UM GSS QUE MELHORA A TOMADA DE DECISÃO

Quando se trata de tomada de decisão, as características particulares de um GSS têm o potencial de resultar em decisões melhores. Os desenvolvedores desses sistemas tentam, a partir das vantagens de sistemas de apoio individual, acrescentar novas abordagens para a tomada de decisão em grupo. Por exemplo, alguns GSSs podem permitir a troca de informações e experiências entre as pessoas sem uma interação direta, face a face, embora, alguns encontros pessoais sejam, geralmente, benéficos. As seguintes seções descrevem algumas características que podem melhorar e aumentar a tomada de decisão.

Projeto especial

A abordagem GSS admite que são necessários procedimentos especiais, dispositivos e abordagens nas estruturas de tomada de decisão em grupo. Esses procedimentos devem promover o raciocínio criativo, a comunicação efetiva e as boas técnicas de tomada de decisão em grupo.

Facilidade de uso

Da mesma forma que um DSS individual, um GSS deve ser fácil de aprender e usar. Sistemas complexos e difíceis de operar, raramente, serão utilizados. Muitos grupos têm menos tolerância do que os tomadores de decisão individuais com os sistemas mal desenvolvidos.

Flexibilidade

Dois ou mais tomadores de decisão trabalhando juntos sobre um mesmo problema podem ter diferentes estilos ou preferências na tomada de decisão. Cada gestor toma decisões de forma única, em parte, devido às diferentes experiências e estilos cognitivos. Um GSS eficaz não somente precisa apoiar as diferentes abordagens que os gestores utilizam para tomar decisões, mas também deve encontrar um meio para integrar diferentes perspectivas em uma mesma visão. A flexibilidade do GSS também é importante com os clientes e fora das empresas. A Waste Management, por exemplo, colabora com os clientes para reduzir os resíduos e os custos.[94] Os esforços colaborativos da empresa para com os clientes também podem ajudar o meio ambiente. De acordo com o CEO da Waste Management: "Precisamos ser capazes de alimentar nossa coleta de material e processar os dados nos sistemas dos clientes, de modo que possam entender como estão atendendo às suas metas de sustentabilidade".

ABORDAGEM DELPHI: Abordagem na qual os tomadores de decisão do grupo estão dispersos geograficamente pelo país ou pelo mundo. Ela encoraja a diversidade entre os membros do grupo e promove criatividade e pensamento original na tomada de decisão.

BRAINSTORMING: Abordagem de tomada de decisão na qual os membros oferecem ideias "que vêm à mente", promovendo a criatividade e o pensamento livre.

ABORDAGEM DE CONSENSO DO GRUPO: Abordagem que força os membros do grupo a alcançar uma decisão unânime.

TÉCNICA DE GRUPO NOMINAL: Técnica em que cada tomador de decisão pode participar. Encoraja o retorno dos membros individuais do grupo, e a decisão final é tomada por votação, semelhante a um sistema para a eleição de autoridades públicas.

Apoio à tomada de decisão

Um GSS pode apoiar diferentes abordagens de tomada de decisão, incluindo a **abordagem Delphi**, na qual os tomadores de decisão do grupo estão dispersos geograficamente pelo país ou pelo mundo. Essa abordagem encoraja a diversidade entre os membros do grupo e promove criatividade e pensamento original na tomada de decisão. Em outra abordagem, chamada de **brainstorming**, os membros oferecem ideias "que vêm à mente" promovendo a criatividade e o pensamento livre. O TD Bank, por exemplo, utilizou o programa Connections da IBM, para permitir que mais de 85 mil trabalhadores se comunicassem e promovessem uma brainstorm.[95] O vice-presidente e CIO da empresa afirmou: "Precisamos de um meio para as pessoas se comunicarem e ajudarem umas às outras". A **abordagem de consenso do grupo** força os membros do grupo a alcançar uma decisão unânime. O Shuttle Project Engineering Office, no Centro Espacial Kennedy, utilizou o sistema de apoio organizacional de classificação de consenso (CROSS, Consensus-Ranking Organizational-Suppor System) para avaliar projetos espaciais em uma estrutura de grupo. A abordagem de consenso de grupo analisa os benefícios de vários projetos e suas probabilidades de sucesso. O CROSS é útil para avaliar e priorizar projetos espaciais avançados. Com a **técnica de grupo nominal**, cada tomador de decisão pode participar; esta técnica encoraja o retorno dos membros individuais do grupo e a decisão final é tomada por votação, semelhante a um sistema para a eleição de autoridades públicas.

Cortesia da NASA

Os engenheiros da Nasa utilizam o sistema de apoio organizacional de classificação de consenso para avaliar os projetos espaciais em uma configuração em grupo.

Entrada anônima

Muitos GSSs permitem entradas anônimas, em que a pessoa que entra não é conhecida dos outros membros do grupo. Por exemplo, algumas organizações usam um GSS para ajudar a classificar o desempenho dos gestores. A entrada anônima permite que os tomadores de decisão em grupo se concentrem nos méritos da entrada sem considerar quem a fez. Em outras palavras, uma entrada feita por um gestor de alto nível recebe a mesma consideração que as entradas de outros membros do grupo. Alguns estudos mostraram que grupos que utilizam a entrada anônima podem tomar decisões melhores e obter resultados superiores, comparados com os grupos que não usam a entrada anônima.

Redução do comportamento negativo do grupo

Uma característica-chave de qualquer GSS é a capacidade de suprimir ou eliminar comportamentos de grupo, contraproducentes ou prejudiciais para uma tomada de decisão eficaz. Em algumas estruturas de grupo, indivíduos dominantes podem monopolizar a discussão, o que pode impedir outros membros do grupo de apresentar alternativas criativas. Em outros casos, um ou dois membros do grupo podem desviar ou subverter o grupo para áreas improdutivas, não ajudando a resolver o problema em questão. Outras vezes, os membros de um grupo podem assumir que tomaram a decisão correta, sem examinar as alternativas – fenômeno chamado *pensamento de grupo*. Se as sessões do grupo forem mal planejadas e executadas, o resultado poderá ser uma tremenda perda de tempo. Atualmente, muitos projetistas de GSS desenvolvem sistemas de software e hardware para reduzir esses tipos de problemas. Procedimentos para um planejamento e um gerenciamento eficazes das reuniões de grupo podem ser incorporados na abordagem GSS. Um facilitador treinado em reuniões é sempre empregado para ajudar a liderar no processo dos tomadores de decisão em grupo e para evitar pensamentos de grupo (veja a Figura 10.19).

FIGURA 10.19 **Utilização da abordagem GSS.** Um facilitador treinado em reuniões pode ajudar a liderar no processo dos tomadores de decisão e para evitar pensamentos de grupo.

Comunicação paralela e unificada

Em reuniões de grupo tradicionais, as pessoas devem se revezar, enfocando várias questões. Em geral, fala uma pessoa por vez. Com um GSS, cada membro do grupo pode enfocar questões ou fazer comentários ao mesmo tempo, inserindo-os num PC ou na estação de trabalho. Essas questões ou comentários são imediatamente exibidos no PC de todos os membros do grupo, ou na estação de trabalho. A *Comunicação paralela* pode acelerar o tempo nas reuniões e resultar em melhores decisões. As organizações estão utilizando as comunicações unificadas para apoiar a tomada de decisão em grupo. *Comunicações unificadas* vinculam e integram os diversos sistemas de comunicação, incluindo os telefones tradicionais, os celulares, os e-mails, as mensagens de texto, a internet, e outros. Com as comunicações unificadas, os membros de uma equipe de tomada de decisão em grupo utilizam uma larga extensão de métodos de comunicações para ajudá-los a colaborar e tomar melhores decisões.

Manutenção de registros automatizados

A maioria dos GSS mantém, automaticamente, os registros detalhados de uma reunião. Cada comentário que entra no PC de um membro do grupo ou na estação de trabalho pode ser registrado anonimamente. Em alguns casos, literalmente centenas de comentários podem ser armazenados para revisão e análise futuras. Além disso, a maioria dos pacotes de GSS possui características automáticas de votação e de classificação. Após a votação pelos membros do grupo, o GSS registra cada voto e faz as classificações apropriadas.

FERRAMENTAS DE SOFTWARE E HARDWARE PARA GSS

O hardware para GSS inclui computadores de mesa, computadores portáteis, smartphones e outros dispositivos para aumentar a colaboração e a tomada de decisão pelo grupo. Hoje, os executivos e gestores corporativos estão colaborando bastante com os modernos smartphones e tablets.[96] O CEO da Citrix, empresa de software que oferece ferramentas de para as empresas, declarou: "Nosso plano de crescimento inclui experiências de colaboração ainda mais ricas, integrações entre aplicativos parceiros e o apoio expandido aos dispositivos móveis, incluindo o GoToMyPC para iPad". Dispositivos de vídeo avançados também estão sendo utilizados para apoiar os tomadores de decisão em grupo. Diane Bryant, CIO da Intel afirmou: "Novas tecnologias de colaboração como os vídeos já são quase obrigatórias, pois a Intel tem funcionários em centenas de fábricas e outras operações no mundo todo".[97]

O programa GSS, que sempre se chamou *ferramentas para grupo*, ou *programa de grupo de trabalho*, ajuda com o acréscimo da programação, comunicação e gestão de grupo de trabalho. Um conjunto bem popular da IBM, o Lotus Notes, pode capturar, armazenar, manipular e distribuir memorandos e comunicações que sejam desenvolvidas durante os projetos em grupo.[98] Algumas empresas padronizam software de mensagens e de colaboração, como o Lotus Notes. As Lotus Connections é uma opção do Lotus Notes que permite às pessoas postar documentos e informações na internet.[99] A característica é similar às redes sociais populares, como o Facebook e o LinkedIn, mas é projetado para uso empresrial. A Microsoft investiu bilhões de dólares no software GSS para incorporar as características colaborativas ao seu pacote Office e aos produtos relacionados. O Office Communicator, por exemplo, é um produto da Microsoft desenvolvido para permitir uma colaboração melhor e mais rápida.[100] Outros conjuntos de software GSS incluem o Collabnet, OpenMind e o TeamWare. Todas essas ferramentas podem ajudar na tomada de decisão em grupo. *Calendários eletrônicos compartilhados* podem ser utilizados para coordenar reuniões e programas para equipes de tomada de decisão. Com os calendários eletrônicos, líderes de equipe podem planejar o tempo para todos os membros do grupo tomador de decisão.

Várias ferramentas colaborativas adicionais estão disponíveis na internet.[101] A SharePoint (*www.microsoft.com*), o WebOffice (*www.weboffice.com*) e o BaseCamp (*www.basecamphq.com*) são alguns exemplos. O Fuze Meeting (*www.fuzemeeting.com*) disponibiliza ferramentas de colaboração em vídeo na internet. O serviço pode trazer, automaticamente, os participantes para uma conversa on-line, permitindo que os participantes compartilhem informações direto das telas de seus computadores e transmitam o conteúdo do vídeo em alta definição. O Twitter (*www.twitter.com*) e o Jaiku (*www.jaiku.com*) são sites que algumas organizações usam para ajudar que pessoas e grupos continuem conectados e coordenem os horários de trabalho. O Yammer (*www.yammer.com*) é um site que auxilia as empresas a dar respostas curtas às perguntas frequentemente feitas. Gestores e funcionários devem entrar no Yammer, primeiro na rede privada de suas empresas, para obter suas perguntas respondidas. O Teamspace (*www.teamspace.com*) é também um outro conjunto de softwares colaborativos que ajuda os grupos a completar seus projetos com sucesso. Muitos desses pacotes da internet abrangem a utilização das tecnologias web 2.0. Alguns executivos, no entanto, se preocupam com a segurança e com as questões da conformidade da empresa com qualquer tecnologia nova.

Além dos produtos vendidos, separadamente, o programa GSS está cada vez mais sendo incorporado aos pacotes de software existentes. A Microsoft está incluindo uma

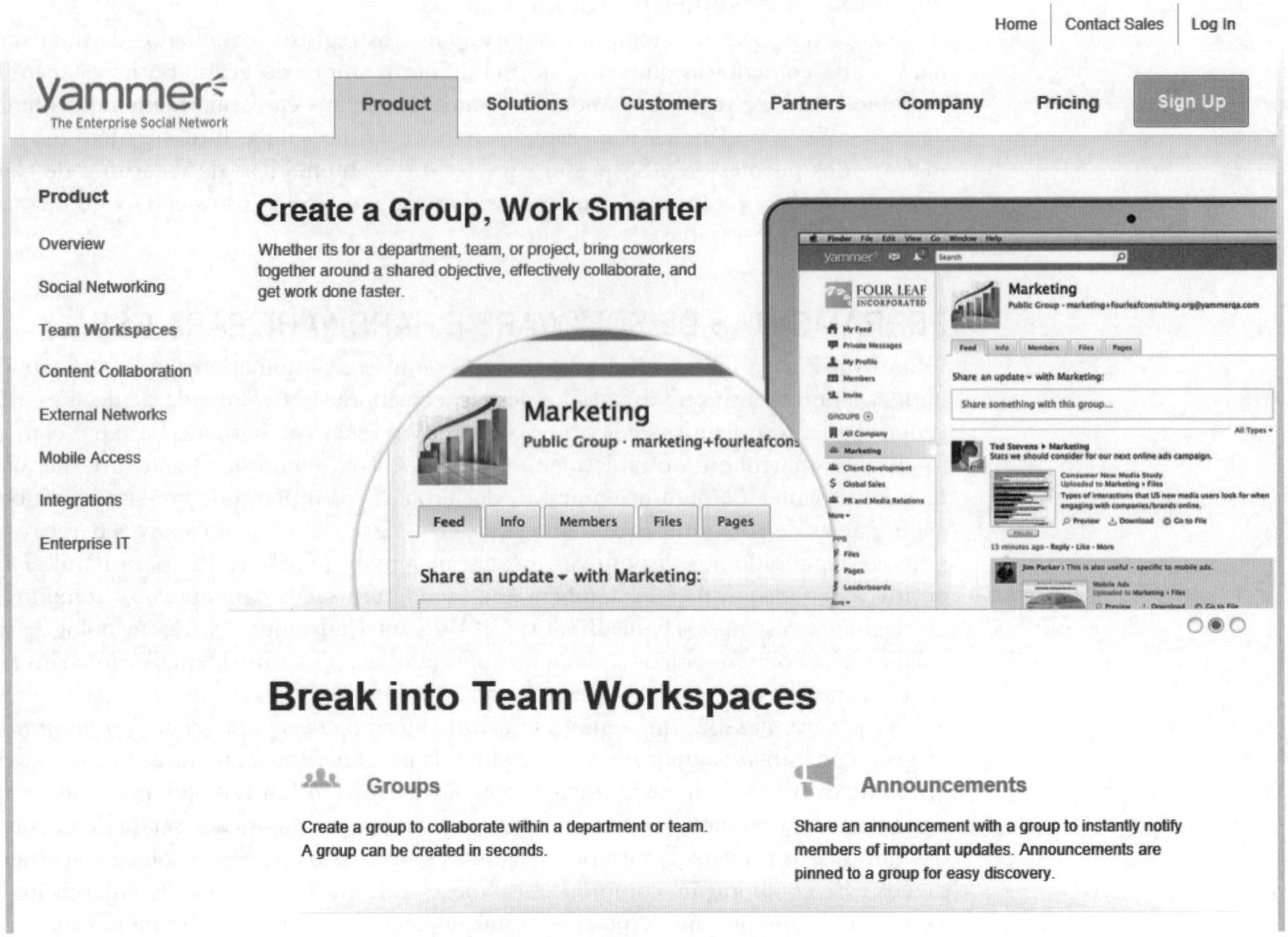

www.yammer.com

O Yammer ajuda as organizações a dar respostas curtas às perguntas frequentes.

ferramenta de colaboração e comunicações chamada Lync em muitos de seus aplicativos.[102] A empresa também desenvolveu o aplicativo iLync para o iPhone da Apple. Hoje, alguns pacotes de processamento de transações e de planejamento dos recursos empresariais incluem o software de colaboração. Além do groupware, os GSSs utilizam algumas das ferramentas já discutidas aqui, incluindo as seguintes:

- E-mail, mensagem instantânea (MI) e mensagem de texto (MT).
- Videoconferência.
- Programação de grupo.
- Gestão de projeto.
- Compartilhamento de documentos.

GSSs ALTERNATIVOS

Os sistemas de apoio ao grupo podem assumir diversos tipos de configuração de rede, dependendo das necessidades do grupo, da decisão a ser apoiada e da localização geográfica de seus membros. De acordo com um estudo, o GSS trata-se de velocidade e qualidade da tomada de decisão.[103] Os GSSs alternativos incluem uma combinação de salas de decisões, redes locais, teleconferência e redes de longa distância:

SALA DE DECISÕES: Comporta a tomada de decisões com os tomadores de decisão em um mesmo prédio e combina a interação verbal face a face com a tecnologia, para tornar a reunião mais efetiva e eficiente.

- A **sala de decisões** comporta a tomada de decisões com os tomadores de decisão em um mesmo prédio e combina a interação verbal face a face com a tecnologia, para tornar a reunião mais efetiva e eficiente. É ideal para situações nas quais os tomadores de decisão localizam-se no mesmo edifício ou área geográfica e quando estes são usuários ocasionais da abordagem GSS. Uma típica sala de decisão é apresentada na Figura 10.20.

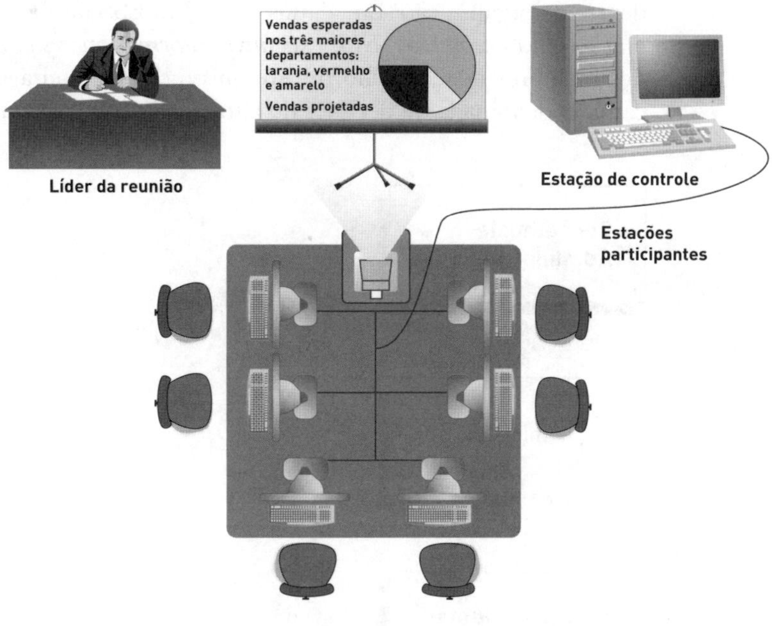

FIGURA 10.20
Sala de decisões GSS. Para os membros do grupo, que estão na mesma localidade, a sala de decisões é uma ótima alternativa GSS. A abordagem pode utilizar tanto a comunicação face a face, quanto aquela mediada por meio de computador. Através da utilização de computadores e dispositivos em rede, como telas e impressoras, o líder pode perguntar ao grupo, receber instantaneamente o retorno dos membros e, com a ajuda do software controlador baixado na estação de controle, pode processar este retorno em informações significativas para ajudar no processo de tomada de decisões.

- A *rede local de decisões* pode ser utilizada quando os membros do grupo estiverem localizados no mesmo prédio ou na mesma área geográfica e sob condições, nas quais a tomada de decisão em grupo seja frequente. Nesses casos, a tecnologia e o hardware para a abordagem GSS são colocados diretamente nos escritórios dos membros do grupo.
- A *teleconferência* é usada quando a frequência de decisões for baixa e a localização dos membros do grupo, distante. Em reuniões realizadas ocasionalmente e entre grupos com os membros em diferentes e distantes áreas, pode-se reunir muitas salas de decisões do GSS por todo o país ou por todo o mundo. A Yum! Brands, proprietária da Kentucky Fried Chicken (KFC), da Taco Bell e da Pizza Hut, utiliza o sistema de teleconferência através da Tanberg para permitir que os funcionários realizem reuniões virtuais e tomem decisões em grupo, reduzindo tempo e despesas de viagens.[104] O sistema de apoio a grupos da Tanberg usa vídeos em alta definição e software de apoio a grupos, para ajudar os funcionários que se encontram em diferentes e distantes locais a colaborar e tomar decisões em grupo. A teleconferência, também chamada de telepresença, pode economizar milhares de dólares em despesas de viagens. De acordo com informações da Global Business Travel Association, os negócios no mundo inteiro exigem mais de 400 milhões de viagens por ano, num custo total de mais de $ 200 bilhões.[105] Segundo um sócio de uma empresa de capital de riscos: "Muito do que fazemos em capital de risco é o nosso investimento em pessoas. Você quer olhar nos olhos de alguém e dizer: 'Você confia nesta pessoa o suficiente para passar-lhe um cheque, multimilionário, em dólares?' Nós sentimos que podemos fazer isso com a telepresença".
- A *rede de área expandida* é usada quando a frequência da decisão é alta e os membros do grupo ficam em locais distantes. Neste caso, os tomadores de decisão precisam utilizar constante ou frequentemente a abordagem GSS. Essa alternativa GSS permite que as pessoas atuem em grupos de trabalho virtuais, nos quais as equipes localizadas ao redor do mundo podem discutir os problemas comuns.

SISTEMA DE APOIO A EXECUTIVOS

SISTEMA DE APOIO A EXECUTIVOS (ESS, EXECUTIVE SUPPORT SYSTEM): DSS especializado que inclui todos os hardwares, softwares, dados, procedimentos e pessoas para dar apoio aos executivos de nível sênior dentro da organização.

Como os executivos de alto escalão frequentemente precisam de apoio especializado quando tomam decisões estratégicas, muitas empresas desenvolveram sistemas para dar suporte à tomada de decisões de executivos. Esse tipo de sistema, chamado **sistema de apoio a executivos (ESS)**, é um DSS especializado, que inclui todos os hardwares, softwares, dados, procedimentos e pessoas para dar apoio aos executivos de nível sênior dentro da organização. Em alguns casos, um ESS também chamado de *sistema de informação para executivos (EIS, executive information system)*, apoia a tomada de decisões dos membros do Conselho de Administração, responsáveis perante os acionistas. Essa camada de tomada de decisões do alto escalão é apresentada na Figura 10.21.

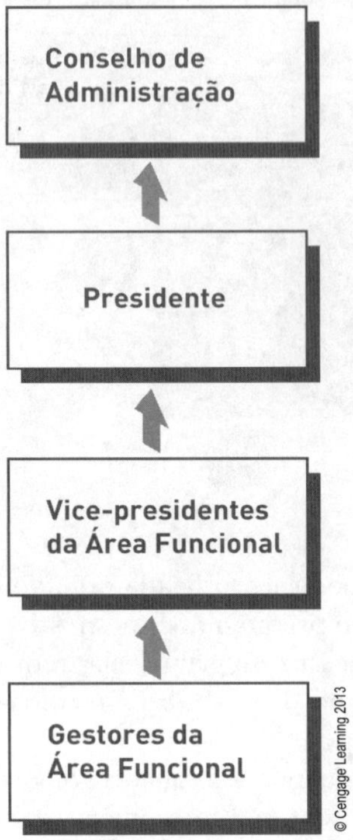

FIGURA 10.21 Camadas de executivos tomadores de decisão.

Um ESS também pode ser utilizado por indivíduos dos níveis médios da estrutura organizacional. Uma vez dirigidos aos executivos tomadores de decisão do alto escalão, os ESSs são agora comercializados e estão sendo usados por funcionários de outros níveis da organização.

SISTEMAS DE APOIO AO EXECUTIVO EM PERSPECTIVA

Um ESS é um tipo especial de DSS e, como tal, foi projetado para apoiar as tomadas de decisão de alto nível na organização. Os dois sistemas são, no entanto, diferentes de formas importantes. Os DSSs apresentam uma variedade de ferramentas de modelagem e análise para permitir que os usuários analisem completamente os problemas – isto é, permitem que os usuários respondam às perguntas. Os ESSs apresentam informações estruturadas sobre aspectos da organização que os executivos consideram importantes.

CAPACIDADES DOS SISTEMAS DE APOIO A EXECUTIVOS

A responsabilidade atribuída aos executivos de alto escalão e tomadores de decisão traz problemas e características singulares que são apoiadas pela abordagem do ESS. Os ESSs tiram total proveito da garimpagem de dados na internet, em blogs, arquivos de áudio (*podcasts*), painéis executivos e de muitas outras inovações tecnológicas. Como se observará, a maioria dessas decisões está relacionada à lucratividade geral e direção de uma organização. Um ESS eficaz deve ter a capacidade de apoiar decisões executivas com componentes, como planejamento estratégico e organização, gestão de crises, entre outros.

Apoio para definir uma visão geral

Um dos papéis-chave dos executivos seniores é fornecer ampla visão para toda a organização. Esta inclui as maiores linhas de produtos e serviços da organização, os tipos de negócios que ela apoia hoje e no futuro e suas metas primordiais.

PLANEJAMENTO ESTRATÉGICO: Envolve a determinação dos objetivos a longo prazo, analisando as forças e as fraquezas da organização, prevendo tendências futuras e projetando o desenvolvimento de novas linhas de produtos.

Apoio ao planejamento estratégico

O ESS também dá suporte ao **planejamento estratégico**. Este envolve a determinação de objetivos a longo prazo, analisando as forças e as fraquezas da organização, prevendo tendências futuras e projetando o desenvolvimento de linhas de produtos. Ele também envolve o planejamento de aquisição de novos equipamentos, a análise das possibilidades de fusão e difíceis tomadas de decisão, relacionadas à redução de pessoal e à venda de ativos, se necessário, exigidos por condições econômicas desfavoráveis.

Apoio à organização estratégica e decisões sobre pessoal

Os executivos de alto nível ocupam-se da estrutura organizacional. Por exemplo, aquelas que dizem respeito à criação de departamentos ou à redução de pessoal são tomadas pelos gestores de alto escalão. A direção geral para as decisões sobre pessoal e a comunicação eficaz com os sindicatos dos trabalhadores também são áreas de decisões importantes, para esses executivos. Os ESSs podem ser empregados para ajudar a analisar o impacto das decisões na equipe de aumentos potenciais em pagamentos, de mudanças nos benefícios dos funcionários e novas regras de trabalho.

Apoio ao controle estratégico

Outro tipo de decisão executiva está relacionado ao controle estratégico, que envolve o monitoramento e gerenciamento da operação global da organização. A busca da meta pode ser feita por área para determinar qual o desempenho que ela deve alcançar para concretizar as expectativas corporativas. As abordagens eficazes de ESS podem auxiliar os gerentes de alto nível a obter o máximo a partir dos recursos existentes e a controlar todos os aspectos da organização.

Apoio à gestão da crise

Mesmo com um cuidadoso planejamento estratégico, pode ocorrer alguma crise. Incidentes importantes, incluindo desastres naturais, incêndios e atividades terroristas, podem encerrar totalmente importantes partes da organização. Lidar com essas emergências é outra responsabilidade dos gestores de alto nível. Em muitos casos, planos estratégicos de emergência podem ser utilizados com a ajuda de um ESS. Tais planos de contingência auxiliam as organizações a se recuperar, rapidamente, quando ocorrer alguma emergência ou crise.

A tomada de decisão é uma parte vital na gestão estratégica de um negócio. Os sistemas de informação (SIs), como os de apoio à decisão, ao grupo e ao executivo ajudam os funcionários a obter informações dos bancos de dados existentes, oferecendo-lhes informações atuais e precisas. A integração, cada vez maior, de todos os sistemas de informação de negócio – desde os sistemas empresariais MISs aos DSSs – pode ajudar as organizações a monitorar seu ambiente competitivo e a tomar decisões mais bem informadas. As organizações, também, podem utilizar sistemas de informação especializados em negócios, a ser discutidos no próximo capítulo, para alcançar seus objetivos.

RESUMO

Princípio:

Habilidades para uma boa tomada de decisão e resolução de problemas constituem o segredo para desenvolver sistemas eficazes de informação e de apoio à decisão.

Todas as organizações necessitam de tomadas de decisão eficazes e resolução de problemas para alcançar seus objetivos e metas. A resolução de problemas se inicia com a tomada de decisão. Um modelo bem conhecido, desenvolvido por Herbert Simon, divide a fase de tomada de decisão do processo de resolução de problema em três estágios: inteligência, projeto e escolha. Durante o estágio da inteligência, os problemas potenciais ou as oportunidades são identificados e definidos. As informações relacionadas com a causa e o escopo do problema são reunidas. As limitações sobre a possível solução e o ambiente do problema são investigadas. No estágio do projeto, são desenvolvidas e exploradas as soluções alternativas para o problema. Além disso, são avaliadas a viabilidade e as implicações dessas alternativas. Por fim, o estágio da escolha envolve a seleção do melhor curso de ação. Nesse estágio, os tomadores de decisão avaliam a implantação da solução para determinar se os resultados antecipados foram alcançados e para modificar o processo à luz de novas informações, apreendidas durante o estágio de implantação.

A tomada de decisão é um componente da resolução do problema. Além das etapas da inteligência, projeto e escolha da tomada de decisão, a resolução de problemas, também, inclui a implantação e o monitoramento. A implementação faz a solução acontecer. Após a implementação da decisão, ela é monitorada e modificada, se necessário.

As decisões podem ser programadas ou não. As decisões programadas são tomadas, utilizando-se alguma regra, procedimento ou método quantitativo. Pedir mais estoque quando o nível cai para 100 unidades ou menos é exemplo de decisão programada. Uma decisão não programada trata com situações incomuns ou excepcionais. Determinar o melhor programa de treinamento para um novo funcionário é exemplo de decisão não programada.

As decisões podem utilizar abordagens otimizadoras, satisfatórias e heurísticas. A otimizadora encontra a melhor solução. Os problemas de otimização frequentemente têm um objetivo, como a maximização de lucros, dadas a produção e a restrição de material. Quando um problema é complexo demais para a otimização, a abordagem satisfatória é utilizada com frequência. A satisfação sempre acha uma decisão boa, embora não seja a melhor. Finalmente, a abordagem heurística é uma "regra de ouro" ou uma regra comum ou um procedimento utilizado para encontrar uma boa decisão.

Princípio:

O sistema de informação gerencial (MIS) deve fornecer a informação certa, para a pessoa certa, no momento certo e no formato certo.

Um sistema de informação gerencial é um conjunto integrado de pessoas, procedimentos, bancos de dados e dispositivos que fornece aos gestores e aos tomadores de decisão as informações para ajudá-los a alcançar os objetivos organizacionais. Um MIS pode ajudar uma organização a alcançar suas metas, fornecendo aos gestores percepção das operações regulares da organização, para que possam controlar, organizar e planejar de modo mais eficaz e eficiente. A principal diferença entre os relatórios gerados pelo sistema de gerenciamento de transações (TPS) e aqueles gerados por um MIS é que os relatórios do MIS dão suporte às tomadas de decisão do gerenciamento nos escalões mais altos.

Os dados que entram no MIS originam-se tanto de fontes internas quanto externas. As fontes internas de dados mais significantes para o MIS são os diversos sistemas TPSs e ERPs. Os datawarehouses e data marts também fornecem importantes entradas de dados para o MIS. Fontes externas de dados para o MIS incluem as extranets, os consumidores, os fornecedores, os concorrentes e os acionistas.

O resultado da maioria dos MISs é um conjunto de relatórios distribuídos para os gestores. Estes incluem relatórios programados de indicadores-chave, sob demanda, de exceção e detalhados. Relatórios programados são produzidos periodicamente ou de acordo com programação diária, semanal ou mensal. Um de indicadores-chave é um tipo especial de relatório programado. Relatórios sob demanda são desenvolvidos para fornecer determinadas informações a pedido de algum gestor. Os relatórios de exceção são produzidos automaticamente quando uma situação for incomum ou exigir a atenção da gestão. Os relatórios detalhados fornecem dados cada vez mais detalhados sobre uma situação.

Os sistemas de informação gerencial possuem algumas características comuns, incluindo relatórios de produção programada, sob demanda, de exceção e detalhados; relatórios de produção com formatos fixos e padronizados; relatórios que produzem cópia em papel e digital; relatórios que usam dados internos, armazenados em bancos de dados, computadorizados, da organização e relatórios desenvolvidos e implantados pelo pessoal de SI ou pelos usuários finais. Cada vez mais, os relatórios são liberados pela internet e por dispositivos móveis, como celulares. A maioria dos MISs é organizada ao longo das linhas funcionais de uma organização. Os sistemas de informação gerencial funcionais típicos incluem sistemas financeiros, de produção, de marketing, de recursos humanos e de outros sistemas especializados.

Cada sistema é composto de inserções, subsistemas de processamento e resultados. As principais fontes de inserção para os MISs funcionais incluem o plano estratégico corporativo, os dados do sistema ERP e TPS, as informações da cadeia de suprimento e as transações do negócio e fontes externas, incluindo a internet e as extranets. Os principais resultados desses MISs funcionais são os relatórios com resumos que subsidiam a tomada de decisão da gestão.

Princípio:

Os sistemas de apoio à decisão (DSSs) são utilizados quando os problemas não são estruturados.

Um sistema de apoio à decisão (DSSs, decision support systems) é um conjunto organizado de pessoas, procedimentos, software, banco de dados e hardware utilizados para apoiar os tomadores de decisão em relação a um problema específico. As características do DSS incluem a capacidade de lidar com grandes quantidades de dados: obter e processar dados provenientes de uma variedade de recursos; proporcionar flexibilidade para fazer relatórios e apresentações; análise detalhada de apoio; realizar análises estatísticas complexas; oferecer orientações textuais e gráficas; apoiar a otimização, a satisfação, e as abordagens heurísticas; fazer a simulação "O que-se" e a análise de pesquisa de metas.

Os DSSs proporcionam ajuda ao suporte aravés de todas as fases do processo de resolução de problemas. Diferentes frequências de decisão também precisam do apoio do DSS. Um DSS ad hoc trata de situações de decisões únicas, não frequentes, e um DSS institucional cuida das decisões de rotina. Problemas altamente estruturados, semiestruturados e não estruturados podem ser apoiados por um DSS. Um DSS também pode apoiar diferentes níveis de gestão, incluindo os gestores estratégicos, os táticos e os operacionais. Um banco de dados comum é sempre um elo que une o TPS, o MIS e o DSS. de uma empresa.

Os componentes de um DSS são o banco de dados, os modelos-base, a interface do usuário, ou o gestor de diálogos e um "link" entre os bancos de dados externos, a Internet, a "intranet" corporativa, os "extranets", as redes sociais e outros sistemas. O banco de dados pode utilizar os depósitos de dados e os atalhos para os dados. Um DSS orientado para dados, realiza, principalmente, análises qualitativas com base nos bancos de dados da empresa. O DSS orientado para dados faz manobras para obter grandes volumes de informações contidos no banco de dados da corporação, recuperando as informações sobre o estoque, as vendas, o pessoal, a produção, as finanças, a contabilidade e outras áreas. As pesquisas de dados são sempre utilizadas num DSS direcionado a dados. O modelo-base contém modelos utilizados pelo tomador de decisões, como os modelos financeiro, estatístico, gráfico, e de gestão de projetos. Um DSS orientado para modelos realiza, principalmente, análises matemáticas, ou quantitativas. O programa de gerenciamento de modelos (MMS) é sempre utilizado para coordenar a utilização dos modelos num DSS. A interface do usuário possui uma facilidade de gestão de diálogos para ajudar nas comunicações entre o sistema e o usuário. Finalmente, o acesso à Internet, às redes e a outros sistemas com base em computadores permitem que o DSS se conecte com outros sistemas poderosos, incluindo o TPS ou outros subsistemas com funções específicas.

Princípio:

Sistemas de apoio especializado, como os sistemas de apoio a grupo (GSS) e os sistemas de apoio a executivos (ESS), utilizam a abordagem geral de um DSS em situações como a de tomada de decisão em grupo ou do executivo.

Um sistema de apoio a grupos (GSS), também chamado de sistema de trabalho colaborativo computadorizado, consiste em uma maioria de elementos de um DSS, além do software para proporcionar o efetivo apoio às configurações dos tomadores de decisão em grupo. Os GSSs são tipicamente fáceis de aprender e de usar e podem oferecer apoio específico ou geral para os tomadores de decisão. O software GSS, também chamado de aplicativo, é projetado, especialmente, para ajudar a gerar listas de decisão alternativas e realizar análises de dados. Esses pacotes permitem que as pessoas trabalhem em conjunto em documentos e arquivos através de rede. As mais modernas tecnologias Web 2.0 estão sendo utilizadas em grande extensão fornecendo apoio a tomadores de decisão em grupo. As mensagens de texto, assim como a internet, são comumente usadas em um GSS.

A frequência da utilização do GSS e a localização dos tomadores de decisão influenciarão a escolha do GSS alternativo. A sala alternativa de decisões apoia os usuários num único local, o qual não frequentam sempre. As redes locais de decisão podem ser empregadas quando os membros do grupo localizam-se na mesma área geográfica e os usuários as frequentam regularmente. As teleconferências são utilizadas quando a frequência da decisão é baixa e a localização dos membros do grupo é distante. A rede de decisão na área expandida é usada quando a frequência da decisão é alta e a localização dos membros do grupo, distante.

Os sistemas de apoio a executivos (ESSs) são especializados em apoio às decisões e projetados para atender às necessidades da gestão sênior. Servem para indicar as questões de importância para as organizações, para indicar novas direções que a companhia deve seguir e ajudar os executivos a monitorar o progresso da empresa. Os ESSs geralmente são fáceis de utilizar, oferecem vasta gama de recursos no computador e trabalham com grande variedade de dados internos e externos. Além disso, o ESS realiza análises de dados sofisticadas, oferece alto grau de especialização e proporciona capacidades de flexibilidade e comunicações compreensivas. Um ESS também suporta estilos individuais de tomadas de decisão. Algumas das maiores áreas de tomadas de decisão que podem ser apoiadas por meio de um ESS apresentam uma visão geral, um planejamento estratégico e organizacional, um controle estratégico e uma gestão de crise.

CAPÍTULO 10: TESTE DE AUTOAVALIAÇÃO

Habilidades para uma boa tomada de decisão e resolução de problemas é o segredo para desenvolver sistemas eficazes de informação e de apoio à decisão.

1. Durante qual estágio da tomada de decisão o desenvolvimento de alternativas de decisão é realizado?
   a. estágio de iniciação
   b. estágio da inteligência
   c. estágio do projeto
   d. estágio da escolha.
2. A resolução de problemas é um dos estágios da tomada de decisão. Verdadeiro ou falso?
3. ________________ decisões não programadas tratam de situações incomuns ou excepcionais.
4. Uma decisão de que o estoque deve ser reposto quando o nível cair para 500 unidades é um exemplo de _______
   a. decisão sincrônica
   b. decisão assincrônica
   c. decisão não programada
   d. decisão programada
5. Uma (___________) -modelo encontrará a melhor solução para ajudar à organização a alcançar seus objetivos.
6. Um modelo satisfatório é aquele que encontrará uma boa, mas não necessariamente a melhor solução para um problema. Verdadeiro ou falso?

O sistema de informação gerencial (MIS) deve fornecer a informação certa para a pessoa certa, no momento certo e no formato certo.

7. O que resume as atividades críticas do dia anterior e está disponível no começo de cada dia de trabalho?
   a. Relatório de indicadores-chave
   b. Relatório sob demanda
   c. Relatório de exceção
   d. Relatório sobre o banco de dados
8. MRP e JIT são subsistemas do ____________:
   a. MIS de marketing
   b. MIS financeiro
   c. MIS de produção
   d. MIS de auditoria
9. __________ envolve a análise da condição financeira de uma organização.

Os sistemas de apoio à decisão (DSS) são utilizados quando os problemas não são estruturados.

10. O foco de um sistema de apoio à decisão é a eficácia na tomada de decisão quando enfrentar problemas empresariais não estruturados ou semiestruturados. Verdadeiro ou falso?
11. _____________ num sistema de apoio à decisão permite ao tomador de decisão realizar uma análise quantitativa.
12. Qual componente de um sistema de apoio à decisão permite que os tomadores de decisão acessem facilmente e manipulem o DSS e utilizem os termos e as expressões empresariais comuns?
    a. o banco de conhecimentos
    b. o modelo-base
    c. a interface do usuário ou o gestor de diálogos
    d. o sistema especialista

Sistemas de apoio especializado, como os sistemas de apoio ao grupo (GSS) e os sistemas de apoio a executivo (ESS), utilizam a abordagem geral de um DSS em situações como a tomada de decisão em grupo ou pelo executivo.

13. Quais técnicas de tomada de decisão permitem que os membros votantes do grupo cheguem a uma decisão final em grupo?
    a. pensamento do grupo
    b. inserção anônima
    c. técnica de grupo normal
    d. Delphi
14. Um tipo de software que ajuda na programação do trabalho em conjunto ou sobre comunicação e gestão é chamado __________.
15. A rede de decisão na área local é a alternativa ideal de GSS para as situações em que os tomadores de decisão localizam-se no mesmo edifício ou área geográfica e os tomadores de decisão são usuários ocasionais da abordagem GSS. Verdadeiro ou falso?
16. Um __________ apoia as ações dos membros do Conselho de Administração, responsáveis perante os acionistas.

CAPÍTULO 10: RESPOSTAS DO TESTE DE AUTOAVALIAÇÃO

1. c
2. Falsa
3. Não programada
4. d
5. Otimização
6. Verdadeira
7. a
8. c
9. Auditoria
10. Verdadeira
11. O modelo-base
12. c
13. c
14. Aplicativo ou software de trabalho em grupo
15. Falsa
16. sistema de informações executivas (EIS)

QUESTÕES PARA REVISÃO

1. O que é otimização? Descreva uma situação em que deve ser utilizada. Quais são as desvantagens da otimização?
2. Qual é a diferença entre as fases da inteligência e do projeto na tomada de decisão?
3. Qual é a diferença entre uma decisão programada e uma não programada? Dê exemplos de cada uma delas.
4. Quais são os tipos básicos de relatórios produzidos por um MIS?
5. Como pode uma rede social ser utilizada em um DSS?
6. Quais são as funções desempenhadas pelo MIS financeiro?
7. Descreva as funções do MIS da fabricação.
8. Relacione e descreva outros tipos de MIS.
9. Quais são os estágios de uma resolução de problema?
10. Qual é a diferença entre tomada de decisão e resolução de problema?
11. Como pode a análise de localização ser utilizada em um MIS de pesquisa comercial?
12. Enumere algumas ferramentas de software utilizadas nos sistemas de apoio a grupo.
13. Defina *sistema de apoio à decisão*. Quais são suas características?
14. Descreva a diferença entre um DSS orientado a dados e um DSS orientado a modelos.
15. Qual é a diferença entre análise "O que-se" e análise de pesquisa de meta?
16. Quais são os componentes de um sistema de apoio à decisão?
17. Defina o objetivo de um sistema de apoio a grupo (GSS) e identifique três características que o distinguem de um DSS.
18. Como as redes sociais podem ser utilizadas em um GSS?
19. Qual é a diferença entre um sistema de apoio a executivo e um sistema de apoio à decisão?
20. Identifique três utilizações fundamentais para um sistema de apoio a executivo.

QUESTÕES PARA DISCUSSÃO

1. Selecione um problema importante que você precisou solucionar durante os últimos dois anos. Descreva como usou as etapas da tomada de decisão e de resolução de problemas, discutidas neste capítulo, para resolver seu problema.
2. Descreva quais os tipos de aplicativos para tablets ou smartphones podem ser utilizados em um MIS financeiro.
3. Discuta como um site de rede social pode ser usado em um sistema de informações e apoio à decisão.
4. Descrever as características-chave de um MIS da fabricação para uma empresa automobilística. Quais são as principais inserções e resultados? Quais são os subsistemas?
5. Como um MIS financeiro forte pode fornecer benefícios estratégicos para uma empresa?
6. Por que a auditoria é tão importante num MIS financeiro? Dê um exemplo de uma auditoria que falhou em revelar a verdadeira natureza da posição financeira da organização. Qual foi o resultado?

7. Descreva dois setores da atividade econômica em que um MIS do departamento comercial é fundamental para as vendas e seu sucesso.
8. Descreva como um site de rede social, como o Facebook, pode ser empregado em um sistema de apoio a grupos. Quais são as vantagens e as desvantagens de utilizar essa abordagem?
9. Escolha uma empresa e pesquise seu sistema de informação gerencial de recursos humanos. Descreva como o sistema funciona. Quais melhorias poderiam ser introduzidas no MIS de recursos humanos da empresa?
10. Você foi contratado para desenvolver um DSS para uma empresa fabricante de carros como a Ford ou a GM. Descreva como usaria tanto o DSS orientado a dados quanto o DSS orientado a modelos.
11. Descreva como você utilizaria o Twitter num dos MISs ou DSSs discutidos neste capítulo.
12. Quais funções dos DSSs (sistemas de apoio à decisão) apoiam um negócio? Como um DSS difere de um TPS e de um MIS?
13. Como a tomada de decisão em ambiente de grupo é diferente da tomada de decisão individual, e por que os sistemas de informação que ajudam no ambiente de grupo são diferentes? Quais são as vantagens e as desvantagens de tomar decisões como um grupo?
14. Você foi contratado para desenvolver um software de apoio a grupo. Descreva as características que incluiria em seu novo programa GSS.
15. Suponha que você seja o vice-presidente de produção de uma indústria manufatureira da *Fortune 1000*. Descreva as características e as capacidades de seu ESS ideal.

EXERCÍCIOS DE RESOLUÇÃO DE PROBLEMAS

1. Utilize a internet para pesquisar o uso dos smartphones e tablets para facilitar a tomada de decisão em grupos. Use um processador de texto para descrever o que descobriu. Desenvolva um conjunto de slides utilizando um software de gráficos para fazer uma apresentação do uso de smartphones e tablets no desenvolvimento de um sistema de apoio à informação e à decisão.
2. Reveja a declaração consolidada e resumida de renda de uma indústria, cujos dados são apresentados aqui. Utilize um software de gráficos para preparar um conjunto de diagramas de barra que mostre os dados deste ano comparados com os do ano anterior.
   a. Este ano, as receitas operacionais aumentaram em 3,5%, enquanto as despesas operacionais aumentaram em 2,5%.
   b. Outras rendas e despesas diminuíram $ 13.000.
   c. Juros e outras taxas aumentaram $ 265.000.

Resultados operacionais (em milhões)	
Receitas operacionais	$ 2.924.177
Despesas operacionais (incluindo impostos)	$ 2.483.687
Resultado operacional	$ 440.490
Outras receitas e despesas	$ 13.497
Lucro antes da dedução de juros e outras despesas	$ 453.987
Encargos	
Juros e outros encargos	$ 262.845
Lucro líquido	$ 191.142
Média ponderada de ações ordinárias	$ 147.426
Lucro líquido básico por ação	$ 1,30

Se você fosse um analista financeiro que acompanha esta empresa, quais dados detalhados poderia precisar para realizar uma análise mais completa? Escreva um memorando curto, resumindo suas necessidades de dados.

3. Como principal comprador de uma importante cadeia de supermercados, você é, constantemente, solicitado pelos produtores e distribuidores para estocar seus novos produtos. Mais de 50 itens são apresentados a cada semana. Muitas vezes, esses produtos são lançados em campanhas publicitárias nacionais e com promoções especiais para os varejistas. Para adicionar novos produtos, a quantidade de espaço na prateleira alocada para os produtos existentes deve ser reduzida ou os itens devem ser totalmente eliminados. Desenvolva um MIS comercial que você possa usar para calcular a mudança nos lucros por adicionar ou excluir um item do estoque. Sua análise deve incluir entradas como vendas estimadas semanalmente em unidades, espaço na prateleira alocada para estocar um item (medido em unidades), custo total por unidade e preço de venda por unidade. Sua análise também deve calcular o lucro total anual por item e depois classificar as linhas em ordem decrescente com base no lucro total anual.

ATIVIDADES EM GRUPO

1. Reveja a seção do MIS de recursos humanos e peça ao seu grupo para desenvolver uma descrição de função para um novo presidente da Universidade. Desenvolva outra descrição de função para um novo membro de seu grupo.
2. Peça a seu grupo para tomar uma decisão sobre como resolver o aspecto mais frustrante da vida na faculdade ou na universidade. Peça a um ou dois membros do grupo para interromper a reunião com um comportamento negativo. Após a reunião, peça

a seu grupo para descrever como impedir esse comportamento negativo. Quais propriedades do programa GSS você sugeriria para impedir o comportamento negativo em grupo que sua equipe observou?

3. Peça a seu grupo para projetar um MIS comercial para o estoque de varejista de tamanho médio. Descreva as características e as capacidades de seu MIS comercial. Como você poderia obter alguma vantagem competitiva numa loja varejista similar com o seu MIS comercial?

EXERCÍCIOS DA WEB

1. Utilize a internet para explorar aplicativos para smartphones e tablets que possam ser empregados em tomada de decisão. Você pode ser solicitado a desenvolver um relatório ou enviar uma mensagem de e-mail para o seu instrutor sobre o que encontrou.
2. Utilize a internet para explorar a utilização do GPS e a análise de localização em celulares e outros dispositivos móveis para comercializar e vender produtos e serviços. Resuma suas descobertas em um relatório.
3. Um software como o Microsoft Excel é sempre usado para encontrar uma ótima solução para maximizar os lucros ou minimizar os custos. Procure na internet utilizando o Yahoo! ou o Google ou outra ferramenta de busca para encontrar outros pacotes de software, que ofereçam propriedades de otimização. Escreva um relatório descrevendo um ou dois pacotes de software de otimização. Quais são algumas das características desses pacotes?

EXERCÍCIOS PARA ESPECIALIZAÇÃO

1. Quais decisões são críticas para o sucesso na carreira que lhe interessa? Quais tipos específicos de relatórios poderiam ajudá-lo a tomar melhores decisões no trabalho? Dê três exemplos específicos.
2. Descreva as características de um sistema de apoio a executivos que você quer, supondo-se que seja um diretor executivo de uma empresa de nível médio em um setor de sua escolha.

ESTUDOS DE CASO

Caso um

Esportes: Não apenas diversão e jogos

A maior liga de beisebol e a maior liga de futebol dos Estados Unidos têm cada uma uma renda anual de aproximadamente $ 10 bilhões. Milhões de dólares são pagos pelos serviços das pessoas que podem jogar, acertar, chutar ou carregar uma bola melhor do que a maioria de nós. Atualmente, as decisões nos esportes devem ser tomadas o mais cuidadosamente possível do que em qualquer outro tipo de negócio.

Os profissionais do esporte nem sempre analisaram suas decisões. Em geral, as decisões eram tomadas "sentimentalmente". O pessoal experiente sabia o que fazer e confiava em seu conhecimento obtido a duras penas. Eles utilizavam os dados para justificar seus instintos, não para ir de encontro a eles. Qualquer um que discordasse daquela abordagem não se enquadrava na cultura e era ignorado.

O filme *Moneyball*, de 2011, reflete uma mudança na percepção. Baseado na realidade, conta a história de como o time de beisebol, Oakland Athletics, em 2002, utilizou métodos analíticos para determinar quais eram os melhores jogadores, não pelas avaliações tradicionais, mas, ao contrário, pelas avaliações relacionadas mais intimamente com os jogos decisivos. Essa abordagem possibilitou à organização escalar um time que venceu em sua divisão em 2002 e 2003 (embora eles tenham perdido nas finais de ambos os anos).

É comum pagar valores exorbitantes aos melhores talentos nos esportes. Entretanto, desembolsar grande quantidade de dinheiro para as "superestrelas" pode não ser tão inteligente. Os pesquisadores Christopher Annala e Jason Winfree descobriram que o desempenho do time de beisebol está, negativamente, correlacionado com o nível da desigualdade salarial entre os jogadores. Os times nos quais os jogadores são pagos com valores comparáveis tinham maiores desempenhos – em igualdade de circunstâncias – do que os times nos quais algumas estrelas contabilizavam pela maior parte da folha de pagamento de salários. Como resultado, os executivos do beisebol mudaram seu comportamento? Ainda não. Será que mudarão se os altos valores dos salários pagos não levarem o time a ganhar os campeonatos? É quase certo que sim. O comportamento que leva aos campeonatos é, finalmente, recompensado tanto aos executivos do beisebol quanto aos jogadores.

Dentro do beisebol profissional, o Portland Trailblazers contratou o site comercial Protrade Sports (renomeado como Citizen Sports e adquirido pelo Yahoo!) em 2005 para criar um modelo para um projeto para o time da primeira divisão. O modelo utilizou os dados do resumo estruturado dos resultados da Associação Atlética Universitária Nacional (NCAA) dos Estados Unidos, um resumo com informações históricas e desempenho dos jogadores universitários da Associação Nacional de Beisebol (NBA). O modelo resultante era uma probabilidade estimada para que o jogador universitário viesse a ser um contribuinte profissional na NBA. Esse modelo transformou os Portland Trailblazers em campeões imediatamente? Não, mas a posição deles no último lugar da liga, na temporada de 2005-2006, melhorou durante os dois anos seguintes, e eles participaram depois disso das eliminatórias da liga nas três temporadas seguintes.

Métodos analíticos, também, são úteis em campo. Desde 2006, o serviço PITCHf/x da SportVision tem registrado a trajetória do maior lançador da liga de beisebol. Três câmeras rastreiam cada lançador, e um computador calcula sua localização, velocidade e trajetória. O Tampa Bay Rays utilizou esses dados para verificar como os lançadores adversários lançavam a bola em diferentes pontos para diferentes tipos de lançadores, possibilitando aos batedores do Rays antecipar os lances o mais cedo que puderam e de um jeito diferente. Esse é considerado um fator no progresso do time de um registro de 66 vitórias contra 96 derrotas em 2007, no campeonato da Liga Americana em 2008.

Dez anos depois dos eventos relembrados no filme *Moneyball* e apesar de outros sucessos, as análises esportivas ainda não são totalmente aceitas. Algumas barreiras são culturais. Algumas decorrem da falta de analistas treinados que entendem de esportes e podem se comunicar, eficientemente, com os executivos do setor. Essas barreiras serão, com certeza, superadas com o tempo com implicações de grande alcance para os esportes profissionais do mundo.

Questões para a discussão

1. Como você poderia aplicar os conceitos da análise preditiva para um esporte à sua escolha, além do beisebol, para melhorar o desempenho de um time? Que dados utilizaria e o que tentaria prever baseado naqueles dados?
2. Os métodos matemáticos descritos neste caso são conhecidos por muitas gerações e têm sido utilizado nos negócios durante décadas. Por que acha que levou tanto tempo para obterem tão pouca aceitação nos esportes?

Questões para análise

1. Considere os fatores que você utiliza para selecionar uma parte de um curso necessário, oferecido em diversas épocas por diferentes instrutores. Você utilizaria métodos como esses, encontrados neste estudo de caso, para melhorar suas chances de tomar uma decisão que, finalmente, já estivesse satisfeito com ela?
2. Suponha que você sugira a utilização dos métodos deste estudo em seu trabalho (que não é sobre esportes). O seu gestor responde: "Nós já fizemos isso deste jeito. Foi bastante bom e ainda continua bom o suficiente". Você tem certeza, entretanto, de que utilizando os métodos que aprendeu na universidade o desempenho de seu departamento vai melhorar. O que a experiência de tentar introduzir a análise preditiva nos esportes sugere que você faça?

Fontes: Alamar, B.; Mehrotra, V., "Beyond 'Moneyball': The Rapidly Evolving World of Sports Analytics", *Analytics*, *www.analyticsmagazine.org/special-articles/391-beyond-moneyball-the-rapidlyevolving-world-of-sports-analytics-part-i*, set./out. 2011 (as partes 2 e 3 do artigo aparecem nas edições de nov./dez. 2011 e mar./abr. 2012 da *Analytics*, respectivamente; Annala, C.; Winfree, J., "Salary Distribution and Team Performance in Major League Baseball", *Sport Management Review*, v. 14, n. 2, maio 2011; Keri, J., *The Extra 2%: How Wall Street Strategies Took a Major League Baseball Team from Worst to First*, New York: ESPN Books, 2011; site do *Moneyball* (filme), *www.moneyball-movie.com/site*, acesso em: 20 abr. 2012; site da *Sportvision*, *www.sportvision.com*, acesso em: 25 abr. 2012.

Caso dois

Mando: Gestão de estoque e mais

A Mando Corporation é a maior fabricante de conjuntos de componentes de direção, freio e suspensão da Coreia do Sul. Originalmente, era uma divisão da fabricante de carros Hyundai, estando agora separada apesar de fazer parte do mesmo conglomerado. A Mando, fornece para outras montadoras de carros, incluindo a indústria automobilística chinesa e a General Motors. Sua receita anual em 2011 foi de cerca de $ 4 bilhões, com a empresa de investimentos KDB Daewoo prevendo um crescimento de 14% para o ano de 2012. Com fábricas na China, Índia, Malásia, Turquia, Polônia e Brasil, além da fábrica na Coreia do Sul e com uma grande variedade de produtos mecânicos e eletrônicos, a gestão do estoque é crítica para o sucesso da organização.

Com a gestão do estoque (e mais) em mente, a Mando escolheu o programa E-Business Suite, versão 12.1, da Oracle como um sistema ERP integrado para conectar todas as suas divisões. Por meio de um único banco de dados empresarial, reduziu os erros. Por exemplo, ele possibilitou à Mando padronizar um sistema com uma numeração comum, eliminando os erros no rastreamento do estoque, devido às diferenças, nos números das peças depois de modificações de projeto.

Conforme apresentado neste capítulo, as decisões de gestão de estoque utilizam diversos relatórios. Portanto, se "a Mando alcança 99,9% de precisão no rastreamento de seu estoque", provavelmente assumirá que os sistemas de gestão de estoque e seus relatórios fizeram parte dessa afirmação. Você estará certo. O software E-Business Suite pode produzir grande variedade de relatórios de todos os tipos.

O rastreamento de um estoque, sabendo o que se tem, é somente parte da resposta. É preciso ter o estoque *correto*. As decisões da gestão de estoque devem ser baseadas em dados corretos do rastreamento do estoque, mas as decisões são baseadas em mais do que dados corretos do estoque. Elas dependem também dos relatórios.

Algumas decisões da gestão de estoque podem ser programadas. Quando o estoque cai a ponto de ter de fazer pedidos de compra, um pedido de reposição de peças é emitido para completar a quantidade. Nesse caso, a gestão utiliza os relatórios para ter certeza de que os procedimentos programados estão funcionando adequadamente e atendem às necessidades da organização.

Outras decisões da gestão de estoque são menos estruturadas. Novos produtos não têm históricos de utilização nos quais se pode basear pontos ou quantidades de reposição. Um estoque de produtos reposicionado deve ser gerido para garantir a retirada adequada de produtos. A gestão não quer ser deixada com um estoque de peças que não tem utilidade atual nem ficar sem um componente-chave antes do fim da produção. A transição dos controles mecânicos para os eletrônicos envolve mais do que a simples reposição de uma peça por outra ligeiramente diferente. Na composição dessas decisões sobre o estoque, os relatórios devem ser utilizados junto com as previsões de vendas, além de uma análise cuidadosa para garantir que as quantidades certas dos itens certos estejam disponíveis.

Além dos relatórios, a Mando utilizou as competências do software Business Intelligence da Oracle para criar um ambiente de tomada de decisões em tempo real. As informações sobre o estoque e outros dados são apresentadas aos gestores seniores através de um controle emitido diária ou mensalmente. Esses controles apresentam informações-chave em um formato de fácil visualização e ajuda os gestores a determinar as tendências empresariais.

Park ByoungOk, diretor de Informática da Mando está satisfeito com essas competências do software. Segundo ele: "O sistema [ERP] nos possibilitou padronizar mais de 200 processos globalmente, o que proporciona grande visão integrada da gestão de vendas, da situação financeira, do estoque e da qualidade do empreendimento para os gestores seniores". Proporcionar uma boa visualização da empresa aos gestores é numa análise final o grande objetivo de qualquer sistema informação gerencial.

Questões para a discussão

1. Como um gestor, você deve escolher entre dois pacotes de software de gestão de estoque. Um deles é um conjunto autônomo que só faz a gestão de estoques. Ele permite aos usuários definir seus próprios relatórios sem a necessidade de muito treinamento. O outro requer um programador profissional para novos relatórios, mas é parte de um sistema ERP, que pode tratar de muitos outros assuntos além de, simplesmente, a gestão do estoque. Descreva como você escolheria um dos dois conjuntos.
2. O estoque da Mando no final de 2011 foi avaliado em, aproximadamente, \$ 300 milhões. Considere uma pequena loja de bicicletas, cujo estoque está avaliado em \$ 30 mil, cerca de 1/10.000 do valor da Mando. De que modo seu estoques está informando necessidades similares? De que modo são diferentes?

Questões para análise

1. Apresente exemplos dos cinco maiores tipos de relatórios de acordo com a capacidade de cada um ser utilizado na gestão do estoque de uma empresa fabricante de peças automotivas. Crie os dados para seus exemplos.
2. Explique por que seria mais difícil para a Mando gerir seu estoque se os bancos de dados para todas as suas 16 fábricas fossem diferentes e utilizassem números diferentes para a mesma peça. Dê um exemplo específico de um problema que poderia surgir.

Fontes: "Mando: New Orders Are Winning Over Investors", KDB Daewoo Securities, disponível em: *www.kdbdw.com/bbs/download/82746.pdf?attachmentId=82746*, acesso em: 20 dez. 2011; site em ingles da Mando Corporation, *www.mando.com/200909_mando/eng/main.asp*, acesso em: 15 abr. 2012; "Mando Corporation Achieves 99.9% Accuracy in Inventory Tracking", Oracle Corporation, Information for Success, p. 50, disponível em: *innovative.com.br/wp-content/uploads/2011/06/ebsr12referencebooklet-354227.pdf*, acesso em: mar. 2011.

NOTAS

Fontes do texto de abertura: Site da Irish Life, *www.irishlife.ie*, acesso em: 4 abr. 2012; Savvas, A., "Irish Life Deploys New BI System," *Computerworld UK*, *www.computerworlduk.com/news/applications/3321944/irishlife-deploys-new-bi-system*,30 nov. 2011; Smith, G., "Irish Life Chooses Tableau to Deliver Business Intelligence Dashboards," Silicon Republic, *www.siliconrepublic.com/strategy/item/25782-irish-life-chooses-tableau*, 14 fev. 2012; site da Tableau Software, *www.tableausoftware.com*, acesso em: 4 abr. 2012.

1. Hamblen, Matt, "Chevron, TD Bank Hope to Tap Tablets' Potential," *Computerworld*, 21 fev. 2011, p. 6.
2. Lowenstein, Roger, "Better Think Twice," *Bloomberg Businessweek*, 31 out. 2011, p. 97.
3. Nash, Kim, "The Thought That Counts," *CIO*, 1 abr. 2011, p. 28.
4. Wang, Jimmy, "CIO Profiles," *Information Week*, 28 fev. 2011, p. 8.
5. King, Julia, "The Rewards of Risk Taking," *Computerworld*, 27 fev. 2012, p. 22.
6. Bailey, M., et al., "American Airlines Uses Should-Cost Modeling," *Interfaces*, mar.-abr. 2011, p. 194.
7. Site Cisco, *www.cisco.com*, acesso em: 2 jun. 2011.
8. Gnanlet, A. et al., "Sequential and Simultaneous Decision Making for Optimizing Health Care," *Decision Sciences*, maio 2009, p. 295.
9. Site da Tieto, *www.tieto.com*, acesso em: 5 jun. 2011.
10. News and Features, site da Xerox, *http://news.xerox.com/pr/xerox/xerox-lean-document-production services-158574.aspx*, acesso em: 1º jun. 2011.

11. Furman, Kevin et al., "Feedstock Routing in the ExxonMobile Downstream Sector," *Interfaces*, mar.-abr. 2011, p. 149.
12. Huigenbosch, Peter von et al., "ANWB Automates and Improves Service Personnel dispatching," *Interfaces*, mar.-abr. 2011, p. 123.
13. Shaikh, N. et al., "Kimberly-Clark Latin America Builds an Optimization-Based System for Machine Scheduling," *Interfaces*, set. 2011, p. 455.
14. Site da Shermag, *www.shermag.com/eng/shermag.html*, acesso em: 2 jun. 2011.
15. Site da CSIRO, *www.cmis.csiro.au*, acesso em: 3 jun. 2011.
16. Brown, Reva, "Consideration of the Origin of Herbert Simon's Theory of Satisficing," *Management Decision*, vol. 42, nº 10, 2004, p. 1240.
17. Balakrishnan, R. et al., "Evaluating Heuristics Used When Designing Product Costing Systems," *Management Science*, mar. 2011, p. 520.
18. Site da Symantec, *www.symantec.com/norton/ps/3up_nl_nl_navnis360t1.html?om_sem_cid=hho_sem_sy:us:ggl:en:e|kw0000006084|7265273116*, acesso em: 15 maio 2011.
19. Waxer, C., "Juicing the Market for Electric Cars," *CIO*, 1º abr. 2001, p. 20.
20. Site da Cognos, *www.cognos.com*, acesso em: 4 jun. 2011.
21. Site da Microsoft, *www.microsoft.com/windowsembedded/en-us/windows-embedded.aspx*, acesso em: 20 set. 2011.
22. Site da Sacramento Municipal Utility District, *https://www.smud.org/en/Pages/index.aspx*, acesso em: 16 maio 2011.
23. Site da Reuters, *www.reuters.com*, acesso em: 2 jun. 2011.
24. Cowan, L., "LinkedIn Sees $3 Billion Value," *The Wall Street Journal*, 10 maio 2011, p. B3.
25. Munoz, D. et al., "INDEVAL Develops a New Operating and Settlement System Using Operations Research," *Interfaces*, jan.-fev. 2011, p. 8.
26. Ebaid, Ibrahim, "Internet Audit Function," *International Journal of Law and Management*, vol. 53, nº 2, 2011, p. 108.
27. Tam, Pui-Wing et al., "A Venture-Capital Newbie Shakes up Silicon Valley," *The Wall Street Journal*, 10 maio 2011, p. A1.
28. Site da Mint, *https://www.mint.com/what-is-mint*, acesso em: 3 jun. 2011.
29. Site da Dell, *www.dell.com*, acesso em: 3 junho 2011.
30. Site da Boeing, *www.boeing.com*, acesso em: 14 jun. 2011.
31. Einhorn, B. et al., "Now a Weak Link in the Global Supply Chain," *Bloomberg Businessweek*, 27 mar. 2011, p. 18.
32. Shaikh, N. et al., "Kimberly-Clark Latin America Builds an Optimization-Based System for Machine Scheduling," *Interfaces*, set. 2011, p. 455.
33. Farasyn, I. et al., "Inventory Optimization at Procter & Gamble," *Interfaces*, jan.-fev. 2011, p. 66.
34. Nenes, G. et al., "Customized Inventory Management," *OR/MS Today*, abr. 2011, p. 22.
35. Black, T.; Ray, S., "The Downside of Just-In-Time Inventory," *BusinessWeek*, 28 mar. 2011, p. 1.
36. Abdinnour, Sue, "Hawker Beechcraft Uses a New Solution Approach to Balance Assembly Lines," *Interfaces*, mar.-abr. 2011, p. 164.
37. Site da Chrysler, *www.chrysler.com*, acesso em: 2 jun. 2011.
38. Betts, M., "Big Pharma Gobbles Up iPads for Sales," *Computerworld*, 9 maio 2011, p. 4.
39. O'Connell, V., "Building eBay for Lawyers," *The Wall Street Journal*, 23 mar. 2011, p. B7.
40. Zimmerman, A., "Check Out the Future of Shopping," *The Wall Street Journal*, 18 maio 2011, p. D1.
41. Hudson, Kris, "Malls Test Apps to Aid Shoppers," *The Wall Street Journal*, 26 abr. 2011, p. B5.
42. Fowler, G., "Facebook Friends Used in Ads," *The Wall Street Journal*, 26 jan. 2011, p. B9.
43. Rosman, Katherine, "Here, Tweeting Is a Class Requirement," *The Wall Street Journal*, 9 mar. 2011, p. D1.
44. MacMillian, D., "Creating Web Addicts for $10,000 a Month," *Bloomberg Businessweek*, 24 jan. 2011, p. 35.
45. Site da BMW, *www.bmwusa.com*, acesso em: 2 jun. 2011.
46. Site da Google, *www.google.com/streetview*, acesso em: 12 abr. 2012.
47. Devries, J., "Latest Treasure Is Location Data," *The Wall Street Journal*, 10 maio 2011, B1.
48. Site da Betawave, *www.betawave.com*, 2 ago. 2011.
49. Site da Sysco, *www.sysco.com*, acesso em: 2 jun. 2011.
50. Vascellaro, J., "Building Loyalty on the Web," *The Wall Street Journal*, 28 mar. 2011, p. B6.
51. Das, A.; Ghon, G., "Advertisers Vie to Take on Groupon IPO," *The Wall Street Journal*, 15 jan. 2001, p. B3.
52. Stone, B.; MacMillan, D., "Are Four Words Worth $25 Billion?" *Bloomberg Business Week*, 21 mar. 2011, p. 69.
53. Hickins, M., "Groupon Revenue Hit $760 Million, CEO Memo Shows," *The Wall Street Journal*, 26 fev. 2001, p. B3.
54. Fuhrmans, Vanessa, "BMW Wheels Out Apps to Drive Electric-Car Buzz," *The Wall Street Journal*, 20 abr. 2011, p. B1.
55. Gamerman, E., "Animation Nation," *The Wall Street Journal*, 11 de fev. 2011, p. D1.
56. Efrati, A., "The Price of Unwanted Ad Clicks," *The Wall Street Journal*, 12 jan. 2011, p. B5.
57. Fowler, G., "Mobile Apps Drawing in Shoppers, Marketers," *The Wall Street Journal*, 31 jan. 2011, p. B4.
58. Peers, M., "Apple Risks App-lash on iPad," *The Wall Street Journal*, 27 fev. 2011, p. C12.

59. Waxer, Cindy, "One-Stop Virtual Shop," *CIO*, 1º mar. 2012, p. 13.
60. Nash, Kim, "The Art and Science of Pricing," *CIO*, 1º fev. 2012, p. 20.
61. Site da IBM, *www-304.ibm.com/partnerworld/gsd/solutiondetails.do?solution=14409&expand=-true&lc=en*, acesso em: 2 jun. 2011.
62. Steel, E.; Fowler, S., "Facebook Gets New Friends," *The Wall Street Journal*, 4 abr. 2011, p. B4.
63. Wright, P.; McMahan, G., "Exploring Human Capital," *Human Resource Management Journal*, abr. 2011, p. 93.
64. Huigenbosch, Peter von et al., "ANWB Automates and Improves Service Personnel Dispatching," *Interfaces*, mar.-abr. 2011, p. 123.
65. Jutte, Silke et al., "Optimizing Railway Crew Scheduling at DB Schenker," *Interfaces*, mar.-abr. 2011, p. 109.
66. Site da Tactician, *www.tactician.com*, acesso em: 2 ago. 2011.
67. Ibid.
68. Site da Turborouter, *www.sintef.no/turborouter*, acesso em: 3 jun. 2011.
69. Wakabayashi, D., "Japanese Farms Look to the Cloud," *The Wall Street Journal*, 18 jan. 2011, p. B5.
70. Mearian, Lucas, "IT Looks for New Tools to Exploit Big Data," *Computerworld*, 4 abr. 2011, p. 6.
71. Fulgham, C., "It Is All About Helping Us Conduct Investigations Faster," *CIO*, 1 fev. 2011, p. 36.
72. Henschen, D., "SAS's New Big Data Approach," *Information Week*, 25 abr. 2011, p. 15.
73. Meer, M. et al., "Innovative Decision Support in a Petrochemical Production Environment," *Interfaces*, jan.-fev. 2011, p. 79.
74. Sanna, N., "Getting Predictive About IT," *CIO*, 1º fev. 2011, p. 39.
75. Karisch, S., "Jessesen Soars with O.R.," *OR/MS Today*, abr. 2011, p. 16.
76. DeVries, J., "May the Best Algorithm Win ...," *The Wall Street Journal*, 16 maio 2011, p. B4.
77. Howson, C., "Predictions of What's in Store for the BI Market," *Information Week*, 31 jan. 2011, p. 22.
78. Saunders, Laura, "Small Concerns Fight IRS Over Data," *The Wall Street Journal*, 26 maio 2011, p. C1.
79. Carreyrou, J.; McGinty, T., "Medicare Records Reveal Troubling Trail of Surgeries," *The Wall Street Journal*, 29 mar. 2011, p. A1.
80. Vascellaro, J., "TVs Next Wave: Tuning in to You," *The Wall Street Journal*, 7 mar. 2011, A1.
81. Mearian, Lucas, "IT Looks for New Tools to Exploit Big Data," *Computerworld*, 4 abr. 2011, p. 6.
82. Evans, Bob, "The Top 10 CIO Priorities and Issues for 2011," *InformationWeek*, 31 jan. 2011, p. 12.
83. Site da Chrysler, *www.chrysler.com*, acesso em: 5 jun. 2011.
84. Fischer, M., et al., "Managing Global Brand Investments at DHL," *Interfaces*, jan.-fev. 2011, p. 35.
85. Site da Wealthfront, *https://www.wealthfront.com*, acesso em: 5 jun. 2011.
86. Eaglesham, J.; Strasburg, J., "SEC Sues Over Bug in Quant Program," *The Wall Street Journal*, 4 fev. 2011, p. C1.
87. Ackerman, F.; Eden, C., "Negotiation in Strategy Making Teams: Group Support Systems and the Process of Cognitive Change," *Group Decision and Negotiation*, maio 2011, p. 293.
88. Kim, D.; Lee, R., "Systems Collaboration and Strategic Collaboration: Their Impacts on Supply Chain Responsiveness and Market Performance," *Decision Sciences*, nov. 2010, p. 955.
89. Site da MWH, *www.mwhglobal.com*, acesso em: 5 jun. 2011.
90. Nash, K., "Collaborate with Ease," *CIO*, 1º fev. 2011, p. 13.
91. Site da Serena, *www.serena.com*, acesso em: 5 jun. 2011.
92. Site da Ning, *www.ning.com*, acesso em: 14 jun. 2011.
93. Vance, A., "Trouble at the Virtual Water Cooler," *Bloomberg Businessweek*, 2 maio 2011, p. 31.
94. Bhasin, P., "Keep on Tracking," *CIO*, 1º fev. 2011, p. 43.
95. Gaudin, Sharon, "TD Bank Unites 85,000-plus Workers," *Computerworld*, 13 fev. 2012, p. 4.
96. Evans, Bob, "Why CIOs Must Have a Tablet Strategy," *Information Week*, 14 mar. 2001, p. 10.
97. Hamblen, Matt, "For a Sprawling IT Group, Collaboration Technologies are Imperative," *Computer World*, 21 fev. 2001, p. 28.
98. Carr, David, "IBM Lotus Notes Gets a Social Overhaul," *Information Week*, 30 jan. 2012, p. 14.
99. Site da IBM, *www-01.ibm.com/software/lotus/products/connections*, acesso em: 14 jun. 2011.
100. Site da Microsoft, *www.microsoft.com*, acesso em: 2 ago. 2011.
101. Audy, J. et al., "Why Should We Work Together?" *OR/MS Today*, abr. 2011, p. 48.
102. Green, Tim, "Microsoft Preps iPhone, VoIP Conferencing Client," *Network World*, 7 mar. 2011, p. 19.
103. Nash, Kim, "The Thought That Counts," *CIO*, 1º abr. 2011, p. 28.
104. Betts, Mitch, "IT Leader Builds a Know-how Network," *Computerworld*, 18 abr. 2011, p. 4.
105. Bennett, D., "I'll Have My Robots Talk to Your Robots," *Bloomberg Businessweek*, 21 fev. 2011, p. 53.

11 SISTEMAS DE INFORMAÇÃO ESPECIALIZADOS E DE GESTÃO DO CONHECIMENTO

Princípios	Objetivos de aprendizagem
• A gestão do conhecimento permite que as organizações compartilhem conhecimentos e experiência entre seus gestores e funcionários.	• Discutir as diferenças entre dados, informações e conhecimento. • Descrever o papel do diretor executivo de conhecimento (DC). • Listar algumas das ferramentas e técnicas utilizadas na gestão do conhecimento.
• Os sistemas de inteligência artificial (AI) formam um conjunto amplo e diverso de sistemas que podem replicar a tomada de decisão humana para certos tipos de problemas bem definidos.	• Definir o termo *inteligência artificial* e informar qual é o objetivo de desenvolver sistemas deste tipo. • Enumerar as características do comportamento inteligente e comparar o desempenho dos sistemas de inteligência natural e artificial, para cada uma destas características. • Identificar os maiores componentes do campo da inteligência artificial e dar um exemplo de cada tipo de sistema.
• Sistemas especialistas podem permitir que um novato tenha um desempenho no mesmo nível de um especialista, mas devem ser desenvolvidos e mantidos com muito cuidado.	• Enumerar as características e os componentes básicos dos sistemas especialistas. • Resumir e explicar, rapidamente, os passos para o desenvolvimento de um sistema especialista. • Identificar os benefícios associados à utilização dos sistemas especialistas.
• Sistemas de multimídia e de realidade virtual podem reformatar a interface entre as pessoas e a tecnologia da informação, oferecendo novas maneiras de comunicar informações, visualizar processos e expressar ideias criativamente.	• Discutir a utilização da multimídia na criação de um negócio. • Definir os termos *realidade virtual* e *realidade aumentada* e apresentar três exemplos desses aplicativos.
• Sistemas especializados podem ajudar as organizações e os indivíduos a alcançar seus objetivos.	• Discutir exemplos de sistemas especialistas para a utilização organizacional e individual.

Repsol instala a gestão do conhecimento

SISTEMAS DE INFORMAÇÃO NA ECONOMIA GLOBAL

Repsol, Espanha

A REPSOL É UMA EMPRESA espanhola de petróleo e gás que teve uma receita de cerca de 60 bilhões de euros em 2010 (e aproximadamente $ 80 bilhões no início de 2012). A organização atua desde a exploração até a comercialização no varejo em mais de 7 mil estações de serviços.

A Repsol reconhece que "os recursos-chave numa organização de pesquisa e desenvolvimento são os pesquisadores e os tecnólogos, que têm o treinamento, a experiência, o conhecimento, a criatividade e a motivação: os ingredientes necessários para descobrir, improvisar e assimilar novas tecnologias". Sem tais *trabalhadores do conhecimento*, todos os estágios na cadeia de valores da Repsol terminariam.

O valor de tais pessoas está naquilo que elas sabem. O Hilong Group, da China, um fornecedor da indústria de energia, enumera diversos exemplos: geólogos e geofísicos que utilizam seus conhecimentos para determinar que rochas estão abaixo da superfície da terra que podem conter petróleo ou gás, engenheiros da perfuração que planejam localizações de poços para a extração de petróleo eficiente, projetistas de plataformas que devem reduzir os custos para melhorar a eficiência das plataformas de perfuração e outros. Todas essas pessoas se encontram em profissões que clamam por conhecimento especializado. De preferência, esses conhecimentos deveriam estar disponíveis para qualquer um que precisasse deles na empresa.

Considerar a exploração de petróleo é um dos objetivos principais da Repsol. Os geólogos provocam vibrações num ponto e as gravam em outro. Medem quão fortes as vibrações são no terminal de recebimento, quanto tempo leva para as vibrações chegarem lá e como a força e o atraso variam com a frequência da vibração. A partir daquelas medições, os geólogos deduzem quanto de petróleo existe abaixo da superfície e quão difícil será extraí-lo. As empresas de petróleo utilizam suas conclusões para decidir quanto propor pelos direitos de perfuração numa área. As empresas que entendem bem dessas medições podem fazer previsões bem razoáveis de quanto petróleo virá de determinada área, criarão propostas precisas e serão lucrativas. As empresas que não entendem dessas medições farão propostas caras para um campo de petróleo estéril, perderão dinheiro ou não farão propostas grandes o suficiente para um campo rico e serão vencidas por outros, que apresentarão um valor real para o campo.

Saber interpretar tais medições — ou como realizar um trabalho especializado em qualquer outro campo — demanda anos de estudo e experiência. Mesmo os melhores especialistas apresentam falhas de conhecimento: o especialista pode não conhecer determinado fato ou processo, por exemplo, enquanto algum outro profissional na empresa, provavelmente, conhece. É aqui que a gestão do conhecimento (GC) entra. Com um sistema de gestão do conhecimento, os especialistas da empresa podem tomar conhecimento do que seus colegas sabem, não importando onde todos estejam.

Antes de 2011, a gestão do conhecimento na Repsol era aleatória; dependia do conhecimento de cada pessoa, de algo a mais que alguém pudesse saber, alguns repositórios de conhecimento localizado. Em 2011, a Repsol escolheu o aplicativo IDOL e Virage da Autonomy (Cambridge, Reino Unido) para sustentar os esforços da gestão do conhecimento de sua corporação. A empresa explica que "A pesquisa empresarial da Autonomy possibilita aos funcionários da Repsol pesquisar, através de diferentes sistemas de departamentos e de operação, localizações geográficas e idiomas para encontrar, em tempo, informações relevantes, independentemente do tipo ou formato dos dados. [Ela pode] entregar informações personalizadas, por meio dos agentes, que entendem os interesses dos usuários e monitoram as informações críticas para o negócio para emitir alertas automatizados [para ajudar] à Repsol a trabalhar com mais eficiência e identificar, rapidamente, as tendências do mercado, os riscos e as oportunidades".

Domingo Valhondo, diretor de gestão do conhecimento na Repsol, disse: "A Autonomy nos permite aproveitar todas as nossas informações eletrônicas numa só plataforma — incluindo nossos preciosos dados de mídia — e utilizá-las em suas ótimas condições para melhorar a produtividade de nossos funcionários em todas as nossas múltiplas unidades de trabalho". Numa análise final, a produtividade do funcionário é importante para qualquer empresa. A gestão do conhecimento pode ajudar a alcançá-la.

À medida que você lê o capítulo, considere o seguinte:

- Como os sistemas de gestão do conhecimento, iguais ao que a Repsol utiliza, se diferenciam de outros tipos de sistemas de informação lidos por você neste livro?
- Que tipo de conhecimento as pessoas utilizam no seu campo de atuação escolhido? Como um sistema de gestão do conhecimento pode ajudar um funcionário a fazer uso do conhecimento de todos os outros?

© Andrey Burmakin/Shutterstock

POR QUE APRENDER SOBRE SISTEMAS DE INFORMAÇÃO ESPECIALIZADOS E DE GESTÃO DO CONHECIMENTO?

Os sistemas de gestão do conhecimento e os sistemas de informação especializados são utilizados em quase todas as atividades econômicas. Como um gestor, você deve utilizar um sistema de gestão do conhecimento para apoiar alguma ação decisiva, que o ajudará a corrigir determinado problema. Como um executivo de uma empresa automotiva, você pode supervisionar robôs, que colocam vidros nos carros ou pintam a lataria. Como um jovem corretor de ações, você pode utilizar um sistema especial chamado rede neural para revelar padrões e ganhar milhões de dólares, negociando ações e opções delas. Como gerente de marketing de um fabricante de computadores, você pode utilizar a realidade virtual num site para mostrar aos clientes os mais recentes computadores, tanto portáteis, quanto os de mesa. Como um militar, você pode utilizar a simulação de computador como uma ferramenta de treinamento para preparar-se para o combate. Em uma empresa petrolífera, você pode utilizar um sistema especialista para determinar onde perfurar, para localizar petróleo ou gás. Você verá muitos exemplos adicionais do uso desses sistemas de informação especializados em todo este capítulo. Aprender sobre esses sistemas o ajudará a descobrir novos modos de aplicá-los no seu trabalho.

Como outros aspectos de um sistema de informação, o objetivo geral dos sistemas de gestão do conhecimento e dos sistemas especializados, discutido neste capítulo, é ajudar as pessoas e as organizações a alcançarem suas metas. Neste capítulo, exploraremos a gestão do conhecimento, a inteligência artificial e muitos outros sistemas de informação especializados, incluindo sistemas especialistas, robótica, sistemas de visão, processamento de linguagem natural, sistemas de aprendizagem, redes neurais, algoritmos genéticos, agentes inteligentes, multimídia, realidade virtual e realidade aumentada.

SISTEMAS DE GESTÃO DO CONHECIMENTO

O Capítulo 1 define e discute dados, informações e conhecimento. Lembre-se de que os *dados* consistem em fatos brutos, como o número de um funcionário, o número de horas trabalhadas numa semana, números de peças em estoque ou pedidos de compras. A relação da quantidade de todos os itens de um estoque disponível é um exemplo de dados. Quando esses fatos são organizados ou dispostos de maneira significativa, eles se transformam em informação. Você deve se lembrar do Capítulo 1 onde foi visto que a *informação* é um conjunto de fatos organizados de modo que tenham valor adicional, além do valor dos próprios fatos. Um relatório de exceção dos itens de estoque que poderiam faltar numa semana devido à grande demanda é um exemplo de informação. O *conhecimento* é a consciência e a compreensão de um conjunto de informações e os modos pelos quais essas informações podem ser úteis para apoiar uma tarefa específica ou para se chegar a uma decisão. Conhecer os procedimentos para pedir mais estoque de modo que se evitem faltas é um exemplo de conhecimento. Em determinado sentido, a informação diz o que deve ser feito (níveis baixos de estoque para alguns itens), enquanto o conhecimento informa sobre como isto deve ser feito (fazer duas chamadas telefônicas importantes para as pessoas certas para conseguir que o estoque necessário seja remetido de um dia para o outro). Veja a Figura 11.1.

Um *sistema de gestão do conhecimento (SGC, knowledge management system)* é um conjunto organizado de pessoas, procedimentos, aplicativo, bancos de dados e

Dados	Há 20 PCs em estoque na loja de varejo.
Informação	A loja ficará sem estoque dentro de uma semana, a menos que seja feito um pedido hoje.
Conhecimento	Ligue para 800-555-2222 para pedir mais estoque.

FIGURA 11.1 Qual é a diferença entre dados, informação e conhecimento?

dispositivos utilizados para criar, armazenar, compartilhar e usar o conhecimento e a experiência da organização. Os SGCs cobrem uma larga gama de sistemas, de aplicativos que contêm alguns componentes do SGC a sistemas dedicados, projetados especificamente para capturar, armazenar e utilizar conhecimento.

VISÃO GERAL DOS SISTEMAS DE GESTÃO DO CONHECIMENTO

Como outros sistemas discutidos neste livro, incluindo sistemas de informação e de apoio à decisão, os de gestão do conhecimento tentam ajudar as organizações a alcançarem seus objetivos.[1] Para as empresas, isso normalmente significa lucros ou redução nos custos. A Advent, empresa de São Francisco que desenvolve aplicativos de investimentos para companhias de fundos de retorno e serviços financeiros, utilizou um SGC para ajudar os seus funcionários a encontrarem e utilizarem informações críticas.[2] Em um estudo, trabalhadores com mais experiência em gestão do conhecimento foram capazes de se beneficiar mais rápido e numa extensão maior que trabalhadores com menos experiência.[3] Para as organizações não lucrativas, a gestão do conhecimento pode significar o fornecimento de um melhor serviço ao cliente ou de necessidades especiais para pessoas e grupos.

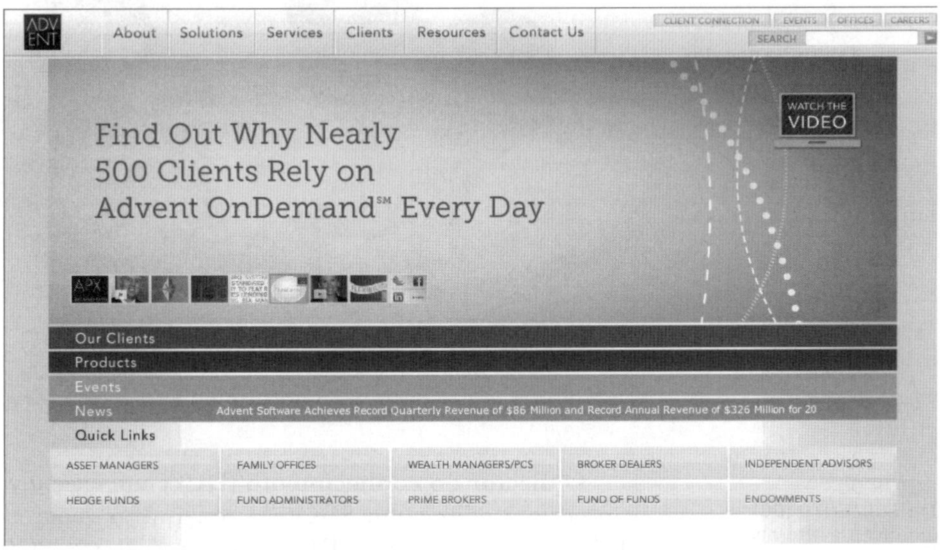

O aplicativo Advent utiliza o sistema de gestão do conhecimento para ajudar seus funcionários a encontrar informações sobre o investimento crítico.

Um SGC pode envolver diferentes tipos de conhecimento. O *conhecimento explícito* é objetivo e pode ser medido e documentado em relatórios, artigos e regras. Por exemplo, conhecendo o melhor caminho para minimizar o tempo de dirigir de casa para o escritório, quando uma autoestrada importante estiver fechada devido a um acidente, é um conhecimento explícito. Ele pode ser documentado em um relatório ou numa regra como "Se a I-70 estiver fechada, pegar a autoestrada 6 para o escritório". O *conhecimento tácito*, por outro lado, é difícil de medir e documentar e, tipicamente, não é objetivo nem formalizado. Conhecer a melhor forma de negociar com um governo estrangeiro sobre o desarmamento nuclear ou uma situação grave e passageira, frequentemente, requer a experiência de uma vida e um alto nível de habilidade. Esses são exemplos de conhecimento tácito. É difícil escrever um relatório detalhado ou um conjunto de regras que possam funcionar sempre em todas as situações graves. Muitas organizações tentam, ativamente, converter o conhecimento tácito em conhecimento explícito para tornar o conhecimento mais fácil de medir, documentar e compartilhar com outros.

TRABALHADORES DE GESTÃO DO CONHECIMENTO E DE DADOS E COMUNIDADES DE PRÁTICA

A equipe envolvida com o SGC inclui os funcionários que lidam com dados e os que lidam com conhecimento. Secretárias, assistentes administrativos, contadores e equipes com tarefas semelhantes que fazem a entrada de dados são frequentemente chamados *trabalhadores de dados*. Conforme mencionado no Capítulo 1, os *trabalhadores do conhecimento* são aqueles que criam, utilizam e disseminam o conhecimento.[4] São, em geral, profissionais da ciência, engenharia ou negócios e, quase sempre, trabalham em escritórios e pertencem a alguma organização profissional (veja a Figura 11.2). Outros exemplos de funcionários do conhecimento incluem escritores, pesquisadores, educadores e projetistas corporativos. Yum Brands, por exemplo, conecta 1,6 milhão de funcionários no mundo inteiro para ajudá-los a dividir e utilizar o conhecimento.[5] O vice-presidente da global TI para Yum Brands acredita que esse tipo de compartilhamento de conhecimento pode ajudar o funcionário a "sair de seu isolamento e compartilhar seus conhecimentos". Essa abordagem utiliza uma rede social interna chamada iChing, uma organização de pesquisa para empresa desenvolvida pelo Coveco, um sistema de aprendizagem on-line da Saba e um sistema de videoconferência em alta-definição da Tandberg.[6]

FIGURA 11.2
Trabalhador do conhecimento.
É aquele que cria, utiliza e dissemina o conhecimento. São, em geral, profissionais da ciência, engenharia ou negócios e, quase sempre, trabalham em escritórios e pertencem a alguma organização profissional.

DIRETOR DO CONHECIMENTO (DC): Executivo de alto nível que ajuda a utilizar um SGC para criar, armazenar e utilizar o conhecimento para alcançar os objetivos organizacionais.

O **diretor do conhecimento (DC)** é um executivo de alto nível que ajuda a organização a utilizar um SGC para criar, armazenar e utilizar o conhecimento para alcançar seus objetivos. O DC é o responsável pelo SGC da organização e quase sempre trabalha com outros executivos e vice-presidentes, incluindo o diretor executivo (DE) e o diretor financeiro (DF), entre outros.

Algumas organizações e profissões utilizam as *comunidades de prática (CDPs)* para criar, armazenar e compartilhar conhecimento. Uma CDP é um grupo de pessoas dedicadas a uma disciplina ou uma prática comum, como aplicativo de código aberto, auditoria, medicina ou engenharia. Um grupo de oceanógrafos investigando a mudança de clima ou uma equipe de pesquisadores médicos procurando novos modos de tratar o câncer do pulmão são exemplos de CDP. As CDPs se destacam na obtenção, no armazenamento, no compartilhamento e no uso do conhecimento.

OBTER, ARMAZENAR, COMPARTILHAR E APLICAR O CONHECIMENTO

Obter, armazenar, compartilhar e usar o conhecimento é o segredo de qualquer SGC. A MWH Global, localizada no Colorado, utiliza um SGC para criar, disseminar e aplicar conhecimentos especializados em engenharia ambiental, construção e atividades de gestão no planeta. A empresa possui cerca de 7 mil funcionários e 170 escritórios ao redor do mundo.[7] A utilização de um SGC, frequentemente, direciona à criação, ao armazenamento, ao compartilhamento e à utilização de conhecimentos adicionais. As empresas farmacêuticas e pesquisadores médicos investem bilhões de dólares na criação de conhecimento sobre curas de doenças. Os sistemas de gestão do conhecimento também podem diminuir a confiança nos relatórios de papel e, portanto, reduzir os custos e ajudar a proteger o ambiente. Embora os funcionários do conhecimento possam agir isoladamente, em geral, trabalham em equipes para criar ou obter conhecimento. A conferência sobre tecnologia, educação e projeto (TED, Technology, Education, and Design) é um evento anual que reúne especialistas de uma variedade de áreas para dividir ideias e abordagens para a solução de problemas.[8] Os apresentadores fazem palestras limitadas a 18 minutos cada. Alguns líderes de empresas da computação e tecnologia, muitas vezes, comparecem às conferências TED para ajudar os participantes a pensar no futuro e colaborar com outros líderes de outras indústrias. Ao discutir a importância da colaboração, um funcionário da tecnologia da WPP, empresa comercial e de comunicações, afirma: "Quando é parte do processo diário, pode-se resolver os problemas da gestão do conhecimento. Absorve-se conhecimento enquanto ele acontece".[9] Veja a Figura 11.3.

FIGURA 11.3
Sistema de gestão do conhecimento
Obter, armazenar, compartilhar e utilizar o conhecimento é o segredo de qualquer SGC.

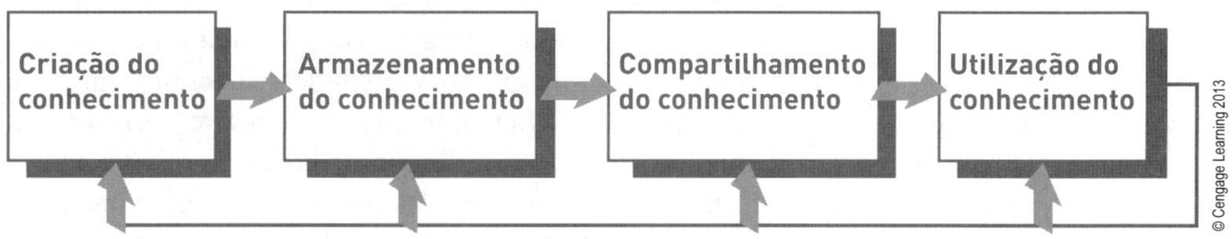

Depois que o conhecimento é criado, ele é armazenado em um *repositório de conhecimento*, que inclui documentos, relatórios, arquivos e bancos de dados. O repositório pode localizar-se tanto dentro quanto fora da organização. Alguns tipos de aplicativos podem armazenar e compartilhar o conhecimento contido em documentos e relatórios. Os arquivos em Portable Document Format (PDF) da Adobe Acrobat, por exemplo, permitem que você guarde relatórios corporativos, devoluções de imposto de renda e outros documentos e os envie através da internet.[10] O editor e os autores deste livro utilizaram arquivos do tipo PDF para guardar, dividir e editar cada capítulo. Bancos de dados tradicionais, datawarehouses e data marts, discutidos no Capítulo 5, com frequência armazenam o conhecimento da organização. Os bancos de conhecimentos específicos dos sistemas especialistas, discutidos mais tarde neste capítulo, também podem ser usados.

Uma vez que os funcionários do conhecimento trabalham, em geral, em grupos ou equipes, podem utilizar um aplicativo de trabalho colaborativo e sistemas de apoio a grupos (abordados no Capítulo 10) para compartilhar conhecimento, como um aplicativo colaborativo, um aplicativo para reuniões e ferramentas de colaboração. Intranets e senhas protegidas de sites também apresentam meios de compartilhar conhecimento. Muitos negócios, entretanto, usam patentes, direitos autorais, segredos comerciais, firewalls (sistemas de segurança na internet) e outras medidas para impedir que olhos ardilosos vejam conhecimentos importantes que, em geral, são caros e difíceis de criar.

A utilização de um sistema de gestão de conhecimento começa com a localização do conhecimento da organização. Esse procedimento é feito por meio de um *mapa ou diretório de conhecimento* que indica o trabalhador do conhecimento para o conhecimento necessário. Pesquisadores médicos, professores universitários e mesmo autores de livros utilizam o Lexis-Nexis para localizar importantes conhecimentos. As empresas usam a internet ou portais corporativos da web para ajudar seus funcionários do conhecimento a encontrar conhecimentos armazenados em documentos e relatórios.

TECNOLOGIA PARA APOIAR A GESTÃO DO CONHECIMENTO

Os SGCs fazem uso de algumas ferramentas discutidas por todo o livro. No Capítulo 2, por exemplo, exploramos a importância da *aprendizagem organizacional* e da *mudança organizacional*. Um SGC eficaz é baseado em aprender um novo conhecimento e, como consequência, mudar os procedimentos e as abordagens. Uma indústria, por exemplo, poderia aprender novos modos de programar robôs de chão da fábrica para melhorar a precisão e reduzir peças defeituosas. O novo conhecimento, provavelmente, causará mudanças no modo como a empresa programa e utiliza seus robôs. No Capítulo 5, investigamos a utilização de *data mining* e da *inteligência de negócio*. Essas ferramentas poderosas podem ser importantes na captação e na aplicação do conhecimento. As ferramentas do planejamento dos recursos empresariais, como SAP, incluem características de gestão do conhecimento. No Capítulo 10, mostramos como o *groupware* ou *software de grupo de trabalho* pode melhorar a tomada de decisão e colaboração em grupo. O groupware também pode ser empregado para ajudar a captar, armazenar e utilizar o conhecimento. Naturalmente, equipamentos, aplicativos, bancos de dados, telecomunicações e a internet, discutidos na Parte 2, são importantes tecnologias de apoio à maioria dos sistemas de gestão do conhecimento.

Centenas de organizações fornecem produtos e serviços específicos de gestão de conhecimento (veja a Figura 11.4). Além disso, pesquisadores em faculdades e universidades desenvolveram ferramentas e tecnologias para apoiar a gestão do conhecimento. Empresas americanas gastam bilhões de dólares na tecnologia da gestão do conhecimento todos os anos. Organizações como a IBM possuem muitas ferramentas de gestão do conhecimento em uma variedade de produtos, incluindo o Lotus Notes, discutidas no Capítulo 10. A Microsoft oferece algumas ferramentas de gestão do conhecimento, como o Digital Dashboard, baseadas no Microsoft Office. O Digital Dashboard integra informações de diferentes fontes, inclusive informações pessoais, de grupo, da empresa, informações externas e documentos. Outras ferramentas da Microsoft incluem a Web Store Technology, que usa tecnologia sem fio para liberar conhecimento para qualquer lugar, a qualquer momento; e o Access Workflow Designer, que ajuda os desenvolvedores de banco de dados a criar sistemas eficazes para processar transações e manter o fluxo de trabalho, através da organização e produtos relacionados. Algumas organizações e recursos de gestão do conhecimento adicionais estão resumidos na Tabela 11.1. Além dessas ferramentas, várias tecnologias e ferramentas de inteligência artificial e de propósitos especiais, apresentadas a seguir, podem ser usadas em um SGC.

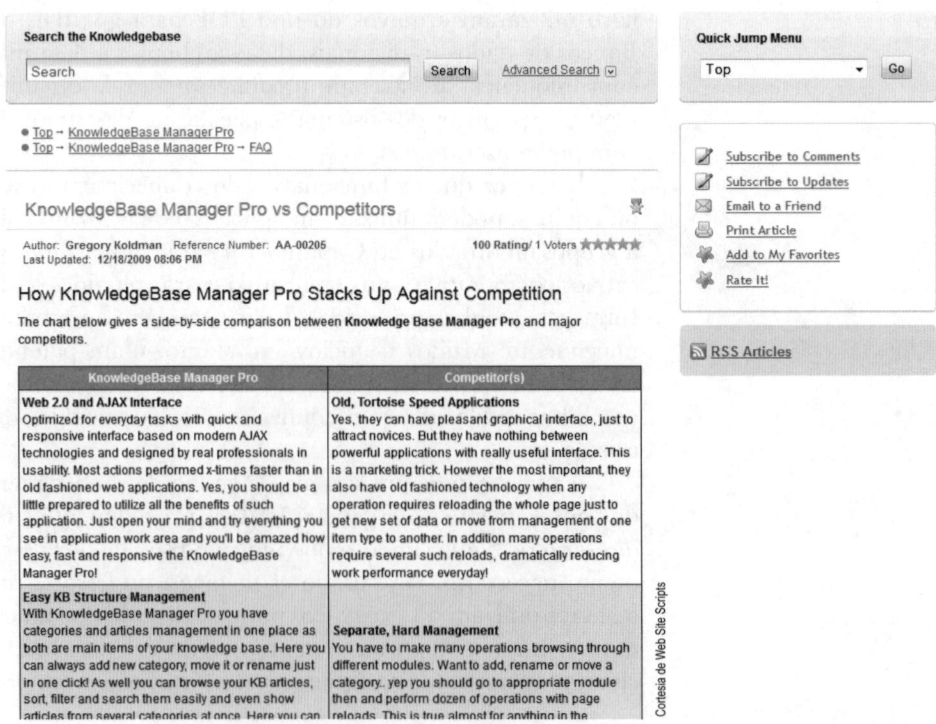

Cortesia de Web Site Scripts

FIGURA 11.4
Tecnologia de gestão do conhecimento.
O Knowledgebase Manager Pro é projetado para ajudar organizações a criar bases de conhecimento.

TABELA 11.1 Organizações e recursos adicionais para a gestão do conhecimento

Empresa	Descrição	Site
Mundo da gestão do conhecimento	Publicações, conferências e informações sobre a gestão do conhecimento	http://www.kmworld.com/[11]
Gestão do conhecimento on-line	Provê informações, artigos e blogs sobre a gestão do conhecimento on-line	http://www.knowledge-management-online.com/[12]
CortexPro	Ferramentas de colaboração na gestão do conhecimento	www.cortexpro.com[13]
Delphi Group	Empresa de consultoria em gestão do conhecimento	www.delphigroup.com[14]
Conhecimento sobre gestão do conhecimento	Sites de gestão do conhecimento com produtos e serviços, revistas e estudos de caso	www.kmknowledge.com[15]
Knowledge Management Solutions, Inc.	Ferramentas para criar, captar, classificar, compartilhar e gerir o conhecimento	www.SGCi.us[16]
Banco de dados do conhecimento	Criação e gestão de conteúdo	www.knowledgebase.com[17]

VISÃO GERAL SOBRE INTELIGÊNCIA ARTIFICIAL

Em uma conferência no Dartmouth College, em 1956, John McCarthy propôs a utilização do termo *inteligência artificial (IA)* para descrever os computadores que possuíam a capacidade de imitar ou duplicar as funções de um cérebro humano. Muitos pioneiros da IA participaram dessa primeira conferência; alguns poucos previram que os computadores seriam tão "inteligentes" quanto as pessoas até os anos 1960. A previsão ainda não se realizou, mas os benefícios da IA para os negócios e as pesquisas já podem ser vistos hoje, e a pesquisa continua. O Watson, um supercomputador desenvolvido pela IBM, com capacidades de inteligência artificial, foi capaz de derrotar, sonoramente, dois antigos campeões do popular show de jogos da TV, *Jeopardy*.[18] O computador com a inteligência artificial pode processar o discurso humano, pesquisar em seus vastos bancos de dados por possíveis respostas e responder com voz humana. O Watson levou cerca de quatro anos para ficar pronto e consiste em 90 servidores,

Cortesia de IBM

O Watson é um sistema de inteligência artificial que pode responder a perguntas em linguagem natural sobre uma média ilimitada de conhecimento.

360 chips e aplicativos sofisticados, que ocupam uma pequena sala.[19] Enquanto a destreza de jogar do Watson é impressionante, o aplicativo da inteligência artificial e supercomputadores, como o Watson, pode melhorar nossas vidas diárias.[20] Médicos, por exemplo, podem empregar esse tipo de inteligência artificial para fazer diagnósticos mais rapidamente e mais precisos para seus pacientes. Pesquisas médicas podem utilizar a inteligência artificial como a do Watson para fazer pesquisas. Algumas pessoas têm chamado o Watson de "o avanço computacional do século XXI".[21]

A IA EM PERSPECTIVA

SISTEMAS DE INTELIGÊNCIA ARTIFICIAL: Incluem pessoas, procedimentos, equipamentos, aplicativos, dados e conhecimentos necessários para desenvolver sistemas computacionais e máquinas que demonstram características de inteligência.

Os **sistemas de inteligência artificial** incluem pessoas, procedimentos, equipamentos, aplicativos, dados e conhecimentos necessários para desenvolver sistemas computacionais e máquinas que demonstram características de inteligência.[22] A IA pode ser usada pela maioria das atividades econômicas e aplicações. Pesquisadores, cientistas e especialistas em como os seres humanos pensam estão muitas vezes envolvidos no desenvolvimento desses sistemas. Sonia Schulenburg, uma ex-fisiculturista, que também tem doutorado em inteligência artificial, abriu uma empresa chamada Level E Capital que utiliza a inteligência artificial para selecionar e comercializar títulos.[23] Seu sistema comercial faz mais de mil negócios por dia, e a empresa frequentemente se destaca nos índices de títulos populares, como o FTSE 100. De acordo com Schulenburg, "Meus filhos dizem que a mamãe deles faz robôs, e que os robôs moram no computador, e que o computador comercializa títulos".

A NATUREZA DA INTELIGÊNCIA

Partindo de um estágio pioneiro da IA, a ênfase nas pesquisas tem sido no desenvolvimento de máquinas com a habilidade de "aprender" com as experiências e aplicar o conhecimento adquirido de tais experiências; lidar com situações complexas; resolver problemas quando importantes informações se perdem; determinar o que é importante e reagir rápida e corretamente diante de uma situação nova; entender as imagens visuais, processar e manipular os símbolos, ser criativo e imaginativo; e utilizar a heurística, também considerada **comportamento inteligente**. No livro *A singularidade está perto* e nos artigos feitos sobre ele, Ray Kurzweil prevê que os computadores terão uma inteligência como a dos humanos dentro de 20 anos.[24] Kurzweil também prevê que em 2045 as inteligências humana e das máquinas deverão se fundir. No entanto, uma máquina inteligente é difícil de alcançar.

COMPORTAMENTO INTELIGENTE: Aprender com as experiências e aplicar o conhecimento adquirido daquelas experiências; lidar com situações complexas; resolver problemas, quando estiverem faltando informações importantes; determinar o que é importante e reagir rápida e corretamente a uma nova situação; entender as imagens visuais, processar e manipular símbolos, ser criativo e imaginativo; e utilizar a heurística.

O *Teste de Turing* tenta determinar se as respostas de um computador, com comportamento inteligente, são indistinguíveis das respostas de um ser humano. Nenhum computador passou no Teste de Turing, desenvolvido por Alan Turing, um matemático britânico.[25] O Prêmio Loebner oferece dinheiro e uma medalha de ouro para qualquer pessoa que desenvolva um computador que passe no Teste de Turing.[26] Algumas das características específicas do comportamento inteligente incluem as seguintes habilidades:

- **Aprender com a experiência e aplicar o conhecimento adquirido de tal experiência.** Aprender com as situações e acontecimentos passados é um componente-chave do comportamento inteligente, além de uma capacidade natural dos humanos que aprendem por tentativa e erro. Esta capacidade, no entanto, deve ser cuidadosamente programada num sistema computacional. Hoje, os pesquisadores estão desenvolvendo sistemas que podem "aprender" a partir da experiência. O site 20 questões (20Q), *www.20q.net*, é outro exemplo de sistema que aprende.[27] Trata-se de um jogo de inteligência artificial que aprende como as pessoas que jogam.
- **Lidar com situações complexas.** Em um ambiente de negócios, gestores e executivos de alto escalão devem lidar com um mercado complexo, concorrentes desafiadores, regulamentações governamentais complexas e uma força de trabalho exigente. Mesmo os especialistas humanos cometem erros no trato com essas situações. Para desenvolver sistemas que possam lidar com situações complexas, é necessário planejamento muito cuidadoso e uma programação computacional bastante elaborada.
- **Resolver problemas quando informações importantes desaparecem.** Uma parte integral da tomada de decisão é tratar com a incerteza. Com frequência, as

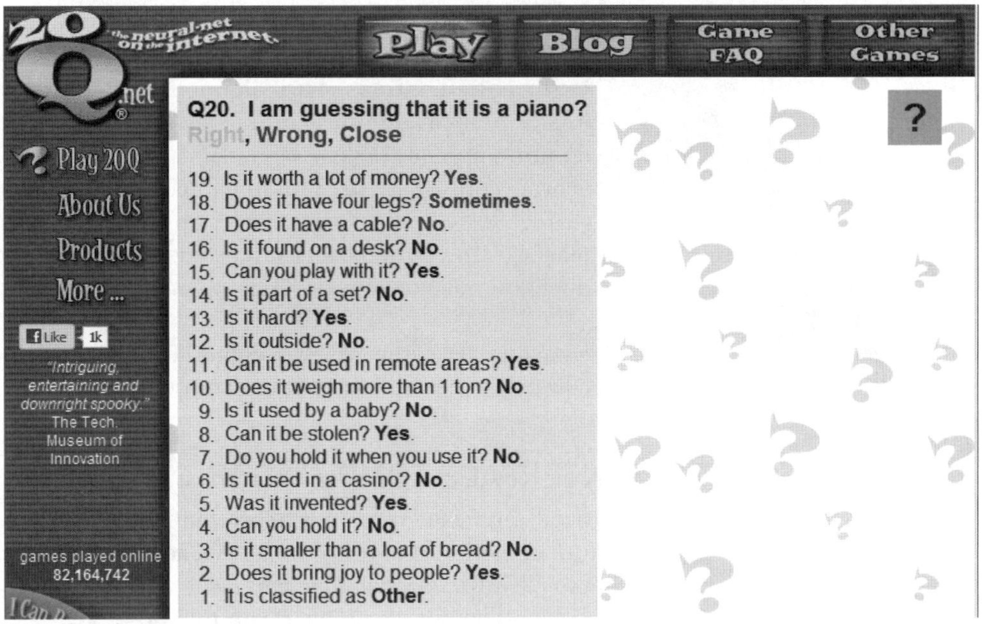

www.20q.net

O 20Q é um site em que os usuários participam do jogo Vinte Perguntas contra um inimigo com inteligência artificial.

decisões devem ser tomadas com informações imprecisas ou incompletas, porque obter uma informação completa é muito oneroso ou impossível. Atualmente, os sistemas de IA podem fazer cálculos importantes, comparações e tomar decisões, mesmo que estejam faltando informações.

- **Determinar o que é importante.** Saber o que é verdadeiramente importante é a característica de um bom tomador de decisões. Desenvolver programas e abordagens que permitam que os sistemas computacionais e as máquinas identifiquem informações importantes não é uma tarefa simples.
- **Reagir rápida e corretamente a uma nova situação.** Uma criança pequena, por exemplo, pode olhar para a saliência de um rochedo ou um grande declive e saber que ela não deve se aventurar a chegar perto. A criança reage rápida e corretamente a uma nova situação. Os computadores, por outro lado, não têm essa capacidade sem uma programação complexa.
- **Entender as imagens visuais.** Interpretar as imagens visuais pode ser extremamente difícil mesmo para computadores mais sofisticados. Mover-se por uma sala com cadeiras, mesas e outros objetos pode ser simples para as pessoas, mas extremamente complexo para máquinas, robôs e computadores. Tais máquinas exigem uma extensão da compreensão das imagens visuais chamada **sistema perceptivo**. Ter um sistema perceptivo permite a uma máquina se aproximar do modo como uma pessoa vê, ouve e sente os objetos.

SISTEMA PERCEPTIVO: Sistema que se aproxima o máximo possível da maneira como uma pessoa vê, ouve e sente os objetos.

- **Interpretar e manipular símbolos.** As pessoas veem, interpretam e manipulam símbolos todos os dias. As imagens fornecem uma corrente constante de informações em nossos cérebros. Os computadores, ao contrário, têm dificuldade para lidar com o processamento e o raciocínio simbólicos. Embora os computadores sejam excelentes em cálculos numéricos, não são tão bons em lidar com símbolos e objetos tridimensionais. Desenvolvimentos recentes nos equipamentos e nos aplicativos para máquinas com visão permitem, no entanto, que alguns computadores processem e manipulem determinados símbolos.
- **Ser criativo e imaginativo.** Ao longo da história, algumas pessoas transformaram situações difíceis em vantagens sendo criativas e imaginativas. Por exemplo, quando recebeu uma remessa de balas de hortelã defeituosas, com furos no meio, um empreendedor decidiu comercializar essas novas balas como LifeSavers em lugar de devolvê-las para o fabricante. Os cones de sorvetes foram inventados na Feira Mundial de St. Louis quando um proprietário imaginativo de uma loja decidiu embrulhar o sorvete com um waffle da sua grelha. Desenvolver produtos e serviços novos e animadores a partir de uma situação existente (talvez negativa) é uma característica humana. Embora o aplicativo tenha sido de-

senvolvido para possibilitar que um computador escreva pequenas histórias, outras máquinas podem ser imaginativas ou criativas desta forma.

- **Utilizar heurísticas.** Para algumas decisões, as pessoas utilizam as heurísticas (regras práticas que surgem da experiência) ou mesmo a adivinhação. Na busca de um emprego, devem-se classificar as empresas que se está considerando de acordo com os lucros por funcionário. Hoje, alguns sistemas computacionais carregados com os programas certos obtêm boas soluções que utilizam aproximações, em vez de buscar uma solução otimizada que poderia ser tecnicamente difícil ou que consumiria tempo demais.

Essa lista de características define a inteligência parcialmente. Outro desafio é conectar um cérebro humano a um computador.

A INTERFACE COMPUTADOR-CÉREBRO

Desenvolver um elo entre um cérebro humano e um computador é outra área excitante que toca em todos os aspectos da inteligência artificial. Chamada *interface computador-cérebro (BCI, brain computer interface)*, a ideia é conectar diretamente o cérebro humano a um computador e ter o controle do pensamento humano sobre as atividades do computador.[28] Um exemplo é o BrainGate, que pode ser utilizado para conectar um cérebro humano a um computador.[29] Se tiver sucesso, a experiência com a BCI poderá permitir às pessoas controlar os computadores e os braços e pernas artificiais somente por meio do pensamento. O objetivo é dar àqueles sem habilidade de falar nem de se mover (pessoas com síndrome do encarceramento) a capacidade de se comunicar e mover os membros artificiais, utilizando tecnologias avançadas da BCI. A Honda Motors desenvolveu um sistema de BCI que permite a uma pessoa completar certas operações, como dobrar uma perna, com 90% de precisão.[30] O novo sistema utiliza um capacete especial que pode medir e transmitir a atividade do cérebro para um computador.

Yoshikazu Tsuno/Getty Images

A Honda Motors desenvolveu uma interface cérebro-máquina que mede a corrente elétrica e as mudanças do fluxo do sangue no cérebro e utiliza os dados para controlar o ASIMO, um robô da Honda.

PRINCIPAIS RAMOS DA INTELIGÊNCIA ARTIFICIAL

A inteligência artificial é um campo enorme que abrange diversas áreas, como os sistemas especialistas, os de robótica, os de visão, de processamento de linguagem natural, de aprendizagem e de redes neurais (veja a Figura 11.5). Muitas dessas áreas são relacionadas entre si; os avanços em uma podem resultar em outras ou ocorrer simultaneamente.

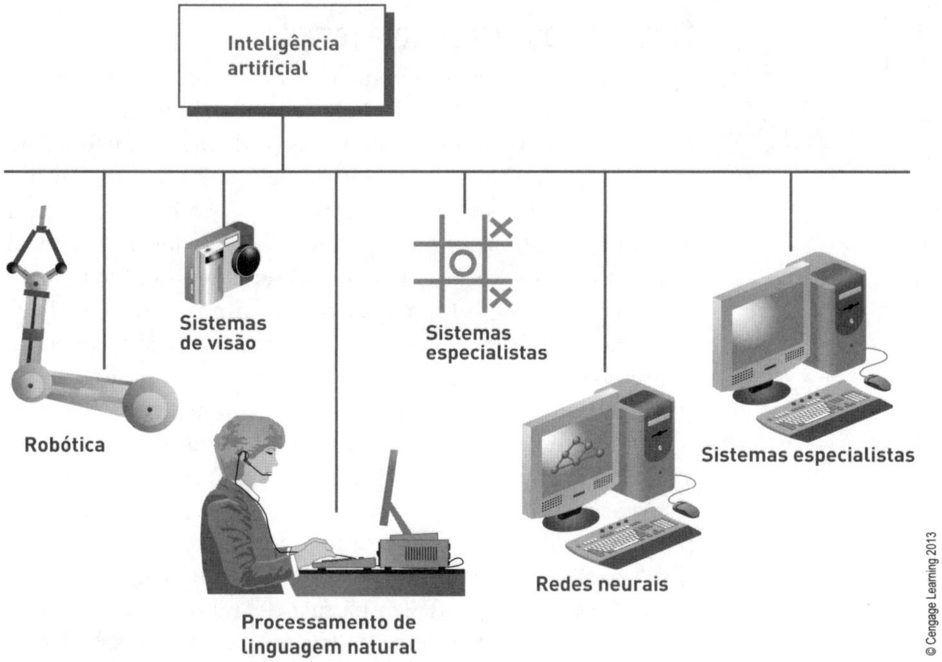

FIGURA 11.5 Modelo conceitual de inteligência artificial.

SISTEMAS ESPECIALISTAS

Um sistema especialista consiste em um equipamento e um aplicativo que guarda o conhecimento e faz inferências similares àquelas de um especialista humano. Em virtude de seus diversos aplicativos empresariais, os sistemas especialistas são discutidos em mais detalhes nas próximas seções do capítulo.

ROBÓTICA

ROBÓTICA: Utiliza dispositivos mecânicos ou computacionais para desempenhar tarefas que demandem alto grau de precisão, tarefas entediantes ou que representem risco para os humanos (por exemplo, empilhar caixas em um palete).

A **robótica** envolve dispositivos mecânicos ou computacionais que podem pintar carros, fazer soldas de precisão e desempenhar outras tarefas que exijam um alto grau de precisão ou sejam entediantes ou perigosas aos seres humanos. A palavra robô origina-se de uma peça escrita por Karel Capek nos anos 1920 em que ele utilizou a palavra robota para descrever as máquinas de uma fábrica que faziam um trabalho duro e se revoltaram.[31] A utilização dos robôs tem se expandido e parece que ainda vai aumentar no futuro. Em muitos empreendimentos, os robôs são utilizados para fazer os trabalhos maçantes, sujos e perigosos, apesar de algumas pessoas sentirem medo de que os robôs tomem cada vez mais os empregos dos funcionários.[32] Por exemplo, determinados fabricantes utilizam os robôs para identificar, montar e pintar produtos.[33] Alguns, como os da série ER da Intelitek, podem ser usados para treinamentos ou entretenimentos.[34] A robótica contemporânea combina as capacidades de alta precisão da máquina e o aplicativo com controle sofisticado. O que é mais importante em termos de inteligência artificial são os aplicativos de controle nos robôs.

O campo da robótica possui muitos aplicativos, e as pesquisas sobre esses dispositivos únicos continuam.[35] Até mesmo a Nasa faz uso de robôs. O Robonaut, também chamado R2, é um robô quase humano utilizado na Estação Espacial Internacional.[36] De acordo com o controlador de carga útil da Nasa: "Eu gostaria de apresentar-lhes o mais novo membro de nossa tripulação. Vejamos o que o Robonaut pode fazer". O Robonaut pode trabalhar em frente a uma estação de trabalho de um computador como astronautas humanos na Estação Espacial Internacional. A seguir, alguns outros exemplos de robôs em utilização:

- Em 2011, um robô marítimo encontrou o gravador de dados do avião da Air France que caiu no oceano, em 2009, em uma viagem do Rio de Janeiro para Paris.[37] O gravador de dados do voo foi utilizado para ajudar a determinar a causa da queda e evitar futuros acidentes.
- Os robôs estão sendo crescentemente vistos em uso em escritórios corporativos.[38] O robô HRP-4 do Japão, por exemplo, que custa cerca de $ 350 mil, tem uma aparên-

QUESTÕES ÉTICAS E SOCIAIS

Para escolas de controle remoto

Escolas públicas fazem tudo quanto podem para permitir que alunos com deficiência possam participar de atividades educacionais. Entretanto, se um estudante pode ser ferido simplesmente, por se expor a outros estudantes, o que uma escola pode fazer?

Este era o problema que a escola Knox City, do Texas, precisava resolver. A Knox City tem uma população de 1.130 pessoas, com 70 estudantes nessa escola. Com recursos limitados, a instituição se viu na situação de educar Lyndon Baty, um menino de 15 anos que nasceu com doença renal policística. Lyndon havia feito um transplante aos 7 anos, mas o corpo começou a rejeitar o novo rim no verão de 2010. Um outro transplante está em vista, mas, enquanto isso, seu sistema imunológico não pode tolerar nenhum risco de infecção que ele poderia contrair facilmente dos professores ou de outros estudantes. Seus pais tentaram um estudo em casa, mas não deu certo. De acordo com o menino: "Eu não tenho nenhuma interação social, nenhum amigo para conversar, ninguém para eu contar".

Hoje, Lyndon vai à escola através de um robô VGo, que ele chama de seu "Batybot". O robô parece um pinguim magro, com 1,20 m de altura sobre rodas. Um dispositivo no computador, onde deveria ficar a cabeça do pinguim, mostra o rosto de Lyndon. A câmera possibilita ao menino ver o que enxergaria se estivesse no lugar do robô, um microfone que o possibilita ouvir o que dizem na sala de aula e também falar com outras pessoas "em sua volta". Luzes permitem que ele "levante a mão" em sala. Lyndon controla o movimento do robô através de seu computador. A única coisa que não pode fazer de casa é abrir portas: alguém deve abrir as portas para o robô. A seguir algumas observações sobre o Batybot:

- **Sheri Baty, mãe de Lyndon:** "Desde o momento em que Lyndon começou a utilizar esta tecnologia, ocorreu uma mudança imediata em sua vida".
- **Becky Jones, professor de matemática:** "Eu posso mostrar-lhe no quadro, ele pode realizar os exercícios e fazer perguntas sobre o que não entende".
- **Kelsey Vasquez, um colega de classe:** "É como se ele estivesse aqui, em sala conosco".
- **Lyndon:** "Foi a melhor coisa que me aconteceu, depois do meu transplante".
- **Louis Baty, pai de Lyndon e superintendente da escola de Knox City--O'Brien:** "Os professores têm dado muito suporte ao equipamento. No começo, era um pouco diferente, mas agora são bastante solidários e o consideram como mais um aluno da sala".

O VGo custa cerca de \$ 6 mil, além de aproximadamente \$ 1.200 por um contrato de serviço durante o ano. A escola deve ter a cobertura Wi-Fi em todos os locais onde o robô circula; hoje, a maioria das escolas já tem rede Wi-Fi. Como um retorno para esses investimentos, Lyndon pode participar das aulas com seus colegas sem nenhuma despesa adicional de tutores nem quaisquer outros equipamentos especiais. Lyndon Baty não é o único estudante a se beneficiar das vantagens do VGo. Cris Colaluca, da Mohawk Junior High School, em Lawrence County, na Pennsylvania, é outro estudante cuja vida mudou por meio de um robô VGo. Cris, que nasceu com espinha bífida (um defeito limitado na coluna vertebral caracterizado pela ausência dos arcos vertebrais), desenvolveu uma rara condição convulsiva e precisa tomar 16 medicamentos diariamente; entretanto, sua mente é perfeita. Desde o primário, seu corpo nunca foi capaz de tolerar a escola. A mãe dele discute as mudanças desde quando o robô entrou na vida de Cris: "Havia outro Cris, o menino que existia antes das convulsões. As convulsões mudaram tanto a saúde quanto a personalidade dele. Ele ainda é uma criança feliz e despreocupada, mas, por não ter tido nenhuma interação com coleguinhas, ele se tornou controlado. Quando o VGo chegou em sua vida, alguma coisa daquela faísca de alegria voltou. Um pouco de sua personalidade voltou. É um entusiasmo que não via há muito tempo."

Questões para discussão

1. Seria prático para algum estudante participar de sua escola ou universidade por meio de um VGo? Que obstáculos você acha que o estudante e um robô encontrariam? Quão fácil seria para remover tais obstáculos ou desenvolver meios de trabalhar em torno deles?

QUESTÕES ÉTICAS E SOCIAIS

2. Lyndon Baty está numa escola pequena. Ele já conhecia todos antes do evento que o impossibilitou de frequentar a instituição pessoalmente. Cris Colaluca pertencia a uma escola maior, onde ninguém poderia conhecer todos os alunos matriculados e jamais foi à escola pessoalmente. Como você acha que essas diferenças afetam suas duas experiências com o VGo?

Questões para análise

1. Que aplicativos você imagina para um VGo utilizar? Em que indústrias um VGo seria especialmente útil? Se você fosse um gestor em uma dessas indústrias (escolha uma), o que estimularia a sua empresa fazer com relação aos robôs VGo?
2. Você leu sobre videoconferência no Capítulo 6. Uma conferência na qual alguns participantes estão presentes pessoalmente, mas outros só aparecem nas telas de um computador, é também algumas vezes chamada *telepresença*. Compare e contraponha esse tipo de telepresença com o discutido neste caso.

Fontes: VGo Communications, "VGo Robotic Telepresence", estudo de caso realizado em 2011 pela *Computerworld*, *https://www.eiseverywhere.com/file_uploads/a578961052a0afaa64f4836662a98127_VGo_Robotic_Telepresence.pdf*, acesso em: 5 fev. 2012; site da VGo Communications, www.vgocom.com, acesso em: 5 fev. 2012; Shamlian, J., "Robot Helps 'Bubble Boy' Make the Grade" (vídeo), *NBC Today*, *today.msnbc.msn.com/id/26184891/vp/41641714*, acesso em: 17 fev. 2011; Weaver, R., "New Castle Teen Uses Robot to Continue Learning from Home", *Pittsburgh Tribune-Review*, *www.pittsburghlive.com/x/pittsburghtrib/news/regional/s_779061.html*, acesso em: 30 jan. 2012.

cia humana geral e uma excelente mobilidade e sensores que podem reconhecer rostos e outros objetos. O PR2, feito nos Estados Unidos, a um custo aproximado de $ 400 mil, pode passear em torno do escritório e realizar algumas tarefas rotineiras. O ANYBOTD QB, também dos Estados Unidos, custa em torno de $ 15 mil e pode circular pelo escritório em duas rodas e tem uma câmera de vídeo.

- O Envirobot pode remover antigas camadas de tinta e limpar as superfícies dos conveses de navios.[39]
- O Robot Learning Laboratory faz parte do Departamento de Ciência da Computação e do Instituto de Robótica da Carnegie Mellon University (*www.ri.cmu.edu*), instituição que faz pesquisas para o desenvolvimento e a utilização da robótica.[40]
- A IRobot (*www.irobot.com*) é uma empresa que constrói robôs, incluindo o Roomba Floorvac, para limpar assoalhos, e o PackBot, um veículo sem condutor utilizado para ajudar e proteger os soldados.[41]
- Os robôs são empregados em várias áreas da medicina. Robôs de serviço, como o TUG, transportam refeições, medicações e equipamentos médicos em hospitais.[42] O Porter Adventist Hospital (*www.porterhospital.org*) em Denver, no Colorado, utiliza um sistema de $ 1,2 milhão, o Da Vinci Surgical System, para realizar cirurgias em pacientes com câncer de próstata.[43] O robô possui vários braços que seguram as ferramentas cirúrgicas. Em vez de ter uma incisão de cerca de 20 cm, o paciente tem uma incisão do tamanho de um band-aid. É muito mais rápido. O Heart-Lander é um robô muito pequeno que é inserido abaixo da caixa toráxica e é utilizado para fazer cirurgias delicadas no coração. Cameron Riviere, do Instituto de Robótica da Carnegie Mellon, desenvolveu o robô com a ajuda da Universidade Johns Hopkins.[44]
- A Agência de Projeto e Pesquisa Avançada de Defesa (DARPA) patrocina a DARPA Grand Challenge (*www.darpagrandchallenge.com*), uma corrida de mais de 200 km de carros controlados por computador em um terreno acidentado. A agência também patrocina outras corridas e desafios.[45]
- O Big Dog, criado pelo Boston Dynamics (*www.bostondynamics.com*), é um robô que pode carregar até cerca de 100 kg de equipamentos militares em campo.[46]

Embora a maioria dos robôs de hoje seja limitada em seus recursos, as futuras máquinas encontrarão aplicações mais amplas em bancos, restaurantes, casas, consul-

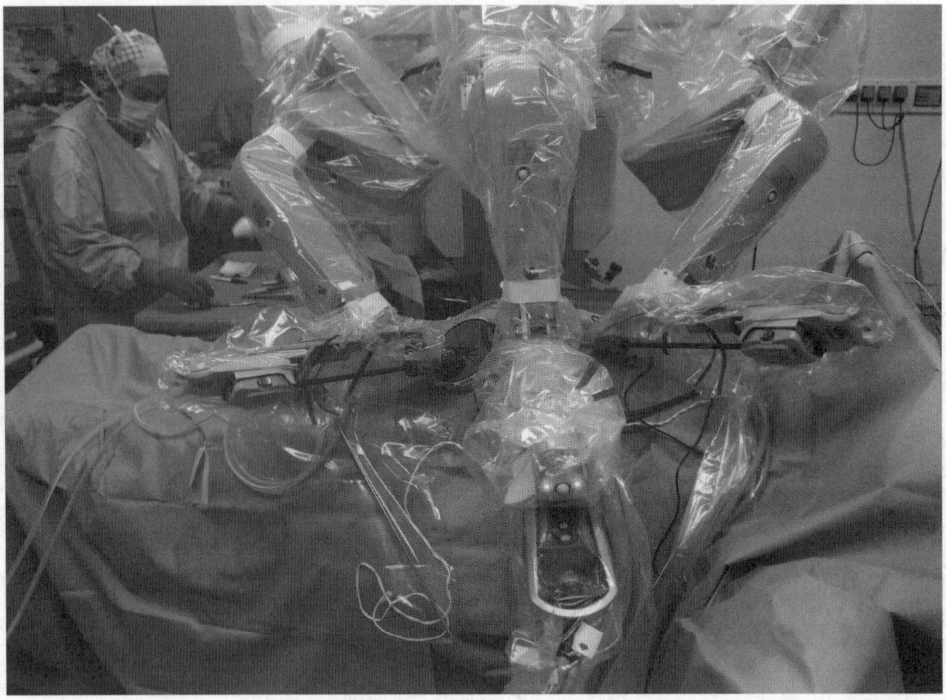

Os braços do robô Da Vinci ajudam em um transplante de rim. Um cirurgião controla o robô remotamente do canto da sala de cirurgias.

EPA/Landov

tórios e ambientes de trabalho perigosos, como estações nucleares. Os Pepliee e Simroid, do Japão, são robôs ou androides ultraparecidos com humanos que podem piscar, gesticular, falar e até mesmo parecer respirar.[47] Veja a Figura 11.6.

SISTEMAS DE VISÃO

SISTEMAS DE VISÃO: Sistemas que incluem um equipamento e o aplicativo que permitem que os computadores capturem, armazenem e manipulem imagens.

Outra área da IA envolve os **sistemas de visão**. Eles incluem um equipamento e o aplicativo que permitem que os computadores capturem, armazenem e manipulem imagens.[48] Um projetista de vídeo, por exemplo, decidiu desenvolver um aplicativo tradutor de bolso em uma viagem com sua namorada para a Alemanha.[49] O aplicativo Word Lens, instalado em um smartphone ou outro dispositivo móvel, utiliza o reconhecimento ótico, para fotografar e ler textos de um menu de restaurante, livros e sinais, por exemplo. Em alguns segundos, ou menos, o aplicativo pode traduzir a imagem da câmera de um idioma para outro, como do alemão para o inglês. Os sistemas de visão também são

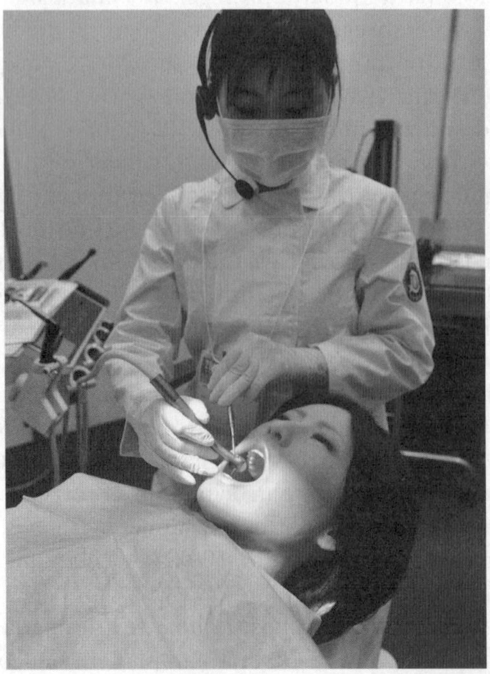

FIGURA 11.6
Simroid, o robô humanoide.
O Simroid, um robô humanoide, foi desenvolvido pela Kokoro, um empreendimento japonês de robôs dirigido ao treinamento de dentistas e estudantes.

Yoshikazu Tsuno/Getty Images

@ SISTEMAS DE INFORMAÇÃO NO TRABALHO

A Allied Vision Technologies em controle da pavimentação

Mais de 4 milhões de milhas (6,5 milhões de km) de estradas, por todos os Estados Unidos, com outros milhões em mais outros tantos países. Uma manutenção adequada é essencial para garantir a segurança dos usuários dessas estradas. Uma repavimentação frequente para evitar problemas é muito cara, mas reclamações dos residentes e verificações nos locais não são o suficiente para o planejamento do trabalho de reparos. Desse modo, é necessária uma inspeção sistemática de todas as estradas — mas tal procedimento também é muito dispendioso. Para piorar ainda mais, a inspeção sistemática precisa ser feita regularmente, considerando as mudanças rastreadas e analisadas para prever quando será necessário reparar a estrada e para programar o trabalho com a devida antecedência. Governos municipais e estaduais, com poucos recursos, portanto, precisam de um modo econômico para gerir a manutenção e o reparo permanente de suas estradas.

Felizmente, os sistemas de visão estão chegando para resolver o problema. A Allied Vision Technologies (AVT) é uma empresa líder na fabricação de câmeras com visão de alto desempenho. De acordo com o site da organização, os sistemas de visão podem "coletar dados em campo e acessar a condição de todas as características da estrada e da pavimentação, como rachaduras longitudinais, transversais, fissuras tipo 'jacaré', rachaduras na borda, grandes buracos e afundamentos. Os sistemas baseados nas imagens oferecem uma solução de trabalho menos intensiva e mais confiável que as pesquisas tradicionais manuais e permitem que os dados sejam guardados para futuras consultas".

Um sistema desenvolvido pela AVT e utilizado no Estado da Flórida incorpora duas câmeras da empresa e o aplicativo da NorPix Inc. As câmeras são montadas no teto de um veículo: uma capta as imagens da estrada na parte da frente e outra na parte detrás, a cada 5 a 10 pés (1,5 a 3 metros) conforme o veículo passa pela estrada, captando um total de até 180 mil imagens por dia. Um sistema de dados GPS é associado para referenciar as imagens às localidades reais. As imagens são geometricamente aplanadas para eliminar a distorção da perspectiva do ângulo da fotografia, superpostas num mapa para análise e comparação com as imagens antigas da mesma localização para determinar a média da mudança. O sistema da AVT ainda depende das pessoas para a interpretação dos dados finais através da capacidade de processamento das imagens, que simplifica a tarefa dele.

Outros sistemas de visão também podem analisar a pavimentação. A Pavemetrics Systems de Québec, no Canadá, oferece sistemas que utilizam câmeras com lasers e de alta velocidade, com ótica customizada para detectar rachaduras, afundamentos e deterioração da superfície em velocidades acima de 60 mph (100 km/h), dia e noite, em todos os tipos de superfícies de estrada. Os Pavemetrics Systems classificam as rachaduras em três categorias e avaliam suas gravidades. Podem ainda medir e relatar sobre as condições das marcações das faixas.

Espera-se que a utilização dos sistemas de visão na inspeção de pavimentação se multiplique nos próximos anos. Entretanto, a inspeção de pavimentação impõe desafios únicos a esses sistemas. A inspeção deve ser realizada rapidamente, de modo que o veículo utilizado não obstrua o tráfego. O sistema deve ser capaz de apresentar a diferença entre rachaduras e outras imperfeições da superfície, como manchas de óleo sob condições de baixo contraste entre uma rachadura e uma superfície não danificada. De forma geral, os sistemas de visão na inspeção de pavimentação constituem uma prioridade, mas uma filtragem proporciona às agências governamentais grande quantidade de despesa nos reparos de estradas na hora certa — nem antes nem depois — e numa base planejada e não emergencial.

Os sistemas de visão estão evoluindo rapidamente. Melhorias ao equipamento e tecnologias de programas, combinadas com a pesquisa sobre a utilização daqueles componentes numa variedade dos aplicativos baseados em visão, contribuem para compras, armazenamento e análise de imagens adequadas.

Questões para discussão

1. Você trabalha para um departamento de estradas de rodagem de uma cidade. Sua função é dirigir pelas estradas observando suas condições para determinar quais devem ser reparadas, quais devem ser monitoradas e quais poderão ser deixadas de lado durante algum tempo. O prefeito sugere que a cidade deve comprar um sistema de visão e pergunta sua opinião a respeito. As opções incluem: (a) nenhum sistema novo, (b) um sistema como o AVT e, (c) a um custo mais alto, um sistema como o Pavemetrics System. Elabore uma mensagem ao prefeito justificando sua recomendação.
2. Cerca de 1,4 milhão das 4 milhões de milhas de estradas nos Estados Unidos não é pavimentada; a maioria em áreas rurais, em meio a florestas, e em áreas com muito pouco tráfego. Essas rodovias também devem ser mantidas. Os sistemas de visão seriam de algum valor na avaliação dessas estradas?

Questões para análise

1. Os sistemas de visão utilizam diversas tecnologias. Algumas delas mencionadas neste quadro. Quais tecnologias são mais críticas em termos de sua me-

lhoria para o futuro desenvolvimento dos sistemas de monitoração de pavimentação?

2. Uma van equipada com um sistema de inspeção de pavimentação custa cerca do salário anual de um funcionário do departamento de estradas de rodagem. Esse funcionário utiliza um carro do departamento. Além disso, há custos para utilização e manutenção do sistema de inspeção. Baseado nas informações apresentadas, compare os custos de um sistema de inspeção de pavimentação com seus possíveis benefícios.

Fontes: Allied Vision Technologies, "Mobile Machine Vision System Featuring AVT GigE Cameras Surveys Pavement Condition", *www.alliedvisiontec.com/emea/products/applications/application-case-study/article/mobile-machine-vision-system-featuring-avt-gige-cameras-surveyspavement-condition.html*, acesso em: 7 jul. 2011; Allied Vision Technologies, informações sobre a câmera GC 1350, *www.alliedvisiontec.com/emea/products/cameras/gigabit-ethernet/prosilica-gc/gc1350.html*, acesso em: 10 fev. 2012; Chambon, S. e Moliard, J.-M., "Automatic Road Pavement Assessment with Image Processing: Review and Comparison", *International Journal of Geophysics*, *www.hindawi.com/journals/ijgp/2011/989354*, 2011; site da Norpix, *www.norpix.com*, acesso em: 6 fev. 2012; Pavemetrics Systems, Inc., "LCMS—Laser Crack Measurement System", *www.pavemetrics.com/en/lcms.html*, acesso em: 11 fev. 2012; Salari, E. e Bao, G., "Automated Pavement Distress Inspection Based on 2D and 3D Information", Conferência Internacional IEEE 2011 em Tecnologia Eletro/Informação, Mankato, MN, 15-17 maio 2011; SSMC, "Pavement Mapping/Condition Assessment", *www.southeastern surveying.com/pavement_mapping.html*, acesso em: 11 fev. 2011.

eficazes ao identificarem pessoas com base em seus traços faciais. Outro sistema de visão é o GeForce 3D da Nvidia, um programa que pode apresentar imagens em uma tela de computador que seja tridimensional, quando vista com óculos especiais.[50]

PROCESSAMENTO DA LINGUAGEM NATURAL E RECONHECIMENTO DE VOZ

PROCESSAMENTO DE LINGUAGEM NATURAL: Permite que o computador entenda e reaja a declarações e comandos feitos em linguagem "natural", como o inglês.

Como discutido no Capítulo 4, o **processamento de linguagem natural** permite que um computador compreenda e reaja a declarações e comandos feitos em linguagem "natural", como o inglês. A Google, por exemplo, tem serviço Google Voice Local Search que permite que o usuário faça uma ligação gratuita e procure por negócios locais utilizando os comandos de voz e declarações.[51] Muitas empresas fornecem ajuda para o processamento de linguagem natural pelo telefone. Ao ligar para o número do telefone de ajuda, você ouvirá um típico menu de opções e será solicitado a responder. Muitas pessoas, entretanto, ficam frustradas por falar com uma máquina em vez de um ser humano.

Em alguns casos, o reconhecimento de voz é usado com o processamento da linguagem natural. O *reconhecimento de voz* envolve a conversão das ondas de som em palavras. Após converterem os sons em palavras, os sistemas de processamento de linguagem natural reagem às palavras ou aos comandos, realizando uma variedade de tarefas. Os serviços de corretagem, em bolsas, ajustam-se perfeitamente ao reconhecimento de voz e à tecnologia de processamento de linguagem natural para substituir o "tecle 1 para comprar ou vender uma ação", de um sistema de menu sensível ao toque de telefone existente. A utilização do reconhecimento de voz para a conversão de registros em textos também é possível. Algumas empresas dizem que o aplicativo de reco-

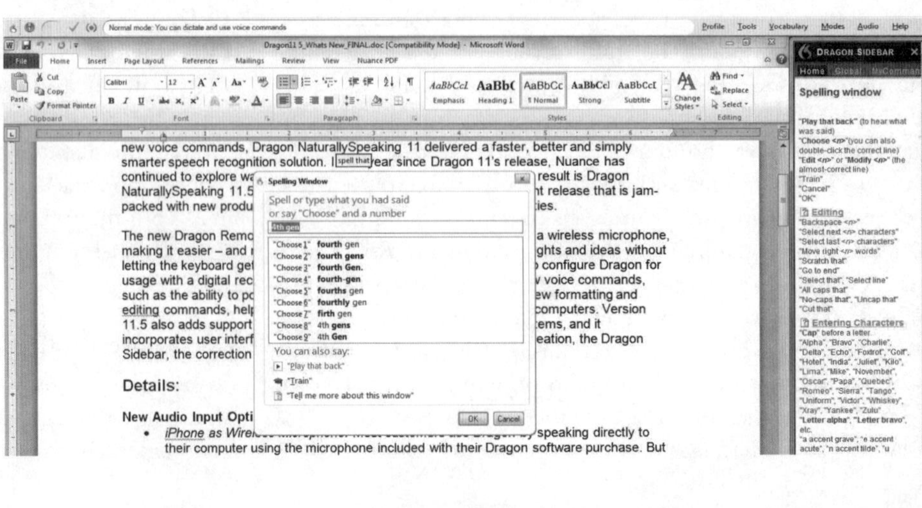

O aplicativo Naturally Speaking da Dragon Systems utiliza o reconhecimento de voz contínuo ou o discurso natural, que permite ao usuário falar ao computador, num ritmo normal, sem parar entre as palavras. As palavras ditas são transcritas imediatamente na tela do computador.

Cortesia de Nuance Communications, Inc., usada com permissão da Microsoft Corporation

nhecimento de voz e de processamento de linguagem natural é tão bom que os clientes se esquecem de que estão conversando com um computador e começam a falar sobre o tempo ou resultados dos esportes.

SISTEMAS DE APRENDIZAGEM

SISTEMA DE APRENDIZAGEM: Combinação de software e hardware que permite que o computador modifique o modo como ele funciona ou como reage às situações baseado na realimentação de informações que recebe.

Outra parte de AI envolve os **sistemas de aprendizagem**, uma combinação de software e hardware que permite que o computador modifique o modo como ele funciona, ou como ele reage às situações baseado na realimentação de informações que recebe. Por exemplo, alguns jogos computadorizados têm habilidades de aprendizagem. Se o computador não ganhar um jogo, ele se lembrará de não fazer os mesmos movimentos sob as mesmas condições novamente. A *aprendizagem de reforço* é um sistema de aprendizagem que envolve decisões sequenciais com a aprendizagem acontecendo entre cada decisão. A aprendizagem de reforço sempre envolve sofisticadas técnicas em programação e otimização de computadores, já discutidas no Capítulo 10. O computador toma uma decisão, analisa os resultados e, então, toma uma decisão mais acertada baseada na análise. O processo frequentemente chamado *programação dinâmica*, é repetido até que seja impossível melhorar a decisão.

Os softwares de sistemas de aprendizagem demandam o retorno de informações sobre os resultados das ações ou decisões tomadas. No mínimo, esse retorno precisa indicar se os resultados são desejáveis (vencer um jogo) ou indesejáveis (perder um jogo). O retorno é então utilizado para alterar o que o sistema fará no futuro.

REDES NEURAIS

REDE NEURAL: Sistema computacional que pode agir como um cérebro humano ou simular seu funcionamento.

Um aspecto cada vez mais importante da inteligência artificial envolve as redes neurais. Uma **rede neural** é um sistema computacional que pode atuar como um cérebro humano ou simular seu funcionamento.[52] Os sistemas utilizam maciçamente processadores paralelos em arquitetura baseada na própria estrutura de rede do cérebro humano. Além disso, o software de rede neural simula uma rede neural utilizando computadores convencionais. As redes neurais podem processar muitos elementos de dados ao mesmo tempo e aprender a reconhecer padrões.

A AI Trilogy, disponível através do Ward Systems Group (*www.wardsystems.com*), é um programa de software aplicativo da rede neural que pode rodar em um computador pessoal comum.[53] O aplicativo pode fazer previsões com o NeuroShell Predictor e classificar as informações com o NeuroShell Classifier (veja a Figura 11.7). O pacote de software contém ainda o GeneHunter, que utiliza um tipo especial de algoritmo, chamado algoritmo genético, para conseguir os melhores resultados de um sistema de rede neural. (Os algoritmos genéticos são discutidos a seguir.) Alguns aplicativos de reconhecimento de padrão usam as redes neurais para analisar centenas de milhões de bancos, corretoras e contas de seguros envolvendo um trilhão de dólares para revelar lavagem de dinheiro e outras transferências suspeitas.

OUTRAS APLICAÇÕES DA INTELIGÊNCIA ARTIFICIAL

ALGORITMO GENÉTICO: Abordagem para resolver problemas grandes e complexos, em que muitas operações repetidas ou modelos mudam e evoluem até que o melhor surja. Também chamado *programa genético.*

Existem alguns outros aplicativos da inteligência artificial além daqueles que acabaram de ser discutidos. Um **algoritmo genético**, também chamado de programa genético, é uma abordagem para resolver problemas grandes e complexos, em que muitas operações repetidas, ou modelos, mudam e evoluem até que o melhor surja. O primeiro passo é mudar ou variar as soluções alternativas para o problema.[54] Essa alteração pode ser feita mudando-se as partes de um programa ou combinando diferentes segmentos do programa em um novo, imitando a evolução das espécies, em que a composição genética de uma planta ou animal muda com o tempo. O segundo passo é selecionar somente os melhores modelos ou algoritmos que continuam a evoluir. Os programas ou segmentos de programa não tão bons como outros são descartados – da mesma maneira que na seleção natural ou na "sobrevivência do mais apto", em que somente as espécies mais adaptadas sobrevivem e continuam a evoluir. O processo de variação e seleção continua até que o algoritmo genético produza a melhor solução possível para o problema original. Um

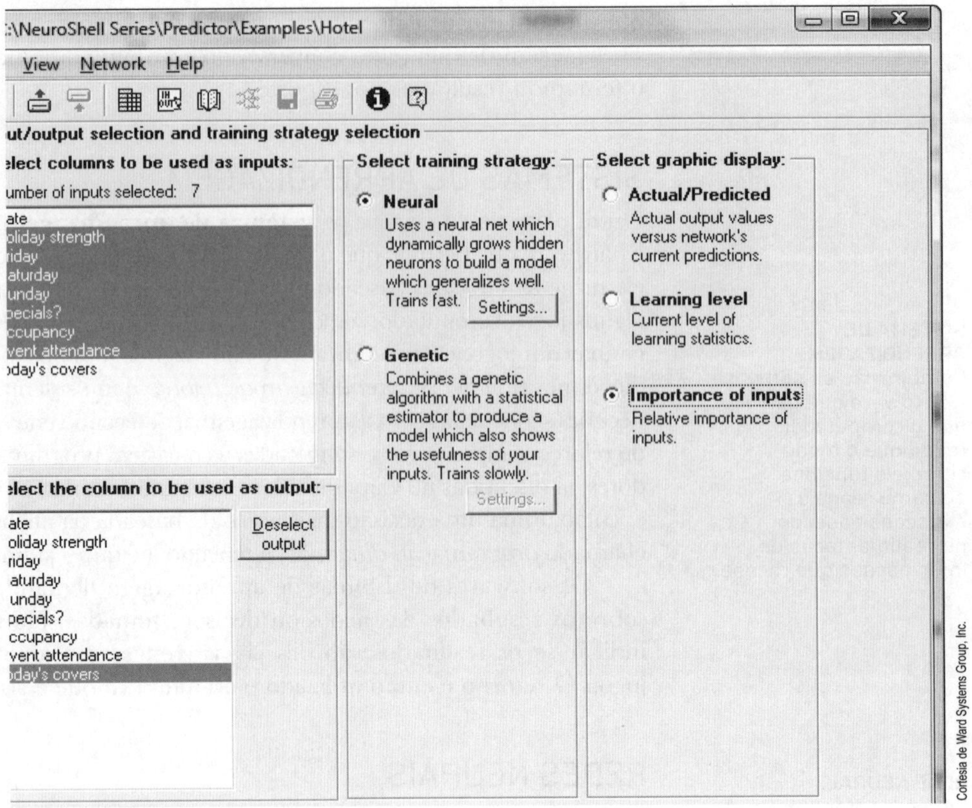

FIGURA 11.7

Aplicativo da rede neural.

O Neuro Shell Predictor utiliza métodos de previsão reconhecidos para pesquisar sobre futuras tendências a respeito de dados.

algoritmo genético pode ser usado para ajudar as tripulações de linhas aéreas a planejar o atendimento aos requisitos de voo enquanto minimiza os custos totais.

AGENTE INTELIGENTE: Consiste em programas e uma base de conhecimentos usados para realizar uma tarefa específica para uma pessoa, um processo ou outro programa. Também chamado *robô inteligente* ou *bot*.

Um **agente inteligente** (também chamado *robô inteligente* ou *bot*) consiste em programas e uma base de conhecimentos usados para realizar uma tarefa específica para uma pessoa, um processo ou outro programa.[55] Como um agente esportivo que procura os melhores negócios para um atleta de alto nível, um agente inteligente em geral busca o melhor preço, programação ou solução para um problema. Os programas utilizados por um agente inteligente podem buscar grandes quantidades de dados, enquanto a base de conhecimentos refina a busca ou acomoda as preferências dos usuários. Muitas vezes, empregados para buscar os vastos recursos da internet, os agentes inteligentes podem ajudar as pessoas a encontrar informações sobre um tópico importante ou o melhor preço para uma nova câmera digital.

VISÃO GERAL SOBRE OS SISTEMAS ESPECIALISTAS

Conforme mencionado, o sistema especialista se comporta como um especialista humano em determinado campo do conhecimento. Como os especialistas humanos, os sistemas especialistas utilizam a heurística ou as regras básicas para chegar às conclusões ou fazer sugestões. O sistema especialista Lantek, por exemplo, pode ser usado para cortar e fabricar metais, transformando-os em produtos acabados para as indústrias automotivas, da construção e minerais.[56] O sistema especialista pode ajudar a reduzir o desperdício de materiais e aumentar os lucros. Como podem ser complexos, caros e consumidores de tempo para serem criados, devem ser desenvolvidos quando há um alto retorno em potencial ou quando reduzem significativamente o alto risco e a empresa quer capturar e preservar algum especialista humano insubstituível.

Os sistemas especialistas são utilizados nas plantas de metalúrgicas para auxiliar na tomada de decisões.

COMPONENTES DOS SISTEMAS ESPECIALISTAS

Um sistema especialista consiste em um conjunto de componentes integrados e relacionados, incluindo uma base de conhecimentos, um mecanismo de inferências, recursos para explicações, instalações para a aquisição de uma base de conhecimentos e uma interface de usuário. O diagrama de um sistema especialista típico é apresentado na Figura 11.8. Nela, o usuário interage com a interface, que interage com o mecanismo de inferências. O mecanismo de inferências interage com os componentes de outro sistema especialista. Esses componentes precisam trabalhar juntos para proporcionar a especialização. A Figura também mostra o mecanismo de inferências coordenando o fluxo de conhecimentos para outros componentes do sistema especialista. Observe que os fluxos de conhecimentos diferentes podem existir dependendo do que o sistema especialista faz e do sistema especialista específico envolvido.

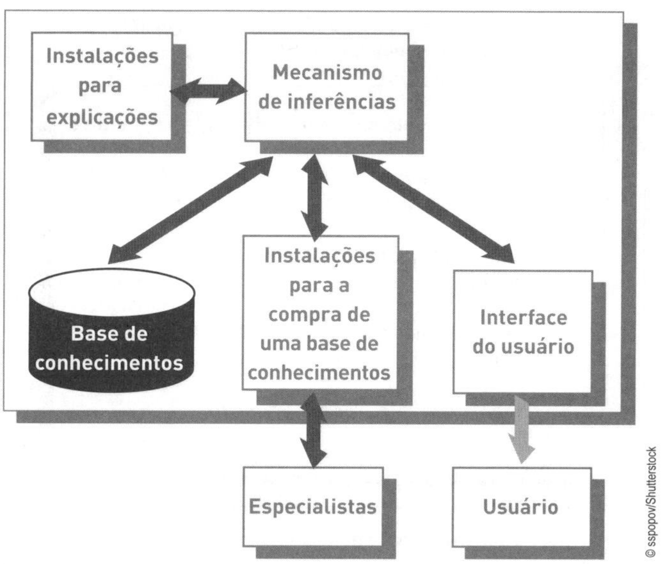

FIGURA 11.8
Componentes de um sistema especialista.

A base de conhecimentos

A base de conhecimentos armazena todas as informações relevantes, dados, regras, casos e relacionamentos que o sistema especialista utiliza. Como apresentado na Figura 11.9, uma base de conhecimentos é uma extensão natural de um banco de dados (apresentado no Capítulo 5) e de um sistema de informação e de apoio à decisão (mostrado no Capítulo 10). Uma base de conhecimentos precisa ser desenvolvida para cada aplicação. Por exemplo, um sistema especialista médico contém fatos sobre doenças e sintomas. A seguir, são apresentadas algumas ferramentas e técnicas para criar uma base de conhecimentos.

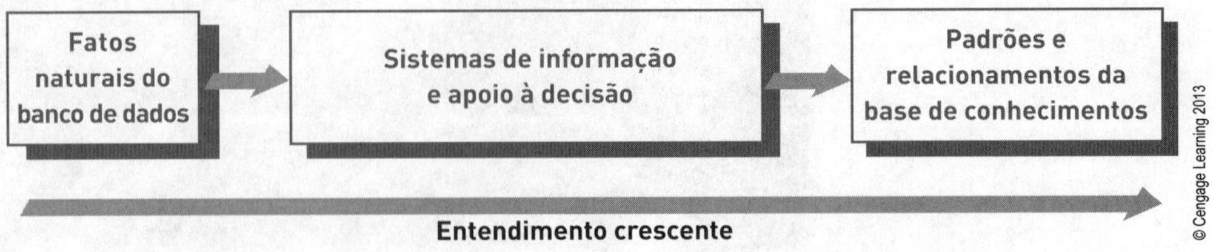

FIGURA 11.9 Relacionamentos entre dados, informações e conhecimentos.

REGRA: Declaração condicional que liga as condições às ações ou consequências.

DECLARAÇÕES SE-ENTÃO: Regras que sugerem certas conclusões.

- **Emprego das regras. Regra** é uma declaração condicional que liga as condições às ações ou consequências. Em muitos exemplos, essas regras são armazenadas como **declarações SE-ENTÃO**, que são as que sugerem certas conclusões. Por exemplo, "se existe certo conjunto de condições de redes sociais, então, um diagnóstico para um problema nas redes sociais é adequado". Em um sistema especialista, para uma operação de previsão de tempo, por exemplo, as regras poderiam declarar que, se certos padrões de temperatura existirem com uma dada pressão barométrica e certos padrões anteriores de tempo nas últimas 24 horas, então uma previsão específica será feita, incluindo temperaturas, cobertura de nuvens e fator de sensação térmica em decorrência do vento. A IBM tem utilizado um sistema de especialização baseado em regras para ajudar a detectar a ocorrência de erros em seus grandes computadores mainframe.[57] A Figura 11.10 apresenta como usar as regras do sistema especialista na determinação quando uma pessoa solicitar um empréstimo de banco para um financiamento imobiliário. Estas regras podem ser empregadas para quase todos os programas de linguagem padrão, discutidos no Capítulo 4, utilizando as declarações SE-ENTÃO, ou em ambientes e produtos de sistemas especialistas discutidos mais à frente neste capítulo. Em geral, à medida que cresce o número de regras que um sistema especialista conhece, a precisão desse sistema também aumenta.
- **Uso de casos.** Um sistema especialista pode utilizar casos para desenvolver uma solução de um problema ou situação. Esse processo envolve (1) encontrar casos armazena-

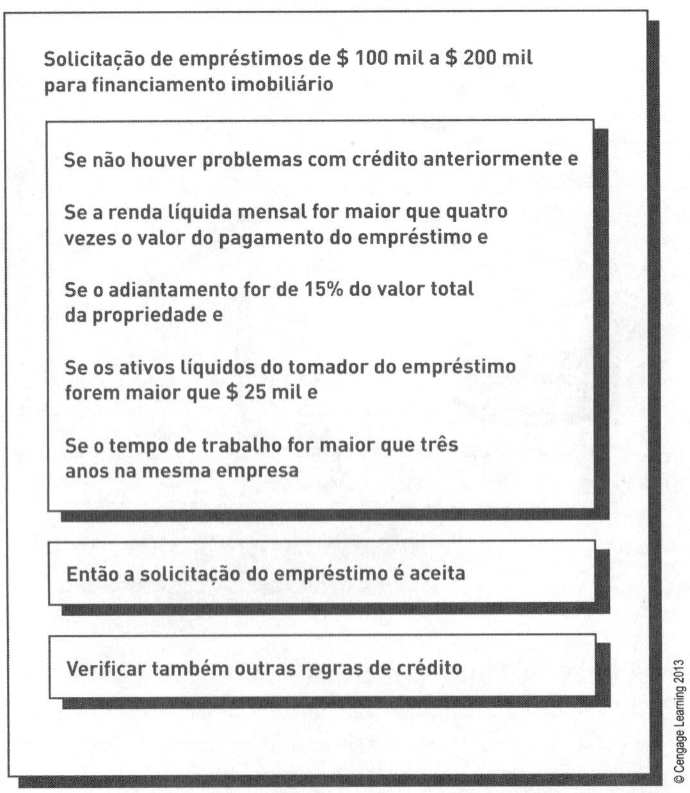

FIGURA 11.10 Regras para uma solicitação de crédito.

dos na base de conhecimentos que sejam similares ao problema ou à situação em questão e (2) modificar as soluções dos casos para ajustar ou acomodar o problema ou a situação. Por exemplo, uma empresa poderia usar um sistema especialista para determinar a melhor localização para a instalação de um novo serviço no Estado do Novo México. O sistema especialista deve identificar dois casos anteriores envolvendo a localização de uma instalação de serviço, em que os custos de mão de obra e de transporte foram também importantes – um no Estado do Colorado e o outro no Estado de Nevada. O sistema especialista pode modificar a solução desses dois casos para determinar a melhor localização para uma nova instalação no Novo México.

MECANISMO DE INFERÊNCIAS

MECANISMO DE INFERÊNCIAS: Parte do sistema especialista que busca informações e relacionamentos na base de conhecimentos e oferece respostas, previsões e sugestões da mesma maneira que um especialista humano o faria.

O objetivo geral de um **mecanismo de inferências** é buscar informações e relacionamentos na base de conhecimentos e oferecer respostas, previsões e sugestões da mesma maneira que um especialista humano o faria. Em outras palavras, o mecanismo de inferências é o componente que fornece o aconselhamento de um especialista. Considere o sistema especialista que prevê as vendas de um produto. Uma abordagem é começar com um fato como "A demanda para o produto, no mês passado, foi de 20 mil unidades". O sistema especialista busca regras que contenham uma referência à demanda do produto. Por exemplo, "SE a demanda pelo produto for de mais de 15 mil unidades, ENTÃO deve-se verificar a demanda dos produtos da concorrência". Como resultado desse processo, o sistema especialista deve utilizar as informações sobre a demanda dos produtos da concorrência. Em seguida, após buscar regras adicionais, o sistema especialista deve utilizar as informações sobre a renda pessoal ou sobre os índices nacionais de inflação. Esse processo continua até que o sistema especialista possa chegar a uma conclusão por meio dos dados fornecidos pelo usuário e as regras que se aplicam à base de conhecimentos.

RECURSOS PARA EXPLICAÇÕES

RECURSO PARA EXPLICAÇÕES: Componente de um sistema especialista que permite a um usuário ou tomador de decisão entender como o sistema especialista chegou a determinadas conclusões ou resultados.

Uma parte importante de um sistema especialista é o **recurso para explicações**, que permite a um usuário ou tomador de decisões entender como o sistema especialista chegou a certas conclusões ou resultados. Um sistema especialista médico, por exemplo, poderia chegar à conclusão de que um paciente tem uma válvula do coração com defeito em razão de determinados sintomas e resultados de exames. Os recursos para explicações permitem que um médico descubra a lógica ou a razão fundamental do diagnóstico feito por um sistema especialista. O sistema especialista, usando o recurso da explicação, pode indicar todos os fatos e regras que foram utilizados para chegar à conclusão, as quais os médicos podem consultar para determinar se o sistema especialista está processando os dados e as informações correta e logicamente.

RECURSOS PARA AQUISIÇÃO DE CONHECIMENTOS

RECURSO PARA AQUISIÇÃO DE CONHECIMENTOS: Parte do sistema especialista que fornece meios convenientes e eficientes de capturar e armazenar todos os componentes de uma base de conhecimentos.

Uma tarefa difícil no desenvolvimento de um sistema especialista é o processo de criação e atualização da base de conhecimentos.[58] No passado, quando linguagens mais tradicionais eram utilizadas, desenvolver uma base de conhecimentos era tarefa entediante e levava muito tempo. Cada fato, relacionamento e regra precisava ser programada na base de conhecimento. Na maioria dos casos, um programador experiente devia criar e atualizar a base de conhecimentos.

Atualmente, aplicativos especializados permitem aos usuários e aos tomadores de decisão criar e modificar suas próprias bases de conhecimentos através dos recursos para a aquisição de conhecimentos (veja a Figura 11.11). O objetivo do **recurso para aquisição de conhecimentos** é fornecer meios convenientes e eficientes de capturar e armazenar todos os componentes de uma base de conhecimentos. Os aplicativos para a aquisição de conhecimentos podem apresentar menus fáceis de usar para os usuários e tomadores de decisão. Após a inserção dos atributos apropriados, os recursos para a aquisição de conhecimentos armazenam corretamente as informações e os relacionamentos na base de conhecimentos, facilitando sua instalação e deixando menos onerosa sua manutenção.

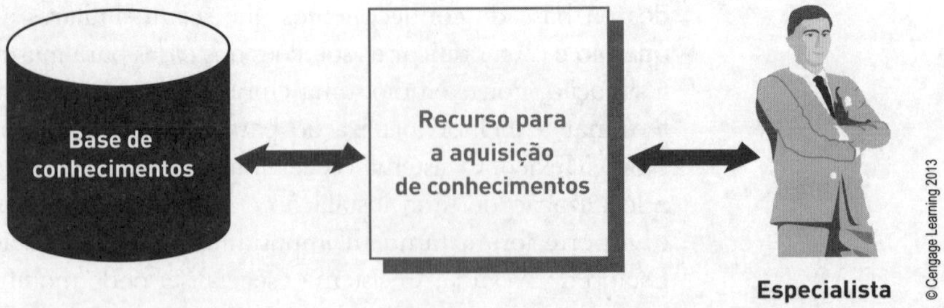

FIGURA 11.11
Recursos para aquisição de conhecimentos. Os recursos para aquisição de conhecimento funcionam como interface entre os especialistas e a base de conhecimentos.

A INTERFACE DE USUÁRIO

O principal objetivo da interface de usuário é tornar um sistema especialista mais fácil de desenvolver e de ser utilizado pelos usuários e tomadores de decisão. Antes, um profissional de computação habilitado e treinado criava e operava a maior parte dos sistemas especialistas; hoje, a interface de usuário permite que os tomadores de decisão desenvolvam e usem os próprios sistemas especialistas. A seguir uma interface típica de usuário entre o sistema especialista para solicitação de crédito e um usuário, como mostrado na Figura 11.10.

SISTEMA ESPECIALISTA: Existe algum problema de crédito anterior?
USUÁRIO: Não.
SISTEMA ESPECIALISTA: A renda líquida do solicitante é maior que quatro vezes o pagamento mensal do empréstimo?
USUÁRIO: Sim.
SISTEMA ESPECIALISTA: O valor do adiantamento é maior que 15% do valor da propriedade?
USUÁRIO: Sim.
SISTEMA ESPECIALISTA: Os ativos líquidos do solicitante totalizam ou são maiores do que $ 25 mil?
USUÁRIO: Sim.
SISTEMA ESPECIALISTA: O solicitante trabalha a mais de três anos na mesma empresa?
USUÁRIO: Sim.
SISTEMA ESPECIALISTA: **Aceita a solicitação de empréstimo.**

PARTICIPANTES NO DESENVOLVIMENTO E NA UTILIZAÇÃO DOS SISTEMAS ESPECIALISTAS

ESPECIALISTA DE DOMÍNIO: Pessoa ou grupo com a especialização ou o conhecimento de quem o sistema especialista tenta capturar (domínio).

Em geral, várias pessoas estão envolvidas no desenvolvimento e na utilização de um sistema especialista (veja a Figura 11.12).

O **especialista de domínio** é a pessoa ou o grupo com a especialização ou o conhecimento de quem o sistema especialista tenta capturar (domínio). Na maioria dos casos, o

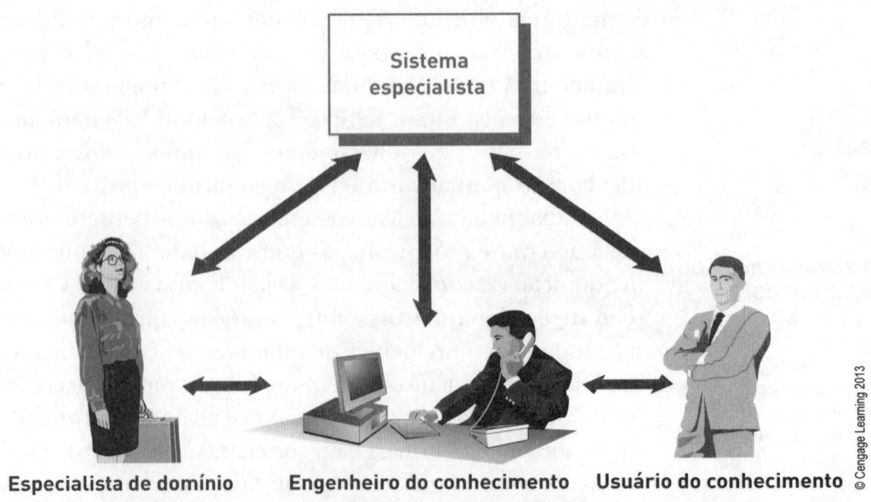

FIGURA 11.12
Participantes no desenvolvimento e na utilização de sistemas especialistas.

ENGENHEIRO DO CONHECIMENTO: Pessoa que tem um treinamento ou experiência em projeto, desenvolvimento, implementação e manutenção de um sistema especialista.

USUÁRIO DO CONHECIMENTO: Pessoa ou um grupo que utiliza e se beneficia do sistema especialista.

especialista do domínio é um grupo de especialistas humanos. A pesquisa tem mostrado que os bons especialistas do domínio podem aumentar a qualidade total de um sistema especialista. O **engenheiro do conhecimento** é um profissional que possui treinamento ou a experiência para projetar, desenvolver, implantar e manter um sistema especialista, incluindo o treinamento ou a experiência em ambientes para sistemas especialistas. Engenheiros de conhecimento podem ajudar a transferir o conhecimento de um sistema especialista para o usuário de conhecimento. O **usuário do conhecimento** é a pessoa ou o grupo que utiliza e se beneficia do sistema especialista. Os usuários de conhecimento não precisam de qualquer treinamento prévio em computadores nem sistemas especialistas.

FERRAMENTAS E TÉCNICAS PARA O DESENVOLVIMENTO DE SISTEMAS ESPECIALISTAS

Teoricamente, os sistemas especialistas podem ser desenvolvidos a partir de qualquer linguagem de programação. Desde a introdução dos sistemas computacionais, as linguagens de programação têm se tornado mais fáceis de usar, mais poderosas e cada vez mais capazes de lidar com requisitos especializados. Nos primórdios do desenvolvimento dos sistemas especialistas, as linguagens tradicionais de alto nível, como Pascal, FORTRAN e COBOL, foram utilizadas (veja a Figura 11.13). A LISP foi uma das primeiras linguagens desenvolvidas e utilizadas especialmente para aplicações na inteligência artificial. Desde os anos 1990, entretanto, outros produtos para sistemas especialistas (como os ambientes) estão disponíveis, os quais removem a sobrecarga da programação, permitindo aos não programadores desenvolver e se beneficiar do uso dos sistemas especialistas.

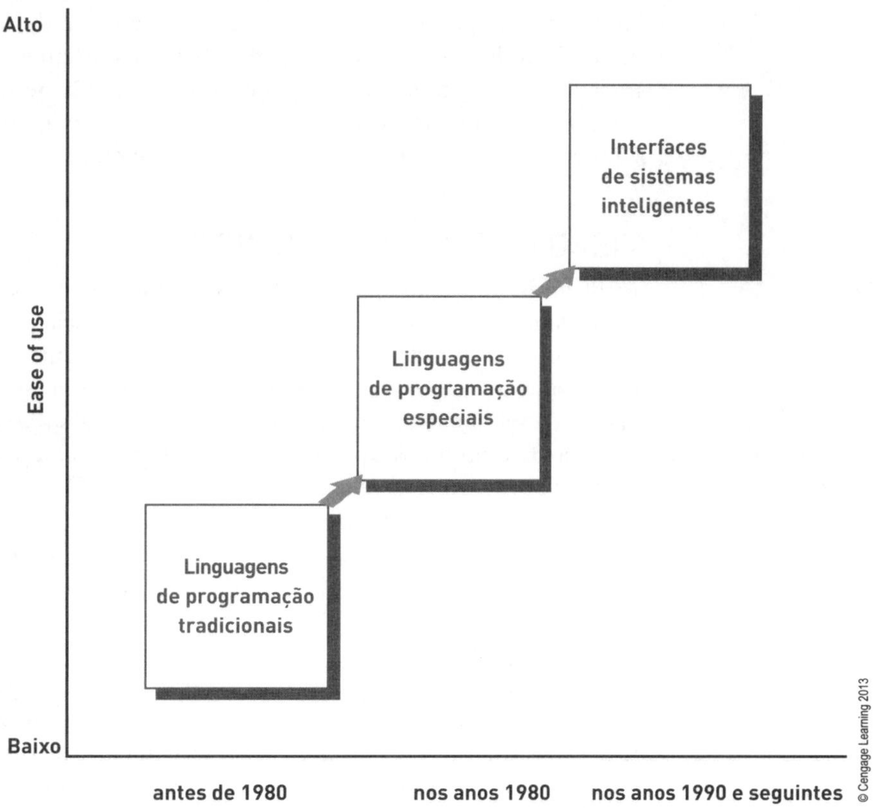

FIGURA 11.13
Desenvolvimento de sistemas especialistas.
O desenvolvimento de sistemas especialistas evoluiu muito desde os anos 1980, de linguagens de programação tradicionais a interfaces de sistemas especialistas.

Ambientes e produtos de sistemas especialistas

O *ambiente de sistema especialista* é um conjunto de pacotes de software e ferramentas utilizado para projetar, desenvolver, implantar e manter sistemas especialistas. Ambientes de sistemas especialistas se encontram disponíveis tanto para sistemas de computadores pessoais quanto mainframes, com alguns ambientes sendo bem baratos, custando menos de $ 500. Além disso, existem ambientes de sistema especialista completos e prontos para o uso. O usuário insere os dados ou parâmetros apropriados, e o sistema

TABELA 11.2. Produtos populares para sistemas especialistas

Nome do produto	Aplicativo e capacidades
Clips	Ferramenta para a criação de sistemas especialistas em PCs.[59]
Cogito	Programa da Expert System Semantic Intelligence (inteligência semântica para sistema especialista) que ajuda a organização a extrair o conhecimento de textos de e-mails, artigos, sites, documentos e outras informações não estruturadas.[60]
Exsys Corvid	Ferramenta para sistemas especialistas que simula uma conversação com um especialista humano do Exsys (*www.exsys.com*).[61]
EZ-Xpert	Sistema baseado em regra que resulta em aplicativos completos nas linguagens de programação C++ ou Visual Basic através do EZ-Xpert (*www.ez-xpert.com*).[62]
Imprint Business Systems	Empresa que possui um sistema especialista que ajuda a empresas de impressão e embalagem a lidarem com seus negócios (*www.imprint-mis.co.uk*).[63]
Lantek Expert System	Software que auxilia os fabricantes de metais a reduzirem o desperdício e aumentarem os lucros (*www.lantek.es*).[64]

especialista fornece solução para o problema ou situação. A Tabela 11.2 relaciona alguns produtos para sistemas especialistas.

MULTIMÍDIA E REALIDADE VIRTUAL

O uso da multimídia e da realidade virtual tem ajudado muitas empresas a alcançarem vantagem competitiva e aumentarem seus lucros. A abordagem e a tecnologia utilizada em multimídia são, frequentemente, a base dos sistemas de realidade virtual, discutidos mais adiante nesta seção. Enquanto esses sistemas de informação especializados não estão em uso por todas as empresas, podem desempenhar papel-chave para muitas. Começamos com uma visão geral da multimídia.

VISÃO GERAL DA MULTIMÍDIA

MULTIMÍDIA: Textos, gráficos, vídeos, animações, áudios e outras mídias que possam ser empregadas para auxiliar uma empresa com eficiência para que alcance suas metas efetivamente.

Multimídia são textos, gráficos, vídeos, animações, áudios e outras mídias que possam ser empregadas para auxiliar uma empresa com eficiência para que alcance suas metas efetivamente. A multimídia pode ser usada para criar deslumbrantes brochuras, apresentações, relatórios e documentos. Muitas organizações também estão começando a utilizar as abordagens da multimídia para desenvolver filmes de animação e videogames para incrementar o anúncio de produtos e serviços.[65] Por exemplo, a companhia de seguros Geico utiliza a animação em alguns de seus anúncios na televisão. Os sites de animação na internet, como o Xtranormal e o GoAnimate, podem ajudar os indivíduos e as empresas a desenvolverem esses tipos de animação. Apesar de nem todas as organizações utilizarem as capacidades totais da multimídia, a maioria faz uso dos recursos de texto e gráficos.

Textos e gráficos

Todas as grandes empresas e a maioria das pequenas e médias utilizam textos e gráficos para desenvolver relatórios, relatórios financeiros, peças publicitárias e outros documentos usados interna e externamente. Internamente, as organizações utilizam os textos e gráficos para comunicar políticas, diretrizes e muitos outros assuntos para os gestores e os funcionários. Externamente, utilizam os textos e gráficos para se comunicar com os fornecedores, clientes, empresas públicas e uma variedade de acionistas. Os textos podem ter diferentes tamanhos, fontes e cores, e os gráficos podem incluir fotografias, ilustrações, desenhos, uma variedade de diagramas e outras imagens estáticas. As imagens gráficas podem ser armazenadas em uma variedade de formatos, incluindo o JPEG (Joint Photographic Experts Group format, Formato do Grupo de Especialistas Fotográficos Unidos) e o GIF (Graphics Interchange Format, Formato de Intercâmbio de Gráficos).

Enquanto os programas padrão de processadores de palavras são um modo barato e simples para desenvolver documentos e relatórios que exigem a utilização de textos e gráficos, a maioria das empresas usa softwares aplicativos especializados (veja a Figura 11.14). O Adobe Illustrator, por exemplo, pode ser utilizado para criar gráficos, ilustrações e brochuras atrativos e informativos. Também pode ser empregado para desenvolver arte digital, manuais de referência, demonstrativos de resultados e uma variedade de relatórios requeridos pelos governos estaduais e federal. O Adobe Photoshop é um pacote de software sofisticado e popular que pode ser usado para editar fotografias e outras imagens visuais. Uma vez criados, esses documentos e relatórios podem ser salvos em um arquivo em formato Adobe PDF (Portable Document Format, Formato de Documento Portátil) da Adobe e ser enviado pela internet ou salvo em CD ou dispositivo de armazenamento similar.

© Yes Man/Shutterstock

FIGURA 11.14
Gráficos digitais. Empresas criam gráficos, como ilustrações e brochuras, por meio de software do tipo Adobe Photoshop ou Adobe Illustrator.

O Microsoft Silverlight pode ser empregado para inserir um vídeo ou uma animação com alta definição em sites na internet e outras programações.[66] O PowerPoint, também da Microsoft, pode ser utilizado para desenvolver uma apresentação que seja exibida em grande visualização com som e animação. Existem muitos outros programas para a criação de gráficos, incluindo o Paint and PhotoDraw da Microsoft, o CorelDraw e outros.

Muitos programas para a elaboração de gráficos também podem criar imagens em 3D.[67] O filme *Avatar*, de James Cameron, utilizou computadores sofisticados e imagens em 3D para criar uma das produções mais rentáveis da história. Anteriormente usada principalmente em filmes, hoje a tecnologia 3D pode ser empregada pelas empresas para projetar produtos, como motocicletas, reatores, pontes e muitos outros. A Autodesk, por exemplo, faz um programa em 3D bastante interessante que as organizações podem utilizar para projetar grandes prédios.[68] A tecnologia utilizada para produzir filmes em 3D também estará disponível para programas de televisão. A Nintendo desenvolveu um dos primeiros dispositivos portáteis para jogos que apresenta as imagens em 3D.[69] A indústria de videogames pode gerar até $ 50 bilhões por ano.

Áudio

O áudio abrange música, vozes humanas, sons gravados e uma grande variedade de sons gerados pelo computador. O áudio pode ser armazenado em formatos de muitos tipos de arquivos, incluindo o MP3 (Motion Picture Experts Group Audio Layer 3, Grupo de Especialistas em Áudio Camada 3, da Motion Picture), WAV (formato de onda), MIDI (Musical Instrument Digital Interface, Interface Digital para Instrumento Musical) e outros. Quando arquivos de áudio são tocados enquanto são baixados da internet, eles são chamados de *streaming audio* (nome de um tipo de multimídia).

A inserção a um software de áudio inclui alguns dispositivos de gravação: microfones, música importada ou sons de CDs ou arquivos de áudio, instrumentos em MIDI que podem criar música e sons diretamente, e outras fontes de áudio. Uma vez armazenados, os arquivos podem ser editados e aumentados utilizando-se softwares de áudio, incluindo o QuickTime da Apple, o Sound Recorder da Microsoft, o Audition da Adobe e outros. Já editados, os arquivos de áudio também podem ser utilizados para melhorar apresentações, criar músicas, distribuição de sinais de rádio via satélite, desenvolvimento de audiobooks, gravar mídias digitais para iPods e outros dispositivos de áudio, dar realismo aos filmes e melhorar vídeos e animações (discutidos mais à frente).

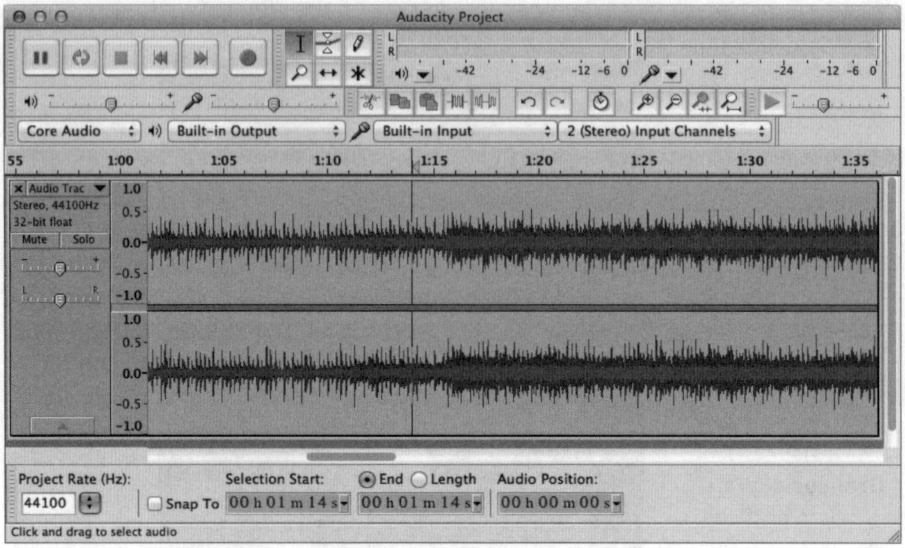

Cortesia de Audacity

A audácia fez criar ferramentas para a editoração e a produção de arquivos de áudio em diversos formatos.

Vídeo e animação

As imagens em movimento de vídeos e animação são criadas por meio da rápida visualização, uma atrás da outra. Elas podem ser armazenadas em arquivos AVI (Audio Video Interleave, formato de meta-arquivo de multimídia), utilizados com diversos aplicativos da Microsoft, arquivos MPEG (formato Motion Picture Experts Group) e arquivos MOV (formato QuickTime), utilizados com muitos aplicativos da Apple. Quando arquivos de vídeo são reproduzidos enquanto baixados da internet, são chamados de *streaming de vídeo* (nome de um tipo de multimídia). Por exemplo, a Netflix, que permite que as pessoas assistam a filmes e programas em paralelo em suas TVs, está se tornando uma alternativa popular ao aluguel de DVDs.[70] Na internet, os miniaplicativos Java (pequenos programas que podem ser baixados da internet) e os arquivos animados GIF podem ser utilizados para animar ou criar imagens "móveis".

Um número softwares para vídeos e animação pode ser utilizado para criar e editar arquivos de vídeo e animação. Muitos desses produtos podem criar imagens em movimento realistas em 3D. O Premiere and After Effects da Adobe e o Final Cut Pro da Apple podem ser utilizados para editar imagens de vídeo tiradas de câmeras e outros dispositivos. O Final Cut Pro, por exemplo, foi usado para editar e produzir filmes em longa-metragem exibidos nos cinemas. O Adobe Flash e o LiveMotion podem ser utilizados para adicionar movimento e animação em páginas na web.

Os vídeos e as animações possuem diversas utilidades nos empreendimentos. Empresas que desenvolvem materiais baseados em computador ou materiais de treinamento através da internet sempre fazem uso de software de vídeo e áudio. Um quiosque de informações em um aeroporto ou em um centro comercial pode utilizar a animação para ajudar os clientes a fazerem seus check-ins para um voo ou para obter alguma informação. Além disso, a Pixar utiliza softwares de animação sofisticados para criar filmes incríveis em 3D exatamente com o mesmo processo apresentado no seu site.[71] Veja a Figura 11.15.

Conversão e compressão de arquivos

A maioria dos aplicativos de multimídia é criada, editada e distribuída em arquivos com formato digital como os já discutidos aqui. Inserções mais antigas nesses aplicativos, entretanto, podem ser em um formato analógico de antigos filmes domésticos,

FIGURA 11.15
Criação de animação para a Pixar.
Na criação de animações, a Pixar utiliza um software próprio sofisticado de animação chamado Render-Man para criar os filmes em 3D mais modernos, como a série Harry Potter.

fitas magnéticas, gravações em vinil ou outras fontes similares. Além disso, existem formatos digitais mais antigos que não são mais populares nem usados. Nesses casos, os formatos analógicos ou os digitais mais antigos devem ser convertidos em um formato digital mais moderno, antes que possam ser editados e processados por algum software multimídia mais recente. A conversão pode ser feita com um software ou um aplicativo especializado. Alguns dos softwares de multimídia, como o Adobe Premium, o Adobe Audition e muitos outros, têm essa capacidade de conversão do formato analógico para o digital. O software Standalone com um hardware especializado também pode ser utilizado. O Grass Valley, por exemplo, é um dispositivo para converter vídeos analógicos em digitais ou digitais em analógicos. Com ele, convertem-se as antigas fitas em VHS em arquivos de vídeo digitais ou arquivos de vídeos digitais para o formato analógico.

Pelo fato de os arquivos de multimídia poderem ser grandes, algumas vezes é necessário comprimi-los para facilitar o download da internet ou o envio como anexo de e-mail. Muitos desses programas de software multimídia podem ser empregados para comprimir arquivos de multimídia. Além disso, há programas de conversão de arquivos independentes (standalone), como o WinZip, que são utilizados para comprimir diversos formatos de arquivos.

Projetando um aplicativo para multimídia

A concepção de aplicativos para multimídia requer uma reflexão cuidadosa e abordagem sistemática. A abordagem geral para modificar qualquer aplicativo ou desenvolvê-lo é apresentada nos próximos capítulos. Há, entretanto, algumas considerações sobre o desenvolvimento de um aplicativo para a multimídia. Esses aplicativos podem ser impressos em brochuras, colocados em relatórios corporativos, carregados para a internet ou apresentados em grandes telas para visualização. Como são, em geral, mais caros que a preparação dos documentos e arquivos em um processador de textos, é importante projetar o melhor aplicativo possível para multimídia. O projeto de um aplicativo para a multimídia requer que a utilização final do documento ou do arquivo seja cuidadosamente considerada. Por exemplo, alguns estilos de texto e de fontes são projetados para a visualização na internet. Diferentes computadores e navegadores da web apresentam informações de maneira distinta. Desse modo, é aconselhável selecionar estilos, fontes e apresentações baseados nos computadores e navegadores que provavelmente apresentarão o aplicativo para a multimídia. Como grandes arquivos podem levar muito tempo para carregar para uma página na web, arquivos menores são preferíveis para os aplicativos para multimídia baseados na web.

VISÃO GERAL DE REALIDADE VIRTUAL

O termo *realidade virtual* foi cunhado, inicialmente, por Jaron Lanier, fundador da VPL Research, em 1989. Originalmente, o termo se referia à *realidade virtual imersiva*, na qual o usuário fica completamente imerso em um mundo artificial e tridimensional gerado por um computador. Através da imersão, o usuário pode chegar a uma compreensão mais profunda do comportamento e da funcionalidade do mundo virtual. O Media Grid, do Boston College, possui algumas iniciativas na utilização da realidade virtual imersiva em educação.[72]

SISTEMA DE REALIDADE VIRTUAL: Permite que um ou mais usuários se movam e reajam em um ambiente simulado por computador.

Um **sistema de realidade virtual** permite que um ou mais usuários se movam e reajam em um ambiente simulado por computador. As simulações da realidade virtual exigem dispositivos de interface especiais que transmitam sinais, sons e sensações do mundo simulado para o usuário. Esses dispositivos podem também gravar e enviar a fala e os movimentos dos participantes para o software de simulação, permitindo aos usuários perceber e manipular objetos virtuais como se fossem objetos reais. Esse estilo natural de interação fornece aos participantes a sensação de que estão imersos em um mundo simulado. Por exemplo, um fabricante de automóveis usa a realidade virtual para simular e projetar fábricas.

DISPOSITIVOS DE INTERFACES

Para ver em um mundo virtual, frequentemente, o usuário utiliza um visor montado na cabeça (HMD) com telas direcionadas em cada olho. O HMD também contém um rastreador para monitorar a localização da cabeça do usuário e a direção para a qual está olhando. Por meio dessa informação, um computador gera imagens do mundo virtual – uma visão, ligeiramente diferente, para cada olho – para combinar a direção para a qual o usuário olha e exibir essas imagens no HMD. Muitas empresas vendem ou alugam dispositivos de interface de realidade virtual, como Virtual Realities (*www.vrealities. com*), Amusitronix (*www.amusitronix.com*), I-O Display Systems (*www.i-glassesstore.com*) e outras.

O Laboratório de Visualização Eletrônica, da Universidade de Illinois, em Chicago, lançou uma sala construída com grandes telas nas três paredes e no chão, nas quais as imagens eram projetadas. A CAVE, como a sala foi batizada, fornece a ilusão de imersão, projetando imagens em estéreo nas paredes e no chão de um cubo com o tamanho de uma sala (*http://cave.ncsa.uiuc.edu*). Várias pessoas com óculos estéreos leves podem entrar e andar livremente dentro da CAVE. Um sistema de acompanhamento da cabeça ajusta continuamente a projeção estérea à posição atual no visor do líder.

Os usuários ouvem sons no mundo virtual, através de fones de ouvido, com informações relatadas por meio de rastreamento da posição, sendo também utilizada a atualização de sinais de áudio. Quando uma fonte de som no espaço virtual não estiver diretamente em frente ou atrás do usuário, o computador transmitirá sons, de modo que cheguem a um ouvido um pouco mais cedo ou mais tarde que a outro e sejam um pouco mais altos ou mais suaves e ligeiramente diferentes no tom.

A interface *háptica*, que retransmite o senso de toque e outras sensações físicas no mundo virtual, é a última desenvolvida e talvez a mais desafiadora para criar. Uma em-

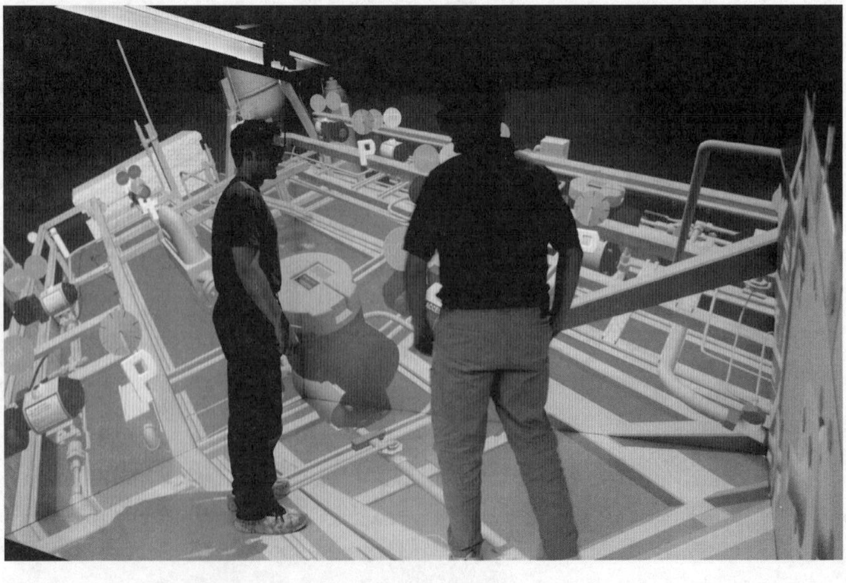

Cortesia de Mechdyne Corporation

A CAVE apresenta a ilusão da imersão em um ambiente virtual.

presa de realidade virtual desenvolveu um dispositivo de interface háptica que pode ser colocado na ponta dos dedos de uma pessoa para dar a sensação de precisão aos usuários de jogos virtuais, cirurgiões e outros profissionais. Hoje, com a utilização de uma luva e um rastreador de posição, o computador localiza a mão do usuário e mede os movimentos de seu dedo. O usuário pode alcançar o mundo virtual e manipular objetos; no entanto, é difícil gerar as sensações de uma pessoa que toque numa superfície rígida ou que esteja levantando um objeto ou passando um dedo sobre uma superfície com determinada textura. As sensações de toque também precisam ser sincronizadas com as imagens e os sons que os usuários experimentam. Atualmente, alguns desenvolvedores de realidade virtual estão até tentando incorporar o gosto e o cheiro a esses aplicativos.

FORMAS DE REALIDADE VIRTUAL

A realidade virtual também pode se referir a aplicativos que não sejam totalmente imersivos, como a navegação controlada por mouse através de um ambiente em 3D em monitor gráfico; a visão estéreo do monitor por meio de óculos estéreos; sistemas de projeção estéreo e outros. A *realidade aumentada*, uma nova forma de realidade virtual, tem o potencial de sobrepor dados digitais sobre fotos ou imagens reais. Ela está sendo utilizada em diversas configurações.[73] Alguns fabricantes de carros luxuosos, por exemplo, apresentam um painel de informações, como velocidade e combustível restante nos para-brisas dos veículos. O aplicativo é usado em algumas aeronaves militares e são sempre chamados visores HUD (heads-up display). As primeiras linhas amarelas inferiores apresentadas nas telas de TV, durante jogos de futebol, é outro exemplo de realidade aumentada, em que as linhas amarelas geradas por computador são superpostas sobre as imagens reais de um campo de futebol. Os mapas GPS podem ser combinados com fotos reais de lojas e ruas para ajudá-lo a localizar sua posição ou a encontrar o caminho para um novo destino. Por meio da realidade aumentada, é possível apontar a câmera de seu smartphone para uma construção histórica, como um castelo ou museu, e ter informações sobre os prédios em sua tela, incluindo uma breve descrição do ponto turístico, preço da entrada e horário de funcionamento. Apesar de ainda estar em suas primeiras fases de implementação, a realidade aumentada tem o potencial de vir a se tornar recurso importante nos smartphones e dispositivos móveis similares do futuro.

APLICAÇÕES DA REALIDADE VIRTUAL

Encontram-se milhares de aplicações de realidade virtual com outras ainda sendo desenvolvidas à medida que o custo de hardwares e softwares diminui e a imaginação

Kyodo/Landov

A tecnologia da realidade aumentada apresenta informações ao captar imagens através de uma câmera em dispositivos como smartphones.

das pessoas se abre para o potencial da realidade virtual. Aplicações para a realidade virtual estão sendo utilizados na medicina, na educação e em treinamento no campo empresarial e de entretenimento, entre outros.

Medicina

Barbara Rothbaum, diretora do Programa de Traumas e Recuperação da Escola de Medicina da Universidade de Emory e cofundadora da Virtually Better, utiliza um sistema de realidade virtual (RV) imersivo para ajudar no tratamento de desordens de ansiedade.[74] Outro programa de RV, chamado SnowWorld, foi desenvolvido pela Universidade de Washington para ajudar a tratar de pacientes queimados.[75] Utilizando a RV, os pacientes podem navegar através de um terreno congelado e quedas-d'água gelada. A realidade virtual ajuda porque tira a sensação de dor da mente do paciente.

© Hunter Hoffman, www.vrpain.com

Imagem por Ari Hollander, © Hunter Hoffman, www.vrpain.com

Na imagem à esquerda, paciente usufrui do entretenimento provocado pela realidade virtual do SnowWorld em um centro de tratamento. Na imagem à direita, o próprio SnowWorld.

Educação e treinamento

Os ambientes virtuais são utilizados em educação para trazer recursos atrativos para a classe. Em desenvolvimento por mais de 10 anos, a *3D Rewind Rome* é uma mostra de realidade virtual sobre a Roma antiga desenvolvida no laboratório de realidade virtual da Universidade da Califórnia – Los Angeles (UCLA).[76] A mostra é historicamente precisa, com mais de 7 mil prédios reconstruídos em um fundo de uma paisagem realística. Na Universidade Estadual de Dakota do Norte, o Laboratório de Tecnologias Arqueológicas desenvolveu um sistema de realidade virtual em 3D que apresenta uma vila indiana americana do século XVIII.

A tecnologia virtual também é aplicada nas Forças Armadas. Para ajudar na manutenção de aeronaves, um sistema virtual foi desenvolvido para simular uma aeronave e permitir ao usuário uma sensação tátil enquanto as imagens gráficas computacionais fornecem uma sensação de visão e sons. Os usuários veem, tocam e manipulam as vá-

www.3drewind.com

A 3D Rewind Rome é baseada em mais de 10 anos de pesquisa feita por arqueólogos e historiadores, coordenados pela University da Califórnia – Los Angeles.

rias partes da aeronave virtual durante o treinamento. O Pentágono usa um laboratório de treinamento com realidade virtual como preparação para uma crise militar. O sistema de realidade virtual simula vários cenários de guerra.

Negócios e comércio

A realidade virtual é empregada em todas as áreas de negócios. A Boeing usa a realidade virtual para ajudá-la no projeto e na fabricação de peças de aeronaves e novos aviões, incluindo o 787 Dreamliner. A Boeing usou o 3D PLM da Dassault Systems.[77] Uma instituição de sistema de saúde usou o Second Life para criar um hospital virtual quando começou a construção de um hospital multimilionário. O propósito do hospital virtual foi o de mostrar aos clientes e ao pessoal o projeto e as capacidades da nova construção. O Second Life também tem sido utilizado em empreendimentos e no recrutamento.[78] Ele permite ainda que as pessoas participem de jogos, interajam com avatares e construam estruturas como lares.

Um bom número de empresas está aproveitando a RV em seus anúncios. A cadeia de Pizzas do Papa John fez uso da RV como ferramenta de publicidade colocando uma imagem da RV em muitas das caixas de suas pizzas. Quando a imagem é vista através de uma webcam de um computador, um teclado padrão pode ser usado para manipular as imagens de um Chevrolet Camaro. É uma imagem móvel do Camaro que o fundador da Papa John vendeu para dar início à sua pizzaria.

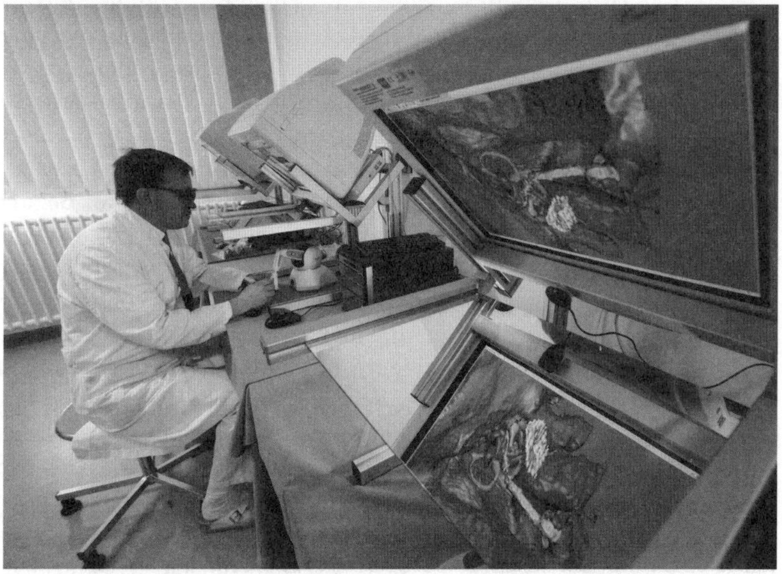

AP Photo/Jens Meyer

Um cirurgião utiliza o Voxel-Man, um simulador de RV para treinar o acesso cirúrgico à orelha média.

Entretenimento

A tecnologia de imagens geradas por computador (CGI, computer generated image) existe desde os anos 1970. Muitos produções utilizam essa tecnologia para trazer realismo à tela de cinema, como nos filmes *Procurando Nemo*, *Homem Aranha II* e *Guerra nas Estrelas – Episódio II – Ataque dos Clones*. Uma equipe de artistas representou os mares agitados e as ondas revoltas de *Mar em Fúria* quase inteiramente em computadores por meio de relatórios meteorológicos, fórmulas científicas e imaginação. Outros filmes que também usaram a tecnologia da CGI foram: *Dinossauro*, com répteis falantes realistas; *Titan A.E.*, com maravilhosas paisagens espaciais em 3D; e o elenco de multidões e batalhas geradas por computador, em *Gladiador* e *O Patriota*. A CGI pode ainda ser empregada para a simulação de esportes para aumentar o conhecimento dos espectadores e o prazer de assistir a um jogo.

SISTEMAS ESPECIALIZADOS

Além da inteligência artificial, dos sistemas especialistas e da realidade virtual, outros sistemas especializados interessantes têm aparecido. O projeto Fab Labs do MIT (Fabrication Laboratory at the Museum of Science and Industry, por exemplo, tem a meta de possibilitar a qualquer pessoa a fabricação de quase tudo por meio de equipamentos e computadores especializados.[79] Espera-se que o Fab Labs seja capaz de produzir uma grande variedade de produtos, desde computadores até painéis para telhados.

Muitos sistemas com propósito especial que ajudam a superar deficiências ou melhorar a saúde em geral são chamados sistemas com *tecnologia de apoio*. Pesquisadores da IBM com os pesquisadores do Instituto de Bioengenharia e Nanotecnologia, em Cingapura, desenvolveram uma nanopartícula 50 mil vezes menor que a espessura de um fio de cabelo humano.[80] Se se tornar um sucesso, ela poderá destruir bactérias que ameaçam a saúde e a vida humana. De acordo com um pesquisador da IBM, "É como o Polo Norte e o Polo Sul. As partículas desfazem a membrana, geram furos nela e esvaziam a bactéria". O Projeto Eagle Eyes, do Boston College, permite que pessoas com deficiências físicas controlem um computador através do movimento de suas cabeças ou de seus olhos.[81] Utilizando eletrodos posicionados na cabeça da pessoa, uma câmera conectada a um computador detecta os movimentos da cabeça ou dos olhos e controla a operação do computador. Hoje, mais hospitais e instalações de sistemas de saúde estão usando a internet para conectar os médicos a seus pacientes em locais de longa distância. Em um caso, um médico utilizou a internet através de um vídeo para verificar o tratamento de um paciente com um derrame, que estava a 15 milhas de distância, para ter certeza de que os remédios prescritos não estavam aumentando a chance de outro sangramento no cérebro. Depois de analisar as tomografias computadorizadas digitalizadas e o comportamento do paciente, o médico fez recomendações específicas sobre os remédios.

Os sistemas com propósitos especiais proporcionam uma vantagem às agências governamentais e às Forças Armadas. A Marinha Americana testou uma aeronave sem nome, o X-47B, que pode decolar e aterrissar em porta-aviões.[82] Aterrissar em um porta-aviões é uma das mais difíceis manobras para os pilotos já habilitados, o que torna esse novo drone experimental muito impressionante. Segundo o gestor de Programas da Marinha: "Estamos realizando este desafio hoje com um veículo não tripulado". As Forças Armadas dos Estados Unidos também estão fazendo experiências com drones muito pequenos que podem se movimentar como um pássaro ou até como um inseto.[83] Um drone experimental tem o mesmo peso que uma bateria AA com um mecanismo de envergadura de asa de 6,5-polegadas movendo-as do mesmo modo que um beija-flor. O pequeno drone tem dispositivos de vídeo e áudio para enviar dados inteligentes para um comando central. O pequeno drone tem possíveis utilizações nos departamentos de polícia e do corpo de bombeiros. As Forças Armadas dos Estados Unidos também estão experimentando helicópteros controlados remotamente, tal qual o Fire Scout, que pode espionar posições do inimigo, localizar traficantes de drogas e monitorar piratas tentando sequestrar navios.[84] Os robo-copters medem cerca de 30 pés (9,14 metros) de comprimento e 10 pés (3,05 metros) de altura. Podem ser lançados de bases em navios ou em terra.

Universidades e agências governamentais também estão realizando pesquisas sobre o uso de um radar avançado com imagem via satélite e um software avançado para ajudar na previsão de tornados e poder minimizar seus danos, como aqueles que atingiram os Estados Unidos na primavera e no início do verão de 2011.[85] De acordo com o diretor do Instituto Georgia do Centro de Tecnologia sobre Pesquisas de Tempestades Graves, "A esperança é pesquisar como isso ajudará a reduzir a perda de vidas em tais tempestades".

Alguns sistemas de propósitos especiais estão disponíveis agora em veículos. A Toyota utiliza hardware e software para ajudar a controlar seus sistemas de freio antitrava (ABS), sistemas de entrada sem chave, transmissão, motor, acelerador e outros componentes do veículo.[86] A Toyota e a Microsoft estão trabalhando em aplicativos que podem ser baixados da internet e utilizados em carros e caminhões.[87] Chamado Toyota Media Service, o serviço baseado na internet terá potencial para realizar um número de funções úteis, incluindo a capacidade de aquecer ou resfriar um ambiente e acender as luzes, enquanto o proprietário estiver se dirigindo para casa e para ajudar os motoristas de veículos elétricos a encontrar estações de recarga. A Research in Motion (RIM), fabricante dos celulares Blackberry, e a PlayBook, de tablets, estão desenvolvendo um software para permitir que seus dispositivos também sejam usados em carros e caminhões.[88] Uma recente aquisição da RIM deverá permitir ao fabricante dos dispositivos móveis transformar o painel do veículo em um centro de entretenimento e controle que possa ler e-mails, tocar músicas armazenadas nos dispositivos móveis e controlar as funções básicas do carro e do caminhão. No futuro, os fabricantes de automóveis e as empresas de tecnologia explorarão meios para que autoestradas e carros se comuniquem entre si, evitando acidentes e encontrando a melhor rota para evitar trânsito e ganhar tempo, além de pagar, automaticamente, os pedágios.[89] O Advanced Warning System da Mobileye informa os motoristas para manter uma distância segura de outros veículos.[90]

Melhorias também estão sendo feitas nas pontes e nas rodovias. A Ponte St. Anthony Falls, em Minneapolis, por exemplo, tem sensores inteligentes em sua estrutura de concreto e aço que medem e relatam sobre quaisquer problemas estruturais em potencial.[91] Os sensores ainda medem as temperaturas na superfície da estrada e ajudam a determinar se os anticongelantes serão necessários durante os meses do inverno.

As empresas utilizam os dispositivos de rastreamento com propósitos especiais, chips e códigos de barras para muitas funções. Conforme mencionado anteriormente, as *tags de identificação por radiofrequência (RFID, Radio Frequency Identification),* que têm pequenos chips com informações sobre os produtos ou pacotes, podem ser digitalizadas para um controle de estoque ou para rastrear um conjunto à medida que se movimenta de um fornecedor para uma empresa e seus clientes. Os sistemas RFID também podem ser utilizados para proporcionar uma melhor experiência ao cliente. De acordo com o diretor-geral de Sistemas de Informação do resort Aspen Skiing Company, "Os convidados apenas passam pela catraca para obter o acesso enquanto seus cartões RFID continuam em seus bolsos. Eles apreciam o tempo de espera reduzido nas decidas e a facilidade de alugar esquis ou comprar um sanduíche".[92] A Vail Resorts utilizou as tags RFID para reduzir os tempos de espera nas filas dos teleféricos e evitar que pessoas utilizem suas cadeiras sem pagar pelos tíquetes.[93] As tags RFID estão começando a ser usadas em calçados e vestuários em grande extensão.[94] De acordo com um analista industrial, "O crescimento da etiquetagem no varejo é imenso, tanto em carregamentos quanto em despesas totais. A taxa da média de crescimento é quase de 60% para os próximos três anos". Empresas aéreas agora estão começando a usar as tags RFID e um software sofisticado para melhorar o manuseio e o processamento das bagagens. Espera-se que as novas tags reduzam a perda de bagagens, situação dispendiosa para as empresas aéreas e muito frustrante para os passageiros. Outra tecnologia serve para criar "contêineres inteligentes" para navios, ferrovias e caminhões. A NaviTag (*http://navitag.com/*) e outras empresas estão desenvolvendo sistemas de comunicação que permitem que os contêineres transmitam os conteúdos, a localização e as condições de embarques para os gestores de cargas e expedição.[95] Uma empresa ferroviária pode utilizar as mensagens padrão via rádio para gerar dados de embarques e rastreamento para clientes e gestores.

TEORIA DE JOGOS: É a utilização dos sistemas de informação para desenvolver estratégias competitivas para pessoas, organizações ou até mesmo países.

Um aplicativo especial da tecnologia da informática deriva-se de um ramo da matemática chamado **teoria de jogos** que envolve o uso de sistemas de informação para desenvolver

Toenisvorst, Germany

Os inovadores detectores de pagamentos digitalizam o conteúdo do carrinho no supermercado por meio da tecnologia RFID.

estratégias competitivas para pessoas, organizações ou até mesmo países. Duas empresas concorrentes podem usar a teoria dos jogos para determinar a melhor estratégia para alcançar seus objetivos. Em outros aplicativos, a teoria dos jogos foi empregada para desenvolver um sistema de segurança melhor para o aeroporto de Los Angeles.[96] O aplicativo da teoria dos jogos utilizou o programa ARMOR (Assistant for Randomized Monitoring over Routes, assistente para a monitorização das rotas) para ajudar a determinar estratégias para a monitoração e patrulha a fim de melhorar a segurança do aeroporto. As Forças Armadas também podem usar teoria dos jogos para determinar a melhor estratégia militar para vencer um conflito contra outro país, e os investidores individuais podem utilizar a teoria dos jogos para determinar as melhores estratégias quando competem contra outros investidores em um leilão de títulos do governo. Um trabalho inovador sobre a teoria dos jogos teve como pioneiro o matemático John Nash, cuja vida foi descrita no livro e filme *Uma mente brilhante*.

INFORMÁTICA: Sistema especializado que combina as disciplinas tradicionais, como ciências e medicina, com sistemas de informação e tecnologia.

A **informática**, outro sistema especializado, combina disciplinas tradicionais, como ciências e medicina, com sistemas de informação e tecnologia. A *bioinformática*, por exemplo, combina biologia e ciência da computação. Também chamada *biologia computacional*, a bioinformática tem sido empregada para ajudar a mapear o genoma humano e a conduzir pesquisas sobre organismos biológicos. Usando bancos de dados sofisticados e a IA, a bioinformática ajuda a revelar os segredos do genoma humano, o que poderia finalmente impedir doenças e salvar vidas. Algumas universidades têm cursos sobre bioinformática e oferecem certificações. A informática médica combina a pesquisa médica tradicional com a ciência da computação. Jornais, como o *Healthcare Informatics*, relatam pesquisas atuais sobre a aplicação dos sistemas de computação e tecnologia para reduzir erros médicos e melhorar os cuidados com a saúde.[97] A informática também pode ser utilizada para financiar e desenvolver rentáveis e sofisticados programas de modelagem que analisam os riscos e o potencial do mercado.

Existem muitos outros exemplos de sistemas especializados. Um professor da Universidade Carnegie Mellon, na Pensilvânia, está fazendo experiências com uma tinta eletrônica que conduz eletricidade.[98] A pesquisa pode levar a telas de computadores, telefones e TVs quase tão finas quanto uma camada de tinta. Um professor do MIT projetou um chip que usa uma abordagem que ele chama aritmética suave.[99] O chip, que é permitido tomar atalhos e não ser completamente preciso, poderia ser até 100 mil vezes mais rápido que um chip típico como resultado. A empresa de cartões de crédito Visa está experimentando uma carteira eletrônica que contém informações em um cartão de crédito que pode ser armazenado em um smartphone ou outro dispositivo móvel.[100] A carteira eletrônica pode ser usada para pagar por mercadorias e serviços comprados on-line ou em lojas tradicionais. Bancos como o Bancorp, TD Bank Group e o BB&T apoiam a abordagem da Visa. Alguns supermercados e lojas de varejo estão empregando dispositivos como o Scan It para permitir que os clientes determinem o total de suas compras nesses estabelecimentos.[101] Do tamanho de um smartphone, tais dispositivos de digitalização podem avisar os clientes sobre cupons e ofertas especiais, deduzir os cupons e ofertas especiais do total da fatura e reduzir o tempo do processo de pagamento na caixa registradora. Alguns acreditam que esses dispositivos de escaneamento motivam a comprar mais. A Tobii fabrica um *rastreador ocular* para localizar um olhar fixo de uma pessoa em uma tela de computador.[102] O dispositivo trabalha com duas câmeras infravermelhas localizadas em um visor da tela do computador. Depois que o rastreador ocular é calibrado, pode determinar para que ponto, na tela do computador, você está olhando. O dispositivo tem um grande número de aplicações. Por exemplo, participantes de jogos virtuais podem destruir um inimigo simplesmente ao olhá-lo na tela do computador, e as empresas podem utilizá-lo para determinar que imagens atraem sua atenção na tela do computador. Algumas pessoas, entretanto, acreditam que esse tipo de dispositivo poderia resultar em invasão de privacidade. O Wi-Fi também pode ajudar as empresas a localizar pessoas e coisas. A Royal Caribbean Cruises faz uso de iPhones, iPads e outros dispositivos móveis para determinar a localização de pessoas e objetos a bordo. Se necessário, uma ação corretiva pode ser tomada para certificar-se de que tudo está em seus devidos lugares.[103] A Segway é uma lambretinha elétrica que possui sofisticado software, sensores e giroscópios para transportar pessoas através dos almoxarifados, escritórios, nos passadiços inferiores e outros espaços.[104] Originalmente projetada para transportar pessoas em torno de uma fábrica ou em pequenas cidades, as versões mais recentes estão sendo testadas pelas Forças Armadas para recolher informações e transportar soldados feridos para um local seguro. A Segway também tem sido empregada nos jogos de polo, no lugar dos cavalos.[105] Chamado Segway Polo, o esporte tem atraído muitos jogadores, incluindo um dos fundadores da Apple Computer. De acordo com o responsável pelo time de polo Funky-Move Turtle da Alemanha, "os veículos não pilotaram muito bem e bateram muito uns contra os outros, mas sua destreza com a bola foi fantástica".

RESUMO

Princípio:

A gestão do conhecimento permite que as organizações compartilhem conhecimentos e experiência entre seus gestores e funcionários.

O conhecimento é a consciência e a compreensão de um conjunto de informações e o modo como essas informações podem ser úteis para apoiar uma tarefa específica ou para se chegar a uma decisão. Um sistema de gestão do conhecimento (SGC) é um conjunto organizado de pessoas, procedimentos, programas, bancos de dados e dispositivos utilizados para criar, armazenar, compartilhar e usar o conhecimento e a experiência da organização. O conhecimento explícito é objetivo, e pode ser medido e documentado em relatórios, artigos e regras. O conhecimento tácito é difícil de medir, documentar e é, em geral, não objetivo nem formalizado.

Os trabalhadores do conhecimento são pessoas que criam, armazenam, utilizam e disseminam o conhecimento. Geralmente são profissionais de ciências, engenharia, administração e outras áreas. O diretor de conhecimento é um executivo de alto nível que ajuda a organização a utilizar um SGC para criar, armazenar e utilizar o conhecimento para alcançar os objetivos. Algumas organizações e profissões usam as comunidades de prática (COP, communities of practice) para criar, armazenar e compartilhar conhecimentos. Uma COP é um grupo de pessoas dedicadas a uma disciplina ou a uma prática comum, como a do programa de código aberto, a da auditoria, a da medicina ou a da engenharia.

A obtenção, o armazenamento, o compartilhamento e a utilização do conhecimento são a chave para qualquer SGC. O uso de um SGC sempre leva à criação, ao armazenamento, ao compartilhamento e à utilização do conhecimento. Muitas ferramentas e técnicas podem ser empregadas para criar, armazenar e usar o conhecimento. Essas ferramentas e técnicas são disponibilizadas pela IBM, Microsoft e outras empresas.

Princípio:

Os sistemas de inteligência artificial (IA) formam um conjunto amplo e diverso de sistemas que podem replicar a tomada de decisão humana para certos tipos de problemas bem definidos.

O termo inteligência artificial (IA) é usado para descrever computadores com a capacidade de imitar ou duplicar as funções do cérebro humano. O objetivo de construir sistemas de IA não é o de substituir completamente a tomada de decisão humana, mas de replicá-la para certos tipos de problemas bem definidos.

O comportamento inteligente abrange várias características, incluindo a capacidade de aprender com a experiência e aplicar esse conhecimento em novas experiências; lidar com situações complexas e resolver problemas para os quais faltam partes das informações; determinar as informações relevantes em situações específicas; pensar de modo lógico e racional; dar uma resposta rápida e correta; e entender as imagens e processar símbolos. Os computadores são melhores que os humanos para transferir informações e fazer uma série de cálculos rapidamente e com precisão, mas os seres humanos são melhores que os computadores em todos os outros atributos da inteligência.

A IA é um amplo campo que inclui vários componentes essenciais, como os sistemas especialistas, a robótica, os sistemas de visão, o processamento da linguagem natural, os sistemas de aprendizagem e redes neurais. Um sistema especialista consiste em hardware e software utilizados para produzir sistemas que se comportem como um especialista humano se comportaria em uma área de sua especialidade (por exemplo, análise de crédito). A robótica usa dispositivos mecânicos ou computacionais para desempenhar tarefas que demandem alto grau de precisão, que sejam entediantes ou representem risco para os humanos (por exemplo, empilhar caixas num palete). Os sistemas de visão incluem os hardwares e softwares que permitem que os computadores capturem, armazenem e manipulem imagens e fotos (por exemplo, programas de reconhecimento de rosto). O processamento da linguagem natural permite que o computador entenda e reaja a declarações e comandos feitos numa linguagem "natural", como o inglês. Os sistemas de aprendizagem utilizam uma combinação de hardware e software para permitir que um computador mude a maneira como funciona ou reaja a situações com base na realimentação que ele recebe (por exemplo, um jogo de xadrez computadorizado). Uma rede neural é um sistema computacional que pode simular o funcionamento de um cérebro humano (por exemplo, sistema de diagnóstico de doenças). Um algoritmo genético é uma abordagem para resolver problemas complexos nos quais algumas operações relacionadas ou modelos mudam e evoluem até que a melhor solução apareça. A abordagem é baseada na teoria da evolução, que requer variação e seleção natural. Agentes inteligentes consistem em programas e base de conhecimentos utilizados para realizar uma tarefa específica para uma pessoa, um processo ou outro programa.

Princípio:

Sistemas especialistas podem permitir que um novato tenha um desempenho no mesmo nível de um especialista, mas devem ser desenvolvidos e mantidos com muito cuidado.

Um sistema especialista consiste em um conjunto de componentes integrados e relacionados, incluindo uma base de conhecimentos, um mecanismo de inferências, recursos para explicações, recursos para a aquisição de conhecimentos e uma interface de usuário. A base de conhecimentos é uma extensão do banco de dados, discutida no Capítulo 5, e um sistema de informação e de apoio à decisão, discutido no Capítulo 10. Ela contém todos os dados relevantes, regras e relacionamentos empregados no sistema especialista. As regras são frequentemente compostas de declarações SE-ENTÃO, utilizadas para tirar conclusões.

O mecanismo de inferências processa regras, dados e relacionamentos armazenados em uma base de conhecimentos para fornecer respostas, previsões e sugestões da mesma maneira que um especialista humano o faria. Os recursos para explicações de um sistema especialista permitem que o usuário entenda quais regras foram consideradas para se chegar à decisão. Os recursos para a aquisição de conhecimentos ajudam o usuário a acrescentar ou atualizar o conhecimento na base de conhecimentos. A interface de usuário facilita o desenvolvimento e uso de um sistema especialista.

As pessoas envolvidas no desenvolvimento de um sistema especialista são o especialista de domínio, o engenheiro do conhecimento e o usuário do conhecimento. O especialista de domínio é a pessoa ou o grupo que tem a experiência ou o conhecimento capturado pelo sistema. O engenheiro do conhecimento é o desenvolvedor cujo trabalho é extrair o conhecimento especializado do especialista de domínio. O usuário do conhecimento é a pessoa que se beneficia do uso do sistema desenvolvido. Os sistemas especialistas podem ser implantados de diversas maneiras. Anteriormente eram usadas linguagens tradicionais de alto nível, como Pascal, FORTRAN e COBOL. LISP e PROLOG são linguagens especificamente desenvolvidas para a criação de sistemas especialistas desde o início. Uma maneira mais rápida e mais econômica de adquirir um sistema especialista é comprar um ambiente de sistema especialista ou pacotes existentes. O programa de ambiente é um conjunto de pacotes de software e ferramentas utilizadas para projetar, desenvolver, implantar e manter sistemas especialistas.

Princípio:

Sistemas de multimídia e de realidade virtual podem reformatar a interface entre as pessoas e a tecnologia da informação, oferecendo novas maneiras de comunicar informações, visualizar processos e expressar ideias criativamente.

Multimídia são textos, gráficos, vídeos, animações, áudios e outras mídias que podem ser utilizadas para ajudar uma organização atingir eficiente e efetivamente sua meta. A multimídia pode ser utilizada para criar brochuras, apresentações, relatórios e documentos. Apesar de nem todas as organizações utilizarem as capacidades totais da multimídia, muitos usam os recursos de texto e de gráficos. Outros aplicativos de multimídia incluem áudios, vídeos e animações. A compressão e a conversão de arquivos são sempre necessárias nos aplicativos de multimídia para importar ou exportar arquivos análogos e reduzir seu tamanho para estocá-los e enviá-los a outras pessoas. O projeto de um aplicativo de multimídia requer bastante cuidado e muita reflexão para obter os melhores resultados e atingir metas empresariais.

Um sistema de realidade virtual permite que um ou mais usuários se movam e reajam em um ambiente simulado pelo computador. As simulações da realidade virtual exigem dispositivos de interface especiais, que transmitam sinais, sons e sensações do mundo simulado para o usuário. Esses dispositivos podem também registrar e enviar falas e movimentos de participantes para o programa de simulação. Portanto, os usuários podem sentir e manipular objetos virtuais como se fossem reais. Esse estilo natural de interação fornece aos participantes a sensação de que estão imersos em um mundo simulado.

A realidade virtual também pode se referir a aplicativos não tão impressionantes, como a navegação controlada por mouse, por meio de um ambiente tridimensional em um monitor gráfico com uma visão estéreo do monitor, através de óculos estéreos, utilizando-se sistemas de projeção estéreo. Alguns aplicativos de realidade virtual permitem visões de ambientes reais com objetos virtuais superpostos. A realidade aumentada, nova forma de realidade virtual, tem o potencial de sobrepor dados digitais sobre fotos ou imagens reais. Os aplicativos de realidade virtual são encontrados na medicina, na educação e em treinamento no setor imobiliário, no turismo e no entretenimento.

Princípio:

Sistemas especializados podem ajudar as organizações e os indivíduos a alcançarem seus objetivos.

Alguns sistemas especializados têm surgido para ajudar as organizações e os indivíduos por meio de novos e empolgantes meios. O Segway, por exemplo, é uma lambretinha elétrica que utiliza um software sofisticado, com sensores e motores giroscópicos, para transportar pessoas pelos depósitos, escritórios, calçadas e outros espaços. Originalmente projetado para transportar pessoas dentro de uma fábrica ou pela cidade, as versões mais recentes estão sendo testadas pelas Forças Armadas para reunir informações e transportar os soldados feridos para áreas seguras. As tags de identificação por radiofrequência (RFID) são usadas em várias situações. A teoria dos jogos envolve o uso de sistemas de informação para desenvolver estratégias competitivas para pessoas, organizações e até países. A informática combina disciplinas tradicionais, como ciências e medicina, com a ciência da computação. A bioinformática e a informática médica são exemplos.

CAPÍTULO 11: TESTE DE AUTOAVALIAÇÃO

A gestão do conhecimento permite que as organizações compartilhem conhecimentos e experiências entre seus gestores e funcionários.

1. O conhecimento __________ é objetivo e pode ser medido e documentado por meio de relatórios, artigos e regras.
2. Que tipo de pessoa cria, utiliza e dissemina conhecimento?
   a. o trabalhador do conhecimento
   b. o trabalhador da informação
   c. o especialista de domínio
   d. o engenheiro do conhecimento
3. Um __________ é um executivo de alto nível que ajuda a organização a utilizar um SGC para criar, armazenar e usar o conhecimento para alcançar seus objetivos.

Os sistemas de inteligência artificial (IA) formam um conjunto amplo e diverso de sistemas que podem replicar a tomada de decisão humana para certos tipos de problemas bem definidos.

4. A interface cérebro-computador (ICC) pode conectar diretamente o cérebro humano a um computador e ter o controle do pensamento e das atividades humanas. Verdadeiro ou falso?
5. __________ são regras de ouro que surgem da experiência ou mesmo de conjecturas.
6. Qual destes não é um atributo importante para a inteligência artificial?
   a. a capacidade de utilizar sensores
   b. a capacidade de aprender com a experiência
   c. a capacidade de ser criativo
   d. a capacidade de fazer cálculos complexos

7. A _______________ envolve dispositivos mecânicos ou computacionais que podem pintar carros, fazer soldas de precisão e desempenhar outras tarefas que exijam alto grau de precisão ou sejam monótonas ou perigosas para os seres humanos.
8. Qual é o ramo da inteligência artificial que envolve o entendimento e a reação a declarações em inglês ou outro idioma?
   a. os sistemas especialistas
   b. as redes neurais
   c. o processamento de linguagem natural
   d. os sistemas de visão
9. Um _______________ é uma combinação de software e hardware que permite que o computador modifique o modo como funciona ou reage às situações com base no retorno de informações que recebe.

Sistemas especialistas podem permitir que um novato tenha um desempenho no mesmo nível de um especialista, mas devem ser desenvolvidos e mantidos com muito cuidado.

10. Qual é a desvantagem de um sistema especialista?
    a. a incapacidade de resolver problemas complexos
    b. a incapacidade de lidar com a incerteza
    c. as limitações diante de problemas relativamente simples
    d. a incapacidade de tirar conclusões de relacionamentos complexos
11. Um(a) _______________ é um conjunto de pacotes de software e hardware utilizado para desenvolver sistemas especialistas que podem ser realizados na maioria das plataformas de PCs populares para reduzir o tempo e os custos do desenvolvimento.
12. Uma heurística consiste em um conjunto de software e ferramentas utilizadas para desenvolver um sistema especialista para reduzir o tempo e os custos do desenvolvimento. Verdadeiro ou falso?
13. Onde são armazenadas todas as informações relevantes, dados, regras e relacionamentos usados pelo sistema especialista?
    a. na base de conhecimento
    b. na interface de dados
    c. no banco de dados
    d. nos recursos de aquisição
14. Uma desvantagem de um sistema especialista é a incapacidade de fornecer a especialização necessária em várias localidades ao mesmo tempo ou em um ambiente hostil e perigoso à saúde humana. Verdadeiro ou falso?
15. O que permite que um usuário ou um tomador de decisões entenda como um sistema especialista chegou a certa conclusão ou resultado?
    a. o especialista em domínio
    b. o mecanismo de inferências
    c. a base de conhecimento
    d. os recursos para explicações
16. O objetivo dos _______________ é fornecer meios convenientes e eficientes de capturar e armazenar todos os componentes da base de conhecimentos.
17. Em um sistema especialista, o especialista de domínio é o indivíduo ou o grupo que possui a especialização ou o conhecimento que se tenta capturar no sistema especialista. Verdadeiro ou falso?

Sistemas de multimídia e de realidade virtual podem reformatar a interface entre as pessoas e a tecnologia da informação, oferecendo novas maneiras de comunicar informações, visualizar processos e expressar ideias criativamente.

18. A _______________ tem o potencial de sobrepor dados digitais sobre fotos ou imagens reais.
19. Que tipo de realidade virtual é utilizada para fazer com que os seres humanos sintam-se como se estivessem em um ambiente tridimensional, como um edifício, um sítio de escavação arqueológica, na anatomia humana, numa escultura ou na reconstrução de uma cena de crime?
    a. nuvem
    b. relativa
    c. impressionante
    d. visual

Sistemas especializados podem ajudar as organizações e os indivíduos a alcançarem seus objetivos.

20. A _______________ envolve o uso de sistemas de informação para desenvolver estratégias competitivas para as pessoas, organizações ou até mesmo países.

CAPÍTULO 11: RESPOSTAS DO TESTE DE AUTOAVALIAÇÃO

1. explícito
2. a
3. diretor executivo de conhecimento
4. Verdadeiro
5. Heurística
6. d
7. robótica
8. c
9. sistema de aprendizagem
10. c
11. interface de sistema especialista
12. Falso
13. a
14. Falso
15. d
16. recursos para aquisição de conhecimentos

17. Verdadeiro
18. realidade aumentada
19. c
20. teoria dos jogos

QUESTÕES DE REVISÃO

1. O que é um *sistema de gestão do conhecimento*?
2. O que é *comunidade de prática*?
3. O que é um *diretor(a) executivo de conhecimento*? Quais são suas funções?
4. O que é um sistema de visão? Discuta duas aplicações de tal sistema.
5. O que é processamento de linguagem natural? Quais são os três níveis de reconhecimento de voz?
6. Descreva três exemplos da utilização da robótica. Como um microrrobô pode ser usado?
7. O que é um sistema de aprendizagem? De um exemplo prático de tal sistema.
8. Descreva rapidamente um sistema com propósito especial, discutido no final deste capítulo. Como pode ser utilizado em um ambiente de negócios?
9. Sob quais condições o desenvolvimento de um sistema especialista provavelmente valerá o esforço despendido?
10. Identifique os componentes básicos de um sistema especialista e descreva o papel de cada um.
11. Descreva as diversas utilizações empresariais da multimídia.
12. O que é realidade aumentada? Como pode ser usada?
13. Os sistemas especialistas podem ser construídos com base em regras ou casos. Qual é a diferença entre os dois?
14. Descreva os papéis do especialista de domínio, do engenheiro de conhecimento e do usuário do conhecimento nos sistemas especialistas.
15. O que é informática? Dê três exemplos.
16. Descreva a teoria dos jogos e sua utilização.
17. Identifique três dispositivos de interfaces especiais desenvolvidos para a utilização com sistemas de realidade virtual.
18. Identifique e descreva rapidamente três aplicativos específicos da realidade virtual.
19. O que é um banco de conhecimentos? Como é usado?
20. Dê três exemplos de outros sistemas especializados.

QUESTÕES PARA DISCUSSÃO

1. Quais são os requisitos para um computador exibir a inteligência de nível humano? Quanto tempo ainda resta antes que tenhamos uma tecnologia para projetar tais computadores? Você acredita que devemos pressionar para tentar acelerar tal desenvolvimento? Por quê?
2. Você trabalha para uma empresa de seguros como gestor de nível iniciante. A empresa possui conhecimentos explícitos e tácitos. Descreva os tipos de conhecimento explícito e tácito que devem existir em sua empresa de seguros. Como você capturaria cada tipo de conhecimento?
3. Como você poderia usar a comunidade de prática numa escola de segundo grau ou em uma universidade?
4. Quais são algumas das tarefas nas quais os robôs são superiores? Quais tarefas humanas são difíceis para os robôs dominarem? Quais são os campos da IA requeridos para desenvolver um robô verdadeiramente perceptivo?
5. Descreva como o processamento de linguagem natural poderia ser utilizado em um ambiente universitário.
6. Discuta como os sistemas de aprendizagem podem ser utilizados em uma simulação de guerra para treinar futuros oficiais e comandantes de campo.
7. Você foi contratado para desenvolver um sistema especialista para o centro de colocação de carreiras da universidade. Desenvolva cinco regras que um estudante poderia usar na escolha de uma carreira.
8. O que é o relacionamento entre um banco de dados e uma base de conhecimentos?
9. Imagine que você esteja desenvolvendo as regras de um sistema especialista para selecionar os candidatos mais fortes para uma escola de medicina. Quais regras ou heurística você incluiria?
10. Descreva como a informática pode ser aplicada em um ambiente de negócios.
11. Descreva como uma universidade deve utilizar a multimídia.
12. Descreva como a realidade aumentada pode ser utilizada em sala de aulas. Como poderia ser usada em um ambiente empresarial?
13. Descreva uma situação na qual os RFIDs poderiam ser empregados em um ambiente de negócios.

EXERCÍCIOS DE RESOLUÇÃO DE PROBLEMAS

1. Você é o vice-presidente sênior de uma empresa que produz equipamentos para a cozinha. Está pensando em utilizar robôs para substituir até 10 de seus funcionários qualificados de chão da fábrica. Por meio de uma planilha, analise os custos de aquisição de vários robôs para pintar e montar alguns de seus produtos versus a economia no custo da mão de obra. Quantos anos seriam necessários

para pagar os robôs, partindo da economia de ter menos funcionários? Suponha que os funcionários qualificados ganhem $ 20 por hora, incluindo os benefícios.

2. Desenvolva um sistema especialista para prever o clima para os próximos dias. Use um programa de processamento de palavras para listar e descrever as regras SE-ENTÃO que você utilizaria.

3. Use um programa gráfico, como o PowerPoint, para desenvolver uma brochura para um pequeno restaurante. Compare sua brochura com uma que poderia ter sido desenvolvida com um aplicativo especializado em multimídia para desenvolver brochuras. Escreva um relatório, usando um processador de textos, sobre as vantagens do aplicativo de multimídia comparado com um programa gráfico.

ATIVIDADES EM GRUPO

1. Pesquise com o seu grupo para identificar três SGCs em três diferentes negócios ou organizações sem fins lucrativos. Descreva os tipos de conhecimentos, tácitos e explícitos, que poderiam ser necessários a cada organização.
2. Desenvolva com o seu grupo um sistema especializado para prever quantos anos levará para um típico estudante se formar no curso médio ou na universidade de acordo com o que a maioria dos estudantes escolhe, como o número de cursos cumpridos a cada semestre, o número de festas ou de atividades sociais que o estudante vai por mês e outros fatores. Cada fator deverá ser colocado em uma ou mais regras SE-ENTÃO.
3. Explore com os membros de sua equipe a utilização de um sistema especialista em uma atividade econômica de sua escolha. Descreva as vantagens e desvantagens desse sistema de propósito especial.

EXERCÍCIOS DA WEB

1. Encontre informações na internet sobre a utilização da realidade aumentada. Descreva seus achados.
2. Este capítulo discutiu vários exemplos de sistemas especialistas. Procure na internet dois exemplos do uso de sistemas especialistas. Qual deles possui o maior potencial para aumentar os lucros de uma empresa de médio porte? Explique sua escolha.
3. Utilize a internet para encontrar informações sobre dois dos aplicativos com propósito especial discutidos neste capítulo. Escreva um relatório sobre o que você descobriu.

EXERCÍCIOS PARA ESPECIALIZAÇÃO

1. Descreva como uma COP pode ser utilizada para ajudar no avanço de sua carreira.
2. Descreva como você poderia utilizar a multimídia em uma carreira de sua escolha. Inclua os aplicativos de textos e gráficos, áudio, vídeo e animação. Utilizando um processador de textos, descreva rapidamente como projetaria cada aplicativo de multimídia para ajudar a sua carreira.

ESTUDOS DE CASO

Caso um

A Google e a BMW treinam carros para dirigir sozinhos

A inteligência artificial é definida neste capítulo como computadores com "a capacidade de imitar ou de duplicar as funções do cérebro humano". Dirigir um carro no trânsito é uma atividade. Através daquela definição, os veículos que apresentaram a capacidade de dirigir no trânsito começaram a mostrar inteligência.

Já é esperado que o comportamento de um veículo inteligente, um passo além dos sistemas discutidos na seção sobre os sistemas especializados deste capítulo, se torne um lugar comum durante os próximos anos. Alan Taub, vice-presidente de Pesquisa e Desenvolvimento na General Motors, prevê que a condução automática será uma característica padrão em 2020.

Em outubro de 2010, a Google divulgou seu programa do carro autônomo. Os carros da empresa são facilmente identificados na cidade de São Francisco e em seus arredores: a base do Toyota Prius tem um dispositivo afunilado na parte superior para apoiar um medidor de distâncias a laser com 64-beam. Inserções adicionais ao computador de controle chegam dos mapas de alta resolução da área, duas unidades de radar, uma em cada amortecedor, uma câmera com foco na parte da frente para detectar sinais de trânsito e um GPS, uma unidade de medição inercial e contador de giro na roda para rastrear o movimento do veículo.

Os carros da Google sempre viajam com um motorista licenciado no banco do motorista. Durante as primeiras 160 mil milhas de operação, o motorista teve de assumir o controle durante duas vezes: uma, quando o carro da frente parou e começou a dar ré para estacionar num espaço, e outra vez, quando uma ciclista entrou em um cruzamento apesar do sinal vermelho. Seria muito fácil programar os computadores dos carros para verificar os veículos que estivessem começando a estacionar, mas bem mais difícil, mas não impossível, seria programá-los para perceber ciclistas avançando o sinal vermelho. Situações nas quais uma pessoa tem de assumir o controle deverão se tornar cada vez mais raras.

O único acidente envolvendo um carro da Google em mais de 200 mil milhas, a propósito, aconteceu quando um dos veículos foi abalroado na traseira ao parar em um sinal de trânsito. Quantos motoristas humanos dirigiriam tal distância com apenas um pequeno amassado no paralamas?

A Google não é a única empresa que está estudando a tecnologia da direção autônoma. As fabricantes de veículos também estão investigando isso. A BMW é, provavelmente, a mais adiantada: em janeiro de 2012, demonstrou um carro autônomo nas autoestradas sem limite de velocidade da Alemanha. O carro da empresa lembra qualquer outro da marca BMW, pois seus radares, câmeras, escâneres a laser e sensores de distância estão todos no interior do corpo do carro. Nico Kaempchen, o gestor de projetos sobre Direção Altamente Autônoma do Grupo de Pesquisa e Tecnologia da BMW, disse: "o sistema trabalha em todos os itinerários que tínhamos mapeado previamente".

Programar carros autônomos significa estudar o comportamento de um motorista em nível detalhado. Como os motoristas alternam num cruzamento com quatro sinais de pare? Se os outros motoristas não se renderem ao carro sem motorista, como vão poder entrar no cruzamento para mostrar que querem passar? Quão grande um animal deve ser antes que um carro tome uma decisão evasiva de evitá-lo?

A sociedade também deve resolver as questões legais sobre essa tecnologia. Como podem os policiais mandar parar carros sem motoristas? Eles têm mesmo o direito de fazer isso? Como podem os carros sem motoristas reconhecer policiais direcionando o trânsito e ignorar os sinais de trânsito acima das cabeças daqueles policiais?

Apesar de tais preocupações, os veículos sem motoristas já foram legalizados no Estado de Nevada, em 2011. Legislações similares estão pendentes na Flórida e no Hawaí e podem ser introduzidas na Califórnia.

Gostando ou não, em breve estaremos dando aos nossos carros mais controle do que nossos ancestrais jamais deram aos seus mais inteligentes cavalos. "Ele não será realmente um veículo autônomo", disse Brad Templeton, projetista de software e consultor do projeto da Google, "até que você o instrua para se dirigir ao trabalho e ele, ao contrário, termine seu trajeto na praia".

Questões para discussão

1. Suponha que você viu um carro autônomo da Google dirigindo na sua frente a 5 mph (ou 10 km/h) mais devagar do que acredita que seja seguro dirigir. Existem três faixas em sua direção. Você passaria o carro autônomo? Você acha que é mais arriscado que ultrapassar um carro controlado por um motorista humano?
2. Conforme observado no caso, os carros autônomos da Google são facilmente reconhecidos, mas os da BMW não. Você acha isso importante? Se sua resposta for afirmativa, qual você prefere e por quê?

Questões para análise

1. Você compraria um carro autônomo no primeiro ano em que tivesse sido colocado no mercado? (Suponha que você estivesse mesmo para comprar um carro, que o carro que lhe chamou a atenção foi aquele e que seu preço estava razoavelmente bom.) Se não, quando você acha que compraria um?
2. Você é um advogado. Um carro autônomo bate no carro de um cliente seu. O que você recomenda que seu cliente faça? Se você recomendar um processo, quem processaria? Quais argumentos utilizaria? O que devem os acusados argumentar?

Fontes: Guizzo, E., "How Google's Self-Driving Car Works", *IEEE Spectrum*, *spectrum.ieee.org/automaton/robotics/artificial-intelligence/how-google-self-driving-car-works*, acesso em: 18 out. 2011; Hachman, M., "Google's Self-Driving Car Challenge: 1 Million Miles, by Itself", *PC Magazine*, *www.pcmag.com/article2/0,2817,2395049,00.asp*, acesso em: 20 out. 2011; Kelly, T., "BMW Self Driving Car: Carmaker Shows off Hands-Free Car on Autobahn", *Huffington Post*, *www.huffingtonpost.com/2012/01/26/bmw-self-driving-car_n_1234362.html*, acesso em: 26 jan. 2012; Trei, M., "BMW Challenges Google's Self-Driving Car", *NBC Bay Area News*, *www.nbcbayarea.com/blogs/press-here/BMW-Challenges-Googles-Self-Driving-Car-137892303.html*, acesso em: 23 jan. 2012; Vanderbilt, T., "Five Reasons the Robo-Car Haters Are Wrong", *Wired*, *www.wired.com/autopia/2012/02/robo-car-haters-are-wrong*, acesso em: 9 fev. 2012; Vanderbilt, T., "Let the Robot Drive: The Autonomous Car of the Future Is Here", *Wired*, *www.wired.com/magazine/2012/01/ff_autonomouscars*, acesso em: 20 jan. 2012.

Caso dois

Gestão de conhecimento melhora o suporte ao cliente na Canon

Milhões de consumidores americanos possuem câmeras digitais, copiadoras, impressoras, binóculos, máquinas de fax, camcorders e calculadoras da marca Canon. Os pedidos de suporte de campo do Serviço de Tecnologia da Informação da Canon (CITS, Canon Information Technology Services) em Chesapeake, no Estado da Virgínia, chegam a uma média atual de 200 mil chamados, 50 mil e-mails e mil cartas por mês: num total de cerca de 3 milhões de contatos por ano. O CITS emprega cerca de 550 pessoas para lidar com esses contatos.

O problema da Canon é que até recentemente ela não tinha um repositório de conhecimento central. As informações sobre o produto ficavam espalhadas na intranet do CITS, na internet americana da Canon, nos manuais dos dispositivos e em um sistema de conhecimento desenvolvido internamente. O CITS não poderia garantir que todo o conteúdo estava correto, não havendo conflitos com os manuais ou outros sistemas. Os clientes só podiam usar o sistema do conhecimento, e este não era pesquisável. Os agentes do suporte precisavam verificar as múltiplas fontes de informações sobre qualquer produto. Esse processo foi bastante complicado, irritou alguns agentes e gastou um tempo valoroso.

Para resolver o problema, a Canon instalou o suporte dirigido ao conhecimento (KDS, Knowledge-Driven Support) da Consona. O KDS integra a gestão do conhecimento com o aplicativo de gestão do caso em um tipo de aplicativo de Gestão de Relacionamento com o Cliente, que você estudou no Capítulo 9.

Como um exemplo de integração, o KDS respeita a *autoria em processo*. Um representante que havia acabado de escrever uma longa e complexa explicação para um cliente sobre como resolver um problema pôde inserir aquela explicação diretamente na base do conhecimento sem ter de recriá-la e nem mesmo "copiar e colá-la". Os agentes não têm de perder tempo depois de uma ligação com a criação de um novo conhecimento quando já tiverem melhorado seus relatórios de desempenho atendendo outro chamado. De acordo com a Consona, "o conhecimento não é uma coisa que se faz além de resolver problemas — ele acontece de acordo com o meio usado para resolver os problemas".

Os resultados são que, durante os seis primeiros meses que o sistema estava em utilização total, a fração de perguntas dos clientes resolvidas on-line sem precisar de telefonar aumentou de 51 para 71%. Isso economizou tempo aos agentes, enquanto puderam atender os clientes com um serviço melhor. Outra medida de necessidade de acompanhamento, a média de escalação de e-mails, caiu 47% do mesmo período do ano anterior. A satisfação geral do cliente ficou entre 6,5 e 7,1 numa escala de 1 a 10, e a média de resoluções de clientes aumentou de 50 para 60%.

"A base de conhecimento da Consona CRM tem sido de grande ajuda para os nossos agentes de serviço e para nossos clientes. Ela permite que o cliente por si só consiga as respostas para as questões "fáceis", enquanto libera os agentes para ajudar com os problemas mais difíceis", diz Jay Lucado, diretor assistente de Gestão e Entrega do Conhecimento no CITS.

O CITS também nivelou a base do conhecimento para melhorar o treinamento de agentes. Seu novo currículo de treinamento foca no ensinamento de os agentes encontrarem as respostas no sistema, em vez de resolver quaisquer problemas que o cliente possa ter. Além disso, o treinamento baseado no sistema está disponível remotamente e funciona bem com o programa "trabalhe em casa" do CITS. Os agentes trabalham de suas casas, quatro dias a cada semana, e são capazes de completar seu treinamento remotamente também.

Questões para discussão

1. Além da Canon, a tecnologia de gestão do conhecimento também pode ser de utilidade para outras empresas. Quais são as características da Canon que a tornam útil? Em outras palavras, que características de uma empresa sugerem que ela deve achar essa tecnologia útil para o suporte ao cliente? Inversamente, que características de uma empresa podem sugerir que ela *não* acharia essa tecnologia útil?
2. Na situação da Canon, um "caso" é um problema simples para o cliente. Esforços para resolver aquele problema podem envolver diversos contatos. O sistema de gestão de casos rastreia aqueles contatos de modo que um representante novo no caso possa acessar a história em questão rapidamente. Como poderia seu colega de ensino médio ou da universidade utilizar um sistema de gestão de casos que incluísse a gestão do conhecimento?

Questões para análise

1. Como poderia a necessidade por um sistema como o KDS mudar se cada linha de produto (câmeras, impressoras etc.) da Canon era vendida por uma empresa diferente?
2. Discuta as duas razões da média do custo-benefício de um sistema de gestão de conhecimento como o KDS subirem à medida que a utilização do sistema pela empresa aumenta. Quais dessas razões se aplicam a outros aplicativos além da gestão do conhecimento?

Fontes: Briggs, M., "New Consona Report Uncovers Best Practices for Easier and More Effective Knowledge Management", press release da Consona, *www.consona.com/news/km-report-best-practices.aspx*, acesso em: 4 ago. 2011; Site da Canon ITS, *www.cits.canon.com*, acesso em: 11 fev. 2011; site da Canon USA, *www.usa.canon.com/cusa/home*, acesso em: 11 fev. 2012; site da Consona, Inc., Knowledge-Driven Support, *crm.consona.com/software/products/knowledge-drivensupport.aspx*, acesso em: 11 fev. 2012; Johnson, S., "Canon Information Technology Services, Inc./Consona Knowledge Management", *Office Product News*, *www.officeproductnews.net/case_studies/canon_information_technology_services_inc_consona_knowledge_management*, acesso em: 24 out. 2011.

NOTAS

Fontes do texto de abertura: Hilong Group, "Why Do So Many Oil Companies Walk in the Forefront of Knowledge Management?", *www.hilonggroup.net/en/news/showNews.aspx?classid=144959613005987840&id=68*, acesso em: 18 fev. 2011; Orton, E., "Autonomy Selected by Repsol to Transform Knowledge Management System", *www.autonomy.com/content/News/Releases/2011/0719.en.html*, acesso em: 19 jul. 2011; Savvas, A., "Repsol Deploys Knowledge Management", *Computerworld UK*; *www.computerworlduk.com/news/itbusiness/3292947/repsol-deploys-knowledge-management*, acesso em: 23 jul. 2011; site da Repsol, *www.repsol.com/es_en*, acesso em: 3 fev. 2012; Repsol Knowledge Management, *www.repsol.com/es_en/corporacion/conocer-repsol/canaltecnologia/ctr_investigadores/gestion-conocimiento*, acesso em: 3 fev. 2012.

1. Ravishankar, M., et al, "Examining the Strategic Alignment and Implementation Success of a KMS," *Information Systems Research*, mar. 2011, p. 39.
2. Site da Advent, *www.advent.com*, acesso em: 5 jun. 2011.
3. Ko, D. and Dennis, A., "Profiting from Knowledge Management: The Impact of Time and Experience," *Information Systems Research*, mar. 2011, p. 134.
4. Staff, "Handwritten Notes Essential to Knowledge Workers," *Business Wire*, 23 maio 2011.
5. Betts, Mitch, "IT Leader Builds a Know-how Network," *Computerworld*, 18 abr. 2011, p. 4.
6. Site da VSGi, *www.vsgi.com*, acesso em: 15 jun. 2011.
7. Site da MWH, *www.mwhglobal.com*, acesso em: 15 jun. 2011.
8. Site da TED, *www.ted.com*, acesso em: 17 abr.2011.
9. Site da WPP, *www.wpp.com*, acesso em: 6 maio 2011.
10. "Adobe Creative Suite CS5.5," *www.adobe.com/products/creativesuite*, acesso em: 5 jun. 2011.
11. Site da KMWorld, *www.kmworld.com*, acesso em: 15 jun. 2011.
12. Site da Knowledge Management Online, *www.knowledge-management-online.com*, acesso em: 15 jun. 2011.
13. Site da CortexPro, *www.cortexpro.com*, acesso em: 5 jun. 2011.
14. Site do Delphi Group, *www.delphigroup.com*, acesso em: 5 jun. 2011.
15. Site da KM Knowledge, *www.kmknowledge*, acesso em: 15 fev. 2012.
16. Site da KMSI, *www.kmsi.us*, acesso em: 5 jun. 2011.
17. Site da Knowledge Base, *www.knowledgebase.com*, acesso em: 5 jun. 2011.
18. Baker, S., "Watson is Far from Elementary," *The Wall Street Journal*, 14 mar. 2001, p. A17.
19. Ante, S., "Computer Conquers Jeopardy," *The Wall Street Journal*, 14 jan. 2011, p. B5.
20. Henschen, D., "Jeopardy Challenge Is More Than a Game," *Information Week*, 31 jan. 2011, p. 26.
21. Staff, "Jeopardy Whiz Deemed Digital Milestone," *The Tampa Tribune*, 17 fev. 2001, p. 2.
22. Kurzweil, R., "When Computers Beat Humans on Jeopardy," *The Wall Street Journal*, 17 fev. 2011, p. A19.
23. Staff, "A Bodybuilder's Brainy Hedge Fund," *Bloomberg Businessweek*, 9 maio 2011, p. 52.
24. O'Keefe, Brian. "The Smartest, the Nuttiest Futurist on Earth", *Fortune*, 14 maio 2007, p. 60.
25. Turing, *www.turing.org.uk/turing/scrapbook/test.html*, acesso em: 15 jun. 2011.
26. Christian, B., "More Than a Machine," *The Wall Street Journal*, 8 mar. 2011, p. A17.
27. Site da 20Q, *www.20q.net*, acesso em: 5 jun. 2011.
28. Site da Alzheimer Research Forum, *www.alzforum.org/new/detail.asp?id=2173*, acesso em: 5 jun. 2011.
29. Site da BrainGate, *www.braingate2.org*, acesso em: 4 ago. 2011.
30. Site da Honda, *http://automobiles.honda.com*, acesso em: 5 jun. 2011.
31. Abate, Tom. "Future Moving From I, Robot to My Robot", *Rocky Mountain News*, 26 fev. 2007, p. 8.
32. Lynch, David, "Did That Robot Take My Job?" *Bloomberg Businessweek*, 9 jan. 2012, p. 15.
33. Site da iRobot, *www.irobot.com*, acesso em: 5 jun.2011.
34. Site da Intelitek, *www.intelitek.com*, acesso em: 16 jun. 2011.
35. Bremmer, B., "Rise of the Machines (Again)," *Bloomberg Businessweek*, 7 mar. 2011, p. 32.
36. Staff, "Space Station Assistant Unpacked," *The Tampa Tribune*, 17 mar. 2011, p. 2.
37. Michaels, D.; Pasztor, A., "Robot Finds Air France Recorder," *The Wall Street Journal*, 2 maio 2011, p. B1.
38. Sheridan, B., "The Apps Class of 2010," *Bloomberg Businessweek*, 17 jan. 2001, p. 69.
39. Bremmer, B., "Rise of the Machines (Again)," *Bloomberg Businessweek*, 7 mar. 2011, p. 32.
40. Site do Robot Learning Laboratory, *www.cs.cmu.edu/~rll*, acesso em: 5 jun. 2011.
41. Boehret, K., "The Little Robot That Could Clean the Icky Spots," *The Wall Street Journal*, 6 abr. 2011, p. D5.
42. Bremmer, B., "Rise of the Machines (Again)," *Bloomberg Businessweek*, 7 mar. 2011, p. 32.
43. Site do Porter Adventist Hospital, *www.porterhospital.org*, acesso em: 5 jun. 2011.
44. Site da Carnegie Mellon Robotics Institute, *www.ri.cmu.edu*, acesso em: 16 de jun. 2011.
45. Site da DARPA Grand Challenge, *www.darpagrandchallenge.com*, acesso em: 5 jun. 2011.
46. Site da Boston Dynamics, *www.bostondynamics.com*, acesso em: 16 jun. 2011.
47. Site do Intelligent Robotics Laboratory, *www.is.sys.es.osaka-u.ac.jp/development/0006/index.en.html*, acesso em: 4 ago. 2011.
48. Staff, "SA Photonics Develops an Advanced Digital Night Vision System," *Business Wire*, 19 abr. 2011.
49. Bennett, D., "Innovator," *Bloomberg Businessweek*, 9 maio 2011, p. 44.
50. Site da Nvidia, *www.nvidia.com/object/geforce_family.html*, acesso em: 2 jun. 2011.
51. Staff, "AlchemyAPI Announces Major Updates to Natural Language Processing Service," *PR Newswire*, 11 jan. 2011.
52. Staff, "Intelligence—The Future of Computing," *Business Wire*, 21 jan. 2011.
53. Site do Ward Systems Group, *www.wardsystems.com/learnmore.asp*, acesso em: 16 jun. 2011.
54. Barrios, A., et al, "A Double Genetic Algorithim for theMRCOSO/max," *Computers & Operations Research*, jan. 2011, p. 33.
55. Xu, Mark, et al, "Intelligent Agent System for Executive Information Scanning, Filtering, and

Interpretation," *Information Processing & Management*, mar. 2011, p. 186.
56. Site da Lantek, *www.lanteksms.com/uk/lantek_expert3_fabricacion.asp*, acesso em: 16 jun. 2011.
57. Site da IBM, *www.ibm.com/ms/en*, acesso em: 5 jun. 2011.
58. Chen, A., et al, "Knowledge Life Cycle, Knowledge Inventory, and Knowledge Acquisition," *Decision Sciences*, fev. 2010, p. 21.
59. Site da CLIPS, *https://clipsrules.sourceforge.net*, acesso em: 16 jun. 2011.
60. Site da Expert System, *www.expertsystem.net*, acesso em: 16 jun. 2011.
61. Site da Exsys, *www.exsys.com*, acesso em: 6 jun. 2011.
62. Site da EZ-Xpert Expert System, *www.ez-xpert.com*, acesso em: 6 jun. 2011.
63. Site da Imprint, *www.imprint-mis.co.uk*, acesso em: 16 jun. 2011.
64. Site da Lantek, *www.lantek.es*, acesso em: 16 jun. 2011.
65. Gamerman, E., "Animation Nation," *The Wall Street Journal*, 11 fev. 2011, p. D1.
66. Site da Microsoft Silverlight, *www.silverlight.net*, acesso em: 6 jun. 2011.
67. Wakabayashi, D.; Osawa, J., "Odd Couple behind Nintendo 3-D Push," *The Wall Street Journal*, 2 mar. 2011, p. A1.
68. Site da Autodesk, *https://usa.autodesk.com*, acesso em: 6 jun. 2011.
69. Edwards, C.; Alpeyev, P., "Nintendo Brings 3D to the Really Small Screen," *Bloomberg Businessweek*, 24 jan. 2011, p. 38.
70. Site da Netflix, *www.netflix.com*, acesso em: 4 ago. 2011.
71. Staff, "How We Do It," *www.pixar.com/howwedoit/index.html#*, acesso em: 6 jun. 2011.
72. Site da Media Grid, *www.mediagrid.org*, acesso em: 6 jun. 2011.
73. Boehret, K., "Why Smartphones Can See More Than We Can," *The Wall Street Journal*, 4 maio 2011, p. D3.
74. Arquivos on-line da Emory University, *www.emory.edu/EMORY_MAGAZINE/winter96/rothbaum.html*, acesso em: 6 jun. 2011.
75. Site da HIT Lab, *www.hitl.washington.edu/projects/vrpain/*, acesso em: 6 jun. 2011.
76. Site da 3D Rewind, *www.3drewind.com*, acesso em: 6 jun. 2011.
77. Site da 3DS, *www.3ds.com/home*, acesso em: 6 jun. 2011.
78. Site da Second Life, *www.secondlife.com*, acesso em: 4 ago. 2011.
79. Site da Fab Central, *http://fab.cba.mit.edu*, acesso em: 4 ago. 2011.
80. Winslow, R.; Tibken, S., "Big Blu's Tiny Bu Zapper," *The Wall Street Journal*, 4 abr. 2011, p. A3.
81. Staff, "Eagle Eyes Project," *www.bc.edu/schools/csom/eagleeyes*, acesso em: 6 jun. 2011.
82. Hodge, N., "Drone Will Call Aircraft Carriers Home," *The Wall Street Journal*, 8 fev. 2011, p. A7.
83. Staff, "Space Station Assistant Unpacked," *The Tampa Tribune*, 1 mar. 2011, p. 1.
84. Hodge, N., "Robo-Copters Eye Enemies," *The Wall Street Journal*, 17 maio 2011, p. A3.
85. McWhirter, C., et al, "Technology Offers Hope for Detecting Tornadoes Sooner," *The Wall Street Journal*, 6 maio 2011, p. A5.
86. Searcey, D., "Toyota Maneuvers to Protect Crown Jewels," *The Wall Street Journal*, 22 mar.2011, p. B1.
87. Murphy, C., "Why Toyota-Microsoft Pact Is a Very Big Deal," *Information Week*, 25 abr. 2011, p. 8.
88. Dvorak, P.; Weinberg, S., "RIM Hopes Cars Drive PlayBook Sales," *The Wall Street Journal*, 28 maio 2011, p. B3.
89. White, J., "Car Talk and Talk and…," *The Wall Street Journal*, 23 maio 2011, p. R8.
90. Site da Mobileye, *www.mobileye.com/consumer-products/product-line*, acesso em: 6 jun. 2011.
91. Minnesota Department of Transportation, *http://projects.dot.state.mn.us/35wbridge*, acesso em: 6 jun. 2011.
92. Fanning, Ellen, "Building Customer Loyalty," *Computerworld*, 21 fev. 2011, p. 42.
93. Worthen, Ben, "Getting a Lift," *The Wall Street Journal*, 25 abr. 2011, p. R7.
94. Betts, Mitch, "Footwear, Fashion Driving RFID Growth," *Computerworld*, 21 fev. 2011, p. 2.
95. Site da NaviTag, *https://navitag.com*, acesso em: 4 ago. 2011.
96. Site do Teamcore Research Group, *http://teamcore.usc.edu/projects/security*, acesso em: 6 jun. 2011.
97. Site do *Health Informatics Journal*, *http://jhi.sagepub.com*, acesso em: 4 ago. 2011.
98. Frenkel, K., "The Bendable Future," *Bloomberg Businessweek*, 23 maio 2011, p. 42.
99. Bennett, D., "Innovator," *Bloomberg Businessweek*, 31 jan. 2011, p. 40.
100. Staff, "Visa Backs Virtual Wallet," *The Tampa Tribune*, 16 maio 2011, p. 4.
101. Zimmerman, A., "Check Out the Future of Shopping," *The Wall Street Journal*, 18 maio 2011, p. D1.
102. Staff, "Space Station Assistant Unpacked," *The Tampa Tribune*, 7 mar. 2011, p. 6.
103. Staff, "Cruise Control," *CIO*, 1 abr. 2011, p. 22.
104. Site da Segway, *https://segway.com*, acesso em: 4 ago. 2011.
105. Site da Bay Area Segway, *www.bayareaseg.com/Polo.htm*, acesso em: 6 jun. 2011.

PARTE 4

DESENVOLVIMENTO DE SISTEMAS

12 DESENVOLVIMENTO DE SISTEMAS: INVESTIGAÇÃO E ANÁLISE

Princípios	Objetivos de aprendizagem
• O desenvolvimento eficaz de sistemas requer um esforço de equipe dos stakeholders (partes interessadas), usuários, gestores, especialistas em desenvolvimento de sistemas, e dos vários profissionais de apoio, e inicia com um cuidadoso planejamento.	• Identificar os principais participantes no processo de desenvolvimento de sistemas e discutir seus papéis. • Definir o termo *planejamento dos sistemas de informação* e enumerar os diversos motivos para iniciar um projeto de sistemas.
• O desenvolvimento de sistemas geralmente utiliza ferramentas para selecionar, implantar e monitorar projetos, incluindo a prototipagem, o desenvolvimento rápido de aplicativos, ferramentas CASE e o desenvolvimento orientado a objetos.	• Discutir as características-chave, as vantagens e desvantagens do desenvolvimento tradicional, da prototipagem, do rápido desenvolvimento de aplicativos e dos ciclos de vida do desenvolvimento de sistemas para o usuário final. • Identificar os diversos fatores que influenciam o sucesso ou o fracasso de um projeto de desenvolvimento de sistemas. • Discutir a utilização das ferramentas CASE e da abordagem orientada a objetos para o desenvolvimento de sistemas.
• O desenvolvimento de sistemas começa com uma investigação e uma análise dos sistemas existentes.	• Definir o propósito da investigação dos sistemas. • Discutir a importância dos objetivos referentes ao desempenho e aos custos. • Definir o propósito da análise de sistemas e discutir algumas das ferramentas e técnicas utilizadas nesta fase do desenvolvimento dos sistemas.

A análise dos requisitos leva a um sistema eficiente

SISTEMAS DE INFORMAÇÃO NA ECONOMIA GLOBAL

Plano de prática, Reino Unido

A MAIORIA DOS CIDADÃOS DO Reino Unido recebe assistência odontológica do Serviço Nacional de Saúde (NHS, National Health Service). Entretanto, ao contrário da assistência médica, a assistência odontológica pelo NHS não é gratuita: uma consulta e uma limpeza custavam £ 17, cerca de $ 26,50, no começo de 2012. Além disso, alguns dentistas optaram por um potencial de ganhos mais elevados com a prática das consultas particulares. Como resultado, muitos pacientes recorrem aos serviços dentários particulares. Para serem competitivas, estas práticas devem estruturar seus planos, de tal forma que os pacientes possam controlar seus custos.

A Practice Plan é o provedor líder de planos odontológicos personalizados, no Reino Unido. A empresa trabalha com as práticas odontológicas, ajudando-as a desenvolver e melhorar suas próprias marcas. Além disso, para fornecer os serviços de processamento de cobrança e pagamento, a Practice Plan também proporciona funções de marketing, projeto e suporte empresarial. Em meados de 2011, a empresa possibilitava aproximadamente, 1.000 tipos de práticas odontológicas.

O crescimento da Practice Plan "começou em 2006", diz o diretor de TI, John Cawrey. "Uma mudança maior na estrutura de financiamento para a odontologia, coberta pelo Serviço Nacional de Saúde levou a uma onda de dentistas aproveitando a oportunidade de se mudarem para a prática particular. Isto criou uma demanda enorme quanto ao pagamento dos serviços de gestão de planos. Como um resultado, nosso negócio cresceu cerca de 250.000 contas de pacientes, chegando a mais de 450.000, quase da noite para o dia. Desde então, continuamos a crescer até alcançar em torno de 600.000, e estamos esperando uma expansão maior."

Tal crescimento nos levou a um desafio empresarial: desenvolver um novo aplicativo para combinar as cobranças e os pagamentos da Practice Plan, numa única solução integrada, que pudesse lidar com o crescimento atual, e um crescimento maior ainda, que já era esperado pela empresa. A Practice Plan tinha algumas opções para o desenvolvimento de seu sistema de cobrança e pagamento. Ela poderia ter desenvolvido um programa personalizado ou ter terceirizado o projeto, um conceito discutido neste capítulo. Ou poderia ter procurado um pacote já existente para adquirir ou, ainda, ter combinado partes de aplicativos existentes, por conta própria ou com a ajuda de outra empresa. A Practice Plan precisava decidir que direção tomar.

Em vez de tomar a decisão imediatamente, a companhia começou a analisar os requisitos, e nesse estágio, se conscientizou de que poderia fazer mais do que simplesmente melhorar suas cobranças. Poderia reduzir a duplicação de esforços em seus sistemas, que havia resultado em cópias múltiplas e inconsistentes de dados. Como diz Cawrey: "Percebemos que se pudéssemos consolidar todos esses aplicativos num único sistema, seria possível ter um modo muito mais eficiente de conduzir nossos processos empresariais".

A Practice Plan, então, pediu sugestões a diversas empresas, todas com pacotes potencialmente úteis ou com experiência em projetos para grandes volumes de pagamentos. Aceitou uma proposta da Polymorph, que aproveitou as vantagens de outros programas, que eles já conheciam: Notes e Domino, da Divisão Lotus da IBM. O sistema resultante proporcionou à Practice Plan os seguintes benefícios:

- O novo sistema cria somente uma cópia dos dados, de modo que a inconsistência de dados virou coisa do passado.
- O novo sistema pode processar as cobranças para 600.000 pacientes em 70 minutos. As cobranças podem, portanto, ser processadas, mais perto do final do mês, com este ciclo de processamento mais rápido, reduzindo as correções, que precisam ser feitas devido a eventos que aconteceram após o processamento das referidas cobranças.
- O sistema é escalonado linearmente: se as cobranças para 600.000 pacientes podem ser processadas em 70 minutos, aquelas para 1.200.000 pacientes podem ser processadas em 140 minutos.

"A solução é popular para os nossos clientes, nossos próprios usuários, e tem feito uma diferença drástica para a eficiência de nossos processos empresariais", conclui Cawrey. "À medida que nosso negócio continua a se expandir, confiamos que ele crescerá conosco e se adaptará às necessidades em constante mudança no negócio odontológico no reino Unido."

À medida que você lê o capítulo, considere o seguinte:

- Vamos supor que a Practice Plan tivesse ignorado a etapa da análise dos requisitos deste processo de desenvolvimento e, simplesmente, começado a desenvolver um aplicativo de cobranças capaz de lidar com seu crescimento. Como os resultados seriam diferentes?
- As soluções da Practice Plan: (a) utilizaram um software que o pessoal da empresa já conhecia, (b) recorreram a uma empresa para fazer a integração ao programa, e (c) proporcionaram um sistema integrado para todos os seus aplicativos. É raro que uma empresa tenha atingido todas estas três soluções ao mesmo tempo. Se a Practice Plan pudesse cumprir somente um ou dois desses objetivos, como você classificaria suas prioridades?

POR QUE APRENDER SOBRE A INVESTIGAÇÃO E A ANÁLISE DE SISTEMAS?

Em todo este livro, podem ser encontrados muitos exemplos da utilização de sistemas de informação em diversas carreiras. Mas onde se pode começar para adquirir estes sistemas ou desenvolvê-los? Como se pode trabalhar com profissionais de SI, como analistas de sistemas e programadores de computação, para conseguir o que se quer e ser bem-sucedido no trabalho, ou no próprio negócio? Este capítulo, o primeiro de dois capítulos sobre desenvolvimento de sistemas, fornece as respostas a estas questões. Você verá como é possível iniciar um processo de desenvolvimento de sistemas e analisar suas necessidades com a ajuda dos profissionais de SI, e também como utilizar a abordagem ao desenvolvimento dos sistemas para começar o seu próprio negócio. A investigação e a análise de sistemas são os primeiros dois passos do processo de desenvolvimento de sistemas. Este capítulo apresenta exemplos de como sistemas específicos ou modificados são iniciados e analisados em vários setores de indústrias. Neste capítulo, você aprenderá como o seu projeto pode ser planejado, alinhado com os objetivos corporativos, desenvolvido rapidamente, e muito mais. Comecemos com uma visão geral do processo de desenvolvimento de sistemas.

Quando uma empresa precisa completar uma nova tarefa ou mudar um processo de trabalho, como pode fazer isso? Ela precisa desenvolver um novo sistema ou pode modificar o que já existe. O desenvolvimento de sistemas é a atividade de criar novos sistemas ou modificar os já existentes. Refere-se a todos os aspectos do processo – desde a identificação dos problemas a serem solucionados ou as oportunidades a serem exploradas para implantar e refinar a solução escolhida. Espera-se que os orçamentos para projetos de desenvolvimento de sistemas cresçam nos próximos anos, de acordo com uma pesquisa do impacto econômico da *CIO*.[1] Além disso, espera-se que os departamentos de SI e os desenvolvedores de sistemas se concentrem na criação de mais aplicativos móveis para seus negócios e organizações.

VISÃO GERAL DO DESENVOLVIMENTO DE SISTEMAS

Atualmente, nas empresas, gerentes e funcionários de todas as áreas funcionais trabalham em conjunto e utilizam sistemas de informações corporativas. Como consequência disso, eles estão ajudando no desenvolvimento e, em muitos casos, liderando o processo. Os usuários podem requisitar que uma equipe de desenvolvimento de sistemas determine se eles devem adquirir alguns PCs ou criar um website atraente utilizando as ferramentas discutidas no Capítulo 7. Em outro caso, um empreendedor poderia utilizar o desenvolvimento de sistemas para fazer um site na internet a fim de competir com corporações maiores.

Este capítulo e o próximo oferecem uma apreciação mais aprofundada do processo de desenvolvimento de sistemas. As habilidades e técnicas para o desenvolvimento de sistemas, discutidas nestes dois capítulos, podem ajudar as pessoas a iniciarem seus próprios empreendimentos. As corporações, e as organizações sem fins lucrativos, utilizam o desenvolvimento de sistemas para alcançar seus objetivos. A Hallmark, por exemplo, utilizou o desenvolvimento de sistemas com sucesso para criar um novo site destinado a anunciar seus cartões de felicitações e produtos relacionados.[2] O novo site da empresa era 300% mais rápido do que o antigo e resultou no aumento de vendas. O vice-presidente da Hallmark Digital declarou: "Ficamos todos na expectativa de que o site apresentasse problemas, mas ele nunca falhou – ele realmente aumentou a confiança em toda nossa empresa". Em outro exemplo, a Shopkick, Inc., criou um aplicativo que oferecia descontos aos clientes que acessassem uma loja virtual, incluindo Target, Best Buy e outras.[3]

Este capítulo também ajudará a evitar falhas no desenvolvimento de sistemas ou projetos que ultrapassem o orçamento estabelecido. Um programa avaliado em um bilhão de dólares, chamado SBInet, destinado a construir uma cerca de alta tecnologia na fronteira entre o Arizona e o México, não funcionou conforme o esperado.[4] Como resultado, o Departamento de Segurança Interna dos Estados Unidos (Department of Homeland Security) interrompeu o projeto. De acordo com o secretário da Segurança Interna, "o SBInet não conseguiu atingir seu objetivo original de fornecer uma solução tecnológica simples, integrada à segurança de fronteiras". Como outro exemplo, levou anos até que as telas de LCD melhorassem o bastante para permitir que os desenvolvedores de sistemas da Nintendo criassem um dispositivo móvel de jogo em 3D.[5] Um dos desenvolvedores informou: nossa situação era muito difícil, porque havíamos tentado a configuração em 3D muitas vezes anteriormente, e não tinha dado certo. Além disso, alguns profissionais do setor acreditam que sistemas de assistência médica mal projetados podem matar mais pacientes todos os anos do que a utilização incorreta de medicação e dispositivos médicos inadequados.

PARTICIPANTES DO DESENVOLVIMENTO DE SISTEMAS

Um desenvolvimento de sistemas eficaz exige um esforço de equipe, a qual normalmente consiste dos stakeholders, usuários, gestores, especialistas em desenvolvimento de sistemas e vários profissionais de apoio. Essa equipe, chamada de *equipe de desenvolvimento*, é a responsável por determinar os objetivos do sistema de informação e por disponibilizar um sistema que atenda a esses objetivos. Cada vez mais, as empresas procuram membros da equipe de desenvolvimento com treinamento em dispositivos móveis, aplicativos para a internet e redes sociais.[6] Hoje em dia, as empresas estão configurando suas próprias lojas virtuais de aplicativos internos.[7] De acordo com o diretor executivo da Enterprise Mobility Foundation: "Os aplicativos corporativos [em tablets] constituem um fenômeno importante e crescente. As organizações estão se conscientizando de que muitos dos aplicativos utilizados podem ser importantes nos dispositivos móveis". A seleção da melhor equipe de SI para um projeto de desenvolvimento de sistemas é crucial para o sucesso do projeto. Um *projeto* é um conjunto planejado de atividades que alcança um objetivo, como construir uma nova fábrica ou desenvolver um novo sistema de apoio à decisão[8].

Todos os projetos têm um ponto de partida e um ponto final, bem definidos, normalmente expressos em datas, como 4 de agosto e 11 de dezembro. A maioria dos orçamentos de SI tem uma quantidade significante de recursos alocados para novos esforços de desenvolvimento de sistemas. Na verdade, muitos CIOs (diretor de informática), por exemplo, acreditam que uma crise econômica é uma boa oportunidade para investir no futuro, e não para cortar os projetos de SI.[9]

Um *gerente de projeto* é o responsável pela coordenação de todas as pessoas e dos recursos necessários, para completar um projeto, no prazo estabelecido. O vice-presidente sênior da Sprint comentou: "Queremos aumentar muito tempo do ciclo de entrega de projetos para ajudar nossos sócios a entregarem mais rapidamente produtos no mercado".[10] O gerente de projetos pode fazer a diferença entre o sucesso e o fracasso do projeto. No desenvolvimento de sistemas, o gerente do projeto pode ser um profissional de SI interno à organização ou um consultor externo. Os gerentes de projetos precisam ter habilidades técnicas, empresariais e no trato com as pessoas. Além de completar o projeto no prazo e dentro do orçamento especificado, o gerente normalmente é o responsável pelo controle de qualidade do projeto, pelo treinamento das equipes, por facilitar a comu-

Como os stakeholders são os beneficiários finais do projeto de desenvolvimento de sistemas, eles sempre trabalham com outras pessoas no desenvolvimento de um aplicativo para computadores.

© Yuri Arcurs/Shutterstock

nicação, pela gestão de riscos e pelas compras de quaisquer itens necessários, desde equipamentos até materiais para escritório e sistemas sofisticados para os computadores.

STAKEHOLDERS (PARTES INTERESSADAS): Pessoas que, por conta própria ou através da organização que representam, são as beneficiárias finais do projeto de desenvolvimento de sistemas.

USUÁRIOS: Pessoas que interagirão com o sistema regularmente.

ANALISTAS DE SISTEMAS: Um analista de sistemas é um profissional que se especializa em analisar e projetar sistemas corporativos.

PROGRAMADOR: O programador é um especialista responsável pela modificação ou pelo desenvolvimento de programas para atender às exigências dos usuários.

No contexto do desenvolvimento de sistemas, os **stakeholders**, são pessoas que, por si só ou através da organização que representam, são os beneficiários finais do projeto de desenvolvimento de sistemas. Os **usuários** são as pessoas que interagirão com o sistema regularmente. Podem ser funcionários, gestores, ou fornecedores. Para projetos de desenvolvimento de sistemas em grande escala, nos quais o investimento num sistema e o próprio valor de um sistema podem ser altos, é comum que os gestores em nível sênior, inclusive, vice-presidentes (financeiro, comercial e outros), façam parte da equipe de desenvolvimento.

Dependendo da natureza do projeto de sistemas, a equipe de desenvolvimento pode incluir analistas e programadores, entre outros. Um **analista de sistemas** é um profissional que se especializa em analisar e projetar sistemas corporativos, sendo que eles desempenham várias funções quando interagem com os stakeholders, usuários, gestores, fabricantes e fornecedores, empresas externas, programadores e outros profissionais de apoio de SI (veja a Figura 12.1). Como um arquiteto, que desenvolve plantas para um novo edifício, um **analista de sistemas** desenvolve planos detalhados para um sistema novo ou modificado. O **programador** é responsável pela modificação ou pelo desenvolvimento de programas destinados a atender os requisitos do usuário. Como um empreiteiro, que constrói novos edifícios ou reforma um edifício já existente, o programador pega os planos do analista de sistemas e constrói ou modifica o programa, conforme necessário.

Outros profissionais de apoio da equipe de desenvolvimento são principalmente técnicos, inclusive os especialistas em banco de dados e telecomunicações, engenheiros de hardware e representantes dos fornecedores. A criação de departamentos de SI (Sistemas de Informação), formados por uma equipe de analistas de sistemas e outros profissionais de SI em países estrangeiros está se tornando cada vez mais comum. \Nas pequenas empresas, a equipe de desenvolvimento pode ser constituída de um analista de sistemas e o proprietário da empresa, como o principal interessado. Para organizações maiores, uma equipe formal de SI pode incluir centenas de pessoas envolvidas numa variedade de atividades, inclusive no desenvolvimento de sistemas.

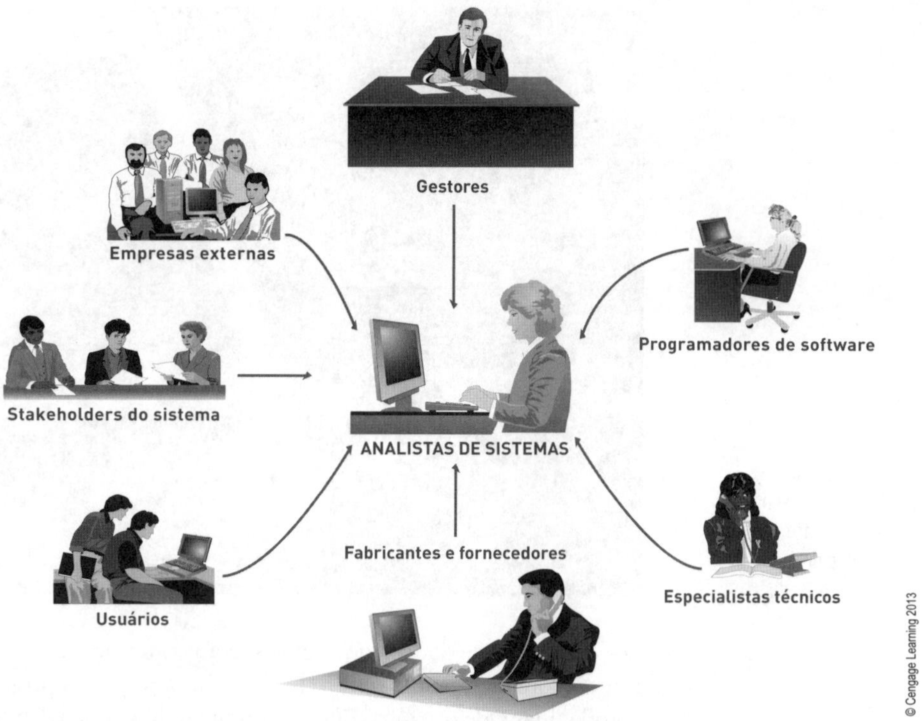

FIGURA 12.1
Papel do analista de sistemas.
O analista de sistemas desempenha um papel importante na equipe de desenvolvimento e geralmente é a única pessoa que observa o sistema em sua totalidade. As setas apontando para uma única direção, nesta figura, não significam que não há nenhuma comunicação direta entre outros membros da equipe. Estas setas apenas indicam o papel fundamental do analista de sistemas — uma pessoa que frequentemente é chamada para atuar como facilitador, moderador, negociador e intérprete das atividades do desenvolvimento.

DESENVOLVEDORES DE SISTEMAS INDIVIDUAIS E USUÁRIOS

Durante décadas, o desenvolvimento de sistemas foi orientado em direção às empresas e às equipes, ou aos grupos empresariais, cujos maiores participantes já foram discutidos, antes neste capítulo. Embora tais grupos continuem a ser uma parte importante do desenvolvimento de um sistema, estamos vendo desenvolvedores de sistemas individuais e usuários em uma escala maior.

Um *desenvolvedor individual de sistemas* é uma pessoa que desempenha todas as funções no desenvolvimento de sistemas, incluindo a de analista de sistemas, programador, técnico especialista, e outras já descritas. Embora os desenvolvedores individuais de sistemas possam criar aplicações para um grupo ou para uma organização inteira, muitos se especializam no desenvolvimento de aplicações para clientes particulares. Um grande número destes aplicativos está disponível para smartphones e outros dispositivos móveis. Espera-se que as receitas dos aplicativos móveis de todas as fontes ultrapassem os $ 15 bilhões por ano, de acordo com a Gartner, Inc.[11] Uma projetista de sistemas individuais, por exemplo, criou um aplicativo chamado Word Lens que utiliza o reconhecimento de caracteres óticos, para ler textos, incluindo menus em restaurantes, livros, sinais, e outros textos, e até mesmo fotografar tais textos, apenas segurando um smartphone ou outro dispositivo móvel. Em alguns segundos, o aplicativo pode traduzir a imagem da câmera de um idioma para outro, como por exemplo do alemão para o inglês.[12]

Desenvolvedores individuais, no mundo inteiro, estão utilizando as etapas do desenvolvimento de sistemas a fim de criar aplicativos únicos para iPhones e outros dispositivos móveis.[13] Contudo, antes que algum desenvolvedor individual possa ter seu aplicativo colocado ou vendido em uma loja de aplicativos da Apple, esta deverá aprovar ou selecionar o referido aplicativo. A Apple já vendeu mais de $ 4 bilhões de aplicativos de uma só vez em sua App Store (loja de aplicativos).[14] Esta grande variedade de aplicativos é uma das razões da popularidade dos smartphones, tablets, e outros dispositivos móveis da Apple. Os desenvolvedores individuais de sistemas, que criam aplicativos para a loja iTunes da Apple, podem não estar totalmente satisfeitos com as taxas cobradas deles pela Apple, que podem ser de até 30% das vendas, em alguns casos.[15] Com a popularidade dos tablets da Apple, entretanto, muitos desenvolvedores individuais de sistemas sentem que não podem ignorar este importante mercado, apesar das taxas tão altas cobradas.

Outras empresas também têm lojas de aplicativos. A BlackBerry tem uma loja chamada App World, e a Google tem a loja Android Market. Alguns aplicativos, tais como o Conector Seguro de Dados (Secure Data Connector), da Google, permitem que os dados sejam baixa-

© iStockphoto/Sjoerd van der Wal

Um aplicativo para iPad, desenvolvido para apresentar informações sobre carros, foi destaque no Salão do Automóvel, em Amsterdã, na Holanda.

dos de bancos de dados corporativos, com segurança, incluindo informações sobre clientes e fornecedores. Dispositivos móveis, entretanto, podem representar sérios riscos à segurança de companhias e de organizações sem fins lucrativos, que permitem que seus funcionários e gestores utilizem estes dispositivos no trabalho.[16] De acordo com um relato de um grande provedor de consultoria em computadores, "Programas maliciosos podem ser utilizados nestes dispositivos para espionar os usuários, acessar informações sigilosas nos celulares e retornar para as redes corporativas". A segurança e a gestão de smartphones e de outros dispositivos móveis em um ambiente corporativo é, frequentemente, chamada de *Gestão de Dispositivos Móveis* (GDM).[17] Muitas empresas estão fabricando produtos com GDM, incluindo Enterprise Mobility Management, da McAfee; Afaria, da Sybase; MDM, da Tanque, e outras.

Usuários individuais compram aplicativos, tanto para a sua utilização pessoal quanto profissional. A Cisco, a grande empresa de redes sociais, desenvolveu um aplicativo para iPhone, com o objetivo de ajudar o pessoal da segurança individual a responder às ameaças relacionadas com o computador ISand.[18] O aplicativo, chamado Security Intelligence Operations To Go, pode notificar, instantaneamente, os profissionais de segurança sobre ataques, conforme eles acontecem, e, pode ajudá-los a se recuperarem, caso tais ataques ocorram. Aplicativos individuais podem ser utilizados para comparar preços de produtos, analisar empréstimos, localizar alimentos orgânicos, encontrar serviços de reparo confiáveis e, até mesmo, procurar um apartamento. Você também pode transformar o seu smartphone numa poderosa calculadora científica ou financeira. Apesar de muitas pessoas comprarem aplicativos individuais de websites autorizados, de lojas de aplicativos não autorizadas, que não tem nenhum suporte da empresa fabricante do smartphone ou do celular, eles também podem ser usados para comprar ou adquirir aplicativos úteis.

DESENVOLVIMENTO DE SISTEMAS PARA USUÁRIOS FINAIS: É qualquer projeto de desenvolvimento de sistemas no qual o esforço principal é assumido por uma combinação de gestores empresariais e usuários.

Isto também é possível para qualquer pessoa, seja um desenvolvedor individual ou um usuário. O termo **desenvolvimento de sistemas para o usuário final** descreve qualquer projeto de desenvolvimento de sistemas no qual os gestores empresariais e usuários finais assumem os esforços mais importantes. Os sistemas desenvolvidos para usuários variam de muito baratos (como aqueles para realizar rotinas de software para criar formulários de cartas) até aqueles de valor empresarial significativo (como bancos de dados de contatos com clientes para a web). Mesmo que você desenvolva seus próprios aplicativos, precisará ter um departamento de SI para desenvolver aplicativos quando for muito complexo ou demorado desenvolvê-los. Nesse caso, você estará envolvido na iniciação ao desenvolvimento de sistemas, o que é discutido a seguir.

INICIAÇÃO AO DESENVOLVIMENTO DE SISTEMAS

As iniciativas de desenvolvimento de sistemas surgem em todos os níveis de uma organização e podem ser planejadas ou não. A organização Code for America (CFA), por

Muitos usuários finais, hoje em dia, estão demonstrando sua capacidade de desenvolvimento projetando e implantando seus sistemas com base em seus próprios computadores.

exemplo, começou seus esforços para o desenvolvimento de sistemas, em Boston e em outras cidades americanas, para ajudá-las a resolver seus problemas.[19] Como resultado de uma reunião com os bombeiros de Boston, a CFA deu início a uma nova iniciativa para o desenvolvimento de sistemas visando ajudar os bombeiros a localizar hidrantes que poderiam estar totalmente cobertos de neve, durante o inverno. Os programadores que trabalhavam para a CFA desenvolveram um website para identificar a localização de todos os hidrantes. A CFA utilizou um software de fonte aberta independentemente de outras cidades e/ou municípios.

Outras organizações também estão começando o desenvolvimento de sistemas para aproveitar as novas tecnologias, como a de smartphones e tablets, desenvolvendo aplicativos únicos e poderosos, para estes novos dispositivos.[20] Os projetos para o desenvolvimento de sistemas são iniciados por diversas razões, conforme mostra a Figura 12.2.

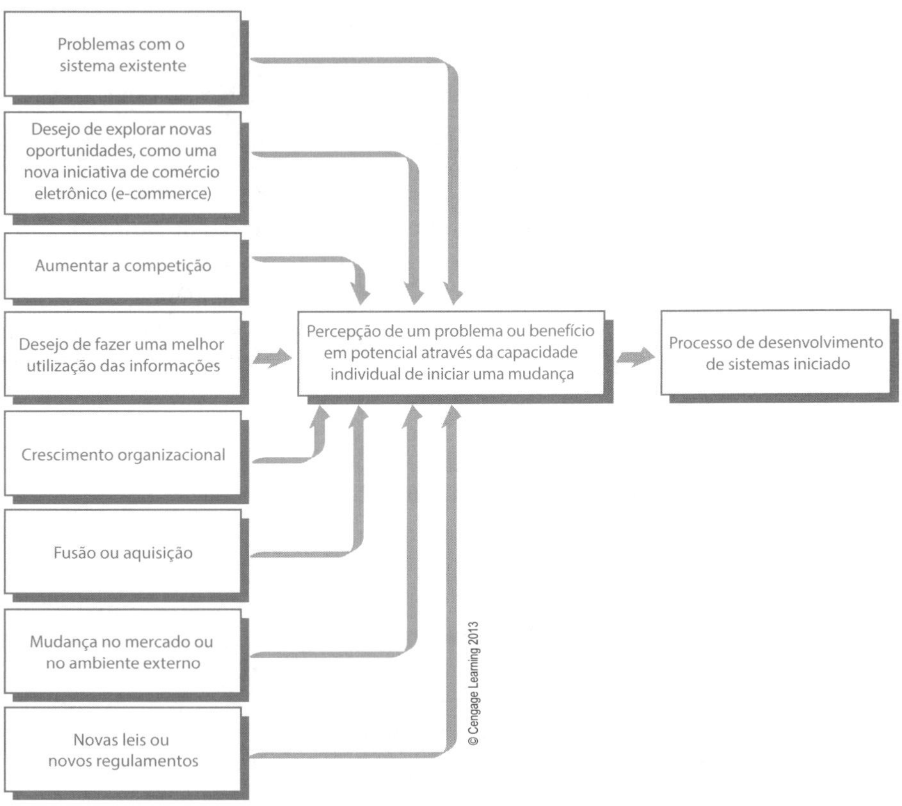

FIGURA 12.2 Razões típicas para iniciar um projeto de desenvolvimento de sistemas.

Fusões e aquisições, por exemplo, podem desencadear diversos projetos de desenvolvimento de sistemas. As empresas que fazem uma fusão ou adquirem outras empresas podem ser um desafio para os departamentos de SI que são frequentemente integrados numa única função de SI.[21] Consequentemente, conseguir que os departamentos de SI e os CIOs se envolvam desde o início no processo da fusão ou aquisição poderá resultar em melhores acordos e transições mais tranquilas. De acordo com o que disse um gerente de SI: "Fiquei excluído até ter uma função bastante interessante no acordo". Mesmo com sistemas de informação semelhantes, em geral, os procedimentos, a cultura, o treinamento e os gerenciamento de sistemas de informação gerencial são diferentes, exigindo um realinhamento dos departamentos de SI. É claro que o desenvolvimento de sistemas pode ser iniciado porque os sistemas e procedimentos já existentes apresentaram ou causaram problemas.

O desenvolvimento de sistemas também pode começar quando um fabricante não puder ou não quiser mais prestar suporte ao sistema ou ao software mais antigo. Quando este suporte técnico não estiver mais disponível, as empresas normalmente serão forçadas a migrar para novos programas e sistemas, que podem ser caros e exigir algum treinamento adicional. Essa falta de suporte é um dilema para muitas empresas que tentam manter os sistemas operacionais mais antigos.

Do mesmo modo, os governos podem promover novos projetos de desenvolvimento nos setores público e privado. Diversas isenções de impostos federais, estaduais e locais têm resultado em esforços para o desenvolvimento de novos sistemas.[22] Um benefício de depreciação fiscal promulgado pelo Congresso Norte-Americano, em 2010, por exemplo, fez com que muitas empresas comprassem hardware e equipamentos relacionados a computadores em 2011. Segundo um presidente de uma empresa de pesquisas sobre informática: "Os compradores que estão pesquisando nos últimos 18 meses podem agora prosseguir com suas aquisições em 2011, a fim de aproveitar as vantagens da desvalorização acelerada." A Comissão Federal de Comércio (Federal Trade Commission) pediu às empresas na Internet para acrescentarem o recurso não me ligue" em seus navegadores para proteger a privacidade dos clientes, e algumas companhias na Internet atenderam esse pedido. O Firefox, por exemplo, tem o recurso de não-rastrear, como parte de seu navegador na Internet.[23]

PLANEJAMENTO DE SISTEMAS DE INFORMAÇÃO E ALINHAMENTO COM OS OBJETIVOS CORPORATIVOS E DE SI

O planejamento dos sistemas de informação e o alinhamento com os objetivos corporativos e de SI são aspectos importantes de qualquer projeto de desenvolvimento de sistemas. Conquistar uma vantagem competitiva geralmente é o objetivo geral do desenvolvimento de sistemas.

PLANEJAMENTO DE SISTEMAS DE INFORMAÇÃO: Traduzir objetivos estratégicos e organizacionais nas iniciativas de desenvolvimento de sistemas.

Planejamento de sistemas de informação

O termo **planejamento de sistemas de informação** se refere a traduzir os objetivos estratégicos e organizacionais em iniciativas de desenvolvimento de sistemas (veja a Figura 12.3). Um planejamento adequado do SI garante que os objetivos específicos do desenvolvimento de sistemas sejam compatíveis com as metas organizacionais. Um planejamento de longo prazo também pode ser importante e resultar na conquista de

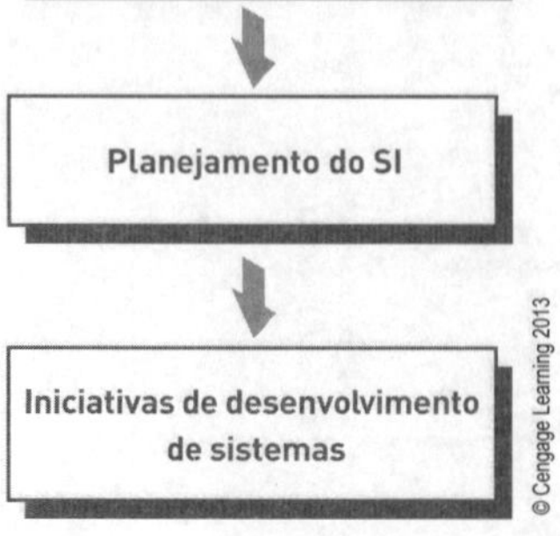

FIGURA 12.3
Planejamento de sistemas de informação. O planejamento de sistemas de informação transforma os objetivos organizacionais delineados no planejamento estratégico em atividades específicas de desenvolvimento de sistemas.

QUESTÕES ÉTICAS E SOCIAIS

Privacidade através do Projeto na Hydro One

Não é difícil encontrar gestores que concordem que um sistema de informação deve proteger a privacidade. É mais difícil tornar a privacidade uma prioridade de modo que o sistema atenda a todos os seus requisitos.

A Hydro One, uma empresa sediada em Toronto, fornecedora de energia elétrica para a província canadense de Ontário, enfrentou este problema durante o desenvolvimento de seu projeto-piloto do Sistema de Distribuição Avançada (ADS, Advanced Distribution System). Eles decidiram adotar os princípios da Privacidade por Projeto (PpP).

A abordagem de PpP é baseada em sete princípios que abrangem sistemas de informação, práticas empresariais e infraestrutura. Uma equipe de desenvolvimento começa a aplicar estes princípios nos primeiros estágios do desenvolvimento do sistema, nos quais o respeito pela privacidade é um requisito fundamental básico e continua através dos estágios de desenvolvimento de sistemas abordados neste capítulo e no próximo. A ideia da PpP é que não é necessário sacrificar a privacidade para projetar um sistema de informações eficiente; ao contrário, as organizações podem e devem projetar um sistema que proporcione privacidade e eficiência. Em 2010, a 32ª Conferência Internacional de Comissários para a Proteção e Privacidade de Dados aprovou resoluções que recomendavam às organizações adotarem os princípios da PpP como um conceito fundamental e encorajavam os governos a incorporar os princípios nas futuras políticas de privacidade e na legislação de seus respectivos países.

O ADS na Hydro One tinha quatro objetivos empresariais quando foi concebido: otimizar a distribuição de energia, otimizar o planejamento da rede de trabalho, melhorar a confiabilidade da distribuição, e otimizar a restauração dos apagões. Logo no estágio inicial da análise dos sistemas, os analistas dividiram aqueles quatro objetivos em 30 capacidades específicas que o ADS deveria ter, para apoiar 30 processos empresariais, tais como o relatório sobre a manutenção e as comunicações ao cliente, relacionadas aos apagões. Os processos eram comunicados, em vários níveis, desde os stakeholders, passando pelos clientes, pelos fornecedores e pelas autoridades reguladoras. Nestas interfaces, os requisitos de privacidade estavam bastante expostos a riscos. Por exemplo, o domínio da rede não manterá nenhum dado sobre a identidade individual do cliente.

Para ter certeza de que os requisitos da privacidade não tinham sido violados, a Hydro One adotou 12 princípios do projeto da segurança, tais como Compartimentalizar os elementos com os requisitos comuns de segurança e privacidade. A empresa, também, examinou os 60 cenários de ameaças, classificando-os de acordo com a seriedade de cada um (de insignificante a catastrófico), e a probabilidade (de raro a quase certo), para ver se os princípios do projeto os protegeriam contra tais ameaças. A probabilidade de uma ameaça era baseada em três fatores: o motivo, os meios e a oportunidade. Se todos os três forem pequenos, a probabilidade é rara; se forem grandes, a probabilidade é *quase certa*. Outras combinações levam à *improbabilidade*, *possibilidade* e *probabilidade*.

A equipe então apresentou 28 requisitos de privacidade, como "O sistema de informações do ADS produz registros de auditorias para cada evento que contém as seguintes informações: data e hora do evento, o componente do sistema de informações do ADS onde o evento ocorreu, o tipo de evento, a identidade do usuário/assunto, e o resultado do evento. Certificando-se de que o projeto daquele sistema atendeu a esses requisitos de privacidade, a Hydro One ficaria na vanguarda das práticas da privacidade.

O resultado desse processo de projeto foi uma declaração definida dos requisitos de projeto para os três domínios empresariais do sistema: a Grade, os serviços e os clientes. Como resultado da utilização da PpP, os gestores da Hydro One estão confiantes de que o sistema de informações da ADS protegerá as informações confidenciais, ao mesmo tempo em que atinge seus objetivos empresariais.

Quando a empresa de consultoria administrativa Ernst & Young relatou as 11 principais tendências de privacidade para o ano de 2011, a Privacidade por Projeto estava naquela lista. Em seu relatório, a Ernst & Young concluiu: "A proteção das informações pessoais não pode mais ser uma reflexão tardia vinculada a um programa de privacidade ou de segurança já existente. Como a Privacidade por Projeto sugere, ela precisa ser um

QUESTÕES ÉTICAS E SOCIAIS

conjunto de políticas tão necessárias incluindo a proteção de privacidade para as novas tecnologias e práticas empresariais desde o princípio. O foco na privacidade melhorará o desempenho empresarial das organizações líderes".

Questões para discussão

1. Em vez de desenvolver 28 requisitos específicos que os projetistas deveriam seguir, vamos supor que os planejadores do sistema simplesmente tivessem dito: "Certifiquem-se de que as informações privativas estão protegidas". Os projetistas de sistema poderiam preferir esta simples declaração por proporcionar mais liberdade de trabalho. Fazer esta declaração também significa menos trabalho para os planejadores. Como a Hydro One não utilizou esta abordagem, fazer uma declaração mais abrangente pode ter alguns inconvenientes. Quais são eles?
2. O termo Privacidade por Projeto pode parecer impreciso, visto que este trabalho é realizado durante a fase de análise do sistema, em vez de em uma fase posterior do projeto. Você acha que de algum modo ele faz algum sentido? Se sua resposta for afirmativa, por quê? Você pode sugerir um termo melhor?

Questões para análise

1. Considere os quatro objetivos empresariais do ADS conforme o caso. Os dois primeiros se aplicam ao planejamento da rede da empresa. Os dois últimos se aplicam a operá-lo. Você acha que as questões de privacidade relacionadas a uma categoria são diferentes daquelas que aparecem relacionadas à outra? Por que sim ou por que não?
2. Pense nas quatro ameaças ao sistema de informação de um hospital de emergência. Avalie a probabilidade dos três fatores como baixa, média ou alta. Para cada ameaça, a não ser que tenha sido avaliada como tendo pouca probabilidade em todas as três, sugira um meio de reduzir pelo menos um fator de probabilidade que você tenha classificado como médio ou alto.

Fontes: Dougherty, S., "Privacy by Design: From Resolution to Reality," estudo de caso da IBM, *www.cio.gov.bc.ca/local/cio/informationsecurity/documents/PS_2011_PDFs/Dougherty_Steven-WorkshopF.pdf*, download em: 23 jan. 2012; site da Hydro One, *www.hydroone.com*, acesso em: 23 jan. 2012; Hill, K., "Why Privacy by Design Is the New Corporate Hotness", *Forbes*, *www.forbes.com/ sites/kashmirhill/2011/07/28/why-privacy-by-design-is-the-new-corporate-hotness*, 28 jul. 2011; Cavoukian, A., site da Privacy by Design, *www.privacybydesign.ca*, Office of the Information and Privacy Commissioner, Ontário, Canadá, acesso em: 23 jan. 2012; Ernst & Young, "Top 11 Privacy Trends for 2011", *www.ey.com/GL/en/Services/Advisory/IT--Risk-and-Assurance/Top-11-privacy- trends-for-2011*, jan. 2011.

um esforço máximo para o desenvolvimento de sistemas. O planejamento também pode alinhar os objetivos do SI às metas e à cultura corporativa, que serão discutidos a seguir.

Alinhamento dos objetivos corporativos e de SI

O alinhamento dos objetivos organizacionais, com os de SI é fundamental para qualquer esforço bem-sucedido de desenvolvimento de sistema.[24] Conforme mencionado no Capítulo 2, as empresas que alcançam uma vantagem competitiva sempre enfatizam o alinhamento das metas organizacionais com as metas e estratégias de SI.[25] Em outras palavras, estas organizações se certificam de que seus departamentos de SI são totalmente favoráveis às metas e estratégias mais amplas da organização.[26] O vice-presidente sênior e CIO da Associated Press afirmou: "Ao desenvolver sua lista de prioridades, coloque em primeiro lugar o entendimento de seus negócios e suas expectativas corporativas".[27]

Iniciativas específicas para o desenvolvimento de sistemas podem nascer do planejamento de SI, mas este também deve apresentar uma ampla estrutura para o sucesso futuro. O planejamento de SI deve orientar o desenvolvimento da infraestrutura do SI durante o decorrer do tempo. Outro benefício do planejamento de SI é que ele assegura a melhor utilização de seus recursos – incluindo capital, pessoal e tempo para a programação de projetos específicos. Os passos para o planejamento de SI são apresentados na Figura 12.4.

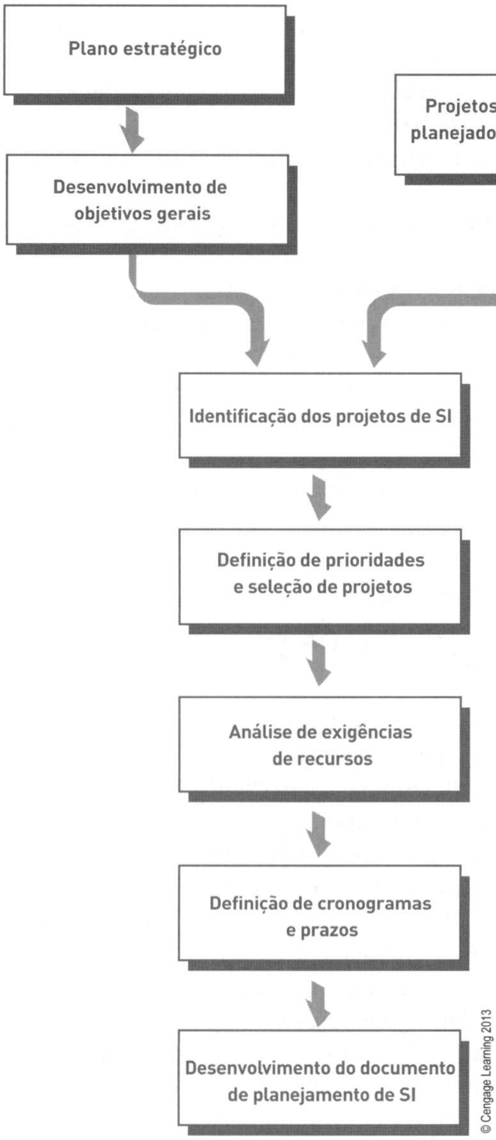

FIGURA 12.4
Etapas no planejamento de SI. Alguns projetos são identificados através dos objetivos gerais de SI, ao passo que projetos adicionais, chamados projetos não planejados, são identificados através de outras fontes. Todos os projetos identificados são, então, avaliados, em termos de sua prioridade organizacional.

Desenvolvimento de vantagem competitiva

No atual ambiente empresarial, muitas empresas buscam projetos de desenvolvimento de sistemas, que lhes ofereçam alguma vantagem competitiva. Em geral, pensar competitivamente requer uma análise criativa e crítica. Muitas organizações têm obtido significativas vantagens competitivas visualizando os problemas através de novos ou diferentes modos e introduzindo métodos inovadores, para resolvê-los.

ANÁLISE CRIATIVA: A análise criativa é a investigação de novas abordagens para os problemas existentes.

A **análise criativa** envolve a investigação de novas abordagens para problemas já existentes. Observando os problemas de uma maneira nova ou diferente e introduzindo métodos inovadores para resolvê-los, muitas empresas ganharam vantagem competitiva. Em geral, essas novas soluções são inspiradas em pessoas e em acontecimentos não diretamente relacionados com o problema. Sir Isaac Newton, por exemplo, se encontrava observando uma coisa simples, como uma maçã caindo da macieira, quando desenvolveu as leis da gravidade. Albert Einstein modificou as leis da gravidade, de Newton, para criar a teoria da relatividade especial e a geral, observando trens e pensando na velocidade constante da luz, partindo de diferentes pontos de vista. Hoje, os físicos estão novamente utilizando uma análise criativa para sonhar sobre nove ou mais dimensões que poderiam modificar as teorias de Einstein, com uma abordagem chamada "teoria das cordas". Espera-se que a teoria das cordas venha a explicar tudo, desde a gravidade de grandes planetas e estrelas até o movimento das menores partículas conhecidas pelos modernos cientistas.

ANÁLISE CRÍTICA: É o questionamento imparcial e cuidadoso sobre se os elementos dos sistemas são relacionados da maneira mais eficaz.

Uma **análise crítica** requer um questionamento imparcial e cuidadoso sobre se os elementos do sistema estão relacionados da maneira mais eficiente. Isso envolve considerar o estabelecimento de novos ou diferentes relacionamentos entre os elementos e, talvez, introduzir novos elementos no sistema. A análise crítica no desenvolvimento de sistemas envolve as seguintes ações:

- **Questionamento das declarações e suposições.** Questionar os usuários sobre suas necessidades e elucidar suas respostas iniciais pode resultar em sistemas melhores e previsões mais exatas.
- **Identificação e resolução de objetivos e orientações conflitantes.** Cada departamento na organização pode ter diferentes objetivos e orientações. O departamento de compras pode querer minimizar o custo das peças de reposição, comprando sempre do fornecedor que oferece o menor preço, mas a engenharia pode preferir adquirir peças de reposição, mais caras e de melhor qualidade, para reduzir a frequência de substituição. Essas diferenças devem ser identificadas e resolvidas antes do desenvolvimento de um novo sistema de compras ou da modificação de um sistema já existente.

ESTABELECIMENTO DE OBJETIVOS PARA O DESENVOLVIMENTO DE SISTEMAS

O objetivo geral do desenvolvimento de sistemas é atingir as metas empresariais, não as técnicas, através da emissão de informações certas para as pessoas certas e na hora certa. O impacto que um sistema em particular exerce na capacidade de uma organização de cumprir suas metas determina o verdadeiro valor daquele sistema para a organização. Apesar de todos os sistemas serem compatíveis com a realização dos objetivos corporativos, alguns deles são mais importantes na continuidade das operações e no cumprimento das metas do que outros. Esses sistemas são chamados **sistemas de missão crítica**. Um sistema de processamento de pedidos, por exemplo, geralmente é considerado como de missão crítica. Sem ele, algumas organizações poderiam continuar as atividades, diariamente, e claramente não conseguiriam atingir as metas estabelecidas.

SISTEMAS DE MISSÃO CRÍTICA: São os sistemas que desempenham uma função primordial nas operações contínuas e na realização das metas de uma organização.

FATORES CRÍTICOS PARA O SUCESSO: São os fatores essenciais para o sucesso de uma área funcional de uma organização.

As metas definidas para uma organização também determinam os objetivos, estabelecidos para um sistema. Uma unidade de fabricação, por exemplo, pode determinar que a minimização do custo total de propriedade e operação de seus equipamentos é vital para atender às metas da produção e da lucratividade. Os **fatores críticos para o sucesso** (FCS) são essenciais para o sucesso de certas áreas funcionais de uma organização. O FCS para minimização dos custos de manutenção e operação da fabricação deve ser convertido em objetivos específicos para o sistema proposto. Um objetivo específico pode ser alertar os planejadores da manutenção quando uma peça do equipamento tiver de passar por manutenção preventiva de rotina (por exemplo: limpeza e lubrificação). Outro objetivo pode ser alertar os planejadores da manutenção quando os níveis do estoque de materiais de limpeza, os óleos para a lubrificação ou peças de reposição estiverem abaixo dos limites especificados. Estes objetivos podem ser concluídos tanto através da reposição automática do estoque através do intercâmbio eletrônico de dados ou da utilização dos relatórios de anomalias.

Independentemente do esforço de desenvolvimento de sistemas específicos, o processo de desenvolvimento deverá definir um sistema com desempenho e objetivos de custos determinados. O sucesso ou o fracasso do esforço de desenvolvimento de sistemas será medido tendo como referência esses objetivos. Nova York, por exemplo, fez concessão de um projeto de desenvolvimento de sistemas, no valor de $ 63 milhões, para uma empresa externa.[28] Quando o projeto extrapolou, em muito, os custos, a cidade processou a empresa externa em $ 600 milhões.

Objetivos do desempenho

É possível medir até que ponto um sistema desempenha suas funções como é desejado através de seus objetivos de desempenho. O desempenho do sistema é normalmente determinado por fatores como:

www.progressive.com

O site da Progressive convida seus clientes a obter rápidas cotações sobre seguros de veículos e produtos relacionados.

- **A qualidade ou a utilidade do resultado.** O sistema está gerando as informações corretas para as pessoas certas e no momento oportuno?
- **Exatidão do resultado.** O resultado é exato e reflete a situação verdadeira?
- **Velocidade da geração dos resultados.** O sistema gera resultados a tempo para atender às metas organizacionais e aos objetivos operacionais? A Progressive, uma grande empresa de seguros, desenvolveu um site que permite que seus clientes obtenham rápidas cotações de seguros de veículos e outros produtos relacionados, com algumas informações.[29] Eles esperam que a maior velocidade na realização das cotações, advinda desta modificação, se traduza em mais clientes. A respeito de um de seus projetos de SI, declarou o CIO do FBI: "É tudo uma questão de nos ajudar a conduzir nossas investigações, mais rapidamente".[30]
- **A flexibilidade do sistema.** O sistema de informação é bastante flexível e adaptável para produzir uma variedade de relatórios e documentos, dependendo das condições atuais e das necessidades da organização?
- **A facilidade de utilização do aplicativo.** O desenvolvimento de aplicativos que podem ser facilmente utilizados por gestores e funcionários é uma meta importante para qualquer processo de desenvolvimento de sistemas. A Genetech, por exemplo, desenvolveu cerca de 15 aplicativos para seus funcionários, que podem ser baixados para os iPhones da empresa, utilizados por eles.[31] Baixar os aplicativos corporativos de seu site é tão fácil quanto baixar músicas, e outros conteúdos da App Store da Apple. O vice-presidente de tecnologia, da Genetech disse: "Estamos reduzindo a inércia da tecnologia, de modo que as pessoas possam dedicar mais suas energia e criatividade intelectuais a assuntos mais importantes".
- **A escalabilidade do sistema resultante.** Conforme mencionado no Capítulo 4, a *escalabilidade* permite que um sistema de informação lide com o crescimento da empresa e o aumento do volume nos negócios. O número de operações comerciais processadas na Bolsa Mercantil de Chicago, por exemplo, cresceu de 30 milhões, desde 2004, para mais de 6 bilhões atualmente.[32]Este crescimento incrível requer um sistema de informações, altamente escalonável.
- **O risco do sistema**. Um importante objetivo de muitos projetos de desenvolvimento de sistemas é reduzir os riscos, por exemplo, de aumento de custos ou atrasos no projeto.[33] Para uma empresa implantar um sistema de gestão de relacionamento com novos clientes, o custo da iniciativa de gestão de relacionamento foi o dobro do valor projetado.[34] Um observador externo comentou: "Este é um peso significativo no desempenho daquela empresa".

© iStockphoto/Scott Olson

A Bolsa Mercantil de Chicago precisa de um sistema de informações altamente escalonável para processar um grande aumento nas transações comerciais.

Objetivos dos custos

As empresas podem gastar mais do que é necessário durante um projeto de desenvolvimento de sistemas. Os benefícios de alcançar os objetivos de desempenho devem ser equilibrados, com todos os custos associados ao sistema, incluindo os seguintes:

- **Custos do desenvolvimento.** Todos os custos necessários para montar o sistema e colocá-lo em funcionamento devem ser incluídos. Alguns fabricantes de computadores dão gratificações em dinheiro para as empresas que utilizam seus sistemas, a fim de reduzir custos e atuar como um incentivo.
- **Custos relacionados com a especificidade da aplicação do sistema.** A singularidade de um sistema tem um profundo impacto em seu custo. Um sistema de alto custo, mas reutilizável, pode ser preferível a outro sistema de menor custo, mas de uso limitado.
- **Investimentos fixos em equipamentos e acessórios relacionados.** Os desenvolvedores devem considerar os custos de itens como computadores, equipamentos relacionados a redes e centros de dados controlados ambientalmente, nos quais os equipamentos operam.
- **Custos contínuos de operações do sistema.** Os custos operacionais incluem os custos de pessoal, os de programas, os de suprimentos e os de recursos, como os de eletricidade, necessários para operar o sistema.

DESENVOLVIMENTO E ABORDAGENS SOBRE A VIDA ÚTIL DOS SISTEMAS

O processo de desenvolvimento de sistemas é também chamado de *ciclo de vida do desenvolvimento de sistemas* (SDLC, system development life cicle), porque as atividades associadas a eles estão em constante evolução. À medida que cada sistema é construído, o projeto apresenta cronogramas e prazos fixos até que, finalmente, o sistema é instalado e aceito. Muitos hospitais, por exemplo, estão enfrentando prazos rigorosos requeridos pelo governo dos Estados Unidos, para completar projetos de desenvolvimento de sistemas, a fim de melhor rastrear diagnósticos e tratamentos.[35] Um fator primordial no desenvolvimento de sistemas é que quanto mais tarde um erro for detectado no SDLC, mais caro será corrigi-lo (veja a Figura 12.5). Uma razão para o aumento nos custos de montagem é que se um erro for encontrado numa fase posterior do SDLC, as fases anteriores deverão ser refeitas. Portanto, os desenvolvedores de sistemas experientes preferem uma abordagem capaz de detectar erros na fase inicial do ciclo de vida do projeto.

Os ciclos de vida comuns no desenvolvimento de sistemas englobam o ciclo tradicional, o da prototipagem, o do desenvolvimento rápido de aplicativos (RAD, rapid applica-

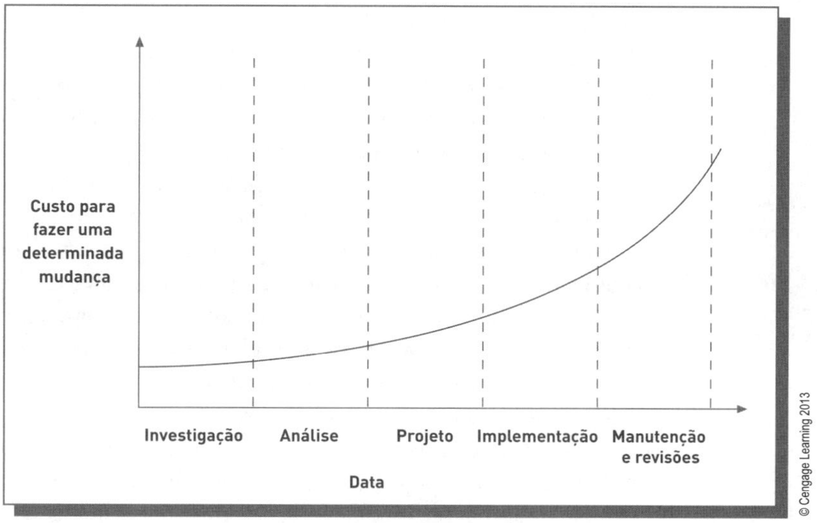

FIGURA 12.5
Relação entre a data da descoberta dos erros e os custos.
Quanto mais tarde as mudanças de sistema forem feitas no SDLC, mais onerosas elas serão.

tion development), e o do desenvolvimento para clientes particulares. Além disso, as empresas podem terceirizar o processo de desenvolvimento de sistemas. Em algumas empresas, essas abordagens são formalizadas e documentadas para que os desenvolvedores de sistemas tenham um processo bem definido a seguir; já outras empresas usam abordagens menos formalizadas. O ciclo de vida e a abordagem que as organizações utilizam no desenvolvimento de sistemas dependem da cultura e da abordagem do departamento de SI e das características do projeto de desenvolvimento de sistemas específico.[36] Tenha em mente a Figura 12.5 enquanto estiver conhecendo os SDLC, na seção seguinte.

CICLO DE VIDA TRADICIONAL NO DESENVOLVIMENTO DE SISTEMAS

Os esforços no desenvolvimento tradicional de sistemas podem variar de um pequeno projeto, como a compra de um programa barato de computador, até maiores empreendimentos, como a instalação de um sistema informatizado em uma organização ou universidade. As etapas no tradicional desenvolvimento de sistemas podem variar de uma em-

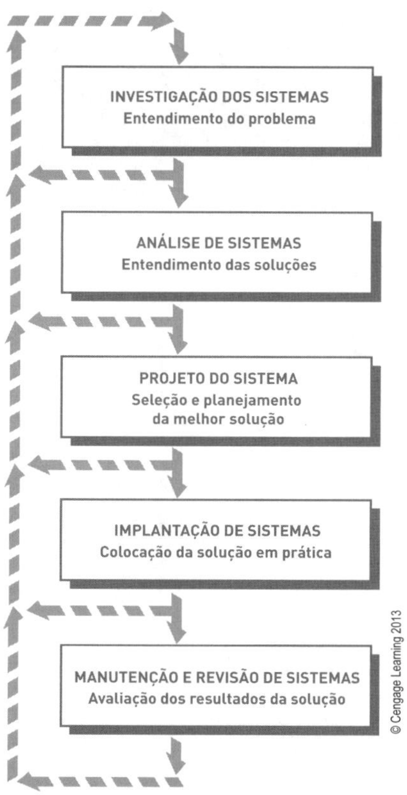

FIGURA 12.6
Ciclo de vida tradicional no desenvolvimento de sistemas.
Algumas vezes, as informações aprendidas numa determinada fase exigem um retorno à fase anterior.

INVESTIGAÇÃO DE SISTEMAS: Acontece na fase de desenvolvimento de sistemas, durante a qual os potenciais problemas e oportunidades são identificados e considerados à luz dos objetivos corporativos.

ANÁLISE DE SISTEMAS: Essa fase envolve estudar os sistemas existentes e trabalhar em processos para identificar as forças, as fraquezas e as oportunidades para melhoria.

PROJETO DO SISTEMA: É a fase do desenvolvimento de um sistema, que define como o sistema de informações fará o que precisa fazer para obter a solução.

IMPLANTAÇÃO DO SISTEMA: Esta é a fase do desenvolvimento de um sistema, que envolve a criação ou a aquisição dos diversos componentes do sistema, que foram detalhados no projeto do sistema, a sua montagem e o início da operação deste sistema novo ou modificado.

MANUTENÇÃO E REVISÃO DE SISTEMAS: É a fase do desenvolvimento de sistemas, que assegura que o sistema funcione e se modifique para continuar a atender às necessidades corporativas, que estão em constante modificação.

presa para outra, mas as abordagens, em sua maioria, possuem cinco fases em comum: investigação, análise, projeto, implantação, e manutenção e revisão (veja a Figura 12.6).

Na fase de **investigação dos sistemas**, os potenciais problemas e as oportunidades são identificados e considerados à luz dos objetivos corporativos. A investigação dos sistemas tenta responder a perguntas do tipo: "Qual é o problema e se vale a pena resolvê-lo?". O resultado principal desta fase é um projeto de desenvolvimento definido, pelo qual foram criados os problemas ou as demonstrações de oportunidades corporativas com as quais os recursos organizacionais foram comprometidos e para os quais uma análise de sistemas é recomendada. A **análise de sistemas** tenta responder à questão "O que o sistema de informação deve fazer para resolver o problema?". Esta fase envolve o estudo dos sistemas existentes e a função dos processos para identificar as forças, as fraquezas e as oportunidades de melhoria. O principal resultado de uma análise de sistemas é uma lista de requisitos e prioridades. O **projeto de sistemas** busca responder à pergunta: "Como o sistema de informação tem de fazer o que precisa ser feito para obter a solução do problema?". O principal resultado desta fase é um projeto técnico que descreve o novo sistema ou explica como os sistemas existentes poderão ser modificados. O projeto do sistema detalha os resultados do sistema, as inserções e as interfaces do usuário; especifica o hardware, o software, o banco de dados, as telecomunicações, o pessoal e os componentes do procedimento, e mostra como estes componentes estão relacionados. A **implantação de sistemas** envolve a criação ou aquisição de vários componentes de sistemas detalhados no projeto, reunindo-os e colocando em funcionamento um sistema novo ou modificado. Uma tarefa importante durante essa fase é o treinamento dos usuários. A implantação de sistemas resulta num sistema de informação operacional instalado que atende às necessidades da companhia para as quais ele foi desenvolvido, e também pode implicar na remoção dos sistemas antigos, num processo que pode ser difícil para os usuários existentes, especialmente, quando os sistemas são gratuitos.

O propósito da **manutenção do sistema e sua revisão** é verificar e modificar o sistema para que ele continue a atender às necessidades de mudanças do negócio. Como apresenta a Figura 12.6, um sistema em desenvolvimento muda de uma fase para outra do SDLC tradicional para a próxima.

O SDLC tradicional permite um elevado grau de controle de gestão. No entanto, um grande problema é que o usuário não utiliza a solução até que o sistema esteja quase completo. A Tabela 12.1 relaciona as vantagens e as desvantagens do SDLC tradicional.

TABELA 12.1 Vantagens e desvantagens do SDLC tradicional

Vantagens	Desvantagens
Revisão formal no final de cada fase permite o controle gerencial máximo.	Os usuários obtêm um sistema que atende às necessidades conforme entendido pelos desenvolvedores; isto pode não ser o que os usuários realmente precisam.
Essa abordagem cria uma considerável documentação do sistema.	A documentação é dispendiosa e demora a ser criada, e também é difícil mantê-la atualizada.
A documentação formal garante que os requisitos do sistema sejam rastreados até as necessidades empresariais estabelecidas.	Geralmente, as necessidades do usuário não são declaradas ou são mal compreendidas
Ela produz muitos resultados intermediários, que podem ser revisados para verificar se satisfazem às necessidades dos usuários e se estão de acordo com os padrões.	Os usuários não podem inspecionar facilmente os produtos intermediários e avaliar se determinado produto [por exemplo, um diagrama de fluxos de dados] atende às necessidades corporativas.

PROTOTIPAGEM: É uma abordagem iterativa ao processo de desenvolvimento de sistemas, na qual, a cada iteração em que requisitos e soluções alternativos relativos a um problema são identificados e analisados, novas soluções são projetadas e uma parte do sistema é implantada.

PROTOTIPAGEM

A **prototipagem** adota uma abordagem iterativa do processo de desenvolvimento de sistemas. Durante cada iteração, as exigências e as soluções alternativas para o problema

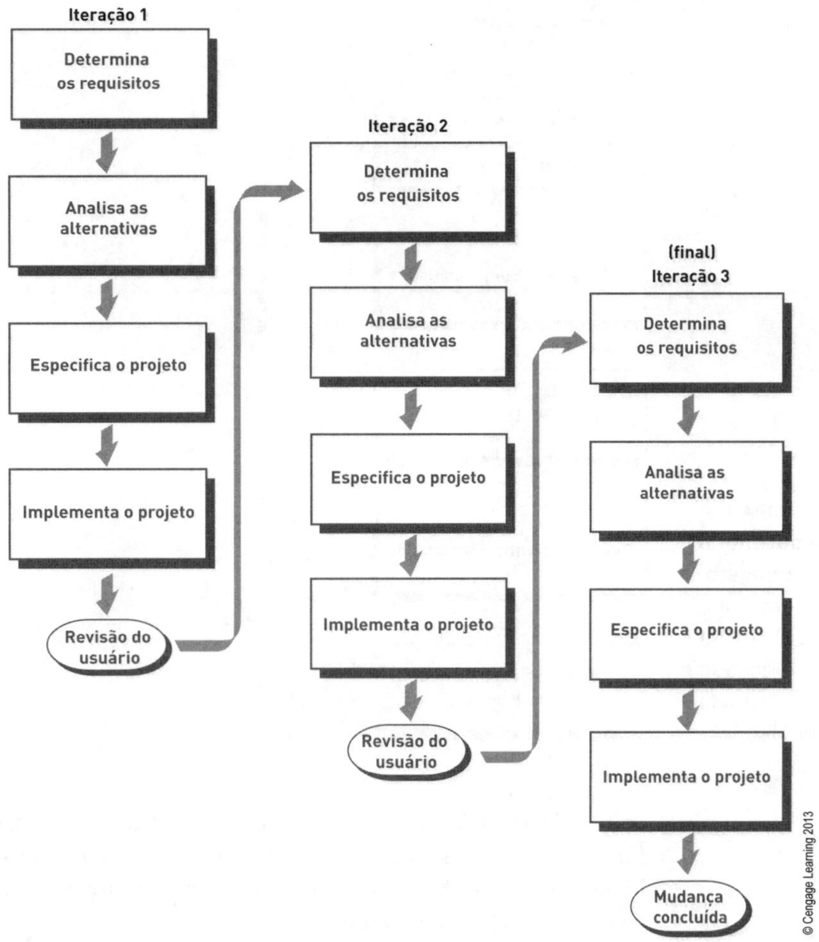

FIGURA 12.7
Prototipagem.
A prototipagem é uma abordagem iterativa ao desenvolvimento de sistemas.

são identificadas e analisadas, novas soluções são projetadas e uma parte do sistema é implantada.[37] Os usuários são, então, encorajados a experimentar o protótipo e a emitir e retornar seus comentários (veja a Figura 12.7). A prototipagem começa com a criação de um modelo preliminar, de um importante subsistema ou uma versão em menor escala de todo o sistema. Por exemplo, um protótipo pode exibir uma amostra do formato de relatório e das telas de entrada. Depois de desenvolvidas e refinadas, as telas dos relatórios sobre o protótipo e suas inserções são utilizadas como modelos para o sistema real. O primeiro modelo preliminar é refinado para formar os modelos de segunda e terceira gerações, e assim por diante, até que o sistema completo esteja desenvolvido (veja a Figura 12.8).

Os protótipos podem ser classificados como operacionais ou não operacionais. Um *protótipo operacional* é um protótipo que funciona, ou seja, que é capaz de acessar arquivos de dados reais, editar a entrada de dados, fazer cálculos e comparações necessários e produzir resultados reais. Um *protótipo não operacional* é um protótipo ou um modelo que inclui as inserções e os resultados das especificações e formatos. As vantagens e as desvantagens da prototipagem são resumidas na Tabela 12.2.

DESENVOLVIMENTO RÁPIDO DE APLICATIVOS, DESENVOLVIMENTO ÁGIL E OUTRAS ABORDAGENS DO DESENVOLVIMENTO DE SISTEMAS

DESENVOLVIMENTO RÁPIDO DE APLICATIVOS (RAD): É a abordagem do desenvolvimento de sistemas que utiliza ferramentas, técnicas e metodologias projetadas, para acelerar o desenvolvimento de aplicativos.

O **desenvolvimento rápido de aplicativos (RAD, rapid application development)** utiliza ferramentas, técnicas e metodologias projetadas, para acelerar o desenvolvimento de aplicativos. O CIO da Hewlett-Packard reduziu o tempo de conclusão de projeto para somente seis meses utilizando o RAD, e afirmou: "Nós mudaremos a produtividade de todos em nossa organização a cada 30 dias. Se tivermos de enfrentar o crescimento à nossa frente, é melhor planejarmos como fazer isto".[38] De acordo

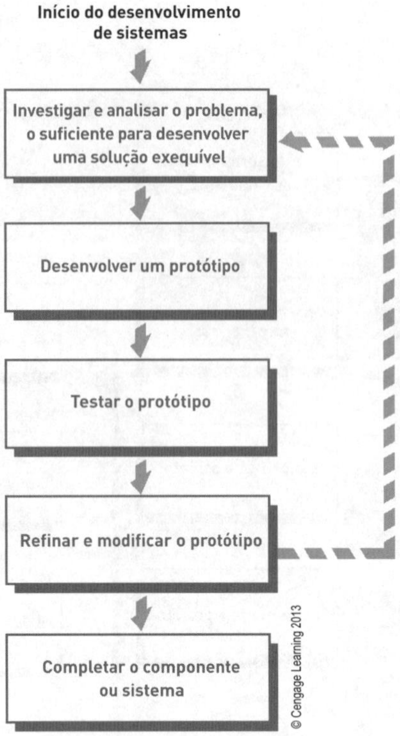

FIGURA 12.8
Refinamento durante a prototipagem.
Cada geração de protótipo é um refinamento da geração anterior baseado no *feedback* (retorno de informações) do usuário.

com a declaração do vice-presidente e CIO da State Street, uma empresa de serviços financeiros: "Nossa meta é otimizar o tempo decorrido entre a ideia e a solução. A ideia inicia quando o cronômetro começa a marcar o tempo. Na verdade, é quando o cronômetro do cliente começa a marcar".

TABELA 12.2 Vantagens e desvantagens da fase da prototipagem

Vantagens	Desvantagens
Os usuários podem testar o sistema e fornecer um *feedback* construtivo durante o desenvolvimento.	Cada iteração é construída com base na anterior. A solução final pode ser apenas gradativamente melhor do que a solução inicial.
Um protótipo operacional pode ser produzido em semanas.	Pode não ocorrer nenhuma revisão formal no final da fase. Portanto, é muito difícil limitar o escopo do protótipo e o projeto parece nunca chegar ao seu final.
À medida que surgem as soluções, os usuários se tornam mais positivos com relação ao processo e aos resultados.	A documentação do sistema geralmente não existe ou é incompleta porque o foco principal é o desenvolvimento do protótipo.
A prototipagem possibilita a detecção precoce de erros e omissões.	O backup do sistema e sua recuperação, o desempenho e as questões de segurança podem ser negligenciados na pressa de desenvolver um protótipo.

As ferramentas de RAD também podem ser utilizadas para executar projetos de desenvolvimento de sistemas mais flexíveis e mais ágeis, possibilitando que eles sejam modificados rapidamente de acordo com as condições e os ambientes. Fabricantes como a Computer Associates International, a IBM e a Oracle comercializam produtos voltados para o mercado de RAD. A Rational Software, uma divisão da IBM, possui uma ferramenta de RAD chamada Rational Rapid Developer (Desenvolvedor Racional Rápido), para o desenvolvimento mais fácil e mais rápido, de grandes programas e aplicativos Java.[39] Esta ferramenta permite que tanto os desenvolvedores quanto os usuários colaborem nos projetos de desenvolvimento de sistemas utilizando o Team Concert, que funciona como um site de rede social para os desenvolvedores e usuários da IBM.[40] A Locus Systems, uma empresa de desenvolvimento de programas, utilizou uma ferramenta de RAD, chamada OptimalJ, da Compuware, para a geração de mais de 60% dos códigos de informática para três aplicativos que ela desenvolveu.[41] A Advantage Gen, antes conhecida como COOL:Gen, é uma ferramenta de RAD da Computer Associates International.[42] Ela pode ser utilizada para gerar rapidamente códigos de informática, baseando-se em modelos e especificações empresariais.

A RAD não deve ser utilizada em todos os projetos de desenvolvimento de software. Em geral, ela é mais apropriada para o desenvolvimento dos DSSs e dos MISs, e menos adequada para os TPSs. Durante um projeto desenvolvido com a ferramenta RAD, o nível de participação dos stakeholders e dos usuários é muito mais alto do que em outras abordagens. A Tabela 12.3 relaciona as vantagens e as desvantagens da RAD.

TABELA 12.3 Vantagens e desvantagens da RAD

Vantagens	Desvantagens
Para projetos adequados, esta abordagem coloca uma aplicação em produção mais cedo que qualquer outra abordagem.	Este intenso SDLC pode esgotar desenvolvedores e outros participantes do projeto.
A documentação é produzida como um subproduto das tarefas finais do projeto.	Essa abordagem exige que os analistas de sistemas e os usuários tenham experiência com as ferramentas e as técnicas de RAD para o desenvolvimento de sistemas.
RAD força trabalho em equipe e muitas interações entre usuários e stakeholders no projeto.	RAD requer mais tempo dos usuários e stakeholders do que as outras abordagens

Outras abordagens para o rápido desenvolvimento, tais como o *desenvolvimento ágil* ou uma *programação extrema* (*XP*), permitem que os sistemas se modifiquem à medida que estiverem sendo desenvolvidos. O desenvolvimento ágil requer a cooperação e reuniões presenciais frequentes entre os desenvolvedores de sistemas e os usuários, à medida que eles modificam, aprimoram e testam o modo como o sistema atende às necessidades dos usuários e quais são suas capacidades. As organizações estão utilizando mais o desenvolvimento ágil, hoje em dia, para melhorar os resultados do desenvolvimento de sistemas, incluindo os projetos de desenvolvimento global de sistemas, que exigem recursos de SI distribuídos em diferentes locais. O FBI utilizou o desenvolvimento ágil para reduzir o tempo e o número de pessoas necessários para um projeto, chamado Sentinel.[43] O desenvolvimento ágil foi capaz de reduzir o número de pessoas envolvidas de 200 para 50.[44]

A programação extrema (XP) utiliza duplas de programadores que trabalham juntos para projetar, testar e codificar as partes dos sistemas que eles desenvolvem. A pesquisa mostrou que, trabalhando em dupla, os programadores geralmente superavam a média de um programador individual e ficavam nivelados com os melhores programadores da organização. A natureza iterativa da programação extrema ajuda as empresas a desenvolver sistemas robustos, com muito menos erros. A Sabre Airline Solutions, uma empresa de computação avaliada em $ 2 bilhões, que atende à indústria de viagens aéreas, utilizou a XP (programação extrema) para eliminar erros de programação e diminuir os tempos de desenvolvimento de programa.[45]

Além das abordagens para o desenvolvimento de sistemas, discutidas anteriormente, diversas outras abordagens, ágeis e inovadoras para o desenvolvimento de sistemas têm sido criadas por fabricantes de computadores e autores de livros sobre desenvolvimento de sistemas. Todas estas abordagens tentam oferecer melhores sistemas, num tempo muito mais curto. Algumas ferramentas e abordagens para o desenvolvimento ágil são as seguintes:

- **Desenvolvimento de Software Adaptativo**. O desenvolvimento de Software adaptativo (ASD, Adaptive Software Development) criou técnicas para o desenvolvimento rápido de aplicativos e realça um processo iterativo que envolve a análise, o projeto e a implantação de cada ciclo, ou iteração. A abordagem foi, primeiramente, desenvolvida por James Highsmith.[46]

- **Desenvolvimento de software leve (lean) e experiência leve do usuário**. O termo desenvolvimento de software leve surgiu de um livro com o mesmo título, escrito por Mary and Tom Poppendieck.[47] Lean era utilizado como magro, mas atualmente pode ser traduzido como leve. A abordagem surgiu das práticas de fabricação leve utilizadas pela Toyota e enfatiza a aprendizagem contínua, a tomada de decisão no momento certo, a capacitação das equipes de desenvolvimento de sistemas, e a eliminação de desperdícios.[48] A experiência leve do usuário (Lean UX, Lean User Experience) também é baseada na fabricação simplificada da Toyota.[49] A abordagem tenta converter rapidamente os requisitos do usuário em sistemas de informação utilizando reuniões diárias e a apresentação de resultados em um breve período.
- **Processo racional unificado**. O processo racional unificado (RUP, Rational Unified Process) é uma abordagem de desenvolvimento de sistema iterativo desenvolvida pela IBM, que inclui uma série de ferramentas e técnicas que geralmente são elaboradas sob medida para atender às necessidades de uma determinada empresa ou organização. O RUP utiliza uma abordagem iterativa para o desenvolvimento de software, que se concentra na qualidade à medida que o software é alterado e atualizado no decorrer do tempo.[50] Muitas outras empresas também utilizam o RUP.
- **Desenvolvimento orientado a funcionalidades.** Originalmente utilizado para completar um projeto de desenvolvimento de sistemas para um grande banco, o desenvolvimento orientado a funcionalidades (FDD, feature-driven development) é uma abordagem iterativa para o desenvolvimento de sistemas que enfatiza as características de um sistema, novo ou modificado, e envolve o desenvolvimento de um modelo global, criando uma lista de recursos, e efetuando o planejamento, projeto e fabricação de acordo com tais recursos. [51]
- **Metodologias crystal.** As metodologias crystal formam uma família de abordagens para o desenvolvimento de sistemas desenvolvida por Alistair Cockburn, que se concentra no trabalho efetivo da equipe e na redução da documentação e da burocracia necessárias para tornar os projetos de desenvolvimento mais rápidos e eficientes.[52]
- **Scrum**. A metodologia scrum é uma abordagem para o desenvolvimento de sistemas que enfatiza o desenvolvimento ágil e gradativo. Um ScrumMaster (mestre em scrum) é uma pessoa que coordena todas as atividades referentes a esta abordagem, e um grupo scrum é formado por doze ou menos pessoas que desempenham todas as funções do desenvolvimento de sistemas, desde a investigação até o teste. Os proprietários do produto são as pessoas ou os stakeholders que se beneficiam do esforço do desenvolvimento de sistemas com a abordagem scrum. A Scrum Alliance oferece um treinamento para a designação de seu Mestre Certificado em Scrum (CSM, Certified ScrumMaster).[53]

TERCEIRIZAÇÃO, COMPUTAÇÃO SOB DEMANDA E COMPUTAÇÃO EM NUVEM

Muitas companhias contratam uma empresa de consultoria externa ou empresa de informática especializada em desenvolvimento de sistemas para assumir algumas ou todas as atividades de desenvolvimento e operações de sistemas. A companhia farmacêutica Pfizer, por exemplo, utilizou a terceirização para permitir que cerca de 4.000 de seus empregados terceirizassem parte de seus trabalhos para outros indivíduos, ou empresas, no mundo todo.[54] A Steel Technologies: terceirizou muitas de suas operações de informática e de infraestrutura para a ERP Suites em vez de gastar quase $ 1 milhão em computadores, dispositivos de armazenamento e fornecimento de energia.[55] Esta abordagem frequentemente é chamada *Infraestrutura como Serviço* (*IaaS, Infrastructure as a Service*). Segundo o CIO da Steel Technologies: "Eles são os proprietários do centro de dados. Eles têm o equipamento, os aplicativos e o sistema operacional. E eles fornecem o serviço gerenciado que cuida de tudo". Contudo, conforme discutido no Capítulo 7, apesar de computação em nuvem permitir que as empresas executem seus aplicativos na internet, ela tem suas desvantagens, incluindo as interrupções de segurança e de serviços. Depois de uma interrupção de serviço em um grande provedor de computação em nuvem, o vice-presidente de tecnologia, da cidade de Lynwood, em Washington, disse: "A recente interrupção confirmou que os serviços em nuvem ainda não estão prontos para o horário nobre".[56] Alguns CIOs estão esperando até que esta abordagem tenha amadurecido e que alguns de seus riscos em potencial tenham sido resolvidos para implantarem totalmente a computação em nuvem. Outras organizações estão implantando aplicativos de computação em nuvem de menor importância para testar a abordagem antes utilizá-los em grande escala.[57]

Muitas empresas estão procurando terceirizar a aquisição de aplicativos para celulares, os chamados apps.[58] Do mesmo modo que acontece com a aquisição de outros componentes para os sistemas de informações, as organizações precisam decidir se querem criar seus próprios aplicativos para celulares ou se preferem comprá-los de outras empresas.[59] A Tabela 12.4 descreve as circunstâncias nas quais a terceirização pode ser uma boa ideia.

TABELA 12.4 Quando utilizar a terceirização para o desenvolvimento de sistemas

Razão	Exemplo
Quando uma empresa acredita que pode reduzir custos	A PacifiCare terceirizou suas operações de SI para a IBM e a Keane Inc., na esperança de economizar cerca de $ 400 milhões ao longo de dez anos.
Quando uma empresa tem uma oportunidade limitada para se distinguir competitivamente através de uma operação ou um aplicativo particular de SI	A Kodak terceirizou suas operações de SI, incluindo o processamento em computadores de grande porte, as telecomunicações e o suporte a computadores pessoais, porque tinha uma oportunidade limitada de se distinguir através dessas operações de SI. A Kodak manteve o desenvolvimento de aplicativos e o suporte dentro da própria empresa, porque acreditou que essas atividades tinham um valor competitivo.
Quando a terceirização não tira da empresa o conhecimento técnico exigido para futuras inovações de SI	As empresas devem assegurar que seus profissionais de SI permaneçam tecnicamente atualizados e tenham um conhecimento especializado para desenvolver futuros aplicativos.
Quando as capacidades de SI existentes na empresa são limitadas, ineficazes, ou tecnicamente inferiores	Uma empresa deve usar a terceirização para ajudá-la a fazer a transição de um ambiente de computadores de grande porte centralizado para um ambiente distribuído em cliente/servidor.
Quando a empresa reduz seu pessoal	O First Fidelity, um importante banco, usou a terceirização como parte de um programa de redução de 1.600 funcionários e cortou $ 85 milhões em suas despesas.

Muitas companhias e organizações sem fins lucrativos oferecem serviços de terceirização e de computação sob demanda – desde o desenvolvimento geral de sistemas a serviços especializados. O Global Services, da IBM, por exemplo, é um dos maiores serviços de terceirização e consultoria.[60] A IBM tem consultores localizados em escritórios no mundo inteiro e gera uma renda de bilhões de dólares por ano. A Electronic Data Systems (EDS) é uma outra grande empresa especializada em consultoria e terceirização[61], que foi adquirida pela Hewlett-Packard, tendo aproximadamente 100.000 empregados no mundo todo. A Accenture também é especializada em consultoria e terceirização.[62] A Wipro Technologies, sediada na Índia, é outra empresa global de terceirização, com uma renda anual de mais de $ 4 bilhões.[63] A Tata, uma grande empresa de terceirização, sediada na Índia, está agora se concentrando em empresas menores através da computação em nuvem e um novo serviço chamado iON.[64] Com a computação em nuvem, firmas de menor porte podem fazer o download de software que permite que a Tata gerencie e processe os programas de seus clientes a partir de uma localização remota. A Infosys, uma empresa de consultoria e terceirização, ajudou à Hallmark Cards a gerar novos lucros com seus cartões comemorativos e outros produtos digitais.[65] A Amazon oferece a Elastic Compute Cloud (plataforma elástica em nuvem) para organizações e indivíduos que pagam somente pelos recursos de informática que utilizam.[66] Algumas empresas contratam empresas de terceirização não tradicionais, para desenvolver software e outros sistemas. A Norfolk Southern, por exemplo, contratou a General Electric para desenvolver um software para gerenciar o tráfego de seus trens.[67] Veja a Figura 12.9.

FIGURA 12.9
Terceirização.
A Wipro Technologies, sediada na Índia, é uma empresa mundial de terceirização.

Entretanto, a terceirização tem algumas desvantagens. O conhecimento interno pode ser perdido e a lealdade pode sofrer devido a um acordo de terceirização. Para algumas empresas, pode ser difícil alcançar uma vantagem competitiva quando os concorrentes usam o mesmo computador ou recorrem à mesma empresa de consultoria. Algumas pessoas levantam questões sobre a segurança quando a terceirização ou a computação sob demanda é realizada em outros países. As autoridades federais norte-americanas sempre investigam as contratantes do setor de defesa devido a terceirizações inadequadas.

DESENVOLVIMENTO DE APLICATIVOS PARA DISPOSITIVOS MÓVEIS

Atualmente, mais organizações estão desenvolvendo ou comprando aplicativos móveis para seus gestores e funcionários.[68] Na verdade, uma empresa que produz estações de carregamento para veículos elétricos desenvolveu um aplicativo para iPhones e celulares BlackBerry que informam os clientes como encontrar a estação de carregamento mais próxima.[69] Os aplicativos corporativos devem ser capazes de funcionar numa grande variedade de dispositivos móveis, incluindo iPhones, celulares BlackBerry, tablets e outros.[70] De acordo com um analista da Nucleus Research Inc.: "Os fornecedores corporativos estão reconhecendo que os dispositivos não são tão importantes quando alguém acessa um aplicativo. Se eu estiver em trabalho externo quero poder acessar as informações para realizar o meu trabalho". Tornar as informações corporativas disponíveis em dispositivos móveis está se tornando cada vez mais importante, pois é crescente o número de funcionários e gestores que utilizam tais dispositivos.[71] De acordo com a afirmação de um vice-presidente do Dice.com, um site para a realização de trabalhos de SI, "Praticamente todas as empresas estão tentando descobrir como utilizar os aplicativos móveis, mas ainda não sabem como fazer isso tão bem quanto precisariam". Segundo pesquisa, 14% das pessoas que compram um tablet planejam utilizá-lo em atividades relacionadas com ao trabalho. De acordo com o CIO da Pizza Hut, "Se a sua estratégia móvel está estagnada porque você está procurando um caso de negócios e um ROI (retorno de investimentos) adequados, amplie seus horizontes para perceber que os dispositivos móveis estão ligados o dia inteiro à vida das pessoas – elas estão sempre conectadas, e basta apertar um botão para que elas tenham acesso ao que lhes interessa.[72]

Embora a abordagem geral do desenvolvimento de sistemas seja a mesma para os dispositivos móveis em relação aos projetos de desenvolvimento de sistemas tradicionais, existem algumas diferenças importantes.[73] A interface com o usuário não é a típica interface gráfica com o usuário, discutida no Capítulo 4. Ao contrário, a maioria dos dispositivos móveis utiliza uma interface sensível ao toque, também chamada por alguns de *interface natural com o usuário* (*INU*) ou de interface multitoque por outros. As equipes de desenvolvimento de sistemas para dispositivos móveis geralmente são menores, permitindo que sejam mais flexíveis e ágeis.[74] Pode ser também bastante difícil encontrar profissionais de SI com as habilidades e a experiência para desenvolver bons aplicativos móveis.[75] Fazer o aplicativo se comunicar com a internet ou com os computadores empresariais é outra questão a ser resolvida para os dispositivos móveis. Como lidar com chamadas telefônicas feitas durante a execução de um aplicativo é uma questão que precisa ser considerada.

Diversas ferramentas para o desenvolvimento de sistemas também estão disponíveis para os aplicativos móveis. A RehabCare, uma grande empresa de assistência médica com quase 19.000 funcionários, por exemplo, desenvolveu um aplicativo móvel em quatro dias, utilizando ferramentas de desenvolvimento da Force.com.[76] O aplicativo ajuda cerca de 8.000 terapeutas a pré-selecionar pacientes utilizando o iPad da Apple. Antes, era preciso o trabalho de diversas pessoas e demorava até cinco horas para processar a documentação para um único paciente. Agora, tudo fica gravado eletronicamente. De acordo com o CIO da empresa, "Foi realmente compensador diminuir as oportunidades perdidas".

Além do desenvolvimento de aplicativos inovadores, as organizações também estão utilizando abordagens revolucionárias para oferecer estes aplicativos aos funcionários e gestores. Alguns CIOs, por exemplo, estão investigando a utilização de lojas de aplicativos, para oferecer informações e aplicativos corporativos para funcionários e executivos.[77] Como acontece com os usuários de smartphones, tablets e outros dispositivos móveis, funcionários e executivos poderiam acessar uma loja corporativa e fazer o download dos mais recentes programas, sistemas de suporte a decisões, ou outros aplicativos relacionados ao seu trabalho. Como disse um consultor da empresa de pesquisa, Gartner, "As ideias não podem ser contidas". Até mesmo o exército americano tem uma loja de aplicativos, chamada Army Marketplace (Mercado do Exército) para seus soldados.[78]

Permitir que os funcionários e executivos utilizem seus próprios dispositivos móveis no trabalho, entretanto, é uma questão bastante difícil.[79] Muitos querem fazer isso, mas, pode ser complicado para os desenvolvedores de sistemas criar e manter aplicativos para uma grande variedade de dispositivos móveis com diferentes sistemas operacionais.

FATORES QUE AFETAM O SUCESSO DO DESENVOLVIMENTO DE SISTEMAS

Um desenvolvimento de sistemas bem-sucedido significa disponibilizar um sistema que satisfaça às necessidades do usuário e da organização – no prazo estipulado e dentro do orçamento. Algumas iniciativas de desenvolvimento de sistemas têm tido tanto sucesso que algumas companhias estão vendendo seus sistemas para outras empresas. A Union Pacific, uma grande empresa ferroviária, desenvolveu um software de gestão de mão de obra para uso próprio e depois decidiu vendê-lo para outras empresas, e desse modo, gerando um possível faturamento adicional de $ 60 milhões para a empresa.[80] Segundo o CIO da Union Pacific: "Quando observamos os resultados do software pensamos que seria possível ganhar algum dinheiro com ele".

Conseguir o envolvimento dos usuários e dos stakeholders no desenvolvimento de sistemas é crucial para a maioria dos projetos de desenvolvimento de sistemas. Ter o apoio de gerentes de alto nível também é importante. O CIO da Northrop Grumman Corporation, disse: "Tão logo entendi o que precisava ser feito, pedi ajuda ao alto escalão da empresa. Assim que obtive o apoio dos superiores, comecei a comprometer o meu próprio grupo".[81] Além do envolvimento dos usuários e do suporte da gestão superior, outros fatores podem contribuir para que os esforços de desenvolvimento de um sistema tenham sucesso, por um valor razoável. Esses fatores são discutidos a seguir.

GRAU DA MUDANÇA

Um fator importante, que afeta a qualidade do desenvolvimento do sistema, é o grau de mudança associado ao projeto. O escopo pode variar desde o aperfeiçoamento do sistema já existente até uma importante reengenharia. A equipe de projeto precisa reconhecer onde ela está nesse espectro de mudança. A capacidade de gerir a mudança é também fundamental para o sucesso do desenvolvimento de sistemas, pois novos sistemas inevitavelmente envolvem mudanças. Infelizmente, nem todos se adaptam facilmente, e a crescente complexidade dos sistemas pode multiplicar os problemas. O reconhecimento de problemas existentes ou potenciais (particularmente, os relativos aos usuários) e a capacidade de lidar com eles são fatores essenciais antes que tais problemas se transformem em uma ameaça séria ao sucesso do novo sistema ou modificado.

A IMPORTÂNCIA DO PLANEJAMENTO

Quanto maior o projeto, mais provável que um planejamento mal feito leve a problemas significativos. Muitas empresas descobriram que grandes projetos de sistemas falham por causa do cronograma, por exceder o orçamento e por não satisfazer às expectativas. Embora um planejamento apropriado não garanta que esses tipos de problemas sejam evitados, ele pode minimizar a probabilidade de ocorrência. Um bom desenvolvimento de sistemas não é automático, e certos fatores contribuem para a falha nos projetos de desenvolvimento de sistemas. Esses fatores e as contramedidas para eliminar ou aliviar o problema estão resumidos na Tabela 12.5.

TABELA 12.5 Questões no planejamento de um projeto que contribuem frequentemente para falhas de projeto

Fator	Contramedida
Solução do problema errado	Estabelecer uma conexão clara entre o projeto e os objetivos organizacionais.
Má definição e análise do problema	Seguir uma abordagem padrão de desenvolvimento de sistemas.
Má comunicação	Estabelecer procedimentos e protocolos de comunicação.
Projeto ambicioso demais	Estreitar o foco do projeto para dar conta apenas das oportunidades mais importantes do negócio.
Falta de apoio da alta gestão	Identificar o gestor sênior que teria mais a ganhar com o sucesso do projeto e recrutá-lo para advogar a favor do projeto.
Falta de envolvimento da gestão e dos usuários	Identificar e recrutar os principais stakeholders para serem participantes ativos no projeto.

A experiência organizacional com o processo de desenvolvimento de sistemas também é um fator importante para o sucesso desse processo.[82] O Modelo de Maturidade de Capacidade (CMM, Capability Maturity Model) é um modo de medir esta experiência com base na pesquisa feita na Carnegie Mellon University e no trabalho feito pelo Instituto de Engenharia de Software (SEI, Software Engineering Institute). O CMM classifica a maturidade do desenvolvimento de sistemas de uma organização, utilizando cinco níveis: inicial, repetível, definido, gerenciado e otimizado.

CRONOGRAMA DO PROJETO: Um cronograma de projeto é uma descrição detalhada do que deverá ser feito.

MARCOS DE PROJETO: Um marco de projeto é uma data crucial para a conclusão de uma parte maior do projeto.

UTILIZAÇÃO DAS FERRAMENTAS DE GESTÃO DE PROJETO

A gestão de projeto envolve o planejamento, o cronograma, a direção e o controle dos recursos humanos, financeiros e tecnológicos para uma tarefa definida, cujo resultado é alcançar objetivos e metas específicos. As corporações e as organizações sem fins lucrativos utilizam essas importantes ferramentas e técnicas.

Um **cronograma de projeto** é uma descrição detalhada do que deverá ser feito. Cada atividade do projeto, o uso de pessoal e de outros recursos, assim como as datas esperadas de finalização do projeto, são descritos no cronograma do projeto. Um **marco do projeto** é uma data fundamental para a conclusão de uma parte importante do projeto, tal como o projeto, a codificação, os testes e a liberação do programa (para um

PRAZO DO PROJETO:
É a data na qual o projeto deverá estar totalmente concluído e operando.

CAMINHO FUNDAMENTAL:
São as atividades que, se atrasarem, atrasariam o projeto inteiro.

TÉCNICA DE AVALIAÇÃO E REVISÃO DO PROGRAMA (PERT, PROGRAM EVALUATION AND REVIEW TECHNIQUE):
É uma abordagem formalizada para o desenvolvimento de um cronograma de projeto, que cria três estimativas de tempo para uma atividade.

GRÁFICO DE GANTT:
É uma ferramenta gráfica utilizada para planejar, monitorar e coordenar projetos.

projeto de programação). O **prazo do projeto** é a data na qual todo o projeto deve estar concluído e operacional – quando a organização poderá começar a usufruir dos benefícios do projeto.

Em desenvolvimento de sistemas, cada atividade tem a data de início mais breve possível, a data de conclusão mais breve possível, e um tempo de folga, que é o prazo que uma atividade pode atrasar, sem atrasar todo o projeto. O **caminho fundamental** consiste de todas as atividades que, se atrasadas, atrasariam o projeto inteiro. Essas atividades não têm tempo de folga. Quaisquer problemas com as atividades do caminho fundamental causarão problemas para o projeto inteiro. Para garantir que as atividades do caminho crítico sejam concluídas dentro do prazo estipulado, foram desenvolvidas abordagens formalizadas de gerenciamento de projeto. Ferramentas como o Microsoft Project estão disponíveis para ajudar a calcular estes atributos cruciais do projeto.

Embora as etapas no desenvolvimento de sistemas pareçam lineares, projetos maiores podem se tornar complexos, exigindo centenas ou milhares de atividades isoladas. Para esses esforços de desenvolvimento de sistemas, os métodos e ferramentas de gestão de projeto formais se tornam essenciais. Uma abordagem formalizada, chamada **técnica de avaliação e revisão do programa** (PERT) cria três estimativas de tempo para uma atividade: o tempo mais curto possível, o tempo mais provável possível e o tempo mais demorado possível. Uma fórmula é então aplicada para determinar uma única estimativa de tempo pelo PERT. O **gráfico de Gantt** é uma ferramenta gráfica usada para planejar, monitorar e coordenar projetos; é essencialmente uma grade que relaciona atividades e os prazos. Cada vez que uma tarefa é concluída, um marcador,

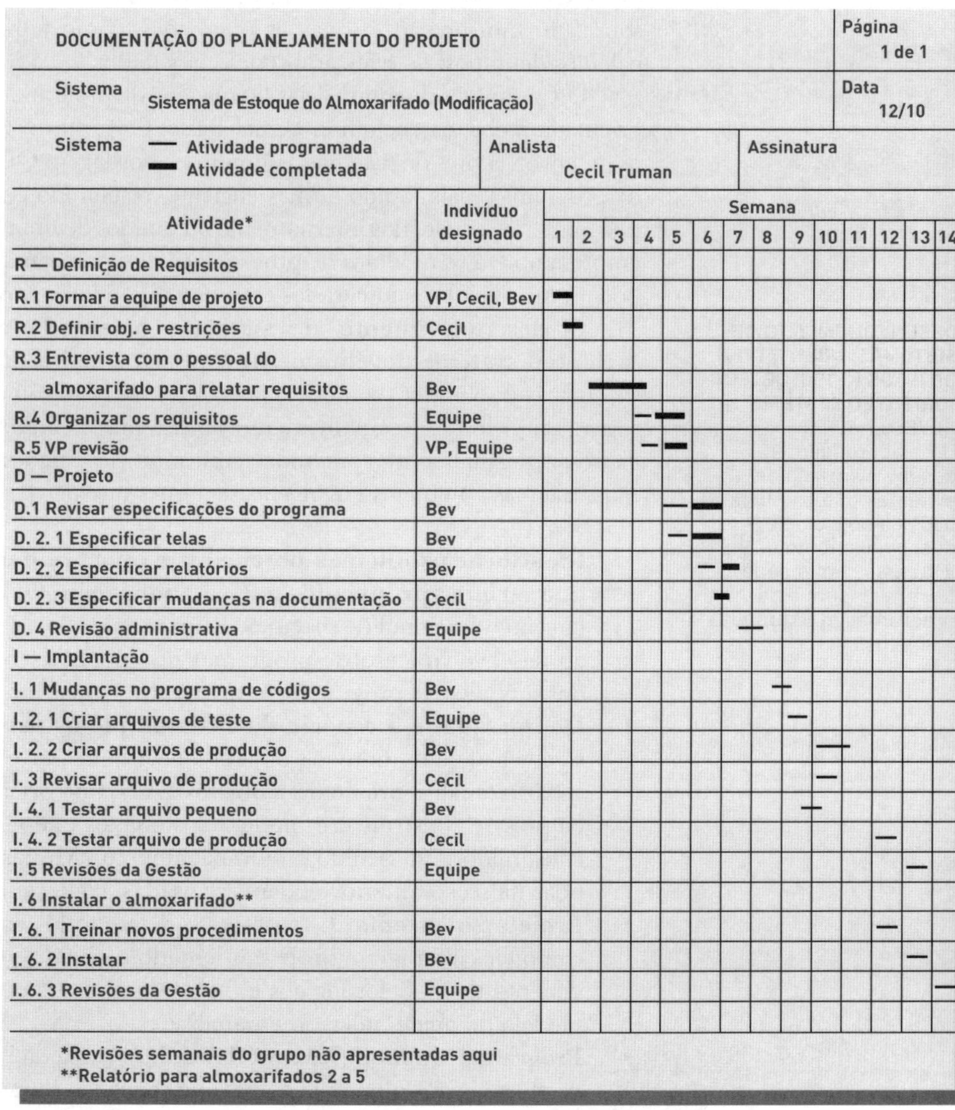

FIGURA 12.10
Amostra do Gráfico de Gantt.
Um gráfico de Gantt apresenta o progresso através das atividades de desenvolvimento de sistemas por meio da colocação de uma barra das células adequadas.

como uma linha escura, é colocado na célula apropriada da grade para indicar a conclusão de uma tarefa (veja a Figura 12.10).

Tanto a técnica PERT quanto o gráfico de Gantt podem ser automatizados usando o software de gestão de projeto, que ajuda os gestores a determinar o melhor modo de reduzir o tempo de conclusão do projeto pelo menor custo. Os pacotes de software incluem o OpenPlan da Deltek, o Microsoft Project, e o Unifier, da Skire.

ENGENHARIA DE SOFTWARE AUXILIADA POR COMPUTADOR (CASE, COMPUTER-AIDED SOFTWARE ENGINEERING): Ferramentas típicas do Programa CASE são as que automatizam muitas das tarefas requeridas num esforço de desenvolvimento de sistemas e encoraja a aderência ao SDLC.

As ferramentas da **engenharia de software assistida por computador (CASE, computer-aided software engineering)** automatizam muitas das tarefas envolvidas num esforço de desenvolvimento de sistemas e encoraja a adesão ao SDLC, instilando, assim, um alto grau de rigor e padronização para todo o processo de desenvolvimento de sistemas. O Oracle Designer, da Oracle (*www.oracle.com*), e o Visible Analyst, da Visible Systems Corporation (*www.visible.com*), são exemplos de ferramentas CASE. O Oracle Designer é uma ferramenta que pode ajudar os analistas de sistemas a automatizar e simplificar o processo de desenvolvimento de sistemas de bancos de dados. Outras ferramentas CASE incluem Embarcadero Describe (*www.embarcadero.com*), Popkin Software (*www.popkin.com*), Rational Software (parte da IBM) e Visio, um programa de gráficos da Microsoft.

DESENVOLVIMENTO DE SISTEMAS ORIENTADO A OBJETOS

O sucesso do esforço de desenvolvimento de sistemas pode depender de ferramentas específicas de programação e das abordagens utilizadas. Conforme mencionado no Capítulo 4, as linguagens de programação orientadas a objetos (OO) permitem a interação de objetos de programação – isto é, um objeto consiste tanto de dados quanto de ações que podem ser realizadas com os dados. Assim, um objeto pode ser um dado sobre um funcionário e todas as operações (como folha de pagamento, benefícios e cálculos de impostos) realizadas com esses dados.

O Capítulo 4 discutiu várias linguagens de programação que utilizam a abordagem orientada a objetos, incluindo Visual Basic, C++ e Java. Essas linguagens permitem que os desenvolvedores de sistemas assumam a abordagem OO, tornando o desenvolvimento de programas mais rápido e mais eficiente, resultando em menores custos. Os módulos podem ser desenvolvidos internamente ou obtidos de uma fonte externa. Depois que uma empresa obtém os módulos de programação, os programadores e os analistas de sistemas podem modificá-los e integrá-los com outros módulos para formar novos programas.

DESENVOLVIMENTO DE SISTEMAS ORIENTADO A OBJETOS (OOSD, OBJECT-ORIENTED SYSTEMS DEVELOPMENT): Uma abordagem ao desenvolvimento de sistemas que combina a lógica do ciclo de desenvolvimento de sistemas com o poder da modelagem e da programação orientadas a objetos.

O **desenvolvimento de sistemas orientado a objetos (OOSD, object-oriented systems development)** combina a lógica do ciclo de desenvolvimento de sistemas com o poder da modelagem e da programação orientada a objetos. O OOSD segue um ciclo de desenvolvimento de sistemas definido, como o SDLC. As fases do ciclo são normalmente concluídas com muitas iterações. O desenvolvimento de sistemas orientado a objetos envolve as seguintes tarefas:

- **Identificar problemas potenciais e oportunidades dentro da organização, que seriam apropriados para a abordagem OO.** O processo é similar à investigação tradicional de sistemas. Esses problemas ou oportunidades devem ser úteis ao desenvolvimento de programas que podem ser construídos pela modificação dos módulos de programação existentes.
- **Definir qual é a espécie de sistema que os usuários precisam.** Esta análise significa definir todos os objetos que fazem parte do ambiente de trabalho do usuário (análise orientada a objetos). A equipe orientada a objetos deve estudar a empresa e construir um modelo dos objetos que são parte do negócio (como um consumidor, um pedido ou um pagamento). Muitas das ferramentas CASE discutidas na seção anterior podem ser usadas, começando com esta etapa do OOSD.
- **Projetar o sistema**. Este processo define todos os objetos no sistema e o modo como eles interagem (projeto orientado a objetos). O projeto envolve o desenvolvimento de modelos lógicos e físicos do novo sistema, pela adição de detalhes ao modelo de objeto iniciado na análise.
- **Programar ou modificar módulos**. Esta etapa da implantação considera o modelo de objeto iniciado durante a análise e concluído durante o projeto e o transforma em

um conjunto de objetos interagindo num sistema. As linguagens de programação orientadas a objetos são projetadas para permitir que o programador crie classes de objetos no sistema computacional, que correspondam aos objetos no processo corporativo real. Objetos como consumidores, pedidos e pagamentos são redefinidos como objetos do sistema computacional – uma tela para o consumidor e um menu de inserção de pedidos, ou um ícone representando um cifrão. Os programadores então escrevem novos modelos ou modificam os existentes para produzir os programas desejados.

- **Avaliação feita pelos usuários**. A implantação inicial é avaliada pelos usuários e melhorada. Cenários e objetos adicionais são acrescidos, e o ciclo se repete. Finalmente, um sistema completo, testado e aprovado está disponível para uso.
- **Realizar revisão periódica e modificação**. O sistema completo e operacional é revisto em intervalos regulares e modificado, se necessário.

INVESTIGAÇÃO DOS SISTEMAS

Conforme já foi discutido anteriormente neste capítulo, a investigação sobre os sistemas é a primeira fase no SDLC tradicional de um sistema de informações corporativas novo ou modificado. O propósito é identificar potenciais problemas e oportunidades e considerá-los à luz das metas da empresa. Por exemplo, a redução de custos foi a principal razão para o sistema de uma biblioteca no Estado de Washington, com mais de 20 sucursais, iniciar uma investigação sobre sistemas. O principal objetivo de sua investigação era determinar se a utilização de conexões de Linhas de Assinantes Digitais (DSL, Digital Subscriber Line) para comunicações e internet poderia reduzir os custos.[83] Como um resultado da investigação sobre os sistemas, o sistema da biblioteca projetou uma economia de aproximadamente $ 400.000 no primeiro ano. Em geral, a investigação de sistemas tenta encontrar respostas para as seguintes perguntas:

- Quais os principais problemas, que podem ser resolvidos pelo novo sistema ou pelo sistema aperfeiçoado?
- Quais oportunidades um sistema novo ou aperfeiçoado pode fornecer?
- Como novos hardware, software, banco de dados, sistemas de telecomunicações, equipes ou procedimentos melhorarão o sistema existente ou são requisitados num novo sistema?
- Quais são os custos potenciais variáveis e fixos?
- Quais são os riscos associados?

INÍCIO DA INVESTIGAÇÃO SOBRE OS SISTEMAS

FORMULÁRIO DE REQUISIÇÃO DE SISTEMAS: É um documento preenchido por alguém que deseja que o departamento de SI inicie uma investigação do sistema.

Uma vez que as solicitações de desenvolvimento de sistemas exigem tempo e esforço consideráveis para serem implantadas, muitas organizações adotaram um procedimento formal para iniciar o desenvolvimento de sistemas, começando com a investigação sobre os sistemas. O **formulário de requisição do sistema** é um documento preenchido por alguém que deseja que o departamento de SI inicie uma investigação dos sistemas. Tais formulários geralmente incluem as seguintes informações:

- Problemas ou oportunidades referentes ao sistema.
- Objetivos da investigação sobre os sistemas.
- Visão geral do sistema proposto.
- Custos estimados e benefícios do sistema proposto.

As informações no formulário de requisição de sistemas ajudam a racionalizar e priorizar as atividades do departamento de SI. Com base no plano geral de SI, nas necessidades e nos objetivos da organização e no valor estimado e na prioridade dos projetos propostos, os gestores tomam decisões com relação ao início da investigação de cada sistema para tais projetos.

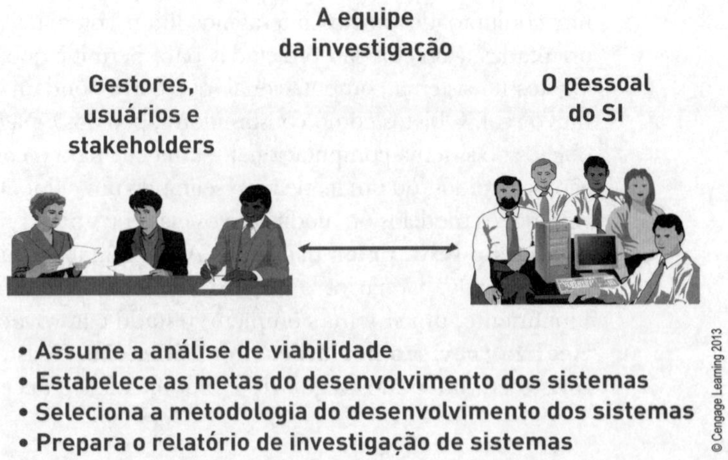

FIGURA 12.11
Equipe de investigação dos sistemas. A equipe é formada por gestores de níveis superiores e médios, um gerente de projeto, pessoal de SI, usuários e stakeholders.

PARTICIPANTES DA INVESTIGAÇÃO DOS SISTEMAS

ANÁLISE DA VIABILIDADE: Avaliação do cronograma de viabilidade técnica, econômica, legal e operacional de um projeto.

Depois que a decisão para iniciar uma investigação sobre os sistemas tiver sido tomada, o primeiro passo é determinar quais os membros da equipe de desenvolvimento deverão participar da investigação do projeto. Os membros da equipe de desenvolvimento mudam de uma fase para outra (veja a Figura 12.11). A equipe de investigação sobre os sistemas pode ser diversificada, com membros localizados ao redor do mundo. Cooperação e colaboração são as chaves para o sucesso das equipes de investigação nesses casos. Os membros da equipe de desenvolvimento que participam da investigação são responsáveis por reunir e analisar os dados, preparar um relatório justificando o desenvolvimento dos sistemas e apresentar os resultados para os gestores do alto escalão.

VIABILIDADE TÉCNICA: A viabilidade técnica está relacionada à possibilidade de o hardware, o software e outros componentes do sistema poderem ser adquiridos ou desenvolvidos para resolver o problema.

ANÁLISE DA VIABILIDADE

A **análise de viabilidade** é uma etapa crítica da fase de investigação de sistemas, que avalia a viabilidade técnica, econômica, legal, operacional e de prazo (veja a Figura 12.12). A **viabilidade técnica** está relacionada à possibilidade de o hardware, o software e outros componentes do sistema poderem ser adquiridos, ou desenvolvidos, para resolver o problema.

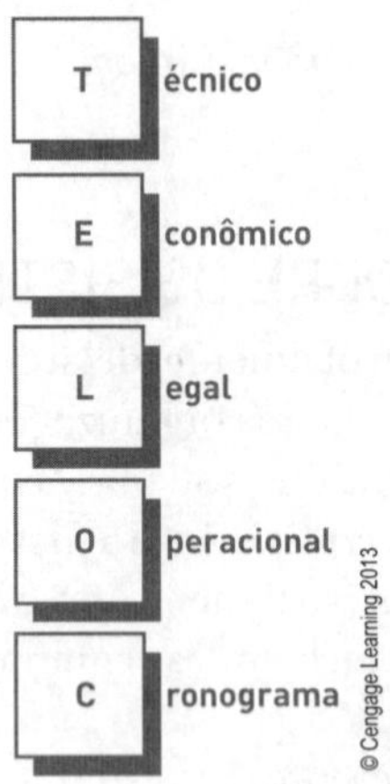

FIGURA 12.12. Viabilidade técnica, econômica, legal, operacional e de cronograma.

VIABILIDADE ECONÔMICA: É a determinação quanto a se o projeto faz sentido financeiramente e se os benefícios previstos compensam o custo e o tempo necessários para obtê-los.

A **viabilidade econômica** determina se o projeto faz sentido financeiramente e se os benefícios previstos compensam o custo e o tempo necessários para obtê-los. A viabilidade econômica pode envolver uma análise do fluxo de caixa, como aquela feita para os cálculos da taxa interna de retorno (IRR, internal rate of return), ou do custo total de propriedade (TCO, total cost of ownership), discutido no Capítulo 2. Os programas de planilhas, como o Excel da Microsoft, têm funções internas para calcular a taxa interna de retorno e outras medidas referentes ao fluxo de caixa.

VIABILIDADE LEGAL: A viabilidade legal determina se as leis ou os regulamentos podem impedir ou limitar o projeto de desenvolvimento de sistemas.

A **viabilidade legal** determina se as leis ou os regulamentos podem impedir ou limitar um projeto de desenvolvimento de sistemas. A viabilidade legal envolve uma

VIABILIDADE OPERACIONAL: A viabilidade operacional indica se o projeto está pronto para funcionar.

VIABILIDADE DO CRONOGRAMA: É a determinação quanto a se o projeto pode ser concluído num tempo razoável.

análise das leis existentes e futuras, a fim de determinar a probabilidade de haver alguma ação legal contra o projeto de desenvolvimento de sistemas e as consequências possíveis.

A **viabilidade operacional** indica se o projeto pode ser iniciado. Isso pode incluir considerações logísticas ou motivacionais (aceitação da mudança). As considerações motivacionais são importantes porque novos sistemas afetam as pessoas, e o fluxo de dados pode ter consequências não pretendidas. Como resultado, o poder e a política podem entrar em jogo, e algumas pessoas podem resistir ao novo sistema.

A **viabilidade do cronograma** determina se o projeto pode ser completado num tempo razoável. Este processo envolve o equilíbrio entre os requisitos de tempo e recurso do projeto com relação a outros projetos.

INVESTIGAÇÃO DE SISTEMAS ORIENTADOS A OBJETOS

A abordagem orientada a objetos pode ser usada durante todas as fases do desenvolvimento de sistemas, desde a investigação até a manutenção e a revisão. Considere uma empresa de aluguel de caiaques, em Mauí, no Havaí, onde o proprietário quer informatizar suas operações, inclusive alugando os caiaques aos seus consumidores e adicionando novos caiaques ao programa de locação (veja a Figura 12.13). Como você pode ver, os funcionários alugam os caiaques para os consumidores e acrescentam novos ao estoque atual, disponibilizando-os para aluguel. O boneco desenhado é exemplo de um ator e as figuras ovais representam cada uma um evento chamado *case de utilização*. Em nosso exemplo, o ator (funcionário que aluga os caiaques) interage com dois *cases* de utilização (alugar caiaques para os consumidores e acrescentar novos caiaques ao estoque). O *case* de utilização do diagrama é parte da Linguagem de Modelagem Universal (UML, Universal Modeling Language) usada no desenvolvimento de sistemas orientado a objetos.

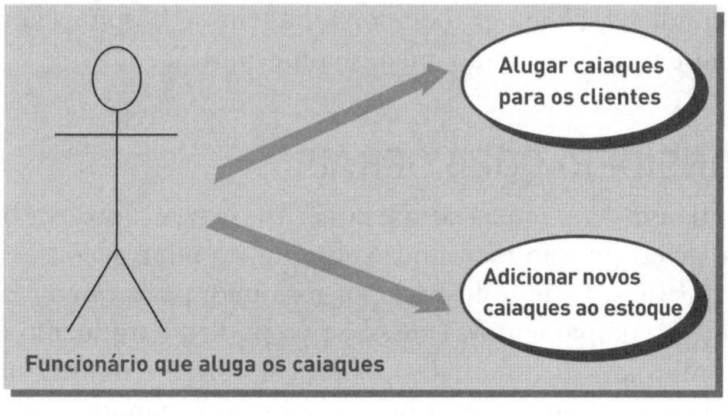

FIGURA 12.13 Diagrama para *case* de utilização referente ao aplicativo de aluguel de caiaques.

RELATÓRIO DE INVESTIGAÇÃO DE SISTEMAS

RELATÓRIO DE INVESTIGAÇÃO DE SISTEMAS: É um resumo dos resultados da investigação de sistemas e do processo de análise da viabilidade e recomendação de um curso de ação.

COMITÊ DIRETOR: É uma equipe de aconselhamento que consiste de uma gestão sênior e de usuários do departamento de SI e outras áreas funcionais.

O principal resultado dessa investigação é um **relatório de investigação de sistemas**, também chamado *estudo de viabilidade*. O relatório resume os resultados da investigação de sistemas e da análise do processo de viabilidade, e recomenda um curso de ação: continuar com a análise de sistemas, modificar o projeto de alguma maneira, ou abandoná-lo. Uma típica tabela de conteúdo para o relatório de investigação de sistemas é apresentada na Figura 12.14.

O relatório de investigação de sistemas é revisado pela gestão sênior, frequentemente, organizada como um comitê consultivo, ou **comitê diretor**, constituído pela gestão sênior e os usuários do departamento de SI e outras áreas funcionais. Essas pessoas ajudam o pessoal de SI nas decisões sobre o uso dos sistemas de informação na empresa e autorizam a continuidade das atividades de desenvolvimento de sistemas. Após a revisão, o comitê diretor poderá concordar com as recomendações da equipe de desenvolvimento de sistemas ou sugerir uma mudança no foco do projeto para se concentrar mais diretamente em atingir um objetivo específico da empresa. Outra alternativa é que todos podem decidir que o projeto não é viável e cancelá-lo.

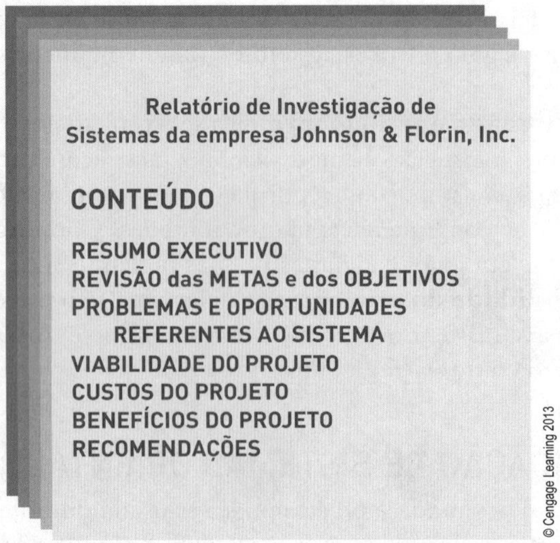

FIGURA 12.14 Típica tabela de conteúdo para um relatório de investigação de sistemas.

ANÁLISE DE SISTEMAS

Depois que o projeto tiver sido aprovado para estudos adicionais, o próximo passo é responder à pergunta: "O que os sistemas de informação devem fazer para solucionar o problema?". A ênfase geral da análise é reunir dados sobre o sistema existente, determinando os requisitos para o novo sistema, considerando alternativas dentro dessas restrições e investigando a viabilidade das soluções. O resultado principal da análise de sistemas é uma lista priorizada de requisitos para o sistema. Alguns hospitais, por exemplo, estão procurando cumprir os prazos das análises de sistemas impostos pelo governo federal.[84] De acordo com o vice-presidente da General Dynamics Information Technology, "Uma grande porcentagem de hospitais já está em um intenso estágio de análise pesado ou estão apenas começando".

CONSIDERAÇÕES GERAIS

A análise de sistemas se inicia com a exposição dos objetivos gerais da organização e a determinação de como o sistema de informações, existente ou proposto, ajuda a alcançá-los. Uma indústria, por exemplo, pode querer reduzir o número de desativações de equipamentos. Este objetivo pode ser traduzido em uma ou mais necessidades de informação. Uma delas poderia ser criar e manter uma lista precisa de cada peça de equipamento e uma programação para manutenção preventiva. Outra necessidade poderia ser uma lista de falhas em equipamentos e suas causas.

A análise do sistema de informação de uma pequena empresa geralmente é bem simples. Por outro lado, avaliar um sistema de informações já existente em uma grande empresa pode ser um processo longo e tedioso. Como consequência disso, grandes empresas que avaliam um importante sistema de informações normalmente seguem um procedimento de análise formalizado, envolvendo os seguintes passos:

1. Reunir os participantes para uma análise de sistemas
2. Coletar os dados e os requisitos adequados
3. Analisar os dados e os requisitos
4. Preparar um relatório sobre o sistema existente, os requisitos do novo sistema e as prioridades do projeto

PARTICIPANTES DA ANÁLISE DE SISTEMAS

O primeiro passo na análise formal é reunir uma equipe para estudar o sistema existente. Este grupo inclui os membros da equipe original de investigação – desde os usuários e os stakeholders até o pessoal de SI e da administração. A maioria das organizações

@ SISTEMAS DE INFORMAÇÃO NO TRABALHO

A Nottingham Trent University supervisiona seus sistemas de informações

Você leu neste capítulo que o comitê de direção dos sistemas de informações "ajuda o pessoal de SI em suas decisões sobre o uso dos sistemas de informação na empresa e autorizam a continuação das atividades de desenvolvimento de sistemas. Este é um aspecto importante da governança do sistema de informações: supervisionar como a organização utiliza os sistemas de informações para promover seus objetivos empresariais.

A Nottingham Trent University (NTU), em Nottingham, na Inglaterra, foi formada nos anos de 1990 pela fusão de diversas outras instituições, algumas datando da metade do século XIX. Como resultado, tiveram que lidar com diversos sistemas e plataformas de tecnologia da informação diferentes. Em 2004, a NTU reuniu seus recursos em um departamento de SI centralizado. Quando esta centralização foi seguida pela saída de seu diretor de SI, em 2006, ficou estabelecido o cenário para repensar a abordagem da NTU de gestão dos recursos da informação.

Richard Eade, gerente de software de Tecnologia da Informação (TI) na NTU, escreveu que "Os riscos ao equilíbrio e às oportunidades foram os maiores motivadores da introdução da governança de TI na NTU. Um risco significativo identificado estava associado com a cultura universitária, ... uma percepção de que o pessoal de TI podia 'fazer o que quisesse'. Isto surgiu de uma má gestão. Consequentemente, a governança de TI foi introduzida para inserir sistemas de controle sem reprimir a iniciativa nem o entusiasmo".

A anarquia, embora pareça bastante atrativa para aqueles que querem agir ao seu bel prazer, não gera os melhores sistemas de informação nem a melhor utilização de recursos. O desafio da NTU era retomar o controle de suas iniciativas de SI de modo que tanto a faculdade quanto o efetivo pessoal aceitassem. Além disso, a universidade queria modificar sua atuação, deixando de gastar 80% de seu tempo operando sistemas já existentes e deixando somente os 20% restantes de seus esforços para o desenvolvimento de novos sistemas, passando para uma média de 50:50.

Atingir estas metas foi uma tarefa enorme. Eade disse que a abordagem da NTU foi a mesma que seria utilizada por alguém que quisesse comer um elefante: "Uma mordida de cada vez".

A gestão do desenvolvimento de um novo sistema não foi a primeira área à qual a NTU se dirigiu. Algumas áreas de alta prioridade tinham de ser enfrentadas primeiro, incluindo a análise de riscos, auditorias financeiras, questões de segurança e legais tais como a proteção de dados. Tão logo os assuntos urgentes foram resolvidos, a NTU pode tratar das prioridades e da aprovação do projeto. Em longo prazo, obter o controle das prioridades de desenvolvimento teria uma recompensa maior.

Para aumentar o foco do departamento de SI em projetos mais significativos, a NTU criou o cargo de posição de *gerente de relações corporativas*, que representaria os "olhos e os ouvidos" do departamento de SI para o resto da universidade. A função deste gerente era constituir elos de comunicação em ambas as direções.

Depois, o departamento fortaleceu o seu comitê de direção. Antes, ele tinha se concentrado na distribuição de fundos de capital, mas não teve nenhum controle para garantir que os valores fossem gastos conforme o comitê de direção havia especificado. Agora, tanto os lucros do patrocinador quanto os da empresa estavam sendo necessários para todos os projetos novos.

Por fim, a NTU reconheceu que a gestão era vital para o sucesso do projeto. O objetivo do departamento de SI era entregar os projetos dentro do prazo e do orçamento e no nível de qualidade acordado. No passado, nenhum desses três objetivos eram cumpridos consistentemente. A NTU agora treinou os gerentes de projeto de acordo com a Metodologia de Gestão de Projeto PRINCE2, que apresenta processos comprovados para todos os projetos, do início ao fim. Ela também define as competências, obrigações e os comportamentos requeridos de oito tipos de pessoas envolvidas num projeto. Em suma, ela transforma a gestão de projetos de uma atividade intuitiva em uma atividade sistemática. A metodologia também ajuda a implantar corretamente os projetos e a garantir que as mudanças no enfoque sejam bem documentadas e devidamente acordadas, além de apresentar evidências de que os riscos e as questões estão sendo bem administrados. A NTU utiliza as diretorias de projeto (comitês) o controle de alto nível, com relatórios semanais ou mensais distribuídos à equipe da gestão de SI.

Eade resume a nova governança da NTU da seguinte maneira "Garantia de que os sistemas de TI estão adaptados a seus propósitos, são bem administrados e são confiáveis, significando que podemos tomar medidas mais eficientes para identificar quais estratégias, políticas, procedimentos e controles adequados estão sendo utilizados a fim de chamar a nossa atenção para os riscos e os problemas. Os gestores seniores da NTU identificaram uma função-chave que os sistemas de TI desempenham e continuarão a desempenhar, fazendo a universidade avançar. Eles agora esperam que os princípios da governança de TI sejam seguidos, para garantir que a TI permaneça forte".

Questões para discussão

1. O grupo da governança da NTU tratou primeiro das questões mais urgentes (mas, talvez menos importantes) e depois, então, confrontou as questões mais importantes (mas, menos urgentes). Qual é o

perigo de utilizar esta abordagem? Por que você acha que funcionou na NTU?

2. Como a utilização da governança formal do SI na NTU pode ajudar a alcançar sua meta de redirecionamento de cerca de 30% de seus recursos de operações para o desenvolvimento?

Questões para análise

1. Considere a definição de Richard Eade sobre a *governança do SI* no último parágrafo. Vamos supor que você tenha começado a trabalhar num emprego novo como responsável pela governança do SI em uma universidade e que vai mandar um e-mail para um de seus avós, explicando o que você faz. Reescreva o que ele disse em suas próprias palavras com esta finalidade.

2. Suponha que a NTU, em vez de ter surgido de uma fusão recente, fosse uma instituição de mais de um século, mas ainda tivesse os mesmos problemas. Como essa diferença poderia afetar sua abordagem da governança dos Sistemas de Informação?

Fontes: Eade, R., "IT Governance: How We Are Making It Work" UCISA (Universities and Colleges Information Systems Association) 2011 conference, 23 mar. 2011, *www.ucisa.ac.uk/events/2011/confer-ence2011/~/media/Files/events/ucisa2011/presentations/richard_eade.ashx*, download em: 23 jan. 2012; Eade, R., "Making IT Governance Work", ECAR Research Bulletin, nº 20, 5 out. 2010; *www.educause.edu/Resources/MakingITGovernanceWork/214687*, download em: 23 jan. 2012; site da Nottingham Trent University, *www.ntu.ac.uk*, acesso em 23 jan. 2012; site da Prince2 Methodology, *www.prince-officialsite.com*, acesso em: 23 jan. 2012.

permite que os principais membros da equipe de desenvolvimento não somente analisem a condição do sistema existente, mas também realizem outras fases do desenvolvimento de sistemas, como o projeto e a implantação.

Depois que os participantes da análise de sistemas são designados, este grupo desenvolve uma lista das atividades e dos objetivos específicos. Um programa para atender aos objetivos e completar as atividades específicas também é concebido junto com os prazos de conclusão para cada estágio. O grupo também elabora um panorama total dos recursos requeridos a cada estágio, como pessoal de serviços, fornecimentos, etc. Normalmente, marcos importantes são estabelecidos para ajudar a equipe a monitorar o progresso e determinar se ocorreram problemas e atrasos na execução da análise de sistemas.

COLETA DE DADOS

O objetivo da coleta de dados é buscar informações adicionais sobre os problemas ou as necessidades identificados no relatório de investigação de sistemas. Durante esse processo, as forças e as fraquezas do sistema existente são enfatizadas.

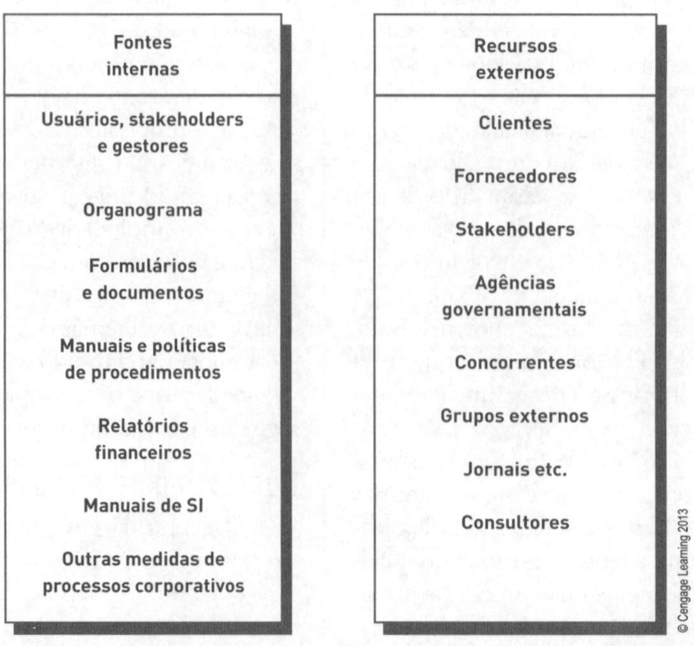

FIGURA 12.15 Fontes de dados internas e externas para a análise de sistemas.

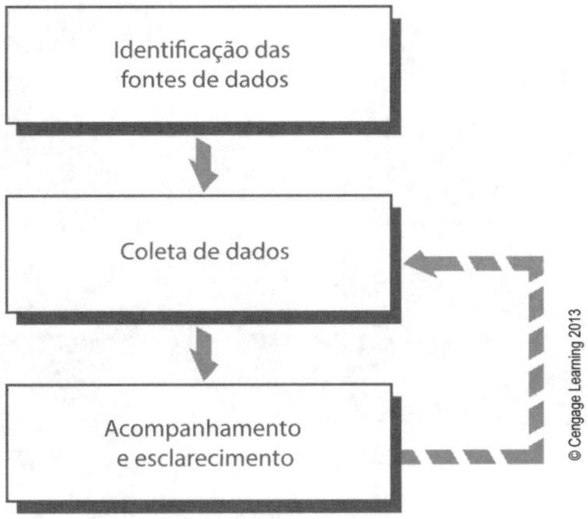

FIGURA 12.16 Etapas da coleta de dados.

Identificação das fontes de dados

A coleta de dados começa pela identificação e localização das várias fontes de dados, incluindo as fontes internas e as externas (veja a Figura 12.15).

Coleta de dados

Depois que as fontes de dados tiverem sido identificadas, a coleta de dados é iniciada. A Figura 12.16 mostra os passos envolvidos. A coleta de dados pode exigir várias ferramentas e técnicas, como entrevistas, observação direta e questionários.

ENTREVISTA ESTRUTURADA: É uma entrevista na qual as questões são escritas antecipadamente.

ENTREVISTA NÃO ESTRUTURADA: É uma entrevista em que as questões não são escritas antecipadamente.

OBSERVAÇÃO DIRETA: É uma observação do sistema existente em funcionamento, feita por um ou mais membros da equipe de análise.

As entrevistas podem ser estruturadas ou não estruturadas. Em uma **entrevista estruturada**, as questões são escritas antecipadamente, e na **entrevista não estruturada**, as perguntas não são escritas antecipadamente; em vez disso, o entrevistador confia em sua experiência para fazer as melhores perguntas e descobrir os problemas inerentes ao sistema existente e as necessidades do empregado ou do departamento. Uma vantagem da entrevista não estruturada é que ela permite que o entrevistador faça perguntas sobre o acompanhamento ou possa esclarecer as questões imediatamente.

Na **observação direta**, um ou mais membros da equipe de análise observam diretamente o sistema existente em funcionamento. Uma das melhores maneiras de entender como o sistema existente funciona é trabalhar junto com os usuários para descobrir como os dados fluem em determinadas tarefas corporativas. Determinar o fluxo de dados envolve a observação direta dos procedimentos de trabalho dos usuários, os relatórios, as telas atuais (se já automatizadas) e assim por diante. A partir dessa observação, os membros da equipe de análise determinam quais formulários e procedimentos são adequados e quais são inadequados e precisam de aperfeiçoamento. A observação direta exige certa habilidade. O observador deve ser capaz de verificar o que realmente acontece, sem ser influenciado por atitudes ou sentimentos. Esta abordagem pode revelar problemas e oportunidades importantes que dificilmente seriam obtidos com outros métodos de coleta de dados. Um exemplo disso seria observar os procedimentos do trabalho, relatórios e telas de computadores associados a um sistema de contas a pagar, cogitado para substituição.

QUESTIONÁRIOS: É um método de coleta de dados quando as fontes estão espalhadas em uma grande área geográfica.

AMOSTRAGEM ESTATÍSTICA: É a coleta de amostras aleatórias de dados e a aplicação das características da amostra ao grupo como um todo.

Quando muitas fontes de dados são espalhadas em uma ampla área geográfica, os **questionários** podem ser o melhor método. Assim como as entrevistas, os questionários podem ser estruturados ou não estruturados. Em muitos casos, um estudo-piloto é conduzido para ajustar adequadamente o questionário. A aplicação subsequente de questionários pode também captar opiniões daqueles que não responderam ao questionário original.

Outras técnicas de coleta de dados também podem ser aplicadas. Em alguns casos, as chamadas telefônicas são um excelente método. As atividades também podem ser simuladas para uma análise de como o sistema existente reage. Desse modo, falsos pedidos de compra, faltas no estoque, queixas de consumidores e gargalos no fluxo de dados podem ser criados para verificar como o sistema existente reage a essas situações. A **amostragem estatística**, que envolve a coleta de amostras aleatórias de dados, é outra técnica. Por exemplo, suponha que você quer coletar dados que descrevam os 10 mil pedidos de compra recebidos nos últimos anos. Como consome muito tempo analisar cada um dos pedidos de compra, pode-se coletar uma amostra aleatória de 100 a 200 pedidos de compra de todo o lote. É possível supor que as características dessa amostra se aplicam à totalidade dos 10 mil pedidos.

A observação direta é um método de coleta de dados pelo qual um ou mais membros da equipe de análise observam diretamente o sistema existente em ação.

© iStockphoto/Steve Cole

ANÁLISE DE DADOS

Os dados coletados, em sua forma bruta, normalmente não são adequados para determinar a eficácia do sistema existente ou os requisitos para um novo sistema. O próximo passo é manipular os dados coletados para que os membros da equipe de desenvolvimento que participam da análise de sistemas possam utilizá-los. Esta manipulação é chamada **análise de dados**. A modelagem dos dados e da atividade e a utilização de diagramas de fluxo de dados e diagramas de entidade-relacionamento mostram as relações entre vários objetos, associações e atividades. Outras ferramentas e técnicas para a análise de dados incluem o fluxograma de aplicativos, gráficos em grade, ferramentas CASE e abordagem orientada a objetos.

ANÁLISE DE DADOS: O próximo passo é manipular os dados coletados para que os membros da equipe de desenvolvimento que participam da análise de sistemas possam utilizá-los.

Modelagem de dados

A modelagem de dados, introduzida no Capítulo 5, é uma abordagem comumente aceita para a modelagem de objetos organizacionais e associações que empregam tanto textos quanto gráficos. O modo como a modelagem de dados é empregada, no entanto, depende da metodologia específica de desenvolvimento de sistemas.

A modelagem de dados é, mais frequentemente, realizada através do uso de diagramas de entidade-relacionamento (ER). Lembre-se do Capítulo 5, onde foi explicado que uma entidade é uma representação genérica de um tipo de objeto – como uma classe de pessoas (funcionários), eventos (vendas), objetos (mesas) ou lugares (cidades) – e que essas entidades possuem certos atributos. Lembre-se também de que as entidades têm certos atributos. Os objetos podem ser relacionados a outros objetos de muitas maneiras. O diagrama entidade-relacionamento, como o apresentado na Figura 12.17a descreve vários objetos e o modo como eles estão associados. Um diagrama de ER (ou qualquer outra ferramenta de modelagem) não pode, por si só, descrever o problema da empresa, ou sua solução, porque faltam as descrições de atividades relacionadas. No entanto, é um bom lugar para começar, porque descreve os tipos de objetos e os atributos de dados que precisam ser coletados para processamento.

Modelagem de atividade

Para descrever completamente um problema ou uma solução empresarial os objetos, as associações e as atividades relacionadas devem ser descritas. Nesse sentido, atividades são eventos ou itens necessários para cumprir com o relacionamento empresarial ou que podem ser associados ao relacionamento corporativo de modo significativo.

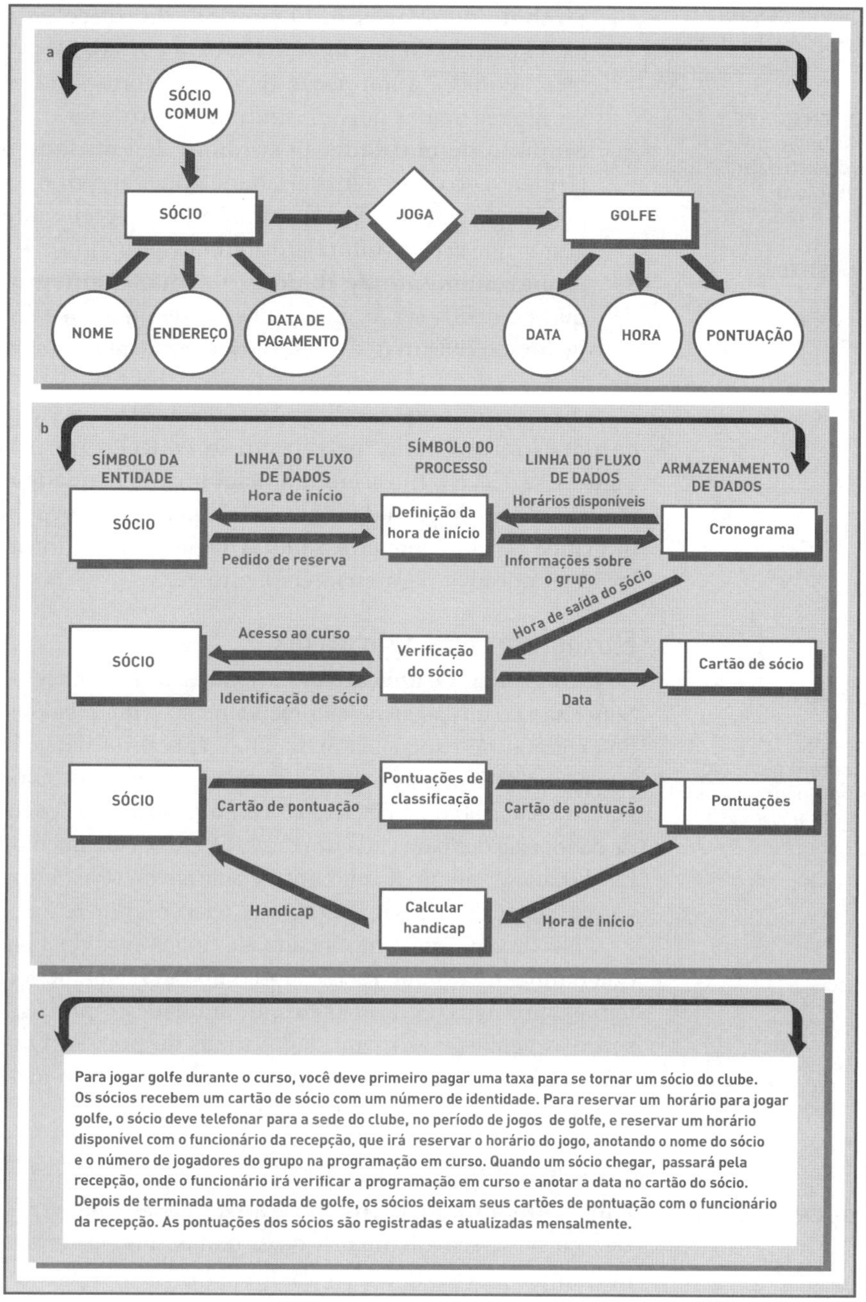

FIGURA 12.17
Modelagem de dados e atividade.
(a) Um diagrama de entidade-relacionamento. (b) Um diagrama de fluxo de dados. (c) Uma descrição semântica do processo empresarial.

DIAGRAMA DE FLUXO DE DADOS (DFD): Um diagrama de fluxo de dados modela objetos, associações e atividades, descrevendo como os dados podem fluir entre e ao redor dos vários objetos.

LINHA DO FLUXO DE DADOS: A linha do fluxo de dados inclui setas que mostram a direção do movimento do elemento de dado.

A modelagem da atividade é mais frequentemente acompanhada da utilização de diagramas de entidade-relacionamento (ER). Um **diagrama de fluxo de dados** (DFD) modela objetos, associações e atividades, descrevendo como os dados podem fluir entre e ao redor de vários objetos. Os DFDs trabalham com a premissa de que toda atividade envolve alguma comunicação, transferência, ou fluxo que pode ser descrito como elemento de dados. Esses diagramas descrevem as atividades que completam um relacionamento corporativo ou concluem uma tarefa corporativa, mas não informam como essas atividades devem ser executadas. Isto é, o diagrama mostra a sequência lógica das associações e atividades, não os processos físicos. Um sistema modelado com um DFD pode operar manualmente ou ser operado em um computador; se for operado no computador, o sistema pode utilizar várias tecnologias.

Os diagramas de fluxo de dados são fáceis de serem desenvolvidos e compreendidos, até mesmo por pessoas que não têm conhecimento técnico. Esses diagramas usam quatro símbolos principais, como ilustra a Figura 12.17b.

- **Fluxo de dados**. A **linha do fluxo de dados** inclui setas que mostram a direção do movimento do elemento de dado.

SÍMBOLO DE PROCESSO: É a representação de uma função que é realizada.

SÍMBOLO DE ENTIDADE: É a representação de uma fonte ou um destino de um elemento de determinado dado.

ARMAZENAMENTO DE DADOS: Um depósito de dados é uma representação da localização do armazenamento de dados.

- **Símbolo de processo.** O **símbolo de processo** revela a função sendo executada. O cálculo do pagamento bruto, a entrada de pedidos de compras, a entrega de mercadorias e a impressão de um relatório são exemplos de funções, que podem ser representadas por um símbolo de processo.
- **Símbolo de entidade.** O **símbolo de entidade** mostra a fonte ou o destino do elemento do dado. Uma entidade pode ser, por exemplo, um cliente que inicia um pedido de compra, um funcionário que recebe um cheque de pagamento ou um gestor que recebe um relatório financeiro.
- **Armazenamento de dados**. O **armazenamento de dados** revela um local em que os dados serão guardados. É qualquer local, computadorizado ou manual, incluindo fitas magnéticas, disquetes, arquivos ou uma central de dados.

A comparação entre diagramas de entidade-relacionamento e diagramas de fluxo de dados fornece uma percepção do conceito do projeto, de cima para baixo. As Figuras 12.17a e b mostram um diagrama de entidade-relacionamento e um diagrama de fluxo de dados para o mesmo relacionamento corporativo – por exemplo, o sócio de um clube de golfe jogando golfe. A Figura 12.17c fornece uma breve descrição da relação corporativa para esclarecimento.

Fluxogramas de aplicativos

FLUXOGRAMAS DE APLICATIVOS: São diagramas que apresentam os relacionamentos entre os aplicativos ou sistemas.

Os **fluxogramas de aplicativos** mostram os relacionamentos entre as aplicativos ou os sistemas. Suponha que um pequeno empreendimento reuniu dados sobre seu processamento de pedidos, controle de estoque, faturamento e aplicativos de análise de mercado. A administração está pensando em modificar o aplicativo do controle de estoque. Os fatos brutos coletados, no entanto, não ajudam a determinar como os aplicativos estão relacionados entre si e os bancos de dados exigidos para cada um deles. Esses relacionamentos são estabelecidos através da análise de dados, com um fluxograma de aplicativos (veja a Figura 12.18). O uso dessa ferramenta para a análise de dados torna claras as relações entre as funções de processamento de pedidos.

No fluxograma simplificado de aplicativos da Figura 12.18, é possível visualizar que o funcionário que recebe o pedido pelo telefone fornece dados importantes ao sistema sobre itens, como versões, quantidades e preços. O sistema calcula os impostos sobre as vendas e as quantidades totais do pedido. Quaisquer mudanças introduzidas nesse sistema de processamento de pedidos podem afetar outros sistemas da empresa, tais como controle de estoque e marketing.

Tabelas de gráficos

TABELAS DE GRÁFICOS: É uma tabela que mostra as relações entre os vários aspectos de um esforço de desenvolvimento de sistemas.

Uma **tabela de gráficos** mostra os relacionamentos entre os vários aspectos de um esforço de desenvolvimento de sistemas. Por exemplo, uma tabela de gráficos pode indicar os bancos de dados usados pelos vários aplicativos (veja a Figura 12.19).

A tabela de gráficos simplificada, na Figura 12.19, mostra que o banco de dados de clientes é utilizado pelos aplicativos de processamento de pedidos, de análise de marketing e de faturamento. O banco de dados sobre o estoque é usado pelos aplicativos de processamento de pedidos, de controle de estoque e análise de mercado. O banco de dados de fornecedores é usado pelos aplicativos de controle de estoque; já o banco de dados de contas a receber é usado pelo aplicativo do faturamento. Esta tabela de gráficos mostra que aplicativos utilizam bancos de dados comuns e revela que, por exemplo, quaisquer mudanças no aplicativo de controle de estoque deve investigar os bancos de dados do estoque e de fornecedores.

Ferramentas CASE

REPOSITÓRIO CASE: É um banco de dados (do programa de engenharia baseado no computador) com as descrições, os parâmetros e objetivos dos sistemas.

Como já foi discutido anteriormente, muitos projetos de desenvolvimento de sistemas usam as ferramentas CASE (engenharia de software baseado no computador) para realizar as tarefas de análise. A maioria das ferramentas CASE possui programas com gráficos generalizados, que podem gerar uma variedade de diagramas e figuras. Diagramas de entidade-relacionamento, diagramas de fluxo de dados, diagramas de aplicativos, e outros diagramas, podem ser desenvolvidos utilizando-se os gráficos do software CASE para ajudar a descrever o sistema existente. Durante a fase de análise, será desenvolvido um **repositório CASE** – um banco de dados contendo as descrições, os parâmetros e os objetivos do sistema.

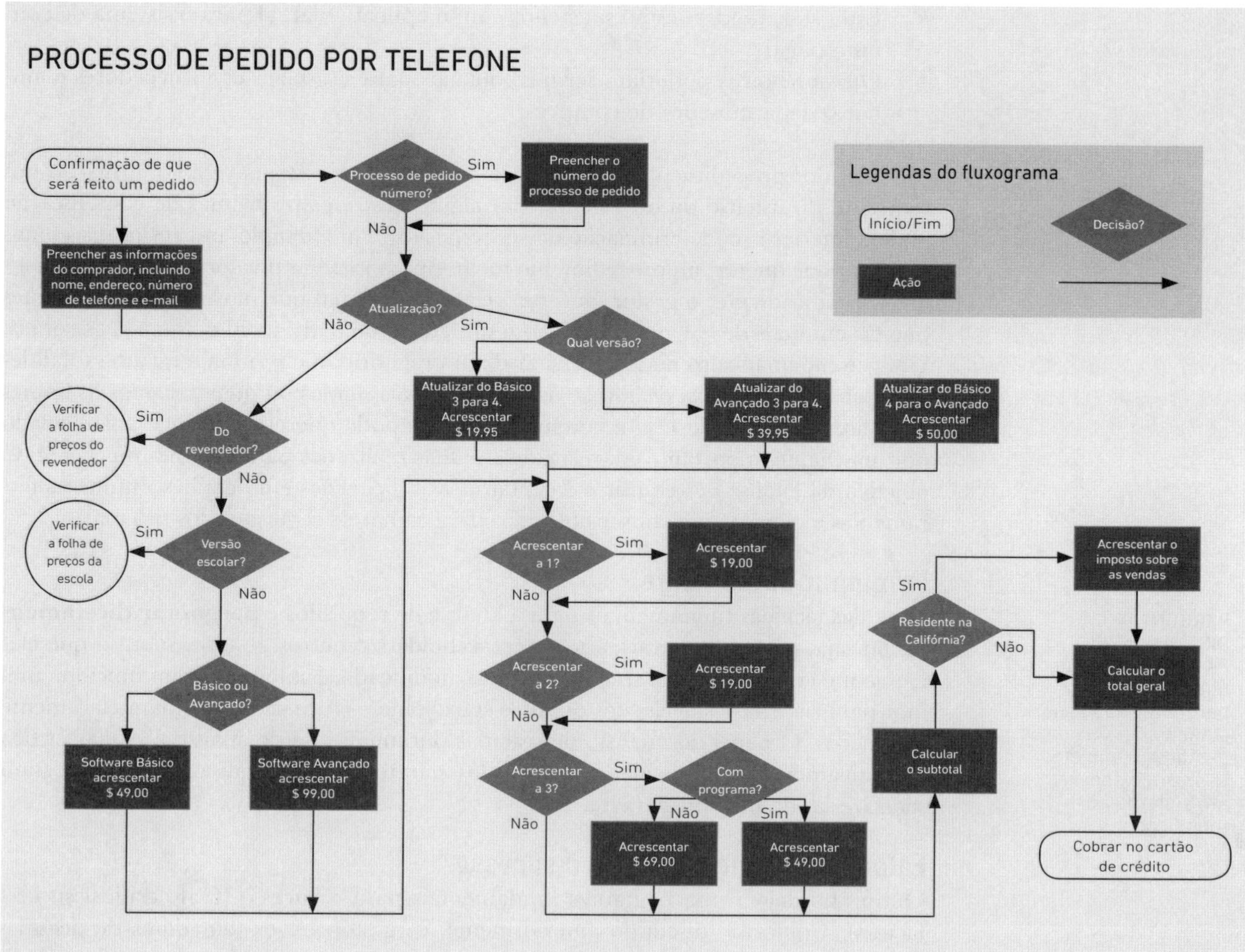

FIGURA 12.18

Um fluxograma de aplicativos do processo de pedidos por telefone.
O fluxograma mostra os relacionamentos entre os vários processos.

Bancos de dados → Aplicativos ↓	Banco de dados de clientes	Banco de dados de estoque	Banco de dados de fornecedores	Banco de dados de contas a receber
Aplicativos para processamento de pedidos	X	X		
Aplicativos para controle de estoque		X	X	
Aplicativos para análise de mercado	X	X		
Aplicativos para faturamento	X			X

FIGURA 12.19

Tabela de gráficos.
A tabela mostra os relacionamentos entre os aplicativos e os bancos de dados.

ANÁLISE DE REQUISITOS

ANÁLISE DE REQUISITOS:
É a determinação do usuário, do stakeholder e das necessidades empresariais.

O objetivo geral de uma **análise de requisitos** é determinar as necessidades do usuário, dos stakeholders e da organização.[85] Para um aplicativo de contas a pagar, os stakeholders incluem os fornecedores e os membros do departamento de compras. As perguntas que devem ser feitas durante a análise dos requisitos, são:

- Estes stakeholders estão satisfeitos com o aplicativo atual para o sistema de contas a pagar?
- Que melhorias poderiam ser introduzidas para satisfazer os fornecedores e ajudar o departamento de compras?

Um dos procedimentos mais difíceis na análise de sistemas é a confirmação dos requisitos do usuário ou do sistema. Em alguns casos, os problemas de comunicação podem interferir na determinação desses requisitos. Por exemplo, um gestor das contas a pagar pode querer um procedimento melhor para rastrear o valor devido pelos clientes. Especificamente, o gestor quer um relatório semanal que mostre todos os clientes que devem mais de $ 1 mil e estão com um atraso de mais de 90 dias em suas contas. Um gerente financeiro pode necessitar de um relatório que resuma a quantia total devida pelos clientes para decidir se deve tornar mais rígidos ou menos rígidos os limites de concessão de crédito. Um gerente de vendas pode querer verificar o valor devido por um cliente importante em relação às vendas realizadas para este mesmo cliente. O objetivo da análise de requisitos é captar essas solicitações em detalhes. Inúmeras ferramentas e técnicas podem ser utilizadas para captar os requisitos dos sistemas.

Perguntar diretamente

PERGUNTAR DIRETAMENTE: Esta é uma abordagem que consiste em perguntar aos usuários, stakeholders e outros gestores o que eles desejam e esperam de um sistema novo ou modificado.

Uma das técnicas fundamentais para a análise de requisitos é **perguntar diretamente**, ou seja, questionar os usuários, os stakeholders e outros gestores sobre o que eles desejam e esperam de um sistema novo ou modificado. Esta abordagem funciona melhor para sistemas estáveis, nos quais os stakeholders e usuários entendam claramente as funções. O papel do analista de sistemas durante a fase de análise é avaliar crítica e criativamente as necessidades e defini-las claramente, para que os sistemas possam satisfazê-las da melhor maneira.

Fatores fundamentais para o sucesso

Outra abordagem usa os fatores fundamentais para o sucesso (CSF, critical success factors). Conforme discutido anteriormente, os gestores e os tomadores de decisões precisam enumerar somente os fatores críticos para o sucesso de sua área da organização. Um CSF para um gestor de produção pode ser a recepção de matérias-primas adequadas dos fornecedores; um CSF para um representante de vendas pode ser uma lista de clientes que atualmente compram certo tipo de produto. Começando com esses CSFs, podem ser determinadas inserções, saídas, desempenho e outros requisitos específicos do sistema.

O plano do SI

Como já foi visto, o plano de SI traduz os objetivos estratégicos e organizacionais em iniciativas de desenvolvimento de sistemas. O processo de planejamento de SI frequentemente gera documentos de planejamento estratégico que podem ser usados para definir os requisitos do sistema. Trabalhar com esses documentos assegura que a análise de requisitos trate das metas e objetivos estipulados por gestores de alto nível e pelos tomadores de decisão (veja a Figura 12.20). Há benefícios específicos na aplicação do plano de SI, para definir os requisitos do sistema. Como o plano de SI utiliza uma abordagem de longo prazo para o uso da tecnologia de informação dentro da organização, os requisitos para um sistema analisados em termos do plano de SI serão, mais provavelmente, compatíveis com as futuras iniciativas de desenvolvimento de sistemas.

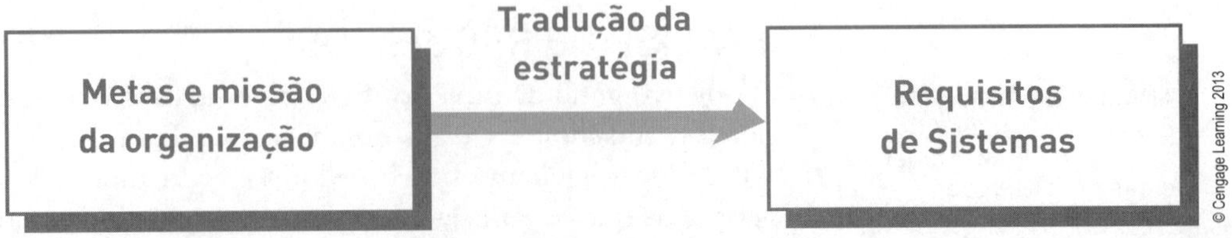

FIGURA 12.20 Conversão dos objetivos organizacionais em requisitos de sistemas.

Diagramação de telas e relatórios

Desenvolver formatos para relatórios impressos e telas para captar dados e exibir informações são algumas das tarefas mais comuns associadas ao desenvolvimento de sistemas. As telas e os relatórios relativos à saída dos sistemas são especificados inicialmente para verificar se a solução desejada é oferecida. Telas manuais ou telas computadorizadas e diagramações de relatórios são utilizados para capturar os requisitos de entrada e saída.

DIAGRAMAÇÃO DE TELA: É uma técnica que permite a um projetista projetar, rápida e eficientemente, as características, a disposição e o formato de uma tela de exibição.

DIAGRAMAÇÃO DO RELATÓRIO: É a técnica que permite aos projetistas diagramar e formatar relatórios impressos.

Usando uma **diagramação de tela**, um projetista pode projetar rápida e eficientemente as características, a disposição e o formato de uma tela de exibição. Em geral, os usuários que interagem com a tela podem visualizar mais dados e menos informações descritivas; os usuários menos frequentes devem receber mais informações descritivas para explicar os dados que eles estão vendo (veja a Figura 12.21).

A **diagramação de relatório** permite que os projetistas diagramem e formatem relatórios impressos. Os relatórios podem conter dados, gráficos, ou ambos. As apresentações gráficas permitem que os gestores e os executivos vejam rapidamente as tendências e tomem as medidas apropriadas, se necessário.

Os diagramas com layout de telas podem documentar as telas que os usuários desejam ver no aplicativo novo ou modificado. Os gráficos com layouts de relatórios revelam o formato e o conteúdo de vários relatórios que o aplicativo preparará. Outros

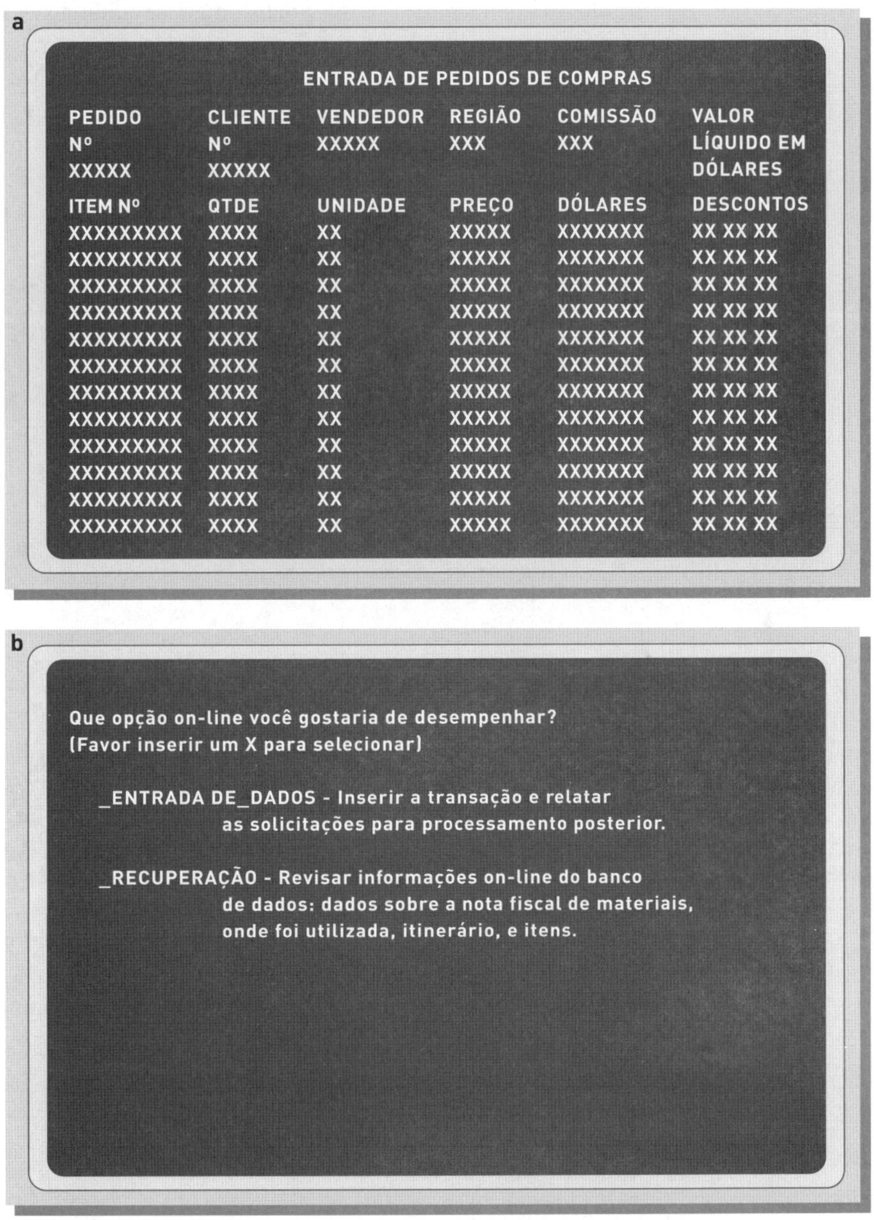

FIGURA 12.21
Layouts de telas: (a) São gráficos com layout de telas para usuários frequentes que precisam de pouca informação descritiva. (b) Gráficos com layout de tela para usuários não frequentes que precisam de mais informações descritivas.

gráficos e diagramas podem ser desenvolvidos para revelar as relações entre o aplicativo e os seus relatórios.

Ferramentas para a análise dos requisitos

Diversas ferramentas podem ser usadas para documentar a análise dos requisitos, inclusive as ferramentas CASE. Conforme os requisitos são desenvolvidos e aprovados, os diagramas de entidade-relacionamento, diagramas de fluxo de dados, formulários de composições para telas e relatórios, assim como outros tipos de documentação, são armazenados no repositório CASE. Estes requisitos podem ser usados posteriormente como referência durante o restante do processo de desenvolvimento do sistema ou em outros projetos de desenvolvimento de sistemas.

ANÁLISE DE SISTEMAS ORIENTADA A OBJETOS

A abordagem orientada a objetos também pode ser usada durante a análise do sistema. Assim como ocorre com as análises tradicionais, problemas ou potenciais oportunidades são examinados e os dados sobre os participantes-chave e a cobrança são identificados durante a análise orientada a objetos. Mas em vez de analisar o sistema existente usando diagramas de fluxo de dados, é utilizada uma abordagem orientada a objetos.

Na seção "Investigação de sistemas orientados a objetos" foi apresentado o exemplo do aluguel de caiaques. Uma análise mais detalhada desse empreendimento revela que há duas classes de caiaques: caiaques simples, para uma pessoa, e caiaques duplos, que podem acomodar duas pessoas. Com a abordagem OO (orientada a objetos), uma classe é usada para descrever diferentes tipos de objetos, como caiaques simples, ou duplos. As classes de caiaques podem ser apresentadas num diagrama de generalização/especialização de hierarquia (veja a Figura 12.22). ItemCaiaque é um objeto que armazenará o número de identificação do caiaque (ID) e a data em que ele foi adquirido (DatadeCompra).

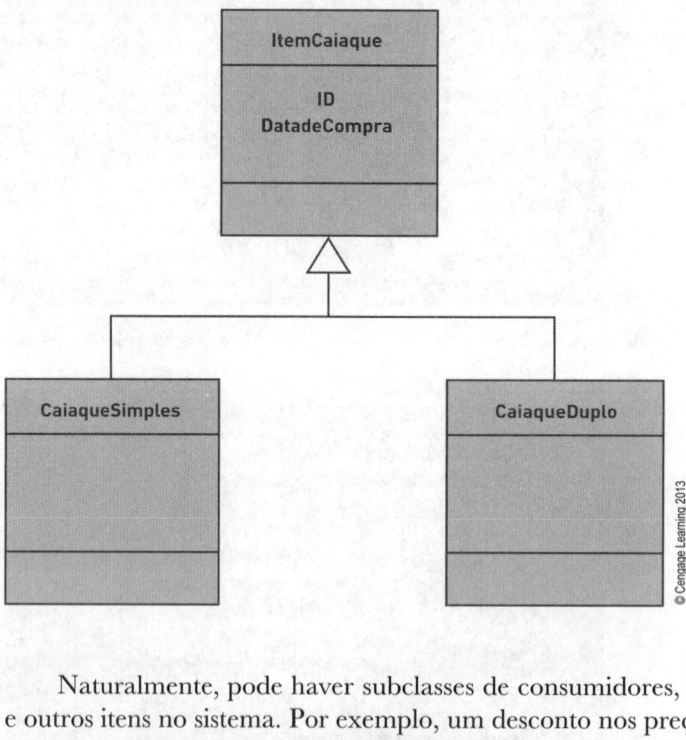

FIGURA 12.22. Diagrama de hierarquia generalização/especialização para classes de caiaques simples e duplos.

Naturalmente, pode haver subclasses de consumidores, coletes salva-vidas, remos e outros itens no sistema. Por exemplo, um desconto nos preços de aluguel de caiaques poderia ser dado para idosos (pessoas com mais de 65 anos) e estudantes. Desse modo, a classe Cliente poderia ser dividida nas subclasses normal, idoso e estudante.

RELATÓRIO DE ANÁLISE DE SISTEMAS

A análise de sistemas se encerra com um relatório formal de análise de sistemas, que deve abranger os seguintes elementos:

- Os pontos fortes e fracos do sistema existente sob a perspectiva de um dos stakeholders.
- Requisitos do usuário/stakeholder para um sistema novo (também chamados *requisitos funcionais*).
- Requisitos organizacionais para o novo sistema.
- Descrição sobre o que o novo sistema de informação deverá fazer para resolver um problema.

Vamos supor que a análise revele que um gerente de marketing considera que a fraqueza do sistema existente é sua incapacidade de fornecer relatórios precisos sobre a disponibilidade de produtos. Estes requisitos e uma lista preliminar dos objetivos corporativos para o novo sistema estarão no relatório de análise de sistemas. Uma atenção especial é dada a áreas do sistema existente, que podem ser melhoradas para atender aos requisitos dos usuários. A tabela de conteúdo para um relatório típico é apresentada na Figura 12.23.

Relatório de análise dos sistemas
da Johnson & Florin, Inc.

CONTEÚDO

HISTÓRICO DE INFORMAÇÕES
DECLARAÇÃO DO PROBLEMA ou NECESSIDADE
COLETA DE DADOS:
ANÁLISE DE DADOS E REQUISITOS
RECOMENDAÇÕES
APÊNDICES de DOCUMENTOS, TABELAS E GRÁFICOS
GLOSSÁRIO de TERMOS

FIGURA 12.23 Tabela típica de conteúdo para um relatório sobre um sistema existente.

O relatório de análise de sistemas fornece aos gestores uma boa visão dos problemas e dos pontos fortes do sistema existente. Se o sistema existente operar melhor do que o esperado ou se as mudanças necessárias forem custosas demais em relação aos benefícios trazidos por um sistema novo ou modificado, o processo de desenvolvimento de sistemas pode ser interrompido neste estágio. Se o relatório demonstrar que mudanças para outra parte do sistema podem ser a melhor solução, o processo de desenvolvimento pode ser reiniciado, começando novamente com a investigação de sistemas. Ou se o relatório de análise de sistemas demonstrar que será benéfico desenvolver um ou mais sistemas novos ou fazer mudanças nos sistemas existentes, então se inicia o projeto de sistemas, discutido no Capítulo 13.

RESUMO

Princípio:

O desenvolvimento eficaz de sistemas requer um esforço de equipe por parte dos stakeholders, dos usuários, dos gestores, dos especialistas em desenvolvimento de sistemas e dos vários profissionais de apoio, e se inicia com um cuidadoso planejamento.

A equipe de desenvolvimento de sistemas consiste dos stakeholders, dos usuários, gestores, dos especialistas em desenvolvimento de sistemas e de vários profissionais de apoio. A equipe de desenvolvimento determina os objetivos do sistema de informação e disponibiliza para a organização um sistema que satisfaça seus objetivos.

Os stakeholders são pessoas que, por si mesmas ou através da área da organização que eles representam, efetivamente se beneficiam do projeto de desenvolvimento de sistemas. Os usuários interagirão com o sistema regularmente, podendo estes ser funcionários, gestores, consumidores ou fornecedores. Os gestores de equipes de desenvolvimento são os representantes dos stakeholders ou podem ser os próprios stakeholders. Além disso, os gestores são os mais capacitados para iniciar e manter as mudanças. Quando se trata de projetos de desenvolvimento de sistemas em grande escala, em que o investimento no sistema e o valor do sistema podem ser bem altos, é comum ter gerentes de nível sênior como parte da equipe do desenvolvimento.

Um analista de sistemas é um profissional especializado em analisar e projetar sistemas empresariais. O programador é o responsável pela modificação ou pelo desenvolvimento de programas para atender aos requisitos do usuário. Outros profissionais de apoio na equipe de desenvolvimento incluem técnicos especialistas, que podem ser funcionários do departamento de SI ou consultores externos. Dependendo da magnitude do projeto de desenvolvimento de sistemas e do número de especialistas em desenvolvimento de SI na equipe, esta deverá incluir um ou mais gestores de SI. Em algum momento em sua carreira, você provavelmente participará do desenvolvimento de algum sistema. Você poderá ser envolvido numa equipe de desenvolvimento de sistemas como um usuário, gestor de uma área de negócios ou de uma equipe de projeto, como um membro do departamento de SI ou, talvez, até mesmo como um CIO.

Indivíduos se envolvem como desenvolvedores de sistemas e usuários. Um desenvolvedor de sistemas em particular é uma pessoa que desempenha todos as funções durante o desenvolvimento de sistemas, incluindo a de analista, de programador, de especialista técnico etc. Um usuário individual adquire aplicativos tanto para uso pessoal quanto profissional através de diversas fontes, incluindo a App Store, da Apple, popular entre os usuários de iPhones. O termo desenvolvimento de sistema para o usuário final descreve qualquer projeto de desenvolvimento de sistemas em que o esforço principal é assumido por uma combinação de gestores empresariais e usuários. Atualmente, mais indivíduos estão se tornando empreendedores e desenvolvendo aplicativos para celulares e outros dispositivos móveis.

Os projetos de desenvolvimento de sistemas começam, por várias razões, incluindo a necessidade de resolver problemas num sistema existente, explorar as oportunidades para se ganhar vantagem competitiva, aumentar a competição, fazer uso efetivo de informações, encorajar o crescimento organizacional, decidir sobre uma fusão ou aquisição corporativa, e responder às mudanças do mercado ou no ambiente externo. Pressões externas, como processos judiciais potenciais ou ataques terroristas, podem também impelir uma organização a iniciar um desenvolvimento de sistemas.

O planejamento dos sistemas de informação se refere à tradução dos objetivos estratégicos e organizacionais em iniciativas de desenvolvimento de sistemas. Os benefícios do planejamento de SI incluem uma visão de longo alcance do uso da tecnologia da informação e uma melhor aplicação dos recursos de SI. Planejar requer um desenvolvimento de objetivos gerais dos SI; a identificação dos projetos de SI; o estabelecimento das prioridades e a seleção dos projetos; a análise dos requisitos de recursos; o estabelecimento de cronogramas, marcos e prazos finais, assim como o desenvolvimento da documentação do planejamento de SI. O planejamento de SI pode resultar numa vantagem competitiva através da análise criativa e crítica.

Estabelecer os objetivos para o desenvolvimento de sistemas é um aspecto-chave de qualquer projeto de desenvolvimento bem-sucedido. Fatores críticos para o sucesso (CSF) podem identificar os objetivos importantes. Os objetivos do desenvolvimento de sistemas podem incluir metas de desempenho (qualidade e utilidade dos resultados e a velocidade com a qual o resultado é gerado), assim como os objetivos de custo (custos de desenvolvimento, os custos fixos e os custos de desenvolvimento contínuos).

Princípio:

O desenvolvimento de sistemas com frequência utiliza ferramentas para selecionar, implantar e monitorar projetos, incluindo a prototipagem, o desenvolvimento rápido de aplicativos, as ferramentas CASE e o desenvolvimento orientado a objetos.

As cinco fases do SDLC tradicional são: investigação, análise, projeto, implantação, e manutenção e revisão. A investigação dos sistemas identifica problemas e oportunidades potenciais e os considera à luz das metas organizacionais. A análise de sistemas busca um entendimento geral da solução exigida para resolver o problema; o sistema existente é estudado em detalhes e as fraquezas são identificadas. O projeto de sistema cria novos requisitos de sistemas ou modifica os já existentes. A implantação de sistemas inclui as fases de programação, de teste, de treinamento, de conversão e de operação do sistema. A manutenção e a revisão de sistemas envolvem o monitoramento do sistema e a realização de melhorias, ou reparos.

As vantagens do SDLC tradicional incluem: a garantia de controle máximo de gestão, a criação de uma documentação do sistema considerável que assegura que os requisitos do sistema sejam rastreados de volta às necessidades declaradas do negócio e gera muitos produtos intermediários para revisão. As desvantagens incluem: os usuários podem receber um sistema que atenda às necessidades conforme entendidas pelos desenvolvedores, a documentação é cara e difícil de manter, as necessidades dos usuários não são bem definidas ou não são atendidas, e os usuários não podem verificar facilmente os diversos produtos intermediários produzidos.

A prototipagem é uma abordagem iterativa que envolve a definição do problema, a construção de uma versão inicial, ter usuários trabalhando e avaliando a versão inicial, fornecendo um retorno de informações e incorporando sugestões na segunda versão. Os protótipos podem ser totalmente operacionais ou não operacionais, dependendo do quanto o sistema em desenvolvimento é importante e de quanto tempo e dinheiro a organização dispõe para gastar na prototipagem.

O desenvolvimento rápido de aplicativos (RAD, rapid application development) emprega ferramentas e técnicas projetadas para acelerar o desenvolvimento dos aplicativos. A sua utilização reduz a documentação de papel, automatiza a geração de código aberto do software e facilita a participação do usuário nas atividades do desenvolvimento. O RAD pode utilizar técnicas de programação mais novas, como o desenvolvimento ágil ou a programação extrema (XP).

Muitas empresas contratam uma consultoria externa especializada em desenvolvimento de sistemas para assumir algumas ou todas as atividades do desenvolvimento de sistemas. Esta abordagem é chamada *terceirização*. As razões para terceirizar incluem a crença das empresas de que elas podem reduzir custos, conseguir uma vantagem competitiva sem ter os profissionais de SI necessários internamente, obter as tecnologias mais modernas, aumentar sua flexibilidade tecnológica e proceder ao desenvolvimento a despeito da redução de pessoal. Muitas empresas oferecem serviços de terceirização, inclusive, fabricantes de computadores e empresas especializadas de consultoria.

Vários fatores afetam o sucesso do desenvolvimento de sistemas. O grau de mudança introduzida pelo projeto, a melhoria contínua e a reengenharia, a experiência organizacional com o desenvolvimento de sistemas, a utilização de ferramentas de gestão de projetos, e de ferramentas CASE e a abordagem orientada a objetos são todos fatores que afetam o sucesso de um projeto. Quanto maior for a extensão da mudança que um sistema sofrerá, maior será o grau de risco e, frequentemente, o montante da recompensa. Projetos de melhoria contínua não exigem processos empresariais significativos nem mudanças no SI, enquanto a reengenharia envolve mudanças fundamentais na maneira como a organização conduz o negócio e realiza as tarefas. Projetos bem-sucedidos de desenvolvimento de sistemas frequentemente envolvem fatores como o apoio da alta gestão, um forte envolvimento do usuário, a aplicação de uma metodologia comprovada, metas e objetivos claros do projeto, concentração em problemas-chave e projetos simples, se manter dentro do prazo e do orçamento, bom treinamento do usuário e sólidos programas de manutenção e revisão. Atualmente, mais organizações estão desenvolvendo ou comprando aplicativos móveis para seus gestores e funcionários.

As ferramentas automatizadas de gerenciamento de projetos permitem um desenvolvimento detalhado, acompanhamento e controle do cronograma de projeto. O uso eficaz de um processo de garantia de qualidade permite que o gerente de projetos disponibilize um sistema de alta qualidade e faça um cálculo inteligente entre custo e benefício, prazos e qualidade. As ferramentas CASE automatizam muitas das tarefas de desenvolvimento de sistemas, reduzindo dessa maneira o tempo e o esforço do analista, ao mesmo tempo em que asseguram uma boa documentação. O desenvolvimento de sistemas orientado a objetos pode também ser um importante fator de sucesso. Com a abordagem do OOSD (Desenvolvimento de Software Orientado a Objetos), um projeto pode ser dividido em um grupo de objetos que interagem. Em vez de precisar de milhares ou milhões de linhas de instruções ou códigos detalhados computadorizados, o projeto de desenvolvimento de sistemas pode exigir alguns outros objetos.

Princípio:

O desenvolvimento de sistemas começa com uma investigação e a análise dos sistemas existentes.

Na maioria das organizações, um formulário de requisição de sistema dá início ao processo de investigação. Os participantes na investigação do sistema podem ser tomadores de decisões, usuários, gerentes, funcionários, analistas e programadores. A investigação do sistema é planejada para avaliar a viabilidade de se implementarem soluções para os problemas da empresa, incluindo a viabilidade técnica, econômica, jurídica, operacional e de prazos. A análise da taxa interna de retorno é frequentemente utilizada para ajudar a determinar a viabilidade econômica do projeto. Uma equipe de investigação acompanha e responde à solicitação e realiza uma análise da viabilidade voltada às questões técnicas, econômicas, jurídicas, operacionais e de prazos.

Se o projeto sob investigação for viável, são estabelecidos os principais objetivos para o desenvolvimento do sistema, incluindo desempenho, custo, metas gerenciais e metas de procedimentos. Muitas empresas escolhem uma metodologia popular para que os novos funcionários de SI, especialistas externos e fabricantes se familiarizem com as tarefas do desenvolvimento de sistemas definidas na abordagem. Uma metodologia de desenvolvimento de sistemas deve ser selecionada. Atualmente, a investigação de sistemas orientada a objetos é usada em uma extensão maior. O diagrama de casos é parte da UML (Linguagem de Modelagem Unificada), usada para documentar o desenvolvimento de sistemas orientado a objetos. Como etapa final no processo de investigação, um relatório de investigação de sistemas deve ser preparado para documentar descobertas relevantes.

A análise de sistemas é o exame dos sistemas já existentes, que começa depois que uma equipe recebe a aprovação da gestão, para continuar os estudos. O estudo adicional de um sistema escolhido permite aos envolvidos uma melhor compreensão das fraquezas do sistema e potenciais áreas para melhoria. Uma equipe de análise é reunida para coletar e analisar os dados sobre o sistema já existente.

Os métodos de coleta de dados incluem observação, entrevistas, questionários e amostras estatísticas. A análise de dados manipula os dados coletados, para fornecer informações e inclui gráficos em grade, fluxograma de aplicação e ferramentas CASE. O objetivo geral da análise de requisitos é determinar as necessidades do usuário e da organização.

A análise e a modelagem de dados servem para modelar os objetos organizacionais e suas associações utilizando textos e diagramas gráficos. Os analistas fazem isto através da utilização dos diagramas de entidade-relacionamento (ER). A modelagem da atividade com frequência emprega os diagramas de fluxo de dados (DFDs) para modelar objetos, associações e atividades, descrevendo como os dados podem fluir entre e ao redor de vários objetos. Os DFDs utilizam símbolos para os fluxos de dados, processamentos, entidades e armazenamentos de dados. Fluxogramas de aplicação, gráficos em grade e ferramentas CASE são também usados durante a análise de sistemas.

A análise dos requisitos determina as necessidades dos usuários, dos stakeholders e da organização em geral. Pode-se perguntar diretamente, utilizar fatores críticos para o sucesso e determinar os requisitos do plano do SI. Com frequência, gráficos contendo disposições de telas e relatórios são utilizados, para documentar os requisitos durante a análise de sistemas.

Assim como nas análises tradicionais, as equipes sempre identificam potenciais problemas ou oportunidades durante a análise orientada aos objetos. A análise de sistemas orientada a objetos pode envolver a utilização de técnicas de diagramação, tais como o diagrama de hierarquia de generalização/especialização.

CAPÍTULO 12: TESTE DE AUTOAVALIAÇÃO

O desenvolvimento de sistemas eficaz exige um esforço de equipe dos stakeholders, usuários, gestores, especialistas em desenvolvimento de sistemas e de vários outros profissionais de apoio, e começa com um cuidadoso planejamento.

1. ___________ é a atividade de criar ou modificar sistemas empresariais já existentes. Refere-se a todos os aspectos do processo – desde a identificação de problemas a serem solucionados ou oportunidades a serem exploradas até a implantação e o refinamento da solução escolhida.
2. Quais das seguintes pessoas se beneficiam no final de um projeto de desenvolvimento de sistemas?
   a. programadores de computador
   b. analistas de sistemas
   c. stakeholders
   d. gestores de nível sênior.
3. ___________ é uma pessoa que desempenha todas as funções durante o desenvolvimento de sistemas.
4. Como um empreiteiro que constrói um novo edifício ou renova um edifício já existente, o diretor executivo de informações (CIO) considera os planos do analista de sistemas e constrói ou modifica o software necessário. Verdadeiro ou Falso?
5. O termo __________ se refere à tradução das metas estratégicas e organizacionais em iniciativas de desenvolvimento de sistemas.
6. O que envolve a investigação de novas abordagens para os problemas existentes?
   a. fatores críticos para o sucesso
   b. fatores para análise de sistemas
   c. análise criativa
   d. análise crítica.

O desenvolvimento de sistemas utiliza com frequência ferramentas para selecionar, implantar e monitorar projetos, incluindo a prototipagem, o desenvolvimento rápido de aplicativos, as ferramentas CASE e o desenvolvimento orientado a objetos.

7. Que tipo de desenvolvimento utiliza ferramentas, técnicas e metodologias projetadas para acelerar o desenvolvimento do aplicativo?
   a. desenvolvimento rápido de aplicativos
   b. otimização conjunta
   c. prototipagem
   d. desenvolvimento de aplicativos estendido
8. O desenvolvimento de sistemas tradicional incentiva as mudanças constantes nos sistemas conforme eles vão sendo desenvolvidos. Verdadeiro ou Falso?
9. ________ usa uma abordagem iterativa para o processo de desenvolvimento de sistemas. Durante cada iteração, a equipe identifica e analisa os requisitos e as soluções alternativas para o problema, projeta novas soluções e implanta uma parte do sistema.
10. O desenvolvimento rápido de aplicativos (RAD, rapid application development) emprega ferramentas, técnicas e metodologias projetadas para acelerar o desenvolvimento de aplicativos. Verdadeiro ou Falso?
11. Em que consistem todas as atividades que, se atrasadas, atrasariam o projeto inteiro?
   a. atividades com prazo final
   b. atividades do intervalo
   c. tarefas do RAD
   d. o caminho crítico

O desenvolvimento de sistemas começa com uma investigação e a análise dos sistemas existentes.

12. O formulário dos requisitos do sistema é um documento que é preenchido durante a análise de sistema. Verdadeiro ou Falso?
13. A análise de viabilidade é realizada durante quais estágios de desenvolvimento do sistema?
   a. investigação
   b. análise
   c. projeto
   d. implantação
14. A modelagem de dados é, na maioria das vezes, concluída com o uso de ___________, enquanto a modelagem da atividade é sempre realizada utilizando ___________.
15. O objetivo geral da análise de requisitos é determinar as necessidades do usuário, dos stakeholders e da organização. Verdadeiro ou Falso?

CAPÍTULO 12: RESPOSTAS DO TESTE DE AUTOAVALIAÇÃO

1. Desenvolvimento de sistemas
2. c
3. Desenvolvedor de sistemas individual
4. Falso

5. Planejamento dos sistemas de informação
6. c
7. a
8. Falso
9. Prototipagem
10. Verdadeiro
11. d
12. Falso
13. a
14. Diagramas de entidade-elacionamento (ER), diagramas de fluxo de dados.
15. Verdadeiro

QUESTÕES DE REVISÃO

1. O que é um desenvolvedor de sistemas individual?
2. Qual é o objetivo do planejamento de SI? Quais etapas estão envolvidas no planejamento de SI?
3. Quais são as razões típicas para se iniciar o desenvolvimento de sistemas?
4. Qual é a diferença entre análise criativa e análise crítica?
5. Qual é a diferença entre um programador e um analista de sistemas?
6. Qual a diferença entre um gráfico de Gantt e o PERT?
7. Descreva o que está envolvido em uma análise de viabilidade.
8. O que é um desenvolvimento de sistemas para o usuário final? Quais são as vantagens e as desvantagens do desenvolvimento de sistemas para o usuário final?
9. Enumere os fatores que têm forte influência no sucesso do projeto.
10. Qual é o objetivo da análise de sistemas?
11. Quais são os passos do desenvolvimento de sistemas orientado a objetos?
12. Defina os diferentes tipos de viabilidade que o desenvolvimento de sistemas deve considerar.
13. Quais são os objetivos do desenvolvimento ágil?
14. Qual é o objetivo da análise de sistemas? O que acontece depois?

QUESTÕES PARA DISCUSSÃO

1. Por que é importante que os gestores de negócios possuam um conhecimento básico do processo de desenvolvimento de sistemas?
2. Descreva brevemente o papel de um usuário de sistema nos estágios de investigação e de análise de sistemas de um projeto.
3. Descreva rapidamente tudo o que está envolvido no desenvolvimento de aplicativos para dispositivos móveis.
4. Você decidiu se tornar um empreendedor na área de SI e desenvolver aplicativos para iPhones e outros dispositivos móveis. Descreva que aplicativos você desenvolveria e explique como faria isto.
5. Sua empresa quer desenvolver ou adquirir um novo software de vendas para ajudar os representantes de vendas a identificar novos clientes. Descreva quais os fatores que você deve considerar na decisão entre desenvolver o aplicativo internamente ou terceirizar o aplicativo para uma empresa externa.
6. Você foi contratado por sua universidade para encontrar uma empresa terceirizada que desempenhe a função de folha de pagamento. Quais são as suas recomendações? Descreva as vantagens e as desvantagens de uma abordagem de terceirização para este aplicativo.
7. Você foi contratado como gestor do projeto para desenvolver um novo site nos próximos seis meses para uma loja que vende músicas e livros on-line. Descreva como podem ser usadas as ferramentas de gestão de projeto, como o gráfico de Gantt e o PERT.
8. Para quais tipos de projetos de desenvolvimento de sistemas a prototipagem pode ser particularmente útil? Quais são as características de um sistema desenvolvido com uma técnica de prototipagem?
9. Vamos supor que você trabalhe para uma empresa de serviços financeiros. Descreva três aplicativos que poderiam ser fundamentais para a sua empresa. Quais ferramentas para o desenvolvimento de sistemas você usaria para desenvolver estes aplicativos?
10. Qual é a importância das habilidades de comunicação para os profissionais de SI? Considere esta afirmação: “O pessoal de SI precisa ter uma combinação de habilidades – um terço de habilidades técnicas, um terço de habilidades empresariais e um terço de habilidades de comunicação”. Você acha que isso é verdadeiro? Como poderia afetar o treinamento dos profissionais de SI?
11. Você foi contratado para realizar uma investigação de sistemas para a proprietária de um restaurante francês, numa grande área metropolitana. Ela pensa em abrir um novo restaurante com um sistema de informática de última geração que permita aos seus clientes fazer pedidos pela internet ou nos quiosques das mesas do restaurante. Descreva como você determinaria a viabilidade técnica, econômica, jurídica, operacional e de prazos para o restaurante e seu novo sistema de informática.
12. Discuta três razões pelas quais é importante alinhar os objetivos gerais do negócio com as metas de SI.
13. Você é o diretor executivo de informações de uma loja varejista de tamanho médio e gostaria de desenvolver uma rede extranet para permitir que seus clientes leais vissem e comprassem seus produtos pela internet. Descreva como determinaria os requisitos para o novo sistema.

EXERCÍCIOS DE RESOLUÇÃO DE PROBLEMAS

1. Utilize um programa de gráficos para uma companhia, conforme sua escolha, para desenvolver um ou mais diagramas Use diagramas case e um ou mais diagramas de hierarquia generalizados/especializados para o seu novo empreendimento utilizando uma abordagem orientada a objetos.
2. Você foi contratado para desenvolver novos aplicativos para uma empresa de seguros. Utilizando um programa de processamento de textos, descreva os aplicativos que desenvolveria. Descreva em poucas palavras como você desenvolveria estes aplicativos.

ATIVIDADES EM GRUPO

1. Sua equipe deve entrevistar pessoas envolvidas com o desenvolvimento de sistemas de uma empresa local ou em sua faculdade ou universidade. Descreva o processo utilizado. Identifique os usuários, os analistas e os stakeholders para um projeto de desenvolvimento de sistemas já concluído ou ainda em desenvolvimento.
2. Sua equipe foi contratada para determinar a viabilidade de um novo site na internet que contenha informações sobre futuros eventos esportivos, de entretenimento, e também outros eventos, para estudantes em seu colégio ou universidade. Utilize um programa de processador de textos para descrever as suas conclusões referentes aos diferentes tipos de viabilidade e suas recomendações finais para o novo site na internet.
3. A sua equipe foi contratada para utilizar o desenvolvimento de sistemas para produzir um programa de faturamento para uma pequena empresa de aparelhos de aquecimento e de ar-condicionado. Desenvolva um fluxograma que mostre os principais recursos e componentes de seu programa de faturamento.

EXERCÍCIOS DA WEB

1. A computação em nuvem, na qual aplicativos como o de processamento de textos e análise de planilhas estão disponíveis pela internet, está se tornando cada vez mais popular. Você foi contratado para analisar o potencial de um aplicativo para a computação em nuvem que processe a folha de pagamento e o faturamento de uma grande empresa na internet, pela internet. Descreva as etapas e os procedimentos do desenvolvimento de sistemas que você utilizaria para analisar a viabilidade desta abordagem.
2. Utilizando a internet, explore os aplicativos para dispositivos móveis mais úteis para um empreendimento ou uma indústria de sua escolha. Explore também os aplicativos móveis, para este empreendimento ou indústria que não estejam disponíveis atualmente. Escreva um relatório descrevendo o que você encontrou.

EXERCÍCIOS PARA ESPECIALIZAÇÃO

1. Escolha uma carreira que você esteja considerando. Que tipo de sistema de informação ajudaria você no trabalho? Verifique a viabilidade técnica, econômica, jurídica, operacional e de prazos para um sistema de informação que você gostaria de desenvolver.
2. Utilizando a internet, pesquise oportunidades de carreira nas quais você possa desenvolver aplicativos para novos tablets. Descreva dois indivíduos ou empresas que tenham desenvolvido aplicativos de sucesso para tablets.

ESTUDOS DE CASO

Caso um

A Grain Hill seleciona um novo sistema de ERP

Neste capítulo, você viu que a investigação e a análise de sistemas levaram a uma descrição detalhada de como um novo sistema pode resolver um problema em um empreendimento. O próximo passo pode ser projetar e desenvolver esse sistema. Como alternativa, a empresa que quer um novo sistema pode tentar identificar produtos comerciais que atenderão às suas necessidades.

Esta era a situação da Grain Hill Corporation. Localizada na cidade do Panamá, no Panamá, a Grain Hill é produtora líder de arroz na América Central, com as maiores marcas nacionais, como a Arrocera San Francisco, em El Salvador; a Agricorp, na Nicarágua, e a Corporación Arrocera, da Costa Rica. Os produtos da Grain Hill são distribuídos, internacionalmente sob outros nomes fantasia, como Doña Lisa, e são exportados para os Estados Unidos, através da All Foods, Inc. A Grain Hill também atua como distribuidora de outros produtos dentro da América Central.

Como resultado de seu histórico de fusões e aquisições, a Grain Hill criou cinco plataformas de informática em três países diferentes. A empresa decidiu substituí-las por um novo sistema de Planejamento de Recursos Corporativos (ERP, Enterprise Resources Planning) para a produção e a distribuição, de modo que pudesse controlar melhor suas empresas e otimizar seus processos.

A Grain Hill começou assumindo que compraria um pacote de software Esta decisão é comum quando as necessidades da empresa não são comuns e a empresa sabe, através de experiência e de leitura, que alguns pacotes de software poderiam atender às suas necessidades. Entretanto, a Grain Hill teve problemas para criar um. método de avaliação com consenso e criativo.

Como o CIO da Grain Hill, Benjamin Altamirano, disse: "Nós estávamos decidindo se iríamos aproveitar os sistemas que tínhamos ou se procuraríamos discutir sobre o assunto com a SAP e a Oracle. Então, se tornou claro que tínhamos de encontrar o método de avaliação certo antes de definirmos o software certo". Tal tarefa foi atribuída ao gestor de sistemas de informação, Diego Muñoz.

Muñoz fez o que muitas pessoas nesta situação fariam: chamou um consultor que era bastante familiarizado com a área técnica na qual ele precisava de ajuda. Ele escolheu a Technology Evaluation Centers (TEC), de Montreal, no Canadá.

Denis Rousseau, gestor de projetos da TEC, viajou até a Nicarágua, para avaliar o empreendimento da Grain Hill em primeira mão. Durante conversações telefônicas prévias, Rousseau determinou que um sistema de ERP para a distribuição era o mais adequado às necessidades atuais e futuras da Grain Hill. Em sua visita, ele ajudou os stakeholders da Grain Hill a identificar as capacidades específicas que este sistema deveria possuir para ser compatível com a direção que a empresa queria seguir.

"Antes da TEC, tivemos dificuldades para definir os requisitos futuros", informou Muñoz. "Tínhamos uma ideia de para onde queríamos que nossa empresa fosse, mas não tínhamos nenhuma experiência para identificar a funcionalidade [software] necessária para atingir seu objetivo."

Assim como outras empresas de consultoria para a seleção de fornecedores, a TEC utiliza uma metodologia padrão em seu trabalho. Depois que a Grain Hill e a TEC identificaram os requisitos da Grain Hill e os classificaram em ordem de importância, a TEC os inseriu no sistema de apoio às decisões para gerar uma lista preliminar de pacotes de software que atendiam às necessidades da Grain Hill. A Grain Hill foi capaz de diminuir a lista para três fornecedores e estudar suas capacidades atentamente. A TEC e a Grain Hill então desenvolveram uma solicitação de proposta, que foi enviada a estes três fornecedores, detalhando os termos do processo de seleção final que incluiria diretrizes da demonstração a ser feita pelo fornecedor assim como um método de pontuação.

Ao final deste exercício, a Grain Hill foi capaz de fazer uma seleção imparcial do melhor pacote de software para as suas reais necessidades de ERP. A empresa economizou 48% no custo total de propriedade que ela inicialmente tinha estimado, e também expandiu as capacidades de seu sistema além do que a empresa tinha vislumbrado inicialmente.

Questões para discussão

1. Vamos supor que a Grain Hill quisesse avaliar as ofertas de ERP da SAP, da Oracle e de outras empresas, por si só, sem a ajuda da TEC nem de outra consultoria. Cite os passos que ela teria de seguir.
2. Uma avaliação profunda, como a que a TEC realizou para a Grain Hill, pode facilmente custar entre \$ 25.000 e \$ 50.000. Como esta despesa pode ser justificada?

Questões para análise

1. Conforme este caso sugere, a TEC não é a única empresa que oferece consultoria para a seleção de fornecedores. Utilizar um consultor, portanto, não elimina o problema; isso muda o problema da seleção de um fornecedor de software para a seleção de um consultor. Este é um problema melhor? Um problema mais fácil de resolver? Por que sim ou por que não?
2. Vamos supor que você seja um representante de vendas para um fornecedor de software, e sabe que um de seus clientes, como a Grain Hill, está trabalhando com um consultor para a seleção de um fornecedor, em vez de decidir ela mesma sobre a seleção do software. Como isso poderia afetar a sua abordagem para vender seu software para a Grain Hill? Se a Grain Hill decidisse não comprar seu software, o que você modificaria? Se a Grain Hill tivesse tomado a sua decisão sem a ajuda desse consultor, a sua abordagem seria diferente?

Fontes: site da Agricorp, Nicaragua, *www.agricorp.com.ni* (em espanhol), acesso em: 26 jan. 2012; site da All Foods Inc., *wwwllfoodsusa.com*, acesso em: 26 jan. 2012; site da Arrocera San Francisco, El Salvador, *www.arrocerasanfrancisco.com* (em espanhol), acesso em: 26 jan. 2012; Technology Evaluation Centers, "Grain Hill Corporation Selects a New ERP System," *www.technologyevaluation.com/pdf/case-study/26168/grain-hill-corporation-selects-a-new-erpsystem.pdf* (é exigido o registro gratuito), 7 set. 2011, site da Technology Evaluation Centers, *www.technologyevaluation.com*, acesso em: 26 jan. 2012.

Caso dois

Requisitos de rastreamento no Laboratório de Soluções em Tecnologia da Honeywell

Como você já leu neste capítulo, determinar os requisitos de um sistema é uma parte vital do desenvolvimento de qualquer sistema de informação. Sistemas de informações complexos têm diversos conjuntos de requisitos. É, portanto, essencial ter um modo sistemático para determiná-los.

O Laboratório de Soluções em Tecnologia da Honeywell (HTSL, Honeywell Technology Solutions Lab.), através de sua unidade de negócios chamada Serviços e Soluções em TI, desenvolve software com soluções para outras partes da Honeywell Inc. A HTSL fica localizada em Bengaluru (Bangalore), Índia, com centros em Pequim, Brno, Hyderabad, Madurai e Shanghai.

Em 2010, a empresa identificou um problema: na HTSL, diversos grupos, tais como equipes de escritores e de desenvolvimento de requisitos, de garantia da qualidade (GQ) e de gestão de projetos trabalhavam independentemente, em silos separados. Foi difícil rastrear os requisitos do projeto e a situação da implantação deles. A HTSL precisou de um sistema para gerir os requisitos e seus relacionamentos entre si.

Além da gestão dos requisitos, a HTSL precisou de um aplicativo que pudesse coordenar os casos de testes, os elementos do projeto e os defeitos. Os escritores de requisitos criariam os requisitos para o software e os clientes da HTSL (de outras divisões da Honeywell) poderiam revisar e aprovar estes requisitos. Uma vez aprovada, a equipe de desenvolvimento os implantaria e a equipe de GQ geraria testes baseados neles. Quaisquer defeitos encontrados na execução dos testes seriam detectados.

A HTSL obteve uma grande experiência no desenvolvimento de um software para sistemas aeroespaciais, automotivos e de controles, materiais especializados e transporte. Entretanto, eles não tinham nenhuma experiência no desenvolvimento de software para gerenciar o próprio processo de desenvolvimento. A empresa reconheceu esta deficiência e procurou especialistas.

A Kovair, de Santa Clara, na Califórnia, foi a especialista contatada. Seu pacote ALM de Gestão do Ciclo de Vida do Aplicativo serve para "implantar um processo de ciclo de vida de um desenvolvimento de software, colaborando no ciclo do desenvolvimento total e rastreando implantações de volta às especificações originais. Ele garante que todos os desenvolvedores trabalham seguindo a mesma cartilha ... e que não ocorrem surpresas de última hora".

Um módulo do pacote ALM é o de Gestão dos Requisitos. Utilizando este módulo, a HTSL pode reunir os requisitos, classificá-los, gerir suas modificações e coordená-las, com os testes do sistema. O módulo da gestão dos requisitos também pode produzir uma variedade de relatórios, incluindo especificações e relatórios de requisitos formatados mostrando a distribuição dos requisitos por tipo, grau de importância, fonte, ou qualquer outro descritor.

A Honeywell já teve um processo formal de desenvolvimento chamado "Revisão, Aprovação, Base de Referência, Projeto Técnico, Projeto de Teste, Implantação e Testes". A solução ALM da Kovair foi customizada para se adequar a este processo. Quando um requisito é inserido no ALM, ele é marcado como Apresentado e o processo de revisão começa. O ALM gera tarefas de Revisão para os stakeholders garantindo que eles poderão expressar seus pontos de vista sobre o novo requisito. Quando eles o aprovam, talvez, após algumas modificações, sua posição é mudada para Aprovado, e uma tarefa é inserida para o seu proprietário acrescentá-lo à Base de Referência do projeto do sistema. Quando este passo é completado, duas tarefas novas são criadas: uma para a equipe desenvolver as especificações técnicas e o software, e outra para a equipe de garantia de qualidade desenvolver os testes. O desenvolvimento pode então continuar.

Quais foram os resultados? A HTSL tem reduzido o retrabalho por causa de requisitos errados e agilizou o desenvolvimento. A produtividade da equipe de desenvolvimento foi melhorada em 20% e os defeitos, relacionados aos requisitos, foram reduzidos no mínimo em 1%.

Questões para discussão

1. O que teria acontecido se a HTSL tivesse tentado desenvolver um sistema como o ALM sozinha, em vez de contratar a Kovair? Discuta os prós e os contras do provável resultado.
2. O software ALM é destinado a ajudar às empresas a gerir as etapas no desenvolvimento de software, que é somente um dos processos que os empresários utilizam todos os dias. Quais são as características de um processo que torna um pacote de software como o ALM tão útil? Identifique os critérios que podem ser utilizados para decidir se uma empresa deve buscar um pacote como o ALM para aquele processo.

Questões para análise

1. O ALM é projetado para gerir todo o SDLC, não somente os requisitos. Vamos supor que você teve de escolher entre um sistema que poderia gerir um SDLC inteiro e um sistema que poderia gerir apenas os requisitos, mas fez isto muito melhor. Como você escolheria entre eles?
2. Este caso é baseado em parte nas informações reveladas pela Kovair. Muitas organizações precisam rastrear projetos de desenvolvimento de software, então, outras empresas além da Kovair oferecem pacotes de software que fazem isto. Suponha que você tenha recebido a incumbência de escolher tal pacote. Enumere, no mínimo, quatro critérios que você poderia utilizar na comparação dos diferentes pacotes. Classifique os itens, começando pelo mais importante até o menos importante de sua lista.

Fontes: Kovair, Inc., "Requirements Management Case Study for Honeywell," *www.kovair.com/whitepapers/Requirements-Management-Case-Study-for-Honeywell.pdf*, ago. 2011; site da HTSL, *www.honeywell.com/sites/htsl*, acesso em 26 jan. 2012; site da Kovair ALM, *www.kovair.com/alm/application-lifecycle-management-descrip-tion.aspx*, acesso em 26 jan. 2012.

NOTAS

Fontes do texto de abertura: IBM, "Practice Plan Keeps Dentists and Patients Smiling," *www-01.ibm.com/software/success/cssdb.nsf/CS/STRD-8JAKFM?OpenDocument*, 1 jul. 2011; site da Practice

Plan, *www.practiceplan.co.uk*, acesso em: 22 jan. 2012; site da Polymorph, *wwwolymorph.co.uk*, acesso em: 22 jan. 2012; United Kingdom National Health Service, "How Much Will I Pay for NHS Dental Treatment?," *www.nhs.uk/chq/Pages/1781.aspx*; 31 mar. 2011.

1. Brousell, Lauren, "IT Budgets Bulge in 2011," *CIO*, 1 fev. 2011, p. 8.
2. Thibodeau, P., "Hallmark's Fresh Start," *Computerworld*, 9 maio 2011, p. 42.
3. Fowler, G., "Mobile Apps Drawing in Shoppers, Marketers," *The Wall Street Journal*, 31 jan. 2011, B4.
4. Johnson, K., "Homeland Security Scraps Border Fence," *The Wall Street Journal*, 15 jan. 2011, p. A3.
5. Wakabayashi, D.; Osawa, J., "Odd Couple behind Nintendo 3-D Push," *The Wall Street Journal*, 2 mar. 2011, p. A1.
6. Nash, Kim, "The Talent Advantage," *CIO*, 1 mar. 2011, p. 32.
7. Violino, B., "Grand Opening for App Stores," *Computerworld*, 23 maio 2011, p. 24.
8. Swanborg, Rick, "Winning Ways to Project Success," *CIO*, 1 ago. 2011, p. 26.
9. Waghray, A., "*CIO* Profiles," *Information Week*, 14 fev. 2011, p. 10.
10. Campbell, Peter, "*CIO* Profiles," *Information Week*, 15 ago. 2011, p. 8.
11. Nash, Kim, "The Talent Advantage," *CIO*, 1 mar. 2011, p. 32.
12. MacMillan, D., "Textbook 2.0," *Bloomberg Businessweek*, 9 maio 2011, p. 44.
13. Tozzi, J., "A 911 System for the Mobile Era," *Bloomberg Businessweek*, 16 maio 2011, p. 40.
14. Burrows, P., "How Apple Feeds Its Army of App Makers," *Bloomberg Businessweek*, 13 jun. 2011, p. 39.
15. Peers, M., "Apple Risks App-lash on iPad," *The Wall Street Journal*, 27 fev. 2011, p. C12.
16. Greene, T., "IBM Cautions of Mobile, Cloud Security Issues," *Network World*, 4 abr. 2011, p. 16.
17. Henderson, T.; Allen, B., "New Tools to Protect Mobile Devices," *Network World*, 23 maio 2001, p. 27.
18. Site da Cisco, www.cisco.com, acesso em: 17 jul. 2011.
19. Matlin, C., "Innovator," *Bloomberg Businessweek*, 11 abr. 2011, p. 34.
20. Evans, Bob, "Why CIOs Must Have a Tablet Strategy," *Information Week*, 14 mar. 2001, p. 10.
21. Pratt, M., "Get into the M&A Game," *Computerworld*, 23 maio 2011, p. 17.
22. Thibodeau, P., "Tax Law May Accelerate IT Purchases," *Computerworld*, 7 fev. 2011, p. 4.
23. Angwin, Julia, "Web Tool on Firefox to Deter Tracking," *The Wall Street Journal*, 24 jan. 2011, p. B1.
24. Leaver, S., "Beyond IT-Business Alignment," *CIO*, 1 maio 2011, p. 28.
25. Tanriverdi, H., et al, "Reframing the Dominant Quests of Information Systems Strategy Research for Complex Adaptive Business Systems," *Information Systems Research*, dez. de 2010, p. 822.
26. Ravishankar, M., et al, "Examining the Strategic Alignment and Implementation Success of a KMS," *Information Systems Research*, mar. 2011, p. 39.
27. Cichowski, E., "CIO Profiles," *Information Week*, 31 jan. 2011, p. 20.
28. Kanaracus, Chris, "NYC Seeks $600m Refund for IT Work," *www.computerworld.com*, acesso em: 24 ago. 2011.
29. Site da Progressive, *www.progressive.com*, acesso em; 17 jul. 2011.
30. Fulgham, C., "It Is All about Helping Us Conduct Investigations Faster," *CIO*, 1 fev. 2011, p. 36.
31. Site da Genetech, www.gene.com, acesso em: 17 jul. 2011.
32. Site do CME Group, *www.cmegroup.com*, acesso em: 17 jul. 2011.
33. Bataller, E., "Risk Avengers," *Information Week*, 31 jan. 2001, p. 32.
34. Pratt, Mary, "What CFOs Want from IT," *Computerworld*, 24 jan. 2011, p. 19.
35. Mearian, Lucas, "IT Faces Deadline on New Medical Codes," *Computerworld*, 18 jul. 2011, p. 4.
36. Kennaley, M., "Pragmatic Development," *Information Week*, 25 abr. 2011, p. 35.
37. Staff, "Development of a New Rapid Prototyping Process," *Rapid Prototyping Journal*, vol. 17, nº 2, 2011, p. 138.
38. Murphy, C., "IT Is Too Darn Slow," *Information Week*, 28 fev. 2011, p. 19.
39. Home page da IBM Support, *www-947.ibm.com/support/entry/portal/Overview/Software/Rational/Rational_Rapid_Developer*, acesso em: 24 ago. 2011.
40. Página na Web da Jazz Projects, *https://jazz.net/projects/ rational-team-concert/*, acesso em: 17 jul. 2011.
41. Site da Compuware, *www.compuware.com*, acesso em: 24 ago. 2011.
42. Site da CA Technologies, *www.ca.com/us/products/detail/CA-Gen.aspx*, acesso em: 24 ago. 2011.
43. Foley, John, "FBI Recasts Sentinel as a Model of Agility," *InformationWeek*, 30 maio 2011, p. 12.
44. Fulgham, C., "It Is All about Helping Us Conduct Investigations Faster," *CIO*, 1 fev. 2011, p. 36.
45. Site da Sabre Airline Solutions, *www.sabreairlinesolutions.com/home/*, acesso em: 24 ago. 2011.
46. Site da Jim Highsmith, *http://adaptivesd.com/*, acesso em: 26 ago.2011.
47. Site da Lean Software Development, *www.poppendieck.com/*, acesso em: 26 ago. 2011.

48. West, Dave, "Agile Processes Go Lean," *Information Week*, 27 abr. 2009, p. 32.
49. Cyrillo, Marcio, "Lean UX: Rethink Development," *InformationWeek*, 14 nov. 2011, p. 40.
50. Staff, "The Rational Unified Process," *www.ibm.com/ rational*, acesso em: 17 jul. 2011.
51. Site da Feature Driven Development, *www.featuredrivendevelopment.com/*, acesso em: 26 ago. 2011.
52. Site da Alistair, *http://alistair.cockburn.us/Crystal+-methodologies*, acesso em: 26 ago. 2011.
53. Site da ScrumAlliance, *www.scrumalliance.org/pages/ certified_scrummaster_csm*, acesso em: 28 maio 2011.
54. Site da Pfizer, www.pfizer.com, acesso em: 17 jul. 2011.
55. Overby, S., "Restaffing for the Cloud," *CIO*, 1 jun. 2011, p. 24.
56. Thibodeau, P.; Vijayan, J., "Amazon Service Outage Reinforces Cloud Doubts," *Computerworld*, 9 maio 2011, p. 8.
57. Budge, J.; Wang, R., "Which Applications Belong on the Cloud," *CIO*, 1 maio 2011, p. 49.
58. Efrati, A., "Google Searches for Mobile Apps Experts," *The Wall Street Journal*, 31 jan.2011, p. B2.
59. McMahan, T., "The Ins and Outs of Mobile Apps," *The Wall Street Journal*, 13 jun. 2011, p. R8.
60. Site da IBM, *www.ibm.com*, acesso em: 17 jul. 2011.
61. Site da EDS, *www.eds.com*, acesso em: 17 jul. 2011.
62. Site da Accenture, *www.accenture.com*, acesso em: 17 jul. 2011.
63. Site da WiPro, *www.wipro.com*, acesso em: 17 jul. 2011.
64. Bahree, M., "Tata Targets Smaller Clients", *The Wall Street Journal*, 22 fev. 2011, p. B7.
65. Nash, Kim, "Rise to the Occasion," *CIO*, 1 jul. 2011, p. 9.
66. Site da Amazon Web Services, *http://aws.amazon.com/ec2/*, acesso em: 17 jul. 2011.
67. Linebaugh, Kate, "GE Makes Big Bet on Software Development," *The Wall Street Journal*, 17 nov. 2011, p. B8.
68. Sheridan, B., "The Apps Class of 2010," *Bloomberg Businessweek*, 3 jan. 2011, p. 80.
69. Waxer, C., "Juicing the Market for Electric Cars," *CIO*, 1 abr. 2001, p. 20.
70. Jackson, J., "Business Apps Target Consumer Devices," *Computerworld*, 10 jan. 2011, p. 6.
71. Light, J., "How's Your HTML5? App Skills in Demand," *The Wall Street Journal*, 31 jan. 2001, p. B7.
72. Henschen, D., "They're Ready," *Information Week*, 14 fev. 2001, p. 21.
73. Esposito, D., "A Whole New Ball Game," *Information Week*, 14 mar. 2011, p. 42.
74. Murphy, Chris, "App Dev Must Get Agile Enough for Mobile," *InformationWeek*, 17 out. 2011, p. 10.
75. Stackpole, Beth, "The Mobile App Gold Rush," *Computerworld*, 22 ago. 2011, p. 18.
76. Kaneshige, T., "RehabCare's Two-Year Apple, Mobile Makeover," *CIO*, 1 fev. 2011, p. 24.
77. Betts, M., "Enterprise Apps Stores: A Good Idea?" *Computerworld*, 24 jan. 2011, p. 4.
78. Hoover, Nicholas, "Army Readies Mobile App Store," *InformationWeek*, 31 out. 2011, p. 18.
79. Miller, Lloyd, "Should Employees Be Allowed to Use Their Own Devices for Work?" *The Wall Street Journal*, 15 nov. 2011, p. B1.
80. Nash, Kim, "Market Makers," *CIO*, 1 jun. 2011, p. 37.
81. Pratt, Mary, "An Enterprise Perspective Yields IT Innovations," *Computerworld*, 21 fev. 2011, p. 44.
82. Home page Capability Maturity Model for Software, *www.sei.cmu.edu*, acesso em: 17 jul. 2011.
83. Greene, Tim, "Library System Shushes MPLS for Cheaper DSL," *Network World*, 24 jan. 2011, p. 14.
84. Mearian, Lucas, "IT Faces Deadline on New Medical Codes," *Computerworld*, 18 jul. 2011, p. 4.
85. Jayanth, R., et al, "Vendor and Client Interaction for Requirements Assessment in Software Development," *Information Systems Research*, jun.2011, p. 289.

13 DESENVOLVIMENTO DE SISTEMAS: PROJETO, IMPLANTAÇÃO, MANUTENÇÃO E REVISÃO

Princípios	Objetivos de aprendizagem
• Os projetos de novos sistemas ou a modificação dos já existentes deve sempre ajudar a organização a atingir suas metas.	• Estabelecer as finalidades do projeto de sistemas e discutir as diferenças entre projetos de sistemas lógicos e físicos. • Descrever o processo de modelagem de projeto e os diagramas usados durante a criação de projetos orientados a objetos. • Discutir as questões envolvidas em projetos ambientais. • Definir o termo RFP e discutir como este documento é usado nas atividades de aquisição de hardware e software. • Descrever as técnicas usadas para fazer avaliações de seleção de sistemas.
• A principal ênfase da implantação de sistemas é assegurar que as informações corretas sejam fornecidas à pessoa certa, no formato correto e dentro do prazo.	• Estabelecer a finalidade da implantação de sistemas e discutir as atividades associadas com essa fase do desenvolvimento de sistemas. • Enumerar as vantagens e as desvantagens da aquisição de um software em relação ao seu desenvolvimento. • Discutir o processo de desenvolvimento de software e relacionar algumas das ferramentas usadas nesse processo, incluindo ferramentas de desenvolvimento de software orientadas a objetos.
• A manutenção e as revisões aumentam a vida útil de um sistema, mas podem consumir grandes quantidades de recursos. Essas atividades podem se beneficiar dos mesmos métodos rigorosos e técnicas de gestão de projetos aplicadas no desenvolvimento de sistemas.	• Definir a importância da manutenção de sistemas e software e discutir as atividades envolvidas. • Descrever o processo de revisão de sistemas.

A ImmobilienScout24 usa uma abordagem ágil de desenvolvimento de sistemas

INFORMAÇÃO DE SISTEMAS NA ECONOMIA GLOBAL

ImmobilienScout24, Alemanha

DEPOIS DE DEFINIR AS FUNÇÕES de um novo aplicativo – o problema que será solucionado e a abordagem que será usada para solucioná-lo – é chegada a hora de trabalhar em suas partes internas – seu projeto técnico e o código real. A diferença entre abordagens de desenvolvimentos de sistemas pode tornar um aplicativo passível de falhas, lento quando não falha e difícil de usar. Outro aplicativo, desenvolvido com as mesmas especificações, pode ser confiável, ter uma rápida resposta e ser amigável para o usuário. As companhias que desenvolvem aplicativos tanto para uso próprio como para venda obviamente preferem o segundo resultado.

Essa diferença é crucial para a ImmobilienScout24, que possui um dos principais sites imobiliários na internet na Alemanha. A empresa se orgulha de ser inovadora e de responder rapidamente às demandas do mercado. Essa resposta significa modificações rápidas e frequentes no website da empresa. "Temos uma abordagem de gestão de produtos muito criativa, que continuamente se adapta à nossa plataforma de internet, de acordo com os requisitos do mercado de forma a expandir nossa liderança em um ambiente competitivo", comenta Katrin Jähn, líder da equipe de teste de automação.

Além de seu site, a ImmobilienScout24 também desenvolve programas para computadores de todos os tamanhos. Por exemplo, a companhia oferece um aplicativo gratuito para iPhone para pesquisar imóveis. Com este aplicativo, "nós atendemos as necessidades de nossos clientes oferecendo maior flexibilidade e mobilidade. Por exemplo, se você estiver caminhando e encontrar uma área particularmente agradável, poderá usar o aplicativo ImmoScout para visualizar todos os apartamentos e casas disponíveis nesta área", diz o CEO Marc Stilke, da ImmobilienScout24.

Para desenvolver aplicativos mais rápidos e aprimorar sua confiabilidade, a ImmobilienScout24 fez duas escolhas. Primeiro, a firma adotou a ágil metodologia Scrum para o desenvolvimento de software, que foi vista no Capítulo 12 e teve seu nome inspirado na formação de "scrum" (caranguejo) usada pelas equipes de rugby. Ela é baseada em frequentes reuniões nas quais a equipe de projetos seleciona pequenas tarefas da lista de afazeres, que serão realizadas a seguir. As revisões diárias e um enfoque claro, reforçados pelo chamado ScrumMaster, levam a um rápido progresso. A seleção de tarefas pequenas porém tangíveis conduz a resultados visíveis em curtos períodos. As revisões diárias realizadas por toda a equipe resultam em programas de alta qualidade. Se os requisitos do usuário mudam durante a fase de desenvolvimento, isso significa apenas escolher tarefas diferentes a serem realizadas posteriormente; isso não obriga toda a equipe a retornar ao estágio de especificação. Os benefícios corporativos obtidos através da abordagem Scrum de desenvolvimento de sistemas são uma substancial redução no tempo para tornar novas capacidades do software disponíveis aos clientes.

A outra escolha que a ImmobilienScout24 adotou foi selecionar o QuickTest Professional, da Hewlett-Packard, atualmente conhecido como Teste Funcional da HP, para avaliações. A ImmobilienScout24 usa este software para gerenciar um total de 5.100 casos de teste, organizados em 1.300 cadeias de processos comerciais de atividades. Automatizando o processo de teste, a ImmobilienScout24 reduz seu ciclo de conclusão do trabalho de quatro para três semanas e espera reduzir esse tempo para duas semanas no futuro.

Novas abordagens para o desenvolvimento de software, tais como as discutidas no Capítulo 12 deste livro, têm sido desenvolvidas regularmente. Elas prometem aprimorar tanto a produtividade quanto a qualidade. Ao se manterem informadas das novas abordagens, todas as organizações podem obter os mesmos benefícios conquistados pela ImmobilienScout24.

À medida que você lê o capítulo, considere o seguinte:

- Como o ambiente e as ferramentas de desenvolvimento afetam a velocidade e a eficácia do desenvolvimento de um software?
- Qual é a importância de testar um software no processo de desenvolvimento? Que grau de ênfase deve ser dado à gestão da programação e ao teste que está programado?

© Andrey Burmakin/Shutterstock

POR QUE APRENDER SOBRE O DESENVOLVIMENTO DE SISTEMAS?

Os sistemas de informação são projetados e implantados pelos funcionários e gerentes todos os dias. Um gerente de uma cadeia de hotéis pode ter um sistema de informação para conhecer as preferências dos consumidores. O contador de uma indústria pode usar um sistema de informação para analisar os custos de uma nova fábrica. Um representante de vendas de uma loja de música pode fazer uso de um sistema de informação para determinar quais CDs encomendar e para quais dar descontos porque não vendem bem. Um engenheiro computacional pode usar um sistema de informação para ajudar a determinar por que um sistema de computador opera lentamente. Os sistemas de informação são projetados e implantados para quase todas as carreiras e os setores econômicos. Um indivíduo pode usar projetos e implantação de sistemas para criar aplicativos destinados a smartphones para obter lucro ou apenas por diversão. Este capítulo mostra como você pode se envolver no projeto e implementação de sistemas de informação que trarão benefícios diretos ao seu trabalho. Ele também mostra como evitar erros e como se recuperar de um desastre. Este capítulo começa com a descrição de como os sistemas são projetados.

O modo como um sistema de informação é projetado, implantado e mantido afeta profundamente o funcionamento diário de uma organização. Assim como ocorre com a investigação e a análise de sistemas, temas tratados no Capítulo 12, o projeto, a implantação, a manutenção e a revisão de sistemas, abordados neste capítulo, se esforçam para alcançar as metas organizacionais, como redução de custos, aumento de lucros e aprimoramento do serviço ao consumidor. Começamos este capítulo com uma discussão sobre o projeto de sistemas.

PROJETO DE SISTEMAS

PROJETO DE SISTEMAS: O estágio do desenvolvimento de sistemas que responde à pergunta "Como um sistema de informações resolve um problema?".

A finalidade de um **projeto de sistemas** é responder à pergunta "Como um sistema de informações resolve um problema?". O resultado principal da fase de projeto de sistemas é um projeto técnico que detalha as saídas, as entradas e as interfaces do usuário; que especifica hardwares, softwares, bancos de dados, telecomunicações, recursos humanos e procedimentos, e mostra como esses componentes estão relacionados.

O projeto de sistemas normalmente é executado com as ferramentas e as técnicas discutidas no Capítulo 12. Dependendo da aplicação específica, esses métodos podem ser utilizados para dar suporte e documentar todos os aspectos do projeto de sistemas. Dois aspectos-chave do projeto de sistemas são: o projeto lógico e o projeto físico.

PROJETO LÓGICO E PROJETO FÍSICO

PROJETO LÓGICO: Descrição dos requisitos funcionais de um sistema.

Como foi discutido no Capítulo 5, o projeto possui duas dimensões: lógica e física. O **projeto lógico** refere-se ao que o sistema irá fazer; ele descreve os requisitos funcionais de um sistema. Por exemplo, atualmente as bolsas de valores concentram grandes fundos e os investidores de ações incluem a velocidade como um elemento vital do projeto lógico para novos sistemas comerciais. O objetivo é aumentar os lucros através de transações mais rápidas inseridas no comércio eletrônico ao invés dos sistemas de trocas computadorizadas tradicionais. Sem um projeto lógico, os detalhes técnicos do sistema (tais como quais equipamentos de hardware devem ser adquiridos) muitas vezes ocultam a melhor solução. O projeto lógico envolve planejar o objetivo de cada elemento do sistema, independentemente de considerações sobre hardware e software. As especificações do projeto lógico determinadas e documentadas incluem saída, entrada, processo, arquivo e banco de dados, telecomunicações, procedimentos, controles e segurança, e requisitos pessoais e do trabalho.

A segurança é sempre um fator importante no projeto lógico tanto para corporações quanto para o governo. Para proporcionar maior segurança e privacidade para seus clientes, a Firefox projetou seu novo navegador com uma função "não me chame".[1] As normas publicadas em setembro de 2005 requerem que as agências federais incorporem procedimentos de segurança em novos sistemas ou em sistemas modificados. Além disso, a Lei Federal para a Gestão da Segurança das Informações, promulgada em 2002, exige que as agências federais garantam que medidas de proteção e segurança sejam incorporadas a sistemas fornecidos por empresas ou representantes externos.

O projeto físico descreve como um sistema computacional realiza suas tarefas, incluindo as ações de cada componente e como estes componentes trabalham em conjunto. O **projeto físico** especifica as características dos componentes do sistema necessários para se colocar o projeto lógico em ação. Nessa fase, as características de hardware, software, banco de dados, telecomunicações, pessoal, procedimentos e especificações de controle devem ser descritos em detalhes. Os componentes desse projeto físico foram discutidos na Parte 2, sobre tecnologia.

PROJETO FÍSICO: Especifica as características dos componentes do sistema necessários para se colocar o projeto lógico em ação.

PROJETO ORIENTADO A OBJETOS

O projeto lógico e o projeto físico podem ser executados com a abordagem de desenvolvimento de sistemas tradicional ou através do desenvolvimento de sistemas orientados a objetos (OO). Ambas as abordagens usam uma variedade de modelos de projeto para documentar os recursos do sistema e a compreensão e concordância da equipe de desenvolvimento. Atualmente, muitas organizações utilizam o desenvolvimento orientado a objetos (OO) por causa do aumento de sua flexibilidade. Esta seção descreve algumas considerações sobre o projeto orientado a objetos e diagramas.

Usando a abordagem orientada a objetos (OO), podem-se projetar objetos-chave e classes de objetos no sistema novo ou atualizado. Este processo inclui considerar o domínio do problema, o ambiente operacional e a interface com o usuário. O domínio do problema envolve as classes de objetos relacionadas com a resolução de um problema ou na percepção de uma oportunidade. Nosso exemplo da loja de aluguel de caiaques em Maui, Havaí, foi apresentado no capítulo 12, o ItemCaiaque, na Figura 12.23, é um exemplo de objeto de domínio de um problema que armazenará as informações sobre os caiaques no programa de aluguel. O ambiente operacional para o sistema da loja de aluguel inclui objetos que interagem com impressoras, software de sistema e outros dispositivos de software e hardware. A interface com o usuário para o sistema inclui objetos com os quais os usuários interagem, tais como botões e barras de rolagem em um programa Windows.

Durante a fase de projeto, deve-se também considerar a sequência dos acontecimentos que precisam ocorrer para que o sistema funcione corretamente. Por exemplo,

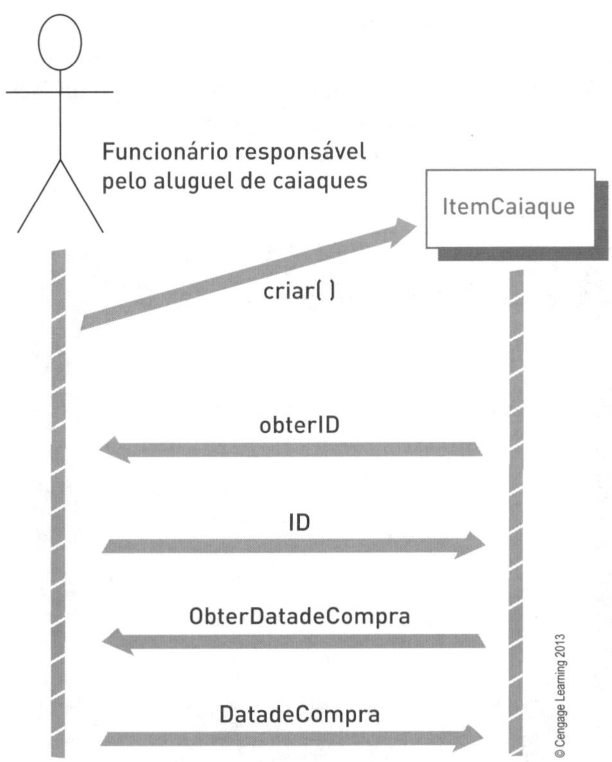

FIGURA 13.1 Diagrama de sequência para acrescentar um novo cenário ItemCaiaque.

você pode querer projetar a sequência dos acontecimentos para acrescentar um novo caiaque ao programa de locação. A sequência de eventos é frequentemente chamada *cenário* e pode ser apresentada em um diagrama de sequência. Veja a Figura 13.1.

Lê-se um diagrama de sequência começando do topo e movendo-se para baixo.

1. A seta Criar, no alto, é uma mensagem do funcionário da loja de aluguel de caiaques para o objeto ItemCaiaque para criar informações sobre um novo caiaque a ser colocado no programa de aluguel.
2. O objeto ItemCaiaque sabe que precisa do ID para o caiaque e envia uma mensagem para o funcionário solicitando as informações (veja a seta obterID).
3. O funcionário digita o ID no computador. Esta ação é apresentada na seta ID. Os dados são armazenados no objeto ItemCaiaque.
4. Em seguida, o ItemCaiaque solicita a data da compra. Ela é apresentada na seta ObterDatadeCompra.
5. Por último, o funcionário digita a data da aquisição no computador. Os dados também são transferidos para o objeto ItemCaiaque, como mostrado na seta DatadeCompra, na parte inferior da Figura 13.1.

Este cenário é somente um exemplo de uma sequência de eventos. Outros cenários podem incluir informação de entrada sobre colete salva-vidas, remos, protetor solar e outros acessórios. Os mesmos tipos de casos de uso e os diagramas de hierarquia de generalização/especialização discutidos no Capítulo 12 podem ser criados para cada evento, e diagramas adicionais de sequência também serão necessários.

PROJETO DE INTERFACE E CONTROLES

Projetar uma boa interface para o usuário leva a uma maior satisfação com o sistema e uma melhor segurança. As linguagens de programação e as plataformas de desenvolvimento de software geralmente incluem o projeto da interface do usuário e ferramentas de controle.[2] A Microsoft por exemplo possui diversos controles e projetos de interface para o Windows e também para seus outros produtos de software disponíveis aos desenvolvedores de sistemas. Outras companhias de software também fornecem projetos de interface e ferramentas de controle. Um *procedimento de entrada* no sistema que requer números de identificação, senhas e outras proteções está disponível na maioria dos sistemas para aumentar a segurança e impedir o uso não autorizado. Com um *sistema acionado pelo menu* (veja a Figura 13.2), os usuários simplesmente escolhem o que desejam fazer em uma lista de alternativas. A maioria das pessoas pode operar facilmente esses tipos de sistemas. Além disso, muitos projetistas incluem um *recurso de ajuda* no sistema ou no programa de aplicativos. Quando os usuários querem saber mais sobre um programa ou um recurso ou que tipo de resposta é esperada, eles podem ativar o recurso de ajuda. Programadores de

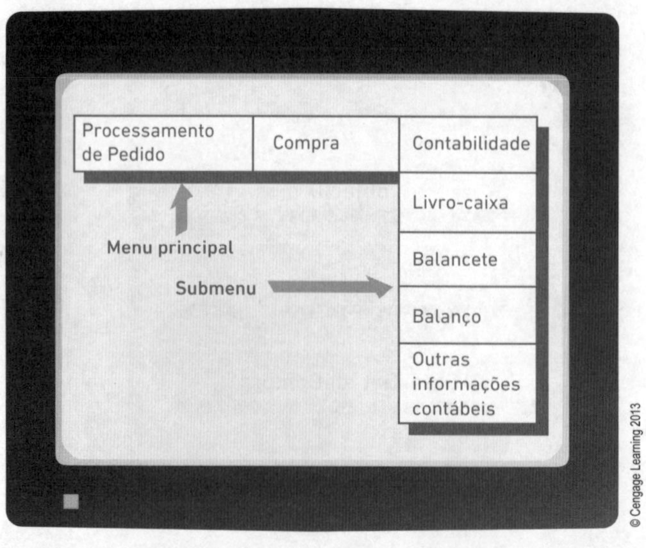

FIGURA 13.2
Sistema acionado por menu.
Um sistema acionado pelo menu permite escolher o que se quer em uma lista de alternativas.

computador podem desenvolver e usar *tabelas de consultas* para simplificar e abreviar a entrada de dados. Por exemplo, se você insere um pedido de compras para uma empresa, pode digitar sua abreviação, como ABCO. O programa então buscará na tabela de consumidores, normalmente armazenada em um disco, na internet ou em outro dispositivo de armazenagem, e pesquisará todas as informações pertencentes à abreviação ABCO da empresa de que você necessita para completar o pedido de compra.

PROJETO DA SEGURANÇA E DOS CONTROLES DO SISTEMA

Depois de especificar as funções de segurança durante a fase de projeto lógico, como foi discutido anteriormente, os projetistas devem também desenvolver a segurança e os controles do sistema para todos os aspectos do SI, inclusive hardwares, softwares, sistemas de banco de dados, telecomunicações e operações na internet. Essas considerações importantes envolvem a prevenção, detecção e correção de erros; o planejamento preventivo e a recuperação a partir de desastres; e controles de sistemas. O projeto de sistema de segurança é sempre uma das principais considerações em qualquer projeto de desenvolvimento de sistemas. Você pode querer proteger seu sistema sem utilizar muitas identificações e senhas para diferentes aplicativos. O Ministério do Comércio dos Estados Unidos está tentando evitar que os usuários precisem lembrar de inúmeros códigos de identificação e senhas. Ao invés disso, a organização espera projetar um sistema de segurança que utilize cartões inteligentes, leitores de digitais ou tokens digitais para obter acesso a computadores, telefones e outros dispositivos[3] Depois de acessar o sistema, você terá acesso a todos os aplicativos disponíveis naquele dispositivo.

Projetar controles e procedimentos de segurança para o uso de smartphones e outros equipamentos móveis pode ser um desafio para muitas organizações.[4] Os empregados querem ser capazes de fazer seu trabalho usando seus smartphones, tablets e outros dispositivos tanto no escritório como em viagens. As corporações querem ter garantia de que o uso destes dispositivos é seguro. Computadores laptops roubados bem como outros equipamentos têm sido a principal causa de roubo de identidades individuais. Isso também resultou na perda de segredos e procedimentos corporativos. De acordo com uma pesquisa, mais de 50% dos entrevistados indicaram que problemas de segurança em potencial com dispositivos móveis impediram que eles usassem tais dispositivos mais ativamente para desempenharem suas funções corporativas. Para combater esses problemas, os desenvolvedores de sistemas estão instalando softwares para criptografar os IDs e senhas necessários em dispositivos móveis para ter acesso a eles. As companhias também estão protegendo seus computadores com software e firewalls para impedir o acesso de pessoas não autorizadas aos dados corporativos e programas que usam dispositivos móveis conectados à corporação.

Prevenção, detecção e correção de erros

O momento mais oportuno em termos de custos para lidar com erros potenciais é na fase inicial do projeto. Todas as possibilidades devem ser consideradas, até mesmo os menores problemas. Por exemplo, uma companhia instalou geradores de força de emergência para casos de queda de energia. Quando um caminhão de combustível bateu perto de seu estabelecimento e derramou carga inflamável, a cidade desativou toda a energia da área e não deixou a companhia utilizar seus geradores de eletricidade, receando que pudessem causar uma explosão ou um grave incêndio. Este incidente relativamente pequeno envolvendo um caminhão desligou completamente a central de serviços de informação da companhia até que o vazamento fosse contido. Além dos problemas menores, outras importantes medidas de segurança e de controle devem ser consideradas, incluindo o planejamento preventivo e a recuperação a partir de desastres, e procedimentos adequados de backup.

Planejamento preventivo e recuperação a partir de desastres

Planejamento contra desastres é o processo de antecipar e prevenir desastres.[5] A finalidade deste planejamento é garantir a continuidade dos negócios nos locais onde estão os aplicativos, dados e sistemas de informações vitais para a organização, a fim de permanecerem continuamente disponíveis. O terremoto, o tsunami e os problemas resultantes de várias usinas nucleares japonesas foram devastadores, mas a tecnologia ajudou as pessoas a se comunicarem e assim lidar com a crise.[6] Mantendo aberta sua loja Ginza, a Apple Computer foi capaz de fornecer meios de comunicação emergenciais fundamentais para seus empregados, clientes, e outras pessoas que conseguiram acessar a loja de computadores por e-mail, Facebook, Twitter, e outros sites da Internet. Algumas pessoas até mesmo usaram as lojas como abrigo de emergência. Os desastres podem variar de pequenos problemas a grandes catástrofes. Um desastre pode ser um ato da natureza (uma inundação, incêndio ou terremoto) ou um ato humano (terrorismo, erro, conflito trabalhista ou exclusão de um arquivo importante). O planejamento contra desastres enfoca principalmente duas questões: manutenção da integridade das informações corporativas e manutenção do sistema de informação até que as operações normais sejam restabelecidas.

RECUPERAÇÃO A PARTIR DE DESASTRES: A implantação do plano contra desastres.

A **recuperação a partir de desastres** é a implantação do plano contra desastres. A Troy University of Alabama, por exemplo, atualizou seu sistema de recuperação a partir de desastres para ajudar na prevenção e recuperação a partir de desastres em potencial, incluindo furacões.[7] De acordo com o chefe de segurança e tecnologia da Troy, "Não queremos que nossos serviços caiam nem por um segundo". As organizações podem gastar de 5 a 10% de seu orçamento anual com a prevenção de desastres e a recuperação depois de ocorrências.[8] De acordo com o relatório da Forrester, "É muito mais provável que um diretor de informática ou outro executivo aprove um orçamento para a atualização do sistema se você explicar que existe uma probabilidade de 20%, nos próximos 5 anos, de que uma tempestade de inverno cause falta de energia nos centros de dados e que isso custará $ 500.000 em prejuízo e queda na produtividade". De acordo com o analista de pesquisa da Gartner, "Existe uma compreensão crescente de que devemos proteger nossos ativos – tais como escritórios de filiais, computadores remotos, computadores desktop, laptops, e até mesmo os dados de teste e de desenvolvimento."[9] Veja a Figura 13.3.

FIGURA 13.3 Esforços de recuperação a partir de desastres.

Dennis M. Sabangan/EPA/Landov

HOT SITE: Um sistema de hardware operacional em duplicidade ou com acesso imediato através de representante especializado.

COLD SITE: Um ambiente computacional que inclui escritórios, serviços elétricos, centrais de telecomunicação, dispositivos de armazenamento de dados e outros; também chamado *shell*.

As principais ferramentas usadas no planejamento preventivo e na recuperação a partir de desastres são o hardware, software, bancos de dados, telecomunicações e backups pessoais.[10] A maior parte desses sistemas foi discutida na Parte 2, sobre conceitos de tecnologia da informação. De acordo com o analista da Gartner, "O backup realmente é a política de segurança pela qual você espera nunca ter de pagar".[11] Para algumas companhias o backup pessoal pode ser fundamental. Sem seus funcionários, o departamento de SI não funciona. No que se refere a hardware, hot e cold sites podem ser usados como backup. Um sistema de hardware operacional em duplicata pronto para uso (ou acesso imediato a um hardware através de um fabricante especializado) é exemplo de um **hot site.** Se o computador principal apresentar problemas o hot site pode ser utilizado imediatamente como backup. Porém, o hot site não pode ser afetado pelo mesmo incidente. Outra abordagem é usar um **cold**

BACKUP GRADATIVO: Uma cópia de backup de todos os arquivos que sofreram alteração nos últimos dias ou na última semana.

ARQUIVOS DE TRANSAÇÕES (IMAGE LOG): Um arquivo em separado que contém apenas as alterações feitas nos aplicativos.

site, também chamado *shell*, que é um ambiente que inclui salas, serviços elétricos, links de telecomunicação, dispositivos de armazenagem de dados e hardware similares. Se o computador principal apresentar problemas, o hardware de backup de computador é trazido para o cold site, e todo o sistema se torna operacional. É possível proteger todos os arquivos e bancos de dados modificados nos últimos dias ou na última semana, usando uma técnica chamada **backup gradativo**. Esta abordagem de backup usa um **arquivo de transações** (**image log**), um arquivo separado que contém somente mudanças nos aplicativos. Toda vez que um aplicativo é executado, é criado um arquivo de transações contendo todas as mudanças feitas em todos os arquivos. Se um problema ocorrer com um banco de dados, pode ser utilizado um banco de dados mais antigo com o último backup completo de dados, juntamente com o arquivo de transações, para recriar o banco de dados atual. As organizações também podem contratar empresas terceirizadas para ajudá-las no planejamento e recuperação a partir de desastres. A EMC, por exemplo, oferece um backup de dados em seu produto RecoverPoint.[12] Para as pessoas e para alguns aplicativos, cópias de backup de arquivos importantes podem ser colocados na internet. O *Failover* é outro método de backup.[13] Quando um servidor, uma rede ou um banco de dados falha ou não funciona mais, o *failover* automaticamente muda o aplicativo e outros programas para um servidor, uma rede ou um banco de dados redundante ou replicado, de modo que não haja interrupção nos serviços. A SteelEye's LifeKeeper (*www.steeleye.com*) e a Continuous Protection da NeverFail (*www.neverfailgroup.com*) são exemplos de software *failover*. O Failover é especialmente importante para aplicativos que devem permanecer operacionais o tempo todo.[14]

© iStockphoto/.shock

As empresas que sofrem um desastre podem empregar um serviço de recuperação, que é capaz de proteger cópias de segurança de todas as informações críticas. Essas empresas prestadoras de serviços fornecem instalações a partir das quais é possível operar o sistema e equipamentos de comunicação para se manter em contato com os clientes.

Controles de sistemas

CONTROLES DE SISTEMAS: São regras de procedimentos para assegurar a segurança dos dados.

A maioria dos departamentos de SI estabelece rígidos **controles de sistemas** para manter a segurança dos dados. Muitas companhias também estão desenvolvendo controles de sistemas para preservar dados importantes, no caso de a empresa sofrer uma ação legal e ser obrigada por lei a produzir e-mails corporativos, documentos e outros dados importantes, geralmente chamados de *electronic discovery* (descoberta eletrônica) ou *e-discovery*.[15] Muitos tipos de controles de sistemas podem ser desenvolvidos, documentados, implantados ou revisados. Esses controles afetam todos os aspectos da organização (veja a Tabela 13.1).

Depois que são desenvolvidos, os controles precisam ser documentados em manuais padrão que indicam como os controles devem ser implantados. Em seguida, eles devem ser implantados e revisados frequentemente. É uma prática comum avaliar até que ponto as técnicas de controle serão usadas e tomar medidas se tais controles não forem implantados. Muitas vezes, as organizações contam com *departamentos de conformidade* para assegurar que o departamento de SI está seguindo os controles de sistema de acordo com todas as leis e regulamentações locais, estaduais e federais.[16]

TABELA 13.1 Uso do controle de sistemas para aumentar a segurança

Controles	Descrição
Controles de entrada.	Mantêm a integridade e a segurança das entradas. Sua finalidade é reduzir os erros ao mesmo tempo em que protege o sistema de computadores contra fraudes ou inserções inválidas. Os controles de entrada variam desde formulários de entrada padronizados até a eliminação de erros na entrada de dados, usando rígidas senhas e controles de identificação.
Controles de processamento	Lidam com todos os aspectos de processamento e de armazenamento. O uso de senhas e de números de identificação, cópias de segurança de dados e espaços de armazenagem que possuem rígidos sistemas de segurança são exemplos de controles de processamento e armazenagem.
Controles de saída	Asseguram que as saídas sejam tratadas corretamente. Em muitos casos, a saída gerada pelo sistema de computadores é registrada em um arquivo que indica quais relatórios e documentos foram gerados, a hora em que foram gerados e seus destinos finais.
Controles de bancos de dados	Têm a função de assegurar um sistema de banco de dados eficiente e eficaz. Esses controles incluem o uso de números de identificação e senhas, sem os quais o usuário não tem acesso a certas informações ou dados específicos. Muitos desses controles são fornecidos por sistemas de gerenciamento de bancos de dados.
Controles de telecomunicações	Fornecem dados e transferência de informações precisos e confiáveis entre sistemas. Os controles de telecomunicações incluem firewalls e criptografia para garantir uma comunicação correta ao mesmo tempo em que elimina o risco potencial de fraudes e crimes.
Controles de pessoal	Asseguram que somente pessoas autorizadas tenham acesso a determinados sistemas, ajudando assim a prevenir erros e crimes relacionados com os sistemas de comunicação. Os controles de pessoal podem incluir números de identificação e senhas que permitem que apenas determinadas pessoas tenham acesso a dados e informações em particular. Etiquetas de ID e outros dispositivos de segurança (tais como cartões inteligentes) podem impedir que pessoas não autorizadas acessem áreas estratégicas do sistema de informação.

Um departamento de conformidade assegura que o departamento de SI está seguindo os controles de sistema de acordo com todas as leis e regulamentações locais, estaduais e federais.

CONSIDERAÇÕES SOBRE O PROJETO AMBIENTAL

PROJETO AMBIENTAL: Também chamado *projeto verde*, inclui esforços nos desenvolvimentos de sistemas que reduzem o consumo de energia, requerem menos espaços físicos e resultam em sistemas que podem ser descartados de forma a não causar um impacto negativo no meio ambiente.

Desenvolver novos sistemas e modificar os existentes de um modo ambientalmente sensível se torna cada vez mais importante para muitos departamentos de SI.[17] O **projeto ambiental**, também chamado *projeto verde*, envolve esforços de desenvolvimento de sistemas que reduzem o consumo de energia, exigem menos espaço físico e resultam em sistemas que podem ser descartados de forma a não afetar negativamente o ambiente.[18]

Atualmente as empresas estão usando formas inovadoras para projetar sistemas e operações eficientes, incluindo servidores virtuais para economizar espaço e energia, injetando ar frio sob as centrais de dados para resfriar o hardware, usando softwares para controlar de maneira eficiente os ventiladores de resfriamento, construir instalações com sistemas de isolamento mais eficientes e até mesmo coletando água das chuvas para resfriar o hardware.[19] A conceituada firma de contabilidade KPMG conseguiu reduzir o consumo de energia de seus servidores em cerca de 50% através do uso de algumas destas técnicas.[20] O Facebook, com a ajuda de seus parceiros comerciais, desenvolveu um centro de dados na área rural de Prineville, Oregon, para obter maior eficiência energética através do uso de servidores e chips de computadores de última geração, os quais são mais leves e requerem menos manutenção.[21] De acordo com o vice-presidente de operações técnicas do Facebook, "Esses servidores são 38% mais eficientes do que os adquiridos anteriormente", e também mais baratos. A Nissan utilizou uma tecnologia de servidores virtuais para reduzir o número de servidores de 160 para cerca de 30 em suas instalações no Tennessee, o que resultou em uma economia de energia e dinheiro.[22] A redução no número de servidores diminuiu os custos com eletricidade em mais de 30% para essa empresa automotiva. A VistaPrint, uma empresa de design e impressão gráfica, migrou dos servidores tradicionais para os virtuais e economizou cerca de $ 500.000 em eletricidade ao longo de 3 anos, representando uma redução de 75% no uso de energia.[23]

O sistema de classificação de Liderança em Projetos de Energia e Ambientais (LEED, Leadership in Energy and Environmental Design) foi desenvolvido pelo Conselho Norte-Americano para Construção Sustentável e incluiu um grande número de padrões para construção e operação de edifícios.[24] Atualmente, painéis solares, turbinas a gás e células combustíveis estão tornando os departamentos e centros de dados mais eficientes em termos de energia. Essas abordagens que resultam em economia de energia podem fornecer aos departamentos de SI um significativo retorno dos investi-

Os painéis solares estão ajudando os departamentos e centros de dados de SI a se tornarem mais eficientes no consumo de energia, ao mesmo tempo em que garantem um significativo retorno sobre os investimentos.

mentos. De acordo com o diretor de informática do North County Transit District, em San Diego, "A energia solar é o que permitiu que o projeto da central de dados apresentasse um retorno dos investimentos".[25]

Muitas empresas desenvolvem produtos e serviços para economizar energia. As empresas que fabricam computadores, tais como a Hewlett-Packard e outras, estão projetando computadores que usam menos energia e são fabricados com materiais reciclados.[26] Uma empresa japonesa está projetando um chip que poderá reduzir o consumo de energia em potencial em cerca de 50% e que permite quase dobrar a vida útil das baterias de dispositivos móveis, incluindo laptops, computadores, tablets e smartphones.[27] De acordo com o presidente da International Business Strategies, "A tecnologia pode alcançar uma posição extremamente significativa". A Voltaic Generator desenvolveu uma valise para o transporte de PCs, que carrega as baterias do computador com luz solar e outras fontes de luz.[28] Esta valise à energia solar pode acionar computadores, telefones celulares e outros dispositivos eletrônicos. O projeto ambiental também inclui o desenvolvimento de sistemas e softwares que ajudam as empresas a reduzir o consumo de energia em outras áreas de atuação. A Carbonetworks and Optimum Energy, por exemplo, desenvolveu um software que reduz os custos de energia ajudando as empresas a determinar quando e como usar a eletricidade.[29]

A Hewlett-Packard, a Dell Computer e outras empresas desenvolveram procedimentos e máquinas para descartar computadores usados e equipamentos de informática usados de forma ambientalmente sustentável. A cidade de Minneapolis reciclou e remanufaturou mais de 1.000 PCs, que foram doados a famílias de baixa renda.[30] A Venjuvo e outras empresas reciclam equipamentos eletrônicos usados e, em alguns casos, oferecem dinheiro dependendo do tipo e tempo de uso do equipamento.[31] Os computadores e equipamentos usados são colocados em máquinas e transformados em pequenas peças, que depois são separadas pelo tipo de material para serem reutilizadas. Geralmente, este processo é chamado *morte verde*. O governo norte-americano tem uma ferramenta conhecida como Ferramenta de Avaliação Ambiental de Produtos Eletrônicos (EPEAT, Electronic Product Environmental Assessment Tool) para analisar o uso de energia de novos sistemas.[32] O Departamento de Energia dos Estados Unidos classifica os produtos de acordo com a designação *Energy Star* para ajudar as pessoas a escolher equipamentos que economizam energia.[33] Atualmente, as empresas de serviços estão fornecendo a seus funcionários e clientes "medidores inteligentes" e softwares especializados que podem ajudar a reduzir o consumo de energia e suas contas de eletricidade.

© Robert Kyllo/Shutterstock

As empresas prestadoras de serviços fornecem a seus clientes medidores inteligentes para ajudar a reduzir o consumo de energia.

GERANDO ALTERNATIVAS PARA PROJETOS DE SISTEMAS

A geração de projetos alternativos de sistema muitas vezes requer o envolvimento de um ou vários fabricantes. Se o novo sistema for complexo, a equipe original de desenvolvimento pode querer envolver outros profissionais na geração de projetos alternativos. Além disso, se os novos hardware e software forem adquiridos de um fabricante externo, uma RFP pode ser apresentada.

Solicitação de proposta

SOLICITAÇÃO DE PROPOSTA (RFP, REQUEST FOR PROPOSAL): É um documento que especifica em detalhes todos os recursos necessários, tais como hardware e software.

A **RFP** é um documento que descreve em detalhes os recursos necessários, tais como hardware e software.[34] A RFP é um documento importante para muitas organizações envolvidas em grandes esforços para o desenvolvimento de sistemas complexos. Sistemas menores e menos complexos frequentemente não exigem uma RFP. Uma empresa que adquire um software barato, a ser usado em um hardware existente, por exemplo, talvez não necessite acionar um processo formal de RFP.

Em alguns casos, a RFP é parte do contrato do fornecedor. O índice de uma típica RFP é apresentado na Figura 13.4.

Relatório de Investigação de
Sistemas Johnson & Florin, Inc.

Sumário

PÁGINA DE CAPA (com nome da companhia e da pessoa de contato)
BREVE DESCRIÇÃO DA COMPANHIA
VISÃO GERAL DO SISTEMA EXISTENTE
RESUMO DOS PROBLEMAS E/OU DAS NECESSIDADES RELACIONADAS COM COMPUTADORES
OBJETIVOS DO PROJETO
DESCRIÇÃO DO QUE É NECESSÁRIO
REQUISITOS DE HARDWARE
REQUISITOS DE PESSOAL
REQUISITOS DE COMUNICAÇÕES
PROCEDIMENTOS A SEREM DESENVOLVIDOS
REQUISITOS DE TREINAMENTO
REQUISITOS DE MANUTENÇÃO
PROCEDIMENTOS DE AVALIAÇÃO (como os fabricantes serão julgados)
FORMATO DA PROPOSTA (como os fabricantes deverão responder)
DATAS IMPORTANTES (quando as tarefas deverão estar completas)
RESUMO

FIGURA 13.4 Um índice típico para uma solicitação de proposta.

Opções financeiras

Quando se adquirem sistemas computacionais, várias opções estão disponíveis, incluindo a aquisição, o leasing ou aluguel. Os objetivos de custo e as limitações estabelecidas para o sistema desempenham um papel significativo na escolha, assim como as vantagens e as desvantagens de cada um. Além disso, ferramentas financeiras tradicionais, incluindo o valor presente líquido e a taxa interna de retorno, podem ser úteis. A Tabela 13.2 resume as vantagens e desvantagens dessas opções financeiras.

Determinar qual opção é a melhor para determinada empresa em dada situação pode ser difícil. Considerações financeiras, legislação tributária, políticas da organização, suas vendas e o crescimento de suas transações, dinâmicas de mercado e os recursos financeiros da organização são todos fatores importantes. Em alguns casos, o preço do leasing e do aluguel podem ser maiores do que o preço original de aquisição depois de alguns anos. As opções financeiras também devem incluir o uso de virtualização, computação em nuvem, SaaS, DaaS e outras abordagens similares.

TABELA 13.2 Vantagens e desvantagens das opções de aquisição

Aluguel (opção de curto prazo)	
Vantagens	**Desvantagens**
Não há risco de obsolescência	Não há propriedade do equipamento
Não há investimento financeiro de longo prazo	Custos mensais altos
Não há fundos de investimento iniciais	Contratos de aluguel restritivos
Geralmente a manutenção está incluída	
Leasing (opções de médio a longo prazo)	
Vantagens	**Desvantagens**
Não há risco de obsolescência	Alto custo para cancelar o leasing
Não há investimento financeiro de longo prazo	Comprometimento por um tempo mais longo do que o aluguel
Não há investimentos iniciais de fundos	Não há propriedade dos equipamentos
Mais barato do que o aluguel	
Aquisição (opção de longo prazo)	
Vantagens	**Desvantagens**
Controle total sobre o equipamento	Alto investimento inicial
Pode-se vender o equipamento a qualquer momento	Custo adicional de manutenção
O equipamento pode ser depreciado	Possibilidade de obsolescência
Custo baixo mantido por vários anos	Outras despesas, incluindo impostos e seguros

Avaliando e selecionando um projeto de sistema

Avaliar e selecionar o melhor projeto envolve alcançar o equilíbrio dos objetivos do sistema que melhor apoiarão os objetivos organizacionais. Normalmente, a avaliação e a seleção envolvem tanto uma avaliação preliminar quanto uma avaliação final, antes que um projeto seja selecionado.

AVALIAÇÕES PRELIMINARES: Uma avaliação inicial cuja finalidade é eliminar as propostas indesejáveis; esta começa depois que várias propostas tenham sido apresentadas.

AVALIAÇÃO FINAL: Uma investigação detalhada das propostas oferecidas pelos fabricantes que permaneceram após avaliação preliminar.

Uma **avaliação preliminar** começa após todas as propostas terem sido apresentadas. O propósito dessa avaliação é descartar propostas não desejadas. Vários fornecedores podem ser eliminados pela investigação de suas propostas e comparação com os critérios originais. A **avaliação final** começa com uma investigação detalhada das propostas oferecidas pelos fornecedores restantes. Os fornecedores devem ser solicitados a fazer uma apresentação final e a demonstrar totalmente o sistema. A demonstra-

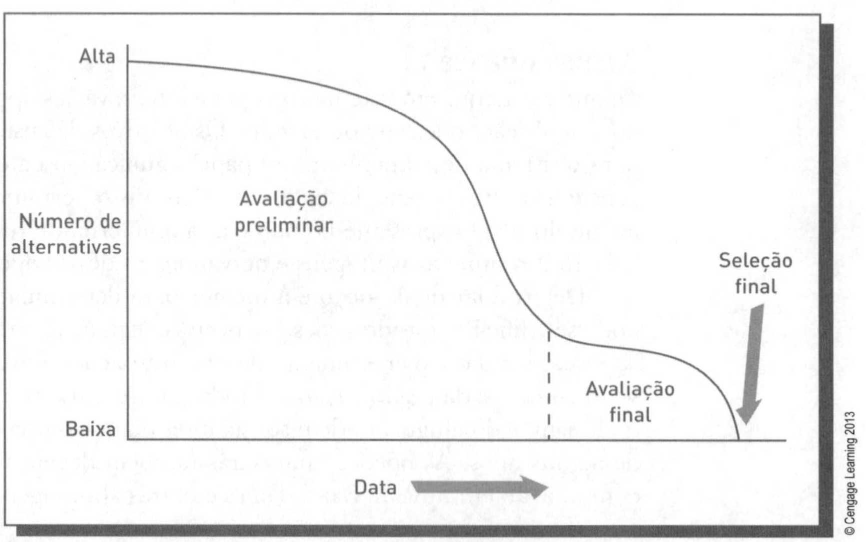

FIGURA 13.5 **Estágios das avaliações preliminar e final.** O número de alternativas possíveis diminui conforme a organização se aproxima da decisão final.

ção deve ser tão próxima das condições reais de operação quanto possível. A Figura 13.5 ilustra o processo de avaliação.

TÉCNICAS DE AVALIAÇÃO

O procedimento exato utilizado para fazer a avaliação final e a seleção varia de uma organização para outra. Alguns foram inicialmente introduzidos no Capítulo 2, incluindo o retorno sobre o investimento (ROI), aumento dos ganhos, participação no mercado, satisfação do consumidor e o custo total de propriedade (TCO). Além disso, quatro outras abordagens são usadas regularmente: consenso do grupo, análise de custos/benefícios, teste de benchmark e avaliação por pontos.

CONSENSO DE GRUPO: No consenso de grupo, é escolhido um grupo responsável pela tomada de decisão que recebe a responsabilidade de fazer a avaliação final e a seleção.

Consenso de grupo

No **consenso de grupo**, um grupo responsável pela tomada de decisões é selecionado para tomar a decisão final sobre a seleção.[35] Normalmente, este grupo inclui membros da equipe de desenvolvimento que tenham participado da análise ou do projeto de sistemas.

ANÁLISE DE CUSTO/BENEFÍCIO: Uma abordagem que enumera os custos e os benefícios de cada sistema proposto. Depois de serem expressos em termos monetários, todos os custos são comparados com todos os benefícios.

Análise de custo/benefício

A **análise de custo/benefício** é uma abordagem que enumera os custos e benefícios de cada sistema proposto.[36] Depois que são expressos em termos monetários, todos os custos são comparados a todos os benefícios. A Tabela 13.3 relaciona alguns desses custos típicos e benefícios associados com os procedimentos de avaliação e seleção. Essa abordagem é utilizada para avaliar as opções cujos custos podem ser quantificados, tais como qual fornecedor de hardware ou software selecionar.

TABELA 13.3 Tabela de análise de custo/benefício

Custos	Benefícios
Custos de desenvolvimento	Redução de custos
Pessoal	Menos pessoal
Recursos computacionais	Custos de produção reduzidos Custos de estoque reduzidos Uso mais eficiente de equipamentos Tempo de resposta mais rápido Tempo de ociosidade ou de manutenção reduzido Menos perdas
Custos fixos	**Aumento dos rendimentos**
Equipamentos de computação	Criar novos produtos e serviços
Programa	Novos clientes
Taxas únicas de licença do software e manutenção	Mais negócios com os clientes já existentes
	Aumento do preço como resultado de melhores produtos e serviços
Custos operacionais	**Benefícios intangíveis**
Taxas de leasing e/ou aluguel de equipamentos	Melhor imagem pública para a organização
Pessoal da área de computação (incluindo salários, benefícios etc.)	Aumento da satisfação dos funcionários
Instalações elétricas e outras funcionalidades	Serviços melhorados para novos e antigos clientes Capacidade de recrutar melhores funcionários
Papel de impressão, fitas e discos	Posição de líder na indústria
Outros suprimentos para computadores	Sistemas mais fáceis para programadores e usuários
Custos de manutenção	
Seguro	

TESTE DE BENCHMARK: É uma análise que compara sistemas computacionais operando sob as mesmas condições.

Testes de benchmark

Um **teste de benchmark** é uma análise que compara sistemas computacionais operando sob as mesmas condições. A maioria das empresas de computadores publica seus próprios testes de benchmark, mas algumas proíbem a revelação dos testes de benchmark sem uma aprovação prévia por escrito. Portanto, uma das melhores abordagens é a organização desenvolver seus próprios testes e então usá-los para comparar o equipamento que é considerado. Essa abordagem pode ser utilizada para comparar o tempo de resposta do sistema de usuário final em dois sistemas similares. Várias empresas independentes e periódicos também classificam os sistemas computacionais.

SISTEMA DE AVALIAÇÃO POR PONTOS: Para cada fator de avaliação é atribuído um peso, em pontos porcentuais, com base em sua importância. Em seguida, cada sistema de informação proposto é avaliado em função deste fator e recebe uma nota, por exemplo, de 0 a 100. Os pontos são totalizados, e o sistema com um total maior de pontos é selecionado.

Avaliação por pontos

Uma das desvantagens da análise de custo/benefício é a dificuldade de determinar os valores monetários para todos os benefícios. Uma abordagem que não emprega valores monetários é um **sistema de avaliação por pontos**. Para cada fator de avaliação é atribuído um peso, em pontos porcentuais, com base em sua importância. Depois, cada sistema de informação proposto é avaliado em termos desse fator e recebe uma pontuação, por exemplo, variando de 0 a 100, em que 0 significa que a alternativa não contempla a exigência de forma alguma e 100 significa que a alternativa satisfaz plenamente à exigência. Os pontos são totalizados, e o sistema com um total maior de pontos é selecionado. Quando utiliza o sistema de avaliação por pontos, uma organização pode relacionar e avaliar literalmente centenas de fatores. A Figura 13.6 mostra uma versão simplificada desse processo. Essa abordagem é utilizada quando há muitas opções a serem avaliadas, como qual software se ajusta melhor às necessidades de um negócio específico.

FIGURA 13.6
Uma ilustração do sistema de avaliação por pontos.
Neste exemplo, o software recebeu o maior peso (40%), comparado com o hardware (35%) e suporte do fornecedor (25%). Quando o sistema A é avaliado, o total dos três fatores perfaz 82,5%. A classificação do sistema B, por outro lado, totaliza 86,75%, mais próxima de 100%. Portanto, a empresa escolhe o sistema B.

		Sistema A			Sistema B		
Fator de importância		Avaliação		Avaliação Ponderada	Avaliação		Avaliação Ponderada
Hardware	35%	95	35%	33,25	75	35%	26,25
Software	40%	70	40%	28,00	95	40%	38,00
Suporte do fornecedor	25%	85	25%	21,25	90	25%	22,50
Totais	100%			82,5			86,75

ESPECIFICAÇÕES DE PROJETO CONGELADAS

Próximo do fim do estágio de projeto, algumas organizações proíbem alterações no projeto do sistema. Especificações de projeto de sistema congeladas significam que o

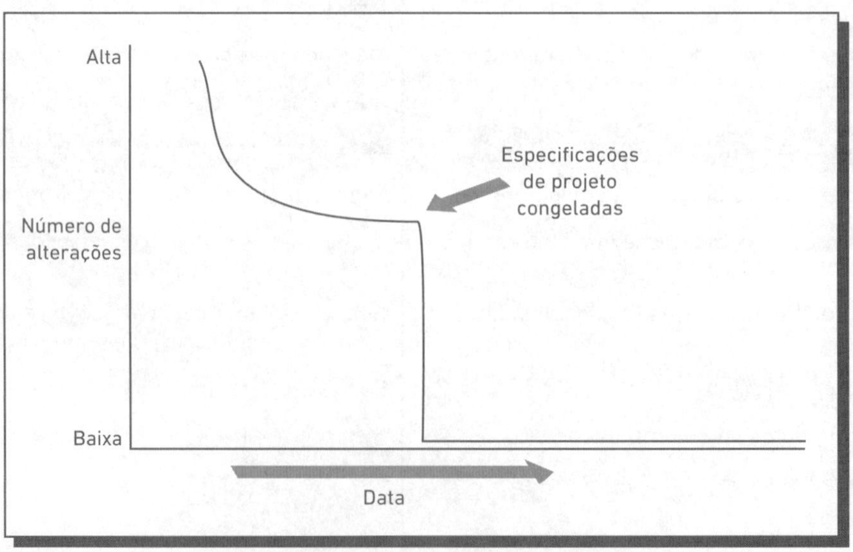

FIGURA 13.7 Especificações de projeto congeladas.

usuário concorda, por escrito, que o projeto é aceitável (veja a Figura 13.7). Entretanto, outras organizações não apenas permitem como encorajam mudanças no projeto. Essas organizações geralmente usam abordagens de desenvolvimento de sistemas ágeis ou rápidas, apresentadas no Capítulo 12.

O CONTRATO

Uma das etapas mais importantes no projeto de sistemas é a elaboração de um bom contrato, caso esteja adquirindo novas instalações computacionais.[37] De acordo com um advogado e consultor especializado em tecnologia, "O cliente não presta muita atenção no contrato que está assinando. Em muitos casos, eles ignoram a linguagem específica que define o escopo da oferta ou implantação do software."[38] As Organizações que usam a abordagem de computação em nuvem precisam ter uma atenção especial ao assinarem contratos com prestadores desse tipo de serviço, incluindo o nível de proteção oferecido, o quanto a organização está em conformidade com as inúmeras leis e regulamentações específicas, onde estão localizados os servidores e os computadores, como lidam com a descoberta de que existe uma ação judicial em andamento e o nível de segurança dos dados armazenados nos computadores.[39] Um bom contrato deve conter cláusulas para monitorar o progresso do desenvolvimento de sistemas, os direitos intelectuais e de propriedade de sistemas novos ou modificados, cláusulas de contingência no caso de algo não sair como planejado e resolução de disputas caso algo saia errado. Normalmente, a solicitação e requisição se tornam parte do contrato. Isso economiza um tempo considerável no desenvolvimento do contrato, uma vez que a RFP especifica em detalhes o que é esperado dos fabricantes.

O RELATÓRIO DO PROJETO

As especificações do sistema são o resultado final do projeto. Elas incluem uma descrição técnica que detalha as saídas, as entradas e as interfaces com o usuário do sistema, assim como todo hardware, software, bancos de dados, telecomunicações, pessoal e componentes do procedimento e o modo como esses componentes estão relacionados. As especificações são contidas em um **relatório de projeto**, que é o principal resultado do projeto de sistemas. O relatório do projeto reflete as decisões tomadas para o projeto do sistema e prepara o caminho para a implantação de sistemas. O conteúdo do relatório de projeto é resumido na Figura 13.8.

RELATÓRIO DO PROJETO: O relatório do projeto reflete as decisões tomadas para o projeto do sistema e prepara o caminho para a implantação de sistemas.

Relatório de Projetos de Sistemas
Johnson & Florin, Inc.

Sumário

PREFÁCIO
RESUMO EXECUTIVO DOS SISTEMAS
PROJETO
REVISÃO DA ANÁLISE DO SISTEMA
PRINCIPAIS RECOMENDAÇÕES DE PROJETO
- Projeto de hardware
- Projeto se software
- Projeto de pessoal
- Projeto de comunicação
- Projeto de banco de dados
- Projeto de procedimentos
- Projeto de treinamento
- Projeto de manutenção

SUMÁRIO DAS DECISÕES DE PROJETO
ANEXOS
GLOSSÁRIO DE TERMOS
ÍNDICE

FIGURA 13.8 Uma típica tabela de conteúdo para um relatório de projeto de sistemas.

IMPLANTAÇÃO DO SISTEMA

IMPLANTAÇÃO DE SISTEMAS: Um estágio no desenvolvimento de sistemas que inclui a aquisição do hardware, programação e aquisição ou desenvolvimento do software, preparação do usuário, contratação e treinamento de pessoal, preparação do local e dos dados, instalação, testes, inicialização e aceitação do usuário.

Com o sistema de informação já projetado, várias tarefas devem ser concluídas antes que o sistema seja instalado e pronto para operar. Esse processo, chamado **implantação de sistemas**, inclui a aquisição do hardware, programação e aquisição ou desenvolvimento do software, preparação do usuário, contratação e treinamento de pessoal, preparação do local e dos dados, instalação, testes, inicialização e aceitação do usuário. De acordo com a pesquisa de diretores de informática, não ser capaz de implantar novos sistemas nem modificar os antigos foi a preocupação mais importante nos departamentos de SI atuais.[40] A sequência típica de atividade de implantação de sistemas é mostrada na Figura 13.9.

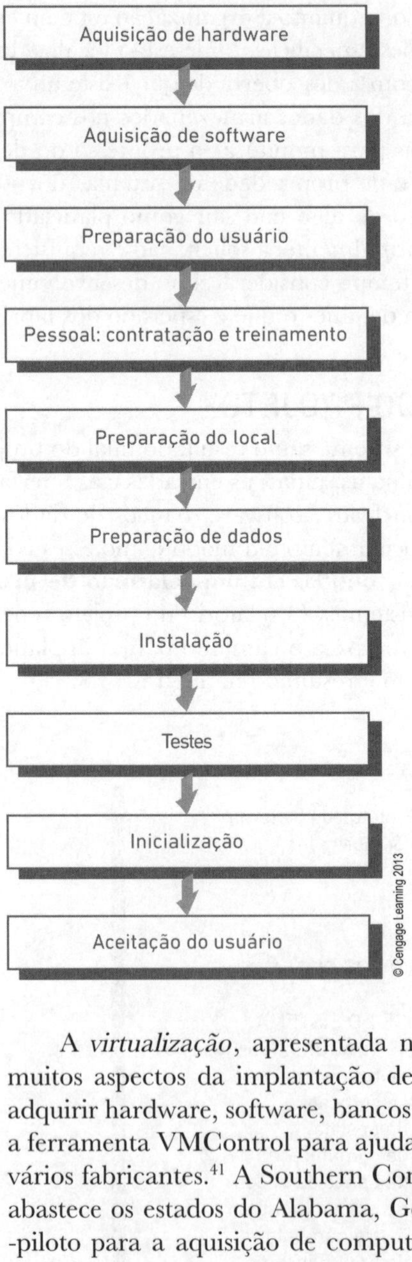

FIGURA 13.9 Etapas típicas da implantação de sistemas.

A *virtualização*, apresentada no Capítulo 3, causou um profundo impacto em muitos aspectos da implantação de sistemas. A virtualização está sendo usada para adquirir hardware, software, bancos de dados e outros aplicativos. A IBM desenvolveu a ferramenta VMControl para ajudar as companhias a implantar servidores virtuais de vários fabricantes.[41] A Southern Company, uma grande produtora de eletricidade que abastece os estados do Alabama, Georgia, Mississipi e Flórida, executou um projeto-piloto para a aquisição de computadores desktop que utilizava a virtualização para reduzir custos e simplificar o gerenciamento e os reparos de seus computadores.[42] De acordo com o que disse o diretor de serviços ao cliente da Southern Company, "Eu acredito que esta é uma arquitetura muito melhor. É mais estável. É mais segura. É mais fácil de gerenciar." Nós iniciamos nossa discussão sobre implantação de sistemas com a aquisição de equipamentos.

ADQUIRINDO HARDWARE DE UM FORNECEDOR DE SI

Para obter os componentes para um sistema de informação, as organizações podem adquirir, fazer leasing ou alugar hardware de computador e outros recursos de um fornecedor de SI. Um *fornecedor de SI* é uma empresa que fornece hardware, software, sistemas de telecomunicações, bancos de dados e profissionais de SI ou outros recursos relacionados com a computação. Os tipos de fornecedores de SI incluem fabricantes gerais de computadores (como a IBM e a Hewlett-Packard), pequenos fabricantes de computadores (como a Dell e a Sony), fabricantes de equipamento periférico (como Epson e SanDisk), comerciantes de computadores e distribuidores (como a Radio Shack e a Best Buy) e fabricantes de chips como a Intel e a AMD. Alguns dos maiores fabricantes são a IBM (hardware e outros serviços), Oracle (bancos de dados), Apple (computadores pessoais e tablets), Microsoft (software), Accenture (consultoria em SI), e muitos outros. Em uma pesquisa foi previsto que a maior parte das empresas irá comprar e fornecer suporte e aplicativos para computadores e tablets por volta de 2013.[43] Muitas empresas possuem inúmeros revendedores de hardware mas gerenciá-los pode ser muito difícil. Vários revendedores devem competir entre si para obter um contrato com uma organização. Em seguida, os revendedores selecionados devem trabalhar em conjunto para desenvolver um sistema de informação eficaz a um preço razoável. Na verdade, a comunicação aberta entre os revendedores é fundamental. Alguns diretores de informáticas agregam equipes de diferentes revendedores para trabalharem em conjunto e solucionar problemas atuais e futuros da organização.[44]

Spencer Platt/Getty Images

A IBM é uma distribuidora de SI que oferece hardware, software e pessoal de SI.

Além de comprar, fazer leasing ou alugar hardware de computador, as empresas podem pagar somente pelos serviços computacionais utilizados. Essa abordagem chamada computação "paga conforme o uso", "sob demanda", ou "utilitária" exige que a companhia pague apenas pelo computador que foi utilizado, da mesma forma que você paga pela eletricidade usada.[45] Companhias como a IBM e a Hewlett-Packard oferecem a seus clientes a opção de "capacidade sob demanda" na qual a organização paga apenas pelos recursos que realmente utilizou, incluindo processadores, dispositivos de armazenagens e instalação de redes.[46]

As empresas também podem adquirir equipamento computacional usado. Sites populares de leilão na internet algumas vezes vendem mais de $ 1 bilhão anualmente em equipamentos relacionados à computação, e as empresas podem adquirir equipamentos por cerca de 20 ou 30 centavos de dólar. Os compradores, porém, precisam ficar atentos: os preços nem sempre são baixos, e a seleção de equipamentos pode ser limitada nos sites de leilão da internet. Além disso, o equipamento usado raramente é fornecido com garantia ou suporte técnico. As organizações que usam abordagem de computação em nuvem para alguns aplicativos não têm que se preocupar com a compra de hardware para estes aplicativos.[47] Também não precisam se preocupar com a compra de softwares para estes aplicativos, como será discutido a seguir.

AQUISIÇÃO DE SOFTWARE: DESENVOLVER OU COMPRAR?

A DECISÃO DE FAZER OU COMPRAR: É a decisão sobre a obtenção do software necessário a partir de fontes internas ou externas.

Da mesma maneira que o hardware, o software de aplicativo pode ser adquirido de várias maneiras. Como mencionado anteriormente, este pode ser comprado de desenvolvedores externos ou ser desenvolvido internamente.[48] Geralmente, esta é chamada de **decisão de fazer ou comprar**. Uma comparação das duas abordagens é apresentada na Tabela 13.4. Atualmente, a maioria dos softwares é comprada.[49] Indivíduos ou organizações podem comprar softwares de diversas lojas de aplicativos on-line (app stores) ou lojas varejistas localizadas em muitos locais.[50] A Market.Android.com, por exemplo, é uma loja de aplicativos da Google. Como foi mencionado no Capítulo 4, as empresas também podem adquirir um software de código aberto da Red Hat ou de várias outras empresas similares, incluindo softwares que usam a internet ou abordagem de computação em nuvem.[51] Porém, a implantação não é completa quando o código-fonte do software está terminado. De acordo com Sharon Donovan-Hart, diretor de informática da State Street, "Muitas pessoas acham que seu trabalho está completo depois que o código-fonte está em operação. Observo isso quando os usuários estão obtendo benefícios de um sistema."[52] Algumas companhias, tais como a Secure by Design, oferecem serviços de instalação e atualização automática de software.[53] Usando essas ferramentas, as companhias podem facilmente instalar e atualizar o software projetado para ser executado em Windows, Linux ou outros sistemas operacionais.

TABELA 13.4. Comparação entre os programas de prateleira e desenvolvidos

Fator	Desenvolvido (Feito)	Da prateleira (Comprado)
Custo	Alto custo	Baixo custo
Necessidades	Os softwares personalizados são os mais prováveis de atender às suas necessidades	Pode ser que não se obtenha o que se necessita
Qualidade	A qualidade pode variar, dependendo da equipe de programação	Pode-se avaliar a qualidade antes da compra
Velocidade	Pode levar anos para desenvolver	Pode-se adquiri-lo agora
Vantagem competitiva	Pode-se desenvolver uma vantagem competitiva com um bom software	Outras organizações podem ter o mesmo software e a mesma vantagem

Software adquirido externamente e software como um serviço (SaaS, software as a service)

Uma empresa que estiver planejando adquirir ou fazer leasing de software de terceiros possui muitas opções. Produtos desenvolvidos e disponíveis comercialmente são frequentemente utilizados. Os processos que utilizam produtos *desenvolvidos e comercialmente disponíveis (COTS, commercial off-the-shelf)* envolvem a utilização de produtos oferecidos pelos fabricantes de software (software de prateleira). Este combina os programas de vários fabricantes em um único produto acabado.[54] Em muitos casos, é necessário escrever um software original desde o início e combiná-lo com software adquirido ou de leasing. Por exemplo, uma empresa pode adquirir ou fazer leasing de software de vários fornecedores e combiná-los em um programa de software acabado.

As empresas também estão adquirindo mais softwares de virtualização de revendedores de software, incluindo sistemas operacionais e aplicativos. O Windows Server, por exemplo, fornece ferramentas de virtualização que permitem que múltiplos sistemas operacionais rodem em um único servidor. Um software de virtualização como o VMware é

Cortesia de VMware; portions © VMware, Inc. 2012

As empresas estão usando softwares de virtualização tais como o VMware para protegerem seus dados particulares.

utilizado pelas empresas para salvaguardar dados privados. A Kindred Healthcare, por exemplo, executa o VMware em seu servidor para operar centenas de desktops virtuais do Windows acessados por computadores móveis em toda a organização.[55]

Como foi mencionado no Capítulo 4, o Software como Serviço (SaaS, Software as a Service) permite que a empresa faça uma assinatura de um software de aplicativo fornecido através da web, pagando uma taxa mensal de acordo com o uso.[56] Ao invés de comprar um software externamente de um revendedor tradicional, o SaaS permite que indivíduos ou organizações acessem os aplicativos necessários através da internet. Ao invés de fazer seu próprio software, a Tidewell, que é uma casa de repouso que atende a cerca de 8.000 famílias na Flórida, usou o SaaS para fornecer valiosas informações aos provedores de serviços de saúde e de seus clientes.[57] Essa abordagem foi substancialmente mais barata do que desenvolver um software próprio internamente. A Humane Society of the United States usou um produto SaaS chamado QualysGuard da Qualys para obter e processar contribuições através de cartões de crédito dos doadores.[58] Empresas como a Google estão usando a computação em nuvem para o uso de programas de processamento de texto, de geração de planilhas e outros aplicativos através da internet.

Desenvolvimento interno de software

Outra opção é desenvolver o software internamente. Algumas vantagens inerentes ao software desenvolvido internamente incluem atender aos requisitos do usuário e da organização e ter mais recursos e maior flexibilidade em termos de personalização e mudanças. Os programas de software desenvolvidos dentro da empresa também têm maior potencial para fornecer uma vantagem competitiva porque os concorrentes não podem duplicá-los facilmente em curto prazo. O software desenvolvido internamente, porém, nem sempre atinge o objetivo.[59] Um estudo estimou que cerca de 20% dos projetos de software falharam ou não foram aceitos pelos usuários. Se o software deve ser desenvolvido internamente, várias ferramentas e técnicas podem ser usadas, e algumas delas são discutidas brevemente a seguir:

DESENVOLVIMENTO MULTIPLATAFORMA: Uma técnica de desenvolvimento de software que permite que os programadores desenvolvam programas que podem ser executados em sistemas computacionais que possuam diferentes hardwares e sistemas operacionais ou plataformas.

- **Abordagens orientadas a objetos e CASE.** Como foi mencionado no Capítulo 12, as ferramentas CASE e a abordagem orientada a objetos são frequentemente aplicadas durante o desenvolvimento de software.
- **Desenvolvimento multiplataformas.** Uma técnica de desenvolvimento de software que permite que os programadores desenvolvam programas que podem ser executados em sistemas computacionais que possuam diferentes hardwares e sistemas operacionais ou plataformas. Ferramentas de serviço da web, como a .NET da Microsoft, introduzidas no Capítulo 7, são exemplos. Com o desenvolvimento multiplataforma, por exemplo, um mesmo programa pode ser

executado tanto em um computador pessoal quanto em um computador de grande porte ou em dois diferentes tipos de PCs.

- **Ambiente de desenvolvimento integrado.** A combinação das ferramentas necessárias para programar com uma linguagem de programação em um pacote integrado é chamada **ambiente de desenvolvimento integrado (IDE).** Um IDE permite que os programadores usem telas simples, menus descendentes personalizados e interfaces gráficas com o usuário. O Visual Studio da Microsoft é um exemplo de IDE. O Oracle Designer, usado com o sistema de banco de dados da Oracle, é outro exemplo de IDE. O Eclipse Workbench (*www.eclipseworkbench.com*) fornece suporte aos IDEs que podem ser usados com as linguagens de programação Java, C e C++. A Eclipse Workbench inclui um depurador e um compilador juntamente com outras ferramentas. Os IDEs estão sendo desenvolvidos através da internet de forma crescente com o uso da computação em nuvem.[60]
- **Documentação.** Com software desenvolvido internamente, a documentação é sempre importante. A **documentação técnica** é utilizada pelos operadores de computador para executar o programa e por analistas e programadores para resolver problemas e modificar o programa. Na documentação técnica, o propósito de cada peça importante de código de computador é escrito e explicado. As principais variáveis também são descritas. A **documentação para o usuário** é desenvolvida para as pessoas que utilizam o programa. Em uma linguagem de fácil compreensão, esse tipo de documentação mostra como o programa pode e deve ser usado. Incorporar uma descrição dos benefícios da nova aplicação na documentação para o usuário ajuda os tomadores de decisão a entender as razões para o programa e acelera a aceitação pelo usuário.

AMBIENTE DE DESENVOLVIMENTO INTEGRADO (IDE):
Ambientes de desenvolvimento integrado (IDE, integrated development environments) combinam as ferramentas necessárias para a programação com a linguagem de programação em um pacote integrado.

DOCUMENTAÇÃO TÉCNICA:
São detalhamentos por escrito utilizados pelos operadores de computador para executar o programa e por analistas e programadores para resolver problemas e modificar o programa.

DOCUMENTAÇÃO DO USUÁRIO:
São as descrições por escrito desenvolvidas para as pessoas que usam um programa; em uma linguagem de fácil compreensão ela mostra como o programa deve ser utilizado.

AQUISIÇÃO DE BANCOS DE DADOS E SISTEMAS DE TELECOMUNICAÇÃO

Como os bancos de dados são uma combinação de hardware e software, muitas das abordagens discutidas anteriormente sobre a aquisição de hardware e software também se aplicam aos sistemas de banco de dados, incluindo bancos de dados de código aberto. Assim, com sua temperatura agradável e baixas tarifas de serviços, o Wyoming espera atrair centrais de banco de dados para o Estado.[61] *Bancos de dados virtuais* e *Bancos de Dados como Serviços (DaaS)* são formas populares de obter as capacidades dos bancos de dados.[62] Sirius XM Radio, Bank of America e Southwest Airlines, por exemplo, usam o DaaS para gerenciar a maior parte de suas operações de bancos de dados pela internet. Em outro caso uma companhia corretora foi capaz de reduzir a capacidade de armazenagem em 50% usando a virtualização do banco de dados.

Com o crescente uso do comércio eletrônico, da internet, das intranets e das extranets, os aplicativos de telecomunicações estão entre os que mais crescem nas organizações atualmente. Como nos sistemas de bancos de dados, os sistemas de telecomunicação requerem o uso combinado de hardware e software. Para sistemas computacionais pessoais, as peças principais de hardware são o modem e o roteador. Para sistemas cliente/servidor e mainframe, o hardware pode incluir multiplexadores, concentradores, processadores de comunicações e diversos equipamentos de rede. Os softwares de comunicação também deverão ser adquiridos. Novamente, a aquisição de hardware e software, discutida anteriormente, também se aplica à aquisição de hardware e software de telecomunicações. Como foi discutido no Capítulo 12 e em capítulos anteriores, as pessoas e as organizações estão usando a internet e a computação em nuvem cada vez mais para implantar novos sistemas em desenvolvimento. Analistas de sistemas e programadores também estão começando a usar a internet para desenvolver aplicativos.

PREPARAÇÃO DO USUÁRIO

PREPARAÇÃO DO USUÁRIO:
É o processo de preparar gerentes, tomadores de decisão, funcionários e outros usuários e agentes de decisão para os novos sistemas.

A **preparação de usuário** é o processo de preparar gerentes, tomadores de decisão, funcionários e outros usuários e agentes de decisão para os novos sistemas. Essa atividade é importante, mas frequentemente uma área ignorada da implantação de siste-

QUESTÕES ÉTICAS E SOCIAIS

As crianças e a programação

Neste capítulo você leu sobre programação de computadores como uma atividade profissional. A grande maioria dos programas que você usa ou com os quais interage diariamente é produzida por programadores profissionais. O sistema operacional de seu computador, o processador de texto que você utiliza para imprimir trabalhos, o programa de planilhas para controlar seus gastos e o navegador de internet foram todos escritos por profissionais.

Porém, qual seria o impacto na sociedade se qualquer pessoa pudesse desenvolver seus próprios aplicativos? E se as crianças aprendessem programação? Isto ajudaria a sua criatividade, as perspectivas de suas carreiras ou alguma coisa além disso? O professor John Naughton, que leciona compreensão pública da tecnologia na Universidade Aberta do Reino Unido está certo quando escreve que "Começando na escola primária, crianças com todos os perfis e de todas as partes do Reino Unido deveriam ter a oportunidade de aprender as ideias principais da ciência da computação; entender o pensamento computacional; aprender a programar; e ter a oportunidade de progredir para o nível seguinte de excelência nestas atividades"? Ele conclui, "se não agirmos agora estaremos podando nossas crianças... Elas irão crescer como consumidores passivos de serviços e equipamentos fechados e viverão cercadas cada vez mais pela tecnologia criada por elites que trabalham para organizações gigantescas, tais como Google, Facebook e outras. De fato, estaremos criando novas gerações de hamsters para correrem nas gaiolas criadas por Mark Zuckerberg e outros. Ou a computação se tornará apenas mais um tópico do currículo escolar, já sobrecarregado e sofrendo com a falta de verbas?

Embora não existam respostas definitivas para estas perguntas, os esforços para encontrá-las continuam. Muitas pessoas e organizações estão devotadas à causa de ensinar programação às crianças, na crença de que o futuro e a sociedade como um todo serão beneficiados.

Nos níveis mais simples, ser capaz de programar requer apenas um computador. Nem todas as escolas possuem computadores suficientes para todos os alunos nas salas de aula, muito menos essas crianças têm computadores para fazerem o trabalho de casa. O projeto Raspberry Pi fornecerá computadores de $ 35 para todos que quiserem. O computador do projeto é executado em um sistema operacional Linux e se conecta a uma TV comum e um teclado que o torna acessível a todos. A armazenagem ocorre na forma de cartões SD baratos, como os usados na maioria das câmeras digitais. Os cartões SD que os fotógrafos mais sérios desprezam por serem muito pequenos são mais que suficientes.

E o requerimento seguinte se refere ao software. A programação exige uma linguagem de programação. Embora, em princípio, as crianças pudessem ser ensinadas em uma linguagem profissional como a C++, a quantidade de aprendizado necessária até que o aluno conseguisse fazer algo interessante torna o aprendizado inadequado para quase todos os alunos. Ao invés disso, os educadores projetaram linguagens como Logo (a primeira dessas linguagens), a Simple, a Kodu e a Scratch para essa finalidade. Um profissional não usaria essas linguagens para codificar um processador de textos ou um aplicativo de CRM, mas elas permitem que as crianças desenvolvam jogos e animações simples assim que começam a utilizá-las. Os professores ensinam sem que os alunos percebam o que está acontecendo; a disciplina mental de dividir um processo em componentes lógicos, planejar a sequência de operações e descobrir quais dados o programa precisa para atingir essa finalidade.

Questões para discussão

1. Este quadro menciona duas diferenças no ensino de programação para adultos e para crianças: as linguagens que são ensinadas e as atribuições que lhes são passadas durante o aprendizado. Quais outras diferenças você pode observar?
2. Você acredita que por conhecer programação seu aprendizado é mais fácil (caso você saiba programar) ou isso ajuda em seus estudos (caso não saiba)? Por que sim ou por que não?

Questões para análise

1. Você concorda com John Naughton quando ele afirma que a pessoa educada de amanhã será aquela que sabe como programar um computador?
2. Imagine que um grande distrito escolar decida acrescentar programação em seu currículo escolar. Poucos professores sabem programar. Poucos programadores conseguem lecionar para crianças, e a maior parte deles ganha mais do que as escolas podem pagar. Como o distrito escolar poderia lidar com esse problema?

Fontes: Site da Turtle Logo, Codeplex, *logo.codeplex.com*, acesso em: 1 abr. 2012; site da Scratch, Massachusetts Institute of Technology, *scratch.mit.edu*, acesso em: 1 abr. 2012; Kodu, Microsoft Research, *research.microsoft.com/en-us/projects/kodu*, acesso em: 1 abr. 2012; Naughton, J., "Why All Our Kids Should Be Taught How to Code," *The Guardian*, *www.guardian.co.uk/education/2012/mar/31/why-kids-should-be-taught-code*, 31 mar. 2012; site da Raspberry Pi, *www.raspberrypi.org*, acesso em: 31 mar. 2012; site da Simple, *www.simplecodeworks.com/website.html*, acesso em: 1 abr. 2012; Watters, A., "5 Tools to Introduce Programming to Kids," *Mind/Shift*, KQED, *blogs.kqed.org/mindshift/2011/05/5-tools-to-introduce-programming-to-kids*, 18 maio 2011; Wayner, P., "Programming for Children, Minus Cryptic Syntax," *The New York Times*, *www.nytimes.com/2011/11/10/technology/ personaltech/computer-programming-for-children-minus-cryptic-syntax.html*, 9 nov. 2011.

mas. Quando um novo sistema operacional ou um pacote de aplicativos é implantado, o treinamento do usuário é essencial. Em alguns casos as companhias decidiram não instalar as versões mais recentes por causa do tempo e da grande quantidade de dinheiro necessários para treinar os funcionários. Como o treinamento do usuário é muito importante, algumas empresas o fornecem para seus clientes, incluindo abordagens de treinamento interno, de software, vídeo, internet e outras.

PROFISSIONAIS DE SI: CONTRATAÇÃO E TREINAMENTO

Dependendo do tamanho do novo sistema, a organização poderá ter que contratar pessoal e, em alguns casos, treiná-lo para utilizar o novo SI. Um gerente de SI, analistas de siste-

© Goodluz/Shutterstock

Fornecer aos usuários o treinamento correto ajudará a garantir que o sistema de informações será usado de forma correta, eficiente e eficaz.

mas, programadores de computador, operadores de entradas de dados e outros profissionais de áreas similares podem ser necessários para operar um sistema novo ou modificado.

O eventual sucesso de qualquer sistema depende de como ele é utilizado pelo pessoal de SI dentro da organização. Programas de treinamento devem ser conduzidos para os profissionais de SI que usarão o sistema computacional. Esses programas são similares àqueles voltados aos usuários, embora possam ser mais detalhados no aspecto técnico dos sistemas. Um treinamento eficaz ajudará o profissional de SI a utilizar o novo sistema para realizar seus trabalhos e a apoiar outros usuários na organização. A IBM e muitas outras companhias estão usando programas de treinamento simulado e programas on-line para cortar custos e aprimorar a eficiência.

PREPARAÇÃO DO LOCAL

PREPARAÇÃO DO LOCAL: Preparação do local de um novo sistema.

O local do novo sistema precisa ser preparado, um processo chamado **preparação do local**. Para um sistema pequeno, a preparação do local pode ser um simples rearranjo de móveis em um escritório para criar espaço para um computador. Com sistemas maiores, esse processo não é tão fácil porque pode requerer fiação especial e ar-condicionado. Um piso com revestimento especial pode precisar ser instalado, sob o qual os cabos conectando vários componentes de computador são colocados, e um novo sistema de segurança pode ser necessário para proteger o equipamento. Atualmente, desenvolver locais de SI que tenham baixo consumo de energia é importante para a maioria das implantações de desenvolvimento de sistemas. A segurança também é um fator importante na preparação do local. Por exemplo, uma companhia instalou quiosques especiais de segurança que permitiam aos visitantes se registrarem e agendarem uma reunião com funcionários da empresa. Os funcionários podiam ver os visitantes através das telas de seus computadores e recebê-los ou rejeitá-los. Se o visitante fosse aceito, o quiosque imprimia um passe.

PREPARAÇÃO DE DADOS

PREPARAÇÃO OU CONVERSÃO DOS DADOS: Certifica que todos os arquivos e os bancos de dados estão prontos para serem utilizados com os novos softwares de computador e sistemas.

A **preparação de dados ou conversão de dados** envolve garantir que todos os arquivos e os bancos de dados estejam prontos para serem utilizados com os novos softwares de computador e sistemas. Se uma organização instala um novo programa de folha de pagamentos, os dados da folha antiga de pagamento de funcionários precisam ser convertidos para um formato que possa ser usado pelo novo sistema ou software computacional. Depois que os dados forem preparados ou convertidos, o sistema de banco de dados computadorizado ou outro software será então utilizado para manter e atualizar os arquivos do computador.

INSTALAÇÃO

INSTALAÇÃO: A instalação é o processo de colocar fisicamente o equipamento de computação no lugar e torná-lo operacional.

A **instalação** é o processo de colocar fisicamente o equipamento de computação no lugar e fazê-lo funcionar. Embora o fabricante em geral seja responsável pela instalação dos equipamentos computacionais, alguém da organização (normalmente o gerente de SI) deve supervisionar o processo, garantindo que todo o equipamento especificado no contrato seja instalado no local apropriado. Após a instalação do sistema, o fabricante realiza vários testes para assegurar que o equipamento opera como deve.

TESTES

TESTE DE UNIDADE: Teste de programas individuais.

TESTE DO SISTEMA: O teste de todo o sistema de programas.

TESTE DE VOLUME: O teste do aplicativo com grande quantidade de dados.

TESTE DE INTEGRAÇÃO: Testa todos os sistemas relacionados em conjunto.

TESTE DE ACEITAÇÃO: Realiza todos os testes exigidos pelo usuário.

Bons procedimentos de testes são essenciais para garantir que o sistema de informação novo ou modificado opere como pretendido. Testes inadequados podem resultar em erros e problemas.

Devem ser utilizadas várias formas de testes, incluindo o teste de cada programa (**testes de unidade**), teste de todo o sistema de programas (**testes de sistema**), teste da aplicação com uma grande quantidade de dados (**testes de volume**) e teste de todos os sistemas relacionados ao mesmo tempo (**testes de integração**), assim como conduzir qualquer teste solicitado pelo usuário (**testes de aceitação**). A Figura 13.10 enumera os tipos de testes.

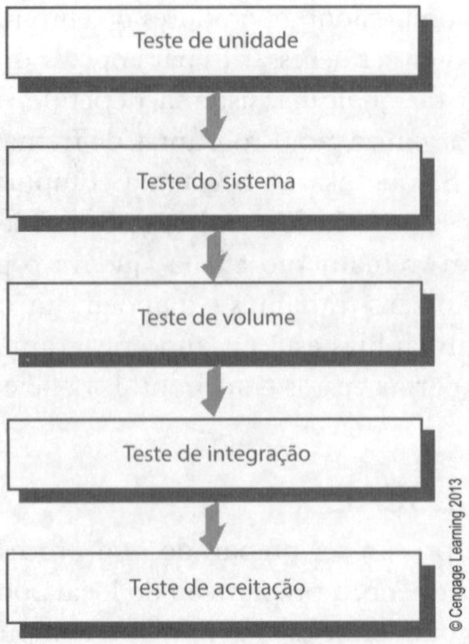

FIGURA 13.10 Tipos de testes.

TESTE ALFA: Testa uma versão incompleta ou preliminar do sistema.

TESTE BETA: Testa um sistema completo e estável pelo usuário final.

Além das formas de teste mostradas anteriormente, existem outras, entre elas, os testes alfa e beta. O **teste alfa** está relacionado ao teste de uma versão inicial ou incompleta do sistema; o **teste beta** está relacionado ao teste de um sistema completo e estável pelo usuário final.[63] O teste da unidade alfa, por exemplo, é o teste de um programa individual antes que este esteja finalizado.[64] O teste da unidade beta, por outro lado, é realizado depois do teste alfa, quando o programa individual estiver completo e pronto para ser usado pelos usuários finais. A Vodafone usou uma forma inovadora para realizar o teste alfa de seu sistema em desenvolvimento, a fim de fornecer um novo aplicativo.[65] Ela criou um site na internet chamado *www.betavine.com* no qual qualquer pessoa, de consumidores a programadores profissionais, podiam usar e testar os aplicativos móveis da rede Vodafone e de outras redes sem fio.

O teste de unidade é obtido desenvolvendo os dados de teste que forçarão o computador a executar os comandos do programa.[66] Além disso, cada programa é testado com dados anormais para determinar como ele irá lidar com os problemas,

O teste de sistemas exige testar todos os programas em conjunto. Não é incomum a saída de um programa se tornar a entrada de outro. Assim, o teste de sistema garante que a saída de um programa possa ser utilizada como entrada para outro programa dentro do sistema. O teste de volume assegura que o sistema inteiro possa lidar com um grande volume de dados sob condições normais de operação. O teste de integração garante que os novos programas interajam com outras aplicações importantes. Ele também garante que os dados fluam eficientemente e sem erros para outras aplicações. Por exemplo, um novo aplicativo de controle de estoque pode exigir entrada de dados de um aplicativo de processamento de pedidos mais antiga. O teste de integração deve ser realizado para garantir um fluxo de dados tranquilo entre o aplicativo novo e o existente.

Por último, o teste de aceitação, que assegura que o sistema novo ou modificado está operando como desejado. Tempos de execução, a quantidade de memória requerida, métodos para acessar discos, e outros aspectos podem ser testados durante esta fase. O teste de aceitação garante que todos os objetivos de desempenho definidos pelo sistema estão sendo atendidos. Envolver usuários em testes de aceitação pode ajudá-los a entender e a interagir de forma mais eficaz com o novo sistema. O teste de aceitação é a verificação final do sistema antes da inicialização. Além das formas de teste já descritas, algumas companhias estão usando *testes de segurança* em softwares críticos. Os testes de segurança garantem que dados sensíveis permaneçam protegidos de hackers e de espiões industriais.

INICIALIZAÇÃO

INICIALIZAÇÃO: O processo de tornar totalmente operacional o sistema de informações testado.

A **inicialização**, também chamada de *cutover* (pronto para dar a partida), começa com o sistema de informação final já testado. Quando a inicialização é finalizada, o sistema está totalmente operacional. A inicialização pode ser fundamental para o sucesso da organização pois, caso não seja realizado adequadamente, os resultados podem ser desas-

@ SISTEMAS DE INFORMAÇÃO NO TRABALHO

Implantação: isto também está relacionado às pessoas

A ING "é uma instituição financeira global de origem holandesa que oferece serviços bancários, investimentos, seguros de vida e previdência privada... a uma ampla base de clientes". A companhia opera em 40 países e tem 85 milhões de clientes, mais de 100 mil empregados, e € 1,279 bilhões (cerca de $ 1,7 trilhão) em ativos, em valores de 2011. Em resumo, é uma das maiores empresas financeiras do mundo.

Quando decidiu migrar para computação em nuvem, a ING percebeu que a implantação de uma mudança tão drástica seria um desafio. A companhia evitou um erro comum: focar mais estritamente no lado tecnológico da implantação. Ao invés disso, a ING percebeu que além da tecnologia as pessoas e os processos empresariais teriam que dar suporte à migração para a computação em nuvem. Como diz Tony Kerison, diretor técnico da ING, "o estabelecimento de competências internas em nuvem foi fundamental para a obtenção do sucesso com os serviços em nuvem. Sem estes e com a obrigação da força de trabalho de compreender as mudanças, nunca seríamos capazes de atuar no mercado de forma correta. Realizar um programa de treinamento abrangente sobre computação em nuvem e virtualização atendendo a todas as necessidades da ING é parte integrante de nossa estratégia de TI."

Treinar os usuários em computação em nuvem exigiu que o pessoal de TI da ING trabalhasse fora da zona de conforto e lidasse com problemas humanos tais como a necessidade de modificar as motivações. Como a maioria dos profissionais de TI, a equipe da ING não escolheu esta profissão porque queriam lidar com aspectos humanos nem porque eram competentes nessa área. Diferentemente de muitas organizações, entretanto, a ING foi suficientemente inteligente para reconhecer suas limitações e contratar mão de obra terceirizada especializada para treinar seus usuários. A empresa procurou a ITpreneurs, de Roterdã, na Holanda, para ajudá-la na transposição para o sistema de nuvem.

A ITpreneurs e a ING em conjunto prepararam um programa multidisciplinar para treinar os funcionários da ING em computação em nuvem. O programa começou com uma mensagem em vídeo do diretor técnico da ING. A gerência sênior, incluindo o presidente do ING Domestic Banking também tomou parte. Suas participações mostraram que a mudança para o sistema em nuvem tinha o apoio do setor empresarial da organização, bem como dos peritos em tecnologia da companhia.

A ING então iniciou as atividades internas de marketing para anunciar a disponibilidade do programa de treinamento para computação em nuvem. Enquanto a campanha de marketing interna estava em andamento, a força de trabalho começou a fazer o treinamento apropriado. Os custos de treinamento foram integrados com a plataforma de aprendizagem on-line da ING, permitindo assim que alunos de vários locais assistissem aos cursos on-line nos horários que lhes eram mais convenientes.

Os profissionais da ING cujas funções foram afetadas pela computação em nuvem participaram do Programa de Desenvolvimento e Competência em Nuvem. Aqueles que estavam envolvidos com o lado tecnológico da computação em nuvem participaram de cursos mais avançados de especialização. Por volta de setembro de 2011, a ING havia treinado aproximadamente 1.500 pessoas para garantir que pudessem dar o suporte necessário à estratégia de nuvem da ING.

O resultado foi que "o sucesso da ING na preparação da organização para computação em nuvem se baseia no fato de que a empresa não tratou a mudança para o sistema em nuvem apenas como uma questão de TI, mas como um fator que envolvia toda a organização."

Sukhbir Jasuja, CEO da ITpreneurs, resume o relacionamento: "Obviamente, ter a oportunidade de prestar suporte a uma organização como a ING é ótimo. Mas o mais inspirador foi observar que uma empresa tão grande estava tão focada e determinada a garantir que antes de adotar a computação em nuvem estaria pronta para esta tecnologia e que sua força de trabalho seria capaz de fornecer o suporte necessário."

Questões para discussão

1. Por que foi importante para o diretor de informática da ING introduzir o programa para os membros da equipe da ING? O que foi conseguido através desta etapa que os instrutores da ITpreneur não poderiam fornecer?
2. Neste capítulo você aprendeu sobre métodos, tais como inicialização-piloto e abordagem por etapas, o que diminui os riscos técnicos da conversão direta. Porém, ao prolongar o processo de conversão e/ou exigir que usuários trabalhem simultaneamente com o novo e o velho sistema, estes métodos também aumentam os riscos humanos da implantação: os usuários não darão suporte pleno ao novo sistema de modo que a companhia não terá todos os benefícios deste novo sistema. Como você equilibraria estas duas considerações opostas?

Questões para análise

1. Ao invés de terceirizar o treinamento dos usuários, a ING poderia ter treinado alguns de seus analistas de sistemas em questões humanas e deixá-los responsáveis pelo treinamento. Discuta os prós e

contras desta abordagem comparada com o que a empresa fez de fato.

2. Suponha que você trabalhe para uma companhia na posição da ING e queira que uma firma externa treine seus usuários em computação em nuvem. Muitas empresas afirmam que são capazes de realizar esse treinamento. Enumere vários critérios que usaria para escolher uma delas.

Fontes: Site da ING, *www.ing.com*, acesso em: 31 mar. 2012; "ING Building Cloud Competences," Cloud Credential Council, *www.cloudcredential.org/documents/Case-study.pdf*, 2 set. 2011; site da ITpreneurs, *www.itpreneurs.com*, acesso em: 31 mar. 2012.

trosos. Em um caso, uma pequena indústria decidiu interromper o contrato de serviço de contabilidade, que enviava as contas a seus consumidores, no mesmo dia em que enviaria as contas por intermédio de seu próprio programa. A pequena empresa queria economizar dinheiro, usando seu próprio programa de cobrança desenvolvido por um funcionário. O novo programa não funcionou, o serviço de contabilidade não ajudou porque ficaram insatisfeitos com o fim do contrato e a indústria não foi capaz de enviar qualquer cobrança para os consumidores por mais de três meses. A empresa quase foi à falência.

CONVERSÃO DIRETA: Interromper o sistema antigo e iniciar um novo em uma determinada data é chamado *corte* ou mergulho *direto*.

Várias abordagens de inicialização estão disponíveis (veja a Figura 13.11). A **conversão direta** (também chamada mergulho ou corte direto) envolve interromper o sistema antigo e iniciar o novo em uma determinada data. A conversão direta é normalmente a abordagem menos desejável devido aos potenciais problemas e erros quando o sistema antigo é desligado e o novo sistema é ligado no mesmo instante.

FIGURA 13.11 Abordagens de inicialização.

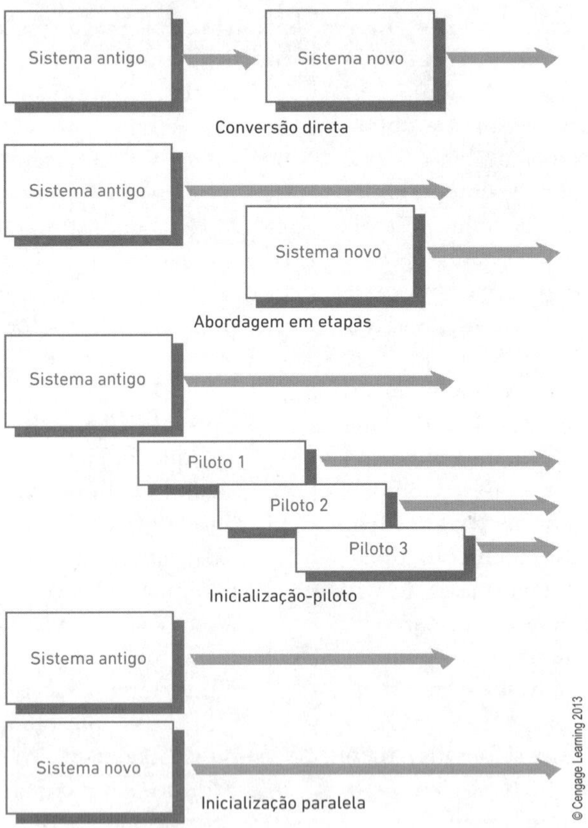

ABORDAGEM EM ETAPAS: Substituir lentamente os componentes do antigo sistema pelos do novo sistema; este processo é repetido para cada aplicativo até que o novo sistema esteja executando todos os seus aplicativos e atuando conforme esperado; esta também é chamada de *abordagem fragmentada*.

A **abordagem em etapas** é uma técnica popular preferida por muitas organizações. Nesta abordagem, algumas vezes chamada abordagem peça por peça, os componentes do novo sistema são gradualmente introduzidos, enquanto, em paralelo, os componentes do antigo sistema são desligados. Quando todos estiverem confiantes de que o novo sistema desempenha conforme o esperado, o antigo sistema é totalmente desligado. Essa substituição gradual é repetida para cada aplicação até que o novo sistema execute todas as aplicações. Em alguns casos, a abordagem por etapas pode levar meses ou anos.

INICIALIZAÇÃO-PILOTO: Executar o novo sistema para um grupo de usuários e não para todos os usuários.

A **inicialização-piloto** envolve executar o novo sistema para um grupo de usuários e não para todos os usuários. Por exemplo, uma indústria com muitos pontos de venda por todo o país poderia usar uma abordagem de inicialização-piloto e instalar um novo sistema de controle de estoque em uma de suas lojas. Quando essa loja varejista-piloto utilizar o sistema sem problemas, o novo sistema de controle de estoque poderá ser implantado em outros pontos de venda. A Amazon, por exemplo, usou testes-piloto para o novo projeto de seu website, que deixou mais fácil para os usuários que estavam utilizando tablets e smartphones mais novos acessar o site.[67] De acordo com um representante da Amazon, "Nós continuamos a executar o novo projeto para os clientes adicionais, mas não posso especular quando o novo projeto estará disponível para todos os usuários".

INICIALIZAÇÃO PARALELA: Executar ao mesmo tempo o novo e o antigo sistema por determinado período e comparar os resultados do novo sistema em relação aos resultados do antigo sistema; quaisquer diferenças serão conciliadas. Quando os usuários estiverem acostumados e trabalhando corretamente com o novo sistema, o antigo será eliminado.

A **inicialização paralela** envolve a execução simultânea do antigo e do novo sistema por um determinado período. Os resultados do novo sistema serão comparados detalhadamente com os do antigo sistema e quaisquer diferenças serão conciliadas. Quando os usuários estiverem acostumados e trabalhando corretamente com o novo sistema, o antigo será eliminado.

ACEITAÇÃO DO USUÁRIO

DOCUMENTO DE ACEITAÇÃO DO USUÁRIO: Um contrato formal que o usuário assina declarando que a fase de instalação ou o sistema completo foram aprovados.

A maioria dos fabricantes de computadores mainframe usa um **documento de aceitação formal do usuário** – um contrato formal que o usuário assina declarando que a fase de instalação ou o sistema completo foram aprovados. Este é um documento legal que normalmente elimina ou reduz a responsabilidade do fornecedor de SI sobre problemas que possam ocorrer depois que o documento de aceitação for assinado. Como esse documento é muito importante, muitas empresas acionam a assistência jurídica antes de assinar o documento de aceitação. Os acionistas também podem ser envolvidos no teste de aceitação para garantir que seus benefícios sejam realmente alcançados.

OPERAÇÃO E MANUTENÇÃO DO SISTEMA

OPERAÇÃO DE SISTEMAS: É o uso de um sistema novo ou modificado em todos os tipos de condições operacionais.

MANUTENÇÃO DO SISTEMA: Um estágio no desenvolvimento de sistemas que envolve verificação, mudança e melhoria no sistema para torná-lo mais útil no alcance das metas organizacionais e do usuário.

A **operação de sistemas** envolve todos os aspectos de um sistema novo ou modificado em todos os tipos de condições de operação. Conseguir o máximo de um sistema novo ou modificado é o aspecto mais importante das operações dos sistemas para muitas organizações. Neste livro, vimos muitos exemplos de sistemas de informação operando em vários cenários e setores da atividade econômica. Portanto, a operação do sistema de informação não será coberta em detalhes nesta seção. Para fornecer um suporte adequado, muitas empresas usam um help desk (central de ajuda) formal. Um help desk consiste de pessoas com especialização técnica, sistemas computacionais, manuais e outros recursos necessários para resolver problemas e dar respostas precisas às perguntas. Se você tem problemas com seu PC e telefona para o número de assistência gratuita, pode se conectar a um help desk na Índia, China ou outro país.

A **manutenção de sistemas** envolve verificação, mudança e melhoria no sistema para torná-lo mais útil no alcance das metas organizacionais e do usuário. A manutenção, revisão e suporte para aplicativos móveis irão se tornar mais importantes conforme as empresas comecem a usar smartphones, tablets e outros dispositivos móveis para seus funcionários e gerentes.

As organizações podem realizar a manutenção do sistema internamente ou contratar empresas terceirizadas para realizar essa função. Muitas companhias que utilizam sistemas de banco de dados da Oracle ou da SAP, por exemplo, muitas vezes contratam estas empresas para a manutenção de seus sistemas de banco de dados.[68] A manutenção do sistema é importante para indivíduos, grupos e organizações. Os indivíduos, por exemplo, podem usar a internet, fornecedores de computadores e empresas de manutenção independentes, incluindo a YourTechOnline.com (*www.yourtechonline.com*), a Geek Squad (*www.geeksquad.com*), a PC Pinpoint (*www.pcpinpoint.com*) e outras. Com frequência, as organizações têm pessoal próprio responsável pela manutenção.

A manutenção de softwares para programas comprados pode custar 20% ou mais do valor pago anualmente pelo software. Este processo de manutenção pode ser especialmente difícil para softwares mais antigos. Um sistema legado (legacy system) é um sistema antigo que pode ter sido reformado ou modificado repetidas vezes. Um antigo programa de folha de pagamentos em COBOL desenvolvido há décadas e frequentemente modificado é um exemplo de um sistema legado. Os sistemas legados podem ter manutenção dispendiosa, além de ser mais difícil adicionar algumas funções a eles. Como muitas organizações, a Crescent Healthcare, que fornece tratamento através de medicação para câncer e outras doenças potencialmente fatais, faz um grande investimento nos aplicativos do antigo sistema legado.[69] É um desafio saber qual sistema legado deve ser mantido e qual deve ser descartado em favor de novos aplicativos para internet ou para computação em nuvem. De acordo com um executivo da companhia, "Nós passamos pelos sistemas legados para avaliar quais os processos verdadeiros que eles representavam e também para saber como eles poderiam ser replicados satisfatoriamente com os serviços da Force.com (computação em nuvem)". A British Airways tinha cerca de 60 sistemas legados que estavam se tornando cada vez mais difíceis de atualizar e manter.[70] De acordo com o diretor de informática da British Airways, "Estes mais de 60 sistemas foram desenvolvidos ao longo dos anos – desde que a TI começou a ser aplicada nas linhas aéreas. Eles foram feitos para atender a uma finalidade, mas depois foram conectados a sistemas legados que não podiam ser facilmente alterados e que restringiam nossa capacidade de melhorar os processos empresariais". A British Airways espera substituir estes antigos sistemas legados por aplicativos que sejam mais fáceis de atualizar e manter.

Em algum momento, se torna mais econômico migrar para novos programas e aplicativos do que reparar e manter o sistema legado. Os custos de manutenção para sistemas legados mais antigos podem atingir 50% dos custos totais da operação em alguns casos. De acordo com o diretor de informática de uma grande empresa de computadores, "Os diretores de informática ao redor do mundo me comunicaram que apesar de estarem sendo pressionados pela companhia para se focarem em inovações que aumentassem sua flexibilidade, eles estão gastando de 70 a 80% de seus orçamentos apenas para manter seus aplicativos legados funcionando."[71]

A manutenção de software é uma preocupação importante para a maioria das organizações. Em alguns casos, as organizações enfrentam problemas relevantes que exigem a reciclagem de todo o processo de desenvolvimento de sistemas. Em outras situações, modificações menores são suficientes para remediar os problemas. A manutenção de hardware também é importante. Empresas como a IBM desenvolveram a *computação autônoma*, segundo a qual os computadores serão capazes de gerenciar e se manter.[72] O objetivo é que os computadores se autoconfigurem, autoprotejam, autorreparem e auto-otimizem. A capacidade de autoconfiguração permite que um computador lide com novos hardwares, softwares ou outras mudanças em seu ambiente operacional. A autoproteção significa que um computador pode identificar ataques potenciais, impedi-los quando possível e se recuperar dos ataques se eles ocorrerem. Ser capaz de se autocorrigir significa que um computador pode resolver os problemas conforme eles surgem e é capaz de se auto-otimizar para permitir que o computador opere mais rapidamente em menos tempo.

Livrar-se do equipamento antigo é parte importante da manutenção. As opções incluem vendê-lo em sites de leilão, como o eBay, reciclar o equipamento em um centro de reciclagem de computadores ou doá-lo para organizações religiosas, escolas e bibliotecas. Quando descartar sistemas de computador antigos, é sempre uma boa ideia remover permanentemente arquivos sigilosos e softwares. Empresas como a McAfee e Blancco possuem um software para auxiliar as pessoas a remover dados de softwares de computadores antigos e transformá-los em novo software.[73] Como mencionado na seção de projeto ambiental, as empresas estão descartando equipamentos antigos de forma a minimizar os danos ambientais.

RAZÕES PARA A MANUTENÇÃO

Depois que um programa é escrito, necessitará de manutenção contínua. Um restaurante do Texas, por exemplo, decidiu fazer alterações de manutenção em seu sistema de segurança depois que os números dos cartões de crédito de seus clientes foram roubados. A experiência mostra que as pequenas manutenções em um programa, quando feitas corretamente, podem impedir futuras falhas graves no sistema. Algumas das razões para a manutenção de programa são:

- Mudança nos processos corporativos
- Novas solicitações dos stakeholders, usuários e gerentes
- Bugs ou erros no programa
- Problemas técnicos e de hardware
- Fusões e aquisições corporativas
- Regulamentações governamentais
- Mudança de sistema operacional ou hardware sobre o qual a aplicação é executada
- Acontecimentos imprevistos, como desastres naturais ou ataques terroristas

Muitas empresas modificam os programas existentes ao invés de desenvolver novos programas, pois o software existente executa muitas funções importantes e as empresas investiram milhões de dólares em seus sistemas legados. Assim, conforme é identificada a necessidade de novos sistemas, a carga total de modificações necessárias geralmente cai no sistema existente. Os programas antigos são repetidamente modificados para atender às necessidades sempre crescentes. Ainda assim, ao longo dos anos as repetidas modificações tendem a interferir com a estrutura geral do sistema, o que reduz sua eficiência e faz com que outras modificações se tornem mais onerosas.

ATUALIZAÇÃO DE SLIPSTREAM: Uma pequena atualização – normalmente um ajuste no código ou correção de um pequeno bug – nem sempre é recomendada. Normalmente isto requer a recompilação de todo o código, o que pode criar bugs totalmente novos.

PATCH: Um patch (remendo) é uma mudança menor para corrigir um problema ou fazer um pequeno aperfeiçoamento. Normalmente é o acréscimo a um programa existente.

RELEASE: Uma mudança significativa no programa que frequentemente requer mudanças na documentação do software.

VERSÃO: Uma nova versão geralmente é uma mudança importante no programa, abrangendo muitos novos recursos.

FORMULÁRIO DE REQUISIÇÃO DE MANUTENÇÃO: Um formulário que autoriza modificações nos programas.

TIPOS DE MANUTENÇÃO

Em geral, são aceitas pelas empresas de software e muitas outras organizações quatro categorias para assinalar a importância da mudança envolvida na manutenção. A **atualização de slipstream** é uma pequena atualização – geralmente um pequeno ajuste no código ou correção de um pequeno bug. Muitas empresas não anunciam aos usuários que foi feita uma atualização slipstream, que normalmente requer a recompilação de todo o código e pode criar bugs totalmente novos. Essa prática de manutenção pode explicar por que os mesmos computadores algumas vezes funcionam de maneira diferente com o que é supostamente o mesmo software. Um **patch** (remendo) é uma mudança menor para corrigir um problema ou fazer um pequeno aperfeiçoamento. Normalmente é uma adição a um programa existente, isto é, o código de programação que representa o aprimoramento do sistema geralmente é "remendado" ou adicionado ao código existente. Embora as atualizações de slipstream e os patches sejam mudanças menores, podem causar grandes problemas para os usuários e para o pessoal de apoio se os programas não funcionarem como anteriormente. Muitos patches vêm de prateleiras de fornecedores de software. Um novo **release** é uma mudança significativa no programa que frequentemente requer mudanças na documentação do software. Por fim, uma nova **versão** é uma mudança importante no programa, abrangendo muitos novos recursos.

FORMULÁRIO DE REQUISIÇÃO DE MANUTENÇÃO

Devido ao grande montante de trabalho e tempo que podem ser necessários durante uma manutenção, a maioria das organizações exige um **formulário de requisição de manutenção** para autorizar modificação de programas. Este formulário é normalmente assinado por um gerente de negócios, que documenta a necessidade de mudança e identifica a prioridade da mudança em relação a outro trabalho requisitado. O grupo de SI analisa o formulário e identifica os programas a serem mudados, determina o programador que será designado para o projeto, estima a data de término e desenvolve uma descrição técnica da mudança. Uma análise do custo/benefício pode ser necessária se a mudança exigir recursos substanciais.

MANUTENÇÃO DO DESEMPENHO

Dependendo das políticas da organização, as pessoas que realizam manutenção de sistemas variam. Em alguns casos, a equipe que projeta e constrói o sistema também realiza a manutenção. Esta crescente responsabilidade fornece aos projetistas e programadores um incentivo para criarem sistemas diretamente dos resultados: se ocorrer um problema, eles terão de consertá-lo. Em outros casos, as organizações possuem uma

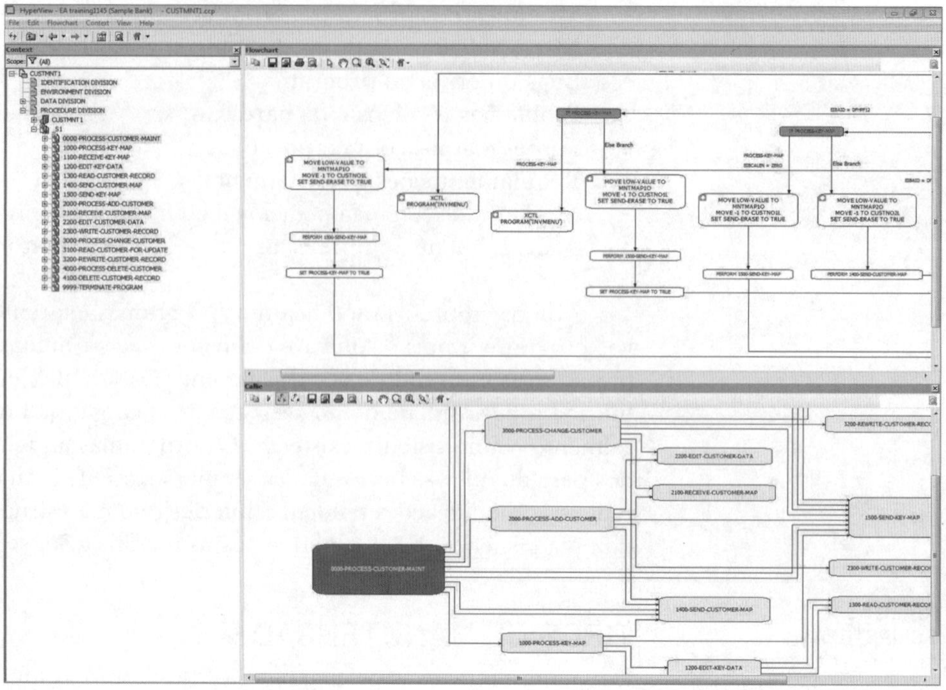

Cortesia de Micro Focus

O Modernization Workbench, da Micro Focus, fornece uma visão interna técnica e comercial de aplicativos complexos. Com esta visão interna, as equipes de desenvolvimento global são mais produtivas, os projetos de modernização são acelerados, e os gerentes podem gerir de forma mais eficaz os aplicativos que conduzem os negócios.

EQUIPE DE MANUTENÇÃO: Essa equipe é responsável por modificar, consertar e atualizar o software existente.

equipe de manutenção separada. Essa equipe é responsável por modificar, consertar e atualizar o software existente.

Vários fabricantes desenvolvem ferramentas para aliviar o peso de manutenção de software. O Modernization Workbench, da Micro Focus, é uma coleção de ferramentas que ajuda as organizações a analisarem os trabalhos internos de aplicativos legados que foram escritos em linguagens antigas de programação, como COBOL. Depois de analisar o código de programação, as empresas podem atualizar ou modernizar o aplicativo, de forma que sua manutenção se torne mais fácil.[74]

A RELAÇÃO ENTRE MANUTENÇÃO E PROJETO

Os programas são caros de desenvolver, mas são ainda mais caros de manter. Para programas mais antigos, o custo total de manutenção pode ser cinco vezes maior do que o custo total do desenvolvimento. Um fator determinante na decisão de substituir um sistema é até que ponto é mais caro consertar do que substituir. Os programas que são bem projetados e documentados para serem eficientes, estruturados e flexíveis têm manutenção mais barata. Portanto, há uma relação direta entre projeto e manutenção. Mais tempo gasto no projeto inicialmente significa menos tempo gasto em manutenção posteriormente.

Na maioria dos casos, vale a pena gastar tempo e dinheiro extra para projetar um bom sistema. Considere um sistema que custa $ 250 mil para desenvolver. Gastar 10% a

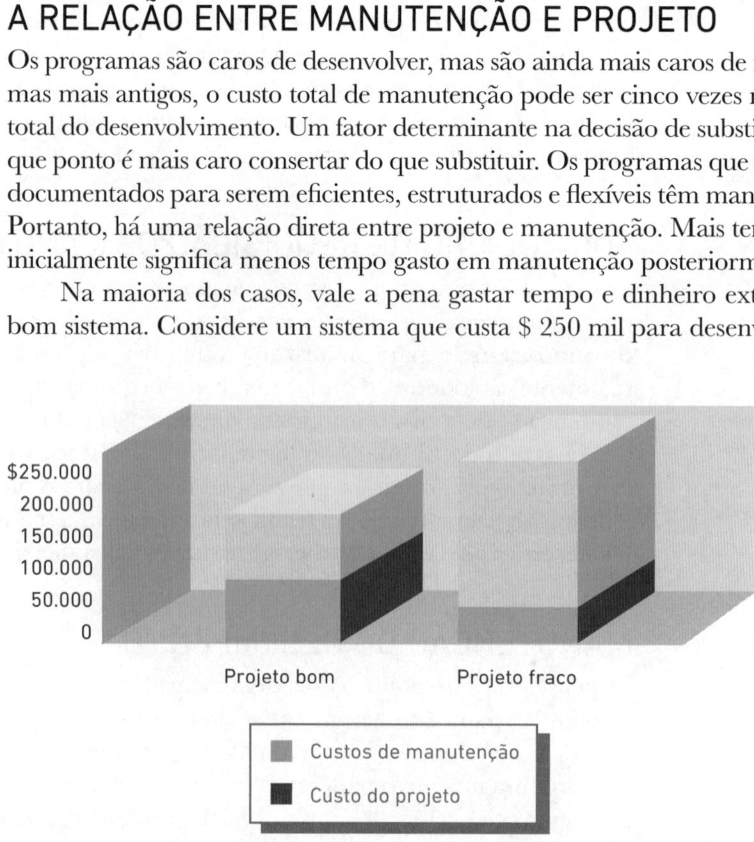

© Cengage Learning 2013

FIGURA 13.12 O valor do investimento em projeto.

mais no projeto teria um custo adicional de \$ 25 mil, elevando o custo total para \$ 275 mil. Os custos da manutenção durante a vida útil do programa seriam de \$ 1 milhão. Se esse custo adicional do projeto reduzir os custos da manutenção em 10%, a economia nos custos da manutenção seria de \$ 100 mil. No decorrer da vida útil do programa, a economia líquida seria de \$ 75 mil (\$ 100 mil –\$ 25 mil). Essa relação entre o investimento no projeto e a economia na manutenção em longo prazo é apresentada na Figura 13.12.

A necessidade de um bom projeto vai além dos meros custos. As empresas se arriscam ignorando pequenos problemas do sistema quando eles surgem, mas esses pequenos problemas podem, no futuro, se tornar grandes. Como foi mencionado anteriormente, já que os programadores de manutenção gastam estimados 50% ou mais de seu tempo decifrando código de programa mal escrito e pouco documentado, eles têm pouco tempo para gastar desenvolvendo sistemas novos e mais eficazes. Se utilizadas corretamente, as ferramentas e técnicas discutidas neste capítulo permitirão que as organizações construam sistemas mais duradouros e confiáveis.

REVISÃO DE SISTEMAS

REVISÃO DE SISTEMAS: A etapa final do desenvolvimento dos sistemas envolve a análise de sistemas para garantir que eles estejam operando como esperado.

A **revisão de sistemas** é a etapa final do desenvolvimento dos sistemas e envolve a análise de sistemas para garantir que eles estejam operando como esperado. Esse processo frequentemente compara o desempenho e os benefícios do sistema como projetado com o desempenho e os benefícios reais do sistema em operação. Depois de revisar seu Sistemas de Arquivos de Casos Virtuais, o qual alguns acreditam que estava acima do orçamento e que não operava conforme esperado, o FBI iniciou o desenvolvimento de um novo sistema para criar Sentinel, o hardware e o software usados para armazenar e analisar informações importantes sobre muitos dos seus casos.[75] A Agência de Segurança de Transportes (TSA, Transportation Security Agency) usou uma abordagem chamada Idea Factory para revisar as informações atuais do sistema e recomendou novos sistemas ou a troca de alguns já existentes.[76] O Idea Factory está presente no site da Casa Branca.[77] Em alguns casos uma auditoria formal do aplicativo pode ser realizada usando auditores internos ou externos. A revisão do sistema pode ser realizada durante seu desenvolvimento, o que resulta na interrupção dos novos sistemas enquanto estão em desenvolvimento devido a problemas encontrados.

Funcionários internos, consultores externos, ou ambos, podem realizar a revisão dos sistemas. Quando os problemas e as oportunidades são comuns a todo o setor, as pessoas de diversas empresas podem unir forças. Em alguns casos, elas colaboram em uma conferência de SI ou em uma reunião privada envolvendo várias empresas.

TIPOS DE PROCEDIMENTOS DE REVISÃO

REVISÃO INDUZIDA POR EVENTOS: Uma revisão orientada a eventos é acionada por um problema ou oportunidade como um erro, uma fusão corporativa ou um novo mercado para os produtos.

Existem dois tipos de procedimentos de revisão: aqueles induzidos por eventos e aqueles induzidos pelo tempo. Veja a Tabela 13.5. Uma **revisão induzida por eventos** é acionada por um problema ou oportunidade, como um erro, uma fusão corporativa ou um novo mercado para os produtos. O evento que pode acionar a revisão dos sistemas pode ser altamente complexo ou um fato tão simples quanto um fio rompido, como foi o caso quando uma senhora de 75 anos rompeu o cabo de fibra ótica com a sua enxada enquanto procurava metais na Armênia.[78] O caso da enxada desconectou a maior parte dos usuários na República da Armênia da internet por 12 horas. O Departamento de Estado dos Estados Unidos descobriu que o sistema de computadores usado na loteria anual de vistos de permanência continha um erro interno de programação.[79] A loteria deveria selecionar aleatoriamente 15 mil pessoas de uma lista de 15 milhões para receber o visto de permanência. Como resultado o Departamento de Estado foi forçado a corrigir o erro de programação e sortear novamente a loteria dos vistos. Os nomes das pessoas que receberam os vistos erroneamente no primeiro sorteio foram colocados de volta na loteria para terem uma segunda chance.

De acordo com um alemão que recebeu o visto do programa original que continha erros, “É como você ganhar \$ 100.000 e depois ter seu dinheiro levado embora.”

TABELA 13.5 Exemplos de tipos de revisão

Induzida por eventos	Induzida pelo tempo
Problemas com o sistema existente	Revisado mensalmente
Fusão	Revisado anualmente
Novo sistema de contabilidade	Revisado após alguns anos
A decisão executiva que um site atualizado da internet requer para se manter competitivo	Revisão a cada 5 anos

Em outro caso, uma nova empresa de computação em nuvem subitamente comunicou a seus clientes que estava encerrando todas as operações. A situação induzida por evento fez com que as empresas que usavam os serviços de computação em nuvem procurassem outras alternativas em um curto intervalo.

REVISÃO INDUZIDA POR TEMPO: Uma revisão induzida por tempo é realizada após um período específico.

Uma **revisão induzida por tempo** é realizada após um período específico. Muitos programas de aplicativos são revistos a cada seis meses ou um ano. Com esta metodologia, os programas de aplicativos são monitorados conforme uma programação. Se forem descobertos problemas ou oportunidades, pode ser iniciado um novo ciclo de desenvolvimento de sistemas. Uma aplicação de folha de pagamento, por exemplo, pode ser revista uma vez por ano para garantir que ainda opera como esperado. Caso contrário, as mudanças necessárias são feitas.

Muitas empresas usam ambas as abordagens. Um aplicativo de faturamento, por exemplo, pode ser revisto uma vez por ano para verificar erros, ineficiências e oportunidades de redução de custos operacionais. Essa é uma abordagem induzida pelo tempo. Além disso, a aplicação de cobrança pode ser refeita após uma fusão corporativa, se um ou mais gerentes necessitarem de informações ou relatórios diferentes ou se as leis federais sobre a cobrança e privacidade mudarem. Essa é uma abordagem de revisão induzida por eventos.

MEDIDA DO DESEMPENHO DO SISTEMA

MEDIDA DO DESEMPENHO DO SISTEMA: Monitorando o sistema – o número de erros encontrados, a quantidade de memória requerida, o tempo de processamento, o tempo de CPU necessário e outros problemas.

PRODUTOS PARA O DESEMPENHO DE SISTEMAS: Um software para medir todos os componentes do sistema de informação, incluindo hardware, software, banco de dados, telecomunicações e sistemas de rede.

A revisão de sistemas frequentemente envolve o monitoramento do sistema, chamado **medida do desempenho do sistema**. O número de erros encontrados, a quantidade de memória requerida, o tempo de processamento ou o tempo de CPU necessário, e outros problemas, devem ser observados cuidadosamente. Se um sistema em particular não tem o desempenho desejado, deve ser modificado, ou um novo deve ser desenvolvido ou adquirido. A Comcast, uma provedora de serviços a cabo, usava o Twitter para obter um feedback de seus clientes sobre o desempenho de seus sistemas de informações e de todas as suas operações.[80] Alguns executivos da Comcast acreditavam que o uso do Twitter seria como um "sistema de alerta imediato" que avisaria a Comcast em caso de problemas em potencial antes que estes se tornassem sérios e pudessem prejudicar o desempenho do sistema.

Produtos de medição do desempenho do sistema são desenvolvidos para medir todos os componentes do sistema de informação, incluindo hardware, software, banco de dados, telecomunicações e sistemas de rede. O Microsoft Visual Studio, por exemplo, possui funções que permitem aos desenvolvedores de sistemas monitorar e revisar a forma como os aplicativos estão operando e o seu desempenho, permitindo assim que sejam feitas mudanças quando necessário[81] O IBM Tivoli OMEGAMON pode monitorar o desempenho do sistema em tempo real.[82] A Precise Software Solutions possui produtos de desempenho de sistema que fornecem um monitoramento ininterrupto de desempenho para os sistemas de ERP, aplicações de bancos de dados da Oracle, e outros programas.[83] A HP também oferece uma ferramenta de software chamada Otimização de Tecnologia Corporativa (BTO, Business Technology Optimization) para ajudar as empresas a analisar o desempenho de seus sistemas computacionais, diagnosticar problemas potenciais e realizar ações corretivas, se necessário.[84] Quando utilizados de forma apropriada, os produtos de desempenho de sistema podem, rápida e eficientemente, localizar problemas reais ou potenciais.

Medir um sistema é, de fato, a tarefa final do desenvolvimento de sistemas. Os resultados desse processo podem trazer a equipe de desenvolvimento de volta ao início do ciclo do desenvolvimento, onde o processo recomeça.

RESUMO

Princípio:

Os projetos de novos sistemas ou a modificação dos já existentes deve sempre ajudar a organização a atingir suas metas.

A finalidade do projeto de sistemas é preparar o projeto necessário para um novo sistema ou as modificações para um sistema já existente. Projeto de sistema lógico refere-se à forma como os vários componentes de um sistema de informações irão trabalhar em conjunto. O projeto lógico inclui os requisitos de dados de saída e de entrada, o processamento, os arquivos e os bancos de dados, as telecomunicações, os procedimentos, o projeto de pessoal e de trabalho e o projeto de segurança e controle. Os projetos de sistemas físicos referem-se às especificações dos componentes físicos. O projeto físico deve especificar as características dos projetos de hardware e software, o banco de dados e as telecomunicações, e os procedimentos e pessoal autorizado.

Os projetos lógico e físico podem ser obtidos usando o ciclo de vida de desenvolvimento de sistemas tradicionais ou uma abordagem orientada a objetos. Usando a abordagem orientada a objetos, é possível projetar objetos-chave e classes de objetos no sistema novo ou atualizado. A sequência de eventos que um sistema novo ou um sistema modificado requerem é chamada geralmente de cenário e pode ser diagramada em um diagrama de sequência.

Uma série de considerações especiais de projeto deve ser levada em conta durante o projeto tanto de sistemas físicos como de sistemas lógicos. O projeto da interface e os controles definem como os usuários acessam e interagem com o sistema. O controle e a segurança do sistema envolvem muitos aspectos. A prevenção, detecção e correção de erros devem fazer parte do processo de projeto de sistemas. As causas dos erros incluem atividades humanas, fenômenos naturais e problemas técnicos. Os projetistas devem ficar alerta para impedir fraudes e invasão de privacidade.

A recuperação a partir de desastres é um aspecto importante no planejamento de sistemas. O planejamento contra desastres é o processo de antecipar e precaver contra os desastres. Um desastre pode ser um ato da natureza (uma inundação, um incêndio ou terremoto) ou um ato humano (terrorismo, erro, conflito trabalhista ou exclusão de um arquivo importante). As principais ferramentas usadas no planejamento e recuperação de desastre são o backup de hardware, software, banco de dados, telecomunicações, e o backup pessoal.

Segurança, fraude e invasão de privacidade também são considerações importantes em um projeto. A maioria dos departamentos de SI estabelece rígidos controles de sistemas para manter a segurança dos dados. Os sistemas de controle podem ajudar a prevenir o uso incorreto do computador, crimes e fraudes pelos funcionários, e outros. Os sistemas de controle incluem controle de entrada, saída, processamento, banco de dados, telecomunicações e de pessoal.

O projeto ambiental, também chamado projeto verde, inclui esforços nos desenvolvimentos de sistemas que reduzem o consumo de energia, requerem menos espaço físico e resultam em sistemas que podem ser descartados de forma a não causar um impacto negativo no meio ambiente. Muitas empresas estão desenvolvendo produtos e serviços para economizar energia. O projeto ambiental também diz respeito a como as empresas estão desenvolvendo sistemas para o descarte de equipamentos usados. O governo americano está também envolvido em projetos ambientais. Este possui um plano para exigir que as agências federais adquiram equipamentos e sistemas computacionais com ótima eficiência energética. O plano exigiria que as agências federais utilizassem a Ferramenta de Avaliação Ambiental para Produtos Eletrônicos (EPEAT, Electronic Product Environmental Assessment Tool) para analisar o uso de energia dos novos sistemas. O Ministério de Energia dos Estados Unidos classifica os produtos com a designação Energy Star para ajudar as pessoas a escolher os produtos que economizam energia e são amigáveis para o meio ambiente.

Tanto para um indivíduo que adquira um computador pessoal como para uma empresa que adquira um computador de grande porte e alto custo, o sistema pode ser obtido de mais de um fabricante. Caso sejam adquiridos novo hardware ou software de um revendedor, pode ser necessária uma solicitação formal de proposta (RFP). A RFP destaca as necessidades da companhia; por sua vez, os fabricantes fornecem uma resposta por escrito. As opções financeiras que devem ser consideradas incluem a compra, o leasing e o aluguel.

RFPs de vários fabricantes são revisadas e algumas são selecionadas como prováveis candidatas. Na avaliação final, várias técnicas – incluindo consenso do grupo, análise de custo/benefício, avaliação por pontos e testes de benchmark – podem ser usadas. No consenso de grupo, é escolhido um grupo responsável pela tomada de decisão que recebe a responsabilidade de fazer a avaliação final e a seleção. Na análise de custos/benefícios, todos os custos e benefícios das alternativas serão expressos em termos monetários. Um teste de benchmark é uma análise que compara sistemas computacionais operando sob as mesmas condições. A avaliação por pontos determina o peso dos fatores de avaliação e cada alternativa é avaliada em função de cada fator e recebe uma pontuação de 0 a 100. Depois que o fabricantes é escolhido as negociações de contrato podem começar.

No final da etapa de projetos de sistemas, as especificações finais ficam congeladas e não serão permitidas alterações de forma que a implantação prossiga normalmente. Uma das etapas mais importantes no projeto de sistemas é elaborar um bom contrato no caso de novas instalações para os computadores serem adquiridas. Um relatório final de projeto é desenvolvido ao término da fase de projeto de sistemas.

Princípio:

A principal ênfase na implantação de sistemas é assegurar que as informações corretas sejam fornecidas à pessoa certa, no formato correto e dentro do prazo.

A finalidade da implantação do sistema é instalar o sistema e tornar equipamentos e pessoas aptos à operação. A implantação de sistemas inclui a aquisição do hardware, programação e aquisição ou desenvolvimento do software, preparação do usuário, contratação e treinamento de pessoal, preparação do local e dos dados, instalação, testes, inicialização e aceitação do usuário. A aquisição de hardware requer a compra, o leasing ou o aluguel de equipamentos de computação de um representante de SI. Normalmente o hardware é obtido junto a um revendedor de equipamentos.

O Software pode ser comprado de um revendedor ou desenvolvido internamente – um método chamado decisão de fazer ou comprar. A virtualização, apresentada no Capítulo 3, causou um profundo impacto em muitos aspectos da implantação de sistemas. Um pacote de software comprado geralmente tem um custo menor, apresenta menos risco em relação às funções e ao desempenho e é mais fácil de instalar. Os esforços para o desenvolvimento do sistema também são menores quando os softwares são comprados. O Software como um Serviço (SaaS, Software as a Service) está se tornando uma forma popular para a aquisição de software. Desenvolver um software pode resultar em um sistema que atende mais estritamente às necessidades da empresa, o que também aumenta sua flexibilidade em termos de padronização e alterações. O desenvolvimento de software apresenta maior potencial de fornecer vantagens competitivas. Tal software, porém, normalmente é mais caro do que o comprado. Muitas companhias estão usando provedores de serviço para a aquisição de software, acesso à internet e outros recursos de SI.

O desenvolvimento de múltiplas plataformas e os ambientes de desenvolvimento integrado (IDEs) tornam o desenvolvimento do software mais rápido e mais completo. As ferramentas CASE geralmente são usadas para automatizar algumas dessas técnicas. A documentação técnica e do usuário é sempre importante quando o software é desenvolvido internamente.

O desenvolvimento de softwares de bancos de dados e de telecomunicações envolve a aquisição das instalações necessárias para os bancos de dados, redes, telecomunicações e internet. As empresas possuem uma ampla variedade de opções, incluindo os mais recentes sistemas de bancos de dados orientados a objetos. Os bancos de dados virtuais e os Bancos de Dados como um Serviço (DaaS, Database as a Service) são meios populares de aquisição de bancos de dados.

A implantação deve atender aos requisitos pessoais. A preparação do usuário requer que gerentes, funcionários e outros usuários estejam prontos para um novo sistema. Pode ser necessária a contratação de uma nova equipe de SI e os usuários devem estar bem treinados nas funções do sistema. A preparação do espaço físico do sistema deve ser realizada e quaisquer dados existentes devem ser usados no novo sistema, o que irá requerer a adequação para o novo formato. A instalação do hardware é realizada durante a etapa de implantação, enquanto ainda em teste. A fase de testes inclui a verificação do programa (unidade), testes de sistemas, de volume, de integração e de aceitação.

A inicialização começa com o sistema de informação final já testado. Quando a inicialização é finalizada, o sistema está totalmente operacional. Existem diversas abordagens diferentes para a inicialização (startup). A conversão direta (também chamada mergulho direto) envolve interromper o sistema antigo e iniciar o novo sistema em uma determinada data. Nessa abordagem, algumas vezes chamada abordagem peça por peça, os componentes do novo sistema são gradualmente introduzidos, enquanto, em paralelo, os componentes do antigo sistema são desligados. Quando todos estiverem confiantes de que o novo sistema desempenha conforme o esperado, o antigo sistema é totalmente desligado. A implantação-piloto envolve executar o novo sistema para um grupo de usuários, mas não para todos eles. A inicialização paralela envolve a execução simultânea do antigo e do novo sistema por determinado período. Os resultados do novo sistema serão comparados detalhadamente com os resultados do antigo sistema e quaisquer diferenças serão conciliadas. Quando os usuários estiverem acostumados e trabalhando corretamente com o novo sistema, o antigo será eliminado. Muitos fabricantes de SI pedem ao usuário que assinem um documento formal de aceitação que libera o revendedor de SI das responsabilidades por problemas que possam ocorrer depois que o documento é assinado.

Princípio:

A manutenção e as revisões acrescentam vida útil a um sistema, mas podem consumir grandes quantidades de recursos. Essas atividades podem se beneficiar dos mesmos métodos rigorosos e técnicas de gestão de projetos aplicadas no desenvolvimento de sistemas.

A operação de sistemas é o uso de um sistema novo ou de um sistema modificado. A manutenção de sistemas envolve verificação, mudança e melhoria do sistema visando torná-lo mais útil para atingir as metas organizacionais e do usuário. A manutenção é fundamental para uma operação contínua e tranquila do sistema. Os custos para a execução da manutenção podem exceder os custos originais de aquisição do sistema. Algumas das principais causas da manutenção são novas solicitações de stakeholders e gerentes, aprimoramentos solicitados por usuários, bugs ou erros, problemas técnicos ou de hardware, equipamentos recentemente instalados, alterações na estrutura organizacional e regulamentações governamentais.

A manutenção pode ser tão simples quanto a inserção de uma parte do programa para corrigir um pequeno problema até uma atualização mais complexa do software, usando uma nova versão lançada pelo fabricante. Para programas mais antigos, o custo total de manutenção pode ser cinco vezes maior do que o custo total do desenvolvimento. Uma crescente ênfase no projeto pode reduzir os custos de manutenção. As requisições para manutenção devem ser documentadas com um formulário de requisição de manutenção, um documento que autoriza formalmente modificações nos programas. A equipe de desenvolvimento ou uma equipe especializada em manutenção poderá então realizar as mudanças aprovadas. A manutenção pode ser muito simplificada se for adotada uma abordagem orientada a objetos.

A revisão dos sistemas é o processo de analisar e monitorar os sistemas para garantir que estejam operando conforme o esperado. Existem dois tipos de procedimentos de revisão: a revisão induzida por eventos e a revisão induzida pelo tempo. Uma revisão induzida por eventos é acionada por um problema ou por uma oportunidade. Uma revisão induzida por tempo é realizada após um período específico.

A revisão de sistemas envolve medir o quanto o sistema é compatível com as missões e metas estabelecidas pela organização. A medição do desempenho monitora o sistema quanto ao número de erros, quantidade de memória e tempo necessário para o processamento, e assim por diante.

CAPÍTULO 13: TESTE DE AUTOAVALIAÇÃO

Os projetos de novos sistemas ou a modificação dos já existentes deve sempre ajudar a organização a atingir suas metas.

1. ________ detalha as saídas e entradas do sistema, e as interfaces com o usuário; especifica o hardware, o software, os bancos de dados, as telecomunicações, o pessoal e os componentes do procedimento; e mostra como esses componentes estão relacionados.
2. Determinar o hardware e o software para um novo sistema é um exemplo de ________.
   a. projeto lógico
   b. projeto físico
   c. projeto interativo
   d. projeto orientado a objetos
3. Na análise de custo/benefício, o grupo de tomada de decisões é indicado e recebe a responsabilidade de fazer a avaliação final e a seleção. Verdadeiro ou Falso?
4. ________ envolve esforços de desenvolvimentos de sistemas, reduz o consumo de energia e requer menos espaço físico.
5. Cenários e diagramas de sequências são usados com ________.
   a. projeto orientado a objetos
   b. avaliação por pontos
   c. projeto gradativo
   d. avaliação nominal
6. Um teste que examina ou compara sistemas de computadores operando nas mesmas condições é chamado teste de ________.
7. O relatório de projeto é o resultado final do projeto de sistema que fornece descrições técnicas e detalhadas do novo sistema. Verdadeiro ou Falso?

A principal ênfase na implantação de sistemas é assegurar que as informações corretas sejam fornecidas à pessoa certa, no formato correto e dentro do prazo.

8. O Software como um Serviço (SaaS) permite que uma organização faça a assinatura de um aplicativo baseado na internet e pague apenas pelos programas e serviços efetivamente usados. Verdadeiro ou Falso?
9. ________ é descrita em detalhes e utilizada pelos operadores de computador para executar o programa, e por analistas e programadores para resolver problemas e modificar o programa.
10. Que tipo de documentação é usada por operadores de computador e também por analistas e programadores?
    a. documentação da unidade
    b. documentação integrada
    c. documentação técnica
    d. documentação do usuário
11. O teste ________ envolve testar todo o sistema de programas.
12. A conversão por etapas requer que os sistemas novo e antigo sejam executados simultaneamente por três meses ou mais. Verdadeiro ou Falso?

A manutenção e as revisões acrescentam vida útil a um sistema, mas podem consumir grandes quantidades de recursos. Essas atividades podem se beneficiar dos mesmos métodos rigorosos e técnicas de gestão de projetos aplicados no desenvolvimento de sistemas.

13. Um(a) ________ é uma mudança menor para corrigir um problema ou fazer um pequeno aperfeiçoamento.
14. Muitas organizações exigem um formulário de requisição para manutenção para autorizar modificações nos programas. Verdadeiro ou Falso?
15. A revisão do sistema que é causada por um problema no programa existente é chamada ________.
    a. revisão do objeto
    b. revisão estruturada
    c. revisão induzida por eventos
    d. revisão de fatores críticos
16. Fusões e aquisições corporativas podem motivar uma manutenção do sistema. Verdadeiro ou Falso?
17. O monitoramento de um sistema depois de sua implantação é chamado ________.

CAPÍTULO 13: RESPOSTAS DO TESTE DE AUTOAVALIAÇÃO

1. Projeto de sistemas
2. b
3. Falso
4. Projeto ambiental
5. a
6. benchmark
7. Verdadeiro
8. Verdadeiro
9. Documentação técnica
10. c
11. de sistema
12. Falso
13. patch
14. Verdadeiro
15. c
16. Verdadeiro
17. medida de desempenho do sistema

QUESTÕES DE REVISÃO

1. Qual é o objetivo do projeto de sistemas?
2. Descreva o projeto de segurança e controles do sistema
3. Como a abordagem orientada a objetos pode ser usada durante o projeto do sistema?
4. Qual é a diferença entre o projeto lógico e o projeto físico?
5. O que é projeto ambiental?
6. Quais são as vantagens e as desvantagens do desenvolvimento interno do software?
7. O que é o planejamento preventivo e a recuperação a partir de desastres? Qual é a diferença entre hot site e cold site?
8. O que é uma RFP? O que é normalmente incluído na RFP? Como é utilizada?
9. Quais são as atividades que ocorrem durante a fase de preparação do usuário na implantação de sistemas?
10. O que é consenso de grupo? Como ele pode ser usado?
11. Quais as principais etapas da implantação de sistema?
12. Quais são algumas ferramentas e técnicas para o desenvolvimento de um software?
13. Forneça três exemplos de um revendedor de SI.
14. Como o SaaS pode ser usado na aquisição de software?
15. Quais são as etapas envolvidas no teste de um sistema de informações?
16. Qual a diferença entre uma revisão induzida por eventos e pelo tempo?
17. Como a medição do desempenho do sistema está relacionada com a revisão do sistema?

QUESTÕES PARA DISCUSSÃO

1. Descreva os participantes do estágio de projetos de sistemas. Como esses participantes são comparados aos participantes da investigação de um sistema?
2. Suponha que você é proprietário de uma empresa que começará a anunciar e vender bicicletas pela internet. Descreva quais etapas do projeto ambiental você pode usar para reduzir o consumo de energia com seu sistema de informações.
3. Descreva como você criaria sistemas e controles de segurança para smartphones e tablets em uma empresa de médio porte.
4. Você foi contratado para desenvolver um sistema computacional para uma pequena empresa. Descreva como poderia usar o projeto ambiental para reduzir o uso de energia e o impacto do sistema no meio ambiente.
5. Identifique algumas vantagens e desvantagens em adquirir um pacote de banco de dados ao invés de adotar a abordagem de DaaS.
6. Discuta a relação entre manutenção e projeto de sistemas.
7. É igualmente importante que todos os sistemas tenham um plano de recuperação a partir de desastres? Por que sim ou por que não?
8. Suponha que você é o diretor de informática de uma companhia de música de médio porte. O presidente da companhia quer que você desenvolva um site na internet para anunciar e vender seus produtos. Descreva os procedimentos que você utilizaria para a contratação de diversos técnicos de SI para ajudá-lo na criação do site. Que tipos de treinamento você disponibilizaria para os novos e antigos técnicos de SI para ajudá-lo na criação do site?
9. Quais são as vantagens e desvantagens da abordagem orientada a objetos para a implantação de sistemas?
10. Você foi contratado para supervisionar um grande projeto de desenvolvimento de sistemas para aquisição de um novo pacote de programas de contabilidade. Descreva qual a importância de incluir um contrato junto ao revendedor de software.
11. Você foi contratado para adquirir um novo sistema de contabilidade para uma empresa de médio porte. Descreva como iniciaria o novo sistema e como o colocaria em operação.
12. Identifique as várias formas de efetuar testes. Por que existem tantos testes diferentes?
13. Qual é o objetivo de realizar uma revisão do sistema? Quais fatores são necessários durante a revisão do sistema?
14. Descreva como selecionaria o melhor software para a admissão de alunos em sua faculdade ou universidade. Quais os recursos mais importantes para os administradores da escola? E para os alunos?
15. Presuma que você tem um computador pessoal bastante antigo. Descreva as etapas que utilizaria para fazer uma revisão do sistema visando determinar se precisa adquirir um novo equipamento.

EXERCÍCIOS DE RESOLUÇÃO DE PROBLEMAS

1. Você foi contratado para desenvolver um novo sistema de registro de alunos e de relatórios de notas para sua faculdade ou universidade. Descreva como incorporaria medidas de privacidade e segurança no projeto do novo sistema. Use um programa gerador de gráficos, como o PowerPoint, para desenvolver um conjunto de slides a fim de mostrar as diferenças nas medidas de segurança e de privacidade que você incluiria em seu projeto. Escreva um relatório curto sobre a importância de incluir funções de segurança e de privacidade em seu projeto.

2. Uma equipe de projeto estimou os custos associados com o desenvolvimento e manutenção de um novo sistema. Uma das abordagens requer um projeto mais completo e resultará em um custo ligeiramente superior para seu projeto e implantação, mas com menor custo de manutenção durante a vida útil do sistema. A segunda abordagem reduz a complexidade do projeto, economiza alguns dólares, mas provavelmente terá um maior custo de manutenção.
   a. Insira os seguintes dados na planilha. Imprima os resultados.

Benefícios de um bom projeto	Bom Projeto	Projeto ruim
Custos do projeto	$ 14.000	$ 10.000
Custos de implantação	$ 42.000	$ 35.000
Custo de Manutenção Anual	$ 32.000	$ 40.000

   b. Crie um gráfico de barras que mostre os custos totais, incluindo o custo de projeto, de implementação e de manutenção. Certifique-se de que o gráfico tenha um título e que os custos estejam destacados na tabela.
   c. Use seu processador de textos para escrever um parágrafo recomendando uma abordagem a ser adotada e o porquê desta abordagem.
3. Presuma que você acabou de inaugurar um negócio de aluguel de bicicletas. Use o processador de textos para descrever o projeto lógico e o projeto físico do aplicativo para comprar novas bicicletas para o programa de aluguel e um outro aplicativo para alugar as bicicletas para os alunos. Use um programa gerador de gráficos para desenvolver um ou mais diagramas de sequência para a compra das bicicletas e para alugá-las aos alunos.

ATIVIDADES EM GRUPO

1. Suponha que sua equipe de projetos trabalhou por três meses a fim de completar o projeto de sistemas para um novo sistema de pedidos na internet. Duas possíveis opções parecem ser adequadas às necessidades do usuário. A equipe de projetos precisa tomar a decisão final sobre qual opção será implantada. A tabela a seguir resume alguns dos fatores-chave de cada opção.

Fator	Opção 1	Opção 2
Economia bruta anual	$ 1,5 milhão	$ 3 milhões
Custo total de desenvolvimento	$ 1,5 milhão	$ 2,2 milhões
Custo operacional anual	$ 0,5 milhão	$ 1 milhão
Tempo necessário para implantação	9 meses	15 meses
Riscos associados ao projeto (expresso em probabilidades)		
Os benefícios serão 50% menores do que o esperado	20%	35%
O custo será 50% maior do que o esperado	25%	30%
A organização não poderá fazer as mudanças necessárias para que o programa opere conforme o esperado	20%	25%
O sistema atende a todos os requisitos obrigatórios?	Sim	Sim

   a. Qual processo você utilizaria para tomar esta importante decisão?
   b. Quem precisa estar envolvido?
   c. Que outras questões precisam ser respondidas para tomar uma decisão satisfatória?
   d. Baseado nos dados, que opções você recomendaria e por quê?
   e. Como assumiria os riscos do projeto em sua tomada de decisão?
2. Sua equipe foi contratada pelo proprietário de um novo restaurante para explorar os recursos de um processador de textos, de gráficos, bancos de dados e gerador de planilhas. O novo proprietário ouviu falar sobre a computação em nuvem, a SaaS e a DaaS. Sua equipe deverá preparar um relatório com as vantagens e desvantagens de usar o pacote tradicional do Office de uma companhia como a Microsoft em comparação com outras abordagens.
3. Sua equipe foi contratada por sua universidade ou faculdade para comprar computadores desktop para um pequeno laboratório de informática contendo dez computadores. Usando a abordagem do consenso de grupo, peça que sua equipe descreva o hardware e o software que eles recomendariam. Usando a análise de custo/benefício, peça a sua equipe que tome a decisão. Compare as vantagens e desvantagens do consenso de grupo em relação à análise de custo/benefício.

EXERCÍCIOS DA WEB

1. Use a internet para encontrar dois diferentes projetos de desenvolvimento de sistemas que falharam em atender os objetivos de custo ou desempenho. Resuma os problemas e o que deveria ter sido feito. Talvez seja preciso desenvolver um relatório ou enviar um e-mail para seu instrutor sobre o que você encontrou.
2. Usando a internet procure informações sobre planejamentos preventivos e recuperação a partir de desastres. Elabore um resumo do que duas ou mais organizações fizeram para se preparar para a recuperação a partir de um desastre.

EXERCÍCIOS PARA ESPECIALIZAÇÃO

1. Em uma empresa ou indústria de sua escolha, descreva como você selecionaria um novo CIO. Quais as oportunidades de treinamento ofereceria a um novo diretor de informática?
2. Pesquise possíveis carreiras no desenvolvimento de aplicativos para iPhones, outros smartphones e PDAs. Escreva um relatório relatando essas oportunidades. Inclua em seu relatório os aplicativos que ainda não estão disponíveis e que você considera úteis.

ESTUDOS DE CASO

Caso um

A IBM avalia a produtividade do programador

Como você leu neste capítulo, os programas de computador são escritos por pessoas. Como em qualquer tipo de trabalho, algumas pessoas são melhores programadoras do que outras. Os empregadores precisam de uma maneira justa e objetiva para descobrir quem são os melhores programadores e reconhecer a superioridade de seu trabalho, a fim de conhecer como ajudar os outros a melhorar e aprender o que torna um programador melhor do que outros, de forma que os empregadores possam duplicar esta "combinação secreta" por toda sua força de trabalho.

Uma programação de nível superior é uma mistura de várias medidas. Uma é a produtividade: quantos códigos um programador produz. Outra é a qualidade: até que ponto o código está livre de erros. Outras medidas incluem o desempenho e a segurança do programa resultante e sua clareza para futuras modificações por pessoas que não participaram de sua elaboração.

Uma vez que é difícil medir estes fatores, a maioria dos gerentes acaba medindo o processo através do qual o software foi criado e os esforços inseridos neste processo ao invés de avaliar os resultados. Como Jitendra Subramanyam, diretor de pesquisa na CAST Inc., escreveu "É como se Michael Phelps controlasse seu tempo de treinamento, o tempo gasto para almoçar, o tempo jogando Xbox, o tempo gasto passeando com o cachorro, mas estranhamente não cronometrasse o tempo que leva para nadar 100 metros no estilo borboleta!".

A IBM reconhece a necessidade de focar nas pessoas e em seus resultados. "Ao final do dia, as pessoas estão na metade do desenvolvimento de um aplicativo", comenta Pat Howard, vice-presidente e líder de computação em nuvem da divisão de serviços corporativos globais da IBM. "É realmente importante ter grandes investimentos e uma grande energia focando estes talentos."

O departamento de Howard usa a Plataforma de Inteligência de Aplicativos da firma francesa de software CAST para quantificar o desempenho. "Essencialmente é permitido ao nosso pessoal que caminhe por aí com um cartão de pontuação. Eles começam a ganhar pontos com base nos resultados ou nos valores que agregam aos negócios", diz Howard.

O software também ajuda a identificar problemas de desempenho e deficiências nas habilidades. "Nós o utilizamos para identificar onde é necessário receber mais treinamento", comenta Howard. Os orçamentos de treinamento são apertados, então "quando você gasta algum dinheiro, tem que usá-lo de forma inteligente e aplicá-lo no lugar certo."

O Bank of New York Mellon é outro usuário do CAST. O banco utiliza o CAST para controlar a qualidade do software produzido por programadores contratados no exterior. O vice-presidente de sistemas e tecnologia, Robert-Michel Lejeune, diz que "Você fornece as especificações, o pessoal externo possui um processo pronto, mas quando ele é entregue você não sabe qual é seu nível de qualidade. Ao utilizar ferramentas automatizadas você obtém os fatos e avalia o desempenho."

Um sistema como este nunca dará a resposta completa para avaliação do funcionário ou do desempenho do técnico terceirizado. Os sistemas não podem medir importantes esforços do funcionário, como a contribuição de ideias nas reuniões de equipe, ensinamentos passados para funcionários júnior e assumir trabalhos que ninguém quer pegar. Porém, o CAST ou algum software semelhante será cada vez mais parte da resposta em muitas companhias no futuro.

Questões para discussão

1. Como você se sentiria como programador se sua companhia anunciasse que iria começar a usar a Plataforma de Inteligência de Aplicativos CAST para medir a sua produtividade e a de seus colegas? Haveria diferença se a firma dissesse que 20% da avaliação de seu desempenho, o que determina seu aumento de salário, seria baseado nos relatórios do CAST? E se fosse 50%? 80%?
2. Considere outras atividades intelectuais com produto final definido, tais como escrever o roteiro de um filme baseado em um livro ou projetar um dormitório universitário. Estas ferramentas seriam úteis para medir a produtividade das pessoas que trabalham nessas áreas e a qualidade dos resultados? Se você acha que não, o que há de diferente na programação?

Questões para análise

1. Existe alguma desvantagem em usar uma ferramenta de medição do programador, como a Plataforma de Inteligência de Aplicativos CAST? Se houver, quais são elas?
2. Os gerentes de desenvolvimento de software deveriam ser requisitados a usar um software como o CAST para medir a produtividade de suas equipes?

Fontes: Bednarz, A., "How IBM Started Grading Its Developers' Productivity," *Computerworld*, *www.computerworld.com/s/article/*

9221566/How_IBM_started_grading_its_developers_productivity, 7 nov. 2011; site da CAST, *www.castsoftware.com*, acesso em: 4 mar. 2012; Lejeune, R.-M., "Bank of New York Mellon Interview" (vídeo), *www.youtube.com/watch?v=zLb7pCwA4rE*, 7 fev. 2012; Subramanyam, J., "5 Requirements for Measuring Application Quality," *Network World*, *www.networkworld.com/news/tech/2011/061611-application-quality.html*, 7 jun. 2011.

Caso dois

COBOL: não vai desaparecer tão cedo

A linguagem de programação COBOL, sobre a qual você leu neste capítulo como exemplo de linguagens mais antigas encontradas em sistemas legados, foi desenvolvida no início da década de 1960 usando conceitos mais antigos. Se seus avós foram programadores de computador nas décadas de 1970 ou 1980, provavelmente utilizavam COBOL.

Os problemas que as empresas enfrentam hoje em dia é que os avós querem se aposentar. David Brown, diretor administrativo do grupo de Transformação de TI, no Bank of NY Mellon, está preocupado. "Estamos perdendo pessoas que possuem grandes conhecimentos empresariais. Isso me assusta". Mais o que realmente incomoda é que ninguém mais saberá como estes programas funcionam.

Por que o COBOL não é usado? Ele é tido como desatualizado, não é adequado para as necessidades modernas como os aplicativos móveis ou na internet. Porém o consultor da IBM, Kevin Stoodley, acha que essa percepção está errada. "O COBOL mantém seu valor, ele não está ultrapassado", afirma Stoodley.

Uma pesquisa de 2012 feita pela *Computerworld* com mais de 200 profissionais de computação confirma o que Stoodley disse. Cerca de 48% dos entrevistados responderam que suas empresas usam COBOL "com frequência", mais do que qualquer outra linguagem. E os 64% que responderam que suas organizações utilizam pelo menos parcialmente afirmam que seu uso de COBOL é maior que o de qualquer outra linguagem, com exceção de JavaScript, que é praticamente a linguagem universal das páginas na internet.

Adam Burden, líder na modernização de aplicativos globais na firma de consultoria de TI, Accenture, diz: "Não existem muitas coisas novas sendo desenvolvidas. Mas nossos clientes estão ampliando seus aplicativos centrais e vão mantê-los." Porém alguns novos desenvolvimentos estão em andamento: 37% dos entrevistados na pesquisa da *Computerworld* planejam usar COBOL em pelo menos alguns novos aplicativos no futuro. Podem não ser a maioria, mas 37% de todas as organizações é um número muito alto. Na verdade 69% dos entrevistados responderam que pelo menos alguns de seus novos aplicativos foram escritos em COBOL, e um total incrível de 95% utilizam essa linguagem para manter programas escritos originalmente com ela.

Uma vez que a demanda por programadores em COBOL não vai desaparecer nem parece que vai diminuir, novos programas de treinamento em COBOL estão sendo desenvolvidos. A Manta Technologies, por exemplo, acrescentou COBOL a seu conjunto de programas de treinamento, lançando um módulo por mês durante o ano de 2012. "Quando pedimos o feedback das pessoas, uma das coisas que os nossos clientes respondem consistentemente ao longo dos anos é: 'Vocês são perfeitos, mas .... Eu uso COBOL'", afirma Bill Hansen, presidente da Manta. "Portanto, o treinamento em COBOL já está em nossa lista de desenvolvimento há um bom tempo". Hansen se mostra nostálgico: um programa de treinamento para o então novo compilador COBOL da IBM "foi meu primeiro grande contrato em 1982 e me ajudou a manter minha empresa de treinamento." Trinta anos depois ele está fazendo a mesma coisa.

A tendência, em longo prazo, ainda é o distanciamento do COBOL. Com o passar do tempo, os aplicativos serão reescritos em outras linguagens conforme migrarem para outros ambientes de hardware. Programas automáticos de conversão de software, como o OpenCOBOL, ainda que não sejam perfeitos, podem ajudar nesta tarefa. Outros aplicativos em COBOL serão substituídos por pacotes de software. Ainda assim, vai levar muito tempo até que todo este software faça frente ao estoque atual de softwares em COBOL. Quando seus netos estiverem lendo a 27ª edição deste livro, daqui a várias décadas, podem até aprender a mesma coisa.

Questões para discussão

1. Os alunos de programação hoje em dia devem focar no desenvolvimento de seu conhecimento em COBOL ao invés de outras linguagens, tais como Java ou Ruby? Quais são os prós e contras de aprender COBOL em relação ao aprendizado de linguagens mais novas?
2. Suponha que você está pensando na compra de um aplicativo que irá gerenciar uma parte importante do processo de manufatura de sua empresa. Um dos candidatos em sua lista de finalistas é programador em COBOL. Os outros dois não são. Esta diferença afetará a sua escolha?

Questões para análise

1. Muitos bancos de dados, nas décadas de 1960 e 1970, armazenavam datas com dois dígitos referentes ao ano para economizar espaço. Seus programadores afirmavam que tais bancos de dados seriam substituídos muito antes de armazenarem datas começando com "20". Isso não aconteceu. Foi necessário um grande esforço global no final da década de 1990 para lidar com o chamado problema Y2K. Alguns bancos de dados foram modificados, outros foram substituídos, e outros ainda receberam correções temporárias para continuar funcionando até 2020 ou 2030. Esta experiência sugere até quando os programas em COBOL estarão em uso?
2. Foi sugerido que os programadores em COBOL logo estarão em um dos dois grupos a seguir: os que estão prestes a se aposentar e os que viram as vantagens criadas pelas aposentadorias – em outras

palavras, os muito velhos (para serem membros ativos da força de trabalho) e os muito jovens. O grande grupo intermediário considerou o COBOL como um produto antiquado e não viu as mesmas oportunidades; assim, eles aprenderam outras linguagens. Este grupo intermediário deveria aprender COBOL agora? Seus funcionários deveriam tentar programar em COBOL?

Fontes: Staff, "COBOL Brain Drain: Survey Results," *Computerworld*, *www.computerworld.com/s/article/9225099/Cobol_brain_drain_ Survey_results*, 14 mar. 2012; Manta Technologies, "Developing a COBOL Program," *www.mantatech.com/manta/PCOB01.htm*, acesso em: 15 mar. 2012; Mitchell, R., "Brain Drain: Where COBOL Systems Go from Here," *Computerworld*, *www.computerworld.com/s/article/9225079/Brain_drain_Where_Cobol_systems_go_from_here_*, 14 de mar. 2012; site da OpenCOBOL, *www.opencobol.org*, acesso em: 15 mar. de 2012; Thomas, J., "Old School COBOL Gets New School Twist From Manta," The Four Hundred: iSeries and AS/400 Insight, *www.itjungleom/tfh/tfh022012-story07.html*, 20 fev. 2012.

NOTAS

Fontes do texto de abertura: Hewlett-Packard, "ImmobilienScout24 Increases Speed of Software Development," *h20195.www2.hp.com/V2/GetDocumentspx?docname=4AA1-3475ENW*, out. 2011; Hewlett-Packard, "HP Unified Functional Testing Software," *www8.hp.com/us/en/software/software-product.html?compURI=tcm:245-936981*, 2012; ImmobilienScout24, "ImmobilienScout24: Germany's Largest Real Estate Market," *www.immobilienscout24.de/de/ueberuns/presseservice/ press_releases/unternehmenstext_eng.jsp*, fev. 2012; Site da Scrum Alliance, *www.scrumalliance.org*, acesso em: 5 mar. 2012.

1. Angwin, Julia, "Web Tool on Firefox to Deter Tracking," *The Wall Street Journal*, 24 jan. 2011, p. B1.
2. Bruno, E., "Windows Ecossystem 2.0," *Information Week*, 31 jan. 2001, p. 51.
3. Staff, "Say Goodbye to All Those Passwords," *Bloomberg BusinessWeek*, *www.businessweek.com/magazine/ content/11_06*, 27 jan. 2011.
4. Moerschel, G., "4 Strategies to Lower Mobility Risk," *Information Week*, 31 jan. 2011, p. 44.
5. Essex, Allen, "Valley Plans for Future Natural Disasters," *Tribune Business News*, 8 jan. 2011.
6. Tirone, Jonathan, "Crash iPads," *Bloomberg BusinessWeek*, 21 mar. 2011, p. 22.
7. Collett, Stacy, "Calculated Risk," *Computerworld*, 7 fev. 2011, p. 24.
8. Ibid.
9. Bednarz, A., "Will Cloud Backup Services Be the End for Tape?" *Network World*, 21 fev. 2011, p. 12.
10. Barbee, T., "Disaster Recovery on a Budget," *CIO*, 1 maio 2011, p. 48.
11. Bednarz, A., "Will Cloud Backup Services Be the End for Tape?" *Network World*, 21 fev. 2011, p. 12.
12. Site da EMC^2, *www.emc.com/products/detail/software/recoverpoint.htm*, acesso em: 17 jul. 2011.
13. Staff, "Symitar Announces Hosted Failover Service," *PR Newswire*, 26 jul. 2011.
14. Tirone, Jonathan, "Crash iPads," *Bloomberg BusinessWeek*, 21 mar. 2011, p. 22.
15. Ward, Burke, et al, "A United States Perspective on Electronic Discovery," *Emerald Group Publishing*, 2011, p. 268.
16. Rosso, Anne, "In Compliance," *Collector*, ago. 2011, p. 60.
17. Varon, E., "Leaders vs. Laggards in Green IT," *CIO*, 1 mar. 2011, p. 24.
18. Staff, "BlueCross Headquarters Awarded Gold in Environmental Design," *Business Wire*, 4 mar. 2011.
19. Vinodh, S., "Environmental Conscious Product Design Using CAD and CAE," *Clean Technologies and Environmental Policy*, abr. 2011, p. 359.
20. Violino, Bob, "Top Green IT Organizations: KPMG," *Computerworld*, 4 out. 2011, p. 20.
21. McMillan, R.; Gaudin, S., "Facebook Reveals Its Data Center Secrets," *Computerworld*, 18 abr. 2011, p. 8.
22. Site da Nissan USA, *www.nissanusa.com*, acesso em: 17 jul. 2011.
23. Site da Vistaprint, *www.vistaprint.com*, acesso em: 8 ago. 2011.
24. Site da U.S. Green Building Council, *www.usgbc.org*, acesso em: 8 ago. 2011.
25. Brandon, J., "Powerful Experiments," *Computerworld*, 9 maio 2011, p. 38.
26. Site da HP, *www.hp.com*, acesso em: 17 jul. 2011.
27. Clark, Don, "Helping Chips to Sip Power," *The Wall Street Journal*, 6 jun. 2011, p. B5.
28. Site do Voltaic Generator, *www.voltaicsystems.com/bag_generator.shtml*, acesso em: 17 jul. 2011.
29. Site da Optimum Energy, *www.optimumenergyco.com*, acesso em: 28 ago. 2011.
30. Varon, Elana, "Recycling PCs," *CIO*, 1 set. 2011, 16.
31. Site da Venjuvo, *www.venjuvo.com*, acesso em: 17 jul. 2011.
32. Site da EPA, *www.epa.gov/epp/pubs/products/epeat.htm*, acesso em: 28 ago. 2011.
33. Site da Energy Star, www.energystar.gov, acessado em 28 de agosto de 2011.
34. Block, Janice, "Getting the Most Out of Your E-R-FP Process," *Inside Council*, abr. 2011.
35. Alonso, S., et al, "A Web Based Consensus Support System for Group Decision Making Problems," *Information Sciences*, jan. 2011, p. 4477.
36. Staff, "Improving the Practice of Cost Benefit Analysis in Transport," *Joint Transport Research Centre*, jan. 2011.
37. Nash, K., "Highlight the Fine Print," *CIO*, 1 mar. 2011, p. 15.
38. Richard, K., "Enterprise Software: It's the Contract, Stupid," *Information Week*, 28 mar. 2011, p. 13.

39. Eisner, R., "Legal Risks in the Cloud," *Computerworld*, 18 abr. 2011, p. 24.
40. Murphy, Chris, "Create," *Information Week*, 14 mar. 2011, p. 23.
41. Site da IBM, *www-03.ibm.com/systems/management/director/about/announcement/20091020.html*, acesso 17 jul. 2011.
42. Pratt, M., "Desktop Dreams," *Computerworld*, 6 jun. 2011, p. 28.
43. Site da Gartner, *www.gartner.com/it/content/1462300/1462334/december_15_top_predictions_for_2011_dplummer.pdf*, acesso em: 7 jun. 2011.
44. Nash, Kim, "Forging the Vendor Collective," *CIO*, 1 dez. 2011, p. 20.
45. Staff, "Industry-Shaping Event Takes Utility Computing from Hype to Fact," *PR Newswire*, 2 fev. 2011.
46. Site da IBM, *www-03.ibm.com/systems/power/hardware/cod*, acesso em: 29 ago. 2011.
47. Henderson, T., "Will Cloud Computing Leave Traditional Vendor Relationships in the Dust?" *Network World*, 23 maio 2011, p. 12.
48. Binstock, A., "In Praise of Small Code," *Information Week*, 27 jun. 2011, p. 41.
49. Dogan, K., et al, "Managing Versions of a Software Product," *Information Systems Research*, mar. 2011, 5.
50. Efrati, A., "Google Opens Online App Store," *The Wall Street Journal*, 3 fev. 2011, p. B2.
51. Binstock, A., ".NET Alternative in Transition," *Information Week*, 13 jun. 2011, p. 42.
52. King, Julia, "Pinning IT Projects More Firmly to Business Objectives," *Computerworld*, 21 fev. 2001, 32.
53. Gibbs, M., "Ninite Automates Installation of Windows, Linux Applications," *Network World*, 23 maio 2011, p. 21.
54. Staff, "New General Dynamics Fortress Technologies' Commercial Off-the-Shelf Suite B," *PR Newswire*, 23 ago. 2011.
55. Site da VMware, *www.vmware.com*, acesso em: 17 jul. 2011.
56. Staff, "Omniture Co-founder Unveils New Software-as-a-Service Venture," *The Enterprise*, 18 jul. 2011, 3.
57. Schultz, B., "Florida Hospice Saves with SaaS," *Network World*, 6 jun. 2011, p. 24.
58. Site da Qualys, *www.qualys.com*, acesso em: 29 ago. 2011.
59. Thibodeau, P., "Software Development Still a Risky Business," *Computerworld*, 24 out. 2012, p. 8.
60. Binstock, Andrew, "Developers Love IDEs," *InformationWeek*, 30 jan. 2012, p. 36.
61. Simon, S., "Wyoming Plays It Cool," *The Wall Street Journal*, 8 mar. 2011, p. A3.
62. Site da IT Redux, *http://itredux.com/office-20/ database/?family=Database*, acesso em: 17 jul. 2011.
63. Bennett, Stephen, "Real-World Beta Testing," *Transport Topics*," 14 fev. 2011, p. 12.
64. Staff, "Baidu Begins Alpha Testing on its Licensed Music Website," *TMT China Weekly*, 6 maio 2011.
65. Site da Vodafone, *www.vodafone.com*, acesso em: 17 jul. 2011.
66. Esposito, Dino, ".NET Apps Put to the Test," *InformationWeek*, 11 jul. 2011, p. 40.
67. Woo, Stu, "Amazon.com Tests Redesign," *The Wall Street Journal*, 6 set. 2011, p. B3.
68. Henschen, D., "SAP's ByDesign Moves from App to Platform," Information Week, 28 de fevereiro de 2011, p. 10.
69. Fogarty, K., "Modern Medicine," *CIO*, 1 mar. 2001, p. 30.
70. Overby, S., "Ground Control to Major Sales," *CIO*, 1 fev. 2011, p. 20.
71. Garcia, K., "Executive Viewpoint," *CIO*, 1 dez. 2011, p. 15.
72. Site da IBM, *www.research.ibm.com/autonomic*, acesso em: 17 jul. 2011.
73. Site da Blancco, *www.blancco.com*, acesso em: 29 ago. 2011.
74. Site da Micro Focus, *www.microfocus.com*, acesso em: 17 jul. 2011.
75. Foley, John, "FBI Recasts Sentinel As a Model of Agility," *InformationWeek*, 30 maio 2011, p. 12.
76. Site da TSA, *www.tsa.gov/press/happenings/030209_weekly_story12.shtm*, acesso em: 17 jul. 2011.
77. Site da The Idea Factory, *www.whitehouse.gov/open/innovations/IdeaFactory*, acesso em: 17 jul. 2011.
78. Lomsadze, G., "A Shovel Cuts off Armenia's Internet," *The Wall Street Journal*, 8 abr. 2011, p. A10.
79. Staff, "You Get a U.S. Visa! Oops, No?" *The Tampa Tribune*, 14 maio 2011, p. 1.
80. Site da Comcast, *www.comcast.com*, acesso em: 29 ago. 2011.
81. Site da Microsoft, *www.microsoft.com/visualstudio/en-us*, acesso em: 29 ago. 2011.
82. Site da IBM, *www.ibm.com/software/tivoli/products*, acesso em: 17 jul. 2011.
83. Site da Precise, *www.precise.com*, acesso em: 17 jul. 2011.
84. Site da HP, *https://h10078.www1.hp.com/cda/hpms/display/main/hpms_home.jsp?zn=bto&cp=1_4011_100*, acesso em: 17 jul. 2011.

PARTE 5

SISTEMAS DE INFORMAÇÃO NOS NEGÓCIOS E NA SOCIEDADE

14 O IMPACTO PESSOAL E SOCIAL DOS COMPUTADORES

Princípios	Objetivos de aprendizagem
• Devem ser estabelecidos políticas e procedimentos para evitar erros e desperdícios associados com o uso de computadores.	• Descrever alguns exemplos de desperdícios e erros no ambiente de SI, suas causas e possíveis soluções. • Identificar políticas e procedimentos úteis para a eliminação de desperdícios e erros. • Discutir os princípios dos limites e direitos individuais à privacidade.
• Os crimes de informática são uma ameaça séria e vêm crescendo rapidamente, requerendo atenção das gerências.	• Explicar os tipos de crimes de informática e seus efeitos. • Identificar medidas específicas para prevenir os crimes de informática.
• Empregos, equipamentos e condições de trabalho devem ser projetados de forma a evitar efeitos negativos e nocivos à saúde a partir do uso de computadores.	• Listar alguns efeitos negativos importantes no ambiente de trabalho por causa do computador. • Identificar ações específicas que devem ser tomadas para garantir a saúde e a segurança dos funcionários.
• Profissionais de muitas áreas estabelecem códigos de ética que declaram os princípios e os valores centrais essenciais ao seu trabalho.	• Traçar os critérios para o uso ético dos sistemas de informação.

Um mestre, 30 milhões de escravos

SISTEMAS DE INFORMAÇÃO NA ECONOMIA GLOBAL

O caso de botnet, em Bredolab, Rússia

EM 21 DE MAIO DE 2012, Gyorgi Avanesov foi condenado a quatro anos de prisão pela Corte de Primeira Instância do Distrito Administrativo de Arabkir and Kanaker-Zeytun, na Armênia. Avanesov foi a primeira pessoa a ser presa na Armênia por delitos relacionados a crimes cibernéticos.

Assim terminou, pelo menos temporariamente, a história do *botnet* de Bredolab. Àquela altura dos acontecimentos, essa rede de computadores escravos – *bots*, linguagem da internet – consistia em 30 milhões de computadores infectados com malware, controlados por 143 servidores na Holanda e em outros países. O botnet era usado principalmente para enviar e-mails de spam e iniciar ataques de Distribuição de Negação de Serviços (DDoS, Distributed Denial of Service)

Em um ataque regular de Negação de Serviços (DoS), um servidor é bombardeado por tantas requisições por páginas na internet que interrompe suas operações. O site fica incapaz de lidar com requisições válidas e pode entrar em colapso, exigindo a reinicialização. Entretanto, firewalls podem proteger os sistemas contra ataques de DDoS: assim que detectam inúmeras requisições da mesma origem, tudo que for enviado dessa fonte é bloqueado. Em um ataque DDoS, as requisições vêm de diversas fontes, de forma que alguns bloqueios não resolvem o problema. Com 30 milhões de computadores sob seu controle, sendo a grande maioria deles inconscientemente, os ataques de DDoS da Bredolab não poderiam ser bloqueados através desse método.

Por exemplo, Avanesov foi considerado culpado pelo ataque a uma empresa de telecomunicações russa chamada Macomnet em 1º de outubro de 2010. Avanesov forneceu instruções a 25% de seus botnets para atacar o endereço de IP da Macomnet. Isso derrubou o site da companhia e deixou aproximadamente 200 clientes sem os serviços de telecomunicação.

O vírus de Bredolab infectou o computador quando seu usuário visitava um site infectado ou quando abria um anexo de e-mail com vírus. Os anexos tinham nomes como "fatura da DHL", o que muitos usuários acreditavam ser legítimo. Depois de instalado, o vírus fornecia ao Bredolab a capacidade de alterar ou deletar arquivos daquele computador, roubar senhas e monitorar as atividades do usuário. O Bredolab também podia enviar e-mails ou requisições de páginas da internet sem que o usuário tivesse conhecimento. Em determinado momento, os investigadores holandeses descobriram que o vírus estava infectando três milhões de computadores por mês e que os computadores infectados estavam enviando 3,6 milhões de e-mails com vírus por dia.

Avanesov ganhou aproximadamente € 100 mil (cerca de $ 125 mil) por mês com seu negócio de botnet da Bredolab, cobrando pelo acesso aos computadores infectados de criminosos que queriam enviar spam, espalhar malware e antivírus de ataques falsos. Esse lucro lhe permitiu viver de maneira luxuosa, viajando de jato para Seychelles com sua namorada ou se apresentando com DJ. Mas essa vida luxuosa chegou ao final em 25 de outubro de 2010, quando as autoridades holandesas desabilitaram os servidores que controlavam os botnets. No dia seguinte, as autoridades da Armênia prenderam Avanesov no aeroporto de Yerevan.

Mesmo desabilitando 143 servidores, a publicidade alcançada por esses eventos e a grande disponibilidade de instruções para limpezas dos computadores infectados, alguns servidores da Bredolab permaneceram ativos na Rússia e no Cazaquistão, e ainda podiam controlar os computadores infectados. Assim, embora o botnet estivesse mais fraco do que no pico do ataque em 2010, o vírus não foi eliminado. Ele ainda é capaz de causar danos significativos.

À medida que você lê o capítulo, considere o seguinte:

- Os computadores trouxeram grandes benefícios para a sociedade. Ao mesmo tempo, eles criaram novos riscos. Como você poderia minimizar os riscos sem reduzir os benefícios?
- Para cada risco relacionado a computadores que você ouve falar, qual é a raiz do problema: erro humano, má intenção ou ato da natureza?

POR QUE APRENDER SOBRE O IMPACTO PESSOAL E SOCIAL DOS COMPUTADORES?

Tanto as oportunidades como as ameaças envolvem uma grande gama de questões não técnicas associadas com o uso dos sistemas de informações e da internet. As questões cobrem todo o espectro – desde impedir o desperdício e os erros computacionais até evitar violações de privacidade, cumprir as determinações da lei na coleta de dados sobre clientes e monitorar os funcionários. Se você vier a trabalhar no departamento de recursos humanos, de sistemas de informação ou jurídico dentro de uma organização, provavelmente será encarregado de conduzir a organização na resolução destas e outras questões abordadas neste capítulo. E também como usuário dos sistemas de informação e da internet, é de seu interesse se tornar bem versado nessas questões. Você precisa conhecer os tópicos deste capítulo para ajudar a evitar ou se recuperar de crimes, fraudes, invasão de privacidade e outros problemas potenciais. Este capítulo tem como tema inicial uma discussão sobre como evitar desperdícios e erros computacionais.

Os capítulos anteriores detalharam os benefícios significativos dos sistemas de informação com base em computadores em ambientes corporativos, incluindo o aumento nos lucros, bens e serviços superiores, e melhor qualidade de vida no trabalho. Atualmente, os computadores se tornaram ferramentas tão valiosas que os profissionais de negócios têm dificuldade em imaginar o trabalho sem eles. No entanto, a era da informação também trouxe os seguintes problemas potenciais para os funcionários, as empresas e a sociedade em geral:

- Erros e desperdícios com o uso do computador
- Crimes por computador
- Questões de privacidade
- Problemas no ambiente de trabalho
- Questões éticas

Este capítulo discute algumas das questões sociais e éticas como uma advertência destas importantes considerações subjacentes ao projeto, construção e uso dos sistemas de informação. Nenhuma organização corporativa, e, consequentemente, nenhum sistema de informação operam no vácuo. Todos os profissionais de SI, gerentes corporativos e usuários têm a responsabilidade de se certificar de que todas as possíveis consequências do uso de SI foram totalmente consideradas.* Mesmo os empresários, especialmente os que usam os computadores e a internet, devem estar cientes dos impactos pessoais e sociais dos computadores.

ERROS E DESPERDÍCIOS COM O USO DOS COMPUTADORES

O desperdício e os erros relacionados a computadores são as principais causas de problemas no setor de informática, contribuindo para altos e desnecessários custos e perda de lucros. Exemplos de desperdícios relacionados a computadores incluem sistemas de informação operando de forma não integrada nas organizações, aquisição de sistemas redundantes e desperdício dos recursos dos sistemas de informação. Os desafios relacionados a computadores se referem a erros, falhas e outros problemas de informática que tornam os resultados por computador incorretos ou inúteis, causados principalmente por erros humanos. Esta seção explora os danos que podem ser causados como consequência de desperdícios e de erros por computador.

* N.E.: Este capítulo apresenta informações predominantemente referentes à legislação e às práticas de mercado presentes no contexto dos Estados Unidos. Nem todas se aplicam à realidade brasileira. De qualquer modo, é de grande importância ao leitor que compreenda o ambiente em que esta obra foi elaborada.

DESPERDÍCIOS COM O USO DE COMPUTADORES

Algumas organizações continuam operando seus negócios usando sistemas de informação não integrados, o que dificulta para os tomadores de decisão colaborar e compartilhar informações. Essa prática leva à perda de oportunidades, aumento dos custos e perda de vendas. Por exemplo, até que a Casa Oliveira, importadora venezuelana de licores, vinhos, champanhes e outras bebidas, implantasse um sistema integrado de ERP, ela era incapaz de compartilhar dados do setor financeiro, vendas, folha de pagamento e dos sistemas de compra. Como resultado, tanto os custos quanto as vendas da empresa foram afetados de maneira adversa devido à ausência de ajustes nos níveis de estoque para atender às demandas e às principais promoções de vendas de forma mais efetiva.[1]

Em alguns casos, as organizações desconhecem que estão perdendo dinheiro por conta da aquisição de sistemas em diferentes unidades organizacionais que realizam praticamente as mesmas funções. A implantação de tais sistemas duplicados aumenta desnecessariamente os gastos com hardware e software. O governo americano gasta anualmente bilhões de dólares em sistemas de informação, e apenas no ano fiscal de 2011 esse valor chegou a $ 79 bilhões. Alguns desses gastos de destinam ao fornecimento de sistemas de informação que apresentam funções similares entre as várias ramificações e agências governamentais. Na verdade, quando o Escritório de Contabilidade Geral (GAO, General Accounting Office) realizou uma investigação sobre os gastos em sistemas de informação no Departamento de Defesa e no Departamento de Energia, descobriu que 37 das suas amostras de 810 investimentos em sistemas de informação (totalizando $ 1,2 bilhão) eram potencialmente duplicatas.[2]

Um exemplo menos dramático de desperdício, mas mesmo assim relevante, é quanto tempo e dinheiro da empresa os funcionários desperdiçam em jogos, no envio de e-mails pessoais ou navegando na internet. Quando o desperdício é identificado, normalmente aponta para uma causa comum: o gerenciamento inadequado dos recursos e dos sistemas de informação. Por exemplo, os funcionários da Procter & Gamble reclamaram durante meses que suas pesquisas na internet e o envio de e-mails eram muito lentos. Após uma investigação, descobriu-se que mais de 50 mil vídeos do YouTube estavam sendo reproduzidos nos computadores pessoais da companhia todos os dias. Além disso, os usuários estavam escutando um total de 4 mil horas de músicas por dia através do Pandora e baixando filmes da Netflix. A demanda por vídeos e música levou os computadores pessoais da companhia a exceder a capacidade de navegação na internet, criando um grande gargalo. A empresa foi forçada a bloquear o acesso dos funcionários a páginas não relacionadas aos negócios e alertá-los de que os computadores deveriam ser usados apenas para finalidades relacionadas ao trabalho.[3] A Procter & Gamble não é a única que bloqueia o acesso a páginas não relacionadas com os negócios. Muitas outras empresas, incluindo Cintas, General Electric, Aviation, Kroger e TriHealth, chegaram à conclusão de que era necessário limitar o acesso às páginas relacionadas ao trabalho.[4]

ERROS RELACIONADOS A COMPUTADORES

A despeito da desconfiança de muitas pessoas, os computadores raramente cometem erros. Se os usuários não seguirem os procedimentos corretos, até mesmo o hardware mais sofisticado será incapaz de produzir resultados úteis. Os erros podem ser causados por expectativas obscuras e por falta *feedback*. O programador também pode desenvolver um programa contendo erros, ou os funcionários podem inserir dados errados no sistema. A menos que os erros sejam descobertos e corrigidos prematuramente, a velocidade dos computadores pode intensificar os erros. À medida que a tecnologia de informação se torna mais rápida, mais complexa e mais poderosa, as organizações e os usuários de computadores enfrentam aumento nos riscos de sofrer os resultados de erros relacionados ao uso do computador. Considere os seguintes exemplos recentes de erros relacionados a computadores:

- Um erro de programação levou o governo do Estado de Indiana a perder $ 206 milhões em impostos e taxas coletados pelo Estado.[5]

- Em um caso que acabou sendo levado à Suprema Corte dos Estados Unidos, um homem de New Jersey foi preso, mantido no cárcere por sete dias e revistado duas vezes com base em um equivocado mandado de prisão emitido sete anos antes.[6]
- Erros de computação permitiram que 19 mil residentes do estado de Maine, que não tinham direito a auxílio doença, recebessem os benefícios.[7]
- Erros de computação no sistema de reservas de passagens da United Airlines provocaram atrasos nos créditos por milhagem, erros nos passes de embarque, erros nos níveis de status de passageiros frequentes e problemas com atualização e reembolso de certificados de créditos de voo.[8]
- Um astronauta na Estação Espacial Internacional foi forçado a prolongar sua caminhada no espaço por mais meia hora, devido a uma falha no sistema de computadores em um dos braços robóticos da estação, usados para transportar os astronautas para onde eles precisam ir.[9]

PREVENINDO DESPERDÍCIOS E ERROS DE COMPUTADOR

Para se manterem lucrativas em um ambiente competitivo, as organizações devem usar todos os recursos de maneira sábia. Para empregar eficiente e eficazmente os recursos de SI, funcionários e gerentes devem se empenhar em minimizar o desperdício e os erros. Esses esforços envolvem (1) estabelecer, (2) implantar, (3) monitorar e (4) revisar procedimentos e políticas eficazes.

ESTABELECIMENTO DE POLÍTICAS E PROCEDIMENTOS

O primeiro passo para prevenir o desperdício por computadores é estabelecer políticas e procedimentos com relação à aquisição, ao uso e ao descarte eficientes de sistemas e dispositivos. Atualmente, os computadores se espalham nas organizações, e é crucial para elas garantirem que os sistemas sejam utilizados em seu potencial máximo. Como consequência, a maioria das empresas implantou políticas rigorosas referentes à aquisição de sistemas e equipamentos de informática, incluindo a exigência de uma declaração de justificativa formal antes que um equipamento seja adquirido, a definição de plataformas padronizadas de computação (sistema operacional, tipo de chip para computador, quantidade mínima de RAM etc.) e a utilização de fornecedores preferenciais para todas as aquisições.

A prevenção de erros relacionados a computadores inicia-se pela identificação dos tipos mais comuns de erros, que são surpreendentemente poucos. Os tipos de erros relacionados a computadores incluem:

- Erros na inserção ou na captura de dados
- Erros nos programas de computador
- Erros na manipulação de arquivos, incluindo a formatação de um disco por engano, cópia de um arquivo antigo sobre um novo ou a exclusão acidental de arquivo.
- Manipulação inadequada da saída de computadores
- Planejamento inadequado e falha no controle dos defeitos do equipamento
- Planejamento e controle inadequados das dificuldades ambientais (problemas com eletricidade e umidade)
- Instalação de recursos de informática inadequados ao nível das atividades
- Falha em fornecer acesso às informações mais recentes por não acrescentar novos links da web e não apagar os antigos

Para controlar e prevenir problemas potenciais causados por esses erros, as empresas desenvolvem políticas e procedimentos que abrangem a aquisição e o uso de computadores. Programas de treinamento para indivíduos e grupos de trabalho, assim como manuais e documentos cobrindo o uso e a manutenção dos sistemas computacionais, também ajudam a evitar esses problemas. O Instituto de Melhoria de Processo

(Process Improvement Institute) oferece cursos com duração de dois dias sobre a prevenção de erros humanos e que explicam as razões para tais erros e como estes podem ser prevenidos.[10] Outras medidas preventivas incluem a aprovação de determinados sistemas e aplicativos antes que eles sejam implantados e usados para garantir a capacidade e a efetividade em relação ao custo, bem como a exigência de que a documentação e as descrições de certos aplicativos sejam ser arquivadas ou submetidas a um escritório central, incluindo todas as fórmulas de células para planilhas, e uma descrição de todos os elementos de dados e as relações em um sistema de banco de dados. Tal padronização pode facilitar o acesso e o uso de todos os funcionários.

Muitas empresas estabeleceram políticas rígidas para impedir os funcionários de desperdiçarem tempo usando inapropriadamente os computadores no trabalho. Depois que as empresas planejarem e desenvolverem políticas e procedimentos, elas precisam avaliar qual a melhor forma de implantá-las. Em alguns casos, a violação dessas políticas pode resultar em demissão. Por exemplo, um funcionário do Departamento de Polícia do Emerson College foi demitido por ter acessado o Netflix e um site de encontros on-line durante o trabalho. E os administradores do College foram além, pois também demitiram o chefe de polícia por demorar a reportar esse incidente ao Departamento de Recursos Humanos.[11]

IMPLANTAÇÃO DE POLÍTICAS E PROCEDIMENTOS

A implantação de políticas e procedimentos para minimizar o desperdício e os erros varia conforme a maneira como a companhia é conduzida. A maioria das empresas desenvolve tais políticas e procedimentos com a assessoria do grupo de auditoria interno ou de empresas de auditoria externas. As políticas frequentemente enfocam a implantação da automação das fontes de dados, o uso de edição de dados para garantir a precisão e a conclusão dos dados, e a clara atribuição de responsabilidade pela exatidão dos dados dentro de cada sistema de informação. Algumas políticas úteis para minimizar o desperdício e os erros são apresentadas a seguir.

- Mudanças para tabelas críticas, HTML e URLs devem ser rigidamente controladas, com todas as modificações autorizadas pelos proprietários responsáveis e documentadas.
- Um manual do usuário deve ser disponibilizado para cobrir os procedimentos operacionais e documentar o gerenciamento e o controle do aplicativo.
- Cada relatório de sistema deve indicar o conteúdo geral em seu título e especificar a que período se refere.
- O sistema deve ter controles para impedir a entrada de dados inválidos ou não razoáveis
- Devem existir controles para garantir que a entrada de dados, HTML e URLS sejam válidas, aplicáveis e inseridas no momento exato.
- Os usuários devem implantar procedimentos apropriados para garantir a entrada correta de dados

O treinamento é outro aspecto-chave da implantação. Muitos usuários não são adequadamente treinados no uso dos aplicativos, e seus erros podem ser muito onerosos. Uma vez que mais e mais pessoas usam os computadores em seu trabalho diário, é importante que entendam como usá-los. O treinamento é frequentemente o segredo para a aceitação e implantação de políticas e procedimentos. Devido à importância de manter dados precisos e pessoas que entendam suas responsabilidades, as empresas que adotam sistemas de ERP e comércio eletrônico investem semanas de treinamento para os principais usuários dos vários módulos do sistema.

É fundamental que os sistemas tenham dados inseridos corretamente, de forma que possam atuar de maneira apropriada. Quando um incêndio controlado, projetado para reduzir riscos de incêndios no Colorado fugiu do controle, os moradores de aproximadamente 4.500 acres em chamas deveriam receber ligações do serviço de emergência avisando para evacuarem a área. Porém, devido a uma imprecisão nos dados, estima-se que aproximadamente 12% dos proprietários de imóveis nessa área nunca chegaram a receber tal ligação, enquanto outras pessoas que residiam em outros locais receberam a chamada erroneamente. Infelizmente, um casal que residia dentro da área queimada não conseguiu se evadir do local, e ambos morreram queimados. Se eles receberam ou não a ligação ainda é motivo de discussão.[12]

POLÍTICAS E PROCEDIMENTOS DE MONITORAMENTO

Para assegurar que todos os usuários da organização sigam os procedimentos estabelecidos, o próximo passo é monitorar as práticas rotineiras e realizar ações corretivas, se necessário. Entendendo o que acontece nas atividades diárias, as organizações podem fazer ajustes ou desenvolver novos procedimentos. Muitas companhias implantam auditorias internas para medir os resultados reais em relação às metas estabelecidas, tais como porcentagem de relatórios de usuários finais produzidos no prazo estabelecido, porcentagem de erros de entrada de dados detectados, número de entradas de transações por turno de oito horas, e assim por diante.

A organização Her Majesty's Revenue and Customs realizou a auditoria anual para assegurar que os impostos deduzidos pelos funcionários estavam de acordo com seus registros. Descobriu-se que 6 milhões de pessoas deveriam receber restituição de £ 300 ($ 475) em média, enquanto outro 1 milhão deveria pagar em média £ 600 ($ 950) adicionais. Os contribuintes afetados foram informados sobre o erro encontrado através desse monitoramento.[13]

REVISÃO DAS POLÍTICAS E DOS PROCEDIMENTOS

O passo final é rever as políticas e os procedimentos existentes e determinar se são adequados. Durante a revisão, as pessoas devem fazer as seguintes perguntas:

- As políticas atuais abordam adequadamente as práticas existentes? Algum problema ou oportunidade foi descoberto durante o monitoramento?
- A organização planeja novas atividades no futuro? Se for assim, ela necessita de novas políticas ou novos procedimentos para aqueles que lidarão com elas e o que deve ser feito?
- As contingências e os desastres estão cobertos?

Tal revisão e planejamento permitem que as empresas assumam uma abordagem proativa para a resolução de problemas, que podem melhorar o desempenho de uma empresa, aumentando na produtividade e melhorando seu serviço ao consumidor. Durante esta revisão, as empresas são alertadas para as mudanças previstas nos sistemas de informação que podem ter profundos efeitos sobre muitas atividades do negócio.

Os resultados de não revisar nem planejar as mudanças nas políticas e nos procedimentos podem levar a consequências desastrosas. Por exemplo, falhas nos sistemas de computadores e procedimentos incorretos levaram à liberação indevida de aproximadamente 1.450 presos nas prisões da Califórnia, com alto risco de estes praticarem atos de violência ou cometerem outros crimes. Essas ações foram realizadas em um programa projetado para reduzir a superpopulação carcerária através da transferência de milhares de condenados por crimes menores do presídio para prisões municipais. Ainda que os prisioneiros que apresentassem risco potencial de cometer novos crimes fossem excluídos do programa, os oficiais nas penitenciárias não incluíram as informações necessárias para efetivar essa determinação. Eles não tiveram acesso aos históricos disciplinares dos presos enquanto estes estavam encarcerados. Além disso, os oficiais das penitenciárias empregaram um sistema do Departamento de Justiça que registra as prisões mas que carece de informações para quase metade das prisões realizadas no Estado.[14]

Os profissionais de sistemas de informação e os usuários ainda necessitam ser conscientizados do mau uso dos recursos por toda a organização. Prevenir erros e enganos é uma maneira de se fazer isso. Outra forma é implantar medidas de segurança interna e proteções legais para detectar e impedir um tipo perigoso de mau uso: o crime por computador.

CRIMES POR COMPUTADOR

Mesmo boas políticas de SI podem não ser capazes de prever ou impedir os crimes por computador. A capacidade de um computador para processar milhões de sequências de dados em menos de um segundo pode ajudar um ladrão a roubar dados que valem milhões de dólares. Livre dos perigos físicos de roubar um banco ou loja com uma arma, um criminoso por computador, com o equipamento e o conhecimento certos, pode roubar muito dinheiro na privacidade de sua casa.

O Centro de Computadores para Crimes na Internet (ICCC, Internet Crime Computer Center) é uma aliança entre Centro de Crimes do Colarinho Branco e o Bureau Federal de Investigações (FBI), que foi criada em 2000 e fornece um site central destinado a vítimas de crime pela internet para relatar e alertar as agências apropriadas sobre os crimes cometidos. Mais de 300 mil crimes foram relatados neste site em 2010 (a data mais recente com dados disponíveis).[15] Infelizmente, esse número representa apenas uma pequena fração dos crimes realizados por computadores, uma vez que muitos outros não são reportados porque as empresas não querem publicidade negativa ou não acreditam que a força policial possa ajudar. Tal falta de publicidade torna o trabalho ainda mais difícil para os policiais. Além disso, a maior parte das empresas que foram atacadas eletronicamente não fala com a imprensa. Uma grande preocupação é a perda da imagem e a confiança do público – para não mencionar o medo de encorajar imitações por parte dos hackers.

De acordo com o Centro de Computadores para Crimes na Internet, os dois tipos de crimes on-line mais comuns reportados incluíam o não pagamento e a não entrega de mercadorias que somavam milhões de dólares, e as investigações apontavam pessoas que se passavam por agentes do FBI. As vítimas desses crimes relataram perdas que somam centenas de milhões de dólares.[16]

Muitos casos de fraudes incluíam a não entrega de automóveis colocados à venda na internet. Os criminosos postavam fotos e uma descrição dos veículos oferecidos para venda. Quando um comprador potencial entrava em contato, a vítima era informada de que o veículo estava localizado fora do país. Os fraudadores então, solicitavam às vítimas que enviassem um depósito através de transferência bancária para iniciar o processo de transporte do veículo. Depois que a transferência era feita, o comprador não tinha mais notícias dos fraudadores. Em uma variação desse crime, o fraudador avisava a vítima sobre um problema com a transferência inicial. Para corrigir o problema, o criminoso enviava um recibo de depósito (recibo bancário) para informar à vítima para cobrir o cheque e fazer uma segunda remessa para uma conta bancária diferente. A vítima não estava ciente de que o recibo de depósito era falsificado e assim seguia as orientações recebidas, sendo roubado pela segunda vez.[17]

Os fraudadores frequentemente se identificam usando nomes e fotos de agentes do governo americano (incluindo agentes do FBI) para criar um perfil social e bancário falso. Os fraudadores utilizam essas identidades roubadas para passarem a impressão de que são pessoas respeitáveis e começam a fazer "amizade" com as vítimas potenciais para criar um relacionamento favorável. Conforme esse relacionamento crescia, os fraudadores revelavam que estavam em situação precária e que precisavam de dinheiro. Talvez estivessem no exterior em viagens de negócios urgentes e algum membro da família adoecia. Eles precisavam do dinheiro para voltar para casa. As vítimas acabavam fazendo as transferências (algumas vezes, repetidamente) para os fraudadores, acreditando que esse relacionamento era verdadeiro.[18]

Atualmente, os criminosos por computador são um novo tipo – mais audacioso e mais criativo do que nunca. Com o aumento do uso da internet, os crimes de informática atingiram um nível global. Não é somente em terras americanas que os agentes da lei precisam combater os criminosos cibernéticos. Independentemente de sua imagem de não violência, os crimes de informática diferem apenas porque é usado um computador. Ainda assim são crimes. Parte do que torna o crime por computador tão peculiar e difícil de combater é a sua natureza – o computador pode tanto ser a ferramenta usada para cometer o crime como o objeto desse mesmo crime.

O COMPUTADOR COMO FERRAMENTA PARA A PRÁTICA CRIMINOSA

Um computador pode ser usado como ferramenta para obter acesso a informações valiosas e para roubar milhares ou milhões de dólares. Talvez seja uma questão de motivação – muitas pessoas que cometem crimes por computador justificam que o fazem pelo desafio, não pelo dinheiro. A fraude com cartões de crédito – pela qual um criminoso obtém ilegalmente acesso à linha de crédito de outra pessoa com números de cartões de crédito roubados – é a principal preocupação dos bancos e instituições financeiras hoje em dia. Em geral, os criminosos precisam de duas habilidades para cometer a maioria dos crimes por computador. Primeiro, é preciso saber como ter acesso ao sistema de computadores. Algumas vezes, obter acesso requer o conhecimento de um número de identificação e uma senha. Em segundo lugar, o criminoso deve saber como manipular o sistema para produzir o resultado desejado. Com frequência, uma senha de computador foi mencionada por uma pessoa, uma prática chamada **engenharia social**. Ou os agressores simplesmente buscam no lixo – **mergulho no lixo** – importantes informações que podem ajudar a invadir os computadores ou convencer alguém da empresa a dar-lhes mais acesso. Além disso, mais de 2 mil websites oferecem ferramentas digitais – gratuitamente – que permitem que as pessoas encontrem informações privadas, invadam computadores, assumam os controles de uma máquina ou recuperem uma cópia de cada tecla digitada. Embora algumas dessas ferramentas tenham sido planejadas para o uso legítimo, fornecendo suporte técnico remoto ou monitoramento do uso do computador, os hackers tiram proveito delas para obter acesso não autorizado a computadores ou dados.

ENGENHARIA SOCIAL: O uso de habilidades sociais para fazer com que os usuários forneçam dados, permitindo aos hackers terem acesso a um sistema de informação ou a seus dados.

MERGULHO NO LIXO: Entrar na lixeira de uma organização para encontrar informações confidenciais ou secretas, incluindo aquelas necessárias para acessar um sistema de informações ou seus dados.

Um mergulho no lixo pode ser uma excelente fonte de informações para um ladrão de identidades. Dados de faturas descartadas, cartas de aprovação de cartões de crédito ou declarações financeiras podem fornecer todas as informações para roubar ou usar a identidade de alguém. É interessante notar que o Guia de Operações e Investigações Nacionais do FBI encoraja seus agentes a mergulhar no lixo para obter informações.[19]

CIBERTERRORISMO

Em 2002, o FBI definiu o **ciberterrorismo** como "qualquer ataque premeditado e com motivação política contra sistemas de informação, computadores, programas e dados, que resultem em violência contra alvos não resistentes realizados por grupos subnacionais ou agentes clandestinos".[20] O ciberterrorismo tem sido motivo de preocupação para países e empresas ao redor do mundo.

CIBERTERRORISMO: Qualquer ataque premeditado e com motivação política contra sistemas de informações, computadores, programas e dados, que resultem em ataques contra alvos não resistentes realizados por grupos subnacionais ou agentes clandestinos.[22]

O governo americano considerou a ameaça potencial do ciberterrorismo grave o suficiente para estabelecer, em fevereiro de 1998, o Centro de Proteção da Infraestrutura Nacional. Essa função foi transferida para o Departamento de Análise de Informações e Proteção da Infraestrutura do Departamento de Segurança Nacional para servir como um ponto muito importante para a avaliação de ameaças, avisos, investigação e reação a ameaças ou ataques contra a infraestrutura fundamental do país, que fornece serviços de telecomunicações, energia, bancários e financeiros, sistemas hídricos, operações governamentais e serviços de emergência. Ciberataques bem-sucedidos contra as instalações que fornecem esses serviços podem causar interrupções maciças no funcionamento normal da sociedade americana. Janet Napolitano, secretária do Departamento de Segurança Doméstica, recentemente declarou que "Os Estados Unidos se tornaram 'categoricamente mais seguros' desde o dia 11 de setembro, mas agora o ciberterrorismo encabeça a lista de preocupações de seguranças."[21]

CIBERTERRORISTA: Um ciberterrorista é alguém que intimida ou exerce coerção sobre um governo ou uma organização para promover seus objetivos políticos ou sociais, lançando ataques por computador contra outros computadores, redes e informações neles armazenadas.

Um **ciberterrorista** é alguém que intimida ou exerce coerção sobre um governo ou uma organização para promover seus objetivos políticos ou sociais, lançando ataques por computador contra outros computadores, redes e informações neles armazenadas. A seguir estão alguns dos exemplos mais recentes de ataques de ciberterroristas em todo o mundo:

QUESTÕES ÉTICAS E SOCIAIS

Ladrões de identidade e consoles de jogos

Como você leu aqui, o *roubo de identidade* é aquele no qual uma pessoa obtém informações pessoais de outra pessoa para obter benefícios, tais como crédito, fingindo ser esta pessoa.

A maioria de nós não pensaria em consoles de jogos como uma fonte de informações pessoais que poderia nos pôr em risco. Mas estamos errados. Um grupo de pesquisas na Drexel University, liderado pela professora assistente Ashley Podhradsky, descobriu que o console usado de um Xbox 360 contém informações do cartão de crédito e outras informações de seu dono. (Esses consoles usam cartão de crédito para comprar jogos e acessórios na Xbox Store.) Essas informações permanecem no disco mesmo depois que o usuário segue as instruções do fabricante para restaurar o console para as "configurações de fábrica". A restauração não apaga todos os dados do disco.

O formato de arquivo usado dentro do Xbox 360 é uma versão derivada do formato Windows FAT32. Ferramentas de análise de disco amplamente utilizadas podem ler os dados que ele contém. Conversando com um representante do site de jogos Kotaku em uma entrevista por telefone, a Dra. Podhradsky disse: "Muitos criminosos já sabem como fazer tudo isso. Qualquer um pode baixar gratuitamente muitos desses programas, pegar um console de jogos descartado e roubar a identidade de alguém".

A Dra. Podhradsky afirmou que o editor do Xbox da Microsoft fez um "desserviço" a seus clientes por não fazer um trabalho melhor na proteção dos dados pessoais. "A Microsoft faz um grande trabalho na proteção de seus dados de propriedade intelectual", diz ela. "Mas seu trabalho não é tão bom no que se refere à proteção dos dados de seus usuários."

Os aficionados mais avançados de jogos sabem que quando apagam os dados, na verdade, nada está sendo excluído. Um arquivo é marcado para indicar que seu espaço está disponível para uso, mas os dados permanecem até que sejam sobrescritos por novos dados. Por esse motivo, os jogadores mais experientes sempre formatam o drive antes de vender o console. Porém, nem mesmo a reformatação destrói todos os dados pessoais em um console Xbox 360. Usando ferramentas para inspeção de discos, a equipe de pesquisadores de Drexel descobriu nomes de usuários e números de cartões de crédito em discos que supostamente foram reformatados. Uma vez que o comprador de um sistema usado normalmente tem o nome real e o endereço do vendedor, a combinação é suficiente para roubar a identidade do vendedor. Os pesquisadores também foram capazes de descobrir a lista de jogos dos antigos proprietários: as tags de outros jogadores com quem o usuário jogou. As tags de jogador também podem ser usadas nas redes sociais e nos sites de jogadores para encontrar informações pessoais do usuário.

Alex Garden, gerente-geral do Xbox Live da Microsoft, escreveu em resposta a essas descobertas que "A segurança é uma batalha contínua. Não importa quanto você trabalhe para melhorar a segurança... o trabalho nunca vai terminar. Mesmo com todas as medidas que aplicamos, as pessoas mal-intencionadas irão criar novas maneiras de atacar". É compreensivelmente que a Microsoft fique relutante em revelar especificações que essas "pessoas mal-intencionadas" aprenderam e que não irão mais funcionar e quais implicações podem existir.

Nesse meio tempo, o que devem fazer as pessoas antes de vender um Xbox 360? Os pesquisadores da Drexel recomendam que removam o disco rígido, conecte-o em um computador e usem um programa de desinfecção, tal como Darik's Boot and Nuke (grátis para a maioria das plataformas de computadores pessoais) para apagá-lo. Em seguida, os usuários podem reinstalar o disco rígido e vender o console.

No momento em que você estiver lendo este livro, talvez a Microsoft já tenha conseguido resolver esta vulnerabilidade específica. Porém, ainda podem restar outras vulnerabilidades a serem descobertas e exploradas. Esse tipo de vulnerabilidade não é exclusiva do Xbox entre os consoles de jogos, nem tão pouco é exclusiva de consoles de jogos entre outros dispositivos inteligentes. Como afirma o estudo de Drexel, "Daqui a cinco anos, identidades serão roubadas em equipamentos e tecnologias que ainda nem existem... Os clientes precisam ser diligentes em relação à proteção de seus dados pessoais e não achar que a tecnologia irá fazer isso por eles". Os consumidores precisam ser cautelosos em todos os locais onde seus dados pessoais estiverem armazenados.

QUESTÕES ÉTICAS E SOCIAIS

Questões para discussão

1. Você já vendeu um console de jogos, um smartphone, um tablet ou um computador usado? Quanto você foi cuidadoso ao apagar todos os dados que estavam armazenados? Depois de ler este caso, você faria o mesmo se fosse vender um equipamento similar agora? O que você faria de diferente?
2. Você já comprou um console de jogos, um smartphone, um tablet ou um computador usado? Você encontrou alguma informação sobre o antigo proprietário no equipamento? Você se esforçou ao procurar os dados? O que você fez com eles? Se você não encontrou nenhum dado, quanto você se esforçou para encontrá-lo?

Questões para análise

1. Imagine que o custo adicional para proteger o acréscimo de informações pessoais em um novo console de jogo aumentará seu custo total em $ 25 por unidade e atrasará seu lançamento no mercado em 6 meses. Como gerente de produto para esse novo console, prepare um argumento para o conselho diretor da companhia, declarando sua posição sobre essa nova proteção. Certifique-se de considerar as questões éticas e legais em comparação com o impacto na produção da companhia e em sua reputação junto aos consumidores.
2. É o ano de 2023. Seu freezer lê a etiqueta RFID das ervilhas congeladas que você retirou, atualiza o banco de dados do seu estoque, informa ao micro-ondas como prepará-las e emite um pedido quando a quantidade de ervilhas congeladas atinge um ponto em que precisam ser reabastecidas. Quanto essa situação se parece com a outra apresentada neste caso? Deveríamos começar a nos preocupar com o roubo de identidade desses aplicativos de cozinha? O que os fabricantes de aplicativos, sites de lojas de alimentos, clientes e agências regulatórias devem começar a fazer agora para evitar este tipo de roubo de identidade no futuro?

Fontes: Cunningham, A. (divulgado como humboldt111502), "Identity Theft and Used Gaming Consoles," fórum de Xbox Experts, *forums.xbox-experts.com/viewtopic.php?f=4&t=5640*, acesso em: 5 abr. 2012; site da Darik's Boot and Nuke, www.dban.com, acesso em: 29 maio 2012; Plunkett, L., "Microsoft 'Cares Deeply' about Hijacked Accounts, Asks for 'Trust in Us,'" Kotaku, kotaku.com/5883231/microsoft-cares-deeply-about-hijacked--accounts-asks-for-trust-in-us, acesso em: 7 fev. 2012; Podhradsky, A., et al., "Identity Theft and Used Gaming Consoles: Recovering Personal Information from Xbox 360 Hard Drives," AMCIS 2011 Proceedings—All Submissions, Paper 54, aisel.aisnet.org/amcis2011submissions/54, acesso em: 5 ago. 2011; Schreier, J., "Hackers Can Steal Credit Card Information from Your Old Xbox, Experts Tell Us [Update]," kotaku.com/5897461/hackers--can-steal-credit-card-informationfrom-your-old-xbox-experts-tell-us, acesso em: 29 mar. 2012; site da Xbox, www.xbox.com, acesso em: 29 maio 2012.

- Os websites da Bolsa de Valores de Tel Aviv e da El Al, companhia aérea nacional de Israel, foram derrubados por ciberterroristas. Em retaliação, os hackers de Israel derrubaram a bolsa de valores da Arábia Saudita.[23]
- Ciberterroristas atacaram e destruíram o site da OTAN na Croácia para protestar contra a intervenção quanto ao ocidente na Líbia e em outros países.[24]
- Uma grande instalação de tratamento de água na Califórnia contratou um hacker para testar a vulnerabilidade dos seus sistemas de computadores. Em apenas um dia, o hacker e sua equipe conseguiram ter acesso e controlar os equipamentos que adicionam produtos químicos para purificação da água potável. Se fossem mesmo ciberterroristas, eles poderiam facilmente deixar a água impotável para milhões de habitantes.[25]
- Seis meses depois do incidente na Califórnia uma falha em uma bomba d'água na estação de tratamento hídrico de Illinois foi danificada, o que foi considerado um ciberataque de terroristas originários da Rússia.[26]

ROUBO DE IDENTIDADE: É um crime no qual um impostor obtém importantes informações sobre identificação pessoal, como os números de seguro social ou de cartas de motorista, para se passar por outra pessoa.

ROUBO DE IDENTIDADE

O **roubo de identidade** é um crime pelo qual um impostor obtém importantes informações sobre identificação pessoal, como os números do seguro social ou da carteira de motorista, para se passar por outra pessoa. As informações são então usadas para obter crédito, mercadoria e/ou serviços no nome da vítima ou para fornecer falsas credenciais ao ladrão. Os infratores que cometem esses crimes empregam inúmeros métodos de invasão, o que torna sua investigação mais difícil. Uma área que cresce rapidamente no roubo de identidade, envolve o roubo de identidades de crianças, e o número de reclamações reportadas à Comissão Federal de Comércio cresceu de 6 mil em 2003 para 19 mil em 2011.[27] Os números do Seguro Social de Crianças são considerados "limpos" e seus ladrões podem não ser identificados por anos. Um pai da Carolina do Norte não foi capaz de incluir seu filho na lista de dependentes, pois essa identidade já estava sendo utilizada por outro contribuinte. Como resultado, ele teve de pagar $ 4 mil extras em taxas federais.[28]

Em alguns casos, o ladrão de identidade usa informações pessoais para abrir novas contas de crédito, estabelecer um serviço de telefonia celular ou abrir uma nova conta bancária para obter cheques em branco. Em outros casos, as informações pessoais são utilizadas para obter acesso às contas reais das pessoas. Em geral, o ladrão altera o endereço de correspondência de uma conta e faz uma enorme compra antes que a pessoa, cuja identidade foi roubada, perceba que há um problema. A internet tornou mais fácil para um ladrão de identidade usar as informações roubadas porque as transações podem ser realizadas sem qualquer interação pessoal.

O site da IRS fornece detalhes de um caso após outro de indivíduos que cometeram roubos de identidade e usaram informações para falsificar as restituições de impostos federais. Por exemplo, uma quadrilha composta por 4 pessoas obteve informações roubadas de identidades, incluindo nomes e números do Seguro Social que utilizaram para requerer diversas restituições de impostos federais. Eles solicitaram restituições fraudulentas em um valor superior a $ 3 milhões durante 2010, e $ 2 milhões. em 2011. Eles foram presos, julgados e considerados culpados, e agora estão cumprindo pena por seus crimes.[29]

Três vizinhos da mesma rua em um subúrbio de Chicago foram vítimas de roubo de identidade e tiveram débitos de milhares de dólares em seus cartões de crédito. A polícia acredita que o ladrão se escondia para roubar correspondência ou que mergulhou no lixo para roubar os dados de identidade.[30]

JOGOS DE APOSTAS PELA INTERNET

Muitas pessoas se divertem jogando pela internet como uma atividade recreacional e de lazer. Bacará, bingo, vinte e um, pachinko, pôquer, roleta e apostas em esportes estão todos prontamente disponíveis on-line. A dimensão do mercado de jogos on-line é desconhecida, mas estima-se que o mercado global esteja na casa de $ 30 bilhões.[31]

As leis relacionadas com jogos on-line são muito confusas. Nenhuma lei federal proíbe as pessoas de participarem de apostas on-line. Porém, funcionar como cassino, hipódromo ou loja de apostas em um site da internet hospedado nos Estados Unidos foi declarado ilegal em alguns casos, e por essa razão os sites são agora operados através de servidores de outros países. É uma violação das leis federais sites da internet aceitarem apostas on-line. Apesar de o fato de receber apostas não esportivas de residentes dos Estados Unidos através de sites da internet localizados no exterior não ser ilegal, as leis federais proíbem bancos e outras instituições financeiras de transferirem fundos para cassinos on-line. Portanto, fazer apostas e usar seu cartão de crédito para processar seus ganhos e perdas pode pôr seu banco em perigo. Naturalmente, tudo isso está sujeito a mudanças nas leis federais e na interpretação de promotores e juízes ao julgarem casos específicos. Vários estados possuem leis próprias sobre apostas on-line.

Exemplos de sites de apostas on-line que entram em conflito com as leis federais americanas são três sites populares de pôquer que o Departamento de Justiça dos Estados Unidos processou por fraude bancária, lavagem de dinheiro e cobranças por apostas ilegais. Os promotores processaram os operadores do site pela transferência de bilhões de dólares em pagamentos recebidos de jogadores americanos que foram disfarçados como comércio on-line fictício e que era processado através de bancos americanos.[32]

Alguns membros do Congresso dos Estados Unidos gostariam de legalizar as apostas on-line e estabelecer impostos federais e estaduais, como um meio de aumentar as receitas de impostos. Este aumento na receita poderia facilmente ultrapassar os $ 10 bilhões em um período de 10 anos.

O COMPUTADOR COMO FERRAMENTA PARA COMBATER A PRÁTICA CRIMINOSA

O computador também é usado para combater crimes cibernéticos. Sistemas de informações são empregados para combater o crime de diversas formas, incluindo ajuda para recuperar propriedades roubadas, monitorar quem comete abuso sexual e obter melhor compreensão e diminuir os riscos de incidências de crimes.

RECUPERAÇÃO DE PROPRIEDADES ROUBADAS

O sistema de serviços na internet LeadsOnline é um dos vários sistemas de informações utilizado pelas forças policiais para recuperar propriedades roubadas. O sistema contém centenas de milhões de registros em seu banco de dados, os quais são inseridos no sistema por meio de lojas de penhores, revendedores de produtos usados e locais de desmanche de automóveis. Em algumas áreas, as leis locais ou estaduais exigem o registro de tais negócios (sem custos para os proprietários) no site LeadsOnline. O sistema permite que os agentes da lei pesquisem os bancos de dados através do número de série de um item ou pelo nome do indivíduo. O sistema tem parceria até mesmo com o eBay, o que torna possível localizar mercadorias que possivelmente foram roubadas e colocadas para venda on-line.[33]

O sistema LeadsOnline tem ajudado frequentemente a capturar criminosos e devolver os bens roubados a seus legítimos donos. Mais de $ 37 mil em mercadorias roubadas de uma joalheria foram recuperados quando um agente do departamento do xerife do Condado Hale, Alabama, pesquisou um nome suspeito no sistema LeadsOnline. O agente não apenas foi capaz de recuperar as mercadorias como também a loja de penhores tinha uma foto do ladrão segurando as joias em suas mãos.[34]

MONITORAMENTO DE CRIMINOSOS

O JusticeXchange é um sistema de compartilhamento de dados on-line que fornece aos agentes da lei um acesso rápido e fácil a informações sobre novos e antigos meliantes que ficaram detidos em diversas cadeias que fazem parte desse sistema espalhadas pelos Estados Unidos. O sistema recebe dados de agências que registram e abrigam criminosos, através de interfaces conectadas com sistemas de gerenciamento de prisões. Os usuários podem pesquisar históricos e informações atualizadas sobre os prisioneiros, criar um "ponto de observação" de modo a serem notificados por e-mail caso o meliante seja detido ou liberado, e acrescentar no banco de dados informações comportamentais relacionadas a criminosos encarcerados.[35]

A Watch Systems é uma companhia parceira de tecnologia e consultora de organizações de agentes da lei atuando em todo o país.

O produto Offender Watch é um sistema baseado em internet usado para rastrear abusadores sexuais registrados. Ele armazena informações como os endereços de criminosos, suas descrições físicas e sobre seus veículos. O público pode acessar informações no endereço *www.communitynotification.com*. As informações disponíveis variam dependendo do município e do estado. Por exemplo, no Condado de Hamilton, Ohio, os dados são fornecidos pelo departamento de polícia e permitem que o usuário pesquise abusadores sexuais de acordo com sua cidade natal, distrito escolar, CEP ou em um raio de uma milha ao redor do endereço informado. As informações mostradas incluem fotos de todos os abusadores registrados, suas descrições e endereços atuais. As agências de aplicação da lei podem pesquisar os bancos de dados com base em números de placas parciais ou totais ou na descrição do veículo.[36]

AVALIAÇÃO DO RISCO DE CRIMES EM DETERMINADA ÁREA

A pronta disponibilidade de computadores pessoais associada ao desenvolvimento de programas de mapeamento e análise levou as agências de aplicação da lei a usar dados relacionados a crimes, poderosas técnicas de análise e sistemas de informações geográficas (GIS, geographic information systems) para compreender melhor e até mesmo reduzir os riscos de crimes. O uso de tais softwares permite que as agências de aplicação da lei, membros de departamentos de segurança de organizações e indivíduos obtenham rapidamente uma visão geral dos riscos de crime em determinado endereço ou local, como mostrado na Figura 14.1.

As informações do CRIMECAST Report, da CAP Index Inc., fornecem uma visão rápida e geral dos riscos de crime em qualquer localização nos Estados Unidos, no Canadá e Reino Unido. Um mapa detalhado e uma planilha dos índices de riscos identificam os problemas relacionados a crimes nas vizinhanças de um local específico. A Figura 14.1 mostra Dallas, no Texas. Os clientes da CRIMECAST incluem mais de 80% das empresas relacionadas pela revista *FORTUNE* 100, incluindo Bank of America, Kraft, Lowe's e Marriott. Empresas e organizações governamentais usam os dados da CRIMECAST para avaliar os níveis de risco de crimes em suas instalações, para selecionar novos locais, alocar recursos de segurança e se protegerem de litígios relacionados a questões de segurança.[37]

Com as ferramentas de GIS, as agências de aplicação da lei podem analisar os dados relacionados a crimes em comparação com outros fatores, incluindo localização mais comum de cenas de crimes (tais como lojas de conveniência e postos de gasolina) e determinados dados demográficos (como idade e distribuição de renda). Os sistemas de GIS mais comuns incluem os seguintes:

- O Registro Nacional de Equipamentos mapeia roubos de equipamentos móveis nas áreas que apresentaram maior incidência, de forma que a polícia e os proprietários de equipamentos possam tomar as ações apropriadas. Isso inclui mais de 15 milhões de registros de propriedades para construções e equipamentos agrícolas.[38]
- A CompStat (abreviação de estatísticas por computador) usa software de GIS para mapear os crimes e identificar locais problemáticos Esse programa possui um comprovado registro de rastreamento e redução de crimes em Boston, Filadélfia, Los Angeles, Miami, Newark, New Orleans e Nova York. Outras cidades estão explorando seu uso, incluindo São Francisco.[39]
- A CargoNet é um banco de dados nacional que ajuda os agentes da lei e a indústria de transportes a rastrear roubos de cargas, identificar os padrões desses roubos, e aumentar as taxas de recuperação de propriedades roubadas. O banco de dados pode ser acessado através de computadores desktop tradicionais e laptops, tablets e até mesmo por smartphones. A Patrulha Rodoviária do Tennessee (THT, Tennessee Highway Patrol) usa esse sistema para combater o roubo de cargas em trânsito no

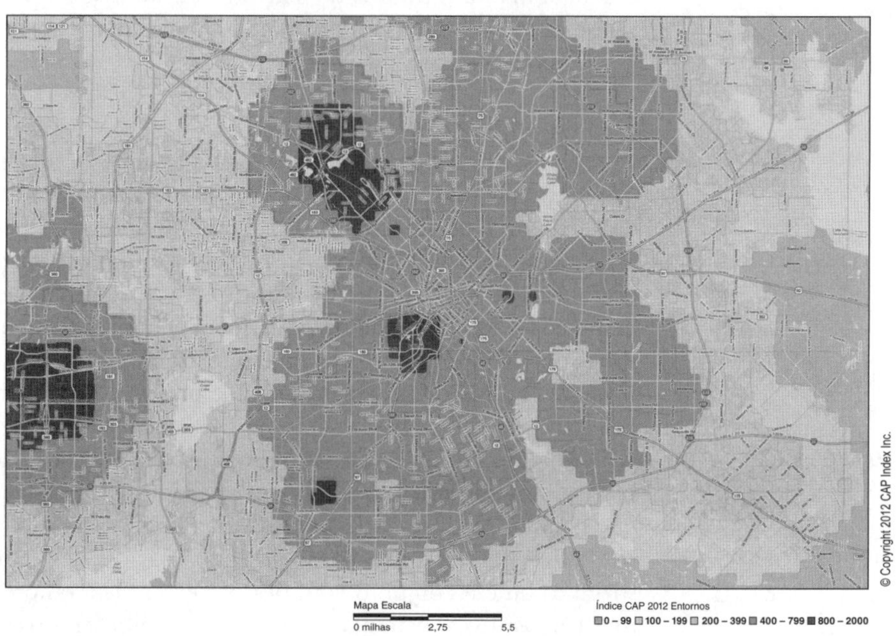

FIGURA 14.1 Mapeamento do risco de crimes.

TABELA 14.1 Métodos mais comuns usados para cometer crimes de informática

Métodos	Exemplos
Adicionar, apagar ou alterar as entradas no sistema computacional.	Apagar os registros de faltas em uma classe nos registros da escola
Modificar ou desenvolver programas de computador que cometem o crime.	Mudar o programa de um banco para o cálculo de juros, de modo que quantias arredondadas são depositadas na conta do criminoso.
Alterar ou modificar os arquivos de dados usados pelo sistema computacional.	Alterar a nota de um estudante de C para A.
Operar o sistema computacional de modo a cometer um crime.	Acessar um sistema computacional sigiloso do governo.
Desviar ou invalidar os resultados de um sistema de computadores.	Desviar ou fazer mau uso de resultados válidos do sistema computacional.
Roubar recursos de computação como hardware, software e tempo em equipamento de computação.	Fazer cópias ilegais de um programa de software sem pagar por seu uso.
Oferecer produtos sem valor para venda pela internet.	Enviar e-mails pedindo dinheiro para produto sem valor para crescimento de cabelo.
Chantagear executivos para impedir a divulgação de informações prejudiciais.	Escutar clandestinamente a rede sem fio da organização para captar dados competitivos ou informações sobre escândalos.
Chantagear a empresa para impedir a perda de informações baseadas em computadores.	Plantar bomba lógica e enviar carta ameaçando acioná-la, a menos que se pague uma soma considerável.

estado e também nos estados vizinhos. O Coronel Tracy Tout, da THT, declarou que "com a capacidade de compartilhamento de informações da rede de cargas, os patrulheiros do estado podem realizar investigações precisas, conectar bens roubados com seus proprietários e remover criminosos das estradas interestaduais".[40]

O COMPUTADOR COMO OBJETO DO CRIME

HACKER:
Uma pessoa que gosta de tecnologia de computação e gasta seu tempo aprendendo e usando os sistemas computacionais.

HACKER CRIMINOSO (CRACKER):
É uma pessoa habilidosa no uso de computadores que tenta obter acesso não autorizado ou ilegal a sistemas computacionais para roubar senhas, corromper arquivos e programas, ou mesmo para transferir dinheiro.

SCRIPT BUNNY:
Um termo pejorativo para descrever hackers inexperientes que baixam programas chamados scripts, que automatizam o trabalho de invasão de computadores.

INFORMANTES:
São funcionários, descontentes ou não, que trabalham sozinhos ou em conjunto com pessoas externas à empresa para comprometer os sistemas corporativos.

Um computador pode também ser objeto de um crime em vez de uma ferramenta para cometê-lo. Dezenas de milhões de dólares referentes ao tempo e aos recursos são roubados todos os anos. Cada vez que o acesso a sistemas é obtido ilegalmente, os dados ou o equipamento do computador são roubados ou destruídos, ou o software é copiado ilegalmente, o computador se torna o objeto do crime. Esses crimes se dividem em várias categorias: acesso e uso ilegal, alteração e destruição de dados, roubo de informações e equipamento, pirataria de software e internet, golpes envolvendo computadores, e crimes internacionais de informática. Consulte a Tabela 14.1.

ACESSO E USO ILEGAL

Os crimes envolvendo o acesso ilegal a sistemas e ao uso de serviços computacionais é uma preocupação tanto para o governo quanto para as empresas. Desde o início da tecnologia de informação, os computadores são perseguidos pelos hackers. Originalmente, um **hacker** era uma pessoa que gostava da tecnologia de computação e gastava seu tempo aprendendo e usando os sistemas computacionais. Um **hacker criminoso**, também chamado **cracker**, é uma pessoa habilidosa no uso de computadores que tenta obter acesso não autorizado ou ilegal a sistemas computacionais para roubar senhas, corromper arquivos e programas ou mesmo para transferir dinheiro. Em muitos casos, os hackers são pessoas que querem se promover – o desafio de vencer o sistema. Atualmente, muitas pessoas usam os termos hacker e cracker como intercambiáveis. **Script bunnies** é um termo pejorativo para descrever hackers inexperientes que baixam programas chamados *scripts*, que automatizam o trabalho de invasão de computadores. **Informantes** são funcionários, descontentes ou não, que trabalham sozinhos ou em conjunto com pessoas externas à empresa para comprometer os sistemas corporativos. A maior ameaça para muitas empresas não são os hackers externos,

TABELA 14.2 Tipos mais comuns de malware de sistemas de computadores

Tipos de Malware	Descrição
Bomba lógica	Uma bomba lógica é um tipo de cavalo de Troia que é executado quando ocorrem condições específicas. Os disparadores para as bombas lógicas podem ser uma mudança em um arquivo por uma série determinada de batidas no teclado ou em um momento ou data específicos.
Rootkit	É um conjunto de programas que permite que seus usuários obtenham acesso em nível de administrador a um computador ou uma rede. Uma vez instalado, o atacante pode obter controle total do sistema e até ocultar a presença do rootkit dos legítimos administradores do sistema.
Cavalo de troia	É um programa malicioso que se disfarça de uma aplicação útil ou jogo e faz deliberadamente algo que o usuário não espera.
Variante	É uma versão modificada de um vírus produzido pelo autor do vírus ou por outra pessoa que altera o código original.
Vírus	Um vírus é um programa de computador capaz de unir-se aos discos ou outros arquivos e reproduzir-se repetidamente, em geral, sem o conhecimento ou permissão do usuário.
Worm	São programas parasitas que se reproduzem, mas, diferentemente dos vírus, não infectam outros arquivos de programas computacionais. Um worm pode enviar cópias para outros computadores através de uma rede.

mas, sim, seus próprios funcionários. Os informantes têm conhecimento extra que os tornam especialmente perigosos – eles conhecem as identidades de acesso, as senhas e os procedimentos da empresa que os ajudam a driblar a detecção.

Capturar e criminar os hackers continua sendo uma tarefa difícil. O método por trás desses crimes muitas vezes é difícil de ser determinado, mesmo se o método for conhecido, e rastrear os criminosos pode levar muito tempo.

Trabalhadores temporários muitas vezes precisam ser habilitados com nomes e senhas para completar o trabalho que lhes foi atribuído e, portanto, também podem ser considerados uma ameaça interna. Um programador contratado trabalhando para Reserva Federal foi acusado de roubo de software e de rastrear o recolhimento dos pagamentos realizados pelo governo federal. Esse software foi usado como ferramenta de treinamento em um negócio paralelo que o contratado gerenciava.[41]

Os dados e informações são ativos valiosos de uma corporação. O uso intencional de programas ilegais e destrutivos para alterar ou destruir dados é tão criminoso quanto destruir bens tangíveis. Os mais comuns desses programas são os vírus e worms, programas de software que, quando carregados em um sistema computacional, destroem, interrompem ou causam erros no processamento. Tais programas são também chamados *malware*, e o índice de crescimento desses programas é epidêmico. Estima-se que centenas de vírus e worms, antes desconhecidos, surjam a cada dia. A Tabela 14.2 descreve os tipos mais comuns de malware.

Em alguns casos, um vírus ou worm pode parar completamente a operação de um sistema de computação ou rede por dias até que o problema seja encontrado e reparado. Em outros casos, um vírus ou worm pode destruir programas e dados importantes. Se os backups forem inadequados, os dados e programas podem nunca mais funcionar completamente. Os custos incluem o esforço requerido para identificar e neutralizar o vírus ou worm, e para restaurar os arquivos e dados do computador, assim como o valor do negócio perdido em razão de uma interrupção não programada do computador.

Alguns hackers criminosos usam uma nova versão do cavalo de Troia SpyEye que, quando instalada no computador da vítima, altera os textos mostrados através de códigos em HTML para apagar completamente evidências de transferências monetárias ou alterar valores de transferências e extratos bancários. Quando as vítimas acessam suas contas on-line, não descobrem qualquer traço das transações que os hackers estão usando para drenar suas contas bancárias.[42]

Nick Bradley, gerente sênior de operações de segurança global da IBM, alerta que as organizações precisam se prevenir contra novas ameaças à segurança que têm como alvo os smartphones. Os funcionários que usam smartphones, tais como o iPhone ou telefones baseados em Android, ou tablets como o iPad, da Apple, ou Samsung Electronics Galaxy Tab, para baixar e interagir com os dados da companhia devem se proteger contra malware, da mesma forma que os usuários de computadores desktop.[43]

SPYWARE

SPYWARE: O spyware é um software instalado em um computador pessoal para interceptar ou assumir controle parcial sobre a interação do usuário com o computador sem o seu conhecimento ou permissão.

O **spyware** é um software instalado em um computador pessoal para interceptar ou assumir controle parcial sobre a interação do usuário com o computador sem o seu conhecimento ou permissão. Algumas formas de spyware registram secretamente as batidas do teclado para que o nome do usuário e as senhas possam ser capturados. Outras formas de spyware registram informações sobre os hábitos de navegação na internet do usuário e sites visitados. Outras mudam as configurações do computador pessoal de modo que o usuário experimente velocidades baixas de conexão, ou seja, redirecionado para diferentes páginas web não esperadas. O spyware é similar ao cavalo de Troia, já que se instala sem que o usuário tenha conhecimento quando este baixa programas freeware ou shareware da internet.

O Win 7 Antispyware é um malware que finge ser um programa antivírus. Uma vez instalado em seu computador, ele será automaticamente executado quando o computador for ligado. Ele executa uma varredura falsa e finge que está verificando se há infecções por vírus em seu computador. Os resultados da falsa varredura mostram um número alarmante de riscos de segurança. O Win 7 Antispyware também corrompe o sistema operacional de seu computador, gerando várias alertas instantâneos e falsas notificações de segurança avisando que vários programas não podem ser iniciados. O usuário é direcionado para um site na internet que explica como solicitar um programa antivírus falso. Adquirir esse software não irá ajudar a melhorar a situação, e seu computador continuará apresentando um comportamento errôneo até que outras medidas sejam adotadas para remover o Win 7 Antispyware.[44]

ROUBO DE INFORMAÇÕES E DE EQUIPAMENTO

FAREJADOR DE SENHAS: Pequeno programa escondido em uma rede ou em um sistema computacional que registra números de identificação e senhas.

Os dados e as informações são ativos ou bens que podem também ser roubados. As pessoas que acessam ilegalmente os sistemas, com frequência o fazem para roubar dados e informações. Para obter acesso ilegal, os hackers necessitam de números de identificação e senhas. Alguns criminosos tentam números diferentes de identificação e senhas até encontrarem os que funcionam. Usar farejadores de senha é outra abordagem. Um **farejador de senhas** é um pequeno programa escondido em uma rede ou em sistema computacional que registra números de identificação e senhas. Depois de alguns dias, um farejador de senha pode registrar centenas ou milhares de números de identificação e senhas, com os quais um hacker pode obter acesso a computadores e redes para roubar dados e informações, invadir a privacidade, instalar vírus e interromper as operações do computador.

Além do roubo de dados e softwares, todos os tipos de sistemas computacionais e equipamentos são roubados de escritórios, casas, escolas e veículos. Dois auxiliares de um candidato à presidência tinham dois iPads, dois rádios portáteis e dois laptops, que foram roubados do veículo que haviam alugado.[45] Computadores portáteis, como laptops e dispositivos portáteis de armazenamento (e os dados de informações neles armazenados) são particularmente fáceis de serem roubados. Este roubo evidenciou o potencial que os ladrões têm para usar esses dados e roubar a identidade dos proprietários. Por exemplo, um arquivo no servidor que guardava informações de pacientes, incluindo nomes, endereços, números de telefones, números do seguro social e diagnósticos, foi roubado de um centro de reabilitação na área de Baltimore. Além de notificar os

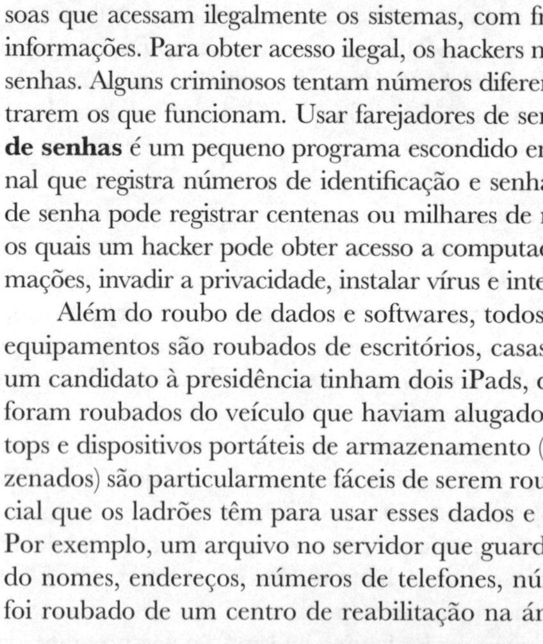

Para combater crimes de informática, muitas empresas usam equipamentos que desabilitam o disco rígido ou fixam o computador à mesa.

pacientes sobre o roubo, o centro recomendou que eles acrescentassem um alerta de fraude em seus arquivos de crédito ao consumidor, de forma que seriam notificados se alguém tentasse adquirir crédito em seus nomes ou usasse suas informações pessoais.[46]

Em muitos casos, os dados e as informações armazenados nesses sistemas são mais valiosos do que o equipamento. Dados vulneráveis podem ser usados no roubo de identidade. A organização responsável recebe, além disso, grande quantidade de publicidade negativa que pode causar a perda de consumidores existentes e de potenciais consumidores futuros. Com frequência, a organização responsável oferece pagamento por serviços de monitoramento de crédito para as pessoas afetadas, em uma tentativa de restaurar a boa vontade do consumidor e evitar processos legais.

VIOLAÇÃO DE PATENTES E DIREITOS AUTORAIS

Trabalhos intelectuais como artes, livros, filmes, fórmulas, invenções, músicas e processos que são distintos e "de propriedade" ou criados por uma única pessoa ou grupo são chamados propriedade intelectual. As leis de direitos autorais protegem trabalhos de autores como arte, livros, filmes e músicas. As leis de patente protegem processos, máquinas, objetos feitos por humanos ou máquinas, composições de matérias e novos usos desses itens. O software é considerado propriedade intelectual e pode ser protegido através de direitos autorais e da lei de patentes.

PIRATARIA DE SOFTWARE: O ato de copiar, baixar, compartilhar, vender ou instalar software com direitos autorais sem autorização.

A **pirataria de software** é o ato de copiar, baixar, compartilhar, vender ou instalar software com direitos autorais sem autorização. Quando se compra um software, adquire-se a licença de usá-lo; não sua propriedade. A licença diz quantas vezes se pode instalar o software. Caso sejam feitas mais cópias do software do que a licença permite, pratica-se a pirataria.

Empresas e clientes ao redor do mundo gastaram cerca de $ 95 bilhões com software legal; porém outros $ 59 bilhões foram pirateados[47] A Business Software Alliance (BSA) tornou-se uma proeminente empresa de software antipirataria. As empresas de software, incluindo Adobe, Apple, Hewlett-Packard, IBM, Intel e Microsoft, contribuem com fundos para operação da BSA. A BSA estima que a pirataria global de softwares em 2010 alcançou 42% na Europa Central, e a Europa Oriental teve a maior taxa de pirataria, com 64%. A América do Norte apresentou a menor taxa, com 21%.[48]

GERENCIAMENTO DE DIREITOS DIGITAIS (DRM, DIGITAL RIGHTS MANAGEMENT): Refere-se ao uso de qualquer das várias tecnologias para impor políticas de controle de acesso à mídia digital, como filmes, músicas e softwares.

O gerenciamento dos direitos digitais (DRM, digital rights management) refere-se ao uso de qualquer das várias tecnologias para impor políticas de controle ao acesso à mídia digital como filmes, músicas e softwares. Muitos editores de conteúdo digital declaram que as tecnologias de DRM são necessárias para impedir a perda de receita devido à duplicação ilegal de seus trabalhos com direitos autorais registrados. Ainda que os custos da pirataria de filmes sejam estimados apenas de forma imprecisa, a Motion Picture Association of America (MPAA) calcula que 29 milhões de adultos nos Estados Unidos assistiram a cópias piratas de filmes ou programas televisivos. Estima-se que 99%

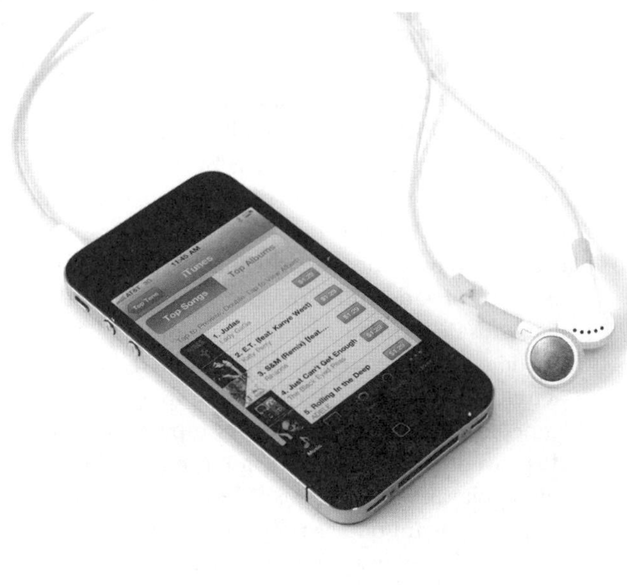

© iStockphoto/Manuel Bergos

Devido à tecnologia de gerenciamento de direitos digitais (DRM), os arquivos de música que os sócios do iTunes compram e baixam são executados apenas em iPods e outros equipamentos compatíveis com AAC.

dos arquivos disponíveis no *bittorrent*, um programa de serviços de compartilhamentos de arquivos ponto a ponto, estejam infringindo os direitos autorais.[49] Por outro lado muitos usuários de conteúdo digital argumentam que a DRM e as tecnologias associadas levem à perda de direitos do usuário. Por exemplo, os usuários podem adquirir uma gravação de música on-line por menos de um dólar através da loja de música iTunes, da Apple. Depois podem gravar essa música em um CD e transferi-la para um iPod. No entanto, os arquivos de música adquiridos estão codificados no formato AAC, compatível com iPods e protegidos pela FairPlay, uma tecnologia de DRM desenvolvida pela Apple. Para a consternação dos amantes da música, muitos dispositivos de música não são compatíveis com o formato AAC e não podem tocar os arquivos protegidos do iTunes.

As punições para a pirataria de software podem ser graves. Se o dono dos direitos autorais fizer uma ação civil contra alguém, o proprietário pode tentar impedir a pessoa de utilizar seu software imediatamente e também exigir compensações por danos monetários. O proprietário do direito autoral pode então escolher entre a compensação pelos danos reais – que inclui a quantia perdida em razão da violação pela pessoa, assim como quaisquer lucros atribuíveis a essa violação – e pelos prejuízos legais, que podem ser de até $ 150 mil para cada programa copiado. Além disso, o governo pode processar os piratas de software em corte criminal por infringir os direitos autorais. Se forem condenados, podem ser multados em até $ 250 mil ou sentenciados à prisão por cinco anos, ou ambos.

O proprietário e operador de vários sites desonestos, que permitiram que os usuários fizessem download de softwares roubados da Adobe, Autodesk e Microsoft, foi condenado a quase seis anos de prisão e ao ressarcimento de $ 400 mil. Essa pessoa reconheceu que estava lucrando ilegalmente mais de meio milhão com a pirataria de softwares.[50]

Outra questão importante que diz respeito à violação de direitos autorais é a cópia de música protegida por direitos autorais. As estimativas variam amplamente sobre o montante que a pirataria de música poderia custar para a indústria fonográfica. O Instituto para Inovações Políticas estima que a indústria fonográfica americana e global perdem cerca $ 12,5 bilhões em receita por causa da pirataria a cada ano. Estima-se que isto irá gerar a perda de 70 mil postos de trabalho e de $ 2 bilhões em salários para os trabalhadores americanos.[51]

A Associação da Indústria Fonográfica da América (RIAA, Recording Industry Association of America) é uma organização comercial que trabalha para proteger a propriedade intelectual e os direitos estabelecidos na Primeira Emenda da Constituição Americana para artistas e selos musicais. Os membros da RIAA criam, manufaturam e distribuem cerca de 85% de todas as músicas gravadas e produzidas legitimamente, que são vendidas nos Estados Unidos. A RIAA, agindo em favor das organizações associadas, entrou com ações legais contra 750 indivíduos em abril de 2012.[52] O acordo extra judicial padrão, em tais casos, é o pagamento de $ 750 para cada obra pirateada em favor da RIAA e um contrato de comprometimento de não compartilhar arquivos de música. Se o caso for a julgamento e o indivíduo for considerado culpado por infringir os contratos de direito intelectuais, as indenizações podem variar de $ 750 a $ 150 mil se a infração for considerada "intencional."

A Lei Contra Pirataria On-line (SOPA, Stop Online Piracy Act) e a Lei de Prevenção Real On-line Contra Ameaças à Criatividade Econômica e Roubo de Propriedade Intelectual (PIPA, Protect Intellectual Property Act) são dois projetos de lei propostos pelo Congresso em 2011. Tanto a SOPA (projeto patrocinado pela Casa Branca) como a PIPA (projeto patrocinado pelo senado) têm como objetivo acabar com a pirataria on-line e proteger os direitos dos proprietários dos direitos autorais.[53] Ambas as propostas possuem três componentes principais: (1) elas permitiriam que o Departamento de Justiça e os detentores dos direitos autorais entrassem com ações legais contra sites estrangeiros acusados de infringir os direitos autorais, (2) propagandas on-line e companhias operadoras de cartões de crédito seriam impedidas de fazer negócios com websites estrangeiros acusados de violar os direitos autorais, e (3) os operadores de mecanismos de busca seriam impedidos de postar tais sites.[54] Empresas da indústria de sistemas de informação, incluindo provedores de serviços de internet, Facebook, Wikipédia e a Business Software Alliance não apoiaram as propostas. Mesmo reconhecendo que a pirataria digital é um problema real eles alegam que as propostas limitariam as iniciativas americanas e reduziriam a segurança cibernética. Os estúdios de filmes, produtores musicais e suas organizações lobistas (MPAA e RIAA) apoiam as emendas como um meio de aumentar a receita e reduzir a pirataria. O Google patrocinou uma petição que atraiu milhões de participantes, e a Wikipédia, a enciclopédia on-line, permaneceu um dia fora do ar em protesto contra as propostas. Tanto a Casa Branca quanto o Senado adiaram a votação das propostas em resposta a essa forte oposição.[55] Porém, o trabalho continua para modificar as propostas, e futuramente elas serão reapresentadas, em algum momento.

A violação de patentes é também um problema importante para os fabricantes de software e hardware. Ela ocorre quando alguém faz uso não autorizado de patente de outras pessoas. Se uma corte determina que uma violação de patente foi intencional, pode conceder três vezes mais a quantidade dos danos reclamados pelo portador da patente. Não é raro ver violação de patente ser julgada com multas de $ 10 milhões. Em um caso que pode chegar a casa das dezenas de milhões de dólares, um inventor processou a Apple e a Sony por infringirem o direito de patente. Em discussão está a tecnologia usada no sistema de venda de dados, que permite aos usuários gravarem e gerenciarem conteúdo digital, tais como música, vídeo e software.[56]

Em outra grande ação por roubo de patente, a Oracle ingressou com uma ação contra a Google, alegando que seu software, o Android, utilizado em smartphones, infringe as leis de patentes e de direitos autorais relacionadas com a linguagem de programação Java. A Oracle adquiriu a tecnologia Java quando comprou a Sun Microsystems no início de 2012. A companhia está tentando bloquear as infrações alegadas e espera ser indenizada pelos danos. A ação poderia atrasar as vendas do sistema altamente popular Android e resultar em dezenas de milhões de dólares resultantes dos danos causados pela Oracle.[57]

Para obter uma patente ou determinar se uma patente existe em uma área que a empresa pretende explorar, exige-se uma busca prolongada, que pode durar mais de 25 meses, pelo U.S. Patent Office. De fato, o processo de patente é tão controverso que os grupos de interesse de consumidores e público e os líderes governistas clamam por uma reforma na questão da patente.

FRAUDES RELACIONADAS A COMPUTADORES

As pessoas perdem centenas de milhares de dólares em golpes envolvendo o setor imobiliário, viagens, ações e outros. Atualmente, muitas dessas fraudes são perpetradas por computadores. Pela internet, os golpistas especializados oferecem esquemas para as pessoas se tornarem ricas rapidamente, envolvem falsos negócios imobiliários ou férias totalmente "gratuitas", com elevados custos escondidos; cometem fraudes bancárias, oferecem falsas loterias por telefone, vendem ações que não valem nada e promovem esquemas ilegais de evitar pagar impostos.

Nos últimos anos, os clientes com cartões de crédito de vários bancos foram alvo desses especialistas em fraudes tentando conseguir informações as pessoais necessárias para usar seus cartões de crédito. A fraude funciona enviando-se um e-mail para os clientes, incluindo um link que parece dirigir os usuários para o website de seus bancos. No site, são saudados com uma janela instantânea que solicita todos os números do seu cartão de débito, seus números de identificação pessoal e a data da expiração de seus cartões de crédito. O problema é que se o site é falso e operado por alguém que está tentando obter acesso às informações privadas do cliente, esta é uma forma de fraude chamada *phishing*.

Atualmente a ação de phishing está tão sofisticada, que parece um e-mail verdadeiro que você espera receber dos grandes bancos. As mensagens exibem a logomarca familiar de um banco e, ao clicar nesse logo, você é transferido para um site bancário real. O e-mail usa um endereço real com mensagem "não responder" do próprio banco em vez de e-mails nitidamente falsos do Yahoo ou Hotmail. Porém, as mensagens informam aos destinatários que por causa de um problema grave encontrado em suas contas, eles devem preencher um formulário, fornecendo números de conta, números de identificação pessoal e outras informações importantes que os estelionatários precisam para roubar.[58]

O phishing se tornou um problema tão sério que o Bank of America, Facebook, Google, LinkedIn, Microsoft, PayPal e Yahoo formaram um grupo de Conformidade e Relatórios de Autenticação de Mensagens baseadas no Domínio, para fornecerem maior proteção e segurança contra o phishing aos e-mails.[59]

O *vishing* é similar ao phishing. Porém ao invés do computador da vítima, é usado seu telefone. A vítima normalmente recebe uma notificação ou mensagem para ligar para um serviço de informações e verificação de conta. Se a vítima responder à mensagem, o remetente pede informações pessoais, como o número de conta, do cartão de crédito, nome e endereço. As informações obtidas podem ser usadas no roubo de identidade para compras no cartão de crédito em nome da vítima. Os criminosos que cometem vishing podem até usar o Spoof Card, vendido on-line por menos de $ 5 e válido para 25 ligações. Ele faz com que o telefone exiba o número de identificação do cliente especificado pela vítima em vez do número real que está sendo utilizado.

Um golpe de vishing é direcionado para pacientes com diabetes. A pessoa que telefona afirma que trabalha no Medicare ou em uma associação para pessoas com diabete e oferece testes ou medicamentos gratuitos. No entanto, assim que conseguem as informações pessoais, incluindo dados do Medicare, enviam a conta para o próprio Medicare, em geral múltiplas vezes.[60]

CRIME INTERNACIONAL POR COMPUTADOR

Os crimes de informática se tornam mais complexos quando atravessam fronteiras. A lavagem de dinheiro é a prática de disfarçar fundos obtidos ilegalmente, de maneira que pareçam legais. Com o aumento do dinheiro eletrônico e da transferência de fundos, algumas pessoas estão preocupadas com o fato de que terroristas, traficantes internacionais de drogas e outros criminosos utilizam os sistemas de informação para lavar fundos obtidos ilegalmente. Por exemplo, um farmacêutico foi sentenciado a cinco anos de prisão pela distribuição de substâncias controladas das classes III e IV através da internet, sem receituário válido e com a intenção de lavar dinheiro. Não é pedido aos usuários de um site na internet que forneçam registros médicos, eles apenas responderam algumas questões de um breve formulário médico. Em seguida, o operador do site "aprovava" esses pedidos e solicitava ao cliente um cartão de crédito para efetuar o pagamento. O operador enviava o pedido para um médico ou um leigo para "autorizar" o pedido. O farmacêutico e seus funcionários recebiam os pedidos, os preenchiam e os enviavam para o cliente. Os médicos e os leigos eram pagos para autorizar os pedidos. Mais de $ 3 milhões em pagamentos foram transferidos de contas bancárias na República Dominicana para contas nos Estados Unidos.[61]

PREVENÇÃO DE CRIMES RELACIONADOS COM COMPUTADORES

Atualmente, devido ao aumento no uso de computadores, uma ênfase maior é dada à prevenção e à detecção de crimes por computador. Embora todos os estados norte-americanos tenham aprovado uma legislação contra crimes por computador, alguns acreditam que essas leis não são eficazes porque as empresas nem sempre os detectam e perseguem ativamente, pois a segurança é inadequada e os criminosos condenados não são severamente punidos. No entanto, nos Estados Unidos, usuários particulares, empresas, empregados de empresas privadas e funcionários públicos estão fazendo esforços individuais ou em grupos para impedir os crimes por computador, e as iniciativas recentes têm resultado em algum sucesso.

PREVENÇÃO DE CRIMES PELO ESTADO E POR AGÊNCIAS FEDERAIS

Agências federais e estaduais iniciaram ataques agressivos contra os criminosos que utilizam computadores, incluindo hackers de todas as idades. Em 1986, o Congresso promulgou a Lei contra Abusos e Fraudes por Computador, que ordena punições com base na perda de dinheiro da vítima.

O Departamento de Defesa também apoia a Equipe de Resposta a Emergências em Informática (CERT, Computer Emergency Response Team), que responde a falhas de segurança na rede e monitora os sistemas quanto ao surgimento de possíveis ameaças. Os órgãos públicos de aplicação da lei também estão aumentando seus esforços para impedir os hackers, e muitos estados atualmente estão aprovando novas leis mais abrangentes para ajudar a eliminar os crimes por computador. Aconselhamento para utilizar redes de computador de forma segura, bem como uma lista completa das leis relacionadas a computadores podem ser encontrados no site Online Security *www.onlinesecurity.com/forum/article46.php.* Casos recentes nos tribunais e relatórios policiais envolvendo crimes por computador demonstram que os legisladores estão prontos para introduzir uma nova legislação mais severa contra os crimes por computador.

PREVENÇÃO DE CRIMES PELAS CORPORAÇÕES

As empresas também estão desenvolvendo sérias iniciativas sérios combater o crime. Muitos companhias projetaram procedimentos, hardwares e softwares especializados para proteger seus dados e sistemas corporativos. Hardwares e softwares especializados, como os dispositivos de criptografia, podem ser utilizados para codificar dados e informações, a fim de ajudar a prevenir o uso não autorizado. A criptografia é o processo de converter uma mensagem original em uma forma que pode ser entendida apenas pelo receptor a quem é dirigida. Uma chave é um valor variável aplicado usando um algoritmo em uma série de caracteres ou blocos de textos não criptografados para produzir texto criptografado ou decodificar um texto criptografado. Os métodos de criptografia se baseiam nas limitações da capacidade de computação em garantir sua eficácia. Se a quebra de um código exigir muita capacidade de computação, mesmo o mais determinado dos crackers não obterá sucesso. O comprimento da chave usada para codificar e decodificar as mensagens determina a força do algoritmo da criptografia.

Mais de 75% das organizações americanas veem a proteção de dados como um componente-chave na gestão de riscos da empresa. Portanto, é cada vez maior o uso de criptografia para proteger dados armazenados em arquivos de backup e laptops e os dados transmitidos externamente. A principal justificativa para implementar a criptografia é proteger a marca ou a reputação de uma empresa contra os danos resultantes de uma grave invasão de seus dados.[62]

A Arch Chemicals é uma empresa sediada nos Estados Unidos que fornece soluções para controlar o crescimento de micróbios nocivos. A empresa emprega mais de 3 mil pessoas e apresentou recentemente seu relatório anual de vendas que excedia $ 1,5 bilhão. Cerca de 800 funcionários utilizam computadores laptops e a cada ano alguns destes são perdidos. De acordo com Damon Allen, gerente das Operações de Sistemas Distribuídos para a América do Norte, "O preço do laptop isoladamente é insignificante quando comparado ao valor dos dados que ele contém, portanto, queremos ter certeza absoluta de que usuários não autorizados não obtenham acesso a informações valiosas através de um equipamento perdido ou roubado. Um vazamento de dados seria catastrófico, assim você precisa ter 100% de certeza de que os dados em todos os equipamentos estejam sempre protegidos". Como resultado, a empresa implantou uma solução de software de criptografia que mistura os dados no disco rígido do laptop, de forma que não possam ser interpretados por nenhum usuário sem a devida autorização e sem a chave criptográfica correta.[63]

À medida que os funcionários mudam de um cargo para outro na empresa, eles pode aumentar o acesso a múltiplos sistemas, caso procedimentos inadequados de segurança falhem em cancelar os privilégios de acesso. Fica claro que não é apropriado que pessoas que mudaram de cargo e responsabilidades ainda tenham acesso a sistemas que não mais utilizam. Para evitar esse problema, muitas empresas criam listas de acesso com base em função para que somente as pessoas que exercem determinada funções (por exemplo, quem aprova uma fatura) possam acessar um sistema específico.

Os hackers algumas vezes obtêm acesso aos sistemas, explorando contas inativas dos usuários. É fundamental que as contas dos funcionários ou de terceirizados que tenham deixado a companhia sejam finalizadas. Quando um funcionário da Gucci foi demitido, o administrador da rede imediatamente desabilitou suas contas. Porém, sem o conhecimento do administrador, o funcionário havia criado uma conta falsa antes de ser demitido e a utilizou para deletar arquivos e e-mails, causando um prejuízo estimado em $ 20 mil.[64]

SEPARAÇÃO DE TAREFAS: A cuidadosa divisão das tarefas e das responsabilidades associadas aos processos principais, de modo que estes possam ser executados por mais de uma pessoa.

Além disso, um conceito fundamental para um bom controle interno é ser cuidadoso na **separação de tarefas** associadas aos processos principais, de forma que eles sejam executados por mais de uma pessoa. A separação de tarefas é essencial para qualquer processo que envolva o manuseio de transações financeiras, uma vez que qualquer fraude exige a participação de duas ou mais partes. Ao projetar um sistema de informação de contas a receber, por exemplo, a separação de tarefas exige que você separe a responsabilidade pelo recebimento de pagamentos dos clientes, aprovação de lançamentos contábeis, depósitos em dinheiro e declarações de conciliação bancária.

A separação apropriada de tarefas frequentemente é revisada durante uma auditoria. A Auditoria do Estado de Utah realizou uma pesquisa dos controles internos e do processo de recebimento de dinheiro na Divisão de Operações da Medicaid do Ministério da Saúde de Utah. Os auditores descobriram que o mesmo indivíduo tinha acesso ao dinheiro e aos cheques recebidos por correio e também conseguiam registrar as quantias recebidas. Esse acesso permitia que um indivíduo cometesse fraude registrando uma quantia menor do que o recebido e embolsasse a diferença.[65]

Dispositivos de autenticação por impressão digital fornecem segurança ao ambiente eletrônico, usando o reconhecimento da impressão digital, em vez de senhas. Os laptops da Lenovo, Toshiba, e de outros fabricantes incorporaram leitores de impressão digital utilizados para entrar no sistema e obter acesso ao sistema computacional e seus dados. Cerca de 2 mil equipamentos de leitura de impressão digital foram aplicados em várias agências de combate ao crime ao redor de Los Angeles. Os equipamentos são usados para coletar impressões digitais e enviá-las automaticamente para um sistema automático de identificação de impressões digitais (AFIS, automated fingerprint identification system). Se for encontrada uma correspondência, o nome do indivíduo, sua foto e os dados da prisão mais recente são exibidos.[66]

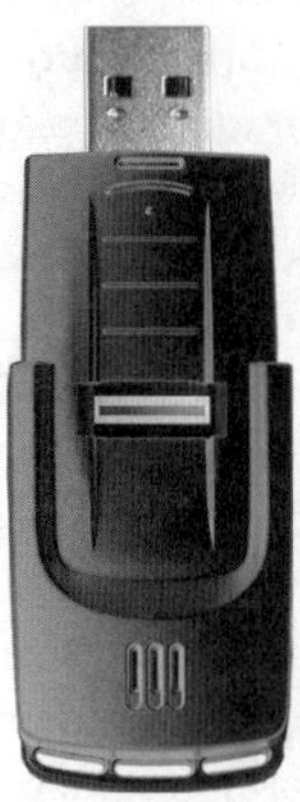

Cortesia de Kanguru Solutions, www.kanguru.com

Alguns dispositivos flash USB possuem leitores de impressões digitais integrados para proteger os dados contidos no equipamento.

Procedimentos de combate ao crime em geral exigem controles adicionais no sistema de informação. Antes de projetar e implantar os controles, as organizações devem considerar os tipos de crime por computador que possam ocorrer, as consequências desses crimes e o custo e a complexidade dos controles necessários. Na maioria dos casos, as organizações concluem que o equilíbrio do custo/benefício entre o crime e o custo adicional e a complexidade pesa a favor de melhores controles do sistema. Conhecer alguns dos métodos para cometer crimes é também útil na prevenção, detecção e no desenvolvimento de sistemas resistentes aos crimes por computador. Algumas empresas realmente contratam ex-criminosos para combaterem outros criminosos.

A lista a seguir fornece um conjunto de orientações úteis para proteger computadores corporativos de hackers criminosos:

- Instale um eficiente recurso de autenticação de usuários e de criptografia na firewall da empresa.
- Instale patches de segurança mais recentes, frequentemente disponíveis no site do fornecedor.
- Desabilite contas de visitantes e anule as contas de usuários que permitem que invasores acessem a rede sem uma senha
- Não forneça procedimentos exageradamente amigáveis para permitir a conexão de usuários remotos (por exemplo, uma organização que usava a palavra

bem-vindo em sua tela de abertura encontrou dificuldades para processar um hacker criminoso).

- Restrinja o acesso físico ao servidor e configure-o para que a invasão em um servidor não comprometa toda a rede
- Dedique um servidor para cada aplicativo (servidor de e-mail, Protocolo de Transferência de Arquivos e nome do domínio). Habilite os registros para auditoria.
- Instale uma firewall corporativa entre a rede de sua companhia e a internet.
- Instale software de antivírus em todos os computadores e atualize esses programas regularmente, baixando-os do fornecedor.
- Realize auditorias regulares da segurança de SI.
- Verifique e realize frequentemente backups dos dados críticos.

Uso de software de detecção de intrusos

SISTEMA DE DETECÇÃO DE INTRUSOS (IDS, INTRUSION DETECTION SYSTEM): Monitora os recursos e o tráfego do sistema e da rede e notifica o pessoal de segurança da rede quando percebe a possibilidade de uma invasão.

Um **sistema de detecção de intrusos (IDS, intrusion detection system)** monitora os recursos e o tráfego do sistema e da rede e notifica o pessoal de segurança da rede quando percebe a possibilidade de uma invasão. Exemplos de atividades suspeitas são as repetidas tentativas de conexão sem sucesso, tentativas de baixar um programa para um servidor e acesso a um sistema em horários incomuns. Tais atividades geram alarmes captados em arquivos de registro. Quando detectam um aparente ataque, os sistemas de detecção de intrusos emitem um alarme, geralmente através de e-mail ou pager, para o pessoal de segurança da rede. Infelizmente, muitos IDS, com frequência, fornecem alarmes falsos que resultam em esforço desperdiçado. Se o ataque for real, os profissionais de segurança da rede precisam tomar uma decisão sobre o que fazer para resistir ao ataque. Qualquer demora na reação aumenta a probabilidade de danos. O uso de um IDS oferece outra camada de proteção no caso de um intruso conseguir passar pelas camadas de proteção externas – senhas, procedimentos de segurança e firewall corporativa.

A Rackspace oferece serviços de hospedagem por computação em nuvem para mais de 172 mil clientes em todo o mundo. É fundamental que a empresa mantenha um ambiente de informática altamente confiável, livre de ataques maliciosos. A firma emprega seu sistema de detecção de intrusão Alert Logic Threat Manager para proteger os clientes contra ameaças, como worms, cavalo de Troia e outros malwares.[67]

Painel de segurança

PAINEL DE SEGURANÇA: É um software que fornece uma exibição abrangente em uma única tela de computador de todos os dados vitais relacionados com as defesas de segurança da organização, incluindo ameaças, exposições, políticas de conformidade e alertas de incidentes.

Muitas organizações empregam o software de **painel de segurança** para fornecer uma exibição abrangente em uma única tela de computador de todos os dados vitais relacionados com as defesas de segurança da organização, incluindo ameaças, exposições, adequação a políticas e alertas de incidentes. O objetivo é reduzir o esforço exigido para monitorar e

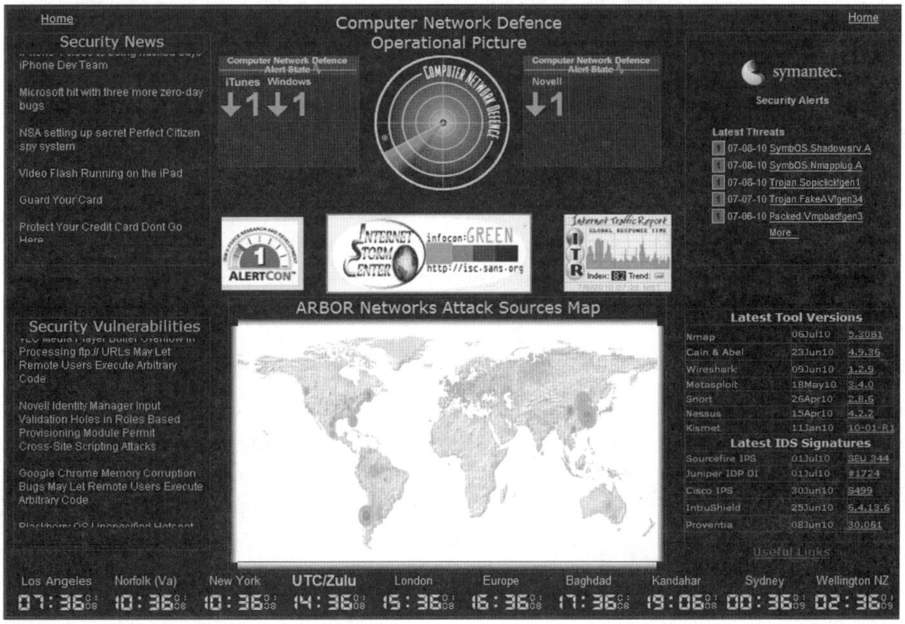

Computer Network Defence Ltd

FIGURA 14.2

Quadro operacional na internet para defesa da rede de computadores.

O quadro operacional na internet para defesa da rede de computadores, um painel de segurança projetado para o governo do Reino Unido e redes militares exibe as informações quase em tempo real sobre novas ciberameaças.

identificar ameaças antecipadamente. Os dados vêm de várias fontes, incluindo firewalls, aplicações, servidores, e outros dispositivos de software e hardware (veja a Figura 14.2).

O Hospital Texas Children's está localizado em Houston e emprega mais de 8 mil trabalhadores que precisam acessar registros médicos eletrônicos, internet, sistemas de faturamento, sistema de diagnóstico e muitos outros aplicativos médicos. O hospital precisava fornecer uma infraestrutura de informações que permitisse a seus funcionários colaborar sem o risco de comprometer os dados do paciente nem expor os sistemas a vírus maliciosos e outros malwares. Para esta finalidade, o hospital atualizou para um software que fornece proteção contra todas as formas de malwares e pode detectar invasões potenciais de usuários não autorizados. O hospital pode também implantar um painel de segurança que forneça uma visão geral dos dados necessários para identificar e responder a incidentes de segurança de forma imediata.[68]

Uso de provedores de serviço de segurança gerenciada

Lidar com criminosos por computadores – e com novas regulamentações – pode ser desanimador para as organizações. Os hackers criminosos estão constantemente procurando e tentando violar defesa de segurança das empresas. Além disso, legislações recentes, como a Lei de Responsabilidade e Portabilidade de Seguros de Saúde (HIPAA, Health Insurance Portability and Accountability Act), a Lei Sarbanes-Oxley e a Lei Patriótica dos Estados Unidos (USA Patriot Act), exigem que as companhias provem que garantem a segurança de seus dados. Para a maioria das organizações pequenas e médias, o nível de especialização da rede interna necessário para proteger suas operações comerciais pode ter alto custo de aquisição e manutenção. Como consequência disso, muitas estão terceirizando as operações de segurança de sua rede para provedores de serviço de segurança gerenciados (MSSP, managed security service providers), tais como AT&T, CSC, Dell SecureWorks, IBM, Symantec e Verizon. Os MSSPs monitoram, gerenciam e mantêm a segurança da rede tanto para o hardware quanto para o software. Essas empresas oferecem um valioso serviço para os departamentos de SI afogados em grandes quantidades de alertas e alarmes falsos vindos de redes privadas virtuais (VPN, virtual private networks), antivírus, firewalls e sistemas de detecção de intrusos e outros sistemas de monitoramento de segurança. Além disso, alguns oferecem varredura de vulnerabilidade e a capacidade de bloquear e filtrar a internet.

A Coca-Cola, com mais de 90 mil funcionários e em operação em mais de 200 países, terceirizou seu gerenciamento e monitoramento de segurança para a Symantec Managed Security Services. A Coca-Cola obteve recursos humanos de primeira linha, bem como hardware e software para atenderem a seus objetivos de segurança de informação de forma eficiente e por um baixo custo.[69]

Defesa contra roubo de equipamentos e dados

As organizações precisam adotar medidas eficazes para se protegerem contra o roubo de equipamentos de informática e dos dados neles armazenados. Eis aqui algumas medidas que devem ser consideradas:

- Estabelecer orientações específicas sobre quais tipos de dados (e quantos dados) podem ser armazenados em laptops vulneráveis. Em muitos casos, dados privados ou confidenciais da empresa não devem ser baixados para os laptops que saem da empresa.
- Exigir que os dados armazenados nos laptops sejam criptografados e fazer verificações de surpresa para garantir que essa política é seguida.
- Exigir que todos os laptops sejam seguros, usando um dispositivo de bloqueio e cadeia para que não possam ser facilmente removidos da área do escritório.
- Fornecer treinamento aos funcionários e contratados sobre a necessidade de lidar com a de laptops e de seus dados. Por exemplo, laptops nunca devem ser deixados em locais onde possam ser vistos pelo público, como no banco dianteiro de um automóvel.
- Considere a instalação de softwares de rastreamento em laptops. Esses softwares enviam mensagens através de redes sem fio para um endereço de e-mail especi-

ficado, apontando sua localização e incluindo uma foto do ladrão (para equipamentos que possuam webcam integrada).

PREVENÇÃO DE CRIMES COMETIDOS POR INDIVÍDUOS E FUNCIONÁRIOS

Esta seção destaca as ações que os indivíduos podem adotar para impedir que se tornem vítimas de crimes de informática, incluindo roubo de identidade, ataque de malware, roubo de equipamentos e de dados e fraudes por computador.

Roubo de identidade

Os consumidores podem se proteger contra o roubo de identidade, verificando regularmente seus relatórios de crédito nas maiores empresas desse setor, entrando em contato com os credores se suas faturas não chegarem a tempo, não revelando quaisquer informações pessoais em resposta a e-mails ou telefonemas não solicitados (especialmente os números do seguro social e do cartão de crédito), e fragmentando contas e outros documentos que contenham informações sigilosas.

Alguns consumidores contratam uma companhia que fornece serviços de monitoramento contra fraudes, ajudam a arquivar os relatórios necessários e auxiliam em transações não autorizadas em suas contas. Alguns serviços oferecem até seguros contra o roubo de identidade no valor de até $ 1 milhão. Alguns dos serviços mais populares incluem Trusted ID, Life Lock, Protect My ID, ID Watchdog e Identity Guard. Esses serviços custam entre $ 6 e $ 20 por mês.

O congresso norte-americano aprovou a Lei contra Roubo de Identidade e Dissuasão de Suposição (Identity Theft and Assumption Deterrence Act), de 1998, para combater o roubo de identidade. Por essa lei, a Comissão Federal de Comércio (FTC, Federal Trade Commission) é designada como responsável por ajudar as vítimas a restaurar seu crédito e apagar o impacto do impostor. E também torna o roubo de identidade um delito grave que pode ser punido com penas que vão de 3 a 25 anos de prisão.

Ataques de malware

O número de computadores pessoais infectados com malwares (vírus, worms, spyware, e outros) alcançou proporções epidêmicas. Como consequência do aumento de ameaças de vírus e worms, a maioria dos usuários de computadores e as organizações instalam **programas antivírus** em seus computadores. Tais softwares são executados na retaguarda para proteger o computador de perigos à espreita na internet e outras possíveis fontes de arquivos infectados. As definições mais recentes de vírus são baixadas automaticamente quando se conecta à internet, garantindo que a proteção de seu PC está

PROGRAMA ANTIVÍRUS: São softwares executados na retaguarda para proteger o computador de perigos à espreita da internet e outras possíveis fontes de arquivos infectados.

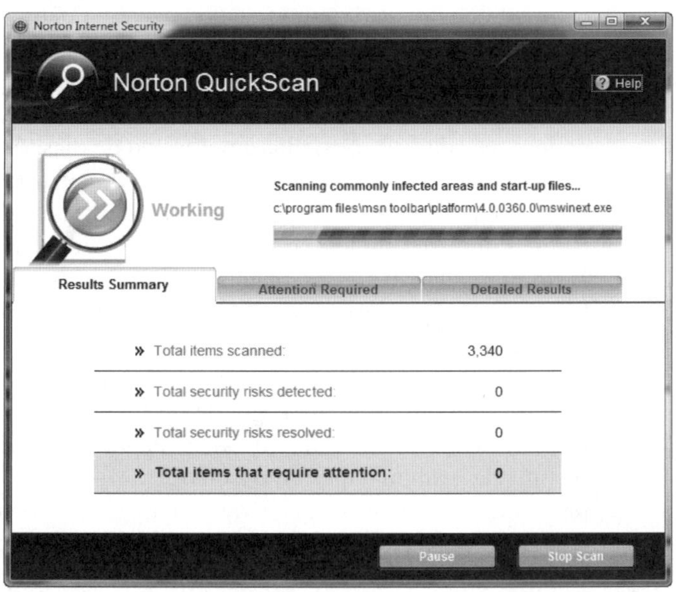

Symantec

FIGURA 14.3
Software antivírus.
O software antivírus deve ser usado e atualizado com frequência.

atualizada. Para salvaguardar seu PC e impedi-lo de espalhar vírus para seus amigos e colegas de trabalho, alguns softwares antivírus fazem varredura e limpam as mensagens de e-mail que chegam e saem. Avast! Free Antivirus 7, AVG Anti-Virus Free 2012, Bitdefender Antivirus Plus 2012, Norton AntiVirus 2012 e Webroot Secure Anywhere Antivirus estão entre os programas antivírus mais bem conceituados, de acordo com a *PC Magazine* de 2012. Seus preços variam de gratuito até $ 39,95 (veja a Figura 14.3).

O uso apropriado de um software antivírus exige os seguintes passos:

1. **Instalar software antivírus e executá-lo frequentemente**. Muitos desses programas verificam automaticamente a existência de vírus cada vez que se inicializa um computador ou se insere um disco ou CD, e alguns até mesmo monitoram todos os e-mails e transmissões de arquivo e operações de cópia.
2. **Atualizar frequentemente o software antivírus.** Novos vírus são criados o tempo todo, e os fornecedores de software antivírus constantemente atualizam seus softwares para detectar e realizar ações contra esses novos vírus.
3. **Fazer varredura em todas as mídias removíveis, incluindo CDs, antes de copiar ou executar seus programas.** Escondidos em discos ou CDs, os vírus frequentemente se movem entre os sistemas. Se você carrega documentos ou arquivos de programa em alguma mídia removível entre os computadores da escola ou do trabalho e o seu sistema doméstico, faça sempre uma varredura neles.
4. **Instalar software somente de um pacote lacrado ou website seguro de uma empresa de software conhecida**. Mesmo os editores de software podem distribuir vírus sem saber em seus discos de programas ou downloads de software. A maioria varre seus próprios sistemas, mas os vírus podem permanecer.
5. **Seguir as práticas seguras para download de arquivos**. Se você baixar software da internet ou de um sistema informativo, verifique se há vírus imediatamente após completar a transmissão.
6. **Detectado um vírus, tomar providências imediatas**. Uma detecção precoce frequentemente permite que se remova um vírus antes que ele provoque um dano sério.

Muitos serviços de e-mail e provedores de ISP oferecem gratuitamente proteção antivírus. Por exemplo, a AOL e a MWEB (um dos ISPs líderes da África do Sul) oferecem gratuitamente software de antivírus da McAfee.

Fraudes de Informática

A seguir, eis uma lista das dicas para ajudar a evitar ser vítima de fraudes de informática:

- Não concorde com nada sob pressão em uma reunião ou seminário. Insista em ter tempo para pensar e discutir suas decisões com alguém em quem confie. Se uma empresa não lhe der o tempo de que necessita para verificar a oferta e pensar a respeito, não queira fazer negócio com ela. Um bom negócio agora será um bom negócio amanhã; a única razão para apressá-lo é que a empresa tem algo a esconder.
- Não julgue uma empresa com base nas aparências. Websites caros e exagerados podem ser criados e postados em questão de dias. Após algumas semanas ganhando dinheiro, um site pode desaparecer sem deixar rastros em apenas alguns minutos. Você pode descobrir que a oportunidade perfeita para ganhar dinheiro, ofertada em um website foi para o trapaceiro ganhar dinheiro e você, perder.
- Evite qualquer plano que paga comissões simplesmente por recrutar mais distribuidores. Sua principal fonte de renda deve ser a própria venda de seus produtos. Se os ganhos não resultarem principalmente da venda de bens e serviços aos consumidores ou de vendas pelos distribuidores sob sua orientação, você pode estar lidando com um esquema ilegal de pirâmide.
- Cuidado com os cúmplices, pessoas pagas por uma empresa para mentir sobre quanto ela ganhou e quanto é fácil operar o plano. Verifique com uma fonte independente para se certificar de que a empresa e suas ofertas são válidas.
- Cuidado com a alegação de uma empresa de que ela pode criar um negócio lucrativo para você trabalhar em casa, mas que é preciso pagar adiantado para frequen-

tar um seminário e comprar materiais caros. Com frequência, esses seminários são artifícios para pressionar vendas, e os materiais são tão genéricos que são inúteis.

- Se estiver interessado em iniciar um negócio doméstico, consiga uma descrição completa do trabalho antes de enviar qualquer dinheiro. Depois de pagar, talvez você descubra que o trabalho que lhe propuseram é bem diferente da realidade. Não se deve nunca pagar apenas por uma descrição de trabalho ou por materiais necessários.
- Consiga por escrito as políticas de reembolso, devolução de compra, e a política de cancelamento de compra de qualquer empresa com que você tratar. Não dependa de promessas orais.
- Faça sua lição de casa. Verifique com seu advogado público e com o Centro Nacional de Informações sobre Fraudes antes de se envolver, especialmente quando as alegações sobre um produto ou ganhos potenciais parecerem boas demais para serem verdadeiras.

Se você precisar de um conselho sobre uma solicitação na internet ou on-line, ou se quiser relatar um possível golpe, use o Formulário de Relatório on-line ou o Formulário de Questões e Sugestões on-line apresentados no website do Centro Nacional de Informações sobre Fraudes, em *http://fraud.org* ou telefone para a linha direta da NFIC, número 1-0800-876-7060.

QUESTÕES DE PRIVACIDADE

Outra questão social importante nos sistemas de informação envolve a privacidade. Em 1890, o então membro da Corte Suprema de Justiça dos Estados Unidos, Louis Brandeis, declarou que "o direito ficar sozinho" é um dos mais "abrangentes direitos e o mais valioso para o homem civilizado". Basicamente, a questão da privacidade trata do direito de ficar só ou de ser afastado da visão pública. Com os sistemas de informação, a privacidade lida com a coleta e o uso ou mau uso de dados. Constantemente, são coletados e armazenados dados sobre cada um de nós, os quais são frequentemente distribuídos em redes facilmente acessíveis e sem nosso conhecimento ou consentimento. As preocupações com a privacidade desses dados precisam ser levadas em conta. Uma questão difícil de responder é: "A quem pertencem tais informações e conhecimentos?" Se uma organização pública ou privada gasta tempo e recursos para obter dados sobre você, ela é proprietária desses dados e pode usá-los da maneira que desejar? A legislação do governo responde a essas perguntas até certo ponto para as agências federais, mas as perguntas permanecem sem respostas para as organizações privadas. Hoje em dia, muitas empresas têm que lidar com inúmeras exigências das agências que combatem crimes para obter informações sobre funcionários, clientes e fornecedores. De fato, algumas empresas de telefonia e de internet possuem funcionários cujas funções de tempo integral são lidar com informações requisitadas por agências locais, estaduais e federais de combate ao crime.

PRIVACIDADE E GOVERNO FEDERAL

O governo federal implantou muitas leis que lidam com a privacidade pessoal, que serão discutidas nesta sessão. A União Europeia possui uma diretriz para a proteção de dados que exige que empresas que transportam dados através das fronteiras nacionais tenham instalados certos procedimentos de privacidade. Essa diretriz afeta praticamente qualquer empresa que faz negócios na Europa e induz maior atenção à privacidade nos Estados Unidos.

PRIVACIDADE NO TRABALHO

O direito à privacidade no trabalho é também uma questão importante. Os empregadores estão usando tecnologia e políticas corporativas para gerenciar a produtividade do trabalhador e proteger o uso dos recursos de SI. Os empregadores estão preocupados, principalmente, com a navegação não apropriada na internet, com metade dos empregadores monitorando as atividades de seus funcionários na internet. As organizações também monitoram os e-mails de funcionários, e mais da metade retêm e revisam as mensagens. Estatísticas como estas fizeram aumentar as preocupações com a privacidade dos funcionários. Em muitos casos, os trabalhadores se queixam de que seus direitos à privacidade batem de frente com direito das empresas de monitorar o uso dos recursos de SI por seus funcionários. Porém, hoje em dia muitos empregadores utilizam uma política que elimina explicitamente qualquer expectativa de privacidade quando um funcionário utiliza um computador, servidor ou sistema de e-mail de propriedade da empresa. Os tribunais decidiram que, sem uma razoável expectativa de privacidade, não existe a proteção pela Quarta Emenda da Constituição Americana para os funcionários. A corte de apelação da Califórnia determinou no caso *Holmes versus Petrovich Development Company* que os e-mails enviados por uma funcionária a seu advogado através dos computadores da empresa não eram "comunicações confidenciais entre o cliente e o advogado". Uma corte federal em um distrito de Ohio, no caso *Moore versus University Hospital Cleveland Medical Center* declarou que o empregado poderia ser demitido por mostrar fotos sexualmente explícitas nos computadores do empregador. A corte declarou que o funcionário não deveria esperar privacidade ao acessar o computador de um hospital localizado na parte central do hospital e facilmente visualizado tanto por pacientes como por funcionários.[70]

PRIVACIDADE E E-MAIL

O e-mail também levanta algumas questões interessantes sobre a privacidade no trabalho. Leis federais permitem que os empregadores monitorem os e-mails enviados e recebidos pelos funcionários. Além do mais, mensagens de e-mail apagadas dos discos rígidos podem ser recuperadas e usadas em processos legais porque as leis da descoberta (obrigação de apresentar os dados na fase prejulgamento) exigem que as empresas revelem todos os documentos relevantes. Por outro lado, o uso de e-mail entre funcionários públicos pode violar as leis de "reuniões abertas" (que se aplicam quando há reuniões em que se deliberem e tomem decisões). Essas leis, aplicadas a muitas agências locais, estaduais e federais, impedem que os funcionários públicos se reúnam privadamente para deliberar sobre matérias que afetam o Estado ou a área local.

O e-mail modificou a maneira como os funcionários e gerentes se comunicam dentro do mesmo edifício em todas as partes do mundo. Porém, o e-mail pode ser monitorado e interceptado. Assim como ocorre com a existência de outros serviços, tais como telefones celulares, a conveniência do e-mail deve ser ponderada com relação a uma potencial invasão de privacidade.

PRIVACIDADE E MENSAGEM INSTANTÂNEA

Usar programas de mensagem instantânea (IM,instant messaging) para enviar e receber mensagens, arquivos e imagens, introduz as mesmas questões sobre privacidade associadas com o e-mail. Da mesma forma que ocorre com o e-mail, a lei federal permite que os empregadores monitorem mensagens instantâneas enviadas e recebidas pelos funcionários. A maior preocupação dos empregadores envolve as IMs enviadas por funcionários através da rede de IM do empregador ou utilizando telefones fornecidos pelo empregador. Para proteger sua privacidade e a propriedade de seu empregador, não envie mensagens instantâneas privadas ou pessoais no trabalho. Aqui estão outras dicas:

@ SISTEMAS DE INFORMAÇÃO NO TRABALHO

Mantendo o e-mail no alvo

A Lei de Portabilidade e Responsabilidade de Seguros de Saúde nos Estados Unidos (HIPAA) visa, entre outras coisas, a privacidade das informações sobre saúde. Seu Título 2 regula o uso e a divulgação de informações protegidas sobre saúde (PHI) pelos provedores de serviços de saúde, corretores de seguros, funcionários e parceiros comerciais, tais como os serviços de cobrança.

O e-mail geralmente é a melhor forma que o hospital tem de se comunicar com um especialista externo e com os provedores de seguros a respeito de um paciente. Infelizmente, o serviço-padrão de e-mail não é seguro. Ele permite leitura não autorizada, futura recuperação de arquivos de backup não protegidos, modificações das mensagens antes que elas sejam entregues, invasão de privacidade do remetente ao fornecer acesso a informações sobre a identidade e a localização do computador remetente e outros. Uma vez que os e-mails dos provedores de serviço de saúde geralmente ostentam a sigla PHI, as instalações de serviços de saúde devem certificar-se de que seus sistemas de e-mail atendam aos requisitos de segurança e privacidade da HIPAA.

O Centro Médico Nacional para Crianças (CNMC, Children's National Medical Center), de Washington, DC, "O Hospital Nacional da Criança" é especialmente consciente das questões de privacidade, uma vez que as informações estão relacionadas às crianças. O CNMC fez o que muitas organizações fazem quando se deparam com problemas específicos: ao invés de tentar se tornar especializada ou contratar especialistas para os quais o hospital não tem necessidade em longo prazo, ele recorreu a uma firma especializada.

O CNMC escolheu a Proofpoint of Sunnyvale, da Califórnia, como seu serviço de proteção de privacidade de e-mails do tipo Segurança como um Serviço (SaaS, Security as a Service). Matt Johnston, analista de segurança sênior no CNMC, diz que as crianças são "o principal alvo dos ladrões de identidade. Os registros de uma criança pequena valem seu peso em ouro no mercado negro. Não é função do médico proteger esta informação, este é *meu* trabalho".

Johnston gosta de vários aspectos dos serviços da Proofpoint:

- "Eu não preciso me preocupar com backups". A Proofpoint cuida disso.
- "Eu não tenho que me preocupar se um servidor cair. [Se fosse um servidor do CNMC, então eu me preocuparia] Apenas preciso chamar meu pessoal e trazer outro servidor. A Proofpoint faz isso por nós. É uma dor de cabeça a menos".
- "Tivemos um produto desenvolvido internamente antes, ele precisava de vários servidores, o que requeria um empregado de tempo integral (FTE, full-time employee) apenas para gerenciar o produto. Isso tomava muito tempo".
- "O spam vem crescendo. Desde que a Proofpoint foi contratada, tivemos uma drástica queda no número de spams; eles são automaticamente removidos. O usuário final recebe apenas o que é necessário diariamente".
- O e-mail pode ser criptografado ou não, de acordo com as regras, de modo que o usuário final não precisa se preocupar pessoalmente com ele.
- "Seu suporte técnico tem sido excelente."

A Proofpoint não é a única companhia que fornece a provedores de serviços de saúde recursos de segurança para e-mails. A LuxSci, de Cambridge, Massachusetts, também oferece serviços de hospedagem de e-mail compatíveis com o HIPAA, assim como várias outras firmas. Todas fornecem as mesmas funções básicas: identificação do usuário, segurança na transmissão (criptografia), registros e auditoria. O software que é executado nos computadores do provedor também pode fornecer controles de mídia e de backup. O software que é executado no servidor da organização do usuário se baseia no fato de que a organização gerencia a armazenagem; por exemplo, apagar as mensagens do servidor após quatro semanas, como requer a HIPAA.

Conforme as pessoas se tornam mais conscientes dos riscos da privacidade associados com e-mails padrão, o uso de soluções seguras, tais como estas, irão, sem dúvida alguma, se tornar mais comuns no futuro.

Questões para discussão

1. As universidades utilizam e-mail para enviar informações confidenciais. Por exemplo, um professor pode lhe enviar um e-mail explicando o que você deve fazer para aumentar sua nota. As normas relacionadas com a proteção dessa informação, de acordo com a Lei de Privacidade e Direitos Educacionais da Família (FERPA, Family Educational Rights and Privacy Act), não são tão rígidas quanto as da HIPAA. Você acredita que elas deveriam ser tão rígidas quanto as exigências da HIPAA? Por que sim ou por que não?
2. Você é membro do conselho estudantil e está preocupado com a questão da privacidade dos e-mails dos alunos. Prepare uma declaração sobre sua posição a favor ou contra o aumento na segurança dos e-mails que inclua as razões de seu posicionamento.

Questões para análise

1. Considere os aspectos positivos dos serviços da Proofpoint, conforme enumerados por Johnston. O que a Poofpoint poderia deixar de oferecer sem a abor-

dagem de SaaS, isto é, se este fosse um software que rodasse nos computadores do cliente? Quais os benefícios da abordagem SaaS que não são absolutamente necessários? Quais não estão relacionadas a ele?

2. Matt Johnston tem muita responsabilidade no CNMC. Seu trabalho é tecnicamente desafiador, tem muitas variações e provavelmente paga bem. Se ele cometer um erro, o CNMC pode ser responsabilizado e arcar com pesadas penalidades de acordo com a HIPAA, de forma que ele vive sobre constante pressão. Você gostaria de ser um analista de segurança em um hospital? Acredita que seria um bom profissional nesta atividade? Para ambas as respostas, explique o porquê.

Fontes: Site da Children's National Medical Center, *www.childrensnational.org*, acesso em: 21 maio 2012; site da LuxSic, www.luxsic.com, acesso em: 24 maio 2012; site da Proofpoint, www.proofpoint.com, acesso em: 21 maio 2012; Staff, HIPAA Email Security Case Study: Children's National Medical Center," Proofpoint, www.youtube.com/watch?v=RVaBaNvwkQE, acesso em: 22 fev.

- Escolha um nome de tela de IM que não seja revelador, que não especifique o gênero e não seja provocativo (Sweet Sixteen, 2hot4u, UCLAMBA todos estes nomes falharam nesse teste).
- Não envie mensagens que o constrangeriam caso fossem lidas por seus colegas, amigos ou membros de sua família.
- Não abra arquivos nem clique em links nas mensagens de pessoas que você não conhece
- Nunca envie dados pessoais sigilosos, como número de cartões de crédito, números de contas bancárias ou senhas por mensagem instantânea.

DISPOSITIVOS PESSOAIS SENSÍVEIS E PRIVACIDADE

As etiquetas de RFID, essencialmente microchips com antenas, são embutidas em muitos dos produtos que compramos, desde caixas de remédios, roupas e livros a impressoras de computador, chaves de carros e pneus. As etiquetas de RFID geram transmissões de rádio que, se não forem tomadas medidas apropriadas, podem levar a preocupações com a privacidade. Uma vez que essas etiquetas são associadas com o indivíduo que adquire o item, alguém pode rastreá-lo pelo identificador exclusivo associado com o chip de RFID.

Vários estados reagiram ao potencial abuso das etiquetas de RFID aprovando leis que proíbem a implantação de chips de RFID sob a pele das pessoas sem sua aprovação. Ainda assim, os que defendem a implantação de chips de RFID argumentam sobre seu valor potencial para rastrear crianças ou criminosos, ou então valiosas informações sobre o histórico médico de um indivíduo.

PRIVACIDADE E INTERNET

Algumas pessoas supõem que não há privacidade na internet e que você a usa por sua própria conta e risco. Outras acreditam que as empresas com websites devem possuir procedimentos de privacidade rígidos e ser responsáveis pela invasão de privacidade. Independentemente de sua visão, o potencial de invasão de privacidade na internet é enorme. Aqueles que querem invadir sua privacidade podem ser quaisquer pessoas, desde hackers criminosos a empresas de marketing e chefes corporativos. Suas informações pessoais e profissionais podem ser colocadas na internet sem seu conhecimento ou consentimento. O e-mail é o alvo principal, como foi discutido anteriormente. Enviar uma mensagem pelo e-mail é como ter uma conversa aberta em uma grande sala – as pessoas podem ouvir as suas mensagens. Quando você acessa um site na internet, informações sobre você e seu computador podem ser capturadas. Quando essas informações são combinadas com outras informações, as empresas podem saber o que você lê, quais produtos você compra e quais são seus interesses.

A maior parte das pessoas que compra produtos na web diz que é muito importante que um site tenha uma política explicando como as informações pessoais são usadas. A declaração da política deve fazer as pessoas se sentirem à vontade e ser extremamente clara sobre quais informações são coletadas e o que será feito ou não com esses dados.

No entanto, muitos websites não expõem em destaque a sua política de privacidade ou implantam práticas completamente inconsistentes com essa política. A questão real com a qual os usuários da internet devem estar preocupados é: "O que os provedores de conteúdo querem com suas informações pessoais?". Se um site pede que você forneça seu nome e endereço, você tem todo o direito de saber por que e o que será feito com essas informações. Se você compra algo e fornece um endereço para entrega, ele será vendido para outros varejistas? O seu endereço de e-mail será vendido em uma lista de compradores ativos pela internet? Nesse caso, você deve perceber que esta lista não é diferente das listas compiladas a partir de pedidos que você faz por meio de catálogos de varejistas. Você tem o direito de ser tirado de qualquer lista de mala direta.

A Lei de Proteção da Privacidade de Crianças On-line (COPPA, Children's Online Privacy Protection Act) foi promulgada pelo Congresso em 1998. Essa lei foi dirigida a websites que fornecem entretenimento às crianças, exigindo-lhes colocar políticas abrangentes de privacidade em seus sites e obter consentimento dos pais antes de coletar qualquer informação pessoal de crianças com menos de 13 anos. Os operadores dos sites que violam as leis podem ser responsabilizados de acordo com as penalidades cíveis em até $ 11 mil por violação. A COPPA causou um impacto no projeto e operação de sites na internet voltados para crianças. Por exemplo, o website Skid-e-kids violou as leis ao coletar informações pessoais de 5.600 crianças aproximadamente sem o prévio consentimento dos pais. A Comissão de Comércio Federal, responsável por aplicar a lei, exigiu que as informações fossem apagadas.[71]

Um serviço de rede social emprega a web e software para conectar pessoas por qualquer motivo. Há milhares dessas redes que se tornaram populares entre os adolescentes. Algumas das redes sociais mais populares incluem Bebo, Classmates, Facebook, Foursquare, LinkedIn e MySpace. A maioria desses websites permite que se crie facilmente um perfil de usuário que fornece detalhes pessoais, fotos, e mesmo vídeos que podem ser vistos por outros visitantes do site. Alguns websites possuem restrições de idade ou exigem que os pais registrem seu pré-adolescente, fornecendo um cartão de crédito para validar a identidade. Os adolescentes podem fornecer informações sobre onde moram, a escola que frequentam, sua música favorita e seus interesses, na esperança de encontrar novos amigos. Infelizmente, eles podem encontrar estranhos mal-intencionados nesses sites. Muitos encontros documentados envolvem adultos disfarçados de adolescentes tentando encontrar jovens para propósitos ilícitos. Os pais são aconselhados a discutir os perigos potenciais, checar o perfil de suas crianças e monitorar suas atividades em tais websites.

O Facebook detém um enorme número de informações sobre seus mais de 900 milhões de afiliados. Além disso, muitos membros não são discretos e revelam informações sobre suas condições de saúde e tratamentos; onde estarão em determinado dia (informação útil para ladrões potenciais); detalhes pessoais sobre os membros de sua família; sua orientação sexual, racial, religiosa e afiliação política, além de outras informações sobre os membros de sua família e de amigos. O Facebook é notificado toda vez que você visita uma website que contenha o botão "Curtir", mesmo que você não clique nesse botão, acesse o Facebook ou seja usuário do Facebook.[72] Os usuários e observadores levantaram dúvidas sobre como o Facebook algumas vezes lida com essas informações pessoais. Por exemplo, os agentes da lei deveriam enviar uma intimação para obter suas informações no Facebook, eles poderiam obter todos esses detalhes e também os registros de suas postagens, das fotos que publicou, fotos onde você foi marcado, e uma lista de seus amigos do Facebook.[73] Sob quais condições o Facebook pode fornecer essas informações para terceiros visando o marketing ou outras finalidades?

PREOCUPAÇÕES QUANTO À PRIVACIDADE E CALÚNIA NA INTERNET

Calúnia e difamação envolvem a publicação de declarações intencionalmente falsas que sejam danosas para uma pessoa ou para a reputação de uma empresa. Exemplos de calúnias na internet incluem postagens de ex-maridos sobre suas mulheres em um blog, um ex-funcionário descontente que escreve mentiras sobre a empresa em um fórum, e uma garota que foi abandonada e faz declarações falsas na conta do Facebook de seu ex-namorado.

Os indivíduos podem postar informações na internet usando nomes ou e-mails falsos ou anonimamente. Esse anonimato dificulta a identificação, mas não a torna impossível. A parte ofendida pode entrar com uma ação conhecida como processo judicial de John Doe e intimar o ISP a fornecer todas as informações disponíveis sobre esse autor anônimo, incluindo seu endereço de IP, nome e endereço residencial. (De acordo com a Seção 230 da Lei da Decência nas Comunicações, os ISPs geralmente não podem ser responsabilizados pelo comportamento de seus usuários).

Os indivíduos também devem ser cuidadosos com o que colocam na internet para evitar acusações de calúnia. Um tribunal na Geórgia determinou o pagamento de $ 404 mil para o requerente que foi falsamente acusado de ser pedófilo e viciado em drogas.[74]

Em muitos casos, ex-funcionários descontentes estão sendo processados por seus ex-empregadores por material colocado na internet. Alguns funcionários foram até demitidos por postar informações negativas em suas páginas do Facebook. Um agente prisional de Ohio foi demitido depois de postar a seguinte mensagem em sua conta do Facebok: "Ok, pegamos Bin Laden... Agora vamos atrás de Kasich (governador de Ohio). Quem está comigo?"[75]

PRIVACIDADE E CLAREZA NO USO DAS INFORMAÇÕES

Vender informações para outras empresas pode ser tão lucrativo que muitas empresas continuarão a armazenar e vender os dados que coletam sobre consumidores, funcionários e outros. Quando esse armazenamento de informações e o seu uso são justos e razoáveis para as pessoas cujos dados são armazenados e vendidos? As pessoas têm o direito de saber sobre os seus dados armazenados e decidir quais devem ser armazenados e usados? Como foi apresentado na Tabela 14.3, essas questões podem ser divididas em outras quatro que devem ser respondidas: conhecimento, controle, aviso e consentimento.

PRIVACIDADE, FILTRAGEM E CLASSIFICAÇÃO DO CONTEÚDO DA INTERNET

Para ajudar os pais a controlar o que seus filhos veem na internet, algumas empresas oferecem software de filtragem para ajudar a fazer uma varredura do conteúdo na internet. Muitos desses programas de varredura também impedem que as crianças mandem informações pessoais pelo e-mail ou através de grupos de bate-papo. Esses programas impedem que as crianças divulguem seus nomes, endereços, números de telefone ou outras informações pessoais pela internet. De acordo com a Internet Filter Review, os dois principais pacotes de software de filtragem custam menos de $ 50,00. São eles o Net Nanny Parental Controls e o McAfee Safe Eyes.[76]

As organizações também implantam software de filtragem para impedir os funcionários de visitar websites não relacionados ao trabalho, particularmente aqueles relacionados com jogos ou que contêm material pornográfico ou ofensivo. Antes de implantar o bloqueio de sites, os usuários devem ser informados sobre as políticas da empresa e por que elas existem. Para aumentar a observação dessas normas, é melhor

TABELA 14.3 O direito de saber e a capacidade de decidir sobre leis e regulamentações federais de privacidade

Questões de justiça	Armazenagem de bancos de dados	Uso do banco dedados
O direito de saber	Conhecimento	Notificação
A capacidade de decidir	Controle	Consentimento
Conhecimento. As pessoas devem saber quais dados estão armazenados sobre elas? Em alguns casos, as pessoas são informadas de que as informações sobre elas estão armazenadas em um banco de dados da corporação. Em outros, não sabem que suas informações pessoais estão armazenadas em bancos de dados corporativos.		
Controle. As pessoas devem ser capazes de corrigir erros nos sistemas de banco de dados corporativo? Essa capacidade é possível na maioria das organizações, embora possa ser difícil em alguns casos.		
Notificação. Uma organização que usa os dados pessoais para um objetivo diferente do objetivo inicial deve avisar os indivíduos antecipadamente? A maioria das empresas não o faz.		
Consentimento. Se as informações sobre as pessoas serão aplicadas em outros propósitos, essas pessoas devem dar seu consentimento antes que seus dados sejam usados? Muitas empresas não dão às pessoas a oportunidade de decidir se tais informações devem ser vendidas ou usadas para outros propósitos.		

que os usuários da internet na empresa, gerentes e a organização de SI trabalhem juntos para definir a política a ser implantada. A política deve ser clara quanto à repercussão para os funcionários que tentarem lograr as medidas de bloqueio.

O Congresso dos Estados Unidos fez várias tentativas para limitar a exposição de crianças à pornografia on-line, incluindo as leis Communications Decency Act (promulgada em 1996) e Child Online Protection Act (promulgada em 1998). Dois anos após sua promulgação, a Suprema Corte dos Estados Unidos descobriu que ambas violavam a Primeira Emenda (liberdade de expressão) e as considerou inconstitucionais. A Lei de Proteção de Crianças na Internet (CIPA, Children's Internet Protection Act) foi transformada em lei em 2000 e mais tarde confirmada pela Corte Suprema em 2003. De acordo com a CIPA, as escolas e bibliotecas sujeitas a ela não recebem os descontos oferecidos pelo programa E-Rate, a menos que certifiquem que tenham instaladas certas medidas de segurança na internet para bloquear ou filtrar "representações visuais obscenas, pornografia infantil ou prejudicial para os menores". (O programa E-Rate fornece a muitas escolas e bibliotecas suporte para adquirir acesso internet e computadores.)

Nas últimas décadas, leis significativas foram promulgadas em relação ao direito de uma pessoa à privacidade. Outras são relacionadas com os direitos à privacidade e o uso ético de dados e informações. As seções a seguir mostram um resumo dessas leis.

Lei de Privacidade, de 1974

O principal elemento de legislação sobre privacidade é a Lei de Privacidade, de 1974 (PA74), que se aplica apenas a certas agências federais. A lei, que possui cerca de 15 páginas, é simples e fácil de entender. Seu objetivo é fornecer certas garantias para as pessoas contra a invasão de privacidade pessoal ao exigir que as agências federais (exceto algumas determinadas por lei):

- Permitam que os indivíduos determinem quais registros pertencentes a eles serão coletados, mantidos, usados ou disseminados por essas agências.
- Permitam que os indivíduos impeçam que os registros pertencentes a eles sejam usados ou disponibilizados para outros fins sem seu consentimento.
- Permitam aos indivíduos acessar as informações pertencentes a eles nos registros das agências federais, terem uma cópia de todas ou parte dessas informações e corrigir esses registros.
- Garantam que as informações de identificação pessoal sejam coletadas, mantidas, usadas ou disseminadas para garantir que essas ações sejam para fins necessários e legais, que as informações sejam atualizadas e precisas para o uso previsto e que garantias adequadas sejam oferecidas para evitar o mau uso dessas informações.
- Permitam exceções apenas em casos em que exista uma necessidade pública importante de exceção, conforme determinado pela autoridade legislativa específica.
- Estejam sujeitas a processos civis por danos que possam ocorrer como resultado de ações intencionais que violem os direitos individuais sob essa lei.

A PA74, que se aplica a todas as agências federais, exceto a CIA e as agências de aplicação da lei, também estabeleceu uma Comissão de Estudos de Privacidade para estudar os bancos de dados existentes e recomendar regras e legislação a serem consideradas no Congresso. A PA74 também exige treinamento de todos os funcionários federais que interagem com um "sistema de registros", de acordo com essa lei. A maior parte do treinamento é conduzida pela Comissão de Serviços Civis e pelo Departamento de Defesa. Outro aspecto interessante da PA74 diz respeito ao uso de números de seguros sociais – os governos e as agências federais, estaduais e locais e as agências não podem discriminar as pessoas por não revelarem ou relatarem seu número de seguro social.

LEI DE PRIVACIDADE DAS COMUNICAÇÕES ELETRÔNICAS

Essa lei foi promulgada em 1986 e trata de três assuntos principais: (1) a proteção das comunicações quando em trânsito do remetente para o destinatário, (2) a proteção das comunicações mantidas em armazenamento eletrônico e (3) a proibição de apare-

TABELA 14.4 Leis federais sobre privacidade e suas cláusulas

Leis	Cláusulas
Lei de Relatórios de Crédito Justos, de 1970 (FCRA)	Regula operações de agências de relatórios de crédito, incluindo como elas coletam, armazenam e usam as informações de crédito
Lei de Privacidade da Educação Familiar, de 1974	Restringe a coleta e o uso de dados por instituições educacionais federais, incluindo especificações do tipo de dados coletados, acesso pelos pais e estudantes aos dados e limitações na divulgação.
Lei da Reforma Tributária, de 1976	Restringe a coleta e o uso de certas informações mantidas por empresas privadas pela Receita Federal.
Lei de Direito à Privacidade Financeira de 1978	Restringe o acesso governamental a certos registros mantidos pelas instituições financeiras.
Lei de Transferência Eletrônica de Fundos, de 1979	Define as responsabilidades das empresas que usam sistemas de transferência eletrônica de fundos, incluindo direitos de consumidores e direito a cartões de débito bancários.
Lei de Privacidade de Comunicações Eletrônicas, de 1986	Define as cláusulas para acesso, uso, divulgação, interceptação e proteção da privacidade de comunicações eletrônicas.
Lei de Privacidade e Verificação de Computadores, de 1988	Regula as referências cruzadas entre arquivos computacionais de agências federais (por exemplo, para verificar o direito a programas federais).
Lei de Privacidade de Vídeo de 1988	Evita que varejistas exponham registros de vídeos alugados sem um mandado judicial.
Lei de Proteção aos Consumidores de Serviços Telefônicos, de 1991	Limita a prática de telemarketing.
Lei de Cabos, de 1992	Regula as empresas e organizações que oferecem serviços de comunicações sem fio, incluindo telefones celulares.
Lei de Emendas sobre Abusos Computacionais, de 1994	Proíbe transmissões de programas de computador e código, incluindo vírus.
Lei Gramm-Leach-Bliley, de 1999	Exige que todas as instituições financeiras protejam e garantam os dados não públicos dos consumidores contra o acesso ou o uso não autorizado.
Lei Patriota dos Estados Unidos, de 2001	Exige que provedores de serviço de internet e as empresas telefônicas entreguem informações de clientes, inclusive os números chamados, sem uma ordem judicial, se o FBI declarar que os registros são relevantes para uma investigação de terrorismo.
Lei do Governo Eletrônico, de 2002	Exige que as agências federais postem políticas de privacidade relacionadas com equipamentos em seus websites e que realizem uma avaliação do impacto ambiental de novas coletas de dados de dez ou mais pessoas
Lei para Transações de Crédito Justas e Precisas, de 2003	Planejada para combater o roubo de identidade; permite que os consumidores obtenham gratuitamente relatórios de crédito das três principais agências de crédito de consumidores a cada doze meses e que emitam alertas sobre seus históricos e créditos sob determinadas circunstâncias

lhos para registrar informações de discagem, roteamento, endereçamento e sinalização sem um mandado de busca. De acordo com o Título I desta lei, o governo é proibido de interceptar mensagens eletrônicas, a não ser que obtenha ordem judicial baseada em uma causa provável. O Título II proíbe o acesso a comunicações eletrônicas e por fio para comunicações armazenadas e não acessíveis para o público em geral.

Lei de Gramm-Leach-Bliley

Essa lei, promulgada em 1999, exige que todas as instituições financeiras protejam e garantam os dados não públicos dos consumidores contra o acesso ou o uso não autorizado. Sob os termos dessa lei, assumiu-se que todos os consumidores aprovem a coleta e o armazenamento de suas informações pessoais pelas instituições financeiras. Exige-se das instituições contatarem seus clientes e informá-los desse fato. Os clientes devem escrever cartas separadas para cada instituição financeira individualmente e declarar por escrito que preferem que seus dados pessoais não sejam coletados e armazenados. A maioria das pessoas é importunada com enorme quantidade de mala direta recebida de suas instituições financeiras e simplesmente a descarta sem mesmo entender sua importância.

Lei Patriota dos Estados Unidos

Como foi discutido anteriormente, a Lei de 2001 para unir e fortalecer os Estados Unidos fornecendo ferramentas apropriadas para interceptar e obstruir o terrorismo (Lei Patriota dos Estados Unidos) foi aprovada em resposta aos atos terroristas de 11 de setembro. Os proponentes argumentam que ela fornece novos e necessários poderes para as agências nacionais de cumprimento da lei e as agências de inteligência internacionais. Os críticos argumentam que a lei remove muitas das verificações anteriormente permitidas para as cortes garantirem que as agências de aplicação da lei não abusem de seu poder. Por exemplo, sob essa lei, os fornecedores de serviço de internet e as empresas telefônicas devem entregar informações de clientes, inclusive os números chamados sem uma ordem judicial se o FBI declarar que os registros são relevantes para uma investigação de terrorismo. Além disso, a empresa é proibida de revelar que o FBI conduz uma investigação.

A Tabela 14.4 enumera outras leis relacionadas com a privacidade.

Políticas corporativas de privacidade

Embora as leis de privacidade para as organizações privadas não sejam muito restritivas, a maioria das organizações é muito sensível às questões de privacidade e de justiça. Elas percebem que as invasões de privacidade podem prejudicar seus negócios, afastar clientes e reduzir drasticamente suas receitas e seus lucros. Considere uma importante empresa inter-

Notificação de privacidade

Esta notificação de privacidade exibe as práticas de privacidade para (endereço de sites na internet). Esta notificação de privacidade se aplica unicamente às informações coletadas por este site e irá comunicar os seguintes pontos:

1. Quais informações identificáveis você forneceu através do website, como ele será usado e com quem elas podem ser compartilhadas.
2. Quais as opções disponíveis para você em relação ao uso de seus dados.
3. Os procedimentos de segurança prontos para protegê-lo do uso malicioso de suas informações.
4. Como você pode corrigir quaisquer dados incorretos nestas informações.

Coleta, uso e compartilhamento de informações

Somos os únicos proprietários das informações coletadas neste site. Temos acesso apenas às informações ou à coleta de informações que você nos forneceu voluntariamente através de e-mail ou de outro tipo de contato direto. Não iremos vender nem alugar tais informações para qualquer outra pessoa.

Utilizaremos suas informações para respondermos a você com relação aos motivos pelos quais você nos contatou. Não iremos compartilhar suas informações com terceiros, externos à nossa organização, a não ser que isso seja necessário para atender a uma solicitação sua, como enviar um pedido.

A menos que você não queira, poderemos contatá-lo no futuro para informar sobre novos produtos ou serviços, ou mudanças nesta política de privacidade.

Seu acesso e controle sobre as informações

Você pode optar por não receber qualquer contato no futuro de nossa parte a qualquer momento, pode realizar os seguintes atos, a qualquer momento, nos contatando através do endereço de e-mail ou dos números de telefone fornecidos em nosso website:

- Ver quais dados temos sobre você, se tivermos algum.
- Alterar/corrigir quaisquer dados que tivermos sobre você.
- Permitir que apaguemos quaisquer dados que tivermos sobre você.
- Expressar quaisquer preocupações que você tenha sobre nossa utilização de seus dados pessoais.

Segurança

Nós tomaremos precauções para proteger suas informações. Ao transmitir quaisquer informações sigilosas pelo website, suas informações ficarão protegidas tanto on-line como off-line.

Sempre que coletarmos informações sigilosas (como dados de cartões de crédito), estas serão criptografadas e transmitidas de maneira segura. Você pode verificar isto, observando o cadeado fechado na parte inferior de seu navegador de internet ou observando se há a sigla "https" no início do endereço do site.

Mesmo utilizando criptografia para proteger dados sigilosos transmitidos on-line, também protegeremos suas informações off-line. Somente os funcionários que precisarem das informações para executar uma função específica (por exemplo, enviar uma fatura ou fornecer serviços para o cliente) terão acesso às informações pessoais identificáveis. Os computadores/servidores nos quais armazenaremos as informações pessoais identificáveis serão mantidos em um ambiente seguro.

Caso não esteja de acordo com esta política de privacidade, você deverá entrar em contato imediatamente através do telefone XXX YYY-ZZZZ ou pelo e-mail.

FIGURA 14.4

Exemplo de notificação de privacidade.

O BBB fornece este exemplo de notificação de privacidade como guia para as companhias postarem em seus websites.

nacional de cartões de crédito. Se a empresa vender informações financeiras confidenciais de milhões de clientes para outra empresa, os resultados podem ser desastrosos. Em questão de dias, os negócios e as receitas da empresa podem ser muito reduzidos. Portanto, a maioria das organizações mantém políticas de privacidade, embora elas não sejam exigidas por lei. Algumas empresas podem até possuir um estatuto de direitos que especifica como a privacidade dos funcionários, clientes e consumidores será protegida. As políticas corporativas de privacidade devem definir o conhecimento do cliente, o controle, a notificação e o consentimento quanto ao armazenamento e ao uso de suas informações. Elas também podem estabelecer quem tem acesso aos dados privados e quando estes podem ser usados.

O Código de Práticas Comerciais pelo BBB (Padrões de Certificação pelo BBB, Better Business Bureau) exige que companhias certificadas pelo BBB tenham algum tipo de notificação de privacidade em seu website. Cada notificação deve ser seguida dos seguintes cinco elementos:[77]

- **Notificação** (quais informações pessoais estão sendo coletadas no site)
- **Escolha** (quais opiniões o cliente tem sobre como/e se seus dados devem ser coletados e usados)
- **Acesso** (como um cliente pode ver quais dados foram coletados e alterá-los/corrigi-los, se necessário)
- **Segurança** (estabelece como os dados coletados deverão ser armazenados/protegidos)
- **Reparações** (o que o consumidor pode fazer caso a política de privacidade não seja observada)

A Figura 14.4 mostra um exemplo de notificação de privacidade que o BBB fornece como um guia para as companhias postarem em seu website.

Empresas multinacionais enfrentam um desafio extremamente difícil na implantação de políticas e processos de coleta e disseminação de dados por causa da multiplicidade de diferentes estatutos regionais ou de países. Por exemplo, a Austrália exige que as empresas destruam os dados de clientes (incluindo os arquivos de backup) ou os torne anônimos depois que não forem mais necessários. Empresas que transferem dados pessoais e de clientes para fora da Europa devem cumprir com as leis de privacidade da Europa que permitem que clientes e funcionários acessem dados sobre eles e os deixem determinar como essas informações podem ser usadas.

Websites com algumas políticas corporativas de privacidade são mostrados na Tabela 14.5.

Uma boa prática de projeto de bancos de dados é atribuir um único identificador para cada cliente – para que cada um tenha um único registro descrevendo todas as suas relações com a empresa através de todas as suas unidades corporativas. Dessa maneira, a organização pode aplicar as preferências de privacidade do cliente consistentemente em todos os bancos de dados. A falha em realizar isso pode expor a organização a riscos legais – além de irritar os clientes que optaram por não se envolver mais em práticas de coleta. Novamente, em 1999, a Lei de Modernização de Serviços Gramm-Leach-Bliley (Gramm-Leach-Bliley Services Modernization Act) exigiu que todas as instituições de serviços financeiros comunicassem suas regras para a privacidade dos dados e respeitem as preferências do consumidor.

TABELA 14.5 Políticas de privacidade corporativa

Empresa	URL
Intel	www.intel.com/sites/sitewide/en_US/privacy/privacy.htm
Starwood Hotels & Resorts	www.starwoodhotels.com/corporate/privacy_policy.html
TransUnion	www.transunion.com/corporate/privacyPolicy.page
United Parcel Services	www.ups.com/content/corp/privacy_policy.html
Visa	www.corporate.visa.com/ut/privacy.jsp
Walt Disney Internet Group	http://disney.go.com/corporate/privacy/pp_wdig.html

ESFORÇOS INDIVIDUAIS PARA PROTEGER A PRIVACIDADE

Embora inúmeras leis estaduais e federais tratem da privacidade, elas não protegem completamente a privacidade individual. Além disso, nem todas as empresas possuem políticas de privacidade. Como consequência, muitas pessoas aumentam a proteção de sua própria privacidade. Algumas medidas que se pode tomar para proteger a privacidade pessoal são:

- **Descobrir o que está armazenado a seu respeito nos bancos de dados existentes**. Contate os principais escritórios de crédito para conseguir uma cópia de seu relatório de crédito. Você tem direito a um relatório de crédito gratuito a cada 12 meses (veja o site: *freecreditreport.com*). Você também pode obter um relatório gratuito se nos últimos 60 dias tiverem negado crédito a você. As principais empresas são Equifax (0800-685-1111, *www.equifax.com*). TransUnion (0800-916-8800, *www.transunion.com*) e Experian (888-397-3742, *www.esperian.com*). Você pode também enviar uma solicitação segundo a Lei de Liberdade de Informações (Freedom of Information Act) a uma agência federal que você suspeita possuir informações armazenadas a seu respeito.
- **Seja cuidadoso quando compartilhar informações a seu respeito**. Não compartilhe informações pessoais, a não ser que seja absolutamente necessário. Toda vez que fornecer informações pessoais através de uma chamada pelos serviços 800, 888 ou 900, sua privacidade está em risco. Seja vigilante e insista para que seu médico, seu banco ou sua instituição financeira não compartilhe informações a seu respeito com outros sem seu consentimento por escrito.
- **Seja proativo para proteger sua privacidade**. Você pode conseguir um número de telefone não listado e pedir à empresa telefônica para impedir os sistemas de identificação de chamada de ler o número do seu telefone. Se você mudar de endereço, não preencha um formulário de mudança de endereço do Serviço de Correio dos Estados Unidos; você pode notificar apenas as pessoas e as empresas que você deseja que tenham o seu novo endereço. Destrua as contas de seu cartão com valor armazenado e fragmente os demonstrativos mensais antes de jogá-los no lixo. Seja cuidadoso ao mandar mensagens pessoais de um sistema de e-mail corporativo. Para evitar receber correspondência inútil e chamadas de telemarketing, pode-se também conseguir ajuda no website da Associação de Marketing Direto, em *www.the-dma.org*. Vá ao website e busque a Ajuda ao Consumidor para Remover Nomes das Listas.
- **Tenha extremo cuidado ao adquirir qualquer bem ou serviço de um website.** Quando adquirir alguma coisa através de um website, garanta a proteção dos números do seu cartão de crédito, das senhas e informações pessoais. Não faça negócios com um site, a menos que você saiba que ele lida com as informações dos cartões de crédito com segurança. (Procure o selo de aprovação de organizações como Better Business Bureau Online ou TRUSTe. Quando você abre a página web na qual se insere as informações sobre cartão de crédito ou outros dados pessoais, certifique-se de que o endereço da web inicia com HTTPS e verifique se um ícone de cadeado trancado aparece na barra do endereço ou na barra do status.) Não forneça informações pessoais sem rever a política de privacidade de dados do site. Muitas empresas de cartões de crédito emitem, mediante solicitação, números de cartões de crédito a serem usados uma única vez. As cobranças aparecem na sua fatura normal, mas o número é destruído após um único uso, eliminando o risco de números de cartões de crédito roubados.

O AMBIENTE DE TRABALHO

O uso de sistemas de informação baseados em computador mudou a composição da força de trabalho. Aumentaram os cargos que exigem conhecimentos de SI e muitos cargos menos qualificados foram eliminados. Programas corporativos, como a reengenharia e a melhoria contínua, trazem com eles a preocupação de que, como os processos de negócios são reestruturados e os sistemas de informação são integrados a eles, as pessoas envolvidas nesses processos serão demitidas. Mesmo as tarefas mais simples são assistidas por computadores, tornando a caixa registradora mais rápida, fazendo fluir sem dificuldades o processamento de pedidos e permitindo que pessoas com deficiências participem mais ativamente na força de trabalho. À medida que os computadores e outros componentes de SI ficam mais baratos e se tornam mais fáceis de usar, mais trabalhadores são beneficiados com o aumento de produtividade e eficiência proporcionado pelos computadores. No entanto, a despeito desses aumentos na produtividade e na eficiência, os sistemas de informação podem gerar outras preocupações.

PREOCUPAÇÃO COM A SAÚDE

Atualmente, as organizações podem aumentar a produtividade do funcionário, prestando atenção às questões de saúde no ambiente de trabalho. Para algumas pessoas, trabalhar com computadores pode causar estresse ocupacional. A ansiedade quanto à insegurança no desempenho, perda de controle, incompetência e rebaixamento são apenas alguns dos receios que os funcionários podem experimentar. Em alguns casos, o estresse se torna tão grave que os funcionários podem se recusar a participar de cursos de treinamento de novos sistemas e equipamentos de informática. Monitorar o estresse do funcionário pode alertar as empresas quanto a possíveis problemas. O treinamento e o aconselhamento podem frequentemente ajudar o funcionário e evitar problemas.

Um uso intensivo de computadores também pode afetar a saúde física de uma pessoa. Um trabalho que exige que se sente à mesa e use um computador por muitas horas por dia é qualificado como um trabalho sedentário, que pode dobrar o risco de imobilidade por tromboembolismo por permanecer sentado (SIT, seated immobility thromboemlism), a formação de coágulos de sangue nas pernas e nos pulmões. Pessoas que levam um estilo de vida sedentário têm maior probabilidade de engordar, o que pode levar a uma fadiga crescente e maior risco de diabetes do tipo 2, problemas cardíacos, e outras doenças sérias.

As lesões por esforço repetitivo (LER, repetitive strain injury) é uma doença ou distúrbio dos músculos, nervos, tendões, ligamentos e articulações, causados por movimentos repetitivos. A LER é uma doença muito comum relacionada ao trabalho. A tendinite é a inflamação dos tendões devido a movimentos repetitivos. A síndrome do túnel do carpo (STC, carpal tunnel syndrome) é uma inflamação do nervo que conecta o antebraço à palma da mão. A STC envolve dor no punho, uma sensação de formigamento e dormência e dificuldade em agarrar e segurar objetos.

EVITANDO PROBLEMAS DE SAÚDE E AMBIENTAIS

As duas principais causas de problemas de saúde relacionados a computadores são o ambiente de trabalho projetado de forma irregular e a ausência de intervalos para permitir o descanso dos músculos e olhos. A tela do computador pode ser difícil de ler e com pouco contraste. Mesas e cadeiras podem também ser desconfortáveis. Os teclados e as telas de computador podem estar fixados ou serem difíceis de mover. As

Pesquisas mostraram que certos hábitos ergonomicamente corretos podem reduzir o risco de efeitos adversos à saúde ao se usarem computadores.

TABELA 14.6 Como evitar desconfortos comuns associados com o uso excessivo de computadores

Desconfortos comuns associados ao uso excessivo de computadores	Ações preventivas
Olhos vermelhos, secos e com coceira	Afaste seu foco da tela do computador a cada 20 ou 30 minutos, olhando para longe e focalizando em um objeto por 20 a 30 segundos Faça um esforço consciente para piscar com mais frequência Considere o uso de colírios lubrificantes Use uma tela de LCD que permita melhor visualização, eliminando oscilações virtuais, mantendo um brilho suave da tela e evitando excessos
Dores na nuca e nos ombros	Adote uma postura correta enquanto estiver trabalhando no computador Levante-se, alongue-se e caminhe ao redor por alguns minutos a cada hora de trabalho Encolha e gire os ombros ocasionalmente
Dores, dormência e sensação de formigamento nas mãos	Adote uma postura correta enquanto estiver trabalhando no computador Não apoie os cotovelos em superfícies rígidas Faça paradas ocasionais e alongue seus dedos ao mesmo tempo em que mantém os pulsos em uma posição reta Faça paradas ocasionais deixando seus braços descansando na parte lateral de seu corpo e mexa suas mãos suavemente Coloque um apoio de pulso entre o teclado e a borda da mesa do computador.

Fonte: Pekker, Michael, "Long Hours at Computer: Health Risks and Prevention Tips", http://webfreebies4u.blogspot.com/2011/01/long-hours--at-computer-health- risks-and.html, acesso em: 4 jan. 2011.

atividades prejudiciais associadas com essas condições desfavoráveis são coletivamente referidas como *fatores de estresse no trabalho*. Embora esses problemas não sejam a principal preocupação para os usuários casuais de sistemas de computadores, a continuidade desses fatores de estresse, como movimentos repetitivos, má postura e fadiga ocular, podem causar lesões mais sérias e de longo prazo. Esses problemas, por si só, podem limitar gravemente a produtividade e o desempenho.

ERGONOMIA: A ciência de projetar máquinas, produtos e sistemas para maximizar a segurança, o conforto e a eficiência das pessoas que os utilizam.

A ciência de projetar máquinas, produtos e sistemas para maximizar a segurança, o conforto e a eficiência das pessoas que os utilizam, chamada **ergonomia**, sugere algumas abordagens para reduzir esses problemas de saúde. Especialistas em ergonomia estudaram cuidadosamente a inclinação dos teclados, o posicionamento e o projeto das telas de exibição e a colocação e o projeto das mesas e cadeiras para usuários de computador. A flexibilidade é o principal componente da ergonomia e uma característica importante dos dispositivos computacionais. As pessoas têm tamanhos e preferências diferentes, e exigem diferente posicionamento do equipamento para melhores resultados. Algumas pessoas, por exemplo, querem colocar o teclado em seu colo; outras preferem em uma mesa sólida. Por causa dessas diferenças individuais, os projetistas de computadores tentam desenvolver sistemas que ofereçam uma grande flexibilidade.

Nunca é cedo demais para interromper hábitos que não são saudáveis quando se trabalha com computadores. O uso prolongado do computador em condições de trabalho inadequadas pode levar à síndrome do túnel do carpo, bursite, dores de cabeça e danos permanentes aos olhos. Condições inadequadas dos escritórios e esforços excessivos devem ser corrigidos. Infelizmente, às vezes, nos tornamos descuidados devido a pressões como a necessidade da empresa de aumentar a produtividade, melhorar a qualidade, atingir metas e cortar custos. Nós nos tornamos complacentes e paramos de dar atenção à importância de condições de trabalho saudáveis. A Tabela 14.6 enumera algumas das soluções mais comuns para usuários que passam muito tempo no computador.

A seguir, eis uma lista de dicas úteis para ajudá-lo a determinar se você está sentando corretamente e se o teclado está posicionado adequadamente:[78]

- Seus cotovelos estão próximos ao corpo em um ângulo aberto para permitir a circulação de sangue no antebraço e nas mãos
- Seus braços estão em uma posição aproximadamente perpendicular ao solo
- Seus pulsos estão relativamente retos
- Seus ouvidos estão alinhados com a parte superior de seus ombros
- Seus ombros estão alinhados com seu quadril

- A altura da superfície do apoio do seu teclado está uma ou duas polegadas acima de suas coxas
- O monitor está a cerca de um braço de distância (de 50 a 60 cm)
- O topo de seu monitor está no nível dos olhos
- Sua cadeira tem um encosto que apoia a curvatura da parte inferior de suas costas (região lombar)

QUESTÕES ÉTICAS EM SISTEMAS DE INFORMAÇÃO

Como vimos nos boxes "Questões Éticas e Sociais", deste livro, as questões éticas lidam com o que é considerado geralmente certo ou errado. As leis não fornecem uma orientação completa para o comportamento ético. Só porque uma atividade é definida como legal, não quer dizer que seja ética. Como consequência, os profissionais de muitas profissões adotam um **código de ética** que estabelece os princípios e os valores centrais essenciais ao seu trabalho e, dessa maneira, regem seu comportamento. O código pode se tornar um ponto de referência para analisar o que é legal e o que é ético. Por exemplo, os médicos aderem a várias versões do Juramento de Hipócrates, criado há 2 mil anos, que as escolas médicas oferecem como uma afirmação para as classes que se formam.

CÓDIGO DE ÉTICA: Um código que estabelece os princípios e os principais valores que são essenciais para um conjunto de pessoas e que, consequentemente, regem o comportamento dessas pessoas.

Alguns profissionais de SI acreditam que seu campo oferece muitas oportunidades para um comportamento antiético. Eles também acreditam que o comportamento antiético pode ser reduzido pelo desenvolvimento, discussão e fortalecimento do código de ética pelos gerentes do alto escalão. Várias organizações e associações relacionadas com SI promovem o uso eticamente responsável dos sistemas de informação e desenvolvem códigos de ética úteis. Fundada em 1947, a Association for Computing Machinery (ACM) é a mais antiga associação de computação e conta com mais de 100 mil membros em mais de cem países.[79] A ACM possui um código de ética e de conduta profissional que inclui oito obrigações morais que podem ser usadas para ajudar a controlar as ações dos profissionais de SI. Essas orientações podem ser usadas por aqueles que empregam ou contratam profissionais de SI para monitorar e orientar seus trabalhos. Essas diretrizes são delineadas a seguir: Como membro da ACM, irei...

1. Contribuir para o bem-estar da sociedade e do ser humano.
2. Evitar prejudicar a outros.
3. Ser honesto e confiável.
4. Ser justo e agir de maneira não discriminatória.
5. Honrar os direitos de propriedade incluindo direitos autorais e de patentes.
6. Dar crédito apropriado para a propriedade intelectual.
7. Respeitar a privacidade dos outros.
8. Honrar a confidencialidade.[80]

O inadequado tratamento de questões sociais, discutido neste capítulo – incluindo desperdícios, erros, crimes, privacidade, saúde e ética – pode devastar uma organização. Prevenir esses problemas e se recuperar deles são aspectos importantes do gerenciamento de informações e sistemas de informação como ativos corporativos vitais. Cada vez mais, as organizações reconhecem que as pessoas são o componente mais importante de um sistema de informação com base em computadores e que a vantagem competitiva de longo prazo pode ser encontrada em uma força de trabalho bem treinada, motivada e bem informada, que segue os valores principais do código de ética e os utilize como guia nas ações da força de trabalho.

RESUMO

Princípio:

Devem ser estabelecidos políticas e procedimentos para evitar erros e desperdícios associados com o uso de computadores.

Desperdícios em computadores se refere ao uso inadequado da tecnologia de informática e de seus recursos tanto no setor público quanto no privado. Erros em computadores relacionados ao mau funcionamento, falhas e outros problemas que resultem em uma saída inadequada e sem valor. Em todos os níveis corporativos, os erros e os desperdícios em computadores causam custos desnecessariamente altos para os sistemas de informação e diminuem muito os lucros. O desperdício geralmente é resultado da falta de integração dos componentes de SI, o que leva à duplicação de esforços e redução da capacidade. Procedimentos ineficientes também desperdiçam os recursos de SI, assim como o descarte imprudente de recursos úteis e o mau uso do tempo de funcionamento de computadores com jogos e uso pessoal. Instruções de processamento incorretas, inserções de dados imprecisas, mau uso das saídas do SI e projetos de sistemas ineficientes causam erros de computação.

Prevenir desperdícios e erros envolve estabelecer, implantar, monitorar e revisar procedimentos e políticas eficazes. As empresas devem desenvolver manuais e programas de treinamento para evitar erros e desperdícios. Alterações em tabelas, HTML e URLs devem ser rigidamente controladas.

Princípio:

Os crimes de informática são uma ameaça séria e vêm crescendo rapidamente, exigindo atenção dos administradores.

Alguns criminosos usam computadores como ferramenta. Por exemplo, um criminoso pode usar o computador para manipular registros, desviar dinheiro e documentos, cometer fraudes através da rede de telecomunicações e fazer transferências de dinheiro não autorizadas.

Os criminosos podem obter informações para invadir sistemas de computadores, mergulhando no lixo ou usando técnicas de engenharia social.

Um ciberterrorista é alguém que intimida ou exerce coerção sobre um governo ou uma organização para promover seus objetivos políticos ou sociais, lançando ataques por computador contra outros computadores, redes e informações neles armazenadas.

O roubo de identidade é um crime pelo qual um impostor obtém importantes informações sobre identificação pessoal, como os números do seguro social ou da carteira de motorista, para se passar por outra pessoa. As informações são então usadas para obter crédito, mercadorias e/ou serviços no nome da vítima ou para fornecer falsas credenciais ao ladrão.

Apesar de as apostas on-line serem populares, sua legalidade é questionável no território americano.

O computador também é usado como uma ferramenta para combater o crime. O sistema baseado em Internet LeadsOnline ajuda os agentes da lei a recuperar bens roubados. O JusticeXchange fornece aos agentes de combate da lei acesso rápido e fácil a informações sobre antigos e novos criminosos presos nas prisões registradas no sistema. O Offender Watch rastreia abusadores sexuais fichados. As agências de combate ao crime usam equipamentos de rastreamento por GPS e softwares para monitorar a movimentação dos abusadores sexuais registrados. As agências de combate ao crime usam dados relacionados a crimes e poderosas técnicas de análise, associadas com sistemas de GIS para melhor compreender e até mesmo diminuir a incidência de crimes.

Um hacker criminoso, também chamado *cracker*, é uma pessoa habilidosa no uso de computadores, que tenta obter acesso não autorizado ou ilegal a sistemas computacionais para roubar senhas, corromper arquivos e programas, ou mesmo para transferir dinheiro. Os script bunnies são crackers com pouco conhecimento técnico. Informantes são funcionários, descontentes ou não, que trabalham sozinhos ou em conjunto com pessoas externas à empresa para comprometer os sistemas corporativos. O maior medo de muitas empresas é o dano que pode ser causado por pessoas internas que conheçam as identidades para entrar no sistema, as senhas e os procedimentos da empresa.

Os crimes de informática têm como alvo os sistemas de computadores e incluem o acesso ilegal a tais sistemas por hackers criminosos, alteração ou destruição de dados e programas por vírus, ou o simples roubo de recursos do computador.

Malware é um termo genérico para um software nocivo ou destrutivo. Existem muitas formas de malware, incluindo vírus, variantes, worms, cavalo de troia, bombas lógicas e rootkits. O spyware é um software instalado em um computador pessoal para interceptar ou assumir o controle parcial sobre a interação do usuário com o computador sem o seu conhecimento ou permissão. Um farejador de senhas é um pequeno programa escondido em uma rede ou em um sistema computacional que registra os números de identificação e senhas.

Ao descartar um computador, as pessoas devem usar um utilitário para fazer a limpeza do disco e evitar a perda de dados pessoais ou confidenciais, mesmo depois de excluir e esvaziar a lixeira.

A pirataria de software talvez represente o crime mais comum na informática. Estima-se que a indústria de software perdeu $ 59 bilhões em lucros em 2010 devido à pirataria. A indústria fonográfica mundial perde cerca de $ 12,5 bilhões por ano com a pirataria de músicas. A violação de patentes é também um problema importante para os fabricantes de softwares e hardwares.

O gerenciamento dos direitos digitais se refere ao uso de qualquer das várias tecnologias para impor políticas de controle de acesso à mídia digital como filmes, músicas e softwares.

Fraudes relacionadas com computadores, incluindo phishing e vishing, têm causado a perda de milhares de dólares para empresas e pessoas. Os crimes de informática são um problema internacional.

Um conceito fundamental para um bom controle interno é ser cuidadoso na separação de tarefas associadas com processos-chave, de forma que eles sejam executados por mais de uma pessoa.

O uso de um sistema de detecção de intrusão (IDS) oferece outra camada de proteção no caso de um intruso conseguir passar pelas camadas externas – senhas, procedimentos de segurança e firewall corporativa. Um IDS monitora os recursos do sistema e da rede e avisa o pessoal de segurança da rede quando percebe a possibilidade de invasão. Muitas empresas de pequeno e médio portes estão terceirizando as operações de segurança da rede para provedores de serviços de segurança gerenciados (MSSPs), que monitora, gerencia e mantém a segurança de equipamentos e programas.

Medidas de segurança, tais como senhas, números de identificação e dados criptografados, ajudam a proteger os computadores contra o acesso ilegal, principalmente quando auxiliados por sistemas de controle eficazes. Os programas de varredura de vírus identificam e removem programas nocivos do computador. As empresas podem usar um painel de segurança para obterem uma visão abrangente dos dados vitais relacionados com sua defesa e segurança contra ameaças externas. As empresas e os indivíduos podem utilizar um programa antivírus para detectar a presença de todos os tipos de malware.

Equilibrar os direitos a privacidade em relação à necessidade de um monitoramento adicional para se proteger de ciberataques é um problema especialmente desafiador. As questões de privacidade são uma preocupação em e-mails, mensagens instantâneas e equipamentos pessoais. A Lei de Proteção à Privacidade de Crianças On-line protege as crianças que utilizam internet, ao exigir dos operadores de sites que obriguem as crianças a seguirem políticas abrangentes de privacidade e que obtenham consentimento de seus pais antes de coletarem qualquer informação pessoal de menores de 13 anos. A Lei de Privacidade de 1974 estabelece exigências diretas e de fácil compreensão para a coleta, o uso e distribuição de dados por agências federais; as leis federais também atuam como um guia nacional moral dos direitos à privacidade e das atividades de organizações privadas. A Lei de Privacidade das Comunicações eletrônicas lida com a proteção das comunicações quando em trânsito do remetente para o destinatário, a proteção das comunicações mantidas em armazenamento eletrônico e a proibição de aparelhos para registrar informações de discagem, roteamento, endereçamento e sinalização, sem um mandado de busca. A Lei de Gramm-Leach-Bliley exige que todas as instituições financeiras protejam e garantam os dados não públicos dos consumidores contra o acesso ou o uso não autorizado. A Lei Patriota dos Estados Unidos, aprovada apenas cinco semanas após os ataques terroristas de 11 de setembro de 2001, estabelece que os fornecedores de serviços de internet e as empresas telefônicas devem entregar informações de consumidores, inclusive os números chamados, mesmo sem uma ordem judicial, se o FBI declarar que os registros são relevantes para uma investigação de terrorismo. Além disso, a empresa é proibida de revelar que o FBI está realizando uma investigação. Somente o tempo irá dizer como esta lei será aplicada no futuro.

Uma empresa deve desenvolver uma política clara e completa sobre os direitos de privacidade de seus clientes, incluindo o acesso aos bancos de dados. Essa política também deve abordar os direitos dos funcionários, incluindo sistemas de monitoramento eletrônico e e-mails. A clareza no uso de informações para o direito a privacidade enfatiza o conhecimento, o controle, as notificações e o consentimento das pessoas registradas nos bancos de dados. As pessoas devem saber como os dados sobre elas são armazenados e devem ser capazes de corrigir erros nos sistemas de bancos de dados corporativos. Se as informações sobre as pessoas serão destinadas a outros propósitos, essas pessoas devem dar seu consentimento antes que seus dados sejam usados. Todos devem ter o direito de conhecer e decidir.

Princípio:

Cargos, equipamentos e condições de trabalho devem ser projetados de forma a evitar os efeitos negativos e nocivos à saúde causados pelo uso de computadores.

Os trabalhos que envolvem o uso contínuo de computadores contribuem para um modo de vida sedentário, o que aumenta os riscos de problemas de saúde. Alguns críticos culpam os sistemas de computadores pelas emissões de ozônio e radiação eletromagnética. O uso de telefones celulares enquanto dirige tem sido conectado ao aumento no número de acidentes com carros.

O estudo que projeta e posiciona equipamentos de computação, chamado ergonomia, sugeriu algumas abordagens para reduzir os problemas de saúde. Os princípios dos projetos ergonômicos ajudam a reduzir os efeitos nocivos e aumentar a eficiência do sistema de informação. A prevenção do LER (lesão por esforço repetitivo) inclui manter uma boa postura, não ignorar dores ou problemas, fazer alongamentos e exercícios e buscar um tratamento apropriado. Apesar das possíveis consequências negativas para a saúde, os sistemas de informação também podem ser usados para fornecer valiosas informações sobre a saúde através da internet e de outras fontes.

Princípio:

Profissionais de muitas áreas estabelecem códigos de ética que declaram os princípios e os valores essenciais ao seu trabalho e, dessa maneira, regem seu comportamento.

Um código de ética estabelece os princípios e os principais valores que são essenciais para os membros de uma profissão ou de uma organização. A ética para usuários de computadores define práticas aceitáveis de forma mais restrita do que apenas impedi-los de cometer crimes; elas também consideram os efeitos de suas atividades de SI, incluindo o uso da internet em outras pessoas e organizações. A Association for Computing Machinery desenvolveu as orientações e um código de ética. Muitos profissionais de SI se afiliaram a associações ligadas a computadores e concordam em seguir detalhadamente esses códigos.

CAPÍTULO 14: TESTE DE AUTOAVALIAÇÃO

Devem ser estabelecidos políticas e procedimentos para evitar erros e desperdícios associados com o uso de computadores.

1. O uso de sistemas de informações não integrados, que torna difícil para os tomadores de decisão colaborarem e compartilharem informações, é um exemplo de desperdício de recursos de computadores. Verdadeiro ou Falso?
2. A demanda dos funcionários por vídeos e música levou os computadores pessoais da companhia a excederem a capacidade de navegação na internet da empresa criando um grande __________.
3. Prevenir desperdícios e erros envolve estabelecer, implantar, monitorar e ________ procedimentos e políticas.

Os crimes de informática são uma ameaça séria e vêm crescendo rapidamente, exigindo a atenção da administração.

4. Pouco mais de __________ relatórios de crimes foram feitos para o Centro de Computadores para Crimes na Internet, em 2010.
   a. 3 mil
   b. 30 mil

c. 300 mil
d. 3 milhões

5. De acordo com Centro de Computadores para Crimes na Internet, os dois tipos de crimes on-line mais comuns reportados incluíam o não pagamento e a não entrega de mercadorias que somavam milhões de dólares e _______.
a. golpes envolvendo pessoas que se passavam por agentes do FBI
b. pedidos de ajuda para movimentações financeiras para fora da Nigéria
c. pedidos de doação para organizações de caridade falsas
d. requisições para falsas campanhas políticas, solicitando o envio de dinheiro para um candidato

6. Divulgar a senha de computador de um indivíduo é um exemplo de _______.

7. _______ é qualquer ataque premeditado e com motivação política contra sistemas de informações, computadores, programas e dados que resultem em ataques contra alvos não resistentes realizados por grupos subnacionais ou agentes clandestinos.
a. Invasão por hackers
b. Engenharia social
c. Ciberterrorismo
d. Crime por computador

8. O roubo de identidade de crianças é uma área de rápido crescimento entre os crimes de computador. Verdadeiro ou Falso?

9. O sistema de serviços na internet _______ Online é utilizado pelas forças policiais para recuperar propriedades roubadas.

10. O programa CompStat usa o software Geographic Information System para mapear crimes e identificar problemas nas vizinhanças. Verdadeiro ou Falso?

11. _______ é um termo pejorativo usado para descrever hackers inexperientes que baixam programas chamados scripts que automatizam o trabalho de invadir computadores.

12. Apagar arquivos e esvaziar a Lixeira assegura que outras pessoas não serão capazes de visualizar dados pessoais em seu computador reciclado. Verdadeiro ou Falso?

13. Um _______ é um pequeno programa escondido em uma rede ou em um sistema computacional que registra os números de identificação e senhas.

14. _______ refere-se ao uso de quaisquer das várias tecnologias para impor políticas para controlar o acesso à mídia digital.
a. Pirataria de software
b. Gerenciamento de direitos digitais
c. Direitos autorais
d. Patente

15. O _______ é o conceito fundamental de um bom controle interno que garante que a responsabilidades pelas principais etapas em um processo sejam compartilhadas por mais de uma pessoa.

Cargos, equipamentos e condições de trabalho devem ser projetados de forma a evitar os efeitos nocivos à saúde causados pelo uso de computadores

16. Um uso intensivo de computador também pode afetar a saúde física de uma pessoa. Verdadeiro ou Falso?

Profissionais de muitas áreas estabelecem códigos de ética que declaram os princípios e os valores essenciais ao seu trabalho e, dessa maneira, regem seu comportamento.

17. A Association of Computing Machinery tem um código de ética e conduta profissional que inclui oito diretrizes morais gerais que podem ser utilizadas para orientar as ações dos profissionais de SI. Verdadeiro ou Falso?

CAPÍTULO 14: RESPOSTAS DO TESTE DE AUTOAVALIAÇÃO

1. Verdadeiro
2. gargalo
3. revisão
4. c
5. a
6. engenharia social
7. c
8. Verdadeiro
9. Leads
10. Verdadeiro
11. script bunny
12. Falso
13. Farejador de senhas
14. d
15. separação de tarefas
16. Verdadeiro
17. Verdadeiro

QUESTÕES DE REVISÃO

1. O que é o Centro de Computadores para Crimes na Internet e o que ele faz?
2. Defina o termo ciberterrorismo. Há quanto tempo o ciberterrorismo é considerado uma ameaça séria pelo governo dos Estados Unidos?

3. O que são SOPA e PIPA? Qual o seu objetivo em comum? O que mais têm em comum?
4. O que é engenharia social? O que significa mergulhar no lixo?
5. Por que algumas pessoas deveriam pensar que contratar pessoal terceirizado pode ser uma séria ameaça ao sistema de informações de sua empresa?
6. Como você distingue um hacker de um hacker criminoso?
7. Por que os infiltrados são uma das principais ameaças para os sistemas de computadores de uma companhia?
8. O que é um vírus? O que é um worm? Em que são diferentes?
9. O que é vishing? Quais as ações que você pode tomar para reduzir a probabilidade de se tornar vítima deste crime?
10. O que é software de filtragem? Por que as organizações usam esse software? Quais os problemas que podem surgir com o uso desse software?
11. O que faz um programa de detecção de intrusão? Quais são alguns dos problemas decorrentes do uso desse software?
12. Qual é a diferença entre patente e direito autoral? Quais questões relacionadas ao direito autoral são envolvidas quando se faz o download de programas ou músicas de um site na internet?
13. Qual é o crime de informática mais reportado no Centro de Computadores para Crimes na Internet?
14. O que é ergonomia? Como ela pode ser aplicada aos funcionários de um escritório?
15. O que é a gestão de direitos digitais?
16. O que é código de ética? Dê um exemplo.

QUESTÕES PARA DISCUSSÃO

1. Discuta como o uso de sistemas de informação não integrados pode causar desperdício em uma organização.
2. Por que é importante para uma empresa ter uma política que abranja o uso apropriado dos recursos da informação? Quais os tópicos que devem ser abordados nesta política?
3. Identifique os riscos associados com o descarte de computadores obsoletos. Enumere os procedimentos que devem ser adotados para fazer um descarte seguro de computadores pessoais.
4. Identifique e discuta resumidamente quatro sistemas de informação específicos que são usados no combate ao crime.
5. Discuta resumidamente sobre a pirataria de software. O que é isso, quanto ela está disseminada e quem é prejudicado por esta prática?
6. Discuta a legalidade de apostas on-line nos Estados Unidos. Fale sobre a legalidade de manter um site de apostas on-line nos Estados Unidos.
7. Imagine que seu amigo baixe regularmente cópias integrais de filmes recém-lançados gratuitamente pela internet e faça cópias para outras pessoas, cobrando uma pequena taxa. Você acha que esta prática é ética? Ela é legal? Como você expressaria suas preocupações para ele?
8. Destaque uma abordagem, incluindo técnicas específicas (por exemplo, mergulhar no lixo, phishing, engenharia social) que você poderia utilizar para obter os dados pessoais de seus colegas de classe.
9. Sua sobrinha de 12 anos mostra cerca de doze fotos inocentes dela mesma e uma breve biografia, incluindo endereço e o número do telefone que ela pretende postar no Facebook. Quais conselhos você daria a ela sobre a postagem de fotos e informações pessoais?
10. Imagine que você é um hacker e desenvolveu um de cavalo de Troia. Quais as táticas que utilizaria para fazer com que suas vítimas instalassem inadvertidamente o programa em seus computadores?
11. Descreva resumidamente a possibilidade de o ciberterrorismo causar um grande dano em sua vida cotidiana. Quais são alguns dos prováveis alvos de um ciberterrorista? Que tipos de ações um ciberterrorista poderia realizar contra esses alvos?
12. O que significa separação de tarefas? Quando este conceito entra em ação? Relate uma situação comercial na qual a separação de tarefas é importante.
13. Utilizando as informações apresentadas neste capítulo quanto à legislação federal sobre privacidade, identifique quais leis regulam as áreas e situações a seguir: cruzar informações de arquivos do IRS e do Seguro Social para verificar a precisão das informações, a credibilidade de um cliente quanto a cartões de crédito, o direito de acessar os dados contidos em arquivos de agências federais, a obtenção de informações pessoais pelo IRS, a obtenção de registros financeiros pelo governo, e os empregadores acessando informações universitárias.
14. Descreva brevemente as diferenças entre agir eticamente e agir legalmente. Dê um exemplo de uma ação legal porém não ética.

EXERCÍCIOS DE RESOLUÇÃO DE PROBLEMAS

1. Use um programa de apresentação para criar uma série de slides que expliquem o que são SOPA e PIPA e o seu posicionamento sobre estas propostas controversas.
2. Acesse o site da Business Software Alliance (BSA) e outros sites para encontrar estimativas sobre o total da pirataria praticada em todo o mundo pelo menos nos últimos cinco anos. Utilizando um software para a

criação de planilhas e rotinas apropriadas de previsão, desenvolva uma estimativa quanto ao total de pirataria para os próximos três anos. Documente quaisquer suposições que você tenha feito em sua previsão.

3. Faça uma pesquisa para determinar o status atual das leis SOPA e PIPA. Use um software de apresentação para descrever estas propostas e apresente seu posicionamento sobre o impacto e a legitimidade destas leis.

ATIVIDADES EM GRUPO

1. Visite um dos laboratórios de informática de sua escola e avalie sua configuração de ponto de vista da ergonomia. As cadeiras, mesas, estações de trabalho, telas, teclados, iluminação etc. são projetados de forma ergonomicamente correta? Em caso negativo, quais mudanças devem ser feitas? Escreva um relatório resumindo suas descobertas e suas recomendações.
2. Peça a cada membro de sua equipe que acesse seis sites diferentes na internet e resumam suas descobertas em relação a declarações das políticas de privacidade de dados. Todos os sites utilizavam tal política? Foi fácil encontrá-la? Ela parecia completa e de fácil compreensão?

EXERCÍCIOS DA WEB

1. Faça uma pesquisa na internet e encontre seis ações legais atuais entre as empresas na indústria de sistemas de informação. Escreva um relatório resumindo cada um desses casos.
2. Faça uma pesquisa na internet para encontrar as informações mais recentes relacionando qualquer conexão entre telefones celulares e o câncer.
3. Pesquise o site do Centro de Computadores para Crimes na Internet, ou a Equipe de Resposta a Emergências em Informática do Departamento de Defesa. Elabore um relatório descrevendo as suas descobertas, a missão e a abrangência escopo destas atividades.

EXERCÍCIOS PARA ESPECIALIZAÇÃO

1. Você é o novo contratado de uma empresa de marketing para um fabricante de brinquedos para crianças. Foi feita uma recomendação para elaborar um site na internet destinado a promover e vender os produtos de sua firma, bem como para saber o que os pais e seus filhos buscam nos novos brinquedos. Seu gerente pediu que você desenvolvesse uma lista das leis e regulamentações que podem afetar o projeto e a operação do site. Ele também pediu que descrevesse como isso irá limitar a operação deste site.
2. Você iniciou recentemente seu trabalho no Departamento de Relações Públicas do RIAA. Foi solicitado que você preparasse um resumo de uma página defendendo a posição da organização contra a pirataria musical. Quais os pontos-chave você mencionaria?

ESTUDOS DE CASO

Caso um

O Fletcher Allen Health Care lida com outro tipo de vírus

O Fletcher Allen Health Care (FAHC), de Burlington, é um hospital universitário e centro médico de Vermont. Em 2011 o hospital internou mais de 50 mil pacientes e fez mais de 60 mil atendimentos em seu pronto-socorro. Muitas dessas pessoas apresentavam doenças como gripe, que é causada por vírus, portanto, o Fletcher Allen possui uma grande experiência em lidar com vírus. Porém, nem toda essa experiência os preparou para o que encontraram em 29 de março de 2011.

Alguns meses antes, Mac McMillan, copresidente da Força-Tarefa de Política de Privacidade e Segurança da Sociedade de Sistemas de Gerenciamento de Informações Médicas (HIMSS), havia visitado o Fletcher Allen para discutir a segurança da rede com o CIO Chuck Podesta. Mac havia criado a CynergisTek oito anos antes para "tornar a consultoria de qualidade e segurança em TI disponível e acessível para todas as organizações da indústria, independentemente do seu tamanho e complexidade". Agora ele estava em um dos maiores hospitais do norte da Nova Inglaterra, porém os problemas eram quase os mesmos encontrados em instalações menores.

Nos meses seguintes, o FAHC implantou algumas das recomendações de McMillan, mas devido à contenção de despesas, não foi possível completar todas elas. Inesperadamente, um vírus desconhecido (e potencialmente devastador) forçou o hospital a adotar procedimentos de contenção de emergência. O FAHC criou uma Equipe de Resposta para Incidentes em Computadores (CIRT). O que esta equipe fez pode servir como receita de "melhor prática" para outras organizações que se deparem com o mesmo problema:

- **Fechar o perímetro.** O FAHC desligou os mil computadores (de um total de 6 mil no hospital) que os testes mostraram estar infectados, retirando-os da rede de comunicação por um período de quarentena.
- **Conhecer o inimigo.** A equipe de segurança do hospital identificou o vírus como Pinkslipbot. Ele provavelmente entrou no sistema através de um e-mail que dizia ser um serviço de envio de encomendas. Este vírus não compromete os computadores infectados diretamente, mas desabilita o programa antivírus e envia informações para o computador central.
- **Alertar os usuários.** O FAHC observou uma queda quase completa no acesso à internet em todos os computadores devido à preocupação com ataques de vírus.
- **Remover a infecção.** Esta ação requereu cerca de 90 minutos por máquina para os mil computadores, além dos 700 laptops do hospital, os quais a equipe tinha de presumir que estavam infectados até que fossem inspecionados. Os custos totais relacionados com o tempo pelo qual a equipe teve de ficar afastada de outros trabalhos atingiram centenas de milhares de dólares.

O impacto operacional desta invasão foi enorme. O atraso nas marcações de consultas se acumulava enquanto os recursos que foram concentrados na remoção do vírus equivaleram a dez vezes o total normal de trabalho. O CIRT executou testes mais elaborados por mais duas semanas, antes de reconectar todos os equipamentos.

Podesta recomenda que as organizações criem imediatamente um CIRT antes que tenham de lidar com um incidente. "Essa pode ser uma tarefa difícil", ele confessa. "É um trabalho de bastidores ao qual você espera nunca ter de recorrer [uma vez que um CIRT, por definição, somente entra em ação quando ocorre um incidente]. Não é como o usuário obter um novo aplicativo ou a atualização de que ele precisa."

Os pontos positivos? De acordo com Podesta, o incidente "nos colocou na vanguarda, uma vez que toda a organização agora está focada na segurança". Em 10 de fevereiro de 2012, o FAHC anunciou que Heather Roszkowski seria a diretora de segurança de informações do hospital. Sendo uma militar veterana e condecorada, com dois anos de serviço no Iraque, sua função anterior era a de diretora de TI e comunicações de uma brigada do exército. Alguém como ela leva a segurança muito a sério. Sua promoção a este cargo sugere que agora o FAHC faz o mesmo.

Questões para discussão

1. Suponha que o vírus entrou no sistema do FAHC como eles suspeitavam. O que você recomendaria para impedir que o vírus entrasse novamente da mesma maneira? Quem deve seguir esta política? Como você treinaria as pessoas para adotarem esta política? Quem deveria ser o responsável pelo treinamento? Da maneira mais ampla possível, o que este incidente com o vírus lhe sugere como um futuro gerente para garantir a segurança dos sistemas de informação em sua empresa?
2. Com 5 mil de um total de 6 mil computadores não infectados, de acordo com os testes realizados, o FAHC foi capaz de dar continuidade ao tratamento dos pacientes, apesar de que algumas áreas do hospital não estavam funcionando de maneira ideal. No pior cenário possível, estes números poderiam estar invertidos: 5 mil dos 6 mil computadores infectados, ou até todos os 6 mil computadores. Em sua opinião, qual seria o impacto no tratamento dos pacientes nesse caso? O que você faria para minimizar os efeitos?

Questões para análise

1. O ataque do Pinkslipbot provavelmente poderia ter sido prevenido a um custo menor se o FAHC não estivesse passando por restrições no orçamento. Por que é tão difícil para os departamentos de sistemas de informação obterem fundos para medidas de segurança *antes* que aconteça alguma coisa? Considere a situação de um CEO fazendo a alocação do orçamento.
2. Quando as informações pessoais de saúde são violadas para 500 ou mais pacientes em um hospital, o incidente deve ser formalmente reportado ao governo dos Estados Unidos. Este então divulga as informações em um site público na internet. Uma regra similar deveria ser aplicada a faculdades e universidades? Legislação à parte, o que as faculdades e universidades devem fazer se houver uma grave invasão na segurança?

Fontes: Site da CynergisTek, *cynergistek.com*, acesso em: 21 maio 2012; site da HIMSS, *www.himss.org*, acesso em: 21 maio 2012; site do Fletcher Allen Health Care, www.fletcherallen.org, acesso em: 21 maio 2012; Staff, "Virus Profile: W32/Pinkslipbot," McAfee, home.mcafee.com/ virusinfo/virusprofile.aspx?key=141235, acesso em: 21 maio 2012; Smith, L., "Computer Virus Containment at Fletcher Allen Health Care," HIT Community, www.thehitcommunity.org/2012/01/case-study-a-virus-attack-at-fletcher-allen-health-care-led-to-best-practices-for-hit-security, acesso em: 27 jan. 2012.

Caso dois

Monitoramento da segurança e Big Data

Os sistemas de Informações de Segurança e Gerenciamento de Eventos (SIEM, Security Information and Event Management) centralizam o trabalho de monitoramento dos sistemas de informações e redes contra ameaças à segurança. Eles usam informações de sistemas de detecção de intrusão, sobre os quais você leu neste capítulo.

Quase tudo que acontece em um servidor ou em uma rede é uma informação potencialmente útil para a segurança. Pode ser importante saber que um componente funciona da maneira correta: isso pode ajudar a reduzir o tempo de duração do problema e assim ajudar a identificar suas causas. Porém, milhões de eventos ocorrem em grandes redes todos os dias – incluindo atividades normais, alarmes falsos e tentativas reais de invasão. Consequentemente registrar essas informações cai na categoria Big Data (grandes quantidades de dados) sobre os quais você leu no Capítulo 5, isto é, dados que excedam em algum aspecto as capacidades de sistemas tradicionais de bancos de dados.

Outro motivo pelo qual são necessários muitos dados é que as ameaças à segurança são apenas uma pequena fração de tudo que acontece em um sistema de informação. Consequentemente, um sistema deve acumular grandes volumes de dados antes que seja possível tirar conclusões sobre a sua segurança, programar o software para reconhecer os padrões de ameaça e realizar análises estatísticas.

John Oltsik, principal analista sênior do Enterprise Strategy Group, concorda, dizendo o seguinte: "A inteligência da segurança requer mais dados". "Os primeiros SIEMs coletavam os dados de registro e eventos, depois constantemente adicionavam outras fontes de dados... Agora, as grandes empresas coletam regularmente gigabytes ou mesmo terabytes de dados para a inteligência da segurança, investigações e perícias. Muitas ferramentas existentes não conseguem atender a estas crescentes necessidades."

A Zions Bancorporation, uma empresa filiada a um banco com sede em Salt Lake City, Utah, luta contra este problema. "Estávamos tendo dificuldades com o SIEM há muito tempo", comenta Preston Wood, diretor de segurança na Zions. "A tecnologia de dados envolvida não podia lidar com este problema."

Essa incapacidade de lidar com os volumes necessários de dados foi mudada com o sistema de arquivos distribuídos da Hadoop, que mudou a vida da Zions. "Estamos trabalhando com isso quase em tempo real", diz Mike Fowkes, diretor de prevenção de fraudes e analista. "Nós retiramos dados a cada cinco minutos, a cada hora, a cada dois minutos. Isso depende da situação... de quantos dados novos precisamos."

Fazer com que estes resultados tenham sentido é a função de Aaron Caldiero. Como cientista de dados sênior na Zions, ele tem as funções de "parte cientista de computadores, parte estatístico e parte designer gráfico". O trabalho de Caldiero é coletar e centralizar os dados, planejar métodos de sintetizá-los e, em seguida, apresentá-los de forma coerente.

Sua abordagem pode ser estranha para os profissionais de segurança. "É um processo invertido, no qual os dados são colocados em primeiro lugar", diz Caldiero. Essa abordagem de começar com os dados e ver aonde isso leva permitiu a Zions criar tendências, padrões ou correlações que poderiam nunca ser encontradas se as perguntas fossem colocadas em primeiro lugar e classificadas através de terabytes de dados para obter respostas.

Alguns especialistas discordam. Richard Stiennon, analista-chefe de pesquisas na IT-Harvest, uma firma dedicada à análise da indústria de segurança da informação, percebe essa tendência, mas diz que "é hora de parar com a insanidade. Se você precisa de Big Data para resolver seus problemas de segurança, alguma coisa está fazendo de errado... Está observando os dados, não a inteligência. Portanto, antes de fazer maciços investimentos em Big Data, considere novamente sua postura de segurança. Você não precisa de formas melhores para lidar com os dados, precisa de mais inteligência".

Ainda assim, a maioria acha que Big Data é um caminho melhor do que a inteligência. Quem está certo? O tempo irá dizer.

Questões para discussão

1. Cada mensagem de e-mail carrega cerca de 500 bytes de dados sobre seu local de origem, com qual software foi criado, qual a rota utilizada para chegar a seu destino e outras informações. Suponha que sua companhia tenha mil empregados e que cada um receba uma média de 50 mensagens por dia. (Alguns funcionários raramente recebem algum e-mail, mas outros recebem muito mais de 50.) A firma salva essas informações para o caso de elas serem necessárias no futuro para análise de ameaças à segurança, mas não salva as mensagens de texto nem os anexos. Quanto tempo irá demorar para a firma acumular um gigabyte de dados do cabeçalho do e-mail? Qual a quantidade de dados ela terá após um ano?
2. Analistas da indústria, como Jon Oltsik e Richard Stiennon, que são citados neste caso, estudam e relatam a situação de segurança dos sistemas de informação e dos sistemas de SIEM. A maioria das grandes organizações contratou no mínimo um desses serviços de análise da indústria. Suponha que você seja o diretor de segurança de uma firma que utiliza os serviços de análises de Oltsik e Stiennon. Você não sabe o que fazer com o Big Data, e estes dois consultores discordam. Como você agiria?

Questões para análise

1. Representantes e usuários estão investindo grandes quantias de dinheiro na aplicação de métodos de Big Data para o SIEM. Se houver uma maneira mais barata de alcançar os mesmos objetivos alguém vai pensar a respeito e, se Stiennon estiver certo, obteremos uma vantagem competitiva ao utilizá-lo. O que o representante de um software SIEM pode fazer para se proteger contra esta possibilidade?
2. Se o uso de Big Data para o SIEM for realmente uma tendência de longo prazo, este é outro item na lista de tecnologia que os profissionais de segurança de informação devem conhecer. Quais efeitos você acredita que esta necessidade terá sobre as carreiras neste campo? O uso de Big Data torna a carreira mais ou menos atrativa para você?

Fontes: Chickowski, E., "A Case Study in Security Big Data Analysis," Dark Reading, *darkreading.com/security-monitoring/167901086/*

security/news/232602339/a-case-study-in-security-big-data-analysis.html, acesso em: 9 mar. 2012; Maxwell, K., "3 Reasons Why Big Data Matters for SIEM," Threat Thoughts (blog), threatthoughts.com/2012/02/15/3reasons-why-big-data-matters-for-siem, acesso em: 15 fev. 2012; Oltsik, J., "The Intersection of Security and Big Data Analytics", blog, www.esg-global.com/blogs/the-intersection-of-security-intelligence-and-bigdata-analytics, acesso em: 12 fev. 2012; Stiennon, R., "If You Feel You Need Big Data for Security, You Are Doing Something Wrong", Security Bistro, www.securitybistro.com/blog/?p=1431, acesso em: 23 abr. 2012; site da Zions Bancorporation, www.zionsbancorporation.com, acesso em: 24 maio 2012.

NOTAS

Fontes do texto de abertura: Cluley, G., "Bredolab: Jail for Man Who Masterminded Botnet of 30 Million Computers," *Naked Security*, nakedsecurity.sophos.com/ 2012/05/23/bredolab-jail-botnet, 23 maio 2012; Constantin, L., "Bredolab Botnet Author Sentenced to 4 Years in Prison in Armenia," *PC World*, www.pcworld.com/businesscenter/article/256048/bredolab_botnet_author_sentenced_to_4_years_in_prison_in_armenia.html, acesso em: 23 maio 2012; Gates, S., "Georgy Avanesov, Bredolab Botnet Creator, Found Guilty and Sentenced to Four Years in Prison," *Huffington Post*, www.huffington post.com24/05/2012/ georgy-avanesov-found-guilty_n_1543687.html, acesso em: 24 maio 2012.

1. Staff, "Casa Oliveira Toasts Greater Business Insight with SAP and IBM Global Technology Services," IBM Success Stories, IBM, www-01.ibm.com/software/ success/cssdb.nsf/CS/STRD-8DVGT8?OpenDocument&Site=corp&cty=en_us, acesso em: 8 fev. 2011.
2. Staff, "Departments of Defense and Energy Need to Address Potentially Duplicative Investments," *GAO Report*, GAO-12-241, Government Accounting Office, fev. 2012.
3. Holthaus, David, "P&G Tries to Close Online Pandora's Box," *The Cincinnati Enquirer*, 3 abr. 2012, p. A1.
4. Ibid.
5. Hayden, Maureen, "Indiana Countries to Reap Windfall from State's Costly Error," TriStar.com, http://tribstar.com/indiana_news/x101437973/Indiana-officials-say205M-in-local-taxes-mishandled, acesso em: 5 abr. 2012.
6. Totenberg, Nina, "Supreme Court OKs Strip Searches for Minor Offenses," NPR, www.npr.org/2012/04/02/149866209/high-court-supports-strip-search es-forminor-offenders, acesso em: 7 abr. 2012.
7. Higgins, A.J., "Partisan Tensions Rise over Maine DHHS Computer Errors," Maine Public Broadcasting Network, www.mpbn.net/Home/tabid/36/ctl/ViewItem/mid/3478/ ItemId/21174/Default.aspx, acesso em: 3 abr. 2012.
8. McCartney, Scott, "United Lists Ongoing Computer System Problems, Fixes Underway," *The Wall Street Journal*, 12 mar. 2012.
9. "That's Not in The Plan! Computer Error Leaves AstronautDangling over Ledge of Space Station 220 Miles above Earth," *Mail Online*, www.DailyMail.co.uk/sciencetech/article-1361752/Computererror-leaves-astronaut-Stephen-Bown-dangling-ISSledge-220-miles-Earth.html, acesso em: 1 mar. 2011.
10. Staff, "Course 10: Preventing Human Errors," Process Improvement Institute, www.process-improvementinstitute.com/human-error-prevention--training.html, acesso em: 27 maio 2012.
11. Tempera, Jackie, "Officer Fired for Alleged Internet Abuse," *The Berkeley Beacon*, www.berkeleybeacon.com/news/2012/3/22/officer-fired-for--alleged-internetabuse, acesso em: 22 mar. 2012.
12. "Human, Computer Errors Add to Colorado's Wildfire Disaster," *Pied Type*, http://piedtype.com/2012/03/29/human-computer-errors-add-to-colorados-wildfiredisaster, acesso em: 29 mar. 2012.
13. "Millions Set for Tax Rebates or Bills as HMRC Computer System 'Beds In," *The Guardian*, 19 out. 2011.
14. Dolan, Jack, "Computer Errors Allow Violent California Prisoners to Be Released Unsupervised," *Los Angeles Times*, 26 maio 2011.
15. Staff, "2010 Internet Crime Report," The Internet Crime Complaint Center, 2011.
16. McCaney, Kevin, "Pay Up: The Most Common Type of Online Crime," *Government Computer News*, *http://gcn.com/articles/2011/02/28/fbi-internet-crime-report.aspx*, acesso em: 26 fev. 2011.
17. Staff, Internet Crime Complaint Center Scam Alerts, Internet Crime Complaint Center, www.ic3.gov/media/2011.aspx, acesso em: 9 abr. 2012.
18. Staff, "Spam E-mails Continue to Utilize FBI Officials' Names, Titles in Online Fraud Schemes," Intelligence Note, Internet Crime Complaint Center, www.ic3.gov/ media/2011.aspx, acesso em: 9 ago. 2011.
19. Staff, "FBI Dumpster Diving Brigade Coming Soon to Snoop in a Trashcan Near You," *NetworkWorld*, www.networkworld.com/community/blog/fbi-dump sterdiving-brigade-coming-soon-snoop, acesso em: 15 jun. 2011.
20. Gordon, Sarah and Ford, Richard, "Cyberterrorism?" Symantec Security Response, www.syman tec.com/avcenter/reference/cyberterrorism.pdf, acesso em: 6 jun. 2012.
21. Coleman, Kevin, "Cyberterrorism Now at the Top of the List of Security Concerns, Defensetech, http://defensetech.org/12/09/2012/cyber-terrorism-now-at-thetop-of-the-list-of-security-concerns, acesso em: 12 set. 2011.
22. Gordon, Sarah and Ford, Richard, "Cyberterrorism?" Symantec Security Response, www.syman-

tec.com/avcenter/reference/cyberterrorism.pdf, acesso em: 6 jun. 2012.

23. Frenkel, Sheera, "Israeli and Arab Hackers Square Off in Cyberbattle," NPR, http://m.npr.org/news/World/145522079, acesso em: 20 jan. 2012.

24. Site da Mezzofiore, Gianluca, "Teampoison Affiliate Hackers Deface NATO, da Croácia," *International Business Times*, www.ibtimes.com/articles/323191/20120403/teamp0ison-hackers-deface-nato-websitecroatia.htm, acesso em: 3 abr. 2012.

25. Dilanian, Ken, "Virtual War a Real Threat," *Los Angeles Times*, 28 mar. 2011.

26. "FBI and Homeland Security Launch Probe as Foreign Cyber Attackers Target U.S. Water Supply," Daily Mail, www.DailyMail.co.uk/news/article-2063444/Cyber-attack-US-water-supply-traced-Russia-FBI-HomelandSecurity-launch-probe.html, acesso em: 20 nov. 2011.

27. "Despite Rise in Child ID Theft, Parents Remain Largely Unaware," *The Sacramento Bee*, www.sacbee.com/2012/04/10/4403019/despite-rise-in-child-id-theft.html, acesso em: 12 abr. 2012.

28. Goessi, Leigh, "7-Year-Old Boy's Identity Stolen, Child ID Theft on the Rise," Digital Journal, www.digitaljournal.com/article/325372, acesso em: 23 maio 2012.

29. Staff, "Examples of Identity Theft Schemes—Fiscal Year 2012," IRS, www.irs.gov/compliance/enforcement/article/0,,id=250691,00.html, acesso em: 10 abr. 2011.

30. "Elgin Neighbors Fall Victim to Identity Theft," CBS Chicago, http://chicago.cbslocal.com/2012/04/02/elgin-neighbors-fall-victim-to-identity-theft, acesso em: 2 abr. 2012.

31. Hurtado, P.; Van Voris, R., "Internet Poker Entrepreneurs Charged with Fraud, U.S. Says," *Businessweek*, 15 abr. 2011.

32. Richtel, Matt, "U.S. Cracks Down on Online Gambling," *The New York Times*, 15 abr. 2011.

33. Staff, "About Leads Online," LeadsOnline, https://www.leadsonline.com/main/about-leadsonline/aboutleadsonline.php, acesso em: 11 abr. 2012.

34. Staff, "Success Stories: Property Crime," LeadsOnline, https://www.leadsonline.com/main/success-stories/property-crime.php, acesso em: 11 abr. 2012.

35. Site da JusticeXchange, www.nysheriffs.org/justicexchange, acesso em: 11 abr. 2012.

36. Site da Community Notification, http://www.leadsonline.com, acesso em: 11 abr. 2012.

37. Staff, "Client Testimonials," Cap Index, www.capindex.com/Testimonials/Testimonials.aspx, acesso em: 6 jun.2012.

38. "About NER Operations," NER, www.ner.net/operations.html, acesso em: 13 abr. 2012.

39. SFPD CompStat, San Francisco Police Department, www.sf-police.org/index.aspx?page=3254, acesso em: 13 abr. 2012.

40. "Tennessee Highway Patrol Teams Up with Verisk's CargoNet," *Market Watch*, www.marketwatch.com/story/tennessee-highway-patrol-teams-up-with-veriskscargonet-30-01-2012, acesso em: 30 jan. 2012.

41. "Federal Reserve Code Stolen by Insider, FBI Says," *Government Computer News*, http://gcn.com/articles/ 2012/01/26/agg-federal-reserve-code-stolen-insiderthreats.aspx, acesso em: 26 jan. 2012.

42. Waugh, Rob, "New PC Virus Doesn't Just Steal Your Money—It Creates Fake Online Bank Statements So You Even Don't Know It's Gone," *Mail Online*, www.DailyMail.co.uk/sciencetech/article-2083271/SpyEyetrojan-horse-New-PC-virus-steals-money-creates-fake-online-bank-statements.html, acesso em: 6 jan. 2012.

43. Zielenziger, David, "IBM Says Security Threats Mount Despite More Awareness," *Business & Law*, www.ibtimes.com/articles/317755/20120321/ibm-cyber-attack-threatsecurity-computer-hacker.htm, acesso em: 21 mar. 2012.

44. "How to Remove Win 7 Antispyware 2012," *Dedicated 2 Viruses*, www.2-viruses.com/remove-win-7-anti-spyware-2012, acesso em: 7 jun. 2011.

45. "Romney Campaign Computers Stolen," UPI.com, www.upi.com/Top_News/US/2012/03/27/Romney-campaigncomputers-stolen/UPI-74061332894331, acesso em: 27 mar. 2012.

46. Staff, "Data Loss," Lee Miller Rehabilitation, leemillerrehab.com/news, acesso em: 12 abr. 2012.

47. Lefkow, Chris, "Value of Pirated Software Nearly $59B: Study," *Jakarta Globe*, www.thejakartaglobe.com/afp/value-of-pirated-software-nearly-59b-study/440674, acesso em: 12 maio 2011.

48. Staff, "PC Software Piracy Rates by Region," BSA, www.bsa.org/country/~/media/D02B5A4B60444B0AAF6CFDD598C72CBC.ashx, acesso em: 14 abr. 2012.

49. Staff, "The Cost of Content Theft by the Numbers," mpaa-infographic, www.scribd.com/doc/62848402/mpaa-infographic, acesso em: 26 fev. 2012.

50. Staff, "Member of Texas Software Piracy Ring Sentenced to 57 Months in Prison," BSA, www.bsa.org/country/ News%20and%20Events/News%20Archives/en/2012/en-02292012-baxtercase.aspx, acesso em: 29 fev. 2012.

51. Staff, "Who Music Theft Hurts," RIAA Recording Industry Association of America, www.riaa.com/physicalpiracy.php?content_selector=piracy_details_online, acesso em: 16 abr. 2012.

52. "RIAA Announces New Round of Music Theft Lawsuits," Gold and Platinum News, www.riaa.com/newsitem.php?news_year_filter=&resultpage=13&id=F7ED251F6E08-52D9-A805-22662F5E4D4F, acesso em: abr. 2012.

53. Schwartz, Mathew J., "SOPA: 10 Key Facts about Piracy Bill," *InformationWeek*, 18 jan. 2012.

54. "Congress Changes Its Tune: Senate Delays Scheduled Anti-Piracy Vote Amid Fierce Opposition ... and House Follows Suit," *Daily Mail*, www.Daily Mail.co.uk/news/ article-2089582/Senate-House-delay-PIPA-SOPA-voteamid-fierce-opposition. html, acesso em: 21 jan. 2012.
55. Fitzpatrick, Alex, "Where Do SPA and PIPA Stand Now?" *Mashable*, http://mashable.com/2012/01/17/ sopa-pipa, acesso em: 17 jan. 2012.
56. "Apple, Sony Sued in California Patent Infringement Claim over iTunes, Playstation Network Systems," PR Newswire, www.prnewswire.com/news-releases/ apple- sony-sued-in-california-patent-infringement-claimover-itunes-playstation-network-systems-1446 84235.html, acesso em: 28 mar. 2012.
57. Clark, Don; Tuna, Cari, "Oracle Sues Google, Saying Android Violates Java Copyrights," *The Wall Street Journal*, 13 ago. 2010.
58. Maag, Christopher, "The New Breed of Phishing Scams: It's Complicated," Credit.com, www.credit.com/blog/2012/02/the-new-breed-of-phishing-s-cams-itscomplicated, acesso em: 7 fev. 2012.
59. Chang, Andrea, "Facebook, Google, Other Firms Team to Fight Email Phishing Scams," *Los Angeles Times*, 30 jan. 2012.
60. Harris, Sheryl, "Smishing, vishing, phishing—Scammers Are after You by Phone," *The Cleveland Plain Dealer*, 20 mar. 2012.
61. Staff, "Examples of Money Laundering Investigations—Fiscal Year 2012—Massachusetts Pharmacist Sentenced for Illegal Distribution of Drugs via the Internet," IRS, www.irs.gov/compliance/enforcement/article/0,,id=246537,00.html, acesso em: 23 maio 2012.
62. Staff, "2011 Global Encryption Trends Study Sponsored by Thales e-Security," Ponemon Institute, www.globaletm.com/whitepaper/2011-global-enc ryptiontrends-study, acesso em: fev. 2012.
63. Staff, "Case Study–Arch Chemicals," SecurDoc Disk Encryption, www.winmagic.com/resource-cen tre/case- studies, acesso em: 20 abr. 2012.
64. Schwartz, Matthew J., "Fired Employee Indicted for Hacking Gucci Network," InformationWeek, www.informationweek.com/news/security/NAC/ 229400909, acesso em: 5 abr. 2011.
65. Johnson, Auston G., "Utah Department of Health Medicaid Operation Division Finding and Recommendation for the Period July 2010 to June 2011." of the Utah State Auditor, www.sao.utah.gov/_fin Audit/rpts/2012/12-GOL-A2.pdf, acesso em: 27 fev. 2012.
66. Norton. Leo M., Lt. "Who Goes There? Mobile Fingerprint Readers in Los Angeles County," *Police Chief Magazine*, www.policechiefmagazine.org/ magazine/index.cfm?fuseaction=display_ arch& article_id=1824&issue_id=62009, acesso em: abr. 2012.
67. Staff, "Rackspace Hosting Managed Hosting Solutions," Rackspace, www.rackspace.com/managed_host ing/services/security/threatmgr, acesso em: 20 abr. 2012.
68. Staff, "Blue Coat Secure Web Gateway Helps Texas Children Hospital Control Web 2.0 Applications and Protect Against Malware," Blue Coat, www. bluecoat.com/company/customers/blue-coat-secure--webgateway-helps-texas-children%E2%80%99shospital-control-web-20, acesso em: 20 abr. 2012.
69. Staff, "The Coca-Cola Company," Symantec, www.symantec.com/resources/customer_success/ detail.jsp?cid=coca_cola, acesso em: 20 abr. 2012.
70. Miller, Ron, "Employees Have No Reasonable Expectation to Privacy for Materials Viewed or Stored on Employer-Owned Computers or Servers," CCH Employment Law Daily, www.employ mentlawdaily.com/index.php/author/ron-miller, acesso em: 24 nov. 2011.
71. Staff, "FTC Enforces COPPA against Web Site That Collected Children's Personal Information without Parental Consent," Epic.org, epic.org/pri vacy/kids, acesso em: 21 abr. 2012.
72. Palis, Courtney, "Facebook Privacy Options Ignored by Millions: Consumer Reports," *Huffington Post*, www.huffingtonpost.com/2012/05/03/facebook-privacyconsumer-reports_n_1473920.html, acesso em: 3 maio 2012.
73. Golijsn, Rosa, "Consumer Reports: Facebook Privacy Problems Are on the Rise," Technology, www. technolog.msnbc.msn.com/technology/technolog/ consumerreports-facebook-privacy-problems-are-rise-749990, acesso em: 7 jun. 2012.
74. Tucker, Katheryn Hayes, "Flaming Can Be Defaming," Daily Report, www.dailyreportonline.com/ Editorial/New/singleEdit.asp?!=100401119372, acesso em: 12 mar. 2012.
75. "Ohio Prison Worker Fired after Posting Comments about John Kasich," *Huffington Post*, www. huffingtonpost.com/2012/01/19/ohio-prison-fired facebook-john-kasich_n_1217125.html, acesso em: 22 abr. 2012.
76. Staff, "2012 Best Internet Filter Software and Reviews," Internet Filter Software Review, http://internet-filter- review.toptenreviews.com, acesso em: 21 abr. 2012.
77. Staff, "BBB Sample Privacy Policy," BBB, http:// utahbb.org/sample-privacy, acesso em: 28 maio 2012.
78. Staff, "How to Sit at a Computer," American Academy of Orthopedic Surgeons, http://orthoinfo.aaos. org/topicfm?topic=a00261, acesso em: 25 abr. 2012.
79. Staff, "ACM at a Glance," Association of Computing Machinery, www.acm.org/membership/membership/student/acm-at-a-glance, acesso em: 25 abr. 2012.
80. ACM code of Ethics and Professional Conduct, www.acm.org/constitution/code.html, acesso em: 25 abr. 2012.

GLOSSÁRIO

A

abordagem de banco de dados para gerenciamento de dados É uma abordagem para a gestão de dados, na qual múltiplos programas aplicativos compartilham um grupo de dados relacionados.
abordagem de consenso do grupo Uma abordagem de tomada de decisão que força os membros no grupo a alcançar uma decisão unânime.
abordagem de escalonamento Substituir lentamente os componentes do antigo sistema por novos; este processo é repetido para cada aplicativo até que o novo sistema esteja executando todos os seus aplicativos e atuando conforme esperado; também é chamada de *abordagem fragmentada*.
abordagem Delphi Uma abordagem de tomada de decisão na qual o grupo de tomadores de decisão está geograficamente disperso pelo país ou pelo mundo; essa abordagem encoraja a diversidade entre os membros do grupo e reforça a criatividade e o pensamento original na tomada de decisão.
abordagem tradicional para gerenciamento de dados Uma abordagem à gestão de dados, pela qual cada sistema operacional distinto utiliza arquivos de dados dedicados àquele sistema.
acesso direto Um método de recuperação, no qual os dados podem ser acessados sem a necessidade de ler e descartar outros dados.
acesso sequencial Um método de recuperação de dados no qual os dados devem ser acessados na ordem em que são armazenados.
administrador de banco de dados (DBA) É um profissional de sistemas da informação capacitado e treinado, que controla todas as atividades relacionadas com o banco de dados de uma empresa.
administrador de dados Com uma posição não técnica, é o responsável pela definição e implementação de princípios consistentes para uma variedade de questões sobre os dados.
agente inteligente Consiste em programas e uma base de conhecimentos usados para realizar uma tarefa específica para uma pessoa, um processo ou outro programa; também chamado de *robô inteligente* ou *bot*.
algoritmo genético É uma abordagem para resolver problemas grandes e complexos, em que muitas operações repetidas ou modelos mudam e evoluem até que o melhor surja; também chamado *programa genético*.
aliança estratégica (ou parceria estratégica) Um acordo entre duas ou mais empresas que engloba a produção e distribuição de bens e serviços.
ambiente de desenvolvimento integrado (IDE) Um ambiente de desenvolvimento integrado que combina as ferramentas necessárias para a programação com a linguagem de programação em um pacote integrado.
amostragem estatística Seleção aleatória de amostras de dados e aplicação das características da amostra em todo o grupo.
análise criativa É a investigação de novas abordagens para problemas existentes.
análise crítica É o questionamento, imparcial e cuidadoso, sobre se os elementos dos sistemas são relacionados, de modo mais efetivo.
análise da viabilidade Avaliação do cronograma de viabilidade técnica, econômica, legal, operacional e programável de um projeto.
análise de custo/benefício Uma abordagem que enumera os custos e os benefícios de cada sistema proposto. Depois de serem expressos em termos monetários, todos os custos são comparados com todos os benefícios.
análise de dados Trata-se da manipulação dos dados coletados para que os membros da equipe de desenvolvimento que participam na análise de sistemas possam utilizá-los.
análise de requisitos É a determinação do usuário, do stakeholder e das necessidades empresariais.
análise de sistemas Essa fase envolve estudar os sistemas existentes e processos de trabalho para identificar as forças, as fraquezas e as oportunidades para a melhoria.
análise preditiva É uma forma de data mining (mineração de dados) que combina dados históricos com suposições sobre futuras condições para prever resultados de eventos, como as vendas futuras de produtos ou a probabilidade de um cliente não pagar um empréstimo.
aplicação rica de internet (RIA, rich internet application) O software que tem a funcionalidade e a complexidade do software de aplicação tradicional, mas que não requer instalação local e é executado em um navegador da web.
aplicativo de provedor de serviço (ASP) É uma empresa que fornece o software, a assistência e o equipamento, onde o programa vai rodar, nas instalações do usuário, através de uma rede.
aprendizagem organizacional As adaptações e ajustes com base nas experiências e ideias obtidas ao longo do tempo.
armazenagem primária (memória primária, memória) É a parte do computador que guarda as instruções e dados de um programa.
armazenagem secundária Dispositivos que armazenam grandes quantidades de dados, e instruções e informações de forma mais permanente do que o permitido pela memória principal.

armazenamento anexado à rede (NAS) Armazenamento de disco rígido que é configurado com seu próprio endereço de rede em vez de estar anexado a um computador.
armazenamento como serviço É um modelo no qual os fornecedores de armazenamento alugam espaços para indivíduos e organizações.
armazenamento de dados O processo de atualização de um ou mais bancos de dados com novas operações.
ARPANET Um projeto iniciado pelo Departamento de Defesa dos Estados Unidos (DoD) em 1969 era tanto uma experiência em rede confiável quanto um meio para conectar o DoD aos contratados para pesquisas militares, incluindo muitas universidades que realizavam pesquisas com fundos militares.
arquitetura cliente/servidor Uma abordagem de computação na qual múltiplas plataformas de computadores estão projetadas para funções especiais, como gerenciamento de bancos de dados, impressão, comunicação e execução de programas.
arquitetura orientada a serviço (SOA) Utiliza serviços de aplicativos modulares para permitir que os usuários interajam com os sistemas e estes interagirem entre si.
arquivo É uma coleção de registros relacionados.
arquivos de transações (image log) Um arquivo separado que contém apenas as alterações feitas nos aplicativos.
atributo É uma característica da entidade.
atualização de slipstream Uma pequena atualização, normalmente um ajuste no código ou correção de um pequeno bug nem sempre anunciado. Esse geralmente requer a recompilação de todo o código o que pode resultar na criação de novos bugs.
auditoria externa Uma auditoria realizada por um grupo externo.
auditoria Implica analisar a condição financeira de uma organização e determinar se os demonstrativos e os relatórios produzidos pelo MIS financeiro são exatos.
auditoria interna É a auditoria realizada por indivíduos dentro da organização.
automação da fonte de dados É a captura e edição de dados onde eles são originalmente criados e em uma forma que possam ser colocados diretamente em um computador, assegurando, assim, a precisão, a momento correto.
autoridade certificadora (CA) Uma empresa ou organização de confiança que emite certificados digitais.
avaliação final Uma investigação detalhada das propostas oferecidas pelos fabricantes que permaneceram após avaliação preliminar.
avaliação preliminar Uma avaliação inicial cuja finalidade é eliminar as propostas indesejáveis; esta começa depois de várias propostas tenham sido apresentadas.

B

backbone Um dos links de comunicação de longa distância mais rápido da internet.
backup gradativo Uma cópia de backup de todos os arquivos que sofreram alterações nos últimos dias ou na última semana.
banco de dados Uma coleção organizada de fatos e informações, consistindo em dois ou mais arquivos de dados relacionados.
banco de dados orientado a objetos É um banco de dados que armazena tanto os dados quanto as suas instruções de processamento.
banco de dados replicado É um banco de dados que mantém duplicado um conjunto de dados frequentemente utilizados.
bancos de dados distribuído Banco de dados em que os dados podem ser distribuídos em vários bancos de dados menores e conectados mediante dispositivos de telecomunicações.
banda ultralarga (UWB) Uma forma de transmissão que emprega pulsos eletromagnéticos extremamente curtos, que duram apenas de 50 a 1.000 picossegundos e que são transmitidos através de banda larga de radiofrequência de vários gigahertz.
base do conhecimento O conjunto de dados, regras, procedimentos e relações que deve ser seguido para atingir valor ou o resultado apropriado.
Bluetooth É uma especificação de comunicação sem fio que descreve como os telefones celulares, computadores, aparelhos de fax, assistentes digitais pessoais, impressoras e outros dispositivos eletrônicos podem ser interconectados a distâncias de 3 a 9 metros, a uma velocidade de cerca de 2 Mbps.
brainstorming Uma abordagem para tomada de decisão que consiste em pessoas oferecendo ideias "que vêm à mente", promovendo a criatividade e o pensamento livre.
byte (B) Oito bits que juntos representam um único caractere de dado.

C

cadeia de valor É uma série (cadeia) de atividades que inclui: logística interna, depósito e armazenagem, produção, armazenagem do produto acabado, logística externa marketing e vendas e serviço ao consumidor.
câmera digital Um dispositivo de entrada usado em conjunto com o PC para registrar e armazenar imagens e vídeos em formato digital.
caminho fundamental Consiste em todas as atividades que, se atrasadas, atrasariam o projeto inteiro.
campo Normalmente um nome, número ou combinação de caracteres que descreve um aspecto de objeto ou atividade de um negócio.
canal full-duplex Um canal de comunicações que pode transmitir dados em ambas as direções simultaneamente; um canal full-duplex é semelhante a dois canais simplex.
canal half-duplex Um canal de comunicação que pode transmitir dados em ambas as direções, mas não simultaneamente.
canal simplex É um canal de comunicação que pode transmitir dados em apenas uma direção e raramente é utilizado para as telecomunicações em negócios.
caractere Um bloco básico de construção da maioria das informações, o qual pode ser uma letra maiúscula, uma letra minúscula, um dígito numérico ou um símbolo especial.
cartão com tarja magnética Um tipo de cartão que armazena uma quantidades limitadas de dados, modificando o magnetismo de minúsculas partículas que contêm ferro em uma faixa do cartão.
cartão inteligente Um dispositivo do tamanho de um cartão de crédito que contém um microchip para fornecer memória eletrônica e capacidade de processamento.
cartão sem contato Um cartão com um chip embutido que, para transferir seus dados, necessita somente aproximá-lo ao terminal; não é necessário inserir qualquer número de PIN.
cartões chip e PIN Um tipo de cartão que emprega chip de computador que se comunica com um leitor de cartões através de radiofrequência; este não precisa ser passado em um terminal eletrônico.
centro de custo Uma divisão da empresa que não gera renda diretamente.
centro de dados Edifício climatizado ou um conjunto de edifícios que concentra servidores do banco de dados e sistemas que entregam informações e serviços primordiais.
centro de informação Uma função de suporte fornece aos usuários assistência, treinamento, desenvolvimento de aplicação, documentação, seleção e organização de equipamentos, padrões, assistência técnica e correção de falhas em programas e equipamentos.
centro de lucros É um departamento da empresa cujo objetivo é a geração de lucros.
certificação É um processo para testar habilidades e conhecimentos resultando

em um endosso pela autoridade certificadora de que um indivíduo é capaz de desempenhar determinado trabalho.
certificado digital É um anexo a uma mensagem de e-mail ou dados embutidos em um site que verificam a identidade de um remetente ou de um site.
chave Um campo ou conjunto de campos em um registro que é usado para identificar o registro.
chave criptográfica Um valor variável que é aplicado (usando um algoritmo) para um conjunto de texto não criptografado para produzir mensagens criptografadas.
chave principal É um campo ou conjunto de campos que identifica de forma única.
ciberterrorismo É qualquer ataque premeditado e com motivação política contra sistemas de informações, computadores, programas e dados que resultem em ataques contra alvos não resistentes realizados por grupos subnacionais ou agentes clandestinos.
ciberterrorista É alguém que intimida ou exerce coerção sobre um governo ou uma organização para promover seus objetivos políticos ou sociais, lançando ataques por computador contra outros computadores, redes e informações neles armazenadas.
ciclo de máquina A fase de instrução seguida pela fase de execução.
ciclo de processamento de transações É o processo de coleta, edição, correção, manipulação, armazenamento de dados e produção de documentos.
cliente thin Um computador de baixo custo, gerenciado centralmente com capacidades essenciais, porém limitadas, e sem drives extra (como CD ou DVD) ou slots de expansão.
código de ética Um código que estabelece os princípios e os principais valores que são essenciais para um conjunto de pessoas e que, consequentemente, regem o comportamento dessas pessoas.
cold site Um ambiente computacional que inclui escritórios, serviços elétricos, centrais de telecomunicação, dispositivos de armazenamento de dados e outros; isto é chamado de *shell*.
coleta de dados A coleta e reunião de todos os dados necessários para completar o processamento de transação.
comércio eletrônico (e-commerce) É a realização das atividades comerciais (por exemplo, distribuição, compra, venda, publicidade e manutenção de produtos e serviços), eletronicamente, através de redes.
comércio eletrônico cliente a cliente (C2C) Um subconjunto de comércio eletrônico que envolve transações eletrônicas entre os clientes, por meio de um terceiro que facilita o processo.
comércio eletrônico negócio a negócio (B2B) É um subconjunto do comércio eletrônico, no qual todos os participantes são empresas.
comércio eletrônico negócios a clientes (B2C) É uma forma de comércio eletrônico na qual os clientes tratam, diretamente, com uma empresa e evitam os intermediários.
comércio móvel (m-commerce) O uso de celulares e equipamentos sem fio para coletar pedidos e conduzir os negócios.
comitê diretor É uma equipe de aconselhamento composto por um gerente sênior e usuários do departamento de SI e outras áreas funcionais.
compilador Um programa especial de software que converte o código-fonte do programador em instruções de linguagem de máquina e que consiste em dígitos binários.
comportamento inteligente A capacidade de aprender com as experiências e aplicar o conhecimento adquirido de tais experiências; lidar com situações complexas; resolver problemas quando estiverem faltando informações importantes; determinar o que é importante e reagir rápida e corretamente a uma nova situação; entender imagens visuais, processar e manipular símbolos, ser criativo e imaginativo; e utilizar a heurística.
computação em grade (grid computing) É o uso de um conjunto de computadores, frequentemente pertencentes a vários indivíduos ou organizações, para trabalhar de maneira coordenada afim de resolver problemas em comum.
computação em nuvem Um ambiente de computação no qual o software e a armazenagem são fornecidos como serviços de internet e que são acessados por meio de um navegador web.
computação paralela É a execução simultânea da mesma tarefa em múltiplos processadores para se obter resultados mais rapidamente.
computação sob demanda Contratante, para os recursos do computador para responder rapidamente ao fluxo de trabalho de uma organização como a necessidade de recursos do computador ocorre. Também chamado de negócios sob demanda e computação utilitária.
computação verde Um programa que diz respeito à eficiência e à responsabilidade ambiental de um projeto, manufatura, operação e descarte de produtos relacionados ao SI.
computador (switch) Um dispositivo de telecomunicações que utiliza o endereço físico do equipamento em cada mensagem recebida na rede para determinar para qual porta de saída ela deve ser encaminhada para chegar a outro dispositivo na mesma rede.
computador desktop Um equipamento não portátil que cabe em uma escrivaninha e que fornece suficiente potência de computação, memória e armazenagem para a maioria da tarefas empresariais.
computador handheld Computador para único usuário que propicia a facilidade de ser transportado devido seu tamanho reduzido.
computador mainframe Um computador grande e potente geralmente compartilhado por centenas de usuários conectados simultaneamente na máquina através de uma rede.
computador netbook Um pequeno, leve e barato membro da família de computadores laptop.
computador nettop Um computador de mesa barato projetado para ser menor, mais leve e consumir menos energia que o desktop tradicional.
computador notebook Computador menor do que um laptop e extremamente leve. Pesa menos de 4 libras e pode caber facilmente em uma pasta executiva.
computador portátil Um computador pequeno o suficiente para ser facilmente transportado.
computador tablet Um computador portátil, de baixo peso, que não possui teclado e pode ser transportado para o escritório, para casa ou para o chão de fábrica, como se fosse uma prancheta.
computadores laptop Um computador pessoal projetado para usuários em movimento, sendo pequenos e leves o suficiente para serem posicionados confortavelmente no colo dos usuários.
Comunicação de Campo Próximo (NFC) É uma tecnologia de conectividade sem fio de curtíssima distância projetada para telefones celulares e cartões de crédito.
comunicações de banda larga É um termo relativo, mas em geral significa que o sistema de telecomunicações pode trocar dados muito rapidamente.
conhecimento É a consciência e a compreensão de um conjunto de informações e os modos pelos quais essas informações podem ser úteis para apoiar uma tarefa específica ou para se chegar a uma decisão.
consenso de grupo É a tomada de decisão por um grupo que recebe a responsabilidade de fazer a avaliação final e a seleção.
contrainteligência São as etapas que uma organização executa para proteger as informações procuradas por coletores "hostis" de inteligência.
controle de concorrência Um método de lidar com uma situação na qual dois ou mais usuários ou aplicativos, precisam acessar um registro ao mesmo tempo.
controle de qualidade Um procedimento que assegura que o produto acabado atende às necessidades do cliente.

controles de sistema São regras de procedimentos para assegurar a segurança dos dados.
conversão direta Interrupção do sistema antigo e início de um novo em uma determinada data; também chamado *corte* ou *mergulho direto*.
coprocessador A parte do computador que acelera o processamento, através da execução de tipos específicos de instruções, enquanto a CPU trabalha em outra atividade de processamento.
correção de dados O processo de reintrodução de dados que não foram digitados ou digitalizados corretamente.
correio de voz Uma tecnologia que permite aos usuários enviar, receber e armazenar mensagens verbais de outras pessoas ao redor do mundo.
corretor de vitrine (storefront broker) É uma empresa que atua como uma intermediária entre o seu site e os comerciantes on-line que possuem produtos e experiência em varejo.
criptografia O processo de converter uma mensagem original em uma forma que pode ser compreendida apenas pelo destinatário.
cronograma do projeto É uma descrição detalhada do que deverá ser feito.
cultura organizacional As principais compreensões e presunções de um negócio, corporação ou outra organização.
cultura Um conjunto das principais concepções e pressupostos compartilhados por um grupo, tais como dentro de um grupo étnico ou em um país.
custo total de propriedade (TCO) É a soma de todos os custos durante a vida útil do sistema de informação, incluindo os custos de aquisição de componentes, como a tecnologia, suporte técnico, custos administrativos e operações do usuário final.
cybermall Site específico que oferece muitos produtos e serviços em um único local.

D

dados Fatos brutos, tais como o número de funcionários, horas totais de trabalho em uma semana, número de peças em estoque ou pedidos de venda.
data marts Um subconjunto de armazenagem de dados (datawarehouse) que é usado por empresas de pequeno e médio porte e departamentos de uma empresa para apoiar a tomada de decisão.
data mining (mineração de dados) Uma ferramenta da análise da informação que envolve a descoberta automática de padrões e relacionamentos em um datawarehouse.
datawarehouse É um grande banco de dados que coleta informações sobre o negócio a partir de muitas fontes da empresa, abrangendo todos os aspectos dos processos, produtos e clientes da empresa, no suporte ao gerenciamento da tomada de decisão.
decisão de fazer ou comprar A decisão sobre a obtenção do software necessário a partir de fontes internas ou externas.
decisão não programada Uma decisão que lida com situações excepcionais ou incomuns.
decisão programada Decisões que são tomadas usando uma regra, um procedimento ou um método quantitativo.
declarações SE-ENTÃO Regras que sugerem determinadas conclusões.
delegação Dar aos funcionários e seus gerentes mais responsabilidade e autoridade para tomar decisões, realizar ações e ter mais controle de seu trabalho.
desempenho do sistema e padrões Um objetivo específico do sistema.
desenvolvimento de sistemas É a atividade de criar ou modificar sistemas de informações.
desenvolvimento de sistemas orientado a objetos (OOSD) Uma abordagem ao desenvolvimento de sistemas que combina a lógica do ciclo de desenvolvimento de sistemas com o poder da modelagem e da programação orientadas a objetos.
desenvolvimento de sistemas para usuários finais É qualquer projeto de desenvolvimento de sistemas no qual o esforço principal é realizado pela combinação de gestores empresariais e de usuários.
desenvolvimento multiplataforma Uma técnica de desenvolvimento de software que permite que os programadores desenvolvam programas que possam ser executados em sistemas computacionais de diferentes hardwares, sistemas operacionais ou plataformas.
desenvolvimento rápido de aplicativos (RAD) Uma abordagem do desenvolvimento de sistemas que utiliza ferramentas, técnicas e metodologias projetadas para acelerar o desenvolvimento de aplicativos.
diagramação de relatório Técnica que permite que os projetistas diagramem e formatem relatórios impressos.
diagramação de tela É uma técnica que permite ao projetista projetar rápida e eficientemente as características, a disposição e o formato de uma tela de exibição.
diagramas entidade-relacionamento (ER) São modelos de dados que utilizam símbolos gráficos básicos para mostrar a organização e os relacionamentos entre os dados.
dicionário de dados Uma descrição detalhada de todos os dados utilizados no banco de dados.
difusão da tecnologia Uma medida de quão amplamente a tecnologia é difundida por toda a organização.
dinheiro eletrônico à vista É um valor em dinheiro que é computado, armazenado e utilizado como dinheiro vivo em transações do comércio eletrônico.
diretor do conhecimento (DC) É um executivo de alto nível que ajuda a organização a utilizar um SGC (sistema de gestão do conhecimento) para criar, armazenar e utilizar o conhecimento para alcançar os objetivos organizacionais.
disco de vídeo digital (DVD) Uma mídia de armazenamento de dados usada para armazenar videogames, softwares e vídeos.
disco magnético Um dispositivo de armazenamento de acesso direto com os bits representados por áreas magnetizadas.
dispositivo de armazenamento de acesso direto (DASD) É um dispositivo para acessar diretamente dados de armazenagem secundária.
dispositivo de armazenamento de acesso sequencial (SASD) Um dispositivo para acessar sequencialmente dados de armazenamento secundário.
dispositivo de armazenamento ótico Uma forma de armazenamento de dados que usa lasers para ler ou gravar dados.
dispositivo de ponto de venda (POS) Terminal usado para coletar os dados para entrada no computador.
distribuição eletrônica de documento É um processo que permite que se enviem e recebam documentos em forma digital sem imprimi-los (embora seja possível imprimi-los).
documentação É o texto que descreve as funções do programa, para auxiliar o usuário a operar o sistema de computador.
documentação do usuário São as descrições por escrito desenvolvidas para as pessoas que usam um programa; em uma linguagem de fácil compreensão ela mostra como o programa deve ser utilizado.
documentação técnica Detalhamento por escrito usado pelos operadores de computador para executar programas e pelos analistas e programadores para resolver problemas ou modificar programas.
documento de aceitação do usuário Um contrato formal que o usuário assina declarando que a fase de instalação ou o sistema completo foram aprovados.
domínio Os valores permitidos para atributos de dados.
downsizing Redução do número de funcionários para redução de custos.
DSS ad hoc Um DSS que lida com situações ou decisões que só surgem algumas vezes durante a existência de uma empresa.
DSS institucional Um DSS que lida com situações ou decisões que ocorrem mais de uma vez, geralmente diversas vezes por ano. Um DSS institucional é utilizado repetidamente e refinado no decorrer dos anos.

E

edição de dados O processo de verificação de dados de validade e integridade.
eficácia Uma medida da extensão na qual o sistema atinge suas metas; esta pode ser calculada dividindo-se as metas efetivamente alcançadas pelo total de metas estabelecidas.
eficiência Uma medida do que é produzido, dividido pelo que é consumido.
encadeamento (pipelining) Uma forma de operação da CPU na qual múltiplas fases de execução são realizadas em um único ciclo da máquina.
encapsulamento O processo pelo qual os VPNs transferem informações por encapsulamento de tráfego em pacotes de IP através da internet.
endereço IP É um número de 64 bits que identifica um computador na internet.
engenharia de software auxiliada por computadores (CASE) Ferramentas típicas do Programa CASE são as que automatizam muitas das tarefas necessárias nos desenvolvimentos de sistemas e que encoraja a adesão ao SDLC.
engenharia social O uso de habilidades sociais para fazer com que os usuários forneçam dados que permitam aos hackers ter acesso a um sistema de informações ou a seus dados.
engenheiro do conhecimento É um profissional que tem um treinamento ou experiência em projeto, desenvolvimento, implementação e manutenção de um sistema especialista.
entidade Uma classe geral de pessoas, lugares ou objetos para os quais os dados são coletados, armazenados e mantidos.
entrada É a atividade de captar e reunir os dados brutos.
entrada de dados Transferir dados legíveis pela máquina para o sistema.
entrevista estruturada Uma entrevista na qual as perguntas são escritas antecipadamente.
entrevista não estruturada É uma entrevista na qual as perguntas não são escritas antecipadamente.
equipe de manutenção Uma equipe responsável por modificar, consertar e atualizar o software existente.
ergonomia A ciência de projetar máquinas, produtos e sistemas para maximizar a segurança, o conforto e a eficiência das pessoas que as utilizam.
escalabilidade É a habilidade para aumentar a capacidade de processamento de um sistema computacional para que possa lidar com mais usuários, dados ou mais transações em um determinado período.
esfera de influência do empreendimento A esfera de influência que atende às necessidades da empresa em sua interação com o ambiente.
esfera de influência do grupo de trabalho Atende às necessidades de um usuário individual.
esfera de influência pessoal É a esfera de influência que atende às necessidades de um usuário individual.
especialista de domínio É a pessoa ou o grupo com a especialização ou conhecimento de quem o sistema especialista tenta capturar (domínio).
espelhamento de disco O processo que fornece uma cópia exata que protege totalmente os usuários em caso de perda de dados.
esquema É uma descrição de todo o banco de dados.
estação de trabalho É um computador pessoal mais poderoso do que os computadores pessoais, usado para aplicações matemáticas, projetos assistidos por computador (CAD) e outros processamentos pesados, mas pequeno o suficiente para caber em uma mesa.
estágio da escolha O terceiro estágio da tomada de decisão, que requer a seleção do curso de ação.
estágio da implementação Um estágio da solução do problemas no qual uma solução é implementada.
estágio da inteligência O primeiro estágio da tomada de decisão no qual é identificado e definido os problemas em potenciais ou as oportunidades.
estágio de monitoramento O estágio final do processo da solução de problemas em que se avaliam a sua implantação.
estágio do projeto O segundo estágio da tomada de decisão, na qual são desenvolvidas soluções alternativas para o problema e é avaliada sua viabilidade.
estoque just-in-time (JIT) Uma abordagem da gestão do estoque na qual o estoque e os materiais são entregues justamente antes de eles serem utilizados na fabricação de um produto.
estrutura organizacional Refere-se às subunidades organizacionais e o modo como se relacionam com a empresa como um todo.
estrutura organizacional de equipe Uma estrutura centralizada nas equipes ou grupos de trabalho.
estrutura organizacional de projeto É uma estrutura centrada nos principais produtos e serviços.
estrutura organizacional plana Uma estrutura organizacional com um número reduzido de camadas de gestão.
estrutura organizacional tradicional Uma estrutura organizacional na qual a hierarquia de tomada de decisão e a autoridade fluem do gerenciamento estratégico do topo para baixo para a gerência operacional e para os funcionários sem gestor.
estrutura organizacional virtual Uma estrutura que utiliza indivíduos, grupos ou unidades de negócios completos em diferentes áreas geográficas; estes grupos podem durar algumas semanas ou anos e geralmente necessitam de telecomunicação e internet.
extranet Uma rede baseada em tecnologias da web que permite que usuários externos selecionados, como parceiros comerciais e clientes, acessem recursos autorizados da intranet de uma companhia.

F

fabricação assistida por computador (CAM) Um sistema que controla diretamente os equipamentos da fabricação.
fabricação integrada por computador (CIM) Usa computadores para ligar os componentes do processo de produção em um sistema eficiente.
farejador de senhas Um pequeno programa escondido em uma rede ou sistema computacional que registra números de identificação e senhas.
fase de tomada de decisão A primeira parte da resolução de um problema, incluindo três estágios: inteligência, planejamento e escolha.
fatores críticos para o sucesso (FCS) Fatores que são essenciais para o sucesso de uma área funcional de uma organização.
feedback Informação do sistema que é usada para fazer mudanças nas atividades de entrada ou processamento.
ferramenta de busca Uma valiosa ferramenta que permite encontrar informações na web especificando as palavras principais, conhecida como palavras-chave, para um tópico de interesse.
fita magnética Um tipo de mídia de armazenagem secundária sequencial, usado principalmente para armazenar backups de dados organizacionais críticos em caso de um desastre.
fita virtual Um dispositivo de armazenamento que gerencia dados menos frequentemente consultados, de modo que parecem estar armazenados inteiramente em rolos de fitas, embora algumas partes possam estar realmente localizadas em discos rígidos mais rápido.
fluxogramas de aplicativos Diagramas que mostram as relações entre aplicativos ou sistemas.
Folhas de Estilos em Cascata (CSS) A linguagem de marcação para definir o projeto visual de uma página da web ou grupo de páginas.
formulário de requisição de manutenção Um formulário que autoriza modificações de programas.
formulário de requisição de sistema É um documento preenchido por alguém que deseja que o departamento de SI inicie uma investigação de sistemas.
fornecimento de dados Converter dados legíveis para pessoas para forma de dados legíveis por máquinas.

frameworks de aplicações da Web O software de desenvolvimento web que fornece o código – ou framework - ou site interativo profissional fundamental e permitem que os desenvolvedores personalizem o código para necessidades específicas.

G

gerenciamento da cadeia de suprimentos (SCM) Um sistema que inclui o planejamento, a execução e o controle de todas as atividades envolvidas em compra e abastecimento de matéria-prima, conversão de matérias-primas de produtos acabados e armazenamento e entrega de produtos acabados para os clientes.
gerenciamento de direitos digitais (DRM) Refere-se ao uso de qualquer das várias tecnologias para impor políticas de controle de acesso à mídia digital como filmes, músicas e softwares.
gestão de armazenamento baseada em políticas empresariais Automação de armazenamento que utiliza políticas previamente definidas.
gestor de diálogo Uma interface de usuário que permite aos tomadores de decisão acessar facilmente e manipular o DSS e usar os termos e as expressões empresariais comuns.
gigahertz (GHz) Bilhões de ciclos por segundo, uma medida de velocidade do clock.
governo eletrônico (e-government) É o uso da tecnologia de informação e comunicações para simplificar o compartilhamento de informações, acelerar os processos anteriormente baseados em papel impresso e melhorar o relacionamento entre cidadãos e governo.
gráfico Gantt Uma ferramenta gráfica usada para planejamento, monitoração e coordenação de projetos.
grupo de trabalho Duas ou mais pessoas que trabalham juntas para alcançar um objetivo comum.
grupos de trabalho virtuais Equipes de pessoas localizadas ao redor do mundo trabalhando em problemas em comum.

H

hacker criminoso (cracker) Uma pessoa habilidosa no uso de computadores que tenta obter acesso não autorizado ou ilegal a sistemas computacionais para roubar senhas, corromper arquivos e programas ou até mesmo para transferir dinheiro.
hacker Uma pessoa que aprecia a tecnologia de computação e gasta seu tempo aprendendo e usando sistemas computacionais.
hardware Equipamentos de computador utilizados para efetuar as atividades de entrada, processamento, armazenagem e saída.
hierarquia de dados Bits, caracteres, campos, registros, arquivos e bancos de dados.
hiperlinks Os textos destacados ou gráficos em um documento da web que, quando clicado, abre uma nova página com conteúdo relacionado.
hot site Um sistema de hardware operacional em duplicidade ou com acesso imediato através de representante especializado.
HSPA+ (Evolved High Speed Packet Access) É um padrão de telecomunicações de banda larga que fornece taxas de dados de até 42 Mbps em downlink e 22 Mbps em uplink.

I

Identificação por Radiofrequência (RFID) É uma tecnologia que emprega um microchip com uma antena para transmitir a localização e um identificador, exclusivos para os receptores.
implantação de sistemas A fase de desenvolvimento de um sistema que envolve a criação ou aquisição de vários componentes do sistema detalhados no projeto, sua montagem e o início da operação deste sistema novo ou modificado.
informação Uma coleção de fatos organizados e processados, de forma que estes possuam valores adicionais além dos valores de fatos individuais.
informantes São funcionários, descontentes ou não, que trabalham sozinhos ou em conjunto com pessoas externas à empresa para comprometer os sistemas corporativos.
informática Um sistema especializado que combina disciplinas tradicionais, tais como ciências e medicina com sistemas de informação e tecnologia.
infraestrutura da tecnologia Todo o hardware, software, bancos de dados, telecomunicações, pessoas e procedimentos configurados para coletar, manipular, armazenar e processar dados em informações.
infusão da tecnologia A extensão do uso da tecnologia em uma área ou departamento.
inicialização O processo de tornar o sistema de informações testado totalmente operacional.
inicialização paralela Executar ao mesmo tempo o novo e o antigo sistema por um período de tempo e comparar os resultados do novo sistema em relação aos resultados do antigo sistema; quaisquer diferenças serão conciliadas. Quando os usuários estiverem acostumados e trabalhando corretamente com o novo sistema, o antigo será eliminado.
inicialização-piloto É a execução do novo sistema para um grupo de usuários e não para todos os usuários.
instalação O processo de colocar fisicamente o equipamento de computação no local e torná-lo operacional.
inteligência artificial (IA) Campo no qual o sistema de computadores adquire características da inteligência humana.
inteligência competitiva É um aspecto da inteligência empresarial, limitado às informações sobre os concorrentes e como as informações afetam as estratégias, as táticas e operações empresariais.
inteligência empresarial (IE) Envolve o recolhimento de dados suficientes sobre informações corretas de modo pontual e utilizável e uma análise de tais informações para que elas possam ter um efeito positivo na estratégia, na tática ou na operação empresarial.
intercâmbio eletrônico É um fórum eletrônico, onde fabricantes, fornecedores e concorrentes compram e vendem mercadorias, trocam informações sobre o mercado, e executam operações de retaguarda.
interface do programa de aplicativo (API) Esse sistema fornece aos desenvolvedores de software ferramentas para configurar o software aplicativo sem a necessidade de que se entenda os aspectos internos do SO e do hardware.
interface do usuário baseada em comando É uma interface que exige que o usuário utilize comandos em forma de textos, para o computador para realizar atividades básicas.
interface do usuário É o elemento do sistema operacional que permite que às pessoas o acesso e a interação com o sistema do computador.
interface gráfica do usuário (GUI) É uma interface que apresenta figuras (ícones) e menus que as pessoas utilizam para enviar comandos para o sistema do computador.
internet É a maior rede de computadores do mundo, consistindo em milhares de redes interligadas, todas elas trocando informações livremente.
intranet Uma rede interna baseada em tecnologia da web que permite que as pessoas dentro da organização troquem informações e trabalhem em projetos.
investigação de sistemas A fase de desenvolvimento de sistemas durante a qual os problemas em potencial e as oportunidades são identificados e considerados em função dos objetivos da empresa.
item de dado É o valor específico de um atributo.

J

Java É uma linguagem de programação orientada a objeto da Sun Microsystems com base em linguagem de programação C++, que permite que applets (pequenas funções) sejam embutidas em um documento HTML.
junção Manipulação de dados para combinar duas, ou mais tabelas.

K

kernel (núcleo) O coração dos sistemas operacionais e o controle de seus processos mais críticos.

L

largura da banda do canal Refere-se à velocidade em que os dados são trocados, normalmente medida em bits por segundo (bps).
Lei de Moore É uma hipótese que afirma que o número de transistores em um único chip dobrará a cada dois anos.
licença para um usuário único Uma licença de software que permite que se instale o software em um ou mais computadores, utilizados por uma mesma pessoa.
limpeza de dados É o processo de procurar e reparar as inconsistências para garantir que os dados sejam precisos e completos.
linguagem de definição de dados (DDL) É um conjunto de instruções e comandos utilizado para definir e descrever dados e relacionamentos em um banco de dados específico.
linguagem de manipulação de dados (DML) linguagem específica fornecida pelo DBMS que permite aos gestores e outros usuários acessar e modificar dados, fazer consultas e gerar relatórios.
Linguagem de Marcação de Hipertexto (HTML) A linguagem-padrão de descrição de página web.
Linguagem de Marcação Extensível (XML) É uma linguagem de marcação projetada para transportar e armazenar os dados na web.
linguagens de programação São os conjuntos de palavras-chave, de símbolos e de regras para construir comandos por meio dos quais as pessoas podem comunicar instruções para serem executadas por um computador.
linha de assinante digital (DSL) Um serviço de telecomunicações que fornece acesso de alta velocidade à internet para casas e pequenas empresas, usando as linhas telefônicas já existentes da rede de telefonia local.
literacia do computador Conhecimento de sistemas e equipamentos de computação e da forma como elas funcionam; esta inclui o conhecimento dos equipamentos e dispositivos (hardware), programas e instruções (software), bancos de dados e telecomunicações.
literacia dos sistemas de informação Conhecimento de como os dados e informações são usados por indivíduos, grupos e organizações.
Localizador Uniforme de Recursos (URL) É um endereço web que especifica a localização exata de uma página da Web usando letras e palavras que são mapeados para um endereço IP e um local no host.
long term evolution (LTE) Um padrão de comunicações sem fio para telefones celulares, baseado em comutação de pacotes.

M

malha sem fio É uma forma de comunicação que utiliza múltiplos pontos de acesso Wi-Fi para ligar uma série de redes de área local interconectadas para formar uma ampla rede de área capaz de abranger um vasto campus ou uma cidade inteira.
manipulação de dados O processo de realização de cálculos e outras transformações de dados relacionadas a transações comerciais.
manutenção do sistema Um estágio no desenvolvimento de sistemas que envolve a verificação, mudança e melhoria no sistema para torná-lo mais útil no alcance das metas organizacionais e do usuário.
manutenção e revisão de sistemas É a fase de desenvolvimento do sistema que garante que o sistema funcione e que se modifique para continuar a atender às necessidades corporativas, que estão em constante modificação.
marco de projeto É uma data crucial para a conclusão de uma parte maior do projeto.
matriz redundante de discos independentes/de baixo custo (RAID) É um método de armazenamento de dados que gera bits adicionais a partir dos dados existentes, permitindo que o sistema crie um "mapa de reconstrução" para que, se um disco rígido falhar, os dados perdidos possam ser recuperados.
mecanismo de inferências Parte do sistema especialista que busca informações e relacionamentos na base de conhecimentos e oferece respostas, previsões e sugestões da mesma maneira que um especialista humano o faria.
medida do desempenho do sistema Monitoramento do sistema – o número de erros encontrados, a quantidade de memória necessária, o tempo de processamento, o tempo de CPU necessário e outros problemas.
megahertz (MHz) Milhões de ciclos por segundo, uma medida da velocidade de clock.
meios de telecomunicações Qualquer substância material que carrega um sinal eletrônico para apoiar as comunicações entre os aparelhos emissor e receptor.
melhores práticas As formas mais eficientes e eficazes para completar um processo de negócio.
melhoria contínua É a busca contínua por melhores meios de aprimorar os processos empresariais e adicionar valor aos produtos e serviços.
Memória cache Um tipo de memória de alta velocidade que um processador pode acessar mais rapidamente do que a memória principal.
memória de acesso aleatório (RAM) É um tipo de memória no qual as instruções ou dados podem ser armazenados temporariamente.
memória somente de leitura (ROM) Um tipo de memória não volátil.
memória somente de leitura em discos compactos (CD-ROM) Uma forma comum de discos óticos nos quais os dados não podem ser modificados depois de gravados.
mensagem instantânea Um método que permite que duas ou mais pessoas se comuniquem em tempo real usando a internet.
mergulho no lixo Entrar na lixeira de uma organização para encontrar informações confidenciais ou secretas, incluindo aquelas necessárias para acessar um sistema de informações ou seus dados.
meta tag Código especial em HTML invisível na página web que contém as palavra-chave que representam o conteúdo do site solicitado pelos mecanismos de busca para criar índices que apontem para a página.
microprocessador multicore Um microprocessador que combina dois ou mais processadores independentes em um único computador, para que eles possam compartilhar a carga de trabalho e elevar a capacidade de processamento.
middleware É um software que permite a comunicação e a troca de dados entre diferentes sistemas.
MIPS Milhões de instruções por segundo, uma medida do tempo de ciclo da máquina.
MIS comercial (ou de marketing) Um sistema de informação que apoia as atividades de gestão no desenvolvimento do produto, sua distribuição, decisões de preços, eficácia publicitária e previsão de vendas.
MIS de contabilidade Desempenha algumas atividades importantes fornecendo informações agregadas sobre contas a pagar, contas a receber, folha de pagamento e outros aplicativos.
MIS de recursos humanos (HRMIS) Um sistema de informações que trata das atividades relacionadas com os empregados demitidos, contratados e futuros funcionários de uma organização, também chamado *MIS de pessoal*.
MIS financeiro Um sistema de informações financeiras para executivos e para um grande grupo de pessoas que precisam tomar as melhores decisões diariamente.
modelagem de dados empresariais Modelagem de dados realizada em toda a empresa.
modelo de abordagem heurística (regras básicas) São diretrizes ou procedimentos comumente aceitos que geralmente encontram uma boa solução.
modelo de aceitação de tecnologia (TAM) Um modelo que especifica os

fatores que podem levar a melhores atitudes em relação ao sistema de informação, além da maior aceitação e utilização do TI.
modelo de cinco forças Um modelo amplamente aceito que identifica cinco fatores principais que levam a obtenção de vantagem competitiva, incluindo (1) a rivalidade entre os concorrentes existentes, (3) a ameaça de novos participantes no mercado, (4) a ameaça de produtos e serviços substitutos, (4) o poder de barganha dos compradores e o (5) poder de barganha dos fornecedores.
modelo de dados Um diagrama de entidades de dados e seus relacionamentos.
modelo de mudança Modelo teórico que identifica as fases da mudança e a melhor maneira de implantá-las
modelo de otimização É um processo para encontrar a melhor solução, geralmente, aquela que ajudará melhor a organização a alcançar seus objetivos.
modelo relacional Um modelo de banco de dados que descreve os dados no qual todos os elementos dos dados são colocados em tabelas bidimensionais, chamadas *relações*, que são o equivalente lógico dos arquivos.
modelo-base Parte de um DSS que permite que os gestores e os tomadores de decisão realizem análises quantitativas tanto sobre os dados internos quanto os externos.
modem Dispositivos de modulação/desmodulação, que convertem os sinais de comunicação para que possam ser transmitidos através de meios de comunicação.
monitor de diodo orgânico emissor de luz (OLED) Telas planas que utilizam material orgânico posicionado entre dois condutores os quais, por sua vez, estão posicionados entre uma camada de vidro no topo e outra na base, de forma que a corrente elétrica é aplicada aos dois condutores e uma luz brilhante eletroluminiscente é produzida diretamente do material orgânico.
monitor de plasma Um tipo de monitor que utiliza milhares de células inteligentes (pixels) consistindo em eletrodos e gases neônio e xenônio, que são transformados eletricamente em plasma (átomos eletricamente carregados e partículas negativamente carregadas) para emitir luz.
monitores de LCD São monitores de tela plana que usam cristais líquidos – material orgânico, parecido com óleo, colocado entre dois polarizadores – para formar caracteres e imagens gráficas em uma tela iluminada por luz de fundo.
MP3 O formato-padrão para compressão de uma sequência sonora em um pequeno arquivo.
mudança organizacional Refere-se como as organizações que visam o lucro e aquelas sem fins lucrativos planejam, implantam e lidam com a mudança.
multimídia Textos, gráficos, vídeos, animações, áudios e outras mídias que podem ser usadas para ajudar eficientemente uma empresa a alcançar seus objetivos.
multiplexador Dispositivo que combina dados de múltiplas fontes de dados em um único sinal resultante que transporta múltiplos canais, o que reduz, dessa maneira, o número de ligações para comunicações necessárias e, portanto, os custos de telecomunicações
multiprocessamento A execução simultânea de duas ou mais instruções ao mesmo tempo.

N

navegador web O software de cliente da web, como o Internet Explorer, Firefox, Chrome e Safari, são usados para visualizar as páginas web.
negócio eletrônico (e-business) Uso dos sistemas de informação e a internet para realizar todas as tarefas e funções relacionadas ao negócio.

O

observação direta Observar diretamente o sistema existente em ação por um ou mais membros da equipe de análise.
operação de sistemas É o uso de um sistema novo ou modificado em todos os tipos de condições operacionais.
organização Um conjunto formal de profissionais e de outros recursos estabelecidos para alcançar um conjunto de objetivos.

P

pacote de software É um conjunto de programas simples reunidos em um pacote.
painel de segurança É um software que fornece uma exibição abrangente em uma única tela do computador de todos os dados vitais relacionados com as defesas de segurança da organização, incluindo ameaças, exposições, políticas de conformidade e alertas de incidentes.
patch (remendo) Uma pequena alteração para corrigir um problema ou realizar um pequeno aprimoramento. Normalmente é o acréscimo a um programa existente.
p-card (procurement card ou purchasing card) É um cartão de crédito utilizado para radicalizar os processos tradicionais de compras e pagamentos.
perguntar diretamente É uma abordagem que consiste em perguntar aos usuários, stakeholders (tomadores de decisões) e outros gestores o que eles desejam e esperam de um sistema novo ou modificado.
personalização É o processo de adequação das páginas web para direcionar especificamente o alvo aos consumidores individualmente.
pirataria de software O ato de copiar, baixar, compartilhar, vender ou instalar software com direitos autorais sem autorização.
pixel É um ponto de cor em uma imagem fotográfica ou um ponto de luz em uma tela de monitor.
planejamento de requisição de material (MRP) Um conjunto de técnicas de controle de estoque que ajuda a coordenar centenas de itens do estoque quando a solicitação de um item é dependente da solicitação de outro item.
planejamento dos sistemas de informação Traduzir objetivos estratégicos e organizacionais em iniciativas de desenvolvimento de sistemas.
planejamento estratégico É a determinação dos objetivos de longo prazo analisando os pontos fortes e fracos da organização, prevendo futuras tendências e projetando o desenvolvimento de novas linhas de produtos.
ponte Um dispositivo de telecomunicação que conecta duas LANs em conjunto usando o mesmo protocolo de telecomunicação.
ponto de reposição (ROP) Um nível quantitativo crítico no estoque.
porta de comunicação (gateway) Um dispositivo de telecomunicação que serve como entrada para outra rede.
portal web É uma página da web que combina informações úteis e links e funciona como um ponto de entrada para a web; os portais normalmente incluem um dispositivo de busca, um diretório de assunto, manchetes diárias, e outros itens de interesse. Muitas pessoas escolhem um portal web como página inicial do seu navegador (a primeira página que abre quando você começa a navegar na web).
prazo do projeto A data que o projeto deverá estar concluído e operando.
preparação de usuário É o processo de preparar gerentes, tomadores de decisão, funcionários e outros usuários e agentes de decisão para os novos sistemas.
preparação do local Preparação do local de um novo sistema.
preparação ou conversão dos dados Certificação de que todos os arquivos e os bancos de dados estejam prontos para serem utilizados com os novos softwares de computador e sistemas.
prevenção contra perdas de dados (DLP) Sistemas projetados para bloquear — identificar, monitorar e proteger — os dados dentro de uma empresa.
previsão Ato de prever eventos futuros para evitar problemas.
problemas altamente estruturados Problemas simples, que requerem fatos e relações conhecidas.

problemas semiestruturados ou não estruturados Problemas mais complexos em que as relações entre as partes dos dados nem sempre estão claras; os dados podem ser de diferentes formatos e são sempre difíceis de manipular ou se obter.
procedimentos São as estratégias, políticas, métodos e regras para utilização de um CBIS.
processamento analítico on-line (OLAP) Programa que permite que os usuários explorem os dados de várias perspectivas.
processamento centralizado Uma abordagem de processamento na qual todo o processamento ocorre em um único local ou instalação.
processamento Conversão ou transformação de dados em resultados úteis.
processamento de linguagem natural Processamento que permite que o computador entenda e reaja a declarações e comandos feitos em uma linguagem "natural", como o inglês.
processamento de transação on-line (OLTP) Uma maneira de processamento de dados na qual cada transação é processada imediatamente, sem a espera para acumular as transações em um lote.
processamento descentralizado Uma abordagem na qual os dispositivos de processamento são colocados em vários locais remotos.
processamento distribuído Uma abordagem para processamento na qual os dispositivos de processamento são dispostos em um local remoto, mas são conectados entre si por meio de uma rede.
processo Um conjunto de tarefas relacionadas de forma lógica e executadas para obter um resultado definido.
produção de documentos O processo de geração de registros de saída, documentos e relatórios.
produtividade Uma medida da saída alcançada, dividida pela entrada necessária.
produtos para o desempenho de sistemas Um software para medir todos os componentes do sistema de informação, incluindo hardware, software, banco de dados, telecomunicações e sistemas de rede.
programa antivírus São softwares executados na retaguarda para proteger o computador de perigos à espreita da internet e outras fontes possíveis de arquivos infectados.
programas de computador Sequência de instruções para o computador.
programas utilitários São programas que ajudam a desempenhar uma variedade de tarefas. Alguns integram e separam conjuntos de dados, acompanham os trabalhos executados e compactam arquivos de dados.
projetar Manipulação de dados para eliminar colunas numa tabela.
projeto ambiental Também chamado de *projeto verde*, ele inclui esforços nos desenvolvimentos de sistemas que reduzem o consumo de energia, requerem menos espaços físicos e resultam em sistemas que podem ser descartados de forma a não causar um impacto negativo no meio ambiente.
projeto de sistemas A fase do desenvolvimento de sistemas que define como o sistema de informações fará o que precisa ser feito para obter a solução.
projeto físico Especifica as características dos componentes do sistema necessários para se colocar o projeto lógico em ação.
projeto lógico Uma descrição dos requisitos funcionais de um sistema.
Protocolo de Controle de Transmissão (TCP) O protocolo de camada de transporte amplamente utilizado pela maior parte das aplicações de internet com o IP.
Protocolo de Internet (IP) Um padrão de comunicação que permite aos computadores encaminhar o tráfego de comunicações de uma rede para outra, conforme necessário.
protocolo de rede Um conjunto de regras, algoritmos, mensagens e outros mecanismos que permitem que softwares e hardwares conectados em rede se comuniquem de forma eficaz.
Protocolo de Transferência de Arquivo (FTP) Um protocolo que fornece um processo de transferência de arquivos entre um hospedeiro (host) e um computador remoto e permite aos usuários copiar os arquivos de um computador para outro.
protocolo SSL (Secure Sockets Layer) É um protocolo de comunicações utilizado para proteger os dados sigilosos durante o comércio eletrônico.
prototipagem É uma abordagem iterativa, para o processo de desenvolvimento de sistemas, no qual, a cada iteração em que requisitos e soluções alternativos relativos a um problema são identificados e analisados, novas soluções são projetadas e uma parte do sistema é implantada.
Provedor de Serviços de Internet (ISP) É qualquer empresa que forneça acesso à internet para pessoas e organizações.

Q

qualidade É a capacidade de um produto ou serviço de atender ou exceder as expectativas de um cliente.
quantidade econômica de pedidos (EOQ) A quantidade que deve ser pedida, novamente, para minimizar os custos totais de estoque.
questionários Um método de coleta de dados quando as fontes de dados estão espalhadas em uma grande área geográfica.

R

realidade virtual É a simulação de um ambiente real ou imaginado que pode ser vivenciado visualmente em três dimensões.
recuperação a partir de desastres É a implantação do plano contra desastres.
recurso para aquisição do conhecimento Parte do sistema especialista que fornece meios eficientes e convenientes para capturar e armazenar todos os componentes de uma base de conhecimento.
recurso para explicações Componente de um sistema especialista que permite que um usuário ou um tomador de decisão compreenda como o sistema especialista chegou a uma determinada conclusão ou resultado.
rede Computadores e equipamentos que estão conectados em um edifício por todo o país ou ao redor do mundo possibilitando a comunicação eletrônica.
rede de área de armazenamento (SAN) Uma rede de alta velocidade, com finalidade específica que fornece conexões de alta velocidade entre os dispositivos de armazenamento e computadores ligados a uma rede.
rede de área expandida ou estendida (WAN) É uma rede de telecomunicação que conecta grandes regiões geográficas.
rede de área local (LAN) Uma rede que conecta sistemas de computador e dispositivos em uma pequena área, como um escritório, uma residência ou vários andares de um prédio.
rede de área metropolitana (MAN) Uma rede de telecomunicações que conecta usuários e computadores em uma área geográfica que abarca um campus ou uma cidade.
rede de área pessoal (PAN) É uma rede sem fio que conecta equipamentos de tecnologia da informação em locais mais próximos de uma pessoa.
rede de computadores Consiste em mídia, dispositivos e softwares necessários para conectar dois ou mais sistemas de computadores ou dispositivos.
rede de comutação de circuito É uma rede que estabelece um circuito entre o remetente e o destinatário antes que possa ocorrer qualquer comunicação; este circuito é mantido durante toda a duração da comunicação e não pode ser usado para suportar qualquer outra comunicação, até que o circuito seja liberado e uma nova conexão seja estabelecida.
rede de comutação por pacote Rede na qual não é criada nenhuma trilha fixa entre os dispositivos de comunicação, e os dados são quebrados em pacotes para envio através da rede. Cada pacote, transmitido individualmente, é capaz de seguir por várias trilhas, do remetente ao destinatário.
rede neural Um sistema computacional que pode agir como um cérebro ou simular seu funcionamento.

rede virtual privada (VPN) É uma rede privada que utiliza uma rede pública (normalmente a internet) para conectar-se com diversas localidades remotas.
reengenharia (revisão de processos) É a revisão radical dos processos do negócio, estrutura organizacional, sistemas de informação e dos valores da organização para obter avanços nos resultados do negócio.
registrador Uma área de armazenagem de alta velocidade na CPU usada para o armazenamento temporariamente de pequenas unidades de instruções de programas e dados, imediatamente antes, durante e após sua execução pela CPU.
registro É uma coleção de campos de dados relacionados a um objeto, atividade, ou indivíduo.
regra Uma declaração condicional que une as condições às ações ou consequências.
relatório de exceção Um relatório produzido automaticamente quando existe uma situação incomum ou que requer uma ação da gestão.
relatório de investigação de sistemas Um resumo dos resultados da investigação de sistemas e do processo de análise de viabilidade e as recomendações para tomada de ações.
relatório detalhado Um relatório que fornece constantemente dados detalhados sobre uma situação.
relatório do projeto Esse relatório reflete as decisões tomadas para o projeto do sistema e prepara o caminho para a implantação de sistemas.
relatório de indicadores-chave Um relatório que resume as atividades críticas do dia anterior e normalmente está disponível no início de cada dia de trabalho.
relatório programado Um relatório produzido periodicamente podendo ser diário, semanal ou mensal.
relatório sob demanda Desenvolvido para dar certas informações por solicitação de alguém ou de acordo com uma programação.
release É uma mudança significativa no programa que frequentemente requer mudanças na documentação do software.
repositório CASE Um banco de dados do programa de engenharia baseado no computador com as descrições, os parâmetros e objetivos dos sistemas.
reprodutor digital de áudio Um dispositivo que pode armazenar, organizar e reproduzir arquivos digitais de músicas.
retorno sobre o investimento (ROI) Uma medida do valor do SI que investiga os lucros ou benefícios adicionais que são gerados, em termos percentuais, sobre os investimentos em tecnologia de SI.
revisão de sistemas A etapa final do desenvolvimento dos sistemas envolve análise de sistemas para garantir que eles estejam operando como esperado.
revisão induzida por eventos É uma revisão orientada a eventos e acionada por um problema ou oportunidade como um erro, uma fusão corporativa ou um novo mercado para os produtos.
revisão induzida por tempo É a revisão realizada após um período específico.
robótica São dispositivos mecânicos ou computacionais para desempenhar tarefas que demandam alto grau de precisão, são entediantes ou representam risco para os humanos.
roteador Um dispositivo de telecomunicação que encaminha pacotes de dados através de duas ou mais redes distintas para seus destinos por meio de um processo conhecido como roteiro.
roubo de identidade É quando alguém utiliza as suas informações de identificação pessoal, sem a sua permissão, para cometer fraudes, ou outros crimes.

S

saída Produção de informações úteis, geralmente na forma de documentos e relatórios.
sala de decisões Uma sala da suporte à tomada de decisão, com os tomadores de decisão no mesmo prédio e combina a interação face a face com a tecnologia para tornar a reunião mais eficiente e efetiva.
script bunny É um termo pejorativo para descrever hackers inexperientes que baixam programas chamados scripts que automatizam o trabalho de invasão de computadores.
segmentação do mercado A identificação de mercados específicos para atingi-los com mensagens comerciais sob medida.
seleção É a manipulação de dados para eliminar linhas, de acordo com certos critérios.
separação de tarefas A cuidadosa divisão das tarefas e das responsabilidades associadas aos processos principais, de modo que estes possam ser executados por mais de uma pessoa.
serviço de correio de voz para texto Um serviço que captura as mensagens de correio de voz, converte-as em texto e as envia para uma conta de e-mail.
serviço reverso 911 Uma solução de comunicações que envia notificações de emergência para os usuários em uma área geográfica selecionada.
servidor blade Um servidor blade (servidor em lâmina) hospeda muitas placas-mãe que incluem um ou mais processadores, memória, armazenamento e conexões de rede de computadores.
servidor É um computador utilizado por muitos usuários para realizar uma tarefa específica, como rodar aplicações de rede ou internet
sintaxe Um conjunto de regras associadas à linguagem de programação.
sistema Um conjunto de elementos ou componentes que interagem para atingir metas.
sistema de apoio a grupo (GSS) Software aplicativo que consiste na maioria dos elementos de um DSS, além do software para fornecer suporte efetivo nas configurações de tomada de decisão do grupo; também chamado de *sistema de apoio à decisão de grupo* ou *sistema computadorizado colaborativo*.
sistema de apoio de decisão (DSS) Um conjunto organizado de pessoas, procedimentos, software, banco de dados e dispositivos usados para dar suporte à tomada efetiva de decisão para problemas específicos.
sistema de aprendizagem É uma combinação de software e hardware que permite que o computador modifique o modo como funciona e reaje às situações com base na realimentação que recebe.
sistema de avaliação por ponto Para cada fator de avaliação é atribuído um peso, em pontos porcentuais, com base em sua importância. Em seguida, cada sistema de informação proposto é avaliado em função deste fator e recebe uma nota, por exemplo, de 0 a 100. Os pontos são totalizados, e o sistema com um total maior de pontos é selecionado.
sistema de detecção de intrusos (IDS) Monitora os recursos do sistema e da rede e avisa o pessoal de segurança da rede quando percebe a possibilidade de invasão.
sistema empresarial Um sistema central de uma organização que garante que as informações possam ser compartilhadas por todas as funções empresariais e por todos os níveis de gerência para dar suporte à administração e ao gerenciamento de um negócio.
sistema de fabricação flexível (FMS) É uma abordagem que possibilita que as instalações de uma fábrica mude rápida e eficientemente de um produto para outro.
sistema de gerenciamento de bancos de dados orientado a objetos (OODBMS) É um sistema que fornece, por meio de um banco de dados orientado a objetos, uma interface de usuário e conexões com outros programas de aplicativos.
sistema de informação (SI) Um conjunto de componentes inter-relacionados que coleta, manipula, armazena e dissemina dados e informações e fornece um mecanismo de realimentação (feedback) para atender um objetivo.
sistema de inteligência artificial Pessoas, procedimentos, equipamentos, aplicativos, dados e conhecimentos

necessários para desenvolver sistemas computacionais e máquinas que apresentam características de inteligência.
sistema de informação geográfica (GIS) É um sistema de computador capaz de reunir, armazenar, manipular e exibir informações geograficamente referenciadas, isto é, os dados identificados de acordo com sua localização.
sistema de planejamento dos recursos da empresa (ERP) Um conjunto de programas integrados que gerencia as operações vitais de negócios para todos os múltiplos sites da organização global.
sistema de processamento de transações (TPS) Um conjunto organizado de pessoas, procedimentos, software, bancos de dados e equipamentos utilizados para realizar e registrar transações comerciais.
sistema de processamento em lotes Uma forma de processamento de dados na qual as transações de negócio são acumuladas por um período de tempo e preparadas para serem processadas como uma única unidade ou lote.
sistema de realidade virtual Um sistema que permite que um ou mais usuários se movam e reajam em um ambiente simulado por computação.
sistema de suporte a executivos (ESS) Um DSS especializado que inclui todos os hardwares, softwares, dados, procedimentos e pessoas para dar apoio aos executivos de nível sênior dentro da organização.
sistema de gerenciamento de banco de dados objeto-relacional (ORDBMS) Sistema que apresenta um conjunto completo de recursos de bancos de dados relacionais, além da capacidade oferecida a terceiros de adicionar novos tipos de dados e operações ao banco de dados.
sistema operacional (SO) Um conjunto de programas de computador que controlam o equipamento de computação e atuam como uma interface com aplicativos.
sistema operacional de rede (NOS) É um software de sistemas que controla os sistemas computacionais e dispositivos em uma rede e lhes permite comunicar-se entre eles.
sistema perceptivo Um sistema que se aproxima o máximo possível da maneira como uma pessoa vê, escuta e sente os objetos.
sistemas de gerenciamento de bancos de dados (DBMS) Um grupo de programas que manipula o banco de dados e fornece uma interface entre o banco de dados e o seu usuário e outros aplicativos.
sistemas de informação baseados em computador (CBIS) É um conjunto único de hardwares, softwares, bancos de dados, telecomunicações, pessoas e procedimentos configurados para coletar, manipular, armazenar e processar dados em informações.
sistemas de informação gerencial (MIS) Um conjunto organizado de pessoas, procedimentos, software, banco de dados e equipamentos que fornecem informações de rotina para os gerentes e os tomadores de decisão.
sistemas de missão crítica Sistemas que tem uma função fundamental nas operações contínuas e na realização das metas de uma organização.
sistemas de processamento maciçamente paralelos Um tipo de multiprocessamento que acelera o processamento através da conexão de centenas ou milhares de processadores para operarem simultaneamente, ou em paralelo, no qual cada processador tem seu próprio barramento, memória, discos, cópia do sistema operacional e aplicativos.
sistemas de visão São sistemas que incluem um equipamento e o aplicativo que permitem que os computadores capturem, armazenem e manipulem imagens visuais.
sistemas especialistas Um sistema que fornece ao computador a capacidade de fazer sugestões e funcionar como um especialista em um campo em particular.
smartphone Um computador handheld que combina a funcionalidade de um telefone celular, câmera, navegador web, ferramenta de e-mail, tocador de MP3 e outros dispositivos em um único equipamento.
software aplicativo do grupo de trabalho É um software projetado para dar suporte às atividades em grupo, não importando se os seus integrantes estão no mesmo local ou dispersos pelo mundo.
Software como Serviço (SaaS) Um serviço que permite as empresas se inscreverem no serviço de entrega de software aplicativo pela web.
software de código-fonte aberto Software que é normalmente distribuído gratuitamente e tem seu código-fonte também disponível para que possa ser estudado, alterado e aprimorado por seus usuários.
software de gerenciamento de modelos (MMS) O software que coordena o uso de modelos em um DSS, incluindo modelos financeiros, de análise estatística, gráfico e de gestão de projeto.
software de gerenciamento de rede Um software que permite que um gerente em um computador conectado à rede monitore o uso de computadores pessoais e de hardwares compartilhados (como impressoras), verifique o risco de vírus e garanta a conformidade com as licenças de software.
software de produtividade pessoal É o software que possibilita aos usuários melhorar as suas eficiências, aumentar o volume de trabalho e a qualidade do que podem fazer.
software Os programas que controlam a operação do computador.
software proprietário É um software único, desenvolvido para um aplicativo específico, de propriedade da empresa, organização, ou pessoa que o utiliza.
software-padrão É um software produzido em massa, pelos fornecedores, para atender às necessidades comuns de todas as empresas, organizações ou indivíduos.
solicitação de proposta (RFP) Um documento que especifica em detalhes os recursos necessários, tais como hardware e software.
solução do problema Um processo que vai além da tomada de decisão para incluir o estágio de implementação.
spyware É um software instalado em um computador pessoal para interceptar ou assumir controle parcial sobre a interação do usuário com o computador sem o seu conhecimento ou permissão.
stakeholders Pessoas que, por conta própria ou através da organização que eles representam, se beneficiam dos projetos de desenvolvimento de sistemas.
streaming de conteúdo Um método para transferir grandes arquivos de multimídia pela internet, para que os dados de voz e imagens fluam continuamente, enquanto o arquivo está sendo baixado.
supercomputadores Supercomputadores mais potentes com a maior velocidade de processamento e mais alto desempenho.

T

tabela de gráficos em grade É uma tabela que mostra os relacionamentos entre os vários aspectos de um esforço de desenvolvimento de sistemas.
tags de HTML Códigos que informam o navegador da web como formatar texto, um título, uma lista, ou o corpo do texto, por exemplo, e se as imagens, sons e outros elementos devem ser inseridos.
Técnica de Avaliação e Revisão do Programa (PERT) Uma abordagem formalizada para desenvolver um cronograma de projeto que cria três estimativas de tempo para uma atividade.
técnica de grupo nominal Uma técnica em que cada tomador de decisão pode participar por meio de feedback e a decisão final é tomada por votação, semelhante a um sistema de eleição pública.
tecnologia de reconhecimento de voz Dispositivo de entrada que reconhece a fala humana.
telecomunicações É a transmissão eletrônica de sinais para comunicações, que permite às organizações realizar seus processos e tarefas por meio de redes efetivas de computadores.

telecomutação O uso de equipamentos de computação e redes para que os colaboradores possam trabalhar fora do escritório.
tempo de instrução (tempo I) O tempo que leva para a fase de instrução realizar as instruções de busca e de decodificação.
teoria de jogos É a utilização de sistemas de informação para desenvolver estratégias competitivas para pessoas, organizações ou mesmo para países.
terceirização É a contratação de serviços profissionais externos para atender às necessidades específicas de um negócio.
teste alfa Teste de uma versão incompleta ou preliminar do sistema.
teste beta Testa um sistema completo e estável pelo usuário final.
teste da unidade É o teste de programas individuais.
teste de aceitação Realiza todos os testes exigidos pelo usuário.
teste de benchmark Uma análise que compara sistemas operacionais de um computador sob as mesmas condições.
teste de integração Testar todos os sistemas relacionados em conjunto.
teste de volume O teste do aplicativo com grande quantidade de dados.
teste do sistema É o teste de todo o sistema de programas.
transações Qualquer intercâmbio relacionado com negócios, como pagamento de funcionários, vendas para clientes e pagamento para fornecedores.
transmissão por infravermelho Uma forma de comunicação que envia sinais a uma frequência de 300 GHz e acima — maior do que as micro-ondas, mas mais baixa do que as da luz visível.
troca de ramais privados (PBX) Troca de chaveamento de telefone que serve a uma única organização.

U

unidade aritmética/lógica (ALU) Componentes da CPU que realizam cálculos matemáticos e fazem comparações lógicas.
unidade de controle A parte da CPU que acessa sequencialmente as instruções do programa, as decodifica e coordena o fluxo de dados para dentro e para fora da ALU, os registros, o armazenamento primário e até o armazenamento secundário, e também vários dispositivos de saída.
unidade de processamento central (CPU) Cada unidade de processamento central consiste em três elementos associados: a unidade aritmética/lógica, a unidade de controle e as áreas de registro.
unidade de processamento gráfico (GPU) Um circuito especial que é muito eficiente na manipulação dos gráficos do computador e é mais rápido do que um chip de CPU para realizar operações de ponto flutuante e na execução de algoritmos nos quais o processamento de grandes blocos de dados é realizado em paralelo.
unidade de serviço de informação Um departamento de SI em miniatura, anexado e reportando diretamente a uma área funcional em uma grande organização.
usuário do conhecimento É a pessoa ou o grupo que utiliza e se beneficia do sistema especialista.
usuários Pessoas que interagirão com o sistema regularmente.

V

vantagem competitiva Um benefício significativo e, idealmente, a longo prazo de uma empresa sobre seus concorrentes.
varejo eletrônico (e-tailing) A venda direta de produtos ou serviços pelas empresas para os clientes por meio de vitrines eletrônicas, projetadas em um modelo de catálogo eletrônico e carrinho de venda.
velocidade de clock Uma série de pulsos eletrônicos produzidos a uma taxa predeterminada que afetam o tempo de ciclo da máquina.
versão Uma nova versão geralmente é uma mudança importante no programa, abrangendo muitos novos recursos.
viabilidade do cronograma Determina se o projeto pode ser completado em um período razoável de tempo.
viabilidade econômica A determinação se o projeto faz sentido financeiramente e se os benefícios previstos compensam o custo e o tempo necessários para obtê-los.
viabilidade legal É a determinação de que as leis ou regulamentos permitem ou limitam projetos de desenvolvimento de sistemas.
viabilidade operacional Indica se o projeto está pronto para funcionar.
viabilidade técnica Avaliação da possibilidade de o hardware, o software e outros componentes de sistema poderem ser adquiridos ou desenvolvidos para resolver o problema.
videoconferência Um conjunto de tecnologias interativas de telecomunicações que permite que pessoas em diversos locais se comuniquem usando transmissões simultâneas de áudio e vídeo.
vinculação A possibilidade de combinar duas ou mais tabelas através de atributos de dados em comum para formar uma nova tabela contendo apenas os novos atributos.

W

web 2.0 A web se refere como uma plataforma de computação que comporta aplicações de software e o compartilhamento de informações entre usuários.
web log (blog) Um web log, normalmente chamado de blog é um site que as pessoas podem criar e utilizar para escrever observações, experiências e opiniões sobre vários assuntos.
web O servidor e o software de cliente, o Hypertext Transfer Protocol (HTTP), linguagens padrões, e de marcação que se combinam para fornecer informações e serviços pela internet.
Wi-Fi Uma marca de tecnologia de telecomunicações sem fio de médio alcance, de propriedade da Wi-Fi Alliance.

Z

ZigBee É uma forma de comunicação sem fio utilizada com frequência em sistemas de segurança e sistemas de controle de aquecimento e resfriamento.

ÍNDICE DE ASSUNTO

B

D

G

H

J

K

L

M

N

O

P

Q

R

S

T

U

V

Impressão e acabamento:

Orgrafic
Gráfica e Editora
tel.: 25226368